# DICCIONARIO

# Gran Tomo

## Inglés-Español
## Spanish-English

Jaqueline Bardillo y Jesus Gutierrez

# DICCIONARIO

# Gran Tomo

## Inglés-Español
## Spanish-English

Grupo Editorial Tomo, S. A. de C. V.
Nicolás San Juan 1043
03100 México, D. F.

1a. edición, mayo 2002.


Nicolás San Juan 1043, Col. del Valle
03100 México, D. F.
Tels. 5575-6615, 5575-8701 y 5575-0186
Fax. 5575-6695
http://www.grupotomo.com.mx
ISBN: 970-666-523-4
Miembro de la Cámara Nacional
de la Industria Editorial No. 2961

Diseño de portada: Emigdio Guevara
Supervisor de producción: Leonardo Figueroa



Impreso en México — *Printed in Mexico*

# ABREVIATURAS QUE SE USAN EN ESTE DICCIONARIO

| Abreviatura | Español | Inglés |
|---|---|---|
| *adv* | adverbio | adverb |
| *art* | artículo | article |
| *auto* | automóvil | automobile |
| *bot* | botánica | botanics |
| *chem* | - | chemistry |
| *col* | coloquial | colloquial |
| *com* | comercial | commercial |
| *conj* | conjunción | conjunctcion |
| *dep* | deportes | - |
| *exl* | exclamación | exclamation |
| *f* | femenino | femenine |
| *fam* | familiar | familiar |
| *ferro* | ferrocarril | - |
| *fr* | francés | French |
| *fig* | sentido figurado | figurative |
| *fpl* | femenino plural | femenine plural |
| *gr* | gramática | grammar |
| *hist* | historia | history |
| *inter* | interjección | |
| *interj* | | interjection |
| *invar* | invariable | invariable |
| *jer* | jerga | - |
| *journ* | - | journlism |
| *law* | - | law |
| *m* | masculino | masculine |
| *mar* | marítimo | maritime |
| *mat* | matemáticas | - |
| *math* | - | mathematics |
| *mec* | mecánica | - |

| Abreviatura | Español | Inglés |
|---|---|---|
| *mech* | - | mechanics |
| *med* | medicina | medicine |
| *mil* | militar | military |
| *mpl* | masculino plural | masculine plural |
| *mus* | música | music |
| *n* | nombre (sustantivo) | noun |
| *npl* | nombre plural | noun plural |
| *pl* | plural | plural |
| *pref.* | prefijo | prefix |
| *prep* | preposición | preposition |
| *pron* | pronombre | pronoun |
| *quim* | química | - |
| *rad* | radio | radio |
| *rail* | - | railroad |
| *sl* | - | slang |
| *teat* | teatro | - |
| *theat* | - | theater |
| *t.v.* | televisión | television |
| *vi* | verbo intransitivo | verb intransitive |
| *vr* | verbo reflexivo | verb reflexive |
| *vt* | verbo transitivo | verb transitive |

# NOTAS SOBRE LA GRAMÁTICA INGLESA

Estas breves notas explican los puntos de la gramática inglesa que más difieren del español, con el propósito de ayudar al lector a entender la estructura del idioma. No pretende ser un tratado completo de este tema.

**El sustantivo**

A. En el inglés, existen dos maneras de indicar los géneros femenino y masculino:

1. con cambios al final de la palabra, por ejemplo:

| **ESPAÑOL** | | **INGLÉS** | |
|---|---|---|---|
| **Masculino** | **Femenino** | **Masculino** | **Femenino** |
| actor | actriz | actor | actress |
| héroe | heroína | hero | heroin |
| novio | novia | bridegroom | bride |
| viudo | viuda | widower | widow |

2. con palabras diferentes:

| **ESPAÑOL** | | **INGLÉS** | |
|---|---|---|---|
| **Masculino** | **Femenino** | **Masculino** | **Femenino** |
| muchacho | muchacha | boy | girl |
| hombre | mujer | man | woman |
| tío | tía | uncle | aunt |

A. EL PLURAL. Es importante notar las siguientes características de los plurales en inglés:

1. Los plurales regulares se forman agregando una S al singular:

| **ESPAÑOL** | | **INGLÉS** | |
|---|---|---|---|
| **Singular** | **Plural** | **Singular** | **Plural** |
| muchacha | muchachas | girl | girls |
| muchacho | muchachos | boy | boys |
| caballo | caballos | horse | horses |

2. Los nombres que terminan en *s, sh, ch, x, z,* forman el plural añadiendo ES:

| ESPAÑOL | | INGLÉS | |
|---|---|---|---|
| **Singular** | **Plural** | **Singular** | **Plural** |
| gas | gases | gas | gases |
| cepillo | cepillos | brush | bruces |
| iglesia | iglesias | church | churches |

3. Los nombres que terminan en vocal (a, e, i, o, u) en ocasiones también forman el plural añadiendo ES:

| ESPAÑOL | | INGLÉS | |
|---|---|---|---|
| **Singular** | **Plural** | **Singular** | **Plural** |
| héroe | héroes | hero | heroes |
| volcán | volcanes | volcano | volcanoes |

4. Cuando un nombre termina en *y* precedida de consonante, el plural se forma cambiando la *y* por *ies*:

| ESPAÑOL | | | INGLÉS |
|---|---|---|---|
| **Singular** | **Plural** | **Singular** | **Plural** |
| ciudad | ciudades | city | cities |
| dama | damas | lady | ladies |

5. Algunos nombres que terminan en *f* o en *fe* forman el plural utilizando *ves*:

| ESPAÑOL | | INGLÉS | |
|---|---|---|---|
| **Singular** | **Plural** | **Singular** | **Plural** |
| cuchillo | cuchillos | knife | knives |
| esposa | esposas | wife | wives |
| hoja | hojas | leaf | leaves |

6. Algunos nombres tienen plurales irregulares:

| ESPAÑOL | | INGLÉS | |
|---|---|---|---|
| **Singular** | **Plural** | **Singular** | **Plural** |
| hombre | hombres | man | men |
| mujer | mujeres | woman | women |
| niño | niños | child | children |

7. Algunos nombres tienen la misma forma en singular y en plural.

| ESPAÑOL | | INGLÉS | |
|---|---|---|---|
| **Singular** | **Plural** | **Singular** | **Plural** |
| venado | venados | deer | deer |
| oveja | ovejas | sheep | sheep |
| aeronave | aeronaves | aircraft | aircraft |

## EL ARTÍCULO

A. El artículo definido "THE" equivale a los artículos *el, la, los las*, del español.

| ESPAÑOL | INGLÉS |
|---|---|
| el árbol | the tree |
| la casa | the house |
| los árboles | the trees |
| las casas | the houses |

B. El artículo indefinido "A" equivale a los artículos *un* y *una* del español. Cuando la palabra que va después de "A" empieza con vocal, se utiliza "AN".

| ESPAÑOL | INGLÉS |
|---|---|
| un parque | a park |
| una calle | a street |
| un elefante | an elephant |
| una manzana | an apple |

## EL ADJETIVO

A. En inglés el adjetivo se coloca antes de la palabra que califica:

| ESPAÑOL | INGLÉS |
|---|---|
| casa grande | big house |
| cielo azul | blue sky |
| hombre fuerte | strong man |

B. En inglés los adjetivos no tienen formas plurales. Se usa la misma palabra para el singular y el plural:

| **ESPAÑOL** | **INGLÉS** |
|---|---|
| casa grande | big house |
| casas grandes | big houses |
| hombre fuerte | strong man |
| hombres fuertes | strong men |

C. En inglés existen dos formas de expresar el comparativo en los adjetivos. Los que tienen una sílaba, y los de dos sílabas que llevan el acento en la última sílaba, forman el comparativo agregando "ER":

| **ESPAÑOL** | **INGLÉS** | **ORACIÓN** |
|---|---|---|
| frío | cold | Mi casa es fría (My house is cold.) |
| más frío | colder | Tu casa es más fría (Your house is colder) |
| cortés | polite | Juan es cortés (John is polite.) |
| más cortés | politer | Pedro es más cortés (Peter is politer.) |

D. Los adjetivos de dos sílabas o más forman el comparativo añadiendo la palabra MORE antes del adjetivo:

| **ESPAÑOL** | **INGLÉS** |
|---|---|
| Bonita | beautiful |
| más bonita | more beautiful |

E. Los adjetivos de una sílaba forman el superlativo agregando "EST":

| **ESPAÑOL** | **INGLÉS** | **ORACIÓN** |
|---|---|---|
| alto | tall | Juan es alto. (John is tall.) |
| el más alto | the tallest | Pedro es el más alto. (Peter is the tallest.) |

F. Los adjetivos de más de una sílaba forman el superlativo agregando THE MOST antes del adjetivo:

| **ESPAÑOL** | **INGLÉS** |
|---|---|
| interestante | interesting |
| el más interesante | the most interesting |

## EL ADVERBIO

En inglés, muchos adverbios se forman añadiendo "LY" a un adjetivo:

| ESPAÑOL | | INGLÉS | |
|---|---|---|---|
| Adjetivo | Adverbio | Adjetivo | Adverbio |
| lento | lentamente | slow | slowly |
| fuerte | fuertemente | strong | strongly |

## PRONOMBRES EN INGLÉS

| PERSONALES | | COMPLEMENTOS | | POSESIVOS | | ADJETIVOS POSESIVOS | |
|---|---|---|---|---|---|---|---|
| Español | Inglés | Español | Inglés | Español | Inglés | Español | Inglés |
| YO | I | MÍ | ME | MÍO | MINE | MI | MY |
| TÚ | YOU | TI | YOU | TUYO | YOURS | TU | YOUR |
| ÉL | HE | ÉL | HIM | SUYO | HIS | SU | HIS |
| ELLA | SHE | ELLA | HER | SUYO | HERS | SU | HER |
| | IT | | IT | SUYO | ITS | SU | ITS |
| NOSOTROS | WE | NOSOTROS | US | NUESTRO | OURS | NUESTRO | OUR |
| USTEDES (VOSOTROS) | YOU | USTEDES (VOSOTROS) | YOU | SUYO (VUESTRO) | YOURS | SU (VUESTRO) | YOUR |
| ELLOS | THEY | ELLOS | THEM | SUYO | THEIRS | SU | THEIR |

## EL VERBO

A. El infinitivo de los verbos se dice anteponiendo la palabra TO:

| ESPAÑOL | INGLÉS |
|---|---|
| HABLAR | TO SPEAK |
| CORRER | TO RUN |
| BENDECIR | TO BLESS |

B. El único cambio que presentan los verbos en el tiempo presente es añadir una S a la tercera persona:

| **ESPAÑOL** | **INGLÉS** |
|---|---|
| Yo camino | I walk |
| Tú caminas | you walk |
| Él camina | he walks |
| Ella camina | she walks |
| Él camina (un animal) | It walks |
| Nosotros caminamos | we walk |
| Ustedes caminan | you walk |
| (vosotros camináis) | |
| Ellos caminan | they walk |

C. Las formas interrogativa y negativa se expresan utilizando los auxiliares DO y DOES (en la tercera persona):

INTERROGATIVO

| **ESPAÑOL** | **INGLÉS** |
|---|---|
| ¿Camino? | Do I walk? |
| ¿Caminas? | Do you walk? |
| ¿Camina él? | Does he walk? |
| ¿Camina ella? | Does she walk? |
| ¿Camina él? | Does it walk? |
| ¿Caminamos? | Do we walk? |
| ¿Caminan ustedes? | Do you walk? |
| (¿Camináis?) | |
| ¿Caminan ellos? | Do they walk? |

NEGATIVO

(do + not = don't/ does + not = doesn't)

| **ESPAÑOL** | **INGLÉS** |
|---|---|
| No camino. | I don't walk. |
| No caminas. | You don't walk. |

| | |
|---|---|
| Él no camina. | He doesn't walk. |
| Ella no camina | She doesn't walk. |
| Él no camina | It doesn´t walk. |
| Nosotros no caminamos. | We don't walk. |
| Ustedes no caminan (vosotros no camináis.) | You don't walk. |
| Ellos no caminan. | They don't walk. |

D. Para formar el pasado, se añade D o ED a los verbos regulares:

| **ESPAÑOL** | **INGLÉS** |
|---|---|
| Yo trabajé | I worked |
| Tú jugaste | You played |
| Él pintó | He painted |
| Ella caminó | She walked |
| Nosotros cocinamos | We cooked |
| Ustedes quisieron | You wanted |
| Ellos llegaron | They arrived |

E. El auxiliar para el interrogativo y el negativo en el pasado es DID:

| **ESPAÑOL** | **INGLÉS** |
|---|---|
| ¿Llegó Juana? | Did Jane arrive? |
| No llegó Juana | Jane did not arrive. |

En inglés hay un gran número de verbos irregulares que expresan el pasado de otra manera. Al final de este diccionario se presenta una lista de los verbos irregulares más comunes. Ejemplos:

| **ESPAÑOL** | | **INGLÉS** |
|---|---|---|
| PRESENTE: | Yo como | I eat. |
| PASADO: | Yo comí | I ate. |
| PRESENTE: | Tú duermes | You sleep. |
| PASADO: | Tú dormiste | You slept. |
| PRESENTE: | Él sabe. | He knows. |
| PASADO: | Él supo. | He knew. |

F. El auxiliar que se utiliza para el futuro es WILL:

| **ESPAÑOL** | **INGLÉS** |
|---|---|
| ¿Trabajarás mañana? | Will you work tomorrow? |
| Trabajaré mañana. | I will work tomorrow. |
| No trabajaré mañana. | I will not work tomorrow. |

Estos son los tiempos básicos. Existen otros tiempos de naturaleza más avanzada que usted aprenderá en su momento.

## BASES DE LA PRONUNCIACIÓN INGLESA

El inglés, a diferencia del español, no se escribe como se pronuncia. Por esa razón este manual incluye una "guía de pronunciación". Aunque muchos sonidos del inglés son parecidos a los del español, existen diferencias en la forma de pronunciarlos, en su duración o en su intensidad, y el inglés en sí tiene un ritmo diferente al del español.

Una diferencia importante es que en inglés las consonantes finales tienen que pronunciarse con fuerza. No podemos omitirlas porque cambiaríamos el significado de la palabra. Por ejemplo "bite" significa "morder" y se pronuncia "bait"; "buy" significa comprar y se pronuncia "bai". Si no decimos la "t" de "bait", estamos dicienedo "comprar" en lugar de "morder".

En esta sección se presentan los sonidos del inglés comparados con los del español, e indicaciones sobre su pronunciación, de modo que usted se empiece a familiarizar con los sonidos de este idioma.

## SONIDOS VOCÁLICOS

| LETRA | Ejemplo en inglés | Como aparece en este diccionario | Explicación | Ejemplo de una palabra en español |
|---|---|---|---|---|
| A | Cat (gato) | a | Sonido intermedio entre la a de gato y la e de queso | m-ae-sa (masa) combinando "a" con "e". |
| A | name (nombre) | a | Como en "seis" | seis |
| A | father (padre) | ä | Como en "paja", pero prolongado | paaaja |
| A | admire (admirar) | *a* | Sonido intermedio entre "e" y "o"* | |
| E | heat (calor) | e | Como en "misa" | misa |
| E | men (hombres) | e | Como en "mesa" | mesa |
| E | here (aquí) | er | Como en "mía" | mía |
| I | right (correcto) | 1 | Como en "hay" | hay |
| I | hit (golpear) | I | Como en "afirmar" | afirmar |
| O | top (parte de arriba) | O | Sonido intermedio entre "a" y "o" | |
| O | go (ir) | o | "o" de cómo junto a la "u" de suyo | |
| O | bought (compró) | *ä* | Sonido de la "o" de por, prolongada | pooor |
| U | use (usar) | u | | |
| U | cut (cortar) | u | Sonido intermedio entre "e" y "o" | |
| OO | boot (bota) | ö | La "u" de uno, prolongada | Uuuno |
| OO | book (libro) | *ü* | La "u" de burro, acortada | Burro |
| Y | buyer (comprador) | y | Sonido de vocal, "i" como en aire | Aire |

* Este sonido intermedio también se escribe con otras letras. En la guía aparecerán así: *a, e, i, o, u.*

| CONSONANTE | EJEMPLO EN INGLÉS | EXPLICACIÓN | CÓMO APARECE EN ESTE DICCIONARIO |
|---|---|---|---|
| G | DOG (PERRO) | El sonido de "g" en goma, pero aspirado | G |
| G | GENERAL (GENERAL) | El sonido de la "Y" argentina, casi como un "ch" | J |
| H | HOT (CALIENTE) | Sonido aspirado, como la "j" de jerga pero mucho más suave | H |
| J | JOB (TRABAJO) | El sonido de la "Y" argentina, con casi como "ch" | J |
| L | LATE (TARDE) | Sonido más sonoro que la l española | L |
| R | ROSE (ROSA) | Sonido semivocálico; se pronuncia elevando la lengua hacia el paladar | R |
| V | HAVE (TENER) | Sonido parecido a la "F", pero sonoro. | V |
| W | WE (NOSOTROS) | Sonido vocálico, como el de "hueco". | W |
| Y | YOU (TÚ) | Sonido vocálico, como una "i" | Y |
| Z | ZEBRA | Como la "s" de mismo, pero sonora y vibrada. | Z |
| TH | THIN (DELGADO) | Como la "c" de "dice" y la "z" de "azul" en la pronunciación castiza española. (ponga la lengua entre los dientes y sople ligeramente.) | TH |
| TH | THEN (ENTONCES) | Sonido suave de "d", como en "cada". | TH (mayúscula) |
| NG | SING (CANTAR) | Como la "n" de "tengo" | NG |
| SH | SHE (ELLA) | Sonido que usamos para callar a alguien. | SH |
| ZH | MEASURE (MEDIDA) | Sonido parecido a la "Y" argentina | ZH |
| WH | WHERE (DONDE) | Como la "j" en "ajo" | HW |

## ACENTOS

En inglés no se escriben los acentos, como se hace en español, pero sí se pronuncian. En este manual, el acento aparece después de la sílaba acentuada. Algunas palabras tienen dos acentos. Cuando aparece un acento doble (´´) esa sílaba se acentúa más que la que sólo tiene un acento (´).

## SÍMBOLOS PARA INDICAR LA PRONUNCIACIÓN INGLESA (tomados del LEXICON WEBSTER DICTIONARY)

| Symbol | Key words | Symbol | Key words |
|---|---|---|---|
| a | fat, lap | b | bed, dub |
| µ | ape, date | d | did, had |
| â | bare, care | f | fall, off |
| ä | car, father | g | get, dog |
| *ä* | fall, ought, orb | | |
| e | ten, let | j | joy, jump |
| ª | me, meet | k | kill, bake |
| ªr | here, dear | l | let, ball |
| ø | her , fir, urn | m | met, trim |
| i | is, hit | n | not, ton |
| Œ | bite, mite | p | put, tap |
| o | lot, top | r | red, dear |
| fl | go, tone | s | sell, pass |
| ô | horn, fork | t | top, hat |
| ö | tool, troop | v | vat, have |
| *ü* | book, moor | w | will, always |
| oi | oil, boy | y | yet, yard |
| ou | out, doubt | z | zebra, haze |
| u | up, cut | ch | chin, arch |
| Î | use, cute | | |
| Èr | fur, turn | sh | she, dash |

| | | | |
|---|---|---|---|
| schwa | *a* – ago<br>*e* – agent<br>*i* – sanity<br>*o* –comply<br>*u* – focus | th<br><br>TH<br><br><br>zh | thin, truth<br><br>then, father<br><br><br>asure, leisure |
| ø | her , fir, urn | | |

## SONIDOS EXTRANJEROS

| | |
|---|---|
| ä | A normal española, como en casa |
| Y | poner los labios como en O y tratar de pronunciar E |
| Œ | poner los labios como en O y tratar de pronunciar EI |
| h | como la J española, fuerte (jacal). |
| *ch* | *c*omo la J española, suave (ach en alemán) |
| N | Una n precedida por una vocal nasalizada. |
| R | "r" española, como en pero. |
| V | B española, como en Habana |

### Sonidos del sufijo

| | |
|---|---|
| ancy | anc[a] |
| ble | bl |
| ceous, cious | shus |
| ent | *e*nt |
| esque | esk |
| ous | us |
| sion, tion | sh*a*n |
| tor | t*a*r tur, t*o*r, tør |
| ture | chør, ch*u*r |

# A

**a** (si se enfatiza, ā; si no se enfatiza, *a*) *art* un, uno, una; • *prep* a, al, en.
**aback** (*a*bak′) *adv* detrás, atrás; **to be taken** ~ *vi* quedar consternado.
**abacus** (ab′*a*k*u*s′) *n* ábaco *m*.
**abandon** (*a* ban′d*o*n) *vt* abandonar, dejar.
**abandonment** (*a* ban′d*o*n ment) *n* abandono *m*; desamparo *m*.
**abase** (*a* bās′) *vt* abatir, humillar.
**abasement** (*a* bās′ment) *n* abatimiento *m*; humillación *f*.
**abash** (*a* bash′) *vt* avergonzar, causar confusión.
**abashment** (*a* bash′ment) *n* vergüenza, confusión, desconcierto.
**abate** (*a* bāt′) *vt* disminuir, rebajar; • *vi* disminuirse.
**abatement** (*a* bāt′ment) *n* rebaja, disminución *f*.
**abbess** (ab′is) *n* abadesa *f*.
**abbey** (ab′ē) *n* abadía *f*.
**abbot** (ab′*o*t) *n* abad *m*.
**abbreviate** (*a* brē′v ē āt) *vt* abreviar, acortar.
**abbreviation** (*a* brē′′v ē ā′sh*o*n) *n* abreviatura *f*.
**abdicate** (ab′d*i* k ā t) *vt* abdicar; renunciar.
**abdication** (ab′d*i* k ā′sh*o*n) *n* abdicación *f*; renuncia *f*.
**abdomen** (ab′d*o* men) *n* abdomen, bajo vientre *m*.
**abdominal** (ab′dom′*i* n*a*l) *adj* abdominal.
**abduct** (ab dukt′) *vt* secuestrar.
**abduction** (ab duk′sh*a*n) *n* rapto, secuestro.
**abductor** (ab duk′t*o*r) *n* músculo abductor *m*.
**aberrant** (ab er′*a*nt) *adj* aberrante, descaminado, extraviado; anormal, anómalo.
**aberration** (ab′*e* rā′sh*o*n) *n* error *m*; aberración *f*.
**abet** (*a* bet′) *vt*: **to aid and** ~ ser cómplice de.
**abetment** (*a* bet′ment) *n* instigación; apoyo.
**abettor** (*a* bet′*o*r) *n* instigador.
**abeyance** (*a*bā′*a*ns) *n* suspensión, expectativa, espera; **in abeyance**; en suspenso; latente; en reserva: **lands in abeyance;** bienes sin dueño conocido; **inheritance in abeyance;** herencia yacente.
**abeyant** (*a* bā′*a*nt) *a* en suspenso; expectante.
**abhor** (ab hôr′) *vt* aborrecer, detestar.
**abhorrence** (ab hôr′*e*ns) *n* aborrecimiento, odio *m*
**abhorrent** (ab hôr′*e*nt) *adj* repugnante.
**abide** (*a* bīd′) *vt* 1. soportar, tolerar. 2. sostener, resistir. 3. esperar, aguardar. 4. aceptar, resignarse. *vi* permanecer, continuar; morar, habitar; **abide by** guiarse por, seguir o cumplir con, respetar (una regla, condición, etc.)
**abiding** (*a* bīd′ding) *adj* constante, duradero; obediente.
**ability** (*a* bil′*i* tē) *n* habilidad, capacidad, aptitud *f*; **abilities** *pl* talento *m*.

**abject** (ab'jekt) *adj* vil, despreciable, bajo; ~**ly** *adv* vilmente, bajamente.

**abjection** (ab'jek'shon) *n* abyección, envilecimiento, bajeza.

**abjure** (ab jūr') *vt* abjurar; renunciar.

**ablaze** (*a* bl ā *z'*) *adj* en llamas; encendido.(*fig*) inflamado, ardiente. (*fig*) brillante, radiante.

**able** (ā'ble) *adj* capaz, hábil; **to be** ~ poder.

**able-bodied** (ā'ble-bod'id) *adj* robusto, vigoroso.

**able-bodied seaman** marinero experimentado y práctico.

**ablution** (ab lö'shen) *n* ablución *f.*

**ably** (ā bli) *adv* con habilidad.

**abnegation** (ab'ni gā'shon) *n* abnegación, resignación, sacrificio *f.*

**abnormal** (ab nôr'mal) *adj* anormal, irregular, deforme.

**abnormality** (ab nôr'mal'*i* ti) *n* anormalidad, irregularidad, anomalía *f.*

**aboard** (*a* bôrd') *adv* a bordo; **To go aboard** embarcarse; **to take aboard** embarcar, llevar a bordo.

**abode** (*a* bōd') *n* domicilio, residencia *m.*

**abolish** (*a* bol'ish) *vt* abolir, anular, revocar.

**abolition** (ab'*o* lish'*o*n) *n* abolición, anulación *f.*

**abolitionism** (ab'*o* lish'*o*n iz'm) *n* (*hist*) abolicionismo, política a favor de la abolición de la esclavitud.

**abolitionist** (ab'o lish'on ist) *n* abolicionista (partidario de la abolición de algo, esp. de la esclavitud.

**A-bomb** (ā'bom') *n* bomba atómica *f.*

**abominable** (*a* bom'*i* n*a* bl) *adj* abominable, detestable; ~**bly** *adv* abominablemente.

**abominate** (*a* bom'*i* nāt) *vt* abominar, detestar, aborrecer.

**abomination** (*a* bom'*i* nā'shon) *n* abominación *f.*

**aboriginal** (ab'*o* rij'*i* nl) *adj* aborigen.

**aborigines** (ab'*o* rij'*i* n ēz) *npl* aborígenes, primeros habitantes de un país *mpl.*

**abort** (*a* bôrt') *vt* abortar.

**abortion** (*a* bôr'shon) *n* aborto *m.*

**abortive** (*a* bôr'tiv) *adj* fracasado.

**abound** (*a* bound) *vi* abundar; **to ~ with** abundar en, ser rico en.

**about** (*a* bout') *prep* 1. acerca de, acerca, tocante a, respeco a. 2. alrededor de, cerca de.; **I carry no money ~ me** no traigo dinero; • *adv* aquí y allá; **to be** ~ to estar para; **to go** ~ andar aquí y allá; **to go ~ a thing** emprender alguna cosa; **all** ~ en todo lugar. **To be about to do somehting** estar a punto de hacer algo.

**above** (*a* buv') *prep* encima; • *adv* arriba; ~ **all** sobre todo, principalmente; ~ **mentioned** ya mencionado.

**aboveboard** (*a* buv'bôrd) *adj* legítimo, franco, honesto, sin engaño.

**abrasion** (*a* brā'zhon) *n* abrasión *f.*

**abrasive** (*a* brā'siv) *adj* abrasivo.

**abreast** (*a* brest') *adv* de costado.

**abridge** (*a* brij') *vt* abreviar, compendiar; acortar.

**abridgment** (*a* brij'ment) *n* compendio *m.*
**abroad** (*a* brôd') *adv* en el extranjero; **to go ~** salir del país.
**abrogate** (ab'r*o* gāt') *vt* abrogar, anular.
**abrogation** (ab'r*o* gā'sh*o*n) *n* abrogación, anulación *f.*
**abrupt** (*a* brupt') *adj* brusco; **~ly** *adv* precipitadamente; bruscamente.
**abscess** (ab'ses) *n* absceso *m.*
**abscond** (ab skond') *vi* esconderse; huirse.
**absence** (ab's*e*ns) *n* ausencia *f.*
**absent** (ab's*e*nt) *adj* ausente; • *vi* ausentarse.
**absentee** (ab's*e*n t ē) *n* ausente *m.*
**absenteeism** (ab s*e*n tē 'iz''*u*m) absentismo *m.*
**absent-minded** (ab's*e*nt mīn'did) *adj* distraído.
**absent without leave** (*mil*) ausente sin permiso, ausente sin licencia.
**absolute** (ab's*o* löt) *adj* 1. absoluto; categórico; 2. absoluto, autocrático (monarca, etc.) **~ly** *adv* totalmente.
**absolute monarchy** *n* monarquía absoluta.
**absolution** (ab''s*a* lö'sh*a*n) *n* absolución *f.*
**absolutism** (ab's*o* lö''tiz'*u*m) *n* absolutismo *m.*
**absolve** (ab zolv', ab solv') *vt* absolver.
**absorb** (ab s*ä*rb, ab z*ä*rb) *vt* absorber.
**absorbent** (ab s*ä*r bent, ab z*ä*r bent) *adj* absorbente.
**absorbent cotton** *n* algodón absorbente *m.*
**absorption** (ab s*ä*rp sh*a*n) *n* absorción *f.*
**abstain** (ab stān') *vi* abstenerse, privarse.
**abstemious** (ab stē'mē us) *adj* abstemio, sobrio; **~ly** *adv* moderadamente.
**abstinence** (ab'st*i* n*a*ns) *n* abstinencia *f*; templanza *f.*
**abstinent** (ab'st*i* nent) *adj* abstinente, sobrio.
**abstract** (ab'strakt) *adj* abstracto; • *n* extracto *m*; sumario *m*; **in the ~** de modo abstracto.
**abstraction** (ab'strak sh*a*n) *n* abstracción *f.*
**abstractly** (ab'strak tli) *adv* en abstracto.
**abstruse** (ab strös') *adj* oscuro; **~ly** *adv* oscuramente.
**absurd** (ab s*ü*rd') *adj* absurdo; **~ly** *adv* absurdamente.
**absurdity** (ab s*ü*r'di tē) *n* lo absurdo *m.*
**abundance** (*a* bun'd*a*ns) *n* abundancia *f.*
**abundant** (*a* bun'd*a*nt) *adj* abundante; **~ly** *adv* abundantemente.
**abuse** (*a* būz') *vt* abusar; maltratar; • *n* abuso *m*; injurias *fpl.*
**abusive** (*a* bū'siv) *adj* abusivo, ofensivo; **~ly** *adv* abusivamente.
**abut** (*a* but') *vi* 1. **abut upon** estar contiguo; **abut on (against)** terminar; **abut on** descansar o apoyar sobre.
**abysmal** (*a* biz'm*a*l) *adj* abismal; insondable.

**abyss** (*a* bis´) *n* abismo *m.*
**acacia** (a kā´sha) *n* acacia *f.*
**academic** (ak´´*a* dem´ik) *adj* académico.
**academician** (a kad´´*e* mish´an) *n* académico *m.*
**academy** (a kad´*e* mē) *n* academia *f.*
**accede** (ak sēd´) *vi* 1. acceder, consentir; 2. alcanzar (un oficio o dignidad); subir, ascender (al trono).
**accelerate** (ak sel´*a* rāt´´) *vt* acelerar.
**accelerator** (ak sel´*e* rā t*o*r) *n* acelerador *m.*
**acceleration** (ak sel´*e* rā sh*o*n) *n* aceleración *f.*
**accent** (ak´sent) *n* acento *m*; tono *m*; • *vt* acentuar.
**accentuate** (ak´sen´chö āt´´) *vt* acentuar.
**accentuation** (ak´sen´chö ā sh*a*n) *n* acentuación *f.*
**accept** (ak sept´) *vt* aceptar; admitir, acoger, recibir.
**acceptable** (ak sep´t*a* bl) *adj* aceptable.
**acceptability** (ak sep´´t*a* bil´i tē) *n* aceptabilidad *f.*
**acceptance** (ak sep´t*a*ns) *n* aceptación *f.*
**access** (ak´ses) *n* acceso *m*; entrada *f.*
**accessible** (ak´ses´*i* bl) *adj* accesible.
**accession** (ak´sesh´*a*n) *n* 1. acceso; 2. ascenso (al trono); 3. asentimiento, consentimiento; 4. aumento, acrecentamiento *m.*
**accessory** (ak ses´*o* rē) *n* accesorio, secundario, adicional *m*; (*law*) cómplice *m.*
**accident** (ak´si d*e*nt) *n* accidente *m*; casualidad *f.*
**accident-prone** *adj* propenso a sufrir accidentes.
**accidental** (ak´´si den´t*a*l) *adj* casual; **~ly** *adv* por casualidad.
**acclaim** (*a* klām´) *vt* aclamar, aplaudir.
**acclamation** (ak´´l*a* mā´sh*a*n) *n* aclamación *f*; aplauso *m.*
**acclimate** (*a* clī´mit) *vt* aclimatar.
**acommodate** (*a* kom´*a* dāt´´) *vt* alojar; complacer.
**accommodating** (*a* kom´*a* dā´´ting) *adj* servicial.
**accommodations** (*a* kom´*a* dā´´sh*a*ns) *npl* alojamiento *m.*
**accompaniment** (*a* kum´p*a* ni m*e*nt) *n* (*mus*) acompañamiento *m.*
**accompanist** (*a* kum´p*a* nist) *n* (*mus*) acompañante *m.*
**accompany** (*a* kum´p*a* nē) *vt* acompañar.
**accomplice** (*a* kom´plis) *n* cómplice *m.*
**accomplish** (*a* kom´plish) *vt* efectuar, completar, llevar a cabo.
**accomplished** (*a* kom´plisht) *adj* elegante, consumado.
**accomplishment** (*a* kom´plish m*e*nt) *n* cumplimiento *m*; **~s** *pl* talentos, conocimientos *mpl.*
**accord** (*a* kärd´) *n* acuerdo, convenio *m*; **with one** ~ unánimemente; **of one's own** ~ espontáneamente.

**accordance** (*a* kär′d*a*ns) *n*: **in ~ with** de acuerdo con.
**accordant** (*a* kär′d*a*nt) *adj* acorde.
**according** (*a* kär′ding) *prep* según, conforme; ~ **as** según que, como; **~ly** *adv* por consiguiente.
**accordion** (*a* kär′dē *a*n) *n* (*mus*) acordeón *m*.
**account** (*a* kount′) *n* cuenta *f*; **on no ~** de ninguna manera; bajo ningún concepto; **on ~ of** por motivo de; **to call to ~** pedir cuenta; **to turn to ~** hacer provechoso; • *vt* **to ~ for** explicar.
**accountability** (*a* koun′′t*a* bil′*i* tē) *n* responsabilidad *f*.
**accountable** (*a* koun′t*a* bl) *adj* responsable.
**accountancy** (*a* koun′t*a*n sē) *n* contabilidad *f*.
**accountant** (*a* kount′) *n* contable, contador *m*.
**account book** *n* libro de cuentas *m*.
**account number** *n* número *m* de cuenta.
**accounting** (*a* koun′t*a*nt) *n* contabilidad.
**accounts payable** cuentas por pagar.
**accounts receivable** cuentas por cobrar.
**accrue** (*a* krö′) *vi* 1. resultar, provenir. 2. acrecentar, aumentar, acumular.
**accumulate** (a kū′my*a* lāt) *vt* acumular; amontonar; • *vi* crecer.
**accumulation** (a kū′my*a* lā sh*a*n) *n* acumulación *f*; amontonamiento *m*.
**accuracy** (ak′y*u*r *a* sē) *n* exactitud *f*.
**accurate** (ak′y*u*r it) *adj* exacto; **~ly** *adv* exactamente.
**accursed** (*a* kürst′) *adj* maldito.
**accusation** (ak′′ū zā′sh*a*n) *n* acusación *f*.
**accusatory** (*a*k ū′z*a* tōr′′ē) *adj* acusatorio.
**accuse** (*a*k ūz′) *vt* acusar; culpar.
**accused** (*a*k ūzd′) *n* acusado *m*.
**accuser** (*a*k ū′z*e*r) *n* acusador *m*; denunciador *m*.
**accustom** (*a* kus′t*o*m) *vt* acostumbrar.
**accustomed** (*a* kus′t*o*md) *adj* acostumbrado, habitual.
**ace** (ās) *n* as *m*; **within an ~ of** casi, casi; por poco no . . .
**acerb** (*a* s*ü*rb) *a.* acerbo, amargo, cruel.
**acerbic** (*a* sür′bik) *adj* mordaz.
**acetate** (as′i tāt′′) *n* (*chem*) acetato *m*.
**ache** (āk) *n* dolor *m*; • *vi* doler.
**achieve** (*a* chēv′) *vt* 1. realizar; llevar a cabo, 2. obtener, lograr, alcanzar.
**achievement** (*a* chēv′m*e*nt) *n* realización *f*; hazaña *f*.
**acid** (as′id) *adj* ácido; agrio; • *n* ácido *m*.
**acidity** (*a* sid′i tē) *n* acidez *f*.
**acknowledge** (ak nol′ij) *vt* reconocer, confesar, acusar recibo, confirmar, agradecer.
**acknowledgment** (ak nol′ij m*e*nt) *n* reconocimiento, acuse de recibo, *m*; gratitud *f*.
**acme** (ak′mē) *n* apogeo; colmo *m*; cima, cumbre *f*.
**acne** (ak′nē) *n* acné *m*.

**acorn** (ā'kern) *n* bellota *f.*
**acoustics** (*a* kö'stik) *n* acústica *f.* acústico *m.*
**acquaint** (*a* kwānt') *vt* informar, avisar, familiarizar; **to be acquaintted** conocerse; **to be acquainted with** (*a* kwān'tid with) estar familiarizado con.
**acquaintance** (*a* kwān'tans) *n* conocimiento *m*; conocido *m.*
**acquiesce** (ak''wē es') *vi* someterse, consentir, asentir.
**acquiescence** (ak''wē es'ens) *n* consentimiento *m.*
**acquiescent** (ak''wē es'ent) *adj* deferente, condescendiente.
**acquire** (a kwīer') *vt* adquirir.
**acquisition** (ak''wi zish *a*n) *n* adquisición, obtención *f.*
**acquit** (*a* kwit') *vt* absolver.
**acquittal** (*a* kwit'*a*l) *n* absolución *f.*
**acre** (ā'kėr) *n* acre (medida de superficie) *m.*
**acrid** (ak'rid) *adj* acre, áspero, picante.
**acrimonious** (ak''ri mō'nē us) *adj* mordaz.
**acrimony** (ak'ri mō''nē) *n* acrimonia, acritud *f.*
**acrobat** (ak'r*o* bat'') *n* acróbata
**across** (*a* kros') *adv* a través, de una parte a otra; • *prep* a través de; **to come** ~ topar con.
**act** (akt) *vt* representar; • *vi* hacer; • *n* acto, hecho *m*; acción *f*; **~s of the apostles** Hechos de los Apóstoles *mpl.*
**acting** (ak'ti*n*) *n* actuación, desempeño; *adj* en funciones, interino, suplente.
**action** (ak'sh*a*n) *n* acción *f*; batalla *f.*
**actionable** (ak'sh*a* n*a* bl) *a* procesable.
**action replay** (ak'sh*a*n rē plā') *n* repetición *f.*
**activate** (ak'ti vāt'') *vt* activar.
**active** (ak'tiv) *adj* activo; **~ly** *adv* activamente.
**activity** (ak tiv'i t ē) *n* actividad *f.*
**actor** (ak't*o*r) *n* actor *m.*
**actress** (ak''tris) *n* actriz *f.*
**actual** (ak'chö *a* l) *adj* real; efectivo; **~ly** *adv* en efecto, realmente.
**actuality** (ak''chö al'i t ē) *n* realidad.
**actuary** (ak''chö er''ē) *n* actuario de seguros *m.*
**acumen** (*a* kū m*e*n) *n* agudeza, perspicacia *f.*
**acute** (*a* kūt') *adj* agudo; ingenioso; ~ **accent** *n* acento agudo *m*; ~ **angle** *n* ángulo agudo *m*; **~ly** *adv* con agudeza.
**acuteness** (*a* kūt'nis) *n* perspicacia, sagacidad *f.*
**ad** (ad) *n* aviso, anuncio. *m.*
**adage** (ad'ij) *n* proverbio *m.*
**adamant** (ad'*a* m*a*nt) *adj* inflexible.
**adapt** (*a* dapt') *vt* adaptar, acomodar; ajustar. **adaptability** *n* facilidad de adaptarse *f.*
**adaptable** (*a* dap t*a*'bl) *adj* adaptable.
**adaptation** (ad''*a*p tā'sh*a*n) *n* adaptación *f.*
**adapter** (*a* dap'tėr) *n* adaptador *m.*
**add** (ad) *vt* añadir, agregar; **to ~ up** sumar.

**addendum** (*a* den´d*u*m) *n* suplemento *m.*
**adder** (ad´ėr) *n* culebra *f*; víbora *f.*
**addict** (*a* dikt´) *n* drogadicto *m.*
**addiction** (*a* dik´sh*a*n) *n* dependencia *f.*
**addictive** (*a* dik´tiv) *adj* que crea dependencia.
**addition** (*a* dish´*a*n) *n* adición, añadidura, suma *f.*
**additional** (*a* dish´*a* n*a*l) *adj* adicional; ~**ly** *adv* en *o* por adición.
**additive** (ad´i tiv) *n* aditivo *m.*
**address** (*a* dres´) *vt* dirigir; • *n* dirección *f*; discurso *m.*
**addresee** (*a*d´´re sē´) *n* destinatario.
**adduce** (*a* dūs´) *vt* alegar, aducir.
**adenoids** (ad´*e* noid´´) *npl* vegetaciones adenoides *fpl.*
**adept** (ad´ept) *adj* hábil, experto, versado.
**adequacy** (ad´*e* kw*a* sē) *n* suficiencia *f.*
**adequate** (ad´*e* kwit) *adj* adecuado; suficiente; ~**ly** *adv* adecuadamente.
**adhere** (ad hēr´) *vi* adherir.
**adherence** (ad hēr´*e*ns) *n* adherencia *f.*
**adherent** (ad hēr´*e*nt) *n* adherente, partidario *m.*
**adhesion** (ad hē´sh*a*n) *n* adhesión *f.*
**adhesive** (ad hē´siv) *adj* pegajoso.
**adhesive tape** (ad hē´siv tāp) *n* (*med*) esparadrapo; cinta adhesiva *m.*
**adhesiveness** (ad hē siv nes) *n* adhesividad *f.*
**adieu** (a dū´) *adv* adiós; • *n* despedida *f.*
**adipose** (ad´*i* pos´´) *adj* adiposa.
**adjacent** (*a* jā´sent) *adj* adyacente, contiguo.
**adjectival** (aj´´ik tī´v*a*l) *adj* adjetivado; ~**ly** *adv* como adjetivo.
**adjective** (aj´´ik tiv) *n* adjetivo *m.*
**adjoin** (*a* join) *vi* estar contiguo; *vt* juntar, asociar, agregar.
**adjoining** (*a* joi ning) *adj* contiguo.
**adjourn** (*a* jurn´) *vt* aplazar, suspender, clausurar.
**adjournment** (*a* jurn´m*e*nt) *n* prórroga, suspensión, aplazamiento, clausura *f.*
**adjudicate** (a jö´di kāt´´) *vt* Adjudicar.
**adjunct** (aj´ungkt) *n* adjunto *m.*
**adjust** (*a* just´) *vt* ajustar, acomodar.
**adjustable** (*a* just´*a* bl) *adj* ajustable.
**adjustment** (*a* just´m*e*nt) *n* ajuste, arreglo *m.*
**adjutant** (aj´*u* tant) *n* (*mil*) ayudante *m.*
**ad lib** (ad lib´) *vt* improvisar.
**administer** (ad min´i stėr) *vt* administrar; gobernar; **to ~ an oath** prestar juramento.
**administration** (ad min´´i stra´sh*a*n) *n* administración *f*; gobierno *m.*
**administrative** (ad min´i strā´´tiv) *adj* administrativo.
**administrator** (ad min´i strā´´t*o*r) *n* administrador *m.*
**admirable** (ad´m*e*r *a* bl) *adj* Admirable; ~**bly** *adv* admirablemente, de maravilla.
**admiral** (ad´m*i*r *a*l) *n* almirante *m.*
**admiralship** (ad´m*i*r *a*l ship) *n* almirantía *f.*

**admiralty** (ad´m*i*r *a*lti) *n* almirantazgo *m.*
**admiration** (ad´´m*i* rā´sh*a*n) *n* admiración *f.*
**admire** (ad mīer´) *vt* admirar.
**admirer** (ad mīer´ėr) *n* admirador *m.*
**admiringly** (ad mīer´ing lē) *adv* con admiración.
**admissible** (ad mis´*i* bl) *adj* admisible.
**admission** (ad mish´*a*n) *adj* entrada, recepción, admisión, reconocimiento *f.*
**admit** (ad mit´) *vt* admitir; **to ~ to** confesarse culpable de.
**admittance** (ad mit´*a*ns) *n* entrada *f.*
**admittedly** (ad mit´id lē) *adj* de acuerdo con.
**admixture** (ad misk´ch*e*r) *n* mixtura, mezcla *f.*
**admonish** (ad mon´ish) *vt* amonestar, reprender.
**admonition** (ad´´m*o* nish´*a*n) *n* amonestación *f*; consejo, aviso *m.*
**admonitory** (ad mon´i t*ä*r´´ē) *adj* exhortatorio.
**ad nauseam** (ad n*ä*´shē *u*m) *adv* hasta el cansancio.
**ado** (*a* dö´) *n* dificultad, alharaca *f.*
**adolescence** (ad´´*o* les´*a*ns) *n* adolescencia *f.*
**adopt** (*a* dopt´) *vt* adoptar.
**adopted** (*a* dopt´*e*d) *adj* adoptivo.
**adoption** (*a* dop´sh*a*n) *n* adopción *f.*
**adoptive** (*a* dop´tiv) *adj* adoptivo.
**adorable** (*a* dōr´*a* bl) *adj* adorable.
**adorably** (*a* dōr´*a* bli) *adv* de modo adorable.
**adoration** (ad´´o rā´sh*a*n) *n* adoración *f.*
**adore** (*a* dōr´) *vt* adorar.
**adorn** (*a* d*ä*rn´) *vt* adornar.
**adornment** (*a* d*ä*rn´m*e*nt) *n* adorno *m.*
**adrift** (*a* drift´) *adv* a la deriva.
**adroit** (*a* droit´) *adj* diestro, hábil.
**adroitness** (*a* droit´nis) *n* destreza *f.*
**adulation** (aj´´u lâ´sh*a*n) *n* adulación, zalamería *f.*
**adulatory** (aj´´u l*a* t*ä*r´ē) *adj* lisonjero.
**adult** (*a* dult´) *adj* adulto; • *n* adulto *m*; adulta *f.*
**adulterate** (*a* dul´t*e* rāt´´) *vt* adulterar, corromper; • *adj* adulterado, falsificado.
**adulteration** (*a* dul´t*e* rā´sh*a*n) *n* adulteración, corrupción *f.*
**adulterer** (*a* dul´tė r ėr) *n* adúltero *m.*
**adulteress** (*a* dul´t*e*r is) *n* adúltera *f.*
**adulterous** (*a* dul´t*e*r us) *adj* adúltero.
**adultery** (*a* dul´t*e* rē) *n* adulterio *m.*
**advance** (ad vans´) *vt* avanzar; promover; pagar por adelantado; • *vi* hacer progresos; • *n* avance *m*; paga adelantada *f.*
**advanced** (ad vanst´) *adj* avanzado.
**advancement** (ad vans´m*e*nt) *n* adelantamiento *m*; progreso *m*; promoción *f.*
**advantage** (ad van´t*a*j) *n* ventaja *f*; **to take ~ of** sacar provecho de.

**advantageous** (ad''van tā'jus) *adj* ventajoso; **~ly** *adv* ventajosamente.
**advantageousness** (ad''van tā'jus nis) *n* ventaja, utilidad *f.*
**advent** (ad'vent) *n* venida *f*; **Advent** *n* Adviento *m.*
**adventitious** (ad''ven tish'us) *adj* adventicio.
**adventure** (ad ven'ch*ur*) *n* aventura *f.*
**adventurer** (ad ven'ch*ur* ėr) *n* aventurero *m.*
**adventurous** (ad ven'ch*ur* us) *adj* intrépido; valeroso; **~ly** *adv* arriesgadamente.
**adverb** (ad'v*ü*rb) *n* adverbio *m.*
**adverbial** (ad v*ü*r'bē *a*l) *adj* adverbial; **~ly** *adv* como adverbio.
**adversary** (ad'ver ser''ē) *n* adversario enemigo *m.*
**adverse** (ad'v*ü*rs ad v*ü*rs') *adj* adverso, contrario, antagónico.
**adversity** (ad v*ü*r'si tē) *n* calamidad *f*; infortunio *m.*
**advertise** (ad'ver tīz'') *vt* anunciar.
**advertisement** (ad''ver tīz'ment, ad vür'tis ment) *n* aviso, anuncio *m.*
**advertising** (ad'ver tī''zing) *n* publicidad *f.*
**advice** (ad vīz') *n* consejo *m*; aviso *m.*
**advisability** (ad vī''z*a* bil'*i* tē) *n* prudencia, conveniencia *f.*
**advisable** (ad vī'z*a* bl) *adj* prudente, conveniente.
**advise** (ad vīz') *vt* aconsejar; avisar.
**advisedly** (ad vī'zid lē) *adv* prudentemente, avisadamente.
**advisory** (ad vī'z*o* rē) *adj* consultivo.
**advocacy** (ad'v*o* k*a* sē) *n* defensa, amparo, apoyo *f.*
**advocate** (ad'v*o* kit, ad'v*o* kāt'') *n* abogado *m*; protector *m*; • *vt* abogar por.
**advocateship** (ad v*o* kāt'ship) *n* abogacía *f.*
**aerial** (âr'ē *a*l) *n* antena *f.*
**aerobics** (â rō'biks) *npl* aeróbico *m.*
**aerometer** (â rom'i tėr) *n* aerómetro *m.*
**aerosol** (âr'*o* säl) *n* aerosol *m.*
**aerostat** (âr'*o* stat'') *n* globo aerostático *m.*
**afar** (a fär') *adv* lejos, distante; **from** ~ desde lejos.
**affability** (af''*a* bil'*i* tē) *n* afabilidad, urbanidad *f.*
**affable** (af''*a* bl) *adj* afable, complaciente; **~bly** *adv* afablemente.
**affair** (*a* fâr') *n* asunto *m*; negocio *m*; aventura (amorosa); **affair of honor** lance de honor; **social affair** acontecimiento social; **state of affairs** situación.
**affect** (af'ekt) *vt* conmover; afectar.
**affectation** (af''ek tā'sh*a*n) *n* afectación *f.*
**affected** (*a* fek'tid) *adj* afectado, lleno de afectación; **~ly** *adv* con afectación.
**affectingly** (*a* fek'ting lē) *adv* con afecto; en forma conmovedora.
**affection** (*a* fek'sh*a*n) *n* cariño *m.*
**affectionate** (*a* fek'sh*a* nit) *adj* afectuoso; **~ly** *adv* cariñosamente.
**affidavit** (af''idā'vit) *n* declaración jurada *f.*

**affiliate** (*a* fil´ē āt´´) *vt* afiliar. *n* socio, asociado *m.*
**affiliation** (*a* fil´ē ā sh*a*n) *n* afiliación *f.*
**affinity** (*a* fin´i tē) *n* afinidad *f.*
**affirm** (*a* fürm) *vt* afirmar, declarar.
**affirmation** (af´´*i*r mā sh*a*n) *n* afirmación *f.*
**affirmative** (*a* für´m*a* tiv) *adj* afirmativo; **~ly** *adv* afirmativamente.
**affix** (*a* fiks´) *vt* pegar, adherir; agregar (firma, posdata); aplicar, fijar (multa); • *n* (*gr*) afijo, añadidura *m.*
**afflict** (*a* flikt´) *vt* afligir.
**affliction** (*a* flik´sh*a*n) *n* aflicción *f*; dolor *m.*
**affluence** (af´lö *e*ns) *n* abundancia *f.*
**affluent** (af´lö *e*nt) *adj* opulento.
**afflux** (af´luks) *n* confluencia, afluencia *f.*
**afford** (*a* färd´) *vt* dar; proveer; permitirse, darse el lujo; tener medios o recursos para; afrontar.
**affray** (*a* frā´) *n* asalto *m*; tumulto *m.*
**affront** (*a* funt´) *n* afrenta, injuria *f*; • *vt* afrentar, insultar, ultrajar.
**aflame** (*a* flām´) *adv* en llamas.
**afloat** (*a* flōt´) *adv* flotante, a flote.
**afore** (*a* flōr´) *prep* antes; • *adv* primero.
**afraid** (*a* frād´) *adj* espantado, asustado, atemorizado, timido; **I am** ~ temo.
**afresh** (*a* fresh) *adv* de nuevo, otra vez.
**aft** (aft) *adv* (*mar*) a popa.
**after** (af´tėr) *prep* después; detrás; según; • *adv* después; ~ **all** después de todo.
**afterbirth** (af´tėr bürth´´) *n* secundinas *fpl.*
**after-crop** (af´tėr krop) *n* segunda cosecha *f.*
**after-effects** (af´tėr i fekt´´) *npl* consecuencias *fpl.*
**afterlife** (af´tėr līf´´) *n* vida venidera *f.*
**aftermath** (af´tėr math´´) *n* consecuencias, resultados *fpl.*
**afternoon** (af´tėr nön´´) *n* tarde *f.*
**afterpains** (af´tėr pāns´´) *npl* dolores posteriores al parto *mpl.*
**aftertaste** (af´tėr tāst´´) *n* resabio *m.*
**afterward** (af´tėr w*a*rds) *adv* después.
**again** (*a* gen´) *adv* otra vez, de nuevo; ~ **and** ~ muchas veces, una y otra vez; **as much** ~ otro tanto más: **now and again** de vez en cuando.
**against** (*a* genst´) *prep* contra; ~ **the grain** a contrapelo; de mala gana.
**agate** (ag´it) *n* ágata *f.*
**age** (āj) *n* edad *f*; vejez *f*; **under** ~ menor; • *vt* envejecer.
**aged** (ājd) *adj* viejo, anciano.
**agency** (ā´jen sē) *n* agencia *f.*
**agenda** (*a* jen d*a*) *n* orden del día *m.*
**agent** (ā´jent) *n* agente *m.*
**age-old** (āj´ōld) antiquísimo.
**agglomerate** (*a* glom´*e* r āt) *vt* aglomerar. *n* conglomerado, conjunto *m.*

**agglomeration** (*a* glom'*e* rā sh*a*n) *n* aglomeración *f.*
**aggrandizement** (*a* grand'diz m*e*nt) *n* engrandecimiento *m.*
**aggravate** (ag'r*a* vāt) *vt* agravar, exagerar.
**aggravating** (ag'r*a* vāt ing) *a* agravante; irritante, exasperante.
**aggravation** (ag'r*a* vā sh*a*n) *n* agravación *f.* empeoramiento *m.*
**aggregate** (ag'r*e* gāt) *n* total *m*; • *adj* total, global.
**aggression** (*a* gresh'*a*n) *n* agresión *f.*
**aggressive** (*a* gres'iv) *adj* ofensivo; agresivo.
**aggressor** (*a* gres'er) *n* agresor *m.*
**aggrieved** (*a* grēvd') *adj* ofendido.
**aghast** (*a* gast') *adj* horrorizado, aterrado.
**agile** (aj'*i*l) *adj* ágil; diestro.
**agility** (a jil'itē) *n* agilidad *f*; destreza *f.*
**aging** (ā'jing) *adj.* envejecido, avejentado; *(sistema)* anticuado; *(proceso)* de envejecimiento; *(of wine)* añajemiento; *(of cheese)* maduración.
**agitate** (aj'i tāt) *vt* agitar, inquietar.
**agitation** (aj''i tā'sh*a*n) *n* agitación *f*; inquietud *f*; perturbación *f.*
**agitator** (aj'i tā''t*o*r) *n* agitador, incitador *m.*
**ago** (*a* gō') *adv* **five days ago:** hace cinco días. pasado, largo tiempo; después; **how long** ~? ¿cuánto hace?
**agonize** (ag'*o* nīz'') *vi* preocuparse demasiado: **don't agonize too much over it:** no te preocupes demasiado; no te rompas la cabeza.
**agonizing** (ag'*o* nī''zing) *adj* atroz.
**agony** (ag'*o* nē) *n* agonía *f.* **in agony:** desesperado
**agrarian** (*a* grâr'ē *a*n) *adj* agrario.
**agree** (*a* grē') *vt* convenir; • *vi* estar de acuerdo.
**agreeable** (*a* grē'*a* bl) *adj* agradable; amable; ~**bly** *adv* agradablemente; ~ **with** según, conforme a.
**agreeableness** (*a* grē'*a* bli nes) *n* amabilidad, gracia *f.*
**agreed** (*a* grēd') *adj* establecido, convenido; ~! *adv* ¡de acuerdo!
**agreement** (*a* grē'ment) *n* acuerdo *m.*
**agricultural** (ag''ri kul'ch*u*r *a*l) *adj* agrario; agrícola.
**agriculture** (ag''ri kul'ch*u*r) *n* agricultura *f.*
**agriculturist** (ag''ri kul'ch*u*r ist) *n* agricultor *m.*
**aground** (*a* ground') *adv* (*mar*) encallado.
**ah!** (ä) *excl* ¡ah! ¡ay!
**ahead** (*a* hed') *adv* más allá, delante de otro; (*mar*) por la proa.
**ahoy!** (*a* hoi') *excl* (*mar*) **ship** ~ barco a la vista; ~ **there**; ¡ah del barco!
**aid** (ād) *vt* ayudar, socorrer; **to** ~ **and abet** ser cómplice de; • *n* ayuda *f*; auxilio, socorro *m.*
**aide-de-camp** (ād'd*e* kamp') *n* (*mil*) ayudante de campo *m.*
**AIDS** (āds) *n* SIDA *m.*
**ail** (āl) *vt* afligir, molestar.
**ailing** (ā'ling) *adj* doliente; enfermo; aquejado de problemas.
**ailment** (āl'ment) *n* dolencia, indisposición *f.*

**aim** (ām) *vt* apuntar aspirar a; intentar; • *n* designio *m*; puntería *f*.
**aimless** (ām´lis) *adj* sin designio, sin objeto; ~**ly** a la deriva.
**air** (âr) *n* aire *m*; • *vt* airear; ventilar.
**air balloon** (âr´ba lön´) *n* globo aerostático *m*.
**airborne** (âr´born, âr´bärn) *adj* aerotransportado.
**air-conditioned** (âr´kon dish´ond) *adj* climatizado.
**air-conditioning** (âr kon dish´oning) *n* aire acondicionado *m*.
**aircraft** (âr´kraft, âr´kräft) *n* avión *m*.
**aircraft carrier** *n* portaaviones
**air cushion** (âr´küsh´on) *n* colchón de aire; almohadón inflable *m*.
**airfare** (âr´fār) *n* precio del pasaje de avión *m*; tarifa aérea *f*
**air force** *n* fuerzas aéreas *fpl*.
**air freshener** *n* ambientador; desodorante ambiental *m*.
**air gun** (âr´gun´) *n* escopeta de aire comprimido *f*.
**air hole** (âr´hōl´) *n* respiradero *m*.
**air hostess** (âr´hos´tis) *n* azafata *f*; aeromoza *f*
**airiness** (âri´nes) *n* ventilación *f*.
**airless** (âr´lis) *adj* falto de ventilación, sofocado.
**airlift** (âr´lift) *n* puente aéreo *m*.
**airline** (âr´līn) *n* línea aérea *f*.
**airmail** (âr´māl´´) *n*: **by** ~ por avión.
**airplane** (âr´plān´´) *n* avión *m*.
**airport** (âr´port´´) *n* aeropuerto *m*.
**air pump** (âr´pump´´) *n* bomba de aire *f*.
**airsick** (âr´sik´´) *adj* mareado.
**airstrip** (âr´strip´´) *n* pista de aterrizaje *f*.
**air terminal** *n* terminal aérea *f*.
**airtight** (âr´tīt´´) *adj* herméticamente cerrado.
**airworthy** (âr´wür´´THē) *adj* **to be** ~ estar en condiciones para volar.
**airy** (âr´ē) *adj* bien ventilado.
**aisle** (īl) *n* nave de una iglesia *f*.
**ajar** (*a* jär´) *adj* entreabierto.
**akimbo** (*a* kim´bō) *adj* corvo.
**akin** (*a* kin´) *adj* parecido.
**alabaster** (al´*a* bas´´tėr) *n* alabastro *m*; • *adj* alabastrino.
**alacrity** (*a* lak´rit tē) *n* presteza *f*.
**alarm** (*a* lärm´) *n* alarma *f*; • *vt* alarmar; inquietar.
**alarm bell** *n* timbre de alarma *m*.
**alarm clock** *n* reloj despertador.
**alarmist** (*a* lär´mist) *n* a larmista *m*.
**alas** (*a* las´) *adv* desgraciadamente.
**albeit** (äl bēi it) *conj* aunque.
**album** (al´bum) *n* álbum *m*.
**alchemist** (al´ke mist) *n* alquimista *m*.
**alchemy** (al´ke mē) *n* alquimia *f*.
**alcohol** (ak´ko hol´´) *n* alcohol *m*.
**alcoholic** (al´´ko ho´lik) *adj* alcohólico; • *n* alcoholizado *m*.
**alcove** (al´kōv) *n* niche *m*.
**alder** (äl´dėr) *n* aliso *m*.
**ale** (āl) *n* cerveza *f*.
**alehouse** (āl´hous) *n* cervecería, taberna *f*.
**alert** (*a* lert´) *adj* vigilante; alerta; muy despierto • *n* alerta *f*.
**alertness** (*a* lert´nis) *n* cuidado *m*; vigilancia *f*.

**algae** (al´jē) *npl* alga *f.*
**algebra** (al´jē bra) *n* álgebra *f.*
**algebraic** (al´´jē brā ´ik) *adj* algebraico.
**alias** (ā´lē *a*s) *adj* alias.
**alibi** (al´*i* bī´´) *n* (*law*) coartada *f.*
**alien** (āl´yen) *adj* ajeno; • *n* forastero *m.*; extraterrestre *m.*
**alienate** (āl´yen nāt) *vt* enajenar.
**alienation** (āl´´y*a* nā´sh*a*n) *n* enajenación *f.*
**alight** (*a* līt´) *vi* apearse; • *adj* encendido.
**align** (*a* līn´) *vt* alinear.
**alike** (*a* līk´) *adj* semejante, igual; • *adv* igualmente.
**alimony** (*a*l´*i* mō´´nē) *n* pensión alimenticia *mpl.*
**alive** (*a* līv´) *adj* vivo, viviente; activo.
**alkali** (al´k*a* lī´´) *n* álcali *m.*
**alkaline** (al´k*a* līn´´) *adj* alcalino.
**all** (äl) *adj* todo; • *adv* totalmente; ~ **at once** ~ **of a sudden** de repente; ~ **the same** sin embargo; ~ **the better** tanto mejor; **not at** ~! ¡no hay de qué!; **once for** ~ una vez por todas; • *n* todo *m.*
**allay** (*a* lā´) *vt* aliviar; disipar; aplacar.
**all clear** *n* luz verde *f.*
**allege** (*a* lej´) *vt* alegar; declarar.
**allegiance** (*a* lē´j*a*ns) *n* lealtad, fidelidad *f.*
**allegorical** (al´´*e* gor´ik) *adj* alegórico; ~**ly** *adv* alegóricamente.
**allegory** (al´*e* gor´´ē) *n* alegoría *f.*
**allegro** (*a* leg´rō) *n* (*mus*) alegro *m.*
**allergy** (al´ėr jē) *n* alergia *f.*
**alleviate** (*a* lē´vē āt´´) *vt* aliviar, aligerar.
**alleviation** (*a* lē´´vē ā´sh*a*n) *n* alivio *m*; mitigación *f.*
**alley** (al´ē) *n* callejuela *f.*
**alliance** (*a* lī´*a*ns) *n* alianza *f.*
**allied** (*a* līd´) *adj* aliado.
**alligator** (al´*i* gā´´tor) *n* caimán *m.*
**allitteration** (*a* lit´´*e* rā sh*a*n) *n* aliteración *f.*
**all-night** (äll´nīt´) *adj* abierto toda la noche.
**allocate** (al´*o* kāt´´) *vt* repartir, distribuir, asignar.
**allocation** (al´*o* kā sh*a*n) *n* cuota *f.*
**allot** (*a* lot´) *vt* asignar.
**allow** (*a* lou) *vt* conceder; permitir; dar, pagar; **to** ~ **for** tener en cuenta.
**allowable** (*a* lou´*a* bl) *adj* admisible, permitido.
**allowance** (*a* lou´*a*ns) *n* concesión *f.*
**alloy** (al´oi, *a* loi) *n* liga, mezcla *f.*
**all-right** *adv* bien.
**all-round** (äl´round´) *adj* completo.
**allspice** (äl´spīs´) *n* pimienta de Jamaica *f.*
**allude** (*a* löd´) *vt* aludir.
**allure** (*a* lür´) *n* fascinación *f. vt* cautivar, atraer.
**alluring** (*a* lür´ing) *adj* seductor; ~**ly** *adv* seductoramente.
**allurement** (*a* lür´ment) *n* aliciente, atractivo *m.*
**allusion** (*a* lö´zhan) *n* alusión *f.*
**allusive** (*a* lö´siv) *adj* alusivo; ~**ly** *adv* de modo alusivo.
**alluvial** (*a* lö´vē *a*l) *adj* aluvial.
**ally** (*a* lī´) *n* aliado *m*; • *vt* aliar.

**almanac** (*ä*l′m*a* nak′′) *n* almanaque *m.*
**almighty** (*ä*l′mī tē) *adj* omnipotente, todopoderoso.
**almond** (*ä*′mond) *n* almendra *f.*
**almond-milk** (*ä*l′mond milk′) *n* almendrada *f.*
**almond tree** (*ä*l′mond trē′) *n* almendro *m.*
**almost** (*ä*l′mōst) *adv* casi; cerca de.
**alms** (*ä*lms) *n* limosna *f.*
**aloft** (*a* loft′) *prep* arriba. **hold ~** levantar en alto; **remain ~** permanecer en el aire.
**alone** (*a* lōn′) *adj* solo; • *adv* solamente, sólo; **to leave ~** dejar en paz.
**along** (*a* long′) *adv* a lo largo; **~ side** al lado.
**aloof** (*a* löf′) *adv* lejos.
**aloud** (*a* loud′) *adj* en voz alta.
**alphabet** (al′f*a* bet′′) *n* alfabeto *m.*
**alphabetical** (al′f*a* bet′′*i* kl) *adj* alfabético; **~ly** *adv* por orden alfabético.
**alpine** (al pīn′) *adj* alpino.
**already** (*ä*l red′ē) *adv* ya.
**also** (*ä*l′s ō) *adv* también, además.
**altar** (*ä*l′tėr) *n* altar *m.*
**altarpiece** (*ä*l′tėr pē′s′′) *n* retablo *m.*
**alter** (*ä*l′tėr) *vt* modificar.
**alteration** (*ä*l′′te rā′sh*a*n) *n* alteración *f.*
**altercation** (*ä*l′′tėr kā sh*a*n) *n* altercado *m.*
**alternate** (*ä*l′tėr nit) *adj* alterno; • *vt* alternar, variar; **~ly** *adv* alternativamente.
**alternating** (*ä*l′tėr nāt′′ing) *adj* alterno.
**alternation** (*ä*l′tėr nā′′sh*a*n) *n* alternación *f.*
**alternator** (*ä*l′tėr nā′′ter) *n* alternador *m.*
**alternative** (*ä*l tür′n*a* tiv) *n* alternativa *f*; • *adj* alternative; **~ly** *adv* si no.
**although** (*ä*l thō′) *conj* aunque, no obstante.
**altitude** (al′ti tūd′′) *n* altitud, altura *f.*
**altogether** (*ä*l′′to geth′ėr) *adv* del todo.
**alum** (al′*u*m) *n* alumbre *m.*
**aluminous** (*a* lö′m*i* nus) *adj* aluminoso.
**aluminum** (*a* lö′m*i* num) *n* aluminio *m.*
**alumna** (*a* lum′n*a*) *n* exalumna *f*
**alumnus** (*a* lum′n*u*s) *n* exalumno *m*
**always** (*ä*l′wāz) *adv* siempre, constantemente.
**a.m.** *adv* de la mañana.
**amalgam** (*a* mal′g*a*m) *n* amalgama *f.*
**amalgamate** (*a* mal′g*a* māt) *vt vi* amalgamar(se).
**amalgamation** (*a* mal′′g*a* mā′sh*a*n) *n* amalgamación, fusión *f.*
**amanuensis** (*a* man′′ū en′sis) *n* amanuense, secretario *m.*
**amaryllis** (am′′*a* ril′is) *n* (*bot*) amarilis *f.*
**amass** (*a* mas′) *vt* acumular, amontonar.
**amateur** (am′*a* chür) *n* aficionado *m.*
**amateurish** (am′′*a* chür′ish) *adj* torpe; de aficionados; poco serio.

**amatory** (am´´*a* tor´i) *adj* amatorio; erótico.
**amaze** (*a* māz´) *vt* asombrar.
**amazement** (*a* māz´ment) *n* asombro *m.*
**amazing** (*a* mā´zing) *adj* increíble, asombroso, pasmoso; ~**ly** *adv* extraordinariamente.
**amazon** (am´*a* zon´´) *n* amazona *f.*
**ambassador** (am bas´*a* d*o*r) *n* embajador *m.*
**ambassadress** (am bas´*a* dris) *n* embajadora *f.*
**amber** (am´b*e*r) *n* ámbar *m*; • *adj* ambarino.
**ambidextrous** (am´´bi dek´str*u*s) *adj* ambidiestro.
**ambience** (am´bē *e*ns) *n* ambiente *m,* atmósfera *f.*
**ambient** (am´bē *e*nt) *adj* ambiental.
**ambiguity** (am´´b*i* gū´i tē) *n* ambigüedad, duda *f.*
**ambiguous** (am´´b*i*g´ū us) *adj* ambiguo; ~**ly** *adv* ambiguamente.
**ambition** (am bish´*a*n) *n* ambición *f.*
**ambitious** (am bish´us) *adj* ambicioso; ~**ly** *adv* ambiciosamente.
**amble** *vi* (am´ble) andar sin prisa.
**ambulance** (am´bū l*a*ns) *n* ambulancia *f.*
**ambush** (am´b*ü*sh) *n* emboscada *f*; **to lie in ~ estar** emboscado; • *vt* tender una emboscada a.
**ameliorate** (*a* mēl´y*u* rāt´´) *vt* mejorar.
**amelioration** (*a* mēl´´y*o* rā sh*a*n) *n* mejoramiento *m.*
**amenable** (*a* mē´n*a* bl, *a* me´n*a* bl) *adj* dócil, dispuesto, sensible.
**amend** (*a* mend´) *vt* enmendar.
**amendable** (*a* mend´*a* bl) *adj* reparable, corregible.
**amendment** (*a* mend´ment) *n* corrección, enmienda *f.*
**amends** (*a* mendz´) *npl* compensación , enmiendas *f.*
**amenities** (*a* men´i tēz) *npl* comodidades, conveniencias *fpl.*
**America** (*a* mer´i k*a*) *n* América *f.* Norteamérica, Estados Unidos.
**American** (*a* mer´i k*a*n) *adj* americano.
**amethyst** (am´i thist) *n* amatista *f.*
**amiability** (ā´mē *a* bil´´*i* ti) *n* amabilidad *f.*
**amiable** (ā´mē *a* bl) *adj* amable.
**amiableness** (ā´mē *a* bil nes) *n* amabilidad *f.*
**amiably** (ā´mē *a* bl ē) *adv* amablemente.
**amicable** (am´*i* k*a* bl) *adj* amigable, amistoso; ~**bly** *adv* amistosamente.
**amid(st)** (*a* mid´, *a* midst´) *prep* entre, en medio de.
**amiss** (*a* mis´) *adv*: **something's ~** algo pasa; **to take something ~** tomar algo a mal; **would not come ~** no vendría mal.
**ammonia** (*a* mōn´y*a*) *n* amoníaco *m.*
**ammunition** (am´´ū nish *a*n) *n* munición, municiones *fpl.*
**ammunition belt** *n* cartuchera, canana *f.*
**amnesia** (am nē´zh*a*) *n* amnesia *f.*
**amnesty** (am´ni stē) *n* amnistía *f.*
**among(st)** (*a* mung´, *a* mungst´) *prep* entre, en medio de.

**amoral** (ā mär'*a*l, a mär'*a*l) *adv* amoral.
**amorous** (am'ėr us) *adj* amoroso; **~ly** *adv* amorosamente.
**amorphous** (a mär'fus) *adj* amorfo.
**amortization** (am''ėr ti zā'sh*a*n) *n* amortización *f*.
**amortize** (am''ėr tiz'') *vt* amortizar.
**amount** (*a* mount') *n* importe *m*; cantidad *f*; • *vi* sumar, equivaler; **amount to** ascender a
**amp(ère)** (am'pēr) *n* amperio *m*.
**amphibian** (am fib'ē *a*n) *n* anfibio *m*.
**amphibious** (am fib'ē us) *adj* anfibio.
**amphitheater** (am'f*i* thē''*a* tėr ) *n* anfiteatro *m*.
**ample** (am'pl) *adj* amplio, abundante, suficiente.
**ampleness** (am'pl ness) *n* amplitud, abundancia *f*.
**amplification** (am''pl*i* f*i* kā'sh*a*n) *n* amplificación *f*; extensión *f*.
**amplifier** (am'pl*i* fī''ėr) *n* amplificador *m*
**amplify** (am'pl*i* f ī'') *vt* ampliar, extender.
**amplitude** (am'pli töd) *n* amplitud, extensión *f*.
**amply** (am'plē) *adv* ampliamente.
**amputate** (am'pū tāt) *vt* amputar.
**amputation** (am''pū tā'sh*a*n) *n* amputación *f*.
**amulet** (am'ū lit) *n* amuleto *m*.
**amuse** (*a* mūz') *vt* entretener, divertir.
**amusement** (*a* mūz'ment) *n* diversión *f*, pasatiempo, entretenimiento *m*.
**amusing** (*a* mū'zing) ) *adj* divertido; **~ly** *adv* entretenidamente.
**an** (an, *a*n) *art* un, uno, una.
**anachronism** (*a* nak'r*o* niz''*u*m) *n* anacronismo *m*.
**analog** (an'*a* log) *adj* (*comput*) analógico.
**analogous** (*a*nal'*o* gus) *adj* análogo.
**analogy** (*a*nal'*o* jē) *n* analogía *f*.
**analysis** (*a* nal'i sis) *n* análisis *m*.
**analyst** (an'*a* list) *n* analizador, analista *m*.
**analytical** (an''*a* lit'i k*a*l) *adj* analítico; **~ly** *adv* analíticamente.
**analyze** (an'*a* līz'') *vt* analizar.
**anarchic** (an är'kik) *adj* anárquico.
**anarchist** (an'*a*r kist) *adj* anarquista.
**anarchy** (an'*a*r kē) *n* anarquía *f*.
**anatomical** (an *a* tom'i kl) *adj* anatómico; **~ly** *adv* anatómicamente.
**anatomize** (*a* nat'*o* mīz) *vt* anatomizar, disecar, analizar cuidadosamente.
**anatomy** (*a* nat'*o* mē) *n* anatomia, *f*
**ancestor** (an'ses tėr) *n*; **~s** *pl* antepasados *mpl*.
**ancestral** (an'ses tral) *adj* ancestral.
**ancestry** (an'ses trē) *n* ascendencia, raza, alcurnia *f* árbol genealógico *m*.
**anchor** (ang'kėr) *n* ancla *f*; • *vi* anclar.
**anchorage** (ang'kėr ij) *n* fondeadero, ancladero *m* to pay ~ pagar anclaje.
**anchovy** (an'chō vē) *n* anchoa *f*
**ancient** (ān'sh*e*nt) *adj* antiguo; **~ly** *adv* antiguamente.

**ancillary** (an'si let''ē) *adj* auxiliar, subordinado.
**and** (*a*nd) *conj* y, e.
**anecdotal** (an''ik dōt'*a*l) *adj* anecdótico.
**anecdote** (an'ik dōt'') *n* anécdota *f*
**anemia** (*a* nē'mē *a*) *n* anemia *f.*
**anemic** ( *a* nē'mik) *adj* ( *med*) anémico.
**anemone** (*a* nem'*o* nē) *n* (*bot*) anémona *f*
**anesthetic** (an''is thet'tik) *n* anestesia *f.*
**anew** (*a* nö', *a* nū'. ) *adv* de nuevo, nuevamente.
**angel** (ān'jel) *n* ángel *m*
**angelic** (an jel'ik ) *adj* angélico.
**anger** (ang'gėr) *n* ira, cólera *f*, enojo, enfado *m*; • *vt* enojar, irritar.
**angle** (ang'gl) *n* ángulo *m*; • *vt* pescar con caña; tratar de conseguir algo con artificios.
**angled** (ang'gld) *adj* anguloso.
**angler** (ang'glėr) *n* pescador de caña; persona que usa trucos para conseguir algo *m*
**Anglican** (ang'gl*i* k*a*n) *s* (relig) anglicano *m*
**Anglicanism** (ang'gl*i* k*a* niz''*u*m) *s* (relig) anglicanismo *m*
**anglicism** (ang'gl*i* siz''*u*m) *n* anglicismo *m.*
**angling** (ang'gling) *n* pesca con caña *f.*
**angrily** (ang'gri lē) *adv* con enojo.
**angry** (ang'grē) *adj* enojado, colérico, enfurecido.
**anguish** (ang'gwish) *n* ansia, angustia, aflicción *f*
**angular** (ang'gū lėr) *adj* angular.
**angularity** (ang''gū lar'i tē) *n* forma angular *f.*
**animal** (an'*i* m*a*l) *n adj* animal *m.*
**animate** (an'*i* māt'') *vt* animar; • *adj* viviente.
**animated** (an'*i* mā''tid) *adj* vivo, animado, alegre.
**animation** (an'*i* mā''sh*a*n) *n* animación *f*
**animator** (an'*i* mā''t*o*r) *s* animador; productor de dibujos animados *m.*
**animosity** (an''*i* mos'i tē) *n* rencor *m.*
**animus** (an'*o* mus) *n* odio *m*
**anise** *n* (an'is) anís *m*
**aniseed** (an'isēd'') *n* semilla de anís *m*
**ankle** (ang'kl) *n* tobillo *m*; ~ **bone** hueso del tobillo *m*
**annals** (an'*a*lz) *n* anales, crónicas *mpl.*
**annex** (an'eks) *vt* anexar (país, cuidad, etc.); • *n* anexo, apéndice (de un documento); pabellón de un edificio *m.*
**annexation** (an''ek sā sh*a*n) *n* anexión *f.*
**annihilate** (*a* nī *i* lāt'') *vt* aniquilar.
**annihilation** (*a* nī''*i* lā'sh*a*n) *n* aniquilación *f.*
**anniversary** (an *i* vür's*a* rē) *n* aniversario *m.*
**annotate** (an'ō tāt'') *vi* anotar.
**annotation** (an''ō tā'sh*a*n) *n* anotación *f.*
**announce** (*a* nouns') *vt* anunciar, publicar.
**announcement** (*a* nouns'm*e*nt) *n* anuncio *m.*

**announcer** (*a* noun'sėr) *n* locutor *m.*
**annoy** (*a* noi') *vt* molestar.
**annoyance** (*a* noi'*a*ns) *n* molestia *f.*
**annoying** (*a* n oi'ing) *adj* molesto; fastidioso.
**annual** (an'ū *a*l) *adj* anual; ~**ly** *adv* anualmente, cada año.
**annuity** (*a* nö'i tē) *n* anualidad, renta o pensión anual por cierto número de años o vitalicia *f.*
**annul** (*a* nul') *vt* anular.
**annulment** (*a* nul'ment) *n* anulación *f.*
**annunciation** (*a* nun''sē ā'sh*a*n) *n* anunciación *f*
**anodyne** (an'*o* dīn'') *adj* anodino.
**anoint** (*a* noint') *vt* untar, ungir.
**anomalous** (*a* nom'*a* lus) *adj* anómalo.
**anomaly** (*a* nom'*a* lē) *n* anomalía, irregularidad *f.*
**anon** (*a* non') *adv* más tarde.
**anonymity** (*a*n''*o* nim'*i* tē) *n* anonimato *m.*
**anonymous** (*a* non'*i* mus) *adj* anónimo; ~**ly** *adj* anónimamente.
**anorak** (ä no rak) *s* chaqueta esquimal con capucha *f.*
**anorexia** (an''*o* rek'sē *a*) *n* anorexia *f.*
**another** (*a* nuTH'ėr) *adj* otro, diferente; **one** ~ uno a otro.
**answer** (an'sėr) *vt* responder, replicar; corresponder; **to** ~ **for** responder de *o* por; **to** ~ **to** corresponder a; • *n* respuesta, réplica *f.*
**answerable** (an'sėr *a* bl) *adj* responsable.
**answering machine** *n* contestador automático *m.*
**ant** (ant) *n* hormiga *f.*
**antagonism** (an tag'*o* niz''*u*m) *n* antagonismo *m*; rivalidad *f.*
**antagonist** (an tag'*o* nist) *n* antagonista *m.*
**antagonize** (an tag'*o* nīz) *vt* provocar.
**Antarctic** (ant ärk'tic) *adj* antártico.
**anteater** (ant'ē''tėr) *n* oso hormiguero *m*
**antecedent** (an''ti sēd'*e*nt) *n*; ~**s** *pl* antecedentes *mpl.*
**antechamber** (an'tē chām''bėr) *n* antecámara *f*
**antedate** (an'ti dāt'') *vt* preceder en el tiempo; poner fecha anterior, adelantar.
**antedeluvian** (ant''ē di lö'vē *a*n) *adj.* 1. antediluviano; anterior al Diluvio. 2. anticuado, antiquísimo, muy viejo.
**antelope** (an'*te* lōp'') *n* antílope *m.*
**antenna** (an tn'*a*) *npl* antena *f.*
**anterior** (an tēr'ē *o*r) *a dj* anterior, precedente.
**anteroom** (an'tē röm) *s* antesala; sala de espera.
**anthem** (an'th*e*m) *n* himno *m.*
**ant-hill** (ant'hil) *n* hormiguero *m.*
**anthology** (an thol'*o* jē) *n* antología *f.*
**anthracite** (an'thr*a* sīt'') *n* antracita *f.* carbón, fósil *m.*
**anthropology** (an''thr*o* pol'*o* j ē) *n* antropología *f*
**anti-aircraft** (an''tē âr kraft') *adj* antiaéreo.
**antibiotic** (an''ti bī ot'ik) *n* antibiótico *m.*

**antibody** (an´ti bod´´ē) *n* anticuerpo *m.*
**Antichrist** (an´ti krīst) *n* Anticristo *m.*
**anticipate** (an tis´*i* pāt) *vt* anticipar, prevenir.
**anticipation** (an tis´´*i* pā´sh*a*n) *n* anticipación *f.*
**anticlockwise** *adv* en sentido contrario a la de las agujas del reloj.
**antidote** (an´ti dōt´´) *n* antídoto *m.*
**antifreeze** (an´ti frēz´´) *n* anticongelante *m.*
**antimony** (an´ti mō´nē) *n* antimonio *m.*
**antipathy** (an tip´*a* thē) *n* antipatía *f.*
**antipodes** (an tip´*o* dēz ) *npl* antípodas *fpl*
**antiquarian** (an´´ti kwer´ē *a*n) *n* anticuario *m.*
**antiquated** (an´ti kwā tid) *adj* antiguo; • *n* antigüedad *f.*
**antiquity** (an´tik´wi tē ) *n* antigüedad *f.*
**antiperspirant** *a., s.* desodorante
**antiseptic** (an´´ti sep´´tik) *adj* antiséptico.
**antisocial** *adj* antisocial.
**antithesis** (an´tith´i sis) *n* antítesis *f.*
**antler** (ant´lėr) *n* asta,cornamenta; cuerno (de ciervo) *f.*
**anvil** (an´vil) *n* yunque *m.*
**anxiety** (ang zī´i tē) *n* ansiedad, ansia *f*; afán *m.*
**anxious** (angk´shus) *adj* ansioso; ~**ly** *adv* ansiosamente.
**any** (en´ē) *adj pn* cualquier, cualquiera; algún, alguna; todo; ~**body** alguno, cualquiera; ~**how** de cualquier modo que sea; ~**more** más; ~**place** en ninguna parte; ~**thing** algo.
**apace** (*a* pās´) *adv* rápidamente.
**apart** (*a* pärt´) *adv* aparte, separadamente.
**apartment** (*a* pärt´m*e*nt) *n* departamento *m.*
**apartment house** *n* casa de apartamentos *f.*
**apathetic** (ap´´*a* thet´ik) *adj* apático.
**apathy** (ap´*a* thē) *n* apatía *f.*
**ape** (āp) *n* mono *m*; • *vt* remedar.
**aperture** (ap´ėr chėr ) *n* abertura *f.*
**apex** (ā´peks) *n* ápice *m*, cima cúspide *f.*
**aphorism** (af´*o* riz´´*u*m) *n* aforismo *m*; máxima *f.*
**apiary** (ā´pē er´´ē) *n* colmena *f.*
**apiece** (*a* pēs´) *adv* por cabeza, por persona.
**aplomb** (*a* plom´) *n* aplomo *m.*
**Apocalypse** (*a* pok´*a* lips) *n* Apocalípsis *m.*
**apocrypha** (*a* pok´r*a* f*a*) *npl* libros apócrifos *mpl.*
**apocryphal** (*a* pok´r*i* f*a*l) *adj* apócrifo, no canónico.
**apologetic** (*a* pol´´*o* jet´ik) *adj* de disculpa.
**Apologist** (*a* pol´*o* jist ) *n* apologista *m.*
**apologize** (*a* pol´*o* jīz) *vt* disculpar.
**apology** (*a* pol´*o* jē) *n* apología, defensa *f.*
**apoplexy** (*a*p´*o* plek´´sē) *n* apoplejía *f.*
**apostle** (*a* pos´*e*l) *n* apóstol *m.*

**apostolate** (*a* pos'to lāt'') *n* apostolado *m.*
**apostolic** (*a*p''*o* stol'ik) *adj* apostólico.
**apostrophe** (*a* pos'tro fē) *n* apóstrofe *m.*
**apotheosis** (*a* poth''ē ō'sis) *n* apoteosis *f.*
**appall** (*a* pal') *vt* espantar, aterrar, consternar.
**appalling** (*a* pal'ing ) *adj* espantoso.
**apparatus** (*a*p''*a* rat'us) *n* aparato *m.*
**apparel** (*a* par'*e*l) *n* traje, vestido, (mar) aparejo *m.*
**apparent** ( *a* par'*e*nt) *a dj* e vidente, aparente; ~**ly** *adv* por lo visto.
**apparition** (*a*p''*a* rish'*a*n) *n* aparición, visión *f.*
**appeal** (*a* pēl') *vi* apelar, recurrir a un tribunal superior; • *n* atracción, encanto (*law*) apelación *f.*
**appealing** (*a* pēl'ing) *adj* atractivo.
**appear** (*a* pēr') *vi* aparecer.
**appearance** (*a* pēr'*a*ns) *n* apariencia *f.*
**appease** (*a* pēs') *vt* aplacar.
**appellant** (*a* pel'*a*nt) *n* (*law*) apelante *m.*
**append** (*a* pend') *vt* anexar, añadir, agregar.
**appendage** (*a* pen'dij) *n* cosa accesoria *f.*
**appendectomy** (*a*p''*e*n dek'to mē) *s* apendectomía *f.*
**apendicitis** (*a* pen'di sī'tis) *n* apendicitis *f.*
**appendix** (*a* pen'diks) *n* apéndice, suplemento *m.*
**appertain** (*a*p''ėr tān') *vi* tocar a, pertenecer, relacionarse, corresponder.
**appetite** (ap'i tīt'') *n* apetito *m.*
**appetizer** (ap'i tī''zėr) *n* aperitivo *m.*
**appetizing** (ap'i tī''zing) *adj* apetitoso.
**applaud** (*a* pläd') *vi* aplaudir.
**applause** (*a* pläz') *n* aplauso, *m,* aclamación *f*
**apple** (*a*p'l) *n* manzana *f.*
**apple orchard** *n* manzanar *m.*
**apple pie** (*a*p'l pī) *n* pastelillo de manzanas *m*; **in ~ order** en sumo orden.
**apple tree** (*a*p'l trē) *n* manzano *m.*
**appliance** (*a* pl ī'*a*ns) *n* aparato *m.*
**applicability** (*a*p''l*i* k*a* bil'i tē) *n* aplicabilidad *f.*
**applicable** (*a*p'l*i* k*a* bl) *adj* aplicable.
**applicant** (*a*p'l*i* k*a*nt) *n* aspirante, candidato *m.*
**application** (*a*p'l*i* kā'sh*a*n) *n* aplicación *f*; solicitud *f.*
**applied** (*a* plīd') *adj* aplicado.
**apply** (*a* plī') *vt* aplicar; **apply oneself to** aplicarse a, dedicarse. • *vi* ser pertinente, corresponder; ajustarse; afanarse; **apply for, apply to** solicitar (un empleo)
**appoint** (*a* point') *vt* nombrar.
**appointee** (*a* poin tē') *n* persona nombrada *f.*
**appointment** (*a* point'ment) *n* cita *f*; nombramiento *m.*
**apportion** (*a* pōr'sh*a*n) *vt* repartir.
**apportionment** (*a* pōr'sh*a*n ment) *n* repartición *f.*

**apposite** (*a*p'*o* zit) *adj* apropiado, oportuno.
**apposition** (*a*p''*o* zish'*a*n) *n* añadidura, yuxtaposición *f.*
**appraisal** (*a* prā'z*a*l) *n* evaluación, valoración, estimación *f.*
**appraise** (*a* prāz') *vt* tasar; evaluar, valorar, estimar.
**appreciable** (*a* prē'shē *a* bl) *adj* apreciable, considerable.
**appreciate** (*a* prē'shē āt'') *vt* apreciar; agradecer.
**appreciation** (*a* prē'shē ā sh*a*n) *n* aprecio, reconocimiento *m.*
**appreciative** (*a* prē'sh*a* tiv) *adj* agradecido.
**apprehend** (ap''ri hend') *vt* arrestar.
**apprehension** (ap''ri hen sh*a*n) *n* aprensión *f.*
**apprehensive** (ap''ri hen siv) *adj* aprensivo, tímido.
**apprentice** (*a* pren'tis) *n* aprendiz *m*; • *vt* poner de aprendiz.
**apprenticeship** (*a* pren'tis ship'') *n* aprendizaje *m.*
**apprise, apprize** (*a* prīz') *vt* informar; valorar.
**approach** (*a* prōch') *vt vi* aproximar(se); • *n* acceso *m.* enfoque, tentativa *f.* planteamiento *m.*
**approachable** (*a* prō'ch*a* bl) *adj* accesible.
**approbation** (ap''r*o* bā'sh*a*n ) *n* aprobación *f.*
**appropriate** (*a* prō'prē āt'') *vt* apropiarse de; • *adj* apropiado.
**approval** (*a* prö'v*a*l) *n* aprobación *f.*
**approve (of)** (*a* pröv') *vt* aprobar.
**approximate** (*a* prok'si māt'') *vi* acercarse; • *adj* aproximativo; **~ly** *adv* aproximadamente.
**approximation** (*a* prok''si mā'sh*a*n) *n* aproximación *f.*
**apricot** (*a* p'r*i* kot'') *n* damasco, albaricoque *m.*
**April** (ā'pril) *n* abril *m.*
**apron** (ā'pron) *n* delantal *m.*
**apse** (aps) *n* ábside *m.*
**apt** (apt) *adj* apto, idóneo; **~ly** *adv* oportunamente.
**aptitude** (ap'ti töd) *n* aptitud *f.*
**aqualung** (ak'w*a* lung'') *n* escafandra autónoma (aparato de respiración que usan los buzos) *f.*
**aquarium** (*a* kwâr'ē um) *n* acuario *m.*
**Aquarius** (*a* kwâr'ē us) *n* Acuario *m.*
**aquatic** (*a* kwat'ik) *adj* acuático.
**aqueduct** (ak'wi dukt) *n* acueducto *m.*
**aqueous** (ā'kwē us) *adj* acuoso.
**aquiline** (ak'wi lin'') *adj* aguileño.
**arabesque** (ar''*a* besk'') *n* arabesco *m.*
**arable** (ar'*a* bl) *adj* arable, cultivable *s* tierra cultivable.
**arbiter** (är'bi tėr) *n* árbitro *m.*
**arbitrariness** (är'bi trer''ē nis) *n* arbitrariedad *f.*
**arbitrary** (är'bi trer''ē) *adj* arbitrario.
**arbitrate** (är'bi trāt'') *vt* arbitrar, juzgar como árbitro.
**arbitration** (är'bi trā'sh*a*n) *n* arbitrio *m.*
**arbitrator** (är'bi trā''t*o*r) *n* árbitro *m.*

**arbor** (är'b*o*r) *n* emparrado *m*; enramada *f*.
**arcade** (är kād') *n* galería *f*.
**arcane** (är kān') *adj* arcano, secreto, misterioso.
**arch** (ärch) *n* arco *m*; • *adj* malicioso.
**archaic** (är kā'ik) *adj* arcaico.
**archangel** (ärk'ān''j*e*l) *n* arcángel *m*.
**archbishop** (ärch'bish'*o*p) *n* arzobispo *m*.
**archbishopric** (ärch''bish'*o*p rik) *n* arzobispado *m*.
**archeological** (är'ki ol *o*''ji kl) *adj* arqueológico.
**archeology** (är'ki ol''*o* ji) *n* arqueología *f*.
**archer** (är'chėr) *n* arquero *m*.
**archery** (är'ch*e* r ē) *n* tiro con arco y flecha *m*.
**architect** (är'ki rekt'') *n* arquitecto *m*.
**architectural** (är''ki rek'chėr *a*l) *adj* arquitectónico.
**architecture** (är'ki rek''chėr) *n* arquitectura *f*.
**archives** (är'kīvz) *npl* archivos *mpl*.
**archivist** (är'k*i* vist) *n* archivero, archivista *m*.
**archly** (ärch'lē) *adv* maliciosamente.
**archway** (ärch'wā) *n* arcada, bóveda *f*.
**arctic** (ärk'tic) *adj* ártico.
**ardent** (är'dent) *adj* apasionado; ~**ly** *adv* con pasión.
**ardor** (är'dėr) *n* ardor *m*; vehemencia *f*; pasión *f*.
**arduous** (är'jūs) *adj* arduo, difícil.
**area** (ār'ē*a*) *n* área *f*; espacio *m*.
**arena** (*a* rē'n*a*) *n* arena *f*, ruedo, estadio; campo, terreno (de interés) *m*.
**argot** (är'g*o*t) *s* jerga *f;* vocabulario propio de una profesión.
**arguably** (är'gū *a* blē) *adv* posiblemente.
**argue** (är'gū) *vi* argumentar, discutir; • *vt* sostener.
**argument** (är'gy*a* m*e*nt) *n* argumento *m*, controversia *f*.
**argumentation** (är'gy*a* m*e*n tā'sh*a*n) *n* argumentación *f*.
**argumentative** (är''gy*a* m*e*n t*a* tiv) *adj* que discute.
**aria** *n* (är'ē *a*) (*mus*) aria *f*.
**arid** (ar'id) *adj* árido, estéril.
**aridity** (*a* rid'i tē) *n* aridez, sequedad *f*.
**Aries** (âr'ēz) *n* Aries *m*.
**aright** (*a* rīt') *adv* bien; **to set** ~ rectificar.
**arise** (*a* rīz') *vi* levantarse; surgir, presentarse; nacer.
**aristocracy** (ar''i stok'r*a* sē) *n* aristocracia *f*.
**aristocrat** (*a* ris't*o* kr*a*t'') *n* aristócrata *m*.
**aristocratic** (*a* ris''t*o* kr*a*t'ik) *adj* aristocrático; ~**ally** *adv* aristocráticamente.
**arithmetic** (*a* rith'm*e* tik) *n* aritmética *f*.
**arithmetical** (*a*r''ith'met'i k*a*l) *adj* aritmético; ~**ly** *adv* aritméticamente.
**ark** (ärk) *n* arca *f*.
**arm** (ärm) *n* brazo *m*; arma *f*; • *vt* (*vi*) armar(se).

**armament** (är′m*a* ment) *n* armamento *m.*
**armchair** (ärm′châr′) *n* sillón *m.*
**armed** (ärmd) *adj* armado.
**armful** (ärm′fŭl′′) *n* brazada *f.*
**armhole** (ärm′hōl) *n* sobaco *m.* sisa *f.*
**armistice** (*ar*′mi stis) *n* armisticio *m.*
**armlock** (ärm′lok) *n* (sports) llave (de brazo).
**armor** (är′m*o*r) *n* armadura *f.*
**armored car** *n* carro blindado *m.*
**armory** (är′m*o* rē) *n* arsenal *m.*
**armpit** (ärm′pit) *n* sobaco *m.* axila *f.*
**armrest** (ärm′rest) *n* brazo (de sofá) *m*; apoyabrazos *m invar.*
**army** (är′mē) *n* ejército *m*; tropas *fpl.*
**aroma** (*a* rō′m*a*) *n* aroma *m.*
**aromatic** (ar′′*o* mat′ik) *adj* aromatico.
**around** (*a* round) *prep* alrededor de; • *adv* alrededor. • **is Mary ~?** ¿está Mary por ahí? • **I'll see you ~!** ¡Nos vemos! • **He followed me ~** Me seguía por todas partes.
**arouse** (*a* rouz′) *vt* despertar; excitar.
**arraign** (*a* rān′) *vt* acusar, hacer comparecer ante un tribunal.
**arraignment** (*a* rān′ment) *n* acusación, comparecencia (ante un juez) *f*; proceso criminal *m.*
**arrange** (*a* rānj′) *vt* organizar, arreglar, disponer, concertar, tramitar.
**arrangement** (*a* rānj′ment) *n* colocación *f*; arreglo.
**arrant** (ar′*a*nt) *adj* consumado, redomado.
**array** (*a* rā′) *n* serie, selección *f.*
**arrears** (*a* rērz′) *npl* resto de una deuda *m*; atraso *m.*
**arrest** (*a* rest′) *n* arresto *m*; • *vt* detener, arrestar.
**arrival** (*a* rī′v*a*l) *n* llegada *f.*
**arrive** (*a* rīv′) *vi* llegar.
**arrogance** (ar′*o* g*a*ns) *n* arrogancia, presunción *f.*
**arrogant** (ar′*o* g*a*nt) *adj* arrogante, presuntuoso; **~ly** *adv* arrogantemente.
**arrogate** (ar′*o* gāt′) *vt* arrogarse.
**arrogation** (ar′′*o* gā′sh*a*n) *n* arrogación *f.*
**arrow** (ar′ō) *n* flecha *f.*
**arrowhead** (ar′ō hed) *n* punta de flecha *f.*
**arsenal** (är′s*e* n*a*l) *n* (*mil*) arsenal *m*; (*mar*) atarazana, armería *f.*
**arsenic** (är′s*e* nik) *n* arsénico *m.*
**arson** (är′s*o*n) *n* fuego incendiario *m.*
**art** (ärt) *n* arte *m.*
**arterial** (är ter′ē *a*l) *adj* arterial.
**artery** (är′t*e* rē) *n* arteria *f.*
**artesian well** (är tē′zhun wel) *n* pozo artesiano *m.*
**artful** (ärt′fŭl) *adj* ingenioso.
**artfulness** (ärt′fŭl nis) *n* astucia, habilidad *f.*
**art gallery** *n* pinacoteca *f.*
**arthritis** (är thrī′tis) *n* artritis *f.*
**artichoke** (är′ti chōk) *n* alcachofa *f.*
**article** (är′ti k*a*l) *n* artículo *m.*
**articulate** (är tik′yu lit, är tik′yu lāt) *vt* articular, pronunciar distintamente.

**articulated** (är tik´yu lāt id) *adj* articulado.
**articulation** (är tik´´yu lā´sh*a*n) *n* articulación *f.*
**artifact** (är´t*i* fact´´) *n* artefacto *m.*
**artifice** (är´t*i* fis) *n* artificio, fraude *m.*
**artificial** (är´t*i* fish *a*l) *adj* artificial; artificioso; **~ly** *adv* artificialmente; artificiosamente.
**artificiality** (är´´t*i* fish´´ē al´i t ē) *n* artificialidad *f.*
**artillery** (är til´*e* r ē) *n* artillería *f.*
**artillery man** *n* artillero *m.*
**artisan** (är´ti z*a*n) *n* artesano *m.*
**artist** (är´tist) *n* artista *m.*
**artistic** (är´tist ic) *adj* artístico.
**artistry** (är´ti strē) *n* habilidad *f.*
**artless** (ärt´lis) *adj* ingenuo, sin malicia, sencillo, simple; **~ly** *adv* sencillamente, naturalmente.
**artlessness** (ärt´lis nes) *n* sencillez, ingenuidad *f.*
**art school** *n* escuela de bellas artes *f.*
**as** (az) *conj* como; mientras; también; visto que, puesto que; ~ **for,** ~ **to** en cuanto a.
**asbestos** (as bes´tus) *n* asbesto, amianto *m.*
**ascend** (*a* send´) *vi* ascender, subir.
**ascendancy** (*a* sen´d*a*n sē) *n* dominio *m.* supremacía *f.*
**ascension** (*a* sen´sh*a*n) *n* ascensión *f.*
**ascent** (*a* sent´) *n* subida, ascenso *f.*
**ascertain** (as´´ėr tān´) *vt* establecer.
**ascetic** (*a* set´ik) *adj* ascético; • *n* asceta *m.*
**ascribe** (*a* skrīb´) *vt* atribuir.
**ash** (ash) *n* (*bot*) fresno *m*; ceniza *f.*
**ashamed** (*a* shāmd´) *adj* avergonzado(a), apenado(a).
**ash blonde** *adj* rubio cenizo.
**ashcan** (ash´kan) *n* bote de la basura *m.*
**ashen** (ash´*e*n) *adj* lívido, ceniciento.
**ashore** (*a* shär´) *adv* en tierra, a tierra; **to go** ~ desembarcar.
**ashtray** (ash´trā´) *n* cenicero *m.*
**Ash Wednesday** *n* miércoles de ceniza *m.*
**aside** (*a* sīd´) *adv* a un lado.
**ask** (äsk) *vt* pedir, rogar; **to ~ after** preguntar por; **to ~ for** pedir; **to ~ out** invitar.
**askance** (*a* skans´) *adv* desconfiado.
**askew** (*a* skū´) *adv* de lado.
**asleep** (*a* slēp´) *adj* dormido; **to fall** ~ dormirse.
**asp** (asp) *n* áspid *m.*
**asparagus** (*a* spar´*a* gus) *n* espárrago *m.*
**aspect** (as´pect) *n* aspecto *m.*
**aspen** (as´pen) *n* álamo temblón *m.*
**aspersion** (*a* spür´zh*a*n) *n* aspersión, calumnia *f.*
**asphalt** (as´fält) *n* asfalto *m.*
**asphyxia** (as fik´sē *a*) *n* (*med*) asfixia *f.*
**asphyxiate** (as fik´sē āt´´) *vt* asfixiar.
**asphyxiation** (as fik´sē ā sh*a*n) *n* asfixia *f.*
**aspirant** (*a* spīr´*a*nt, as´p*i*r *a*nt) *n* aspirante *m.*
**aspirate** (as´p*i* rāt´´) *vt* aspirar, pronunciar con aspiración; • *n* sonido aspirado *m.*
**aspiration** (as´´p*i* rā sh*a*n) *n* aspiración *f.*

**aspire** (*a* spīr′) *vi* aspirar, desear.
**aspirin** (*as*′pi rin) *n* aspirina *f.*
**ass** (as) *n* asno *m*; **she** ~ burra *f.*
**assail** (*a* sāl′) *vt* asaltar, atacar.
**assailant** (*a* sāl′*a*nt) *n* asaltante, agresor *m.*
**assassin** (*a* sas′in) *n* asesino *m.*
**assassinate** (*a* sas′*i* nāt′′) *vt* asesinar.
**assassination** (*a* sas′′*i* nā′sh*a*n) *n* asesinato *m.*
**assault** (*a* säl t′) *n* asalto *m*; • *vt* acometer, asaltar.
**assemblage** (*a* sem′blij) *n* multitud, colección, recopilación *f.*
**assemble** (*a* sem′bl) *vt* reunir, convocar; • *vi* juntarse.
**assembly** (*a* sem′blē) *n* asamblea, junta *f*; congreso *m.*
**assembly line** *n* cadena de montaje *f.*
**assent** (*a* sent′) *n* asenso *m*; • *vi* asentir.
**assert** (*a* sürt′) *vt* sostener, mantener; afirmar.
**assertion** (*a* sür′sh*a*n) *n* afirmación, aserción *f.*
**assertive** (*a* sür′tiv) *adj* perentorio, decisivo, determinante.
**assess** (*a* ses′) *vt* valorar, calcular, aquilatar.
**assessment** (*a* ses′ment) *n* valoración *f.*
**assessor** (*a* ses′*o*r) *n* asesor *m.*
**asset** (as′et) *n* valor *m*, cualidad *f.*
**assets** (as′ets) *npl* bienes *mpl.*
**assiduous** (*a* sij′ö us) *adj* diligente, aplicado; ~**ly** *adv* diligentemente.
**assign** (*a* sīn′) *vt* asignar, nombrar.
**assignation** (*a*s′′ig nā sh*a*n) *n* cita *f.*
**assignment** (*a* sīn′ment) *n* asignación *f*; tarea *f.*
**assimilate** (*a* sim′*i* lāt′′) *vt* asimilar.
**assimilation** (*a* sim′′*i* lā′sh*a*n) *n* asimilación *f.*
**assist** (*a* sist′) *vt* asistir, ayudar, socorrer.
**assistance** (*a* sis′t*a*ns) *n* asistencia, ayuda *f*; socorro *m.*
**assistant** (*a* sis′t*a*nt) *n* asistente, ayudante *m.* ~ **professor** profesor adjunto.
**associate** (*a* sō′shē āt) *vt* asociar; • *adj* asociado; • *n* socio *m.*
**association** (*a* sō′shē ā sh*a*n) *n* asociación, sociedad *f.*
**assonance** (as′*o* nans) *n* asonancia *f.*
**assorted** (*a* sär′tid) *adj* surtido.
**assortment** (*a* särt′ment) *n* surtido *m.*
**assuage** (*a* swāj′) *vt* mitigar, suavizar.
**assume** (*a* söm′) *vt* asumir; suponer.
**assumption** (*a* sump′sh*a*n) *n* supuesto *m*; **Assumption** *n* Asunción *f.*
**assurance** (*a* sür′*a*ns ) *n* seguro *m.*
**assure** (*a* sür′) *vt* asegurar.
**assuredly** (*a* sür′id lē) *adv* sin duda.
**asterisk** (as′te risk) *n* asterisco *m.*
**astern** (*a* stürn′) *adv* (*mar*) a popa.
**asteroid** (as′te roid) *n* asteroide *m.*
**asthma** (az′ma, as′ma) *n* asma *f.*
**asthmatic** (az ma′tik, as ma′tik) *adj* asmático.
**astonish** (*a* ston′ish) *vt* pasmar, sorprender, asombrar.

**astonishing** (*a* ston'i shing) *adj* asombroso; ~**ly** *adv* asombrosamente.
**astonishment** (*a* ston'ish ment) *n* asombro *m.*
**astound** (*a* stound') *vt* pasmar.
**astounding** (*a* stoun'ding) *adj* increíble
**astraddle** (*a* strad'l) *adv* a horcajadas.
**astray** (*a* strā') *adv*: **to go** ~ extraviarse; **to lead** ~ llevar por mal camino.
**astride** (*a* strīd') *adv* a horcajadas.
**astringent** (*a* strin'jent) *adj* astringente.
**astrologer** (*a* strol'*o* jėr) *n* astrólogo *m.*
**astrological** (*a* str*o* loj'i k*a*l) *adj* astrológico.
**astrology** (*a* strol'*o* jē) *n* astrología *f.*
**astronaut** (*a* str*o* nät ) *n* astronauta *m.*
**astronomer** (*a* stron'*o* mėr) *n* astrónomo *m.*
**astronomical** (as''tr*o* nom'i k*a*l) *adj* astronómico.
**astronomy** (*a* stron'*o* mē) *n* astronomía *f.*
**astute** (*a* stūt') *adj* astuto, sagaz, perspicaz, inteligente.
**asylum** (*a* sī'lum) *n* asilo, refugio *m.*
**at** (at) *prep* a; en; ~ **once** en seguida; ~ **all** en absoluto; ~ **all events** en todo caso; ~ **first** al principio; ~ **last** por fin.
**atheism** (ā'thē iz''*u*m) *n* ateísmo *m.*
**atheist** (ā'thē ist) *n* ateo *m.*
**athlete** (ath'lēt) *n* atleta *m.*
**athletic** (ath'let'ik) *adj* atlético.
**athletism** (ath'let'ism) *n* atletismo *m.*
**atlas** (at'l*a*s) *n* atlas *m.*
**atmosphere** (at'm*o*s fēr'') *n* atmósfera *f.*
**atmospheric** (at''m*o*s fer'ic) *adj* atmosférico.
**atoll** (at'ol) *n* atolón *m.*
**atom** (at'*o*m) *n* átomo *m.*
**atom bomb** *n* bomba atómica *f.*
**atomic** (*a* tom'ik) *adj* atómico.
**atomize** (at'*o* mīz'') *vt* atomizar, pulverizar
**atomizer** (at'*o* mī''zėr) *n* atomizador, pulverizador *m.*
**atone** (*a* tōn') *vt* expiar, hacer reparación por algo.
**atonement** (*a* tōn'm*e*nt) *n* expiación *f.*
**atop** (*a* top') *adv* encima.
**atrium** (ā'trē um) *n* atrio *m.*
**atrocious** (*a* trō'shus) *adj* atroz; ~**ly** *adv* atrozmente.
**atrocity** (*a* tros'i t ē) *n* atrocidad, enormidad *f.*
**atrophy** (*a* tro fē) *n* (*med*) atrofia *f.*
**attach** (*a* tach') *vt* adjuntar, amarrar, sujetar.
**attaché** (*a*t''*a*shā) *n* agregado *m.*
**attached** (*a* tacht') *adj* tenerle cariño a algo o a alguien.
**attachment** (*a* tach'm*e*nt ) *n* afecto *m.*
**attack** (*a* tak') *vt* atacar; acometer; • *n* ataque *m.*
**attacker** (*a* tak'ėr) *n* asaltante *m.*
**attain** (*a* tān') *vt* conseguir, obtener.

**attainable** (*a* tān′*a* bl) *adj* asequible, alcanzable.

**attempt** (*a* tempt′) *vt* intentar; probar, experimentar; • *n* intento *m*. tentativa *f*.

**attend** (*a* tend′) *vt* servir; asistir; **to** ~ **to** ocuparse de; • *vi* prestar atención.

**attendance** (*a* ten′dans) *n* presencia *f*.

**attendant** (*a* ten′d*a*nt) *n* sirviente, guarda, encargado *m*; • ~ **responsibility** responsabilidad inherente; ~ **nurse** enfermera de guardia.

**attention** (*a* ten′sh*a*n) *n* atención *f*; cuidado *m*.

**attentive** (*a* ten′tiv) *adj* atento; cuidadoso; ~**ly** *adv* con atención.

**attenuate** (*a* ten′ū āt′′) *vt* atenuar, disminuir.

**attest** (*a* test′) *vt* atestiguar, testificar.

**attic** (at′ik) *n* desván *m*; buardilla *f*.

**attire** (*a* tīr′) *n* atavio, atuendo *m*.

**attitude** (at′i töd, at′i tūd ) *n* actitud, postura *f*.

**attorney** (*a* tür′nē) *n* abogado *m*.

**attract** (*a* trakt′) *vt* atraer.

**attraction** (*a* trak′sh*a*n) *n* atracción *f*; atractivo *m*.

**attractive** (*a* trak′tiv) *adj* atractivo.

**attribute** (a′tr*i* būt′′) *vt* atribuir; • *n* atributo *m*.

**attrition** (a′trish *a*n) *n* agotamiento, desgaste *m*.

**auburn** (ä′burn) *adj* moreno, castaño.

**auction** (äk′′sh*a*n) *n* subasta *f*.

**auctioneer** (äk′′sh*a* nēr) *n* subastador, rematador *m*.

**audacious** (ä dā′shus) *adj* audaz, temerario; ~**ly** *adv* atrevidamente.

**audacity** (ä das′i tē) *n* audacia, osadía *f*.

**audible** (ä′d*i* bl) *adj* perceptible al oído; ~**ly** *adv* de modo que se pueda oir.

**audience** (ä′dē *e*ns) *n* audiencia, público, espectadores *f*; auditorio *m*.

**audit** (ä′dit) *n* auditoría *f*; • *vt* auditar.

**auditor** (ä′di t*o*r) *n* censor de cuentas *m*.

**auditórium** (ä′di tōr ē um) *n* auditorio *m*.

**auditory** (ä′di tōr ē) *adj* auditivo.

**augment** (äg ment′) *vt* aumentar, acrecentar; • *vi* crecer.

**augmentation** (äg′′men tā′sh*a*n) *n* aumentación *f*; aumento *m*.

**augury** (äg′yu rē) *n* augurio *m*.

**August** (ä′gust) *n* agosto *m*.

**august** (ä gust′) *adj* majestuoso.

**aunt** (änt) *n* tía *f*.

**aura** (är′*a* ) *n* aura *f*.

**auspices** (ä′spis es) *npl* auspicios *mpl*.

**auspicious** (ä′spish′us) *adj* propicio; ~**ly** *adv* favorablemente.

**austere** (ä′stēr′) *adj* austero, severo; ~**ly** *adv* austeramente.

**austerity** (ä′stēr′i tē) *n* austeridad *f*.

**authentic** (ä then′tik) *adj* auténtico; ~**ly** *adv* auténticamente.

**authenticate** (ä then′t*i* kāt′′) *vt* autenticar.

**authenticity** (ä then ti′si tē) *n* autenticidad *f*.

**author** (*ä*'thor) *n* autor *m*; escritor *m*.
**authoress** (*ä*'th*o*r i s) *n* autora; escritora *f*.
**authoritarian** (*ä* th*o*r''i târ'ē *a*n) *adj* autoritario.
**authoritative** (*ä* th*o*r'i tā''tiv) *adj* fidedigno; autorizado; **~ly** *adv* autoritativamente, con autoridad.
**authority** (*a* th*ä*r'i tē) *n* autoridad *f*.
**authorization** (*ä*''th*o*r i zā'sh*a*n) *n* autorización *f*.
**authorize** (*ä*'th*o* rīz'') *vt* autorizar.
**authorship** (*ä*'th*o*r ship'') *n* autoría *f*.
**auto** (*ä*'tō) *n* carro, coche *m*.
**autobiographical** (*ä* t*o* bī''*o* graf'i k*a*l) *adj* autobiográfico
**autobiography** (*ä* t*o* bī''*o*g r*a* fē) *n* *autobiografía f*.
**autocrat** (*ä*'tō krat'') *n* autócrata *m*.
**autocratic** (*ä*''t*o* krat'ik) *adj* autocrático.
**autograph** (*ä*'t*o* graf'') *n* autógrafo *m*. *vt*. autografiar.
**automated** (*ä*'t*o* mā tid'') *adj* automatizado.
**automatic** (*ä*'t*o* mat ik) *adj* automático.
**automaton** (*ä* tom'*a* ton'') *n* autómata *m*.
**automobile** (*ä*''to m*o* bēl') *n* automóvil, coche *m*.
**autonomy** (*ä* t on'*o* mē) *n* autonomía *f*.
**auto pilot** (*ä* tō pī'l*o*t) *n* piloto automático *m*.
**autopsy** (*ä*'top sē) *n* autopsia *f*.
**autumn** (*ä*'tum) *n* otoño *m*.
**autumnal** (*ä*'tum nal) *adj* otoñal.
**auxiliary** (*ä*g zil'ya rē) *adj* auxiliar, asistente.
**avail** (*a* vāl') *vt*: **to ~ oneself of** aprovecharse de; • *n*: **to no ~** en vano.
**available** (*a* vāl'l*a* bl) *adj* disponible.
**avalanche** (av'*a* lanch) *n* alud *m*.
**avarice** (av'*a*r is) *n* avaricia *f*.
**avaricious** (av''*a* rish'us) *adj* avaro.
**avenge** (*a* venj') *vt* vengarse, castigar.
**avenue** (av'*e* nū) *n* avenida *f*.
**aver** (*a* vür') *vt* afirmar, declarar.
**average** (av'ėr ig) *vt* tomar un término medio; • *n* término medio, promedio *m*.
**averse** (*a* vürs') *adj* reacio; **be ~ to** detestar; **He is not ~ to** le gusta.
**aversion** (*a* vür sh*a*n) *n* aversión *f*, disgusto *m*.
**avert** (*a* vürt') *vt* desviar, apartar.
**aviary** (ā'vē er''ē) *n* pajarera *f*.
**aviation** (ā'vē ā'sh*a*n) *n* aviación *f*.
**avid** (av'id) *adj* ávido.
**avocado** (av''*o* kä'dō) *n* aguacate *m*.
**avoid** (*a* void') *vt* evitar, escapar, huir.
**avoidable** (*a* void'*a* bl) *adj* evitable.
**await** (*a* wāt') *vt* aguardar.
**awake** (*a* wāk') *vt* despertar; • *vi* despertarse; • *adj* despierto.
**awakening** (*a* wā'k*e* ning) *n* el despertar.
**award** (*a* wärd') *vt* otorgar; • *n* premio *m*; sentencia, decisión *f*.
**aware** (*a* wâr') *adj* consciente; vigilante.

**awareness** (*a* wâr′nes) *n* conciencia *f.*

**away** (*a* wā′) *adv* ausente, fuera; ~! ¡fuera, quita de ahí, marcha! **far and** ~ de mucho, con mucho.

**away game** *n* partido de fuera *m.*

**awe** (*ä*) *n* miedo, temor, respeto reverencial *m.*

**awe-inspiring** *adj* imponente.

**awesome** (*ä*′sum) *adj* imponente, formidable, impresionante

**awful** (*ä*' ful) *adj* tremendo, terrible, espantoso; ~**ly** *adv* espantosamente • muy, extremadamente.

**awhile** (*a* hwīl′) *adv* un rato, algún tiempo.

**awkward** (*ä*k'ward) *adj* torpe, rudo, poco diestro; ~**ly** *adv* groseramente, toscamente.

**awkwardness** (*ä*k'ward nes) *n* tosquedad, grosería, poca habilidad *f.*

**awl** (*ä*l) *n* lesna, punzón *f.*

**awning** (*ä*′ning) *n* (*mar*) toldo *m.*

**awry** (*a* rī′) *adv* oblicuamente, torcidamente, al través.

**ax** (aks) *n* hacha *f*; • *vt* despedir; cortar.

**axiom** (ak′sē um) *n* axioma *m.*

**axis** (ak′sis) *n* eje *m.*

**axle** (ak′sel) *n* eje *m.*

**ay(e)** (ī) *excl* sí.

**azure** (ash′ur, āsh′ur) *adj* azul celeste; ~ **blue eyes** ojos zarcos.

# B

**B** (bē) *n.* b, segunda letra del alfabeto inglés.
**baa** (ba) *n* balido del carnero *m*; • *vi* balar.
**Babbitt** (bab'it) *n.* burgués, conformista.
**babble** (bab'bl) *vi* charlar, parlotear; balbucir, b albucear. 3 . murmurar, susurrar.
**babbling** (bab'bling) *n* charla, cháchara *f*; flujo de hablar *m.*
**babbler** (bab'blėr) *n* charlador, charlatán *m.*
**babe, baby** (bāb, bā'bē) *n* niño pequeño, nene *m*; infante *m.*
**babe in arms**, niño de pecho.
**babe in the woods**, (*fig.*) novato, persona inexperta e inocente.
**baboon** (ba bön') *n* cinocéfalo *m*, mono grande *m.*
**baboosh** (ba bösh') *n.* babucha, pantufla.
**babu** (bä'bö) *n* caballero hindú.
**baby** (bā'bē) *n.* bebé, criatura, (*fig.*) persona pueril, el menor, el más joven (de un grupo) chica, mujer, amiga, **to hold** (o **to carry**) **the ~,** cargar con una responsabilidad (no deseada).
**baby blue,** azul pálido, celeste.
**baby face,** cara de niño, facciones infantiles.
**baby grand,** piano de media cola.
**baby farm** (bā'bē farm') guardería infantil, centro para cuidar bebes.
**babyhood** (bā'bē hüd') *n* niñez *f.*
**babyish** (bā'bish) *adj* niñero; pueril.
**baby carriage** *n* cochecito *m.*
**baby linen** *n* envoltura de una criatura recién nacida *f.*
**baby-sit** (bā'bē sit'') *v.i.* (*fam*) cuidar niños durante la ausencia de sus padres, (fig.) quedar la cuidado de un asunto.
**baby sitter** (bā'bē sit''ėr ) *n.* niñera, persona que cuida a n iños en ausencia de sus padres a cambio de cierta remuneración.
**baby talk,** balbuceo infantil.
**baby tooth,** diente de leche.
**baccalaureate** (bak''*a* lär'ē it) *n.* bachillerato.
**bachanal** (ba''k*a* näl) *a.* bacanal. – *n.* bacanal, orgía.
**bachelor** (bach'*e* lor) *n* soltero, célibe. *m*; bachiller *m.*
**bachelorship** (bach'*e* lor ship) *n* soltería *f*; bachillerato *m.*
**bacillus** (ba sil'us) *n* bacilo, bacteria.
**back** (bak) *n* dorso, columna vertebral, respaldo, *m*; revés de la mano *m*; • *adv* atrás, detrás; **a few years** ~ hace algunos años; • *vt* sostener, apoyar, favorecer.
**backache** (bak'āk ) *n.* dolor de espalda.
**backbite** (bak'bīt'') *v.t.* hablar mal del que está ausente; difamar.
**backbiter** (bak'bīt''ėr) *n* detractor, murmurador, detractor. *m.*
**backbone** (bak'bōn'') *n* espina dorsal, espinazo, (*fig.*) firmeza moral, determinación. *m.*
**backbreaking** (bak'brā'king) *a.* agobiador agotador.
**backcloth** (bak'clöth') *n.* (*teat*) telón de fondo *m.*

**backdate** (bak'dāt'') *vt* fechar con atraso.
**backdoor** (bak'dōr'') *n* puerta trasera, puerta falsa. *f.*
**backer** (bak'ėr) *n* partidario, patrocinador, financiador, apostador. *m.*
**backgammon** (bak'gam''*o*n) *n* juego de chaquete *o* tablas *m.*
**background** (bak'ground'') *n* fondo *m.* trasfondo, medio ambiente; acompañamiento; información básica, datos escenciales; antecedentes, experiencia.
**background music** (*teat., rad., t.v.*) música de fondo *f.*
**backing** ( bak'ing) *n*. ayuda *f*, respaldo *m*, garantía *f*; refuerzo, forro *m.*
**backlash** (bak'lash'') *n* reacción violenta*f*; retroceso *m*; resaca *f.*
**backlog** (bak'log'') *n* trabajo acumulado *m* • *vt, vi* acumular(se) (pedidos o reservas) *m.*
**back number** *n* número atrasado de algún periódico *m* (*fam.*) cosa pasada de moda, persona de costumbres anticuadas.
**backpack** (bak'pak'') *n* mochila *f.*
**back payment** (bak'pā'ment) *n* paga atrasada *f.*
**backrent,** (bak'rent'') *n* alquiler vencido o atrasado *m.*
**backroad** (bak'rōd'') *n.* camino vecinal, posterior al principal o lejos de la carretera que comunica a una comarca.
**backshop** (bak'shop'') *n.* trastienda, tienda pequeña alejada de una población *f.*
**backside** (bak'sīd'') *n.* trasero, *m* parte posterior.
**back-up lights** *npl* (*auto*) luces de marcha atrás *fpl.*
**backslap** (bak'slap'') *v.t.* tratar con excesiva buena voluntad. *v.i.* mostrar excesiva coordialidad o compañerismo.
**backslide** (bak'slīd) *v.i.* recaer, reincidir; volverse negligente, descuidar(se), resbalar; descarriarse.
**backspacer** (bak'spā'sėr) *n.* tecla de retroceso (en máquina de escribir).
**back stair** *n* escalera de servicio *f.*
**back street** *n* calle posterior, pequeña arteria poco transitada *f.*
**backsword** (bak'sōrd'') *n.* sable, alfanje.
**backup** (bak'up'') *n.* soporte, apoyo; acumulación de trabajo atrasado; substituto.
**backward** (bak'w*a*rd) *adj* tardo, lento; **a ~ child**, un niño retardado. atrasado, subdesarrollado • *adv* hacia a trás, en orden o dirección contraria, al reves; decayendo, empeorándose; **to know (something) ~**, saber al dedillo (algo); **to move ~**, r etroceder; cejar, desistir .
**backyard** (bak'yard'') *n.* patio posterior, corral
**bacon** (bā'k*o*n) *n* tocino, **to bring home the ~**, traer el sustento a la familia.*m.*
**bactericide** (bak tē'i sīd'') *a.* bactericida.
**bacteriologist** (bak tē'i ol''o jist) *n.* bacteriólogo.
**bacteriology** (bak tē'i ol''o jē) *n.* bacteriología.
**bad** (bad) *a dj* mal, malo, inferior, deficiente; descompuesto; perverso, depravado; infeliz; dañoso; indispuesto; impropio (palabra, expresión); desagradable (sabor);

abatido, enfermo; nocivo (clima); intenso (invierno, resfrio) ~**ly** *adv* malamente, incorrectamente, peligrosamente..

**badge** (baj) *n* señal *f*; símbolo, distintivo, insignia, *m*; divisa *f*.

**badger** (baj´ėr) *n* tejón *m*; • *vt* fatigar; cansar, atormentar.

**badminton** (bad´min t*o*n) *n* bádminton *m*.

**badness** (bad´nes) *n* maldad, mala calidad *f*.

**baffle** (baf´fl) *vt* confundir, hundir; acosar. *n*. deflector. (rad.) pantalla acústica..

**baffling** (baf´ling) *a*. desconcertante.

**bag** (bag) *n* saco, costal, maletín. *m*; bolsa, maleta, vasija *f*; (jerg.) mujer o muchacha desaliñada, vieja fea. *f*

**bagatelle** (bag´´*a* tel´) *n*. bagatela, fruslería; billar romano.

**baggage** (bag´ij) *n* bagaje, equipaje *m*.

**baggage car** *n* furgón, vagón de equipajes *f*.

**baggy** (bag´ē) *adj*. abolsado, holgado, flojo; ~ **trousers,** pantalones abombados.

**bagnio** (ban´yō) *n*. burdel, lupanar *m*.

**bagpipe** (bag´pīp´´) *n* gaita *f*.

**bail** (bāl) *n* fianza, caución (juratoria) *f*; fiador *m*; • *vt* caucionar, fiar.

**bailiff** (bā´lif) *n* alguacil *m*; mayordomo *m*.

**bain-marie** (ban´´m*a*rē) *n*. (fr., cocina) baño maría.

**bait** (bāt) *vt* cebar; atraer, azusar; • *n* cebo, carnada. *m*; anzuelo *m*.

**baize** (bāz) *n* bayeta *f*. **green ~,** tapete verde que cubre las mesas de juego.

**bake** (bāk) *vt* cocer en horno, asar al horno. *vi* coserse, asarse, endurecerse. *n*. cocción al horno, calcinar.

**baker** (bāk´ėr) *n*. panadero, hornero. ~´s, panadería. ~**'s dozen** trece piezas.

**bakery** (bā´k*a* rē) *n* panadería, pastelería. *f*.

**baking powder** *n* levadura *f*, polvo de hornear *m*.

**balalaika** (bal´´*a* lī k*a*) *n*. (*mús*) balalaica *f*.

**balance** (bal´*a*ns) *n* balanza *f*; equilibrio *m*; saldo de una cuenta *m*; **to lose one's** ~ caerse, dar en tierra; • *vt* pesar en balanza; contrapesar; saldar; considerar, examinar.

**balanced** (bal´*a*nst) *a*. equilibrado, mesurado, simétrico, parejo, compensado, balanceado.

**balance in hand** *n* saldo disponible *m*.

**balancer** (bal´*a*n sėr) *n*. equilibrista, fiel de balanza, pesador *m*.

**balance sheet** *n* hoja de balance *f*.

**balcony** (bal´k*o* nē) *n* balcón *m*.

**bald** (bäld) *adj* calvo, pelado. franco, directo, ej. ~ statement, declaración franca, sin reservas.

**bald eagle** *n*. águila calva. ave heráldica de los Estados Unidos de América *f*.

**balderdash** (bäl´dėr dash´´) *n*. disparate *m*, tontería *f*.

**baldness** (bäld´nis) *n* calvicie *f*.

**baldpated** (bäld´pā tid) *adj*. tonsurado, rapado, calvo.

**baldric** (bäl´drik) *n*. tahalí; cinturón donde se cuelga un objeto como la espada, la corneta, etc. *m*.

**bale** (bāl) *n* bala *f*; • *vt* embalar, empaquetar; tirar el agua del bote.
**balefire** (bāl'fīr'') *n.* hoguera, fogata *f*, fuego de señales *m.*
**baleful** (bāl'ful) *adj* triste, funesto; **~ly** *adv* tristemente; míseramente.
**baler** (bā'lėr) *n.* embalador, empaquetador *m.*
**balk** (bälk) *n.* viga *f*, madero *m*; obstáculo, impedimento, desengaño *m*; • *vt* i mpedir, desbaratar, frustar. eludir (tarea). *vi* detenerse, plantarse.
**ball** (bäl) *n* bola, bala *f*, proyectil *m*; pelota *f*; **~ of the eye,** globo del ojo. yema del dedo. **on the ~,** (jer.) alerta, atento; competente, capaz. **to have a ~,** divertirse, pasarla bien, baile *m.*
**ballad** (bal'*a*d) *n* balada *f.*
**balladeer** (ba''l*a*d ēr) *n*. trovador, el que canta baladas; romancero *m.*
**ballast** (bal'*a*st) *n* lastre. madurez, jucio *m* • *vt* lastrar. balastrar, afirmar.
**ball bearing** *n.* cojinete de bolas, rodamiento *m.*
**ballerina** (bal''*e* rē n*a*) *n* bailarina *f.*
**ballet** (ba lā', bal'ā) *n* ballet, baile clásico *m.*
**balletomane** (ba let'*o* mān'') *n.* aficionado al ballet *m.*
**ballistic** (ba lis'tik) *adj* balístico.
**ball of fire** *n.* persona vivaz y diligente.
**balloon** (ba lön') *n* globo, globo aerostático *m.* • *vt* inflar, distender. *vi* inflarse como un globo.
**ballot** (bal'*o*t) *n* bolilla para votar, cédula electoral, boleta, papeleta *f*; escrutinio *m*; • *vi* votar con balotas.
**ball park** (*dep*) *n* parque donde se juega al béisbol, estadio.
**ballplayer** *n.* pelotero, beisbolista *m.*
**ballpoint** (**pen**) (bäl'point pen) *n* bolígrafo *m.* pluma *f.*
**ballroom** (bäl'röm) *n* salón de baile *m.*
**balm, balsam** (bäm, bäl'sam) *n* bálsamo *m*; • *vt* untar con bálsamo. (*fig*) bálsamo, consuelo *m.*
**balminess** (bäm'ē nis) *n* fragancia, aroma, suavidad *f* (*jer.*) locura *f.*
**balmoral** (bal mär'*a*l) *n* falda de lana *f*; bota con cintas *f*; gorro escocés redondo y plano *m.*
**balmy** (bäm'ē) *adj* balsámico; fragante; suave; refrescante; suavizante; aromático.
**balustrade** (bal'u strād'') *n* balaustrada, barandilla, baranda. *f.*
**bamboo** (bam bö'') *n* mimbre *m.*
**bamboozle** (bam bö'zl) *vt* (*fam*) engañar; burlar, embaucar.
**ban** (ban) *n* prohibición, desaprobación; excomunión *f*; • *vt* prohibir.
**banal** (ban'*a*l) *adj* vulgar, trivial, insignificante.
**banana** (b*a* nan'*a*) *n* plátano *m.*
**band** (band) *n* faja *f*; cuadrilla *f*; banda (de soldados) *f*; orquesta *f.* • *vi* agruparse apiñarse. *vt* agrupar, apíñar
**bandage** (ban'dij) *n* venda *f*, vendaje *m*; • *vt* vendar.
**bandanna** (ban dan'*a*) *n* bufanda grande de colores *f.*
**bandaid** (band'ād) *n* tirita con apósito *f.*
**bandit** (ban'dit) *n* bandido, bandolero, proscrito. *m.*
**bandsman** (bandz'man) *n* miembro de una banda u orquesta *m.*

**bandstand** (band'stand) *n* quiosco *m.*
**bandwagon** (band'wag''*o*n) *n* carro de la banda (en un desfile, esp. en un circo). (fig. fam.) causa triunfante. **to get on the ~** unirse a los ganadores.
**bandy** (ban'dē) *vt* pelotear; discutir.
**bandy-legged** (ban'dē legd'') *adj* patizambo.
**bang** (bang) *n* golpe, puñetazo, detonación, vigor; *m* energía *f*; **~ in the midle of the street,** en plena calle *m* enrgía *f*; • *vt* golpear; cerrar con violencia; **~ the door** , dar un portazo; **~ up,** estropear, arruinar.
**bangle** (bang'g*e*l) *n* brazalete sin cierre, *m.* esclava *f.*
**bangs** (bangs) *npl* flequillo *m.*
**banish** (ban'ish) *vt* desterrar, echar fuera, proscribir, expatriar.
**banishment** (ban'ish m*e*nt) *n* destierro, deportación *m.*
**banister(s)** (ban'i s tėr) *n(pl)* pasamanos, barandal *m.* balaustrada *f.*
**banjo** (ban'jō) *n* banjo *m.*
**bank** (bangk) *n* orilla, ribera, (de río) *f*; montón de tierra *m*; banco, establecimiento de crédito *m*; dique *m*; escollo *m*; • *vt* amontonar, apilar; peraltar (una pista, vía), poner dinero en un banco; **to ~ on** contar con • ser banquero; tener la banca (en juegos de azar).
**bank account** *n* cuenta de banco, cuenta corriente *f.*
**bank card** *n* tarjeta bancaria *f.*
**bank draft** letra bancaria *f*, giro de un banco contra otro *m.*
**banker** (bang'kėr) *n* banquero, propietario o gerente de un banco; banquero, el que tiene la banca (en juegos de azar *m.*
**banking** (bang'king) *n* banca, comercio del banco *f.*
**bank note** (bangk'nōt') *n* billete de banco *m.*
**bank paper** *n* efectos o valores bancarios, papel moneda.
**bankrupt** (bangk'rupt) *adj* insolvente; fracasado, arruinado; **to go ~**, declararse en quiebra • *n* fallido, quebrado *m.* *vt* llevar a la quiebra, empobrecer.
**bankruptcy** (bangk'rupt sē) *n* bancarrota, quiebra *f.*
**bank statement** *n* detalle de cuenta *m.*
**banner** (ban'ėr) *n* bandera *f*; estandarte *m.* **~ head-line** o **~ head,** titular a toda plana (de un periódico) *adj* excelente, sobresaliente.
**banquet** (bang'kwit) *n* banquete *m.* • *vt,* invitar o ser invitado a banquetes; • *vi* participar en banquetes.
**bantam** (ban't*a*m) *n* persona pequeña y pendenciera; • *adj* diminuto, pequeño.
**bantamweight** (ban't*a*m wāt'') *n* (boxeo) peso gallo *m.*
**baptism** (bap'tiz''*u*m) *n* bautismo *m.*
**baptismal** (bap tiz'mal ) *adj* bautismal.
**baptistery** (bap'ti ste rē) *n* bautisterio *m.*
**baptize** (bap tīz') *vt* bautizar.
**bar** (bär) *n* bar *m*; barra *f*; tranca *f*; obstáculo (fig.) impedimento obstáculo, *m*; (*law*) estrados *mpl*; • *vt* impedir; prohibir; excluir, desechar, no tomar en cuenta; **~ from** excluir de; **~ in** encerrar en: **~ out** cerrar la puerta a .

**barbarian** (bär bâr'ē *a*n) *n* hombre bárbaro *m*; • *adj* bárbaro, cruel.
**barbaric** (bär bar'ik) *adj* bárbaro.
**barbarism** (bär'b*a*r iz''um) *n* (*gr*) barbarismo *m*; crueldad, atrocidad *f.*
**barbarity** (bär bar'i tē) *n* barbaridad, inhumanidad *f.*
**barbarous** (bär'b*a* rus) *adj* bárbaro, cruel.
**barbecue** (bär'b*e* kū'') *n* barbacoa; parrillada, carne asada a la parrilla *f.*
**barbed** (bärbd) *adj* barbado, armado de púas; (*fig*) cortante, mordaz, *b. words,* palabras mordaces, hirientes.
**barber** (bär'bėr) *n* peluquero *m.*
**barbershop** *n* barbería, peluquería (para hombres) *f.*
**barbituric** (bär'b*i* tyür ik) *adj* barbitúrico.
**bar code** *n* código de barras *m.*
**bard** (bär ) *n* bardo *m*; poeta *m.*
**bare** (bâr) *adj* desnudo, descubierto; simple; puro; sin muebles; sin aislammiento; (con *of*) desprovisto de; **to lay ~,** poner al descubierto. • *vt* desnudar, descubrir.
**barefaced** (bâr'fāst') *adj* de cara descubierta; desvergonzado, imprudente.
**barefoot(ed)** (bâr'füt'', bâr'füt''id) *adj* descalzo, sin zapatos.
**bareheaded** (bâr'hed''id) *adj* con la cabeza descubierta, sin sombrero.
**barelegged** (bâr'legd') *adj* con las piernas desnudas.
**barely** (bâr'lē) *adv* pobremente, apenas.
**bareness** (bâr'nes') *n* desnudez *f.*
**bargain** (bär'gin) *n* ganga *f*, contrato, pacto *m*; • *vi* pactar; negociar; **to ~ for** esperar. **at a ~ price,** baratísimo, con gran rebaja., **to make a ~ ,** hacer un trato.
**bargain day,** día de gangas.
**barge** (bärj) *n* barcaza, casa flotante; *f.* • *vt* transporte por barcaza; *vi* (*fam*) moverse pesadamente; **~ in,** entrar intempestivamente; **~ into,** entrometerse (en una conversación).
**bargeman** (bärj'man') *n* lanchero.
**baritone** (bat'i tōn'') *n* (*mus*) barítono *m.*
**bark** (bärk) *n* corteza *f*; ladrido (del perro) *m* **its ~ is worse than its bits,** perro que ladra no muerde,; • *vi* ladrar. *vt* vociferar, gritar; curtir, teñir; raspar, despellejar.
**barkeeper** (bär'kē''pėr) *n* tabernero, cantinero *m.*
**barker** (bär'kėr) *n* vociferador, gritón, pregonero (en una feria) *m.*
**barley** (bar'lē) *n* cebada *f.*
**barmaid** (bär'mād'') *n* moza de taberna *f.*
**barman** (bär'man'') *n* barman *m.*
**barn** (bärn) *n* granero, pajar, establo, cuadra *m.*
**barnacles** (bär'n*a* kl) *npl* percebes *m.* (fig.) persona o cosa pegajosa que se aferra con tenacidad.
**barnstorm** (bärn'stärm) *vi* viajar por pueblos pequeños ofreciendo obras teatrales, pronunciando discursos, etc.; aparecer en provincia piloteando un avión de acrobacias.
**barometer** (b*a* rom'i tėr) *n* barómetro *m.*
**baron** (bar'*o*n) *n* barón, (*fig*) magnate (de la industría, comercio, etc.) *m.*
**baroness** (bar'*o* nis) *n* baronesa *f.*

**baronial** (bar´*o* nē *a*l) *adj* señorial, noble, de barón.
**baroque** (b*a* rōk´) *adj* grotesco de mal gusto; *n* (época o estilo) barroco.
**barrack** (bar´*a*k) *npl* cuartel *m.*
**barrage** *n* (bar´ij) descarga *f*, (*fig*) lluvia *f.*
**barrel** (bar´*e*l) *n* barril, tonel, tambor, cilindro (de torno) *m*; cañón de escopeta *m.* **to be over a ~ ,** estar con el agua al cuello, **a ~ of fun,** muy divertido. *vt* embarrilar, entonelar; *vi* correr a gran velocidad.
**barrelled** (bar´*e*ld) *adj* (of firearms) con . . . cañones.
**barrel organ** *n* organillo de cilindro *m.*
**barren** (bar´*e*n) *adj* estéril, infructuoso. yermo, árido
**barricade** (bar´*i* kād´´) *n* barricada *f*; estacada *f*; barrera *f*, • *vt* cerrar con barreras, empalizar.
**barrier** (bar´ē ėr) *n* barrera, valla *f*; obstáculo, parapeto *m.*
**barring** (bär´ing) *adv* excepto, fuera de.
**barrow** (bar´ō) *n* carretilla *f.*
**bartender** (bär´ten´´dėr) *n* barman *m.*
**barter** (bär´tėr) *vi* abaratar, traficar, comerciar trocando; • *vt* cambiar, trocar.
**basal** (bā´s*a*l) *adj* fundamental, básico.
**base** (bās) *n* fondo, apoyo *m*; base *f*; basa *f*, pedestal, fundamento *m*; contrabajo *m*; • *vt* apoyar; • *adj* bajo, vil, **off ~,** equivocado, de improviso; **to get the first ~,** vencer el primer obstáculo; *adj* de base; *vt* basar, apoyar.
**baseball** (bās´b*ä*l) *n* béisbol, pelota de baseball *m.*
**baseless** (bās´lis) *adj* sin fondo, sin fundamento o base.
**basement** (bās´ment) *n* sótano, pieza subterránea *m.*
**baseness** (bās´nes) *n* bajeza, vileza *f.*
**base pay** *n* salario o paga básicos (sin pagos adicionales o bonificaciones)
**bash** (bash) *vt* golpear, intento, tentativa (jer) fiesta sumamente alegre o ruidosa; *vt* golpear fuertemente; *vi* estrellarse, romperse.
**bashful** (bash´f*u*l) *adj* vergonzoso, modesto, tímido; **~ly** *adv* vergonzosamente.
**basic** (bā´sik) *adj* básico, fundamental; **~ally** *adv* básicamente.
**basilisk** (bas´*i* lisk) *n* basilisco *m.*
**basin** (bā´sin) *n* jofaina, bacía, palangana *f.*
**basis** (bā´sis) *n* base *f*, fundamento *m*; **on the ~ of,** con base en.
**bask** (bask) *vi* ponerse a tomar el sol; calentarse (a la lumbre del hogar).
**basket** (bas´kit) *n* cesta, canasta *f.* **the pick of the ~,** la flor de la canela; • *vt* encestar, encanastar.
**basketball** (bas´kit b*ä*l) *n* baloncesto *m.*
**bass** (bās) *n* (*mus*) contrabajo *m.*
**bassoon** (ba sön´) *n* fagot, *m.*
**bass viol** (bās´viol´) *n* violonchelo *f.*
**bass voice** *n* bajo cantante *m.*
**bastard** (bas´t*a*rd) *n, adj* bastardo *m.*
**bastardy** (bas´tėrd ē) *n* bastardía *f.*
**baste** (bāst) *vt* pringar la carne en el asador; hilvanar.

**basting** (bā´sting) *n* hilván *m*; apaleamiento *m*; paliza *f*.
**bastion** (bas´ch*a*n) *n* (*mil*) bastión *m*.
**bat** (bat) *n* murciélago; maza, palo, garrote; bate (usado en el béisbol y en el criquet; (fam) juerga, jarana, parranda *m*. **rigth off the ~,** sin demora, al instante; **to go to ~ for (someone),** acudir a la ayuda o defenza de alguien. • *vt* batear, dar o pegar con un bate o palo; *vi* batear, tomar su turno al bate.
**batch** (bach) *n* serie *f*, lote *m*.
**bate** (bāt) *vt* disminuir, moderar, suspender; *vi* aletear (el halcón).
**bath** (bath, bäth) *n* baño *m*.
**bathe** (bāTH) *vt* bañar, lavar, mojar, empapar, *vi* bañarse, tomar un baño; **to go bathing**, ir a bañarse (a la playa, piscina, etc.).
**bathhouse** (bath´hous´) *n* vestidor, caseta en la playa.
**bathresort** (bath´rē s*o*rt´) *n* balneario.
**bathing suit** (bā´THing süt´) *n* traje de baño *m*.
**bathos** (bā´thos) *n* estilo bajo en la poesía, *m* caída de lo sublime a lo ridículo *f*. trivialidad; sensiblería, lástima fingida *f*.
**bathrobe** (bath´rōb´´) *n* bata de baño *f*.
**bathroom** (bath´röm) *n* (cuarto de) baño *m*.
**bath towel** *n* toalla de baño *f*.
**baths** (baths) *npl* piscina *f*.
**bathtub** (bath´tub) *n* baño *m* (tina de baño).
**baton** (ba ton´) *n* batuta *f*. bastón de mando *m*.
**bats** (bats) *adj* loco, chalado.
**battalion** (b*a* tal´y*a*n) *n* (*mil*) batallón *m*.
**batter** (bat´ėr) *vt* apalear; batir, cañonear; • *n* batido *m*.
**battering ram** *n* (*mil*) ariete *m*.
**battery** (bat´*e* rē) *n* batería *f*. (béisbol) pareja de recibidor y lanzador.
**battle** (bat´l) *n* combate *m*; batalla *f*; **~ cry,** grito de batalla; **to give ~,** atacar, pasar al ataque; **to offer ~,** ofrecer batalla. • *vi* batallar, combatir.
**battle array** *n* orden de batalla *f*.
**battlefield** (bat´l fēld´´) *n* campo de guerra *m*.
**battlement** (bat´l ment) *n* muralla almenada *f*.
**battleship** (bat´l ship) *n* acorazado *m*.
**bawdy** (b*ä*´d ē) *adj* indecente, obsceno.
**bawl** (b*ä*l) *vi* gritar, vocear *vt* pregonar, decir gritando.
**bay** (bā) *n* bahia, ensenada *f*; laurel, (fig) corona de laurel, triunfos, fama, lauro *m*; • *vi* balar; • *adj* bayo.
**bayonet** (bā´*o* nit) *n* bayoneta *f*.
**bay window** *n* ventana salediza *f*. (fig) persona de barriga prominente.
**bazaar** (b*a* zär) *n* bazar *m*. tómbola con fines caritativos *f*.
**be** (bē) *vi* ser; estar, tener, haber; **to ~ had** o **taken,** ser engañado, burlado, estafado; ~ **off,** irse, marcharse; ~ **quiet!**, ¡callate!
**beach** (bēch) *n* playa, orilla *f*.
**beachy** (bē´chē) *adj* pedregoso
**beacon** (bē´k*a*n) *n* almenara, balisa *f*. faro *m*, guía *f*.
**bead** (bēd) *n* cuenta *f*, **~s** *npl* rosario *m*.
**beagle** (bē´gl) *n* sabueso *m*.

**beak** (bēk) *n* pico (de un ave) *m.*
**beaker** (bē´ker) *n* taza con pico *f.*
**beam** (bēm) *n* rayo de luz *m*; travesaño, tablón, madero *m*; • *vi* brillar, rebosar de alegría.
**bean** (bēn) *n* haba *f*; frijol *m.*
**beansprouts** (bēn´sprouts´) *npl* brotes de soja *mpl.*
**bear** (bâr) *vt* llevar alguna cosa como carga; sostener; soportar; producir; parir; • *vi* sufrir (algún dolor).
**bear** (bâr) *n* oso, hombre tosco o rudo *m*; **she** ~ osa *f.* • *vt* llevar, cargar; abrigar, profesar; mantener, sostener; ~ **a hand**¸dar una mano, ayudar; ~ **off,** llevarse, ganar. *vi* dirigirse, encaminarse; moverse, pasar; ~ **up against,** resistir, luchar contra; ~ **with,** tener paciencia, ser indulgente.
**bearable** (bâr´*a* bl´) *adj* soportable.
**beard** (bērd) *n* barba *f.* • *vt* subirse a las barbas de, hacer frente a.
**bearded** (bēr´did) *adj* barbado.
**bearer** (bâr´ėr) *n* portador *m*; árbol fructífero *m.*
**bearing** (bâr´ing) *n* relación *f*; modo de portarse en lo exterior *m.* **to get** (o **find**) one's ~, orientarse.
**beast** (bēst) *n* bestia, res *f*; hombre brutal *m*; ~ **of burden** acémila *f.*
**beastliness** (bēstlē nes ) *n* bestialidad, brutalidad *f.*
**beastly** (bēst´lē) *adj* bestial, brutal; • *adv* brutalmente.
**beat** (bēt) *vt* golpear; tocar (un tambor); derrotar, vencer; sobrepasar, adelantar; recorrer; sacudir; • *vi* pulsar, palpitar; avanzar laboriosamente • *n* golpe *m*; pulsación *f.*
**beatific** (bē´´*a* tif´ik) *adj* beatífico; feliz, benigno.
**beatify** (bē at´*i* f ī´´) *vt* beatificar, santificar.
**beating** (bē´ting) *n* paliza, zurra *f*; pulsación *f.*
**beatitude** (bē at´*i* töd) *n* beatitud, felicidad *f.*
**beautiful** (bū´t*i* ful) *adj* hermoso, bello; ~**ly** *adv* con belleza *o* perfección.
**beautify** (bū´t*i* fī) *vt* hermosear; embellecer; adornar.
**beauty** (bū´t*i*) *n* hermosura, belleza; mujer hermosa *f*; ~ **salon** *n* salón de belleza *m*; ~ **spot** *n* lunar *m.* ~ **is but skin deep,** las apariencias engañan.
**beauty contest** concurso de belleza.
**beaver** (bē´vėr) *n* castor *m.*
**bebop** (bē´bop) *n* estilo de jazz con ritmos rápidos y sincopados.
**because** (bē k*ä*z´) *conj* porque, ya que, pues; ~ of, a causa de, debido a, en tanto que.
**beckon** (bek´n) *vi* hacer seña con la cabeza *o* la mano.
**becloud** (bē kloud´) *vt* nublar, oscurecer.
**become** (bē kum´) *vt* convenir a; estar bien; digno de • *vi* llegar a existir, adquirir identidad; volverse, tornarse, hacerse, convertirse en, venir a parar.
**becoming** (bē kum´ing) *adj* decente, conveniente, que sienta bien, *ej., a ~ dress,* un vestido que sienta bien; digno, propio.
**bed** (bed) *n* cama *f.* lecho *n* **to get up on the wrong side of the** ~, levantarse con el pie izquierdo; **to take to one´s** ~, caer en cama. • *vi* acostarse, alojarse.

**bedclothes** (bed'klōz) *npl* cobertores *npl*, mantas *o* colchas *fpl*.
**bedding** (bed'ing) *n* ropa de cama *f*.
**bedecked** (bē dekt') *adj* adornado.
**bedlam** (bed'lam) *n* manicomio *m*. batahola, olla de grillos, bulla. *f*
**bed-post** (bed'pōst) *n* pilar de cama *m*.
**bedraggle** (bē drag'l) *vt* embadurnar, enlodar, manchar (la ropa, arrastandola).
**bedridden** (bed'rid'n) *adj* postrado en cama (sea por vejez *o* enfermedad).
**bedroom** (bed'röm) *n* dormitorio, cuarto de dormir *m*. recamara, alcoba *f*.
**bedside table** (bed'sīd tābl') *n* mesilla de noche.
**bedspread** (bed'spred) *n* colcha, sobrecama *f*. cobertor *m*.
**bedtime** (bed'tīm) *n* hora de irse a la cama *f*.
**bee** (bē) *n* abeja *f*. (*fig*) trabajador laborioso, reunión, tertulia; concurso, competencia.
**beech** (bēch) *n* haya *f*.
**beef** (bēf) *n* carne de res *f*. (*fig. fam.*) fuerza muscular, músculo sólido.
**beefburger** *n* hamburguesa *f*.
**beefsteak** (bēf'stāk'') *n* bistec *m*.
**beefy** (bē'fē) *adj* rollizo, fuerte, musculoso.
**beehive** (bē'hīv'') *n* colmena *f*.
**beeline** (bē'līn'') *n* línea recta *f*.
**beer** (bēr) *n* cerveza *f*.
**beeswax** (bēz'waks) *n* cera *f*.
**beet** (bēt) *n* remolacha *f*.
**beetle** (bēt'l) *n* escarabajo, martillo de madera, mazo *m*. **blind as a ~,** ciego como un topo. • *vt* golpear con pisón, aplastar; *vi* sobresalir, proyectarse.
**beetlehead** (bēt'l hed'') *n* estúpido, tonto, necio.
**befall** (bē fäl') *vi* suceder, acontecer, sobrevenir.
**befit** (bē fit') *vt* convenir a, ser conveniente a, acomodarse a.
**before** (bē fōr') *adv, prep* antes de; delante, enfrente; ante.
**beforehand** (bē fōr'hand) *adv* de antemano, anticipadamente.
**befriend** (bi frend') *vt* proteger, amparar.
**beg** (beg) *vt* mendigar, rogar; suplicar; suponer; • *vi* vivir de limosna.
**beget** (bi get') *vt* engendrar, (fig) provocar, causar.
**beggar** (beg'ėr) *n* mendigo, indigente *m*. **~s cannot be choosers,** a caballo regalado no se le ve colmillo.
**begin** (bi gin') *vt, vi* comenzar, empezar. *vi* iniciarse, ~ **at,** comenzar en; ~ **with,** empezar con.
**beginner** (bi gin'ėr) *n* principiante *m*; novicio *m*.
**beginning** (bi gin'ing) *n* principio, origen *m*. causa primera; **~ with,** a partir de; **from ~ to end,** de principio a fin.
**begrudge** (bi gruj') *vt* envidiar.
**behalf** (bi haf') *n* beneficio, interés; favor, patrocinio *m*; consideración *f*.
**behave** (bi hāv') *vi* comportarse, portarse bien *o* mal.
**behavior** (bi hāv'yėr) *n* conducta *f*, comportamiento *m*; modo de portarse *m*. **to be on ones's best ~,** portarse lo mejor posible.
**behead** (bi hed') *vt* decapitar, cortar la cabeza.

**behind** (bi hīnd′) *prep* detrás; atrás; ~ **one's back**, a espaldas de uno; ~ **the scenes**, entre bastidores. • *adv* atrasadamente; fuera de la vista.
**behold** (bi hōld′) *vt* ver, contemplar, observar.
**behove** (bi höv′) *vi* importar, ser útil *o* necesario.
**beige** (bāsh) *adj* color beige.
**being** (bē′ing) *n* existencia *f*, estado de ser *m*; ser *m*; persona (que existe) *f*.
**belated** (bi lā′ted) *adj* atrasado, tardío, demorado.
**belay** (bi lā′) *vt* amarrar, cercar, bloquear
**belch** (belch) *vi* eructar, vomitar; • *n* eructo *m*.
**beleaguer** (bi lē′gėr) *vt* sitiar, cercar, bloquear.
**belfry** (bel′frē) *n* campanario *m*.
**belie** (bi lī′) *vt* desmentir, calumniar, representar falsamente; defraudar (esperanza).
**belief** (bi lēf′) *n* fe, creencia *f*, opinión *f*, credo *m*.
**believable** (bi lēv′*a* bl) *adj* creíble.
**believe** (bi lēv′) *vt* creer; • *vi* pensar, imaginar. ~ **in,** creer en, **to make ~,** aparentar fingir.
**believer** (bi lē′vėr) *n* creyente, fiel, cristiano *m*.
**belittle** (bi lit′l) *vt* minimizar.
**bell** (bel) *n* campana, timbre, cencerro, toque de campana *f*. • *vt* tocar el timbre; **to ~ the cat,** poner el cascabel al gato. *vi* acampanarse.
**bellboy** (bel′boi′′) *n* botones, paje de hotel *m*.
**bellicose** (bel′*i* cōs′′) *adj* belicoso.
**belligerent** (b*e* lij′ėr *e*nt) *adj* beligerante.
**bellow** (bel′ō) *vi* bramar; rugir; vociferar; • *n* bramido *m*.
**bellows** (bel′ōz) *npl* fuelle (de una máquina fotográfica) *m*.
**bell pepper** *n* pimiento dulce *m*.
**belly** (bel′ē) *n* vientre *m*, barriga *f*, estómago, útero *m*; (*fig*) apetito, glotonería; panza *f*. • *vi* inflarse, hincharse.
**bellyful** (bel′ē fül′) *n* panzada *f*, hartura *f*.
**belong** (bi läng′) *vi* pertenecer, tocar. (con *to*) pertenecer a, ser de (su propiedad); estar en su medio, ser aceptado.
**belongings** (bi läng′ing) *npl* pertenencias, efectos personales *fpl*.
**beloved** (bi luv′id) *adj* querido, persona amada.
**below** (bi lō′) *adv, prep* debajo de, inferior a; abajo, indigno de; ~ **one's breath**, entre dientes, en voz baja.
**belt** (belt) *n* cinturón, cinto *m*. banda, correa, faja *m* **to pull one's ~ in,** preparase para hacer frente a tiempos difíciles, alistarse para una tarea ardua. • *vi* ceñir, rodear, gol-pear, asestar.
**beltway** (belt′wā′) *n* carretera de circunvalación *f*.
**bemoan** (bi mōn′) *vt* deplorar, lamentar.
**bemused** (bi mūzd′) *adj*. absorto, pensativo, meditabundo
**bench** (bench) *n* banco, travezaño *m*. banqueta, mesa de trabajo; • *vt* proveer de bancos, sentar en un banco, exhibir.
**bend** (bend) *vt* encorvar, inclinar, plegar; hacer una reverencia; en-

causar, dirigir; someter • *vi* encorvarse, inclinarse; • *n* curva, inclinación *f.*
**beneath** (bi nēth') *adv, prep* debajo, abajo, que no es digno de.
**benediction** (ben''i dik'shan) *n* bendición *f.*
**benefactor** (ben'efak''tor) *n* bienhechor *m.*
**benefice** (ben'e fis) *n* beneficio, *m*; beneficio eclesiástico *m.*
**beneficent** (be nef 'i sent) *adj* benéfico.
**beneficial** (ben''e fish'al) *adj* beneficioso, provechoso, útil.
**beneficiary** (ben'e fish'ē er''ē) *n* beneficiario *m.*
**benefit** (ben'e fit) *n* beneficio, provecho *m*; utilidad, ventaja, prestación (de seguro social) *f*; provecho *m*; • *vt* beneficiar; • *vi* utilizarse; prevalerse; **without ~ of,** sin la ayuda de; **fot the ~ of,** en pro de, a favor de.
**benefit night** *n* representación dramática al beneficio de un actor *o* de una actriz *f.*
**benevolence** (be nev'o lens) *n* benevolencia *f*; donativo gratuito *m.*
**benevolent** (be nev'o lent) *adj* benévolo, caritativo.
**bengal light** (ben'gäl līt) *n* luz de bengala *f.*
**benign** (bi nīn') *adj* benigno; afable; liberal; propicio, favorable.
**bent** (bent) *n* inclinación, tendencia, propensión; afición, capacidad *f.* • *adj* curvado, torcido; **to follow one's ~,** obrar de acuerdo con sus inclinaciones.
**benumb** (bi num') *vt* entumecer, entorpecer (de frío).
**benzine** (ben'zēn) *n* (*chem*) benzina *f.*
**bequeath** (bi kwēTH') *vt* legar en testamento.
**bequest** (bi kwest') *n* legado *m* donación *m.*
**bereave** (bi rēv') *vt* privar (de bienes espirituales, esperanza, etc.).
**bereavement** (bi rēv'ment) *n* pérdida, desgracia *f.* luto, duelo *m.*
**beret** (be rā') *n* boina, gorra francesa *f.*
**berm** (bürm) *n* arcén *m.*
**berry** (ber'ē) *n* baya *f.*
**berserk** (bėr sürk') *adj* loco, furioso, frenético. *adv* con furia, en estado frenético; **to go ~,** enloquecer.
**berth** (bürth) *n* (*mar*) alojamiento en un navío *m.*
**beseech** (bi sēch') *vt* suplicar, implorar, conjurar, rogar.
**beset** (bi set') *vt* acosar, perseguir, molestar.
**beside(s)** (bi sīd') *prep* al lado de; excepto; sobre; fuera de; • *adv* por otra parte, aun; **~ oneself,** fuera de sí; **~ the point;** que no viene al caso.
**besiege** (be sēj') *vt* sitiar, bloquear.
**bespeak** (be spēk') *vt* odenar, alquilar; demostrar, indicar; presagiar, advertir; dirigir la palabra a.
**best** (best) *adj* mejor, superior, mayor; • *adv* (lo) mejor; en la mejor forma posible• *n* lo mejor *m.* **at ~,** en el mejor de los casos; **(he did it) for the ~,** (lo hizo) con la mejor intención.
**best girl** (*fam.*) novia, amiga preferida
**bestial** (bes'chal) *adj* bestial, brutal; **~ly** *adv* bestialmente.

**bestiality** (bes´´chē al´i tē) *n* bestialidad, brutalidad *f.*
**bestow** (bi stō´) *vt* dar, conferir; otorgar; usar, emplear, aplicar.
**bestseller** *n* libro que es un éxito de librería, gran éxito de venta *m.*
**bet** (bet) *n* apuesta *f*; • *vt* apostar; **you ~¡,** ¡sin duda!, ¡por supuesto!, ~ **one's boots**, estar completamente seguro.
**betray** (bo trā´) *vt* traicionar; divulgar algún secreto.
**betimes** (bi tīmz) *adv* con tiempo, oportunamente, a buena hora.
**betoken** (bi tō´ken) *vt* indicar, presagiar; evidenciar, revelar.
**betray** (bi trā´) *vt* traicionar.
**betrayal** (bi trā´*a*l) *n* traición; revelación, denuncia *f* engaño *m.*
**betroth** (bi trōTH´) *vt* contraer esponsales.
**betrothal** (bi trō´TH*a*l) *n* esponsales *mpl.*
**better** (bet´ėr) *adj, adv* mejor; mayor, más bien; **so much the** ~ tanto mejor; • *vt* mejorar, reformar, aventajar; ~ **late than never,** más vale tarde que nunca; **the sooner the ~,** cuanto antes mejor. *n* superior, persona de más rango, **for the ~,** para mejorar.
**betting** (bet´ing) *n* juego *m.*
**between** (bi twēn´) *prep* entre, en medio de; ~ **the devil and the deep blue sea,** entre la espada y la pared, **in ~,** mientras tanto; **to stand ~,** mediar, interceder.
**bevel** (bev´*e*l) *n* cartabón, chaflán *m.* • *adv* biselado, achaflanado
**beverage** (bev´ėr ij) *n* bebida *f*; trago *m.*
**bevy** (bev´ē) *n* bandada (de aves), manada *f.*
**beware** (bi wâr´) *vi* guardarse, estar alerta.
**bewilder** (bi wil´dėr) *vt* descaminar, confundir; pasmar.
**bewildering** (bi wil´dėr ing) *adj* desconcertante.
**bewitch** (bi wich´) *vt* encantar, hechizar; encantar.
**beyond** (bē ond´) *prep* más allá, más adelante, fuera de; ~ **doubt,** sin lugar a dudas.
**bias** (bī´*a*s) *n* propensión, inclinación *f*; sesgo, *m*; prejuicio *m.*
**bib** (bib) *n* babador, babero; *m* pechera *f.*
**Bible** (bī´bl) *n* Biblia, autoridad suprema *f.*
**biblical** (bib´li k*a*l) *adj* bíblico.
**bibliography** (bib lē og´ra fē) *n* bibliografía *f.*
**bicarbonate** (bī kär´b*a* nit) *n* bicarbonato *m.*
**bicentenary** (bī´´sen ten´*a* rē) *adj. n* bicentenario
**bicker** (bik´*e*r) *vi* escaramucear, reñir, disputar.
**bicycle** (bī´si kl) *n* bicicleta *f.*
**bid** (bid) *vt* mandar, ordenar; ofrecer; • *n* oferta *f*; tentativa *f.*
**bidding** (bid´ing) *n* orden *f*; mandato *m*; ofrecimiento *m.*
**biddy** (bid´ē) *n* gallina *f*, pollo *m*; vieja chismosa *f.*
**bide** (bīd) *vt* sufrir, aguantar; ~ **one's time**, esperar su oportunidad.
**bidet** *n* (*fr.*) bidé, recipiente de aseo personal.
**biennial** (bī en´ē *e*l) *adj* bienal.
**bifocals** (bī fō´k*a*ls) *npl* anteojos bifocales *mpl.*
**bifurcated** (bī´fer kāt) *adj* dividido en dos puntas *o* dientes.

**big** (big) *adj* grande, extenso, lleno; inflado; ~ **with child,** embarazada; **to make it ~,** tener éxito.
**bigamist** (big'*a* mist) *n* bígamo *m.*
**bigamy** (big'*a* mē) *n* bigamia *f.*
**big brother** *n* hermano mayor *m.*
**big dipper** *n* osa mayor *f.*
**bigheaded** (big'he did) *adj* engreído, ufano.
**big-league** *n* (*dep. en EEUU*) liga mayor (en béisbol profesional).
**big mouth** (big'mouTH) *n* bocón *m*, persona que habla mucho *f.*
**big name** (*fam.*) persona célebre.
**bigness** (big'nes) *n* grandeza *f*; tamaño, bulto *m.*
**bigot** (bit'*o*t) *n* fanático, persona que se guía por prejuicios *m.*
**big words** (jer.) palabras jactanciosas, disputa acalorada.
**bike** (bīk) *n* bici *f.*
**bikini** (bi kē'nē) *n* bikini (traje de baño minusculo) *m.*
**bilberry** (bil'ber''ē) *n* arándano *m.*
**bile** (bīl) *n* bilis, ira, cólera *f.* mal humor *m.*
**bilingual** (bī ling'gw*a*l) *adj* bilingüe.
**bilious** (bil'yus) *adj* bilioso, (*fig.*) colérico, mal humorado; de mal semblante.
**bilk** (bilk) *vt* rehuir el pago a, estafar, evadir. *n* tramposo, estafador.
**bill** (bil) *n* pico de ave *m*; billete, documento, escrito *m*; cuenta de restaurante, factura *f.* **to fill the ~,** ser adecuado, llenar los requisitos.
**billboard** (bil'bōdr'') *n* cartelera, valla anunciadora *f.*
**billet** (bil'it) *n* alojamiento *m.* • *vt* dar órdenes de acantonar.
**billfold** (bil'fōld) *n* cartera *f.*
**billiards** (bil'y*a*rdz) *npl* billar *m.*
**billiard-table** *n* mesa de billar *f.*
**billion** (bil'y*o*n) *n* mil millones *m.*
**billy** (bil'ē) *n* porra *f.*
**biltong** (bil'tong) *n* cecina *f*, tasajo *m.*
**bimester** (bī mes'tėr) *n* bimestre *m.*
**bin** (bin) *n* cubo de la basura, cajón, arcón *m.* **looney ~,** manicomio.
**bind** (bīnd) *vt* atar; unir; encuadernar, empastar; ribetear; escriturar. • *vt* endurecerse; tener fuerza obligatoria. • *n* lazo, (*jer*) apuro aprieto.
**binder** (bīnd'ėr) *n* encuadernador, atador *m.*
**binding** (bīn'ding) *n* venda, faja *f.*
**binge** (binj) *n* juerga *f.*
**bingo** (bing'gō) *n* bingo (juego semejante a la lotería) *m.*
**binocle** (bin'*o* kl) *n* gemelos *mpl.*
**binoculars** (bi nok'ū lėrs) *npl* prismáticos *mpl.*
**biochemistry** (bī''ō kem'i strē) *n* bioquímica *f.*
**biographer** (bī og'r*a* fer) *n* biógrafo *m.*
**biographical** (bī''*o* graf'i kal) *adj* biográfico.
**biography** (bī og'r*a* fē) *n* biografía *f.*
**biological** (bī''*o* loj'ik*a*l) *adj* biológico.
**biology** (bī ol'*o*jē) *n* biología *f.*
**biopsy** (bī op sē) *n* biopsia *f.*
**biped** (bī'ped) *n* bípedo *m.*
**birch** (bürch) *n* abedul *m.*
**bird** (bürd) *n* ave *f*, pájaro *m.*
**bird's-eye view** *n* vista de pájaro *f.*
**bird-watcher** *n* ornitólogo *m.*
**birth** (bürth) *n* nacimiento *m*; origen *m*; parto *m.*

**birth certificate** *n* partida de nacimiento *f.*
**birth control** *n* control de natalidad *m.*
**birthday** (bürth´dā) *n* cumpleaños *m.* fecha de nacimiento *f*
**birthplace** (bürth´plās´´) *n* lugar de nacimiento *m.*
**birthright** (bürth´rīt) *n* derechos de nacimiento *mpl*; primogenitura *f.*
**biscuit** (bis´kit) *n* bizcocho *m.*
**bisect** (bī sekt´) *vt* dividir en dos partes, empalmar dos caminos.
**bisexual** (bī sek´shö *a*l) *adj* bisexual.
**bishop** (bish´*o*p) *n* obispo, prelado *m.*
**bison** (bī´s*o*n) *n* bisonte *m.*
**bisque** (bisk) *n* sopa de mariscos o verduras en crema *f*; helado que tiene nueces y almendras picadas *m.*
**bit** (bit) *n* bocado, ratito *m*; pedacito *m.* **a ~,** un poquito, **not a ~,** en lo más mínimo.
**bitch** (bich) *n* perra, ramera *f*; (*fig*) zorra *f.* • *vt* estropear, chapucear.
**bite** (bīt) *vt* morder; picar; ~ **the dust** (*fam*) morder la tierra, morir; • *n* mordedura *f.*
**bitter** (bit´ėr) *adj* amargo, áspero; mordaz, satírico; penoso; **~ly** *adv* amargamente; con pena; severamente.
**bitterness** (bit´ėr nes) *n* amargor *m*; rencor *m*; pena *f*, dolor *m.*
**bitumen** (bi tö´m*e*n) *n* betún, betún natural *m.*
**bizarre** (bi zär´) *adj* raro, extravagante, grotesco.
**blab** (blab) *vi* chismear; • *vt* revelar indiscretamente (secretos)
**black** (blak) *adj* negro, oscuro; funesto, sombrío, temebroso; • *n* color negro *m.* **~out,** apagar las luces.
**blackberry** (blak´ber´´ē) *n* zarzamora, mora *f.*
**blackbird** (blak´bürd´´) *n* mirlo *m.*
**blackboard** (blak´bōrd) *n* pizarrón *m.*
**blacken** (blak´*e*n) *vt* teñir de negro; ennegrecer, (*fig.*) denigrar (fama, reputación, etc.).
**blackhead** (blak´hed) *n* comedón *m*, espinilla *f.*
**black ice** (blak´īs) *n* hielo invisible *m.*
**blackjack** (blak´jak´´) *n* veintiuna *f.*
**blackleg** (blak´leg´´) *n* bribón, jugador deshonesto *m.*
**blacklist** (blak´list´´) *n* lista negra (lista de personas consideradas como indeseables o sospechosas) *f.*
**blackmail** (blak´māl´´) *n* chantaje *m*, amenaza *f*; • *vt* chantajear.
**black market** *n* mercado negro *m.*
**blackness** (blak´nis) *n* negrura, oscuridad *f.*
**black pepper** *n* pimienta negra *f.*
**black pudding** *n* morcilla *f.*
**black sheep** *n* oveja sarnosa *f.*
**blacksmith** (blak´smith) *n* herrero, forjador *m.*
**blackthorn** (blak´thärn) *n* endrino, *m.*
**bladder** (blad´ėr) *n* vejiga *f.*
**blade** (blād) *n* hoja, pala, aspa *f*; filo *m.*
**blame** (blām) *vt* culpar, censura; • *n* culpa *f.*
**blameless** (blām´les) *adj* inocente, irreprensible, puro; **~ly** *adv* inocentemente.
**blanch** (blanch) *vt* blanquear. *vi* palidecer, ponerse pálido.

**bland** (bland) *adj* blando, suave, dulce, apacible.
**blank** (blangk) *adj* blanco; pálido; • *n* blanco *m* **to leave ~**, dejar en blanco.
**blank check** *n* cheque en blanco *m* carta blanca, vía libre para un asunto.
**blanket** (blag'kit) *n* cubierta de cama, manta, frazada *f.*
**blare** (blâr) *vi* resonar; *vt* resonar fuertemente, proclamar estrepitosamente.
**blasé** (blä zā') *adj* indiferente, hastiado, aburrido.
**blaspheme** (blas fēm') *vt* blasfemar, jurar, decir blasfemias.
**blasphemous** (blas'f*a* mus) *adj* blasfematorio, blasfemo.
**blasphemy** (blas'f*a* mē) *n* blasfemia *f.*
**blast** (blast) *n* soplo de aire *m*; carga explosiva *f*; • *vt* volar.
**blast-off** *n* lanzamiento *m* (de un cohete).
**blat** (blat) *vi* balar, mugir, hablar con voz ronca.
**blatant** (blāt'*a*nt) *adj* obvio, vocinglero, chillón.
**blaze** (blāz) *n* llama *f*; • *vi* encenderse en llamas; brillar, replandecer.
**bleach** (blēch) *vt* blanquear al sol; • *vi* blanquear; • *n* lejía *f.*
**bleached** (blēcht) *adj* teñido de rubio; descolorado.
**bleachers** (blē'chėrs) *npl* gradas o tendido de sol en un estadio *fpl.*
**bleak** (blēk) *adj* pálido, descolorido; frío, helado.
**bleakness** (blēk'nes) *n* frialdad *f*; palidez *f.*
**bleary(-eyed)** (blē'rē īd') *adj* lagañoso.
**bleat** (blēt) *n* balido *m*; • *vi* balar.
**bleed** (blēd) *vi, vt* sangrar, pagar mucho, derrochar.
**bleeding** (blē'ding) *n* sangría, purga *f.* drenaje *m.*
**bleeper** (blē'pėr) *n* señal sonora *f.*
**blemish** (blem'ish) *vt* manchar, ensuciar; infamar; • *n* tacha *f*, deshonra, infamia *f.*
**blend** (blend) *vt* mezclar, combinar, matizar. *n* mezcla, mixtura.
**bless** (bles) *vt* bendecir, exaltar, glorificar.
**blessing** (bles'ing) *n* bendición *f*, favores del cielo *mpl.* **blight** *vt* arruinar.
**blind** (blīnd) *adj* ciego; ~ **alley** *n* callejón sin salida *m*; • *vt* cegar; deslumbrar; • *n* velo *m*; (**Venetian** ~) persiana *f.*
**blinders** (blīn'dėrs) *npl* anteojeras *fpl.*
**blindfold** (blīn'fōld) *vt* vendar los ojos, despistar, ofuscar; ~**ed** *adj* con los ojos vendados.
**blindly** (blīnd'lē) *adv* ciegamente, a ciegas.
**blindness** (blīnd'nes) *n* ceguera, sin visión *f.* (física, intelectual, moral)
**blind side** (blīnd'sīd') *n* el lado flaco de alguna persona *f.*
**blind spot** (blīnd'spot') *n* mácula *f.* punto débil *m* (de una persona)
**blink** (blink) *vi* parpadear, brillar de forma intermitente.
**blinkers** (blin'kėrs) *npl* anteojeras *fpl.*
**bliss** (blis) *n* felicidad (eterna) *f.*
**blissful** (blis'f*u*l) *adj* feliz en sumo grado; beato, bienaventurado; ~**ly** *adv* felizmente.
**blissfulness** (blis'f*u*l nes) *n* suprema felicidad *f.*

**blister** (blis´tėr) *n* ampolla *f*; • *vi* ampollarse.
**blitz** (blits) *n* bombardeo aéreo *m*.
**blizzard** (bliz´*a*rd) *n* ventisca, tempestad de nieve *f*.
**bloated** (blō´tid) *adj* hinchado, abotagado, grueso.
**blob** (blob) *n* gota *f*. glóbulo, bulto pequeño *m*.
**bloc** (blok) *n* bloque (de grupos, partidos) *m*.
**block** (blok) *n* bloque *m*; obstáculo *m*; manzana *f*; ~ **(up)** *vt* bloquear.
**blockade** (blo´kād) *n* bloqueo, sitio, obstrucción *m*; • *vt* bloquear, asediar.
**blockage** (blok´ij) *n* obstrucción *f*.
**blockbuster** (blok´bus´´tėr) *n* éxito de público (cualquier cosa que tiene un éxito impresionante) *m*.
**blockhead** (blik´hed´´) *n* bruto, necio, zopenco *m*.
**blond** (blond) *adj* rubio; • *n* rubio *m*.
**blood** (blud) *n* sangre *f*. jugo, zumo *m*
**blood donor** *n* donante de sangre *m*.
**blood group** *n* grupo sanguíneo *m*.
**bloodhound** (blud´hound´´) *n* sabueso *m*.
**bloodily** (blud´i lē) *adv* cruelmente, de forma sangrienta.
**bloodiness** (blud´ē nes) *n* (*fig*) crueldad *f*, ensangrentamiento *m*.
**bloodless** (blud´lis) *adj* exangüe; sin efusión de sangre.
**blood poisoning** *n* envenenamiento de la sangre *m*.
**blood pressure** *n* presión de sangre, tensión arterial *f*.
**bloodshed** (blud´shed´´) *n* efusión de sangre *f*, matanza *f*.
**bloodshot** (blud´shot´´) *adj* ensangrentado.
**bloodstream** (blud´strēm) *n* corriente sanguínea *f*.
**bloodsucker** (blud´suk´´ėr) *n* sanguijuela *f*, (*fig*) desollador *m*.
**blood test** *n* analisis de sangre *m*.
**bloodthirsty** (blud' th*ü*´´stē) *adj* sanguinario.
**blood transfusión** *n* transfusión de sangre *f*.
**blood vessel** *n* vena *f*, vaso sanguíneo *m*.
**bloody** (blud´ē) *adj* sangriento, ensangrentado; cruel; ~ **minded** *adj* sanguinario.
**bloom** (blum) *n* flor *f*, (*also fig*); • *vi* florecer.
**blossom** (blos´*o*m) *n* flor *f*. brote, capullo *m*.
**blot** (blot) *vt* manchar (lo escrito); cancelar; denigrar; • *n* mancha *f*.
**blotchy** (bloch´ē) *adj* muy manchado o lleno de ronchas.
**blotting pad** *n* carpeta *f*, cartapacio *m*.
**blotting paper** *n* papel de secar *m*.
**blouse** (blous) *n* blusa *f*.
**blow** (blō) *vi* soplar; sonar; • *vt* soplar; inflar; **to ~ up** volar(se) por medio de pólvora; • *n* golpe *m*.
**blowout** (blō´out´´) *n* pinchazo, explosión *m*.
**blowpipe** (blō´pīp´´) *n* soplete *m*. tobera *f*.
**blubber** (blub´ėr) *n* grasa de ballena *f*; • *vi* lloriquear.
**bludgeon** (bluj´*a*n) *n* cachiporra *f*, palo corto *m*.
**blue** (blö) *adj* azul, triste, melancólico; *vi* amoratarse, ponerse lívido.
**bluebell** (blö´bel´´) *n* campanilla *f*.

**bluebottle** (blö'bot''*a*l ) *n* (*bot*) campanilla *f*; moscarda *f*.
**blueness** (blö'nes) *n* color azul *m*.
**blueprint** (blö'print'') *n* (*fig*) anteproyecto *m*. copia heliográfica.
**bluff** (bluf) *n* farol *m*; • *vt* farolear.
**bluish** (blö'ish) *adj* azulado.
**blunder** (blun'dėr) *n* desatino *m*; error craso *m*; • *vi* meter la pata.
**blunt** (blunt) *adj* obtuso; grosero, brusco; • *vt* embotar.
**bluntly** (blunt'lē) *adv* sin artificio; claramente; obtusamente.
**bluntness** (blunt'nes) *n* embotadura, grosería *f*.
**blur** (blür) *n* mancha *f*; • *vt* manchar, empañar.
**blurt out** (blürt'out'') *vt* hablar a tontas y locas.
**blush** (blush) *n* rubor *m*; sonrojo *m*; • *vi* ponerse colorado (de vergüenza).
**blustery** (blus'tėr ē) *adj* tempestuoso.
**boa** (bō*a*) *n* boa *f* (serpiente).
**boar** (bōr, bär) *n* verraco *m*; **wild** ~ jabalí *m*.
**board** (bōrd, bärd ) *n* tabla *f*; mesa *f*; consejo *m*; • *vt* embarcarse en; subir a.
**boarder** (bōrd'ėr) *n* pensionista, huésped *m*.
**boarding card** *n* tarjeta de embarque *f*.
**boarding house** *n* casa de pupilos *f*; casa de huéspedes *f*.
**boarding school** *n* casa pensión, escuela de internos *f*.
**boast** (bōst) *vi* jactarse; • *n* jactancia *f*; ostentación *f*.
**boastful** (bōst'ful) *adj* jactancioso.
**boat** (bōt) *n* barco *m*; bote *m*; barca *f*. *vi* viajar en bote.
**boating** (bō'ing) *n* barcaje *m*; paseo en barquilla *m*; regata *f*.
**bode** (bōd) *vt* presagiar, pronosticar.
**bodice** (bod'is) *n* corsé, jubón *m*.
**bodily** (bod'*i* lē) *adj, adv* corpóreo; corporalmente.
**body** (bod'ē) *n* cuerpo *m*; individuo *m*; gremio *m*; **any** ~ cualquier; **every** ~ cada uno.
**body-building** *n* culturismo *m*.
**bodyguard** (bod'ē gärd) *n* guardaespaldas, escolta personal *m*.
**bodywork** *n* (*auto*) carrocería *f*.
**bog** (bog) *n* pantano *m*. *vi* empantanarse,hundorse
**boggy** (bog'ē) *adj* pantanoso, cenagoso.
**bogus** (bō'g*a*s) *adj* postizo, postizo, espurio.
**boil** (boil) *vi* hervir; bullir; hervirle a uno la sangre; • *vt* cocer; • *n* furúnculo *m*.
**boiled egg** *n* huevo cocido *m*.
**boiled potatoes** *npl* patatas hervidas *fpl*.
**boiler** (boil'ėr) *n* marmita *f*; caldero *m*.
**boiling point** *n* punto de ebullición *m*.
**boisterous** (boi stėr us) *adj* borrascoso, tempestuoso; violento; ~**ly** *adv* tumultuosamente, furiosamente.
**bold** (bōld) *adj* ardiente, valiente; audaz; temerario; impudente; ~**ly** *adv* descaradamente.
**boldness** (bōld nes) *n* intrepidez *f*; valentía *f*; osadía *f*. **bolster** *n* travesero *m*; cabezal *m*; • *vt* reforzar.
**bolt** (bōlt) *n* cerrojo, tornillo, perno *m*; • *vt* cerrar con cerrojo.
**bomb** (bom) *n* bomba *f*; ~ **disposal** desmontaje de explosivos *m*.

**bombard** (bom bärd′) *vt* bombardear.
**bombardier** (bom′′bėrd dēr′) *n* bombardero *m.*
**bombardment** ( bom b ärd′ment) *n* bombardeo *m.*
**bombshell** (bom′shel′) *n* (*fig*) bomba *f.* (fig.) mujer sexualmente atractiva.
**bond** ( bond) *n* l igadura, a tadura *f*; vinculo, lazo, vínculo *m*; vale *m* ; obligación *f.*
**bondage** *n* (bon′dij) esclavitud, servidumbre *f.*
**bond holder** *n* tenedor de unos vales *m.*
**bone** (bōn) *n* hueso *m*; • *vt* desosar, quitar las espinas.
**boneless** (bōn′les′) *adj* sin huesos; desosado.
**bonfire** (bon′f īr′′) *n* h oguera, f ogata *f.*
**bonnet** (bon′it) *n* gorra *f*; bonete *m.*
**bonny** (bon′ē) *adj* bonito, plácido, agradable, .
**bonus** (bō′n*a*s) *n* cuota, prima, bonificación *f.*
**bony** (bō′nē) *adj* osudo, espinoso (pez).
**boo** (bö) *vt* abuchear. *interj* bú, exclamación para asustar a los niños.
**booby trap** (bö′bē trap′′) *n* trampa explosiva, situación que sorprende *f.*
**book** (bŏk) n libro *m*; **to bring to ~** *vt* pedir cuentas a alguien.
**bookbinder** (bŏk′bīn′ding) *n* encuadernador de libros *m.*
**bookcase** (bŏk′kās) *n* armario para libros *m.*
**bookkeeper** (bŏk′kē′′pėr) *n* tenedor de libros *m.*
**bookkeeping** (bŏk′kē′′ping) *n* teneduría de libros *f.*
**bookmaking** *n* apuesta en las carreras de caballos *f.*
**bookmarker** *n* registro de un libro *m.*
**bookseller** (bŏk′sel′′ėr) *n* librero *m.*
**bookstore** *n* librería *f.*
**bookworm** ( bŏk′wŏrm′′) *n* p olilla que roe los libros *f*; hombre del todo aficionado a los libros *m.*
**boom** (böm) *n* trueno *m*; boom *m*; • *vi* retumbar.
**boon** (bön) *n* presente, regalo *m*; favor *m.*
**boor** (bör) *n* patán, villano *m.*
**boorish** (bö′rish ) *adj* rústico, agreste.
**boost** ( böst) *n* e stímulo *m* ; *v t* e stimular.
**booster** (bös tėr) *n* impulsador, fomentador *m.*
**boot** (böt) *n* ganancia *f*; provecho *m*; bota *f*; **to** ~ *adv* además.
**booth** (böth) *n* barraca, cabaña *f.*
**booty** (bö′tē) *n* botín *m*; presa *f*; saqueo *m.*
**booze** (böz) *vi* emborracharse; • *n* bebida *f.*
**border** (bär′dėr) *n* orilla *f*; borde *m*; margen *f*; frontera *f*; • *vt* lindar con.
**borderline** (bär′dėr līn′) *n* frontera, línea de demarcación, línea indefinida e ntre d os c ualidades o condiciones *f.*
**bore** (bōr) *vt* taladrar; barrenar; fastidiar; • *n* taladro *m*; calibre *m*; hombre enfadoso *m.*
**boredom** (bōr′d*a*m) *n* a burrimiento, hastío, tedio *m.*
**boring** (bōr′ing) *adj* aburrido, fastidioso, latoso.

**born** (b*ä*rn) *adj* nacido; destinado.
**borrow** (bor'ō) *vt* pedir prestado. *vi* tomar a préstamo.
**borrower** (bor'ō ėr) *n* prestamista *m.*.
**bosom** (b*ü*z'*a*m) *n* seno, pecho *m.* (regazo, intimidad)
**bosom friend** *n* amigo íntimo *m.*
**boss** (bos) *n* jefe *m*; patrón *m.*
**botanic(al)** (b*a* tan'ik, b*a* tan'ikl) *adj* botánico.
**botanist** (b*a* tan'ist) *n* botánico *m.*
**botany** (bot'*a* nē) *n* botánica *f.*
**botch** (boch) *vt* chapuzar, mezcolanza, llaga irritada.
**both** (bōth) *adj* ambos, entrambos; ambas, entrambas; • *conj* tanto como.
**bother** (boTH'ėr) *vt* preocupar; fastidiar; • *n* molestia *f.*
**bottle** (bot'*a*l) *n* botella *f*; • *vt* embotellar.
**bottleneck** (bot'*a*l nek') *n* embotellamiento *m.*
**bottle-opener** *n* abrebotellas *m invar.*
**bottom** (bot'*a*m) *n* fondo *m*; fundamento *m*; • *adj* más bajo; último.
**bottomless** (bot'*a*m lis) *adj* insondable; excesivo; sin fondo.
**bough** (bou) *n* brazo del árbol *m*; ramo *m.*
**boulder** (bōl'dėr) *n* canto rodado *m.*
**bounce** (bouns) *vi* rebotar; ser rechazado; • *n* rebote *m.*
**bound** (bound) *n* límite *m*; salto *m*; repercusión *f*, • *vi* resaltar; • *adj* destinado.
**boundary** (boun'd*a* rē) *n* límite *m*; frontera *f.*
**boundless** (boun'lis) *adj* ilimitado, infinito.
**bounteous, bountiful** (boun'tē *a*s, boun'ti ful) *adj* liberal, generoso, bienhechor.
**bounty** (boun'tē) *n* abundancia, liberalidad, bondad *f.*
**bouquet** (bō kā', bö kā') *n* ramillete de flores *m.*
**bourgeois** (b*ü*r zhwä') *adj* burgués, de clase media.
**bout** (bout) *n* ataque de enfermedad, turno de trabajo *m*; encuentro *m.*
**bovine** (bō'vīn) *adj* bovino.
**bow** (bō) *vt* encorvar, doblar; • *vi* encorvarse; hacer una reverencia; • *n* reverencia, inclinación *f.*
**bow** (bō) *n* arco *m*; arco de violín; corbata *f*, nudo *m.*
**bowels** (bou'*a*l) *npl* intestinos *mpl*; entrañas *fpl.*
**bowl** (bōl) *n* taza; bola *f*; • *vi* jugar a las bochas.
**bowling** (bō'ling) *n* bolos *mpl.*
**bowling alley** *n* bolera *f.*
**bowling-green** *n* bolingrín *m.*
**bowstring** (bō'string) *n* cuerda del arco *f.*
**bow tie** *n* pajarita *f.*
**box** (boks) *n* caja, cajita *f*, palco de teatro *m*; ~ **on the ear** bofetada *f*; • *vt* meter alguna cosa en una caja; • *vi* boxear.
**boxer** (bok'sėr) *n* boxeador, púgil *m.*
**boxing** (bok'sing) *n* boxeo *m.*
**boxing gloves** *npl* guantes de boxeo *mpl.*
**boxing ring** *n* cuadrilátero *m.*
**box office** *n* taquilla, atracción taquillera o de taquilla *f.*
**box-seat** *n* pescante, asiento de palco *m.*
**boy** (boi) *n* muchacho (despec.) portero, ascensorista, mensajero, sirviente *m*; niño *m.* **old ~,** viejo.

**boycott** (boi'kot) *vt* boicotear; • *n* boicot *m*.
**boyfriend** *n* novio, amigo *m*.
**boyish** (bo'ish) *adj* pueril, amuchachado; frívolo.
**bra** (bra) *n abrev. de brassiere* sujetador *m*.
**brace** (brās) *n* abrazadera *f*; corrector, tirante, tensor *m*.
**bracelet** (brās'lit) *n* brazalete *m*.
**bracing** (brā'sing) *adj* vigorizante, fortificante • *n* apuntalamiento; tónico *f*.
**bracken** (brak'*a*n) *n* (*bot*) helecho *m*.
**bracket** (brak'it) *n* puntal *m*; paréntesis *m*; corchete *m*; • **to ~ with** *vt* unir, ligar.
**brag** (brag) *n* jactancia *f*; • *vi* jactarse, fanfarronear.
**braid** (brād) *n* trenza, *f*; • *vt* trenzar.
**brain** (brān) *n* cerebro *m*; seso, juicio *m*; • *vt* descerebrar, matar a uno.
**brainchild** (brān'chīld') *n* idea, invento *m*.
**brainwash** (brān'wash') *vt* lavar el cerebro.
**brainwave** (brān'wāv') *n* idea luminosa *f*.
**brainy** (brā'nē) *adj* inteligente, despierto.
**brainless** (brān'les) *adj* tonto, insensato, estúpido.
**brake** (brāk) *n* freno *m*; • *vt, vi* frenar.
**brake fluid** *n* líquido de frenos *m*.
**brake light** *n* luz de frenado *f*.
**bramble** (bram'bl) *n* zarza, espina *f*.
**bran** (bran) *n* salvado *m*.
**branch** (branch) *n* ramo *m*; rama *f*; • *vt* (*vi*) ramificar(se).
**branch line** *n* (*rail*) empalme, ramal *m*.
**brand** (brand) *n* marca *f*; hierro *m*; • *vt* marcar con un hierro ardiendo.
**brandish** (bran'dish) *vt* blandir, ondear.
**brand-new** *adj* flamante, enteramente nuevo.
**brandy** (bran'dē) *n* coñac *m*.
**brash** (brash) *adj* tosco, impetuoso, temerario; descarado.
**brass** (bras) *n* bronce, cobre, utensilio de cocina *m*.
**brassière** (br*a* zēr') *n* sujetador *m*.
**brat** (brat) *n* rapaz, mocoso, malcriado *m*.
**bravado** (br*a* vä'dō) *n* baladronada, jactancia, bravata *f*.
**brave** (brāv) *adj* bravo, valiente, atrevido; • *vt* bravear; • *n* bravo *m*; **~ly** *adv* bravamente.
**bravery** (brā'v*a* rē) *n* valor *m*; magnificencia *f*; bravata *f*.
**brawl** (bräl) *n* pelea, camorra *f*; • *vi* pelearse.
**brawn** (brän) *n* pulpa *f*; carne de verraco *f*.
**bray** (brā) *vi* rebuznar; • *n* rebuzno (del asno) *m*.
**braze** (brāz) *vt* soldar con latón; broncear.
**brazen** (brā'z*a*n) *adj* de bronce; desvergonzado; imprudente; • *vi* hacerse descarado.
**brazier** (brā'zhėr) *n* brasero, latonero, broncista *m*.
**breach** (brēch) *n* rotura *f*; brecha *f*; violación *f*.
**bread** (bred) *n* pan *m*; (*fig*) sustento *m*; **brown ~** pan moreno *m*.
**breadbox** (bred'box') *n* panera *f*.
**breadcrumbs** (bred'krums) *npl* migajas *fpl*.

**breadth** (bredth) *n* anchura *f.*
**breadwinner** *n* sostén de la familia *m.*
**break** (brāk) *vt* romper; quebrantar; violar; arruinar; interrumpir; • *vi* romperse; ~ **into** forzar; **to** ~ **out** abrirse salida; • *n* rotura, abertura *f*; interrupción *f*; ~ **of day** despuntar del día *m*, aurora *f.*
**breakage** (brā'kij) *n* rotura, fractura *f.*
**breakdown** (brāk'doun'') *n* avería *f*; descalabro *m.*
**breakfast** (brek'fäst) *n* desayuno *m*; • *vi* desayunar.
**breaking** (brā'king) *n* rompimiento *m*; principio de las vacaciones en las escuelas *m*; fractura *f.*
**breakthrough** (brāk'thrö) *n* avance *m.*
**breakwater** (brāk'wätėr) *n* muelle *m.*
**breast** (brest) *n* pecho, seno *m*; tetas *fpl*; corazón *m.*
**breastbone** (brest'bōn') *n* esternón *m.*
**breastplate** (brest'plāt') *n* peto *m*; pectoral *m*; coraza *f.*
**breaststroke** (brest'strōk') *n* braza de pecho *f.*
**breath** (br ) *n* aliento *m*, respiración *f*; soplo de aire *m.*
**breathe** (brēth) *vt, vi* respirar; exhalar.
**breathing** (brē'thing) *n* respiración *f*; aliento *m.*
**breathing space** *n* descanso, reposo *m.*
**breathless** (brēth'les) *adj* falto de aliento; desalentado.
**breathtaking** (breth'tā''king) *adj* pasmoso.
**breed** (brēd) *n* casta, raza *f*; • *vt* procrear, engendrar; producir; educar; • *vi* multiplicarse.
**breeder** (brēd'ėr) *n* criador, semental reproductor *m.*
**breeding** (brē'ding) *n* crianza *f*; buena educación *f.*
**breeze** (brēz) *n* brisa, aura, cosa fácil *f.*
**breezy** (brēz'ē) *adj* refrescado con brisas.
**brethren** (breTH'rin) *npl* (*de* **brother**) hermanos *mpl* (en estilo grave).
**breviary** (brē'vē er''ē) *n* breviario religioso *m.*
**brevity** (brev'i tē) *n* brevedad, concisión *f.*
**brew** (brö) *vt* hacer; tramar, mezclar; • *vi* hacerse; tramarse; • *n* brebaje *m.*
**brewer** (brö'ėr) *n* cervecero *m.*
**brewery** (brö'*a* rē) *n* cervecería *f.*
**briar, brier** (brī'ėr) *n* zarza *f*, espino *m.*
**bribe** (brīb) *n* cohecho, soborno *m*; • *vt* cohechar, corromper, sobornar.
**bribery** (brī'b*a* rē) *n* cohecho, soborno *m.*
**bric-a-brac** (brik'*a* brak'') *n* baratijas, curiosidades, antigüedades *fpl.*
**brick** (brik) *n* ladrillo, lingote *m*; • *vt* enladrillar.
**bricklayer** (brik'lā''ėr) *n* albañil *m.*
**bridal** (brīd'*a*l) *adj* nupcial.
**bride** (brīd) *n* novia *f.*
**bridegroom** (brīd'gröm) *n* novio *m.*
**bridesmaid** (brīdz'mād'') *n* madrina de boda *f.*
**bridge** (brij) *n* puente *m/f*; caballete de la nariz *m*; puente de violín *m*; **to** ~ **(over)** *vt* construir un puente.

**bridle** (brīd′*a*l) *n* brida *f* freno *m*; • *vt* embridar; reprimir, refrenar.
**brief** (brēf) *adj* breve, conciso, sucinto; • *n* compendio *m*; breve *m*.
**briefcase** (brēf′kās′′) *n* cartera *f*. portafolio, maletín *m*
**briefly** (brēf lē) *adv* brevemente, en pocas palabras.
**brier** (brī′ėr) *n* rosal silvestre
**brigade** (bri gād′) *n* (*mil*) brigada *f*.
**brigadier** (brig′′*a* dēr′) *n* (*mil*) general de brigada *m*.
**brigand** (brig′*a*nd) *n* bandido *m*.
**bright** (brīt) *adj* claro, luciente, brillante; ~**ly** *adv* esplendidamente.
**brighten** (brīt′n) *vt* pulir, dar lustre; ilustrar; • *vi* aclararse.
**brightness** (brīt′nes) *n* esplendor *m*, brillantez *f*, agudeza *f*, claridad *f*.
**brilliance** (bril′y*a*ns ) *n* brillo, brillantes *m*.
**brilliant** (bril′y*a*nt) *adj* brilliante; ~**ly** *adv* espléndidamente. **brim** *n* borde extremo *m*; orilla *f*.
**brimful** (brim′fül) *adj* lleno hasta el borde.
**bring** (bring) *vt* llevar, traer; conducir; inducir, persuadir; **to ~ about** efectuar; **to ~ forth** producir; parir; **to ~ up** educar.
**brink** (brink) *n* orilla *f*, margen *m/f*, borde *m*.
**brisk** (brisk) *adj* vivo, alegre, jovial; fresco.
**brisket** (bris′kit) *n* pecho (de un animal) *m*.
**briskly** (brisk′lē) *adj* vigorosamente; alegremente; vivamente.
**bristle** (bris′*a*l) *n* cerda, seta *f*, • *vi* erizarse.
**bristly** (bris′lē) *adj* cerdoso, lleno de cerdas.
**brittle** (brit′l) *adj* quebradizo, frágil; susceptible, irritable .
**broach** (brōch) *vt* comenzar a hablar de.
**broad** (brōd) *adj* ancho, vasto, claro obvio; amplio, generalizado.
**broadbeans** (brōd′ bēnz′) *npl* haba gruesa *f*.
**broadcast** (brōd cast) *n* emisión *f*, • *vt, vi* emitir; transmitir.
**broadcasting** (brōd cas ting) *n* radiodifusión, radiodifusora *f*.
**broad** (bräd) *adj* ancho
**broaden** (bräd′n) *vt, vi* ensanchar(se).
**broadly** (bräd′lē) *adv* anchamente.
**broad-minded** *adj* tolerante, comprensivo, magnánimo.
**broadness** (bräd′nes) *n* ancho *m*; anchura *f*.
**broadside** (bräd′sīd′′) *n* costado de navío *m*; andanada *f*.
**broadway** (bräd′wā′′) *n* calle ancha *f*.
**broadways** (bräd′wāz′′) *adv* a lo ancho, por lo ancho.
**brocade** (brō kād′) *n* brocado *m*.
**broccoli** (brok′*a* lē) *n* brócoli *m*.
**brochure** (brō shür′) *n* folleto *m*.
**brogue** (brōg) *n* abarca *f*, idioma corrompido *m*.
**broil** (broil) *vt* asar a la parrilla.
**broken** (brō′k*e*n) *adj* roto, interrumpido; ~ **english** hablar el inglés con mala pronunciación *m*.
**broker** (brō′kėr) *n* corredor, agente comisionista *m*.
**brokerage** (brō′kėr ij) *n* corretaje *m*.
**bronchial** (brong′kē *a*l) *adj* bronquial.
**bronchitis** (brong kī′tis) *n* bronquitis *f*.
**bronze** (bronz) *n* bronce *m*; • *vt* broncear.

**brooch** (brōch, bröch) *n* broche, prendedor, alfiler de adorno *m*.
**brood** (bröd) *vi* empollar; pensar alguna cosa con cuidado; • *n* raza *f*; nidada *f*.
**brood-hen** *n* empolladora *f*.
**brook** (brök) *n* arroyo *m*. • *vt* soportar, tolerar, aguantar
**broom** (bröm) *n* escoba *f*; retama *f*.
**broomstick** (bröm'stik) *n* palo de escoba *m*.
**broth** (broth, bräth) *n* caldo *m*.
**brothel** (broth'l) *n* burdel *m*.
**brother** (bruTH'ėr) *n* hermano, camarada *m*.
**brotherhood** (bruTH'ėr hüd'') *n* hermandad *f*; fraternidad *f*.
**brother-in-law** *n* cuñado *m*.
**brotherly** (bruTH'ėr lē) *adj, adv* fraternal; fraternalmente.
**brow** (brou) *n* caja *f*; frente *f*; cima *f*.
**browbeat** (brou'bēt'') *vt* mirar con ceño.
**brown** (broun) *adj* moreno; castaño; ~ **paper** *n* papel de estraza *m*; ~ **bread** *n* pan moreno *m*; ~ **sugar** *n* azúcar terciado *m*; • *n* color moreno *m*; • *vt* volver moreno.
**browse** (brouz) *vt* ramonear; • *vi* hojear un libro, curiosear en una tienda.
**bruise** (brös) *vt* magullar; • *n* magulladura, contusión *f*. **brunch** *n* desayuno-almuerzo *m*.
**brunette** (brö net') *n* morena, trigueña *f*.
**brunt** (brunt) *n* choque *m*. fuerza, impacto *m*
**brush** (brush) *n* cepillo *m*; escobilla *f*; combate *m*; • *vt* cepillar.
**brushwood** (brush'wüd) *n* breñal, zarzal *m*.
**brusque** (brusk) *adj* brusco, rudo, abrupto.
**Brussels sprout** (brus'*e*lz sprout) *n* col de Bruselas *f*.
**brutal** (bröt'*a*l) *adj* brutal; ~**ly** *adv* brutalmente.
**brutality** (brö t*a*l'*i* tē) *n* brutalidad *f*.
**brutalize** (bröt'*a* līz'') *vt* (*vi*) embrutecer(se).
**brute** (bröt) *n* bruto *m*; • *adj* feroz, bestial; irracional.
**brutish** (brö'tish) *adj* brutal, bestial; feroz; ~**ly** *adv* brutalmente.
**bubble** (bub'l) *n* burbuja *f*; • *vi* burbujear, bullir.
**bubblegum** (bub'l gum) *n* chicle *m*.
**bucket** (buk'it) *n* cubo, pozal *m*.
**buckle** (buk'l) *n* hebilla *f*; • *vt* hebillar; afianzar; • *vi* encorvarse.
**bucolic** (bū kol'ik) *adj* bucólico.
**bud** (bud) *n* pimpollo, botón *m*; • *vi* brotar.
**Buddhism** (büd'iz *a*m) *n* Budismo *m*.
**budding** (bud'ing) *adj* en ciernes.
**buddy** (bud'ē) *n* compañero, camarada, compinche *m*.
**budge** (buj) *vi* moverse, menearse.
**budgerigar** (buj'*a* rē gär) *n* periquito *m*.
**budget** (buj'it) *n* presupuesto *m*.
**buff** (buf) *n* entusiasta (de la ópera, del jazz, etc.) *m*.
**buffalo** (buf'*a* lō) *n* bisonte *m*.
**buffers** (buf'ėr) *npl* (*rail*) parachoques, topes *mpl*.
**buffet** (b*a* fā) *n* buffet *m*; • (buf'it) *vt* abofetear.
**buffoon** (b*a* fön') *n* bufón, chocarrero *m*.
**bug** (bug) *n* chinche, insecto, bicho, sabandija *m*.

**bugbear** (bug´bâr´´) *n* espantajo, coco *m.*
**bugle (horn)** (būgl) *n* trompa de caza *f.*
**build** (bild) *vt* edificar; construir, erigir, formar, basar, fundamentar.
**builder** (bild´ėr) *n* arquitecto *m*; maestro de obras *m.*
**building** (bil´ding) *n* edificio *m*; construcción *f.*
**bulb** (bulb) *n* bulbo, foco *m*; cebolla *f.*
**bulbous** (bul'b*u*s) *adj* bulboso.
**bulge** (bulj) *vi* combarse; • *n* bombeo *m.*
**bulk** (bulk) *n* masa *f*; volumen *m*; grosura *f*; mayor parte *f*; capacidad de un buque *f*; **in** ~ a granel.
**bulky** (bul´kē) *adj* grueso, grande; pesado, difícil de manejar.
**bull** (b*ü*l) *n* toro *m.*
**bulldog** (b*ü*l´dog´´) *n* dogo *m.*
**bulldozer** (b*ü*l´dō´´zėr) *n* tractor nivelador *m.*
**bullet** (b*ü*l´it) *n* bala (de arma pequeña) *f.*
**bulletin board** *n* tablón de anuncios *m.*
**bulletproof** (b*ü*l´it pröf) *adj* a prueba de balas.
**bullfight** (b*ü*l´fīt´´) *n* corrida de toros *f.*
**bullfighter** (b*ü*l´fī tėr) *n* torero *m.*
**bullfighting** (b*ü*l´fī´ting) *n* los toros *mpl.*
**bullion** (b*ü*l´yan) *n* oro *o* plata en barras *m o f.*
**bullock** (b*ü*l´ok) *n* novillo capado *m.*
**bullring** *n* plaza de toros *f.* **bull's-eye** *n* centro del blanco *m.*
**bully** (b*ü*l´ē) *n* valentón *m*; • *vt* tiranizar.
**bulwark** (b*ü*l´werk) *n* baluarte, bastión *m.*
**bum** (bum) *n* vagabundo *m.*
**bumblebee** (bum´bl bē) *n* abejorro, zángaro *m.*
**bump** (bump) *n* hinchazón *f*; jiba *f*; bollo *m*; barriga *f*; • *vt* chocar contra.
**bumpkin** (bump´kin) *n* patán *m*; villano *m.*
**bumpy** (bum´pē) *adj* desigual, con irregularidades en el terreno.
**bun** (bun) *n* bollo *m*; moño *m.*
**bunch** (bunch) *n* ramo, manojo *m*; grupo, conjunto de personas *m.*
**bundle** (bun´dl) *n* fard *m*, haz *m* (de leña etc); paquete *m*; rollo *m*; • *vt* atar, hacer un lío.
**bung** (bung) *n* tapón *m*; • *vt* atarugar, obstruir, atorar.
**bungalow** (bung´g*a* lō) *n* casita playera o campestre *m.*
**bungle** (bung´gl) *vt* chapucear; • *vi* hacer algo chabacanamente.
**bunion** (bun´yan) *n* juanete *c.*
**bunk** (bunk) *n* litera *f. fam.* palabrería, faramalla, baladronada
**bunker** (bun´kėr) *n* refugio *m*; búnker *m.*
**buoy** (bö´ē, boi) *n* (*mar*) boya *f.*
**buoyancy** (boi´*a*n sē) *n* flotabilidad, (*fig.*) elasticidad, vigor, vivacidad *f.*
**buoyant** (boi´*a*nt) *adj* boyante.
**burden** (b*ü*r´d*a*n) *n* carga, peso, preocupación *f*; • *vt* cargar.
**bureau** (bür´ō) *n* armario, escritorio, despacho *m.* oficina *f*
**bureaucracy** (bū rok´r*a* sē) *n* burocracia *f.*
**bureaucrat** (bū r*a* krat´´) *n* burócrata *m.*
**burglar** (b*ü*r´glėr) *n* ladrón *m.*

**burglar alarm** *n* alarma de ladrones *f.*
**burglary** (bür´gl*a* rē) *n* robo de una casa *m.*
**burial** (ber´ē *a*l) *n* entierro *m*; exequias *fpl.*
**burial place** *n* cementerio *m.*
**burlesque** (bėr lesk´) *n, adj* lengua burlesca *f*; burlesco *m.*
**burly** (bür´lē) *adj* fornido; espontáneo, jovial.
**burn** (bürn) *vt* quemar, abrasar, incendiar; • *vi* arder; • *n* quemadura *f.*
**burner** (bür´nėr) *n* quemador *m*; mechero *m.*
**burning** (bür´ning) *adj* ardiente, vehemente, abrazador. *n* quemazón, ardor.
**burrow** (bür´ō) *n* conejera *f*; • *vi* esconderse en la conejera.
**bursar** (bür´sėr) *n* tesorero *m.*
**burse** (bürs) *n* bolsa, lonja *f.*
**burst** (bürst) *vi* reventar; abrirse; **to ~ into tears** prorrumpir en lágrimas; **to ~ out laughing** estallar de risa; • *vt* **to ~ into** irrumpir en; • *n* reventón *m*; rebosadura *f.*
**bury** (ber´ē) *vt* enterrar, sepultar; esconder.
**bus** (bus) *n* autobús *m.*
**bush** (büsh) *n* arbusto, espinal *m*; cola de zorra *f.*
**bushy** (büsh´ē ) *adj* espeso, lleno de arbustos.
**busily** (biz´*a* lē) *adv* diligentemente, apresuradamente.
**business** (biz´nes) *n* asunto *m*; negocios *mpl*; empleo *m*; ocupación *f.*
**businesslike** (biz´nis līk´´) *adj* sistemático, eficiente, práctico.
**businessman** (biz´nis man´´) *n* hombre de negocios *m.*
**business trip** *n* viaje de negocios *m.*
**businesswoman** *n* mujer de negocios *f.*
**bust** (bust) *n* busto *m.* juerga, parranda; quiebra, fracaso; degradar, despojar de grado.
**bus-stop** *n* parada de autobuses *f.*
**bustle** *vi* hacer ruido; entremeterse; • *n* baraúnda *f*; ruido *m.*
**bustle** (bus´*a*l) *n* animación *m.*
**busy** (biz´ē) *adj* ocupado; entrometido; bullicioso, movido; recargado, inquietante.
**busybody** (biz´ē bod´´ē) *n* entrometido, chismoso *m.*
**but** (but) *conj* pero; mas; excepto, menos; solamente.
**butcher** (büch´ėr) *n* carnicero, hombre sanguinario *m*; • *vt* matar atrozmente.
**butcher's (shop)** *n* carnicería, *f.*
**butchery** (büch´*a* rē) *n* matadero; estropeo, chapucería *m.*
**butler** (but´lėr) *n* mayordomo, despensero *m.*
**butt** (but) *n* colilla *f*, cabo, extremo *m*; • *vt* topar.
**butter** (but´ėr) *n* mantequilla *f*; • *vt* untar con mantequilla.
**buttercup** (but´ėr kup´´) *n* (*bot*) amargón, diente de león *m.*
**butterfly** (but´ėr flī) *n* mariposa; persona veleidosa, calavera *f.*
**buttermilk** (but´ėr milk´´) *n* suero de manteca *m.*
**buttocks** (but´*a*ks) *npl* posaderas, nalgas *fpl.*
**button** (but´*o*n) *n* botón, capullo, tirador de puerta *m*; • *vt* abotonar.
**buttonhole** (but´*o*n hōl´´) *n* ojal, presilla de botón *m.*
**buttress** (bu´tris) *n* estribo *m*; apoyo *m*; • *vt* estribar.

**buxom** (buk′s*o*m) *adj* frescachona, rolliza.

**buy** (bī) *vt* comprar, creer en algo, aceptar algo como cierto.

**buyer** (bī′ėr) *n* comprador *m.*

**buzz** (buz) *n* susurro, soplo *m*; • *vi* zumbar.

**buzzard** (buz′ėrd) *n* ratonero común, buitre *m.*

**buzzer** (buz′ėr) *n* timbre eléctrico, zumbador *m.*

**by** (bī ) *prep* por; a, en; de; cerca, al lado de; ~ **and** ~ de aquí a poco, ahora; ~ **the** ~ de paso; ~ **much** con mucho; ~ **all means** por supuesto.

**bygone** (bī′gän) *adj* pasado, de otro tiempo, antiguo.

**by-law** (bī′lä) *n* ley, reglamento o estatuto interno de un club, una congregación, etc.

**bypass** (bī′pas′′) *n* carretera de circunvalación *f.*

**by-product** (bī′prod′′*u*kt) *n* producto secundario o derivado *m.*

**by-road** (bī′rōd′′) *n* camino apartado, atajo *m.*

**bystander** (bī′stan′′dėr) *n* mirador, espectador *m.*

**byte** (bīt) *n* (*computación*) byte *m.*

**byword** (bī′würd′′) *n* proverbio, refrán *m.*

# C

**cab** (kab) *n* taxi *m*.
**cabal** (k*a* bal′) *n* cábala *f*; trato secreto *m*; intriga *f*; • *n* facción *f*; junta de intrigantes *f*.
**cabbage** (kab′ij) *n* berza, col *f*.
**cabdriver** (kab′drī′vėr) *n* taxista *m*.
**cabin** (kab′in) *n* cabaña, cámara de navío *f*.
**cabinet** (kab′*i* nit) *n* consejo de ministros *m*; gabinete *m*; escritorio *m*.
**cabinet-maker** (kab′*i* nit mākėr) *n* ebanista *m*.
**cable** (kābl) *n* (*mar*) cable *m*; cable eléctrico *m*.
**cable car** *n* teleférico *m*; funicular *m*.
**cable television** *n* televisión por cable *f*.
**caboose** (k*a* bös′) *n* (*mar*) cocina *f*.
**cabstand** (kab′stand′) *n* parada o estación de taxis *f*.
**cache** (kash) *n* silo *m*; escondite *m*.
**cackle** (kak′l) *vi* cacarear *o* graznar; • *n* cacareo *m*; charla *f*.
**cacophony** (k*a* kof′*a* nē) *n* cacofonía *f*; (*mus*) disonancia *f*.
**cactus** (kak′t*u*s) *n* cacto *m*.
**cadaveric** (k*a* dav ėr ik) *adj* cadavérico.
**cadaverous** (k*a* dav ėr us) *adj* ojeroso *o* pálido.
**cadence** (kād′*e*ns) *n* (*mus*) cadencia *f;* ritmo *m*.
**cadet** (k*a* det′) *n* cadete *m*.
**cadge** (kaj) *vt* mendigar; gorrear.
**caducity** (k*a* dö′sitē, k*a* dū′sitē) *n* caducidad *f*; senilidad *f*.
**café, cafe** (ka fā′, k*a* fā′) *n* café *m*; cafetería *f*.
**café au lait** (kaf ā′ō lā, ka fā′ō lā) *n* café con leche *m*.
**cafeteria** (kaf′i tēr′ē *a*) *n* café *m*.
**caffein(e)** (kafēn′, kaf′ēn, kaf′ē in) *n* cafeína *f*.
**cage** (kāj) *n* jaula *f*; prisión *f*; • *vt* enjaular.
**cagey** (kā′jē) *adj* cauteloso.
**cajole** (k*a* jōl′) *vt* lisonjear, adular.
**cake** (kāk) *n* bollo *m*; pastel *m*.
**calamitous** (k*a* lam′i tus) *adj* calamitoso; desastroso.
**calamity** (k*a* lam′i tē) *n* calamidad, miseria *f*.
**calculable** (kal′kū l*a* bl) *adj* calculable.
**calculate** (kal′kū lāt) *vt* calcular, contar.
**calculated** (kal′kū lā′tid) *adj* calculado; proyectado; deliberado.
**calculating** (kal′kū lā′ting) *adj* calculador, interesado.
**calculation** (kal′kū lā′sh*a*n) *n* cálculo *m*; prudencia *f*.
**calculator** (kal′kū lā′tėr) *n* calculadora *f*.
**calculus** (kal′kū l*u*s) *n* cálculo *m*.
**calefaction** (kal′*e* fak sh*a*n) *n* calefacción *f*.
**calendar** (kal′*a*n dėr) *n* calendario *m*; almanaque *m*.
**calf** (kaf, käf) *pl* **calves** (kavz, kävz) *n* ternero *m*; ternera *f*; carne de ternero *f*.
**caliber** (kal′i bėr) *n* calibre *m*.
**calisthenics** (kal′is then′iks) *npl* ejercicios gimnásticos *mpl*.
**call** (käl) *vt* llamar, nombrar; llamar por teléfono; convocar, citar; apelar; **to ~ for** preguntar por al-

guien, ir a buscarle; **to ~ on** visitar; **to ~ attention** llamar la atención; **to ~ names** injuriar; • *n* llamada *f*; instancia *f*; invitación *f*; urgencia *f*; vocación *f*; profesión *f*.
**caller** (kä´lėr) *n* visitador *m*.
**calligraphy** (k*a* lig´r*a* fē) *n* caligrafía *f*.
**calling** (kä´ling) *n* profesión, vocación *f*.
**callosity** (k*a* los´i tē) *n* callosidad *f*; insensibilidad *f*.
**callous** (kal´*u*s) *adj* calloso, endurecido; insensible.
**calm** (käm) *n* calma, tranquilidad *f*; • *adj* quieto, tranquilo; • *vt* calmar; aplacar, aquietar; **~ly** *adv* tranquilamente.
**calmness** (käm´nis) *n* tranquilidad, calma *f*.
**calorie** (kal´*a* rē) *n* caloría *f*.
**calumny** (kal´*a*m nē) *n* calumnia *f*.
**Calvary** (kal´v*a* rē) *n* calvario *m*.
**calve** (kav, käv) *s* parir la becerra.
**Calvinism** (kal´v*i* niz´*a*m) *n* calvinismo *m*.
**camel** (kam´*e*l) *n* camello *m*.
**cameo** (kam´ē ō) *n* camafeo *m*.
**camera** (kam´*e*r a, kam´r*a*) *n* máquina fotográfica *f*; cámara *f*.
**cameraman** (kam´*e*r *a* man´, kam´*e*r *a* m*a*n´, kam´r*a* m*a*n´, kam´r*a* man´) *n* camarógrafo *m*.
**camomile** (kam´*a* mīl, kam´*a* mēl,) *n* manzanilla *f*.
**camouflage** (kam´*a* fläzh´) *n* camuflaje *m*.
**camp** (kamp) *n* campo *m*; • *vi* acampar.
**campaign** (kam pān´) *n* campaña *f*; • *vi* hacer una campaña.
**campaigner** (kam pān ėr´) *n* luchador *m*.
**camper** (kam´pėr) *n* excursionista, vehículo de remolque para acampar *m*.
**camphor** (kam´fėr) *n* alcanfor *m*.
**campsite** (kamp´sit) *n* lugar de campamento *m*.
**campus** (kam´p*u*s) *n* ciudad universitaria *f*.
**can** (kan) *vi* poder; • *vt* enlatar • *n* lata, vasija *f*.
**canal** (k*a* nal´) *n* estanque *m*; zanja *m*.
**cancel** (kan´s*e*l) *vt* cancelar; anular, invalidar.
**cancellation** (kan´s*a* lā´sh*a*n) *n* cancelación *f*.
**cancer** (kan´ser) *n* cáncer *m*.
**Cancer** (kan´ser) *n* Cáncer *m* (signo del zodíaco).
**cancerous** (kan´ser us) *adj* canceroso.
**candid** (kan´did) *adj* cándido, sencillo, sincero; **~ly** *adv* cándidamente, francamente.
**candidate** (kan´di dāt´) *n* candidato *m*.
**candied** (kan´dēd) *adj* azucarado, confitado.
**candle** (kan´dl) *n* candela *f*; vela *f*.
**candlelight** (kan´dl līt´) *n* luz de vela *f*; a media luz. *f*.
**candlestick** (kan´dl stik´) *n* candelero *m*.
**candor, candour** (kan´dėr) *n* candor *m*; sinceridad *f*.
**candy** (kan´dē) *n* caramelo *m*.
**cane** (kān) *n* caña *f*; bastón *m*.
**canine** (kā´nīn, k*a* nīn) *adj* canino, perruno.
**canister** (kan´ister) *n* bote *m*.
**cannabis** (kan *a* bis) *n* mariguana, marihuana *f*.
**canned** (kand) *adj* enlatado.

**cannibal** (kan´*i* b*a*l) *n* caníbal *m*; antropófago *m*.
**cannibalism** (kan´*i* b*a*l ism´) *n* canibalismo *m*.
**cannon** (kan´*o*n) *n* cañón *m*.
**cannonball** (kan´*o*n bäl) *n* bala de artillería *f*.
**canoe** (k*a* nö´) *n* canoa, piragua *f*.
**canon** (kan´*o*n) *n* canon *m*; regla, dogma *f*; **~law** derecho canónico *m*.
**canonization** (kan´*a* n*i* zā sh*a*n) *n* canonización *f*.
**canonize** (kan´*a* nīz´) *vt* canonizar.
**can opener** *n* abrelatas *m invar*.
**canopy** (kan´*o* pē) *n* dosel, pabellón *m*.
**cantankerous** (kan tang´kėr us) *adj* aspero, pendenciero.
**canteen** (kan tēn´) *n* cantina *f*.
**canter** (kan´tēr) *n* galope corto *m*.
**canvas** (kan´v*a*s) *n* lienzo *m*, cuadro *m*; lona *m*, vela *f*, tienda de campaña *f*.
**canvass** (kan´v*a*s) *vt* escudriñar, examinar; controvertir; • *vi* solicitar votos; pretender.
**canvasser** (kan´v*a* ser) *n* solicitante *m*; escrutador *m*.
**canyon** (kan´y*u*n) *n* cañón *m*.
**cap** (kap) *n* gorra *f*; tapa *f*.
**capability** (kā´p*a* bil´i tē) *n* capacidad, aptitud, inteligencia *f*.
**capable** (kā´p*a* bl) *adj* capaz; competente.
**capacitate** (k*a* pas´i tāt´) *vt* capacitar.
**capacity** (k*a* pas´i tē ) *n* capacidad *f*; inteligencia, habilidad *f*.
**cape** (kāp) *n* cabo, promontorio *m*; capa *f*.
**caper** (kāpėr) *n* cabriola *f*; alcaparra *f*; • *vi* hacer cabriolas.
**capillary** (kap´*i* ler´ē) *adj* capilar.
**capital** (kap´i t*a*l) *adj* capital; principal; • *n* capital *f* (la ciudad principal); capital, fondo *m*; mayúscula *f*.
**capitalism** (kap´i t*a* liz´*u*m) *n* capitalismo *m*.
**capitalist** (kap´i t*a* list) *n* capitalista *m*.
**capitalize** (kap´i t*a* līz) *vt* capitalizar; **to ~ on** aprovechar.
**capital punishment** *n* pena de muerte *f*.
**Capitol** (kap´i t*o*l) *n* Capitolio *m*.
**capitulate** (k*a* pich´*u* lāt´) *vi* capitular.
**capitulation** (k*a* pich´*u* lā´sh*a*n) *n* capitulación, rendición *f*.
**caprice** (k*a* prēs´) *n* capricho *m*; extravagancia *f*.
**capricious** (k*a* prish´us) *adj* caprichoso; **~ly** *adv* caprichosamente.
**Capricorn** (kap´r*i* kärn´) *n* Capricornio *m* (signo del zodíaco).
**capsize** (kap´sīz, kap sīz´) *vt* (*mar*) zozobrar, volcar.
**capsule** (kap´s*u*l) *n* cápsula *f*.
**captain** (kap´t*a*n, kap´tin) *n* capitán *m*.
**captaincy, captainship** (kap´t*a*n´sē, kap´t*a*n´ship) *n* capitanía *f*.
**captivate** (kap´t*i* vāt´) *vt* cautivar, encantar.
**captivation** ( kap´t*i* vā´sh*a*n) *n* encanto, fascinación *m*.
**captive** (kap´tiv) *n* cautivo, prisionero *m*.
**captivity** (kap tiv´i tē) *n* cautividad, esclavitud *f*, cautiverio *m*.
**capture** (kap´cher) *n* captura *f*; presa *f*; • *vt* apresar, capturar.
**car** (kär) *n* coche, carro *m*; vagón *m*.

**carafe** (k*a* raf′) *n* garrafa *f.*
**caramel** (kar′*a* m*e*l) *n* caramelo *m.*
**carat** (kar′*a*t) *n* quilate *m.*
**caravan** (kar′*a* van′) *n* caravana *f.*
**carbohydrate** (kär′bō hī′drāt, kär′b*a* hī′drāt) *n* carbohidrato *m.*
**carbon** (kär′b*o*n) *n* papel carbón *m.*
**carbon copy** *n* copia al carbón *f.*
**carbonize** (kär′b*o* niz′) *vt* carbonizar.
**carbon paper** *n* papel carbón *m.*
**carbuncle** (kär′bung kl) *n* carbúnculo, rubí *m*; carbunco, tumor maligno *m.*
**carburetor** (kär′b*a* rā′t ėr, kär′b ū ret′*e*r) *n* carburador *m.*
**carcass** (kär′k*a*s) *n* cadáver *m.*
**card** (kärd) *n* naipe *m*; carta *f*; **pack of ~s** baraja *f.*
**cardboard** (kärd′bōrd′) *n* cartulina *m.*
**card game** *n* juego de naipes *m.*
**cardiac** (kär′dē ak′) *adj* cardíaco.
**cardinal** (kär′d*i* n*a*l) *adj* cardinal, principal; • *n* cardenal *m.*
**card table** *n* mesa para jugar *f.*
**care** (kâr) *n* cuidado *m*; solicitud *f*; • *vi* cuidar, tener cuidado *o* pena, inquietarse; **what do I ~?** ¿a mí qué me importa?; **to ~ for** *vt* cuidar a; querer.
**career** (k*a* rēr′) *n* carrera *f*; curso *m*; • *vi* correr a carrera tendida.
**carefree** (kâr′frē′) *n* despreocupado.
**careful** (kâr′f*u*l) *adj* cuidadoso, diligente, prudente; **~ly** *adv* cuidadosamente.
**careless** (kâr′lis) *adj* descuidado, negligente; indolente; **~ly** *adv* descuidadamente.
**carelessness** (kâr′lis nes′) *n* negligencia, indiferencia *f.*
**caress** (k*a* res′) *n* caricia *f*; • *vt* acariciar, halagar.
**caretaker** (kâr′tā′kėr) *n* portero, vigilante *m.*
**car-ferry** *n* transbordador para coches *m.*
**cargo** (kär′gō) *n* cargamento de navío *m.*
**car hire** *n* alquiler de coches *m.*
**caricature** (kar′*a* k*a* chėr, kar′*a* k*a* ch*ü*r′) *n* caricatura *f*; • *vt* hacer caricaturas, ridiculizar.
**caries** (kâr′ēz, kâr′ē ēz′) *n* caries *f.*
**caring** kâr′ing) *adj* humanitario.
**Carmelite** (kär′m*a* līt′) *n* carmelita *m.*
**carnage** (kär′nij) *n* carnicería, matanza *f.*
**carnal** (k är′n*a*l) *adj* carnal; sensual; **~ly** *adv* carnalmente.
**carnation** (kär′nā′sh*a*n) *n* clavel *m.*
**carnival** (kär′n*i* v*a*l) *n* carnaval *m.*
**carnivorous** (kär niv′ėr us) *adj* carnívoro.
**carol** (kar′*o*l) *n* villancico *m*, canción de alegría *o* piedad *f.*
**carpenter** (kär′p*e*n tėr) *n* carpintero *m*; **~'s bench** banco de carpintero *m.*
**carpentry** (kär′p*e*n trē) *n* carpintería *f.*
**carpet** (kär′pit) *n* alfombra *f*; • *vt* cubrir con alfombras.
**carpeting** (kär′pit ing) *n* alfombrado *m*; material para alfombras *m.*
**carrefour** (kar′e för) *n* encrucijada *f*; plaza *f.*
**carriage** ( kar′ij) *n* porte *m*; coche *m*; vehículo *m.*
**carriage-free** *adj* sin porte.
**carrier** (kar′ē *e*r) *n* mandadero, portador, carretero *m*; portador de una enfermedad *m.*

**carrier pigeon** *n* paloma mensajera *f.*
**carrion** (kar'ē *o*n) *n* carroña *f.*
**carrot** (kar'*o*t) *n* zanahoria *f.*
**carry** (kar'ē) *vt* llevar, conducir; traer consigo; tener en existencia; • *vi* llegar, tener alcance; oírse; progresar; seguir; **to ~ conviction** ser convincente; **to ~ oneself** comportarse; **to ~ out** llevar a cabo **to ~ news** llevar noticias; **to ~ on** seguir; **to ~ oneself** comportarse; **to ~ out** llevar a cabo; **to ~ the day** quedar victorioso.
**cart** (kärt) *n* carro *m*; carreta *f*; • *vt* transportar).
**cartel** (kär tel', kär't*a*l) *n* monopolio, cartel *m.*
**cart horse** *n* caballo de tiro *m.*
**Carthusian** (kär thö'zh*a*n) *n* cartujo (monje) *m.*
**cartilage** (kär't*i* lij) *n* cartílago *m.*
**cart load** *n* carretada *f.*
**carton** (kär't*o*n) *n* caja *f.*
**cartoon** (kär'tön') *n* dibujo animado *m*; tira cómica *f.*
**cartridge** (kär'trij) *n* cartucho *m.*
**carve** (kärv) *vt* cincelar; trinchar; grabar.
**carving** (kär ving) *n* escultura *f.*
**carving knife** *n* cuchillo grande de mesa *m.*
**car wash** *n* lavado de coches *m.*
**case** (kās) *n* caja *f*, maleta *f*, caso *m*; estuche *m*; vaina *f*, **in any ~** en todo caso, **in ~** por si acaso; **in that ~** en tal caso
**cash** (kash) *n* dinero constante *m*; • *vt* cobrar; **for ~** al contado, **to be out of ~** estar sin dinero.
**cash dispenser** *n* cajero Automático *m.*
**cashier** (ka shēr') *n* cajero *m.*
**cashmere** (kazh'mēr, kash'mēr) *n* cachemira *f.*
**casing** (kā'sing) *n* forro *m*; cubierta *f.*
**casino** (k*a* sē'nō) *n* casino *m.*
**cask** (kask, käsk) *n* barril, tonel *m.*
**casket** (kas'kit, kä'skit) *n* estuche *m*; ataúd *m.*
**casserole** (kas'*e* rōl') *n* cazuela *f.*
**cassette** (k*a* set', ka set') *n* cassette *m.*
**cassette player, recorder** *n* tocacassettes *m invar.*
**cassock** (kas'*o*k) *n* sotana *f.*
**cast** (kast, käst) *vt* tirar, lanzar; modelar; fundir; repartir (papeles en el teatro); • *n* reparto *m*; forma *f.*
**castanets** (kas't*a* net') *npl* castañetas, castañuelas *fpl.*
**castaway** (kast'*a* wā') *n* réprobo *m.*
**caste** (kast, käst) *n* casta *f.*
**castigate** (kas't*i* gāt') *vt* castigar.
**casting vote** *n* voto decisivo *m.*
**castiron** (kast'i'ėrn) *n* hierro colado *m.*
**castle** (kas'*e*l, kä's*e*l) *n* castillo *m*; fortaleza *f*; torre (ajedrez); **to build ~ in the air** hacer castillos en el aire.
**castor oil** (kas'tėr oil, kä'stėr oil) *n* aceite de ricino *m.*
**castrate** (kas'trāt) *vt* castrar.
**castration** (kas'trā'sh*a*n) *n* castración *f.*
**cast steel** *n* acero fundido *m.*
**casual** (kazh'ö *a*l) *adj* casual, fortuito; **~ly** *adv* casualmente, informalmente.
**casualty** (kazh'ö *a*l tē) *n* víctima *f*, baja *f.*
**cat** (kat) *n* gato *m.*
**catalog** (kat'*a* lag, kat'*a* log,) *n* catálogo *m.*

**catalyst** (kat'*a* list) *n* catalizador *m.*
**cataplasm** (kat'*a* p laz'*a*m) *n* c ataplasma *f.*
**catapult** (kat'*a* pult') *n* catapulta *f.*
**cataract** ( kat'*a* rakt') *n* cascada *f*; catarata *f.*
**catarrh** (k*a* tär') *n* catarro *m.*
**catastrophe** (k*a* tas'tr*o* fē) *n* catástrofe *f.*
**catcall** (kat'kal') *n* rechifla *m*; reclamo *m.*
**catch** (kach) *vt* coger, asir; atrapar; pillar; sorprender; comprender; tomar, alcanzar; pegar; cautivar; **to ~ cold** resfriarse; **to ~ fire** encenderse; • *n* presa *f*; captura *f*; (*mus*) repetición *f*; trampa *f*; impedimento.
**catching** (ka'ching) *adj* contagioso.
**catch phrase** *n* lema publicitario *m.*
**catchword** (kach'wurd') *n* reclamo *m*; divisa *f.*
**catchy** (kach'ē) *adj* pegadizo; engañoso.
**catechism** (kat'*a* kiz'*u*m) *n* catecismo *m.*
**catechize** (kat'*a* kīz') *vt* catequizar, examinar.
**categorical** (kat'*a* gär'i k*a*l, kat'*a* gor'i k*a*l) *adj* categórico; **~ly** *adv* categóricamente.
**categorize** (kat'*a* g*o* riz') *vt* clasificar.
**category** (kat'*a* gōr'ē, kat'*a* gär'ē) *n* categoría *f.*
**cater** (kā'tėr) *vi* abastecer, proveer.
**caterer** (kā'tėr ėr) *n* proveedor, abastecedor *m.*
**catering** (kā'tė'ring) *n* oficio de proveer banquetes *f.*
**caterpillar** (kat'*a* pil'*e*r, kat'ėr pil'*e*r) *n* oruga *f*; tractor *m.*
**catgut** (kat'gut') *n* cuerda de violín *f.*
**cathedral** (k*a* thē'dr*a*l) *n* catedral *f.*
**catholic** (kath'*o* lik, kath'lik) *adj, n* católico *m.*
**Catholicism** (k*a* thol'i sizm) *n* catolicismo *m.*
**cattle** (kat'*a*l) *n* ganado *m.*
**cattle show** *n* exposición de ganados *f.*
**caucus** (kä'kus) *n* junta de diregentes de un partido político *f.*
**caught** *pret y pp* de **catch**.
**cauliflower** (kä'li flou'*e*r, kä'lē flou'*e*r) *n* coliflor *f.*
**cause** (käz) *n* causa *f*; razón *f*; motivo *m*; proceso *m*; • *vt* causar.
**causeway** (käz'wā') *n* camino empedrado *m*, carretera *f.*
**caustic** (kä'stik) *adj, n* cáustico *m.*
**cauterize** (kä't*a* rīz') *vt* cauterizar.
**caution** (kä'sh*a*n) *n* prudencia, precaución *f*; aviso *m*; • *vt* avisar; amonestar; advertir.
**cautionary** (kä'sha ner'ē) *adj* de escarmiento.
**cautious** (kä'shus) *adj* prudente, circunspecto, cauto.
**cavalier** (kav'*a* lēr', kav'*a* lēr') *adj* caballero; jinete; arrogante.
**cavalry** (kav'*a*l rē) *n* caballería *f.*
**cave** (kāv) *n* caverna *f*; bodega *f.*
**caveat** (kā'vē at') *n* aviso *m*; advertencia *f*; (*law*) notificación *f.*
**cavern** (kav'ėrn) *n* caverna *f*; bodega *f.*
**cavernous** ( kav'ėr nus) *adj* c avernoso.
**caviar** (kav'ē är', kav''ē är') *n* caviar *m.*
**cavity** (kav'i tē) *n* hueco *m*; caries *f.*
**cay** (kā) *n* cayo *m.*
**cease** (sēs) *vt* parar, suspender; • *vi* desistir.
**ceasefire** (sēs'fī *e*r) *n* alto el fuego *m.*

**ceaseless** (sēs´lis) *adj* incesante, continuo; **~ly** *adv* perpetuamente.
**cedar** (sē´dėr) *n* cedro *m.*
**cede** (sēd) *vt* ceder, transferir.
**ceiling** (sē´ling) *n* techo *m.*
**celebrate** (sel´*e* brāt´) *vt* celebrar.
**celebration** (sel´*e* brā´sh*a*n) *n* celebración *f.*
**celebrity** (s*e* leb´ri tē) *n* celebridad, fama *f.*
**celerity** (s*e* ler´i tē) *n* celeridad, velocidad *f.*
**celery** (sel´*e* rē) *n* apio *m.*
**celestial** (s*e* les´ch*e*l) *adj* celeste, divino.
**celibacy** (sel´*a* b*a* sē) *n* celibato *m*, soltería *f.*
**celibate** (sel´*a* bit, sel´*a* bät´) *adj* célibe; soltero.
**cell** (sel) *n* celdilla *f*; célula *f*; cueva *f.*
**cellar** (sel´*e*r) *n* sótano *m*; bodega *f.*
**cello** (chel´ō) *n* violoncelo *m.*
**cellophane** (sel´*o* fān´) *n* celofán *m.*
**cellular** (sel´y*a* lėr) *adj* celular.
**cellulose** (sel´y*a* lōs´) *n* (*chem*) celulosa *f.*
**cement** (si ment´) *n* cemento; (*fig*) vínculo *m*; • *vt* pegar con cemento.
**cemetery** (sem´i t er´ē) *n* c ementerio *m.*
**cenotaph** (sen´*o* taf´) *n* cenotafio *m.*
**censor** (sen´sėr) *n* censor *m*; c rítico *m.*
**censorious** (sen sōr´ē us, sen s*ä*r´ē us) *adj* censurador, crítico.
**censorship** (sen´sėr ship´) *n* censura *f.*
**censure** (sen´sh*u*r) *n* censura, reprensión *f*; • *vt* censurar, reprender; criticar.
**census** (sen´s*u*s) *n* censo *m.*
**cent** (sent) *n* centavo *m.*
**centenarian** (sen´t*e* nâr´ē *a*n) *n* centenario *m*; centenaria *f.*
**centenary** (sen´t*e* ner´ē) *n* centena *f*; • *adj* centenario.
**centennial** (sen ten´ē*a*l) *adj* centenario.
**center** (sen´tėr) *n* centro *m*; • *vt* colocar en un centro; reconcentrar; • *vi* colocarse en el centro; reconcentrarse.
**centigrade** (sen´t*i* grād) *n* centígrado *m.*
**centiliter** (sen´t*i* lē´tėr) *n* centilitro *m.*
**centimeter** (sen´t*i* mē´tėr) *n* centímetro *m.*
**centipede** (sen´t*i* pēd´) *n* ciempiés, escolopendra *f.*
**central** (sen´tr*a*l) *adj* central; **~ly** *adv* centralmente, en el centro.
**centralize** (sen´tr*a* līz´) *vt* centralizar.
**centrifugal** (sen trif´ū g*a*l, sen trif´*u* g*a*l) *adj* centrífugo.
**century** (sen´ch*a* rē) *n* siglo *m.*
**ceramic** (s*e* ram´ik) *adj* cerámico.
**ceramics** (s*e* ram´iks) *adj* cerámica.
**cereal** (sēr´ē *a*l) *npl* cereal *m.*
**cerebral** (ser´*e* br*a*l) *adj* cerebral.
**ceremonial** (ser´*e* mō´nē *a*l) *adj, n* ceremonial *m*; rito externo *m.*
**ceremonious** (ser´*e* mō´nē *u*s) *adj* ceremonioso; **~ly** *adv* ceremoniosamente.
**ceremony** (ser´*e* mō´nē) *n* ceremonia *f.*
**certain** (sėr´t*a*n) *adj* cierto, evidente; seguro; **~ly** *adv* ciertamente, sin duda; **for ~** con seguridad; **to be ~ of** estar cierto o seguro; **dead ~** estar totalmente seguro; **to make ~ of** asegurarse de.

**certainty, certitude** (sėr′t*a*n tē) *n* certeza *f*, seguridad *f*.
**certificate** (sėr tif′*i* kit) *n* certificado, testimonio *m*.
**certification** (sür′t*i* f*i* kā′sh*a*n, sėr′tif′*i* kā′sh*a*n) *n* certificado, certificación *m*.
**certified mail** *n* correo certificado *m*.
**certify** (sėr′t*i* fī′) *vt* certificar, afirmar.
**cervical** (sėr′vi k*a*l) *adj* cervical.
**cesarean section, ~ operation** (si zâr′ē *a*n, si zär′ē *a*n) *n* (*med*) operación cesárea *f*.
**cessation** (se sā′sh*a*n) *n* cese *m*, suspensión *f*.
**cesspool** (ses′pöl) *n* cloaca *f*, sumidero *m*.
**chafe** (chāf) *vt* frotar; enojar, irritar.
**chaff** (chaf, chäf) *n* paja menuda *f*; cosa trivial *f*.
**chaffinch** (chaf′inch) *n* pinzón *m*.
**chagrin** (sh*a* grin′) *n* disgusto *m*, desazón *f*.
**chain** (chān) *n* cadena *f*, serie, sucesión *f*, • *vt* encadenar, atar con cadena.
**chain reaction** *n* reacción en cadena *f*.
**chainstore** *n* cadena de tiendas *m*.
**chair** (châr) *n* silla *f*, (*fig.*) presidencia, presidente (de una junta, etc.) *f*, • *vt* presidir.
**chairman** (châr′m*a*n) *n* presidente *m*.
**chalice** (chal′is) *n* cáliz *m*.
**chalk** (chäk) *n* creta *f*, tiza *f*.
**challenge** (chal′inj) *n* desafío *m*; • *vt* desafiar.
**challenger** (chal′inj ėr′) *n* desafiador *m*.
**challenging** (chal′in jing′) *adj* desafiante.
**chamber** (chām′bėr) *n* cámara *f*, aposento *m*.
**chambermaid** (chām′bėr mād) *n* moza de cámara *f*.
**chameleon** (k*a* mē′lē *o*n, k*a* mēl′y*a*n) *n* camaleón *m*.
**chamois** (cham′ē) *n* gamuza *f*.
**champagne** (sham pān) *n* champaña *m*.
**champion** (cham′pē *a*n) *n* campeón *m*; • *vt* defender.
**championship** (cham′pē *a*n ship′) *n* campeonato *m*.
**chance** (chans, chäns) *n* ventura, suerte *f*, oportunidad *f*, **by ~** por si acaso; • *vt* arriesgar.
**chancellor** (chan′s*e* lėr, chan′slėr) *n* canciller *m*.
**chancery** (chan′s*e* rē) *n* cancillería *f*.
**chandelier** (shan′d*e* lēr′) *n* araña de luces *f*, candelero *m*.
**change** (chānj) *vt* cambiar, modificar, reemplazar; • *vi* variar, alterarse; • *n* mudanza, variedad *f*, vicisitud *f*, cambio *m*; **to ~ hands** cambiar de manos; **to ~ one's mind** cambiar de opinión; **to ~ off** alternarse (en hacer algo).
**changeable** (chān′j*a* bl) *adj* variable, inconstante; mudable.
**changeless** (chānj′lis) *adj* constante, inmutable.
**changing** (chān′jing) *adj* cambiante.
**channel** (chan′*e*l) *n* canal *m* estrecho *m*; • *vt* encauzar.
**chant** (chant, chänt) *n* canto (salmos, alabanzas, etc.) *m*; • *vt* cantar.
**chaos** (kā′os) *n* caos *m*; confusión *f*.
**chaotic** (kā′*o*′tik) *adj* confuso.

**chapel** (chap'*e*l) *n* capilla *f.*
**chaplain** (chap'lin) *n* capellán *m.*
**chapter** (chap tėr) *n* capítulo *m.*
**char** (chär) *vt* chamuscar.
**character** (kar'ik tėr) *n* carácter *m*; personaje *m.*
**characteristic** (kar'ik t*e* ris'tik) *adj* característico; ~**ally** *adv* característicamente.
**characterize** (kar'ik t*e* riz') *vt* caracterizar.
**characterless** (kar'ik tėr lis') *adj* sin carácter.
**charade** (sh*a* rād') *n* charada *f.*
**charcoal** (chär kōl') *n* carbón de leña *m.*
**charge** (chärj) *vt* cargar; acusar, imputar; • *n* cargo *m*; acusación *f*; (*mil*) ataque *m*; depósito *m*; carga *f.*
**chargeable** (chär'j*a* bl) *adj* imputable.
**charge card** *n* tarjeta de pago *f.*
**charitable** (char'i ta bl) *adj* caritativo; benigno, clemente; ~**bly** *adv* caritativamente.
**charity** (char'i tē) *n* caridad, benevolencia *f*; limosna *f.*
**charlatan** (shär'l*a* tan) *n* charlatán *m.*
**charm** (chärm) *n* encanto *m*; atractivo *m*; • *vt* encantar, embelesar, atraer.
**charming** (chär'ming) *adj* encantado.
**chart** (chärt) *n* carta de navegar *f*; mapa; • *vt* cartografiar; planear.
**charter** (chär'tėr) *n* carta *f*; privilegio *m*; • *vt* fletar un buque; alquilar.
**charter flight** *n* vuelo chárter *m.*
**chase** (chās) *vt* cazar; perseguir; • *n* caza *f.*
**chasm** (kaz'*u*m) *n* vacío, abismo *m.*
**chaste** (chāst) *adj* casto; puro; honesto.
**chasten** (chā's*a*n) *vt* corregir, castigar.
**chastise** (chas tīz') *vt* castigar, reformar, corregir.
**chastisement** (chas tīz'm*e*nt) *n* castigo *m.*
**chastity** (chas'ti tē) *n* castidad, pureza *f.*
**chat** (chat) *vi* charlar; • *n* charla, cháchara *f.*
**chatter** (chat'ėr) *vi* cotorrear; rechinar; charlar; • *n* chirrido *m*; charla *f.*
**chatterbox** (chat'ėr boks') *n* parlero, hablador, gárrulo *m.*
**chatty** (chat'ē) *adj* locuaz, parlanchín.
**chauffeur** (shō'fėr, shō fur') *n* chófer *m.*
**chauvinist** (shō'vin'ism) *n* machista *m.*
**cheap** (chēp) *adj* barato; ~**ly** *adv* a bajo precio.
**cheapen** (chē'p*e*n) *vt* regatear; abaratar.
**cheaper** (chē'p*e*r) *adj* más barato.
**cheat** (chēt) *vt* engañar, defraudar; • *n* trampa *f*; fraude, engaño *m*; tramposo, timador *m.*
**check** (chek) *vt* comprobar; contar; reprimir, refrenar; regañar; registrar; • *n* cheque *m*; restricción *f*; talón *m*; freno *m.*
**checkerboard** (chek'ėr bōrd', chek'ėr b*ä*rd') *n* tablero de ajedrez *m.*
**checkered** (chek'ėrd) *adj* accidentado; a cuadros.
**checking account** *n* cuenta de cheques *f.*
**checkmate** (chek'māt) *n* mate *m.*

**check out** *n* salida, revisión *f.*
**checkpoint** (chek´point´) *n* control *m.*
**checkroom** (chek´röm) *n* guardaropa, consigna *f.*
**checkup** (chek´up´) *n* examen médico general *m.*
**cheek** (chēk) *n* mejilla *f*; (*fam*) desvergüenza *f*; atrevimiento *m.*
**cheekbone** (chēk´bōn) *n* hueso del carrillo *m.*, pómulo
**cheer** (chēr) *n* alegría *f*; aplauso *m*; buen humor *m*; • *vt* animar, alentar.
**cheerful** (chēr´f*u*l) *adj* alegre, vivo, jovial; **~ly** *adv* alegremente.
**cheeriness** (chēr´ē nis´) *n* alegría *f*; buen humor *m.*
**cheese** (chēz) *n* queso *m.*
**chef** (shef) *n* jefe de cocina *m.*
**chemical** (kem´i k*a*l) *adj* químico.
**chemist** (kem´ist) *n* químico *m.*
**chemistry** (kem´i strē) *n* química *f.*
**cherish** (cher´ish) *vt* atesorar, fomentar, proteger.
**cheroot** (sh*e* röt) *n* puro *m.*
**cherry** (cher´ē) *n* cereza *f*; • *adj* bermejo.
**cherry tree** *n* cerezo *m.*
**cherub** (cher´*u*b) *n* querubín *m.*
**chess** (ches) *n* ajedrez *m*; **chessboard** *n* tablero (para jugar al ajedrez) *m.*
**chessman** (ches´man) *n* pieza de ajedrez *f.*
**chest** (chest) *n* pecho *m*; arca *f*; ~ **of drawers** cómoda *f.*
**chestnut** (ches´nut´) *n* castaña *f*; color de castaña *m.*
**chestnut tree** *n* castaño *m.*
**chew** (chö) *vt* mascar, masticar.
**chewing gum** *n* chicle *m.*
**chic** (shēk, shik) *adj* elegante.
**chicanery** (shi kā´n*e* rē) *n* embrollo *m*; sofistería, trampa legal *f.*
**chick** (chik) *n* polluelo *m*; (*fig*) chica *f.*
**chicken** (chik´*e*n) *n* pollo *m.*
**chicken pox** *n* varicela *f.*
**chickpea** (chik´pē) *n* garbanzo *m.*
**chicory** (chik´*o* rē) *n* achicoria *f.*
**chide** (chīd) *vt* reprobar, regañar.
**chief** (chēf) *adj* principal, capital; **~ly** *adv* principalmente; • *n* jefe, principal *m.*
**chief executive** *n* director general *m.*
**chieftain** (chēf´t*a*n, chēf´tin) *n* jefe, comandante *m.*
**chiffon** (shi´fon´, shif´on) *n* gasa *f.*
**chilblain** (chil´blān) *n* sabañón *m.*
**child** (chīld) *n* niño *m*; hijo *m*; producto *m*; **~'s play** juego de niños, tarea fácil; **from a ~** desde niño; **with ~** preñada, embarazada.
**childbirth** (chīld´b*ü*rt´) *n* parto *m.*
**childhood** (child´h*ü*d) *n* infancia, niñez *f.*
**childish** (chīl´dish) *adj* frívolo, pueril; **~ly** *adv* puerilmente.
**childishness** (chīl´dish nes´) *n* puerilidad *f.*
**childless** (chīld´lis´) *adj* sin hijos.
**childlike** (chīld´līk´) *adj* pueril.
**children** (chil´dr*e*n, chil´drin) *npl* **de** *child* niños *mpl.*
**chill** (chil) *adj* frío, friolero; • *n* escalofrío, frío *m*; • *vt* enfriar; helar.
**chilly** (chil´ē) *adj* escalofriante, friolero, friolento.
**chime** (chīm) *n* armonía *f*, melodía *f*, repique *m*; clave *m*; • *vi* sonar con armonía; concordar.
**chimney** (chim´nē) *n* chimenea *f.*
**chimpanzee** (chim´pan zē, chim pan zē´) *n* chimpancé *m.*

**chin** (chin) *n* barbilla *f.*
**china(ware)** (chīn*a* wâr) *n* porcelana *f.*
**chink** (chingk) *n* grieta, hendedura *f*; • *vi* resonar.
**chip** (chip) *vt* desmenuzar; • *vi* reventarse; • *n* astilla *f*; chip *m*; patata *o* papa frita.
**chiropodist** (kī rop'*o* dist, ki rop'*o* dist) *n* pedicuro *m.*
**chirp** (ch*ür*p) *vi* chirriar, gorjear; • *n* gorjeo, chirrido *m.*
**chirping** (ch*ür*'ping) *n* canto de las aves *m.*
**chisel** (chiz'*e*l) *n* cincel *m*; • *vt* cincelar, grabar.
**chitchat** (chit'chat') *n* charla, parleria *f.*
**chivalrous** (shiv'*a*l rus) *adj* caballeresco.
**chivalry** (shiv'*a*l rē) *n* caballería *f*; hazaña *f.*
**chive** (chīv) *n* cebolleta *f.*
**chlorine** (klōr'ēn, klōr'in) *n* cloro *m.*
**chloroform** (klör'*i* farm') *n* cloroformo *m.*
**chock-full** (chok'ful') *adj* de bote en bote, completamente lleno.
**chocolate** (ch*ä*'k*o* lit, chok'*o* lit) *n* chocolate *m.*
**choice** (chois) *n* elección, preferencia *f*; selecto *m*; • *adj* selecto, exquisito, excelente.
**choir** (kwīr) *n* coro *m.*
**choke** (chōk') *vt* sufocar; oprimir; tapar.
**cholera** (kol'ėr *a*) *n* cólera *m.*
**choose** (chöz) *vt* escoger, elegir.
**chop** (chop) *vt* tajar, cortar; • *n* chuleta *f*; **~s** *pl* (*sl*) quijadas *fpl*; **~ up** picar, desmenuzar.
**chopper** (chop'ėr) *n* helicóptero *m.*
**chopping block** *n* tajo de cocina *m.*
**chopstick** (chop'stik) *n* palillo *m.*
**choral** (kōr'*a*l) *adj* coral.
**chord** (kärd) *n* cuerda *f.*
**chore** (chōr, ch*ä*r) *n* faena, tarea *f.*
**chorister** (kor'i stėr) *n* corista *m.*
**chorus** (kōr'*u*s) *n* coro *m.*
**Christ** (krīst) *n* Cristo *m.*
**christen** (kris'n) *vt* bautizar.
**Christendom** (kris'*e*n d*o*m) *n* cristianismo *m*; cristiandad *f.*
**christening** (kris'*e* ning) *n* bautismo *m.*
**Christian** (kris'ch*a*n) *adj, n* cristiano *m*; **~ name** nombre de pila *m.*
**Christianity** (kris'chē an'i tē) *n* cristianismo *m*; cristiandad *f.*
**Christmas** (kris'm*a*s) *n* Navidad *f.*
**Christmas card** *n* tarjeta de Navidad *f.*
**Christmas Eve** *n* víspera de Navidad *f.*
**chrome** (krōm) *n* cromo *m.*
**chronic** (kron'ik) *adj* crónico.
**chronicle** (kron'ik*a*l) *n* crónica *f.*
**chronicler** (kron'ik*a*l ) *n* cronista *m.*
**chronological** (kron'i kl*e*r) *adj* cronológico; **~ly** *adv* cronológicamente.
**chronology** (kr*o* nol'*o* jē) *n* cronología *f.*
**chronometer** (kr*o* nom'i tėr) *n* cronómetro *m.*
**chubby** (chub'ė) *adj* gordo.
**chuck** (chuk) *vt* lanzar.
**chuckle** (chuk'*u*l) *vi* reirse entre dientes; sentir júbilo; recrearse.
**chug** (chug) *vi* resoplar.
**chum** (chum) *n* camarada; compañero de cuarto (entre estudiantes) *m.*
**chunk** (chungk) *n* trozo *m.*

**church** (chŭrch) *n* iglesia *f.*
**church yard** *n* cementerio *m.*
**churlish** (chŭr'lish) *adj* rústico, grosero; tacaño.
**churn** (chėrn) *n* mantequera *f.*; • *vt* batir la leche para hacer manteca.
**cider** (sī'dėr) *n* sidra *f.*
**cigar** (si gär') *n* cigarro *m.*
**cigarette** (sig'*a* ret', sig'*a* ret') *n* cigarrillo *m.*
**cigarette case** *n* pitillera *f.*
**cigarette end** *n* colilla *f.*
**cigarette holder** *n* boquilla *f.*
**cinder** (sin'dėr) *n* carbonilla *f.*; cenizas *f.*; rescoldo *m.*
**cinema** (sin'*a* m*a*) *n* cine *m.*
**cinnamon** (sin'*a* m*o*n) *n* canela *f.*
**cipher** (sī'fėr) *n* cifra *f.*
**circle** (sŭr'kl) *n* círculo *m*; corrillo *m*; asamblea *f.*; • *vt* circundar; cercar; • *vi* circular.
**circuit** (sŭr'kit) *n* circuito *m*; recinto *m.*
**circuitous** (sėr kū i tus) *adj* circular.
**circular** (sŭr'kū lėr) *adj* circular, redondo; • *n* carta circular *f.*
**circulate** (sŭr'kū lāt') *vi* circular; moverse alrededor.
**circulation** (sŭr'kū lā'sh*a*n) *n* circulación *f.*
**circumcise** (sŭr'k*u*m sīz') *vt* circuncidar.
**circumcision** (sŭr'k*u*m sizh'*o*n) *n* circuncisión *f.*
**circumference** (sėr kum'fėr *e*ns) *n* circunferencia *f.*; circuito *m.*
**circumflex** (sŭr'k*u*m fleks') *n* acento circunflejo *m.*
**circumlocution** (sėr'k*u*m lō kū'sh*a*n) *n* circunlocución *f.*
**circumnavigate** (sŭr'k*u*mnav'*i* gāt) *vt* circunnavegar.
**circumnavigation** (sŭr'k*u*mnav'*i* gāzh'*o*n) *n* circunnavegación *f.*
**circumscribe** (sŭr'k*u*m skrīb') *vt* circunscribir.
**circumspect** (sŭr'k*u*m spekt') *adj* circunspecto, prudente, reservado.
**circumspection** (sŭr'k*u*m spek'sh*a*n) *n* circunspección, prudencia *f.*
**circumstance** (sŭr'k*u*m stans') *n* circunstancia, condición *f.*; incidente *m.*
**circumstantial** (sŭr'k*u*m stan'sh*a*l) *adj* accidental; accesorio.
**circumstantiate** (sŭr'k*u*m stan'shē āt) *vt* circunstanciar, detallar.
**circumvent** (sŭr'k*u*m vent') *vt* evitar, burlar.
**circumvention** (sŭr'k*u*m ven'sh*a*n) *n* engaño *m*; trampa *f.*; embrollo *m.*
**circus** (sŭr'k*u*s) *n* circo *m.*
**cistern** (sis'tėrn) *n* cisterna *f.*
**citadel** (sit'*a* del) *n* ciudadela, fortaleza *f.*
**citation** (sī tā'sh*a*n) *n* citación, cita legal *f.*
**cite** (sīt) *vt* citar (a juicio); alegar; referirse a.
**citizen** (sit'i zën) *n* ciudadano *m.*
**citizenship** (sit'i zen ship') *n* ciudadanía *f.*
**city** (sit'ē) *n* ciudad *f.*
**civic** (siv'ik) *adj* cívico.
**civil** (siv'*i*l) *adj* civil, cortés; **~ly** *adv* civilmente.
**civil defense** *n* protección civil *f.*
**civil engineer** *n* ingeniero civil *m.*
**civilian** (si vil'yen) *n* civil, paisano *m.*
**civility** (si vil'i tē) *n* civilidad, urbanidad, cortesía *f.*
**civilization** (siv'*i* li zā'sh*a*n) *n* civilización *f.*

**civilize** (siv'*i* līz') *vt* civilizar.
**civil law** *n* derecho civil *m*.
**civil war** *n* guerra civil *f*.
**clad** (klad) *adj* vestido, cubierto.
**claim** (klām) *vt* pedir en juicio, reclamar; • *n* demanda *f*; derecho *m*.
**claimant** (klām *a*nt) *n* reclamante *m*; demandador *m*.
**clairvoyance** (klâr voi'*a*ns) *n* clarividencia *f*.
**clairvoyant** (klâr voi'*a*nt) *n* clarividente *m*.
**clam** (klam) *n* almeja *f*.
**clamber** (klam'bėr) *vi* gatear, trepar.
**clammy** (klam'ē) *adj* viscoso.
**clamor** (klam'ėr) *n* clamor, grito *m*; • *vi* vociferar, gritar.
**clamp** (klamp) *n* abrazadera *f*; • *vt* afianzar; **to ~ down on** reforzar la lucha contra.
**clan** (klan) *n* familia, tribu, raza *f*.
**clandestine** (klan des'tin) *adj* clandestino, oculto.
**clang** (klang) *n* rechino, sonido desapacible *m*; • *vi* rechinar.
**clank** (klangk) *n* sonido metálico *m*.
**clap** (klap) *vt* aplaudir.
**clapping** (kla'ping) *n* palmada *f*; aplauso, palmoteo *m*.
**claret** (klar'it) *n* clarete *m*.
**clarification** (klar'*i* fi kā'sh*a*n) *n* clarificación *f*.
**clarify** (klar'*i* fī') *vt* clarificar, aclarar.
**clarinet** (klar'*i* net) *n* clarinete *m*.
**clarity** (klar'i tē) *n* claridad *f*.
**clash** (klash) *vi* chocar; • *n* estruendo *m*; choque *m*.
**clasp** (klasp) *n* broche *m*; hebilla *f*; apretón (de manos) *m*; • *vt* abrochar; apretar (la mano), abrazar.
**class** (klas, kläs) *n* clase *f*; orden *f*; • *vt* clasificar, coordinar.
**classic** (klas'ik) *adj* clásico; • *n* autor clásico *m*.
**classical** (klas'i k*a*l) *adj* clásico.
**classification** (klas'*i* fi kā'sh*a*n) *n* clasificación *f*.
**classified advertisement** *n* anuncio por palabras *m*.
**classify** (klas'*i* fī') *vt* clasificar.
**classmate** (klas'māt', kläs'māt') *n* compañero de clase *m*.
**classroom** (klas'röm', klas'rum') *n* aula *f*.
**clatter** (klat'er) *vi* resonar; hacer ruido; • *n* ruido *m*.
**clause** (kl*ä*z) *n* cláusula *f*; articulo *m*; estipulación *f*.
**claw** (kl*ä*) *n* garra *f*; • *vt* desgarrar, arañar.
**clay** (klā) *n* arcilla *f*.
**clean** (klēn) *adj* limpio; casto; • *vt* limpiar.
**cleaning** (klē'ning) *n* limpieza *f*.
**cleanliness** (klēn'lē nis) *n* limpieza *f*.
**cleanly** (klen'lē) *adj* limpio; • *adv* limpiamente, aseadamente.
**cleanness** (klēn'nis) *n* limpieza *f*; pureza *f*.
**cleanse** (klenz) *vt* limpiar, purificar; purgar.
**clear** (klēr) *adj* claro; neto; diáfano; evidente; despejado; • *adv* claramente; • *vt* clarificar, aclarar; justificar, absolver; despejar; desatorar; desocupar; pasar por encima; saldar; aprobar; compensar; autorizar; • *vi* aclararse; **to ~ away** limpiar, despejar; **to ~ one's throat** carraspear; **to ~ the table** levantar la mesa; **to ~ up** despejarse (el tiempo).

**clearance** (klēr′*a*ns) *n* despeje *m*; acreditación *f.*
**clear-cut** (klēr′kut) *adj* bien definido.
**clearly** (klēr′lē) *adv* claramente, evidentemente.
**cleaver** (klē′vėr) *n* cuchillo de carnicero *m.*
**clef** (klef) *n* clave *f.*
**cleft** (kleft) *n* hendedura, abertura *f.*
**clemency** (klem′*e*n sē) *n* clemencia *f.*
**clement** (klem′*e*nt) *adj* clemente, benigno.
**clenched** (klen′chd) *adj* cerrado.
**clergy** (kler′jē) *n* clero *m.*
**clergyman** (kler′jē m*a*n) *n* eclesiástico *m.*
**clerical** (kler′i k*a*l) *adj* clerical, eclesiástico.
**clerk** (kl*ü*rk) *n* dependiente *m*; oficinista *m.*
**clever** (klev′ėr) *adj* listo; hábil, mañoso; ~**ly** *adv* diestramente, hábilmente.
**click** (klik) *vt* chasquear; • *vi* taconear.
**client** (klī′*e*nt) *n* cliente *m.*
**cliff** (klif) *n* acantilado *m.*
**climate** (klī′mit) *n* clima *m*; temperatura *f.*
**climatic** (klī māt′ik) *adj* climático.
**climax** (klī′maks) *n* clímax *m.*
**climb** (klīm) *vt* escalar, trepar; • *vi* subir.
**climber** (klī′mėr) *n* alpinista *m.*
**climbing** (klī′ming) *n* alpinismo *m.*
**clinch** (klinch) *vt* cerrar; remachar.
**cling** (kling) *vi* colgar, adherirse, pegarse.
**clinic** (klin′ik) *n* clínica *f.*
**clink** (klingk) *vt* hacer resonar; • *vi* resonar; • *n* retintín *m.*
**clip** (klip) *vt* cortar; • *n* clip *m*; horquilla *f.*
**clipping** (kli′ping) *n* recorte *m.*
**clique** (klēk, klik) *n* camarilla *f.*
**cloak** (klōk) *n* capa *f*; pretexto *m*; • *vi* encapotar.
**cloakroom** (klōk′röm) *n* guardarropa *m.*
**clock** (klok) *n* reloj *m.*
**clockwork** (klok′w*ü*rk) *n* mecanismo de un reloj *m*; • *adj* sumamente exacto y puntual.
**clod** (klod) *n* terrón *m.*
**clog** (klog) *n* zueco *m*; • *vi* coagularse.
**cloister** (kloi′stėr) *n* claustro, monasterio *m.*
**close** (klōz) *vt* cerrar; concluir, terminar; bloquear; acortar (distancia); tapar • *vi* cerrarse; • *n* fin *m*; conclusión *f*; • *adj* cercano; estrecho; ajustado; denso; reservado; • *adv* de cerca; ~ **by** muy cerca; junto.
**closed** (klō′zd) *adj* cerrado.
**closely** (klōz′lē) *adv* estrechamente; de cerca.
**closeness** (klōz′nis) *n* proximidad *f*; estrechez, espesura, reclusión *f.*
**closet** (kloz′it) *n* armario *m.*
**close-up** (klōs′up′) *n* primer plano *m.*
**closure** (klō′zhėr) *n* cierre *m*; conclusión *f.*
**clot** (klot) *n* grumo *m*; embolia *f.*
**cloth** (kl*ä*th, kloth) *n* paño *m*; mantel *m*; vestido *m*; lienzo *m.*
**clothe** (k) *vt* vestir, cubrir.
**clothes** (klōz, klōTHz) *npl* ropa *f*; ropaje *m* ; r opa d e c ama *f*; **b ed** ~ cobertores *mpl.*
**clothes basket** *n* cesta grande *f.*
**clotheshorse** (klōz′h*ä*rs′) *n* enjugador *m.*

**clothesline** (klōz´līn, klōTHz´līn) *n* cuerda (para la ropa) *f*.
**clothespin** (klōz´pin´, klōTHz´pin´) *n* pinza *f*.
**clothing** (klō´THing) *n* ropa *f*; vestidos *mpl*.
**cloud** (kloud) *n* nube *f*; (*fig*) adversidad *f*; • *vt* nublar; oscurecer; • *vi* nublarse; oscurecerse.
**cloudiness** (kloud´ē nes) *n* nublosidad *f*; oscuridad *f*.
**cloudy** (klou´dē) *adj* nublado, nubloso; oscuro; sombrío, melancólico.
**clout** (klout) *n* tortazo *m*.
**clove** (klōv) *n* clavo *m*.
**clover** (klō´vėr) *n* trébol *m*.
**clown** (kloun) *n* payaso *m*.
**club** (klub) *n* cachiporra *f*; club *m*.
**club car** *n* coche salón *m*.
**clue** (klö) *n* pista *f*, indicios *m*; idea *f*.
**clump** (klump) *n* grupo *m*.
**clumsily** (klum´zē lē) *adv* torpemente.
**clumsiness** (klum´zē nes) *n* torpeza *f*.
**clumsy** (klum´zē) *adj* tosco, pesado; sin arte.
**cluster** (klus´tėr) *n* racimo *m*; manada *f*; pelotón *m*; • *vt* agrupar; • *vi* arracimarse.
**clutch** (kluch) *n* embrague *m*; apretón *m*; • *vt* empuñar.
**clutter** (klut´ėr) *vt* atestar.
**coach** (kōch) *n* autocar, autobus *m*; vagón *m*; entrenador *m*; • *vt* entrenar; enseñar.
**coach trip** *n* excursión en autocar *f*.
**coagulate** (kō ag´ū lāt´) *vt* coagular, cuajar; • *vi* coagularse, cuajarse, espesarse.
**coal** (kōl) *n* carbón *m*.
**coalesce** (kō´*a* les´) *vi* juntarse, incorporarse.
**coal field** *n* yacimiento de carbón *m*.
**coalition** (kō´*a* lish´*a*n) *n* coalición, confederación *f*.
**coal man** *n* carbonero *m*.
**coal mine** (k) *n* mina de carbón, carbonería *f*.
**coarse** (kōrs, kärs) *adj* basto; grosero; ~**ly** *adv* groseramente.
**coast** (kōst) *n* costa *f*.
**coastal** (kōs´tēl) *adj* costero.
**coast guard** *n* guardacostas *m invar*.
**coastline** (kōst´līn) *n* litoral *m*.
**coat** (kōt) *n* chaqueta *f*; abrigo *m*; capa *f*; • *vt* cubrir.
**coat hanger** *n* percha *f*.
**coating** (kō´ting) *n* revestimiento *m*.
**coax** (kōks) *vt* lisonjear; persuadir con halagos.
**cob** (kob) *n* mazorca de maíz *f*.
**cobbler** (kob´lr) *n* zapatero *m*.
**cobbles, cobblestones** (kob´l, kob´l stōn) *npl* adoquines *mpl*.
**cobweb** (kob´web´) *n* telaraña *f*.
**cocaine** (kō kān´, kō´kān) *n* cocaína *f*.
**cock** (kok) *n* gallo *m*; macho *m*; • *vt* armar el sombrero; amartillar, montar una escopeta.
**cock-a-doodle-doo** (kok´i düd´l dü) *n* canto del gallo *m*.
**cockcrow** (kok´krō´) *n* canto del gallo *m*.
**cockerel** (kok´*e*r el, kok´r*e*l) *n* gallito *m*.
**cockfight** (kok´fīt) *n* pelea de gallos *f*.
**cockle** (kok´*e*l) *n* caracol de mar *m*.
**cockpit** (kok´pit´) *n* cabina *f*.
**cockroach** (kok´rōch´) *n* cucaracha *f*.

**cocktail** (kok'tāl) *n* cóctel *m.*
**cocoa** (kō'kō) *n* coco *m*; cacao *m.*
**coconut** (kō'k*o* nut) *n* coco *m.*
**cocoon** (k*o* kön') *n* capullo del gusano de seda *m.*
**cod** (kod) *n* bacalao *m.*
**code** (kōd) *n* código *m*; prefijo *m.*
**cod-liver oil** *n* aceite de hígado de bacalao *m.*
**coefficient** (kō'*e* fish'*e*nt) *n* c oeficiente *m.*
**coercion** (kō *ü*r'shon) *n* coerción *f.*
**coexistence** (kō'ig zis't*e*ns) *n* coexistencia *f.*
**coffee** (k*ä*'fē) *n* café *m.*
**coffee break** *n* descanso *m.*
**coffee house** *n* café *m.*
**coffeepot** (k*ä*'fē pot') *n* cafetera *f.*
**coffee table** *n* mesita *f.*
**coffer** (k*ä*'fėr) *n* cofre *m*; caja *f.*
**coffin** (k*ä*'fin, kof'in) *n* ataúd *m.*
**cog** (kog, k*ä*g) *n* diente (de rueda) *m.*
**cogency** (kō'j*e*n'sē) *n* fuerza, urgencia *f.*
**cogent** (kō'j*e*nt) *adj* convincente, urgente; ~**ly** *adv* de modo convincente.
**cognac** (kōn'yak) *n* coñac *m.*
**cognate** (kog'nāt) *adj* consanguíneo, afín, análogo.
**cognition** (kog nish'*o*n) *n* conocimiento *m*; convicción *f.*
**cognizance** (kog'ni z*a*ns, kon'i z*a*ns) *n* conocimiento *m*; competencia *f.*
**cognizant** (kog'ni z*a*nt, kon'i z*a*nt) *adj* informado; (*law*) competente.
**cogwheel** (kog'hwēl', kog'wēl') *n* rueda dentada *f.*
**cohabit** (kō hab'it) *vi* cohabitar.
**cohabitation** (kō hab'i ta'sh*a*n) *n* cohabitación *f.*
**cohere** (kō hēr') *vi* pegarse; unirse.
**coherence** (kō hēr'*e*ns) *n* coherencia, conexión *f.*
**coherent** (kō hēr'*e*nt) *adj* coherente; consiguiente.
**cohesion** (kō hē'zh*a*n) *n* coherencia *f.*
**cohesive** (kō hē'siv) *adj* coherente.
**coil** (koil) *n* rollo *m*; bobina *f*; • *vt* enrollar.
**coin** (koin) *n* moneda *f*; • *vt* acuñar.
**coincide** (kō'in sid') *vi* coincidir, concurrir, convenir.
**coincidence** (kō in'si d*e*ns) *n* coincidencia *f.*
**coincident** (kō in'si d*e*nt) *adj* coincidente.
**coke** (kōk) *n* coque *m.*
**colander** (kul'*a*n dėr, kol'*a*n dėr) *n* colador, pasador *m.*
**cold** (kōld) *adj* frío; indiferente, insensible; reservado; ~**ly** *a dv* fríamente; indiferentemente; • *n* frío *m*; frialdad *f*; resfriado *m.*
**cold-blooded** (kōld'blud'id) *n* cruel, despiadado *m*; muerto *m*; *adj* impasible; **in ~ blood** a sangre fría.
**coldness** (kōld'n*e*s) *n* frialdad *f*; indiferencia, insensibilidad, apatía *f.*
**cold sore** *n* herpes labial *m.*
**coleslaw** (kōl'sl*ä*') *n* ensalada de col *f.*
**colic** (kol'ik) *n* cólico *m.*
**collaborate** (k*o* lab'*o* rāt') *vt* cooperar.
**collaboration** (k*o* lab'*o* rā'sh*a*n) *n* cooperación *f.*
**collapse** (k*o* laps') *vi* hundirse; • *n* hundimiento; (*med*) colapso *m.*
**collapsible** (k*o* lap'sē'bl) *adj* plegable.
**collar** (kol'ėr) *n* cuello *m.*

**collarbone** (kol´ėr bōn´) *n* clavícula *f.*
**collate** (ko lāt´, kol´āt) *vt* comparar, confrontar.
**collateral** (k*o* lat´ėr *a*l) *adj* colateral; • *n* garantía subsidiaria *f.*
**collation** (ko lā´sh*a*n) *n* colación *f.*
**colleague** (kol´ēg) *n* colega, compañero *m.*
**collect** (kol´ekt) *vt* juntar, ecoger; coleccionar; recaudar; cobrar.
**collection** (k*o*´lek´sh*a*n) *n* colección *f*; compilación *f.*
**collective** (k*o* lek´tiv) *adj* colectivo, congregado; **~ly** colectivamente.
**collector** (k*o* lek´tėr) *n* colleccionista *m.*
**college** (kol´ij) *n* colegio *m.*
**collide** (k*o* līd) *vi* chocar.
**collision** (k*o* lizh´*o*n) *n* choque *m*, colisión *f.*
**colloquial** (k*o* lō´kwē *a*l) *adj* familiar; íntimo; **~ly** *adv* familiarmente.
**colloquialism** (k*o* lō´kwē *a* liz´*u*m) *n* expresión familiar o corriente *f.*
**collusion** (k*o* lö´zh*a*n) *n* colusión *f.*
**colon** (kō´l*o*n) *n* dos puntos *mpl*; (*med*) colon *m.*
**colonel** (kür´nel) *n* (*mil*) coronel *m.*
**colonial** (k*o* lō´nē *a*l) *adj* colonial.
**colonist** (kol´*o* nist) *n* colono *m.*
**colonize** (kol´*o* nīz´) *vt* colonizar.
**colony** (kol´*o* nē) *n* colonia *f.*
**color** (kul´ėr) *n* color *m*; divisa, estandarte *m*; pretexto *m*; colorido **~s** *pl* bandera *f*; • *vt* colorar; paliar; embellecer; • *vi* ponerse colorado; **to loose ~** ponerse pálido; **with flying ~** triunfantemente.
**color-blind** (kul´ėr blind´) *adj* que tiene daltonismo.
**colorful** (kul´ėr f*u*l) *adj* lleno de color; pintoresco, brillante.
**coloring** (kul´ėr ing) *n* colorido *m.*
**colorless** (kul´ėr lis) *adj* descolorido, sin color.
**color television** *n* televisión en color *f.*
**colossal** (k*o* los´*a*l) *adj* colosal.
**colossus** (k*o* los´*u*s) *n* coloso *m.*
**colt** (kōlt) *n* potro *m.*
**column** (kol´*u*m) *n* columna *f.*
**columnist** (kol´*u*m nist, kol´*u* mist) *n* columnista *m.*
**coma** (kō´m*a*) *n* coma *f.*
**comatose** (kom´*a* tōs´) *adj* comatoso.
**comb** (kōm) *n* peine *m*; • *vt* peinar.
**combat** (k*o*m bat´) *n* combate *m*; batalla *f*; **single ~** duelo *m*; • *vt* combatir.
**combatant** (k*o*m bat´*a*nt) *n* combatiente *m.*
**combative** (k*o*m bat´iv, kom´b*a* tiv) *adj* combativo.
**combination** (kom´b*i* nā´sh*a*n) *n* combinación, coordinación *f.*
**combine** (k*o*m bīn´) *vt* combinar; • *vi* unirse.
**combustion** (kom bus´ch*a*n) *n* combustión *f.*
**come** (kum) *vi* venir; llegar; recorrer; progresar, desarrollarse; costar; ¡vamos!; **to ~ across/upon** *vt* topar con; dar con; **to ~ by** *vt* conseguir; **to ~ down** *vi* bajar; ser derribado; **to ~ from** *vt* ser de; **to ~ in for** *vt* merecer; **to ~ into** *vt* heredar; **to ~ round/to** *vi* volver en sí; **to ~ to an end** *vt* llegar a su fin; **to ~ to blows** *vt* llegar a los golpes; **to ~ to grief** *vt* fracasar, salir mal parado; **to ~ up with** *vt* sugerir.

**comedian** (k*o* mē´dē *a*n) *n* comediante, cómico *m.*
**comedienne** (k*o* mē´dē *e*n) *n* cómica *f.*
**comedy** (kom´i dē) *n* comedia *f.*
**comet** (kom´it) *n* cometa *f.*
**comfort** (kum´fėrt) *n* confort *m*; ayuda *f*; consuelo *m*; comodidad *f*; • *vt* confortar; alentar, consolar.
**comfortable** (kumf´t*a* bl, kum´fėr t*a* bl) *adj* cómodo, consolatorio.
**comfortably** (kumf´t*a* blē, kum´fėr t*a* blē) *adv* agradablemente; cómodamente.
**comforter** (kum´fėr tėr) *n* chupete *m.*
**comic(al)** (kom´i k*a*l) *adj* cómico, burlesco; **~ly** *adv* cómicamente.
**coming** (kum´ing) *n* venida, llegada *f*; • *adj* venidero.
**comma** (kom´*a*) *n* (*gr*) coma *f.*
**command** (k*o* mand´, k*o* mänd´) *vt* comandar, ordenar; • *n* orden *f.*
**commander** (kom´*a*n dėr´) *n* comandante *m.*
**commandment** (k*o* mand´m*e*nt) *n* mandamiento, precepto *m.*
**commando** (k*o* man´dō) *n* comando *m.*
**commemorate** (k*o* mem´*o* rāt´) *vt* conmemorar; celebrar.
**commemoration** (k*o* mem´*o* rā´ sh*a*n) *n* conmemoración *f.*
**commence** (k*o* mens´) *vt, vi* comenzar.
**commencement** (k*o* mens´m*e*nt) *n* principio *m.*
**commend** (k*o* mend´) *vt* encomendar; alabar; enviar.
**commendable** (k*o* men´d*a* bl) *adj* recomendable.
**commendably** (k*o* men´d*a* blē) *adv* loablemente.
**commendation** (kom´*e*n dā´sh*a*n) *n* recomendación *f.*
**commensurate** (k*o* men´sėr it) *adj* proporcionado.
**comment** (kom´ent) *n* comentario *m*; • *vt* comentar; glosar.
**commentary** (kom´*e*n ter´ē) *n* comentario *m*; interpretación *f.*
**commentator** (kom´*e*n tā´tėr) *n* comentador *m.*
**commerce** (kom´ėrs) *n* comercio, tráfico, trato, negocio *m.*
**commercial** (k*o* mür´sh*a*l) *adj* comercial.
**commiserate** (k*o* miz´*e* rāt´) *vt* compadecer, tener compasión.
**commiseration** (k*o* miz´*e* rā´sh*a*n) *n* commiseración, piedad *f.*
**commissariat** (kom´i sâr´ē *a*t) *n* comisaría *f.*
**commission** (k*o* mish´*o*n) *n* comisión *f*; • *vt* comisionar; encargar.
**commissioner** (k*o* mish´*o* nėr) *n* comisionado, delegado *m.*
**commit** (k*o* mit´) *vt* cometer; depositar; encargar.
**commitment** (k*o* mit´m*e*nt) *n* compromiso *m.*
**committee** (k*o* mit´ē) *n* comité *m.*
**commodity** (k*o* mod´i tē) *n* comodidad *f.*
**common** (kom´*o*n) *adj* común; bajo; **in ~** comunmente; • *n* pastos comunales *mpl.*
**commoner** (kom´*o* nėr) *n* plebeyo *m.*
**common ground** *n* tema de interés mútuo.
**common law** *n* ley municipal *f*; costumbre que tiene fuerza de ley *f.*
**commonly** (kom´*o*n lē) *adv* comunmente, frecuentemente.
**commonplace** (kom´*o*n plās´) *n* lugares comunes *mpl*; • *adj* trivial.

**common sense** *n* sentido común *m*.
**commonwealth** (kom'*o*n welth') *n* comunidad *f*; república *f*.
**commotion** (ko mō'sh*a*n) *n* tumulto *m*; perturbación del ánimo *f*.
**commune** (k*o* mūn') *vt* c onversar, conferir.
**communicable** (k*o* mū'n*i* k*a* bl) *adj* comunicable, impartible.
**communicate** (k*o* mū'n*i* kāt') *vt* comunicar, participar; • *vi* comunicarse.
**communication** (k*o* mū'n*i* kā'sh*a*n) *n* comunicación *f*.
**communicative** (k*o* mū'n*i* kā'tiv, k*o* mū'n*i* k*a* tiv) *adj* comunicativo.
**communion** (k*o* mūn'y*a*n) *n* comunión *f*.
**communiqué** (k*o* mū'n*i* kā) *n* comunicado *m*.
**communism** (kom'ū niz'*u*m) *n* comunismo *m*.
**communist** (kom'ū nist) *n* comunista *m*.
**community** (k*o* mū'ni tē) *n* comunidad *f*; república *f*.
**community center** *n* centro social *m*.
**community chest** *n* arca comunitaria *f*.
**commutable** (k*o* mū't*a* bl) *adj* conmutable, cambiable.
**commutation ticket** *n* billete de abono *m*.
**commute** (k*o* mūt') *vt* conmutar.
**compact** (kom'pakt) *adj* compacto, sólido, denso; breve, conciso; • *n* pacto, convenio *m*; auto compacto *m*; ~**ly** *adv* estrechamente; en pocas palabras.
**compact disc** *n* disco compacto *m*.
**companion** (k*o*m pan'y*o*n) *n* compañero, socio, compinche *m*.
**companionship** (k*o*m pan'y*o*n'ship') *n* sociedad, compañía *f*.
**company** (kum'p*a* nē) *n* compañía, sociedad *f*; compañía de comercio *f*.
**comparable** (kom'p*a*r *a* bl) *adj* comparable.
**comparative** (k*o*m par'*a* tiv) *adj* comparativo; ~**ly** *adv* comparativamente.
**compare** (k*o*m pâr') *vt* comparar; ~ **notes** *vt* comparar datos.
**comparison** (k*o*m par'i s*o*n) *n* comparación *f*.
**compartment** (k*o*m pärt'm*e*nt) *n* compartimiento *m*.
**compass** (kum'p*a*s) *n* brújula *f*.
**compassion** (k*o*m pash'*o*n) *n* compasión, piedad *f*.
**compassionate** (k*o*m pash'*a* nit) *adj* compasivo.
**compatibility** (k*o*m pat'*i* bil'*i* tē) *n* compatibilidad *f*.
**compatible** (k*o*m pat'*i* bl) *adj* compatible.
**compatriot** (k*o*m pā'trē *o*t) *n* compatriota *m*.
**compel** (k*o*m pel') *vt* compeler, obligar, constreñir.
**compelling** (k*o*m pe'ling) *adj* convicente.
**compensate** (k*o*m'p*e*n sāt') *vt* compensar.
**compensation** (kom'pen sā'sh*a*n) *n* compensación *f*; resarcimiento *m*.
**compère** (k*o*m'per') *n* presentador *m*.
**compete** (k*o*m'pēt') *vi* concurrir, competir.
**competence** (kom'pi t*e*ns) *n* competencia *f*; suficiencia *f*.
**competent** (kom'pi t*e*nt) *adj* competente, pertinente; ~**ly** *adv* competentemente.

**competition** (kom'pi tish'*a*n) *n* competencia *f*; concurrencia *f*.
**competitive** (kom'pet'i tiv) *adj* que compete.
**competitor** (k*o*m pet'i tėr) *n* competidor, rival *m*.
**compilation** (kom'p*i* lā'sh*a*n) *n* compilación *f*.
**compile** (k*o*m pīl') *vt* compilar.
**complacency** (k*o*m plā's*e*n sē) *n* auto-satisfacción *f*.
**complacent** (k*o*m plā's*e*nt) *adj* complaciente.
**complain** (k*o*m plān') *vi* quejarse, lamentarse, lastimarse, dolerse.
**complaint** (k*o*m plānt') *n* queja *f*; reclamación *f*.
**complement** (kom'pl*e* m*e*nt) *n* complemento *m*.
**complementary** (kom'pl*e* m*e*n't*a* rē) *adj* complementario.
**complete** (k*o*m plēt') *adj* completo, perfecto; ~**ly** *adv* completamente; • *vt* completar, acabar.
**completion** (k*o*m'plē'sh*a*n) *n* terminación *f*.
**complex** (k*o*m pleks', kom'pleks) *adj* complejo.
**complexion** (k*o*m plek'sh*a*n) *n* tez *f*; aspecto *m*.
**complexity** (kom plek'si tē) *n* complejidad *f*.
**compliance** (k*o*m plī'*a*ns) *n* complacencia, sumisión *f*.
**compliant** (k*o*m plī'*a*nt) *adj* complaciente, oficioso.
**complicate** (kom pl*i*'kāt') *vt* complicar.
**complication** (kom pl*i* kā'sh*a*n) *n* complicación *f*.
**complicity** (k*o*m plis'i tē) *n* complicidad *f*.
**compliment** (kom'pl*i* m*e*nt) *n* cumplido *m*; • *vt* cumplimentar; hacer cumplidos.
**complimentary** (kom'pl*i* m*e*n't*a* rē) *adj* halagador, ceremonioso.
**comply** (k*o*m plī) *vi* cumplir; condescender, conformarse.
**component** (k*o*m pō'n*e*nt) *adj* componente.
**compose** (k*o*m pōz') *vt* componer; sosegar.
**composed** (k*o*m pōzd') *adj* compuesto, moderado.
**composer** (k*o*m pō'zėr) *n* autor *m*; compositor *m*.
**composite** (k*o*m poz'it) *adj* compuesto.
**composition** (kom'p*o* zish'*o*n) *n* composición *f*.
**compositor** (k*o*m poz'i tėr) *n* cajista *m*.
**compost** (kom'pōst) *n* abono, estiércol *m*.
**composure** (k*o*m pō'zhėr) *n* composición *f*; tranquilidad, sangre fría *f*.
**compound** (k*o*m pound') *vt* componer, combinar; • *adj*, *n* compuesto *m*.
**comprehend** (kom'pri hend') *vt* comprender, entender; contener.
**comprehensible** (kom'pri hen's*i* bl) *adj* comprensible; ~**ly** *adv* comprensiblemente.
**comprehension** (kom'pri hen'sh*a*n) *n* comprensión *f*; inteligencia *f*.
**comprehensive** (kom'pri hen'siv) *adj* comprensivo; ~**ly** *adv* comprensivamente.
**compress** (kom'pres) *vt* comprimir, estrechar; • *n* cabezal *m*.
**comprise** (k*o*m prīz') *vt* comprender, incluir.

**compromise** (kom'pro mīz') *n* compromiso *m*; • *vt* comprometer.
**compulsion** (kom pul'shan) *n* compulsión *f*; apremio *m*.
**compulsive** (kom pul'siv) *adj* compulsivo; ~**ly** *adv* por fuerza.
**compulsory** (kom pul'so rē) *adj* obligatorio.
**compunction** (kom pungk'shan) *n* compunción, contrición *f*.
**computable** (kom pūt'a bl) *adj* computable, calculable.
**computation** (kom'pū tā'shan) *n* computación, cuenta hecha *f*.
**compute** (kom pūt') *vt* computar, calcular.
**computer** (kom pū'tėr) *n* computadora *f*.
**computerize** (kom pū'te rīz') *vt* procesar en computadora; dotar de computadoras.
**computer programing** *n* programación *f*.
**computer science** *n* informática *f*.
**comrade** (kom'rad) *n* camarada, compañero *m*.
**comradeship** (kom'rad'ship) *n* compañerismo *m*.
**con** (kon) *vt* estafar; examinar; estudiar; • *n* estafa *f*; presidiario.
**concave** (kon'kāv) *adj* cóncavo.
**concavity** (kon kav'i tē) *n* concavidad *f*.
**conceal** (kon sēl) *vt* ocultar, esconder.
**concealment** (kon sēl'ment) *n* ocultación *f*; encubrimiento *m*.
**concede** (kon sēd') *vt* conceder, asentir.
**conceit** (kon sēt') *n* concepción *f*; capricho *m*; pensamiento *m*; presunción *f*.
**conceited** (kon sē'tid) *adj* afectado, vano, presumido.
**conceivable** (kon sē'va bl) *adj* concebible, inteligible.
**conceive** (kon sēv') *vt* concebir, comprender; • *vi* concebir.
**concentrate** (kon'sen trāt') *vt* concentrar.
**concentration** (kon'sen trā'shan) *n* concentración *f*.
**concentration camp** *n* campo de concentración *m*.
**concentric** (kon sen'trik) *adj* concéntrico.
**concept** (kon'sept) *n* concepto *m*.
**conception** (kon sep'shon) *n* concepción *f*; sentimiento *m*.
**concern** (kon sėrn') *vt* concernir, importar; tratar sobre; preocupar, inquietar; • *n* negocio *m*; asunto *m*; preocupación *f*.
**concerning** (kon sür'ning) *prep* tocante a.
**concert** (kon sėrt') *vt* concertar; acordar; componer; *n* concierto *m*.
**concerto** (kon cher'tō) *n* concierto *m*.
**concession** (kon sesh'an) *n* concesión *f*; privilegio *m*.
**conciliate** (kon sil'ē āt') *vt* conciliar.
**conciliation** (kon sil ē'shan) *n* conciliación *f*.
**conciliatory** (kon sil ē'ātor'ē) *adj* conciliativo.
**concise** (kon sīs') *adj* conciso, sucinto; ~**ly** *adv* concisamente.
**conclude** (kon klöd') *vt* concluir; decidir; determinar.
**conclusion** (kon klö'zhan) *n* conclusión, determinación *f*; fin *m*.
**conclusive** (kon klö'siv) *adj* decisivo, conclusivo; ~**ly** *adv* concluyentemente.
**concoct** (kon kokt', kon kokt') *vt* cocer; urdir, tramar.

**concoction** (kon kok'sh*a*n) *n* confección *f*; cocción *f*.
**concomitant** (kon kom'i t*a*nt, k*o*n kom'i t*a*nt) *adj* concomitante.
**concord** (kon'kärd, kong'kärd) *n* concordia, armonía *f*.
**concordance** (kon kär'd*a*ns, k*o*n kär'd*a*ns) *n* concordancia *f*.
**concordant** (kon kär'd*a*nt, k*o*n kär'd*a*nt) *adj* concordante, conforme.
**concourse** (kon'kōrs, kon kärs) *n* concurso *m*; multitud *f*; calle ancha *f*.
**concrete** (kon'krēt, k*o*n'krēt) *n* concreto *m*; • *vt* concretar.
**concubine** (kong'kū bīn', kon'kū bīn') *n* concubina *f*.
**concur** (k*o*n kėr') *vi* concurrir; juntarse.
**concurrence** (k*o*n kėr'*a*ns, k*o*n kur'*a*ns) *n* concurrencia *f*; unión *f*; asistencia *f*.
**concurrently** (k*o*n kėr'*a*nt lē) *adv* al mismo tiempo.
**concussion** (k*o*n kush'*o*n) *n* concusión *f*.
**condemn** (k*o*n dem') *vt* condenar; desaprobar; vituperar.
**condemnation** (kon'dem nā'sh*a*n, kon'd*e*m nā'sh*a*n) *n* condenación *f*.
**condensation** (kon'den sā'sh*a*n) *n* condensación *f*.
**condense** (k *o*n dens') *vt* condensar.
**condescend** (k*o*n'di send') *vi* condescender; consentir.
**condescending** (kon'di sen'ding) *adj* condescendiente.
**condescension** (kon'di sen'sh*a*n) *n* condescendencia *f*.
**condiment** (kon'd*i* m*e*nt) *n* condimento *m*; salsa *f*.
**condition** (k*o*n dish'*o*n) *vt* condicionar; • *n* situación, condición, calidad *f*; estado *m*.
**conditional** (k*o*n dish'*a* n*a*l) *adj* condicional, hipotético; ~**ly** *adv* condicionalmente.
**conditioned** (k*o*n dish'*o*nd) *adj* condicionado.
**conditioner** (kon dish'*o*nėr) *n* acondicionador *m*.
**condolence** (k*o*n dō'l*e*ns) *n* pésame *m*.
**condom** (kon'd*o*m, k*o*n'd*o*m) *n* condón *m*.
**condominium** (kon d*o* min'ē *u*m) *n* condominio *m*.
**condone** (k*o*n dōn') *vt* perdonar.
**conducive** (k*o*n dö'siv, k*o*n dū'siv) *adj* conducente, oportuno.
**conduct** (k*o*n'dukt) *n* conducta *f*; manejo, proceder *m*; • *vt* conducir, guiar.
**conductor** (k*o*n duk'tėr) *n* conductor *m*; guía, director *m*; conductor de electricidad *m*.
**conduit** (kon'dwit, kon'dö it) *n* conducto *m*; caño *m*.
**cone** (kōn) *n* cono *m*.
**confection** (k*o*n fek'sh*a*n) *n* confitura *f*; confección *f*.
**confectioner** (k*o*n fek'sh*a* nėr) *n* confitero *m*.
**confectioner's (shop)** *n* pastelería *f*; confitería *f*.
**confederacy** (k*o*n fed'ėr *a* sē, k*o*n fed'r*a* sē) *n* confederación *f*.
**confederate** (k*o*n fed'*e* rāt') *vi* confederarse; • *adj, n* confederado *m*.
**confer** (k*o*n fer') *vi* conferenciar; • *vt* conferir, comparar.
**conference** (kon'fėr *e*ns, kon'fr*e*ns) *n* conferencia *f*.

**confess** (k*o*n fes′) *vt, vi* confesar(se).
**confession** (k*o*n fesh′*o*n) *n* confesión *f.*
**confessional** (k*o*n fesh′o n*a*l) *n* confesionario *m.*
**confessor** (k*o*n fes′ėr) *n* confesor *m.*
**confetti** (k*o*n fet′ē) *n* confeti *m.*
**confidant** (kon′di dant′) *n* confidente, amigo íntimo *m.*
**confide** (k*o*n fīd′) *vt, vi* confiar; fiarse.
**confidence** (kon′fi d*e*ns) *n* confianza, seguridad *f.*
**confidence trick** *n* timo *m.*
**confident** (kon′fi d*e*nt) *adj* cierto, seguro; confiado.
**confidential** (kon′fi den′sh*a*l) *adj* confidencial.
**configuration** (k*o*n fig′ū rā sh*a*n) *n* configuración *f.*
**confine** (k*o*n′fīn) *vt* limitar; aprisionar.
**confinement** (k*o*n fīn′m*e*nt) *n* prisión *f*; restricción *m.*
**confirm** (k*o*n fėrm′) *vt* confirmar; ratificar.
**confirmation** (k*o*n′fėr mā′sh*a*n) *n* confirmación *f*; ratificación *f*; prueba *f.*
**confirmed** (k*o*n′fėrmd′) *adj* empedernido.
**confiscate** (kon′fi skāt, k*o*n′fi skāt) *vt* confiscar.
**confiscation** (kon′fi skā sh*a*n) *n* confiscación *f.*
**conflagration** (kon′fl*a* grā′sh*a*n) *n* conflagración *f*; incendio general *m.*
**conflict** (kon′flikt) *n* conflicto *m*; combate *m*; pelea *f.*
**conflicting** (kon′flik ting) *adj* contradictorio.
**confluence** (kon′flö *e*ns) *n* confluencia *f*; concurso *m.*
**conform** (k*o*n färm′) *vt, vi* conformar(se).
**conformity** (kon fär′mi tē) *n* conformidad, conveniencia *f.*
**confound** (k*o*n found′) *vt* maldecir; turbar, confundir.
**confront** (k*o*n frunt′) *vt* afrontar; confrontar; comparar.
**confrontation** (kon′fr*u*n tā sh*o*n) *n* enfrentamiento *m.*
**confuse** (k*o*n fūz′) *vt* confundir; desordenar.
**confusing** (k*o*n fū′zing) *adj* confuso.
**confusion** (k*o*n fū′zh*a*n) *n* confusión *f*; perturbación *f*; desorden *m.*
**congeal** (k*o*n jēl′) *vt, vi* helar, congelar(se).
**congenial** (k*o*n jēn′y*a*l) *adj* congenial.
**congenital** (k*o*n jēn′i t*a*l) *adj* congénito.
**congested** (k*o*n jestd′) *adj* atestado.
**congestion** (k*o*n je sh*a*n) *n* congestión *f*; acumulación *f.*
**conglomerate** (k*o*n glom′*e* rāt) *vt* conglomerar, aglomerar; • *adj* aglomerado; • *n* (*com*) conglomerado *m.*
**conglomeration** (k*o*n glom′*e* rā′sh*a*n) *n* aglomeración *f.*
**congratulate** (k*o*n grach′*u* lāt′) *vt* congratular, felicitar.
**congratulation** (k*o*n grach′*u* lā′sh*a*n) *n* felicitación *f.*
**congratulatory** (k*o*n grach′*u* lā′tor′ē) *adj* congratulatorio.
**congregate** (kong′gr*e* gāt′) *vt* congregar, reunir.
**congregation** (kong′gr*e* gā′sh*a*n) *n* congregación, reunión *f.*

**congress** (kong´gris) *n* congreso *m*; conferencia *f.*
**congressman** (kong´gris m*a*n) *n* miembro del Congreso *m.*
**congruence** (kong´grö *e*ns) *n* congruencia, concordancia *f.*
**congruity** (k*o*n grö´i tē) *n* congruencia *f.*
**congruous** (kong´grö us) *adj* idóneo, congruo, apto.
**conic(al)** (kon´ik) *adj* cónico.
**conifer** (kō´n*i* fėr, kōn´*i* fėr) *n* conífera *f.*
**coniferous** (kō n*i*´fėr´us) *adj* (*bot*) conífero.
**conjecture** (k*o*n jek´chėr) *n* conjetura, apariencia *f*; • *vt* conjeturar; pronosticar.
**conjugal** (kon´j*u* g*a*l) *adj* conyugal, matrimonial.
**conjugate** (kon´j*u* gāt´) *vt* (*gr*) conjugar.
**conjugation** (kon´j*u* gā´sh*a*n) *n* conjugación *f.*
**conjunction** (k*o*n jungk´sh*a*n) *n* conjunción *f*; unión *f.*
**conjuncture** (k*o*n jungk´chėr) *n* coyuntura *f*; ocasión *f*; tiempo crítico *m.*
**conjure** (kon´jėr, k*o*n jür´) *vi* conjurar, exorcizar.
**conjurer** (kon jür´ėr) *n* conjurador, encantador *m.*
**con man** *n* timador *m.*
**connect** (k*o* nekt´) *vt* juntar, unir, enlazar; ensamblar.
**connection** (k*o* nek´sh*a*n) *n* conexión *f.*
**connivance** (k*o* nī´v*a*ns) *n* disimulación *f*; consentimiento *m.*
**connive** (kon nīv´) *vi* tolerar, hacer la vista gorda.
**connoisseur** (kon´*o* sür´, kon´*o* sür´) *n* conocedor, perito *m.*
**connotation** (kon´*o* tā´sh*a*n) *n* connotación *f.*
**conquer** (kong´kėr) *vt* conquistar; vencer; • *vi* ser victorioso; triunfar.
**conqueror** (kong´kär ėr) *n* vencedor, conquistador *m.*
**conquest** (kon´kwest, kong´kwest) *n* conquista *f.*
**consanguine** (kon sang´gwin) *n* consaguíneo *m.*
**conscience** (kon´sh*e*ns) *n* c onciencia *f*; escrúpulo *m.*
**conscientious** (kon´shē en´shus) *adj* concienzudo, escrupuloso; ~**ly** *adv* según conciencia.
**conscious** (kon´shus) *adj* sabedor, convencido; ~**ly** *adv* a sabiendas.
**consciousness** (kon´shus nis) *n* conciencia *f.*
**conscript** (k*o*n´skrip) *n* conscripto *m.*
**conscription** (k*o*n skrip´sh*a*n) *n* reclutamiento *m.*
**consecrate** (kon´s*e* krāt´) *vt* consagrar; dedicar.
**consecration** (kon´s*e* krā´sh*a*n) *n* consagración *f.*
**consecutive** (k*o*n sek´ū tiv) *adj* consecutivo; ~**ly** *adv* consecutivamente.
**consensus** (k*o*n sen´sus) *n* consenso *m.*
**consent** (k*o*n sent´) *n* consentimiento *m*; aprobación *f*; • *vi* consentir; acceder.
**consequence** (kon´s*e* kwens´) *n* consecuencia *f*; importancia *f.*
**consequent** (kon´s*e* kwent´) *adj* consecutivo, concluyente; ~**ly** *adv* consiguientemente.
**conservation** (kon´sėr vā´sh*a*n) *n* conservación *f.*

**conservative** (kon´sėr v*a* tiv) *adj* conservativo.
**conservatory** (kon´sėr v*a* tōr´ē) *n* conservatorio *m*.
**conserve** (kon sėrv´) *vt* conservar; • *n* conserva *f*.
**consider** (k*o*n sid´ėr) *vt* considerar, examinar; • *vi* pensar, deliberar.
**considerable** (k*o*n sid´ėr *a* b l) *a dj* considerable; importante; **~bly** *adv* considerablemente.
**considerate** (k*o*n sid´ėr it) *adj* considerado, prudente, discreto; **~ly** *adv* juiciosamente; prudentemente.
**consideration** (k*o*n sid´*e* rā´sh*a*n) *n* consideración *f*; deliberación *f*; importancia *f*; valor, mérito *m*.
**considering** (k*o*n sid´ėr ing) *conj* en vista de; ~ **that** a causa de; visto que, en razon a.
**consign** (k*o*n sīn´) *vt* consignar; dirigir; entregar.
**consignment** (k*o*n sīn´m*e*nt) *n* consignación *f*.
**consist** (k*o*n sist´) *vi* consistir, estar compuesto de.
**consistency** (k*o*n sis´t*e*n sē) *n* consistencia *f*.
**consistent** (kon sis´t*e*nt) *adj* consistente; conveniente, conforme; sólido, estable; **~ly** *adv* firmemente, sin cejar.
**consolable** (kon´s*o* lābl) *adj* consolable.
**consolation** (kon´s*o* lā´sh*a*n) *n* alivio *m*; consuelo *m*.
**consolatory** (k*o*n sol´*a* tōr´ē) *adj* consolador.
**console** (k*o*n sōl) *vt* consolar; • *n* consola *f*.
**consolidate** (k*o*n sol´i dāt) *vt, vi* consolidar(se).
**consolidation** (k*o*n sol´i dā´sh*a*n) *n* consolidación, unión *f*.
**consomé** (kon´s*o* mā´) *n* consomé, caldo.
**consonant** (kon´s*o* n*a*nt) *adj* consonante, conforme; • *n* (*gr*) consonante *f*.
**consort** (kon´s*ä*rt) *vi* asociarse; • *f*; *n* consorte, socio *m*; asociación *f*.
**consortium** (kon´s*ä*r´shē *u*m) *n* consorcio.
**conspicuous** (k*o*n spik´ū us) *adj* conspicuo, aparente; notable; **~ly** *adv* claramente.
**conspiracy** (k*o*n spir´*a* sē) *n* conspiración *f*.
**conspirator** (k*o*n spir *a* tėr) *n* conspirador *m*.
**conspire** (k*o*n spīr) *vi* conspirar, maquinar.
**constable** (kon´st*a* bl) *n* policía.
**constancy** (kon´st*a*n sē) *n* constancia, perseverancia, persistencia *f*.
**constant** (kon´st*a*nt) *adj* constante; perseverante; **~ly** *adv* constantemente.
**constellation** (kon´st*e* lā´sh*a*n) *n* constelación *f*.
**consternate** (kon´stėr nāt) *vt* consternar.
**consternation** (kon´stėr nā´sh*a*n) *n* consternación *f*; terror *m*.
**constipated** (kon´st*i* pātd) *adj* estreñido.
**constituency** (k*o*n stich´ö *e*n sē) *n* distrito electoral *f*.
**constituent** (k*o*n stich´ö *e*nt) *n* constitutivo *m*; votante *m*; • *adj* constituyente.
**constitute** (kon sti töt) *vt* constituir; establecer.
**constitution** (kon sti tö´sh*a*n) *n* constitución *f*; estado *m*; temperamento *m*.

**constitutional** (kon sti tö'sh*a* n*a*l) *adj* constitucional, legal.
**constrain** (k*o*n strān') *vt* constreñir, forzar; restringir.
**constraint** (k*o*n strānt') *n* constreñimiento *m*; represión *f*.
**constrict** (k*o*n strikt') *vt* constreñir, apretar.
**construct** (k*o*n strukt') *vt* construir, edificar.
**construction** (k*o*n struk'sh*a*n) *n* construcción *f*.
**construe** (k*o*n strö') *vt* construir; interpretar, analizar.
**consul** (kon's*u*l) *n* cónsul *m*.
**consular** (kon's*u*l är) *adj* consular.
**consulate** (kon's*u* l it) *n* consulado *m*.
**consult** (kon'sult') *vt, vi* consultar(se); aconsejar(se).
**consultation** (kon's*u*l tā sh*a*n) *n* consulta, deliberación *f*.
**consume** (k*o*n söm') *vt* consumir; disipar; • *vi* consumirse.
**consumer** (kon sö'mėr) *n* consumidor *m*.
**consumer goods** *npl* bienes de consumo *mpl*.
**consumerism** (k*o*n sö'mėr ism') *n* consumismo *m*.
**consumer society** *n* sociedad de consumo *f*.
**consummate** (k*o*n sum'it, kon's*u* mit) *vt* consumar, acabar, perfeccionar; • *adj* cumplido, consumado.
**consummation** (kon'su mā'sh*a*n) *n* consumación, perfección *f*.
**consumption** (k*o*n sump'sh*a*n) *n* consumo *m*.
**contact** (kon'takt) *n* contacto *m*; tomacorriente *m*; ~**s** *n* lentes de contacto *m*; • *vi* ponerse en contacto.
**contact lenses** *npl* lentes de contacto *mpl*.
**contagious** (k*o*n tā'jus) *adj* contagioso.
**contain** (k*o*n tān') *vt* contener, comprender; caber, reprimir, refrenar.
**container** (k*o*n tā'nėr) *n* recipiente *m*.
**contaminate** (k*o*n tam'*i* nāt') *vt* contaminar; corromper; ~**d** *adj* contaminado, corrompido.
**contamination** (k*o*n tam'*i* nā'sh*a*n) *n* contaminación *f*.
**contemplate** (kon'tem plāt') *vt* contemplar.
**contemplation** (kon'tem plā'sh*a*n) *n* contemplación *f*.
**contemplative** (k*o*n tem'pl*a* tiv) *adj* contemplativo.
**contemporaneous, contemporary** (k*o*n tem'p*o* rā'nē us, k*o*n tem'p*o* rer'ē) *adj* contemporáneo.
**contempt** (k*o*n tempt') *n* desprecio, desdén *m*.
**contemptible** (k*o*n temp't*i* bl) *adj* despreciable, vil; ~**bly** *adv* vilmente.
**contemptuous** (k*o*n temp'chö us) *adj* desdeñoso, insolente; ~**ly** *adv* con desdén.
**contend** (k*o*n tend') *vi* contender, disputar, afirmar.
**content** (k*o*n tent') *adj* contento, satisfecho; • *vt* contentar, satisfacer; • *n* contenido *m*; ~**s** *pl* contenido *m*; tabla de materias *f*.
**contentedly** (k*o*n ten'tid lē) *adv* de un modo satisfecho; con paciencia.
**contention** (k*o*n ten'sh*a*n) *n* contención, altercado *m*.
**contentious** (k*o*n ten'sh*u*s) *adj* contencioso, litigioso; ~**ly** *adv* contenciosamente.

**contentment** (kon tent′ment) *n* contentamiento, placer *m.*
**contest** (kon′test) *vt* contestar, disputar, litigar; • *n* concurso *m*; contienda, altercado *f.*
**contestant** (kon′test *a*nt) *n* concursante *m.*
**context** (kon′tekst) *n* contexto *m*; contextura *f.*
**contiguous** (k*o*n tig′ū us) *adj* contiguo, vecino.
**continent** (kon′t*i* nent) *adj* continente; • *n* continente *m.*
**continental** (kon′t*i* nen′t*a*l) *adj* continental.
**contingency** (k*o*n tin′j*e*n sē) *n* contingencia *f*; acontecimiento *m*; eventualidad *f.*
**contingent** (k*o*n tin′j*e*nt) *n* contingente *m*; cuota *f*; • *adj* contingente, casual; ~**ly** *ad* casualmente.
**continual** (k*o*n tin′u *a*l) *adj* continuo; ~**ly** *adv* continuamente.
**continuation** (k*o*n tin′ū ā′sh*a*n) *n* continuación, serie *f.*
**continue** (k*o*n tin′ū) *vt* continuar; • *vi* durar, perseverar, persistir.
**continuity** (kon′ti nö′i tē) *n* continuidad *f.*
**continuous** (k*o*n tin′ū us) *adj* continuo, unido; ~**ly** *adv* continuadamente.
**contort** (k*o*n tärt′) *vt* torcer, retorcer.
**contortion** (k*o*n tär′sh*a*n) *n* contorsión *f.*
**contour** (kon′tür) *n* contorno *m.*
**contraband** (kon′tr*a* band′) *n* contrabando *m*; • *adj* prohibido, ilegal.
**contraception** (kon′tr*a* sep′sh*a*n) *n* contracepción *f.*
**contraceptive** (kon′tr*a* sep′tiv) *n* anticonceptivo *m*; • *adj* anticonceptivo.
**contract** (k*o*n trakt′) *vt* contraer; abreviar; contratar; • *vi* contraerse; • *n* contrato, pacto *m.*
**contraction** (k*o*n trak′sh*a*n) *n* contracción *f*; abreviatura *f.*
**contractor** (kon′trak tėr) *n* contratante *m.*
**contradict** (kon′tr*a* dikt′) *vt* contradecir.
**contradiction** (kon′tr*a* dik′sh*a*n) *n* contradicción, oposición *f.*
**contradictory** (kon′tr*a* dik′t*o* rē) *adj* contradictorio.
**contraption** (k*o*n trap′sh*a*n) *n* artilugio *m.*
**contrariness** (kon′trer ē nis) *n* contrariedad, oposición *f.*
**contrary** (kon′trer ē, k*o*n trâr′ē) *adj* contrario, opuesto; • *n* contrario *m*; **on the** ~ al contrario.
**contrast** (k*o*n trast′) *n* contraste *m*; oposición *f*; • *vt* contrastar, oponer.
**contrasting** (k*o*n tras′ting) *adj* opuesto.
**contravention** (kon′tr*a* ven′sh*a*n) *n* contravención *f.*
**contribute** (k*o*n trib′ūt) *vt* contribuir, ayudar.
**contribution** (kon′tr*i* bū′sh*a*n) *n* contribución *f*; tributo *m.*
**contributor** (kon trib′ū tōr) *n* contribuidor *m.*
**contributory** (kon trib′ū tōr′ē) *adj* contribuyente.
**contrite** (k*o*n trīt′, kon′trīt,) *adj* contrito, arrepentido.
**contrition** (k*o*n trish′*o*n) *n* penitencia, contrición *f.*
**contrivance** (k*o*n trī′v*a*ns) *n* designio *m*; invención *f*; concepto *m.*
**contrive** (k*o*n trīv′) *vt* inventar, trazar, maquinar; manejar; combinar.

**control** (k*o*n trōl′) *n* control *m*; inspección *f*; • *vt* controlar; manejar; restringir; gobernar.
**control room** *n* sala de mando *f*.
**control tower** *n* torre de control *f*.
**controversial** (kon′tr*o* vėr′sh*a*l) *adj* polémico.
**controversy** (kon′tr*o* vėr′sē) *n* controversia *f*.
**contusion** (k*o*n tö′zhen) *n* contusión *f*, magullamiento *m*.
**conundrum** (k*o* nun′dr*u*m) *n* acertijo, problema *m*.
**conurbation** (kon *u*r bā′sh*a*n) *n* conjunto urbanizado densamente poblado *f*.
**convalesce** (kon′v*a* les′) *vi* convalecer.
**convalescence** (kon′v*a* les′*e*ns) *n* convalecencia *f*.
**convalescent** (kon′v*a* les′*e*nt) *adj* convaleciente.
**convene** (k*o*n vēn) *vt* convocar; juntar, unir; • *vi* convenir, juntarse.
**convenience** (k*o*n vēn′y*a*ns) *n* conveniencia, comodidad, conformidad *f*.
**convenient** (k*o*n vēn′y*a*nt) *adj* conveniente, apto, cómodo, propio; **~ly** *adv* cómodamente, oportunamente.
**convent** (kon′vent) *n* convento, claustro, monasterio *m*.
**convention** (k*o*n ven′sh*a*n) *n* convención *f*; contrato, tratado *m*.
**conventional** (k*o*n ven′sh*a* n*a*l) *adj* convencional, estipulado.
**converge** (k*o*n vėrj′) *vi* convergir.
**convergence** (k*o*n vėr′j*e*ns) *n* convergencia *f*.
**convergent** (k*o*n vėr′j*e*nt) *adj* convergente.
**conversant** (k*o*n ver′s*a*nt) *adj* versado en; conocedor.
**conversation** (kon′vėr sā′sh*a*n) *n* conversación *f*.
**converse** (k*o*n vėrs′) *vi* conversar; platicar.
**conversely** (k*o*n vėrs′lē) *adv* mutuamente, recíprocamente.
**conversion** (k*o*n vėr′′zh*a*n, k*o*n vėr′sh*a*n) *n* conversión, transmutación *f*.
**convert** (k*o*n vėrt′) *vt, vi* convertir(se); • *n* converso, convertido *m*.
**convertible** (k*o*n vėr′t*i* bl) *adj* convertible, transmutable; • *n* descapotable *m*.
**convex** (kon′veks, k*o*n′veks′) *adj* convexo.
**convexity** (k*o*n vek′si tē) *n* convexidad *f*.
**convey** (k*o*n vā′) *vt* transportar; transmitir, transferir.
**conveyance** (k*o*n vā′ans) *n* transporte *m*; conducción *f*; escritura de traspaso *f*.
**conveyancer** (k*o*n vā′ans ėr) *n* notario *m*.
**convict** (kon′vikt) *vt* declarar culpable; • *n* convicto *m*.
**conviction** (k*o*n vik′sh*a*n) *n* convicción *f*.
**convince** (k*o*n vins′) *vt* convencer, poner en evidencia.
**convincing** (k*o*n vins′ing) *adj* convincente.
**convincingly** (k*o*n vins′ing lē) *adv* de modo convincente.
**convivial** (k*o*n viv′ē *a*l) *adj* sociable; hospitalario.
**conviviality** (k*o*n viv′ē *a*l′tē) *n* jovialidad *f*.
**convoke** (k*o*n vōk′) *vt* convocar, reunir.

**convoy** (kon´voi, k*o*n voi´) *n* convoy *m.*
**convulse** (kọn v uls´) *v t* conmover, trastornar.
**convulsion** (k*o*n vul´sh*a*n) *n* convulsión *f*; conmoción *f*; tumulto *m.*
**convulsive** (k*o*n vul´siv) *adj* convulsivo; ~**ly** *adv* convulsivamente.
**coo** (kö) *vi* arrullar.
**cook** (k*ü*k) *n* cocinero *m*; cocinera *f*; • *vt* cocinar; • *vi* cocinar; guisar.
**cookbook** (k*ü*k´b*ü*k´) *n* libro de cocina *m.*
**cooker** (k*ü*k´ėr) *n* cocina *f.*
**cookery** (k*ü*k´*e* rē) *n* arte culinario *m.*
**cookie** (k*ü*k´ē) *n* galleta *f.*
**cooking** (k*ü*k´ing) *n* cocción *f*; arte de cocinar *m.*
**cool** (köl) *adj* fresco; insolente; indiferente; • *n* frescura *f*; • *vt* enfriar, refrescar.
**coolly** (kö´lē) *adv* frescamente; indiferentemente.
**coolness** (köl´nis) *n* fresco *m*; frialdad, frescura *f.*
**cooperate** (kō op´*e* rāt´) *vi* cooperar.
**cooperation** (kō op´*e* rā´sh*a*n) *n* cooperación *f.*
**cooperative** (kō op´*e* rā´tiv) *adj* cooperativo; coadyuvante.
**coordinate** (kō *ä*r´d*i* nit) *vt* coordinar.
**coordination** (kō *ä*r´d*i* nā´sh*a*n) *n* coordinación, elección *f.*
**cop** (kop) *n* (*fam*) poli *m.*
**copartner** (kō pärt´nėr) *n* compañero, socio *m.*
**cope** (kōp) *vi* arreglárselas.
**copier** (kop´ē ėr) *n* copiadora *f.*
**copious** (kō´pē us) *adj* copioso, abundante; ~**ly** *adv* en abundancia.
**copper** (kop´ėr) *n* cobre *m.*
**coppice, copse** (kop´is, kops) *n* monte bajo *m.*
**copulate** (kop´ū lāt´) *vi* c opularse; tener relaciones sexuales.
**copy** (kop´ē) *n* copia *f*; original *m*; ejemplar de algún libro *m*; • *vt* copiar; imitar.
**copybook** (kop´ē b*ü*k´) *n* cuaderno de escritura, cuaderno de ejercicios *m.*
**copyboy** (kop´ē boi´) *n* mensajero, mandadero.
**copying machine** *n* copiadora *f.*
**copyist** (kop´ē ist) *n* copista, imitador *m.*
**copyright** (kop´ē rīt´) *n* p ropiedad de una obra literaria *f*; derechos de autor *mpl.*
**coquetry** (kō´ki trē) *n* coquetería.
**coral** (k*ä*r´*a*l, kor´*a*l) *n* coral *m*; rojo coral *m.*
**coral reef** *n* arrecife de coral *m.*
**cord** (k*ä*rd) *n* cuerda *f*; cable *m.*
**cordial** (k*ä*r´j*a*l) *adj* cordial; de corazón, a mistoso; ~**ly** *a dv* cordialmente.
**cordiality** (k*ä*r jal´i tē, k*ä*r jē al´i tē) *adj* cordialidad, amabilidad.
**corduroy** (k*ä*r´d*u* roi´) *n* pana *f.*
**core** (kōr, k*ä*r) *n* esencia *m*; interior, centro, corazón *m*; materia *f.*
**cork** (k*ä*rk) *n* alcornoque *m*; corcho *m*; • *vt* tapar botellas con corchos.
**corkscrew** (k*ä*rk´skrö´) *n* sacacorchos, tirabuzón *m.*
**corn** (k*ä*rn) *n* maíz *m*; grano *m*; callo *m.*
**corncob** (k*ä*rn´kob´) *n* mazorca *f.*
**cornea** (k*ä*r´nē *a*) *n* córnea *f.*
**corned beef** (k*ä*rnd bēf) *n* carne acecinada *f.*

**corner** (kär′nėr) *n* rincón *m*; esquina *f*.
**cornerstone** (kär′nėr stōn) *n* piedra angular *f*.
**cornet** (kär net′, kär nit′) *n* corneta *f*.
**corn field** *n* maizal *m*.
**corn flakes** *npl* hojuelas de maíz *mpl*.
**cornice** (kär nis) *n* cornisa *f*.
**cornstarch** (kärn′stärch′) *n* harina de maíz *f*.
**corollary** (kär′*o* ler′ē, kor′*o* ler′ē) *n* corolario *m*.
**coronary** (kär′*o* ner′ē, kor′*o* ner′ē) *n* infarto *m*.
**coronation** (kär′*o* nā′sh*a*n, kor′*o* nā′sh*a*n) *n* coronación *f*.
**coroner** (kär′*o* nėr, kor′*o* nėr) *n* oficial que hace la inspección jurídica de los cadáveres *m*.
**coronet** (kär′*o* nit, kor′*o* nėr) *n* corona pequeña *f*.
**corporal** (kär′pėr *a*l, kär′pr*a*l) *n* caporal *m*.
**corporate** (kär′pėr it, kär′prit) *adj* corporativo.
**corporation** (kär′p*o* rā′sh*a*n) *n* corporación *f*; gremio *m*.
**corporeal** (kär pōr′ē *a*l, kär pär′ē *a*l) *adj* corpóreo, material, tangible.
**corps** (kōr, kär) *n* cuerpo de ejército *m*; regimiento *m*.
**corpse** (kärps) *n* cadáver *m*.
**corpulent** (kär′pū lent) *adj* corpulento, gordo.
**corpuscle** (kär′p*u* sel, kär′pus *e*l) *n* corpúsculo, átomo *m*.
**corral** (k*o* ral′) *vt* acorralar; • *n* corral *m*.
**correct** (k*o* rekt′) *vt* corregir; enmendar; • *adj* correcto, justo; ~**ly** *adv* correctamente.
**correction** (k*o* rek′sh*a*n) *n* corrección *f*; enmienda *f*; censura *f*.
**corrective** (k*o* rek′tiv) *adj* correctivo; • *n* correctivo *m*; restricción *f*.
**correctness** (k *o* rekt′nis) *n* exactitud *f*.
**correlation** (kär′*e* lā′sh*a*n, kor′*e* lā′sh*a*n) *n* correlación *f*.
**correlative** (k*o* rel′*a* tiv) *adj* correlativo.
**correspond** (kär′i spond′) *vi* convenir; corresponderse.
**correspondence** (kär′i spon′d*e*ns) *n* correspondencia *f*; relación *m*.
**correspondent** (kär′i spon′d*e*nt, kor′i spon′d*e*nt) *adj* correspondiente, conforme; • *n* corresponsal *m*.
**corridor** (kär′i dėr, kär′i där) *n* pasillo *m*.
**corroborate** (k*o* rob′*o* rāt) *vt* corroborar, confirmar.
**corroboration** (k*o* rob′*o* rā′sh*a*n) *n* corroboración *f*.
**corroborative** (k*o* rob′*o* rā′tiv) *adj* corroborativo.
**corrode** (k*o* rōd′) *vt* corroer, desgastar.
**corrosion** (k*o* rō′sh*a*n) *n* corrosión *f*; oxidación *m*.
**corrosive** (k*o* rō′siv) *adj* corrosivo *m*; mordaz.
**corrugated iron** (kär′*u* gātd ī′ėrn) *n* lámina de metal ondulado *f*.
**corrupt** (k*o* rupt′) *vt* corromper; sobornar; • *vi* corromperse, pudrirse; • *adj* corrompido; depravado.
**corruptible** (k*o* rupt′bl) *adj* corruptible.
**corruption** (k*o* rup′sh*a*n) *n* corrupción *f*; depravación *f*.
**corruptive** (k*o* rupt′īb) *adj* corruptivo.

**corset** (kär′sit) *n* corsé, corpiño *m.*
**cortège** (kär tezh′, *kär* tāzh′) *n* cortejo *m.*
**cortin** (kär′tin, kär′tin) *n* cortina *f.*
**Cosa Nostra** (kō′z*a* nōs′tr*a*) *n* mafia norteamericana *f.*
**cosily** (ko′zi lē) *adv* cómodamente, con facilidad.
**cosmetic** (koz met′ik) *adj, n* cosmético *m.*
**cosmic** (koz′mik) *adj* cósmico; vasto.
**cosmonaut** (koz′m*o* na′ut) *n* cosmonauta *m.*
**cosmopolitan** (koz′m*o* pol′i t*a*n) *adj* cosmopolita.
**cosset** (kos′it) *vt* mimar.
**cost** (käst, kost) *n* coste, precio *m*; • *vi* costar.
**costly** (käst′lē, kost′lē) *adj* costoso, caro.
**costume** (kos′töm, kos′tūm) *n* traje *m*; vestuario de teatro.
**cottage** (kot′ij) *n* casita de campo, cabaña *f.*
**cotton** (kot′*o*n) *n* algodón *m*; tela de algodón *f.*
**cotton candy** *n* algodón azucarado *m.*
**cotton mill** *n* hilandería de algodón.
**cotton wool** *n* hilo de algodón *m.*
**cottony** (kot′*o*n ē) *adj* algodonoso, suave.
**couch** (kouch) *vt vi* recostar(se) • *n* sofá *m*; guarida *f.*
**couchette** (kouch īt′) *n* litera *f.*
**cough** (käf, kof) *n* tos *f*; • *vi* toser.
**council** (koun′s*i*l) *n* concilio, consejo *m.*
**councilor** (koun′s*i* lėr, koun′slėr) *n* concejal, concejero *m.*
**counsel** (koun′s*e*l) *n* consejo, aviso *m*; abogado *m*; **to take ~** *vt* pedir consejo; consultar.
**counselor** (koun′s*e* lėr) *n* consejero *m*; abogado *m.*
**count** (kount) *vt* contar, numerar; calcular; tomar en cuenta; **to ~ on** contar con; • *n* cuenta *f*, cálculo *m*; conde *m.*
**countdown** (kount′doun′) *n* cuenta atrás *f.*
**countenance** (koun′t*e* n*a*ns) *n* rostro *m*; aspecto *m*; (buena *o* mala) cara *f.*
**counter** (koun′tėr) *n* mostrador *m*; ficha *f*; mostrador *m.*
**counteract** (koun′tėr akt′) *vt* contrariar, impedir, estorbar; frustrar.
**counterbalance** (koun′tėr bal′*a*ns) *vt* contrapesar; igualar, compensar; • *n* contrapeso *m.*
**countercheck** (koun′tėr chek′) *n* traba *f*, obstáculo *m;* • *vt* contrarrestar, estorbar.
**counterclockwise** (koun′tėr klok′ wīz) *adj, adv* contra las manecillas del reloj.
**counterfeit** (koun′tėr fit) *vt* contrahacer, imitar, falsear; • *adj* falsificado; fingido.
**countermand** (koun′tėr mand′, koun′tėr mänd′) *vt* contramandar; revocar.
**counterpart** (koun′tėr pärt′) *n* contraparte, parte correspondiente *f.*
**counterproductive** (koun′tėr pro duk′tiv) *adj* contraproducente.
**countersign** (koun′tėr sīn) *vt* refrendar; firmar un decreto.
**countess** (koun′tis) *n* condesa *f.*
**countless** (kount′lis) *adj* innumerable.

**countrified** (kun'tri'fīd) *adj* rústico; tosco, rudo.
**country** (kun'trē) *n* país *m*; campo *m*; región *f*; patria *f*; • *adj* rústico; campestre, rural.
**country house** *n* casa de campo, granja *f*.
**countryman** (kun'trē man') *n* paisano *m*; compatriota *m*.
**county** (koun'tē) *n* condado *m*; distrito *m*.
**coup** (kö) *n* golpe maestro *m*.
**coupé** (kö pā') *n* cupé *m*.
**couple** (kup'l) *n* par *m*; lazo *m*; • *vt* unir, parear; casar.
**couplet** (kup'lit) *n* copla *f*; par *m*.
**coupon** (kö'pon, kū'pon) *n* cupón, talonario *m*.
**courage** (kür'ij, kur'ij) *n* coraje, valor *f*.
**courageous** (k*o* rā'jus) *adj* arrojado, valeroso; ~**ly** *adv* valerosamente.
**courier** (kür'ē ėr) *n* correo, mensajero, expreso *m*.
**course** (kōrs, kärs) *n* curso *m*; carrera *f*; camino *m*; ruta, dirección *f*; método *m*; **of** ~ por supuesto, sin duda.
**court** (kōrt, kärt) *n* corte *f*; palacio *m*; tribunal de justicia *m*; • *vt* cortejar; solicitar, adular.
**courteous** (kėr'tē us) *adj* cortés; benévolo; ~**ly** *adv* cortésmente.
**courtesan** (kōr'ti z*a*n, kär'ti z*a*n) *n* cortesana *f*.
**courtesy** (kėr'ti sē) *n* cortesía *f*; benignidad *f*.
**courthouse** (kōr'hous', kär'hous') *n* palacio de justicia *m*.
**courtly** (kōrt'lė, kärt'lē) *adj* cortesano, elegante; obsequioso, lisonjero.
**court martial** (kōrt'mär'sh*a*l) *n* consejo militar *m*.
**court order** *n* orden judicial.
**courtroom** (kōrt'röm', kärt'rüm') *n* sala de justicia *f*.
**courtyard** (kōrt'yärd', kärt'yärd') *n* patio, corral *m*.
**cousin** (kuz'*i*n) *n* primo *m*; **first** ~ primo hermano *m*.
**cove** (kōv) *n* (*mar*) ensenada, caleta *f*; pequeño valle junto a una montaña.
**covenant** (kuv'*e* n*a*nt) *n* contrato *m*; convención *f*; • *vi* pactar, estipular.
**cover** (kuv'ėr) *n* cubierta *f*; abrigo *m*; pretexto *m*; • *vt* cubrir; tapar; ocultar; proteger; incluir, igualar (una apuesta); apuntar (con un arma); informar, hacer un reportaje.
**coverage** (kuv'ėr ij) *n* alcance *f*; circulación de un periódico *f*.
**coveralls** (kuv'ėr al') *npl* traje de faena, mono *m*.
**covering** (kuv'*e*r ing) *n* ropa *f*; vestido *m*; cubierta, envoltura *f*.
**cover letter** *n* carta de explicación *f*.
**covert** (kuv'ėrt, kōv'ėrt) *adj* cubierto; oculto, secreto; ~**ly** *adv* secretamente.
**cover-up** (kuv'ėr up') *n* coartada *f*, encubrimiento *m*.
**covet** (kuv'it) *vt* codiciar, desear con ansia.
**covetous** (kuv'i tus) *adj* avariento, sórdido.
**cow** (kou) *n* vaca *f*; • *vt* acobardar, intimidar.
**coward** (kou'*a*rd) *n* cobarde *m*.
**cowardice** (kou'ėr dis) *n* cobardía, timidez *f*.

**cowardly** (kou'*a*rd lē) *adj, adv* cobarde; pusilánime; cobardemente.

**cowboy** (kou'boi') *n* vaquero *m.*

**cower** (kou'ėr) *vi* agacharse; encogerse (por miedo o frío).

**cowherd** (kou'hürd) *n* vaquero *m.*

**coy** (koi) *adj* recatado, modesto; esquivo; **~ly** *adv* con esquivez.

**coyness** (koi'nis) *n* esquivez, modestia *f.*

**cozy** (kō'zē) *adj* cómodo, acogedor, íntimo.

**crab** (krab) *n* cangrejo *m*; manzana silvestre *f*; gruñón.

**crab apple** *n* manzana silvestre *f*; **crab-apple tree** *n* manzano silvestre *m.*

**crack** (krak) *n* crujido *m*; hendedura, grieta *f*; crujido, chasquido *m*; instante *m*; golpe fuerte *m* • *vt* hender, rajar; romper; ceder; enloquecer, perder el control; **to ~ down on** reprimir fuertemente; • *vi* reventar, rendirse.

**cracker** (krak'ėr) *n* buscapiés *m invar*; galleta *f.*

**crackle** (krak'*e*l) *vi* crujir, crepitar.

**crackling** (krak'ling) *n* estallido, crujido *m.*

**cradle** (krād'*e*l) *n* cuna *f*; infancia *f*; origen *m* • *vt* mecer la cuna; meter en la cama; abrigar.

**craft** (kraft, kräft) *n* arte *m*; artificio *m*; barco *m.*

**craftily** (kraf'tē lē, kräf'tē lē) *adv* astutamente.

**craftiness** (kraf'tē nis, kräf'tē nis) *n* astucia, estratagema *f.*

**craftsman** (krafts'm*a*n, kräfts'm*a*n) *n* artífice, artesano *m.*

**craftsmanship** (krafts'm*a*n ship', kräfts'm*a*n ship') *n* artesanía *f.*

**crafty** (kraf'tē, kräft'tē) *adj* astuto, artificioso.

**crag** (krag) *n* despeñadero *m.*

**cram** (kram) *vt* embutir; rellenar; empujar; • *vi* empollar.

**crammed** (kramd) *adj* atestado.

**cramp** (kramp) *n* calambre *m*; • *vt* constreñir; dar calambres.

**cramped** (krampd) *adj* apretado; estrecho.

**crampon** (kram'p*o*n) *n* tenazas de garfios *m.*

**cranberry** (kran'ber'ē) *n* arándano *m.*

**crane** (krān) *n* grulla *f*; grúa *f.*

**crank** (krangk) *n* manivela *f*; manubrio *m.*

**crankiness** (krangk'kē nis) *n* irritabilidad *f*; excentricidad *f.*

**crash** (krash) *vi* romper, estrellar, caer; estallar; • *n* estallido *m*; choque *m*; quiebra *f*; • *adj* intensivo, de urgencia.

**crash helmet** *n* casco protector *m.*

**crash landing** *n* aterrizaje forzado *m.*

**crass** (kras) *adj* craso, grueso, basto, tosco, grosero.

**crate** (krāt) *n* cesta grande *f.*

**crater** (krā'tėr) *n* cráter *m*; boca de volcán *f.*

**cravat** (kr*a* vat') *n* pañuelo *m.*

**crave** (krāv) *vt* rogar, suplicar.

**craving** (krāv'ing) *adj* insaciable, pedigüeño; • *n* deseo ardiente *m.*

**crawfish** (krä'fish') *n* ástaco *m.*

**crawl** (kräl) *vi* arrastrar; **to ~ with** hormiguear.

**crayfish** (krā'fish) *n* cangrejo de río *m.*

**crayon** (krā'on) *n* lápiz *m.*

**craze** (krāz) *n* manía *f.*

**craziness** (krā'zē nis) *n* locura *f.*

**crazy** (krā´zē) *adj* loco.
**creak** (krēk) *vi* crujir, estallar.
**cream** (krēm) *n* crema *f*; • *adj* color crema.
**creamy** (krē´mē) *adj* lleno de crema.
**crease** (krēs) *n* pliegue *m*; arruga *f*; • *vt* plegar.
**create** (krē āt´) *vt* crear; causar, engendrar; establecer; representar.
**creation** (krē ā´sh*a*n) *n* creación *f*; elección *f*.
**creative** (krē ā´tiv) *adj* creativo; productivo.
**creator** (krē ā´tėr) *n* criador *m*.
**creature** (krē´chėr) *n* criatura *f*.
**credence** (krēd´*e*ns) *n* creencia, fe *f*; renombre *m*.
**credentials** (kri den´sh*a*l) *npl* (cartas) credenciales *fpl*.
**credibility** (kred *i* bl *i*´tē) *n* credibilidad *f*.
**credible** (kred *i* bl) *adj* creíble.
**credit** (kred´it) *n* crédito *m*; reputación *f*; autoridad *f*; motivo de orgullo *m*; • *vt* abonar, creer, fiar, acreditar.
**creditable** (kred it´ābl) *adj* estimable, honorífico; **~bly** *adv* honorablemente.
**credit card** *n* tarjeta de crédito *f*.
**creditor** (kred i tėr) *n* acreedor *m*.
**credulity** (kr*e* dö´li tē) *n* credulidad *f*.
**credulous** (krej´*u* lus) *adj* crédulo; **~ly** *adv* con credulidad.
**creed** (krēd) *n* credo *m*; doctrina *f*.
**creek** (krēk, krik) *n* arroyo *m*; caleta, ensenada.
**creep** (krēp) *vi* arrastrarse, reptar; humillarse; resbalarse.
**creeper** (krē´ėr) *n* (*bot*) enredadera *f*.
**creepy** (krē´pē) *adj* horripilante.
**cremate** (krē´māt) *vt* incinerar cadáveres.
**cremation** (kri´mā´sh*a*n) *n* cremación *f*.
**crematorium** (krē´m*a* tōr´ē *u*m) *n* crematorio *m*.
**crescent** (kres´*e*nt) *adj* creciente; • *n* creciente *f* (fase de la luna).
**cress** (kres) *n* berro *m*.
**crest** (krest) *n* cresta *f*.
**crested** (kres´tid) *adj* crestado.
**crestfallen** (krest´f*ä*´l*e*n) *adj* acobardado, abatido de espíritu.
**crevasse** (kr*e* vas´) *n* grieta *f*.
**crevice** (krev´is) *n* raja, hendedura *f*.
**crew** (krö) *n* banda, tropa *f*; tripulación *f*.
**crib** (krib) *n* cuna *f*; pesebre *m*.
**cricket** (krik´it) *n* grillo *m*; críquet *m*.
**crime** (krīm) *n* crimen *m*; culpa *f*.
**criminal** (krim´*i* n*a*l) *adj* criminal, reo; **~ly** *adv* criminalmente; • *n* criminal *m*.
**criminality** (krim´*i* nal´i tē) *n* criminalidad *f*.
**crimson** (krim´s*o*n) *adj, n* carmesí *m*.
**cripple** (krip´l) *n, adj* cojo *m*; • *vt* lisiar; (*fig*) estropear.
**crisis** (krī´sis) *n* crisis *f*.
**crisp** (krisp) *adj* tostado, quebradizo; agudo, bien definido.
**crispness** (krisp´nis) *n* consitencia o textura tostada o quebradiza *f*.
**crispy** (kris´pē) *n* tostado, quebradizo *m*.
**criss-cross** (kris´kr*ä*s´, kris´kros´) *adj* entrelazado.
**criterion** (krī tēr´ē *o*n) *n* criterio, juicio *m*.

**critic** (krit´ik) *n* criticón *m*; crítica *f*.
**critical** (krit´i k*a*l) *adj* crítico; exacto; delicado; ~**ally** *adv* exactamente, rigurosamente.
**criticism** (krit´i siz´*u*m) *n* crítica *f*.
**criticize** (krit´i sīz´) *vt* criticar, censurar.
**croak** (krōk) *vi* graznar.
**crochet** (krō´shā´) *n* ganchillo *m*; • *vt, vi* hacer ganchillo.
**crockery** (krok´*e* rē) *n* loza *f*; vasijas de barro *fpl*.
**crocodile** (krok´*o* dīl) *n* cocodrilo *m*.
**croissant** (kRwä säN) *n* panecillo de media luna *m*.
**crone** (krōn) *n* vieja fea, bruja *f*.
**crony** (krō´nē) *n* amigo (*o* conocido) antiguo *m*.
**crook** (krük) *n* (*fam*) ladrón *m*, estafador *m*; cayado *m*; garfio *m*.
**crooked** (krük´id) *adj* torcido; perverso.
**crop** (krop) *n* cultivo *m*; cosecha *f*; • *vt* recortar, cosechar, cultivar.
**croquis** (kR*ä* kē) *n* croquis, boceto *m*.
**cross** (gras, kros) *n* cruz *f*; carga *f*; frustración *f*; • *adj* mal humorado; • *vt* obstruir; persignar, atravesar, cruzar; to ~ **over** traspasar.
**crossbar** (kr*ä*s´bär´) *n* travesaño *m*.
**crossbreed** (kr*ä*s´brēd´, kros´brēd´) *n* raza cruzada *f*.
**cross-country** (kr*ä*s´kun´trē) *n* carrera a campo traviesa *f*.
**cross-examine** (kr*ä*s´ig zam´in, kros´ig zam´in) *vt* preguntar a un testigo.
**cross fire** *n* fuego cruzado *m*.
**cross-legged** *adj* con las piernas cruzadas.
**crossing** (kr*ä*s´ing) *n* cruce *m*; paso a nivel *m*.
**cross-purpose** *n* disposición contraria *f*; contradicción *f*; **to be at ~s** entenderse mal.
**cross reference** *n* contrarreferencia *f*.
**crossroad** (kr*ä*s´rōd´, kros´rōd´) *n* encrucijada *f*.
**crosswalk** (kr*ä*s´w*ä*k´, kros´w*ä*k´) *n* paso de peatones *m*.
**crosswise** (kr*ä*s´wīz´, kros´wīz´) *adj* de través.
**crotch** (kroch) *n* entrepierna *f*.
**crouch** (krouch) *vi* agacharse, bajarse.
**crow** (krō) *n* cuervo *m*; canto del gallo *m*; • *vi* cantar el gallo.
**crowd** (kroud) *n* público *m*; muchedumbre *f*; • *vt* amontonar; • *vi* reunirse.
**crown** (kroun) *n* corona *f*; colmo *m*; • *vt* coronar.
**crown prince** *n* príncipe real *m*.
**crucial** (krö´sh*a*l) *adj* crucial.
**crucible** (krö´s*i* bl) *n* crisol *m*; prueba severa *f*.
**crucifix** (krö´s*i* fiks´) *n* crucifijo *m*.
**crucifixion** (krö´s*i* fik´sh*a*n) *n* crucifixión *f*.
**crucify** (krö´s*i* fī´) *vt* crucificar; atormentar.
**crude** (kröd) *adj* crudo, imperfecto; ~**ly** *adv* crudamente.
**cruel** (krö´*e*l) *adj* cruel, inhumano; ~**ly** *adv* cruelmente.
**cruelty** (krö´*e*l tē) *n* crueldad *f*.
**cruet** (krö´it) *n* vinagrera *f*.
**cruise** (kröz) *n* crucero *m*; • *vi* hacer un crucero.
**cruiser** (krö´zėr) *n* crucero *m*.
**crumb** (krum) *n* migaja *f*.

**crumble** (krum'bl) *vt* desmigajar, desmenuzar; • *vi* desmigajarse.
**crumple** (krum'pel) *vt* arrugar.
**crunch** (krunch) *vt* ronzar; masticar (ruidosamente) • *n* (*fig*) crisis *f*.
**crunchy** (krun'chē) *adj* crujiente, quebradizo.
**crusade** (krö sād') *n* cruzada *f*.
**crush** (krush) *vt* apretar, oprimir; aplastar; • *n* presión fuerte, *f*; choque *m*; muchedumbre *f*; amorío *m*.
**crust** (krust) *n* costra *f*; corteza *f*.
**crusty** (kruz'tē) *adj* costroso; sarroso, áspero.
**crutch** (kruch) *n* muleta *f*; sostén.
**crux** (kruks) *n* lo esencial.
**cry** (krī) *vt, vi* gritar; exclamar; llorar; • *n* grito *m*; lloro *m*; clamor *m*.
**crypt** (kript) *n* cripta (bóveda subterránea) *f*.
**cryptic** (krip'tik) *adj* enigmático.
**crystal** (kris'tal) *n* cristal *m*.
**crystal-clear** *adj* claro como el agua.
**crystalline** (kris'ta lin) *adj* cristalino; transparente.
**crystallize** (kris'ta līz') *vt, vi* cristalizar(se).
**cub** (kub) *n* cachorro *m*.
**cube** (kūb) *n* cubo *m*.
**cubic** (kū'bik) *adj* cúbico.
**cuckoo** (kö'kö, kük'ö) *n* cuclillo, cuco *m*.
**cucumber** (kū'kum bėr) *n* pepino *m*.
**cud** (kud) *n* bolo alimenticio; **to chew the** ~ rumiar; (*fig*) reflexionar.
**cuddle** (kud'l) *vt* abrazar; • *vi* abrazarse; • *n* abrazo *m*.
**cudgel** (kuj'el) *n* garrote, palo *m*.
**cue** (kū) *n* taco (de billar) *m*.
**cuff** (kuf) *n* puño de la camisa *f*; vuelta *f* • *vt* abofetear, golpear con la mano abierta.
**culinary** (kū li ner'ē) *adj* culinario, de la cocina.
**cull** (kul) *vt* escoger, elegir.
**culminate** (kul'mi nāt) *vi* culminar.
**culmination** (kul'mi nā'shan) *n* culminación, apogeo *m*.
**culpability** (kul'pa bil'i tē) *n* culpabilidad *f*.
**culpable** (kul'pa bl) *adj* culpable, criminal; ~**bly** *adv* culpablemente, criminalmente, por la vía criminal.
**culprit** (kul'prit) *n* culpable *m*.
**cult** (kult) *n* culto *f*.
**cultivate** (kul'ti vāt) *vi* cultivar, mejorar; frecuentar.
**cultivation** (kul'ti vā'shan) *n* cultivación *f*; cultivo *m*.
**cultural** (kul'chėr al) *adj* cultural.
**culture** (kul'chėr) *n* cultura *f*.
**cultured** (kul'chėrd) *adj* culto, refinado.
**cumber** (kum'bėr) *vt* embarazar, estorbar.
**cumbersome** *adj* engorroso, pesado, confuso.
**cumulative** (kū'mū lā'tiv, kū'mū la'tiv) *adj* acumulativo.
**cunning** (kun'ing) *adj* astuto; intrigante; ~**ly** *adv* astutamente; expertamente; • *n* astucia, sutileza *f*.
**cup** (kup) *n* taza, jícara *f*; (*bot*) cáliz *m*.
**cupboard** (kub'ord) *n* armario *m*.
**curable** (kūr'a bl) *adj* curable.
**curate** (kūr'it) *n* asistente de cura *m*; párroco *m*.
**curator** (kū rā'tėr, kūr'ā tėr) *n* curador *m*; guardián *m*.

**curb** (kŭr) *n* freno *m*; bordillo *m*; • *vt* refrenar, contener, moderar.
**curd** (kŭrd) *n* cuajada *f*.
**curdle** (kŭr´dl) *vt* (*vi*) cuajar(se), coagular(se).
**cure** (kūr) *n* cura *f*; remedio *m*; • *vt* curar, sanar.
**curfew** (kŭr´fū) *n* toque de queda *m*.
**curing** (kŭr´ing) *n* curación *f*.
**curiosity** (kūr´ē os´i tē) *n* curiosidad *f*; rareza *f*.
**curious** (kūr´ē us) *adj* curioso; ~**ly** *adv* curiosamente.
**curl** (kŭrl) *n* rizo de pelo *m*; • *vt* rizar; ondear; • *vi* rizarse.
**curling iron** *n*, **curling tongs** *npl* tenacillas de rizar *fpl*.
**curly** (kŭr´lē) *adj* rizado.
**currency** (kŭr´*e*n sē, kur´*e*n sē) *n* moneda *f*; circulación *f*; aceptación *f*.
**current** (kŭr´*e*nt, kur´*e*nt) *adj* corriente, común; actual; • *n* curso, progreso *m*; marcha *f*; corriente *f*.
**current affairs** *npl* actualidades *fpl*.
**currently** (kŭr´*e*nt lē) *adv* corrientemente; a la moda.
**curriculum vitae** (k*u* rik´ū l*u*m vī´tē) *n* currículum *m*.
**curry** (kŭr´ē, kur´ē) *n* curry *m*.
**curse** (kŭrs) *vt* maldecir; • *vi* imprecar; blasfemar; • *n* maldición *f*.
**cursor** (kŭr´s*o*r) *n* cursor *m*.
**cursory** (kŭr´s*o* rē) *adj* precipitado, inconsiderado.
**curt** (kėrt) *adj* sucinto.
**curtail** (kėr tāl´) *vt* cortar; mutilar.
**curtain** (kŭr´t*a*n, kŭr´tin) *n* cortina *f*; telón en los teatros *m*.
**curtain rod** *n* varilla de cortinaje *f*.
**curtsy** (kŭrt´sē) *n* reverencia *f*; • *vi* hacer una reverencia.
**curvature** (kŭr´v*a* chėr) *n* curvatura *f*.
**curve** (kŭrv) *vt* encorvar; • *n* curva *f*.
**cushion** (kŭsh´*o*n) *n* cojín *m*; almohada *f*.
**custard** (kus´ėrd) *n* natilla *f*.
**custodian** (ku stō´dē *a*n) *n* custodio *m*.
**custody** (kus´t*o* dē) *n* custodia *f*; prisión *f*.
**custom** (kus´t*o*m) *n* costumbre *f*, uso *m*.
**customary** (kus´t*o* mer´ē) *adj* usual, accostumbrado, ordinario.
**customer** (kus´t*o* mėr) *n* cliente *m*.
**customs** (kus´t*o*ms) *npl* aduana *f*.
**customs duty** *n* derechos de aduana *mpl*.
**customs officer** *n* aduanero *m*.
**cut** (kut) *vt* cortar; tallar; cercenar; separar; herir; dividir; alzar los naipes; diluir; terminar; **to ~ short** interrumpir, cortar la palabra; **to ~ away** recortar; **to ~ in** insertar; **to ~ teeth** nacerle los dientes (a un niño); • *vi* traspasar; cruzarse; • *n* corte *m*; cortadura *f*; herida *f*; rebanada; figura, talle; ~ **and dry** *adj* pronto.
**cutback** (kut´bak´) *n* reducción *f*.
**cute** (kūt) *adj* lindo.
**cutlery** (kut´l*e* rē) *n* cuchillería *f*.
**cutlet** (kut´lit) *n* costilla asada de carnero, chuleta *f*.
**cut-rate** (kut´rāt´) *adj* a precio reducido.
**cutter** (kut´ėr) *n* cortador, grabador *m*.
**cut-throat** (kut´thrōt´) *n* asesino *m*; • *adj* encarnizado.

**cutting** (kut′ing) *n* cortadura *f*; • *adj* cortante; mordaz.
**cyanide** (sī′*a* nīd, si′*a* nīd) *n* cianuro *m*.
**cycle** (sī′kl) *n* ciclo *m*; circuito *m*; bicicleta *f*; • *vi* ir en bicicleta, pasar por un ciclo.
**cycling** (sī′kl ing) *n* ciclismo *m*.
**cyclist** (sī′klist) *n* ciclista *m*.
**cyclone** (sī′klōn) *n* ciclón *m*.
**cyclonic** (sī klōn′ic) *adj* ciclónico.
**cyclopaedia** (sī′kl*o* pē′dē *a*) *n* enciclopedia *f*.
**cygnet** (sig′nit) *n* pollo del cisne *m*.
**cylinder** (sil′in dėr) *n* cilindro *m*; rollo *m*.
**cylindrical** (si lin′drik *a*l) *adj* cilíndrico.
**cymbal** (sim′b*a*l) *n* címbalo *m*.
**cynic(al)** (sin′ik, sin′i k*a*l) *adj* cínico; obsceno; • *n* cínico *m* (filósofo).
**cynicism** (sin′i siz′*u*m) *n* cinismo *m*.
**cypress** (sī′pr*e*s) *n* ciprés *m*.
**cyst** (sist) *n* quiste *m*; espora *f*.
**cystitis** (si stī′tis) *n* cistitis.
**cytology** (sī tol′*o* jē) *n* citología *f*.
**czar** (zär) *n* zar *m*.

# D

**dab** (dab) *n* pedazo pequeño *m*; golpe ligero *m*; toque *m*• *vt* retocar, golpear ligeramente.
**dabble** (dab'l) *vi* chapotear • *vt* salpicar, rociar.
**dacron** (dā'kron) *n* dacrón *m*.
**dad (dy)** (dad'ē) *n* papá *m*; papito *m*.
**daffodil** (daf'*o* dil) *n* narciso *m*.
**daffy** (daf'ē) *n* chiflado, loco *m*.
**dagger** (dag'ėr) *n* puñal *m*; • *vt* **to look ~s at** mirar con odio.
**daily** (dā'lē) *adj* diario, cotidiano; • *adv* diariamente, cada día; • *n* diario *m*.
**daintily** (dān'ti lē) *adv* delicadamente.
**daintiness** (dān'ti nes) *n* elegancia *f*; delicadeza *f*.
**dainty** (dān'tē) *adj* delicado; elegante.
**dairy** (dâr'ē) *n* lechería *f*; granja lechera *f*.
**dairy farm** *n* granja *f*.
**dairy produce** *n* productos lácteos *mpl*.
**daisy** (dā'zē) *n* margarita *f*; joya *f*.
**dale** (dāl) *n* valle *m*.
**dally** (dal'ē) *vi* tardar, demorarse; juguetear; • ~ **with** coquetear; perder el tiempo.
**dam** (dam) *n* presa *f*, embalse *m*; dique *m*; • *vt* represar; bloquear.
**damage** (dam'ij) *n* daño *m*; perjuicio *m*; • dañar; perjudicar.
**damask** ( dam'ask) *n* damasco *m*; • *adj* de damasco.
**dame** (dām) *n* chica *f*.
**damn** (dam) *vt* condenar; maldecir; desacreditar; • *adj* maldito.
**damnable** (dam'n*a* bl) *adj* maldito; **~bly** *adv* terriblemente.
**damnation** (dam nā'sh*a*n) *n* perdición *f*. **damning** *adj* irrecusable.
**damp** (damp) *adj* húmedo; • *n* humedad *f*; • *vt* mojar; humedecer; sofocar; moderar.
**dampen** (dam'p*e*n) *vt* mojar; humedecer; deprimir; desanimar.
**dampness** (damp'nes) *n* humedad *f*.
**damsel** (dam'z*e*l) *n* damisela *f*.
**damson** (dam'z*o*n) *n* ciruelo damasceno *m*.
**dance** (dans) *n* danza *f*, baile *m*; • *vi* bailar.
**dance hall** *n* salón de baile *m*.
**dancer** (dan'sėr) *n* bailarín *m*.
**dandelion** (dan'd*e* lī''*o*n) *n* diente de león *m*.
**dander** (dan'dėr ) *n* caspa *f*, cólera *f*, mal genio *m*.
**dandruff** (dan'dr*u*f) *n* caspa *f*.
**dandy** (dan'dē) *adj* petrimete.
**danger** (dān'jėr) *n* peligro, riesgo *m*.
**dangerous** (dān'jėr us) *adj* peligroso; **~ly** *adv* peligrosamente.
**dangle** (dan'gl) *vi* estar colgado; rondar.
**dank** (dank) *adj* muy húmedo.
**dapper** (dap'ėr) *adj* apuesto.
**dappled** (dap'ld) *adj* moteado; tordo.
**dare** (dâr) *vi* atreverse; • *vt* desafiar; retar.
**daredevil** (dâr'dev''il) *n* atrevido *m*.
**daresay** (dâr'sā) *vt vi* creer, suponer.
**daring** (dâr'ing) *n* osadia *f*, • *adj* atrevido; **~ly** *adv* atrevidamente, osadamante.

**dark** (därk) *adj* oscuro; siniestro; malvado; sombrío; • *n* oscuridad *f*; ignorancia *f*.
**darken** (därk'n) *vt, vi* oscurecer(se); ofuscar; confundir.
**dark glasses** *n pl* anteojos de sol *mpl*.
**darkness** (därk'nes) *n* oscuridad *f*.
**darkroom** (därk'röm) *n* cuarto oscuro *m*.
**darling** (där'ling) *n, adj* querido *m*.
**darn** (därn) *vt* zurcir.
**dart** (därt) *n* dardo *m*; punzada *f*.
**dartboard** *n* diana *f*.
**dash** (dash) *vt* lanzar; arrojar; diluir; confundir; ~ **against** lanzarse contra; • *vi* irse de prisa; • *n* pizca *f*; trazo *m*; arremetida *f*; **at one** ~ de un golpe.
**dashboard** (dash'bōrd) *n* tablero de instrumentos *m*.
**dashing** (dash'ing) *adj* gallardo.
**dastardly** (das'tėrd lē) *adj* cobarde; miserable.
**data** (dā'ta) *n* datos *m*.
**database** (dā'ta bās) *n* base de datos *f*.
**data processing** *n* proceso de datos *m*.
**date** (dāt) *n* fecha *f*; cita *f*; (*bot*) dátil *m*; periodo *m*; persona invitada a una cita; • *vt* fechar; salir con; dar la edad de alguien.
**dated** (dāt'id) *adj* anticuado; fechado.
**dative** (dāt'iv) *n* dativo *m*.
**daub** (däb) *vt* manchar; embadurnar.
**daughter** (dä'tėr) *n* hija *f*; ~ **in-law** nuera *f*.
**daunting** (dänt'ing) *adj* desalentador.
**dawdle** (däd'l) *vi* gastar tiempo.
**dawn** (dän) *n* alba *f*; • *vi* amanecer.
**day** (dā) *n* día *m*; luz *f*; **by** ~ de día; ~ **by** ~ de día en día.
**daybreak** (dā'brāk'') *n* alba *f*.
**day laborer** *n* jornalero *m*.
**daylight** (dā'līt'') *n* luz del día, luz natural *f*; ~ **saving time** *n* hora de verano *f*.
**daytime** (dā'tīm'') *n* día *m*.
**daze** (dāz) *vt* aturdir.
**dazed** (dāzd) *adj* aturdido.
**dazzle** (daz'l) *vt* deslumbrar; encandilar.
**dazzling** (daz'ling) *adj* deslumbrante.
**deacon** (dē'kon) *n* diácono *m*.
**dead** (ded) *adj* muerto; insensible; inerte; extinto; apagado; marchito; estancado; inmóvil; aburrido; seguro; absoluto; completo; repentino; sin corriente; desconectado; ~**wood** *n* lastre *m*; durmiente *m*; ~ **silence** *n* silencio profundo *m*; **the** ~ *npl* los muertos.
**dead-drunk** *adj* borracho como una cuba.
**deaden** (ded'n) *vt* amortiguar.
**dead heat** empate *m*.
**deadline** (ded'līn) *n* fecha tope *f*.
**deadlock** (ded'lok) *n* punto muerto *m*.
**deadly** (ded'lē) *adj* mortal; • *adv* terriblemente.
**dead march** *n* marcha fúnebre *f*.
**deadness** (ded'nes) *n* inercia *f*.
**deaf** (def) *adj* sordo; insensible.
**deafen** (def'n) *vt* ensordecer; aislar contra el sonido.
**deaf-mute** (def'mūt') *n* sordomudo *m*.
**deafness** (def'nes) *n* sordera *f*.
**deal** (dēl) *n* convenio *m*; transacción *f*; **a great** ~ mucho; **a good** ~

bastante; • *vt* distribuir; dar; repartir; • *vi* comerciar; **to ~ in/with** tratar con.

**dealer** (dēl´ėr) *n* comerciante *m*; traficante *m*; mano *f.*

**dealings** (dēl´ings) *npl* tratos *m*; transacciones *f.*

**dean** (dēn) *n* deán; director administrativo (de una universidad); decano *m.*

**dear** (dēr) *adj* querido; caro, costoso; **~ly** *adv* caro.

**dearness** (dēr´nes´) *n* carestía *f*; amabilidad *f.*

**dearth** (dėrth) *n* carestía *f.*

**death** (deth) *n* muerte *f*; fallecimiento *m*; • **at ~'s doors** a las puertas de la muerte.

**deathbed** (deth´bed´´) *n* lecho de muerte *m.*

**deathblow** (deth´blō) *n* golpe mortal *m.*

**death certificate** *n* partida de defunción *f.*

**death penalty** *n* pena de muerte *f.*

**death throes** *npl* agonía *f.*

**death warrant** *n* sentencia de muerte *f.*

**debacle** (de bäk´l) *n* desastre *m.*

**debar** (di bär´) *vt* excluir, no admitir.

**debase** (di bās´) *vt* degradar.

**debasement** (di bās´ment) *n* degradación *f.*

**debatable** (di bā´ta bl) *adj* discutible.

**debate** (di bāt´) *n* debate *m*; polémica *f*; • *vt* discutir; examinar.

**debauch** (de bäch´) *vt* corromper; viciar; pervertir.

**debauched** (de bächt´) vicioso.

**debauchery** (de bä´che rē) *n* libertinaje *m.*

**debilitate** (di bil´i tāt´´) *vt* debilitar.

**debit** (deb´it) *n* debe *m*; • *vt* (*com*) cargar en una cuenta.

**debt** (det) *n* deuda *f*, obligación *f*; **to get into ~** contraer deudas.

**debtor** (det´ėr) *n* deudor *m.*

**debunk** (di bungk´) *vt* desacreditar.

**decade** (dek´ād) *n* década *f.*

**decadence** (dek´a dens) *n* decadencia *f.*

**decaffeinated** (di´kaf e nā ted) *adj* descafeinado.

**decanter** (di kan´tėr) *n* garrafa *f.*

**decapitate** (di kap´i tāt´´) *vt* decapitar, degollar.

**decapitation** (di kap´i tā´ shan) *n* decapitación *f.*

**decay** (di kā´) *vi* decaer; pudrirse; • *n* decadencia *f*; caries *f.*

**deceased** (di sēsd´) *adj* muerto.

**deceit** (di sēt´) *n* engaño *m.*

**deceitful** (di sēt´ful) *adj* engañoso; **~ly** *adv* falsamente.

**deceive** (di sēv´) *vt* engañar.

**December** (di sem´bėr) *n* diciembre *m.*

**decency** (dē´sen sē) *n* decencia *f*; modestia *f.*

**decent** (dē´sent) *adj* decente, razonable; **~ly** *adv* decentemente.

**deception** (di sep´ shan) *n* engaño *m.*

**deceptive** (di sep´ tiv) *adj* engañoso.

**decibel** (des´i bl´´) *n* decibelio *m.*

**decide** (dē sīd´) *vt, vi* decidir; resolver.

**decided** (dē sī´did) *adj* decidido.

**decidedly** (dē sī´did lē) *adv* decididamente.

**deciduous** (di sij´ōs) *adj* (*bot*) de hoja caduca.

**decimal** (des´i mal) *adj* decimal.

**decimate** (des'*i* māt'') *vt* diezmar.
**decipher** (di sī'fėr) *vt* descifrar.
**decision** (di sizh'*a*n) *n* decisión, determinación *f.*
**decisive** (di sī'siv) *adj* decisivo; ~**ly** *adv* de modo decisivo.
**deck** (dek) *n* cubierta *f*; plataforma *f*; • *vt* adornar; vestir.
**deckchair** *n* tumbona *f.*
**declaim** (di klām') *vi* declamar, perorar, arengar.
**declamation** (dek''l*a* mā sh*a*n) *n* declamación *f.*
**declaration** (dek''l*a* rā sh*a*n) *n* declaración *f.*
**declare** (di klâr') *vt* declarar, manifestar.
**declension** (di klen' sh*a*n) *n* declinación *f.*
**decline** (di klīn') *vt* (*gr*) declinar; evitar; rechazar; • *vi* decaer; declinar; rehusar; excusarse; • *n* decadencia *f.*
**declining** (di klī'ning) *adj* declinante.
**declutch** (di kl*u*ch') *vi* desembragar.
**decode** (dē kōd') *vt* descifrar.
**decompose** (dē''k*e*m pōz') *vt* descomponer.
**decomposition** (dē''k*e*m pō si sh*a*n') *n* descomposición *f.*
**décor** (di kär') *n* decoración *f.*
**decorate** (dek'*o* rāt'') *vt* decorar, adornar.
**decoration** (dek''*o* rā'sh*a*n) *n* decoración *f.*
**decorative** (dek'ėr *a* tiv) *adj* decorativo.
**decorator** (dek''*o* rā'tėr) *n* pintor decorador *m.*
**decorous** (dek'ėr us) *adj* decoroso; ~**ly** *adv* decorosamente.
**decorum** (di kör'*u*m) *n* decoro, garbo *m.*
**decoy** (di koi') *n* señuelo *m.*
**decrease** (di krēs') *vt* disminuir; • *n* disminución *f.*
**decree** (di krē') *n* decreto *m*; • *vt* decretar; ordenar.
**decrepit** (di krep'it) *adj* decrépito.
**decry** (di krī') *vt* desacreditar, censurar.
**dedicate** (ded' *i* kāt'') *vt* dedicar; consagrar.
**dedication** (ded'' *i* kā' sh*a*n) *n* dedicación *f*; dedicatoria *f.*
**deduce** (di dös', di dūs') *vt* deducir; concluir; inferir.
**deduct** (di dukt') *vt* restar; deducir; descontar.
**deduction** (di duk'sh*a*n) *n* deducción *f*; descuento *m.*
**deed** (dēd) *n* acción *f*; hecho *m*; hazaña *f.*
**deem** (dēm) *vi* juzgar; opinar; considerar.
**deep** (dēp) *n* profundidad *f*; abismo *m*; lo más profundo *m*; • *adj* profundo; intenso; oscuro; grave; • *adv* profundamente; hasta tarde.
**deepen** (dē'p*e*n) *vt* profundizar.
**deep-freeze** *n* congeladora *f.*
**deeply** (dēp'lē) *adv* profundamente.
**deepness** (dēp'nes) *n* profundidad *f.*
**deer** (dēr) *n* ciervo *m.*
**deface** (di f ās') *vt* desfigurar, afear.
**defacement** (di f ās'ment) *n* desfiguración *f.*
**defamation** (def''*a* mā' sh*a*n) *n* difamación *f.*
**default** (di fält') *n* defecto *m*; falta *f*; omisión *f*; rebeldía *f*; error *m*; • *vi* faltar; no cumplir.
**defaulter** (di fäl'tėr) *n* (*law*) moroso *m.*

**defeat** (di fēt′) *n* derrota *f*; • *vt* derrotar; frustrar.
**defect** (dē′fekt) *n* defecto *m*; falta *f*.
**defection** (de fek′sh*a*n) *n* deserción *f*.
**defective** (de fek′tiv) *adj* defectuoso.
**defend** (de fend′) *vt* defender; proteger.
**defendant** (de fen′d*a*nt) *n* acusado *m*.
**defense** (di fens′) *n* defensa *f*; protección *f*.
**defenseless** (di fens′les) *adj* indefenso.
**defensive** (di fen′siv) *adj* defensivo; ~**ly** *adv* de modo defensivo.
**defer** (di für′) *vt* aplazar.
**deference** (def′ėr ens) *n* deferencia *f*; respeto *m*.
**deferential** (def′′*e*′sh*a*l) *adj* respetuoso.
**defiance** (di fī′*a*ns) *n* desafío *m*.
**defiant** (di fī′*a*nt) *adj* insolente.
**deficiency** (di fish′*e*n sē) *n* defecto *m*; falta *f*.
**deficient** (di fish′*e*nt) *adj* insuficiente.
**deficit** (def′i sit) *n* déficit *m*.
**defile** (di fīl′) *vt* ensuciar; violar; deshonrar; corromper; desfilar; • *n* desfiladero.
**definable** (di fīn′abl) *adj* definible.
**define** (di fīn′) *vt* definir; interpretar.
**definite** (def′*i* nit) *adj* definido; preciso; ~**ly** *adv* no cabe duda.
**definition** (def′′*i* nish′*a*n) *n* definición *f*.
**definitive** (di fin′i tiv) *adj* definitivo; ~**ly** *adv* definitivamente.
**deflate** (di flāt′) *vt* desinflar; deshinchar; reducir; bajar.
**deflect** (di flekt′) *vt* desviar.
**deflower** (di flou′ėr) *vt* desvirgar.
**deform** (di färm′) *vt* desfigurar.
**deformity** (di fär′mi tē) *n* deformidad *f*.
**defraud** (di fräd′) *vt* estafar.
**defray** (di frā′) *vt* costear; sufragar.
**defrost** (di fräst′) *vt* deshelar; descongelar.
**defroster** (di frä′stėr) *n* eliminador de vaho *m*.
**deft** (deft) *adj* diestro; ~**ly** *adv* hábilmente.
**defunct** (di fungkt′) *adj* difunto.
**defy** (di fī′) *vt* desafiar; contravenir; atreverse.
**degenerate** (di jen′*e* rāt) *vi* degenerar; • *adj* degenerado.
**degeneration** (di jen′′*e* rā′ sh*a*n) *n* degeneración *f*.
**degradation** (deg′′r*a* dā′ sh*a*n) *n* degradación *f*.
**degrade** (dē grād′, di grād′) *vt* degradar.
**degree** (di grē′) *n* grado *m*; título *m*; rango *m*; categoría *f*.
**dehydrated** (dē hī′drā tid) *adj* deshidratado.
**de-ice** (dē īs′) *vt* deshelar.
**deign** (dān) *vi* dignarse.
**deity** (dē′i tē) *n* deidad, divinidad *f*.
**dejected** (di jek′tid) *adj* desanimado.
**dejection** (di jek′ sh*a*n) *n* desaliento *m*.
**delay** (di lā′) *vt* demorar; • *n* retraso *m*.
**delectable** (di lek′t*a* bl) *adj* deleitoso.
**delegate** *vt* (del′*e* gāt′′) delegar; • *n* delegado *m*.
**delegation** (del′′*e* gā′ sh*a*n) *n* delegación *f*.

**delete** (di lēt′) *vt* tachar; borrar.
**deliberate** (di lib′′*e* rāt′, di lib′ėr it′) *vt* deliberar; • *adj* intencionado; ~**ly** *adv* a propósito.
**deliberation** (di lib′′*e* rā sh*a*n) *n* deliberación *f.*
**deliberative** (di lib′ėr it′iv) *adj* deliberativo.
**delicacy** (del′*i* ka sē) *n* delicadeza *f.*
**delicate** (del′*i* kit) *adj* delicado; exquisito; ~**ly** *adv* delicadamente.
**delicious** (di lish ′us) *adj* delicioso; exquisito; ~**ly** *adv* deliciosamente.
**delight** (di līt′) *n* delicia *f*; gozo, encanto *m*; • *vt, vi* deleitar(se).
**delighted** (di lī′tid) *adj* encantado.
**delightful** (di līt′ful) *adj* encantador, ~**ly** *adv* en forma encantadora.
**delineate** (di lin′ē āt′′) *vt* delinear.
**delineation** (di lin′′ē ā′ sh*a*n) *n* delineación *f.*
**delinquency** (di ling′kw*e*n sē) *n* delincuencia *f.*
**delinquent** (di ling′kw*e*nt) *n* delincuente *m.*
**delirious** (di lēr′ē us) *adj* delirante.
**delirium** (di lēr′ ē um) *n* delirio *m.*
**deliver** (di liv′ėr) *vt* entregar; pronunciar.
**deliverance** (di liv′ėr *a*ns) *n* liberación *f.*
**delivery** (di liv′*e* rē) *n* entrega *f*; parto *m.*
**delude** (di löd′) *vt* engañar.
**deluge** (del′ūj) *n* diluvio *m.*
**delusion** (di lö′ zh*a*n) *n* engaño *m*; ilusión *f.*
**delve** (delv) *vi* hurgar.
**demagogic** (dem′*a* gä′jik) *adj* demagógico *m.*
**demagog(ue)** (dem′*a* gäg′′ ) *n* demagogo *m.*
**demand** (di mand′) *n* demanda *f*; reclamación *f*; • *vt* exigir; reclamar.
**demanding** (de mand′ing) *adj* exigente.
**demarcation** (dē′′mär kā′sh*a*n) *n* demarcación *f.*
**demean** (di mēn′) *vi* rebajarse; • *vi* rebajar; degradar.
**demeanor** (di mē′nėr) *n* conducta *f.*
**demented** (di men′tid) *adj* demente.
**demise** (di mīz′) *n* desaparición *f.*
**democracy** (di mok′*ra* sē) *n* democracia *f.*
**democrat** (dem′*o* krat′′) *n* demócrata *m.*
**democratic** (dem′′*o* krat′ik) *adj* democrático.
**demolish** (di mol′ish) *vt* demoler.
**demolition** (dem′′*o* lish′*a*n) *n* demolición *f.*
**demon** (dē′m*o*n) *n* demonio, diablo *m.*
**demonstrable** (di mon′str*a* bl) *adj* demostrable; ~**bly** *adv* manifiestamente.
**demonstrate** (dem′*o*n strāt′′) *vt* demostrar, probar; • *vi* manifestarse.
**demonstration** (dem′′*o*n strā′ sh*a*n) *n* demostración *f*; manifestación *f.*
**demonstrative** (d*e* mon′str*a* tiv) *adj* demostrativo.
**demonstrator** (dem′*o*n strā′′tėr) *n* manifestante *m.*
**demoralization** (di mär′*a*l i sā′′sh*a*n) *n* desmoralización *f.*
**demoralize** (di mär′*a* līz′′) *vt* desmoralizar.
**demote** (di mōt′) *vt* degradar.
**demur** (di mūr′) *vi* objetar.

**demure** (di mūr′) *adj* modesto; ~**ly** *adv* modestamente.
**den** (den) *n* guarida *f.*
**denatured alcohol** (dē nach′ėr ā tid al′′k*o* hol′) *n* alcohol desnaturalizado *m.*
**denial** (di nī′*a*l) *n* negación *f.*
**denim** (den′*i*m) *n* mameluco *m.*
**denizen** (den′i z*e*n) *n* ciudadano *m*; residente *m.*
**denomination** (di nom′′i nā′sh*a*n) *n* valor *m.*
**denominator** (di nom′′i nā′tėr) *n* (*math*) denominador *m.*
**denote** (di nōt′) *vt* denotar, indicar.
**denounce** (di nouns′) *vt* denunciar.
**dense** (dens) *adj* denso, espeso.
**density** (den′si tē) *n* densidad *f.*
**dent** (dent) *n* abolladura *f*; • *vt* abollar.
**dental** (den′t*a*l) *adj* dental.
**dentifrice** (den′t*i* fris) *n* dentífrico *m.*
**dentist** (den′tist) *n* dentista *m.*
**dentistry** (den′ti strē) *n* odontología *f.*
**denture** (den′chėr) *npl* dentadura *f.*
**denude** (di nöd′, di nūd′) *vt* desnudar, despojar.
**denunciation** (di nun′sē ā′sh*a*n) *n* denuncia *f.*
**deny** (di nī′) *vt* negar.
**deodorant** (dē ō′dėr *a*nt) *n* desodorante *m.*
**deodorize** (dē ō′d*o* rīz′′) *vt* desdorizar.
**depart** (di pärt′) *vi* partir(se).
**department** (di pärt′ment) *n* departamento *m.*
**department store** *n* almacén de departamentos *m.*
**departure** (di pärt′chėr) *n* partida *f.*
**departure lounge** *n* sala de embarque *f.*
**depend** (di pend′) *vi* depender; confiar; ~ **on/upon** contar con.
**dependable** (di pen′d*a* b l) *adj* seguro; serio.
**dependency** (di pen′d*e*n sē) *n* dependencia *f.*
**dependant** (di pen′d*a*nt) *n* dependiente *m.*
**dependent** (di pen′d*e*nt) *adj* dependiente.
**depict** (di pikt′) *vt* pintar, retratar; describir.
**depleted** (di plē tid) *adj* reducido.
**deplorable** (di plōr′*a* bl) *adj* deplorable, lamentable; ~**bly** *adv* deplorablemente.
**deplore** (di plōr′) *vt* deplorar, lamentar.
**deploy** (di ploi′) *vt* (*mil*) desplegar.
**depopulated** (dē pop′ū lā tid) *adj* despoblado.
**depopulation** (dē pop′ū lā sh*a*n) *n* despoblación *f.*
**deport** (di pōrt′) *vt* deportar.
**deportation** (di pōr tā′ sh*a*n) *n* deportación *f*; destierro *m.*
**deportment** (di pōrt′ment) *n* conducta *f.*
**deposit** (di poz′it) *vt* depositar; • *n* depósito *m.*
**deposition** (dep′′*o* zish′*a*n) *n* deposición *f.*
**depositor** (di poz′i tėr) *n* depositante *m.*
**depot** (dē′pō) *n* depósito *m*, *f* estación del tren *f.*
**deprave** (di prāv′) *vt* depravar, corromper.
**depraved** (di prāvd′ ) *adj* depravado.
**depravity** (di prav′i tē) *n* depravación *f.*

**deprecate** (dep′*re* kāt′′) *vt* lamentar.
**depreciate** (di prē′shē āt′′) *vi* depreciarse; • *vt* depreciar; menospreciar.
**depreciation** (di prē′′shē ā′ sh*a*n) *n* depreciación *f*; desestimación *f*.
**depredation** (dep′ri dā′ sh*a*n) *n* pillaje *m*; saqueo *m*.
**depress** (di pres′) *vt* deprimir.
**depressed** (di presd′) *adj* deprimido.
**depression** (di presh′*a*n) *n* depresión *f*.
**deprivation** (dep′′r*i* vā′sh*a*n) *n* privación *f*.
**deprive** (di prīv′) *vt* privar.
**deprived** (di prīvd′) *adj* necesitado.
**depth** (depth) *n* profundidad *f*.
**deputation** (dep′′ū tā sh*a*n) *n* diputación *f*; delegación *f*.
**depute** (d*e* pūt′) *vt* diputar, delegar.
**deputize** (dep′ū tīz′′) *vi* suplir a.
**deputy** (dep′ū tē) *n* diputado *m*.
**derail** (dē rāl′) *vt* descarrilar.
**deranged** (di rānj′) *adj* trastornado.
**derby** (dėr′bē) *n* sombrero hongo *m*; competencia *f*.
**derelict** (der′*e* likt) *adj* abandonado; vago.
**deride** (di rīd′) *vt* burlar.
**derision** (di rizh′*a*n) *n* mofa *f*.
**derisive** (di rī′siv) *adj* irrisorio.
**derivable** (di rī′va bl) *adj* deducible.
**derivation** (der′′*i* vā′sh*a*n) *n* derivación *f*.
**derivative** (di riv′*a* tiv) *n* derivado *m*.
**derive** (di rīv′) *vt, vi* derivar(se).
**derogatory** (di rog′*a* tōr′′ē) *adj* despectivo.
**derrick** (der′ik) *n* torre de perforación *f*.
**descant** (des′kant) *n* (*mus*) contrapunto *m*.
**descend** (di send′) *vi* descender.
**descendant** (di sen′dant) *n* descendiente *m*.
**descent** (di sent′) *n* descenso *m*.
**describe** (di skrīb′) *vt* describir.
**description** (di skrip′ sh*a*n) *n* descripción *f*.
**descriptive** (di skrip′tiv) *adj* descriptivo.
**descry** (di skrī′) *vt* espiar, descubrir, divisar.
**desecrate** (des′*e* krāt′′) *vt* profanar.
**desecration** (des′*e* krā′′ sh*a*n) *n* profanación *f*.
**desert** (dez′ėrt, di zėrt′) *n* desierto *m*; • *adj* desierto.
**desert** (di zėrt′) *vt* abandonar; desertar; • *n* mérito *m*.
**deserter** (di zėr′tėr) *n* desertor *m*.
**desertion** (di zėr′sh*a*n) *n* deserción *f*.
**deserve** (di zėrv′) *vt* merecer; ser digno.
**deservedly** (di zėr′vid lē) *adv* merecidamente.
**deserving** (di zėr′ving) *adj* meritorio.
**desiccate** (des′*i* kāt′′) *vt* desecar; arrugar.
**desideratum** (di sid′′*e* rā′t*u*m) *n* desiderátum *m*.
**design** (di zīn′) *vt* diseñar; • *n* diseño *m*; dibujo *m*.
**designate** (dez′ig nāt′′) *vt* nombrar; designar.
**designation** (dez′ig nā′′ sh*a*n) *n* designación *f*.
**designedly** (dez′ig ned lē) *adv* de propósito.

**designer** (di zī´nėr) *n* diseñador *m*; modisto *m*.
**desirability** (di zīėr´*a* bi´´li tē) *n* conveniencia *f*.
**desirable** (di zīėr´*a* bl ) *adj* deseable.
**desire** (di zīėr´) *n* deseo *m*; • *vt* desear.
**desirous** (di zīėr´*us*) *adj* deseoso, ansioso.
**desist** (di zist´) *vi* desistir.
**desk** (desk) *n* escritorio *m*.
**desolate** (des´*o* lit) *adj* desierto.
**desolation** (des´´*o* lā´ sh*a*n) *n* desolación *f*.
**despair** (di spär´) *n* desesperación *f*; • *vi* desesperarse.
**despairingly** (di spär´ing lē) *adj* desesperadamente.
**despatch** = **dispatch**.
**desperado** (des´´pe rä´dō) *n* bandido *m*.
**desperate** (des´pėr it) *adj* desesperado; ~**ly** *adv* desesperadamente; sumamente.
**desperation** (des´´pe rā´sh*a*n) *n* desesperación *f*.
**despicable** (des´pi k*a* b l) *adj* despreciable.
**despise** (di spīz´) *vt* despreciar.
**despite** (di spīt´) *prep* a pesar de.
**despoil** (di spoil´) *vt* despojar.
**despondency** (di spon´den sē) *n* abatimiento *m*.
**despondent** (di spon´dent) *adj* abatido.
**despot** (des´pot) *n* déspota *m*.
**despotic** (des´p*o* tik) *adj* despótico, absoluto; ~**ally** *adv* despóticamente.
**despotism** (des´p*o* tiz´´*u*m) *n* despotismo *m*.
**dessert** (di zėrt´) *n* postre *m*.
**destination** (des´´t*i* nā´ sh*a*n) *n* destino *m*.
**destine** (des´tin) *vt* destinar.
**destiny** (des´t*i* nē) *n* destino *m*; suerte *f*.
**destitute** (des´ti töt, des´ti tūt) *adj* indigente.
**destitution** (des´ti tö sh*a*n, des´ti tū sh*a*n) *n* miseria *f*.
**destroy** (di stroi´) *vt* destruir, arruinar.
**destruction** (di struk´sh*a*n) *n* destrucción, ruina *f*.
**destructive** (di struk´tiv) *adj* destructivo.
**desultory** (des´*u*l tō rē) *adj* irregular; sin método.
**detach** (di tach´) *vt* separar.
**detachable** (di tach´*a* bl) *adj* desmontable.
**detachment** (di tach´ment) *n* (*mil*) destacamento *m*.
**detail** (di tāl´) *n* detalle *m*; **in** ~ detalladamente; • *vt* detallar.
**detain** (di tān´) *vt* retener; detener.
**detect** (de tekt´) *vt* detectar.
**detection** (de tek´sh*a*n) *n* descubrimiento *m*.
**detective** (de tek´tiv) *n* detective *m*.
**detector** (de tek´tėr) *n* detector *m*.
**detention** (de ten´ sh*a*n) *n* detención *f*.
**deter** (di tür´) *vt* disuadir; impedir.
**detergent** (di tür´jent) *n* detergente *m*.
**deteriorate** (di tēr´ē *o* rāt´´) *vt* deteriorar.
**deterioration** (di tēr´´ē *o* rā´ sh*a*n) *n* deterioro *m*.
**determination** (di tür´´m*i* nā´sh*a*n) *n* resolución *f*.
**determine** (di tür´m*i*n) *vt* determinar, decidir.

**determined** (di tür'mind) *adj* resuelto.
**deterrent** (di tür'ent) *n* fuerza de disuasión *f.*
**detest** (di test') *vt* detestar, aborrecer.
**detestable** (di test'a b l) *adj* detestable, abominable.
**dethrone** (dē thrōn') *vt* destronar.
**dethronement** (dē thrōn'ment) *n* destronamiento *m.*
**detonate** (det'o nāt'') *vi* detonar.
**detonation** (det''o nā'shan) *n* detonación *f.*
**detour** (dē'tür') *n* desviación *f.*
**detract** (di trakt') *vt* desvirtuar.
**detriment** (de'tri ment) *n* perjuicio *m.*
**detrimental** (de''tra men'tal) *adj* perjudicial.
**deuce** (dös) *n* empate *m*; demonio *m*; algo muy grande *m.*
**devaluation** (dē val''ū ā' shan) *n* devaluación *f.*
**devastate** (dev'a stāt'') *vt* devastar.
**devastating** (dev'a stā ting) *adj* devastador.
**devastation** (dev''a stā'shan) *n* devastación, ruina *f.*
**develop** (di vel'up) *vt* desarrollar.
**development** (di vel'up ment) *n* desarrollo *m.*
**deviate** (dē'vē it) *vi* desviarse.
**deviation** (dē''vē ā' shan) *n* desviación *f.*
**device** (di vīs') *n* mecanismo *m.*
**devil** (dev'il) *n* diablo, demonio *m*; individuo *m.*
**devilish** (dev'i lish) *adj* diabólico; **~ly** *adv* diabólicamente.
**devious** (dē'vē us) *adj* taimado.
**devise** (di vīz') *vt* inventar; idear.
**devoid** (di void') *adj* desprovisto.
**devolve** (d volv') *vt* delegar.
**devote** (di vōt') *vt* dedicar; consagrar.
**devoted** (di vō'tid) *adj* fiel.
**devotee** (dev''o tē) *n* partidario *m.*
**devotion** (di vō' shan) *n* devoción *f.*
**devotional** (di vō' sha nal) *adj* devoto.
**devour** (di vour') *vt* devorar.
**devout** (di vout') *adj* devoto, piadoso; **~ly** *adv* piadosamente.
**dew** (dö, dū) *n* rocío *m.*
**dewy** (dö'ē, dū'ē) *adj* rociado.
**dexterity** (dek ster'i tē) *n* destreza *f.*
**dexterous** (deks'trus) *adj* diestro, hábil.
**diabetes** (dī''a bē'tis) *n* diabetes *f.*
**diabetic** (dī''a bē'tik) *n* diabético *m.*
**diabolic** (dī''a bil'ik) *adj* diabólico; **~ally** *adv* diabólicamente.
**diadem** (dī'a dem'') *n* diadema *f.*
**diagnosis** (di''a nō'sis) *n* (*med*) diagnosis *f.*
**diagnostic** (di''a nos'tik) *adj, n* diagnóstico (*m*); **~s** *pl* diagnóstica *f.*
**diagonal** (dī ag'o nal) *adj, n* diagonal (*f*); **~ly** *adv* diagonalmente.
**diagram** (dī'a gram'') *n* diagrama *m.*
**dial** (dī'al) *n* cuadrante *m.*
**dial code** *n* prefijo *m.*
**dialect** (dī'a lekt'') *n* dialecto *m.*
**dialog(ue)** (dī'a läg) *n* diálogo *m.*
**dial tone** *n* tono de marcar *m.*
**diameter** (dī am'i tėr) *n* diámetro *m.*
**diametrical** (dī''a me'tri kal) *adj* diametral; **~ly** *adv* diametralmente.
**diamond** (dī'mond) *n* diamante *m.*
**diamond-cutter** *n* diamantista *m.*
**diaper** (dī'pėr) *n* pañal *m.*

**diaphragm** (dī´*a* fram´´) *n* diafragma *m.*
**diarrhea** (dī´´*a* rē´*a*) *n* diarrea *f.*
**diary** (dī´*a* rē) *n* diario *m.*
**dice** (dīs) *npl* dados *mpl.*
**dictate** (dik´tāt, dik tāt´) *vt* dictar; • *n* dictado *m.*
**dictation** (dik tā´ sh*a*n) *n* dictado *m.*
**dictatorial** (dik´´t*a* tōr´ē *a*l) *adj* autoritativo; magistral.
**dictatorship** (dik tā´tėr ship) *n* dictadura *f.*
**diction** (dik´ sh*a*n) *n* dicción *f.*
**dictionary** (dik´sh*a* ner´´ē) *n* diccionario *m.*
**didactic** (di dak´tik) *adj* didáctico.
**die** (dī) *vi* morir; **to ~ away** perderse; **to ~ down** apagarse.
**die** (dī) *n* dado *m.*
**diehard** (dī´härd´´) *n* reaccionario *m.*
**diesel** (dē´zel) *n* diesel *m.*
**diet** (dī´it) *n* dieta *f*; régimen *m*; • *vi* estar a dieta.
**dietary** (dī´i ter´´ē) *adj* dietético.
**differ** (dif´ėr) *vi* diferenciarse.
**difference** (dif´ėr *e*ns) *n* diferencia, disparidad *f.*
**different** (dif´ėr *e*nt) *adj* diferent; **~ly** *adv* diferentemente.
**differentiate** (dif´*e* ren´shē āt´´) *vt* diferenciar.
**difficult** (dif´*i* kult´´) *adj* difícil.
**difficulty** (dif´*i* kul´´tē) *n* dificultad *f.*
**diffidence** (dif´*i* dens) *n* timidez *f.*
**diffident** (dif´*i* dent) *adj* desconfiado; **~ly** *adv* desconfiadamente.
**diffraction** (di frak´sh*a*n) *n* difracción *f.*
**diffuse** (di fūs´) *vt* difundir, esparcir; • *adj* difuso.
**diffusion** (di fū´ sh*a*n) *n* difusión *f.*
**dig** (dig) *vt* cavar; • *n* empujón *m.*
**digest** (di gest´, dī gest´) *vt* digerir.
**digestible** (dī gest´*i* bl) *adj* digerible.
**digestion** (di jes´ch*a*n) *n* digestión *f.*
**digestive** (di ges´tiv, dī ges´tiv) *adj* digestivo.
**digger** (dig´ėr) *n* excavadora *f.*
**digit** (dij´it) *n* digito *m.*
**digital** (dij´i t*a*l) *adj* digital.
**dignified** (dig´n*i* fī´´) *adj* grave.
**dignitary** (dig´n*i* ter´´ē) *n* dignatario *m.*
**dignity** (dig´n*i* tē) *n* dignidad *f.*
**digress** (di gres´, dī gres´) *vi* divagar; hacer digresión.
**digression** (di gresh´*a*n, dī gresh´*a*n) *n* digresión *f.*
**dike** (dīk) *n* dique *m.*
**dilapidated** (di lap´i dā tid) *adj* desmoronado.
**dilapidation** (di lap´i dā sh*a*n) *n* ruina *f.*
**dilate** (di lāt´) *vt, vi* dilatar(se).
**dilemma** (di lem´*a*) *n* dilema *m.*
**diligence** (dil´i j*e*ns) *n* diligencia *f.*
**diligent** (dil´i j*e*nt) *adj* diligente, asiduo; **~ly** *adv* diligentemente.
**dilute** (di löt´) *vt* diluir.
**dim** (dim) *adj* turbio; lerdo; oscuro; • *vt* bajar.
**dime** (dīm) *n* moneda de diez centavos *f.*
**dimension** (di men´ sh*a*n) *n* dimensión, extensión *f.*
**diminish** (di min´ish) *vt, vi* disminuir(se).
**diminution** (dim´´*i* nö´sh*a*n, dim´´*i* nū´sh*a*n) *n* disminución *f.*
**diminutive** (di min´nū tiv) *n* diminutivo *m.*
**dimly** (dim´lē) *adv* indistintamente.

**dimmer** (dim´ėr) *n* reductor de luz *m.*
**dimple** (dim´pl) *n* hoyuelo *m.*
**din** (din) *n* alboroto *m.*
**dine** (dīn) *vi* cenar.
**diner** (dī´nėr) *n* restaurante (económico) *m.*
**dinghy** (ding´gē) *n* lancha neumática *f.*
**dingy** (din´jē) *adj* sombrío; manchado; sucio.
**dinner** (din´ėr) *n* cena *f.*
**dinner time** *n* hora de comer o cenar *f.*
**dinosaur** (dī´n*o* sär´´) *n* dinosaurio *m.*
**dint** (dint) *n*: **by ~ of** a fuerza de.
**diocese** (dī´*o* sēs) *n* diócesis *f.*
**dip** (dip) *vt* mojar; bañar.
**diphtheria** (dif thēr ē *a*) *n* difteria *f.*
**diphthong** (dif´thäng) *n* diptongo *m.*
**diploma** (di plō´m*a*) *n* diploma *m.*
**diplomacy** (di plō´m*a* sē) *n* diplomacia *f.*
**diplomat** (dip´lō mat´´) *n* diplomático *m.*
**diplomatic** (dip´lō mat ik) *adj* diplomático.
**dipsomania** (dip´´s*o* mā´nē *a*) *n* dipsomanía *f.*
**dipstick** (dip´stik´) *n* (*auto*) varilla de nivel *f.*
**dire** (dīr) *adj* calamitoso.
**direct** (di rekt´, dī rekt´) *adj* directo; • *vt* dirigir.
**direction** (di rek´ sh*a*n, dī rek´sh*a*n) *n* dirección *f*; instrucción *f.*
**directly** (di rekt´lē, dī rekt´lē) *adj* directamente; inmediatamente.
**director** (di rek´tėr, dī rek´tėr) *n* director *m.*
**directory** (di rek´t*o* rē, dī rek´t*o* rē) *n* guía *f.*
**dirt** (dėrt) *n* polvo *m.*, suciedad *f.*
**dirtiness** (dėrt´*i* nes) *n* suciedad *f.*
**dirty** (dėr´tē) *adj* sucio; vil, bajo.
**disability** (dis´´*a* bil´i tē) *n* incapacidad *f.*
**disabled** (dis ā´bld) *adj* minusválido.
**disabuse** (dis´´*a* būz´) *vt* desengañar; desilusionar.
**disadvantage** (dis´´*a*d van´tij) *n* desventaja *f*; • *vt* perjudicar.
**disadvantageous** (dis´´*a*d van ta´jus) *adj* desventajoso.
**disaffected** (dis´´*a* fek´tid) *adj* descontento.
**disagree** (dis´´*a* grē) *vi* no estar de acuerdo.
**disagreeable** (dis´´*a* grē´*a*bl) *adj* desagradable; **~bly** *adv* desagradablemente.
**disagreement** (dis´´*a* grē´ment) *n* desacuerdo *m.*
**disallow** (dis´´*a*lau´) *vt* rechazar; desaprobar.
**disappear** (dis´´*a* pēr´) *vi* desaparecer; ausentarse.
**disappearance** (dis´´*a* pēr´*a*ns) *n* desaparción *f.*
**disappoint** (dis´´*a* point´) *vt* decepcionar.
**disappointed** (dis´´*a* poin´tid) *adj* decepcionado.
**disappointing** (dis´´*a* poin´ting) *adj* decepcionante.
**disappointment** (dis´´*a* point´ment) *n* decepción *f.*
**disapproval** (dis´´*a* prö´vl) *n* desaprobación, censura *f.*
**disapprove** (dis´´*a* pröv´) *vt* desaprobar.
**disarm** (dis ärm´) *vt* desarmar.
**disarmament** (dis är´m*a* ment) *n* desarme *m.*

**disarray** (dis′′*a* rā′) *n* desarreglo *m.*
**disaster** (di zas′tėr) *n* desastre *m.*
**disastrous** (di zas′trus) *adj* desastroso, calamitoso.
**disband** (dis band′) *vt* disolver.
**disbelief** (dis′′bi lēf′) *n* incredulidad.
**disbelieve** (dis′′bi lēv′) *vt* desconfiar.
**disburse** (dis bėrs′) *vt* desembolsar, pagar.
**discard** (di skärd′) *vt* descartar.
**discern** (di sėrn′) *vt* discernir, percibir.
**discernible** (di sėr′n*i* bl) *adj* perceptible.
**discerning** (di sėr′ning) *adj* perspicaz.
**discernment** (di sėrn′ment) *n* perspicacia *f.*
**discharge** (dis chärj′) *vt* descargar; pagar (una deuda); cumplir; • *n* descarga *f*; descargo *m.*
**disciple** (di sī′pl) *n* discípulo *m.*
**discipline** (dis′*i* plin) *n* disciplina *f*; • *vt* disciplinar.
**disclaim** (dis klām′) *vt* negar.
**disclaimer** (dis klā′mėr) *n* negación *f.*
**disclose** (di sklōz′) *vi* revelar.
**disclosure** (di sklō′zėr) *n* revelación *f.*
**disco** (dis′kō) *n* discoteca *f.*
**discolor** (dis kul′ėr) *vt* descolorar.
**discoloration** (dis kul′′*o* rā′ sh*a*n) *n* descoloramiento *m.*
**discomfort** (dis kum′fėrt) *n* incomodidad *f.*
**disconcert** (dis′′k*o*n sėrt′) *vt* desconcertar.
**disconnect** (dis′′k*o* nect′) *vt* desconectar.
**disconsolate** (dis kon′s*o* lit) *adj* inconsolable; ~**ly** *adv* desconsoladamente.
**discontent** (dis′′k*o*n tent′) *n* descontento *m*; • *adj* malcontento.
**discontented** (dis′′k*o*n ten′tid) *adj* descontento.
**discontinue** (dis′′k*o*n t*i*′nū) *vi* interrumpir.
**discord** (dis′kärd) *n* discordia *f.*
**discordant** (dis kär′d*a*nt) *adj* incongruo.
**discount** (dis′kount) *n* descuento *m*; rebaja *f*; • *vt* descontar.
**discourage** (di skėr′ij) *vt* desalentar, disuadir; apartar.
**discouraged** (di skėr′ijd) *adj* desalentado.
**discouragement** (di skėr′ij ment) *n* desaliento *m.*
**discouraging** (di skėr′ij ing) *adj* desalentador.
**discourse** (dis′kōrs, dis′kärs) *n* discurso *m.*
**discourteous** (dis kėr′tē us) *adj* descortés, grosero; ~**ly** *adv* descortesmente.
**discourtesy** (dis kėr′ti sē) *n* descortesía *f.*
**discover** (di skuv′ėr) *vt* descubrir.
**discoverer** (dis skuv′ėr ėr) *n* descubridor *m*; explorador *m.*
**discovery** (dis skuv′ė rē) *n* descubrimiento *m*; revelación *f.*
**discredit** (dis kred′it) *vt* desacreditar.
**discreditable** (dis kred′*i* t*a* bl) *adj* ignominioso.
**discreet** (di skrēt) *adj* discreto; ~**ly** *adv* discretamente.
**discrepancy** (di skrep′*a*n sē) *n* discrepancia, diferencia *f.*
**discretion** ( di s kresh′*a*n) *n* discreción *f.*

**discretionary** (di skresh'*a* ner ē) *adj* discrecional.
**discriminate** (di skrim'*i* nāt'') *vt* distinguir.
**discrimination** (di skrim'*i* nā sh*a*n) *n* discriminación *f.*
**discursive** (di skėr'siv) *adj* discursivo.
**discuss** (dis'kus) *vt* discutir.
**discussion** (di skush'*a*n) *n* discusión *f.*
**disdain** (dis dān') *vt* desdeñar; • *n* desdén, desprecio *m.*
**disdainful** (dis dān'ful) *adj* desdeñoso; ~**ly** *adv* desdeñosamente.
**disease** (di zēz') *n* enfermedad *f.*
**diseased** (di zēzd') *adj* enfermo.
**disembark** (dis''em bärk') *vt, vi* desembarcar.
**disembarkation** (dis''em bär'kā sh*a*n) *n* (*mil*) desembarco de tropas *m.*
**disenchant** (dis''en chant') *vt* desencantar.
**disenchanted** (dis''en chan'tid) *adj* desilusionado.
**disenchantment** (dis''en chant'ment) *n* desilusión *f.*
**disengage** (dis''en gāj') *vt* soltar.
**disentangle** (dis''en tang'gl) *vt* desenredar.
**disfigure** (dis fig'ūr) *vt* desfigurar, afear.
**disgrace** (dis grās') *n* ignominia *f*; escándalo *m*; • *vt* deshonrar.
**disgraceful** (dis grās'ful) *adj* ignominioso; ~**ly** *adv* vergonzosamente.
**disgruntled** (dis grun'tl) *adj* descontento.
**disguise** (dis gīz') *vt* disfrazar; • *n* disfraz *m.*
**disgust** (dis gust') *n* aversión *f*; • *vt* repugnar.
**disgusting** (dis gus'ting ) *adj* repugnante.
**dish** (dish) *n* fuente *f*; plato *m*; taza *f*; • *vt* servir la vianda en fuente; **to ~ up** servir.
**dishabille** (dis''*a* bēl') *n* paños menores *m.*
**dishcloth** (dish'kl*ä*th'') *n* paño de cocina *m.*
**dishearten** (dis här'ton) *vt* desalentar.
**disheveled** (di shev'*e*l) *adj* desarreglado.
**dishonest** (dis on'ist) *adj* deshonesto; ~**ly** *adv* deshonestamente.
**dishonesty** (dis on'is tē) *n* falta de honradez *f.*
**dishonor** (dis on'ėr) *n* deshonra, ignominia *f*; • *vt* deshonrar.
**dishonorable** (dis on'ėr *a* bl) *adj* deshonroso; ~**bly** *adv* ignominiosamente.
**dishtowel** (dish'tou''el) *n* trapo de fregar *m.*
**dishwasher** (dish'wosh ėr) *n* lavaplatos *m.*
**disillusion** (dis''ilö'zh*a*n) *vt* desilusionar.
**disillusioned** (dis ''ilö'zh*a*nd) *adj* desilusionado.
**disinclination** (dis in''kl*i* nā'sh*a*n) *n* aversión *f.*
**disinclined** (dis in''klīnd') *adj* reacio.
**disinfect** (dis''in fekt') *vt* desinfectar.
**disinfectant** (dis''in fek't*a*nt) *n* desinfectante *m.*
**disinherit** (dis''in her'it) *vt* desheredar.
**disintegrate** (dis in't*e* grāt'') *vi* disgregarse.
**disinterested** (dis in'tėr ist) *adj* desinteresado; ~**ly** *adv* desinteresadamente.

**disjointed** (dis joint′id) *adj* inconexo.
**disk** (disk) *n* disco, disquete *m*.
**diskette** (dis ket′) *n* disco, disquete *m*.
**dislike** (dis līk′) *n* aversión *f*; • *vt* tener antipatía.
**dislocate** (dis′lō kāt′′) *vt* dislocar.
**dislocation** (dis lō kā′sh*a*n) *n* dislocación *f*.
**dislodge** (dis loj′) *vt, vi* desalojar.
**disloyal** (dis loi′*a*l) *adj* desleal; **~ly** *adv* deslealmente.
**disloyalty** (dis loi′*a*l tē) *n* deslealtad *f*.
**dismal** (diz′mal) *adj* triste.
**dismantle** (dis man′tl) *vt* desmontar.
**dismay** (dis mā′) *n* consternación *f*.
**dismember** (dis bem′bėr) *vt* despedazar.
**dismiss** (dis mis′) *vt* despedir.
**dismissal** (dis mis′*a*l) despedida *f*.
**dismount** (dis mount′ ) *vt* desmontar; • *vi* apearse.
**disobedience** (dis′′*o* bē′dē *e*ns) *n* desobediencia *f*.
**disobedient** (dis′′*o* bē′dē *e*nt) *adj* desobediente.
**disobey** (dis′′*o* bā′) *vt* desobedecer.
**disorder** (dis är′dėr) *n* desorden *m*; confusión *f*.
**disorderly** (dis *ä*r′dėr lē) *adj* desarreglado, confuso.
**disorganization** (dis är′′g*a* ni zā sh*a*n) *n* desorganización *f*.
**disorganized** (disär′′g*a* nīzd′) *adj* desorganizado.
**disorientated** (dis ōr′ē en tid) *adj* desorientado.
**disown** (dis ōn′) *vt* desconocer.
**disparage** (di spar′ij) *vt* despreciar.
**disparaging** (di spar′ij ing) *adj* despreciativo.
**disparity** (di spa′i tē) *n* disparidad *f*.
**dispassionate** (dis pash′*o* nit) *adj* desapasionado.
**dispatch** (di spach′) *vt* enviar; • *n* envío *m*; informe *m*.
**dispel** (di spel′) *vt* disipar.
**dispensary** (di spen′s*a* rē) *n* dispensario *m*.
**dispense** (dis pens′) *vt* dispensar; distribuir.
**disperse** (di spėrs′) *vt* disipar.
**dispirited** (di spir′it id) *adj* desalentado.
**displace** (dis plās′) *vt* desplazar.
**display** (dis plā′) *vt* exponer; • *n* ostentación *f*; despliegue *m*.
**displeased** (dis plēzd′) *adj* disgustado.
**displeasure** (dis plezh′ėr) *n* disgusto *m*.
**disposable** (di spō′z*a* bl) *adj* desechable.
**disposal** (di spō′zal) *n* disposición *f*.
**dispose** (di spōz′) *vt* disponer; arreglar.
**disposed** (di spōzd′) *adj* dispuesto.
**disposition** (dis′p*o* zish′*a*n) *n* disposición *f*; carácter *m*.
**dispossess** (dis′′p*o* zis′) *vt* desposeer.
**disproportionate** (dis′′pr*o* pōr′sh*a*n it) *adj* desproporcionado.
**disprove** (dis pröv′) *vt* refutar.
**dispute** (di spūt′) *n* disputa, controversia *f*; • *vt* disputar.
**disqualify** (dis kwol′*i* fī) *vt* incapacitar.
**disquiet** (dis kwī′it) *n* inquietud *f*.
**disquieting** (dis kwī′it ing) *adj* inquietante.

**disquisition** (dis′′kwi zish′*o*n) *n* disquisición *f.*
**disregard** (dis′′ri gärd′) *vt* desatender; • *n* desdén *m.*
**disreputable** (dis rep′ū t*a* bl) *adj* de mala fama.
**disrespect** (dis′′ri spekt′) *n* irreverencia *f.*
**disrespectful** (dis′′ri spekt′f*u*l) *adj* irreverente; ~**ly** *adv* irreverentemente.
**disrobe** (dis rōb′) *vt vi* desnudar; desvestir.
**disrupt** (dis rupt′) *vt* interrumpir; romper.
**disruption** (dis rup′sh*a*n) *n* interrupción *f*; ruptura *f.*
**dissatisfaction** (dis′′sat is fak′sh*a*n) *n* descontento, disgusto *m.*
**dissatisfied** (dis′′sat′is fīd) *adj* insatisfecho.
**dissect** (di sekt′) *vt* disecar.
**dissection** (di sek′ sh*a*n) *n* disección.
**disseminate** (di sem′i nāt) *vt* sembrar; propagar.
**dissension** (dis ) *n* disensión *f.*
**dissent** (di sent′) *vi* disentir; • *n* disensión *f.*
**dissenter** (dis sen′tėr) *n* disidente *m.*
**dissertation** (dis′′ėr tā′sh*a*n) *n* disertación *f.*
**dissident** (dis′i d*e*nt) *n* disidente *m.*
**dissimilar** (di sim′*i*lėr) *adj* heterogéneo.
**dissimilarity** (di sim′′*i* lar′i tē) *n* heterogeneidad *f.*
**dissimulation** (di sim′ū lā′′sh*a*n) *n* disimulación *f.*
**dissipate** (dis′*i* pāt′′) *vt* disipar; malgastar.
**dissipation** (dis′*i* pā sh*a*n) *n* disipación *f.*
**dissociate** (di sō′shē āt′′) *vt* disociar.
**dissolute** (dis′*o* löt′′) *adj* libertino.
**dissolution** (dis′′*o* lö′ sh*a*n) *n* disolución *f.*
**dissolve** (di zolv′) *vt* disolver; • *vi* disolverse, derretirse.
**dissonance** (dis′*o* nans) *n* disonancia *f.*
**dissuade** (di swād′) *vt* disuadir.
**distance** (dis′t*a*ns) *n* distancia *f*; **at a** ~ de lejos; • *vt* apartar.
**distant** (dis′t*a*nt) *adj* distante.
**distaste** (dis tāst′) *n* disgusto *m.*
**distasteful** (dis tāst′ful) *adj* desagradable.
**distend** (di stend′) *vt* hinchar.
**distil** (di stil′) *vt* destilar.
**distillation** (dis′′t*i* lā′sh*a*n) *n* destilación *f.*
**distillery** (di stil′*e* rē) *n* destilería *f.*
**distinct** (di stingkt′) *adj* distinto, diferente; claro; ~**ly** *adv* distintamente.
**distinction** (di stingk′ sh*a*n) *n* distinción *f.*
**distinctive** (di stingk′tiv) *adj* distintivo.
**distinctness** (di stingk′nes) *n* claridad *f.*
**distinguish** (di sting′gwish) *vt* distinguir; discernir.
**distort** (di st*ä*rt′) *vt* retorcer.
**distorted** (di st*ä*r′tid) *adj* distorsionado.
**distortion** (di st*ä*r′sh*a*n) *n* distorsión *f.*
**distract** (di strakt′) *vt* distraer.
**distracted** (di strak′tid) *adj* distraído; ~**ly** *adj* distraídamente.
**distraction** (di strak′sh*a*n) *n* distracción *f*; confusión *f.*
**distraught** (di strät′) *adj* enloquecido.

**distress** (di stres′) *n* angustia *f*; • *vt* angustiar.
**distressing** (di stres′ing) *adj* penoso.
**distribute** (di strib′ūt′) *vt* distribuir, repartir.
**distribution** (di str*i* bū′sh*a*n) *n* distribución *f*.
**distributor** (di strib′ū tėr) *n* distribuidor *m*.
**district** (dis′trikt) *n* distrito *m*.
**district attorney** *n* fiscal *m*.
**distrustful** (dis trust′ful) *adj* desconfiado; sospechoso.
**disturb** (di stėrb′) *vt* molestar.
**disturbance** (di stėr′b*a*ns) *n* disturbio *m*.
**disturbed** (di stėrb′) *adj* preocupado.
**disturbing** (di stėrb′ing) *adj* inquietante.
**disuse** (dis ūs′) *n* desuso *m*.
**disused** (dis ūsd′) *adj* abandonado.
**ditch** (dich) *n* zanja *f*.
**dither** (diTH′ėr) *vi* vacilar; temblar.
**ditto** (dit′ō) *adv* ídem; como se ha dicho.
**ditty** (dit′ē) *n* sonsonete *m*.
**diuretic** (dī′′ū ret′ik) *adj* (*med*) diurético.
**dive** (dīv) *vi* sumergirse; bucear.
**diver** (dī′vėr) *n* buzo *m*.
**diverge** (di vėrj′) *vi* divergir.
**divergence** (di vėrj′ens) *n* divergencia *f*.
**divergent** (di vėrj′ent) *adj* divergente.
**diverse** (di vėrz′) *adj* diverso, diferente; ~**ly** *adv* diversamente.
**diversion** (di vür′sh*a*n) *n* diversión *f*.
**diversity** (di vür′si tē, dī vür′si tē) *n* diversidad *f*.
**divert** (di vürt′, dī vürt′) *vt* desviar; divertir.
**divest** (di vest′) *vt* desnudar; despojar.
**divide** (di vīd′) *vt* dividir; • *vi* dividirse.
**dividend** (div′i dend′′) *n* dividendo *m*.
**dividers** (di vī′dėrs) *npl* (*math*) compás de puntas *m*.
**divine** (di vīn′) *adj* divino.
**divinity** (di vin′i tē) *n* divinidad *f*.
**diving** (dīv′ing) *n* salto *m*; buceo *m*.
**diving board** *n* trampolín *m*.
**divisible** (di viz′i bl) *adj* divisible.
**division** (di vizh′*o*n) *n* (*math*) división *f*; desunión *f*.
**divisor** (di vī′sėr) *n* (*math*) divisor *m*.
**divorce** (di vōrs′) *n* divorcio *m*; • *vi* divorciarse.
**divorced** (di vōrsd′) *adj* divorciado.
**divulge** (di vulj′) *vt* divulgar, publicar.
**dizziness** (diz′ē nes) *n* vértigo *m*.
**dizzy** (diz′ē) *adj* mareado.
**DJ** *n* (disk jockey) animador de un programa de discos *m*.
**do** (dö, dü) *vt* hacer, producir; ejecutar; obrar; estudiar; trabajar; ~ **for** servir para; ~ **again** volver a hacer; ~ **one's best** hacer uno cuanto pueda; ~ **out** robar; ~ **over** retocar; volver a hacer; • *vi* hacer; actuar; irle a uno; hallarse; sentirse; bastarse; ~ **for** arruinar, acabar; ~ **or die** vencer o morir; ~ **well** prosperar; pasarlo bien.
**docile** (dos′*i*l) *adj* dócil, apacible.
**dock** (dok) *n* muelle *m*; • *vi* atracar al muelle.
**docker** (dok′ėr) *n* trabajador portuario *m*.

**dockyard** (dok´yard) *n* (*mar*) astillero *m*.
**doctor** (dok´tėr) *n* doctor, médico *m*.
**doctrinal** (dok'tri nal) *adj* doctrinal.
**doctrine** (doc´trin) *n* doctrina *f*.
**document** (dok´ū ment) *n* documento *m*.
**documentary** (dok´ū men´ta rē) *adj* documental.
**dodge** (doj) *vt* esquivar.
**doe** (dō) *n* gama *f*; ~ **rabbit** coneja *f*.
**dog** (dog) *n* perro *m*.
**dogged** (dä´gid) *adj* tenaz; ~**ly** *adv* tenazmente.
**dog kennel** *n* perrera *f*.
**dogmatic** (däg mat´ik) *adj* dogmático; ~**ly** *adv* dogmáticamente.
**doings** (dö´ings) *npl* hechos *mpl*; eventos *mpl*.
**do-it-yourself** *n* hacer las cosas uno mismo.
**doleful** (dōl´ful) *adj* lúgubre, triste.
**doll** (dol) *n* muñeca *f*.
**dollar** (dol´ėr) *n* dólar *m*.
**dolphin** (dol´fin) *n* delfín *m*.
**domain** (dō mān´) *n* campo, dominio *m*.
**dome** (dōm) *n* cúpula *f*.
**domestic** (do mes´tik) *adj* doméstico.
**domesticate** (do mes´ti kāt´´) *vt* domesticar.
**domestication** (do mes´ti kā´´shan) *n* domesticación *f*.
**domesticity** (dō me stis´i tē) *n* domesticidad *f*.
**domicile** (dom´isil´´) *n* domicilio *m*.
**dominant** (dom´i nant) *adj* dominante.
**dominate** (dom´i nāt) *vi* dominar.
**domination** (dom´´i nā´shan) *n* dominación *f*.
**domineer** (dom´i nēr) *vi* dominar.
**domineering** (dom´i nēr ing) *adj* dominante.
**dominion** (do min´yan) *n* dominio *m*.
**dominoes** (dom´i nō) *npl* dominó *m*.
**donate** (dō´nāt) *vt* donar.
**donation** (dō nā´ shan) *n* donación *f*.
**done** (dun) *p, adj* hecho; cocido.
**donkey** (dong´kē) *n* asno, borrico *m*.
**donor** (dō´nėr) *n* donante *m*.
**doodle** (död´el) *vi* garabatear.
**doom** (döm) *n* destino *m*, suerte *f*.
**door** (dōr) *n* puerta *f*; entrada *f*; **front** ~ puerta principal.
**doorbell** (dōr´bel´) *n* timbre *m*.
**door handle** *n* tirador *m*.
**doorman** (dōr´man´) *n* portero *m*.
**doormat** (dōr´mat´) *n* felpudo (de puerta) *m*, alfombrilla *f*.
**doorplate** (dōr´plāt´) *n* rótulo *m*, placa de puerta (con el nombre del morador) *f*.
**doorstep** (dōr´step´) *n* peldaño *m*.
**doorway** (dōr´wā´) *n* entrada *f*.
**dormant** (där´mant) *adj* latente.
**dormer window** (där´mėr win´dō) *n* buhardilla *f*.
**dormitory** (där´mi tō´´rē) *n* dormitorio *m*.
**dormouse** (där´mous´´) *n* lirón *m*.
**dosage** (dō´sij) *n* dosis *f*.
**dose** (dōs) *n* dosis *f*; • *vt* disponer la dosis de.
**dossier** (dos´ē ā) *n* expediente *m*.
**dot** (dot) *n* punto *m*.
**dote** (dōt) *vi* querer demasiado a alguien, adorar; chochear, mostrar comportamiento senil.
**dotingly** (dō´ting lē) *adv* con cariño excesivo.
**double** (dub´l) *adj* doble; • *vt* doblar; duplicar; • *n* doble *m*.

**double bed** (dub´l bed´ ) *n* cama matrimonial *f.*
**double-breasted** (dub´l bres´tid) *adj* cruzado.
**double chin** (dub´l chin´) *n* papada *f.*
**double-dealing** (dub´l dē´ling) *n* duplicidad *f.*
**double-edged** ( dub´l e jd´) *a dj* con dos filos.
**double entry** (dub´l en´trē) *n* (*com*) partida doble *f.*
**double-lock** (dub´l lok´) *vt* echar segunda vuelta a la llave.
**double room** (dub´l röm) *n* habitación doble *f.*
**doubly** (dub´lē) *adj* doblemente.
**doubt** (dout) *n* duda, sospecha *f*; • *vt* dudar; sospechar.
**doubtful** (dout´ful) *adj* dudoso.
**doubtless** (dout´les) *adv* sin duda.
**dough** (dō) *n* masa *f*; dinero *m.*
**douse** (dous) *vt* extinguir; mojar, empapar.
**dove** (duv) *n* paloma *f.*
**dovecote** (duv´kōt) *n* palomar *m.*
**dowdy** (dou´dē) *adj* mal vestido.
**down** (doun) *n* plumón *m*; baja *f*; caída *f*; revés *m*; pelusa *f*; • *adv* abajo; hacia abajo; • *adj* descendente; deprimido; exhausto; fuera de juego; • *prep* abajo; por; a través de; ~ **the wind** con el viento; **to sit** ~ sentarse; **up and** ~ arriba y abajo; **upside** ~ al revés; • *vt* beber; tragar; suprimir; retener; derribar; derrotar.
**downcast** (doun´kast) *adj* cabizbajo.
**downfall** (doun´fäl) *n* ruina *f.*
**downhearted** (doun´här´tid) *adj* desanimado.
**downhill** (doun´hil´´) *adv* cuesta abajo.
**down payment** (doun´pā´ment) *n* enganche *m*, entrada *f.*
**downpour** (doun´pōr´´) *n* aguacero *m.*
**downright** (doun´rīt´´) *adj* manifiesto.
**downstairs** (doun´stârs´) *adv* abajo.
**down-to-earth** *adj* práctico.
**downtown** (doun´toun´) *adv* el centro (de la ciudad).
**downward(s)** (doun´wėrds´) *adv* hacia abajo.
**dowry** (dou´rē) n dote *f.*
**doze** (dōz) *vi* dormitar.
**dozen** (duz´*e*n) *n* docena *f.*
**dozy** (dō´zē) *adj* soñoliento.
**drab** (drab) *adj* gris.
**draft** (draft) *n* borrador *m*; quinta *f*; corriente de aire *f.*
**drafts** (drafts) *npl* juego de damas *m.*
**drafty** (draf´tē) *adj* expuesto al aire.
**drag** (drag) *vt* arrastrar; tirar con fuerza; • *n* arrastre *f*; fumada *f*; trago *m.*
**dragnet** (drag´net) *n* red barredera *f.*
**dragon** (drag´*o*n) *n* dragón *m.*
**dragonfly** (drag´*o*n flī´) *n* libélula *f.*
**drain** (drān) *vt* desaguar; secar; • *n* desaguadero *m.*
**drainage** (drān´ij) *n* desagüe *m.*
**drainboard** (drān´bord´) *n* escurridor *m.*
**drainpipe** (drān´pīp´) *n* desagüe *m.*
**drake** (drāk) *n* ánade macho *m.*
**dram** (dram) *n* traguito *m.*
**drama** (drä´m*a*) *n* drama *m.*
**dramatic** (dr*a* mat´ik) *adj* dramático; ~**ally** *adv* dramáticamente.
**dramatist** (dram´*a* tist) *n* dramatico *m.*
**dramatize** (dram´*a* tīz) *vt* dramatizar.

**drape** (drāp) *vt* cubrir.
**drapes** (drāps) *npl* cortinas *fpl.*
**drastic** (dras'tik) *adj* drástico.
**draw** (drä) *vt* tirar; dibujar; correr (cortinas, etc.); atraer (público); ganar (intereses); redactar (documentos); **to ~ a line** hacer distinciones; **to ~ nigh** acercarse.
**drawback** (drä'bak) *n* desventaja *f.*
**drawer** (drär) *n* cajón *m.*
**drawing** (drä'ing) *n* dibujo *m.*
**drawing board** *n* tabla para dibujar *f.*
**drawing room** *n* salón *m.*
**drawl** (dräl) *vi* hablar con pesadez.
**dread** (dred) *n* terror, espanto *m*; • *vt* temer.
**dreadful** (dred'ful) *adj* espantoso; **~ly** *adv* terriblemente.
**dream** (drēm) *n* sueño *m*; illusion *f*; • *vi* soñar.
**dreary** (drēr'ē) *adj* triste.
**dredge** (drej) *vt* dragar.
**dregs** (dregs) *npl* heces *fpl.*
**drench** (drench) *vt* empapar.
**dress** (dres) *vt* vestir; vendar; • *vi* vestirse; • *n* vestido *m.*
**dresser** (dres'ėr) *n* aparador *m.*
**dressing** (dres'ing) *n* vendaje *m*; aderezo *m.*
**dressing gown** *n* bata *f.*
**dressing room** *n* tocador *m.*
**dressing table** *n* tocador *m.*
**dressmaker** (dres'māk'ėr) *n* modista *f.*
**dressy** (dres'ē) *adj* elegante.
**dribble** (drib'l) *vi* caer gota a gota.
**dried** (drīd) *adj* seco.
**drift** (drift) *n* cosas arrastradas por la corriente *f*; montón (de arena, nieve o hielo) *m*; ventisquero *m*; tendencia *f*, tenor, significado *m*; • *vi* ir a la deriva.
**driftwood** (drift'wüd) *n* madera de deriva *f.*
**drill** (dril) *n* taladro *m*; (*mil*) instrucción *f*; • *vt* taladrar.
**drink** (drink) *vt, vi* beber; • *n* bebida *f.*
**drinkable** (drink'*a* bl ) *adj* potable.
**drinker** (drink'ėr) *n* bebedor *m.*
**drinking bout** *n* borrachera *f.*
**drinking water** *n* agua potable *f.*
**drip** (drip) *vi* gotear; • *n* gota *f*; goteo *m.*
**dripping** (drip'ing) *n* suciedad de cocina *f.*
**drippy** (drip'ē) *adj* lluvioso; empalagoso.
**drive** (drīv) *vt* manejar; empujar; arrear; mover; accionar; conducir; hacer entrar a fuerzas; • *vi* pasearse en coche; • *n* paseo en coche *m*; entrada *f*; ofensiva *f.*
**drivel** (driv'el) *n* baba *f*; • *vi* babear.
**driver** (drī'vėr) *n* conductor *m*; chofer *m.*
**driver's license** *n* carnet *m* de manejar.
**driveway** (drīv'wā'') *n* entrada *f.*
**driving** (drīv'ing) *n* el manejar.
**driving instructor** *n* instructor de manejo *m.*
**driving school** *n* autoescuela *f.*
**driving test** *n* examen de manejo *m.*
**drizzle** (driz'l) *vi* lloviznar.
**droll** (drōl) *adj* gracioso.; extraño
**drone** (drōn) *n* zumbido *m.*
**droop** (dröp) *vi* decaer.
**drop** (drop) *n* gota *f*; traguito *m*; arete *m*; precipicio *m*; • *vt* dejar caer; bajar; mandar; excluir; dejar; renunciar; omitir; derribar; perder; • *vi* bajar; **to ~ out** retirarse.

**drop-out** (drop'out') *n* abandono, deserción *f*; persona que abandona sus estudios o sus actividades, marginado *m*.
**dropper** (drop'ėr) *n* cuentagotas *m*.
**dross** (dräs) *n* escoria *f*.
**drought** (drout) *n* sequía *f*.
**drove** (drōv) *n*: **in ~s** en tropel.
**drown** (droun) *vt* anegar; • *vi* anegarse; ahogar, ahogarse.
**drowsiness** (drou'zi nes) *n* somnolencia *f*.
**drowsy** (drou'zē) *adj* soñoliento.
**drudgery** (druj'*e* rē) *n* trabajo monótono *m*.
**drug** (drug) *n* droga *f*; • *vt* drogar.
**drug addict** *n* drogadicto *m*.
**druggist** (drug'ist) *n* farmacéutico *m*.
**drugstore** (drug'stōr'') *n* farmacia *f*.
**drum** (drum) *n* tambor *m*; • *vi* tocar el tambor.
**drum majorette** *n* batonista *f*.
**drummer** (drum'ėr) *n* batería *m*.
**drumstick** (drum'stik) *n* palillo de tambor *m*.
**drunk** (drungk) *adj* borracho.
**drunkard** (drung'kėrd) *n* borracho *m*.
**drunken** (drung'k*e*n) *adj* borracho.
**drunkenness** (drung'k*e* nes) *n* borrachera *f*.
**dry** (drī) *adj* seco; sediento; pesado; aburrido; ~ **run** práctica; • *vt* secar; • *vi* secarse.
**dry-clearning** (drī'klē ning ) *n* lavado en seco *m*.
**dry-goods store** *n* mercería *f*.
**dryness** (drī'nes) *n* sequedad *f*.
**dry rot** *n* podredumbre *f*.
**dual** (dö'*a*l) *adj* doble.
**dual-purpose** *adj* de doble uso.
**dubbed** (dubd) *adj* doblado.
**dubious** (dö'bē us) *adj* dudoso.
**duck** (duk) *n* pato *m*; • *vt* (*vi*) zambullir(se).
**duckling** (duk'ling) *n* patito *m*.
**dud** (dud) *n* fracaso *m*; fiasco *m*; • *adj* estropeado.
**due** (dö, dū) *adj* debido, apto; • *adv* exactamente; • *n* derecho *m*.
**duel** (dö'*e*l, dū'*e*l) *n* duelo *m*.
**duet** (dö'*e*t, dū'*e*t) *n* (*mus*) dúo *m*.
**dull** (dul) *adj* lerdo; insípido; gris; • *vt* aliviar.
**duly** (dö'lē, dū'lē ) *adv* debidamente; puntualmente.
**dumb** (dum) *adj* mudo; estúpido; **~ly** *adv* sin chistar.
**dumbbell** (dum'bel) *n* pesa *f*.
**dumbfounded** ( dum'foun d id) *a dj* pasmado.
**dummy** (dum'ē) *n* maniquí *m*; imbécil *m*.
**dump** (dump) *n* montón *m*; • *vt* dejar.
**dumping** (dum'ping) *n* (*com*) dumping *m*.
**dumpling** (dump'ling) *n* bola de masa *f*.
**dumpy** (dump'ē) *adj* gordito.
**dunce** (duns) *n* zopenco *m*.
**dune** (dön) duna *f*.
**dung** (dung) *n* estiércol *m*.
**dungarees** (dun''g*a* rē) *npl* mono *m*; overol *m*.
**dungeon** (dun'j*o*n) *n* calabozo *m*.
**dupe** (döp, dūp) *n* bobo *m*; • *vt* engañar, embaucar.
**duplex** (dö'pleks, dū'pleks) *n* dúplex *m*.
**duplicate** (dö'pl*i* kit, dū'pl*i* kit) *n* duplicado *m*; copia *f*; **in** ~ por duplicado; • *vt* multicopiar.
**duplicity** (dö plis'i tē, dū plis'i tē) *n* duplicidad *f*.

**durable** (d*ü*r′*a* bl) *adj* durable, duradero.
**duration** (d*ü*r rā′ sh*a*n) *n* duración *f.*
**during** (d*ü*r′ing) *prep* mientras, durante el tiempo que.
**dusk** (dusk) *n* crepúsculo *m.*
**dust** (dust) *n* polvo *m*; polvareda *f*; confusión *f*; • *vt* desempolvar.
**duster** (dus′tėr) *n* plumero *m.*
**dusty** (dus′tē) *adj* polvoriento.
**dutch courage** (duch′ k*ü*r′ij) *n* valor fingido *m.*
**duteous** (dö′tē us) *adj* fiel, leal.
**dutiful** (dö′ti f*u*l) *adj* obediente, sumiso; **~ly** *adv* obedientemente.
**duty** (dö′tē, dūtē) *n* deber *m*; obligación *f.*
**duty-free** *adj* libre de derechos de aduana.
**dwarf** (dw*ä*rf) *n* enano *m*; enana *f*; • *vt* empequeñecer.
**dwell** (dwel) *vi* habitar, morar.
**dwelling** (dwel′ing) *n* habitación *f*; domicilio *m.*
**dwindle** (dwin′dl) *vi* mermar, disminuirse.
**dye** (dī) *vt* teñir; • *n* tinte *m.*
**dyer** (dī′ėr) *n* tintorero *m.*
**dyeing** (dī′ing) *n* tintorería *f*; tintura *f.*
**dye-works** *npl* taller del tintorero *m.*
**dying** (dī′ing) *p, adj* agonizante, moribundo; • *n* muerte *f.*
**dynamic** (dī nam′ik) *adj* dinámico.
**dynamics** (dī nam′iks) *n* dinámica *f.*
**dynamite** (dī′n*a* mīt′′) *n* dinamita *f.*
**dynamiter** (dī′n*a* mīt ėr) *n* dinamitero *m.*
**dynamo** (dī′n*a* mō′′) *n* dinamo *f.*
**dynasty** (di′n*a* stē) *n* dinastía *f.*
**dysentery** (dis′*e*n ter′′ē) *n* disentería *f.*
**dyspepsia** (dis pep′sha) *n* (*med*) dispepsia *f.*
**dyspeptic** (dis pep′tik) *adj* dispéptico.

# E

**each** (ēch) *pn* cada uno; ~ **other** unos a otros, mutuamente.
**eager** (ē´gėr) *adv* entusiasmado, ansioso, anhelante, impaciente; ~**ly** *adv* con entusiasmo, con ansia, con impaciencia.
**eager beaver** *n* persona que trata de impresionar mediante un exceso de dedicación o iniciativa.
**eagerness** (ē´gėr nis) *n* ansia *f*; anhelo *m*.
**eagle** (ē´gl) *n* águila *f*.
**eagle-eyed** *adj* de vista de lince.
**eaglet** (ē´glit) *n* aguilucho *m*.
**eagre** (ē´gėr, ā´gėr) *n* c reciente de la marea *f*.
**ear** (ēr) *n* oído *m*, oreja *f*; oído *m*; mazorca (del maíz) *f*;
**earache** (ēr´ āk´´) *n* dolor de oídos *m*.
**eardrum** (ēr´drum´´) *n* tímpano (del oído) *m*.
**earl** (ürl) *n* conde *m*.
**early** (ür´lē) *adj* 1. temprano; 2. prematuro (muerte); 3. primitivo, antiguo (habitantes, arte); 4. primero (noticias, días) 5. cercano, próximo (fecha) *adv* temprano.
**earmark** (ēr´märk´´) *vt* destinar a.
**earmuff** (ēr´muf´´) *n* orejera (contra el frío) *f*.
**earn** (ürn) *vt* ganar; conseguir; merecer.
**earnest** (ür´nist) *adj* serio; en serio; ~**ly** *adv* seriamente.
**earnestness** (ür´nist nis) *n* seriedad *f*.
**earnings** (ür´ningz) *npl* ingresos *mpl*.
**earphones** (ēr´fōn) *npl* a uriculares *mpl*.
**earring** (ēr´ring, ēr´ing) *n* arete, zarcillo, pendiente *m*.
**earsplitting** (ēr´split´´ing) *adj* ensordecedor.
**earth** (ürth) *n* tierra *f*; • *vt* conectar a tierra.
**earthen** (ür´thən) *adj* de tierra, terrenal.
**earthenware** *n* loza de barro *f*.
**earthly** (ürth´lē) *adj* terreno, terrenal, mundano, temporal.
**earthquake** (ürth´kwāk´´) *n* terremoto *m*.
**earthshaking** (ürth´shā´´ing) *adj* estremecedor.
**earthworm** (ürth´würm´´) *n* lombriz *f*.
**earthy** (ürth´ē) *adj* 1. terroso; 2. robusto; 3. vulgar.
**earwig** (ēr´wig´´) *n* tijereta *f*.
**ease** (ēz) *n* comodidad *f*; facilidad *f*; **at** ~ con desahogo; • *vt* aliviar; mitigar.
**easel** (ē´zel) *n* caballete *m*.
**easily** (ē´zi lē) *adv* fácilmente.
**easiness** (ēz´nis) *n* facilidad, soltura *f*.
**east** (ēst) *n* este *m*; oriente *m*.
**eastbound** (ēst´bound´´) *adj* con dirección al este.
**Easter** (ē´stėr) *n* Pascua de Resurrección *f*.
**Easter egg** *n* huevo de Pascua *m*.
**easterly** (ē´stėr lē) *adj* del este.
**eastern** (ē´stėrn) *adj* del este, oriental.
**eastward(s)** (ēst´wėrd) *adv* hacia el este.
**easy** (ē´zē) *adj* fácil; cómodo, ~ **going** acomodadizo.

**easy chair** *n* sillón *m*.
**eat** (ēt) *vt* comer; • *vi* alimentarse.
**eatable** (ē´t*a* bl) *adj* comestible; • **~s** *npl* víveres *mpl*.
**eau de Cologne** (ō´´d*e* k*o* lōn´) *n* agua de Colonia *f*.
**eaves** (ēvz) *npl* alero *m*.
**eavesdrop** (ēvz´drop´´) *vt* escuchar a escondidas.
**ebb** (eb) *n* reflujo *m*; • *vi* menguar; decaer, disminuir.
**ebony** (eb´*o* nē) *n* ébano *m*.
**ebullience** (i bul´y*e*ns) *n* ebullición, exaltación, exhuberancia *f*.
**eccentric** (ik sen´trik, ek sen´trik) *adj* excéntrico.
**eccentricity** (ek´´s*e*n tris´i tē) *n* excentricidad *f*.
**ecclesiastic** (i klē´´ē as´tik) *adj* eclesiástico.
**echo** (ek´ō) *n* eco *m*; • *vi* resonar, repercutir.
**eclectic** (i´klek´tik) *adj* ecléctico.
**eclipse** (i klips´) *n* eclipse *m*; • *vt* eclipsar.
**ecology** (i kol´*o* jē) *n* ecología *f*.
**economic(al)** (ē´´k*o* nom´ik, e´´k*o* nom´ik; ē´´k*o* nom´i k*a*l, e´´k*o* nom´i k*a*l) *adj* económico, frugal, moderado.
**economics** (ē´´k*o* nom´iks, e´´k*o* nom´iks) *npl* economía *f*.
**economist** (i kon´*o* mist) *n* economista *m*.
**economize** (i kon´*o* mīz´´) *vt* economizar.
**economy** (i kon´*o* mē) *n* economía *f*; frugalidad *f*.
**ecstasy** (ek´st*a* sē) *n* éxtasis *m*.
**ecstatic** (ek stat´ik) *adj* extático; **~ally** *adv* en éxtasis.
**eczema** (ek´s*e* m*a*, eg´z*e* m*a*, ig zē´m*a*) *n* eczema *m*.
**eddy** (ed´ē) *n* reflujo de agua *m*; remolino *m*; • *vi* arremolinarse.
**edge** (ej) *n* filo *m*; punta *f*; margen *m/f*; acrimonia *f*; • *vt* ribetear; introducir.
**edgeways, edgewise** (ej´wā´´; ej´wīz´´) *adv* de lado.
**edging** (ej´ing) *n* orla, orilla *f*.
**edgy** (ej´ē) *adj* nervioso.
**edible** (ed´*i* bl) *adv* que se puede comer, comestible.
**edict** (ē´dikt) *n* edicto, mandato *m*.
**edification** (ed´*i* fi kā´sh*a*n) *n* edificación *f*.
**edifice** (ed´*i* fis) *n* edificio *m*; fábrica *f*.
**edify** (ed´*i* fī´´) *vt* edificar.
**edit** (ed´it) *vt* dirigir; redactar; cortar.
**edition** (i dish´*a*n) *n* edición *f*; publicación *f*; impresión *f*.
**editor** (ed´itėr) *n* director *m*; redactor *m*.
**editorial** (ed´´i tōr´ē *a*l) *adj, n* editorial *m*.
**educate** (ej´*ü* kāt´´, ed´ū kāt´´) *vt* educar; enseñar.
**education** (ej´*ü* kā´´sh*a*n, ed´ū kā´´sh*a*n) *n* educación *f*.
**eel** (ēl) *n* anguila *f*.
**eerie** (ēr´ē) *adj* espeluznante, misterioso.
**efface** (i fās´) *vt* borrar, destruir.
**effect** (i fekt´) *n* efecto *m*; realidad *f*; **~s** *npl* efectos, bienes *mpl*; • *vt* efectuar, ejecutar.
**effective** (i fek´tiv) *adj* eficaz; efectivo; **~ly** *adv* efectivamente, en efecto. **effectiveness** *n* eficacia *f*.
**effectual** (i fek´chö *a*l) *adj* eficiente, eficaz; **~ly** *adv* eficazmente.
**effeminacy** (i fem´*i* n*a* sē) *n* afeminación *f*.

**effeminate** (i fem'*i* nit) *adj* afeminado.
**effervescence** (ef''ėr ves'*e*ns) *n* efervescencia *f*; hervor *m*.
**effete** (i fēt') *adj* 1. gastado; 2. estéril. 3. débil, incapaz.
**efficacy** (ef'*i* k*a* sē) *n* eficacia *f*.
**efficiency** (i fish'*e*n sē) *n* eficiencia, virtud *f*.
**efficient** (i fish'*e*nt) *adj* eficaz.
**effigy** (ef'i jē) *n* efigie, imagen *f*; retrato *m*.
**effort** (ef'ėrt) *n* esfuerzo, empeño *m*.
**effortless** (ef'ėrt lis) *adj* sin esfuerzo.
**effrontery** (i frun'*te* rē) *n* descaro *m*; impudencia, desvergüenza *f*.
**effulgence** (i fulj'*e*ns) *n* resplandor.
**effusive** (i fū'siv) *adj* efusivo.
**egg** (eg) *n* huevo *m*; • **to ~ on** *vt* animar.
**eggcup** *n* huevera *f*.
**eggplant** (eg'plant'', eg'plänt'') *n* berenjena *f*.
**eggshell** (eg'shel'') *n* cáscara de huevo *f*.
**ego(t)ism** (ē'gō iz'*u*m; eg'ō tiz'*u*m) *n* egoísmo *m*.
**ego(t)ist** (ē'gō izt; eg'ō tizt) *n* egoísta *m*.
**ego(t)istical** (ē''gō iz'ti k*a*l; eg''ō tiz'ti k*a*l) *adj* egoístico.
**eiderdown** (ī'dėr doun'') *n* edredón *m*.
**eight** (āt) *adj, n* ocho.
**eighteen** (ā'tēn') *adj, n* dieciocho.
**eighteenth** (ā'tēnth') *adj, n* decimoctavo.
**eighth** (ātth) *adj, n* octavo.
**eightieth** (ā'tē ith) *adj, n* octogésimo.
**eighty** (ā'tē) *adj, n* ochenta.
**either** (ē'THėr, ī'THėr) *pn* cualquiera, uno de dos; • *conj* o, sea, ya.
**ejaculate** (i jak'ū lāt'') *vt* exclamar; eyacular.
**ejaculation** (i jak''ū lā'sh*a*n) *n* exclamación *f*; eyaculación *f*.
**eject** (i jekt') *vt* expeler, desechar, expulsar.
**ejection** (i jek'sh*a*n) *n* expulsión *f*.
**ejector seat** *n* asiento proyectable *m*.
**eke** (ēk) *vt* aumentar; alargar; prolongar; hacer crecer.
**elaborate** (i lab'*o* rāt'') *vt* elaborar; • *adj* elaborado; **~ly** *adv* cuidadosamente.
**elapse** (i'laps) *vi* pasar, correr (el tiempo).
**elastic** (i las'tik) *adj* elástico.
**elasticity** (i lá stis'i tē) *n* elasticidad *f*.
**elated** (i lā'tid) *adj* regocijado.
**elation** (i lā'sh*a*n) *n* regocijo *m*.
**elbow** (el'bō) *n* codo *m*; • *vt* codear.
**elbow-room** (el'bō röm'', el'bō röm'') *n* anchura *f*; espacio suficiente *m*; (*fig*) libertad, latitud *f*.
**elder** (el'dėr) *n* saúco *m* (árbol); • *adj* mayor.
**elderly** (el'dėr lē) *adj* de edad avanzada.
**elders** *n pl* ancianos, antepasados *mpl*.
**eldest** (el'dist) *adj* el, la mayor.
**elect** (i lekt') *vt* elegir; • *adj* elegido, escogido.
**election** (i lek'sh*a*n) *n* elección *f*.
**electioneering** (i lek''sh*a* nēr'ing) *n* maniobras electorales *fpl*.
**elective** (i lek'tiv) *adj* electoral, selectivo.

**elector** (i lek´tėr) *n* elector *m.*
**electoral** (i lek´tėr *a*l) *adj* electoral.
**electorate** (i lek´tėr it) *n* electorado *m.*
**electric(al)** (i lek´trik; i lek´tri k*a*l) *adj* eléctrico.
**electric blanket** *n* manta eléctrica *f.*
**electric cooker** *n* cocina eléctrica *f.*
**electric fire** *n* estufa eléctrica *f.*
**electrician** (i lek trish´*a*n, ē´´lek trish´*a*n) *n* electricista *m.*
**electricity** (i lek tris´i tē, ē´´lek tris´ i tē) *n* electricidad *f.*
**electrify** (i lek´tr*i* fī´´) *vt* electrizar.
**electron** (i lek´tron) *n* electrón *m.*
**electronic** (i lek´´tron´ik, ē´´lek tron´ik) *adj* electrónico; ~**s** *npl* electrónica *f.*
**elegance** (el´*e* g*a*ns) *n* elegancia *f.*
**elegant** (el´*e* g*a*nt) *adj* elegante, delicado; ~**ly** *adv* elegantemente.
**elegy** (el´i jē) *n* elegía *f.*
**element** (el´*e* ment) *n* elemento *m*; fundamento *m.*
**elemental, elementary** (el´´*e* men´t*a*l; el´´*e* men´t*a* rē, el´´*e* men´trē) *adj* elemental, fundamental.
**elephant** (el´*e* f*a*nt) *n* elefante *m.*
**elephantine** (el´´*e* f*a*n´tin, el´´*e* f*a*n´tīn) *adj* inmenso.
**elevate** (el´*e* vāt´´) *vt* elevar, alzar, exaltar.
**elevation** (el´*e* vā´sh*a*n) *n* elevación *f*; altura *f*; alteza (de pensamientos) *f.*
**elevator** (el´*e* vā´´tėr) *n* ascensor *m.*
**eleven** (i lev´*e*n) *adj, n* once *m.*
**elevenfold** (i lev´*e*n fōld´´) *adj* once veces.
**eleventh** (i lev´*e*nth) *adj, n* onceno, undécimo.
**elf** (elf) *n* duende *m.*
**elfin** (el´fin) *adj.* de duendes; semejante a un duende.
**elicit** (i lis´it) *vt* sacar de, deducir, evocar.
**eligibility** (el´´i j*i* bil´i tē) *n* elegibilidad *f.*
**eligible** (el´i j*i* bl) *adj* elegible.
**eliminate** (i lim´*i* nāt´´) *vt* eliminar, descartar.
**elk** (elk) *n* alce *m.*
**elliptic(al)** (i lip´tik; i lip´ti k*a*l) *adj* elíptico.
**elm** (elm) *n* olmo *m.*
**elocution** (el´´*o* kū´sh*a*n) *n* elocución *f.*
**elocutionist** (el´´*o* kū´sh*a*n ist) *n* profesor de elocución *m.*
**elongate** (i läng´gāt) *vt* alargar.
**elope** (i lōp´) *vi* escapar, huir, evadirse.
**elopement** (i lōp´m*e*nt) *n* fuga, huída, evasión *f.*
**eloquence** (el´*o* kwens) *n* elocuencia *f.*
**eloquent** (el´*o* kw*e*nt) *adj* elocuente; ~**ly** *adv* elocuentemente.
**else** (els) *pn* otro. **anyone, anybody else** alguien más; **everyone else** todos los demás; **nobody else** nadie más.
**elsewhere** (els´hwâr´´, els´wâr´´) *adv* en otra parte.
**elucidate** (i lū´si dāt´´) *vt* explicar.
**elucidation** (i lū´si dā´´sh*a*n) *n* elucidación, explicación *f.*
**elude** (i lūd) *vt* eludir, evitar.
**elusive, elusory** (i lū´siv, i lū´s*o* rē) *adj* esquivo.
**elves** (elvz) *n* plural de **elf**.
**emaciated** (i mā´shē āt´´) *adj* demacrado.
**emanate (from)** (em´*a* nāt´´) *vi* emanar.
**emancipate** (i man´s*i* pāt´´) *vt* emancipar; dar libertad.

**emancipation** (i man´´s*i* pā´sh*a*n) *n* emancipación *f.*
**embalm** (em bäm´) *vt* embalsamar.
**embankment** (em bangk´m*e*nt) *n* terraplén, malecón *m.*
**embargo** (em bär´gō) *n* prohibición *f.*
**embark** (em bärk´) *vt* embarcar.
**embarkation** (em bärk *e*´sh*a*n) *n* embarque (de mercancías) *f.*
**embarrass** (em bar´*a*s) *vt* avergonzar, desconcertar.
**embarrassed** *adj* azorado, avergonzado.
**embarrassing** *adj* vergonzoso; embarazoso.
**embarrassment** (em bar´*a*s m*e*nt) *n* desconcierto *m.*
**embassy** (em´b*a* sē) *n* embajada *f.*
**embattle** (em bat´l) *vt* formar en orden de batalla; fortificar.
**embattlement** (em bat´l m*e*nt) *n* almenaje *m.*
**embed** (em bed´) *vt* empotrar; clavar.
**embellish** (em bel´ish) *vt* hermosear, adornar.
**embellishment** (em bel´ish m*e*nt) *n* adorno *m.*
**embers** (em´bėrs) *npl* rescoldo *m.*
**embezzle** (em bez´l) *vt* desfalcar.
**embezzlement** (em bez´l m*e*nt) *n* desfalco *m.*
**embezzler** (em bez´lėr) *n* desfalcador, malversador *m.*
**embitter** (em bit´ėr) *vt* amargar.
**emblem** (em´blem) *n* emblema *m.*
**emblematic(al)** (em´´bl*e* mat´ik; em´´bl*e* ma´tik *a*l) *adj* emblemático, simbólico.
**embodiment** (em bod´ē m*e*nt) *n* 1. incorporación *f.* 2. personificación *f.*
**embody** (em bod´ē) *vt* incorporar, personificar.
**emboss** (em b*ä*s´, em´bos) *vt* tallar en relieve.
**embossment** (em b*ä*s´m*e*nt, em´bos ment) *n* relieve, repujado *m.*
**embrace** (em brās´) *vt* abrazar; contener; • *n* abrazo *m.*
**embroider** (em broi´dėr) *vt* 1. bordar; 2. embellecer, exagerar (una narración).
**embroidery** (em broi´d*e* rē, em broi´drē) *n* bordado *m*; bordadura *f.*
**embroil** (em broil´) *vt* embrollar; confundir.
**embryo** (em´brē ō´´) *n* embrión *m.*
**emend** (i mend´) *vt* enmendar, corregir.
**emendation** (ē´´men dā´sh*a*n) *n* enmienda, corrección *f.*
**emerald** (em´ėr *a*ld) *n* esmeralda *f.*
**emerge** (i mėrj´) *vi* salir, proceder.
**emergency** (i mėr´j*e*n sē) *n* emergencia *f*; necesidad urgente *f.*
**emergency cord** *n* timbre de alarma *m.*
**emergency exit** *n* salida de emergencia *f.*
**emergency landing** *n* aterrizaje forzoso *m.*
**emergency meeting** *n* reunión extraordinaria *f.*
**emergent** (i mėr´j*e*nt) *adj* emergente, saliente, naciente.
**emery** (em´*e* rē, em´rē) *n* esmeril *m.*
**emigrant** (em´*i* gr*a*nt) *n* emigrado *m.*
**emigrate** (em´*i* grāt´´) *vi* emigrar.
**emigration** (em´´*i* grā´sh*a*n) *n* emigración *f.*
**eminence** (em´*i* n*e*ns) *n* altura *f*; eminencia, excelencia *f.*

**eminent** (em´*i* n*e*nt) *adj* eminente, elevado; distinguido; ~**ly** *adv* eminentemente.
**emissary** (em´i ser´ē) *n* emisario.
**emission** (i mish´*a*n) *n* emisión *f.*
**emit** (i mit´) *vt* emitir; arrojar, despedir.
**emolument** (i mol´ū m*e*nt) *n* emolumento, provecho *m.*
**emotion** (i mō´sh*a*n) *n* emoción *f.*
**emotional** (i mō´sh*a* n*a*l) *adj* emocional.
**emotive** (i mō´tiv) *adj* emotivo.
**empathy** (em´p*a* thē) *n* empatía.
**emperor** (em´pėr ėr) *n* emperador *m.*
**emphasis** (em´f*a* sis) *n* énfasis *m.*
**emphasize** (em´f*a* sīz´´) *vt* hablar con énfasis, recalcar, destacar, hacer hincapié.
**emphatic** (em fat´ik) *adj* enfático; ~**ally** *adv* enfáticamente.
**empire** (em´pīėr) *n* imperio *m.*
**emplacement** (em plās´m*e*nt) *n* emplazamiento, ubicación.
**employ** (em ploi´) *vt* emplear, ocupar.
**employable** (em ploi´*a* bl) *adj* utilizable
**employee** (em ploi´ē, em´´ploi ē´) *n* empleado *m.*
**employer** (em ploi´ėr) *n* patrón *m*; empresario *m.*
**employment** (em ploi´m*e*nt) *n* empleo *m*; trabajo *m.*
**emporium** (em pōr´ē *u*m, em pär´ē *u*m) *n* emporio, bazar *m*; tienda *f.*
**empower** (em pou´ėr) *vt* autorizar, facultar.
**empress** (em´pris) *n* emperatriz *f.*
**emptiness** (emp´tē nis) *n* vaciedad *f*; futilidad *f.*
**empty** (emp´tē) *adj* vacío; vano; ignorante; • *vt* vaciar, evacuar.
**empty-handed** (emp´tē han´did) *adj* con las manos vacías.
**emulate** (em´ū lāt´´) *vt* emular, competir; imitar.
**emulsion** (i mul´sh*a*n) *n* emulsión *f.*
**enable** (en ā´bl) *vt* capacitar.
**enact** (en akt´) *vt* promulgar; representar; hacer.
**enamel** (i nam´*e*l) *n* esmalte *m*; • *vt* esmaltar.
**enamor** (en am´ėr) *vt* enamorar.
**encage** (en kāj´) *vt* enjaular.
**encamp** (en kamp´) *vi* acamparse.
**encampment** (en kamp´m*e*nt) *n* campamento *m.*
**encase** (en kās´) *vt* encajar, encajonar.
**enchant** (en chant´, en chänt´) *vt* encantar, hechizar.
**enchanting** (en chant´ing, en chänt´ing) *adj* encantador, fascinante.
**enchantment** (en chant´m*e*nt, en chänt´m*e*nt) *n* encanto, encantamiento, hechicería *m.*
**encircle** (en sėr´lk) *vt* cercar, circundar.
**enclose** (en klōz´) *vt* cercar, circunvalar, circundar; incluir.
**enclosure** (en klō´zhėr) *n* cercamiento *m*; cercado *m.*
**encompass** (en kum´p*a*s) *vt* abarcar.
**encore** (äng´kōr, än´kōr, äng´k*ä*r) *adv* (*tea*) pedir que algo se repita.
**encounter** (en koun´tėr) *n* encuentro *m*; duelo *m*; pelea *f*; • *vt* encontrar.
**encourage** (en kėr´ij, en kur´ij) *vt* animar, alentar.
**encouragement** (en kėr´ij m*e*nt, en kur´ij m*e*nt) *n* estímulo, patrocinio *m.*

**encroach** (en krōch′) *vt* usurpar, traspasar los limites; avanzar gradualmente.
**encroacher** (en krōch′ėr) *n* usurpador, intruso.
**encroachment** *n* usurpación, intrusión *f.*
**encrusted** (en krust′id) *adj* incrustado.
**encumber** (en kum′bėr) *vt* sobrecargar; estorbar, impedir; gravar, afectar (con obligaciones una hipoteca, etc.)
**encumbrance** (en kum′brans) *n* embarazo, impedimento *m.*
**encyclical** (en sik′li kal, en sī′kli kal) *adj* encíclico, circular • *n* encíclica *f.*
**encyclopedia** (en sī′′klo pē′dē a) *n* enciclopedia *f.*
**end** (end) *n* fin *m*; extremidad *f*; término *m*; resolución *f*; **to the ~ that** para que; **to no ~** en vano; **on ~** en pie, de pie; • *vt* terminar, concluir, fenecer; • *vi* acabar, terminar.
**endanger** (en dān′jėr) *vt* peligrar, arriesgar.
**endear** (en dēr′) *vt* encarecer; hacer apreciar o estimar.
**endearing** (en dēr′ing) *adj* simpático.
**endearment** (en dēr′ment) *n* encarecimiento *m*; lo que provoca cariño o afecto; caricia *f.*
**endeavor** (en dev′ėr) *vi* esforzarse; intentar; • *n* esfuerzo *m.*
**endemic** (en dem′ik) *adj* endémico.
**ending** (en′ding) *n* conclusión; *f*; desenlace *m*; terminación *f.*
**endive** (en′dīv, än′dēv) *n* (*bot*) endibia *f.*
**endless** (end′lis) *adj* infinito, perpetuo; **~ly** *adv* sin fin, perpetuamente.
**endorse** (en därs′) *vt* endosar; aprobar.
**endorsement** (en därs′ment) *n* endoso *m*; aprobación *f.*
**endow** (en dou′) *vt* dotar.
**endowment** *n* dote, dotación *f.*
**endurable** (en dür′a bl, en dėr′a bl) *adj* sufrible, tolerable.
**endurance** (en dür′ans, en dėr′ans) *n* duración *f*; paciencia *f*; aguante, sufrimiento *m.*
**endure** (en dür′, en dėr′) *vt* sufrir, soportar; • *vi* durar.
**enduring** (en dür′ing, en dėr′ing) paciente, constante; perdurable, permanente; resistente
**endways, endwise** (end′wāz′′; end′wīz′′) *adv* de punta, derecho.
**enemy** (en′e mē) *n* enemigo, antagonista *m.*
**energetic** (en′′ėr jet′ik) *adj* enérgico, vigoroso.
**energy** (en′ėr jē) *n* energía, fuerza *f.*
**enervate** (en′ėr vār′′) *vt* enervar, debilitar.
**enfeeble** (en fē′bl) *vt* debilitar.
**enfold** (en fōld′) *vt* envolver.
**enforce** (en fōrs′, en färs′) *vt* hacer cumplir.
**enforced** *adj* forzoso.
**enforcement**(en fōrs′ment, en färs′ment) *n* imposición (de una ley).
**enfranchise** (en fran′chīz) *vt* emancipar, conceder derechos.
**engage** (en gāj′) *vt* llamar; abordar; contratar.
**engaged** (en gājd′) *adj* prometido.
**engagement** (en gāj′ment) *n* compromiso *m*; combate *m*; pelea *f*; obligación *f.*

**engagement ring** *n* anillo de compromiso *m.*
**engaging** (en gā´jing) *adj* atractivo.
**engender** (en jen´dėr) *vt* engendrar; producir.
**engine** (en´j*i*n) *n* motor *m*; locomotora *f.*
**engine driver** *n* maquinista *m.*
**engineer** (en´´j*i* nēr´) *n* ingeniero *m*; maquinista *m.*
**engineering** (en´´j*i* nēr´ing) *n* ingeniería *f.*
**engraft** (en graft´, en gräft´) *vt* injertar; inculcar.
**engraftment** *n* injerto.
**engrave** (en grāv´) *vt* grabar; esculpir; tallar.
**engraving** (en grā´ving) *n* grabado *m*; estampa *f.*
**engrossed** (en grōs´id) *adj* absorto.
**engulf** (en gulf´) *vt* sumergir.
**enhance** (en hans´, en häns´) *vt* aumentar, realzar.
**enigma** (*e* nig´m*a*) *n* enigma *m.*
**enjoin** (en join´) *vt* prescribir, imponer.
**enjoy** (en joi´) *vt* gozar; poseer.
**enjoyable** *adj* agradable; divertido.
**enjoyment** *n* disfrute *m*; placer *m*; fruición *f.*
**enlarge** (en lärj´) *vt* engrandecer, dilatar, extender.
**enlargement** (en lärj´m*e*nt) *n* aumento *m*; ampliación *f*, soltura *f.*
**enlighten** (en līt´*e*n) *vt* iluminar; instruir.
**enlightened** (en līt´*e*nd) *adj* iluminado.
**Enlightenment** (en lī´*e*n m*e*nt) *n*: **the** ~ el siglo de las luces *m.*
**enlist** (en list´) *vt* alistar, reclutar.
**enlistment** (en list´m*e*nt) *n* alistamiento *m.*
**enliven** (en lī´v*e*n) *vt* animar; avivar; alegrar.
**enmity** (en´mi tē) *n* enemistad *f*; odio *m.*
**enormity** (i n*ä*r´mi tē) *n* enormidad *f*; atrocidad *f.*
**enormous** (i n*ä*r´mus) *adj* enorme; **~ly** *adv* enormemente.
**enough** (i nuf´) *adv* bastante, suficiente; basta; • *n* bastante *m.*
**enounce** (i nouns´) *vt* declarar.
**enquire** (en kwīėr´) *vt* = **inquire**.
**enrage** (en rāj´) *vt* enfurecer, irritar.
**enrapture** (en rap´chėr) *vt* arrebatar, entusiasmar; encantar.
**enrich** (en rich´) *vt* enriquecer; adornar.
**enrichment**(en rich´m*e*nt) *n* enriquecimiento *m.*
**enrol** (en rōl´) *vt* registrar, inscribir, matricular; arrollar.
**enrolment** (en rōl´m*e*nt) *n* inscripción *f.*
**en route** (än röt´, en röt´) *adv* durante el viaje.
**enshrine** (en shrīn´) *vt* conservar; venerar.
**enshroud** (en shroud´) *vt* amortajar, envolver; velar, ocultar.
**ensign** (en´sīgn, en´s*i*n) *n* (*mil*) bandera *f*, abanderado *m*; (*mar*) alférez *m.*
**enslave** (en slāv´) *vt* esclavizar, cautivar.
**enslavement** (en slāv´m*e*nt) *n* esclavitud *f.*
**ensnare** (en snâr´) *vt* atrapar, tender una trampa
**ensnarl** (en snär´l) *vt* enredar, confundir
**ensue** (en sö´) *vi* seguirse; suceder.
**ensure** (en sh*ü*r´) *vt* asegurar.

**entail** (en tāl′) *vt* suponer.
**entangle** (en tang′gl) *vt* enmarañar, embrollar.
**entanglement** (en tang′gl m*e*nt) *n* enredo *m.*
**enter** (en′tėr) *vt* entrar; admitir; registrar; **to ~ for** presentarse para; **to ~ into** establecer; formar parte de/en; firmar.
**enterprise** (en′tėr priz′′) *n* empresa *f.*
**enterprising** (en′tėr prī′zing) *adj* emprendedor.
**entertain** (en′′tėr tān′) *vt* divertir; hospedar; mantener.
**entertainer** (en′′tėr tān′ėr) *n* artista; anfitrión *m.*
**entertaining** (en′′tėr tān′ing) *adj* divertido.
**entertainment** (en′′tėr tān′m*e*nt) *n* entretenimiento, pasatiempo *m.*
**enthralled** (en thräl′id) *adj* encantado.
**enthralling** (en thräl′ing) *adj* cautivador.
**enthrone** (en thrōn′) *vt* entronizar.
**enthusiasm** (en thö′zē az′′*u*m) *n* entusiasmo *m.*
**enthusiast** (en thö′zē ast′′) *n* entusiasta *m.*
**enthusiastic** (en thö′′zē as′tik) *adj* entusiasta.
**entice** (en tīs′) *vt* tentar; seducir.
**entire** (en tīėr′) *adj* entero, completo, perfecto; **~ly** *adv* enteramente.
**entirety** (en tīėr′lē) *n* totalidad, suma total *f.*
**entitle** (en tī′tl) *vt* titular; dar derecho a.
**entitled** *adj* titulado, con derecho a.
**entity** (en′ti tē) *n* entidad, existencia *f.*
**entourage** (än′′tü räzh′) *n* séquito *m.*
**entrails** (en′trālz, en′tr*a*lz) *npl* entrañas, vísceras, intestinos.
**entrance** (en′tr*a*ns) *n* entrada *f*; admisión *f*; principio *m.*
**entrance examination** *n* examen de ingreso *m.*
**entrance fee** *n* cuota de entrada *f.*
**entrance hall** *n* pórtico, vestíbulo *m.*
**entrance ramp** *n* rampa de acceso *f.*
**entrant** (en′tr*a*nt) *n* participante *m*; candidato *m.*
**entrap** (en trap′) *vt* enredar; engañar.
**entreat** (en trēt′) *vt* rogar, suplicar.
**entreaty** (en trē′tē) *n* petición, súplica, instancia *f.*
**entrench** (en trench′) *vt* atrincherar, arraigar.
**entrepreneur** (än′′tr*e* pr*e* nėr′) *n* empresario, contratista *m.*
**entrust** (en trust′) *vt* confiar.
**entry** (en′trē) *n* entrada *f*, acceso; vocablo, artículo (en un diccionario) *m.*
**entry phone** *n* portero automático *m.*
**entwine** (en twīn′) *vt* entrelazar, encroscar, torcer.
**enumerate** (i nö′m*e* rāt′′) *vt* enumerar, numerar.
**enunciate** (i nun′sē āt′′) *vt* enunciar, declarar.
**enunciation**(i nun′sē ā′′sh*a*n) *n* enunciación *f.*
**envelop** (en vel′*u*p) *vt* envolver.
**envelope** (en′v*e* lōp′′, ä n′v*e* lōp′′) *n* sobre *m.*
**enviable** (en′vē *a* bl) *adj* envidiable.
**envious** (en′vē us) *adj* envidioso; **~ly** *adv* envidiosamente.
**environment** (en vī′r*o*n m*e*nt) *n* entorno, medio ambiente *m.*

**environmental** *adj* ambiental.
**environs** (en vī'ronz, en vī'*o*rnz) *npl* alrededores *m*, vecindad *f*; contornos *mpl*.
**envisage** (en viz'ij) *vt* prever; concebir.
**envoy** (en'voi, än'voi) *n* enviado *m*; mensajero *m*.
**envy** (en'vē) *n* envidia, malicia *f*; • *vt* envidiar.
**ephemeral** (i fem'ėr *a*l) *adj* efímero.
**epic** (ep'ik) *adj* épico; • *n* épica *f*.
**epidemic** (ep''*i* dem'ik) *adj* epidémico; • *n* epidemia *f*.
**epilepsy** (ep'*i* lep''sē) *n* epilepsia *f*.
**epileptic** (ep''*i* l ep'tik) *adj* epiléptico.
**epilog(ue)** (ep'*i* läg'', ep'*i* log'') *n* epílogo *m*.
**Epiphany** (i pif'*a* nē) *n* Epifanía *f*.
**episcopacy** (i pis'k*o* p*a* sē) *n* episcopado *m*.
**episcopal** (i pis'k*o* pal) *adj* episcopal.
**episcopalian** (i pis''k*o* pāl'y*a*n, i pis''k*o* pā lē *a*n) *n* anglicano *m*.
**episode** (ep'i sōd'', ep'i zōd'') *n* episodio *m*.
**epistle** (i pis'l) *n* epístola *f*.
**epistolary** (i pis't*o* ler'ē) *adj* epistolar.
**epithet** (ep'*i* thet'') *n* epíteto *m*.
**epitome** (i pit'*o* mē) *n* epítome, compendio *m*.
**epitomize** (i pit'*o* mīz'') *vt* epitomar, abreviar.
**epoch** (ep'*o*k) *n* época *f*.
**equable** (ek'w*a* bl, ē'kw*a* bl) *adj* uniforme; ~**bly** *adv* uniformemente.
**equal** (ē'kw*a*l) *adj* igual; justo; semejante; • *n* igual *m*; compañero *m*; • *vt* igualar; compensar.
**equality** (i kwol'i tē) *n* igualdad, uniformidad *f*.
**equalize** (ē'kw*a* līz'') *vt* igualar.
**equally** (ē'kw*a* lē) *adv* igualmente.
**equanimity** (ē''kw*a* nim'i tē) *n* ecuanimidad *f*.
**equate** (i kwāt') *vt* equiparar (*con*).
**equation** (i kwā'zh*a*n, i kwā'sh*a*n) *n* ecuación *f*.
**equator** (i kwā'tėr) *n* ecuador *m*.
**equatorial** (i kwā'tōr'ē *a*l, ē''kw*a* tär'ē *a*l) *adj* ecuatorial.
**equestrian** (i kwes'trē *a*n) *adj* ecuestre.
**equilateral** (ē'kw*i* lat'ėr al) *adj* equilátero.
**equilibrium** (ē'kw*i* lib rē *u*m) *n* equilibrio *m*.
**equinox** (ē'kw*i* noks'', ek'w*i* noks'') *n* equinoccio *m*.
**equip** (i k wip') *vt* equipar, pertrechar.
**equipment** (i kwip'm*e*nt) *n* equipaje *m*.
**equitable** (ek'wi t*a* bl) *adj* equitativo, imparcial; ~**bly** *adv* equitativamente.
**equity** (ek'wi tē) *n* equidad, justicia, imparcialidad *f*.
**equivalent** (i kwiv'*a* lent, ē''qw*i* vā lent) *adj, n* equivalente *m*.
**equivocal** (i kwiv'*o* k*a*l) *adj* equívoco, ambiguo; ~**ly** *adv* equivocadamente, ambiguamente.
**equivocate** (i kwiv'*o* kāt'') *vt* equivocar, usar equívocos.
**equivocation** (i kwiv''*o* kā'sh*a*n) *n* equívoco *m*.
**era** (ēr'*a*, er'*a*) *n* era *f*.
**eradiate** (i rā'dē āt'') *vt* radiar, irradiar.
**eradicate** (i rad'*i* kāt) *vt* desarraigar, extirpar, erradicar.

**eradication** (i rad´´*i* kā´sh*a*n) *n* extirpación, erradicación *f.*
**erase** (i rās´) *vt* borrar.
**eraser** (i rā´sėr) *n* goma de borrar *f.*
**erect** (i rekt´) *vt* construir; erigir; establecer; • *adj* erecto, levantado, vertical.
**erection** (i rek´sh*a*n) *n* establecimiento *m*; estructura *f*; erección *f.*
**ermine** (*ü*r´min) *n* armiño *m.*
**erode** (i rōd´) *vt* erosionar; corroer.
**erotic** (i rot´ik) *adj* erótico.
**err** (*ü*r, er) *vi* vagar, errar; desviarse.
**errand** (er´*a*nd) *n* recado, mensaje *m.*
**errand boy** *n* recadero, mandadero, mensajero *m.*
**errata** (i rā´t*a*, i rä´t*a*) *npl* fe de erratas *f.*
**erratic** (i rat´ik) *adj* errático, errante; irregular.
**erroneous** (*e* rō´nē us, e rō´nē us) *adj* erróneo; falso; **~ly** *adv* erróneamente.
**error** (er´*o*r) *n* error *m.*
**erudite** (er´ū dit´´, er´*ü* dīt´´) *adj* erudito.
**erudition** (er´´ū dish´´*a*n, er´*ü* dish´*a*n) *n* erudición *f*; doctrina *f.*
**erupt** (i rupt´) *vi* entrar en erupción; hacer erupción.
**eruption** (i rup´sh*a*n) *n* erupción *f.*
**escalate** (es´ka lāt´´) *vi* extenderse, intensificar.
**escalation** (es´ka lā´sh*a*n) *n* intensificación *f.*
**escalator** (es´k*a* lā´´tėr) *n* escalera móvil *f.*
**escapade** (es´´k*a* pād´´) *n* travesura, aventura *f.*
**escape** (es´kāp´) *vt* evitar; escapar; • *vi* evadirse, salvarse; • *n* escapada, huida, fuga *f*; inadvertencia *f*; **to make one's ~** poner los pies en polvorosa.
**escapism** (e skā´pism) *n* escapismo *m.*
**eschew** (es chö´) *vt* huir, evitar, evadir.
**escort** (es´´k*ä*rt) *n* escolta *f*; • *vt* escoltar.
**esoteric** (es´*o* tėr´ik) *adj* esotérico.
**especial** (e spesh´*a*l) *adj* especial; **~ly** *adv* especialmente.
**espionage** (es´pē *o* näzh´´) *n* espionaje *m.*
**esplanade** (es´pl*a* nād´, es´´pl*a* näd´) *n* (*mil*) esplanada *f.*
**espouse** (e spouz´) *vt* desposar.
**esquire** (e skwīer´, es´kwīer) *n* escudero *m.*
**essay** (es´ā, e sā´) *n* ensayo *m.*
**essence** (es´*e*ns) *n* esencia *f.*
**essential** (*e* sen´sh*a*l) *n* esencia *f*; • *adj* esencial, substancial, principal; **~ly** *adv* esencialmente.
**establish** (e stab´lish) *vt* establecer, fundar, fijar; confirmar.
**establishment** (e stab´lish ment) *n* establecimiento *m*; fundación *f*; institución *f.*
**estate** (e stāt´) *n* estado *m*; hacienda *f*; bienes *mpl.*
**esteem** (e stēm´) *vt* estimar, apreciar; pensar; • *n* estima *f*; consideración *f.*
**esthetic** (es thet´ik) *adj* estético; **~s** *npl* estética *f.*
**estimate** (es´t*i* māt´´) *vt* estimar, apreciar, tasar. **estimation** *n* estimacion, valuación *f*; opinión *f.*
**estrange** (e stranj´) *vt* apartar, enajenar.
**estranged** *adj* separado.
**estrangement** (e stranj´ment) *n* enajenamiento *m*; extrañeza, distancia *f.*

**estuary** (es'chö er''ē) *n* estuario, brazo de mar *m*; desembocadura de lago *o* río *f*.
**etch** (ech) *vt* grabar al aguafuerte.
**etching** (ech'ing) *n* grabado al aguafuerte *m*.
**eternal** (i tėr'n*a*l) *adj* eterno, perpetuo, inmortal; ~**ly** *adv* eternamente.
**eternity** (i tėr'ni tē) *n* eternidad *f*.
**ether** (ē'thėr) *n* éter *m*.
**ethical** (eth'ik *a*l) *adj* ético; ~**ly** *adv* moralmente.
**ethics** (eth'iks) *npl* ética *f*.
**ethnic** (eth'nik) *adj* étnico.
**ethos** (ē'thos, eth'os) *n* genio *m*.
**etiquette** (et'*i* kit) *n* etiqueta *f*.
**etymological** (et''*i* m*o* loj'ik *a*l) *adj* etimológico.
**etymologist** (et''*i* m*o* loj'ist) *n* etimologista *m*.
**etymology** (et''*i* mol'*o* jē) *n* etimología *f*.
**eucalyptus** (ū''k*a* lip't*u*s) *n* eucalipto *m*.
**Eucharist** (ū'k*a* rist) *n* Eucaristía *f*.
**eulogy** (ū'l*o* jē) *n* elogio, encomio *m*; alabanza *f*.
**eunuch** (ū'n*u*k) *n* eunuco *m*.
**euphemism** (ū'fe miz''*u*m) *n* eufemismo *m*.
**euthanasia** (ū''th*a* nā'zh*a*, ū''th*a* nā'zhē *a*) *n* eutanasia *f*.
**evacuate** (i vak'ū āt'') *vt* evacuar.
**evacuation** (i vak''ū ā'sh*a*n) *n* evacuación *f*.
**evade** (i vād') *vt* evadir, escapar, evitar.
**evaluate** (i val'ū āt'') *vt* evaluar; interpretar.
**evangelic(al)** (ē''van jel'i k*a*l) *adj* evangélico.
**evangelist** (i van'j*e* list) *n* evangelista *m*.
**evangelize** (i van'j*e* līz) *vt* evangelizar
**evaporate** (i vap'*o* rāt'') *vt* evaporar; • *vi* evaporarse; disiparse.
**evaporated milk** *n* leche evaporada *f*.
**evaporation** (i vap'*o* ra'sh*a*n) *n* evaporación *f*.
**evasion** (i vā' zh*a*n) *n* evasión *f*; escape *m*.
**evasive** (i vā'siv) *adj* evasivo; ~**ly** *adv* evasivamente.
**eve** (ēv) *n* víspera *f*.
**even** (ē'v*e*n) *adj* llano, igual; par, semejante; • *adv* aun; aun cuando, supuesto que; no obstante; • *vt* igualar, allanar; • *vi*: **to ~ out** nivelarse.
**even-handed** (ē'v*e*n han'did) *adj* imparcial, equitativo.
**evening** (ēv'ning) *n* tarde, *f* atardecer, anochecer *m*.
**evening class** *n* clase nocturna *f*.
**evening dress** *n* traje de etiqueta *m*; traje de noche *m*.
**evenly** (ē'v*e*n lē) *adv* igualmente, llanamente.
**evenness** (ē'v*e*n nis) *n* igualdad *f*; uniformidad *f*; llanura *f*; imparcialidad *f*.
**even number** *n* número par *m*.
**event** (i'vent') *n* suceso, acontecimiento, evento *m*; éxito *m*.
**eventful** (i'vent'f*u*l) *adj* lleno de acontecimientos; memorable, extraordinario.
**eventual** (i'ven'chö *a*l) *adj* final; ~**ly** *adv* por fin.
**eventuality** (i ven''chö al'i tē) *n* eventualidad *f*.
**ever** (ev'ėr) *adv* siempre; **for ~ and ~** siempre jamás, eternamente; **~ since** después.

**everglade** (ev´ėr glād´´) *n* terreno pantanoso cubierto de hierva.
**evergreen** (ev´ėr grēn´´) *adj* de hoja verde; • *n* siempreviva (planta) *f.*
**everlasting** (ev´ėr las´ting, ev´´ėr lä´sting) *adj* eterno, perpetuo; duradero.
**evermore** (ev´´ėr mōr´, ev´´ėr mär´) *adv* eternamente, para siempre jamás.
**every** (ev´rē) *adj* cada uno *o* cada una; ~ **where** en *o* por todas partes; ~ **thing** todo; ~ **one**, ~ **body** cada uno, cada una.
**evict** (i vikt´) *vt* desahuciar.
**eviction** (i vik´shan) *n* desahucio *m.*
**evidence** (ev´i dens) *n* evidencia *f*; testimonio *m*, prueba *f*; • *vt* evidenciar.
**evident** (ev´i dent) *adj* evidente; patente, manifiesto; ~**ly** *adv* evidentemente.
**evil** (ē´vil) *adj* malo, depravado, pernicioso; dañoso; • *n* mal *m*; maldad *f.*
**evildoer** *n* malhechor *m.*
**evil-minded** (ē´vil mīn´did) *adj* malicioso, mal intencionado.
**evocative** (i vok´a tiv, i vō´ka tiv) *adj* sugestivo.
**evoke** (i vōk´) *vt* evocar.
**evolution** (ev´´o lö´shan) *n* evolución *f.*
**evolve** (i volv´) *vt, vi* evolucionar; desenvolver; desplegarse.
**ewe** (ū) *n* oveja hembra *f.*
**ewe-necked** (ū´nek id) *adj* de cuello delgado.
**ewer** (ū´ėr) *s* jarra *f.*
**exacerbate** (ig zas´ėr bāt´´) *vt* agravar.
**exact** (ig zakt´) *adj* exacto; • *vt* exigir.
**exacting** (ig zak´ting) *adj* exigente.
**exaction** (ig zak´shan) *n* exacción, extorsión *f.*
**exactly** *adj* exactamente.
**exactitude** (ig zak´ti töd) *n* exactitud *f.*
**exaggerate** (ig zaj´e rāt´´) *vt* exagerar.
**exaggeration** (ig zaj´´e rā´shan) *n* exageración *f.*
**exalt** (ig zält´) *vt* exaltar, elevar; alabar; realzar.
**exaltation** (ig zäl tā´shan) *n* exaltación, elevación *f.*
**exalted** (ig zäl´tid) *adj* exaltado; muy animado.
**examination** (ig zam´´i nā´shan) *n* examen *m.*
**examine** (ig zam´in) *vt* examinar; escudriñar.
**examiner** (ig zam´in ėr) *n* inspector *m.*
**example** (ig zam´pl, ig zäm´pl) *n* ejemplar *m*; ejemplo *m.*
**exasperate** (ig zas´pe rāt´´) *vt* exasperar, irritar, enojar, provocar; agravar; amargar.
**exasperation** (ig zas´pe rā´shan) *n* exasperación, irritación *f.*
**excavate** (eks´ka vāt´´) *vt* excavar, ahondar.
**excavation** (eks´ka vā´shan) *n* excavación *f.*
**exceed** (ik sēd´) *vt* exceder; sobrepasar.
**exceedingly** (ik sē´ding lē) *adv* extremadamente, en sumo grado.
**excel** (ik sel´) *vt* sobresalir, exceder, distinguirse.
**excellence** (ek´se lens) *n* excelencia *f*; preeminencia *f.*

**Excellency** (ek´sē len sē) *n* Excelencia (título) *f.*
**excellent** (ek´se lent) *adj* excelente; **~ly** *adv* excelentemente.
**except** (ik sept´) *vt* exceptuar, excluir; **~(ing)** *prep* excepto, a excepción de.
**exception** (ik sep´shan) *n* excepción, exclusión *f.*
**exceptional** (ik sep´sha nal) *adj* excepcional.
**excerpt** (ik sėrpt´) *n* extracto, pasaje (de una obra literaria) *m.*
**excess** (ik ses´, ek´ses) *n* exceso *m.*
**excessive** (ik ses´iv) *adj* excesivo; **~ly** *adv* excesivamente.
**exchange** (iks chānj) *vt* cambiar; trocar, permutar; • *n* cambio *m*; bolsa de valores *f.*
**exchange rate** *n* tipo de cambio *m.*
**excise** (ik´sīz, ek sīz´) *n* impuestos sobre el comercio interior *mpl.*
**excitability** (ik sī´ta bil´i tē) *n* excitabilidad *f*, nerviosismo *m.*
**excitable** (ik sī´ta bl) *adj* excitable, nervioso.
**excite** (ik sīt´) *vt* excitar; estimular.
**excited** (ik sī´tid) *adj* emocionado.
**excitement** (ik sīt´ment) *n* estímulo, incitamiento, alboroto, *m.* conmoción, agitación *f.*
**exciting** (ik sī´ting) *adj* emocionante.
**exclaim** (ik sklām´) *vi* exclamar.
**exclamation** (ek´´skla mā´shan) *n* exclamación *f*; clamor *m.*
**exclamation mark** *n* signo de admiración *m.*
**exclamatory** (ik sklam´a tōr´´ē, ik sklam´a tär´´ē) *adj* exclamatorio.
**exclude** (ik sklöd´) *vt* excluir; exceptuar.
**exclusion** (ik sklö´zhan) *n* exclusión, exclusiva, excepción *f.*
**exclusive** (ik sklö´siv) *adj* exclusivo; **~ly** *adv* exclusivamente.
**excommunicate** (eks´´ko mū´ni kāt´´) *vt* excomulgar.
**excommunication** (eks´´ko mū´´ni kā´shān) *n* excomunión *f.*
**excrement** (ek´skre ment) *n* excremento *m.*
**excruciating** (ik skrö´shē ā´´ting) *adj* atroz, enorme, grave, insoportable.
**exculpate** (ek´skul pāt´´) *vt* disculpar; justificar.
**excursion** (ik skür´zhan, ik skür´shan) *n* excursión *f*; digresión *f.*
**excusable** *adj* excusable.
**excuse** (ik skūz´) *vt* disculpar; perdonar; • *n* disculpa, excusa *f.*
**execute** (ek´se kūt´´) *vt* ejectuar.
**execution** (ek´´se kū´shan) *n* ejecución *f.*
**executioner** (ek´´se kū´shan ėr) *n* ejecutor *m*; verdugo *m.*
**executive** (ig zek´ū tiv) *adj* ejecutivo.
**executor** (ig zek´yu tėr) *n* testamentario, albacea *m/f.*
**executrix** (ig zek´yu triks) *n* albacea, testamentaria *f.*
**exemplary** (ig zem´pla rē) *adj* ejemplar.
**exemplify** (ig zem´pli fī) *vt* ejemplificar.
**exempt** (ig zempt´) *adj* exento.
**exempt** (ig zempt´) *vt* eximir, exonerar.
**exemption** *n* exención *f.*
**exercise** (ek´sėr sīz´´) *n* ejercicio *m*; ensayo *m*; tarea *f*; práctica *f*; • *vi* hacer ejercicio; • *vt* ejercer; valerse de.

**exercise book** *n* cuaderno *m*.
**exert** (ig zėrt) *vt* ejercer, emplear; **to ~ oneself** esforzarse.
**exertion** *n* esfuerzo *m*.
**exhale** (eks hāl′, ig zāl′) *vt* exhalar.
**exhaust** (ig zäst′) *n* escape (de motor) *m*; • *vt* agotar.
**exhausted** (ig zäs′tid) *adj* agotado.
**exhausting** *adj* agotador.
**exhaustion** (ig zäs′ch*a*n) *n* agotamiento *m*; extenuación *f*.
**exhaustive** (ig zäs′tiv) *adj* exhaustivo, completo.
**exhibit** (ig zib′it) *vt* exhibir; mostrar; • *n* (*law*) objeto expuesto *m*.
**exhibition** (ek′′*si* bish′*a*n) *n* exposición, presentación *f*.
**exhilarate** (ig zil′*a* rāt′′) *vt* llenar de júbilo.
**exhilarating** *adj* estimulante.
**exhilaration** (ig zil′′*a* rā′sh*a*n) *n* alegría *f*; buen humor, regocijo *m*.
**exhort** (ig zärt′) *vt* exhortar, incitar.
**exhortation** (eg′′zär tā′sh*a*n) *n* exhortación *f*.
**exhume** (ig zöm′, ig zūm′) *vt* exhumar, desenterrar.
**exile** (eg′zīl, ek′sīl) *n* destierro *m*; • *vt* desterrar, deportar.
**exist** (ig zist′) *vi* existir.
**existence** (ig zis′t*e*ns) *n* existencia *f*.
**existent** (ig zis′t*e*nt) *adj* existente.
**existing** *adj* actual, presente.
**exit** ( eg′zit, ek′sit) *n* salida *f*; • *vi* hacer mutis.
**exit ramp** *n* vía de acceso *f*.
**exodus** (ek′*s*o d*u*s) *n* éxodo *m*.
**exonerate** (ig zon′*e* rāt′′) *vt* exonerar, descargar.
**exoneration** *n* exoneración *f*.
**exhorbitant** (ig zär′bi tant) *adj* exorbitante, excesivo.
**exorcise** (ek′s*ä*r sīz′′) *vt* exorcizar, conjurar.
**exorcism** (ek′s*ä*r sīz′′*u*m) *n* exorcismo *m*.
**exotic** (ig zot′ik) *adj* exótico, extranjero.
**expand** (ik spand′) *vt* extender, dilatar, expandir.
**expanse** (ik spans′) *n* extensión de terreno *f*.
**expansion** (ik span′sh*a*n) *n* expansión *f*.
**expansive** (ik span′siv) *adj* expansivo, comunicativo.
**expatriate** (eks pa′trē āt′′) *vt* expatriar.
**expect** (ik spekt′) *vt* esperar, aguardar.
**expectance, expectancy** (ik spek′t*a*ns; ik spek′t*a*n sē) *n* expectación, esperanza *f*.
**expectant** (ik spek′t*a*nt) *adj* expectante.
**expectant mother** *n* mujer encinta *f*.
**expectation** (ek′′spek tā′sh*a*n) *n* expectación, expectativa *f*.
**expediency** (ik spē′dē *e*n sē) *n* conveniencia, oportunidad *f*.
**expedient** (ik spē′dē *e*nt) *adj* oportuno, conveniente; • *n* expediente *m*; **~ly** *adv* convenientemente.
**expedite** (ek′spi dīt′′) *vt* acelerar; expedir.
**expedition** (ek′′spi dish′*a*n) *n* expedición *f*.
**expeditious** (ek′′spi dish′us) *adj* pronto, expedito; **~ly** *adv* prontamente.
**expel** (ik spel′) *vt* expeler, desterrar.
**expend** (ik spend′) *vt* gastar; desembolsar.
**expendable** (ik spen′d*a* bl) *adj* prescindible.

**expenditure** (ik spen´di chėr) *n* gasto, desembolso *m.*
**expense** (ik spens´) *n* gasto *m*; costo *m.*
**expense account** *n* cuenta de gastos *f.*
**expensive** (ik spen´siv) *adj* caro; costoso; ~**ly** *adv* costosamente.
**experience** (ik spēr´ē *e*ns) *n* experiencia *f*; práctica *f*; • *vt* experimentar.
**experienced** *adj* experimentado.
**experiment** (ik sper´*i* m*e*nt) *n* experimento *m*; • *vt* experimentar.
**experimental** (ik sper´´*i* men´t*a*l) *adj* experimental; ~**ly** *adv* experimentalmente.
**expert** (ik spürt´, ek´spürt) *adj* experto, diestro.
**expertise** (ek´´spėr tēz´) *n* pericia *f.*
**expiration** (ek´´sp*i* rā´sh*a*n) *n* expiración *f*; muerte *f.*
**expire** (ik spīėr´) *vi* expirar.
**explain** (ik splān´) *vt* explanar, explicar.
**explanation** (ek´´spl*a* nā´sh*a*n) *n* explanción, explicación *f.*
**explanatory** (ik splan´*a* tōr´ē) *adj* explicativo.
**explicable** (ek´spli k*a* bl) *adj* explicable.
**explicit** (ik splis´it) *adj* explícito; ~**ly** *adv* explícitamente.
**explode** (ik splōd´) *vt, vi* estallar, explotar.
**exploit** (ek´sploit, ik sploit´) *vt* explotar; • *n* hazaña *f*; hecho heroico *m.*
**exploitation** (ek´´sploi tā´sh*a*n) *n* explotación *f.*
**exploration** (ek´´spl*o* rā´sh*a*n) *n* exploración *f*; examen *m.*
**exploratory** (ik splōr´*a* tōr´´ē, ik splär´*a* tär´´ē) *adj* exploratorio.
**explore** (ik splōr´, ik splär´) *vt* explorar, examinar; sondear.
**explorer** (ik splōr´ėr, ik splär´ėr) *n* explorador *m.*
**explosion** (ik splō´zh*a*n) *n* explosión *f.*
**explosive** (ik splō´siv) *adj, n* explosivo *m.*
**exponent** (ik spō´n*e*nt, ek spō´n*e*nt) *n* (*math*) exponente *m.*
**export** (ik spōrt´, ik spärt, ek´spōrt´) *vt* exportar.
**exportation** (ek´´spōr tā´sh*a*n) *n* exportación *f.*
**exporter** (ek spōrt´ėr) *n* exportador *m.*
**expose** (ik spōz´) *vt* exponer; mostrar; descubrir; poner en peligro.
**exposed** (ik spōzd´) *adj* expuesto.
**exposition** (ek´´sp*o* zish´*a*n) *n* exposición *f*; interpretación *f.*
**expostulate** (ik spos´ch*a* lāt´´) *vi* debatir, contender.
**exposure** (ik spō´zhėr) *n* exposición *f*; velocidad de obturación *f*; fotografía *f.*
**exposure meter** *n* fotómetro. exposímetro *m.*
**expound** (ik spound´) *vt* exponer; interpretar.
**express** (ik spres´) *vt* expresar; representar; • *adj* expreso, directo, claro; a propósito; • *n* expreso, correo *m*; (*rail*) tren expreso *m.*
**expression** (ik spresh´*a*n) *n* expresión *f*; locución *f.*
**expressionless** (ik spresh´lis) *adj* sin expresión (cara).
**expressive** (ik spres´iv) *adj* expresivo; ~**ly** *adv* expresivamente.
**expressly** (ik spres´lē) *adv* expresamente.
**expressway** (ik spres´wā´´) *n* autopista *f.*

**expropriate** (eks prō´prē āt´´) *vt* expropiar (por causa de utilidad pública).
**expropriation** (eks prō´prē ā´sh*a*n) *n* (*law*) expropiación *f.*
**expulsion** (ik spul´sh*a*n) *n* expulsión *f.*
**expurgate** (ek´spėr gāt´´, ik´spėr gāt´´) *vt* expurgar.
**exquisite** (ek´skwi zit, ik´skwi zit) *adj* exquisito, perfecto, excelente; **~ly** *adv* exquisitamente.
**extant** (ek´st*a*nt. ik stant´) *adj* existente.
**extempore** (ik stem´p*o* rē) *adv* de improviso.
**extemporize** (ik stem´p*o* rīz´´) *vi* improvisar.
**extend** (ik stend´) *vt* extender; amplificar; • *vi* extenderse.
**extension** (ik sten´sh*a*n) *n* extensión *f.*
**extensive** (ik sten´siv) *adj* extenso, dilatado; **~ly** *adv* extensamente, **travel ~*ly*** viajar mucho, por muchos lugares.
**extent** (ik stent´) *n* extensión *f*; alcance *m.*
**extenuate** (ik sten´ū āt´´) *vt* extenuar, disminuir, atenuar.
**extenuating** (ik sten´ū ā´´sh*a*n) *adj* atenuante.
**exterior** (ik stēr´ē ėr) *adj, n* exterior *m.*
**exterminate** (ik stėr´m*i* nāt´´) *vt* exterminar; extirpar.
**extermination** (ik stėr´´m*i* nā´sh*a*n) *n* exterminación, extirpación *f.*
**external** (ik stėr´n*a*l) *adj* externo; **~ly** *adv* exteriormente; **~s** *npl* exterior *m.*
**extinct** (ik stingkt´) *adj* extinto; abolido.
**extinction** (ik stingk´sh*a*n) *n* extinción *f*; abolición *f.*
**extinguish** (ik sting´gwish) *vt* extinguir; suprimir.
**extinguisher** (ik sting gwish´ėr) *n* extintor *m.*
**extirpate** (ek´stėr pāt´´, ik´stėr pāt´´) *vt* extirpar.
**extol** (ik stōl´, ik stol´) *vt* alabar, magnificar, alzar, exaltar.
**extort** (ik st*ä*rt´) *vt* extorsionar, sacar por la fuerza.
**extortion** (ik st*ä*r´sh*a*n) *n* extorsión *f.*
**extortionate** (ik st*ä*r´sh*a* nit) *adj* excesivo, exorbitante.
**extra** (ek´str*a*) *adv* extra; • *n* extra *m.*
**extract** (ik strakt´) *vt* extraer; extractar; • *n* extracto *m*; compendio *m.*
**extraction** (ik strak´sh*a*n) *n* extracción *f*; descendencia *f.*
**extracurricular** (ek´´str*a* k*a* rik´ū lėr) *adj* extracurricular.
**extradite** (ek´str*a* dīt´´) *vt* extraditar.
**extradition** (ek´´str*a* dish´*a*n) *n* (*law*) extradición *f.*
**extramarital** (ek´´str*a* mar´i t*a*l) *adj* extramatrimonial.
**extramural** (ek´´str*a* mūr´*a*l) *adj* (game) entre equipos de distintos colegios; (course) de extensión, externo.
**extraneous** (ik strā´ne us) *adj* extraño, exótico.
**extraordinarily** (ik str*ä*r´´d*i* nâr´*i* lē, ek´´str*a* *ä*r´d*i* nâr´´*i* lē) *adv* extraordinariamente.
**extraordinary** (ik str*ä*r´d*i* ner´´ē, ek´´str*a* *ä*r´d*i* ner´´ē) *adj* extraordinario.

**extravagance** (ik strav′*a* g*a*ns) *n* extravagancia *f*; gastos, excesivos *mpl*.
**extravagant** (ik strav′*a* g*a*nt) *adj* extravagante, exorbitante; pródigo; ~**ly** *adv* extravagantemente.
**extreme** (ik strēm′) *adj* extremo, supremo; ú ltimo; • *n* extremo *m*; ~**ly** *adv* extremamente.
**extremist** *adj, n* extremista *m*.
**extremity** (ik strem′i tē) *n* extremidad *f*.
**extricate** (ek′stri kāt′′) *vt* desembarazar, desenredar.
**extrinsic(al)** (ik strin′sik, ik strin′sik *a*l) *adj* extrínseco, exterior.
**extrovert** (ek′strō vėrt′′. ek′stro vėrt′′) *adj, n* extrovertido *m*.
**exuberance** (ig zö′bėr *a*ns) *n* exuberancia, suma abundancia *f*.
**exuberant** (ig zö′bėr *a*nt) *adj* exuberante, abundantísimo; ~**ly** *adv* abundantemente.
**exude** (ig zöd′, ik söd′) *vi* transpirar.
**exult** (ig zult′) *vt* exultar, regocijarse, triunfar.
**exultation** (eg′′zul tā′sh*a*n, ek′′sul tā′sh*a*n) *n* exultación *f*; regocijo *m*.
**eye** (ī) *n* ojo *m*; • *vt* ojear, contemplar, observar.
**eyeball** (ī′bäl′′) *n* globo ocular *m*.
**eyebrow** (ī′brou′′) *n* ceja *f*.
**eyecatching** *adj* llamativo.
**eyelash** (ī′lash′′) *n* pestaña *f*.
**eyelid** (ī′lid′′) *n* párpado *m*.
**eyeliner** *n* delineador de ojos.
**eyeshade** *n* visera *f*.
**eyesight** (ī′sīt′′) *n* vista *f*.
**eyesore** (ī′sōr′′, ī sär′′) *n* monstruosidad *f*.
**eyetooth** (ī′töth′′) *n* colmillo *m*.
**eyewitness** (ī′wit′′nis, ī′wit′nis) *n* testigo ocular *m*.
**eyrie** (âr′ē, ēr′ē) *n* nido de ave de rapiña *m*.

# F

**fable** (fā´bl) *n* fábula *f*; ficción *f*.
**fabric** (fab´rik) *n* tejido *m*, tela *f*.
**fabricate** (fab´ri kāt´´) *vt* fabricar, edificar, inventar.
**fabrication** (fab´´ri kā´shan) *n* fabricación, mentira *f*.
**fabulous** (fab´ya lus) *adj* fabuloso; **~ly** *adv* fabulosamente.
**façade** (fa säd´, fa säd´) *n* fachada *f*.
**face** (fās) *n* cara, faz *f*; superficie *f*; fachada *f*; aspecto *m*; apariencia *f*; • *vt* encararse; hacer frente; **to ~ up to** hacer frente a.
**face cream** *n* crema (de belleza) *f*.
**face-lift** *n* estirado facial *m*.
**face powder** *n* polvillos *mpl*.
**facet** (fas´it) *n* faceta *f*.
**facetious** (fa sē´shus) *adj* chistoso, alegre, gracioso; **~ly** *adv* chistosamente.
**face value** *n* valor nominal *m*.
**facial** (fā´shal) *adj* facial.
**facile** (fas´il) *adj* fácil, afable: superficial, simplista.
**facilitate** (fa sil´i tāt´´) *vt* facilitar.
**facilities** (fa sil´i tēs) *npl* servicios básicos *m*, instalaciones, *f* prestaciones *f*.
**facility** (fa sil´i tē) *n* facilidad, ligereza *f*; afabilidad *f*.
**facing** (fā´sing) *n* paramento *m*; entretela *f*; • *prep* enfrente.
**facsimile** (fak´sim´i lē) *n* facsímile *m*; telefax *m*.
**fact** (fakt) *n* hecho *m*; realidad *f*; **in ~** en efecto.
**faction** (fak´shan) *n* facción *f*; disensión *f*.
**factor** (fak´tėr) *n* factor *m*.
**factory** (fak´to rē) *n* fábrica *f*.
**factual** (fak´chö al) *adj* basado en los hechos.
**faculty** (fak´ul tē) *n* facultad *f*; personal docente *m*.
**fad** (fad) *n* moda pasajera *f*; manía, maña *f*.
**fade** (fād) *vi* decaer, marchitarse, fallecer, perder intensidad.
**fail** (fāl) *vt* suspender, reprobar; fallar; dejar de hacer; • *vi* suspender; fracasar; fallar.
**failing** (fā´ling) *n* falta *f*; defecto *m*.
**failure** (fāl´yėr, fāl´ūr) *n* falta *f*; culpa *f*; descuido *m*; quiebra, bancarrota *f*.
**faint** (fānt) *vi* desmayarse, debilitarse; • *n* desmayo *m*; • *adj* débil; **~ly** *adv* débilmente.
**fainthearted** (fānt´här´tid) *adj* cobarde, medroso, pusilánime.
**faintness** *n* flaqueza *f*; desmayo *m*.
**fair** (fâr) *adj* hermoso, bello; blanco; rubio; claro, sereno; favorable; recto, justo; franco; • *adv* limpio; • *n* feria *f*.
**fairly** (fâr´lē) *adv* justamente; completamente.
**fairness** (fâr´nis) *n* hermosura *f*; justicia *f*.
**fair play** *n* juego limpio *m*.
**fairy** (fâr´ē) *n* hada *f*.
**fairy tale** *n* cuento de hadas *m*.
**faith** (fāth) *n* fe *f*; dogma de fe *m*; fidelidad *f*.
**faithful** (fāth´ful) *adj* fiel, leal; **~ly** *adv* fielmente.
**faithfulness** (fāth´ful nis) *n* fidelidad, lealtad *f*.
**faithless** (fāth´lis) *adj* desleal.

**fake** (fāk) *n* falsificación *f*; impostor *m*; • *adj* falso; • *vt* fingir; falsificar.
**falcon** (fäl'kon, fal'kon) *n* halcón *m*.
**falconry** (fäl'kon rē, fal'kon rē) *n* halconería *f*.
**fall** (fäl) *vi* caer(se); perder el poder; disminuir, decrecer en precio; **to ~ asleep** dormirse; **to ~ back** retroceder; **to ~ back on** recurrir a; **to ~ behind** quedarse atrás; **to ~ down** caerse; **to ~ for** dejarse engañar; enamorarse de; **to ~ in** hundirse; **to ~ short** faltar; **to ~ sick** enfermar; **to ~ in love** enamorarse; **to ~ off** caerse; disminuir; **to ~ out** reñir, disputar; • *n* caída *f*; otoño *m*.
**fallacious** (fa lā'shus) *adj* falaz, fraudulento; **~ly** *adv* falazmente.
**fallacy** (fal'a sē) *n* falacia, sofistería *f*; engaño *m*.
**fallback** *n* respaldo, colchón *m*.
**fallibility** (fal''i blē'tē) *n* falibilidad *f*.
**fallible** (fal'i bl) *adj* falible.
**fall off** *n* reducción, disminución *f*.
**fallout** (fäl'out'') *n* lluvia radioactiva *f*.
**fallout shelter** *n* refugio antiatómico *m*.
**fallow** (fal'ō) *adj* en barbecho; **~ deer** *n* corzo *m*; corza *f*.
**false** (fäls) *adj* falso; **~ly** *adv* falsamente.
**false alarm** *n* falsa alarma *f*.
**falsehood, falseness** (fäls'hüd; fäls'nis) *n* falsedad *f*.
**false teeth** *npl* dentadura postiza *f*.
**falsify** (fäl'si fī'') *vt* falsificar.
**falsity** (fäl'si tē) *n* falsedad, mentira *f*.
**falter** (fäl'tėr) *vi* tartamudear, titubear, balbucear; tambalearse, decaer.
**faltering** *adj* vacilante.
**fame** (fām) *n* fama *f*; renombre *m*.
**famed** (fāmd') *adj* celebrado, famoso.
**familiar** (fa mil'yėr) *adj* familiar; casero; **~ly** *adv* familiarmente.
**familiarity** (fa mil''ē ar'i tē) *n* familiaridad *f*.
**familiarize** (f a mil'ya rīz'') *vt* familiarizar.
**family** (fam'i lē) *n* familia *f*; linaje *m*; clase, especie *f*.
**family business** *n* negocio familiar *m*.
**family doctor** *n* médico de cabecera *m*.
**family tree** *n* árbol genealógico
**famine** (fam'in) *n* hambre *f*; carestía *f*.
**famished** (fam'isht) *adj* hambriento.
**famous** (fā'mus) *adj* famoso, afamado; **~ly** *adv* famosamente.
**fan** (fan) *n* abanico *m*; aficionado *m*; • *vt* abanicar; atizar.
**fanatic** (fa nat'ik) *adj, n* fanático *m*.
**fanaticism** (fa nat'i siz''um) *n* fanatismo *m*.
**fan belt** *n* correa de ventilador *f*.
**fanciful** (fan'si ful) *adj* imaginativo, caprichoso; **~ly** *adv* caprichosamente.
**fancy** (fan'sē) *n* fantasía, imaginación *f*; capricho *m*; • *vt* tener ganas de; imaginarse.
**fancy-goods** *npl* novedades, modas *fpl*.
**fancydress ball** *n* baile de disfraces *m*.
**fanfare** (fan'fâr) *n* (*mus*) fanfarria *f*.
**fang** (fang) *n* colmillo *m*.

**fantastic** (fan tas´tik) *adj* fantástico; caprichoso; **~ally** *adv* fantásticamente.

**fantasy** (fan´t*a* sē, fan´t*a* sē) *n* fantasía *f.*

**far** (fär) *adv* lejos, a una gran distancia; • *adj* lejano, distante, remoto; ~ **and away** con mucho, de mucho; ~ **off** lejano.

**faraway** (fär´*a* wā) *adj* remoto.

**farce** (färs) *n* farsa *f.*

**farcical** (fär´si k*a*l) *adj* burlesco, ridículo, absurdo.

**fare** (fâr) *n* precio *m*; tarifa *f*; comida *f*; viajero *m*; pasaje *m.*

**farewell** (fâr´´wel´) *n* despedida *f*; ~! *excl* ¡adiós!

**far-fetched** (fär´fecht´) *adj* exagerado.

**far-flunged** (fär´flungd´) *adj* remoto, lejano, extendido.

**farm** (färm) *n* finca *f*, granja *f*; • *vt* cultivar.

**farmer** (fär´mėr) *n* estanciero *m*; agricultor *m*; granjero *m.*

**farmhand** *n* peón, mozo *m.*

**farmhouse** (färm´hous´´) *n* casa de hacienda *f.*

**farming** (färm´ing) *n* agricultura *f.*

**farmland** (färm´land´´) *n* tierra de cultivo *f.*

**farmyard** *n* corral *m.*

**far-reaching** (fär´rē´ching) *adj* de gran alcance, trascendental.

**farrier** (far´ē ėr) *n* herrero, herrador *m.*

**fart** (färt) *n* (*sl*) pedo; • *vi* tirarse un pedo.

**farther** (fär´THėr) *adv* más lejos; más adelante; • *adj* más lejos, ulterior.

**farthest** (fär´THist) *adv* lo más lejos; lo más tarde; a lo más.

**fascinate** (fas´*i* nāt´´) *vt* fascinar, encantar.

**fascinating** (fas´*i* nā´´ting) *adj* fascinante.

**fascination** (fas´*i* nā´´sh*a*n) *n* fascinación *f*; encanto *m.*

**fascism** (fash´iz *u*m) *n* fascismo.

**fashion** (fash´*a*n) *n* moda *f*; forma, figura *f*; uso *m*; manera *f*; estilo *m*; **people of** ~ gente de tono *f*; • *vt* formar, amoldar.

**fashionable** (fash´*a* n*a* bl) *adj* a la moda; elegante; **the** ~ **world** el gran mundo; **~bly** *adv* a *o* según la moda.

**fashion show** *n* desfile de modas *m.*

**fast** (fast, fäst) *vi* ayunar; • *n* ayuno *m*; • *adj* rápido; firme, estable; • *adv* rápidamente; firmemente; estrechamente.

**fasten** (fas´*e*n, fä´s*e*n) *vt* abrochar; afirmar, asegurar, atar; fijar; • *vi* fijarse, establecerse.

**fastener, fastening** *n* cierre *m*; cerrojo *m.*

**fast food** *n* comida rápida *f.*

**fastidious** (fa stid´ē us) *adj* fastidioso, desdeñoso, exigente; **~ly** *adv* fastidiosamente.

**fat** (fat) *adj* gordo; • *n* grasa *f.*

**fatal** (fāt´*a*l) *adj* fatal; funesto; **~ly** *adv* fatalmente.

**fatalism** *n* fatalismo *m.*

**fatalist** (fāt´*a* lizt´´) *n* fatalista *m.*

**fatality** (fā tal´i tē) *n* fatalidad, predestinación *f.*

**fate** (fāt) *n* hado, destino *m.*

**fateful** (fāt´f*u*l) *adj* fatídico, aciago, funesto.

**father** (fä´THėr) *n* padre *m.*

**fatherhood** (fä´THėr h*ü*d´´) *n* paternidad *f.*

**father-in-law** *n* suegro *m*.
**fatherland** (fä'THėr land) *n* patria *f*.
**fatherly** *adj* (*adv*) paternal(mente).
**fathom** (faTH'*o*m) *n* braza (medida) *f*; • *vt* sondar; penetrar.
**fatigue** (f*a* tēg') *n* fatiga *f*; • *vt* fatigar, cansar.
**fatten** (fat'*e*n) *vt, vi* engordar.
**fatty** (fat'ē) *adj* graso.
**fatuous** (fach'ö us, fach'ū us) *adj* fatuo, tonto, necio.
**faucet** (fä'sit) *n* grifo *m*, llave *f*.
**fault** (fält) *n* falta, culpa *f*; delito *m*; defecto *m*.
**faultfinder** (fält'fīn''dėr) *n* censurador, criticón *m*.
**faultless** (fält'lis) *adj* perfecto, cumplido.
**faulty** (fäl'tē) *adj* defectuoso.
**fauna** (fä'n*a*) *n* fauna *f*.
**faux pas** (fō pä') *n* metida de pata; plancha *f*.
**favor** (fā'vėr) *n* favor, beneficio *m*; patrocinio *m*; blandura *f*; • *vt* favorecer, proteger.
**favorable** (fā'vėr *a* bl) *adj* favorable, propicio; **~bly** *adv* favorablemente.
**favored** (fā'vėrd) *adj* favorecido.
**favorite** (fā'vėr it) *n* favorito *m*; • *adj* favorecido.
**favoritism** (fā'vėr i tiz''*u*m) *n* favoritismo *m*.
**fawn** (fän) *n* cervato *m*; • *vi* adular servilmente.
**fawningly** *adv* lisonjeramente, con adulación servil.
**fax** (fäks) *n* facsímil(e) *m*; telefax *m*; • *vt* mandar por telefax.
**fear** (fēr) *vi* temer; • *n* miedo *m*.
**fearful** (fēr'f*u*l) *adj* medroso, temeroso; tímido; **~ly** *adv* medrosamente, temerosamente.
**fearless** (fēr'lis) *adj* intrépido, atrevido; **~ly** *adv* sin miedo.
**fearlessness** (fēr'lis nis) *n* intrepidez *f*.
**feasibility** (fē'z*i* bil'i tē) *n* posibilidad *f*.
**feasible** (fē'z*i* bl) *adj* factible, posible, hacedero.
**feast** (fēst) *n* banquete, festín *m*; fiesta *f*; • *vi* banquetear; celebrar.
**feat** (fēt) *n* hecho *m*; acción, hazaña *f*.
**feather** (feTHėr) *n* pluma *f*;.
**feather bed** (fē'TH'ėr bed'') *n* colchón de plumas *m*.
**fethearbedding** (fē'TH'ėr bed''ing) *n* práctica de limitar el rendimiento de los trabajadores a fin de evitar despidos o crear puestos.
**featherbrain** (fē'TH'ėr brān'') *n* cabeza de chorlito *f*.
**feature** (fē'chėr) *n* característica *f*; rasgo *m*; forma *f*; • *vi* figurar • *vt* publicar, presentar, ofrecer.
**feature film** *n* largometraje *m*.
**February** (feb'rö er''ē, feb'ū er''ē) *n* febrero *m*.
**federal** (fed'ėr al) *adj* federal.
**federalist** *n* federalista *m*.
**federate** (fed'*e* rāt'') *vt, vi* confederar(se).
**federation** (fed''*e* rā'sh*a*n) *n* confederación *f*.
**fedora** (fi dōr'*a*, fi där'*a*) *n* sombrero de fieltro con ala curva *m*.
**fed-up** *adj* harto.
**fee** (fē) *n* honorarios *mpl*; cuota *f*.
**feeble** (fē'bl) *adj* flaco, débil.
**feebleness** (fē'bl nis) *n* debilidad *f*.
**feebly** *adv* débilmente.
**feed** (fēd) *vt* nutrir; alimentar; **to ~ on** alimentarse de; • *vi* nutrirse; engordar; • *n* comida *f*; pasto *m*.
**feedback** (fēd'bak'') *n* reacción *f*.

**feel** (fēl) *vt* sentir; tocar; creer; **to ~ around** tantear; • *n* sensación *f*, tacto, sentido *m*.
**feeler** (fē´lėr) *n* antenas *fpl*; (*fig*) tentativa *f*.
**feeling** (fē´ling) *n* tacto *m*; sensibilidad *f*. • *adj* sensible, emotivo.
**feelingly** *adv* sensiblemente, con profunda emoción.
**feign** (fān) *vt* inventar, fingir; disimular.
**feline** (fē´līn) *adj* gatuno, felino.
**fellow** (fel´ō) *n* tipo, tío *m*; socio *m*.
**fellow citizen** *n* conciudadano *m*.
**fellow countryman** *n* compatriota *m*.
**fellow feeling** *n* simpatía *f*.
**fellow men** (fel´ō men´) *npl* semejantes *mpl*.
**fellowship** (fel´ō ship´´) *n* compañerismo *m*; beca (en un colegio) *f*.
**fellow student** *n* compañero de curso *m*.
**fellow traveler** *n* compañero de viaje *m*.
**felon** (fel´*o*n) *n* criminal *m*.
**felony** (fel´*o* nē) *n* crimen *m*.
**felt** (felt) *n* fieltro *m*.
**felt-tip pen** *n* rotulador, marcador *m*.
**female** (fē´māl) *n* hembra *f*, • *adj* femenino.
**feminine** (fem´*i* nin) *adj* femenino.
**feminist** (fem´*i* nizt´´) *n* feminista *f*.
**fen** (fen) *n* pantano *m*.
**fence** (fens) *n* cerca *f*, defensa *f*, • *vt* cercar; • *vi* esgrimir.
**fencing** (fen´sing) *n* esgrima *f*.
**fender** (fen´dėr) *n* parachoques *m invar*.
**fennel** (fen´*e*l) *n* (*bot*) hinojo *m*.
**ferment** (fėr ment´) *n* agitación *f*, • *vi* fermentar.
**fern** (fürn) *n* (*bot*) helecho *m*.
**ferocious** (f*e* rō´shus) *adj* feroz; fiero; **~ly** *adv* ferozmente.
**ferocity** (f*e* ros´i tē) *n* ferocidad, fiereza *f*.
**ferret** (fer´it) *n* hurón *m*; • *vt* huronear; **to ~ out** descubrir, echar fuera.
**ferry** (fer´ē) *n* barca de pasaje *f* ; transbordador *m*; embarcadero *m*; • *vt* transportar.
**fertile** (für´t*i*l) *adj* fértil, fecundo.
**fertility** (fėr til´i tē) *n* fertilidad, fecundidad *f*.
**fertilize** (für´t*i* līz´´) *vt* fertilizar.
**fertilizer** (für´t*i* lī´´zėr) *n* abono *m*.
**fervent** (für´vent) *adj* ferviente; fervoroso; **~ly** *adv* con fervor.
**fervid** (für´vid) *adj* ardiente, vehemente.
**fervor** (für´vėr) *n* fervor, ardor *m*.
**fester** (fes´tėr) *vi* enconarse, inflamarse.
**festival** (fes´t*i* v*a*l) *n* fiesta *f*, festival *m*.
**festive** (fes´tiv) *adj* festivo.
**festivity** (fe stiv´i tē) *n* festividad *f*.
**festoon** (fe stön´) *vt* engalanar • *n* guirnalda *f*.
**fetch** (fech) *vt* ir a buscar, asir.
**fetching** (fech´ing) *adj* atractivo.
**fête** (fet) *n* fiesta *f*.
**fetid** (fet´id, fē´tid) *adj* fétido, hediondo.
**fetter** (fet´ėr) *vt* encadenar; poner grilletes
**fetus** (fē´tus) *n* feto *m*.
**feud** (fūd) *n* riña, contienda *f*.
**feudal** (fūd´*a*l) *adj* feudal.
**feudalism** (fūd´*a* liz´´*u*m) *n* feudalismo *m*.
**fever** (fē´vėr) *n* fiebre *f*.
**feverish** *adj* febril.

**few** (fū) *adj* p oco; **a** ~ algunos; ~ **and far between** pocos.
**fewer** (fū´ėr) *adj* menor; • *adv* menos.
**fewest** *adj* los menos.
**fiancé** (fē´´än sā, fē än´sā) *n* novio *m.*
**fiancée** (fē´´än sā, fē än´sā) *n* novia *f.*
**fib** (fib) *n* mentira *f*; • *vi* mentir.
**fiber** (fī´bėr) *n* fibra, hebra *f.*
**fiberglass** (fī´bėr glas´´, fī´bėr gläs´´) *n* fibra de vidrio *f.*
**fickle** (fik´l) *adj* voluble, inconstante, mudable, ligero.
**fickleness** (fik´l nis) *n* veleidad, inconstancia *f.*
**fiction** (fik´shan) *n* ficción *f*; invención *f.*
**fictional** *adj* novelesco, ficticio, imaginario.
**fictitious** (fik tish´us) *adj* ficticio; fingido; ~**ly** *adv* fingidamente.
**fiddle** (fid´l) *n* violín *m*; trampa, chanchullo *f*; **fit as a** ~ rebosante de salud; • *vi* tocar el violín.
**fiddler** (fid´lėr) *n* violinista, tramposo *m.*
**fidelity** (fi del´i tē, fī del´*i* tē) *n* fidelidad, lealtad *f.*
**fidget** (fij´it) *vi* inquietarse.
**fidgety** *adj* inquieto, impaciente.
**field** (fēld) *n* campo *m*; campaña *f*; espacio *m.*
**field day** *n* (*mil*) día de maniobras *m.*
**field mouse** *n* ratón silvestre *m.*
**fieldwork** (fēld´wŭrk´´) *n* trabajo de campo *m.*
**fiend** (fēnd) *n* enemigo *m*; demonio *m.*
**fiendish** *adj* demoníaco.
**fierce** (fērs) *adj* fiero, feroz; cruel, furioso; ~**ly** *adv* furiosamente.
**fierceness** (fērs´nis) *n* fiereza, ferocidad *f.*
**fiery** (fīėr´ē, fī´*e* rē) *adj* ardiente; apasionado.
**fifteen** (fif´tēn) *adj, n* quince.
**fifteenth** (fif´tēnth) *adj, n* decimoquinto.
**fifth** (fifht) *adj, n* quinto; ~**ly** *adv* en quinto lugar.
**fiftieth** (fif´tē ith) *adj, n* quincuagésimo.
**fifty** (fif´tē) *adj, n* cincuenta.
**fig** (fig) *n* higo *m.*
**fight** (fīt) *vt, vi* reñir; batallar; combatir; ~ **back** defenderse; ~ **down** reprimir, contener; • *n* batalla *f*; combate *m*; pelea *f.*
**fighter** (fī´tėr) *n* combatiente *m*; luchador *m*; caza *m.*
**fighting** (fīt´ing) *n* combate *m.*
**fig-leaf** *n* hoja de higuera *f.*
**figment** (fig´ment) *n* producto de la imaginación *m.*
**fig tree** *n* higuera *f.*
**figurative** (fig´ūr *a* tiv) *adj* figurativo; ~**ly** *adv* figuradamente.
**figure** (fig´ūr) *n* figura, forma *f*; imagen *f*; cifra *f*; • *vi* figurar; ser lógico; **to** ~ **out** comprender.
**figurehead** (fig´ūr hed´´) *n* testaferro (líder o caudillo títere que figura sin tener autoridad) *m.*
**filament** (fil´*a* ment) *n* filamento *m*; fibra *f.*
**filbert** (fil´bėrt) *n* avellana *f.*
**filch** (filch) *vi* ratear, birlar.
**filcher** (filch´ėr) *n* ratero, ladroncillo *m.*
**file** (fīl) *n* hilo *m*; lista *f*; (*mil*) fila, hilera *f*; lima *f*; carpeta *f*; fichero *m*; • *vt* enhilar; limar; clasificar; presentar; • *vi* **to** ~ **in/out** entrar/salir en fila; **to** ~ **past** desfilar ante.

**file clerk** *n* encargado de archivar *m.*
**filial** (fil´ē *a*l) *adj* filial.
**filigree** (fil´*i* grē´´) *n* filigrana *f.*
**filing cabinet** *n* archivo *m.*
**filings** (fī´lingz) *npl* limaduras *f.*
**fill** (fil) *vt* llenar; hartar; **to ~ in** rellenar; **to ~ up** llenar (hasta el borde).
**fillet** (fil´it) *n* filete *m.* **fillet steak** *n* filete de ternera *m.*
**filling station** *n* estación de servicio *f.*
**fillip** (fil´*i*p) *n* (*fig*) estímulo *m.*
**filly** (fil´ē) *n* potranca *f.*
**film** (film) *n* película *f*; film *m*; capa *f*; • *vt* filmar; • *vi* rodar.
**film star** *n* estrella de cine *f.*
**filmstrip** (film´strip´´) *n* tira de película *f.*
**filter** (fil´tėr) *n* filtro *m*; • *vt* filtrar.
**filter-tipped** *adj* con filtro.
**filth(iness)** (filth; filth ē nis) *n* inmundicia, porquería *f*; fango, lodo *m.*
**filthy** (fil´thē) *adj* sucio, puerco.
**filtrate** (fil´trāt) *vt* filtrar
**fin** (fin) *n* aleta *f.*
**final** (fīn´*a*l) *adj* final, último; **~ly** *adv* finalmente.
**finale** (fi nal´ē, fi nä´lē) *n* final *m.*
**finalist** (fīn´*a* list) *n* finalista *m.*
**finalize** (fīn´*a* līz´´) *vt* concluir.
**finance** (fi nans´, fī´nans) *n* fondos *mpl.*
**financial** (fi nan´sh*a*l) *adj* financiero.
**financier** (fin´´*a*n sēr, fī´´n*a*n sēr´) *n* financiero *m.*
**find** (fīnd) *vt* hallar, descubrir; **to ~ out** averiguar; descubrir; **to ~ one's self** hallarse; • *n* hallazgo *m.*
**findings** (fīn´dings) *npl* fallo *m*; conclusiones *fpl*; recomendaciones *fpl.*
**fine** (fīn) *adj* fino; agudo, cortante; claro, trasparente; delicado; astuto; elegante; bello; • *n* multa *f*; • *vt* multar.
**fine arts** *npl* bellas artes *fpl.*
**finely** *adv* con elegancia.
**finery** (fī´n*e* rē) *n* adorno, atavío *m.*
**finesse** (fi nes´) *n* sutileza *f.*
**finger** (fing´gėr) *n* dedo *m*; • *vt* tocar, manosear; manejar.
**fingernail** (fing´gėr nāl´´) *n* uña *f.*
**fingerprint** (fing´gėr print´´) *n* huella dactilar *f.*
**fingertip** (fing´gėr tip´´) *n* yema del dedo *f.*
**finicky** (fin´*i* kē) *adj* delicado, melindroso.
**finish** (fin´ish) *vt* acabar, terminar, concluir; **to ~ off** acabar (con); **to ~ up** terminar; • *vi*: **to ~ up** ir a parar.
**finishing line** *n* meta *f*; línea de llegada *f.*
**finishing school** *n* academia para señoritas *f.*
**finite** (fī´nīt) *adj* finito; limitado.
**fir (tree)** (fėr) *n* abeto *m*
**fire** (fīėr) *n* fuego *m*; incendio *m*; • *vt* disparar; incendiar; incitar; • *vi* encenderse.
**fire alarm** *n* alarma de incendios *f.*
**firearm** (fīėr´ärm) *n* arma de fuego *f.*
**fireball** (fīėr´b*ä*l´´) *n* bólido, meteoro *m.*
**firebrand** (fīėr´brand) *n* activista, agitador *m.*
**firecracker** (fīėr´krak´´ėr) *n* petardo *m*; barril de pólvora *m.*
**fire department** *n* bomberos *mpl.*
**fire drill** *n* simulacro de incendios *m.*

**fire eater** (fīėr´ē´´tėr) *n* tragafuegos *m.*
**fire engine** *n* coche de bomberos *m.*
**fire escape** *n* escalera de incendios *f.*
**fire extinguisher** *n* extintor *m.*
**firefly** (fīėr´flī´´) *n* luciérnaga *f.*
**fire irons** *npl* accesorios para la chimenea *m.*
**fireman** (fīėr´m*a*n) *n* bombero *m.*
**fireplace** (fīėr´plās´´) *n* hogar, fogón, *m*; chimenea *f.*
**fireproof** (fīėr´pröf´´) *adj* a prueba de fuego, ignífugo, *(dish)* refractario.
**fireside** (fīėr´sīd´´) *n* chimenea *f.*
**fire station** *n* estación de bomberos *m.*
**fire warden** (fīėr´wär´´d*e*n) *n* guardabosques *m.*
**firewater** (fīėr´wä´´tėr, fīėr´wot´´er) *n* aguardiente *m.*
**firewood** (fīėr´wüd´´) *n* leña *f.*
**fireworks** (fīėr´würks´´) *npl* fuegos artificiales *mpl.*
**firing** (fīėr´ing) *n* disparos *mpl.*
**firing squad** *n* pelotón de fusilamiento *m.*
**firm** (fürm) *adj* firme, estable, constante; • *n* (*com*) firma, compañía, empresa *f*; **~ly** *adv* firmemente.
**firmament** (für´m*a* ment, fėr´m*a* m*e*nt) *n* firmamento *m.*
**firmness** (fürm´nis) *n* firmeza *f*; constancia *f.*
**first** (fürst) *adj* primero; • *adv* primeramente; **at** ~ al principio; **~ly** *adv* en primer lugar.
**first aid** *n* primeros auxilios *mpl.*
**first-aid kit** *n* botiquín *m.*
**first-class** *adj* de primera (clase).
**first-hand** (fürst´hand´´) *adj* de primera mano.
**First Lady** *n* primera dama *f.*
**first name** *n* nombre de pila *m.*
**first-rate** (fürst´rāt´) *adj* de primera (clase).
**fiscal** (fis´k*a*l) *adj* fiscal.
**fish** (fish) *n* pez *m*; • *vi* pescar.
**fishbone** *n* espina de pez *f.*
**fisherman** (fish´ėr m*a*n) *n* pescador *m.*
**fish farm** *n* criadero de peces *m.*
**fish hook** (fish´hük´´) *n* anzuelo *m.*
**fishing** (fish´ing) *n* pesca *f.*
**fishing line** *n* sedal *m.*
**fishing rod** *n* caña de pescar *f.*
**fishing tackle** *n* aparejo *m.*
**fish market** *n* pescadería *f.*
**fishseller** *n* pescadero *m.*
**fish store** *n* pescadería *f.*
**fishy** (fish´ē) *adj* (*fig*) sospechoso.
**fissure** (fish´ėr) *n* grieta, hendedura *f.*
**fist** (fist) *n* puño *m.*
**fit** (fit) *n* paroxismo *m*; convulsión *f*; • *adj* en forma; apto, idóneo, justo; • *vt* ajustar, acomodar, adaptar; **to ~ out** proveer; • *vi* convenir; **to ~ in** encajarse; llevarse bien (con todos).
**fitment** (fit´m*e*nt) *n* elemento del mobiliario; accesorio *m.*
**fitness** (fit´nis) *n* salud *f*; aptitud, conveniencia *f.*
**fitted carpet** *n* alfombra de pared a pared, moqueta *f.*
**fitted kitchen** *n* cocina integral *f.*
**fitter** (fit´ėr) *n* (clothing) probador *m*; (workers) mecánico; plomero; obrero *m.*
**fitting** (fit´ing) *adj* conveniente, idóneo, justo; • *n* conveniencia *f*; **~s** *pl* guarnición *f.*
**five** (fīv) *adj, n* cinco.
**five spot** *n* (*sl*) billete de cinco dólares *m.*

**fix** (fiks) *vt* fijar, establecer; **to ~ up** arreglar.
**fixation** (fik sā'sh*a*n) *n* obsesión *f.*
**fixed** (fiksd) *adj* fijo.
**fixed assets** *n* activo fijo *m.*
**fixings** (fik'singz) *npl* equipajes *mpl*; pertrechos *mpl*; ajuar *m.*
**fixture** (fiks'chėr) *n* encuentro *m*; elemento de una instalación de baño o cocina; **permanent ~** parte integrante *f.*
**fizz(le)** (fiz; fiz'l) *vi* silbar.
**fizzy** (fiz'ē) *adj* gaseoso.
**flabbergasted** (flab'ėr gast id) *adj* pasmado.
**flabby** (flab'ē) *adj* blando, flojo, lacio.
**flaccid** (flak'sid) *adj* flojo, flaco; flácido.
**flag** (flag) *n* bandera *f*; losa *f*; • *vi* debilitarse.
**flagpole** (flag'pōl'') *n* asta de bandera *f.*
**flagrant** (flā'gr*a*nt) *adj* flagrante; notorio.
**flagship** (flag'ship'') *n* navío almirante *m*; buque insignia *m.*
**flagstop** *n* parada a petición *f.*
**flair** (flâr) *n* aptitud especial *f.*
**flak** (flak) *n* fuego antiaéreo *m*; lluvia de críticas.
**flake** (flāk) *n* copo *m*; lámina *f*; • *vi* romperse en láminas.
**flak jacket** *n* chaleco protector *m.*
**flaky** (flā'kē) *adj* roto en pequeñas laminillas; hojaldrado.
**flamboyant** (flam boi'*a*nt) *adj* vistoso, exuberante, extravagante.
**flame** (flām) *n* llama *f*; fuego (del amor) *m.*
**flamingo** (fl*a* ming'gō) *n* flamenco *m.*
**flammable** (flam'*a* bl) *adj* inflamable.
**flank** (flangk) *n* ijada *f*; costado; (*mil*) flanco *m*; • *vt* flanquear.
**flannel** (flan'*e*l) *n* franela *f.*
**flap** (flap) *n* solapa *f*; hoja *f*; aletazo *m*; • *vt* aletear; • *vi* ondear.
**flare** (flâr) *vi* lucir, brillar; **to ~ up** encenderse; encolerizarse; estallar; • *n* llama *f.*
**flared** (flârd) *adj* acampanado
**flash** (flash) *n* flash *m*; relámpago *m*; • *vt* encender y apagar.
**flashbulb** *n* lámpara, bombilla *f.*
**flash cube** *n* cubo de flash *m.*
**flashlight** (flash'līt'') *n* linterna *f.*
**flashy** (flash'ē) *adj* superficial.
**flask** (flask, fläsk) *n* frasco *m*; botella *f.*
**flat** (flat) *adj* llano, plano; insípido; • *n* llanura *f*; plano *m*; departamento, piso *m:* (*mus*) bemol *m*; **~ly** *adv* horizontalmente; llanamente; enteramente; de plano, de nivel; francamente.
**flatness** (flat'nis) *n* llanura *f*; insipidez *f.*
**flatten** (flat'*e*n) *vt* allanar; abatir.
**flatter** (flat'ėr) *vt* adular, lisonjear.
**flattering** (flat'ėr ing) *adj* halagüeño.
**flattery** (flat'*e* rē) *n* adulación, lisonja *f.*
**flatulence** (flach'*u* lens) *n* (*med*) flatulencia *f.*
**flaunt** (flänt) *vt* ostentar.
**flavor** (flā'vėr) *n* sabor *m*; • *vt* sazonar.
**flavored** *adj* con sabor (a).
**flavorless** (flā'vėr lis) *adj* soso, sin sabor.
**flaw** (flä) *n* falta, tacha *f*; defecto *m.*
**flawless** (flä'lis) *adj* sin defecto.
**flax** (flaks) *n* lino *m.*
**flea** (flē) *n* pulga *f.*

**flea bite** (flē'bīt'') *n* picadura de pulga *f.*
**flea market** *n* mercado callejero de artículos baratos o de segunda mano *m.*
**fleck** (flek) *n* mota *f*; punto *m.* • *vt* salpicar.
**flee** (flē) *vt* huir de; • *vi* escapar; huir.
**fleece** (flēs) *n* vellón *m*; lana *f*; • *vt* (*sl*) pelar.
**fleecy** (flē'sē) *adj* afelpado; aborregado.
**fleet** (flēt) *n* flota *f*; escuadra *f.*
**fleeting** (flē'ting) *adj* pasajero, fugitivo, fugaz.
**flesh** (flesh) *n* carne *f.*
**flesh eating** *adj* carnívoro.
**flesh wound** *n* herida superficial *f.*
**fleshy** (flesh'ē) *adj* carnoso, pulposo.
**flex** (fleks) *n* cordón *m*; • *vt* tensar.
**flexibility** (flek''si bil'i tē) *n* flexibilidad *f.*
**flexible** (flek'si bl) *adj* flexible.
**flick** (flik) *n* golpecito *m*; • *vt* dar un golpecito a.
**flich through** *vt* leer superficialmente.
**flicker** (flik'ėr) *vt* aletear; fluctuar; oscilar.
**flier** (flī'ėr) *n* aviador *m.*
**flight** (flīt) *n* vuelo *m*; huída, fuga *f*; bandada (de pájaros) *f*; (*fig*) elevación *f.*
**flight attendant** *n* tripulante auxiliar *m.*
**flight deck** *n* cabina de mando *f.*
**flimsy** (flim'zē) *adj* débil; fútil.
**flinch** (flinch) *vi* encogerse, estremecerse.
**fling** (fling) *vt* lanzar, echar; • *n* aventura; **have a ~ at** intentar algo.
**flint** (flint) *n* pedernal *m.*
**flip** (flip) *vt* arrojar, lanzar.
**flip through** *vt* hojear.
**flippant** (flip'ant) *adj* petulante, locuaz, displicente, indiferente.
**flipper** (flip'ėr) *n* aleta *f.*
**flirt** (flürt) *vi* coquetear; • *n* coqueta *f.*
**flirtation** (flür ta'shan) *n* coquetería *f.*
**flit** (flit) *vi* volar, huir; aletear.
**float** (flōt) *vt* hacer flotar; lanzar; • *vi* flotar; • *n* flotador *m*; carroza *f*; reserva *f.*
**flock** (flok) *n* manada *f*; rebaño *m*; gentío *m*; • *vi* congregarse.
**flog** (flog, fläg) *vt* azotar.
**flogging** (flog'ging, fläg'ging) *n* tunda, zurra *f.*
**flood** (flud) *n* diluvio *m*; inundación *f*; flujo *m*; • *vt* inundar.
**flooding** (flud'ing) *n* inundación *f.*
**floodlight** (flud'līt'') *n* foco, reflector *m.*
**floor** (flōr) *n* suelo, piso *m*; piso de una casa; • *vt* dejar sin respuesta.
**floorboard** (flōr'bōrd'') *n* tabla, duela *f.*
**flooring** (flōr'ing) *n* revestimiento de pisos *m.*
**floor lamp** *n* lámpara de pie *f.*
**floor show** *n* espectáculo de cabaret *m.*
**flop** (flop) *n* fracaso *m*; golpe seco *m*; • *vi* dejarse caer; desplomarse.
**floppy** (flop'ē) *adj* flojo, flexible, blando; • *n* **floppy disk** disco flexible *m.*
**flora** (flōr'a) *n* flora *f.*
**floral** (flōr'al) *adj* floral.
**florescence** (flō res'ens) *n* florescencia *f.*
**florid** (flōr'id, flär'id) *adj* florido.

**florist** (flōr´ist, flor´ist) *n* florista *m.*
**florist's (shop)** *n* florería *f.*
**floss** (flash, flos) *n* pelusa *f*; hilo de seda *m*; hilo dental *m.*
**flotilla** (flō til´*a*) *n* (*mar*) flotilla *f.*
**flounder** (floun´dėr) *n* platija (pez de mar) *f*; • *vi* tropezar.
**flour** (flour, flou´er) *n* harina *f.*
**flourish** (flür´ish, flour´ish) *vi* florecer; gozar de prosperidad; • *n* belleza *f*; floreo de palabras *m*; lazo *m*; (*mus*) floreo, preludio *m.*
**flourishing** (flür´ish ing, flour´ish ing) *adj* floreciente.
**flout** (flout) *vt* burlarse de; desobedecer.
**flow** (flō) *vi* fluir, manar; crecer la marea; ondear; • *n* creciente de la marea *f*; abundancia *f*; flujo *m.*
**flow chart** *n* organigrama *m*; diagrama de flujos *f.*
**flower** (flou´ėr) *n* flor *f*; • *vi* florear; florecer.
**flowerbed** *n* arriate (en un jardín) *m.*
**flowerpot** (flou´ėr pot´´) *n* tiesto de flores *m*; maceta *f.*
**flower show** *n* exposición de flores *f.*
**flowery** (flou´*e* rē) *adj* florido.
**flu** (flö) *n* gripe *f.*
**fluctuate** (fluk´chö āt´´) *vi* fluctuar.
**fluctuation** (fluk´chö ā´sh*a*n) *n* fluctuación *f.*
**flue** (flö) *n* tiro de chimenea *m.*
**fluency** (flö´en sē) *n* fluidez *f.*
**fluent** (flö´ent) *adj* fluido; fácil; **~ly** *adv* con fluidez.
**fluff** (fluf) *n* pelusa *f*; **~y** *adj* velloso.
**fluid** (flö´id) *adj, n* fluido *m.*
**fluidity** (flö´id *i* tē) *n* fluidez *f.*
**fluke** (flök) *n* (*sl*) chiripa *f.*
**flunk** (flungk) *vt* reprobar.
**fluoride** (flö´*o* rīd´´) *n* fluoruro *m.*
**flurry** (flur´ē) *n* ráfaga *f*; agitación *f*; chaparrón (de lluvia) *m.*
**flush** (flush) *vt*: **to ~ out** levantar; desalojar; • *vi* ponerse colorado; • *n* rubor *m*; resplandor *m.*
**flushed** (flush´id) *adj* ruborizado.
**fluster** (flus´tėr) *vt* confundir, poner nervioso.
**flustered** (flus´tėr id) *adj* aturdido.
**flute** (flöt) *n* flauta *f.*
**flutter** (flut´ėr) *vi* revolotear; estar en agitación; • *n* confusión *f*; agitación *f*; aleteo *m*; revoloteo *m.*
**flux** (fluks) *n* flujo *m*; • *vi* fluctuar, cambiar continuamente..
**fly** (flī) *vt* pilotar; transportar; • *vi* volar; huir, escapar; **to ~ away/off** emprender el vuelo; • *n* mosca *f*; bragueta *f.*
**flying** (flī´ing) *n* volar *m.*
**flying saucer** *n* platillo volador *m.*
**flypast** (flī´past´´, flī´päst´´) *n* desfile aéreo *m.*
**flysheet** *n* doble techo *m.*
**foal** (fōl) *n* potro *m.*
**foam** (fōm) *n* espuma *f*; • *vi* espumar.
**foam rubber** *n* hule espuma *m.*
**foamy** (fōm´ē) *adj* espumoso.
**focus** (fō´k*u*s) *n* foco, el punto céntrico, el foco de atención *m.*
**fodder** (fod´ėr) *n* forraje *m.*
**foe** (fō) *n* adversario, enemigo *m.*
**fog** (fog, fäg) *n* niebla *f.*
**foggy** (fō´gē) *adj* nebuloso, brumoso.
**foghorn** (fog´härn´´, fäg´härn´´) *n* sirena de niebla *f.*
**fog light** *n* faro antiniebla *m.*
**foible** (foi´bl) *n* debilidad, parte flaca *f.*
**foil** (foil) *vt* frustrar; • *n* hoja *f*; florete *m.*

**fold** (fōld) *n* redil *m*; pliegue *m*; • *vt* plegar; • *vi*: **to ~ up** plegarse, doblarse; quebrar.
**folder** (fōl'dėr) *n* carpeta *f*; folleto *m*.
**folding** (fōl'ding) *adj* plegable.
**folding chair** *n* silla de tijera *f*.
**foliage** (fō'lē ij) *n* follaje *m*.
**folio** (fō'lē ō'') *n* folio *m*.
**folk** (fōk) *n* gente *f*.
**folklore** (fōk'lōr'', fōk'lär'') *n* folklore *m*.
**folk song** *n* canción folklórica *f*.
**follow** (fol'ō) *vt* seguir; acompañar; imitar; **to ~ up** responder a; investigar; • *vi* seguir, resultar, provenir.
**follower** (fol'ō ėr) *n* seguidor *m*; imitador *m*; secuaz, partidario *m*; adherente *m*; compañero *m*.
**following** (fol'ō ing) *adj* siguiente; • *n* afición *f*.
**folly** (fol'ē) *n* extravagancia, bobería *f*.
**foment** (fō ment') *vt* fomentar; proteger.
**fond** (fond) *adj* cariñoso; **~ly** *adv* cariñosamente.
**fondle** (fon'dl) *vt* acariciar.
**fondness** (fond'nis) *n* gusto *m*; cariño *m*.
**font** (font) *n* pila bautismal *f*.
**food** (föd) *n* comida *f*.
**food mixer** *n* batidora *f*.
**food poisoning** *n* botulismo *m*.
**food processor** *n* procesador de alimentos *m*.
**foodstuffs** (föd'stuff'') *npl* comestibles *mpl*.
**fool** (föl) *n* loco, tonto *m*; • *vt* engañar.
**foolhardy** (föl'här''dē) *adj* temerario.
**foolish** (fö'lish) *adj* bobo, tonto; **~ly** *adv* tontamente.
**foolproof** (föl'pröf'') *adj* infalible; sencillo de manejar.
**foolscap** (fölz'kap'') *n* papel tamaño folio *m*.
**foot** (füt) *n* pie *m*; pata *f*; paso *m*; **on *o* by ~** a pie.
**footage** (füt'ij) *n* medida en pies, metraje *m*; secuencias filmadas, imágenes *fpl*.
**football** (füt'bäl) *n* balón *m*; fútbol *m*.
**footballer** (füt'bäl ėr) *n* futbolista *m*; jugador de fútbol *m*.
**footbrake** *n* freno de pie *m*.
**footbridge** (füt'brij'') *n* puente peatonal *m*.
**footgear** (füt'gēr'') *n* calzado *m*.
**foothills** (füt'hils'') *npl* estribaciones (conjunto de montañas más bajas que salen de una cordillera) *fpl*.
**foothold** (füt'hōld'') *n* pie firme *m*; punto de apoyo *m*.
**footing** (füt'ing) *n* base *f*; estado *m*; condición *f*; fundamento *m*.
**footlights** (füt'līts) *npl* lámparas del proscenio, candilejas *fpl*.
**footloose** (füt'lös) *adj* libre de compromisos.
**footman** (füt'man) *n* lacayo *m*; soldado de infantería *m*.
**footnote** (füt'nōt'') *n* nota a pie de página *f*.
**footpath** (füt'path'', füt'päth'') *n* senda, vereda *f*.
**footprint** (füt'print'') *n* huella, pisada *f*.
**footsore** (füt'sōr'', füt'sär'') *adj* con los pies doloridos.
**footstep** (füt'step'') *n* paso *m*; huella *f*.
**footwear** (füt'wâr'') *n* calzado *m*.

**for** (fär) *prep* por, a causa de; para; • *conj* porque, para que; por cuanto; **as ~ me** tocante a mí; **what ~?** ¿para qué?
**forage** (fär'ij) *n* forraje *m*; • *vt* forrajear; saquear.
**foray** (fär'ā, for'ā) *n* incursión *f*.
**forbear** (fär bâr') *vi* abstenerse.
**forbearance** (fär bâr'ans) *n* tolerancia, paciencia *f*.
**forbid** (fėr bid', fär bid') *vt* prohibir, vedar; impedir; **God ~!** ¡Dios no lo quiera!
**forbidden** (fėr bid'en, fär bid'en) *adj* prohibido.
**forbidding** (fėr bid'ing, fär bid'ing) *adj* inhóspito; severo.
**force** (fōrs, färs) *n* fuerza *f*; poder, vigor *m*; violencia *f*; necesidad *f*; **~s** *pl* tropas *fpl*; • *vt* forzar, violentar; esforzar; constreñir.
**forced** (fōrst, färst) *adj* forzado.
**forced march** *n* (*mil*) marcha forzada *f*.
**forceful** (fōrs'ful, färs'ful) *adj* enérgico.
**forceps** (fär'seps, fär'seps) *n* fórceps *m*.
**forcible** (fōr'si bl, fär'si bl) *adj* fuerte, eficaz, poderoso; **~bly** *adv* fuertemente, forzadamente.
**ford** (fōrd, färd) *n* vado *m*; • *vt* vadear.
**fore** (fōr, fär) *n*: **to the ~** destacar.
**forearm** (fōr'ärm'', fär'ärm'') *n* antebrazo *m*.
**foreboding** (fōr bō'ding, fär bō'ding) *n* presentimiento, *m*; premonición *f*.
**forecast** (fōr'kast'', fär'kast'', fōr'käst'') *vt* pronosticar; • *n* pronóstico *m*.
**forecourt** *n* patio delantero *m*.
**forefather** (fōr'fä''THėr, fär' fä''THėr) *n* abuelo, antecesor *m*.
**forefinger** (fōr'fing''gėr, fär'fing''ėr) *n* índice *m*.
**forefront** (fōr'frunt, fär'frunt) *n*: **in the ~ of** en la vanguardia de.
**forego** (fōr gō, fär gō') *vt* ceder, abandonar; preceder.
**forgoing** *adj* precedente, anterior.
**foregone** (fōr gon', fōr'gon'') *adj* pasado; anticipado.
**foreground** (fōr'ground'', fär'ground'') *n* delantera *f*.
**forehead** (fär'id, for'id, for'hed'') *n* frente *f*; insolencia *f*.
**foreign** (fär'in, for'in) *adj* extranjero; extraño.
**foreign affairs** *npl* relaciones exteriores.
**foreign debt** *n* deuda externa *f*.
**foreigner** (fär'in ėr, for'in ėr) *n* extranjero, forastero *m*.
**foreign exchange** *n* divisas *fpl*.
**foreleg** (fōr'leg'', fär'leg'') *n* pata delantera *f*.
**foreman** (fōr'man, fär'man) *n* capataz *m*; (*law*) presidente del jurado *m*.
**foremost** (fōr'mōst'', fär'mōst'') *adj* principal.
**forenoon** (fōr'nön'', fär'nön'') *n* mañana *f*.
**forensic** (fo ren'sik) *adj* forense.
**forerunner** (fōr run'ėr, fär run'ėr) *n* precursor *m*; predecesor *m*.
**foresee** (fōr sē', fär sē') *vt* prever.
**foreshadow** (fōr shad'ō, fär shad'ō) *vt* pronosticar; simbolizar; prefigurar; anunciar.
**foresight** (fōr'sīt'', fär'sīt'') *n* previsión *f*; presciencia *f*.
**forest** (fär'ist, fōr'ist) *n* bosque *m*; selva *f*.

**forestall** (fōr stäl′, fär stäl′) *vt* anticipar; prevenir.
**forested** *adj* arbolado.
**forester** (fär′i stėr, for′i ster) *n* silvicultor *m*; guardabosque *m*.
**forestry** (fär′i strē, fōr′i strē) *n* silvicultura *f*.
**foretaste** (fōr′tāst′′, fär′tāst′′) *n* muestra *f*; anticipo *m*.
**foretell** (fōr tel′, fär tel′) *vt* predecir, profetizar.
**forethought** (fōr′thät′′, fär′thät′′) *n* providencia *f*; premeditación *f*.
**forever** (fär ev′ėr, fōr ev′ėr) *adv* para siempre.
**forewarn** (fōr wärn′, fär wärn′) *vt* prevenir de antemano.
**foreword** (fōr′wärd′′, fär′wėrd) *n* prefacio *m*.
**forfeit** (fär′fit) *n* confiscación *f*; multa *f*; • *vt* perder derecho a.
**forge** (fōrj, färj) *n* fragua *f*, fábrica de metales *f*; • *vt* forjar; falsificar; inventar; • *vi*: **to ~ ahead** avanzar constantemente.
**forger** *n* falsificador *m*.
**forgery** (fōr′je rē, fär′je rē) *n* falsificación *f*.
**forget** (fėr get′) *vt* olvidar; • *vi* olvidarse.
**forgetful** (fėr get′ful) *adj* olvidadizo; descuidado.
**forgetfulness** (fėr get′ful nis) *n* olvido *m*; negligencia *f*.
**forget-me-not** (fėr get′mē not′′) *n* (*bot*) no-me-olvides *m*.
**forgive** (fėr giv′) *vt* perdonar.
**forgiveness** (fėr giv′nis) *n* perdón *m*; remisión *f*.
**fork** (färk) *n* tenedor *m*; horca *f*; • *vi* bifurcarse; **to ~ out** (*sl*) desembolsar.
**forked** (färkt, fär′kid) *adj* ahorquillado.
**fork-lift truck** (färk′lift truk′′) *n* máquina elevadora *f*.
**forlorn** (fär lärn′) *adj* abandonado, perdido.
**form** (färm) *n* forma *f*; modelo *m*; modo *m*; formalidad *f*; método *m*; molde *m*; • *vt* formar.
**formal** (fär′mal) *adj* formal, metódico; ceremonioso; **~ly** *adv* formalmente.
**formality** (fär mal′i tē) *n* formalidad *f*; ceremonia *f*.
**format** (fär′mat) *n* formato *m*; • *vt* formatear.
**formation** (fär mā′shan) *n* formación *f*.
**formative** (fär′ma tiv) *adj* formativo.
**former** (fär′mėr) *adj* precedente; anterior, pasado; **~ly** *adv* antiguamente, en tiempos pasados.
**formidable** (fär′mi da bl) *adj* formidable, terrible.
**formula** (fär′mū la) *n* fórmula *f*.
**formulate** (fär′mū lāt′′) *vt* formular, articular.
**forsake** (fär sāk′) *vt* dejar, abandonar.
**fort** (fōrt) *n* castillo *m*; fortaleza *f*.
**forte** (fōrt) *n* fuerte *m*.
**forthcoming** (fōrth′kum′ing) *adj* venidero.
**forthright** (fōrth′rīt′′) *adj* franco, directo.
**forthwith** (fōrth′with′′) *adj* inmediatamente, sin tardanza.
**fortieth** (fär′tē ith) *adj, n* cuadragésimo *m*.
**fortification** (fär′′ti fa kā′shan) *n* fortificación *f*.
**fortify** (fär′ti fī′′) *vt* fortificar; corroborar.

**fortitude** (fär'ti töd'', fär'ti tūd'') *n* fortaleza *f*; valor *m*.
**fortnight** (färt'nīt'', färt'nit) *n* quince días *mpl*; dos semanas *fpl*; ~**ly** *adj, adv* cada quince días.
**fortress** (fär'tris) *n* (*mil*) fortaleza *f*.
**fortuitous** (fär tö'i tus, fär tū'i tus) *adj* fortuito; impensado; casual; ~**ly** *adv* fortuitamente.
**fortunate** (fär'chu nit) *adj* afortunado; ~**ly** *adv* felizmente.
**fortune** (fär'chan) *n* fortuna, suerte *f*.
**fortune-teller** (fär'chan tel''ėr) *n* sortílego, adivino *m*.
**forty** (fär'tē) *adj, n* cuarenta.
**forum** (fōr'um) *n* foro *m*.
**forward** (fär'wėrd) *adj* avanzado; delantero; presumido; ~(**s**) *adv* adelante, más allá; • *vt* remitir; promover, patrocinar.
**forwardness** (fär'wėrd nis) *n* precocidad *f*; audacia *f*.
**fossil** (fos'il) *adj, n* fósil *m*.
**foster** (fä'stėr, fos'tėr) *vt* criar, nutrir; fomentar.
**foster child** *n* hijo adoptivo *m*.
**foster father** *n* padre adoptivo *m*.
**foster mother** *n* madre adoptiva *f*.
**foul** (foul) *adj* sucio, puerco; impuro, detestable; ~ **copy** *n* borrador *m*; ~**ly** *adv* suciamente; ilegítimamente; • *vt* ensuciar.
**foul mouthed** (foul'mouTHid') *adj* malhablado
**foul play** *n* mala jugada *f*; muerte violenta *f*; actos delictivos *mpl*.
**foul up** *vt* estropear, arruinar.
**found** (found) *vt* fundar, establecer; edificar; fundir.
**foundation** (foun dā'shan) *n* fundación *f*; fundamento *m*.
**founder** (foun'dėr) *n* fundador *m*; fundidor *m*; • *vi* (*mar*) irse a pique.
**foundling** (found'ling) *n* niño abandonado en un orfanato *m*.
**foundry** (foun'drē) *n* fundición *f*.
**fount, fountain** (fount, foun'tan) *n* fuente *f*.
**fountainhead** (foun'tan hed'') *n* origen *m*; manantial *m*.
**four** (fōr, fär) *adj, n* cuatro.
**fourfold** (fōr'fōld'') *adj* cuádruple.
**four-in-hand** (fōr'in hand'') *n* coche tirado por cuatro caballos *m*.
**four-letter word** *n* palabrota *f*.
**four-poster (bed)** (fōr'pō'stėr) *n* cama con cuatro columnas, generalmente con dosel *f*.
**fourscore** (fōr'skōr') *adj* ochenta.
**foursome** (fōr'som) *n* grupo de cuatro personas *m*.
**fourteen** (fōr'tēn') *adj, n* catorce.
**fourteenth** (fōr'tēnth'') *adj, n* decimocuarto.
**fourth** (fōrth) *adj* cuarto; • *n* cuarto *m*; ~**ly** *adv* en cuarto lugar.
**fowl** (foul) *n* ave *f*.
**fox** (foks) *n* zorra *f*; (*fig*) zorro *m*.
**foxhound** (foks'hound'') *n* perro raposero *m*.
**foyer** (foi'ėr, foi'ā) *n* vestíbulo *m*.
**fracas** (frā'kas) *n* riña *f*.
**fraction** (frak'shan) *n* fracción *f*.
**fracture** (frak'chėr) *n* fractura *f*; • *vt* fracturar, romper.
**fragile** (fraj'il) *adj* frágil; débil.
**fragility** *n* fragilidad *f*; debilidad, flaqueza *f*.
**fragment** (frag'ment) *n* fragmento *m*.
**fragmentary** (frag'men ter''ē) *adj* fragmentario.
**fragrance** (frā'grans) *n* fragancia *f*.

**fragrant** (frā´grant) *adj* fragante, oloroso; **~ly** *adv* con fragancia.
**frail** (frāl) *adj* frágil, débil.
**frailty** (frāl´tē) *n* fragilidad *f*; debilidad *f*.
**frame** (frām) *n* armazón *m*; marco, cerco *m*; cuadro de vidriera *m*; estructura *f*; montura *f*; • *vt* encuadrar; componer, construir, formar.
**frame of mind** *n* estado de ánimo *m*.
**framework** (frām´würt´´) *n* labor hecha en el bastidor *o* telar *f*; armazón *f*.
**franchise** (fran´chīz) *n* sufragio *m*; concesión *f*; franquicia *f*.
**frank** (frangk) *adj* franco, liberal.
**frankly** (frangk´lē) *adv* francamente.
**frankness** (frangk´nis) *n* franqueza *f*.
**frantic** (fran´tik) *adj* frenético, furioso.
**fraternal** (fra tür´nal) *adj*, **~ly** *adv* fraternal(mente).
**fraternity** (fra tür´ni tē) *n* fraternidad *f*.
**fraternize** (frat´er nīz´´) *vi* hermanarse.
**fratricide** (fra´tri sīd´´, frā´tri sīd´´) *n* fratricidio *m*; fratricida *m*.
**fraud** (fräd) *n* fraude, engaño *m*.
**fraudulence** (frä´ju lens) *n* fraudulencia *f*.
**fraudulent** (frä´ju lent) *adj* fraudulento; **~ly** *adv* fraudulentamente.
**fraught** (frät) *adj* cargado, lleno.
**fray** (frā) *n* riña, disputa, querella *f*; • *vi* hilacharse; perder la paciencia.
**freak** (frēk) *n* fantasía *f*; fenómeno *m*.
**freaky** (frē´kē) *adj* muy extraño; muy raro.
**freckle** (frek´l) *n* peca *f*.
**freckled** (frek´ld) *adj* pecoso.
**free** (frē) *adj* libre; liberal; suelto; exento; desocupado; gratuito • *vt* soltar; librar; eximir.
**freedom** (frē´dom) *n* libertad *f*.
**freehold** (frē´hōld´´) *n* propiedad vitalicia *f*.
**free-for-all** (frē´fėr äl´´) *n* riña general *f*.
**free gift** *n* prima *f*.
**free-handed** (frē´han´did) *adj* generoso.
**free kick** *n* tiro libre *m*.
**freelance** (frē´lans, frē´läns) *adj, adv* por cuenta propia.
**free load** *vi* vivir a costa de alguien o de algo.
**freely** *adv* libremente; espontáneamente; liberalmente.
**freemason** (frē´mā´´son, frē´´mā´son) *n* francmasón *m*.
**freemasonry** (frē´mā´´son rē, frē´´mā´son´rē) *n* francmasonería *f*.
**free post** *n* porte pagado *m*.
**free-range** *adj* de granja
**freethinker** (frē´thing´kėr) *n* librepensador *m*.
**freethinking** (frē´thing´king) *n* incredulidad *f*.
**free trade** *n* libre comercio.
**freeway** (frē´wā´´) *n* autopista *f*.
**freewheel** (frē´hwēl´, frē´wēl´) *vi* ir en punto muerto.
**freewheeling** *adj* irresponsable, alocado.
**free will** *n* libre albedrío *m*.
**freeze** (frēz) *vi* helar(se); • *vt* congelar; helar.
**freeze-dried** (frēz´drīd) *adj* liofilizado.
**freezer** (frē´zėr) *n* congeladora *f*.
**freezing** *adj* helado.

**freezing point** *n* punto de congelación *m.*
**freight** (frāt) *n* carga *f*; flete *m.*
**freight car** *n* vagón de carga.
**freighter** (frā'tėr) *n* buque de carga, cargero *m.*
**freight train** *n* tren de carga *m.*
**french** (french) *adj* francés.
**French bean** *n* judía verde *f*, ejote *m.*
**French fries** *npl* patatas *o* papas fritas *fpl.*
**French horn** *n* trompa de pistones *f.*
**French toast** *n* torreja *f.*
**French window** *n* puertaventana *f.*
**frenzied** (frēn'zēd) *adj* loco, delirante.
**frenzy** (frēn'zē) *n* frenesí *m*; locura *f.*
**frequency** (frē'kwen sē) *n* frecuencia *f.*
**frequent** (frē'kwent) *adj*, **~ly** *adv* frecuente(mente); • *vt* frecuentar.
**fresco** (fres'kō) *n* fresco *m.*
**fresh** (fresh) *adj* fresco; nuevo, reciente; **~ water** *n* agua dulce *f.* **freshen** *vt, vi* refrescar(se).
**freshen** (fresh'en) *vt* refrescar.
**freshly** (fresh'lē) *adv* nuevamente; recientemente.
**freshman** (fresh'man) *n* novato *m*; estudiante de primer año *m.*
**freshness** (fresh'nis) *n* frescura *f*; fresco *m.*
**freshwater** (fresh'wä''tėr) *adj* de agua dulce.
**fret** (fret) *vi* agitarse, enojarse.
**friar** (frī'ėr) *n* fraile *m.*
**friction** (frik'shan) *n* fricción *f.*
**Friday** (frī'dā, frī'dē) *n* viernes *m*; **Good ~** Viernes Santo *m.*
**friend** (frend) *n* amigo *m*; amiga *f.*
**friendless** (frend'lis) *adj* sin amigos.
**friendliness** (frend'lē nis) *n* amistad, benevolencia, bondad *f.*
**friendly** (frend'lē) *adj* amistoso.
**friendship** (frend'ship) *n* amistad *f.*
**frieze** (frēz) *n* friso *m.*
**frigate** (frig'it) *n* (*mar*) fragata *f.*
**fright** (frīt) *n* espanto, terror *m.*
**frighten** (frīt'en) *vt* espantar.
**frightened** *adj* asustado.
**frightening** (frīt'en ing) *adj* espantoso.
**frightful** (frīt'ful) *adj* espantoso, horrible; **~ly** *adv* espantosamente, terriblemente.
**frigid** (frij'id) *adj* frío, frígido; **~ly** *adv* fríamente.
**fringe** (frinj) *n* franja *f.*
**fringe benefits** *npl* ventajas adicionales *fpl.*
**frisk** (frisk) *vt* retozar, juguetear.
**frisky** (fris'kē) *adj* juguetón.
**fritter** (frit'ėr) *vt*: **to ~ away** desperdiciar, malgastar.
**frivolity** (fri vol'i tē) *n* frivolidad *f.*
**frivolous** (friv'o lus) *adj* frívolo, vano.
**frizz(le)** (friz; friz'l) *vt* frisar; rizar.
**frizzy** (friz'ē) *adj* rizado.
**fro** (frō) *adv*: **to go to and ~** ir y venir.
**frock** (frok) *n* vestido *m.*
**frock coat** *n* levita.
**frog** (frog, frög) *n* rana *f.*
**frogspawn** *n* hueva de rana *f.*
**frolic** (frol'ik) *vi* juguetear.
**frolicsome** (frol'ic som) *adj* juguetón, travieso.
**from** (frum, from) *prep* de; después; desde.
**front** (frunt) *n* parte delantera *f*; fachada *f*; paseo marítimo *m*; frente *m*; apariencias *fpl*; • *adj* delantero; primero.

**frontal** (frun´t*a*l) *adj* de frente.
**front door** *n* puerta principal *f.*
**frontier** (frun tēr´) *n* frontera *f.*
**front page** *n* primera plana *f.*
**front-runner** *n* puntero *m*; favorito en los sondeos *m*; el que va a la cabeza.
**front-wheel drive** *n* (*auto*) tracción delantera *f.*
**frost** (fräst, frost) *n* helada *f*; hielo *m*; • *vt* escarchar.
**frostbite** (fräst´bīt´´, frost´bīt´´) *n* congelación *f.*
**frostbitten** *adj* helado, quemado del hielo.
**frosted** (frä´stid, fros´tid) *adj* deslustrado.
**frosted glass** *n* vidrio esmerilado *m.*
**frosty** (frä´stē, fros´tē) *adj* helado, frío como el hielo.
**froth** (fräth, froth) *n* espuma (de algún líquido) *f*; • *vi* espumar.
**frothy** (frä´thē, froth´ē) *adj* espumoso.
**frown** (froun) *vt* fruncir el ceño; • *n* ceño *m*; enojo *m.*
**frozen** (frō´zen) *adj* congelado.
**frugal** (frö´g*a*l) *adj* frugal; económico; sobrio; ~**ly** *adv* frugalmente.
**fruit** (fröt) *n* fruta *f*; fruto *m*; producto *m.*
**fruiterer** (frö´tėr ėr) *n* frutero *m.*
**fruiterer's (shop)** *n* frutería *f.*
**fruitful** (fröt´f*u*l) *adj* fructífero, fértil; provechoso, útil; ~**ly** *adv* con fertilidad.
**fruitfulness** (fröt´f*u*l nis) *n* fertilidad *f.*
**fruition** (frö ish´*a*n) *n* realización *f.*
**fruit juice** *n* jugo de fruta *m.*
**fruitless** (fröt´lis) *adj* estéril; inútil; ~**ly** *adv* vanamente, inútilmente.
**fruit salad** *n* ensalada de frutas *f.*
**fruit tree** *n* árbol frutal *m.*
**frustrate** (frus´trāt) *vt* frustrar; anular.
**frustrated** *adj* frustrado.
**frustration** (frus´trā´sh*a*n) *n* frustración *f.*
**fry** (frī) *vt* freir.
**frying pan** *n* sartén *f.*
**fuchsia** (fū´sh*a*) *n* (*bot*) fuchsia *f.*
**fuck** (fuk) *vt (vulgar)* joder.
**fudge** (fuj) *n* caramelo blando *m.*
**fuel** (fū´*e*l) *n* combustible *m.*
**fuel tank** *n* depósito *m.*
**fugitive** (fū´ji tiv) *adj, n* fugitivo *m.*
**fugue** (fūg) *n* (*mus*) fuga *f.*
**fulcrum** (f*ü*l´kr*u*m, ful´kr*u*m) *n* fulcro *m.*
**fulfill** (f*ü*l fil´) *vt* cumplir; realizar.
**fulfillment** (f*ü*l fil´m*e*nt) *n* cumplimiento *m.*
**full** (f*ü*l) *adj* lleno, repleto, completo; perfecto; • *adv* enteramente, del todo.
**full-blooded** (f*ü*l´blud´id) *adj* de pura sangre; apasionado.
**full-blown** (f*ü*l´blōn´) *adj* hecho y derecho.
**full-dress** *n* traje de etiqueta *m.*
**full-fledged** (f*ü*l´flejd´) *adj* hecho y derecho.
**full-house** *n* teatro lleno.
**full-length** (f*ü*l´ lengkth´, f*ü*l´ lenght´) *adj* de cuerpo entero; completo.
**full moon** *n* plenilunio *m*; luna llena *f.*
**fullness** *n* plenitud, abundancia *f.*
**full-scale** (f *ü*l´skāl´) *adj* en gran escala; de tamaño natural.
**full-time** *adj* de tiempo completo.
**fully** (f*ü*l´ē) *adv* llenamente, enteramente, ampliamente.

**fulsome** (fül´s*o*m, ful´s*o*m) *adj* exagerado.
**fumble** (fum´bl) *vi* manejar torpemente.
**fume** (fūm) *vi* humear; encolerizarse; • **~s** *npl* humo *m.*
**fumigate** (fū´m*i* gāt´´) *vt* fumigar.
**fun** (fun) *n* diversión *f*; alegría *f.*
**function** (fungk´sh*a*n) *n* función *f.* • *vt* funcionar, operar.
**functional** (fungk´sh*a* n*a*l) *adj* funcional.
**fund** (fund) *n* fondo *m*; fondos públicos *mpl*; • *vt* costear.
**fundamental** (fun´d*a* men´t*a*l) *adj* fundamental; **~ly** *adv* fundamentalmente.
**funeral service** (fū´nėr *a*l sür´vis) *n* misa de difuntos *f.*
**funeral** (fū´nėr *a*l) *n* funeral *m.*
**funereal** (fū´nēr´ē *a*l) *adj* funeral, fúnebre.
**fungus** (fung´g*u*s) *n* hongo *m*; seta *f.*
**funnel** (fun´*e*l) *n* embudo *m*; cañón (de chimenea) *m.*
**funny** (fun´ē) *adj* divertido; curioso.
**fur** (für) *n* piel *f.*
**fur coat** *n* abrigo de pieles *m.*
**furious** (für´ē us) *adj* furioso, frenético; **~ly** *adv* con furia.
**furlong** (für´läng, für´long) *n* estadio *m*; (octava parte de una milla).
**furlough** (für´lō) *n* (*mil*) licencia *f*, permiso *m.*
**furnace** (für´nis) *n* horno *m*; hornaza *f.*
**furnish** (für´nish) *vt* amueblar; facilitar; suministrar.
**furnishings** (für´ni shings) *npl* muebles *mpl.*
**furniture** (für´n*i* chėr) *n* muebles *mpl.*
**furrow** (für´ō) *n* surco *m*; • *vt* surcar; estriar.
**furry** (für´ē) *adj* peludo.
**further** (für´THėr) *adj* nuevo; más lejano; • *adv* más lejos, más allá; aún; además; • *vt* adelantar, promover, ayudar.
**further education** *n* cursos de extensión para adultos *plm.*
**furthermore** (für´THėr mōr´´) *adv* además.
**furthest** (für´THist) *adv* lo más lejos, lo más remoto.
**furtive** (für´tiv) *adj* furtivo; secreto; **~ly** *adv* furtivamente.
**fury** (fūr´ē) *n* furor *m*; furia *f*, ira *f.*
**fuse = fuze**
**fusion** (fū´zh*a*n) *n* fusión *f.*
**fuss** (fus) *n* lío *m*; alboroto *m.*
**fussy** (fus´ē) *adj* jactancioso, exigente, quisquilloso.
**futile** (fūt´*i*l, fū´til) *adj* fútil, frívolo.
**futility** (fū til´i tē) *n* futilidad, vanidad *f.*
**future** (fū´chėr) *adj* futuro; • *n* futuro *m*; porvenir *m.*
**fuze** (fūz) *vt, vi* fundir; derretirse; • *n* fusible *m; n* mecha *f.*
**fuze box** *n* caja de fusibles *f.*
**fuzzy** (fuz´ē) *adj* borroso; muy rizado.

# G

**gab** (gab) *n* (*fam*) charla *f*; parloteo *m*; • *vi* parlotear; charlar.
**gabble** (gab´l) *vi* charlar, parlotear; • *n* algarabía *f*.
**gable** (gā´bl) *n* aguilón *m*; faldón *m*.
**gad** (gad) *n* vagancia *f*; punzón *m*.
**gadabout** (gad´*a* bout´´) *adj* callejero; vagabundo.
**gadget** (gaj´it) *n* dispositivo *m* mecanismo *m*.
**gaff** (gaf) *n* garfio *m*; arpón *m*; disparate *m*
**gaffe** (gaf) *n* plancha *f*.
**gag** (gag) *n* mordaza *f*; chiste *m*; • *vt* tapar la boca con mordaza; hacer nausear; obstruir; escribir chistes.
**gaiety** (gā´i tē) *n* alegría *f*.
**gaily** (gā´lē) *adv* alegremente.
**gain** (gān) *n* ganancia *f*; aumento, interés, provecho *m*; • *vt* ganar; conseguir; avanzar; recobrar (equilibrio).
**gait** (gāt) *n* marcha *f*; porte *m*.
**gala** (gā´l*a*, gal´*a*) *n* fiesta *f*.
**galaxy** (gal´*a*k sē) *n* galaxía, vía láctea *f*.
**gale** (gāl) *n* vendaval *m*.
**gall** (gäl) *n* hiel *f*.
**gallant** (gal´*a*nt, g*a* lant´, g*a* länt´) *adj* galante.
**gall bladder** *n* vesícula biliar *f*.
**gallery** (gal´*e* rē, gal´rē) *n* galería *f*.
**galley** (gal´ē) *n* cocina *f*; galera *f*.
**gallon** (ga lön´) *n* galón *m* (medida).
**gallop** (gal´*o*p) *n* galope *m*; • *vi* galopar.
**gallows** (gal´ōz, gal´*o*z) *n* horca *f*.
**gallstone** (gäl´stōn´´) *n* cálculo biliario *m*.
**galore** (g*a* lōr´, g*a* lär´) *adv* en abundancia.
**galvanize** (gal´v*a* nīz´´) *vt* galvanizar.
**gambit** (gam´bit) *n* estrategia *f*.
**gamble** (gam´bl) *vi* jugar; especular; • *n* riesgo *m*; apuesta *f*.
**gambler** (gam´bl ėr) *n* jugador *m*.
**gambling** *n* juego *m*.
**game** (gām) *n* juego *m*; pasatiempo *m*; partido *m*; partida *f*; caza *f*; estrategia *f*; • *vi* jugar por dinero.
**gamekeeper** (gām´kē´´pėr) *n* pastor, guardabosques *m*.
**gaming** *n* juego *m*.
**gammon** (gam´on) *n* jamón ahumado *m*.
**gamut** (gam´ut) *n* (*mus*) gama musical *f*.
**gander** (gan´der) *n* ganso *m*.
**gang** (gang) *n* pandilla, banda *f*.
**gangrene** (gang´grēn, gang grēn´) *n* gangrena *f*.
**gangster** (gang´stėr) *n* gángster *m*.
**gangway** (gang´wā) *n* pasarela *f*.
**gap** (gap) *n* hueco *m*; claro *m*; intervalo *m*.
**gape** (gāp, gap) *vi* boquear; estar con la boca abierta.
**gaping** *adj* muy abierto.
**garage** (g*a* razh´, ga räj´) *n* garaje *m*.
**garbage** (gär bij) *n* basura *f*.
**garbage can** *n* bote de la basura *m*.
**garbage man** *n* basurero *m*.
**garbled** (gär´blid) *adj* falsificado.
**garden** (gär´d*e*n) *n* jardín *m*.
**garden-hose** *n* regadera *f*.

**gardener** (gärd′nėr) *n* jardinero *m.*
**gardening** (gärd′ning) *n* jardinería *f.*
**gargle** (gär′gl) *vi* hacer gárgaras.
**gargoyle** (gär′goil) *n* gárgola *f.*
**garish** (gâr′ish, gar′ish) *adj* ostentoso.
**garland** (gär′land) *n* guirnalda *f.*
**garlic** (gär′lik) *n* ajo *m.*
**garment** (gär′ment) *n* prenda *f.*
**garnish** (gär′nish) *vt* guarnecer, adornar; • *n* guarnición *f*; adorno *m.*
**garret** (gar′it) *n* guardilla *f*; desván *m.*
**garrison** (gar′i son) *n* (*mil*) guarnición *f*; • *vt* (*mil*) guarnecer.
**garrote** (g*a* rōt′, g*a* rot′) *vt* estrangular.
**garrulous** (gar′*a* lus, gar′ū lus) *adj* gárrulo, locuaz, charlador.
**garter** (gär′tėr) *n* liga *f.*
**gas** (gas) *n* gas *m*; gasolina *f.*
**gas burner** *n* mechero de gas *m.*
**gas cylinder** *n* bombona de gas *f.*
**gaseous** (gas′ē us) *adj* gaseoso.
**gas furnace** *n* horno de gas *f.*
**gash** (gash) *n* cuchillada *f*; corte largo *m*; • *vt* acuchillar.
**gasket** (gas′kit) *n* junta de culata *f.*
**gas mask** *n* careta antigás *f.*
**gas meter** *n* contador de gas *m.*
**gasoline** (gas′′*o* lēn′, gas′*o* lēn′′) *n* gasolina *f.*
**gasp** (gasp, gäsp) *vi* jadear; • *n* respiración difícil *f.*
**gas pedal** *n* acelerador *f.*
**gas ring** *n* hornillo de gas *m.*
**gas station** *n* gasolinera *f.*
**gassy** (gas′ē) *adj* gaseoso.
**gas tap** *n* llave del gas *f.*
**gastric** (gas′trik) *adj* gástrico.
**gastronomic** (ga stron′*o* mik) *adj* gastronómico.
**gasworks** (gas′wűrks′′) *npl* fábrica de gas *f.*
**gate** (gāt) *n* puerta *f.*
**gateway** (gāt′wā′′) *n* puerta *f.*
**gather** (gaTH′ėr) *vt* recoger, amontonar; entender; plegar; • *vi* juntarse.
**gathering** (gaTH′ėr ing) *n* reunión *f*; colecta *f.*
**gauche** (gōsh) *adj* torpe.
**gaudy** (gä′dē) *adj* chillón.
**gauge** (gāj) *n* calibre *m*; entrevía *f*; indicador *m*; • *vt* medir.
**gaunt** (gänt) *adj, n* flaco, delgado *m.*
**gauze** (gäz) *n* gasa *f.*
**gay** (gā) *adj* alegre; vivo; de colores vivos, homosexual.
**gaze** (gāz) *vi* contemplar, considerar; • *n* mirada *f.*
**gazelle** (g*a* zel′) *n* gacela *f.*
**gazette** (g*a* zet′) *n* gaceta *f.*
**gazetteer** (gaz′′i tēr′) *n* gacetero *m*; diccionario geográfico *m.*
**gear** (gēr) *n* atavío *m*; vestido *m*; aparejo *m*; tirantes *mpl*; velocidad *f.*
**gearbox** (gēr′boks′′) *n* caja de cambios *f.*
**gear shift** (gēr′shift′′) *n* palanca de cambio *f.*
**gear wheel** (gēr′hwēl′′) *n* rueda dentada *f*; engrane *m.*
**gel** (jel) *n* gel *m.*
**gelatin(e)** (jel′*a* tin) *n* gelatina, jalea *f.*
**gelignite** (jel′ig nīt′′) *n* gelignita *f.*
**gem** (jem) *n* joya *f.*
**Gemini** (jem′*i* nī′′, jem′*i* nē, jim′*i* nī′′) *n* Géminis *m* (signo del zodíaco).
**gender** (jen′dėr) *n* género *m.*
**gene** (jēn) *n* gen *m.*

**genealogical** (jē´´nē *a* loj´i k*a*l) *adj* genealógico.
**genealogy** (jē´´nē ol´*o* jē, jē´´nē al´*o* jē) *n* genealogía *f.*
**general** (jen´ėr *a*l) *adj* general, común, usual; **in ~** por lo común; **~ly** *adv* generalmente; • *n* general *m*; generala *f.*
**general delivery** *n* lista de correos *f.*
**general election** *n* elecciones generales *fpl.*
**generality** (jen´´*e* ral´i tē) *n* generalidad, mayor parte *f.*
**generalization** (jen´´ėr *a* li zā´sh*a*n) *n* generalización *f.*
**generalize** (jen´´ėr *a* līz´´) *vt* generalizar.
**generate** (jen´*e* rāt´´) *vt* engendrar; generar; producir; causar.
**generation** (jen´´*e* rā´sh*a*n) *n* generación *f.*
**generator** (jen´*e* rā´´tėr) *n* generador *m.*
**generic** (j*e* ner´ik) *adj* genérico.
**generosity** (jen´´*e* ros´i tē) *n* generosidad, liberalidad *f.*
**generous** (jen´ėr us) *adj* generoso.
**genetics** (j*e* net´iks) *npl* genética *f.*
**genial** (j*e* nī´*a*l) *adj* genial, natural; alegre.
**genitals** (jen´i t*a*lz) *npl* genitales *mpl.*
**genitive** (jen´i tiv) *n* genitivo *m.*
**genius** (jēn´y*u*s) *n* genio *m.*
**genteel** (jen tēl´) *adj* gentil, elegante.
**gentile** (jen´tīl) *n* gentil, pagano *m.*
**gentle** (jen´tl) *adj* suave, dócil, manso, moderado; benigno; apacible; noble.
**gentleman** (jen´tl m*a*n) *n* caballero *m.*
**gentleness** (jen´tl nis) *n* dulzura, suavidad *f.*
**gently** (jen´tlē) *adv* suavemente; poco a poco; con cariño.
**gentry** (jen´trē) *n* alta burguesía *f.*
**gents** (jents) *n* aseos *mpl.*
**genuflexion** (jen´ū flek´sh*a*n) *n* genuflexión *f.*
**genuine** (jen´ū in) *adj* genuino, puro; **~ly** *adv* puramente, naturalmente.
**genus** (jē´n*u*s) *n* género *m.*
**geographer** (jē og´r*a* fėr) *n* geógrafo *m.*
**geographical** (jē´´*o* graf´ik) *adj* geográfico.
**geography** (jē og´r*a* fē) *n* geografía *f.*
**geological** (jē *o* läj´i k*a*l) *adj* geológico.
**geologist** *n* geólogo *m.*
**geology** (jē ol´*o* jē) *n* geología *f.*
**geometric(al)** (jē´´*o* me´trik; jē´´*o* me´trik *a*l) *adj* geométrico.
**geometry** (jē om´i trē) *n* geometría *f.*
**geopolitics** (jē´´ō pol´i tiks) *n* geopolítica.
**geranium** (ji rā´nē *u*m) *n* (*bot*) geranio *m.*
**geriatric** (jer´´ē a´triks) *n, adj* geriátrico *m.*
**germ** (jürm) *n* (*bot*) germen *m.*
**germinate** (jür´m*i* nāt´´) *vi* brotar; germinar.
**gesticulate** (je´stik´ū lāt´´) *vi* gesticular.
**gesture** (jes´chėr) *n* gesto, movimiento expresivo *m.*
**get** (get) *vt* ganar; conseguir, obtener, alcanzar; agarrar; dominar; desconcertar; conmover; destruir; • *vi* hacerse, ponerse; prevalecer; introducirse; **to ~ the better** salir vencedor, sobrepujar; **to ~ together** unirse.

**geyser** (gī´zėr, gī´sėr) *n* géiser *m*; calentador de agua *m*.
**ghastly** (gast´lē, gäst´lē) *adj* espantoso; cadavérico; lívido; atroz; terrible.
**gherkin** (gür´kin) *n* pepinillo *m*.
**ghost** (gōst) *n* fantasma *m*; espectro *m*.
**ghostly** (gōst´lē) *adj* fantasmal.
**giant** (jī´*a*nt) *n* gigante *m*.
**gibberish** (jib´ėr ish) *n* jerigonza *f*.
**gibe** (jīb) *vi* escarnecer, burlarse, mofar; • *n* mofa, burla *f*.
**giblets** (jib´lit) *npl* despojos y menudillos (de aves) *mpl*.
**giddiness** (gid´ē nis) *n* vértigo *m*.
**giddy** (gid´ē) *adj* vertiginoso.
**gift** (gift) *n* regalo *m*; don *m*; dádiva *f*; talento *m*.
**gifted** *adj* dotado.
**gift voucher** *n* vale para regalo *m*.
**gigantic** (ji gan´tik) *adj* gigantesco.
**giggle** (gig´l) *vi* reírse tontamente.
**gild** (gild) *vt* dorar; dar brillo.
**gilding** *n* dorado *f*; oropel *m*.
**gill** (jil) *n* cuarta parte de pinta *f*; **~s** *pl* agallas de los peces *fpl*.
**gilt-edged** (gilt´ejd´) *adj* de máxima garantía.
**gimmick** (gim´ik) *n* truco *m*.
**gin** (jin) *n* ginebra *f*.
**ginger** (jin´jėr) *n* jengibre *m*.
**gingerbread** (jin´jėr bred) *n* pan de jengibre *m*.
**ginger-haired** *adj* pelirrojo.
**giraffe** (j*i* raf´) *n* jirafa *f*.
**girder** (gür´dėr) *n* viga *f*.
**girdle** (gür´dl) *n* faja *f*; cinturón *m*.
**girl** (gürl) *n* muchacha *f*.
**girlfriend** *n* amiga *f*; novia *f*.
**girlish** (gür´lish) *adj* de niña.
**girth** (gürth) *n* cincha *f*; circunferencia *f*.
**gist** (jist) *n* punto principal *m*.
**give** (giv) *vt, vi* dar, donar; conceder; abandonar; pronunciar; aplicarse, dedicarse; **to ~ away** regalar; traicionar; revelar; **to ~ back** devolver; **to ~ in** *vi* ceder; *vt* entregar; **to ~ off** despedir; **to ~ out** distribuir; **to ~ up** *vi* rendir; *vt* renunciar a.
**gizzard** (giz´ėrd) *n* molleja *f*.
**glacial** (glā´sh*a*l) *adj* glacial.
**glacier** (glā´shėr) *n* glaciar *m*.
**glad** (glad) *adj* alegre, contento, agradable; **I am ~ to see** me alegro de ver; **~ly** *adv* alegremente.
**gladden** (glad´n) *vt* alegrar.
**gladiator** (glad´ē ā´´tėr) *n* gladiador *m*.
**glamor** (glam´ėr) *n* encanto, atractivo *m*.
**glamorous** (glam´ėr us) *adj* atractivo.
**glance** (glans, gläns) *n* ojeada *f*; • *vi* mirar; echar una ojeada.
**glancing** *adj* oblicuo.
**gland** (gland) *n* glándula *f*.
**glare** (glâr) *n* deslumbramiento *m*; mirada feroz y penetrante *f*; • *vi* deslumbrar, brillar; echar miradas de indignación.
**glaring** (glâr´ing) *adj* deslumbrante; manifiesto; que clama al cielo.
**glass** (glas, gläs) *n* vidrio *m*; telescopio *m*; vaso *m*; espejo *m*; **~es** *pl* gafas *fpl*; • *adj* vítreo.
**glassware** (glas´wâr´´, gläs´wâr´´) *n* cristalería *f*.
**glassy** (glas´ē) *adj* vítreo, cristalino, vidrioso.
**glaze** (glāz) *vt* vidriar; barnizar; glasear.
**glazier** (glā´zhėr) *n* vidriero *m*.
**gleam** (glēm) *n* relámpago, rayo *m*; destello *m*; vestigio *m*; • *vi* relampaguear, brillar.

**gleaming** (glē´ming) *adj* reluciente.
**glean** (glēn) *vt* espigar; recoger.
**glee** (glē) *n* alegría *f*; gozo *m*; jovialidad *f*.
**glen** (glen) *n* valle estrecho *m*.
**glib** (glib) *adj* liso, resbaladizo; **~ly** *adv* corrientemente, volublemente.
**glide** (glīd) *vi* resbalar; planear.
**gliding** (glī´ding) *n* vuelo sin motor *m*.
**glimmer** (glim´ėr) *n* vislumbre *f*; • *vi* vislumbrarse.
**glimpse** (glimps) *n* vislumbre *f*; relámpago *m*; ojeada *f*; • *vt* descubrir, percibir.
**glint** (glint) *vi* centellear.
**glisten, glitter** (glis´*e*n; glit´ėr) *vi* relucir, brillar.
**gloat** (glōt) *vi* ojear con admiración.
**global** (glō´b*a*l) *adj* mundial.
**globe** (glōb) *n* globo *m*; esfera *f*.
**gloom, gloominess** (glöm) *n* oscuridad *f*; melancolía, tristeza *f*; **~ily** *adv* oscuramente; tristemente.
**gloomy** (glö´mē) *adj* sombrío, oscuro; cubierto de nubes; triste, melancólico.
**glorification** (glōr´´*i* fi kā´sh*a*n) *n* glorificación, alabanza *f*.
**glorify** (glōr´*i* fī´´) *vt* glorificar, celebrar.
**glorious** (glōr´ē us, glär´ē us) *adj* glorioso, ilustre; **~ly** *adv* gloriosamente.
**glory** (glōr´ē) *n* gloria, fama, celebridad *f*.
**gloss** (glos) *n* brillo *f*; lustre *m*; comentario *m* • *vt* glosar, interpretar; **to ~ over** hablar bien de alguien para encubrirlo.
**glossary** (glos´*a* rē) *n* glosario *m*.
**glossy** (glos´ē) *adj* lustroso, brillante.
**glove** (gluv) *n* guante *m*.
**glove compartment** *n* guantera *f*.
**glow** (glō) *vi* arder; inflamarse; relucir; enardecerse • *n* color vivo *m*; viveza de color *f*; vehemencia de una pasión *f*.
**glower** (glou´ėr) *vi* mirar con ceño o con cólera.
**glue** (glö) *n* cola *f*; cemento *m*; • *vt* pegar.
**gluey** *adj* viscoso, pegajoso.
**glum** (glum) *adj* abatido, triste.
**glut** (glut) *n* hartura, abundancia *f*.
**glutinous** (glö´t*i* nus) *adj* glutinoso, viscoso.
**glutton** (glut´n) *n* glotón, tragón *m*.
**gluttony** *n* glotonería *f*.
**glycerine** (glis´ėr in, glis´*e* rēn´´) *n* glicerina *f*.
**gnarled** (när´lid) *adj* nudoso.
**gnash** (nash) *vt, vi* chocar; crujir los dientes.
**gnat** (nat) *n* mosquito *m*.
**gnaw** (nä) *vt* roer.
**gnome** (nōm) *n* gnomo *m*.
**go** (gō) *vi* ir, irse, andar, caminar; penetrar; incurrir; valer; alcanzar; partir(se), marchar; huir; pasar; **to ~ ahead** seguir adelante; **to ~ away** marcharse; **to ~ back** volver; **to ~ by** pasar; **to ~ for** ir por; gustar; **to ~ in** entrar; **to ~ off** irse; pasarse; **to ~ on** seguir; pasar; **to ~ out** salir; apagarse; **to ~ under** hundirse, quedar arruinado; **to ~ to pieces** abatirse; rendirse; **to ~ up** subir; • *n* ánimo *m*; energía *f*; moda *f*; éxito *m*; ensayo *m*; porción *f*.
**goad** (gōd) *n* aguijada *f*; incentivo, acicate *f*; • *vt* aguijar; estimular, incitar.
**go-ahead** (gō´*a* hed´´) *adj* emprendedor; • *n* luz verde *f*.

**goal** (gōl) *n* meta *f*; fin *m*; portería *f*.
**goalkeeper** (gōl´kē´´pėr) *n* portero *m*.
**goalpost** *n* poste de la portería *m*.
**goatherd** (gōt´hürd´´) *n* cabrero *m*.
**gobble** (gob´l) *vt* engullir, tragar.
**go-between** (gō´bi twēn´´) *n* mediador *m*.
**goblet** (gob´lit) *n* copa *f*.
**goblin** (gob´lin) *n* espíritu ambulante, duende *m*.
**God** (god) *n* Dios *m*.
**godchild** (god´chīld) *n* ahijado *m*.
**goddaughter** (god´dä´tėr) *n* ahijada *f*.
**goddess** (god´is) *n* diosa *f*.
**godfather** (god´fä THėr) *n* padrino *m*.
**godforsaken** (god´fėr sā´´ken, god´´fėr sā´ken) *adj* dejado de la mano de Dios.
**godhead** (god´hed´´) *n* deidad, divinidad *f*.
**godless** (god´lis) *adj* infiel, impío, sin Dios, ateo.
**godlike** (god´līk´´) *adj* divino.
**godliness** (god´lē nis) *n* piedad, devoción, santidad *f*.
**godly** (god´lē) *adj* piadoso, devoto, religioso; recto, justificado.
**godmother** (god´muTH ėr) *n* madrina *f*.
**godsend** (god´send´´) *n* don del cielo *m*.
**godson** *n* ahijado *m*.
**goggle-eyed** *adj* de ojos saltones.
**goggles** (gog´ls) *npl* anteojos *mpl*; gafas submarinas *fpl*.
**going** *n* ida *f*; salida *f*; partida *f*; progreso *m*.
**gold** (gōld) *n* oro *m*.
**golden** (gōl´den) *adj* áureo, de oro; excelente; ~ **rule** *n* regla de oro *f*.
**goldfish** (gōld´fish´´) *n* pez de colores *m*.
**gold-plated** *adj* chapado en oro.
**goldsmith** (gōld´smith´´) *n* orfebre *m*.
**golf** (golf, gälf) *n* golf *m*.
**golf ball** *n* pelota de golf *f*.
**golf club** *n* club de golf *m*.
**golf course** *n* campo de golf *m*.
**golfer** *n* golfista *m*.
**gondolier** (gon´do lēėr) *n* gondolero *m*.
**gone** (gän, gon) *adj* ido; perdido; pasado; gastado; muerto.
**gong** (gäng, gong) *n* atabal chino *m*.
**good** (güd) *adj* bueno, benévolo, cariñoso; conveniente, apto; • *adv* bien; • *n* bien *m*; prosperidad, ventaja *f*; ~**s** *pl* bienes muebles *mpl*; mercaderías *fpl*.
**goodbye**! (güd´´bī´) *excl* ¡adiós!
**Good Friday** *n* Viernes Santo *m*.
**goodies** (güd´ēs) *npl* golosinas *fpl*.
**good-looking** *adj* guapo, atractivo.
**good nature** *n* bondad *f*.
**good-natured** (güd nā´chėrd) *adj* bondadoso.
**goodness** (güd´nis) *n* bondad *f*.
**goodwill** *n* benevolencia, bondad *f*.
**goose** (gös) *n* ganso *m*; oca *f*.
**gooseberry** (gös´ber´´ē, gös´be rē) *n* grosella espinosa *f*.
**goosebumps** *npl* carne de gallina *f*.
**goose-step** *n* paso de ganso *m*.
**gore** (gōr) *n* sangre cuajada *f*; • *vt* cornear.
**gorge** (gärj) *n* barranco *m*; garganta *f*; • *vt* engullir, tragar.
**gorgeous** (gär´jus) *adj* maravilloso.
**gorilla** (go ril´*a*) *n* gorila *m*.
**gory** (gōr´ē) *adj* sangriento.
**goshawk** (gos´häk´´) *n* azor *m*.

**gospel** (gos´p*e*l) *n* envangelio *m.*
**gossamer** (gos´*a* mėr) *n* vello *m*; pelusa (de frutas) *f.*
**gossip** (gos´*i*p) *n* charla *f*; • *vi* charlar.
**gothic** (goth´ik) *adj* gótico.
**gout** (gout) *n* gota *f* (enfermedad).
**govern** (guv´ėrn) *vt* gobernar, dirigir, regir.
**governess** (guv´ėr nis) *n* gobernadora *f*; institutriz *f.*
**government** (guv´ėrn m*e*nt, guv´ėr m*e*nt) *n* gobierno *m*; administración pública *f.*
**governor** (guv´ėr nėr) *n* gobernador *m.*
**gown** (goun) *n* toga *f*; vestido de mujer *m*; bata *f.*
**grab** (grab) *vt* agarrar.
**grace** (grās) *n* gracia *f*; favor *m*; merced *f*; perdón *m*; gracias *fpl*; **to say ~** bendecir la mesa; • *vt* adornar; agraciar.
**graceful** (grās´f*u*l) *adj* gracioso, primoroso; **~ly** *adv* elegantemente, con gracia.
**gracious** (grā´shus) *adj* gracioso; favorable; **~ly** *adv* graciosamente.
**gradation** (grā dā´sh*a*n) *n* graduación *f.*
**grade** (grād) *n* grado *m*; curso *m.*
**grade crossing** *n* paso a nivel *m.*
**grade school** *n* escuela primaria *f.*
**gradient** (grā´dē *e*nt) *n* (*rail*) pendiente.
**gradual** (graj´*ü* *a*l) *adj* gradual; **~ly** *adv* gradualmente.
**graduate** (graj´ö āt) *vi* graduarse.
**graduation** (graj´´ö ā´sh*a*n) *n* graduación *f.*
**graft** (graft, gräft) *n* injerto *m*; • *vt* injertar, ingerir.
**grain** (grān) *n* grano *m*; semilla *f*; cereales *mpl.*
**gram** (gram) *n* gramo *m* (peso).
**grammar** (gram´ėr) *n* gramática *f.*
**grammatical** (gr*a* mat´i k*a*l) *adj*, **~ly** *adv* gramatical(mente).
**granary** (grā´n*a* rē) *n* granero *m.*
**grand** (grand) *adj* grande, ilustre.
**grandchild** (grand´chīld´´) *n* nieto *m*; nieta *f.*
**grandad** *n* abuelo *m.*
**granddaughter** (gran´d*ä*´´tėr) *n* nieta *f*; **great ~** biznieta *f.*
**grandeur** (gran´jer, gran´j*ür*) *n* grandeza *f*; pompa *f.*
**grandfather** (gran´fäTHėr, grand´fäTHėr) *n* abuelo *m*; **great ~** bisabuelo *m.*
**grandiose** (gran´dē ōs´´) *adj* grandioso.
**grandma** *n* abuelita *f.*
**grandmother** (gran´muTH´´ėr, grand´muTH´´ėr) *n* abuela *f*; **great ~** bisabuela *f.*
**grandparents** (gran´pâr´´*e*nts, gran´par´*e*nts) *npl* abuelos *mpl.*
**grand piano** *n* piano de cola *m.*
**grandson** (gran´sun´´, grand´sun´´) *n* nieto *m*; **great ~** bisnieto *m.*
**grandstand** (gran´stand´´, grand´stand´´) *n* tribuna *f.*
**granite** (gran´it) *n* granito *m.*
**granny** (gran´ē) *n* abuelita *f.*
**grant** (grant, gränt) *vt* conceder; **to take for ~ed** presuponer; • *n* beca *f*; concesión *f.*
**granulate** (gran´ū lāt´´) *vt* granular.
**granule** (gran´ūl) *n* gránulo *m.*
**grape** (grāp) *n* uva *f*; **bunch of ~s** racimo de uvas *m.*
**grapefruit** (grāp´fröt´´) *n* toronja *f*, pomelo *m.*
**graph** (graf, gräf) *n* gráfica *f.*

**graphic(al)** (graf'ik; graf'ik *a*l) *adj* gráfico; pintoresco; ~**ally** *adv* gráficamente.
**graphics** (graf'iks) *n* artes gráficas *fpl*; gráficos *mpl*.
**grapnel** (grap'nel) *n* (*mar*) arpeo *m*.
**grasp** (grasp, gräsp) *vt* empuñar, asir, agarrar; • *n* puño *m*; comprensión *f*; poder *m*.
**grasping** (gras'ping, gräs'ping) *adj* avaro.
**grass** (gras, gräs) *n* hierba *f*.
**grasshopper** (gras'hop''ėr, gräs'hop''ėr) *n* saltamontes *m*.
**grassland** (gras'land'', gräs'land'') *n* pastizal *f*.
**grass-roots** *adj* popular.
**grass snake** *n* culebra *f*.
**grassy** *adj* herboso.
**grate** (grāt) *n* reja, verja, rejilla *f*; • *vt* rallar; rechinar (los dientes); enrejar.
**grateful** *adj* grato, agradecido; ~**ly** *adv* agradecidamente.
**gratefulness** *n* gratitud *f*.
**gratification** (grat''*i* fi kā'sh*a*n) *n* gratificación *f*.
**gratify** (grat'*i* fī'') *vt* contentar; gratificar.
**gratifying** *adj* grato.
**grating** (grā'ting) *n* rejado *m*; • *adj* áspero; ofensivo.
**gratis** (grat'is, grā'tis) *adv* gratis; gratuito.
**gratitude** (grat'i töd'') *n* gratitud *f*.
**gratuitous** (gr*a* tö'i tus, gr*a* tū'i tus) *adj* gratuito, voluntario; ~**ly** *adv* gratuitamente.
**gratuity** (gr*a* tö'i tē, gr*a* tū'i tē) *n* gratificación, recompensa *f*.
**grave** (grav) *n* sepultura *f*; • *adj* grave, serio; ~**ly** *adv* con gravedad, seriamente.
**grave digger** *n* sepulturero *m*.
**gravel** (grav'*e*l) *n* cascajo *m*.
**gravestone** (grāv'stōn'') *n* piedra sepulcral *f*.
**graveyard** (grāv'yärd'') *n* cementerio *m*.
**gravitate** (grav'i tāt'') *vi* gravitar.
**gravitation** (grav'i tā'sh*a*n) *n* gravitación *f*.
**gravity** (grav'i tē) *n* gravedad *f*.
**gravy** (grā'vē) *n* jugo de la carne *f*; salsa *f*.
**gray** (grā) *adj* gris; cano; • *n* gris *m*.
**gray-haired** *adj* canoso.
**grayish** *adj* pardusco; entrecano.
**grayness** *n* color gris *m*.
**graze** (grāz) *vt* pastorear; tocar ligeramente; • *vi* pacer.
**grease** (grēs, grēz) *n* grasa *f*; • *vt* untar.
**greaseproof** *adj* a prueba de grasa.
**greasy** (grē'sē, grē'zē) *adj* grasiento.
**great** (grāt) *adj* gran, grande; principal; ilustre; noble, magnánimo; ~**ly** *adv* muy, mucho.
**greatcoat** (grāt'kōt'') *n* sobretodo *m*.
**greatness** *n* grandeza *f*; dignidad *f*; poder *m*; magnanimidad *f*.
**greedily** *adv* vorazmente, ansiosamente.
**greediness, greed** (grē'dē nis, grēd) *n* gula *f*; codicia *f*.
**greedy** (grē'dē) *adj* hambriento; ansioso, deseoso; insaciable.
**Greek** (grēk) *n* griego *m*.
**green** (grēn) *adj* verde, fresco, reciente; no maduro; • *n* verde *m*; pradera verde *f*; ~**s** *pl* verduras *fpl*.
**greenback** (grēn'bak'') *n* papel moneda, billete *m*.

**green belt** (grēn'belt'', grēn'belt') *n* zona verde *f*.
**green card** *n* permiso de residencia en Estados Unidos *m*.
**greenery** (grē'*ne* rē) *n* verdura *f*.
**greengrocer** (grēn'grō''sėr) *n* verdulero *m*.
**greenhouse** (grēn'hous'') *n* invernadero *m*.
**greenish** (grē'nish) *adj* verdoso.
**greenness** (grēn'nis) *n* verdor, vigor *m*; frescura, falta de experiencia *f*; novedad *f*.
**green room** (grēn'röm, grēn'r*ü*m'') *n* camerino *m*.
**greet** (grēt) *vt* saludar, congratular.
**greeting** (grē'ting) *n* saludo *m*.
**greeting(s) card** *n* tarjeta de felicitaciones *f*.
**grenade** (gri nād') *n* (*mil*) granada *f*.
**grenadier** (gren''*a* dēr') *n* granadero *m*.
**greyhound** (grā'hound') *n* galgo *m*.
**grid** (grid) *n* reja *f*; red *f*.
**gridiron** (grid'ī''ėrn) *n* parrilla *f*; campo de fútbol *m*.
**grief** (grēf) *n* dolor *m*; aflicción, pena *f*.
**grievance** (grē'v*a*ns) *n* pesar *m*; molestia *f*; agravio *m*; injusticia *f*; perjuicio *m*.
**grieve** (grēv) *vt* agraviar, afligir; • *vi* afligirse; llorar.
**grievous** (grē'vus) *adj* doloroso; enorme, atroz; ~**ly** *adv* penosamente; cruelmente.
**griffin** (grif'in) *n* grifo *m*.
**grill** (gril) *n* parrilla *f*; comida asada a la parrilla; *vt* someter a interrogatorio severo.
**grille** (gril) *n* enrejado *f*.
**grim** (grim) *adj* torvo; feo; horrendo; ceñudo; sombrío; tétrico.
**grimace** (grim'*a*s, gri mās') *n* visaje *m*; mueca *f*.
**grime** (grīm) *n* porquería *f*; tizne *m*.
**grimy** (grī'mē) *adj* sucio, mugriento *m*.
**grin** (grin) *n* mueca *f*; • *vi* hacer visajes.
**grind** (grīnd) *vt* moler; pulverizar; afilar; picar; rechinar los dientes.
**grinder** (grīn'dėr) *n* molinero *m*; molinillo *m*; amolador *m*.
**grip** (grip) *n* asimiento *m*; asidero *m*; maletín *m*; • *vt* agarrar.
**gripe** (grīp) *vt* agarrar; dar cólico; irritar; • *vi* sentir retortijones; quejarse; • *n* angustia *f*; cólicos *mpl*.
**gripping** *adj* absorbente (de la atención).
**grisly** (griz'lē) *adj* horroroso.
**gristle** (gris'l) *n* tendón, nervio *m*.
**gristly** (gris'lē) *adj* tendinoso, nervioso.
**grit** (grit) *n* grava, arena *f*; valor *m*, resistencia *f*.
**groan** (grōn) *vi* gemir, suspirar; • *n* gemido, suspiro *m*.
**grocer** (grō'sėr) *n* tendero, abarrotero *m*.
**groceries** (grō'*se* rēs) *npl* comestibles *mpl*.
**grocer's (shop)** *n* tienda de abarrotes *f*.
**groggy** (grog'ē) *adj* atontado.
**groin** (groin) *n* ingle *f*.
**groom** (gröm, gr*ü*m) *n* establero *m*; criado *m*; novio *m*; • *vt* cuidar los caballos.
**groove** (gröv) *n* ranura *f*.
**grope** (grōp) *vt, vi* tentar, buscar a oscuras; andar a tientas.
**gross** (grōs) *adj* grueso, corpulento, espeso; grosero; estúpido; ~**ly** *adv* enormemente.

**grotesque** (grō tesk′) *adj* grotesco.
**grotto** (grot′ō) *n* gruta *f.*
**ground** (ground) *n* tierra *f*; país *m*; terreno, suelo, pavimento *m*; fundamento *m*; razón fundamental *f*; campo (de batalla) *m*; fondo *m*; • *vt* mantener en tierra; conectar con tierra.
**ground floor** *n* planta baja *f.*
**grounding** (groun′ding) *n* conocimientos básicos *mpl.*
**groundless** (ground′lis) *adj* infundado; **~ly** *adv* sin motivo.
**ground staff** *n* personal de tierra *m.*
**groundwork** (ground′würk′′) *n* preparación *f.*
**group** (gröp) *n* grupo *m*; • *vt* agrupar.
**grouse** (grous) *n* gallo de bosque, urogallo *m*; • *vi* quejarse.
**grove** (grōv) *n* arboleda *f.*
**grovel** (gruv′l, grov′l) *vi* arrastrarse.
**grow** (grō) *vt* cultivar; • *vi* crecer, aumentar; prosperar; ~ **dark** oscurecer; ~ **on trees** abundar; ~ **up** crecer.
**grower** *n* cultivador *m*; productor *m.*
**growing** *adj* creciente.
**growl** (groul) *vi* regañar, gruñir; • *n* gruñido *m.*
**grown-up** (grōn′up′′) *n* adulto *m.*
**growth** (grōth) *n* crecimiento *m.*
**grub** (grub) *n* gusano *m.*
**grubby** (grub′ē) *adj* sucio.
**grudge** (gruj) *n* rencor, odio *m*; envidia *f*; • *vt, vi* envidiar.
**grudgingly** *adv* de mala gana.
**grueling** (grö′*e* ling, grö′ling) *adj* penoso, duro.
**gruesome** (grö′s*o*m) *adj* horrible.
**gruff** (gruf) *adj* brusco; **~ly** *adv* bruscamente.
**gruffness** (gruf′nis) *n* aspereza, severidad *f.*
**grumble** (grum′bl) *vi* gruñir; murmurar.
**grumpy** (grum′pē) *adj* regañón.
**grunt** (grunt) *vi* gruñir; • *n* gruñido *m.*
**G-string** (jē′string′′) *n* taparrabo *m.*
**guarantee** (gar′′*a*n tē′) *n* garantía *f*; • *vt* garantizar.
**guard** (gärd) *n* guardia *f*; • *vt* guardar; defender.
**guarded** (gär′did) *adj* cauteloso, mesurado.
**guardroom** *n* (*mil*) cuarto de guardia *m.*
**guardian** (gär′ē *a*n) *n* tutor *m*; curador *m*; guardián *m.*
**guardianship** *n* tutela *f.*
**guerrilla** (g*e* ril′l*a*) *n* guerrillero *m.*
**guerrilla warfare** *n* guerra de guerrillas *f.*
**guess** (ges) *vt, vi* conjeturar; adivinar; suponer; • *n* conjetura *f.*
**guesswork** (ges′würk′′) *n* conjeturas *fpl.*
**guest** (gest) *n* huésped; convidado *m.*
**guest room** *n* cuarto de huéspedes *m.*
**guffaw** (gu fä′, *gu* fä′) *n* carcajada *f.*
**guidance** (gīd′*a*ns) *n* gobierno *m*; dirección *f.*
**guide** (gīd) *vt* guiar, dirigir; • *n* guía *m.*
**guide dog** *n* perro pastor *m.*
**guidelines** *npl* directiva *f.*
**guidebook** (gīd′bük′′) *n* guía *f.*
**guild** (gild) *n* gremio *m*; corporación *f.*
**guile** (gīl) *n* astucia *f.*
**guillotine** (gil′*e* tēn′′, gē′*o* tēn′′) *n* guillotina *f*; • *vt* guillotinar.

**guilt** (gilt) *n* culpabilidad *f.*
**guiltless** *adj* inocente, libre de culpa.
**guilty** (gil´tē) *adj* reo, culpable.
**guinea pig** (gin´ē pig) *n* cobayo, conejillo de Indias *m.*
**guise** (gīz) *n* manera *f.*
**guitar** (gi tär´) *n* guitarra *f.*
**gulf** (gulf) *n* golfo *m*; abismo *m.*
**gull** (gul) *n* gaviota *f.*
**gullet** (gul´it) *n* esófago *m.*
**gullibility** (gul´*i* bl *i* tē) *n* credulidad *f.*
**gullible** (gul´*i* bl) *adj* crédulo.
**gully** (gul´ē) *n* barranco *m.*
**gulp** (gulp) *n* trago *m*; • *vi* tragar saliva; • *vt* tragarse.
**gum** (gum) *n* goma *f*; cemento *m*; encía *f*; chicle *m*; • *vt* pegar con goma.
**gum tree** *n* árbol gomero *m.*
**gun** (gun) *n* cañón *m*; pistolero *m*; pistola *f*; escopeta *f*; • *vi* ir de cacería; • *vt* disparar.
**gunboat** (gun´bōt´´) *n* cañonera *f.*
**gun carriage** *n* cureña *f.*
**gunfire** (gun´fīėr) *n* disparos *mpl.*
**gunman** (gun´m*a*n) *n* pistolero *m.*
**gunmetal** *n* bronce de cañones *m.*
**gunner** (gun´ėr) *n* artillero *m.*
**gunnery** (gun´*e* rē) *n* artillería *f.*
**gunpoint** *n*: **at ~** a punta de pistola; a mano armada.
**gunpowder** (gun´pou´´dėr) *n* pólvora *f.*
**gunshot** (gun´shot´´) *n* escopetazo *m.*
**gunsmith** (gun´smith´´) *n* armero *m.*
**gurgle** (gür´gl) *vi* gorgotear.
**guru** (gö´rö, gü rö´) *n* gurú *m.*
**gush** (gush) *vi* brotar; chorrear; • *n* chorro *m.*
**gushing** *adj* superabundante.
**gusset** (gus´it) *n* escudete *m.*
**gust** (gust) *n* ráfaga *f*; soplo de aire *m.*
**gusto** (gus´tō) *n* entusiasmo *m.*
**gusty** *adj* tempestuoso.
**gut** (gut) *n* intestino *m*; **~s** *npl* valor *m*; cuneta *f*; cuerda *f*; • *vt* destripar.
**gutter** (gut´ėr) *n* canalón *m*; arroyo *m.*
**guttural** (gut´ėr *a*l) *adj* gutural.
**guy** (gī) *n* sujeto *m*; tipo *m*; • *vt* ridiculizar; burlarse de.
**guzzle** (guz´l) *vt* engullir.
**gym(nasium)** (jim nā´zē *u*m) *n* gimnasio *m.*
**gymnast** (jim´nast) *n* gimnasta *m.*
**gymnastic** (jim nas´tik) *adj* gimnástico; **~s** *npl* gimnástica *f.*
**gynecologist** (gī´´n*e* kol´*o* jist, jin´´*e* kol´*o* jist) *n* ginecólogo *m.*
**gypsy** (jip´sē) *n* gitano *m.*
**gyrate** (jī´rāt) *vi* girar.

# H

**haberdasher** (hab´ėr dash´´ėr) *n* camisero, dueño de una tienda de artículos de caballero *m.*
**haberdashery** *n* camisería *f*; prendas de caballero *fpl.*
**habile** (hab´il) *adj* hábil, diestro, eficiente.
**habit** (hab´it) *n* costumbre, tendencia *f* uso, costumbre, vicio *m.* **by~,** por vicio, por costumbre
**habitable** (hab´i t*a* bel) *adj* habitable.
**habitat** (hab´i tat´´) *n* habitat, hogar natural de un animal o planta, ambiente *m.*
**habitual** (h*a* bich´ö *a*l) *adj* habitual, acostumbrado, usual; **~ly** *adv* por costumbre.
**hacienda** (hä´´sē en´d*a*) *n* hacienda *f*, feudo *m*, propiedad rural *f.*
**hack** (hak) *n* corte *m*; escritor a sueldo *m*; • *vt* tajar, cortar.
**hackman** *n* chofer de taxi *m.*
**hackneyed** (hak´nēd) *adj* trillado, vulgar, común.
**haddock** (had´*o*k) *n* especie de merluza *f.*
**hag** (hag, häg) *n* bruja, hechicera *f.*
**haggard** (hag´ėrd) *adj* ojeroso, consumido, demacrado.
**haggle** (hag´l) *n* regateo. *vi* regatear. *vt* cortar toscamente, machetear.
**hail** (hāl) *n* granizo, *m*; • *vt* saludar, aclamar, dar vivas a; • *vi* **~from,** venir de, ser oriundo de.
**hailstone** (hāl´stōn´´) *n* gránulo de granizo *m.*
**hair** (hâr) *n* pelo; cabello, pelo, vello *m.* **not to turn a ~,** no dar la menor muestra de cansancio o embarazo.
**hairbrush** (hâr´brush´´) *n* cepillo para el cabello *m.*
**haircut** (hâr´kut´´) *n* corte de pelo *m.* **to have** (o **get**) **a ~,** cortarse el cabello.
**hairdresser** (hâr´dres´´ėr) *n* peluquero, estilista *m.*
**hairdryer** *n* secador de pelo *m.*
**hairless** *adj* calvo, sin pelo, lampiño.
**hairnet** *n* redecilla para el cabello *f.*
**hairpin** (hâr´pin´´) *n* horquilla *f.*
**hairpin curve** *n* curva de horquilla *f.*
**hair remover** *n* depilatorio *m.*
**hairspray** *n* laca *f.*
**hairstyle** *n* diseño de un peinado *m.*
**hairy** (hâr´ē) *adj* peludo, cabelludo; desagradable, peligroso.
**hale** (hāl) *adj* sano, vigoroso. *vt* arrastrar **~one to prision,** llevar a uno preso.
**half** (haf, häf) *n* mitad, *f* medio *m*; • *adj* medio. **better ~,** la cara mitad, esposa.
**half-caste** (haf´kast´´, häf´käst´´) *adj* mestizo (de europeo y oriental).
**half-hearted** (haf´här´tid, häf´här´tid) *adj* indiferente, frío, sin ánimo o interés.
**half-hour** (haf´our´, haf´ou´ėr) *n* media hora *f.*
**half-moon** (haf´mön´, häf´mön´) *n* media luna *f.*
**half-price** *adj* a mitad de precio.
**half-time** *n* descanso, medio tiempo, intermedio *m.*

**halfway** (haf'wā', häf'wā') *adv* a medio camino, equidistante.
**hall** (häl) *n* vestíbulo, pasillo, corredor, recibidor; edificio público, ayuntamiento *m.*
**hallmark** (häl'märk'') *n* marca de contraste, marca de pureza; *f* sello distintivo *m.*
**hallow** (hal'ō) *vt* consagrar, santificar. hacer santo.
**hallucination** (ha lö''si nā'shan) *n* alucinación *f.*
**halo** (hā'lō) *n* halo, resplandor *m.*
**halt** (hält) *vi* hacer alto, parada, detenerse; • *n* parada, interrupción *f*; alto *m.*
**halve** (hav, häv) *vt* partir en dos mitades.
**ham** (ham) *n* jamón, muslo *m.* nalgada. • *vi* actuar melodramáticamente o afectadamente
**hamburger** (ham'bür''gėr) *n* hamburguesa *f.*
**hamlet** (ham'lit) *n* aldea *f.* caserío *m*
**hammer** (ham'ėr) *n* martillo, mazo *m*; • *vt* martillar, dar golpes, repiquetear. ~ **one's brains,** devanarse los sesos.
**hammock** (ham'ok) *n* hamaca *f.*
**hamper** (ham'pėr) *n* cesto; estorbo, obstáculo *m*; • *vt* estorbar, poner trabas.
**hamstring** (ham'string'') • *vt* incapacitar, paralizar.
**hand** (hand) *n* mano; autoridad, dirección; habilidad, destreza *f*; obrero *m*; aguja *f*; **at** ~ a mano; • *vt* alargar. **in** ~, entre manos
**handbag** (hand'bag'') *n* cartera, bolsa de mano *f.*
**handbell** *n* campanilla *f.*
**handbook** (hand'bük'') *n* manual, libro de referencias, prontuario *m.*
**hand brake** *n* freno de mano *m.*
**handcuff** (hand'kuf'') *n* esposas *f.* *vt* maniatar, poner esposas.
**handful** (hand'ful'') *n* puñado, manojo *m.*
**handicap** (han'dē kap'') *n* torneo en que se dan ciertas ventajas a los menos aventajados para lograr una igualdad de condiciones; ventaja que se da o impedimento que se impone; desventaja, *f* impedimento, obstáculo *m.*
**handicapped** (han'dē kapt'') *adj* minusválido.
**handicraft** (han'dē kraft'', han'dē kräft'') *n* artesanía, destreza manual *f.*
**handiwork** (han'dē würk'') *n* obra hecha a mano *f. fig.* maniobra subrepticia.
**handkerchief** (hang'kėr chif, hang' kėr chēf'') *n* pañuelo *m.* **to trrow the ~ to,** expresar preferencia por una persona.
**handle** (han'dl) *n* mango, puño *m*; asa; manija *f*; • *vt* manejar; tratar. **to fly off the ~,** salirse de sus casillas, perder los estribos.
**handlebars** (han'dl bärs) *npl* manillar (de bicicleta) *m.*
**handling** ( hand'ling) *n* manejo *m.* manipulación *f* manera de manejar un tema.
**handrail** (hand'rāl'') *n* pasamanos *m.*
**handsaw** (hand'sä'') *n* sierra de mano.
**handshake** (hand'shāk'') *n* apretón de manos *m.*
**handsome** (han'som) *adj* atractivo, guapo, generoso, ; ~**ly** *adv* primorosamente.
**handwriting** (hand'rī''ting) *n* letra escrita a mano, caligrafía *f.*

**hand to hand** *adj* de cerca, cuerpo a cuerpo.
**handy** (han´dē) *adj* práctico; diestro, a la mano, cercano, próximo.
**hang** (hang) *vt* colgar; ahorcar; • *vi* colgar; ser ahorcado, quedarse inmóvil.
**hanger** (hang´ėr) *n* percha *f.* verdugo; gancho, colgador.
**hanger-on** (hang´ėr on´) *n* satélite, gorrista *m.*
**hangings** (hang´ings) *npl* tapicería *f.*
**hangman** (hang´m*a*n) *n* verdugo *m.*
**hangover** (hang´ō´´vėr) *n* resaca *f.* sobrante que queda de algo *m*
**hang-up** *n* algo que irrita u obsesiona; problema, dificultad emocional.
**hanker** (hang´kėr) *vi* ansiar, apetecer.
**haphazard** (hap´haz´´ėrd) *adj* fortuito, casual. *n* azar, accidente, capricho.
**hapless** (hap´lis) *adj* desgraciado, sin suerte.
**happen** (hap´n) *vi* pasar; acontecer, acaecer. **no matter what happens,** suceda lo que suceda; **what happened**, ¿qué pasó?
**happening** (hap´*e* ning) *n* suceso, hecho *m.* espectáculo o representación improvisada.
**happily** *adv* por fortuna, felizmente.
**happiness** *n* felicidad, dicha *f.*
**happy** (hap´ē) *adj* feliz, afortunado; apropiado, justo. **to be as ~ as a lark,** estar más alegre que una pascua
**harangue** (h*a* rang´) *n* arenga *f*; • *vi* arengar.
**harass** (har´*a*s, h*a* ras´) *vt* cansar, fatigar.
**harbinger** (här´bin jėr) *n* precursor *m.*
**harbor** (här´bėr) *n* puerto *m*; • *vt* albergar.
**hard** (härd) *adj* duro, firme; difícil; penoso; severo, rígido; ~ **of hearing** medio sordo; ~ **by** muy cerca.
**harden** (här´d*e*n) *vt, vi* endurecer(se), hacer firme.
**hard-headed** (härd´he´did) *adj* realista, astuto; terco, obstinado.
**hard-hearted** (härd´här´tid) *adj* duro de corazón, insensible.
**hardiness** (här´dē nis) *n* robustez; audacia, osadía *f.*
**hardly** (härd´lē) *adv* apenas, difícilmente.
**hardness** (härd´nis) *n* dureza *f*; dificultad *f*; severidad *f.*
**hardship** (härd´ship) *n* fatiga, penas *fpl.*
**hard-up** *adj* sin plata, sin dinero.
**hardware** (härd´wâr´´) *n* quincallería, ferretería *f.* término que se usa para describir los procesos, datos, programas, etc. que una computadora usa en la realización de sus procesos
**hardwearing** *adj* resistente.
**hardy** (här´dē) *adj* fuerte, robusto.
**hare** (hâr) *n* liebre *f.*
**hare-brained** (hâr´brānd´´) *adj* atolondrado.
**hare-lipped** (hâr´lipt) *adj*, labio leporino.
**haricot** (har´*i* kō´´) *n* alubia *f.*
**hark** (härk) *vi* atender, escuchar.
**harlequin** (här´l*e* kwin, här´l*e* kin) *n* arlequín *m.*
**harm** (härm) *n* mal, daño *m*; perjuicio *m*; • *vt* dañar.
**harmful** (härm´f*u*l) *adj* perjudicial.
**harmless** (härm´lis) *adj* inocuo.

**harmonic** (här mon´ik) *adj* armónico.
**harmonious** (här mō´nē us) *adj* armonioso; **~ly** *adv* armoniosamente. **harmonize** *vt* armonizar.
**harmony** (här´mo nē) *n* armonía *f.*
**harness** (här´nis) *n* arreos de un caballo *mpl*; • *vt* enjaezar.
**harp** (härp) *n* arpa *f.*
**harpist** *n* arpista *m.*
**harpoon** (här pön´) *n* arpón *m.*
**harpsichord** (härp´si kärd) *n* clavicordio *m.*
**harrow** (har´ō) *n* grada *f*; rastro *m.*
**harry** (har´ē) *vt* hostigar.
**harsh** (härsh) *adj* duro; austero; **~ly** *adv* severamente.
**harshness** *n* aspereza, dureza *f*; austeridad *f.*
**harvest** (här´vist) *n* cosecha *f*; • *vt* cosechar.
**harvester** (här´vi stėr) *n* cosechadora *f.*
**hash** (hash) *n* hachís *m*; picadillo *m.*
**hassle** (has´l) *n* pugna *f*, forcejeo, lío *m.*
**hassock** (has´ok) *n* cojín de paja *m.*
**haste** (hāst) *n* apuro *m*; **to be in ~** estar apurado.
**hasten** (hā´sen) *vt* acelerar, apresurar; • *vi* tener prisa.
**hastily** *adv* precipitadamente.
**hastiness** *n* precipitación *f.*
**hasty** (hā´stē) *adj* apresurado.
**hat** (hat) *n* sombrero *m.* gorra *f* **~ in hand**, humildemente, servilmente.
**hatbox** (hat´boks´´) *n* sombrerera *f.*
**hatch** (hach) *vt* incubar; tramar; • *n* escotilla *f.*
**hatchback** *n* (*auto*) de tres (*o* cinco) puertas *m.*
**hatchet** (hach´it) *n* hacha *f.*
**hatchway** (hach´wā´´) *n* (*mar*) escotilla *f.*
**hate** (hāt) *n* odio, aborrecimiento *m*; • *vt* odiar, detestar.
**hateful** (hāt´ful) *adj* odioso.
**hatred** (hā´trid) *n* odio, aborrecimiento *m.*
**hatrack** *n* percha de pared.
**hatter** (hat´ėr) *n* sombrerero *m.*
**haughtily** (hä´tē lē) *adv* orgullosamente.
**haughtiness** *n* orgullo *m*; altivez *f.*
**haughty** (hä´tē) *adj* altanero, orgulloso.
**haul** (häl) *vt* tirar; • *n* botín *m.*
**hauler** *n* transportista *m.*
**haunch** (hänch, hänch) *n* anca *f.*
**haunt** (hänt, hänt) *vt* frecuentar, rondar; • *n* guarida *f*; costumbre *f.*
**haunted** *adj* obsesionado, perturbado.
**have** (hav) *vt* haber; tener, poseer.
**haven** (hā´ven) *n* asilo *m.*
**haversack** (hav´ėr sak´´) *n* mochila *f.*
**havoc** (hav´ok) *n* estrago *m.*
**haw** (hä) *n* tosecilla, voz inarticulada que indica vacilación al hablar.
**hawk** (häk) *n* halcón *m*; • *vi* cazar con halcón.
**hawthorn** (hä´thärn´´) *n* espino blanco *m.*
**hay** (hā) *n* heno *m.*
**hay fever** *n* fiebre del heno *f.*
**hayloft** (hā´läft´´, hā´loft) *n* henil *m.*
**hayrack, haystack** (hā´rak´´, hā´stak´´) *n* almiar *m.*
**hazard** (haz´ėrd) *n* riesgo *m*; • *vt* arriesgar.
**hazardous** *adj* arriesgado, peligroso.

**haze** (hāz) *n* niebla *f.*
**hazel** (hā'z*e*l) *n* avellano *m*; • *adj* castaño.
**hazelnut** (hā'z*e*l nut'') *n* avellana *f.*
**hazing** (hā'zing) *n* imposición de trabajo excesivo.
**hazy** (hā'zē) *adj* nebuloso, oscuro impreciso.
**he** (hē) *pn* él.
**head** (hed) *n* cabeza *f*; jefe *m*; juicio *m*; • *vt* encabezar; **to ~ for** dirigirse a.
**headache** (hed'āk'') *n* dolor de cabeza *m.*
**headboard** (hed'bōrd'') *n* cabecera, esp. de la cama.
**headdress** (hed'dres'') *n* cofia *f*; tocado *m.*
**headily** (hed'ē lē) *adv* temerariamente, violentamente.
**headland** (hed'l*a*nd) *n* promontorio *m.*
**headlight** (hed'līt'') *n* faro delantero *m.*
**headline** (hed'līn'') *n* titular de un periódico *m.*
**headlong** (hed'läng'', hed'long'') *adv* precipitadamente.
**headmaster** (hed'mas'tėr, hed' mä'stėr) *n* director *m.*
**head office** *n* oficina central *f.*
**headphones** (hed'fōnz'') *npl* auriculares *mpl.*
**headquarters** (hed'kwär''tėrz) *npl* (*mil*) cuartel general *m*; sede central *f.*
**headroom** (hed'röm'', hed'rüm'') *n* altura de paso, altura libre *f.*
**headstrong** (hed'sträng'', hed' strong'') *adj* testarudo, cabezudo.
**headwaiter** (hed'wā'tėr) *n* jefe de mozos *m.*
**headway** (hed'wā'') *n* progresos *mpl.*
**heady** (hed'ē) *adj* cabezón.
**heal** (hēl) *vt, vi* curar.
**health** (helth) *n* salud *f*, bienestar, prosperidad ; brindis *m.*
**healthiness** *n* sanidad, salud *f.*
**healthy** (hel'thē) *adj* sano.
**heap** (hēp) *n* montón *m*; • *vt* amontonar.
**hear** (hēr) *vt* oir; escuchar; • *vi* oir; escuchar.
**hearing** (hēr'ing) *n* oído *m.*
**hearing aid** *n* audífono *m.*
**hearsay** (hēr'sā'') *n* rumor *m*; fama *f.*
**hearse** (hürs) *n* coche fúnebre *m.*
**heart** (härt) *n* corazón *m*; **by ~** de memoria; **with all my ~** con toda mi alma.
**heart attack** *n* infarto *m.*
**heartbreaking** (härt'brāk''ing) *adj* desgarrador.
**heartburn** (härt'bürn'') *n* acedía *f.*
**heart failure** *n* fallo cardíaco *m.*
**heartfelt** (härt'felt'') *adj* sincero, que se siente genuina y profundamente.
**hearth** (härth) *n* hogar *m.*
**heartily** *adv* sinceramente, cordialmente.
**heartiness** *n* cordialidad, sinceridad *f.*
**heartless** (härt'lis) *adj* cruel; **~ly** *adv* cruelmente.
**hearty** (här'tē) *adj* cordial.
**heat** (hēt) *n* calor *m*; • *vt* calentar.
**heater** (hē'tėr) *n* calentador *m.*
**heathen** (heTH'*e*n) *n* pagano *m*; **~ish** *adj* salvaje.
**heather** (heTH'ėr) *n* (*bot*) brezo *m.*
**heating** *n* calefacción *f.*
**heatwave** *n* ola de calor *f.*
**heave** (hēv) *vt* alzar; tirar; • *n* tirón *m.*

**heaven** (hev´*e*n) *n* cielo *m*.
**heavenly** (hev´*e*n lē) *adj* divino, celestial.
**heavily** (hev´*i* lē) *adv* pesadamente.
**heaviness** *n* pesadez *f*.
**heavy** (hev´ē) *adj* pesado; opresivo.
**heavy-duty** (hev´ē dö´tē, hev´ē dū´tē) *adj* para trabajo pesado o rudo.
**Hebrew** (hē´brö) *n* hebreo *m*.
**heck** (hek) infierno. **what the ~,** ¡que diablos!
**heckle** (hek´l) *vt* interrumpir.
**hectic** (hel´tik) *adj* agitado.
**hedge** (hej) *n* seto *m*; • *vt* cercar con seto.
**hedgehog** (hej´hog´´, hej´h*ä*g) *n* erizo *m*.
**heed** (hēd) *vt* hacer caso de; • *n* cuidado *m*; atención *f*.
**heedless** (hēd´lis) *adj* descuidado, negligente; **~ly** *adv* negligentemente.
**heel** (hēl) *n* talón *m*; **to take to one's ~s** apretar los talones, huir.
**hefty** (hef´tē) *adj* grande.
**heifer** (hef´ėr) *n* ternera *f*.
**height** (hīt) *n* altura *f*; altitud *f*.
**heighten** (hīt´*e*n) *vt* realzar; adelantar, mejorar; exaltar.
**heinous** (hā´nus) *adj* atroz.
**heir** (âr) *n* heredero *m*; **~ apparent** heredero forzoso *m*.
**heiress** *n* heredera *f*.
**heirloom** (âr´löm´´) *n* reliquia de familia *f*.
**helicopter** (hel´*i* kop´´tėr, hē´l*i* kop´´tėr) *n* helicóptero *m*.
**helix** (hē´liks) *n* hélice.
**hell** (hel) *n* infierno *m*.
**hell-bent** (hel´bent´´) *adj* temerario, atolondrado.
**hellish** *adj* infernal.
**helm** (helm) *n* (*mar*) timón *m*.
**helmet** (hel´mit) *n* casco *m*.
**help** (help) *vt, vi* ayudar, socorrer; **I cannot ~ it** no puedo remediarlo; no puedo dejar de hacerlo; • *n* ayuda *f*; socorro, remedio *m*.
**helper** (hel´pėr) *n* ayudante *m*.
**helpful** (help´f*u*l) *adj* útil.
**helping** (hel´ping) *n* ración *f*.
**helpless** (help´lis) *adj* indefenso; **~ly** *adv* irremediablemente.
**helpmate** (help´māt´´) *n* compañero, ayudante.
**helter-skelter** (hel´tėr skel´tėr) *adv* a troche y moche, en desorden.
**hem** (hem) *n* ribete *m*; • *vt* ribetear.
**he-man** (hē´man´´) *n* macho *m*.
**hemisphere** (hem´i sfēr´´) *n* hemisferio *m*.
**hemorrhage** (hem´ėr ij, hem´rij) *n* hemorragia *f*.
**hemorrhoids** (hem´*o* roid´´, hem´roid) *npl* hemorroides *mpl*.
**hemp** (hemp) *n* cáñamo *m*.
**hen** (hen) *n* gallina *f*.
**hence** (hens) *adv* de aquí, desde aquí, por esto, en consecuencia.
**henchman** (hench´man) *n* secuaz *m*.
**henceforth,** (hens´fōrth´, hens´f*ä*rth´) **henceforward** (hens´fōr´w*a*rd´, hens´f*ä*r´w*a*rd) *adv* de aquí en adelante.
**hen-house** *n* gallinero *m*.
**hepatitis** (hep´´*a* tī´tis) *n* hepatitis *f*.
**her** (hėr) *pn* su; ella; de ella; a ella.
**herald** (her´*a*ld) *n* heraldo *m*.
**heraldry** (her´*a*l drē) *n* heráldica *f*.
**herb** (*ü*rb, h*ü*rb) *n* hierba *f*; **~s** *pl* hierbas *fpl*.
**herbaceous** (h*ü*r bā´shus, *ü*r bā´shus) *adj* herbáceo.
**herbalist** (h*ü*r b*a* list, *ü*r b*a* list) *n* herbolario *m*.

**herbivorous** (h*ür* biv′ėr us) *adj* herbívoro.
**herd** (hėrd) *n* rebaño *m.*
**here** (hēr) *adv* aquí, acá.
**hereabout(s)** (hēr′*a* bout′′) *adv* aquí alrededor.
**hereafter** (hēr af′tėr, hēr äf′tėr) *adv* en el futuro.
**hereby** (hēr bī′, hēr′bī′′) *adv* por esto.
**hereditary** (h*e* red′i ter′′ē) *adj* hereditario.
**heredity** (h*e* red′i tē) *n* herencia *f.*
**heresy** (her′i sē) *n* herejía *f.*
**heretic** (her′i tik) *n* hereje *m*; • *adj* herético.
**herewith** (hēr with′, hēr wiTH′) *adv* con esto.
**heritage** (her′i tij) *n* patrimonio *m.*
**hermetic** (h*ür* met′ik) *adj* hermético; ~**ly** *adv* herméticamente.
**hermit** (hėr′mit) *n* ermitaño *m.*
**hermitage** (hėr′mi tij) *n* ermita *f.*
**hernia** (hėr′nē) *n* hernia *f.*
**hero** (hēr′ō) *n* héroe *m.*
**heroic** (hi rō′ik) *adj* heroico; ~**ally** *adv* heroicamente.
**heroine** (her′ō in) *n* heroína *f.*
**heroism** (her′ō iz′′*u*m) *n* heroísmo *m.*
**heron** (her′*o*n) *n* garza *f.*
**herring** (her′ing) *n* arenque *m.*
**hers** (hėrz) *pn* suyo, de ella.
**herself** (hėr self′) *pn* ella misma.
**hesitant** (hez′i t*a*nt) *adj* vacilante.
**hesitate** (hez′i tāt′′) *vt* dudar; tardar.
**hesitation** (hez′′i tā′sh*a*n) *n* duda, irresolución *f.*
**heterogeneous** (het′′ėr *o* jē′nē us) *adj* heterogéneo.
**heterosexual** (het′′ėr *o* sek′shö *a*l) *adj, n* heterosexual *m.*
**hew** (hū) *vt* tajar; cortar; picar.
**heyday** (hā′dā) *n* apogeo *m.*
**hi** (hī) *excl* ¡hola!
**hiatus** (hī ā′t*u*s) *n* (*gr*) hiato *m.*
**hibernate** (hī′bėr nāt′′) *vi* invernar.
**hiccup** (hik′up, hik′*u*p) *n* hipo *m*; • *vi* tener hipo.
**hickory** (hik′*o* rē, hik′rē) *n* noguera americana *f.*
**hide** (hīd) *vt* esconder; • *n* cuero *m*; piel *f.*
**hideaway** (hīd′*a* wā′′) *n* escondite *m.*
**hideous** (hid′ē us) *adj* horrible; ~**ly** *adv* horriblemente.
**hiding-place** *n* escondite, escondrijo *m.*
**hierarchy** (hī′*e* rär′′kē, hī′rär kē) *n* jerarquía *f.*
**hieratic** (hī′′*e* rat′ik, hī rat′ik) *adj* hierático, sagrado.
**hieroglyphic** (hī′′ėr *o* glif′ik, hī′′r*o* glif′ik) *adj, n* jeroglífico *m.*
**hi-fi** (hī′fī′′) *n*, sistema o equipo de alta fidelidad, *m.*
**higgledy-piggledy** (hig′l dē pig′l dē) *adv* confusamente.
**high** (hī) *adj* alto; elevado.
**high altar** (hī) *n* altar mayor *m.*
**high beam** *n* luz alta (en coche) *f.*
**highchair** (hī′châr′′) *n* silla alta *f.*
**high-handed** (hī′han′did) *adj* despótico.
**high hand** (hī′hand) arbitrariedad, despotismo.
**highlands** (hī′lands) *npl* tierras montañosas *fpl.*
**highlight** (hī′līt′′) *n* punto culminante *m.*
**highly** *adj* en sumo grado.
**highness** (hī′nis) *n* altura *f*; alteza *f.*
**high noon** pleno medio día; (fig) punto culminante.

**high school** *n* centro de enseñanza secundaria *m.*
**high spot** punto relevante o sobresaliente.
**high-strung** (hī´strung´) *adj* tenso, impresionble, muy sensible.
**high water** *n* marea alta *f.*
**highway** (hī´wā´´) *n* carretera *f.*
**hijack** (hī´jak´´) *vt* secuestrar.
**hijacker** *n* secuestrador *m.*
**hike** (hīk) *vi* ir de excursión.
**hilarious** (hi lâr´ē us, hi lar´ē us) *adj* alegre.
**hill** (hil) *n* colina *f.*
**hillock** (hil´*o*k) *n* colina *f.*
**hillside** *n* ladera *f.*
**hilly** *adj* montañoso.
**hilt** (hilt) *n* puño de espada *m.*
**him** (him) *pn* le, lo, él.
**himself** (him self´) *pn* él mismo, se, sí mismo.
**hind** (hīnd) *adj* trasero, posterior; • *n* cierva *f.*
**hinder** (hin´dėr) *vt* impedir.
**hindmost** (hīnd´mōst´´) *adj* postrero.
**hindquarter** (hīnd´kw*ä*r´´tėr) *n* cuarto trasero *m.*
**hindrance** (hin´dr*a*ns) *n* impedimento, obstáculo *m.*
**hindsight** (hīnd´sīt´´) *n*: **with** ~ en retrospectiva.
**hinge** (hinj) *n* bisagra *f.*
**hint** (hint) *n* indirecta *f*; • *vt* insinuar; sugerir.
**hip** (hip) *n* cadera *f.*
**hippopotamus** (hip´´*o* pot´*a* m*u*s) *n* hipopótamo *m.*
**hire** (hīėr) *vt* alquilar; • *n* alquiler *m.*
**his** (hiz) *pn* su, suyo, de él.
**Hispanic** (hi span´ik) *adj* hispano; hispánico.
**hiss** (his) *vt, vi* silbar.
**historian** (hi stōr´ē *a*n, hi st*ä*r´ē *a*n) *n* historiador *m.*
**historic(al)** (hi st*ä*r´ik, hi stor´ik; hi st*ä*r´i k*a*l, hi stor´i k*a*l) *adj* histórico; **~ally** *adv* históricamente.
**history** (his´t*o* rē) *n* historia *f.*
**histrionic** (his´´trē on´ik) *adj* teatral.
**hit** (hit) *vt* golpear; alcanzar; • *n* golpe *m*; éxito *m.*
**hitch** (hich) *vt* atar; • *n* problema *m.*
**hitch-hike** (hich´hīk´´) *vi* hacer autostop.
**hitherto** (hiTH´ėr tö´´) *adv* hasta ahora, hasta aquí.
**hive** (hīv) *n* colmena *f.*
**hoard** (hōrd) *n* montón *m*; tesoro escondido *m*; • *vt* acumular.
**hoar-frost** (hōr´fr*ä*st´´, hōr´frost´´) *n* escarcha *f.*
**hoarse** (hōrs, h*ä*rs) *adj* ronco; **~ly** *adv* roncamente.
**hoarseness** *n* ronquera, carraspera *f.*
**hoax** (hōks) *n* engaño, fraude *m* • *vt* engañar, burlar.
**hobble** (hob´l) *vi* cojear.
**hobby** (hob´ē) *n* pasatiempo *m.*
**hobbyhorse** (hob´ē h*ä*rs) *n* caballo de batalla, caballo de juego *m.*
**hobo** (hō´bō) *n* vagabundo, trabajador errante *m.*
**hockey** (hok´ē) *n* hockey *m.*
**hodge-podge** (hoj´poj´´) *n* mezcolanza *f.*
**hoe** (hō) *n* azadón *m*; • *vt* azadonar.
**hog** (h*ä*g, hog) *n* cerdo, puerco *m.*
**hoist** (hoist) *vt* alzar; • *n* grúa *f.*
**hold** (hōld) *vt* tener; detener; contener; celebrar; **to ~ on** to agarrarse a; • *vi* valer; • *n* presa *f*; poder *m.*
**holder** (hōl´dėr) *n* poseedor, arrendatario *m*; titular *m.*

**holding** (hōl´ding) *n* tenencia, posesión *f.*
**holdup** (hōld´up´´) *n* atraco *m*; retraso *m.*
**hole** (hōl) *n* agujero *m.* caverna, cueva *f*
**holiday** (hol´i dā´´) *n* día de fiesta, día feriado *m*; **~s** *pl* vacaciones *fpl.*
**holiness** (hō´lē nis) *n* santidad *f.*
**hollow** (hol´ō) *adj* hueco; • *n* hoyo *m*; • *vt* excavar, ahuecar.
**holly** (hol´ē) *n* (*bot*) acebo *m.*
**hollyhock** (hol´ē hok´´, hol´ē häk´´) *n* malva hortense *f.*
**holocaust** (hol´*o* käst´´, hō´l*o* käst´´) *n* holocausto, sacrificio *m.*
**holster** (hōl´stėr) *n* pistolera *f.*
**holy** (hō´lē) *adj* santo, pío; consagrado.
**holy water** *n* agua bendita *f.*
**holy week** *n* semana santa *f.*
**homage** (hom´ij, om´ij) *n* homenaje *m.*
**home** (hōm) *n* casa *f*; patria *f*; domicilio *m*; **~ly** *adj* casero.
**home address** *n* domicilio *m.*
**homeland** *n* tierra natal.
**homeless** *adj* sin casa, desamparado.
**homeliness** *n* simpleza *f.*
**homely** (hōm´lē) *adj* casero.
**home-made** (hōm´mād´´) *adj* hecho en casa.
**homeopathy** (hō´´mē op´*a* thē) *n* homeopatía *f.*
**homesick** (hōm´sik´´) *adj* nostálgico.
**homesickness** *n* nostalgia *f.*
**hometown** *n* ciudad natal *f.*
**homeward** (hōm´wėrd) *adj* hacia casa; hacia su país.
**homework** (hōm´würk´´) *n* deberes *mpl.*
**homicidal** (hom´´i sīd´*a*l) *adj* homicida.
**homicide** (hom´i sīd´´) *n* homicidio *m*; homicida *m.*
**homogeneous** (h*o* moj´*e* nus, hō moj´*e* nus) *adj* homogéneo.
**homosexual** (hō´´m*o* sek´shö *a*l, hō´´mō sek´shö *a*l) *adj, n* homosexual *m.*
**honest** (on´ist) *adj* honrado; **~ly** *adv* honradamente.
**honesty** (on´i stē) *n* honradez *f.*
**honey** (hun´ē) *n* miel *f.* amor, encanto; **it's a ~,** es una maravilla.
**honeycomb** (hun´ē kōm´´) *n* panal *m.*
**honeymoon** (hun´ē mön) *n* luna de miel *f.*
**honeysuckle** (hun´ē suk´´*e*l) *n* (*bot*) madreselva *f.*
**honor** (on´ėr) *n* honra *f*; honor *m*; • *vt* honrar.
**honorable** (on´ėr a bl) *adj* honorable; ilustre.
**honorably** *adv* honorablemente.
**honorary** (on´*o* rer´´ē) *adj* honorario.
**hood** (hüd, höd) *n* capó *m*; capucha *f.*
**hoodlum** (höd´l*u*m, hüd´l*u*m) *n* matón *m.*
**hoof** (hüf, höf) *n* pezuña *f.*
**hook** (hük) *n* gancho *m*; anzuelo *m*; **by ~ or by crook** de un modo u otro; • *vt* enganchar.
**hooked** (hükt) *adj* encorvado.
**hooligan** (hö´l*i* g*a*n) *n* gamberro *m.*
**hoop** (höp, hüp) *n* aro (en tonel, etc., juguete) *m.*
**hooter** (höt´ėr) *n* sirena (señal acústica) *f.*
**hop** (hop) *n* (*bot*) lúpulo *m*; salto *m*; • *vi* saltar, brincar.

**hope** (hōp) *n* esperanza *f*; • *vi* esperar.
**hopeful** (hōp´ful) *adj* esperanzado; **~ly** *adv* con esperanza.
**hopefulness** *n* buena esperanza *f*.
**hopeless** (hōp´lis) *adj* desesperado; **~ly** *adv* sin esperanza.
**horde** (hōrd) *n* horda; *f* enjambre de insectos *m*.
**horizon** (ho rī´zon) *n* horizonte *m*.
**horizontal** (här´´i zon´tal, hor´i zon´tal) *adj* horizontal; **~ly** *adv* horizontalmente.
**hormone** (här´mōn) *n* hormona *f*.
**horn** (härn) *n* cuerno *m*.
**horned** (härnd) *adj* cornudo.
**hornet** (här´nit) *n* avispón *m*.
**horny** *adj* calloso.
**horologist** (här o´lō´´jist, hor o´lō´´ jist) *n* relojero.
**horoscope** (här´o skōp´´, hor´o skōp´´) *n* horóscopo *m*.
**horrendous** (hä ren´dus, ho ren´dus) *adj* horrendo.
**horrible** (här´i bl, hor´i bl) *adj* horrible, terrible.
**horribly** *adv* horriblemente; enormemente.
**horrid** (här´id, hor´id) *adj* horrible.
**horrific** (hä rif´ik, ho rif´ik) *adj* horroroso.
**horrify** (här´i fī´´, hor´i fī´´) *vt* horrorizar.
**horror** (här´ėr, hor´ėr) *n* horror, terror *m*.
**horror film** *n* película de horror *f*.
**hors d'oeuvre** (är dürv´) *n* entremeses *mpl*.
**horse** (härs) *n* caballo *m*; caballete *m*. **don´t look a gift ~ in the mouth,** a caballo dado no se le ve colmillo; **to work like a ~,** trabajar como un esclavo
**horseback** (härs´bak´´) *adv*: **on ~** a caballo.
**horse-breaker** *n* domador de caballos *m*.
**horse chesnut** *n* castaño de Indias *m*.
**horsefly** (härs´flī´´) *n* mosca de mula *f*; moscardón *m*.
**horseman** (härs´man) *n* jinete *m*.
**horsemanship** *n* equitación *f*.
**horsepower** (härs´pou´´ėr) *n* caballo de fuerza *m*.
**horse race** *n* carrera de caballos *f*.
**horseradish** (härs´rad´´ish) *n* rábano silvestre *m*.
**horseshoe** (härs´shö´´, härsh´shö´´) *n* herradura de caballo *f*.
**horsewoman** *n* jineta *f*.
**horticulture** (här´ti kul´´chėr) *n* horticultura, jardinería *f*.
**horticulturist** *n* jardinero *m*.
**hose-pipe** *n* manguera *f*.
**hosiery** (hō´zhe rē) *n* medias, calcetas, *f* géneros de punto.
**hospitable** (hos´pi ta bl, ho spit´a bl) *adj* hospitalario.
**hospitably** *adv* con hospitalidad.
**hospital** (hos´pi tal) *n* hospital *m*.
**hospitality** (hos´´pi tal´i tē) *n* hospitalidad *f*.
**host** (hōst) *n* anfitrión *m*; hostia *f*.
**hostage** (hos´tij) *n* rehén *m*.
**hostess** (hō´stis) *n* anfitriona *f*.
**hostile** (hos´til) *adj* hostil.
**hostility** (ho stil´i tē) *n* hostilidad *f*.
**hot** (hot) *adj* caliente; ardiente, cálido; dominado por deseo sexual. **~ on the track** (o **trail** ) **of,** sobre la pista de, pisándole los talones a.
**hotbed** (hot´bed´´) *n* semillero *m*.
**hotdog** *n* perro caliente *m*.
**hotel** (hō tel´) *n* hotel *m*. posada, fonda *f*.

**hotelier** *n* hotelero *m.*
**hotheaded** (hot'hed'id) *adj* exaltado.
**hothouse** (hot'hous'') *n* invernadero *m.*
**hotline** *n* línea de emergencia, teléfono de emergencia..
**hotly** *adv* con calor; violentamente.
**hotplate** *n* hornillo *m.*
**hot seat** *n* silla eléctrica *f.*
**hot stuff** (jer.) *n* personas vivaces; programa sensacional; persona o cosa atractiva *f.*
**hot words** *n* palabras mayores *f.*
**hound** (hound) *n* perro de caza *m.*
**hour** (our, ou'ėr) *n* hora *f.* **after~,** fuera de horas; **by the ~,** por horas.
**hourglass** (our'glas'', our'gläs'') *n* reloj de arena *m.*
**hourly** (our'lē, ou'ėr lē) *adv* cada hora.
**house** (hous) *n* casa *f*; familia *f*; • *vt* alojar. **full ~,** teatro lleno; **on the ~,** cortesía de la casa.
**houseboat** (hous'bōt'') *n* casa flotante *f.*
**housebreaker** (hous'brā''kėr) *n* ladrón de casa *m.*
**housebreaking** *n* allanamiento de morada *m.*
**housecleaning** (hous'klēn''ing) *n* limpieza de la casa.
**household** (hous'hōld'', hous'ōld'') *n* familia *f,* común, familiar *m*
**householder** (hous'hōl''dėr, hous'ōl''dėr) *n* amo de casa, padre de familia *m.*
**housekeeper** (hous'kē''pėr) *n* ama de llaves *f.*
**housekeeping** *n* trabajos domésticos *mpl.*
**houseless** (hous'lis) *adv* sin casa.
**housemaid** (hous'mād'') *n* criada, sirvienta.
**house-warming party** (hous'wär'' ming pär'tē) *n* fiesta dada para estrenar una casa *f.*
**housewife** (hous'wīf'') *n* ama de casa *f.*
**housework** (hous'würk'') *n* faenas de la casa *fpl.*
**housing** (hou'zing) *n* vivienda, morada *f.*
**housing development** *n* urbanización *f.*
**hovel** (huv'el, hov'el) *n* choza, cabaña *f.*
**hover** (huv'ėr, hov'ėr) *vi* cernerse; estar en suspenso, flotar en el aire.
**how** (hou) *adv* cómo, como; ~ **do you do**! buenos días, mucho gusto; ~ **else,** de qué otra manera.
**however** (how ev'ėr) *adv* sin embargo, comoquiera que sea; aunque; no obstante.
**howl** (houl) *vi* aullar; • *n* aullido *m.*
**hub** (hub) *n* centro *m.*
**hubbub** (hub'ub) *n* barullo, alboroto *m.*
**hubcap** (hub'cap'') *n* salpicadera *f.*
**huckle** (huk) *n* cadera, anca *f*
**hue** (hū) *n* color *m*; matiz *m.*
**huff** (huf) *n*: soplar, hinchar; **in a ~** de mal humor.
**huffy** (huf'ē) *vt* malhumorado, resentido.
**hug** (hug) *vt* abrazar; • *n* abrazo *m.*
**huge** (hūj) *adj* vasto, enorme; **~ly** *adv* inmensamente.
**hulk** (hulk) *n* (*mar*) casco de la embarcación *m*; armatoste *m.*
**hull** (hul) *n* (*mar*) casco de un buque *m.*
**hum** (hum) *vi* canturrear.

**human** (hū´man, ū´man) *adv* humano.
**humane** (hū´mān, ū´mān) *adv* humano, humanitario; benigno; **~ly** *adv* humanamente.
**humanist** (hū´ma nizt, ū´ma nizt) *n* humanista *m*.
**humanitarian** (hū man´´i târ´ē an, ū man´´i târ´ē an) *adj* humanitario.
**humanity** (hū man´i tē, ū man´i tē) *n* humanidad *f*.
**humanize** (hū´ma nīz´´, ū´ma nīz´´) *vt* humanizar.
**humanly** (hū´man lē, ū´man lē) *adv* humanamente.
**humble** (hum´bl, um´bl) *adj* humilde, modesto; • *vt* humillar, postrar.
**humbleness** *n* humildad *f*.
**humbly** *adv* con humildad.
**humbug** (hum´bug´´) *n* tonterías *fpl*.
**humdrum** (hum´drum´´) *adj* monótono.
**humectant** (hū mek´tant) *adj, n* humectante
**humid** (hū´mid, ū´mid) *adj* húmedo.
**humidity** (hū mid´i tē, ū mid´i tē) *n* humedad *f*.
**humiliate** (hū mil´ē āt´´, ū mil´ē āt´´) *vt* humillar.
**humiliation** *n* humillación *f*.
**humility** (hū mil´i tē, ū mil´i tē) *n* humildad *f*.
**humming-bird** (hum´ing bürd´´) *n* colibrí *m*.
**humor** (hū´mėr, ū´mėr) *n* sentido del humor *m*, humor *m*; • *vt* complacer.
**humorist** (hū´mėr ist, ū´mėr´ist) *n* humorista *m*.
**humorous** (hū´mėr us, ū´mėr us) *adj* gracioso; **~ly** *adv* con gracia.
**hump** (hump) *n* jiba, joroba *f*.
**hunch** (hunch) *n* corazonada *f*; **~backed** *adj* jorobado, jiboso.
**hundred** (hun´drid) *adj* ciento; • *n* centenar *m*; un ciento.
**hundredth** (hun´dridth, hun´dritth) *adj* centésimo.
**hundredweight** (hun´drid wāt´´) *n* quintal *m*.
**hunger** (hung´gėr) *n* hambre *f*; • *vi* hambrear.
**hunger strike** *n* huelga de hambre *f*.
**hungrily** *adv* con apetito.
**hungry** (hung´grē) *adj* hambriento; pobre, estéril, árido.
**hunt** (hunt) *vt* cazar; perseguir; buscar; • *vi* andar a caza; • *n* caza *f*.
**hunter** (hun´tėr) *n* cazador; perro de caza *m*.
**hunting** (hun´ting) *n* caza *f*.
**huntsman** (hunts´man) *n* cazador *m*.
**hurdle** (hėr´dl) *n* valla *f*. (fig.) obstáculo, dificultad.
**hurl** (hėrl) *vt* tirar con violencia; arrojar. ~ **oneself on,** lanzarse sobre.
**hurly-burly** (hür´lē bür´lē, hür´lē bür´´lē) *n* alboroto, tumulto.
**hurricane** (hür´i kān´´, hur´i kān´´) *n* huracán *m*.
**hurried** (hür´ēd, hur´ēd) *adj* hecho de prisa; **~ly** *adv* con prisa.
**hurry** (hür´ē, hur´ē) *vt* acelerar, apresurar; • *vi* apresurarse; • *n* prisa *f*. **in a ~,** rápidamente.
**hurt** (hėrt) *vt* hacer daño; ofender; • *n* mal, daño *m*. **it hurts me,** me duele; **it won't ~ you,** no te hará daño.
**hurtful** (hėrt´ful) *adj* dañoso; **~ly** *adv* dañosamente.

**husband** (huz′b*a*nd) *n* marido *m.vt* economizar; utilizar, aprovechar.
**husbandry** (huz′b*a*n drē) *n* agricultura *f.* manejo, gobierno *m*
**hush** (hush) ¡chitón!, ¡silencio!; • *vt* hacer callar; • *vi* estar quieto.
**husk** (husk) *n* cáscara *f. vt* descascarar, despellejar.
**huskiness** *n* sensación de ronquera *f.*
**husky** (hus′kē) *adj* ronco.
**hustings** (hus′tings) *n* tribuna para las elecciones *f.*
**hustle** (hus′*e*l) *vt* empujar con fuerza.
**hut** (hut) *n* cabaña, barraca *f.*
**hutch** (huch) *n* conejera *f.*
**hyacinth** (hī′*a* sinth) *n* jacinto *m.*
**hydrant** (hī′dr*a*nt) *n* boca de agua *f.*
**hydraulic** (hī′drä′lik, hī′drol′ik) *adj* hidráulico; ~**s** *npl* hidráulica *f.*
**hydroelectric** (hī′′drō i lek′trik) *adj* hidroeléctrico.
**hydrofoil** (hī′dr*o* foil′′) *n* aerodeslizador *m.*
**hydrogen** (hī′dr*o* jen′′) *n* hidrógeno *m.*
**hydrophobia** (hī′dr*o* fō′bē *a*) *n* hidrofobia *f.*
**hyena** (hī ē′n*a*) *n* hiena *f.*
**hygiene** (hī′jēn, hī′jē ēn) *n* higiene *f.*
**hygienic** (hī′′jē en′ik, hī jē′nik) *adj* higiénico.
**hymn** (him) *n* himno *m.*
**hyperbole** (hī pėr′b*o* lē) *n* hipérbole *f*; exageración *f.*
**hypermarket** (hī′ pėr′mär′kit) *n* hipermercado *m.*
**hyphen** (hī′fen) *n* (*gr*) guión *m.*
**hypochondria** (hī′′p*o* kon′drē *a*) *n* hipocondría *f.*
**hypochondriac** (hī′′p*o* kon′drē ak) *adj, n* hipocondríaco *m.*
**hypocrisy** (hi′pok′r*i* sē) *n* hipocresía *f.*
**hypocrite** (hip′*o* krit) *n* hipócrita *m.*
**hypocritical** (hip′′*o* krit′i k*a*l) *adj* hipócrita.
**hypothesis** (hī poth′i sis, hi poth′i sis) *n* hipótesis *f.*
**hypothetical** (hī′′p*o* thet′i k*a*l) *adj* hipotético; ~**ly** *adv* hipotéticamente.
**hysterical** *adj* histérico.
**hysterics** (hi ster′iks) *npl* histeria *f.*

# I

**I** (ī) (*pn*) yo.
**ice** (īs) *n* hielo *m*; • *vt* helar.
**ice-ax** *n* piqueta *f*.
**iceberg** (īs´bürg) *n* iceberg *m*.
**ice-bound** (īs´bound´´) *adj* rodeado de hielo.
**icebox** (īs´boks´´) *n* nevera *f*.
**icebreaker** (īs´brā´´kėr) *n* rompehielos *m*.
**ice cream** *n* helado *m*.
**ice cube** *n* cubito de hielo *m*.
**ice floe** *n* témpano de hielo *m*.
**ice pick** *n* picahielo *m*.
**ice rink** *n* pista de patinaje sobre hielo *f*.
**ice skating** (īs´skāt´´ing) *n* patinaje sobre hielo *m*.
**icicle** (ī´si kl) *n* paleta de hielo *f*.
**icon** (ī´kon) *n* ícono *m*.
**iconoclast** (ī kon´*o* klast´´) *n* iconoclasta *m*.
**icy** (ī´sē) *adj* helado; frío.
**idea** (ī dē´*a*) *n* idea *f*.
**ideal** (ī dē´*a*l, ī dēl´) *adj* ideal; **~ly** *adv* idealmente.
**idealist** (ī dē´*a* list) *n* idealista *m*.
**identical** (ī den´ti k*a*l, i den´ti k*a*l) *adj* idéntico.
**identification** (ī den´´t*i* f*i* kā´sh*a*n, i den´´t*i* f*i* kā´sh*a*n) *n* identificación *f*.
**identify** (ī den´t*i* fī´´, i den´t*i* fī´´) *vt* identificar.
**identity** (ī den´ti tē, i den´ti tē) *n* identidad *f*.
**ideology** (ī´´dē ol´*o* jē, id´´ē ol´*o* jē) *n* ideología *f*.
**idiom** (id´ē *o*m) *n* modismo *m*.
**idiomatic** (id´´ē *o* mat´ik) *adj* idiomático.
**idiosyncrasy** (id´´ē *o* sing´kr*a* sē) *n* idiosincrasia *f*.
**idiot** (id´ē *o*t) *n* idiota, necio *m*.
**idiotic** (id´´ē ot´ik) *adj* tonto, bobo.
**idle** (īd´l) *adj* desocupado; holgazán; inútil.
**idleness** *n* pereza *f*.
**idler** (īd´lėr) *n* holgazán *m*.
**idly** (īd´lē) *adv* ociosamente; vanamente.
**idol** (īd´*o*l) *n* ídolo *m*.
**idolatry** (ī dol´*a* trē) *n* idolatría *f*.
**idolize** (īd´*o* līz´´) *vt* idolatrar.
**idyllic** (ī dil´ik) *adj* idílico.
**i.e.** *adv* esto es.
**if** (if) *conj* si, aunque, supuesto que; ~ **not** si no.
**igloo** (ig´lö) *n* iglú *m*.
**igneous** (ig´nē us) *adj* ígneo
**ignite** (ig nīt´) *vt* encender.
**ignition** (ig nish´*a*n) *n* (*chem*) ignición *f*, encendido *m*.
**ignition key** *n* llave de encendido *f*.
**ignition system** *n* sistema de encendido *f*.
**ignoble** (ig nō´bl) *adj* innoble; bajo.
**ignominious** (ig´´n*o* min´ē us) *adj* ignominioso; **~ly** *adv* ignominiosamente.
**ignominy** (ig´n*o* min´ē) *n* ignominia, infamia *f*.
**ignoramus** (ig´n*o* rā´mus, ig´´n*o* ram´us) *n* ignorante, tonto *m*.
**ignorance** (ig´nėr *a*ns) *n* ignorancia *f*.
**ignorant** (ig´nėr *a*nt) *adj* ignorante; **~ly** *adv* ignorantemente.
**ignore** (ig nōr´) *vt* no hacer caso de, ignorar.

**ill** (il) *adj* malo, enfermo; • *n* mal, infortunio *m*; • *adv* mal.
**ill-advised** (il'*a*d vīzd') *adj* imprudente, desacertado.
**illegal** (i lē'g*a*l) *adj* **~ly** *adv* ilegal(mente).
**illegality** (i lē gal'i tē) *n* ilegalidad *f*.
**illegible** (i lej'*i* bl) *adj* ilegible.
**illegibly** *adv* de modo ilegible.
**illegitimacy** *n* ilegitimidad *f*.
**illegitimate** (il''i jit'*i* mit) *adj* ilegítimo; **~ly** *adv* ilegítimamente.
**ill-fated** (il'fā'tid) *adj* desventurado.
**ill feeling** *n* rencor *m*.
**illicit** (i lis'it) *adj* ilícito.
**illiterate** (i lit'ėr it) *adj* analfabeto.
**ill-natured** *adj* malicioso.
**illness** (il'nis) *n* enfermedad *f*.
**illogical** (i loj'i k*a*l) *adj* ilógico.
**ill-timed** (il tīmd') *adj* inoportuno.
**ill-treat** *vt* maltratar.
**illuminate** (i lö'm*i* nāt'') *vt* iluminar.
**illumination** (i lö'm*i* nā'sh*a*n) *n* iluminación *f*.
**illusion** (i lö'zh*a*n) *n* ilusión *f*.
**illusionist** (i lö'zh*a* nizt'') *n* ilusionista, prestidigitador *m*.
**illusory** (i lö's*o* rē, i lö'z*o* rē) *adj* ilusorio.
**illustrate** (il'*a* strāt'', i lus' trāt) *vt* ilustrar; explicar.
**illustration** (il''*a* strā'sh*a*n) *n* ilustración *f*; elucidación *f*.
**illustrative** (i lus'tr*a* tiv, il'*a* strā''tiv) *adj* explicativo.
**illustrious** (i lus'trē us) *adj* ilustre, insigne.
**ill-will** *n* rencor *m*.
**image** (im'ij) *n* imagen *f*.
**imagery** (im'ij rē, im'ij *e* rē) *n* imágenes *fpl*.
**imaginable** (i maj'*i* n*a* bl) *adj* concebible.
**imaginary** (i maj'*i* ner'ē) *adj* imaginario.
**imagination** (i maj''*i* nā'sh*a*n) *n* imaginación *f*.
**imaginative** (i maj'*i* n*a* tiv, i maj'*i* nā tiv) *adj* imaginativo.
**imagine** (i maj'in) *vt* imaginarse; idear, inventar.
**imbalance** (im bal'*a*ns) *n* desequilibrio *m*.
**imbecile** (im'bi sil, im'bi s*i*l) *adj* imbécil, necio.
**imbibe** (im bīb') *vt* beber, absorber.
**imbue** (im bū) *vt* infundir.
**imitate** (im'i tāt) *vt* imitar, copiar.
**imitation** (im''i tā'sh*a*n) *n* imitación, copia *f*.
**imitative** (im'i tā''tiv) *adj* imitativo, imitado.
**immaculate** (i mak'ū lit) *adj* inmaculado, puro.
**immanence** (im'*a* nens) *n* inmanencia *f*.
**immaterial** (im''*a* tēr'ē *a*l) *adj* poco importante.
**immature** (im''*a* tür', im''*a* tūr') *adj* inmaduro.
**immeasurable** (i mezh'ėr *a* bl) *adj* inconmensurable, incalculable.
**immeasurably** *adv* inmensamente, infinitamente.
**immediate** (i mē'dē it) *adj* inmediato; **~ly** *adv* inmediatamente.
**immense** (i mens') *adj* inmenso; vasto; **~ly** *adv* inmensamente.
**immensity** (i men'si tē) *n* inmensidad *f*.
**immerse** (i mėrs') *vt* sumergir; **to be ~ed** estar absorto o enfrascado en algo.
**immersion** (i mėr'zh*a*n, i mėr'sh*a*n) *n* inmersión *f*.

**immigrant** (im′*i* gr*a*nt) *n* inmigrante *m.*
**immigration** (im″*i* grā′sh*a*n) *n* inmigración *f.*
**imminent** (im′*i* n*e*nt) *adj* inminente.
**immobile** (i mō′bil, i mō′bēl) *adj* inmóvil.
**immobility** (im″ō′bēl *i* tē) *n* inmovilidad *f.*
**immoderate** (i mod′ėr it) *adj* inmoderado, excesivo; **~ly** *adv* inmoderadamente.
**immodest** (i mod′ist) *adj* inmodesto, presuntuoso; impúdico, poco recatado.
**immolate** (im′*o* lāt″) *vt* inmolar.
**immoral** (i m*ä*r′*a*l) *adj* inmoral.
**immorality** (im″*o* ral′i tē) *n* inmoralidad *f.*
**immortal** (i m″*ä*r′t*a*l) *adj* inmortal.
**immortality** (i m″*ä*r′t*a*l′i tē) *n* inmortalidad *f.*
**immortalize** (i m*ä*r′t*a* līz″) *vt* inmortalizar, eternizar.
**immune** (i mūn′) *adj* inmune.
**immunity** (i mū′ni tē) *n* inmunidad *f.*
**immunize** (im′ū nīz″, i mū′nīz) *vt* inmunizar.
**immutable** (i mū′t*a* bl) *adj* inmutable.
**imp** (imp) *n* diablillo, duende *m.*
**impact** (im′pakt) *n* impacto *m.* • *vt* impactar.
**impair** (im pâr′) *vt* disminuir.
**impale** (im pāl) *vt* empalar; atravesar con algo.
**impalpable** (im pal′p*a* bl) *adj* impalpable.
**impart** (im pärt′) *vt* comunicar, impartir, transmitir.
**impartial** (im pär′sh*a*l) *adj* **~ly** *adv* imparcial(mente).
**impartiality** (im pär″shē al′i tē) *n* imparcialidad *f.*
**impassable** (im pas′*a* bl) *adj* impracticable; infranqueable.
**impasse** (im′pas, im pas′) *n* punto muerto *m.*
**impassive** (im pas′iv) *adj* impasible.
**impatience** (im pā′sh*e*ns) *n* impaciencia *f.*
**impatient** (im pā′sh*e*nt) *adj* **~ly** *adv* impaciente(mente).
**impeach** (im pēch′) *vt* acusar, denunciar.
**impeccable** (im pek′*a* bl) *adj* impecable.
**impecunious** (im″p*e* kū′nē us) *adj* indigente.
**impede** (im pēd′) *vt* estorbar; dificultar, obstaculizar; obstruir.
**impediment** (im ped′*i* m*e*nt) *n* impedimento, obstáculo *m.*
**impel** (im pel′) *vt* impeler.
**impending** (im pen′ding) *adj* inminente.
**impenetrable** (im pen′*i* trabl) *adj* impenetrable.
**imperative** (im per′*a* tiv) *adj* imperativo.
**imperceptible** (im″per sep′t*i* bl) *adj* imperceptible.
**imperceptibly** *adv* imperceptiblemente.
**imperfect** (im p*ü*r′fikt) *adj* imperfecto, defectuoso; **~ly** imperfectamente.
**imperfection** (im″pėr fek′sh*a*n) *n* imperfección *f*, defecto *m.*
**imperial** (im pēr′ē *a*l) *adj* imperial.
**imperialism** (im pēr′ē *a* liz″*u*m) *n* imperialismo *m.*

**imperious** (im pēr'ē us) *adj* imperioso; arrogante; **~ly** *adv* imperiosamente, arrogantemente.
**imperishable** (im per'i sh*a* bl) *adj* imperecedero; que no se deteriora.
**impermeable** (im pür'mē *a* bl) *adj* impermeable.
**impersonal** (im pür'so n*a*l) *adj*, **~ly** *adv* impersonal(mente).
**impersonate** (im pür'so nāt'') *vt* hacerse pasar por; imitar.
**impertinence** (im pür'ti nens) *n* impertinencia *f*; descaro *m*.
**impertinent** (im pür'ti nent) *adj* impertinente; **~ly** *adv* impertinentemente.
**imperturbable** (im''pėr tür'b*a* bl) *adj* imperturbable.
**impervious** (im pür'vē us) *adj* impermeable, inmune.
**impetuosity** (im pech''ū os'i tē) *n* impetuosidad *f*.
**impetuous** (im pech'ū us) *adj* impetuoso; **~ly** *adv* impetuosamente.
**impetus** (im'pi t*u*s) *n* ímpetu *m*.
**impiety** (im pī'i tē) *n* impiedad *f*.
**impinge (on)** (im pinj') *vt* golpear (contra algo), afectar a algo, vulnerar algo.
**impious** (im'pē us) *adj* impío, irreligioso.
**implacable** (im plak'*a* bl, im plā'k*a* bl) *adj* implacable.
**implacably** *adv* implacablemente.
**implant** (im plant') *n* implante *m* • *vt* implantar.
**implement** (im'pl*e* ment) *n* herramienta *f*; utensilio *m*. • *vt* poner en vigor, ejecutar.
**implicate** (im'pl*i* kāt'') *vt* implicar, involucrar.
**implication** (im''pl*i* kā'sh*a*n) *n* implicación *f*.
**implicit** (im plis'it) *adj* implícito; **~ly** *adv* implícitamente.
**implore** (im plōr') *vt* implorar, suplicar.
**imply** (im plī') *vt* insinuar, suponer.
**impolite** (im''po līt') *adj* mal educado, descortés.
**impoliteness** *n* falta de educación, descortesía *f*.
**impolitic** (im pol'i tik) *adj* imprudente; poco político.
**import** (im pōrt') *vt* importar; • *n* importación *f*.
**importance** (im pär't*a*ns) *n* importancia *f*.
**important** (im pär't*a*nt) *adj* importante.
**importation** (im''pōr tā'sh*a*n, im pär'tā'sh*a*n) *n* importación *f*.
**importer** *n* importador *m*.
**importunate** (im pär'ch*a* nit) *adj* importuno; pertinaz, insistente;
**importune** (im'pär tön'', im''pär tūn') *vt* importunar asediar.
**importunity** (im''pär tö'ni tē, im''pär tū'ni tē) *n* importunidad *f*.
**impose** (im pōz') *vt* imponer, aplicar, molestar.
**imposing** (im pō'zing) *adj* imponente.
**imposition** (im''po zish'*a*n) *n* imposición, carga *f*.
**impossibility** (im pos''*i* bil'i tē, im''pos *i* bil'i tē) *n* imposibilidad *f*.
**impossible** (im pos'*i* bl) *adj* imposible.
**impostor** (im pos'tėr) *n* impostor *m*.
**impotence** *n* impotencia *f*.
**impotent** (im'p*o* tent) *adj* impotente; **~ly** *adv* sin poder.
**impound** (im pound') *vt* embargar, incautar.

**impoverish** (im pov′ėr ish, im pov′ rish) *vt* empobrecer.
**impoverished** *adj* necesitado; empobrecido, venido a menos.
**impoverishment** *n* empobrecimiento *m.*
**impracticability** (im prak′t*i* k*a* bil′i tē) *n* imposibilidad *f.*
**impracticable** (im prak′t*i* k*a* bl) *adj* irrealizable.
**impractical** (im prak′t*i* k*a*l) *adj* poco práctico.
**imprecation** (im′′pr*e* k*a*′sh*a*n) *n* imprecación, maldición *f.*
**imprecise** (im′′pri sīs′) *adj* impreciso.
**impregnable** (im preg′n*a* bl) *adj* inexpugnable, impenetrable.
**impregnate** (im preg′nāt) *vt* impregnar.
**impregnation** (im′′preg nā′sh*a*n) *n* fecundación *f*; impregnación *f.*
**impress** (im pres′) *vt* impresionar, causar buena impresión.
**impression** (im presh′*a*n) *n* impresión *f*; edición *f.*
**impressionable** (im presh′*a* n*a* bl, im presh′n*a* bl) *adj* impresionable.
**impressive** (im pres′iv) *adj* impresionante, admirable, excelente.
**imprint** (im print′) *n* sello *m*; huella *f*; • *vt* imprimir; estampar.
**imprison** (im priz′*o*n) *vt* encarcelar.
**imprisonment** (im priz′*o*n m*e*nt) *n* encarcelamiento *m.*
**improbability** (im prob′′*a* bil′i tē) *n* improbabilidad *f.*
**improbable** (im prob′*a* bl) *adj* improbable.
**impromptu** (im promp′tö, im′ romp′tū) *adj* espontáneo, de improviso.
**improper** (im prop′ėr) *adj* impropio, indecente; ~**ly** *adv* impropiamente.
**impropriety** (im prō′prē āt′′) *n* impropiedad, incorrección, falta grave *f.*
**improve** (im pröv′) *vt, vi* mejorar.
**improvement** (im pröv′m*e*nt) *n* progreso, mejoramiento *m.*
**improvident** (im prov′i d*e*nt) *adj* imprevisor, falto de previsión.
**improvise** (im′pr*o* vīz′′) *vt* improvisar.
**imprudence** (im pröd′*e*ns) *n* imprudencia *f*, insolencia *f*, descaro *m.*
**imprudent** (im pröd′*e*nt) *adj* imprudente.
**impudent** (im′pū d*e*nt) *adj* insolente, descarado; ~**ly** *adv* desvergonzadamente, con descaro.
**impugn** (im pūn′) *vt* impugnar.
**impulse** (im′puls) *n* impulso *m.*
**impulsive** (im pul′siv) *adj* impulsivo.
**impunity** (im pū′ni tē) *n* impunidad *f.*
**impure** (im pūr′) *adj* impuro; ~**ly** *adv* impuramente.
**impurity** *n* impureza *f.*
**in** (in) *prep* en.
**inability** (in′′*a* bil′i tē) *n* incapacidad *f.*
**inaccessible** (in′′*a*k ses′*i* bl) *adj* inaccesible.
**inaccuracy** (in ak′yėr *a* sē) *n* inexactitud *f*, error *m.*
**inaccurate** (in ak′yėr it) *adj* inexacto, erróneo.
**inaction** (in ak′sh*a*n) *n* inacción *f.*
**inactive** (in ak′tiv) *adj* inactivo, flojo, perezoso.
**inactivity** *n* inactividad *f.*

**inadequate** (in ad′*e* kwit) *adj* inadecuado, defectuoso.
**inadmissible** (in′′*a*d mis′*i* bl) *adj* inadmisible.
**inadvertently** (in′′*a*d vėr′t*e*n tlē) *adv* sin querer, sin darse cuenta.
**inalienable** (in āl′y*a* n*a* bl, in ā′lē *a* n*a* bl) *adj* inalienable.
**inane** (i nān′) *adj* idiota, necio.
**inanimate** (in an′*i* mit) *adj* inanimado, exánime.
**inapplicable** (in ap′l*i* k*a* bl) *adj* inaplicable.
**inappropriate** (in′′*a* prō′prē it) *adj* impropio.
**inasmuch** (in′′*a*z much′) *adv* visto *o* puesto que.
**inattentive** (in′′*a* ten′tiv) *adj* desatento.
**inaudible** (in *ä*′d*i* bl) *adj* inaudible, que no se puede oir.
**inaugural** (in *ä*′gūr *a*l, in *ä*′gėr *a*l) *adj* inaugural.
**inaugurate** (in *ä*′gū rāt′′, in *ä*′g*a* rāt′′) *vt* inaugurar.
**inauguration** *n* inauguración *f.*
**inauspicious** (in′′*ä* spish′us) *adj* desfavorable, poco propicio.
**in-between** *adj* intermedio.
**inborn, inbred** (in′bärn′; in′bred′′) *adj* innato.
**incalculable** (in kal′ky*a* l*a* bl) *adj* incalculable.
**incandescent** (in′′k*a*n des′*e*nt) *adj* incandescente.
**incantation** (in′′kan tā′sh*a*n) *n* encantamiento, conjuro *m.*
**incapable** (in kā′p*a* bl) *adj* incapaz.
**incapacitate** (in′′k*a* pas′i tāt′′) *vt* incapacitar, inhabilitar.
**incapacity** (in′′k*a* pas′i tē) *n* incapacidad *f.*
**incarcerate** (in kär′s*e* rāt′′) *vt* encarcelar.
**incarnate** (in kär′nāt) *adj* encarnado.
**incarnation** (in′′kär nā′sh*a*n) *n* encarnación *f.*
**incautious** (in k*ä*′shus) *adj* incauto, imprudente; **~ly** *adv* incautamente.
**incendiary** (in sen′dē er′′ē) *adj* incendiario.
**incense** (in′sens) *n* incienso *m*; • *vt* exasperar, indignar.
**incentive** (in sen′tiv) *n* incentivo *m.*
**inception** (in sep′sh*a*n) *n* principio, inicio *m.*
**incessant** (in ses′*a*nt) *adj* incesante, constante; **~ly** *adv* continuamente.
**incest** (in′sest) *n* incesto *m.*
**incestuous** (in ses′chö us) *adj* incestuoso.
**inch** (inch) *n* pulgada *f*; ~ **by** ~ palmo a palmo.
**incidence** (in′si d*e*ns) *n* frecuencia *f.*
**incident** (in′si d*e*nt) *n* incidente *m.*
**incidental** (in′si den′t*a*l) *adj* incidental, casual, imprevisto; **~ly** *adv* a propósito.
**incinerator** (in sin′′*e* rā tėr) *n* incinerador *m.*
**incipient** (in sip′ē *e*nt) *adj* incipiente.
**incise** (in sīz′) *vt* tajar, cortar.
**incision** (in sizh′*a*n) *n* incisión *f.*
**incisive** (in sī′siv) *adj* incisivo.
**incisor** (in sī′zėr) *n* incisivo *m.*
**incite** (in sīt′) *vt* incitar, estimular.
**inclement** (in klem′*e*nt) *adj* inclemente.
**inclination** (in′′kl*i* nā′sh*a*n) *n* inclinación, propensión *f.*
**incline** (in klīn′) *vt, vi* inclinar(se) predisponer.

**include** (in klöd′) *vt* incluir, comprender.
**including** *prep* incluso.
**inclusion** (in klö′zh*a*n) *n* inclusión *f.*
**inclusive** (in klö′siv) *adj* inclusivo.
**incognito** (in kog′ni tō′′) *adv* de incógnito.
**incoherence** (in′′kō hēr′*e*ns) *n* incoherencia *f.*
**incoherent** (in′′kō hēr′*e*nt) *adj* incoherente, inconsecuente; **~ly** *adv* de modo incoherente.
**income** (in′kum) *n* renta *f*; beneficio *m*; ingresos *mpl.*
**income tax** *n* impuesto sobre la renta *m.*
**incoming** (in′kum′′ing) *adj* entrante.
**incommesurate** (in′′k*o* men′sh*ė*r it) *adj* insuficiente, inadecuado, inconmensurable.
**incomparable** (in kom′p*ė*r *a* bl) *adj* incomparable.
**incomparably** *adv* incomparablemente.
**incompatibility** *n* incompatibilidad *f.*
**incompatible** (in′′k*o*m pat′*a* bl) *adj* incompatible.
**incompetence** (in kom′pi tens) *n* incompetencia, ineptitud *f.*
**incompetent** (in kom′pi tent) *adj* incompetente; **~ly** *adv* de manera incompetente.
**incomplete** (in′′k*o*m plēt′) *adj* incompleto.
**incomprehensibility** *n* incomprensibilidad *f.*
**incomprehensible** (in′′kom pri hen′s*i* bl) *adj* incomprensible.
**inconceivable** (in′′k*o*n sē′v*a* bl) *adj* inconcebible.
**inconclusive** (in′′k*o*n klö′siv) *adj* no concluyente; • *adv* sin conclusión.
**incongruity** (in′′kong grö′i tē) *n* incongruencia *f.*
**incongruous** (in kong′grö us) *adj* inapropiado; fuera de lugar; **~ly** *adv* de manera incongruente o inapropiada.
**inconsequential** (in′′kon s*e* kwen′sh*a*l) *adj* intrascendente, sin importancia.
**inconsiderate** (in′′k*o*n sid′*ė*r it) *adj* desconsiderado; **~ly** *adv* desconsideradamente.
**inconsistency** (in′′k*o*n sis t*e*n sē) *n* incoherencia, contradicción, imperfección, anomalía *f.*
**inconsistent** (in′′k*o*n sis t*e*nt) *adj* incoherente, contradictorio.
**inconsolable** (in′′k*o*n sō′l*a* bl) *adj* inconsolable.
**inconspicuous** (in′′k*o*n spik′ū us) *adj* discreto, que no llama la atención.
**incontinence** *n* incontinencia *f.*
**incontinent** (in kon′t*i* nent) *adj* incontinente.
**incontrovertible** (in′′kon tr*o* v*ė*r′t*a* bl) *adj* incontrovertible.
**inconvenience** (in′′k*o*n vēn′y*e*ns) *n* incomodidad *f*; • *vt* incomodar.
**inconvenient** (in′′k*o*n vēn′y*e*nt) *adj* incómodo; **~ly** *adv* incómodamente.
**incorporate** (in kär′p*o* rāt′′) *vt, vi* incorporar(se).
**incorporated company** *n* sociedad anónima *f.*
**incorporation** (in kär′′p*o* rā′sh*a*n) *n* incorporación *f.*
**incorrect** (in′′k*o* rekt′) *adj* incorrecto; **~ly** *adv* de modo incorrecto.
**incorrigible** (in kär′i j*i* bl, in kor′i j*i* bl) *adj* incorregible.
**incorruptibility** (in′′k*o* rup′t*i* bil′i tē) *n* incorruptibilidad *f.*

**incorruptible** (in′′k*o* rup′t*i* bl) *adj* incorruptible.
**increase** (in krēs′) *vt* acrecentar, aumentar; • *vi* crecer; • *n* aumento *m.*
**increasing** (in krēs′ing) *adj* creciente; *adv* ~**ly** cada vez más.
**incredible** (in kred′*i* bl) *adj* increíble.
**incredulity** (in′′kri dö′li tē, in′′kri dū′li tē) *n* incredulidad *f.*
**incredulous** (in krej′*u* lus) *adj* incrédulo.
**increment** (in′kr*e* m*e*nt, ing′kr*e* m*e*nt) *n* incremento *m.*
**incriminate** (in krim′*i* nāt′′) *vt* incriminar.
**incrust** (in krust′) *vt* incrustar.
**incubate** (in′kū bāt′′, ing′kū bāt′′) *vi* incubar.
**incubator** (in′kū bā′′tėr, ing kū bā′′tėr) *n* incubadora *f.*
**inculcate** (in kul′kāt, in′kul kāt′′) *vt* inculcar.
**incumbent** (in kum′b*e*nt) *adj* obligatorio; • *n* beneficiado *m.*
**incur** (in kür′) *vt* incurrir.
**incurable** (in kür′*a* bl) *adj* incurable.
**incursion** (in kür′zh*a*n, in kür′sh*a*n) *n* incursión, invasión *f.*
**indebted** (in det′id) *adj* agradecido; estar en deuda con.
**indecency** *n* indecencia *f.*
**indecent** (in dē′sent) *adj* indecente; ~**ly** *adv* indecentemente.
**indecipherable** (in′′di sī′fėr *a* bl) *adj* indescifrable.
**indecision** (in′′di sizh′*a*n) *n* irresolución *f.*
**indecisive** (in′′di sī′siv) *adj* indeciso.
**indecorous** (in dek′ėr us, in′′di kōr′us) *adj* indecoroso, indecente.
**indeed** (in dēd′) *adv* verdaderamente, de veras, en efecto.
**indefatigable** (in′′di fat′*i* g*a* bl) *adj* incansable.
**indefinite** (in def′*i* n it) *adj* indefinido; ~**ly** *adv* indefinidamente.
**indelible** (in del′*i* bl) *adj* indeleble.
**indelicacy** *n* falta de delicadeza, grosería *f.*
**indelicate** (in del′*i* kit) *adj* poco delicado.
**indemnify** (in dem′n*i* fī′′) *vt* indemnizar.
**indemnity** (in dem′ni tē) *n* indemnidad; indemnización *f.*
**indent** (in dent′) *vt* mellar, dejar marcas en; redactar por duplicado; dejar sangría (en un escrito).
**independence** (in′′di pen′d*e*ns) *n* independencia *f.*
**independent** (in′′di pen′d*e*nt) *adj* independiente; ~**ly** *adv* independientemente.
**indescribable** (in′′di skrī′b*a* bl) *adj* indescriptible.
**indestructible** (in′′di struk′t*i* bl) *adj* indestructible.
**indeterminate** (in′′di tėr′m*i* nit) *adj* indeterminado.
**index** (in′deks) *n* índice *m.*
**index card** *n* ficha *f.*
**indexed** *adj* ser parte de un índice.
**index finger** *n* dedo índice *m.*
**indicate** (in′d*i* kāt′′) *vt* indicar.
**indication** (in′′d*i* kā′sh*a*n) *n* indicación *f*; indicio *m.*
**indicative** (in dik′*a* tiv) *adj, n* (*gr*) indicativo *m.*
**indicator** (in′d*i* kā′′tėr) *n* indicador *m.*
**indict** (in dīt′) *vt* acusar.
**indictment** (in dīt′m*e*nt) *n* acusación *f.*

**indifference** (in dif'ėr *e*ns) *n* indiferencia *f.*
**indifferent** (in dif'ėr *e*nt) *adj* indiferente; ~**ly** *adv* indiferentemente.
**indigenous** (in dij'*e* nus) *adj* indígena, autóctono.
**indigent** (in'di jent) *adj* indigente.
**indigestible** (in''di jes'ti bl, in''dī jes'ti bl) *adj* no digerible; indigesto, difícil de digerir.
**indigestion** (in''di jes'ch*a*n, in''dī jes'ch*a*n) *n* indigestión *f.*
**indignant** (in dig'n*a*nt) *adj* indignado, airado.
**indignation** (in''dig nā'sh*a*n) *n* indignación *f.*
**indignity** (in dig'ni tē) *n* indignidad *f.*
**indigo** (in'd*i* gō'') *n* añil *m.*
**indirect** (in''d*i* rekt', in''dī rekt') *adj* indirecto; ~**ly** *adv* indirectamente.
**indiscreet** (in''di skrēt') *adj* indiscreto; ~**ly** *adv* indiscretamente.
**indiscretion** (in''di skresh'*a*n) *n* indiscreción *f.*
**indiscriminate** (in''di skrim'*i* nit) *adj* indistinto; hecho sin criterio; ~**ly** *adv* sin distinción.
**indispensable** (in''di spen's*a* bl) *adj* indispensable.
**indisposed** (in''di spōz'id) *adj* indispuesto.
**indisposition** (in''dis p*o* zish'*a*n) *n* indisposición *f.*
**indisputable** (in''di spū't*a* bl) *adj* indiscutible.
**indisputably** *adv* indisputablemente.
**indistinct** (in''di stingkt') *adj* indistinto, confuso; ~**ly** *adv* vagamente, con poca claridad.
**indistinguishable** (in''di sting'gwi sh*a* bl) *adj* indistinguible.
**individual** (in''d*i* vij'ö *a*l) *adj* individual; ~**ly** *adv* individualmente; • *n* individuo *m.*
**individuality** (in''d*i* vij''ö al'i tē) *n* individualidad *f.*
**indivisible** (in''d*i* viz'*i* bl) *adv* indivisible; ~**bly** *adv* indivisiblemente.
**indoctrinate** (in dok'tr*i* nāt'') *vt* adoctrinar.
**indoctrination** *n* adoctrinamiento *m.*
**indolence** (in'd*o* lens) *n* indolencia, pereza *f.*
**indolent** (in d*o* lent) *adj* indolente; ~**ly** *adv* con negligencia.
**indomitable** (in dom'i t*a* bl) *adj* indómito, indomable.
**indoors** (in dōrz, in därz) *adv* dentro de un edificio, interior, bajo techo.
**indubitably** (in dö'bi t*a* bl, in dū'bi t*a* bl) *adv* indudablemente.
**induce** (in dös', in dūs') *vt* inducir, persuadir; causar.
**inducement** *n* aliciente, incentivo *m.*
**induction** (in duk'sh*a*n) *n* iniciación, inducción *f.*
**indulge** (in dulj') *vt* consentir, mimar; *vi* conceder; ser indulgente; permitirse algo.
**indulgence** (in dul'j*e*ns) *n* indulgencia *f.*
**indulgent** *adj* indulgente; ~**ly** *adv* de modo indulgente.
**industrial** (in dus'trē *a*l) *adj* industrial.
**industrialist** *n* industrial *m.*
**industrialize** (in dus'trē *a* līz'') *vt* industrializar.
**industrial park** *n* polígono industrial *m*; zona industrial *f.*
**industrious** (in dus'trē us) *adj* trabajador, diligente.

**industry** (in´d*u* strē) *n* industria *f.*
**inebriated** (in ē´brē at´´, in ē´brē āt´´) *vt* embriagado.
**inebriation** *n* embriaguez *f.*
**inedible** (in ed´*i* bl) *adj* no comestible.
**ineffable** (in ef´*a* bl) *adj* inefable.
**ineffective, ineffectual** (in´´i fek´tiv; in´´i fek´chö *a*l) *adj* ineficaz; **~ly** *adv* sin efecto.
**inefficiency** *n* ineficacia *f.*
**inefficient** (in´´i fish´*e*nt) *adj* ineficaz.
**ineligible** (in el´i j*i* bl) *adj* inelegible.
**inept** (in ept, i nept´) *adj* inepto, incompetente.
**ineptitude** (in ep´ti töd´´, in ep´ti tūd´´) *n* incompetencia *f.*
**inequality** (in´´i kwol´i tē) *n* desigualdad *f.*
**inequity** (in ek´wi tē) *n* injusticia *m.*
**inert** (in *ür*t´, i n*ür*t´) *adj* inerte, perezoso.
**inertia** (in *ür*´sh*a*, i n*ür*´sh*a*) *n* inercia *f.*
**inescapable** (in´´*e* skā´p*a* bl) *adj* ineludible.
**inestimable** (in es´t*i* m*a* bl) *adj* inestimable, inapreciable.
**inevitable** (in ev´i t*a* bl) *adj* inevitable.
**inevitably** *adv* inevitablemente.
**inexcusable** (in´´ik skū´z*a* bl) *adj* inexcusable.
**inexhaustible** (in´´ig z*ä*s´t*i* bl) *adj* inagotable.
**inexorable** (in ek´sėr *a* bl) *adj* inexorable.
**inexpensive** (in´´ik spen´siv) *adj* económico.
**inexperience** (in´´ik spēr´ē *e*ns) *n* inexperiencia, falta de experiencia *f.*
**inexperienced** *adj* inexperto.
**inexpert** (in eks´pėrt) *adj* inexperto.
**inexplicable** (in eks´pl*i* k*a* bl) *adj* inexplicable.
**inexpressible** (in´´ik spres´*i* bl) *adj* inexpresable, indescriptible.
**inextricable** (in eks´tr*i* k*a* bl) *adj* intrincado, irresoluble.
**infallibility** *n* infalibilidad *f.*
**infallible** (in fal´*i* bl) *adj* infalible.
**infamous** (in´f*a* mus) *adj* vil, infame; **~ly** *adv* infamemente.
**infamy** (in´f*a* mē) *n* infamia *f.*
**infancy** (in´f*a*n sē) *n* infancia *f.*
**infant** (in´f*a*nt) *n* niño *m.*
**infanticide** (in fan´ti sīd´´) *n* infanticidio *m*; infanticida *m/f.*
**infantile** (in´f*a*n tīl´´, in´f*a*n tīl) *adj* infantil.
**infantry** (in´f*a*n trē) *n* infantería *f.*
**infatuated** (in fach´ū āt´´id) *adj* loco **to be ~ with** estar encaprichado con.
**infatuation** (in fach´´ū ā´sh*a*n) *n* infatuación *f*; encaprichamiento pasajero.
**infect** (in fekt´) *vt* infectar.
**infection** (in fek´sh*a*n) *n* infección *f.*
**infectious** (in fek´shus) *adj* contagioso; infeccioso.
**infer** (in f*ür*´) *vt* inferir.
**inference** (in´fėr *e*ns, in´fr*e*ns) *n* inferencia *f.*
**inferior** (in fēr´ē ėr) *adj* inferior; • *n* subordinado *m.*
**inferiority** (in fēr´´ē *ä*r´i tē) *n* inferioridad *f.*
**infernal** (in f*ür*´n*a*l) *adj* infernal.
**inferno** (in f*ür*´nō) *n* infierno *m.*
**infest** (in fest´) *vt* infestar.
**infidel** (in´fi d*e*l) *n* infiel, pagano *m.*
**infidelity** (in´´fi del´i tē) *n* infidelidad *f.*

**infiltrate** (in fil´trāt, in´fil trāt´´) *vi* infiltrarse.
**infinite** (in´fi nit) *adj* infinito; **~ly** *adv* infinitamente.
**infinitive** (in fin´i tiv) *n* infinitivo *m.*
**infinity** (in fin´i tē) *n* infinito *m*; infinidad *f.*
**infirm** (in fürm´) *adj* enfermo, débil.
**infirmary** (in für´ma rē) *n* enfermería *f.*
**infirmity** (in für´mi tē) *n* fragilidad, enfermedad *f.*
**inflame** (in flām´) *vt, vi* inflamar(se).
**inflammation** (in´´fla mā´shan) *n* inflamación *f.*
**inflammatory** (in flam´a tōr´´ē) *adj* inflamatorio.
**inflatable** (in flā´ta bl) *adj* inflable.
**inflate** (in flāt´) *vt* inflar, hinchar.
**inflation** (in flā´shan) *n* inflación *f.*
**inflection** (in flek´shan) *n* inflexión *f*; modulación de la voz *f.*
**inflexibility** *n* inflexibilidad *f.*
**inflexible** (in flek´si bl) *adj* inflexible.
**inflexibly** *adv* inflexiblemente.
**inflict** (in flikt´) *vt* imponer.
**influence** (in´flö ens) *n* influencia *f*; • *vt* influir.
**influential** (in´´flō en´shal) *adj* influyente.
**influenza** (in´´flö en´za) *n* gripe *f.*
**influx** (in´fluks´´) *n* afluencia; entrada; llegada *f.*
**inform** (in färm´) *vt* informar.
**informal** (in fär´mal) *adj* informal.
**informality** (in´´fär mal´i tē) *n* informalidad *f.*
**informant** (in fär´mant) *n* informante *m.*
**information** (in´´fėr mā´shan) *n* información *f.*
**infraction** (in frak´shan) *n* infracción *f.*
**infra-red** (in´´fra red´) *adj* infrarrojo.
**infrastructure** (in´fra struk´´chėr) *n* infraestructura *f.*
**infrequent** (in frē´kwent) *adj* raro; **~ly** *adv* raramente.
**infringe** (in frinj´) *vt* contravenir a; no cumplir; violar.
**infringement** (in frinj´ment) *n* infracción *f*; incumplimiento *m.*
**infuriate** (in fūr´ē āt´´) *vt* enfurecer.
**infuse** (in fūz´) *vt* infundir.
**infusion** (in fū´zhon) *n* infusión *f.*
**ingenious** (in jēn´yus) *adj* ingenioso; **~ly** *adv* ingeniosamente.
**ingenuity** (in´´je nö´i tē, in´´je nū´i tē) *n* ingeniosidad, inventiva *f*; ingenio *m.*
**ingenuous** (in jen´ū us) *adj* ingenuo, sincero; **~ly** *adv* ingenuamente.
**inglorious** (in glōr´ē us) *adj* ignominioso, vergonzoso; **~ly** *adv* ignominiosamente.
**ingot** (ing´got) *n* lingote *m*, barra de metal *f.*
**ingrained** (in grānd´, in´grānd) *adj* inveterado, arraigado.
**ingratiate** (in grā´shē āt´´) *vi* congraciarse.
**ingratitude** (in grat´i töd, in grat´i tūd´´) *n* ingratitud *f.*
**ingredient** (in grē´dē ent) *n* ingrediente *m.*
**inhabit** (in hab´it) *vt, vi* habitar.
**inhabitable** *adj* inhabitable.
**inhabitant** (in hab´i tant) *n* habitante *m.*
**inhale** (in hāl´) *vt* inhalar.
**inherent** (in hēr´ent, in her´ent) *adj* inherente.
**inherit** (in her´it) *vt* heredar.

**inheritance** (in her′i t*a*ns) *n* herencia *f.*
**inheritor** *n* heredero *m.*
**inhibit** (in hib′it) *vt* inhibir.
**inhibited** *adj* inhibido, cohibido.
**inhibition** (in′′i bish′*a*n, in′′hi bish′*a*n) *n* inhibición *f.*
**inhospitable** (in hos′pi t*a* bl) *adj* inhospitalario.
**inhospitality** (in′′hos pi tal′i tē, in hos′′pi tal′i tē) *n* inhospitalidad *f.*
**inhuman** (in hū′m*a*n, in ū′m*a*n) *adj* inhumano, cruel; **~ly** *adv* inhumanamente.
**inhumanity** (in′′hū man′i tē, in′′ū man′i tē) *n* inhumanidad, crueldad *f.*
**inimical** (i nim′i k*a*l) *adj* adverso, desfavorable.
**inimitable** (i nim′i t*a* bl) *adj* inimitable.
**iniquitous** *adj* inicuo, injusto.
**iniquity** (i nik′wi tē) *n* iniquidad, injusticia *f.*
**initial** (i nish′*a*l) *adj* inicial; • *n* inicial *f.*
**initially** *adv* al principio.
**initiate** (i nish′ē āt′′) *vt* iniciar, dar comienzo.
**initiation** (i nish′′ē ā′sh*a*n) *n* principio *m*; iniciación *f.*
**initiative** (i nish′ē *a* tiv, i nish′*i* tiv) *n* iniciativa *f.*
**inject** (in jekt′) *vt* inyectar.
**injection** (in jek′sh*a*n) *n* inyección *f.*
**injudicious** (in′′jö dish′us) *adj* poco juicioso, imprudente.
**injunction** (in jungk′sh*a*n) *n* entredicho *m.*
**injure** (in′jėr) *vt* herir, lastimar.
**injury** (in′j*ü* rē) *n* daño *m.*
**injustice** (in jus′tis) *n* injusticia *f.*
**ink** (ingk) *n* tinta *f.*
**inkling** (ingk′ling) *n* sospecha *f*; presentimiento *m.*
**inkstand** (ingk′stand′′) *n* tintero *m.*
**inlaid** (in′lād) *adj* taraceado; con incrustaciones.
**inland** (in′l*a*nd) *adj* interior; • *adv* tierra adentro.
**in-law** (in′l*ä*) *n* familia política *m.*
**inlay** (in′lā, in′′lā′) *vt* taracear, incrustar.
**inlet** (in′let, in′lit) *n* entrada, ensenada *f.*
**inmate** (in′māt′′) *n* preso *m.*
**inmost** (in′mōst′′) *adj* más íntimo.
**inn** (in) *n* posada *f*; mesón *m.*
**innate** (i nāt′, in′āt) *adj* innato.
**inner** (in′ėr) *adj* interior.
**inner-city** *adj* de las zonas urbanas deprimidas.
**innermost** (in′ėr mōst′′) *adj* más íntimo, más recóndito.
**inner tube** *n* cámara *f.*
**innkeeper** (in′kē′′pėr) *n* posadero, mesonero *m.*
**innocence** (in′*o* sens) *n* inocencia *f.*
**innocent** (in′*o* sent) *adj* inocente; **~ly** *adv* inocentemente.
**innocuous** (i nok′ū us) *adj* inocuo; **~ly** *adv* inocentemente.
**innovate** (in′*o* vāt′′) *vt* innovar.
**innovation** (in′′*o* vā′sh*a*n) *n* innovación *f.*
**innuendo** (in′′ū en′dō) *n* indirecta, insinuación *f.*
**innumerable** (i nö′mėr *a* bl, i nū′mėr *a* bl) *adj* innumerable.
**inoculate** (i nok′ū lāt′′) *vt* inocular.
**inoculation** (i nok′′ū lā′sh*a*n) *n* inoculación *f.*
**inoffensive** (in′′*o* fen′siv) *adj* inofensivo.

**inopportune** (in op´´ėr tön´, in op´´ ėr tūn´) *adj* inconveniente, inoportuno.
**inordinately** (in *ä*r´d*i* nit lē) *adv* desmesuradamente.
**inorganic** (in´´*ä*r gan´ik) *adj* inorgánico.
**inpatient** (in´pā´´sh*e*nt) *n* paciente hospitalizado *m.*
**input** (in´p*ü*t´´) *n* entrada, aportación *f.*
**inquest** (in´kwest) *n* investigación judicial *f.*
**inquire** (in kwīėr) *vt, vi* preguntar; **to ~ about** informarse de; **to ~ after** *vt* preguntar por; **to ~ into** (in) *vt* investigar, indagar, inquirir.
**inquiry** (in kwīėr´ē, in´kw*i* rē) *n* pesquisa, averiguación, indagación *f.*
**inquisition** (in´´kwi zish´*a*n) *n* inquisición *f.*
**inquisitive** (in kwiz´i tiv) *adj* curioso.
**inroad** (in´rōd) *n* incursión, invasión *f.*
**insane** (in sān´) *adj* loco, demente.
**insanity** (in san´i tē) *n* locura *f.*
**insatiable** (in sā´sh*a* bl, in sā´shē bl) *adj* insaciable.
**inscribe** (in skrīb´) *vt* inscribir, grabar; dedicar.
**inscription** (in skrip´sh*a*n) *n* inscripción *f*; dedicatoria *f.*
**inscrutable** (in skrö´t*a* bl) *adj* inescrutable.
**insect** (in´sekt) *n* insecto *m.*
**insecticide** (in sek´ti sīd´´) *n* insecticida *m.*
**insecure** (in´´si kūr´) *adj* inseguro.
**insecurity** (in´´si kūr´i tē) *n* inseguridad *f.*
**insemination** (in sem´´*i* nā´sh*a*n) *n* inseminación *f.*
**insensible** (in sen´s*i* bl) *adj* insensible, inconsciente.
**insensitive** (in sen´si tiv) *adj* insensible.
**inseparable** (in sep´ėr *a* bl) *adj* inseparable.
**insert** (in s*ü*rt´) *vt* introducir, añadir.
**insertion** (in sur´sh*a*n) *n* inserción *f.*
**inshore** (in´shōr´, in´sh*ä*r´) *adj* costero.
**inside** (in´sīd´) *n* interior *m*; • *adv* dentro.
**inside out** *adv* al revés; a fondo.
**insidious** (in sid´ē us) *adj* insidioso; **~ly** insidiosamente.
**insight** (in´sīt´´) *n* perspicacia *f*, comprensión *m.*
**insignia** (in sig´nē) *npl* insignias *fpl.*
**insignificant** (in´´sig nif´*i* k*a*nt) *adj* insignificante, frívolo.
**insincere** (in´´sin sēr´) *adj* poco sincero, falso.
**insincerity** (in´´sin ser´i tē) *n* falta de sinceridad *f.*
**insinuate** (in sin´ū āt´´) *vt* insinuar.
**insinuation** (in sin´´ū ā´sh*a*n) *n* insinuación *f.*
**insipid** (in sip´id) *adj* insípido; insulso.
**insist** (in sist´) *vi* insistir.
**insistence** (in sis´t*e*ns) *n* insistencia *f.*
**insistent** (in sis´t*e*nt) *adj* insistente.
**insofar as** (in´´s*o* fär´as, in´´sō fär´ as) *conj* en la medida en que
**insole** (in´sōl) *n* plantilla *f.*
**insolence** *n* insolencia *f.*
**insolent** (in´s*o* l*e*nt) *adj* insolente; **~ly** *adv* insolentemente.
**insoluble** (in sol´ū bl) *adj* insoluble.

**insolvency** *n* insolvencia *f.*
**insolvent** (in sol´vent) *adj* insolvente.
**insomnia** (in som´nē *a*) *n* insomnio *m.*
**inspect** (in spekt´) *vt* examinar, inspeccionar.
**inspection** (in spek´sh*a*n) *n* inspección *f.*
**inspector** (in spek´tėr) *n* inspector, superintendente *m.*
**inspiration** (in´´sp*i* rā´sh*a*n) *n* inspiración *f.*
**inspire** (in spīėr´) *vt* inspirar.
**instability** (in´´st*a* bil´i tē) *n* inestabilidad *f.*
**install** (in stäl´) *vt* instalar.
**installation** (in´´st*a* lā´sh*a*n) *n* instalación *f.*
**installment** (in´´stäl´m*e*nt) *n* cuota *f*; plazo *m.*
**installment plan** *n* compra a plazos *f.*
**instance** (in´st*a*ns) *n* ejemplo, caso *m*; **for** ~ por ejemplo.
**instant** (in´st*a*nt) *adj* immediato; **~ly** *adv* en seguida; • *n* instante, momento *m.*
**instantaneous** (in´´st*a*n tā´nē us) *adj* instantáneo; **~ly** *adv* instantáneamente.
**instead (of)** (in sted´) *pr* por, en lugar de, en vez de.
**instep** (in´step´´) *n* empeine *m.*
**instigate** (in´st*i* gāt´´) *vt* instigar.
**instigation** (in´´st*i* gā´sh*a*n) *n* instigación *f.*
**instill** (in stil´) *vt* inculcar.
**instinct** (in´stingkt) *n* instinto *m.*
**instinctive** (in stingk´tiv) *adj* instintivo; **~ly** *adv* por instinto.
**institute** (in´sti töt, in´sti tūt´´) *vt* instituir, establecer, iniciar; • *n* instituto *m.*
**institution** (in´´sti tö´sh*a*n, in´´sti tū´sh*a*n) *n* institución *f.*
**instruct** (in strukt´) *vt* instruir, enseñar.
**instruction** (in struk´sh*a*n) *n* instrucción *f.*
**instructive** (in struk´tiv) *adj* instructivo.
**instructor** (in struk´tėr) *n* instructor *m.*
**instrument** (in´str*u* m*e*nt) *n* instrumento *m.*
**instrumental** *adj* instrumental.
**insubordinate** (in´´s*u* bär´d*i* nit) *adj* insubordinado.
**insubordination** *n* insubordinación *f.*
**insufferable** (in suf´ėr *a* bl) *adj* insoportable, intolerable.
**insufferably** *adv* de modo insoportable.
**insufficiency** (in´´s*u* fish´*e*n sē) *n* insuficiencia *f.*
**insufficient** (in´´s*u* fish´*e*nt) *adj* insuficiente; **~ly** *adv* insuficientemente.
**insular** (in´s*u* lėr, ins´ū lėr) *adj* insular, cerrado.
**insulate** (in´s*u* lāt´´, ins´y*a* lāt´´) *vt* aislar.
**insulating tape** *n* cinta aislante *f.*
**insulation** (in´s*u* lā´´sh*a*n, ins´y*a* lā´´sh*a*n) *n* aislamiento *m*; material aislante *m.*
**insulin** (in´s*u* lin, ins´y*u* lin) *n* insulina *f.*
**insult** (in´sult) *vt* insultar; • *n* insulto *m.*
**insulting** *adj* insultante, ofensivo, insolente.
**insuperable** (in sö´pėr *a* bl) *adj* insuperable.
**insurance** (in shür´*a*ns) *n* (*com*) seguro *m.*

**insurance policy** *n* póliza de seguros *f.*
**insure** (in'shür') *vt* asegurar.
**insurgent** (in sür'jent) *n* insurgente, rebelde *m.*
**insurmountable** (in''sėr moun'ta bl) *adj* insuperable.
**insurrection** (in''su rek'shan) *n* insurrección *f.*
**intact** (in takt') *adj* intacto.
**intake** (in'tāk'') *n* admisión *f*; entrada *f.*
**intangible** (in tan'ji bl) *adj* intangible
**integral** (in'te gral) *adj* íntegro; (*quím*) integrante; • *n* todo *m.*
**integrate** (in'te grāt'') *vt* integrar.
**integration** (in''te grā'shan) *n* integración *f.*
**integrity** (in teg'ri tē) *n* integridad *f.*
**intellect** (in'te lekt'') *n* intelecto *m.*
**intellectual** (in''te lek'chö al) *adj* intelectual.
**intelligence** (in tel'i jens) *n* inteligencia *f.*
**intelligent** (in tel'i jent) *adj* inteligente.
**intelligentsia** (in tel''i jent'sē a) *n* intelectualidad *f.*
**intelligible** (in tel'i ji bl) *adj* inteligible.
**intelligibly** *adv* inteligiblemente.
**intemperate** (in tem'pėr ans) *adj* inmoderado, desaforado; ~**ly** *adv* inmoderadamente.
**intend** (in tend') *vi* tener intención.
**intendant** (in ten'dans) *n* intendente *m.*
**intended** (in ten'did) *adj* deseado; intencionado, deliberado.
**intense** (in tens') *adj* intenso; ~**ly** *adv* intensamente.
**intensify** (in ten'si fī'') *vt* intensificar.
**intensity** (in ten'si tē) *n* intensidad *f.*
**intensive** (in ten'siv) *adj* intensivo.
**intensive care unit** *n* unidad de terapia intensiva *f.*
**intent** (in tent') *adj* atento, resuelto, cuidadoso; ~**ly** *adv* con aplicación; • *n* intención *f*, designio *m.*
**intention** (in ten'shan) *n* intención *f*; designio, propósito *m.*
**intentional** (in ten'sha nal) *adj* intencional; ~**ly** *adv* a propósito.
**inter** (in tür') *vt* enterrar.
**interaction** (in''tėr ak'shan) *n* interacción *f.*
**intercede** (in''tėr sēd') *vi* interceder.
**intercept** (in''tėr sept') *vt* interceptar.
**intercession** (in''tėr sesh'an) *n* intercesión, mediación *f.*
**interchange** (in''tėr chānj') *n* intercambio *m.*
**intercom** (in'tėr kom'') *n* interfono, intercomunicador *m.*
**intercourse** (in'tėr kōrs'', in'tėr kärs'') *n* relaciones sexuales *fpl.*
**interdict** (in''tėr dikt') *n* entredicho *m.*
**interest** (in'tėr ist, in'trist) *vt* interesar; • *n* interés *m.*
**interesting** (in'tėr i sting, in'tri sting) *adj* interesante.
**interest rate** *n* tipo de interés *m.*
**interfere** (in''tėr fēr') *vi* entrometerse.
**interference** (in''tėr fēr'ens) *n* interferencia *f.*
**interim** (in'tėr im) *adj* provisional, interino.
**interior** (in tēr'ē ėr) *adj* interior.

**interior designer** *n* interiorista *m.*
**interjection** (in´´tėr jek´sh*a*n) *n* (*gr*) interjección *f.*
**interlace** (in´´tėr lās´) *vi* entrelazarse.
**interlink** (in´´tėr lingkt´) *vt* interrelacionar, entrelazar.
**interlock** (in´´tėr lok´) *vi* entrelazarse, trabarse, engranar.
**interlocutor** (in´´tėr lok´ū tėr) *n* interlocutor *m.*
**interloper** (in´tėr lō´´pėr) *n* intruso *m.*
**interlude** (in´tėr löd´´) *n* intermedio, intervalo *m.*
**intermarriage** (in´tėr mar´ē ij) *n* matrimonio mixto *m.*
**intermediary** (in´´tėr mē´dē er´´ē) *n* intermediario *m.*
**intermediate** (in´´tėr mē´dē it) *adj* intermedio.
**interment** (in tėr´m*e*nt) *n* entierro *m*; sepultura *f.*
**interminable** (in tūr´m*i* n*a* bl) *adj* interminable.
**intermingle** (in´´tėr ming´gl) *vt, vi* entremezclar; mezclarse.
**intermission** (in´´tėr mish´*a*n) *n* descanso, intermedio, intervalo *m*, interrupción *f.*
**intermittent** (in´´tėr mi t*e*nt´) *adj* intermitente.
**intern** (in tūrn´) *n* interno *m.*
**internal** (in tūr´n*a*l) *adj* interno; **~ly** *adv* internamente.
**international** (in´´tėr nash´*a* n*a*l) *adj* internacional.
**internship** (in tūrn´ship´´) *n* internado *m.*
**interplay** (in´tėr plā´´) *n* interacción *f.*
**interpose** (in´´tėr pōz´) *vt* interponer, interrumpir.
**interpret** (in tūr´prit) *vt* interpretar.
**interpretation** (in tūr´´pri tā´sh*a*n) *n* interpretación *f.*
**interpreter** *n* intérprete *m.*
**interregnum** (in´´tėr reg´n*u*m) *n* interregno *m.*
**interrelated** (in´´tėr ri lāt´id) *adj* interrelacionado.
**interrogate** (in ter´*o* gāt´´) *vt* interrogar.
**interrogation** (in ter´´*o* gā´sh*a*n) *n* interrogatorio *m.*
**interrogative** (in´´te rog´*a* tiv) *adj* interrogativo.
**interrupt** (in´´t*e* rupt´) *vt* interrumpir.
**interruption** (in´´t*e* rup´sh*a*n) *n* interrupción *f.*
**intersect** (in´´tėr sekt´) *vi* cruzarse.
**intersection** (in´´tėr sek´sh*a*n) *n* intersección *f*, cruce *m.*
**intersperse** (in´´tėr spūrs´) *vt* intercalar.
**intertwine** (in´´tėr twīn´) *vt* entretejer.
**interval** (in´tėr v*a*l) *n* intervalo *m.*
**intervene** (in´´tėr vēn´) *vi* intervenir, interceder; ocurrir, transcurrir.
**intervention** (in´´tėr ven´sh*a*n) *n* intervención *f.*
**interview** (in´tėr vū´) *n* entrevista *f*; • *vt* entrevistar.
**interviewer** *n* entrevistador *m.*
**interweave** (in´´tėr wēv´) *vt* entretejer.
**intestate** (in tes´tāt, in tes´tit) *adj* intestado.
**intestinal** (in tes´t*i* n*a*l) *adj* intestinal.
**intestine** (in tes´tin) *n* intestino *m.*
**intimacy** (in´t*i* mā´´sē) *n* intimidad *f.*
**intimate** (in´t*i* māt´´) *n* amigo íntimo *m*; • *adj* íntimo; **~ly** *adv*

íntimamente; • *vt* insinuar, dar a entender.
**intimidate** (in tim′i dāt′′) *vt* intimidar.
**into** (in′tö, in′tü, in′t*o*) *prep* en, dentro, adentro.
**intolerable** (in tol′ėr *a* bl) *adj* intolerable.
**intolerably** *adv* intolerablemente.
**intolerance** *n* intolerancia *f.*
**intolerant** (in tol′ėr *a*nt) *adj* intolerante.
**intonation** (in′tō nā′′sh*a*n) *n* entonación *f.*
**intoxicate** (in tok′s*i* kāt′′) *vt* embriagar.
**intoxicating** (in tok′s*i* kā′′ting) *adj* embriagante.
**intoxication** (in tok′s*i* kā′sh*a*n) *n* embriaguez *f.*
**intractable** (in trak′t*a* bl) *adj* intratable.
**intransitive** (in tran′si tiv) *adj* (*gr*) intransitivo.
**intravenous** (in′′tr*a* vē′nus) *adj* intravenoso.
**in-tray** *n* bandeja de entrada *f.*
**intrepid** (in trep′id) *adj* intrépido; ~**ly** *adv* intrépidamente.
**intrepidity** *n* intrepidez *f.*
**intricacy** (in′tr*i* k*a* sē) *n* complejidad *f.*
**intricate** (in′tr*i* kit) *adj* intricado, complicado; ~**ly** *adv* intricadamente.
**intrigue** (in trēg′) *n* intriga *f*; • *vi* intrigar.
**intriguing** *adj* intrigante, fascinante, enigmático.
**intrinsic** (in trin′sik, in trin′zik) *adj* intrínseco; ~**ally** *adv* intrínsecamente.
**introduce** (in′′tr*o* dös′, in′′tr*o* dūs′) *vt* introducir, presentar.
**introduction** (in′′tr*o* duk′sh*a*n) *n* introducción *f.*
**introductory** (in′′tr*o* duk′t*o* rē) *adj* introductorio, preliminar, de introducción, de iniciación.
**introspection** (in′′tr*o* spek′sh*a*n) *n* introspección *f.*
**introvert** (in′′tr*o* vürt′) *n* introvertido *m.*
**intrude** (in tröd′) *vi* entrometerse.
**intruder** *n* intruso *m.*
**intrusion** (in trö′zh*a*n) *n* intromisión, invasión *f.*
**intuition** (in′′tö ish′*a*n, in′′tū ish′*a*n) *n* intuición *f.*
**intuitive** (in tö′i tiv, in tū′i tiv) *adj* intuitivo.
**inundate** (in′*u*n dāt′′) *vt* inundar.
**inundation** (in′*u*n dā′′sh*a*n) *n* inundación *f.*
**inure** (in ūr′, i nür′) *vt* acostumbrar, habituar.
**invade** (in vād′) *vt* invadir.
**invader** *n* invasor *m.*
**invalid** (in′v*a* lid) *adj* invalido, nulo; • *n* minusválido *m.*
**invalidate** (in val′*i* dāt′′) *vt* invalidar, anular.
**invaluable** (in val′ū *a* bl) *adj* inapreciable.
**invariable** (in vâr′ē *a* bl) *adj* invariable.
**invariably** *adv* invariablemente.
**invasion** (in vā′zh*a*n) *n* invasión *f.*
**invective** (in vek′tiv) *n* invectiva *f*, improperio *m.*
**inveigh** (in vā′) *vt* arremeter contra algo.
**inveigle** (in vā′gl, in vē′gl) *vt* seducir, persuadir.
**invent** (in vent′) *vt* inventar.
**invention** (in ven′sh*a*n) *n* invento *m.*
**inventive** (in ven′tiv) *adj* inventivo.

**inventor** *n* inventor *m*.
**inventory** (in′ven tōr′′ē, in′ven tär′′ē) *n* inventario *m*.
**inverse** (in vürs′, in′vürs) *adj* inverso.
**inversion** (in vür′zh*a*n, in vür′sh*a*n) *n* inversión *f*.
**invert** (in vürt′) *vt* invertir.
**invertebrate** (in vür′t*e* brit, in vür′ t*e* brāt′′) *adj* invertebrado.
**invest** (in vest′) *vt* invertir, conferir, investir.
**investigate** (in ves′t*i* gāt′′) *vt* investigar.
**investigation** (in ves′′t*i* gā′sh*a*n) *n* investigación, pesquisa *f*.
**investigator** *n* investigador *m*.
**investment** (in vest′ment) *n* inversión *f*.
**inveterate** (in vet′ėr it) *adj* inveterado, empedernido.
**invidious** (in vid′ē us) *adj* ingrato, odioso, injusto.
**invigilate** (in vij′*i* lāt′′) *vt* vigilar.
**invigorating** (in vig′*o* rā′′ting) *adj* vigorizante.
**invincible** (in vin′s*i* bl) *adj* invencible.
**invincibly** *adv* invenciblemente.
**inviolable** (in vī′*o* l*a* bl) *adj* inviolable.
**invisible** (in viz′*i* bl) *adj* invisible.
**invisibly** *adv* invisiblemente.
**invitation** (in′′vi tā′sh*a*n) *n* invitación *f*.
**invite** (in vīt′) *vt* invitar.
**inviting** *adj* atractivo.
**invoice** (in′vois) *n* (*com*) factura *f*.
**invoke** (in vōk′) *vt* invocar.
**involuntarily** (in vol′*u*n ter′*i* lē, in vol′*u*n târ′*i* lē) *adv* involuntariamente.
**involuntary** (in vol′*u*n ter′ē) *adj* involuntario.
**involve** (in volv′) *vt* implicar, involucrar, envolverse.
**involved** (in volvd′) *adj* complicado.
**involvement** *n* compromiso *m*, participación *f*.
**invulnerable** (in vul′nėr *a* bl) *adj* invulnerable.
**inward** (in′wėrd) *adj* interior; interno; ~, ~**s** *adv* hacia dentro.
**iodine** (i′*o* dīn′′) *n* (*chem*) yodo *m*.
**I.O.U. (I owe you)** (ī′′ō ū′) *n* vale, pagaré *m*.
**irascible** (i ras′*i* bl, ī ras′*i* bl) *adj* irascible.
**irate, ireful** (ī′rāt, ī rāt′) *adj* enojado.
**iris** (ī′ris) *n* iris, lirio *m*.
**irksome** (ürk′s*o*m′′) *adj* fastidioso, irritante.
**iron** (ī′ėrn) *n* hierro *m*, plancha *f*; • *adj* férreo; • *vt* planchar.
**ironclad** (i′ėrn klad′) *adj* acorazado.
**ironic** (ī ron′ik) *adj* irónico; ~**ly** *adv* con ironía.
**ironing** (ī′ėr ning) *n* planchado *m*.
**ironing board** *n* tabla (burro) de planchar *f*.
**ironmonger** (ī′ėrn mung′′gėr) *n* ferretero.
**ironmongery** *n* ferretería *f*; artículos de ferretería *mpl*.
**iron ore** *n* mineral de hierro *m*.
**ironwork** (ī′ėrn würk) *n* herraje *m*; ~**s** *pl* herrería *f*.
**ironworks** (ī′ėrn würks) *n* fundición *m*.
**irony** (ī′r*o* nē, ī′ėr nē) *n* ironía *f*.
**irradiate** (i rā′dē āt′′) *vt* irradiar.
**irrational** (i rash′*a* n*a*l) *adj* irracional.
**irreconcilable** (i rek′*o*n sī′′l*a* bl, i rek′′*o*n sī′l*a* bl) *adj* irreconciliable.

**irrefutable** (i ref'ū t*a* bl, ir''i fū't*a* bl) *adj* irrefutable.
**irregular** (i reg'ū lėr) *adj* ~**ly** *adv* irregular(mente).
**irregularity** (i reg''ū lar'i te) *n* irregularidad *f.*
**irrelevant** (i rel'*e* v*a*nt) *adj* irrelevante, intrascendente; que no viene al caso; que no tiene importancia.
**irreligious** (ir''i lij'ē us) *adj* irreligioso.
**irreparable** (i rep'ėr *a* bl) *adj* irreparable.
**irreplaceable** (ir''i plā's*a* bl) *adj* irremplazable.
**irrepressible** (ir''i pres'*i* bl) *adj* incontenible.
**irreproachable** (ir''i prō'ch*a* bl) *adj* irreprochable, intachable.
**irresistible** (ir''i zis't*i* bl) *adj* irresistible.
**irresolute** (i rez'*o* löt'') *adj* irresoluto; ~**ly** *adv* irresolutamente.
**irresponsible** (ir''i spon's*i* bl) *adj* irresponsable.
**irretrievable** (ir''i trē'v*a* bl) *adj* irrecuperable.
**irretrievably** *adv* irrecuperablemente.
**irreverence** (i rev'ėr *e*ns) *n* irreverencia *f.*
**irreverent** (i rev'ėr *e*nt) *adj* irreverente; ~**ly** *adv* irreverentemente.
**irrigate** (ir'*i* gāt'') *vt* regar.
**irrigation** (ir''*i* gā'sh*a*n) *n* riego *m.*
**irritability** (ir''i t*a* bil'i tē) *n* irritabilidad *f.*
**irritable** (ir'i t*a* bl) *adj* irritable.
**irritant** (ir'i t*a*nt) *n* (*med*) irritante *m.*
**irritate** (ir'i tāt'') *vt* irritar.
**irritating** *adj* irritante, molesto, fastidioso.
**irritation** (ir''i tā'sh*a*n) *n* fastidio *m*; picazón *f.*
**Islam** (is'l*a*m, iz'l*a*m, is läm') *n* islam *m.*
**island** (ī'l*a*nd) *n* isla *f.*
**islander** (ī'l*a*n dėr) *n* isleño *m.*
**isle** (īl) *n* isla *f.*
**isolate** (ī's*o* lāt'', īs'*o* lāt'') *vt* aislar, separar, desligar.
**isolation** (ī''s*o* lā'sh*a*n, īs''*o* lā'sh*a*n) *n* aislamiento *m.*
**issue** (ish'ö) *n* asunto *m*; • *vt* expedir; publicar; repartir.
**isthmus** (is'm*u*s) *n* istmo *m.*
**it** (it) *pn* él, ella, ello, lo, la, le.
**italic** (i tal'ik, ī tal'ik) *n* cursiva *f.*
**itch** (ich) *n* picazón *f*; • *vi* picar.
**item** (ī't*e*m) *n* artículo, punto *m.*
**itemize** (ī't*e* mīz'') *vt* detallar, desglosar, enumerar.
**itinerant** (ī tin'ėr *a*nt) *n* itinerante, ambulante *m.*
**itinerary** (ī tin'*e* rer'ē, i tin'*e* rer'ē) *n* itinerario *m.*
**its** (its) *pn* su, suyo.
**itself** (it self') *pn* el mismo, la misma, lo mismo.
**ivory** (ī'v*o* rē, ī'vrē) *n* marfil *m.*
**ivy** (ī'vē) *n* hiedra *f.*

# J

**jab** (jab) *vt* clavar; • *n* pinchazo, golpe *m*.
**jabber** (jab'ėr) *vi* farfullar, parlotear.
**jack** (jak) *n* gato *m*; enchufe *m*; sota *f*.
**jackal** (jak'*a*l, jak'*ä*l) *n* chacal *m*.
**jackboots** (jak'böt'') *n* bota militar *f*.
**jackdaw** (jak'd*ä*) *n* grajo *m*.
**jacket** (jak'it) *n* chaqueta, funda *f*.
**jackhammer** (jak'ham''ėr) *n* martillo neumático *m*.
**jack-in-the-box** (jak'in TH*e* boks'') *n* caja de sorpresas *f*.
**jack-knife** (jak'nīf'') *vi* navaja.
**jack of all trades** (jak''*o*v *ä*l'trädz') *n* hombre orquesta.
**jack-o'-lantern** (jak'*o* lan''tėrn) *n* lámpara hecha con una calabaza ahuecada.
**jack plug** *n* enchufe de clavija *m*.
**jackpot** (jak'pot'') *n* premio gordo *m*.
**jade** (jād) *n* jade *m*.
**jagged** (jag'gid) *adj* dentado, irregular.
**jaguar** (jag'wär) *n* jaguar *m*.
**jail** (jāl) *n* cárcel *f*.
**jailbird** (jāl'bėrd'') *n* preso, delincuente habitual *m*.
**jailer** (jā'lėr) *n* carcelero *m*.
**jalopy** (j*a* lop'ē) *n* auto viejo *m*; carcacha *f*.
**jam** (jam) *n* conserva *f*; mermelada de frutas *f*.
**jam** (jam) *vt* meter, embutir, encasquetar.
**jangle** (jang'gl) *vi* sonar.
**janitor** (jan'i tėr) *n* portero *m*.
**January** (jan'ū er''ē) *n* enero *m*.
**jar** (jär) *vi* chocar; (*mus*) discordar; reñir; • *n* jarra *f*.
**jargon** (jär'g*o*n, jär'gon) *n* jerigonza *f*.
**jasmine** (jaz'min, jas'min) *n* jazmín *m*.
**jaundice** (j*ä*n'dis, jän'dis) *n* ictericia *f*.
**jaunt** (j*ä*nt, jänt) *n* excursión *f*.
**jaunty** (j*ä*n'tē, jän'tē) *adj* alegre, garboso, desenvuelto.
**javelin** (jav'lin, jav'*e* lin) *n* jabalina *f*.
**jaw** (j*ä*) *n* mandíbula *f*.
**jawbreaker** (j*ä*'brä''kėr) *n* trabalenguas
**jay** (jā) *n* arrendajo *m*.
**jaywalker** (jā'w*ä*k'ėr) *n* peatón imprudente.
**jazz** (jaz) *n* jazz *m*.
**jealous** (jel'us) *adj* celoso; envidioso.
**jealousy** (jel'*o* sē) *n* celos *mpl*; envidia *f*.
**jeans** (jēnz) *npl* pantalones vaqueros (de mezclilla) *mpl*.
**jeep** (jēp) *n* jeep *m*.
**jeer** (jēr) *vi* burlarse, mofarse; • *n* burla *f*.
**jelly** (jel'ē) *n* jalea, gelatina *f*.
**jelly-fish** (jel'ē fish'') *n* aguamar *m*; medusa *f*.
**jeopardize** (jep'ėr dīz'') *vt* arriesgar, poner en riesgo.
**jerk** (jürk) *n* sacudida *f*; • *vt* tirar de, arrebatar.
**jerky** (j*ü*r'kē) *adj* espasmódico, entrecortado.
**jersey** (j*ü*r'zē) *n* jersey, sweater *m*.

**jest** (jest) *n* broma *f.*
**jester** *n* bufón *m.*
**jestingly** *adv* de burlas.
**Jesuit** (jezh'ö it, jez'ū it) *n* jesuita *m.*
**Jesus** (jē'zus) *n* Jesús *m.*
**jet** (jet) *n* avión a reacción *m*; azabache *m.*
**jet engine** *n* motor a reacción *m.*
**jettison** (jet'i son, jet'i zon) *vt* echar por la borda; desechar.
**jetty** (jet'ē) *n* muelle, malecón *m.*
**Jew** (jö) *n* judío *m.*
**jewel** (jö'el) *n* joya *f.*
**jeweler** (jö'e lėr) *n* joyero *m.*
**jewelry** (jö'el rē) *n* joyería *f.*
**jewelry store** *n* joyería *f.*
**Jewess** (jö'is) *n* judía *f.*
**Jewish** (jö'ish) *adj* judío.
**jib** (jib) *n* (*mar*) foque *m.*
**jibe** (jīb) *n* mofa *f.*
**jig** (jig) *n* giga *f.*
**jigsaw puzzle** *n* rompecabezas *m.*
**jilt** (jilt) *vt* dejar plantado.
**jingle** (jing'gl) *n* tintineo *m.*
**jinx** (jingks) *n* mala suerte, gafe *m.*
**job** (job) *n* trabajo *m.*
**jockey** (jok'ē) *n* jinete *m.*
**jocular** (jok'ū lėr) *adj* jocoso, alegre.
**jog** (jog) *vi* correr, trotar • *vt* mover, empujar.
**jogging** (jog'ing) *vi* correr, trotar.
**joggle** (jog'l) *vt* sacudir.
**join** (join) *vt* juntar, unir; **to ~ in** participar en; • *vi* unirse, juntarse.
**joiner** (joi'nėr) *n* carpintero *m.*
**joinery** (joi'ne rē) *n* carpintería *f.*
**joint** (joint) *n* articulación *f*; • *adj* común, conjunto, compartido.
**jointly** *adv* conjuntamente.
**joint-stock company** *n* (*com*) sociedad por acciones *f.*
**joke** (jōk) *n* broma *f*; • *vi* bromear.
**joker** (jō'kėr) *n* comodín *m.*
**jollity** (jol'ē tē) *n* alegría, jovialidad *f.*
**jolly** (jol'ē) *adj* alegre.
**jolt** (jōlt) *vt* sacudir; • *n* sacudida *f.*
**jostle** (jos'l) *vt* codear, empujar.
**jot** (jot) *n* ápice • *n* **jot down** anotar, apuntar.
**journal** (jür'nal) *n* revista *f*, publicación, periódico, diario *m.*
**journalism** (jür'na lis''um) *n* periodismo *m.*
**journalist** (jür'na list'') *n* periodista *m.*
**journey** (jür'nē) *n* viaje *m*; • *vt* viajar.
**jovial** (jō'vē al) *adj* jovial, alegre; **~ly** *adv* con jovialidad.
**joy** (joi) *n* alegría *f*; júbilo *m.*
**joyful, joyous** (joi'ful; joi'us) *adj* alegre, gozoso; **~ly** *adv* alegremente.
**joystick** *n* palanca de control *f.*
**jubilant** (jö'bi lant) *adj* jubiloso.
**jubilation** (jö''bi lā'shan) *n* júbilo, regocijo *m.*
**jubilee** (jö'bi lē'', jö''bi lē') *n* jubileo *m.*
**Judaism** (jö'dē iz''um, jö'dā iz''um) *n* judaísmo *m.*
**judge** (juj) *n* juez *m*; • *vt* juzgar.
**judgment** (juj'ment) *n* juicio *m.*
**judicial** (jö dish'al) *adj* **~ly** *adv* judicial(mente).
**judiciary** (jö dish'ē er''ē, jö'dish'e rē) *n* poder judicial *m.*
**judicious** (jö dish'us) *adj* prudente, sensato.
**judo** (jö'dō) *n* judo *m.*
**jug** (jug) *n* jarra *m.*
**juggle** (jug'l) *vi* hacer juegos malabares.

**juggler** (jug'lėr) *n* malabarista *m.*
**juice** (jös) *n* jugo *m.*
**juicy** (jö'sē) *adj* jugoso.
**jukebox** (jök'boks'') *n* máquina de discos, rocola *f.*
**July** (jū lī', *ju* lī') *n* julio *m.*
**jumble** (jum'bl) *vt* mezclar; • *n* revoltijo *m.*
**jump** (jump) *vi* saltar, brincar; • *n* salto *m.*
**jumper** (jum'pėr) *n* mandil *m.*
**jump rope** *vt* saltar la cuerda.
**jumpy** *adj* nervioso.
**juncture** (jungk'chėr) *n* coyuntura *f.*
**June** (jūn) *n* junio *m.*
**jungle** (jung'gl) *n* selva *f.*
**junior** (jön'yėr) *adj* más joven; subalterno; moda para jóvenes.
**juniper** (jö'n*i* pėr) *n* (*bot*) enebro *m.*
**junk** (jungk) *n* basura *f*; baratijas *fpl.*
**junkman** *n* ropavejero *m.*
**junkyard** *n* depósito de chatarra, deshuesadero *m.*
**junta** (hün't*a*) *n* junta militar *f.*
**jurisdiction** (jür''is dik'sh*a*n) *n* jurisdicción *f.*
**jurisprudence** (jür''is pröd'*e*ns) *n* jurisprudencia *f.*
**jurist** (jür'ist) *n* jurista *m.*
**juror, juryman** (jür'ėr; jür'ē m*a*n) *n* miembro del jurado *m.*
**jury** (jür'ē) *n* jurado *m.*
**just** (just) *adj* justo; • *adv* justamente, exactamente; ~ **as** como; ~ **now** ahora mismo.
**justice** (jus'tis) *n* justicia *f.*
**justifiably** (jus't*i* fī''*a* bl, jus''t*i* fī'*a* bl) *adv* con justificación.
**justification** (jus''t*i* f *i* kā'sh*a*n) *n* justificación *f.*
**justify** (jus't*i* fī'') *vt* justificar.
**justly** *adv* justamente.
**justness** *n* justicia *f.*
**jut** (jut) *vi*; **to ~ out** sobresalir.
**jute** (jöt) *n* yute *m.*
**juvenile** (jö've n*i*l, jö've nīl'') *adj* juvenil.
**juxtaposition** (juk''st*a* po zish'*a*n) *n* yuxtaposición *f.*

# K

**kaleidoscope** (k*a* lī´d*o* skōp´´) *n* kaleidoscopio *m.*
**kamikaze** (kä´´m*i* kä´zē) *n* piloto suicida, ataque suicida de los japoneses durante la segunda guerra mundial.
**kangaroo** (kang´´g*a* rö) *n* canguro *m.*
**karate** (k*a* rä´tē) *n* karate (sistema japonés de defensa personal sin armas) *m.*
**kebab** (kā´bob, k*e* bob´) *n* carne asada en trozos *f.*
**keel** (kēl) *n* (*mar*) quilla, nave *f.* *vi* desplomarse, desmayarse.
**keelboat** (kēl´bōt´´) *n* barco amplio, poco profundo *m.*
**keen** (kēn) *adj* agudo; vivo.
**keenness** (kēn´nis) *n* entusiasmo *m.*
**keep** (kēp) *vt* mantener; guardar; conservar; ~ **in mind** recordar, tener en cuenta; ~ **silence** mantener el silencio.
**keeper** (kē´pėr) *n* guardián *m.*
**keepsake** (kēp´sāk´´) *n* recuerdo *m.*
**kef** (kāf) *n* languidez, desfallecimiento.
**keg** (keg) *n* barril *m.*
**kempt** (kempt) *adj* limpio, arreglado.
**ken** (ken) *vt* comprender, discernir. *n* alcance de la vista.
**kennel** (ken´*e*l) *n* perrera, jauría *f.*
**kerchief** (kėr´chif) *n* pañuelo, *f* pañoleta *m.*
**kerf** (kėrf) *n* tajo, corte (que hace la sierra en la madera)
**kernel** (kür´nel) *n* fruta *f*; meollo *m.*
**kerosene** (ker´*o* sēn, kar´*o* sēn, ker´´ *o* sēn´) *n* keroseno *m.*
**ketchup** (kech´*u*p, kach´*u*p) *n* catsup (salsa de tomate) *m.*
**kettle** (ket´l) *n* perol *m*; • **that's another ~ of fish** eso es otro cantar.
**kettledrum** (ket´l drum´´) *n* timbal *m.*
**key** (kē) *n* llave *f*; (*mus*) clave *f*; tecla, persona principal *f.*
**keyboard** (kē´bōrd´´) *n* teclado (de piano, órgano, de computadora) *m.*
**keyed** (kēd) *adj* provisto de llaves o teclas.
**keyhole** (kē´hōl´´) *n* ojo de la cerradura *m.*
**keynote** (kē´nōt´´) *n* (*mus*) tono (de una llave o escala) *f.*
**key ring** *n* llavero *m.*
**keystone** (kē´stōn´´) *n* dovela *f.* (fig) piedra angular, fundamento.
**khaki** (kak´ē, kä´kē) *n* de color caqui *m.*
**kibed** (kīb´id) *adj* lleno de sabañones.
**kick** (kik) *vt, vi* patear, mostrar oposición o mal genio • *n* puntapié *m*; patada *f.* ~ **around,** tratar de forma desconsiderada; ~ **the bucket** estirar la pata; ~ **up a fuss** armar lío.
**kid** (kid) *n* chico *m*; • *vt* engañar, embaucar.
**kidnap** (kid´nap) *vt* secuestrar.
**kidnaper** *n* secuestrador *m.*
**kidnaping** *n* secuestro *m.*
**kidney** (kid´nē) *n* riñón *m.*
**kill** (kil) *n* matar, eliminar, descartar; • *vi* ~ **time** pasar el rato; • *adj* **dressed to** ~ toda emperifollada.
**killer** (kil´ėr) *n* asesino *m.*
**killing** (kil´ing) *n* asesinato, caza (piezas obtenida de la caza) *m.*
**killjoy** (kil´joi´´) *n* aguafiestas.

**kiln** (kil, kiln) *n* horno *m*.
**kilo** (kil'ō, kē'lō) *n* kilogramo *m*.
**kilogram** (kil'*o* gram'') *n* kilo *m*.
**kilometer** (kil'*o* mē''tėr, ki lom'i tėr) *n* kilómetro *m*.
**kilt** (kilt) *n* falda escocesa *f*.
**kin** (kin) *n* parientes *mpl*; **next of ~** pariente próximo *m*.
**kind** (kīnd) *adj* cariñoso; • *n* género, tipo *m*; **~ of** en cierto modo; **of a ~** de la misma clase; **to repay in ~** pagar con la misma moneda.
**kindergarten** (kin'dėr gär''t*e*n, kin'dėr gär''d*e*n) *n* jardín de infantes *m*.
**kind-hearted** (kīnd'här'tid) *adj* bondadoso.
**kindle** (kin'dl) *vt, vi* encender, inflamar, exitar.
**kindliness** *n* benevolencia *f*.
**kindly** (kīnd'lē) *adj* bondadoso.
**kindness** (kīnd'nis) *n* bondad *f*.
**kindred** (kin'drid) *adj* emparentado, linaje, parentesco.
**kinescope** (kin'i skōp'') *n* cinescopio.
**kinetic** (ki net'ik, kī net'ik) *adj* cinético.
**king** (king) *n* rey, monarca *m*.
**kingdom** (king'd*o*m) *n* reino *m*.
**kingfisher** (king'fish''ėr) *n* martín pescador *m*.
**kingly** (king'lē) *adj* real; majestuoso; ilustre.
**king's ransom** *n* suma enrome, toda una fortuna *f*.
**kinsfolk** (kinz'fōk'') *n* parentela, consanguinidad *f*.
**kiosk** (kē osk', kī'osk) *n* quiosco, pabellón (donde se venden periódicos, flores, etc.) *m*.
**kiss** (kis) *n* beso, roce leve *m*; • *vt* besar, golpear suavemente. **~ the book** besar la Biblia; **~ the ground** postrarse en señal de sumisión.
**kissing** *n* beso *m*.
**kit** (kit) *n* juego de implementos, grupo, conjunto *m*, caja de herramientas *f*.
**kitchen** (kich'*e*n) *n* cocina *f*.
**kitchen cabinet** alacena de cocina.
**kitchenette** (kich''*e* net') *n* cocina pequeña.
**kitchen garden** *n* huerta *f*.
**kitchenware** (kich'*e*n wâr'') *n* utensilios de cocina.
**kite** (kīt) *n* cometa *f*; cheque sin fondos *m*; • *vt* **go fly a ~** ¡vete!, ¡piérdete!
**kitsch** (kīch) *n* obra de arte, literatura, etc. frívola y destinada para el gusto popular.
**kitten** (kit'*e*n) *n* gatito *m*.
**kittle** (kit'l) *adj* cosquilloso, delicado. • *vt* animar, alegrar.
**kleptomania** (klep''t*o* mā'nē *a*, klep''t*o* mān'y*a*) *n* cleptomanía.
**knack** (nak) *n* don, truco *m*; • *vi* **to get the ~ of** cogerle el truco a.
**knap** (nap) *vt* tocar, chasquear.
**knapsack** (nap'sak'') *n* mochila *f*.
**knave** (nāv) *n* bribón, pícaro *m*; sota (de la baraja) *f*.
**knavery** *n* bribonada, pillada *f*, fraude *m*.
**knead** (nēd) *vt* amasar, dar masaje a.
**knee** (nē) *n* rodilla *f*; • *vi* **to be on one's knees** estar de rodillas.
**knee breeches** *n* pantalones cortos *m*.
**knee-deep** (nē'dēp') *adj* metido hasta las rodillas.
**knee joint** *adj* articulación de la rodilla.
**kneel** (nēl) *vi* arrodillarse.

**knell** (nel) *n* toque a difuntos *m. vt* anunciar repicando las campanas.
**knife** (nīf) *n* cuchillo *m,* navaja *f;* • *vi* **to get under the ~** someterse a una operación quirúrgica.
**knife s harpener** *n* afilador de cuchillos *m.*
**knife swich** (elec.) *n* interruptor de cuchilla *m.*
**knight** (nīt) *n* caballero, noble *m.*
**knit** (nit) *vt, vi* tejer, enlazar, unir; • **to ~ the brows** fruncir las cejas; **~ up** remendar.
**knit goods** *n* géneros de punto *m.*
**knitter** *n* calcetero, mediero *m.*
**knitting-pin** *n* aguja de tejer *f.*
**knitwear** (nit´wâr´´) *n* prendas de punto *fpl.*
**knob** (nob) *n* bulto, tirador (perilla *f*) de puerta *m*; nudo en la madera *m*; botón de las flores *m.*
**knock** (nok) *vt, vi* golpear, tocar, acabar con, trastornar; **to ~ down** derribar; • *n* golpe, llamada *m.*
**knockabout** (nok´*a* bout´´) *adj* informal (ropa, viajes, etc.)
**knocker** (nok´ėr) *n* aldaba *f;* (fam.) criticón.
**knock-kneed** (nok´nēd´´) *adj* patizambo.
**knock-out** *n* fuera de combate *m.*
**knoll** (nōl) *n* cima de una colina *f.*
**knot** (not) *n* nudo *m*; lazo, vínculo *m*; • *vt* anudar, fruncir; **to tie oneself in knots** crearse dificultades.
**knotty** (not´ē) *adj* escabroso.
**know** (nō) *vt, vi* conocer; saber; discernir; **to ~ a thing or two** saber algo; **to b e i n t he ~** e star al tanto.
**know-how** (nō´hou´´) *n* pericia, conocimiento práctico *m.*
**knowing** (nō´ing) *adj* entendido; **~ly** *adv* a sabiendas.
**know-it-all** (nō´it *ä*l´´) *n* sabelotodo *m.*
**knower** *n* conocedor *m.*
**knowledge** (nol´ij) *n* conocimiento, comprensión *m*; **not t o my ~** n o que yo sepa; **to have a thorough ~ of** conocer a fondo; **to the best of my ~** según mi entender.
**knowledgeable** (nol´i j*a* bl) *adj* bien informado.
**knownothing** (nō´nuth´´ing) *n* ignorancia *f.*
**knuckle** ( nuk´l) *n* nudillo *m,* llave inglesa *f*; **n ear to the ~** al b orde de lo indecente o inmoral.
**knuclehead** (nuk´l hed´´) *n* cabeza de alcornoque, persona estúpida o necia.

# L

**label** (lā´bel) *n* etiqueta *f*, rótulo *m*.
**labor** (lā´bėr) *n* trabajo *m*; **to be in ~** estar de parto; • *vt* trabajar.
**laboratory** (lab´r*o* tōr´´ē, lab´ėr *a* tōr´´ē) *n* laboratorio *m*.
**labor camp** *n* campo de trabajos forzados *m*.
**laborer** *n* peón *m*.
**laborious** (l*a* bōr´ē us) *adj* laborioso; difícil; **~ly** *adv* laboriosamente.
**labor union** *n* sindicato *m*.
**labyrinth** (lab´*i* rinth) *n* laberinto *m*.
**lace** (lās) *n* cordón; encaje *m*; • *vt* abrochar.
**lacerate** (las´*e* rāt´´) *vt* lacerar.
**lack** (lak) *vt, vi* faltar algo; • *n* falta, carencia *f*.
**lackadaisical** (lak´´*a* dā´zi k*a*l) *adj* descuidado, displicente.
**lackey** (lak´ē) *n* lacayo *m*.
**laconic** (l*a* kon´ik) *adj* lacónico.
**lacquer** (lak´ėr) *n* laca *f*.
**lad** (lad) *n* muchacho *m*.
**ladder** (lad´ėr) *n* escalera de mano *f*.
**laden** (lād´*e*n) *adj* cargado, repleto.
**ladle** (lād´l) *n* cucharón *m*.
**lady** (lā´dē) *n* señora, dama *f*.
**ladybug** (lā´dē bug´´) *n* mariquita, catarina *f*.
**ladykiller** *n* ladrón de corazones *m*.
**ladylike** (lā´dē līk´´) *adj* fino, elegante, propio de una dama.
**ladyship** (lā´dē ship´´) *n* señoría *f*.
**lag** (lag) *vi* quedarse atrás • *n* intervalo, retardo, retraso.
**lager** (lä´gėr) *n* cerveza (rubia) *f*.
**laggard** (lag´ėrd) *n* rezagado *m*.
**lagoon** (l*a* gön´) *n* laguna *f*.
**laidback** (lād´´bak´) *adj* relajado.
**lair** (lâr) *n* guarida *f*.
**laity** (lā´i tē) *n* laicado *m*.
**lake** (lāk) *n* lago *m*; laguna *f*.
**lam** (lam) *vi* **(go on the ~)** darse a la fuga.
**lamb** (lam) *n* cordero *m*; • *vi* parir.
**lambswool** *n* lana de cordero *f*.
**lame** (lām) *adj* cojo.
**lame duck** *n* caso perdido *m*.
**lament** (l*a* ment´) *vt, vi* lamentar(se); • *n* lamento *m*.
**lamentable** (lam´*e*n t*a* bl, l*a* men´t*a* bl) *adj* lamentable, deplorable.
**lamentation** (lam´´*e*n tā´sh*a*n) *n* lamentación *f*.
**laminated** (lam´*i* nā´´tid) *adj* laminado.
**lamp** (lamp) *n* lámpara *f*.
**lamplighter** (lamp´lī´´tėr) *n* farolero *m*.
**lampoon** (lam pön´) *n* sátira *f*.
**lampshade** *n* pantalla de lámpara *f*.
**lance** (lans, läns) *n* lanza *f*; • *vt* hacer una operación quirúrgica con lanceta.
**lancet** (lan´sit, län´sit) *n* lanceta *f*.
**land** (land) *n* país *m*; tierra *f*; • *vt, vi* desembarcar, aterrizar.
**land forces** *npl* tropas de tierra *fpl*.
**landholder** (land´hōl´´dėr) *n* hacendado *m*.
**landing** (lan´ding) *n* desembarco, aterrizaje *m*.
**landing strip** *n* pista de aterrizaje *f*.
**landlady** (land´lā´´dē) *n* propietaria, casera, arrendadora *f*.
**landlord** (land´lärd´´) *n* propietario, casero, arrendador *m*.
**landlubber** (land´lub´´ėr) *n* marinero de agua dulce *m*.

**landmark** (land´märk´´) *n* lugar conocido, monumento, hito *m.*
**landmass** *n* masa continental *f.*
**landowner** (land´ō´´nėr) *n* terrateniente *m.*
**landscape** (land´skāp´´) *n* paisaje *m.*
**landslide** (land´slīd´´) *n* derrumbamiento; desprendimiento de tierra *m.*
**lane** (lān) *n* callejuela, sendero, callejón *f.*
**language** (lang´gwij) *n* lengua *f*; lenguaje *m.*
**languid** (lang´gwid) *adj* lánguido, débil; ~**ly** *adv* lánguidamente, débilmente.
**languish** (lang´gwish) *vi* languidecer.
**languor** (lang´gėr) *n* languidez *f.*
**lank** (langk) *adj (hair)* lacio; *(figure)* desgarbado, larguirucho.
**lanky** (lang´kē) *adj* desgarbado, larguirucho.
**lantern** (lan´tėrn) *n* linterna *f*; farol *m.*
**lap** (lap) *n* regazo *m*; • *vt* lamer.
**lapdog** *n* perro de faldas *m.*
**lapel** (l*a* pel´) *n* solapa *f.*
**lapidary** (lap´i der´´ē) *adj* lapidario.
**lapse** (laps) *n* lapso *m*; • *vi* transcurrir.
**larceny** (lär´s*e* nē) *n* latrocinio *m.*
**larch** (lärch) *n* alerce *m.*
**lard** (lärd) *n* manteca de cerdo *f.*
**larder** (lär´dėr) *n* despensa *f.*
**large** (lärj) *adj* grande; **at** ~ en libertad, extensamente, en general; ~**ly** *adv* en gran parte.
**large-scale** (lärj´skāl´) *adj* en gran escala.
**largesse** (lär jes´, lär jis´) *n* liberalidad, generosidad *f.*
**lark** (lärk) *n* alondra *f.*
**larva** (lär´v*a*) *n* larva, oruga *f.*
**laryngitis** (lar´´*i*n jī´tis) *n* laringitis *f.*
**larynx** (lar´ingks) *n* laringe *f.*
**lascivious** (l*a* siv´ē us) *adj* lascivo; ~**ly** *adv* lascivamente.
**laser** (lā´zėr) *n* láser *m.*
**lash** (lash) *n* latigazo *m*; • *vt* dar latigazos; atar.
**lass, lassie** (las; las´ē) *n* chica, muchacha *f.*
**lasso** (las´ō, la sö) *n* lazo *m.*
**last** (last, läst) *adj* último; pasado; **at** ~ por fin; ~**ly** *adv* finalmente; • *n* horma de zapatero *f*; • *vi* durar.
**last ditch** *adj* último, desesperado.
**lasting** (las´ting, lä´sting) *adj* duradero, permanente; ~**ly** *adv* perpetuamente.
**last-minute** *adj* de última hora.
**latch** (lach) *n* picaporte *m.*
**latch-key** (lach´kē´´) *n* llave de picaporte, llave de la puerta de la calle *f.*
**late** (lāt) *adj* tarde; difunto; (*rail*) **the train is ten minutes** ~ el tren tiene un retraso de diez minutos; • *adv* tarde; ~**ly** *adv* recientemente.
**latecomer** *n* recién llegado *m.*
**lateness** *n* tardanza *f.*
**latent** (lāt´*e*nt) *adj* latente.
**lateral** (lat´ėr *a*l) *adj* lateral; ~**ly** *adv* lateral(mente).
**lathe** (lāTH) *n* torno *m.*
**lather** (lāTH´ėr) *n* espuma *f.*
**latitude** (lat´i töd´´, lat´i tūd´´) *n* latitud *f.*
**latrine** (l*a* trēn´) *n* letrina *f.*
**latter** (lat´ėr) *adj* último; ~**ly** *adv* últimamente, recientemente.
**lattice** (lat´is) *n* celosía *f.*
**laudable** (l*ä*´d*a* bl) *adj* loable.

**laudably** *adv* loablemente.
**laugh** (laf, läf) *vi* reir; **to ~ at** *vt* reirse de; • *n* risa *f.*
**laughable** (laf'*a* bl, lä'f*a* bl) *adj* risible, ridículo, absurdo.
**laughing stock** (laf'ing stok'', lä'fing stok'') *n* hazmerreír *m.*
**laughter** (laf'tėr, läf'tėr) *n* risa *f.*
**launch** (l*ä*nch, länch) *vt, vi* lanzar(se); • *n* (*mar*) lancha *f.*
**launching** *n* lanzamiento *m.*
**launching pad** *n* plataforma de lanzamiento *f.*
**launder** (l*ä*n'dėr, län'dėr) *vt* lavar.
**laundromat** (lōn'dr*o* mat'', län''dr*o* mat'') *n* lavandería automática *f.*
**laundry** (l*ä*n'drē, län'dre) *n* lavandería *f.*
**laureate** (l*ä*r'ē it) *n* galardonado.
**laurel** (l*ä*r'*e*l, lor'*e*l) *n* laurel *m.*
**lava** (lä'v*a*, lav'*a*) *n* lava *f.*
**lavatory** (lav'*a* tōr''ē) *n* baño *m.*
**lavender** (lav'*e*n dėr) *n* (*bot*) espliego *m*, lavándula *f.*
**lavish** (lav'ish) *adj* pródigo; **~ly** *adv* pródigamente; • *vt* disipar.
**law** (l*ä*) *n* ley *f*; derecho *m.*
**law-abiding** (l*ä*'*a* bī'ding) *adj* respectuoso de la ley.
**law and order** *n* orden público *m.*
**law court** *n* tribunal *m.*
**lawful** (l*ä*'ful) *adj* legal; legítimo; **~ly** *adv* legalmente.
**lawless** (l*ä*'lis) *adj* anárquico.
**lawlessness** *n* anarquía *f.*
**lawmaker** (l*ä*'mā''kėr) *n* legislador *m.*
**lawn** (l*ä*n, län) *n* césped, pasto *m.*
**lawnmower** *n* cortacésped *m.*
**law school** *n* facultad de derecho *f.*
**law suit** (l*ä*'söt'') *n* demanda legal, proceso, juicio *m.*
**lawyer** (l*ä*'yėr, loi'ėr) *n* abogado *m.*
**lax** (laks) *adj* laxo; flojo, poco estricto.
**laxative** (lak's*a* tiv) *n* laxante *m.*
**laxity** (lak's*a* tiv) *n* laxitud *f*; flojedad *f.*
**lay** (lā) *vt* poner; **to ~ claim** reclamar; pretender; • *vi* poner.
**layabout** (lā'*a* bout'') *n* vago *m.*
**layer** (lā'*e*r) *n* capa *f.*
**layette** (lā et') *n* ajuar de niño *m.*
**layman** (lā'm*a*n) *n* lego, seglar *m.*
**layoff** (lā'*ä*f'', lā'of'') *n* despido; periodo de desempleo *m.*
**layout** (lā'out'') *n* composición *f*, distribución, trazado, plan *m.*
**laze** (lāz) *vi* holgazanear.
**lazily** *adv* perezosamente; lentamente.
**laziness** *n* pereza *f.*
**lazy** (lā'zē) *adj* perezoso.
**lead** (lēd) *n* plomo *m*; • *vt* conducir, guiar; • *vi* mandar.
**leader** (lē'dėr) *n* jefe *m.*
**leadership** *n* dirección *f*; liderazgo *m.*
**leading** (lē'ding) *adj* principal; capital; **~ article** *n* artículo de fondo *m.*
**leading edge** *n* vanguardia, punta de lanza *f.*
**leaf** (lēf) *n* hoja *f.*
**leaflet** (lēf'lit) *n* folleto *m.*
**leafy** (lē'fē) *adj* frondoso.
**league** (lēg) *n* liga, alianza *f*; legua *f.*
**leak** (lēk) *n* escape, gotera *m*; • *vi* (*mar*) hacer agua.
**leaky** (lē'kē) *adj* agujereado.
**lean** (lēn) *vt, vi* apoyar(se); • *adj* magro.
**leaning** (lē'ning) *n* inclinación *f*, • *adj* inclinado.
**leap** (lēp) *vi* saltar; • *n* salto *m.*

**leapfrog** (lēp´frog´´, lēp´fräg´´) *n* pídola *f*; **to play** ~ saltar al potro; brincar al burro.
**leap year** *n* año bisiesto *m.*
**learn** (lürn) *vt, vi* aprender.
**learned** (lür´nid) *adj* docto.
**learner** *n* aprendiz *m.*
**learning** (lür´ning) *n* erudición *f.*
**lease** (lēs) *n* arriendo *m*; • *vt* arrendar.
**leasehold** (lēs´hōld´´) *n* arriendo, arrendamiento *m.*
**leash** (lēsh) *n* correa *f.*
**least** (lēst) *adj* mínimo; **at** ~ por lo menos; **not in the** ~ en absoluto.
**leather** (leTH´ėr) *n* cuero *m.*
**leathery** ( leTH´*e* rē) *adj* c orreoso; curtido áspero.
**leave** (lēv) *n* licencia *f*; permiso *m*; **to take** ~ despedirse; • *vt* dejar, abandonar.
**leaven** (lev´*e*n) *n* levadura *f*; • *vt* fermentar.
**leavings** (lē´vings) *npl* sobras *fpl.*
**lecherous** (lech´ėr us) *adj* lascivo.
**lecture** (lek´chėr) *n* conferencia *f*; • *vt* dar una conferencia.
**lecturer** (lek´chėr ėr) *n* conferenciante, conferencista *m.*
**ledge** (lej) *n* reborde *m*; cornisa, repisa *f.*
**ledger** (lej´ėr) *n* (*com*) libro mayor (de contabilidad) *m.*
**lee** (lē) *n* (*mar*) sotavento *m.*
**leech** (lēch) *n* sanguijuela *f.*
**leek** (lēk) *n* (*bot*) puerro *m.*
**leer** (lēr) *vt* mirar de manera lasciva.
**leeward** (lē´wėrd) *adj* (*mar*) sotavento.
**leeway** (lē´wā´´) *n* libertad de acción *f.*
**left** (left) *adj* izquierdo; **on the** ~ a la izquierda.
**left-handed** (lef´han´did) *adj* zurdo.
**leftovers** (left´ō´vėrz) *npl* sobras *fpl.*
**leg** (leg) *n* pierna *f*; pie *m.*
**legacy** (leg´*a* sē) *n* legado *m*; herencia *f.*
**legal** (lē´g*a*l) *adj* legal, legítimo; ~**ly** *adv* legalmente.
**legal holiday** *n* fiesta oficial *f.*
**legality** (lē gal´i tē) *n* legalidad, legitimidad *f.*
**legalize** (lē´g*a* līz´´) *vt* legalizar.
**legal tender** *n* moneda de curso legal *f.*
**legate** (leg´it) *n* legado *m.*
**legatee** (leg´´*a* tē´) *n* legatario(a) *m.*
**legation** (li gā´sh*a*n) *n* legación *f.*
**legend** (lej´*e*nd) *n* leyenda *f.*
**legendary** (lej´*e*n der´´ē) *adj* legendario.
**legible** (lej´*i* bl) *adj* legible.
**legibly** *adv* legiblemente.
**legion** (lē´j*o*n) *n* legión *f.*
**legislate** (lej´is lāt´´) *vt* legislar.
**legislation** (lej´´is lā´sh*a*n) *n* legislación *f.*
**legislative** (lej´is lā´´tiv) *adj* legislativo.
**legislator** (lej´is lā´´tėr) *n* legislador *m.*
**legislature** (lej´is lā´´chėr) *n* c uerpo legislativo *m.*
**legitimacy** (li jit´*i* m*a* sē) *n* legitimidad *f.*
**legitimate** (li jit´*i* mit) *adj* legítimo; ~**ly** *adv* legítimamente; • *vt* legitimar.
**legume** (leg´ūm, li gūm´) *n* legumbre *f.*
**leguminous** (li gū´m*i* nus) *adj* leguminosa.
**leisure** (lē´zhėr, lezh´ėr) *n* ocio, tiempo libre *m*; ~**ly** *adj* sin prisa; **at** ~ desocupado.

**lemon** (lem'*o*n) *n* limón *m*.
**lemonade** (lem''*o* nād') *n* limonada *f*.
**lemon balm** *n* toronjil *m*.
**lemon tea** *n* té con limón *m*.
**lemon tree** *n* limonero *m*.
**lend** (lend) *vt* prestar.
**length** (lengkth, length) *n* largo *m*; duración *f*; **at ~** finalmente.
**lengthen** (lengk'th*e*n, leng'th*e*n) *vt* alargar; • *vi* alargarse.
**lengthways, lengthwise** (lengkth'wā'', length'wā'', lengkth'wīz'', length' wīz'') *adv* a lo largo.
**lengthy** (lengk'thē, leng'thē) *adj* largo, prolongado.
**lenient** (lē'nē *e*nt, lēn'y*e*nt) *adj* indulgente.
**lens** (lenz) *n* lente *f*.
**Lent** (lent) *n* Cuaresma *f*.
**lentil** (len'til, len'*ti*l) *n* lenteja *f*.
**leopard** (lep'ėrd) *n* leopardo *m*.
**leotard** (lē'*o* tärd'') *n* leotardo *m*, malla *f*.
**leper** (lep'ėr) *n* leproso *m*.
**leprosy** (lep'r*o* sē) *n* lepra *f*.
**lesbian** (lez'bē *a*n) *n* lesbiana *f*.
**less** (les) *adj* menor; • *adv* menos.
**lessen** (les'*e*n) *vt* disminuir; • *vi* disminuirse.
**lesser** (les'ėr) *adj* menor, más pequeño.
**lesson** (les'*o*n) *n* lección *f*.
**lest** (lest) *conj* para que no; no vaya a ser que.
**let** (let) *vt* dejar, permitir; alquilar.
**lethal** (lē'th*a*l) *adj* mortal.
**lethargic** (l*e* thär'jik) *adj* aletargado, sin energía.
**lethargy** (leth'ėr jē) *n* letargo *m*.
**letter** (let'ėr) *n* letra *f*; carta *f*.
**letter bomb** *n* carta-bomba *f*.
**lettered** (let'ėrd) *adj* culto, instruido.
**letterhead** (let'ėr hed'') *n* membrete; papel con membrete *m*.
**lettering** (let'ėr ing) *n* letras *fpl*, caracteres *mpl*.
**letter of credit** *n* carta de crédito *f*.
**lettuce** (let'is) *n* lechuga *f*.
**leukemia** (lö kē'mē *a*) *n* leucemia *f*.
**level** (lev'*e*l) *adj* llano, igual; nivelado; • *n* nivel *m*; • *vt* allanar; nivelar.
**level-headed** (lev'*e*l hed'id) *adj* sensato.
**lever** (lev'ėr, lē'vėr) *n* palanca *f*.
**leverage** *n* influencia *f*.
**levity** (lev'i tē) *n* ligereza *f*.
**levy** (lev'ē) *n* leva (de tropas) *f*; • *vt* recaudar.
**lewd** (löd) *adj* obsceno.
**lexicon** (lek's*i* kon'', lek's*i* kon) *n* diccionario *m*.
**liabilities** (lī''*a* bil'i tis) *n* (*contabilidad*) pasivo *m*; deudas *fpl*.
**liability** (lī''*a* bil'i tē) *n* responsabilidad, obligación, desventaja *f*.
**liable** (lī'*a* bl) *adj* sujeto; responsable.
**liaise** (lē āz') *vi* enlazar.
**liaison** (lē''ā zän', lē'*a* zon'') *n* enlace *m*.
**liar** (lī'ėr) *n* embustero, mentiroso *m*.
**libel** (lī'b*e*l) *n* difamación, calumnia *f*; • *vt* difamar.
**libelous** (lī'b*e* lus) *adj* difamatorio.
**liberal** (lib'ėr *a*l, lib'r*a*l) *adj* liberal, generoso; **~ly** *adv* liberalmente.
**liberality** (lib''*e* ral'i tē) *n* liberalidad, generosidad *f*.
**liberate** (lib'*e* rāt'') *vt* libertar.
**liberation** *n* liberación *f*.
**libertine** (lib'ėr tēn'') *n* libertino *m*.
**liberty** (lib'ėr tē) *n* libertad *f*.
**Libra** (lī'br*a*, lē'br*a*) *n* Libra *f*.

**librarian** (lī brâr´ē *a*n) *n* bibliotecario *m*.
**library** (lī´brer´´ē, lī´br*e* rē, lī´brē) *n* biblioteca *f*.
**libretto** (li bret´ō) *n* libreto *m*.
**license** (lī´s*e*ns) *n* licencia *f*; permiso *m*.
**license plate** *n* placa de matrícula *f*.
**licentious** (lī sen´shus) *adj* licencioso.
**lichen** (lī´k*e*n) *n* (*bot*) liquen *m*.
**lick** (lik) *vt* lamer.
**lid** (lid) *n* tapa *f*.
**lie** (lī) *n* mentira *f*; • *vi* mentir; echarse.
**lieu** (lö) *n* **in ~ of** en vez de.
**lieutenant** (lö ten´*a*nt) *n* lugarteniente *m*.
**life** (līf) *n* vida *f*; **for ~** para toda la vida.
**lifeboat** (līf´bōt´´) *n* lancha de salvamento *f*.
**life-guard** (līf´gärd´´) *n* salvavidas, socorrista *m*.
**life jacket** *n* chaleco salvavidas *m*.
**lifeless** (līf´lis) *adj* muerto; sin vida.
**lifelike** (līf´līk´´) *adj* natural, muy real, verosímil.
**lifeline** *n* cuerda de salvamento *f*.
**life sentence** *n* cadena perpetua *f*.
**life-sized** (līf´sīzd´) *adj* de tamaño natural.
**lifespan** *n* periodo de vida *f*.
**lifestyle** *n* estilo de vida *f*.
**life support system** *n* sistema de respiración asistida *m*.
**lifetime** (līf´tīm´´) *n* vida *f*.
**life vest** *n* chaleco salvavidas *m*.
**lift** (lift) *vt* levantar.
**ligament** (lig´*a* ment) *n* ligamento *m*.
**light** (līt) *n* luz *f*; • *adj* ligero; claro; • *vt* encender; alumbrar.
**light bulb** *n* foco *m*; bombilla *f*.
**lighten** (līt´*e*n) *vi* relampaguear; • *vt* iluminar; aligerar.
**lighter** (lī´tėr) *n* encendedor *m*.
**light-headed** (līt´hed´id) *adj* mareado, exaltado, aturdido.
**lighthearted** (līt´här´tid) *adj* alegre.
**lighthouse** (līt´hous´´) *n* (*mar*) faro *m*.
**lighting** (lī´ting) *n* iluminación *f*.
**lightly** (līt´lē) *adv* ligeramente.
**lightning** (līt´ning) *n* relámpago *m*.
**lightning-rod** *n* pararrayos *m*.
**light pen** *n* lápiz óptico *m*.
**lightweight** (līt´wāt´´) *adj* ligero.
**light year** (līt´yēr´´, līt´yēr´) *n* año luz *m*.
**ligneous** (lig´nē us) *adj* leñoso.
**like** (līk) *adj* semejante; igual; • *adv* como, del mismo modo que; • *vt, vi* gustar.
**likeable** *adj* simpático.
**likelihood** (līk´lē h*ü*d´´) *n* probabilidad *f*.
**likely** (līk´lē) *adj* probable, verosímil.
**liken** (lī´k*e*n) *vt* comparar.
**likeness** (līk´nis) *n* semejanza *f*.
**likewise** (līk´wīz´´) *adv* igualmente.
**liking** (lī´king) *n* agrado *m*.
**lilac** (lī´l*a*k) *n* lila *f*.
**lily** (lil´ē) *n* lirio *m*; **~ of the valley** lirio de los valles.
**limb** (lim) *n* miembro *m*.
**limber** (lim´bėr) *adj* flexible.
**lime** (līm) *n* cal *f*; lima *f*; **~ tree** tilo *m*.
**limestone** (līm´stōn´´) *n* piedra caliza *f*.
**limit** (lim´it) *n* límite, término *m*; • *vt* restringir.
**limitation** (lim´´i tā´sh*a*n) *n* limitación *f*; restricción *f*.

**limitless** *adj* inmenso, ilimitado.
**limousine** (lim´*o* zēn´´, lim´´*o* zēn´) *n* limusina *f.*
**limp** (limp) *vi* cojear; • *n* cojera *f*; • *adj* flojo.
**limpet** (lim´pit) *n* lapa *f.*
**limpid** (lim´pid) *adj* claro, transparente.
**line** (līn) *n* línea *f*; raya *f*; fila *f;* • *vt* forrar; revestir.
**lineage** (lin´ē ij) *n* linaje *m.*
**linear** (lin´ē ėr) *adj* lineal.
**lined** *adj* rayado; forrado; arrugado.
**linen** (lin´*e*n) *n* lino *m.*
**liner** (lī´nėr) *n* trasatlántico *m.*
**linesman** (līnz´m*a*n) *n* juez de línea *m.*
**linger** (ling´gėr) *vi* persistir, entretenerse, detenerse, prolongarse.
**lingerie** (län´zh*e* rā´, lan´zh*e* rē´´) *n* lencería, ropa interior femenina *f.*
**lingering** *adj* lento.
**linguist** (ling´gwist) *n* lingüista *m.*
**linguistic** (ling´gwis´tik) *adj* lingüístico.
**linguistics** (ling´gwis´tiks) *n* lingüística *f.*
**liniment** (lin´*i* m*e*nt) *n* linimento *m.*
**lining** (lī´ning) *n* forro, revestimiento *m.*
**link** (lingk) *n* eslabón *m*; • *vt* enlazar.
**linnet** (lin´it) *n* pardillo *m.*
**linoleum** (li nō´lē *u*m) *n* linóleo *m.*
**linseed** (lin´sēd´´) *n* linaza *f.*
**lint** (lint) *n* hilas *fpl*, pelusa, borra *f.*
**lintel** (lin´t*e*l) *n* dintel, tranquero *m.*
**lion** (lī´*o*n) *n* león *m.*
**lioness** (lī´*o* nis) *n* leona *f.*
**lip** (lip) *n* labio *m*; borde *m.*
**lip read** (lip´rēd´´) *vi* leer los labios.
**lip salve** *n* crema protectora para labios *f.*
**lipstick** (lip´stik´´) *n* lápiz de labios *m.*
**liqueur** (li kür´) *n* aguardiente *m.*
**liquid** (lik´wid) *adj* líquido; • *n* líquido *m.*
**liquidate** (lik´wi dāt´´) *vt* liquidar.
**liquidation** (lik´´wi dā´sh*a*n) *n* liquidación *f.*
**liquidize** (lik´wi dīz´´) *vt* licuar.
**liquor** (lik´ėr, lik´wär) *n* licor *m.*
**liquorice** (lik´*o* ris, lik´*o* rish) *n* orozuz *m*; regalicia *f.*
**liquor store** *n* tienda de vinos y licores *f.*
**lisp** (lisp) *vi* cecear; • *n* ceceo *m.*
**list** (list) *n* lista *f*; • *vt* hacer una lista de.
**listen** (lis´*e*n) *vi* escuchar.
**listener** *n* oyente, radioescucha *m.*
**listless** (list´lis) *adj* apático, indiferente.
**litany** (lit´*a* nē) *n* letanía *f.*
**liter** (lē´tėr) *n* litro *m.*
**literacy** (lit´ėr *a* sē) *n* alfabetismo; ~ **program** programa de alfabetización.
**literal** (lit´ėr *a*l) *adj* ~**ly** *adv* literal(mente).
**literary** (lit´*e* rer´´ē) *adj* literario.
**literate** (lit´ėr it) *adj* culto.
**literature** (lit´ėr *a* chėr, lit´ėr *a* chür´´, li´tr*a* chėr) *n* literatura *f.*
**lithe** (līTH) *adj* ágil.
**lithograph** (lith´*o* graf´´, lith´*o* gräf´´) *n* litografía *f.*
**lithography** (li thog´r*a* fē) *n* litografía *f.*
**litigation** (lit´´*i* gā´sh*a*n) *n* litigio *m.*
**litigious** (li tij´us) *adj* litigioso.
**litter** (lit´ėr) *n* litera *f*, basura *f*, desperdicios *mpl*; camada, crías *f*; • *vt* parir (un animal hembra); tirar basura.

**little** (lit´l) *adj* pequeño, poco; ~ **by** ~ poco a poco; • *n* poco *m.*
**liturgy** (lit´ėr jē) *n* liturgia *f.*
**live** (liv) *vi* vivir; habitar; **to** ~ **on** alimentarse de; **to** ~ **up to** *vt* cumplir con; • *adj* vivo.
**livelihood** (līv´lē hüd´´) *n* vida *f*; sustento *m.*
**liveliness** *n* vivacidad *f.*
**lively** (līv´lē) *adj* vivo, animado, alegre.
**liven up** (lī´ven up´) *vt* animar.
**liver** (liv´ėr) *n* hígado *m.*
**livery** (liv´*e* rē, liv´rē) *n* librea *f.*
**livery stable** *n* caballeriza *f.*
**livestock** (līv´stok´´) *n* ganado *m.*
**livid** (liv´id) *adj* lívido, cárdeno.
**living** (liv´ing) *n* vida *f*; **make a** ~ ganarse la vida; •*adj* vivo.
**living room** *n* sala de estar *f.*
**lizard** (liz´ėrd) *n* lagarto *m.*
**load** (lōd) *vt* cargar; • *n* carga *f.*
**loaded** (lō´did) *adj* cargado.
**loaf** (lōf) *n* pan *m.* • *vi* holgazanear.
**loafer** (lō´fėr) *n* holgazán, gandul *m.*
**loam** (lōm) *n* tierra negra *f*, barro *m*, arcilla *f.*
**loan** (lōn) *n* préstamo *m.*
**loath** (lōth, lōTH) *adj* **to be** ~ **to** resistirse a.
**loathe** (lōTH) *vt* aborrecer; tener hastío; • *vi* fastidiar.
**loathing** (lō´THing) *n* aversión *f.*
**loathsome** (lōTH´s*o*m, lōth´s*o*m) *adj* asqueroso.
**lobby** (lob´ē) *n* vestíbulo *m.* • *vt* ejercer presión; cabildear.
**lobe** (lōb) *n* lóbulo *m.*
**lobster** (lob´stėr) *n* langosta *f.*
**local** (lō´k*a*l) *adj* local.
**local anesthetic** *n* anestesia local *f.*
**local authority** *n* ayuntamiento *m.*
**local government** *n* gobierno municipal *m.*
**locality** (lō kal´i tē) *n* localidad *f.*
**localize** (lō´k*a* līz´´) *vt* localizar.
**locally** *adv* en la vecindad, en la zona.
**locate** (lō´kāt, lō´kāt´) *vt* localizar.
**location** (lō kā´sh*a*n) *n* posición, ubicación, situación *f.*
**loch** (lok, lo*ch*) *n* lago *m.*
**lock** (lok) *n* cerradura *f*; mechón *m.* • *vt* cerrar con llave.
**locker** (lok´ėr) *n* armario *m.*
**locket** (lok´it) *n* relicario, medallón *m.*
**lockout** (lok´out´´) *n* paro patronal *m.*
**locksmith** (lok´smith´´) *n* cerrajero *m.*
**lock-up** (lok´up´´) *n* calabozo *m*; cochera *f.*
**locomotive** (lō´´k*o* mō´tiv) *n* locomotora *f.*
**locust** (lō´k*u*st) *n* langosta *f.*
**lode** (lōd) *n* veta *f*, filón *m.*
**lodestar** (lōd´stär) *n* estrella polar *f*; norte *m*, guía *f.*
**lodge** (loj) *n* casa del guarda *f*; • *vi* alojarse.
**lodger** *n* inquilino *m.*
**loft** (läft, loft) *n* desván *m.*
**lofty** (läf´tē, lof´tē) *adj* alto.
**log** (läg, log) *n* leño *m*; diario *m.* • *vt* registrar, anotar.
**logbook** (läg´bük´´, log´bük´´) *n* (*mar*) diario de a bordo *m.* (*aviat*) bitácora.
**logic** (loj´ik) *n* lógica *f.*
**logical** (loj´i k*a*l) *adj* lógico.
**logistics** (lō jis´tiks) *n* logística *f.*
**logo** (lä´g*o*, log´*o*) *n* logotipo *m.*
**loin** (loin) *n* lomo *m.*
**loiter** (loi´tėr) *vi* merodear.

**loll** (lol) *vi* apoltronarse, repantigarse.
**lollipop** (lol´ē pop´´) *n* pirulí *m*.
**loneliness** (lōn´lē nis) *n* soledad *f*.
**lonely, lonesome** (lōn´lē, lōn´s*o*m) *adj* solitario; solo.
**long** (läng, long) *adj* largo; • *vi* anhelar.
**long-distance** (läng´dis´t*a*ns, long´ dis´t*a*ns) *n* ~ **call** llamada interurbana, de larga distancia *f*.
**longevity** (lon jev´i tē) *n* longevidad *f*.
**long-haired** (läng´hâr´´, long´hâr´´) *adj* de pelo largo.
**longing** (läng´ing, long´ing) *n* anhelo *m*; añoranza, nostalgia *f*.
**longitude** (lon´ji töd´´, lon´ji tūd´´) *n* longitud *f*.
**longitudinal** (lon´´ji töd´*i* n*a*l, lon´´ ji tūd´*i* n*a*l) *adj* longitudinal.
**long jump** *n* salto de longitud *m*.
**long-playing record** *n* disco de larga duración, elepé *m*.
**long-range** (läng´rānj´, long´rānj´) *adj* de gran alcance.
**longshoreman** (läng´shōr´´m*a*n, long´shōr´m*a*n) *n* estibador *m*.
**long-term** (läng´türm´´, long´türm´´) *adj* a largo plazo.
**long wave** *n* onda larga *f*.
**long-winded** (läng´win´did) *adj* prolijo.
**look** (lük) *vi* mirar; parecer; **to ~ after** *vt* cuidar; **to ~ for** *vt* buscar; **to ~ forward to** *vt* esperar con impaciencia; **to ~ out for** *vt* aguardar; • *n* aspecto *m*; mirada *f*.
**looking glass** *n* espejo *m*.
**look-out** (lük´out´´) *n* (*mil*) centinela *f*; vigía *f*.
**loom** (löm) *n* telar *m*; • *vi* amenazar, avecinarse.
**loony** (lö´nē) *adj* disparatado, chiflado.
**loop** (löp) *n* curva *f*; lazo *m*; rizo *m*.
**loophole** (löp´hōl´´) *n* escapatoria *f*.
**loose** (lös) *adj* suelto; flojo; **~ly** *adv* aproximadamente.
**loosen** (lö´s*e*n) *vt* aflojar.
**loot** (löt) *vt* saquear; • *n* botín *m*.
**lop** (lop) *vt* cortar, podar, eliminar.
**lope** (lōp) *vi* trotar.
**lop-sided** (lop´sī´did) *adj* desequilibrado, torcido, chueco, asimétrico, desigual.
**loquacious** (lō kwā´shus) *adj* locuaz.
**loquacity** (lō kwas´i tē) *n* locuacidad *f*.
**lord** (lärd) *n* señor *m*.
**lordly** (lärd´lē) *adj* arrogante; señorial.
**lore** (lōr) *n* saber popular *m*.
**lorry** (lär´ē) *n* camión *m*.
**lose** (löz) *vt* perder; • *vi* perder.
**loss** (läs, los) *n* pérdida *f*; **to be at a ~** no saber qué hacer.
**lost** (läst, lost) *adj* perdido.
**lost and found** *n* objetos perdidos *mpl*.
**lot** (lot) *n* suerte *f*; lote *m*; **a ~** mucho.
**lotion** (lō´sh*a*n) *n* loción *f*.
**lottery** (lot´*e* rē) *n* lotería, rifa *f*.
**loud** (loud) *adj* fuerte; **~ly** *adv* fuerte.
**loudspeaker** (loud´spē´´kėr) *n* altavoz *m*.
**lounge** (lounj) *n* salón *m*.
**louse** (lous) (*pl* **lice**) *n* piojo *m*.
**lousy** (lou´zē) *adj* vil; de pésima calidad.
**lout** (lout) *n* patán *m*.
**lovable** (luv´*a* bl) *adj* amable, adorable.

**love** (luv) *n* amor, cariño *m*; **to fall in ~** enamorarse; • *vt* amar; gustar.
**love affair** *n* romance *m; amoríos mpl.*
**love letter** *n* carta de amor *f.*
**love life** *n* vida sentimental *f.*
**loveliness** *n* belleza *f*, encanto *m.*
**lovely** (luv'lē) *adj* encantador.
**lover** (luv'ėr) *n* amante *m.*
**love-sick** (luv'sik'') *adj* enamorado.
**loving** (luv'ing) *adj* amoroso.
**low** (lō) *adj* bajo; • *vi* mugir.
**low-cut** *adj* escotado.
**lower** (lō'ėr) *adj* más bajo; • *vt* bajar.
**lowest** *adj* más bajo, ínfimo.
**low-grade** *adj* de baja calidad.
**lowland** (lō'l*a*nd) *n* tierra baja *f.*
**lowliness** *n* humildad *f.*
**lowly** (lō'lē) *adj* humilde.
**low-necked** (lō'nekt') *adj* escotado.
**low-water** *n* baja mar *f.*
**loyal** (loi'*a*l) *adj* leal; fiel; **~ly** *adv* lealmente.
**loyalty** *n* lealdad *f*, fidelidad *f.*
**lozenge** (loz'inj) *n* pastilla *f.*
**lubricant** (lö'br*i* k*a*nt) *n* lubricante *m.*
**lubricate** (lö'br*i* kāt'') *vt* lubricar.
**lucid** (lö'sid) *adj* lúcido.
**luck** (luk) *n* suerte *f*, fortuna *f.*
**luckily** (luk'*i* lē) *adv* afortunadamente.
**luckless** (luk'lis) *adj* desdichado.
**lucky** (luk'ē) *adj* afortunado.
**lucrative** (lö'kr*a* tiv) *adj* lucrativo.
**ludricrous** (lö'd*i* krus) *adj* absurdo.
**lug** (lug) *vt* arrastrar.
**luggage** (lug'ij) *n* equipaje *m.*
**lugubrious** (l*ü* gö'brē us, l*ü* gū'brē us) *adj* lúgubre, triste.
**lukewarm** (lök'wärm') *adj* tibio, poco entusiasta.
**lull** (lul) *vt* acunar, arrullar; • *n* tregua *f.*
**lullaby** (lul'*a* bī'') *n* nana, canción de cuna *f.*
**lumbago** (lum bā'gō) *n* lumbago *m.*
**lumber** (lum'bėr) *n* madera. • *vt* endilgar, abarrotar, atestar.
**lumberjack** (lum'bėr jak'') *n* maderero *m.*
**luminous** (lö'm*i* nus) *adj* luminoso.
**lump** (lump) *n* terrón *m*; bulto *m*; chichón *m*; • *vt* juntar.
**lump sum** *n* suma global *f.*
**lumpy** (lum'pē) *adj* lleno de grumos.
**lunacy** (lö'n*a* sē) *n* locura *f.*
**lunar** (lö'nėr) *adj* lunar.
**lunatic** (lö'n*a* tik) *adj* loco.
**lunch, luncheon** (lunch; lun'ch*o*n) *n* merienda *f.*
**lung** (lung) *n* pulmón *m.*
**lurch** (lürch) *n* sacudida *f.*
**lure** (lür) *n* señuelo *m*; cebo *m*; • *vt* inducir.
**lurid** (lür'id) *adj* sensacional, escabroso, morboso.
**lurk** (lürk) *vi* esconderse, asechar, merodear.
**luscious** (lush'us) *adj* delicioso, cautivador, seductor.
**lush** (lush) *adj* exuberante, suntuoso.
**lust** (lust) *n* lujuria, sensualidad *f*, concupiscencia *f*; • *vi* lujuriar; to ~ **after** *vt* codiciar.
**luster** (lus'tėr) *n* lustre *m.*
**lustful** (lust'f*u*l) *adj* lujurioso, voluptuoso; **~ly** *adv* lujuriosamente.
**lustily** *adv* vigorosamente.
**lusty** (lus'tē) *adj* fuerte, vigoroso.

**lute** (löt) *n* laúd *m.*
**Lutheran** (lö´thėr *a*n) *n* luterano *m.*
**luxuriance** *n* exuberancia, superabundancia *f.*
**luxuriant** (lug zhür´ē *a*nt, luk shür´ē *a*nt) *adj* exuberante, superabundante.
**luxuriate** (lug zhür´ē āt, lug shür´ē āt) *vi* crecer con exuberancia.
**luxurious** (lug zhür´ē us, lug shür´ē us) *adj* lujoso; **~ly** *adv* lujosamente.
**luxury** (luk´sh*a* rē, lug´zh*a* rē) *n* lujo, *m*; exuberancia *f.*
**lying** (lī´ing) *n* acto de mentir *m*; mentira *f.*
**lymph** (limf) *n* linfa *f.*
**lynch** (linch) *vt* linchar, ajusticiar al reo en el acto el populacho.
**lynx** (lingks) *n* lince *m.*
**lyrical** (lir´ik *a*l) *adj* lírico.
**lyrics** (lir´iks) *npl* letra de canción *f.*

# M

**macabre, macaber** (m*a* kab′r*e*, m*a* käb′re) *adj* macabro, siniestro *m*
**macaroni** (mak″*a* rō′nē) *n* macarrones *mpl.*
**macaroon** (mak″*a* rōn′) *n* almendrado *m.*
**mace** (mās) *n* maza *f.*
**macerate** (mas′*e* rāt″) *vt* macerar; ablandar.
**machination** (mak′*i* nā′sh*a*n) *n* maquinación, trama *f.*
**machine** (m*a* shēn′) *n* máquina *f,* aparato *m.*
**machine gun** *n* ametralladora *f.*
**machinelike** *adj* parecido a una máquina.
**machinery** (m*a* shē′n*e* rē) *n* maquinaria, mecánica *f,* sistema, organización.
**machinist** (m*a* shē′nist) *n* mecánico, maquinista, tramoyista.
**mackerel** (mak′ėr *e*l) *n* caballa *m.*
**mad** (mad) *adj* loco, furioso, rabioso, insensato; **like ~** como loco, intensamente; **to go ~** volverse loco.
**madam** (mad′*a*m) *n* señora, encargada de un prostíbulo *f.*
**madame** (mad′*a*m, m*a* dam′, m*a* däm) *n* se aplica a damas extranjeras o diplomáticas, cantantes, etc.
**mad brained** *adj* precipitado, irreflexivo.
**madden** (mad′*e*n) *vt* enloquecer.
**madder** (mad′ėr) *n* (*bot*) rubia *f.*
**made up** (mād′up′) *adj* fraguado, artificial.
**madhouse** (mad′hous″) *n* casa de locos *f.*
**madly** (mad′lē) *adv* como un loco.
**madman** (mad′man, mad′m*a*n) *n* loco *m.*
**madness** (mad′nis) *n* locura *f.*
**maelstrom** (māl′str*o*m) *n* remolino *m,* torbellino de pasiones *m.*
**magazine** (mag″*a* zēn′, mag′*a* zēn″) *n* revista *f*; almacén *m.*
**maggot** (mag′*o*t) *n* gusano *m.*
**magic** (maj′ik) *n* magia *f*; • *adj* mágico; **~ally** *adv* mágicamente.
**magician** (m*a* j ish′*a*n) *n* mago *m*; prestidigitador *m.*
**magisterial** (maj″i stēr′ē *a*l) *adj* magistral; **~ly** *adv* magistralmente.
**magistracy** (maj′i str*a* sē) *n* magistratura *f.*
**magistrate** (maj′i strāt″, maj′i strit) *n* magistrado *m.*
**magnanimity** (mag″n*a* nim′i tē) *n* magnanimidad *f.*
**magnanimous** (mag nan′*i* mus) *adj* magnánimo; **~ly** *adv* magnánimamente.
**magnet** (mag′nit) *n* imán *m.*
**magnetic** (mag net′ik) *adj* magnético.
**magnetism** (mag′ni tiz″*u*m) *n* magnetismo *m.*
**magnificence** (mag nif′*i* s*e*ns) *n* magnificencia *f.*
**magnificent** (mag nif′*i* s*e*nt) *adj* magnífico; **~ly** *adv.*
**magnify** (mag′n*i* fī″) *vt* aumentar; exagerar.
**magnifying glass** *n* lupa *f.*
**magnitude** (mag′ni töd″) *n* magnitud *f*; **of the first ~** de suma importancia.
**magpie** (mag′pī″) *n* urraca *f.*
**mahogany** (m*a* hog′*a* nē) *n* caoba *f.*

**maid** (mād) *n* criada, doncella, virgen *f.*
**maiden** (mād'*e*n) *n* doncella, joven soltera *f.*
**maiden name** *n* nombre de soltera *m.*
**mail** (māl) *n* correo *m,* **by return ~,** na vuelta de correo.
**mailbox** (māl'boks) *n* buzón *m.*
**mail coach** *n* diligencia *f.*
**mailer** (mā'lėr) *n* remitente
**mailing list** *n* lista de direcciones *f.*
**mail-order** *n* venta por correo *f.*
**mail train** *n* (*rail*) tren correo *m.*
**maim** (mām) *vt* mutilar.
**main** (mān) *adj* principal; esencial; **in the ~** en general.
**mainland** (mān'land'', mān'l*a*nd) *n* continente *m.*
**main-line** *n* (ferrocarril) línea principal *f.*
**mainly** (mān'lē) *adv* principalmente.
**mainstay** (mān'stā'') *n* (fig) sostén, soporte principal.
**main street** *n* calle principal *f.*
**maintain** (mān tān') *vt* mantener; sostener, afirmar.
**maintenance** (mān'te n*a*ns) *n* mantenimiento, cuidado, limpieza *m.*
**maize** (māz) *n* maíz *m.*
**majestic** (m*a* jes'tik) *adj* majestuoso; **~ally** *adv* majestuosamente.
**majesty** (maj'i stē) *n* majestad *f.*
**major** (mā'jėr) *adj* principal; • *n* (*mil*) comandante *m.*
**majority** (m*a* jär'i tē, m*a* jor'i tē) *n* mayoría (der) mayoría de edad *f.* **the great ~,** la mayoría de la gente.
**make** (māk) *vt* hacer, crear, construir, confeccionar; **to ~ for** dirigirse a; **to ~ up** inventar; **to ~ up for** compensar; **~ a point of** hacer hincapié; **~ friends** hacer amigos; **~ known** dar a conocer, publicar • *n* marca, hechura, figura, estructura *f.*
**make-believe** (māk'bi lēv') *n* invención *f.* artificio, engaño *m.*
**maker** (mā'kėr) *n* constructor, fabricante *n.*
**makeshift** (māk'shift'') *adj* improvisado.
**make-up** (māk'up'') *n* maquillaje *m.*
**make-up remover** *n* desmaquillante *m.*
**making** (mā'king) *n* hechura, fabricación, **in the ~,** en formación, en preparación.
**malady** (mal'*a* dē) *n* enfermedad *f.*
**malaise** (ma lāz') *n* malestar *m* indisposición *f.*
**malapert** (mal'*a* pert'') *n* atrevido imprudente.
**malaria** (m*a* lâr'ē *a*) *n* malaria *f.*
**malcontent** (mal'kon tent'') *adj, n* descontento, revoltoso *m.*
**male** (māl) *adj* masculino; • *n* macho *m.*
**malevolence** (m*a* lev'*o* lens) *n* malevolencia *f.*
**malevolent** (m*a* lev'*o* lent) *adj* malévolo; **~ly** *adv* malignamente.
**malfunction** (mal fungk'sh*a*n) *n* mal funcionamiento *m.*
**malice** (mal'is) *n* malicia *f.*
**malicious** (m*a* lish'us) *adj* malicioso; **~ly** *adv* maliciosamente.
**malign** (m*a* līn') *adj* maligno; • *vt* calumniar.
**malignant** (m*a* lig'n*a*nt) *adj* maligno; **~ly** *adv* malignamente.
**malinger** (m*a* ling'gėr) *vi* fingirse enfermo.
**mall** (mäl, mäl, mal) *n* centro comercial *m.*
**malleable** (mal'ē *a* bl) *adj* maleable.

**mallet** (mal′it) *n* mazo *m*.
**mallows** (mal′ō) *n* (*bot*) malva *f*.
**malnutrition** (mal′′nö trish′*a*n, mal′′ nū trish′*a*n) *n* desnutrición *f*.
**malodor** (mal ō′dėr) *n* fetidez, hedor.
**malpractice** (mal prak′tis) *n* negligencia *f*, acto contrario a la ética (profesional) *m*.
**malt** (mält) *n* malta *f*.
**maltreat** (mal trēt′) *vt* maltratar.
**mammal** (mam′*a*l) *n* mamífero *m*.
**mammary gland** *n* glándula mamaria *f*.
**mammoth** (mam′*o*th) *adj* gigantesco; *n* mamut.
**man** (man) *n* hombre, esposo, sirviente *m*; • *vt* (*mar*) tripular, dotar de personal; **best ~** padrino de boda; **I am your ~** puede contar conmigo.
**manacle** (man′*a* kl) *n* manilla *f*; **~s** esposas *fpl*.
**manage** (man′ij) *vt, vi* manejar, dirigir.
**manageable** (man′i j*a* bl) *adj* manejable.
**management** (man′ij ment) *n* dirección *f*.
**manager** (man′i jer) *n* director *m*.
**manageress** (man′i jer is) *n* directora *f*.
**managerial** (man′′i jēr′ē *a*l) *adj* directivo.
**managing director** *n* director general *m*.
**mandarin** (man′d*a* rin) *n* mandarina *f*.
**mandate** (man′dāt, man′dit) *n* mandato *m*.
**mandatory** (man′d*a* tōr′′ē) *n* obligatorio.
**mane** (mān) *n* crines del caballo *fpl*.
**maneuver** (m*a* nö′vėr) *n* maniobra *f*.
**manfully** (man′f*u*l′′ē) *adv* valerosamente.
**manger** (mān′jėr) *n* pesebre *m*.
**mangle** (mang′gl) *n* rodillo *m*; • *vt* mutilar.
**mangy** (mān′jē) *adj* sarnoso.
**manhandle** (man′han′′dl, man han′dl) *vt* mover a mano, maltratar.
**manhood** (man′hüd) *n* edad viril *f*.
**man-hour** (man′our′′, man′ou′′ėr) *n* hora hombre *f*.
**mania** (mā′nē *a*, mān′y*a*) *n* manía *f*.
**maniac** (mā′nē ak′′) *n* maníaco *m*.
**manic** (man′ik, mā′nik) *adj* frenético.
**manicure** (man′*i* kūr) *n* manicura *f*.
**manifest** (man′*i* fest′′) *adj* manifiesto, patente; • *vt* manifestar.
**manifestation** (man′′*i* fe stā′sh*a*n) *n* manifestación *f*.
**manifesto** (man′′*i* fes′tō) *n* manifiesto *m*.
**manipulate** (m*a* nip′ū lāt′′) *vt* manejar.
**manipulation** (m*a* nip′′ū lā′sh*a*n) *n* manipulación *f*.
**mankind** (man′′kīnd′, man′kīnd′′) *n* género humano *m*.
**manlike** (man′līk′′) *adj* varonil.
**manliness** (man′lē nis) *n* valentía *f*; valor *m*.
**manly** (man′lē) *adj* varonil.
**man-made** (man′mād) *n* artificial
**manner** (man′ėr) *n* manera *f*; modo *m*; forma *f*; **~s** *pl* modales *mpl*.
**mannerism** (man′*e* riz′′*u*m) *n* amaneramiento, hábito *m*.
**manpower** (man′pou′′ėr) *n* mano de obra *f*.
**mansion** (man′sh*a*n) *n* palacio *m*.

**manslaughter** (man′slä′′tėr) *n* homicidio (sin premeditación) *m.*
**mantelpiece** (man′tel pēs′′) *n* repisa de chimenea *f.*
**manual** (man′ū *a*l) *adj, n* manual *m.*
**manufacture** (man′′ū fak′chėr) *n* fabricación *f*; • *vt* fabricar.
**manufacturer** *n* fabricante *m.*
**manure** (m*a* nūr′, m*a* nūr′) *n* abono *m*; estiércol *m*; fiemo *m*; • *vt* abonar.
**manuscript** (man′ū skript′′) *n* manuscrito *m.*
**many** (men′ē) *adj* muchos, muchas; ~ **a time** muchas veces; **how** ~? ¿cuántos? **as** ~ **as** tantos como.
**map** (map) *n* mapa *m*; • *vt* planear, trazar el mapa de; **to** ~ **out** proyectar.
**maple** (mā′pl) *n* arce *m.*
**mar** (mar) *vt* estropear.
**marathon** (mar′*a* thon′′, mar′*a* thon) *n* maratón *m.*
**marauder** (ma räd′ėr) *n* merodeador *m.*
**marble** (mär′bl) *n* mármol *m*; • *adj* marmóreo.
**March** (märch) *n* marzo *m.*
**march** (märch) *n* marcha *f*; • *vi* marchar.
**marchpast** (märch′past′′) *n* desfile *m.*
**mare** (mâr) *n* yegua *f.*
**margarine** (mär′jėr in) *n* margarina *f.*
**margin** (mär′jin) *n* margen *m*; borde *m.*
**marginal** (mär′ji nal) *adj* marginal.
**marigold** (mar′*i* gōld′′) *n* (*bot*) caléndula *f.*
**marijuana** (mar′′*i* wä′n*a*, mar′′*i* hwä′n*a*) *n* marihuana *f.*
**marinate** (mar′*i* nāt′′) *vt* adobar.
**marine** (m*a* rēn′) *adj* marino; • *n* soldado de marina *m.*
**mariner** (mar′*i* nėr) *n* marinero *m.*
**marital** (mar′i t*a*l) *adj* marital.
**maritime** (mar′i tīm′′) *adj* marítimo.
**marjoram** (mär′jėr *a*m) *n* mejorana *f.*
**mark** (märk) *n* marca, huella, mancha *f*; señal *f*; • *vt* marcar; **beyond the** ~ excesivo; **to leave one's** ~ dejar memoria de sí; **to toe the** ~ ponerse en la raya.
**marker** (mär′kėr) *n* registro *m.*
**market** (mär′kit) *n* mercado *m.*
**marketable** (mär′ki t*a* bl) *adj* vendible.
**marketing** (mär′ki ting) *n* mercadeo *m*; mercadotecnia *f.*
**marketplace** (mär′kit plās′′) *n* mercado *m.*
**market research** *n* análisis de mercados *m.*
**market value** *n* valor en el mercado *m.*
**marksman** (märks′m*a*n) *n* tirador *m.*
**marmalade** (mär′m*a* lād′′, mär′′ m*a* lād′) *n* mermelada de naranja *f.*
**maroon** (m*a* rön) *adj* marrón.
**marquee** (mär kē′) *n* entoldado *m.*
**marriage** (mar′ij) *n* matrimonio *m*; casamiento *m.*
**marriageable** (mar′i j*a* bl) *adj* casadero.
**marriage certificate** *n* partida de casamiento *f.*
**married** (mar′ēd) *adj* casado; conyugal.
**marrow** (mar′ō) *n* médula *f.*
**marry** (mar′ē) *vi* casar(se).
**marsh** (märsh) *n* pantano *m.*

**marshal** (mär'sh*a*l) *n* alguacil *m.*
**marshy** (mär'shē) *adj* pantanoso.
**mart** (märt) *n* mercado, centro comercial *m.*
**marten** (mär'ten) *n* marta *f.*
**martial** (mär'sh*a*l) *adj* marcial; ~ **law** *n* ley marcial *f.*
**martyr** (mär'tėr) *n* mártir *m.*
**martyrdom** *n* martirio *m.*
**marvel** (mär'vel) *n* maravilla *f;* • *vi* maravillar(se).
**marvelous** (mär'v*e* lus) *adj* maravilloso; ~**ly** *adv* maravillosamente.
**marzipan** (mär'z*i* pan'') *n* mazapán *m.*
**mascara** (ma skar''*a*) *n* rimel, cosmético para pestañas *m.*
**masculine** (mas'kū lin) *adj* masculino, varonil.
**mash** (mash) *n* mezcla *f.*
**mask** (mask, mäsk) *n* máscara *f;* • *vt* enmascarar.
**masochist** (mas'*o* kist'') *n* masoquista *m.*
**mason** (mā's*o*n) *n* albañil *m.*
**masonry** (mā's*o*n rē) *n* mampostería *f.*
**masquerade** (mas''k*e* rād') *n* mascarada *f.*
**mass** (mas) *n* masa *f;* misa *f;* montón *m.*
**massacre** (mas'*a* kėr) *n* carnicería, matanza *f;* • *vt* hacer una carnicería.
**massage** (m*a* säzh', m*a* säj') *n* masaje *m.*
**masseur** (m*a* sür') *n* masajista *m.*
**masseuse** (m*a* sös, m*a* söz') *n* masajista *f.*
**massive** (mas'iv) *adj* enorme.
**mass-media** *npl* medios de comunicación masiva *mpl.*
**mast** (mast, mäst) *n* mástil *m.*
**master** (mas'tėr, mäs'tėr) *n* amo, dueño *m;* maestro *m;* • *vt* dominar; **to be ~ of** tener a disposición.
**masterly** *adj* magistral.
**mastermind** (mas'tėr mīnd'') *vt* dirigir; • *n* genio, creador.
**masterpiece** (mas'tėr pēs'', mä'stėr pēs'') *n* obra maestra *f.*
**mastery** (mas't*e* rē, mä st*e* rē) *n* maestría *f.*
**masticate** (mas't*i* kāt'') *vt* masticar.
**mastiff** (mas'tif, mä'stif) *n* mastín *m.*
**mat** (mat) *n* estera *f;* felpudo *m.*
**match** (mach) *n* fósforo *m*, cerilla *f;* partido *m;* • *vt* igualar; • *vi* hacer juego.
**match box** *n* caja de fósforos *f.*
**matchless** (mach'lis) *adj* incomparable, sin par.
**matchmaker** (mach'mā''kėr) *n* casamentero *m.*, celestina *f.*
**mate** (māt) *n* compañero *m;* • *vt* acoplar.
**material** (m*a* tēr'ē *a*l) *adj* material; *n* materia.
**materialism** (m*a* tēr'ē *a* liz'*u*m) *n* materialismo *m.*
**maternal** (m*a* tür'n*a*l) *adj* maternal.
**maternity dress** (m*a* tür'ni tē dres) *n* vestido de maternidad *m.*
**maternity hospital** *n* hospital de maternidad *m.*
**math** *n* = abrev de **mathematics**.
**mathematical** (math''*i* mat'*i* k*a*l) *adj* matemático; ~**ly** *adv* matemáticamente.
**mathematician** (math''*e* m*a* tish'*a*n) *n* matemático *m.*
**mathematics** (math''*e* mat'iks) *npl* matemáticas *fpl.*
**matinée** (mat''*i* nā) *n* función de la tarde *f.*

**mating** (māt´ing) *n* emparejamiento *m.*
**matins** (mat´*i*ns, mat´ins) *npl* maitines *mpl.*
**matriculate** (m*a* trik´ū lāt´´) *vt* matricular.
**matriculation** *n* matriculación *f.*
**matrimonial** (ma´´tr*i* mō´nē *a*l) *adj* matrimonial.
**matted** (mat´id) *adj* enmarañado.
**matter** ( mat´ėr) *n* materia, sustancia *f*; asunto *m*; cuestión *f*; **what is the ~**? ¿qué pasa? **As a ~ of fact** de hecho; • *vi* importar.
**mattress** (ma´tris) *n* colchón *m.*
**mature** (m*a* tūr´, m*a* tūr´, m*a* chūr´) *adj* maduro; • *vt* madurar.
**maturity** (m*a* tūr´i tē, m*a* tūr´i tē) *n* madurez *f.*
**maul** (mäl) *vt* magullar.
**mausoleum** (mä´´s*o* lē´*u*m) *n* mausoleo *m.*
**mauve** (mōv) *adj* de color malva.
**mawkish** (mä´kish) *adj* empalagoso; sensiblero.
**maxim** (mak´sim) *n* máxima *f.*
**maximum** (mak´s*i* m*u*m) *n* máximo *m.*
**may** (mā) *vi* poder; ~ **be** acaso, quizá.
**May** (mā) *n* mayo *m.*
**Mayday** *n* primero de mayo *m.*
**mayonnaise** (mā´´*o* nāz´, mā´*o* nāz´´) *n* mayonesa *f.*
**mayor** (mā´ėr) *n* alcalde *m.*
**mayoress** (mā´ėr is, mâr´is) *n* alcaldesa *f.*
**maze** (māz) *n* laberinto *m.*
**me** (mē) *pn* me; mí.
**meadow** (med´ō) *n* pradera *f*; prado *m.*
**meager** (mē´gėr) *adj* pobre.
**meagerness** *n* escasez *f.*
**meal** (mēl) *n* comida *f*; harina *f.*
**meal time** *n* hora de comer *f.*
**mean** (mēn) *adj* tacaño; **in the ~time** mientras tanto; **~s** *npl* medios *mpl*; • *vt, vi* significar.
**meander** (mē an´dėr) *vi* serpentear *adj* camino tortuoso.
**meaning** (mē´ning) *n* sentido, significado *m.*
**meaningful** (mē´ning f*u*l) *adj* significativo.
**meaningless** (mē´ning lis) *adj* sin sentido.
**meanness** *n* tacañería *f.*
**meantime, meanwhile** (mēn´tīm´´; mēn´hwīl´´, mēn´wīl´´) *adv* mientras tanto.
**measles** (mē´zelz) *npl* sarampión *m.*
**measure** (mezh´ėr) *n* medida, cantidad *f*; (*mus*) compás *m*; • *vt* medir **to take measures** tomar medidas (necesarias).
**measurement** (mezh´ėr m*e*nt) *n* medida *f.*
**meat** (mēt) *n* carne *f.*
**meatball** *n* albóndiga *f.*
**meaty** (mē´tē) *adj* sustancioso.
**mechanic** (m*e* kan´ik) *n* mecánico *m.*
**mechanical** (m*e* kan´i k*a*l) *adj* mecánico; **~ly** *adv* mecánicamente.
**mechanics** (m*e* kan´iks) *npl* mecánica *f.*
**mechanism** (mek´*a* niz´*u*m) *n* mecanismo *m.*
**medal** (med´*a*l) *n* medalla *f.*
**medalist** (med´*a* list) *n* medallista *m.*
**medallion** (m*e* dal´y*a*n) *n* medallón *m.*
**meddle** (med´l) *vi* entrometerse.
**meddler** *n* entrometido *m.*
**media** (mē´dē *a*) *npl* medios de comunicación *mpl.*

**median (strip)** (mē´dē *a*n strip´´) *n* mediana *f*; valor medio *m*.
**mediate** (mē´dē it) *vi* mediar.
**mediation** (mē´´dē ā´sh*a*n) *n* mediación, interposición *f*.
**mediator** (mē´dē ā´´tėr) *n* intermediario *m*.
**medical** (med´i k*a*l) *adj* médico.
**medicate** (med´*i* kāt´´) *vt* medicinar.
**medicated** *adj* medicinal.
**medicinal** (m*e* dis´*i* n*a*l) *adj* medicinal.
**medicine** (med´i sin) *n* medicina *f*, medicamento *m*.
**medieval** (mē´dē ē´v*a*l, med´ē ē´v*a*l, mid ē´v*a*l) *adj* medieval.
**mediocre** (mē´´dē ō´kėr, mē´dē ō´´kėr) *adj* mediocre.
**mediocrity** (mē´´dē ok´ri tē) *n* mediocridad *f*.
**meditate** (med´i tāt´´) *vi* meditar.
**meditation** (med´´i tā´sh*a*n) *n* meditación *f*.
**meditative** (med´i tā´´tiv) *adj* contemplativo.
**Mediterranean** (med´´i t*e* rā´nē *a*n) *adj* mediterráneo.
**medium** (mē´dē *u*m) *n* medio *m*; • *adj* mediano.
**medium wave** *n* onda media *f*.
**medley** (med´lē) *n* mezcla, revoltijo *m*.
**meek** (mēk) *adj* manso; ~**ly** *adv* mansamente.
**meekness** (mēk´nis) *n* mansedumbre *f*.
**meet** (mēt) *vt* encontrar; **to ~ with** reunirse con; • *vi* encontrarse; juntarse.
**meeting** (mē´ting) *n* junta, reunión *f*; congreso *m*.
**megaphone** (meg´*a* fōn´´) *n* megáfono *m*.
**melancholy** (mel´*a*n kol´´ē) *n* melancolía *f*; • *adj* melancólico.
**mellow** (mel´ō) *adj* maduro; suave; dulce; añejo • *vi* madurar, ablandar, endulzar, añejar.
**mellowness** (mel´ō nis) *n* suavidad, melocidad, madurez *f*.
**melodious** (m*e* lō´dē *u*s) *adj* melodioso; ~**ly** *adv* melodiosamente.
**melody** (mel´*o* dē) *n* melodía *f*.
**melon** (mel´*o*n) *n* melón *m*.
**melt** (melt) *vt* derretir; • *vi* derretirse; ~ **into tears** deshacerse en lágrimas.
**melting point** *n* punto de fusión *m*.
**member** (mem´bėr) *n* miembro *m*.
**membership** (mem´bėr ship´´) *n* número de miembros *m*.
**membrane** (mem´brān) *n* membrana *f*.
**memento** (m*e* men´tō) *n* memento *m*.
**memo** (mem´ō) *n* memorándum *m*.
**memoir** (mem´wär, mem´w*ä*r) *n* memoria, autobiografía *f*.
**memorable** (mem´ėr *a* bl) *adj* memorable.
**memorandum** (mem´´*o* ran´d*u*m) *n* memorándum *m*.
**memorial** (m*e* mōr´ē *a*l) *n* monumento conmemorativo *m*.
**memorize** (mem´*o* rīz´´) *vt* aprender de memoria.
**memory** (mem´*o* rē) *n* memoria *f*; recuerdo *m*.
**memory book** *n* libreta de apuntes *f*.
**menace** (men´is) *n* amenaza *f*, • *vt* amenazar.
**menacing** *adj* amenazador.
**menagerie** (m*e* naj´*e* rē, m*e* nazh´*e* rē) *n* parque zoológico *m*; colección de animales *f*.
**mend** (mend) *vt* reparar.

**mendaciousness** (men dā´shus nis) *n* mendacidad, costumbre de mentir *f.*
**mending** (mend´ing) *n* reparación *f.*
**menial** (mē´nē *a*l) *adj* servil, humilde, doméstico.
**menially** *adj* servilmente.
**meningitis** (men´´in jī´tis) *n* meningitis *f.*
**menopause** (men´*o* päz´´) *n* menopausia *f.*
**menstruation** (men´´strö ā´sh*a*n) *n* menstruación *f.*
**mental** (men´t*a*l) *adj* mental, intelectual.
**mentality** (men tal´i tē) *n* mentalidad *f.*
**mentally** *adv* mentalmente, intelectualmente.
**mention** (men´sh*a*n) *n* mención *f*; • *vt* mencionar; **don't ~ it** no hay de qué.
**mentor** (men´tėr) *n* mentor *m.*
**menu** (men´ū, mā´nū) *n* menú *m*; carta *f.*
**mercantile** (mür´k*a*n tēl´´, mür´k*a*n tīl´´) *adj* mercantil.
**mercenary** (mür´s*e* ner´´ē) *adj, n* mercenario *m.*
**merchandise** (mür´ch*a*n dīz´´, mür´ch*a*n dīs´´) *n* mercancía *f.*
**merchant** (mür´ch*a*nt) *n* comerciante *m.*
**merchantman** (mür´ch*a*nt m*a*n) *n* navío mercantil, barco mercante *m.*
**merchant marine** *n* marina mercante *f.*
**merciful** (mür´si f*u*l) *adj* compasivo.
**merciless** (mür´si lis) *adj* despiadado; **~ly** *adv* despiadadamente.
**mercury** (mür´kū rē) *n* mercurio *m.*
**mercy** (mür´sē) *n* compasión *f.*
**mere** (mēr) *adj* mero; **~ly** *adv* simplemente.
**merge** (mürj) *vt* fundir.
**merger** (mür´jėr) *n* fusión, incorporación *f.*
**meridian** (m*e* rid´ē *a*n) *n* meridiano *m.*
**meringue** (m*e* rang´) *n* merengue *m.*
**merit** (mer´it) *n* mérito *m*; • *vt* merecer.
**meritorious** (mer´´i tōr´ē us) *adj* meritorio.
**mermaid** (mür´mād´´) *n* sirena (mitología) *f.*
**merrily** *adv* alegremente.
**merriment** (mer´i m*e*nt) *n* diversión *f*; regocijo *m.*
**merry** (mēr´ē) *adj* alegre.
**Merry Christmas** Feliz Navidad.
**merry-go-round** (mer´ē gō round´´) *n* tiovivo *m.*
**mesh** (mesh) *n* malla *f.*
**mesmerize** (mez´m*e* rīz´´, mes´m*e* rīz´´) *vt* hipnotizar.
**mess** (mes) *n* lío *m*; (*mil*) comedor *m*; **to ~ up** *vt* desordenar.
**message** (mes´ij) *n* mensaje *m* **to get the ~** captar la insinuación.
**messenger** (mes´*e*n jėr) *n* mensajero *m.*
**messy** (mes´ē) *adj* desordenado; chapucero.
**metabolism** (m*e* tab´*o* liz´*u*m) *n* metabolismo *n.*
**metal** (met´*a*l) *n* metal *m.*
**metallic** (m*e* tal´ik) *adj* metálico.
**metallurgy** (met´*a* lür´´jē) *n* metalurgia *f.*
**metamorphosis** (met´´*a* mär´f*o* sēz) *n* metamorfosis *f.*
**metaphor** (met´*a* fär´´, met´*a* fėr) *n* metáfora *f.*

**metaphoric(al)** (met′′*a* fär′i k*a*l, met′′*a* for′i k*a*l) *adj* metafórico.
**metaphysical** (met′′*a* fiz′ik *a*l) *adj* metafísico.
**metaphysics** (met′′*a* fiz′iks) *npl* metafísica *f.*
**meteor** (mē′tē ėr) *n* meteoro *m.*
**meteorological** *adj* meteorológico.
**meteorology** (mē′′tē *o* rol′*o* jē) *n* meteorología *f.*
**meter** (mē′tėr) *n* medidor *m*; metro *m.*
**method** (meth′*o*d) *n* método *m.*
**methodical** (m*e* thod′i k*a*l) *adj* metódico; ~**ly** *adv* metódicamente.
**Methodist** (meth′*o* dist) *n* metodista *m.*
**metric** (me′trik) *adj* métrico.
**metropolis** (m*e* trop′*o* lis) *n* metrópoli *f.*
**metropolitan** (me′′tr*o* pol′i t*a*n) *adj* metropolitano.
**mettle** (met′l) *n* temple, fortaleza *f*, valor, brío *m.*
**mettlesome** (met′l s*o*m) *adj* brioso.
**mew** (mū) *vi* maullar.
**Mexican** (mek′s*i* k*a*n) *n* mexicano.
**mezzanine** (mez′*a* nēn′′, mez′′*a* nēn′) *n* entresuelo *m.*
**microbe** (mī′krōb) *n* microbio *m.*
**microchip** (mī′krō chip′′) *n* microplaqueta *f.*
**microphone** (mī′kr*o* fōn′′) *n* micrófono *m.*
**microscope** (mī′kr*o* skōp′′) *n* microscopio *m.*
**microscopic** (mī′′kr*o* skop′ik) *adj* microscópico.
**microwave** (mī′krō wāv′′) *n* horno microondas *m.*
**mid** (mid) *adj* medio.
**mid-day** (mid′dā′′) *n* mediodía *m.*
**middle** (mid′l) *adj* medio; • *n* medio, centro *m.*
**middle name** *n* segundo nombre *m.*
**middleweight** (mid′l wāt′′) *n* peso medio *m.*
**middling** (mid′ling) *adj* mediano.
**midge** (mij) *n* mosca *f.*
**midget** (mij′it) enano *m.*
**midnight** (mid′nīt′′) *n* medianoche *f.*
**midriff** (mid′rif) *n* diafragma *m.*
**midst** (midst) *n* medio, centro *m.*
**midsummer** (mid′sum′ėr) *n* pleno verano *m.*
**midway** (mid′wā′′) *adv* a medio camino.
**midwife** (mid′wīf′′) *n* partera *f.*
**midwifery** (mid′wī′′f*e* rē, mid′wīf′′rē) *n* obstetricia *f.*
**might** (mīt) *n* poder *m*; fuerza *f.*
**mighty** (mī′tē) *adj* fuerte.
**migraine** (mī′grān) *n* jaqueca *f.*
**migrate** (mī′grāt) *vi* emigrar.
**migration** (mī grā′sh*a*n) *n* emigración *f.*
**migratory** (mī′gr*a* tōr′′ē) *adj* migratorio.
**mike** (mīk) *n* micrófono *m.*
**mild** (mild) *adj* apacible; suave; ~**ly** *adv* suavemente.
**mildew** (mil′dö′′, mil′dū′′) *n* moho *m.*
**mildness** (mild′nis) *n* dulzura *f.*
**mile** (mīl) *n* milla *f.*
**mileage** (mī′lij) *n* kilometraje *m.*
**milieu** (mil ū′, mēl ū′) *n* ambiente *m.*
**militant** (mil′i t*a*nt) *adj* militante.
**military** (mil′i ter′′ē) *adj* militar.
**militate** (mil′i tāt′′) *vi* militar.
**militia** (mi lish′*a*) *n* milicia *f.*
**milk** (milk) *n* leche *f*; • *vt* ordeñar.
**milk shake** *n* batido *m*, malteada *f.*

**milky** (mil′kē) *adj* lechoso; **M~ Way** *n* Vía Láctea *f.*
**mill** (mil) *n* molino *m*; • *vt* moler.
**millennium** (mi len′ē *u*m) *n* milenio *m.*
**miller** (mil′ėr) *n* molinero *m.*
**millet** (mil′it) *n* (*bot*) mijo *m.*
**milligram** (mil′*i* gram′′) *n* miligramo *m.*
**milliliter** (mil′*i* lē′′tėr) *n* mililitro *m.*
**millimeter** (mil′*i* mē′′tėr) *n* milímetro *m.*
**milliner** (mil′*i* nėr) *n* sombrerero.
**millinery** (mil′*i* ner′′ē) *n* sombrerería *f.*
**million** (mil′y*o*n) *n* millón *m.*
**millionaire** (mil′′y*a* nâr′) *n* millonario *m.*
**millionth** (mil′y*o*nth) *adj, n* millonésimo.
**millstone** (mil′stōn′′) *n* piedra de molino *f.*
**mime** (mīm, mēm) *n* mimo *m.*
**mimic** (mim′ik) *vt* imitar.
**mimicry** (mim′ik rē) *n* mímica *f.*
**mince** (mins) *vt* picar.
**mind** (mīnd) *n* mente *f*; • *vt* cuidar; • *vi* molestar; **frame of ~** estado de ánimo; **to bring to ~** traer a la mente.
**minded** *adj* dispuesto, propenso.
**mindful** (mīnd′f*u*l) *adj* consciente.
**mindless** (mīnd′lis) *adj* sin motivo.
**mine** (mīn) *pn* mío, mía, mi; • *n* mina; • *vt* minar.
**minefield** (mīn′fēld′′) *n* campo de minas *m.*
**miner** (mī′nėr) *n* minero *m.*
**mineral** (min′ėr *a*l, min′r*a*l) *adj, n* mineral *m.*
**mineralogy** (min′′*e* rol′*a* jē, min′′*e* ral′*a* jē) *n* mineralogía *f.*
**mineral water** *n* agua mineral *f.*
**minesweeper** (mīn′swē′′pėr) *n* dragaminas *m.*
**mingle** (ming′l) *vt* mezclar.
**miniature** (min′ē *a* chėr, min′*a* chėr) *n* miniatura *f.*
**minify** (min′*i* fī′′) *vt* empequeñecer; disminuir.
**minimal** (min′*i* m*a*l) *adj* mínimo.
**minimize** (min′*i* mīz′′) *vt* minimizar.
**minimum** (min′*i* m*u*m) *n* mínimum *m.*
**mining** (mīn′ing) *n* explotación minera *f.*
**minion** (min′y*o*n) *n* favorito *m.*
**minister** (min′i stėr) *n* ministro *m*; • *vt* servir.
**ministerial** (min′′i stēr′ē *a*l) *adj* ministerial.
**ministry** (min′i strē) *n* ministerio *m.*
**mink** (mingk) *n* visón *m.*
**minnow** (min′ō) *n* vario *m* (pez).
**minor** (mī′nėr) *adj* menor; • *n* menor (de edad) *m.*
**minority** (mi n*ä*r′i tē, mi nor′i tē) *n* minoría *f.*
**minstrel** (min′str*e*l) *n* juglar *m.*
**mint** (mint) *n* (*bot*) menta *f*; casa de la moneda *f*; • *vt* acuñar.
**minus** (mī′n*u*s) *adv* menos.
**minuscule** (min′*u* skūl′′, mi nus′kūl) *n* (impr.) minúscula, letra minúscula.
**minute** (min′it) *adj* diminuto; **~ly** *adv* minuciosamente.
**minute** (mī nöt′, mī nūt′, mi nūt′) *n* minuto *m.*
**miracle** (mir′*a* kl) *n* milagro *m.*
**miraculous** (mi rak′ū lus) *adj* milagroso.
**mirage** (mi räzh′) *n* espejismo *m.*
**mire** (mīėr) *n* fango *m* *vt* enmarañar.

**mirky** (mürk'ē) *adj* turbio, *variación* de murky.
**mirror** (mir'ėr) *n* espejo *m.*
**mirth** (mürth) *n* alegría *f.*
**mirthful** (mürth'ful) *adj* alegre.
**misadventure** (mis''*a*d ven'chėr) *n* desgracia *f.*
**misaliance** (mis''*a* lī'*a*ns) *n* alianza desfavorable.
**misanthropist** (mis an'thr*o* pist) *n* misántropo *m.*
**misapply** (mis''*a* plī') *vt* aplicar mal.
**misapprehension** (mis''ap ri hen'sh*a*n) *n* error *m.*
**misarrangement** (mis''*a* rānj'm*e*nt) *n* desarreglo, desorden.
**misbehave** (mis''bi hāv') *vi* portarse mal.
**misbehavior** (mis''bi hāv'yėr) *n* mala conducta *f.*
**miscalculate** (mis kal'kū lāt'') *vt* calcular mal.
**miscarriage** (mis kar'ij) *n* aborto, acto equivocado *m.*
**miscarry** (mis kar'ē) *vi* abortar; malograrse.
**miscellaneous** (mis''*e* lā'nē us) *adj* varios, varias.
**miscellany** (mis'*e* lā''nē) *n* miscelánea *f.*
**mischief** (mis'chif) *n* mal, daño *m.*
**mischievous** (mis'ch*i* vus) *adj* dañoso; travieso.
**misconception** (mis''k*o*n sep'sh*a*n) *n* equivocación *f.*
**misconduct** (mis kon'dukt) *n* mala conducta *f.*
**misconstrue** (mis'k*o*n strö') *vt* interpretar mal.
**miscount** (mis kount') *vt* contar mal.
**miscreant** (mis'krē *a*nt) *n* malvado *m.*
**miscreate** (mis''krē āt') *vt* dar forma inapropiada.
**misdeed** (mis dēd') *n* delito *m.*
**misdemeanor** (mis''di mē'nėr) *n* delito *m.*
**misdirect** (mis''di rekt') *vt* dirigir mal.
**misease** (mis ēz') *n* incomodidad; angustia.
**miser** (mi'zėr) *n* avaro *m.*
**miserable** (mi'zėr *a* b l, miz'r*a* b l) *adj* miserable, infeliz.
**miserly** *adj* mezquino, tacaño.
**misery** (miz'*e* rē) *n* miseria *f.*
**misfeasance** (mis fē'z*a*ns) *n* transgresión; (der.) abuso de poder.
**misfit** (mis fit') *n* inadaptado *m.*
**misfortune** (mis fär'ch*a*n) *n* desgracia *f.*
**misgiving** (mis giv'ing) *n* recelo *m*; presentimiento *m.*
**misgovern** (mis guv'ėrn) *vt* gobernar mal.
**misguided** (mis gīd'id) *adj* equivocado.
**mishandle** (mis han'dl) *vt* manejar mal.
**mishap** (mis'hap, mis hap') *n* desgracia *f.*
**misinform** (mis''in färm') *vt* informar mal.
**misinterpret** (mis''in tür'prit) *vt* interpretar mal.
**misjudge** (mis juj') *vi* juzgar mal.
**mislay** (mis lā') *vt* extraviar.
**mislead** (mis lēd') *vt* engañar.
**mismanage** (mis man'ij) *vt* manejar mal, dirigir o administrar mal.
**mismanagement** (mis man'ij m*e*nt) *n* mala administración *f.*
**misnomer** (mis nō'mėr) *n* nombre inapropiado *m.*
**misogynist** (mi soj'*i* nist) *n* que detesta a las mujeres.

**misologist** (mi sol′*o* jist) *n* que detesta debatir.
**misplace** (mis plās′) *vt* extraviar.
**misprint** (mis print′) *vt* imprimir mal; • *n* errata *f.*
**misrepresent** (mis′′rep ri zent′) *vt* representar mal.
**miss** (mis) *n* señorita *f.*
**miss** (mis) *vt* perder; echar de menos.
**missal** (mis′*a*l) *n* misal *m.*
**misshape** (mis shāp′) *n, adj* deforme, *v* deformar.
**missile** (mis′*i*l) *n* misil *m.*
**missing** *adj* perdido; ausente.
**mission** (mish′*a*n) *n* misión *f.*
**missionary** (mish′*a* ner′′ē) *n* misionero *m.*
**misspelling** (mis spel′ing) *n* falta de ortografía.
**misspent** (mis spent′) *adj* disipado, mal gastado, despilfarrado.
**misstate** (mis stāt′) *vt* relatar mal.
**mist** (mist) *n* niebla *f.*
**mistake** (mi stāk′) *vt* entender mal; • *vi* equivocarse, engañarse; **to be mistaken** equivocarse; • *n* equivocación *f,* error *m.*
**Mister** (mis′tėr) *n* Señor *m.*
**mistily** (mis′tē lē) *adv* nebulosamente, vagamente.
**mistletoe** (mis′l tō′′) *n* (*bot*) muérdago *m.*
**mistress** (mis′tris) *n* señora, ama de casa, concubina *f.*
**mistrust** (mis trust′) *vt* desconfiar; • *n* desconfianza *f.*
**mistrustful** *adj* desconfiado.
**misty** (mis′tē) *adj* nebuloso.
**misunderstand** (mis′′un dėr stand′) *vt* entender mal, tomar en sentido erróneo.
**misunderstanding** (mis′′un dėr stan′ding) *n* malentendido *m.*
**misuse** (mis ūz′) *vt* maltratar; abusar de.
**miter** (mī′tėr) *n* mitra *f.*
**mitigate** (mit′*i* gāt′′) *vt* mitigar.
**mix** (miks) *vt* mezclar, confeccionar; ~ **up,** mezclar a fondo; **to be mixed up (in** o **with)**, estar mezclado o comprometido.
**mixed** (mikst) *adj* surtido; mixto.
**mixer** (mik′sėr) *n* licuadora *f.*
**mixture** (miks′chėr) *n* mezcla *f.*
**mix-up** (miks′up′′) *n* confusión *f.*
**moan** (mōn) *n* gemido *m*; • *vi* gemir; quejarse.
**moat** (mōt) *n* foso *m.*
**mob** (mob) *n* multitud *f.*
**mobile** (mō′b*i*l) *adj* móvil.
**mobile home** *n* caravana *f,* casa rodante *f.*
**mobility** (mō bil′i tē) *n* movilidad *f.*
**mobilize** (mō′b*i* līz′′) *vt* (*mil*) movilizar.
**moccasin** (mok′*a* sin, mok′*a* zin) *n* mocasín *m.*
**mock** (mok) *vt* burlarse; desafiar; reírse (de).
**mockery** (mok′*e* rē) *n* mofa *f.*
**mock-up** (mok′up′′) *n* maqueta, modelo hecho a escala.
**mode** (mōd) *n* modo *m.*
**model** (mod′*e*l) *n* modelo *m*; • *vt* modelar.
**moderate** (mod′ėr it) *adj* moderado; ~**ly** *adv* medianamente; • *vt* moderar.
**moderation** (mod′′*e* rā′sh*a*n) *n* moderación *f.*
**modern** (mod′ėrn) *adj* moderno.
**modernize** (mod′ėr nīz′′) *vt* modernizar.
**modest** (mod′ist) *adj* modesto; ~**ly** *adv* modestamente.
**modesty** *n* modestia *f.*

**modicum** (mod'*i* k*u*m) *n* mínimo *m.*
**modification** (mod''*i* fi kā'sh*a*n) *n* modificación *f.*
**modify** (mod'*i* fī'') *vt* modificar.
**modulate** (moj'*u* lāt'', mod'ū lāt'') *vt* modular.
**modulation** (moj''*u* lā'sh*a*n) *n* (*mus*) modulación *f.*
**module** (moj'öl, mod'ūl) *n* módulo *m.*
**modus operandi** (mō'd*u*s op''*e* ran'dī) (*lat*) *n* manera de hacer *f*, procedimiento *m.*
**modus vivendi** (mō'd*u*s vi ven'dī) (*lat*) *n* manera de vivir *f.*
**mogul** (mō'gul, mō'g*u*l, mōgul') *n* magnate *m.*
**mohair** (mō'hâr) *n* tela de angora *m.*
**moil** (moil) *vi* afanarse, trabajar arduamente.
**moist** (moist) *adj* húmedo.
**moisten** (moi'sen) *vt* humedecer.
**moisture** (mois'chėr, moish'chėr) *n* humedad *f.*
**molars** (mō'lėrs) *npl* muelas *fpl.*
**molasses** (m*o* las'iz) *npl* melaza *f.*
**mold** (mōld) *n* molde *m*; moho *m*; • *vt* moldear; ~ **oneself on**, tomar como modelo.
**molder** (mōl'dėr) *vi* decaer.
**moldy** (mōl'dē) *adj* enmohecido.
**mole** (mōl) *n* topo *m.*
**molecule** (mol'*e* kūl'') *n* molécula *f.*
**molehill** (mōl'hil'') *n* madriguera de topos, topera *f* **to make a mountain out of a** ~ hacer de una pulga un elefante.
**molest** (m*o* lest') *vt* importunar.
**mollify** (mol'*i* fī'') *vt* apaciguar.
**mollusk** (mol'*u*sk) *n* molusco *m.*
**mollycoddle** (mol'ē kod''l) *vt* mimar.
**molt** (mōlt) *vt* mudar la piel.
**molten** (mōl't*e*n) *adj* derretido.
**mom** (mom) *n* mamá *f.*
**moment** (mō'm*e*nt) *n* momento *m*; **at any** ~ de un momento a otro; **of great** ~ de mucha importancia.
**momentarily** (mō'm*e*n târ'*i* lē) *adv* momentáneamente.
**momentary** (mō'm*e*n ter''ē) *adj* momentáneo.
**momentous** (mō men'tus) *adj* importante.
**momentum** (mō men't*u*m) *n* ímpetu *m.*
**mommy** (mom'ē) *n* mamá *f.*
**monarch** (mon'*a*rk) *n* monarca *m.*
**monarchy** (mon'ėr kē) *n* monarquía *f.*
**monastery** (mon'*a* ster''ē) *n* monasterio *m.*
**monastic** (m*o* nas'tik) *adj* monástico.
**Monday** (mun'dē, mun'dā) *n* lunes *m.*
**monetary** (mon'i ter''ē, mun'i ter''ē) *adj* monetario.
**money** (mun'ē) *n* moneda *f*, dinero *m*; ~ **in hand** dinero contante; ~ **makes** ~ dinero llama dinero.
**money order** *n* giro postal *m.*
**money exchance** casa de cambio.
**Mongol** (mong'g*o*l, mong'gol) *n* mongólico *m.*
**mongrel** (mung'gr*e*l, mong'gr*e*l) *adj, n* mestizo *m.*
**monitor** (mon'i tėr) *n* monitor *m.*
**monk** (mungk) *n* monje *m.*
**monkey** (mung'kē) *n* mono *m* **to play the** ~, hacer monadas.
**monkey business** truco, diablura.
**monkey wrench** *n* llave ajustable, llave inglesa; **to trow a** ~ **into** obstaculizar (planes, funciones).
**monochrome** (mon'*o* krōm'') *adj* monocromo.

**monocle** (mon´*o* kl) *n* monóculo *m.*
**monologue** (mon´*o* läg´´, mon´*o* log´´) *n* monólogo *m.*
**monopolize** (m*o* nop´*o* līz´´) *vt* monopolizar.
**monopoly** (m*o* nop´*o* lē) *n* monopolio *m.*
**monosyllable** (mon´*o* sil´´*a* bl) *n* monosílabo *m.*
**monotonous** (m*o* not´*o* nus) *adj* monótono.
**monotony** (m*o* not´*o* nē) *n* monotonía *f.*
**monsoon** (mon sön´) *n* (*mar*) monzón *m.*
**monster** (mon´stėr) *n* monstruo *m.*
**monstrosity** (mon stros´i tē) *n* monstruosidad *f.*
**monstrous** (mon´strus) *adj* monstruoso; **~ly** *adv* monstruosamente.
**montage** (mon täzh´) *n* montaje *m.*
**month** (munth) *n* mes *m.*
**monthly** (munth´lē) *adj, adv* mensual(mente).
**monument** (mon´ū m*e*nt) *n* monumento *m.*
**monumental** (mon´´ū men´t*a*l) *adj* monumental.
**moo** (mö) *vi* mugir.
**mood** (möd) *n* humor *m.*
**moodiness** (mö´dē nis) *n* mal humor *m.*
**moody** (mö´dē) *adj* malhumorado.
**moon** (mön) *n* luna *f.*
**moonbeam** (mön´bēm´´) *n* rayo de luna *m.*
**moonlight** (mön´līt´´) *n* luz de la luna *f.*
**moor** (mür) *n* páramo; • *vt* (*mar*) echar las amarras.
**moorland** *n* páramo *m.*
**moose** (mös) *n* alce *m.*
**mop** (mop) *n* fregona *f*; • *vt* fregar.
**mope** (mōp) *vi* estar triste.
**moped** (mō´pid) *n* ciclomotor *m.*
**moral** (mär´*a*l, mor´*a*l) *adj*, **~ly** *adv* moral(mente); **~s** *npl* moralidad *f.*
**morale** (m*o* ral´) *n* moral *f.*
**moralist** (mär´*a* list, mor´*a* list) *n* moralista *m.*
**morality** (m*o* ral´i tē, m*ä* ral´i tē) *n* ética, moralidad *f.*
**moralize** (mär´*a* līz´´, mor´*a* līz´´) *vt, vi* moralizar.
**morass** (m*o* ras´) *n* pantano *m* (fig.) estado de confusión.
**morbid** (mär´bid) *adj* morboso.
**mordant** (mär´d*a*nt) *adj* mordaz, sarcástico.
**more** (mōr, mär) *adj, adv* más; **never** ~ nunca más; **once** ~ otra vez; ~ **and** ~ más y más, cada vez más; **so much the** ~ cuanto más.
**moreover** (mōr ō´vėr, mōr´ō´´vėr) *adv* además.
**morgue** (märg) *n* depósito de cadáveres *m.*
**morning** (mär´ning) *n* mañana *f*; **good** ~ buenos días *mpl.*
**moron** (mōr´on) *n* imbécil *m.*
**morose** (m*o* rōs´) *adj* hosco.
**morphine** (mär´fēn) *n* morfina *f.*
**Morse code** (märs kōd) *n* clave morse *f.*
**morsel** (mär´s*e*l) *n* bocado *m.*
**mortal** (mär´t*a*l) *adj* mortal; **~ly** *adv* mortalmente; • *n* mortal *m.*
**mortality** (mär tal´i tē) *n* mortalidad *f.*
**mortar** (mär´tėr) *n* mortero *m.*
**mortgage** (mär´gij) *n* hipoteca *f*; • *vt* hipotecar.
**mortgage company** *n* banco hipotecario *m.*

**mortgager** (m*ä*r′g*a* jėr) *n* deudor hipotecario *m.*
**mortification** (m*ä*r′′t*i* fi kā′sh*a*n) *n* mortificación *f.*
**mortify** (m*ä*r′t*i* fī′′) *vt* mortificar.
**mortuary** (m*ä*r′chö er′′ē) *n* depósito de cadáveres *m.*
**mosaic** (mō zā′ik) *n* mosaico *m.*
**mosque** (mosk, m*ä*sk) *n* mezquita *f.*
**mosquito** (m*o* skē′tō) *n* mosquito *m.*
**moss** (m*ä*s, mos) *n* (*bot*) musgo *m.*
**mossy** *adj* mohoso.
**most** (mōst) *adj* la mayoría de; • *adv* sumamente; **at** ~ a lo sumo; **~ly** *adv* principalmente.
**motel** (mō tel′) *n* motel *m.*
**moth** (m*ä*th, moth) *n* polilla, mariposa nocturna *f.*
**mothball** (m*ä*th′b*ä*l′′, moth′b*ä*l) *n* bola de naftalina *f.*
**mother** (muTH′ėr) *n* madre *f* **every ~ 's son,** todo hijo de vecino.
**motherhood** (muTH′ėr h*ü*d′′) *n* maternidad *f.*
**mother-in-law** (muTH′ėr in l*ä*′′) *n* suegra *f.*
**motherless** *adj* sin madre.
**motherly** (muTH′ėr lē) *adj* maternal.
**mother-of-pearl** (muTH′ėr *o*v p*ü*rl′) *n* nácar *m.*
**mother tongue** *n* lengua materna *f.*
**motif** (mō tēf′) *n* tema *m.*
**motion** (mō′sh*a*n) *n* movimiento, ademán, gesto *m*; **on the ~ of** a propuesta de; *vt* indicar con la mano, indicar con un gesto.
**motionless** (mō′sh*a*n lis) *adj* inmóvil.
**motion picture** *n* película, cinta cinematográfica *f.*
**motivated** (mō′t*i* vāt′′) *adj* motivado.
**motive** (mō′tiv) *n* motivo *m.*
**motley** (mot′lē) *adj* multicolor, manchado, abigarrado, variado.
**motor** (mō′tėr) *n* motor *m.*
**motorbike** (mō′tėr bīk′′) *n* motocicleta liviana *f.*
**motorboat** (mō′tėr bōt′′) *n* lancha motora *f.*
**motorcycle** (mō′tėr sī′′kl) *n* motocicleta *f.*
**motor vehicle** *n* automóvil *m.*
**mottled** (mot′lid) *adj* multicolor, moteado.
**motto** (mot′ō) *n* lema *m.*
**mound** (mound) *n* montón de tierra *m.*
**mount** (mount) *n* monte *m*; • *vt* subir.
**mountain** (moun′t*i*n) *n* montaña *f.*
**mountaineer** (moun′′t*a* nēr′) *n* andinista *m.*
**mountaineering** (m oun′′t*a* nēr′ing) *n* andinismo *m.*
**mountainous** (moun′t*a* nus) *adj* montañoso.
**mourn** (mōrn, m*ä*rn) *vt* lamentar, plañir, gemir.
**mourner** *n* doliente *m.*
**mournful** *adj* triste; **~ly** *adv* tristemente.
**mourning** (mōr′ning, m*ä*r′ning) *n* luto *m* **to go into ~** ponerse de luto.
**mouse** (mous) *n* (*pl* **mice**) ratón *m.*
**mousse** (mös) *n* crema, espuma *f.*
**mouth** (mouth) *n* boca *f*; desembocadura *f* **down in the ~** abatido; **to put words into someone′s ~** insinuarle a alguien lo que debe decir.
**mouthful** (mouth′f*ü*l′′) *n* bocado *m.*
**mouth organ** *n* armónica *f.*
**mouthpiece** (mouth′pēs′′) *n* boquilla *f.*

**mouth wash** *n* enjuague bucal *m.*
**mouthwatering** (mouth'wä''tėr ing) *adj* apetitoso.
**movable** (mö'v*a* bl) *adj* movible.
**move** (möv) *vt* mover; proponer; • *vi* moverse; ~ **in** tomar posesión, ~ **out** irse, mudarse; • *n* movimiento *m.*
**movement** (möv'm*e*nt) *n* movimiento *m.*
**movie** (mö'vē) *n* película *f.*
**movie camera** *n* cámara cinematográfica *f.*
**moving** (mö'ving) *adj* conmovedor.
**mow** (mō) *vt* segar.
**mower** *n* cortacésped *m*; segadora *f.*
**Mrs.** *n* señora *f.*
**much** (much) *adj, adv* mucho; con mucho; **as ~ as** tanto como; **so ~ the better** tanto mejor; **however** ~ por mucho que.
**muck** (muk) *n* suciedad *f* estiércol, humus *m.*
**mucous** (mū'kus) *adj* mocoso.
**mucus** (mū'k*u*s) *n* moco *m.*
**mud** (mud) *n* barro *m.*
**muddily** *adv* turbiamente.
**muddle** (mud'l) *vt* confundir; • *n* confusión *f.*
**muddy** (mud'ē) *adj* fangoso.
**mudguard** (mud'gärd'') *n* guardabarros *m.*
**muffle** (muf'l) *vt* embozar, apagar, ensordecer.
**mug** (mug) *n* jarra *f.*
**muggy** (mug'ē) *adj* bochornoso.
**mulberry** (mul'ber''ē) *n* mora *f*; ~ **tree** morera *f.*
**mule** (mūl) *n* mulo *m*, mula *f.*
**mulishly** (mū'lish) *adv* obstinadamente.
**mull** (mul) *vt* meditar.
**multifarious** (mul''t*i* fâr'ē us) *adj* múltiple.
**multiple** (mul't*i* pl) *adj* múltiplo *m.*
**multiplication** (mul''t*i* pl*i* kā'sh*a*n) *n* multiplicación *f*; ~ **table** tabla de multiplicar *f.*
**multiply** (mul't*i* plī'') *vt* multiplicar.
**multitude** (mul't*i* töd'', mul't*i* tūd'') *n* multitud *f.*
**mum** (mum) *n* mamá.
**mumble** (mum'bl) *vt, vi* refunfuñar.
**mummy** (mum'ē) *n* momia *f.*
**mumps** (mumps) *npl* paperas *fpl.*
**munch** (munch) *vt* mascar.
**mundane** (mun dān', mun'dān) *adj* trivial.
**municipal** (mū nis'*i* p*a*l) *adj* municipal.
**municipality** (mū-nis''*i* pal'i tē) *n* municipalidad *f.*
**munificence** (mū nif'i s*e*n''sē) *n* munificencia *f.*
**munitions** (mū nish'*a*n) *npl* municiones *fpl.*
**mural** (m*ūr*'*a*l) *n* mural *m.*
**murder** (m*ūr*'dėr) *n* asesinato *m*; homicidio *m*; • *vt* asesinar.
**murderer** *n* asesino *m.*
**murderess** *n* asesina *f.*
**murderous** (m*ūr*'dėr us) *adj* homicida.
**murky** (m*ūr*'kē) *adj* sombrío.
**murmur** (m*ūr*'mėr) *n* murmullo *m*; • *vi* murmurar.
**muscle** (mus'l) *n* músculo *m.*
**muscular** (mus'kū lėr) *adj* muscular.
**muse** (mūz) *vi* meditar.
**museum** (mū zē'*u*m) *n* museo *m.*
**mushroom** (mush'röm, mush'r*ūm*) *n* (*bot*) seta *f*; champiñón *m.*

**music** (mū´zic) *n* música *f* ; **to face the ~** encarar, hacer frente a las consecuencias.
**musical** (mū´zi k*a*l) *adj* musical; melodioso.
**musician** (mū zish´*a*n) *n* músico *m.*
**musk** (musk) *n* almizcle *m.*
**muslin** (muz´lin, m*ü*z´lin) *n* muselina *f.*
**mussel** (mus´*e*l) *n* marisco *m.*
**must** (must) *v aux* estar obligado; ser menester, ser necesario, convenir.
**mustache** ( mus´tash, m*u* stash´) *n* bigote *m.*
**mustang** (mus´tang) mustang, potro salvaje.
**mustard** (mus´tėrd) *n* mostaza *f.*
**muster** (mus´tėr) *vt* congregar, mostrar bríos.
**musty** (mus´tē) *adj* mohoso, añejo.
**mute** (mūt) *adj* mudo, silencioso.
**muted** *adj* callado.
**mutilate** (mūt´*i* lāt´´) *vt* mutilar.
**mutilation** *n* mutilación *f.*
**mutiny** (mūt´*i* nē) *n* motín, tumulto *m*; • *vi* amotinarse, rebelarse.
**mutter** (mut´ėr) *vt, vi* murmurar, musitar; • *n* murmuración *f.*
**mutton** (mut´*o*n) *n* carnero *m.*
**mutual** (mū´chö *a*l) *adj* mutuo, mutual, recíproco; **~ly** *adv* mutuamente, recíprocamente.
**muzzle** ( muz´l) *n* bozal *m*; hocico *m*; • *vt* embozar.
**my** (mī) *pn* mi, mis; mío, mía; míos, mías.
**myriad** (mir´ē *a*d) *n* miriada *f*; gran número *m.*
**myrrh** (m*ü*r) *n* mirra *f.*
**myrtle** (m*ü*r´tl) *n* mirto, arrayán *m.*
**myself** (mī self´) *pn* yo mismo.
**mysterious** (mi stēr´ē us) *adj* misterioso; **~ly** *adv* misteriosamente.
**mystery** (mis´t*e* rē, mis´trē) *n* misterio *m.*
**mystic(al)** (mis´tik; mis´ti k*a*l) *adj* místico.
**mystify** (mis´t*i* fī) *vt* dejar perplejo.
**mystique** (mi stēk´) *n* mística *f.*
**myth** (mith) *n* mito *m.*
**mythology** (mi thol´*o* jē) *n* mitología *f.*

# N

**nab** (nab) *vt* agarrar, arrestar, detener.
**nag** (nag) *n* jaca *f*; • *vt* regañar; fastidiar; acosar.
**nagging** *adj* persistente; • *npl* quejas *fpl.*
**nail** (nāl) *n* uña *f*; garra *f*; clavo *m*; • *vt* clavar.
**nailbrush** *n* cepillo para las uñas *m.*
**nail clippers** *n* cortaúñas *m.*
**nailfile** *n* lima para las uñas *f.*
**nail polish** *n* esmalte para las uñas *m.*
**nail scissors** *npl* tijeras para las uñas *fpl.*
**naïve** (nä ēv′) *adj* ingenuo, cándido.
**naked** (nā′kid) *adj* desnudo; evidente; puro, simple.
**name** (nām) *n* nombre *m*; fama, reputación *f*; • *vt* nombrar; mencionar.
**nameless** (nām′lis) *adj* anónimo; indescriptible.
**namely** (nām′lē) *adv* a saber.
**namesake** (nām′sāk′′) *n* tocayo *m.*
**nanny** (nan′e) *n* niñera *f.*
**nap** (nap) *n* sueño ligero, siesta *m.*
**napalm** (nā′päm) *n* napalm, gelatina inflamable *f.*
**nape** (nāp, nap) *n* nuca *f.*
**napkin** (nap′kin) *n* servilleta *f.*
**narcissus** (när sis′*us*) *n* (*bot*) narciso *m.*
**narcotic** (när kot′ik) *adj, n* narcótico *m.*
**narrate** (nar′rāt, na rāt′) *vt* narrar, relatar.
**narrative** (nar′*a* tiv) *adj* narrativo; • *n* narrativa *f.*
**narrow** (nar′o) *adj* angosto, estrecho; **~ly** *adv* estrechamente; • *vt* estrechar; limitar.
**narrow-minded** (nar′ō mīn′did) *adj* estrecho de miras, intolerante; de mentalidad cerrada.
**nasal** (nā′z*a*l) *adj* nasal.
**nasty** (nas′tē) *adj* sucio, puerco; obsceno; sórdido.
**natal** (nāt′*a*l) *adj* nativo; natal.
**nation** (nā′sh*a*n) *n* nación *f.*
**national** (nash′*a* n *a*l) *adj*, **~ly** *adv* nacional(mente).
**nationalism** (nash′*a* n *a* l iz′′*u*m) *n* nacionalismo *m.*
**nationalist** (nash′*a* n*a* list) *adj, n* nacionalista *m.*
**nationality** (nash′′*a* nal′i tē) *n* nacionalidad *f.*
**nationalize** (nash′*a* n*a* līz′′) *vt* nacionalizar.
**nationwide** (nā′sh*a*n wīd′′) *adj* a nivel nacional.
**native** (nā′tiv) *adj* nativo; • *n* natural *m.*
**native language** *n* lengua materna *f.*
**Nativity** (n*a* tiv′i tē, nā tiv′i tē) *n* Navidad *f.*
**natural** (nach′ėr *a*l) *adj* natural; sencillo; **~ly** *adv* naturalmente.
**natural gas** *n* gas natural *m.*
**naturalist** (nach′ėr *a* list, nach′r*a* list) *n* naturalista *m.*
**naturalize** (nach′ėr *a* līz′′) *vt* naturalizar.
**nature** (nā′chėr) *n* naturaleza *f*; índole *f.*
**naught** (n*ä*t) *n* cero *m.* **to come to ~** malograrse.
**naughty** (n*ä*′tē) *adj* malo, travieso, pícaro, malvado.
**nausea** (n*ä*′zē *a*, n*ä*′zh*a*) *n* náusea, ganas de vomitar *f.*

**nauseate** (n*ä*'zhē āt'', n*ä*'sē āt'') *vt* dar náuseas a.
**nauseous** (n*ä*'shus, n*ä*'zē us) *adj* nauseabundo.
**nautical, naval** (n*ä*'ti k*a*l; nā'v*a*l) *adj* náutico, naval.
**nave** (nāv) *n* nave (de la iglesia) *f.*
**navel** (nā'v*e*l) *n* ombligo *m.*
**navigate** (nav'*i* gāt'') *vi* navegar.
**navigation** (nav''*i* gā'sh*a*n) *n* navegación *f.*
**navy** (nā'vē) *n* marina de guerra *f*; armada *f.*
**Nazi** (nä'tsē, nat'sē) *n* nazi *m.*
**near** (nēr) *prep* cerca de, junto a; • *adv* casi; cerca, cerca de; • *adj* cercano, próximo.
**nearby** (nēr'bī') *adj* cercano.
**nearly** *adv* casi.
**near-sighted** (nēr'si''tid) *adj* miope, corto de vista.
**neat** (nēt) *adj* arreglado, pulcro, hermoso, pulido; puro; neto; ~**ly** *adv* cuidadosamente, elegantemente.
**nebulous** (neb'ū lus) *adj* nebuloso.
**necessarily** *adv* necesariamente.
**necessary** (nes'i ser''ē) *adj* necesario.
**necessitate** (n*e* ses'i tāt'') *vt* necesitar.
**necessity** (n*e* ses'i tē) *n* necesidad *f.*
**neck** (nek) *n* cuello *m*; • *vi* besuquearse.
**neckerchief** (nek'ėr chif) *n* pañuelo que se lleva en el cuello *m.*
**necklace** (nek'lis) *n* collar *m.*
**necklet** *n* gargantilla *f.*
**necktie** (nek'tī'') *n* corbata *f.*
**nectar** (nek'tėr) *n* néctar *m.*
**née** (nā) *adj* se antepone al apellido de soltera de una mujer casada; ~ **Brown:** Brown es su apellido de soltera.
**need** (nēd) *n* necesidad *f*; pobreza *f*; • *vt* necesitar.
**needle** (nēd'l) *n* aguja *f.*
**needless** (nēd'lis) *adj* innecesario, superfluo, inútil.
**needlework** (nēd'l wür̈k'') *n* costura *f*; bordado de aguja *m*; obra de punto *m.*
**needy** (nē'dē) *adj* necesitado, pobre.
**negation** (ni gā'sh*a*n) *n* negación *f.*
**negative** (neg'*a* tiv) *adj* negativo; ~**ly** *adv* negativamente; • *n* negativa *f.*
**neglect** (ni glekt') *vt* descuidar, desatender; • *n* negligencia *f.*
**negligee** (neg''li zhā', neg'li zhā'') *n* bata de mujer, salto de cama *m.*
**negligence** (neg'li j*e*ns) *n* negligencia *f*; descuido *m.*
**negligent** (neg'li j*e*nt) *adj* negligente, descuidado; ~**ly** *adv* negligentemente.
**negligible** (neg'li j*i* ble) *adj* insignificante.
**negotiate** (ni gō'shē āt'') *vt, vi* negociar (con).
**negotiation** (ni gō''shē ā'sh*a*n) *n* negociación *f*; negocio *m.*
**Negress** (nē'gris) *n* negra *f.*
**Negro** (nē'grō) *adj, n* negro *m.*
**neigh** (nā) *vi* relinchar; • *n* relincho *m.*
**neighbor** (nā'bėr) *n* vecino *m*; • *vt* confinar.
**neighborhood** (nā'bėr h*ü*d'') *n* barrio *m*, vecindad *f*; vecindario *m.*
**neighboring** *adj* vecino, contiguo.
**neighborly** *adj* sociable, amable.
**neither** (nē'THėr, nī'THėr) *conj* ni, tampoco; • *pn* ninguno, ni uno ni otro.
**neon** (nē'on) *n* neón *m.*
**neon light** *n* luz de neón *f*

**nephew** (nef'ū) *n* sobrino *m*.
**nepotism** (nep'*o* tiz''*u*m) *n* nepotismo *m*.
**nerve** (n*ü*rv) *n* nervio *m*; valor *m*.
**nerve-racking** (n*ü*rv'rak''ing) *adj* espantoso.
**nervous** (n*ü*r'vus) *adj* nervioso; nervudo.
**nervous breakdown** *n* crisis nerviosa *f*.
**nest** (nest) *n* nido *m*; nidada *f*. • *vt* anidar.
**nest egg** *n* (*fig*) ahorros *mpl*.
**nestle** (nes'l) *vt* anidarse, acurrucarse.
**net** (net) *n* red *f*.
**netball** *n* baloncesto de mujeres *m*.
**net curtain** *n* visillo *m*.
**netting** (net'ing) *n* mallado *m*.
**nettle** (net'l) *n* ortiga *f*. • *vt* molestar, irritar.
**network** (net'w*ü*rk'') *n* red *f*.
**neurosis** (n*ü* rō'sis, nū rō'sis) *n* neurosis *f invar*.
**neurotic** (n*ü* rōt'ik, nū rot'ik) *adj*, *n* neurótico *m*.
**neuter** (nö'tėr, nū'tėr) *adj* (*gr*) neutro.
**neutral** (nö'tr*a*l, nū'tr*a*l) *adj* neutral.
**neutrality** (nö tral'i tē, nū tral'i tē) *n* neutralidad *f*.
**neutralize** (nö'tr*a* līz'', nū'tr*a* līz'') *vt* neutralizar.
**neutron** (nö'tron, nū'tron) *n* neutrón *m*.
**neutron bomb** *n* bomba de neutrones *f*.
**never** (nev'ėr) *adv* nunca, jamás; ~ **mind** no importa, olvídalo.
**never-ending** *adj* sin fin.
**nevertheless** (nev''ėr TH*e* les') *adv* no obstante.
**new** (nö, nū) *adj* nuevo, fresco, reciente; ~**ly** *adv* nuevamente.
**newborn** (nö'b*ä*rn, nū'b*ä*rn) *adj* recién nacido.
**newcomer** (nö'kum''ėr, nū'kum''ėr) *n* recién llegado *m*.
**new-fangled** (nö'fang'g*e*ld, nū'fang'g*e*ld) *adj* inventado por novedad.
**newlywed** (nö'lē wed'', nū'lē wed'') *nl* recién casado *m*.
**news** (nöz, nūz) *npl* novedad, noticias *fpl*.
**news agency** *n* agencia de noticias *f*.
**newscast** (nöz'kast'', nūz'kast) *n* noticiero *m*.
**newscaster** *n* presentador *m*.
**newsdealer** *n* vendedor de periódicos *m*.
**news flash** *n* noticia de última hora *f*.
**newsletter** (nöz'let''ėr, nūz'let''ėr) *n* boletín informativo *m*.
**newspaper** (nöz'pā''pėr, nūz'pā''pėr) *n* periódico *m*.
**newsreel** (nöz'rēl'', nūz'rēl'') *n* noticiario cinematográfico *m*.
**newsstand** (nöz'stand'', nūz'stand'') *n* puesto de periódicos *m*.
**New Year** *n* Año Nuevo *m*; ~**'s Day** *n* Día de Año Nuevo *m*; ~**'s Eve** Nochevieja, noche de fin de año *f*.
**next** (nekst) *adj* próximo; **the ~ day** el día siguiente; • *adv* luego, inmediatamente después.
**nib** (nib) *n* pico *m*; punta *f*.
**nibble** (nib'l) *vt* picar, mordiscar.
**nice** (nīs) *adj* simpático; agradable; lindo; ~**ly** *adv* bien.
**nice-looking** *adj* guapo, atractivo.
**niche** (nich) *n* nicho *m*.
**nick** (nik) *n* muesca, hendidura, mella *f*; • *vt* (*slang*) robar; arrestar.

**nickel** (nik'*e*l) *n* níquel *m*; moneda de cinco centavos *f*.
**nickname** (nik'nām'') *n* mote, apodo *m*; • *vt* poner apodos.
**nicotine** (nik'*o* tēn'', nik'*o* tin) *n* nicotina *f*.
**niece** (nēs) *n* sobrina *f*.
**niggle** (nig'l) *vi* quejarse.
**niggling** (nig'ling) *adj* insistente, fastidioso.
**night** (nīt) *n* noche *f*; **by** ~ de noche; **good** ~ buenas noches.
**nightclub** *n* cabaret *m*.
**nightfall** (nīt'fäl'') *n* anochecer *m*.
**nightgown** (nīt'goun'') *n* camisón *m*.
**nightingale** (nīt'*i*n gāl'', nī'ting gāl'') *n* ruiseñor *m*.
**nightly** (nīt'lē) *adv* por las noches, todas las noches; • *adj* nocturno.
**nightmare** (nīt'mâr'') *n* pesadilla *f*.
**night school** *n* clases nocturnas *fpl*.
**night shift** *n* turno de noche *m*.
**nighttime** (nīt'tīm'') *n* noche *f*.
**nihilist** (nī'*i* lizt'') *n* nihilista *m*.
**nimble** (nim'bl) *adj* ligero, activo, listo, ágil.
**nine** (nīn) *adj, n* nueve.
**nineteen** (nīn'tēn') *adj, n* diecinueve.
**nineteenth** (nīn'tēnth') *adj, n* decimonono, decimonoveno.
**ninetieth** (nīn't ē ith) *adj, n* nonagésimo.
**ninety** (nīn'tē) *adj, n* noventa.
**ninth** (nīnth) *adj, n* nono, noveno.
**nip** (nip) *vt* pellizcar; morder.
**nipple** (nip'l) *n* pezón *m*; tetilla *f*.
**nit** (nit) *n* liendre *f*.
**nitpick** (nit'pik'') *vi* buscarle defectos a todo.
**nitrogen** (nī'tr*o* jen) *n* nitrógeno *m*.
**no** (nō) *adv* no; • *adj* ningún, ninguno.
**nobility** (nō bil'i tē) *n* nobleza *f*.
**noble** (nō'bl) *adj* noble; insigne; • *n* noble *m*.
**nobleman** (nō'bl m*a*n) *n* noble *m*.
**nobody** (nō'bod''ē, nō'b*o* dē) *n* nadie, ninguna persona *f*.
**nocturnal** (nok tür'n*a*l) *adj* nocturnal, nocturno.
**nod** (nod) *n* cabeceo *m*; señal *f*; • *vi* cabecear; amodorrarse; saludar con la cabeza.
**noise** (noiz) *n* ruido, estruendo *m*; rumor *m*.
**noiseless** (noiz'lis) *adj* silencioso.
**noisily** *adv* con ruido.
**noisiness** *n* ruido, tumulto, alboroto *m*.
**noisy** (noi'zē) *adj* ruidoso, turbulento.
**nomad** (nō'mad, nom'ad) *n* nómada *m*.
**nominal** (nom'*i* n*a*l) *adj*, ~**ly** *adv* nominal(mente).
**nominate** (nom'*i* nāt'') *vt* nombrar.
**nomination** (nom''*i* nā'sh*a*n) *n* nominación *f*.
**nominative** (nom'*i* n*a* tiv, nom'*i* nā''tiv) *n* (*gr*) nominativo *m*.
**nominee** (nom''*i* nē') *n* candidato *m*.
**non-alcoholic** (non''al k*o* hä'lik, non''al k*o* hol'ik) *adj* no alcohólico.
**non-aligned** *adj* no alineado.
**nonchalant** (non''sh*a* länt') *adj* indiferente, despreocupado.
**non-committal** (non''k*o* mit'*a*l) *adj* evasivo, que no se compromete.
**nonconformist** (non''k*o*n fär'mist) *n* inconformista *m*.
**nondescript** (non''di skript') *adj* no descrito, indefinido, sin ninguna característica distintiva.

**none** (nun) *adj* nadie, ninguno.
**nonentity** (non) *n* nulidad *f.*
**nonetheless** (nun′′THe les′) *adv* sin embargo.
**non-existent** (non′′ig zis′tent) *adj* inexistente.
**non-fiction** (non fik′shan) *n* literatura no novelesca *f.*
**nonplused** (non plus′id, non′plus id) *adj* confuso.
**nonprofit** (non prof′it) *adj* sin fines de lucro.
**nonsense** (non′sens) *n* disparate, absurdo *m.*
**nonsensical** (non sen′si kal) *adj* absurdo.
**nonshrink** *adj* que no se encoge.
**nonslip** *adj* antideslizante.
**non-smoker** (non smō′kėr) *n* no fumador *m.*
**non-stick** *adj* antiadherente.
**non-stop** (non′stop′) *adj* directo; • *adv* sin parar.
**noodles** (nöd′ls) *npl* fideos *mpl.*
**nook** (nük) *n* rincón.
**noon** (nön) *n* mediodía *m.*
**noose** (nös) *n* lazo corredizo *m.*
**nor** (när) *conj* ni.
**normal** (när′mal) *adj* normal.
**north** (närth) *n* norte *m*; • *adj* del norte.
**North America** *n* América del Norte *f.*
**northeast** (närth′′ēst′) *n* nor(d)este *m.*
**northerly, northern** (när′THėr lē; när′THėrn) *adj* norteño.
**north pole** *n* polo ártico *m.*
**northward(s)** (närth′wėrd) *adv* hacia el norte.
**northwest** (närth′′west′) *n* nor(d)oeste *m.*
**nose** (nōz) *n* nariz *f*; olfato *m.*
**nosebleed** (nōz′blēd′′) *n* hemorragia nasal *f.*
**nosedive** *n* picado vertical *m.*
**nostalgia** (no stal′ja, no stal′jē) *n* nostalgia *f.*
**nostril** (nos′tril) *n* ventana de la nariz *f*; orificio nasal *m.*
**not** (not) *adv* no.
**notable** (nō′ta bl) *adj* notable; memorable.
**notably** *adv* especialmente.
**notary** (nō′ta rē) *n* notario *m.*
**notch** (noch) *n* muesca *f*; • *vt* hacer muescas.
**note** (nōt) *n* nota, marca *f*; señal *f*; aprecio *m*; billete *m*; consecuencia *f*; noticia *f*; indirecta *f*; • *vt* notar, marcar; observar.
**notebook** (nōt′bük′′) *n* libreta de apuntes *m.*
**noted** (nō′tid) *adj* afamado, célebre.
**notepad** *n* bloc *m.*
**notepaper** (nōt′pā′′pėr) *n* papel de cartas *m.*
**nothing** (nuth′ing) *n* nada *f*; **good for** ~ inútil, que no sirve para nada.
**notice** (nō′tis) *n* noticia *f*; aviso *m*; • *vt* observar.
**noticeable** (nō′ti sa bl) *adj* notable, perceptible, evidente.
**notification** (nō′′ti fi kā′shan) *n* notificación *f.*
**notify** (nō′ti fī′′) *vt* notificar.
**notion** (nō′shan) *n* noción *f*; opinión *f*; idea *f.*
**notoriety** (nō′′to rī′i tē) *n* notoriedad *f.*
**notorious** (nō′tōr′ē us, nō tär′ē us) *adj* notorio; **~ly** *adv* notoriamente.
**notwithstanding** (not′′wiTH stan′ding, not′′with stan′ding) *conj* no obstante, aunque.
**nougat** (nö′gat, nö′gä) *n* turrón *m.*
**nought** (nät) *n* cero *m.*

**noun** (noun) *n* (*gr*) sustantivo *m*.
**nourish** (nür'ish, nur'ish) *vt* nutrir, alimentar.
**nourishing** *adj* nutritivo.
**nourishment** (nür'ish ment, nur'ish ment) *n* nutrimento, alimento *m*.
**novel** (nov'el) *n* novela *f*.
**novelist** (nov'e list) *n* novelista *m*.
**novelty** (nov'el tē) *n* novedad *f*.
**November** (nō vem'bėr) *n* noviembre *m*.
**novice** (nov'is) *n* novicio, novato, principiante *m*.
**now** (nou) *adv* ahora, en el tiempo presente; ~ **and then** de vez en cuando.
**nowadays** (nou'a dāz'') *adv* hoy (en) día.
**nowhere** (nō'hwâr'', nō'wâr'') *adv* en ninguna parte.
**noxious** (nok'shus) *adj* nocivo, dañoso.
**nozzle** (noz'l) *n* boquilla *f*.
**nuance** (nö'äns, nū'äns') *n* matiz *m*.
**nub** (nub) *n* meollo *m*.
**nuclear** (nö'klē ėr, nū'klē ėr) *adj* nuclear.
**nucleus** (nö'klē *us*, nū'klē *us*) *n* núcleo *m*.
**nude** (nöd, nūd) *adj* desnudo, en carnes, en cueros, sin vestido.
**nudge** (nuj) *vt* dar un codazo ligero a.
**nudist** (nö'dizt, nū'dist) *n* nudista *m*.
**nudity** (nö'di tē, nū'di tē) *n* desnudez *f*.
**nuisance** (nö'sans, nū'sans) *n* daño, perjuicio *m*; incomodidad *f*.
**nuke** (nū'k) *n* (*col*) bomba atómica *f*; • *vt* atacar con arma nuclear.
**null** (nul) *adj* nulo, inválido.
**nullify** (nul'i fī'') *vt* anular, invalidar.
**numb** (num) *adj* entorpecido, entumecido, atontado; • *vt* entorpecer, entumecer, anestesiar.
**number** (num'bėr) *n* número *m*; cantidad *f*; • *vt* numerar.
**numeral** (nö'mėr al) *n* número *m*.
**numerical** (nö mer'i kal, nū mer'i kal) *adj* numérico.
**numerous** (nö'mėr us, nū mėr us) *adj* numeroso.
**nun** (nun) *n* monja, religiosa *f*.
**nunnery** (nun'e rē) *n* convento de monjas *m*.
**nuptial** (nup'shal) *adj* nupcial; ~**s** *npl* nupcias *fpl*.
**nurse** (nürs) *n* enfermera *f*; • *vt* cuidar; amamantar.
**nursery** (nür'se rē) *n* guardería infantil *f*; criadero *m*.
**nursery rhyme** *n* canción infantil *f*.
**nursery school** *n* jardín de niños *m*, educación pre-escolar *f*.
**nursing home** *n* clínica de reposo *f*.
**nurture** (nür'chėr) *vt* criar, educar; nutrir, alimentar.
**nut** (nut) *n* nuez *f*.
**nutcracker** (nut'krak''ėr) *n* cascanueces *m*.
**nutmeg** (nut'meg) *n* nuez moscada *f*.
**nutritious** (nö trish'us, nū trish'us) *adj* nutritivo.
**nut shell** (nut'shel'') *n* cáscara de nuez *f*.
**nymph** (nimf) *n* ninfa *f*.

# O

**oak** (ōk) *n* roble *m.*
**oar** (ōr, *ä*r) *n* remo *m.*
**oasis** (ō ā'sis) *n* oasis *f.*
**oat** (ōt) *n* avena *f.*
**oath** (ōth) *n* juramento *m.*
**oatmeal** (ōt'mēl'', ōt'mēl') *n* harina de avena *f.*
**obedience** (ō bē'dē *e*ns) *n* obediencia *f.*
**obedient** *adj,* **~ly** *adv* obediente(mente).
**obelisk** (ob'*e* lisk) *n* obelisco *m.*
**obese** (ō bēs') *adj* obeso, gordo.
**obesity** (ō bē'si tē) *n* obesidad *f.*
**obey** (ō bā') *vt* obedecer.
**obituary** (ō bich'ö er''ē) *n* obituario *m.* necrología *f.*
**object** (ob'jikt, ob'jekt) *n* objeto *m*; • *vt* objetar.
**objection** (*o*b jek'sh*a*n) *n* oposición, objeción, réplica *f.*
**objectionable** (*o*b jek'sh*a* n*a* bl) *adj* desagradable.
**objective** (*o*b jek'tiv) *adj, n* objetivo *m.*
**obligation** (ob''l*i* gā'sh*a*n) *n* obligación *f.*
**obligatory** (*o* blig'*a* tōr''ē) *adj* obligatorio.
**oblige** (*o* blīj) *vt* obligar; complacer, favorecer.
**obliging** (*o* blī'jing) *adj* servicial.
**oblique** (*o* blēk') *adj* oblicuo; indirecto; **~ly** *adv* oblicuamente.
**obliterate** (*o* blit'*e* rāt'') *vt* borrar.
**oblivion** (*o* bliv'ē *a*n) *n* olvido *m.*
**oblivious** (*o* bliv'ē us) *adj* olvidadizo, ajeno, haciendo caso omiso de.
**oblong** (ob'läng'', ob'long'') *adj* oblongo.
**obnoxious** (*o*b nok'shus) *adj* odioso, detestable.
**oboe** (ō'bō) *n* oboe *m.*
**obscene** (*o*b sēn') *adj* obsceno, impúdico.
**obscenity** (*o*b sen'i tē, *o*b se'ni tē) *n* obscenidad *f.*
**obscure** (*o*b skūr') *adj* oscuro; **~ly** *adv* oscuramente; • *vt* oscurecer.
**obscurity** (*o*b skūr'i tē) *n* oscuridad *f.*
**obsequious** (*o*b sē'kwē us) *adj* servil.
**observance** (*o*b zür'v*a*ns) *n* observancia *f*; reverencia *f.*
**observant** (*o*b zür'v*a*nt) *adj* observante, respetuoso.
**observation** (ob''zür vā'sh*a*n) *n* observación *f.*
**observatory** (*o*b zür vā tōr''ē) *n* observatorio *m.*
**observe** (*o*b zürv') *vt* observar, mirar.
**observer** (*o*b zür'vėr) *n* observador *m.*
**observingly** *adv* cuidadosamente, atentamente.
**obsess** (ob ses') *vt* obsesionar.
**obsessed** *adj* obsesionado.
**obsesion** (ob sesh'*a*n) *n* obsesión *f.*
**obsessive** *adj* obsesivo.
**obsolete** (ob''s*o* lēt', ob's*o* lēt'') *adj* obsoleto, anticuado, en desuso.
**obstacle** (ob'st*a* kl) *n* obstáculo *m.*
**obstinate** (ob'st*i* nit) *adj* obstinado; **~ly** *adv* obstinadamente.
**obstruct** (*o*b strukt') *vt* obstruir; impedir.
**obstruction** (*o*b struk'sh*a*n) *n* obstrucción *f*; impedimento *m.*

**obtain** (*o*b tān´) *vt* obtener, adquirir.
**obtainable** (ob tā´na bl) *adj* asequible, que se puede obtener.
**obtrusive** (*o*b trö´siv) *adj* intruso, importuno; demasiado prominente.
**obtuse** (*o*b tös´, *o*b tūs´) *adj* obtuso, sin punta; lerdo, torpe.
**obvious** (ob´vē us) *adj* obvio, evidente; **~ly** *adv* naturalmente.
**occasion** (*o* kā´zh*a*n) *n* ocasión *f*; tiempo oportuno *m*; • *vt* ocasionar, causar.
**occasional** (*o* kā´zh*a* n*a*l) *adj* ocasional, casual; **~ly** *adv* ocasionalmente.
**Occident** (ok´si d*e*nt) *n* occidente *m*.
**occlude** (*o* klöd´) *vt* ocluir.
**occult** (*o* kult´, ok´ult) *adj* oculto, arcano.
**occupant, occupier** (ok´kū p*a*nt; ok´ū pėr) *n* ocupador *m*; poseedor *m*; inquilino *m*.
**occupation** (ok´´ū pā´sh*a*n) *n* ocupación *f*; empleo *m*.
**occupy** (ok´ū pī´´) *vt* ocupar, emplear.
**occur** (*o* kür) *vi* pasar, ocurrir, tener lugar.
**occurrence** (*o* kür´*e*ns) *n* incidente *m*.
**ocean** (ō´sh*a*n) *n* océano *m*; alta mar *f*.
**ocean-going** *adj* de alta mar.
**oceanic** (ō´´shē an´ik) *adj* oceánico.
**ocher** (ō´kėr) *n* ocre *m*.
**o'clock** (*o* klok´) (telling time) **it's four** ~ son las cuatro; **at two** ~ a las dos.
**octave** (ok´tiv, ok´tāv) *n* octava *f*.
**October** (ok tō´bėr) *n* octubre *m*.
**octogenarian** (ok´´t*o* je nâr´ē *a*n) *n* octagenario(ria) *mf*.
**octopus** (ok´t*o* p*u*s) *n* pulpo *m*.
**odd** (od) *adj* impar; particular; extravagante; extraño; **~ly** *adv* extrañamente.
**oddball** (od´bäl) *adj* descabellado, excéntrico.
**oddity** (od´i tē) *n* singularidad, particularidad, rareza *f*.
**odd-job man** *n* hombre que hace pequeños trabajos *m*.
**oddness** *n* desigualdad *f*; singularidad *f*.
**odds** (odz) *npl* posibilidades de ventaja en el juego *mpl*; desigualdad, diferencia *f*.
**odds and ends** *npl* cosas sueltas *f*; retazos *m*; chucherías *f*.
**ode** (ōd) *n* oda *f*.
**odious** (ō´dē us) *adj* odioso.
**odometer** (ō dom´i tėr) *n* cuentakilómetros *m invar*.
**odor** (ō´dėr) *n* olor *m*; fragancia *f*.
**odorous** (ō´dėr us) *adj* odorífero, oloroso.
**odyssey** (od´i sē) *n* odisea *f*.
**of** (uv, ov) *prep* de; tocante a; según.
**off** (äf, of) *adv* desconectado; apagado; cerrado; cancelado; ~! *excl* ¡fuera!
**offbeat** (äf´bēt, of´bēt) *adj* poco convencional.
**offence** (*ä*´fens, of´ens) *n* ofensa *f*; injuria *f*.
**offend** (*o* fend´) *vt* ofender, irritar; injuriar; • *vi* pecar.
**offender** *n* delincuente *m*.
**offense** (*o* fens´, *ä*´fens, of´ens) *n* ofensa *f*; injuria *f*.
**offensive** (*o* fen´siv, *ä*´fen siv, of´en siv) *adj* ofensivo; injurioso; **~ly** *adv* ofensivamente.
**offer** (*ä*´fėr, of´ėr) *vt* ofrecer; • *n* oferta *f*; propuesta *f*; ofrecimiento *m*.

**offering** (*ä*'fėr ing, of'ėr ing) *n* sacrificio *m*; oferta *f*; ofrenda *f*; donativo *m*.
**offhand** (äf'hand', of'hand') *adj* descortés, brusco; • *adv* de repente.
**office** (*ä*'fis, of'is) *n* oficina *f*; oficio, empleo *m*; servicio *m*.
**office building** *n* bloque de oficinas *m*.
**office hours** *npl* horas de consulta *fpl*.
**officer** (*ä*'fi sėr, of'i sėr) *n* oficial, empleado, agente (de policía), funcionario (del gobierno), directivo (de un club) *m*.
**office worker** *n* oficinista *m*.
**official** (*o* fish'*a*l) *adj* oficial; **~ly** *adv* de oficio; • *n* empleado *m*.
**officiate** (*o* fish'ē āt'') *vi* oficiar.
**officious** (*o* fish'us) *adj* oficioso; **~ly** *adv* oficiosamente.
**offing** (*ä*'fing, of'ing) *n* en perspectiva; lejanía *f*.
**off-key** *adj* desafinado, desentonado.
**off-limits** *n* acceso prohibido.
**off-line** *adj, adv* fuera de línea; autónomo.
**offload** *vt* descargar, desembarcar.
**off-peak** *adj* de temporada baja.
**off-season** *adj, adv* fuera de temporada.
**offset** (äf''set', of''set') *vt* contrarrestar, compensar.
**offshoot** (äf'shöt'', of'shöt'') *n* ramificación *f*, retoño *m*; filial *f*.
**offshore** (äf'shōr', of'shōr') *adj* costera.
**offside** (äf'sīd', of'sīd') *adj* fuera de juego; fuera de lugar.
**offspring** (äf'spring'', of'spring'') *n* prole *f*; linaje *m*; descendencia *f*.
**offstage** (äf'stāj', of'stāj') *adv* entre bastidores.
**off-the-rack** *adj* confeccionado.
**off-the-record** *adj* extraoficial, confidencial.
**off-the-wall** *adj* estrafalario.
**often** (*ä*'f*e*n, o'f*e*n, äf't*e*n, of't*e*n) *adv* a menudo; seguido; con frecuencia.
**oftentimes** (*ä*'f*e*n tīmz'', o'f*e*n tīmz'') *adv* frecuentemente.
**ogle** (ō'gl) *vt* mirar al soslayo.
**ogre** (ō'gėr) *n* ogro *m*.
**oil** (oil) *n* aceite *m*; óleo *m*; petróleo *m*; • *vt* engrasar.
**oil can** *n* lata de aceite *f*.
**oilcloth** (oil'kl*ä*th'', oil'kloth'') *n* hule *m*.
**oilfield** *n* campo petrolífero *m*; yacimiento de petróleo *m*.
**oil filter** *n* filtro de aceite *m*.
**oil painting** *n* pintura al óleo *f*.
**oil rig** *n* torre de perforación *f*.
**oil tanker** *n* barco petrolero *m*.
**oil well** *n* pozo de petróleo *m*.
**oily** (ōi'lē) *adj* aceitoso; grasiento: oleaginoso.
**ointment** (oint'm*e*nt) *n* ungüento *m*.
**O.K., okay** (ō'kā') *excl* O.K., vale; • *adj* bien; • *vt* dar el visto bueno a.
**old** (ōld) *adj* viejo; antiguo.
**old age** *n* vejez *f*.
**old-fashioned** (ōld'fash'*o*nd) *adj* pasado de moda.
**old maid** *n* solterona *f*.
**olive** (ol'iv) *n* olivo *m*; oliva *f*.
**olive drab** *n* color caqui *m*.
**olive oil** *n* aceite de oliva *m*.
**omelet(te)** (om'*e* lit, om'lit) *n* tortilla de huevos *f*.
**omen** (ō'm*e*n) *n* agüero, presagio *m*.
**ominous** (om'*i* nus) *adj* ominoso, siniestro, de mal agüero.
**omission** (ō mish'*a*n) *n* omisión *f*; descuido *m*.

**omit** (ō mit′) *vt* omitir.
**omnipotence** (om nip′*o* tens) *n* omnipotencia *f.*
**omnipotent** (om nip′*o* tent) *adj* omnipotente, todopoderoso.
**omnipresent** (om′′n*i* prez′ent) *adj* omnipresente.
**omniscient** (om nish′ent) *adj* omnisciente.
**on** (on, *ä*n) *prep* sobre, encima, en; de; a; • *adj* encendido; prendido; abierto; puesto.
**once** (wuns) *adv* una vez; **at** ~ en seguida; **all at** ~ de una vez, en seguida; ~ **more** otra vez.
**oncoming** (on′kum′′ing) *adj* que viene de frente; que se aproxima.
**one** (wun) *adj* un, uno; ~ **by** ~ uno a uno, uno por uno.
**one-day excursion** *n* billete (boleto) de ida y vuelta en un día *m.*
**one-liner** *n* dicho ingenioso *m.*
**one-man** *adj* individual, unipersonal.
**oneness** (wun′nis) *n* unidad, identidad *f.*
**one-night stand** *n* función única *f*; programa de una noche *f.*
**onerous** (on′ėr us, ō′nėr us) *adj* oneroso, molesto.
**oneself** (wun self′) *pn* sí mismo; sí misma; uno mismo.
**one-shot** (wun′shot′′) *adj* efectivo; de efecto inmediato, excepcional.
**one-sided** (wun′sī′did) *adj* parcial, desigual, unilateral.
**one-to-one** *adj* uno a uno, mano a mano.
**one-upmanship** (wun′up′m*a*n ship′′) *n* habilidad para lograr siempre una situación de superioridad.
**one-way** (wun′wā′) *adj* de un solo sentido.
**ongoing** (on′gō′′ing, *ä*n′gō′′ing) *adj* continuo.
**onion** (un′y*o*n) *n* cebolla *f.*
**on-line** (on′līn′′, *ä*n′ līn′′) *adj, adv* en línea, conectado.
**onlooker** (on′lük′′ėr, *ä*n′ lük′′ėr) *n* espectador *m.*
**only** (ōn′lē) *adj* único, solo; • *adv* solamente.
**onrush** (on′rush′′, *ä*n′rush′′) *n* embate *m,* avalancha *f.*
**onset, onslaught** (on′set′′, *ä*n′set′′) *n* primer ímpetu *m*; ataque *m.*
**onshore** (on′shōr′, on′sh*ä*r′) *adj* tierra adentro.
**onto** (on′tö, *ä*n′tö) *prep* sobre; **climb** ~ subir a; **to be** ~ **something** seguir la pista a algo; dar con algo.
**onus** (ō′n*u*s) *n* responsabilidad *f.*
**onward(s)** (on′wėrd, *ä*n′wėrd) *adv* adelante.
**ooze** (öz) *vi* manar *o* correr algún líquido suavemente.
**opaque** (ō pāk′) *adj* opaco.
**open** (ō′pen) *adj* abierto; patente, evidente; sincero, franco; ~**ly** *adv* con franqueza; • *vt, vi* abrir(se); descubrir(se); **to** ~ **on to** dar a; **to** ~ **up** *vt* abrir; *vi* abrirse.
**opening** (ō′p*e* ning) *n* abertura *f*; (*com*) salida *f*; principio *m.*
**open-minded** (ō′pen mīn′did) *adj* imparcial, de criterio amplio.
**openness** *n* claridad *f*; franqueza, sinceridad *f.*
**opera** (op′ėr *a*, op′r*a*) *n* ópera *f.*
**opera house** *n* teatro de la ópera *m.*
**operate** (op′*e* rāt′′) *vi* obrar, operar.
**operation** (op′′*e* rā′sh*a*n) *n* operación *f*; efecto *m.*
**operational** (op′′*e* rā′sh*a* nal) *adj* operacional.

**operative** (op′*e* rā′′tiv, op′ėr *a* tiv) *adj* operativo.
**operator** (op′*e* rā′′tėr) *n* operario *m*; operador *m*.
**ophthalmic** (of′thal′mik, op thal′mik) *adj* oftálmico.
**opiate** (ō′pē it, ō′pē āt′′) *n* narcótico *m*.
**opine** (ō pīn′) *vi* opinar, juzgar.
**opinion** (*o* pin′y*a*n) *n* opinión *f*; juicio *m*.
**opinionated** (*o* pin′y*a* nā′′tid) *adj* testarudo; aferrado a sus opiniones.
**opinion poll** *n* sondeo *m*.
**opium** (ō′pē *u*m) *n* opio *m*.
**opponent** (*o* pō′n*e*nt) *n* antagonista *m*; adversario *m*.
**opportune** (op′′ėr tön′, op′′ėr tūn′) *adj* oportuno.
**opportunist** (op′′ėr tö′nizt) *n* oportunista *m*.
**opportunity** (op′′ėr tö′ni tē, op′′ėr tū′ni tē) *n* oportunidad *f*.
**oppose** (*o* pōz′) *vt* oponerse.
**opposing** *adj* opuesto.
**opposite** (op′*o* zot, op′*o* sit) *adj* opuesto; contrario; • *adv* enfrente; *prep* frente a; • *n* lo contrario.
**opposition** (op′′*o* zish′*a*n) *n* oposición *f*; resistencia *f*; impedimento *m*.
**oppress** (*o* pres′) *vt* oprimir.
**oppression** (*o* presh′*a*n) *n* opresión *f*.
**oppressive** (*o* pres′iv) *adj* opresivo, cruel.
**oppressor** *n* opresor *m*.
**optic(al)** (op′ti k*a*l) *adj* óptico; ~**s** *npl* óptica *f*.
**optician** (op tish′*a*n) *n* óptico, oculista *m*.
**optimal** (op′t*i* m*a*l) *adj* óptimo.
**optimism** (op′t*i* miz′′*u*m) *n* optimismo *m*.
**optimist** (op′t*i* mist) *n* optimista *m*.
**optimistic** (op′′t*i* mis′tik) *adj* optimista.
**optimum** (op′t*i* m*u*m) *adj* óptimum.
**option** (op′sh*a*n) *n* opción, posibilidad *f*; deseo *m*.
**optional** *adj* optativo, opcional.
**opulent** (op′ū l*e*nt) *adj* opulento.
**or** (är) *conj* o; u.
**oracle** (är′*a* kl, or′*a* kl) *n* oráculo *m*.
**oral** (ōr′*a*l, är′*a*l) *adj* oral, vocal; ~**ly** *adv* verbalmente, de palabra.
**orange** (or′inj) *n* naranja *f*.
**orator** (är′*a* tėr, or′*a* tėr) *n* orador *m*.
**orbit** (är′bit) *n* órbita *f*.
**orchard** (är′chėrd) *n* huerto *m*.
**orchestra** (är′ki str*a*) *n* orquesta *f*.
**orchestral** (är kes′tr*a*l) *adj* de orquesta.
**orchid** (är′kid) *n* orquídea *f*.
**ordain** (är dān′) *vt* ordenar; establecer.
**ordeal** (är dēl′, är dē′*a*l) *n* prueba rigurosa *f*; experiencia terrible *f*.
**order** (är′dėr) *n* orden *mf*; pedido *m*; regla *f*; mandato *m*; serie, clase *f*; • *vt* ordenar, arreglar; mandar.
**order form** *n* hoja de pedido *f*.
**orderly** (är′dėr lē) *adj* ordenado, regular, metódico.
**ordinarily** (är′′d*i* nâr′*i* lē, är′d*i* ner′′*i* lē) *adv* ordinariamente.
**ordinary** (är′d*i* ner′′ē) *adj* ordinario.
**ordination** (är′′d*i* nā′sh*a*n) *n* ordenación *f*.
**ordnance** (ärd′n*a*ns) *n* artillería *f*.
**ore** (ōr) *n* mineral *m*.
**organ** (är′g*a*n) *n* órgano *m*.
**organic(al)** (är gan′ik; är gan′ik *a*l) *adj* orgánico.

**organism** (*ä*r′g*a* niz′′*u*m) *n* organismo *m.*
**organist** (*ä*r′g*a* nist) *n* organista *m.*
**organization** (*ä*r′′g*a* ni zā′sh*a*n) *n* organización *f.*
**organize** (*ä*r′g*a* nīz′′) *vt* organizar.
**orgasm** (*ä*r′gaz *u*m) *n* orgasmo *m.*
**orgy** (*ä*r′jē) *n* orgía *f.*
**oriel (window)** (ōr′ē *e*l) *n* mirador *m.*
**oriental** (ōr′′ē en′t*a*l) *adj* oriental.
**orifice** (*ä*r′*i* fis, or′*i* fis) *n* orificio *m.*
**origin** (*ä*r′i jin, or′i jin) *n* origen, principio *m.*
**original** (*o* rij′*i* n*a*l) *adj* original, primitivo; **~ly** *adv* originalmente.
**originality** (*o* rij′′*i* nal′i tē) *n* originalidad *f.*
**originate** (*o* rij′*i* nāt′′) *vi* originar.
**ornament** (*ä*r′n*a* ment) *n* ornamento *m*; • *vt* ornamentar, adornar.
**ornamental** (*ä*r′′n*a* ment′t*a*l) *adj* ornamental, lo que sirve de adorno.
**ornate** (*ä*r nāt′) *adj* adornado, ataviado.
**ornery** (*ä*r′n*e* rē) *adj* de mal genio.
**orphan** (*ä*r′f*a*n) *adj, n* huérfano *m.*
**orphanage** (*ä*r′f*a* nij) *n* orfanato *m.*
**orthodox** (*ä*r′th*o* doks′′) *adj* ortodoxo.
**orthodoxy** (*ä*r′th*o* dok′′sē) *n* ortodoxia *f.*
**orthography** (*ä*r thog′r*a* fē) *n* ortografía *f.*
**orthopedic** (*ä*r′′thō pē′dik) *adj* ortopédico.
**oscillate** (os′*i* lāt) *vi* oscilar, vibrar.
**osier** (ō′zhėr) *n* mimbre *m.*
**osprey** (os′prē) *n* águila marina *f.*
**ostensibly** (o sten′s*i* bl ē) *adv* aparentemente, manifiestamente, visiblemente.
**ostentatious** (os′′ten tā′shus) *adj* ostentoso.
**osteopath** (os′tē *a* path′′) *n* osteópata *m.*
**ostracize** (os′tr*a* sīz′′) *vt* aislar; desterrar por medio del ostracismo.
**ostrich** (*ä*′strich, os′trich) *n* avestruz *m.*
**other** (uTHėr) *pn* otro.
**otherwise** (uTHėr wīz′′) *adv* de otra manera, por otra parte.
**otter** (ot′ėr) *n* nutria *f.*
**ouch** (ouch) *excl* ¡ay!
**ought** (*ä*t) *v aux* deber, ser menester.
**ounce** (ouns) *n* onza *f.*
**our, ours** (our, ou′ėr; ourz, ou′ėrz, ärz) *pn* nuestro, nuestra, nuestros, nuestras.
**ourselves** (*ä*r selvz′, our′selvz, ou′′ėr selvz′) *pn pl* nosotros mismos.
**oust** (oust) *vt* quitar; desposeer; derrocar.
**out** (out) *adv* fuera, afuera; apagado.
**outback** *n* llanura árida del interior de un país *f.*
**outboard** (out′bōrd′′) *adj*: ~ **motor** (motor) fuera de borda *m.*
**outbreak** (out′brāk′′) *n* erupción *f*; brote *m.*
**outburst** (out′b*ü*rst′′) *n* explosión *f.*
**outcast** (out′kast′′, out′käst′′) *n* paria *m.*
**outcome** (out′kum′′) *n* resultado *m.*
**outcry** (out′krī′′) *n* clamor *m*; gritería *f.*
**outdated** (out′′d*a*′tid) *adj* fuera de moda, anticuado.
**outdo** (out′′dö′) *vt* exceder a otro, sobrepujar.
**outdoor** (out′dōr′′) *adj*, **~s** *adv* al aire libre.
**outer** (ou′tėr) *adj* exterior.
**outermost** (ou′tėr mōst′′) *adj* extremo; lo más exterior.

**outer space** *n* espacio exterior *m.*
**outfit** (out´fit) *n* vestidos *mpl*; ropa *f.*
**outfitter** *n* confeccionador *m.*
**outgoing** (out´gō´´ing) *adj* extrovertido.
**outgrow** (out´´grō´) *vt* sobrecrecer.
**outgrowth** (out´grōth´´) *n* brote, producto, resultado *m.*
**outhouse** (out´hous´´) *n* dependencia de una casa *f*; edificación anexa *f.*
**outing** (ou´ting) *n* excursión *f.*
**outlandish** (out lan´dish) *adj* estrafalario.
**outlast** (out´´last´, out´´läst´) *vi* durar más; sobrevivir a.
**outlaw** (out´lä´´) *n* bandido *m*; • *vt* proscribir.
**outlay** (out´lā´´) *n* despensa *f*, gastos *mpl.*
**outlet** (out´let, out´lit) *n* salida *f.*
**outline** (out´līn´´) *n* contorno *m*; bosquejo *m.*
**outlive** (out´´liv´) *vt* sobrevivir.
**outlook** (out´lük´´) *n* perspectiva, actitud *f.*
**outlying** (out´lī´´ing) *adj* distante, lejano.
**outmoded** (out´´mō´did) *adj* anticuado.
**outnumber** (out´´num´bėr) *vt* exceder en número.
**out-of-date** (out´ov dāt´) *adj* caducado; pasado de moda.
**outpatient** (out´pā´´shent) *n* paciente externo *m.*
**outpost** (out´pōst´´) *n* puesto de avanzada *m.*
**output** (out´püt´´) *n* rendimiento *m*; salida *f.*
**outrage** (out´rāj) *n* ultraje *m*; • *vt* ultrajar.
**outrageous** (out rā´jus) *adj* ultrajante; atroz; **~ly** *adv* injuriosamente; enormemente.
**outrigger** (out´rig´´ėr) *n* canoa con balancines *f.*
**outright** (out´rīt´, out´rīt´´) *adv* absolutamente; • *adj* completo.
**outrun** (out´´run´) *vt* correr más que otro.
**outset** (out´set´´) *n* principio *m.*
**outshine** (out´´shīn) *vt* exceder en brillantez, eclipsar.
**outside** (out´sīd´, out´sīd´´) *n* superficie *f*; exterior *m*; apariencia *f*; • *adv* fuera; • *prep* fuera de.
**outsider** (out´´sīd´ėr) *n* forastero *m.*
**outsize** (out´sīz´´) *adj* de talla grande.
**outskirts** (out´skürts´´) *n pl* alrededores *mpl.*
**outsmart** (out´´smärt´) *vt* pasarse de listo.
**outspoken** (out´spō´ken) *adj* muy franco.
**outstanding** (out´´stan´ding) *adj* excepcional; pendiente.
**outstretch** (out´´strech´) *vt* extenderse, alargar.
**outstrip** (out´´strip´) *vt* dejar atrás; sobrepujar.
**out-tray** *n* bandeja de salida *f.*
**outward** (out´wėrd) *adj* exterior, externo; de ida; **~ly** *adv* por fuera; exteriormente.
**outweigh** (out´´wā´) *vt* pesar más que.
**outwit** (out´´wit´) *vt* engañar a uno a fuerza de tretas.
**oval** (ō´val) *n* óvalo *m*; • *adj* oval.
**ovary** (ō´va rē) *n* ovario *m.*
**oven** (uv´en) *n* horno *m.*
**ovenproof** *adj* resistente al horno.
**over** (ō´vėr) *prep* sobre, encima; más de; durante; **all** ~ por todos

lados; • *adj* terminado; de sobra; ~ **again** otra vez; ~ **and** ~ repetidas veces.

**overall** (ō´vėr äl´´) *adj* total; • *adv* en conjunto; ~**s** *npl* overol *m.*

**overawe** (ō´´vėr ä´) *vt* imponer respeto.

**overbalance** (ō´´vėr bal´*a*ns) *vi* perder el equilibrio.

**overbearing** (ō´´vėr bâr´ing) *adj* despótico, autoritario, dominante.

**overboard** (ō´vėr bōrd´´) *adv* (*mar*) al mar, al agua.

**overbook** *vt* aceptar demasiadas reservaciones.

**overcast** (ō´´vėr kast´, ō´´vėr käst´) *adj* encapotado, nublado.

**overcharge** (ō´´vėr chärj´) *vt* sobrecargar; poner alguna cosa a precio muy alto.

**overcoat** (ō´vėr kōt´´) *n* abrigo *m.*

**overcome** (ō´´vėr kum´) *vt* vencer; superar.

**overconfident** (ō´vėr kon´fi d*e*nt) *adj* demasiado seguro de sí mismo.

**overcrowded** (ō´´vėr kroud´id) *adj* atestado; superpoblado.

**overdo** (ō´´vėr dö´) *vi* hacer más de lo necesario.

**overdose** (ō´vėr dōs´´) *n* sobredosis *f invar.*

**overdraft** (ō´vėr draft´´, ō´vėr dräft´´) *n* saldo deudor *m.*

**overdress** *vt* engalanar con exceso.

**overdue** (ō´´vėr dö´, ō´´vėr dū´) *adj* retrasado.

**overeat** (ō´´vėr ēt´) *vi* atracarse, sobrealimentarse.

**overestimate** (ō´´vėr es´t*i* māt´´) *vt* sobreestimar.

**overflow** (ō´´vėr flō´) *vt, vi* inundar; rebosar; • *n* inundación *f*; superabundancia *f.*

**overgrown** (ō´´vėr grōn´, ō´vėr grōn´´) *adj* invadido, lleno de maleza, demasiado grande.

**overgrowth** (ō´vėr grōth´´) *n* vegetación exuberante *f.*

**overhang** (ō´´vėr hang´) *vt* salir algo fuera del nivel de un edificio; sobresalir.

**overhaul** (ō´´vėr h*ä*l´, ō´vėr h*ä*l´´) *vt* revisar; • *n* revisión *f.*

**overhead** (ō´vėr hed´´) *adv* sobre la cabeza, en lo alto.

**overhear** (ō´vėr hēr´) *vt* oír algo por casualidad.

**overjoyed** (ō´vėr joid´) *adj* muy gozoso.

**overkill** (ō´vėr kil´´) *n* capacidad nuclear destructiva excesiva para acabar con el enemigo; exceso, superabundancia *m.*

**overland** (ō´vėr land´´) *adj, adv* por tierra.

**overlap** (ō´´vėr lap´) *vi* traslaparse.

**overleaf** *adv* al dorso.

**overload** (ō´´vėr lōd´) *vt* sobrecargar.

**overlook** (ō´´vėr lük´) *vt* mirar desde lo alto; examinar; repasar; pasar por alto, tolerar; descuidar.

**overnight** (ō´vėr nīt´) *adv* durante la noche; • *adj* de noche.

**overpass** (ō´´vėr pas´) *n* paso superior *m.*

**overpower** (ō´´vėr pou´ėr) *vt* predominar, oprimir.

**overpowering** (ō´´vėr pou´ėr ing) *adj* agobiante.

**overrate** (ō´´vėr rāt´) *vt* apreciar *o* valuar alguna cosa en más de lo que vale.

**override** (ō´´vėr rīd´) *vt* no hacer caso de.

**overriding** *adj* predominante.

**overrule** (ō´´vėr röl´) *vt* denegar.

**overrun** (ō´´vėr run´) *vt* inundar; infestar; rebasar.
**overseas** (ō´´vėr sēz´) *adv* en ultramar; • *adj* extranjero.
**oversee** (ō´´vėr sē´) *vt* inspeccionar, supervisar.
**overseer** (ō´vėr sē´´ėr) *n* superintendente, supervisor *m*.
**overshadow** (ō´´vėr shad´ō ) *vt* eclipsar.
**overshoot** (ō´´vėr shöt´) *vt* excederse, rebasar.
**oversight** (ō´vėr sīt´´) *n* yerro *m*; equivocación *f*.
**oversized** (ō´vėr sīz´´) *adj* de tamaño mayor a lo normal.
**oversleep** (ō´´vėr slēp´) *vi* dormir demasiado, quedarse dormido.
**overspill** *n* exceso de población *m*.
**overstate** (ō´´vėr stāt´) *vi* exagerar.
**overstep** (ō´´vėr step´) *vt* pasar más allá.
**overt** (ō vürt´, ō´vürt) *adj* abierto; público; ~**ly** *adv* abiertamente.
**overtake** (ō´´vėr tāk´) *vt* sobrepasar.
**overthrow** (ō´´vėr thrō´) *vt* trastornar; demoler; destruir, derrocar; • *n* trastorno *m*; ruina, derrota *f*.
**overtime** (ō´vėr tīm´´) *n* horas extra *fpl*.
**overtone** (ō´vėr tōn´´) *n* tono, trasfondo, deje *m*, nota *f*.
**overture** (ō´vėr chėr, ō´vėr chür´´) *n* abertura *f*; (*mus*) obertura *f*.
**overturn** (ō´´vėr türn´) *vt* subvertir, derrocar, derribar, trastornar.
**overweight** (ō´´vėr wāt´´) *adj* pasado de peso, muy pesado.
**overwhelm** (ō´´vėr hwelm´, ō´´vėr welm´) *vt* abrumar; oprimir; sumergir.
**overwhelming** (ō´´vėr hwel´ming, ō´´vėr wel´ming) *adj* arrollador; irresistible.
**overwork** (ō´´vėr würk´) *vi* trabajar demasiado.
**owe** (ō) *vt* deber, tener deudas; estar obligado.
**owing** (ō´ing) *adj* que es debido; ~**to** por causa de.
**owl** (oul) *n* búho *m*.
**own** (ōn) *adj* propio; **my** ~ mío, mía; • *vt* tener; poseer; **to** ~ **up** *vi* confesar.
**owner** *n* dueño, propietario *m*.
**ownership** *n* posesión *f*.
**ox** (oks) *n* buey *m*; ~**en** *pl* ganado vacuno *m*.
**oxidize** (ok´si dīz´´) *vt* oxidar.
**oxygen** (ok´si jen) *n* oxígeno *m*.
**oxygen mask** *n* máscara de oxígeno *f*.
**oxygen tent** *n* tienda de oxígeno *f*.
**oyster** (oi´stėr) *n* ostra *f*.
**ozone** (ō´zōn, ō zōn´) *n* ozono *m*.

# P

**pa** (pä) n papá m.
**pace** (pās) *n* paso *m*; • *vt* medir a pasos; • *vi* pasear, caminar.
**pacemaker** (pās′ mā′′kėr) *n* marcapasos *m invar.*
**pacific(al)** (p*a* sif′ik) *adj* pacífico.
**pacification** (pas′′*i* fi kā′sh*a*n) *n* pacificación *f.*
**pacify** (pas′*i* fī) *vt* pacificar.
**pack** (pak) *n* lío, fardo, paquete *m*; baraja de naipes *f*; cuadrilla *f*; • *vt* empaquetar; hacer la maleta; llenar.
**package** (pak′ij) *n* paquete *m*; acuerdo *m.*
**package tour** *n* viaje organizado *m.*
**packet** (pak′it) *n* paquete *m.*
**packing** (pak′ing) *n* embalaje *m.*
**pact** (pakt) *n* pacto *m.*
**pad** (pad) *n* almohadilla, hombrera *f*; catre *m*; bloc *m*; plataforma *f*; (*sl*) casa *f*; • *vt* rellenar.
**padding** (pad′ing) *n* relleno *m*; paja *f.*
**paddle** (pad′l) *vi* remar; chapotear; • *n* remo pequeño *m.*
**paddle steamer** *n* barco de vapor con paletas *m.*
**paddock** (pad′*o*k) *n* corral *m.*
**paddy** (pad′ē) *n* arrozal *m.*
**padlock** (pad′lok) *n* candado *m.*
**pagan** (pā′g*a*n) *adj, n* pagano *m.*
**page** (pāj) *n* página *f*; paje *m.* • *vt* llamar por megáfono.
**pageant** (paj′*e*nt) *n* espectáculo público *m.*
**pageantry** (paj′*e*n trē) *n* pompa, *f*, esplendor *m.*
**pail** (pāl) *n* cubeta *f*, cubo, pozal *m.*
**pain** (pān) *n* pena *f*; castigo *m*; dolor *m*; • *vt* afligir.
**pained** (pānd) *adj* afligido.
**painful** (pān′f*u*l) *adj* dolorido; doloroso, penoso; ~**ly** *adv* dolorosamente, con pena.
**pain killer** *n* analgésico *m.*
**painless** (pān′lis) *adj* sin pena; sin dolor.
**painstaking** (pānz′tā′′king) *adj* laborioso, minucioso.
**paint** (pānt) *n* pintura *f*; • *vt* pintar.
**paintbrush** (pānt′brush′′) *n* pincel *m*; brocha *f.*
**painter** (pān′tėr) *n* pintor *m.*
**painting** (pān′ting) *n* pintura *f.*
**paint work** *n* pintura *f.*
**pair** (pâr) *n* par *m.*
**pajamas** (p*a* jä′m*a*z, p*a* jam′*a*z) *npl* pijama *m.*
**pal** (pal) *n* compañero, amigo, cuate *m.*
**palace** (pal′is) *n* palacio *m.*
**palatable** (pal′*a* t*a* bl) *adj* sabroso.
**palate** (pal′it) *n* paladar *m*; gusto *m.*
**palatial** (p*a* lā′sh*a*l) *adj* palatino, palaciego.
**palaver** (p*a* lav′ėr, p*a* lä′vėr) *n* palabraría *f*; debate *m.*
**pale** (pāl) *adj* pálido; claro. • *vi* palidecer.
**palette** (pal′it) *n* paleta *f.*
**paling** (pā′ling) *n* estacada, palizada *f.*
**palisade** (pal′′i sād′) *n* empalizada, palizada *f.*
**pall** (päl) *n* capa de humo *f*; paño mortuorio *m*; • *vi* perder el sabor.
**pallet** (pal′it) *n* camastro *m.*
**palliative** (pal′ē ā′′tiv) *adj, n* paliativo *m.*
**pallid** (pal′id) *adj* pálido.

**pallor** (pal´ėr) *n* palidez *f.*
**palm** (päm) *n* (*bot*) palma *f.*
**palmistry** (pä´mi strē) *n* quiromancia *f.*
**Palm Sunday** *n* Domingo de Ramos *m.*
**palpable** (pal´p*a* bl) *adj* palpable; evidente.
**palpitation** (pal´pā´sh*a*n) *n* palpitación *f.*
**palsy** (pal´zē) *n* parálisis *f.*
**paltry** (p*ä*l´trē) *adj* irrisorio; mezquino.
**pamper** (pam´pėr) *vt* mimar.
**pamphlet** (pam´flit) *n* panfleto, folleto, volante *m.*
**pan** (pan) *n* cazuela, cacerola *f*; sartén *f.*
**panacea** (pan´´*a* sē´*a*) *n* panacea *f.*
**panache** (p*a* nash´, p*a* näsh´) *n* estilo, garbo, salero *m.*
**pancake** (pan´kāk´´) *n* crepa *f*, buñuelo, panqué *m.*
**pandemonium** (pan´´d*e* mō´nē *u*m) *n* pandemonio, caos *m.*
**pane** (pān) *n* cristal, vidrio *m.*
**panel** (pan´*e*l) *n* panel, tablero, segmento *m*; paño *m.*
**paneling** (pan´*e*l ing) *n* paneles *mpl.*
**pang** (pang) *n* angustia, congoja *f.*
**panic** (pan´ik) *adj, n* pánico *m.*
**panicky** (pan´ikē) *adj* asustadizo.
**panic-stricken** (pan´ik strik´´*e*n) *adj* preso de pánico.
**panoply** (pan´*o* plē) *n* colección *f.*
**pansy** (pan´zē) *n* (*bot*) pensamiento *m.*
**pant** (pant) *vi* jadear.
**panther** (pan´thėr) *n* pantera *f.*
**panties** (pan´tēz) *npl* calzones *mpl*, bragas *fpl.*
**pantihose** (pant´ē jos) *n* pantimedias *fpl.*
**pantry** (pan´trē) *n* despensa *f.*
**pants** (pants) *npl* pantalones *mpl.*
**papacy** (pā´ p*a* sē) *n* papado, pontificado *m.*
**papal** (pā´p*a*l) *adj* papal.
**paper** (pā´pėr) *n* papel *m*; periódico *m*; examen, ensayo *m*; estudio *m*; **~s** *pl* escrituras *fpl*; (*com*) fondos *mpl*; • *adj* de papel; • *vt* empapelar; tapizar.
**paperback** (pā´pėr bak´´) *n* libro de bolsillo *m.*
**paper bag** *n* bolsa de papel *f.*
**paper clip** *n* clip *m.*
**paperweight** (pā´pėr wāt´´) *n* pisapapeles *m.*
**paper work** *n* papeleo *m.*
**paprika** (pa prē´k*a*, pap´r*i* k*a*) *n* pimienta húngara *f.*
**par** (pär) *n* equivalencia *f*; igualdad *f*; par *m*; **at ~** (*com*) a la par.
**parable** (par´*a* bl) *n* parábola *f.*
**parachute** (par´*a* shöt´´) *n* paracaídas *m invar*; • *vi* lanzarse en paracaídas.
**parade** (p*a* rād´) *n* ostentación, pompa *f*; (*mil*) parada *f* desfile *m*; • *vt, vi* formar, parada; pasear; hacer gala.
**paradise** (par´*a* dīs´´) *n* paraíso *m.*
**paradox** (par´*a* doks´´) *n* paradoja *f.*
**paradoxical** (par´´*a* doks´*i* k*a*l) *adj* paradójico.
**paraffin** (par´*a* fin) *n* parafina *f.*
**paragon** (par´*a* gon´´) *n* modelo perfecto *m.*
**paragraph** (par´*a* graf´´) *n* párrafo *m.*
**parakeet** (par´*a* kēt´´) *n* periquito *m.*
**parallel** (par´*a* lel´´) *adj* paralelo; • *n* línea paralela *f*; • *vt* ser análogo o paralelo.
**paralysis** (p*a* ral´i sis) *n* parálisis *f.*

**paralytic** (par´´*a* lit´ik) *adj* paralítico.
**paralyze** (par´*a* līz´´) *vt* paralizar.
**parameter** (p*a* ram´i tėr) *n* parámetro *m*.
**paramount** (par´*a* mount´´) *adj* supremo, superior, primordial.
**paranoid** (par´*a* noid´´) *adj* paranoico.
**paraphernalia** (par´´*a* fėr nāl´y*a*, par´´*a* fe nāl´y*a*) *n* parafernalia.
**parasite** (par´*a* sīt´´) *n* parásito *m*.
**parasol** (par´*a* säl´´, par´*a* sol´´) *n* parasol, quitasol *m*, sombrilla *f*.
**paratrooper** (par´*a* trö´´pėr) *n* paracaidista *m*.
**parcel** (pär´s*e*l) *n* paquete *m*; porción, cantidad *f*; equipajes, bultos *mpl*; • *vt* empaquetar, embalar.
**parch** (pärch) *vt* resecar, tostar.
**parched** (pärchd) *adj* muerto de sed, reseco, tostado.
**parchment** (pärch´ment) *n* pergamino *m*.
**pardon** (pär´d*o*n) *n* perdón *m*; • *vt* perdonar.
**parent** (pâr´*e*nt) *n* padre *m*; madre *f*.
**parentage** (pâr´*e*n tij) *n* parentela *f*; extracción *f*.
**parental** (p*a* ren´t*a*l) *adj* paternal.
**parenthesis** (p*a* ren´thi sis) *n* paréntesis *m*.
**parish** (par´ish) *n* parroquia *f*; • *adj* parroquial.
**parishioner** (p*a* rish´*a* nėr) *n* parroquiano, feligrés *m*.
**parity** (par´i tē) *n* paridad *f*.
**park** (pärk) *n* parque *m*; • *vt* aparcar, estacionar; *vi* aparcar, estacionarse.
**parking** (pär´king) *n* aparcamiento, estacionamiento *m*.
**parking lot** *n* estacionamiento *m*.
**parking meter** *n* parquímetro *m*.
**parking ticket** *n* multa de estacionamiento *f*.
**parlance** (pär´l*a*ns) *n* lenguaje *m*.
**parlay** (par´lē, pär lā´) *vt* apostar; transformar; explotar.
**parley** (pär´lē) *n* parlamento *m*; conferencia *f*; • *vt* negociar.
**parliament** (pär l*i* m*e*nt) *n* parlamento *m*.
**parliamentary** (pär´´ l*i* m*e*n´t*a* rē, pär´´ l*i* men´trē) *adj* parlamentario.
**parlor** (pär´lėr) *n* sala *f*.
**parody** (par´*o* dē) *n* parodia *f*; • *vt* parodiar.
**parole** (p*a* rōl´) *n*: **on** ~ libre bajo palabra.
**parricide** (par´i sīd´´) *n* parricidio *m*; parricida *m*.
**parrot** (par´*o*t) *n* papagayo *m*.
**parry** (par´ē) *vt* parar.
**parsley** (pärs´lē) *n* (*bot*) perejil *m*.
**part** (pärt) *n* parte *f*; partido *m*; oficio *m*; papel (de un actor) *m*; obligación *f*; raya *f*; **~s** *pl* partes *fpl*; paraje, distrito *m*; • *vt* partir, separar, desunir; • *vi* partirse, separarse; **to ~ with** entregar; pagar; deshacerse de; **~ly** *adv* en parte.
**partake** (pär tāk´) *vt* compartir.
**partial** (pär´sh*a*l) *adj*, **~ly** *adv* parcial(mente).
**participant** (pär tis´*i* p*a*nt) *n* concursante *m*.
**participate** (pär tis´*i* pāt´´) *vi* participar (en).
**participation** (pär tis´*i* pā´sh*a*n) *n* participación *f*.
**participle** (pär´ti sip´´l, pär´ti s*i* pl) *n* (*gr*) participio *m*.
**particle** (pär´ti kl) *n* partícula *f*.
**particular** (pėr tik´ū lėr) *adj* particular, singular; **~ly** *adv* particu-

larmente; • *n* particular *m*; particularidad *f*.
**parting** (pär´ting) *n* separación, partida *f*; raya (en los cabellos) *f*.
**partisan** (pär´ti z*a*n) *n* partidario *m*.
**partition** (pär tish´*a*n) *n* partición, separación *f*; tabique *m*, mampara *f*; • *vt* partir, dividir en varias partes.
**partner** (pärt´ nėr) *n* socio, compañero *m*.
**partnership** *n* compañía, sociedad de comercio *f*.
**partridge** (pär´trij) *n* perdiz *f*.
**party** (pär´tē) *n* partido *m*; fiesta *f*.
**pass** (pas, päs) *vt* pasar; traspasar; transferir; adelantarse a; • *vi* pasar, aprobar; • *n* permiso *m*; puerto *m*; **to ~ away** *vi* fallecer; **to ~ by** *vi* pasar; *vt* pasar por alto; **to ~ on** *vt* transmitir; pase *m*.
**passable** (pas´*a* bl, pä´s*a* bl) *adj* pasadero, transitable, pasable, aceptable.
**passage** (pas´ij) *n* pasaje *m*; travesía *f*; pasadizo *m*.
**passbook** (pas´bük) *n* libreta de depósitos *f*.
**passenger** (pas´*e*n jėr) *n* pasajero *m*.
**passer-by** (pas´ėr bī´) *n* transeúnte *m*.
**passing** (pas´ing, pä´sing) *adj* pasajero, rápido, casual; • *n* fallecimiento, defunción *m*.
**passion** (pash´*a*n) *n* pasión *f*; amor *m*; celo, ardor *m*.
**passionate** (pash´*a* nit) *adj* apasionado; **~ly** *adv* apasionadamente; ardientemente.
**passive** (pas´iv) *adj* pasivo; **~ly** *adv* pasivamente.
**passkey** (pas´kē´´, päs´kē´´) *n* llave maestra *f*.
**Passover** (pas´ō´´vėr, päs´ō´´vėr) *n* Pascua *f*.
**passport** (pas´pōrt, pas´pärt, päs´pōrt) *n* pasaporte *m*.
**passport control** *n* control de pasaporte *m*.
**password** (pas´würd´´, päs´würd´´) *n* contraseña *f*.
**past** (past, päst) *adj* pasado; gastado; • *n* (*gr*) pretérito *m*; el pasado; • *prep* más allá de; después de.
**pasta** (pä´st*a*) *n* pasta *f*.
**paste** (pāst) *n* pasta *f*; engrudo, pegamento *m*; • *vt* aplicar pegamento.
**pasteurized** (pas´ch*e* rīzd) *adj* pasteurizado.
**pastime** (pas´tīm´´, päs tīm´´) *n* pasatiempo *m*; diversión *f*.
**pastor** (pas´tėr) *n* pastor *m*.
**pastoral** (pas´tėr *a*l, pä´stėr *a*l) *adj* pastoril; pastoral.
**pastry** (pā´strē) *n* pastelería, repostería *f*.
**pasture** (pas´chėr, päs´chėr) *n* pasto *m*, pastura *f*.
**pasty** (pas´tē, pä´stē) *adj* pastoso; pálido.
**pat** (pat) *vt* dar palmaditas.
**patch** (pach) *n* remiendo *m*; parche *m*; terreno *m*; • *vt* remendar; **to ~ up** reparar; hacer las paces en.
**patchwork** (pach´würk´´) *n* labor de retazos *f*.
**pâté** (pä tā´) *n* paté *m*.
**patent** (pat´*e*nt) *adj* patente; evidente; • *n* patente *f*; • *vt* patentar.
**patentee** (pat´´*e*n tē´) *n* titular de una patente.
**patent leather** *n* charol *m*.
**paternal** (p*a* tür´n*a*l) *adj* paternal.
**paternity** (p*a* tür´ni tē) *n* paternidad *f*.

**path** (path, päth) *n* senda *f.*
**pathetic** (p*a* thet′ik) *adj* patético; **~ally** *adv* patéticamente.
**pathological** (path′′*o* loj′ik al) *adj* patológico.
**pathology** (p*a* thol′*o* jē) *n* patología *f.*
**pathos** (pā′thos) *n* expresión patética *f.*
**pathway** (path′wā, päth′wā) *n* sendero *m.*
**patience** (pā′sh*e*ns) *n* paciencia *f.*
**patient** (pā′sh*e*nt) *adj* paciente, sufrido; **~ly** *adv* con paciencia; • *n* enfermo *m.*
**patio** (pat′ē ō′′) *n* patio *m.*
**patriarch** (pā′trē ärk′′) *adj* patriarca *m.*
**patrimony** (pa′tr*i* mō′′nē) *n* patrimonio *m.*
**patriot** (pā′trē *o*t, pā′trē ot′′) *n* patriota *m.*
**patriotic** (pā′′trē ot′ik) *adj* patriótico.
**patriotism** (pā′trē *o* tiz′′*u*m) *n* patriotismo *m.*
**patrol** (p*a* trōl′) *n* patrulla *f*; • *vi* patrullar.
**patrol car** *n* coche patrulla *m.*
**patrolman** (p*a* trōl′m*a*n) *n* policía, guardia *m.*
**patron** (pā′tr*o*n) *n* patrón, patrocinador, protector *m.*
**patronage** (pā′tr*o* nij, pa′tr*o* nij) *n* patrocinio *m*; patronato, patronazgo *m.*
**patronize** (pā′tr*o* nīz′′, pa′tr*o* nīz′′) *vt* patrocinar, proteger.
**patter** (pat′ėr) *n* golpeteo *m*; lenguaje (característico de una profesión) *f*; • *vi* tamborilear; murmurar; charlar.
**pattern** (pat′ėrn) *n* patrón, diseño *m*; dibujo *m*; pauta *f,* modelo *m.*
**paunch** (pänsh, pänch) *n* panza, barriga *f*; vientre *m.*
**pauper** (pä′pėr) *n* pobre, indigente *m.*
**pause** (päz) *n* pausa *f*; • *vt* pausar; deliberar.
**pave** (pāv) *vt* pavimentar, empedrar; enlosar, embaldosar.
**pavement** (pāv′ment) *n* pavimento *f.*
**pavilion** (p*a* vil′y*o*n) *n* pabellón *m.*
**paving stone** *n* ladrillo *m*; losa *f.*
**paw** (pä) *n* pata *f*; garra *f*; • *vt* manosear.
**pawn** (pän) *n* peón *m*; • *vt* empeñar.
**pawn broker** (pän′ brō′′ kėr) *n* prestamista *m.*
**pawnshop** (pän′shop′′) *n* monte de piedad *m*, casa de empeños *f.*
**pay** (pā) *vt* pagar; sufrir por; **to ~ back** *vt* reembolsar; **to ~ for** pagar; **to ~ off** *vt* liquidar; *vi* dar resultados; • *n* paga *f*; salario *m.*
**payable** (pā′*a* bl) *adj* pagadero.
**pay day** *n* día de paga *m.*
**payee** (pā ē′) *n* beneficiario *m.*
**pay envelope** *n* sobre (de paga) *m.*
**paymaster** (pā′mas′′tėr) *n* pagador *m.*
**payment** (pā′m*e*nt) *n* paga *f,* pago *m.*
**pay-phone** *n* teléfono público *m.*
**payroll** (pā′rōl′′) *n* nómina *f.*
**pea** (pē) *n* guisante, chícharo *m.*
**peace** (pēs) *n* paz *f.*
**peaceful** (pēs′f*u*l) *adj* tranquilo, pacífico.
**peach** (pēch) *n* melocotón, durazno *m.*
**peacock** (pē′kok′′) *n* pavo real *m.*
**peak** (pēk) *n* cima, cúspide, cumbre *f.* **~ hours**, **~ period** *n* horas punta *fpl.*

**peal** (pēl) *n* campaneo *m*; estruendo *m* . • *vt* repicar, tocar campanas.
**peanut** (pē´nut´´) *n* cacahuate *m*; maní *m*.
**pear** (pâr) *n* pera *f*.
**pearl** (pŭrl) *n* perla *f*.
**peasant** (pez´*a*nt) *n* campesino *m*.
**peat** (pēt) *n* turba *f*.
**pebble** (peb´l) *n* piedrecita *f*; guijarro *m*.
**pecan** (pi kän´, pi kan´, pē´kan) *n* nuez, pacana *f*.
**peck** (pek) *n* picotazo *m*; • *vt* picotear; picar.
**pecking order** *n* orden de jerarquía *m*.
**peculiar** (pi kūl´yėr) *adj* peculiar, particular, singular; ~**ly** *adv* peculiarmente.
**peculiarity** (pi kū´´lē ar´i tē, pi kūl yar´i tē) *n* particularidad, singularidad *f*.
**pedal** (ped´*a*l) *n* pedal *m*; • *vi* pedalear.
**pedant** (ped´*a*nt) *n* pedante *m*.
**pedantic** (p*e* dan´tik) *adj* pedante.
**peddler** (ped´lėr) *n* vendedor ambulante *m*.
**pedestal** (ped´i st*a*l) *n* pedestal *m*.
**pedestrian** (p*e* des´trē *a*n) *n* peatón *m*; • *adj* pedestre.
**pediatrics** (pē´dē a´triks, ped´ē a´triks) *n* pediatría *f*.
**pedigree** (ped´*i* grē´´) *n* pedigrí, linaje *m*, genealogía *f*; • *adj* de raza.
**peek** (pēk) *vi* mirar de soslayo.
**peel** (pēl) *vt* pelar; • *vi* desconcharse; • *n* piel *f*; cáscara *f*.
**peer** (pēr) *n* compañero *m*; par *m*.
**peerless** (pēr´lis) *adj* incomparable.
**peeved** (pēvd) *adj* enojado.
**peevish** (pē´vish) *adj* regañón, bronco; enojadizo. ~**ly** *adv* de mala gana.
**peg** (peg) *n* estaca *f*; clavija *f*; gancho *m*; • *vt* clavar.
**pejorative** (pi jär´*a* tiv, pi jor´*a* tiv) *adj* peyorativo.
**pelican** (pel´*i* k*a*n) *n* pelícano *m*.
**pellet** (pel´it) *n* bolita, bala *f*, perdigón *m*.
**pelt** (pelt) *n* pellejo, cuero *m*; • *vt* arrojar, acribillar; • *vi* salir disparado; llover a cántaros.
**pen** (pen) *n* bolígrafo *m*; pluma *f*; redil *m*.
**penal** (pēn´*a*l) *adj* penal.
**penalize** (pēn´*a* līz´´, pen´*a* līz´´) *vt* castigar.
**penalty** (pen´*a*l tē) *n* pena *f*; castigo *m*; multa *f*.
**penance** (pen´*a*ns) *n* penitencia *f*.
**pence** (pēnz) *n* = *pl* of **penny** penique.
**penchant** (pen´ch*a*nt) *n* inclinación, afición, tendencia *f*.
**pencil** (pen´sil) *n* lápiz *m*; lapicero *m*.
**pencil case** *n* estuche para lápices *m*.
**pendant** (pen´d*a*nt) *n* pendiente, arete *m*.
**pending** (pen´ding) *adj* pendiente.
**pendulum** (pen´j*a* l*u*m) *n* péndulo *m*.
**penetrate** (pen´i trāt) *vt* penetrar.
**penguin** (pen´gwin, peng´gwin) *n* pingüino *m*.
**penicillin** (pen´´i sil´in) *n* penicilina *f*.
**peninsula** (p*e* nin´s*a* l*a*, p*e* nins´ū l*a*) *n* península *f*.
**penis** (pē´nis) *n* pene *m*.
**penitence** (pen´i t*e*ns) *n* penitencia *f*.
**penitent** (pen´i t*e*nt) *adj, n* penitente *m*.
**penitentiary** (pen´´i ten´sh*a* rē) *n* penitenciario *m*.

**penknife** (pen'nīf'') *n* navaja *f.*
**pennant** (pen'*a*nt) *n* banderola, banderín *f.*
**penniless** (pen'ē lis) *adj* sin dinero.
**penny** (pen'ē) *n* penique, centavo *m.*
**penny arcade** *n* sala de juegos *f.*
**penny pinching** *adj* tacaño, agarrado.
**pen pal** *n* amigo por correo *m.*
**pension** (pen'sh*a*n) *n* pensión *f*; • *vt* dar alguna pensión.
**pensive** (pen'siv) *adj* pensativo; ~**ly** *adv* melancólicamente.
**pentagon** (pen'ta gon'') *n* pentágono *m*; **the P~** el Pentágono.
**Pentecost** (pen'te käst'') *n* Pentecostés *m.*
**pent-up** (pent'up'') *adj* reprimido.
**penultimate** (pi nul'ti mit) *adj* penúltimo.
**penury** (pen'ū rē) *n* penuria, carestía *f.*
**people** (pē'pl) *n* pueblo *m*; nación *f*; gente *f*; • *vt* poblar.
**pep** (pep) *n* energía *f*; **to ~ up** *vt* animar.
**pepper** (pep'ėr) *n* pimienta *f*; • *vt* sazonar con pimienta.
**peppermint** (pep'ėr mint'') *n* menta *f.*
**per** (pür, pėr) *prep* por.
**Perambulator** (pėr am'bū lā''tėr) *n* cochecito *m*, carriola *f.*
**per annum** (pėr an'*u*m) *adv* al año.
**per capita** (pėr kap'i t*a*) *adj, adv* per cápita.
**perceive** (pėrsēv') *vt* percibir, comprender.
**percentage** (pėr sen'tij) *n* portentaje *m.*
**perception** (pėr sep'sh*a*n) *n* percepción, idea, noción *f.*
**perch** (pürch) *n* percha *f.* • *vt* posarse.
**perchance** (pėr chans', pėr chäns') *adv* acaso, quizá.
**percolate** (pür'ko lāt'') *vt* colar; filtrar.
**percolator** (pür' ko lā''tėr) *n* cafetera de filtro *f.*
**percussion** (pėr kush'*a*n) *n* percusión *f*; golpe *m.*
**perdition** (pėr dish'*a*n) *n* pérdición, ruina *f.*
**peremptory** (pe remp'to rē) *adj* perentorio, autoritario, imperioso; decisivo.
**perennial** (pe ren'ē *a*l) *adj* perenne; perpetuo.
**perfect** (pür'fikt) *adj* perfecto, acabado; puro; ~**ly** *adv* perfectamente; • *vt* perfeccionar, acabar.
**perfection** (pėr fek'sh*a*n) *n* perfección *f.*
**perforate** (pür'fo rāt'') *vt* perforar, horadar.
**perforation** (pür''fo rā'sh*a*n) *n* perforación *f.*
**perforce** (pėr fōrs') *adv* ineludiblemente, forzosamente.
**perform** (pėr färm') *vt* ejecutar; efectuar; • *vi* representar, hacer papel.
**performance** (pėr fär'm*a*ns) *n* ejecución *f*; cumplimiento *m*; obra *f*; representación teatral, función *f.*
**performer** (pėr fär'mėr) *n* ejecutor *m*; artista, actor *m.*
**perfume** (pür füm') *n* perfume *m*; fragancia *f*; • *vt* perfumar.
**perhaps** (pėr haps') *adv* quizá, quizás.
**peril** (per'*i*l) *n* peligro, riesgo *m.*
**perilous** (per'*i* lus) *adj* peligroso; ~**ly** *adv* peligrosamente.
**perimeter** (pe rim'i tėr) *n* perímetro *m.*

**period** (pēr´ē od) *n* período *m*; época *f*; regla *f*; punto *m*.
**periodic** (pēr´´ē od´ik) *adj* periódico; ~**ally** *adv* periódicamente.
**periodical** (pēr´´ē od´i k*a*l) *n* diario, periódico *m*.
**peripheral** (p*e* rif´ėr *a*l) *adj* periférico; • *n* unidad periférica *f*.
**perish** (per´ish) *vi* perecer.
**perishable** (per´i sh*a* bl) *adj* perecedero.
**perjure** (pür´jėr) *vt* perjurar.
**perjury** (pür´j*u* rē) *n* perjurio *m*.
**perk** (pürk) *n* beneficio extra *m*.
**perky** (pür´kē) *adj* animado.
**perm** (pürm) *n* permanente *f*.
**permanent** (pür´m*a* nent) *adj*, ~**ly** *adv* permanente(mente).
**permeate** (pür´mē āt´´) *vt* penetrar, permear, atravesar.
**permissible** (pėr mis´*a* bl) *adj* lícito, permisible.
**permission** (pėr mish´*a*n) *n* permiso *m*.
**permissive** (pėr mis´iv) *adj* permisivo, indulgente.
**permit** (pėr mit´) *vt* permitir; • *n* permiso *m*.
**permutation** (pür´´mū tā´sh*a*n) *n* permutación *f*.
**pernicious** (pėr nish´us) *adj* pernicioso.
**perpendicular** (pür´´pen dik´ū lėr) *adj*, ~**ly** *adv* perpendicular(mente); • *n* línea perpendicular *f*.
**perpetrate** (pür´pi trāt´) *vt* perpetrar, cometer algún delito.
**perpetual** (pėr pech´ö *a*l) *adj* perpetuo; ~**ly** *adv* perpetuamente.
**perpetuate** (pėr pech´ö āt´´) *vt* perpetuar, eternizar.
**perplex** (pėr pleks´) *vt* confundir, desconcertar, dejar perplejo.
**persecute** (pür´s*e* kūt´´) *vt* perseguir, importunar.
**persecution** (pür´´s*e* kū´sh*a*n) *n* persecución *f*.
**perseverance** (pür´´s*e* vēr´*a*ns) *n* perseverancia *f*.
**persevere** (pür´´s*e* vēr´) *vi* perseverar.
**persist** (pėr sist´, pėr zist´) *vi* persistir.
**persistence** (pėr sis´t*e*ns, pėr zis´t*e*ns) *adj* persistencia *f*.
**persistent** (pėr sis´t*e*nt, pėr zis´t*e*nt) *adj* persistente.
**person** (pür´s*o*n) *n* persona *f*.
**personable** (pür´s*o* n*a* bl) *adj* atractivo.
**personage** (pür´s*o* nij) *n* personaje *m*.
**personal** (pür´s*o* n*a*l) *adj*, ~**ly** *adv* personal(mente).
**personal assistant** *n* ayudante personal *m*.
**personal column** *n* anuncios personales *mpl*.
**personal computer** *n* computadora personal *f*.
**personality** (pür´´s*o*n *a*l´i tē) *n* personalidad *f*.
**personification** (pėr son´´*i* f*i* kā´sh*a*n) *n* personificación *m*; prosopopeya *f*.
**personify** (pėr son´*i* fī´´) *vt* personificar.
**personnel** (pür´´s*o* nel´) *n* personal *m*.
**perspective** (pėr spek´tiv) *n* perspectiva *f*.
**perspiration** (pür´sp*i* rā´sh*a*n) *n* transpiración *f*. sudor *m*.
**perspire** (pėr spīėr´) *vi* transpirar.
**persuade** (pėr swād´) *vt* persuadir.
**persuasion** (pėr swā´zh*a*n) *n* persuasión *f*.

**persuasive** (pėr swā´siv) *adj* persuasivo; ~**ly** *adv* de modo persuasivo.
**pert** (pürt) *adj* listo, vivo; petulante, descarado.
**pertaining** (pėr tā´ning) ~ **to** *prep* relacionado con.
**pertinent** (pür´ti nent) *adj* pertinente; ~**ly** *adv* oportunamente.
**pertness** (pürt´nis) *n* impertinencia *f*; vivacidad *f*.
**perturb** (pėr türb´) *vt* perturbar.
**perusal** (pe rö´zal) *n* lectura, lección *f*.
**peruse** (pe röz´) *vt* leer; examinar atentamente.
**pervade** (pėr vād´) *vt* invadir, atravesar, penetrar, prevalecer.
**pervasive** (pėr vā´siv) *adj* penetrante; que todo lo invade.
**perverse** (pėr vürs´) *adj* perverso, depravado; ~**ly** *adv* perversamente.
**pervert** (pėr vürt´) *vt* pervertir, corromper; • *n* pervertido *m*.
**pessimist** (pes´i mist) *n* pesimista *m*.
**pest** (pest) *n* insecto nocivo *m*; molestia *f*.
**pester** (pes´tėr) *vt* molestar, cansar.
**pestilence** (pes´ti lens) *n* pestilencia *f*.
**pet** (pet) *n* animal doméstico *m*; favorito *m*; • *vt* mimar; • *vi* besuquearse.
**petal** (pet´al) *n* (*bot*) pétalo *m*.
**petite** (pe tēt´) *adj* chiquito.
**petition** (pe tish´an) *n* presentación, petición *f*; • *vt* suplicar; requerir en justicia.
**petrified** (pe´tri fīd) *adj* horrorizado.
**petroleum** (pe trō´lē um) *n* petróleo *m*.
**petticoat** (pet´ē kōt´´) *n* enaguas *fpl*.
**pettiness** (pet´ē nis) *n* nimiedad, pequeñez *f*.
**petty** (pet´ē) *adj* mezquino; insignificante.
**petty cash** *n* dinero para gastos menores *m*.
**petty officer** *n* contramaestre *m*.
**petulant** (pech´u lant) *adj* petulante.
**pew** (pū) *n* banco (de iglesia) *m*.
**pewter** (pū´tėr) *n* peltre *m*.
**phantom** (fan´tom) *n* fantasma *m*.
**Pharisee** (far´i sē´) *n* fariseo *m*.
**pharmaceutical** (fär´´ma sö´ti kal) *adj* farmacéutico.
**pharmacist** (fär´ma sist) *n* farmacéutico *m*.
**pharmacy** (fär´ma sē) *n* farmacia *f*.
**phase** (fāz) *n* fase *f*.
**pheasant** (fez´ant) *n* faisán *m*.
**phenomenal** (fi nom´e nal) *adj* fenomenal.
**phenomenon** (fi nom´e non´´) *n* fenómeno *m*.
**phial** (fī´al) *n* ampolla *f*.
**philanthropic** (fil´´anthrop´ik) *adj* filantrópico.
**philanthropist** (fi lan´thro pist) *n* filántropo *m*.
**philanthropy** (fi lan´thro pē) *n* filantropía *f*.
**philately** (fi lat´e lē) *n* filatelia *f*.
**philarmonic** (fil´´här mon´ik) *adj* filarmpónica.
**philologist** (fi lol´o jist) *n* filólogo *m*.
**philology** (fi lol´o jē) *n* filología *m*.
**philosopher** (fi los´o fėr) *n* filósofo *m*.
**philosophical** (fil´o sof´i kal) *adj* filosófico; ~**ally** *adv* filosóficamente.

**philosophize** (fi los´*o* fīz´´) *vi* filosofar.
**philosophy** (fi los´*o* fē) *n* filosofía *f*; **natural** ~ física *f*.
**phlegm** (flem) *n* flema *f*.
**phlegmatical** (fleg mat´ i k*a*l) *adj* flemático.
**phobia** (fō´bē) *n* fobia *f*.
**phone** (fōn) *n* teléfono *m*; • *vt* telefonear; **to** ~ **back** *vt, vi* volver a llamar; **to** ~ **up** llamar por teléfono.
**phone book** *n* guía telefónica *f*.
**phone box, phone booth** *n* cabina telefónica *f*.
**phone call** *n* llamada (telefónica) *f*.
**phosphorus** (fos´fėr us, fos fōr´us) *n* fósforo *m*.
**photocopier** (fō´t*o* kop´´ iėr) *n* fotocopiadora *f*.
**photocopy** (fō´t*o* kop´´ē) *n* fotocopia *f*.
**photograph** (fō´t*o* graf´´) *n* fotografía *f*; • *v*: fotografiar.
**photographer** (f*o* tog´r*a* fėr) *n* fotógrafo *m*.
**photographic** (fō´tō graf´ik) *adj* fotográfico.
**photography** (f*o* tog´r*a* fē) *n* fotografía *f*.
**phrase** (frāz) *n* frase *f*; estilo *m*; • *vt* expresar.
**phrase book** *n* libro de frases *m*.
**physical** (fiz´i k*a*l) *adj* físico; ~**ly** *adv* físicamente.
**physical education** *n* educación física *f*.
**physician** (fi zish´*a*n) *n* médico *m*.
**physicist** (fiz´i sist) *n* físico *m*.
**physiological** (fiz´´ē *o* loj´i k*a*l) *adj* fisiológico.
**physiologist** (fiz´´ē ol´*o* jist) *n* fisiólogo *m*.
**physiology** (fiz´´ē ol´*o* jē) *n* fisiología *f*.
**physiotherapy** (fiz´´ē ō ther´*a* pē) *n* fisioterapia *f*.
**physique** (fi zēk´) *n* físico *m*.
**pianist** (pē an´ist) *n* pianista *m, f*.
**piano** (pē a´nō, pyan´ō) *n* piano *m*.
**piccolo** (pik´*o* lō´) *n* flautín *m*.
**pick** (pik) *vt* escoger, elegir; recoger; mondar, limpiar; **to** ~ **on** *vt* meterse con; **to** ~ **out** *vt* escoger; **to** ~ **up** *vi* ir mejor; recobrarse; • *vt* recoger; comprar; aprender; • *n* pico *m*; lo escogido.
**pickax** (pik´aks) *n* pico *m*.
**picket** (pik´*i*t) *n* piquete *m*.
**pickle** (pik´l) *n* pepinillos en vinagre *m*; • *vt* escabechar, encurtir.
**pickpocket** (pik´pok´it) *n* carterista *m*.
**pick up** *n* (*auto*) furgoneta *f*.
**picky** (pik´ē) *adj* quisquilloso.
**picnic** (pik´nik) *n* comida campestre; *adj* fácil.
**pictorial** (pik tōr´ē *a*l, pik tär´ē *a*l) *adj* pictórico.
**picture** (pik´chėr) *n* pintura *f*; retrato, cuadro *m*; • *vt* pintar; figurar.
**picture book** *n* libro de dibujos *m*.
**picturesque** (pik´´ch*a* resk´) *adj* pintoresco.
**pie** (pī) *n* pastel *m*; tarta *f*; empanada *f*.
**piece** (pēs) *n* pedazo *m*; pieza, obra *f*; • *vt* remendar.
**piecemeal** (pēs´mēl´´) *adv* irregular, en pedazos, poco a poco; de manera poco sistemática; • *adj* dividido.
**piecework** (pēs´wärk´) *n* trabajo a destajo *m*.
**pier** (pēr) *n* embarcadero *m*; muelle *m*.

**pierce** (pērs) *vt* penetrar, agujerear, taladrar.
**piercing** (pēr'sing) *adj* penetrante, cortante, desgarrador.
**piety** (pī'i tē) *n* piedad, devoción *f.*
**pig** (pig) *n* cerdo *m*; (*sl*) cochino *m.*
**pigeon** (pij'*o*n) *n* paloma *f.*
**pigeonhole** (pij'*o*n hōl'') *n* cajita para guardar cartas *f.*
**piggy bank** *n* alcancía *f.*
**pigheaded** (pig'hed'id) *adj* terco, testarudo, obstinado.
**pigsty** (pig'stī') *n* pocilga *f.*
**pigtail** (pig'tāl'') *n* trenza, coleta *f.*
**pike** (pīk) *n* lucio *m*; pica *f.*
**pile** (pīl) *n* estaca *f*; pila *f*; montón *m*; pelo *m*; pelillo (en las telas de lana) *m*; **~s** *pl* almorranas *fpl*; • *vt* amontonar, apilar.
**pile-up** *n* accidente múltiple *m.*
**pilfer** (pil'fėr) *vt* ratear.
**pilgrim** (pil'grim, pil'gr*i*m) *n* peregrino, romero *m.*
**pilgrimage** (pil'gr*i* mij) *n* peregrinación *f.*
**pill** (pil) *n* píldora *f.*
**pillage** (pil'ij) *vt* pillar, hurtar.
**pillar** (pil'ėr) *n* pilar *m.*
**pillion** (pil'y*o*n) *n* asiento trasero *m.*
**pillow** (pil'ō) *n* almohada *f.*
**pillow case** (pil'ō kās) *n* funda *f.*
**pilot** (pī'l*o*t) *n* piloto *m*; • *vt* pilotar; (*fig*) guiar.
**pilot light** *n* piloto *m.*
**pimp** (pimp) *n* chulo, cafiche *m.*
**pimple** (pim'pl) *n* grano *m.*
**pin** (pin) *n* alfiler *m*; **~s and needles** *npl* hormigueo *m*; • *vt* prender con alfileres; fijar con clavija.
**pinafore** (pin'*a* fōr') *n* delantal *m.*
**pinball** (pin'bäl'') *n* billar romano *m.*
**pince-nez** (pans'nā'') *npl* quevedos *mpl.*
**pincers** (pin'sėrz) *n* pinzas, tenazas *fpl.*
**pinch** (pinch) *vt* pellizcar; (*sl*) birlar; • *vi* apretar; • *n* pellizco *m.*
**pincushion** (pin'küsh'*o*n) *n* alfiletero *m.*
**pine** (pīn) *n* (*bot*) pino *m*; • *vi* estar triste, sufrir; ansiar alguna cosa.
**pineapple** (pīn'ap''l) *n* piña *f*, ananá *m.*
**ping** (ping) *n* sonido agudo *m.*
**pink** (pingk) *n* rosa *f*; • *adj* color de rosa.
**pinkie** (ping'kē) *n* meñique *m.*
**pinking shears** *npl* tijeras dentadas *fpl.*
**pinnacle** (pin'*a* kl) *n* cumbre, cima, cúspide *f*, pináculo *m.*
**pinpoint** (pin'point'') *vt* precisar, ubicar, localizar.
**pint** (pīnt) *n* pinta *f.*
**pioneer** (pī''*o* nēr') *n* pionero *m.*
**pious** (pī'us) *adj* pío, devoto; **~ly** *adv* piadosamente.
**pip** (pip) *n* pepita, semilla *f.*
**pipe** (pīp) *n* gaita *f.*
**pipe** (pīp) *n* tubo, caño *m*; pipa para fumar *f*; **~s** cañería *f.*
**pipe cleaner** *n* limpiapipas *m invar.*
**pipe dream** *n* sueño imposible *m.*
**pipeline** (pīp'līn'') *n* tubería *f*, oleoducto *m*; gasoducto *m.*
**piper** (pī'pėr) *n* gaitero, flautista *m.*
**piping** (pī'ping) *n* silvido *m*; tubería *f*, • *adj* pastoril; sereno; agudo: ~ **hot** hirviente.
**pique** (pēk) *n* pique *m*; desazón *f*; ojeriza *f.*
**piracy** (pī'r*a* sē) *n* piratería *f.*
**pirate** (pī'r*a*t) *n* pirata *m.*
**pirouette** (pir''ö et') *n* pirueta; *vi* piruetear.

**Pisces** (pī´sēz, pis´ēz) *n* Piscis *m* (signo del zodíaco).
**piss** (pis) *n* (*sl*) meados *mpl*; • *vi* mear.
**pistol** (pis´tol) *n* pistola *f*.
**piston** (pis´ton) *n* émbolo *m*.
**pit** (pit) *n* hoyo *m*; mina *f*, pozo *m*.
**pitch** (pich) *n* lanzamiento *m*; tono *m*; • *vt* tirar, arrojar; • *vi* caerse; caer de cabeza.
**pitchblack** (pich´blak´) *adj* negro como boca de lobo.
**pitcher** (pich´ėr) *n* cántaro *m*.
**pitchfork** (pich´färk´´) *n* horca *f*.
**piteous** (pit´ē us) *adj* lastimero.
**pitfall** (pit´fäl´´) *n* trampa *f*.
**pithy** (pith´ē) *adj* meduloso; sucinto, conciso, expresivo.
**pitiable** (pit´ē *a* bl) *adj* lastimoso, lamentable.
**pitiful** (pit´i fųl) *adj* lastimoso, compasivo; ~**ly** *adv* lastimosamente.
**pitiless** (pit´ē lis, pit´i lis) *adj* despiadado, implacable.
**pittance** (pit´*a*ns) *n* pitanza, ración *f*; porcioncilla *f*.
**pity** (pit´ē) *n* piedad, compasión *f*; • *vt* compadecer.
**pivot** (piv´*o*t) *n* eje *m*.
**pixie** (pik´sē) *n* duendecillo *m*, elfo *m*, hadita *f*.
**pizza** (pēt´s*a*) *n* pizza *f*.
**placard** (plak´ärd) *n* cartel *m*, pancarta *f*.
**placate** (plā´kāt) *vt* apaciguar.
**place** (plās) *n* lugar, sitio *m*; rango, empleo *m*; • *vt* colocar; poner.
**placid** (plas´id) *adj* plácido, quieto; ~**ly** *adv* apaciblemente.
**plagiarism** (plā´j*a* riz´´*u*m) *n* costumbre de plagiar *m*.
**plague** (plāg) *n* peste, plaga *f*; • *vt* atormentar; infestar, apestar.
**plaice** (plās) *n* platija *f* (pez).
**plaid** (plad) *n* tartán *m*.
**plain** (plān) *adj* liso, llano, abierto; sincero; puro, simple, común; claro, evidente, distinto; ~**ly** *adv* llanamente; claramente; • *n* llano *m*.
**plaintiff** (plān´tif) *n* (*law*) demandador, demandante *m*.
**plait** (plāt, plat) *n* pliegue *m*; trenza *f*; • *vt* plegar; trenzar.
**plan** (plan) *n* plano *m*; plan *m*; • *vt* proyectar, planear, planificar.
**plane** (plān) *n* avión *m*; plano *m*; cepillo (de carpintero) *m*; • *vt* allanar; acepillar.
**planet** (plan´it) *n* planeta *m*.
**planetary** (plan´i ter´´ē) *adj* planetario.
**plank** (plangk) *n* tabla *f*.
**planner** (plan´ėr) *n* planificador *m*.
**planning** (pla´ning) *n* planificación *f*.
**plant** (plant, plänt) *n* planta *f*; fábrica *f*; maquinaria *f*; • *vt* plantar.
**plantain** (plan´tin, plan´t*i*n) *n* plátano macho *m*.
**plantation** (plan tā´sh*a*n) *n* plantación *f*; colonia *f*.
**plaque** (plak) *n* placa *f*.
**plaster** (plas´tėr, pläs´tėr) *n* yeso *m*; emplasto *m*; • *vt* enyesar; emplastar.
**plastered** (plas´tėrd, pläs´tėrd) *adj* (*sl*) borracho.
**plasterer** *n* yesero *m*.
**plastic** (plas´tik) *adj* plástico.
**plastic surgery** *n* cirugía plástica *f*.
**plate** (plāt) *n* plato *m*; lámina *f*, placa *f*.
**plateau** (pla´tō) *n* meseta, altiplanicie *f*; periodo de estancamiento *m*.
**plate glass** *n* vidrio cilindrado *m*.

**platform** (plat'färm) *n* plataforma *f*, estrado *m*, andén *m*.
**plating** (plā'ting) *n* enchapado *m*, coraza *f*.
**platinum** (plat'*i* num) *n* platino *m*.
**platitude** (plat'i töd'', plat'i tūd'') *n* lugar común *m*; tópico *m*.
**platoon** (pla tön') *n* (*mil*) pelotón *m*.
**platter** (plat'ėr) *n* fuente *f*; plato grande *m*.
**plaudit** (plä'dit) *n* aplauso *m*.
**plausible** (plä'zi bl) *adj* plausible.
**play** (plā) *n* juego *m*; comedia *f*; • *vt, vi* jugar; juguetear; representar; (*mus*) tocar; **to ~ down** *vt* quitar importancia a.
**playboy** (plā'boi'') *n* playboy, hombre de mundo *m*, calavera *f*.
**player** (plā'ėr) *n* jugador *m*; comediante, actor *m*.
**playful** (plā'ful) *adj* juguetón, travieso; **~ly** *adv* juguetonamente, retozando.
**playground** (plā'ground') *npl* juegos *mpl*; *n* patio *m*.
**play group** *n* parvulario *m*, actividades para niños de edad pre-escolar.
**playmate** (plā'māt'') *n* camarada *m*.
**play-off** *n* desempate *m*.
**playpen** (plā'pen'') *n* corral *m*.
**plaything** (plā thing'') *n* juguete *m*.
**playwright** (plā'rīt'') *n* dramaturgo *m*.
**plea** (plē) *n* defensa *f*; excusa *f*; pretexto *m*.
**plead** (plēd) *vt* defender en juicio; alegar.
**pleasant** (plez'*a*nt) *adj* agradable; placentero, alegre; **~ly** *adv* alegremente, placenteramente.
**please** (plēz) *vt* agradar, complacer • *inter* por favor.
**pleased** (plē'zid) *adj* contento.
**pleasing** (plēz'ing) *adj* agradable, placentero.
**pleasure** (plezh'ėr) *n* gusto, placer *m*; arbitrio *m*.
**pleat** (plēt) *n* pliegue *m*.
**pledge** (plej) *n* prenda *f*; fianza *f*; • *vt* empeñar, prometer.
**plenitude** (plen'i töd'', plen'i tūd'') *n* plenitud *f*.
**plentiful** (plen'ti ful) *adj* copioso, abundante.
**plenty** (plen'tē) *n* abundancia *f* • *pron* mucho; • muy, mucho.
**plethora** (pleth'ėr *a*) *n* plétora, repleción *f*.
**pleurisy** (plür'i sē) *n* pleuresía *f*.
**pliable, pliant** (plī'*a* bl, plī'*a*nt) *adj* flexible, dócil.
**pliers** (plī'ėrz) *npl* alicates *mpl*.
**plight** (plīt) *n* situación difícil *f*.
**plinth** (plinth) *n* plinto, pedestal *m*.
**plod** (plod) *vi* caminar pesadamente; afanarse mucho, ajetrearse.
**plot** (plot) *n* pedazo pequeño de terreno *m*; plano *m*; conspiración, trama *f*; estratagema *f*; • *vi* trazar; conspirar; tramar.
**plow** (plou) *n* arado *m*; • *vt* arar, labrar la tierra; **to ~ back** *vt* reinvertir; **to ~ through** abrirse paso; roer.
**ploy** (ploi) *n* truco, ardid *m*.
**pluck** (pluk) *vt* tirar con fuerza; arrancar; desplumar; • *n* ánimo *m*.
**plucky** (pluk'ē) *adj* gallardo, valiente, resuelto.
**plug** (plug) *n* tapón *m*; enchufe *m*; bujía *f*; • *vt* tapar.
**plum** (plum) *n* ciruela *f*.
**plumage** (plö'mij) *n* plumaje *m*.
**plumb** (plum) *n* plomada *f*; • *adv* a plomo; • *vt* aplomar.

**plumber** (plum′ėr) *n* plomero *m*.
**plumbing** (plum′ing) *n* plomería *f*.
**plume** (plöm) *n* pluma *f*.
**plummet** (plum′it) *vi* caer en picada, desoplomarse.
**plump** (plump) *adj* gordo, rollizo.
**plum tree** *n* ciruelo *m*.
**plunder** (plun′dėr) *vt* saquear, pillar, robar; • *n* pillaje, botín *m*; bagaje *m*.
**plunge** (plunj) *vi* sumergir(se), precipitarse.
**plunger** (plun′jėr) *n* desatascador *m*.
**pluperfect** (plö pür′fikt) *n* (*gr*) pluscuamperfecto *m*.
**plural** (plür′*a*l) *adj, n* plural *m*.
**plurality** (plür′*a* lī′tē) *n* pluralidad *f*.
**plus** (plus) *n* signo de más *m*; • *prep* más, y, además de.
**plush** (plush) *adj* de felpa.
**plutonium** (plö tō′nē *u*m) *n* plutonio *m*.
**ply** (plī) *vt* trabajar con ahinco; • *vi* aplicarse; (*mar*) ir y venir.
**plywood** (plī′wöd′) *n* madera contrachapada *f*.
**pneumatic** (nü mat′ik) *adj* neumático.
**pneumatic drill** *n* martillo neumático *m*.
**pneumonia** (nö mōn′y*a*, nü mōn′y*a*) *n* pulmonía, neumonía *f*.
**poach** (pōch) *vt* escalfar; cocer a fuego lento; cazar en vedado.
**poached** (pō′ched) *adj* escalfado.
**poacher** (pō′chėr) *n* cazador furtivo *m*.
**poaching** (pō′ching) *n* caza furtiva *f*.
**pocket** (pok′it) *n* bolsillo *m*; bolsa *f*; • *vt* embolsar.
**pocketbook** (pok′it bük′) *n* cartera, billetera *f*.
**pocket money** *n* dinero para gastos personales *m*.
**pod** (pod) *n* vaina *f*.
**podgy** (poj′ē) *adj* gordinflón.
**podium** (pō′dē *u*m) *n* podio *m*.
**poem** (pō′im) *n* poema *m*.
**poet** (pō′it) *n* poeta *m*.
**poetess** (pō′i tis) *n* poetisa *f*.
**poetic** (pō et′ik) *adj* poético.
**poetry** (pō′i trē) *n* poesía *f*.
**poignant** (poin′y*a*nt) *adj* punzante, conmovedor.
**point** (point) *n* punta *f*; punto *m*; promontorio *m*; puntillo *m*; estado *m*; ~ **of view** *n* punto de vista *m*; • *vt* apuntar; aguzar; puntuar.
**point-blank** (point′blangk′) *adv* directamente, categóricamente.
**pointed** (poin′tid) *adj* puntiagudo; epigramático; ~**ly** *adv* deliberadamente.
**pointer** (poin′tėr) *n* aguja *f*; puntero, apuntador, indicador *m*; perro de muestra *m*.
**pointless** (point′lis) *adj* sin sentido.
**poise** (poiz) *n* peso *m*; equilibrio *m*; porte, aplomo *m*.
**poison** (poi′z*o*n) *n* veneno *m*; • *vt* envenenar.
**poisoning** (poi z*o*′ning) *n* envenenamiento *m*.
**poisonous** (poi′z*o* nus) *adj* venenoso.
**poke** (pōk) *vt* atizar el fuego; dar un codazo; asomar, sacar; introducir; empujar.
**poker** (pō′kėr) *n* atizador *m*; póker *m*.
**poker-faced** *adj* de cara impasible.
**poky** (pō′kē) *adj* estrecho, diminuto; desgarbado; aburrido; lento.
**polar** (pō′lėr) *adj* polar.
**pole** (pōl) *n* polo *m*; palo *m*; pértiga *f*.

**polemic** (p*o* lem´ik, pō lem´ik) *n* ataque *m;* defensa *f*; • *adj* polémico.
**pole vault** *n* salto con pértiga *m.*
**police** (p*o* lēs´) *n* policía *f.*
**police car** *n* coche-patrulla *m.*
**policeman** (p*o* lēs´m*a*n) *n* policía *m.*
**police state** *n* estado policial *m.*
**police station** *n* comisaría *f.*
**policewoman** (p*o* lēs´wüm´*a*n) *n* mujer policía *f.*
**policy** (pol´i sē) *n* política *f.*
**polio** (pō´lē ō´´) *n* polio *f.*
**polish** (pol´ish) *vt* pulir, alisar; limar; **to ~ off** *vt* terminar; despachar; • *n* pulimento *m.*
**polished** (pol´isht) *adj* elegante, pulido.
**polite** (p*o* līt´) *adj* pulido, cortés, educado; **~ly** *adv* cortésmente.
**politeness** (p*o* līt´nis) *n* cortesía *f.*
**politic** (pol´i tik) *adj* político, diplomático; astuto.
**political** (p*o* lit´i k*a*l) *adj* político.
**politician** (pol´´i tish´*a*n) *n* político *m.*
**politics** (pol´i tiks) *npl* política *f.*
**polka** (pōl´k*a*, pō´k*a*) *n* polca *f*; **~ dot** *n* tela de lunares *m.*
**poll** (pōl) *n* lista de los que votan en alguna elección *f*; voto *m*; sondeo *m.*
**pollen** (pol´*e*n) *n* (*bot*) polen *m.*
**pollute** (p*o* löt´) *vt* ensuciar; corromper, contaminar.
**pollution** (p*o* lū´sh*a*n) *n* polución, contaminación *f.*
**polo** (pō´lō) *n* polo *m.*
**polyester** (pol´ē es´´tėr) *n* poliéster *m.*
**polyethylene** (pol´´ē eth´*i* lēn´´) *n* polietileno *m.*
**polygamy** (p*o* lig´*a* mē) *n* poligamia *f.*
**polystyrene** (pol´´ē sti´rēn) *n* poliestireno *m.*
**polytechnic** (pol´´ē tek´nik) *n* politécnico *m.*
**pomegranate** (pom´gran´´it, pom´*e* gran´´it) *n* granada *f.*
**pomp** (pomp) *n* pompa *f*; esplendor *m.*
**pompon** (pom´pon) *n* borla *f.*
**pompous** (pom´pus) *adj* pomposo.
**pond** (pond) *n* estanque de agua *m.*
**ponder** (pon´dėr) *vt* ponderar, considerar.
**ponderous** (pon´dėr us) *adj* lento, pesado.
**pontiff** (pon´tif) *n* pontífice, Papa *m.*
**pontoon** (pon tön´) *n* pontón *m.*
**pony** (pō´nē) *n* jaca *f*; potro *m.*
**ponytail** (pō´nē tāl´´) *n* cola de caballo *f.*
**pool** (pöl) *n* charca *f*; piscina, alberca *f*; • *vt* juntar.
**poor** (pür) *adj* pobre; humilde; de poco valor; **~ly** *adv* pobremente; **the ~** *n* los pobres *mpl.*
**pop** (pop) *n* papá *m*; gaseosa *f*; chasquido *m*; • **to ~ in/off** *vi* entrar *o* salir un momento.
**pop concert** *n* concierto pop *m.*
**popcorn** (pop´kärn´´) *n* palomitas *fpl.*
**Pope** (pōp) *n* papa *m.*
**poplar** (pop´lėr) *n* álamo *m.*
**poppy** (pop´ē) *n* (*bot*) amapola *f.*
**popsicle** (pop´si kl) *n* polo *m*, paleta helada *f.*
**populace** (pop´ū l*a*s) *n* populacho, pueblo *m;* la población *f.*
**popular** (pop´ū lėr) *adj*, popular **~ly** *adv* popular(mente).
**popularity** (pop´´ū lar´i tē) *n* popularidad *f.*

**popularize** (pop'ū l*a* rīz'') *vt* popularizar.
**populate** (pop'ū lāt'') *vi* poblar.
**population** (pop''ū lā'sh*a*n) *n* población *f.*
**populous** (pop'ū lus) *adj* populoso.
**porcelain** (pōr'se lin, pär'se lin) *n* porcelana, loza fina *f.*
**porch** (pōrch, pärch) *n* pórtico, vestíbulo *m.*
**porcupine** (pär'kū pīn'') *n* puerco espín *m.*
**pore** (pōr, pär) *n* poro *m.*
**pork** (pōrk, pärk) *n* carne de puerco *f.*
**pornography** (pär nog'r*a* fē) *n* pornografía *f.*
**porous** (pōr'us, pär'us) *adj* poroso.
**porpoise** (pär'pos) *n* marsopa *f.*
**porridge** (pär'ij, por'ij) *n* gachas de avena *fpl.*
**port** (pōrt, pärt) *n* puerto *m*; (*mar*) babor *m*; vino de Oporto *m.*
**portable** (pōr't*a* bl, pär't*a* bl) *adj* portátil.
**portal** (pōr't*a*l, pär't*a*l) *n* portal *m*; portada *f.*
**portent** (pōr'tent, pär'tent) *n* augurio, presagio *m.*
**porter** (pōr'tėr, pär'tėr) *n* portero *m*; mozo *m.*
**portfolio** (pōrtfō'lē ō'', pärtfō'lē ō'') *n* cartera, carpeta de trabajos *f.*
**porthole** (pōrt' hōl'', pärt' hōl'') *n* portilla *f.*
**portico** (pōr't*i* kō'', pär't*i* kō'') *n* pórtico, portal *m.*
**portion** (pōr'*sha*n, pär' *sha*n) *n* porción, parte *f.*
**portly** (pōrt'lē, pärt' lē) *adj* rollizo, corpulento.
**portrait** (pōr'trit, pär'trit) *n* retrato *m.*
**portray** (pōr trā', pär trā') *vt* retratar, representar, describir.
**pose** (pōz) *n* postura *f*; pose *f*; • *vi* posar; • *vt* plantear.
**posh** (posh) *adj* elegante.
**position** (p*o* zish'*a*n) *n* posición, situación *f*; • *vt* colocar.
**positive** (poz'i tiv) *adj* positivo, real, verdadero; **~ly** *adv* positivamente; ciertamente.
**posse** (pos'ē) *n* pelotón, grupo numeroso *m.*
**possess** (p*o* zes') *vt* poseer; gozar de.
**possession** (p*o* zesh'*a*n) *n* posesión *f.*
**possessive** (p*o* zes'iv) *adj* posesivo.
**possibility** (pos''*i* bil'i tē) *n* posibilidad *f.*
**possible** (pos'*i* bl) *adj* posible; **~ly** *adv* quizá, quizás.
**post** (pōst) *n* correo *m*; puesto *m*; empleo *m*; poste *m*; • *vt* apostar; fijar.
**postage** (pō'stij) *n* porte, franqueo *m.*
**postage stamp** *n* sello *m*; estampilla *f.*
**post card** *n* tarjeta postal *f.*
**postdate** (pōst dāt') *vt* posfechar.
**poster** (pō'stėr) *n* cartel *m.*
**posterior** (po stēr'ē ėr) *n* trasero *m.*
**posterity** (po ster'i tē) *n* posteridad *f.*
**postgraduate** (pōst graj'ö it', pōst graj'ö āt'') *n* posgraduado *m.*
**posthumous** (pos'ch*a* mus, pos' ch*ü* mus) *adj* póstumo.
**postman** (pōst'm*a*n) *n* cartero *m.*
**postmark** (pōst'märk'') *n* matasellos *m.*
**postmaster** (pōst'mas''tėr) *n* administrador de correos *m.*
**post office** *n* oficina de correo *f.*

**postpone** (pōst pōn′) *vt* diferir, suspender; posponer.
**postscript** (pōst′skript′′) *n* posdata *f.*
**posture** (pos′chėr) *n* postura *f.*
**postwar** (pōst′war′) *adj* de posguerra.
**posy** (pō′ zē) *n* ramillete de flores *m.*
**pot** (pot) *n* marmita *f*; olla *f*; maceta *f*; (*sl*) marihuana *f*; • *vt* preservar en marmitas.
**potato** (po tā′tō) *n* patata *f*; papa *f.*
**potato peeler** *n* pelapatatas *m.*
**potbellied** (pot′bel′′ēd) *adj* panzudo, barrigón.
**potent** (pōt′ent) *adj* potente, poderoso, eficaz.
**potential** (po ten′shal) *adj* potencial, posible; en potencia; • *n* potencial *m.*
**pothole** (pot′hōl′′) *n* bache *m*; cueva subterránea *f.*
**potion** (pō′shan) *n* poción, bebida medicinal *f.*
**potted** (pot′id) *adj* en conserva; en tiesto.
**potter** (pot′ėr) *n* alfarero *m.*
**pottery** (pot′e rē) *n* cerámica *f.*
**potty** (pot′ē) *adj* bacinica *f.*
**pouch** (pouch) *n* bolsa *f*; petaca *f.*
**poultice** (pōl′tis) *n* cataplasma *f.*
**poultry** (pōl′trē) *n* aves de corral *fpl.*
**pounce** (pouns) *vi* saltar.
**pound** (pound) *n* libra *f*; libra esterlina *f*; corral *m*; • *vt* machacar; • *vi* dar golpes.
**pour** (pōr, pär) *vt* echar; servir; • *vi* fluir con rapidez; llover a cántaros.
**pout** (pout) *vi* ponerse ceñudo.
**poverty** (pov′ėr tē) *n* pobreza *f.*
**powder** (pou′dėr) *n* polvo, talco *m*; pólvora *f*; • *vt* polvorear, empolvar.
**powder compact** *n* polvera *f.*
**powdered milk** *n* leche en polvo *f.*
**powder keg** *n* barril de pólvora *m*; polvorín *m.*
**powder puff** *n* borla *f.*
**powder room** *n* tocador de señoras *m.*
**powdery** (pou′de rē) *adj* polvoriento.
**power** (pou′ėr) *n* poder *m*; potestad *f*; imperio, poderío *m*; potencia *f*; autoridad *f*; fuerza *f*; electricidad *f*; • *vt* impulsar.
**powerful** (pou′ėr ful) *adj* poderoso; ~**ly** *adv* poderosamente, con mucha fuerza.
**powerhouse** (pou′ėr hous′) *n* central eléctrica *f;* motor intelectual *m*; centro motriz *m.*
**powerless** (pou′ėr lis) *adj* impotente.
**power station** *n* central eléctrica *f.*
**pox** (poks) *n* viruela *f.*
**practicable** (prak′ti ka bl) *adj* practicable; hacedero, viable, factible .
**practical** (prak′ti kal) *adj* práctico; ~**ly** *adv* prácticamente.
**practicality** (prak′tik lē′tē) *n* factibilidad *f.*
**practical joke** *n* broma pesada *f.*
**practice** (prak′tis) *n* práctica *f*; uso *m*; costumbre *f*; • *vi* practicar, ejercer.
**practitioner** (prak tish′a nėr) *n* médico *m.*
**pragmatic** (prag mat′ik) *adj* pragmático.
**prairie** (prâr′ē) *n* pampa, llanura, pradera *f.*
**praise** (prāz) *n* elogio *m*; alabanza *f*; • *vt* celebrar, alabar.
**praiseworthy** (prāz′wür′′THē) *adj* digno de alabanza.

**prance** (prans, präns) *vi* cabriolar.
**prank** (prangk) *n* travesura, extravagancia *f.*
**prattle** (prat'l) *vi* charlar; • *n* charla *f.*
**prawn** (prän) *n* gamba, langostino, camarón *f.*
**pray** (prā) *vi* rezar; rogar; orar.
**prayer** (prâr) *n* oración, súplica *f.*
**prayer book** (prâr bük) *n* libro de devociones *m.*
**preach** (prēch) *vi* predicar.
**preacher** (prē'chėr) *n* pastor, predicador *m.*
**preamble** (prē'am''bl) *n* preámbulo *m.*
**precarious** (pri kâr'ē us) *adj* precario, incierto; ~**ly** *adv* precariamente.
**precaution** (pri kä'shan) *n* precaución *f.*
**precautionary** (pri kä'sha ner''ē) *adj* preventivo.
**precede** (pri sēd') *vt* anteceder, preceder.
**precedence** (pres'i dens, pri sēd'ens) *n* precedencia *f.*
**precedent** (pres'i dent) *adj, n* precedente *m.*
**precinct** (prē'singkt) *n* límite, lindero *m*; barrio *m*; distrito electoral *m.*
**precious** (presh'us) *adj* precioso.
**precipice** (pres'i pis) *n* precipicio *m.*
**precipitate** (pri sip'i tāt'') *vt* precipitar; • *adj* precipitado *m.*
**precise** (pri'sīs') *n* preciso, exacto; ~**ly** *adv* precisamente, exactamente.
**precision** (pri sizh'an) *n* precisión, limitación exacta *f.*
**preclude** (pri klöd') *vt* prevenir, impedir.
**precocious** (pri kō'shus) *adj* precoz, temprano, prematuro.
**preconceive** (prē''kon sēv') *vt* opinar *o* imaginar con antelación.
**preconception** (prē''kon sep'shan) *n* idea preconcebida *f.*
**precondition** (prē''kon dish'an) *n* condición previa *f.*
**precursor** (pri kür'sėr, prē' kürsėr) *n* precursor *m.*
**predator** (pred'a tėr) *n* animal de rapiña *m.*
**predecessor** (pred'i ses''ėr) *n* predecesor, antecesor *m.*
**predestination** (pri'des''ti nā'shan) *n* predestinación *f.*
**predicament** (pri dik'a ment) *n* predicamento *m.*
**predict** (pri dikt') *vt* predecir.
**predictable** (pri dik'ta bl) *adj* previsible.
**prediction** (pri dik'shan) *n* predicción *f.*
**predilection** (pred''i lek'shan) *n* predilección *f.*
**predominant** (pri dom'i nant') *adj* predominante, preponderante.
**predominate** (pri dom'i nāt'') *vt* predominar.
**preen** (prēn) *vt* limpiarse (las plumas) con el pico.
**prefab** (prē'fab'') *n* casa prefabricada *f.*
**preface** (pref'is) *n* prefacio *m.*
**prefer** (pri für') *vt* preferir.
**preferable** (pref'ėr a bl) *adj* preferible.
**preferably** (pref'ėr a blē) *adv* de preferencia.
**preference** (pref'ėr ens) *n* preferencia *f.*
**preferential** (pref''e ren'shal) *adj* preferente.

**preferment** (pri'für ment) *n* promoción *f*; ascenso *m*.
**prefix** (prē'fiks) *vt* anteponer, encabezar; • (prē fiks') *n* (*gr*) prefijo *m*.
**pregnancy** (preg'nan sē) *n* embarazo *m*.
**pregnant** (preg'nant) *adj* embarazada.
**prehistoric** (prē''hi stär'ik) *adj* prehistórico.
**prejudice** (prej'a dis) *n* perjuicio, daño *m*; • *vt* predisponer.
**prejudiced** (prej'a dis id) *adj* predispuesto; parcial.
**prejudicial** (prej''a dish'al) *adj* perjudicial, dañino.
**preliminary** (pri lim'i ner''ē) *adj* preliminar.
**prelude** (prel'ūd, prē'löd) *n* preludio *m*.
**premarital** (prē''mar'i tal) *adj* prematrinonial.
**premature** (prē''ma tür') *adj* prematuro; ~**ly** *adv* anticipadamente.
**premeditation** (pri med''i tā shan) *n* premeditación *f*.
**premier** (pri mēr', prim yēr') *n* primer ministro *m*.
**première** (pri mēr', prim yâr') *n* estreno *m*.
**premise** (prem'is) *n* premisa *f*.
**premises** (prem'isis) *npl* establecimiento, edificio *m*.
**premium** (prē'mē um) *n* premio *m*; remuneración *f*; prima *f*.
**premonition** (prē''mo nish'an, prem'o nish'an) *n* presentimiento *m*.
**preoccupied** (prē ok'ū pīd'') *adj* preocupado; ensimismado.
**prepaid** (prē'pāid) *adj* porte pagado.
**preparation** (prep''a rā'shan) *n* preparación *f*; cosa preparada *f*.
**preparatory** (pri pâr'a tōr''ē) *adj* preparatorio.
**prepare** (pri pâr') *vt* preparar(se).
**preponderance** (pri pon'der ans) *n* preponderancia *f*.
**preposition** (prep''o zish'an) *n* preposición *f*.
**preposterous** (pri pos' tėr us) *adj* absurdo, ridículo.
**prerequisite** (pri rek'wi zit) *n* requisito *m*.
**prerogative** (pri rog'a tiv) *n* prerrogativa *f*.
**presage** (pre'sij) *n* presagio, presentimiento *m*; • *vt* presagiar.
**presbytery** (prez'bi ter'ē) *n* presbiterio *m*, casa parroquial *f*.
**prescribe** (pri'skrīb') *vi* prescribir; recetar.
**prescription** (pri skrip'shan) *n* prescripción *f*; receta medicinal *f*.
**presence** (prez'ens) *n* presencia *f*; asistencia *f*.
**present** (prez'ent) *n* regalo *m*; • *adj* presente; ~**ly** *adv* al presente; (priz ent')• *vt* ofrecer, presentar; regalar; acusar.
**presentable** (pri zen'ta bl) *adj* decente, decoroso.
**presentation** (prez''en tā'shan) *n* presentación *f*.
**present-day** (prez'ent dā') *adj* actual.
**presenter** (priz ent'ėr) *n* locutor *m*.
**presentiment** (pri zen'ti ment) *n* presentimiento *m*.
**preservation** (prez''ėr vā'shan) *n* preservación *f*.
**preservative** (pri zür'va tiv) *n* preservativo *m*.

**preserve** (pri zürv′) *vt* preservar, conservar; hacer conservas de frutas; • *n* conserva, confitura *f.*
**preside** (pri zīd′) *vi* presidir; dirigir.
**presidency** (prez′i d*e*n sē) *n* presidencia *f.*
**president** (prez′i d*e*nt) *n* presidente *m.*
**presidential** (prez′i den′sh*a*l) *adj* presidencial.
**press** (pres) *vt* empujar; apretar; compeler; • *vi* apretar; • *n* prensa *f*; armario *m*; apretón *m*; imprenta *f.*
**press agency** *n* agencia de prensa *f.*
**press conference** *n* rueda de prensa *f.*
**pressing** (pres′ing) *adj*, ~**ly** *adv* urgente(mente).
**pressure** (presh′ėr) *n* presión *f*; opresión *f.*
**pressure cooker** *n* olla a presión *f.*
**pressure group** *n* grupo de presión *m.*
**pressurized** (presh′*a* rī′zid) *adj* a presión.
**prestige** (pre stēzh, pre stēj, pre′stij) *n* prestigio *m.*
**presumably** (pri zö′m*a* blē) *adv* es de suponer que.
**presume** (pri zöm′) *vt* presumir, suponer.
**presumption** (pri zump′sh*a*n) *n* presunción *f.*
**presumptuous** (pri zump′chö us) *adj* presuntuoso.
**presuppose** (prē′′s*a* pōz′) *vt* presuponer.
**pretend** (pri tend′) *vi* aparentar, fingir; pretender, presumir.
**pretender** (pri ten′dėr) *n* pretendiente (al trono) *m.*
**pretense** (pri tens′, prē′tens) *n* pretexto *m*; pretensión *f.*
**pretension** (pri ten′sh*a*n) *n* pretensión *f.*
**pretentious** (pri ten′shus) *adj* presumido; ostentoso.
**pretext** (prē′tekst) *n* pretexto *m.*
**pretty** (prit′ē) *adj* lindo, bien parecido; hermoso; • *adv* algo, un poco.
**prevail** (pri vāl′) *vi* prevalecer, predominar.
**prevailing** (pri vā′ling) *adj* dominante (uso, costumbre).
**prevalent** (prev′*a* l*e*nt) *adj* predominante, frecuente.
**prevent** (pri vent′) *vt* evitar; impedir.
**prevention** (pri ven′sh*a*n) *n* prevención *f.*
**preventive** (pri ven′tiv) *adj* preventivo.
**preview** (prē′vū′′) *n* preestreno *m.*
**previous** (prē′vē us) *adj* previo; anterior; ~**ly** *adv* antes.
**prewar** (prē′wär′) *adj* de antes de la guerra.
**prey** (prā) *n* presa *f.*
**price** (prīs) *n* precio *m*; premio *m.*
**priceless** (prīs′lis) *adj* inapreciable.
**price list** *n* tarifa *f.*
**prick** (prik) *vt* punzar, picar; apuntar; excitar; • *n* puntura *f*; picadura *f*; punzada *f.*
**prickle** (prik′l) *n* picor *m*; espina *f.*
**prickly** (prik′lē) *adj* espinoso.
**pride** (prīd) *n* orgullo *m*; vanidad *f*; jactancia *f.*
**priest** (prēst) *n* sacerdote *m.*
**priestess** (prē′stis) *n* sacerdotisa *f.*
**priesthood** (prēst′hüd) *n* sacerdocio *m.*
**priestly** (prēst′lē) *adj* sacerdotal.

**priggish** (prig´ish) *adj* afectado, mojigato.
**prim** (prim) *adj* peripuesto, afectado.
**primacy** (prī´m*a* sē) *n* primacía *f.*
**primarily** (prī mâr´*i* lē, prī mer´*i* lē) *adv* primariamente, sobre todo.
**primary** (prī´mer ē, prī´m*a* rē,) *adj* primario, principal, primero.
**primate** (prī´māt, prī´mit) *n* primado *m*; primate *m.*
**prime** (prīm) *n* (*fig*) flor, nata *f*; primavera *f*; principio *m*; • *adj* primero; primoroso, excelente; • *vt* cebar.
**Prime Minister** *n* primer ministro *m.*
**primeval** (prī mē´v*a*l) *adj* primitivo.
**priming** (prī´ming) *n* cebo *m*; preparación *f.*
**primitive** (prim´i tiv) *adj* primitivo; ~**ly** *adv* primitivamente.
**primrose** (prim´rōz) *n* (*bot*) prímula *f.*
**prince** (prins) *n* príncipe *m.*
**princess** (prin´sis, prin´ses) *n* princesa *f.*
**principal** (prin´s*i* p*a*l) *adj*, ~**ly** *adv* principal(mente); • *n* principal, jefe *m.*
**principality** (prin´´s*i* pal´i tē) *n* principado *m.*
**principle** (prin´s*i* pl) *n* principio *m*; causa *f*; norma, máxima *f*; fundamento, motivo *m.*
**print** (print) *vt* imprimir; • *n* impresión, estampa, edición *f*; impreso *m*; **out of** ~ vendido, agotado (libros).
**printed matter** *n* impresos *mpl.*
**printer** (prin´tėr) *n* impresor, tipógrafo *m*, impresora *f.*
**printing** (prin´ting) *n* imprenta *f.*
**prior** (prī´ėr) *adj* anterior, precedente; • *n* prior (prelado) *m.*
**priority** (prī or´i tē, prī *ä*r´i tē) *n* prioridad *f.*
**priory** (prī´*o* rē) *n* priorato *m.*
**prism** (priz´*u*m) *n* prisma *m.*
**prison** (priz´*o*n) *n* prisión, cárcel *f.*
**prisoner** (priz´*o* nėr) *n* prisionero *m.*
**pristine** (pris´tēn, pris´tin) *adj* prístino, antiguo.
**privacy** (prī´v*a* sē) *n* soledad, intimidad *f.*
**private** (prī´vit) *adj* secreto, privado; particular; ~ **soldier** *n* soldado raso *m*; ~**ly** *adv* en secreto.
**private eye** *n* detective privado *m.*
**privet** (priv´it) *n* alheña *f.*
**privilege** (priv´*i* lij, priv´lij) *n* privilegio *m.*
**prize** (prīz) *n* premio *m*; presa *f*; • *vt* apreciar, valuar; **to ~ open** abrir por fuerza.
**prize-giving** *n* distribución de premios *f.*
**prize winner** *n* premiado *m.*
**pro** (prō) *prep* a favor de.
**probability** (prob´´*a* bil´i tē) *n* probabilidad, verosimilitud *f.*
**probable** (prob´*a* bl) *adj* probable, verosímil; ~**bly** *adv* probablemente.
**probation** (prō bā´sh*a*n) *n* libertad condicional *f.*
**probationary** (prō bā´sh*a* ner´´ē) *adj* de prueba.
**probe** (prōb) *n* sonda *f*; encuesta *f*; • *vt* sondear; investigar.
**problem** (prob´lem) *n* problema *m.*
**problematic** (prob´´l*e* mat´ik) *adj* problemático; ~**ly** *adv* problemáticamente.
**procedure** (pr*o* sē´jėr) *n* procedimiento *m*; progreso, proceso *m.*

**proceed** (pr*o* sēd′) *vi* proceder; provenir; originarse; **~s** *npl* producto *m*; rédito *m*; **gross ~s** producto íntegro; **net ~s** producto neto.
**proceedings** (pr*o* sē′dings) *n* procedimiento *m*; proceso *m*; conducta *f*.
**process** (pros′es) *n* proceso *m*; progreso *m*.
**procession** (pr*o* sesh′*a*n) *n* procesión *f*.
**proclaim** (prō klām′, pr*o* klām′) *vt* proclamar, promulgar; publicar.
**proclamation** (prok′′l*a* mā′sh*a*n) *n* proclamación *f*; decreto *m*.
**procrastinate** (prō kras′t*i* nāt′′, pr*o* kras′t*i* nāt′′) *vt* diferir, retardar.
**procreate** (prō′krē āt′′) *vt* procrear.
**proctor** (prok′tėr) *n* censor *m*.
**procure** (prōkūr′) *vt* procurar.
**procurement** (prō′kūr′ment) *n* procuración, obtención *f*.
**prod** (prod) *vt* empujar, pinchar, recordar.
**prodigal** (prod′*i* g*a*l) *adj* pródigo, despilfarrador.
**prodigious** (pr*o*dij′us) *adj* prodigioso; **~ly** *adv* prodigiosamente.
**prodigy** (prod′i jē) *n* prodigio *m*.
**produce** (pr*o* dös′, pr*o* dūs′) *vt* producir, criar; causar; • *n* producto *m*.
**produce dealer** *n* verdulero *m*.
**producer** (pr*o* dö′sėr, pr*o* dū′sėr) *n* fabricante, productor *m*.
**product** (prod′*u*kt) *n* producto *m*; obra *f*; efecto *m*.
**production** (pr*o* duk′sh*a*n) *n* producción *f*; producto *m*.
**production line** *n* cadena de producción *f*.
**productive** (pr*o* duk′tiv) *adj* productivo.
**productivity** (prō′′duk tiv′i tē) *n* productividad *f*.
**profane** (pr*o* fān′, prō fān′) *adj* profano.
**profess** (pr*o* fes′) *vt* profesar; ejercer; declarar.
**profession** (pr*o* fesh′*a*n) *n* profesión *f*.
**professional** (pr*o* fesh′*a* n*a*l) *adj* profesional.
**professor** (pr*o* fes′ėr) *n* profesor, catedrático *m*.
**proficiency** (pr*o* fish′*e*n sē) *n* capacidad *f*; nivel de competencia *f*.
**proficient** (pr*o* fish′*e*nt) *adj* muy competente.
**profile** (prō′fīl) *n* perfil *m*.
**profit** (prof′it) *n* ganancia *f*; provecho *m*; ventaja *f*; • *vi* aprovechar.
**profitability** (prof′′i t*a* bil′i tē) *n* rentabilidad *f*.
**profitable** (prof′i t*a* bl) *adj* provechoso, ventajoso.
**profiteering** (prof′′i tė′ring) *n* explotación, especulación *f*.
**profound** (pr*o* found′) *adj* profundo; **~ly** *adv* profundamente.
**profuse** (pr*o* fūs′) *adj* profuso, pródigo; **~ly** *adv* profusamente.
**program** (prō′gram, prō′gr*a*m) *n* programa *m*.
**programming** (prō′gra ming, prō′ gr*a*ming) *n* programación *f*.
**programmer** (prō′gram ėr) *n* programador *m*.
**progress** (prog′res) *n* progreso *m*; curso *m*; • *vi* progresar.
**progression** (pr*o* gresh′*a*n) *n* progresión *f*; adelantamiento *m*.
**progressive** (pr*o* gres′iv) *adj* progresivo; **~ly** *adv* progresivamente.
**prohibit** (prō hib′it) *vt* prohibir, vedar; impedir.
**prohibition** (prō′′*i* bish′*a*n) *n* prohibición *f*.

**project** (pr*o* jekt′) *vt* proyectar, trazar; • *n* proyecto *m.*
**projectile** (pr*o* jek′til) *m* proyectil *m.*
**projection** (pr*o* jek′sh*a*n) *n* proyección *f.*
**projector** (pr*o* jek′tėr) *n* proyector *m.*
**proletarian** (prō′′li târ′ē *a*n) *adj* proletario.
**proletariat** (prō′′li târ′ē *a*t) *n* proletariado *m.*
**prolific** (prō lif′ik) *adj* prolífico, fecundo.
**prolix** (prō liks′) *adj* prolijo, difuso.
**prologue** (prō′läg, prō′log) *n* prólogo *m.*
**prolong** (pr*o* läng′, pr*o* long′) *vt* prolongar; diferir.
**prom** (prom) *n* baile de gala *m.*
**promenade** (prom′′*e* nād′, prom′′*e* näd′) *n* paseo *m.*
**prominence** (prom′*i* n*e*ns) *n* prominencia *f.*
**prominent** (prom′*i* n*e*nt) *adj* prominente, destacado, importante.
**promiscuous** (pr*o* mis′kū us) *adj* promiscuo.
**promise** (prom′is) *n* promesa *f*; • *vt* prometer.
**promising** (prom′i sing) *adj* prometedor.
**promontory** (prom′*o*n tōr′′ē, prom′*o*n tär′′ē) *n* promontorio *m.*
**promote** (pr*o* mōt′) *vt* promover.
**promoter** (pr*o* mō′tėr) *n* promotor, promovedor *m.*
**promotion** (pr*o* mō′sh*a*n) *n* promoción *f.*
**prompt** (prompt) *adj* pronto; ~**ly** *adv* prontamente; • *vt* sugerir, insinuar; apuntar (en el teatro).
**prompter** (promp′tėr) *n* apuntador de teatro *m.*
**prone** (prōn) *adj* inclinado, propenso.
**prong** (präng, prong) *n* punta *f.*
**pronoun** (prō′noun′′) *n* pronombre *m.*
**pronounce** (pr*o* nouns′) *vt* pronunciar; recitar.
**pronounced** (pr*o* nounst′) *adj* marcado.
**pronouncement** (pr*o* nouns′m*e*nt) *n* declaración *f*, dictamen *m.*
**pronunciation** (pr*o* nun′′sē ā′sh*a*n) *n* pronunciación *f.*
**proof** (pröf) *n* prueba *f*; • *adj* impenetrable; a prueba de.
**prop** (prop) *vt* sostener; • *n* apoyo, puntal *m*; sostén *m.*
**propaganda** (prop′′*a* gan′d*a*) *n* propaganda *f.*
**propagate** (prop′*a* gāt′′) *vt* propagar, difundir.
**propel** (pr*o* pel′) *vt* impeler, impulsar.
**propeller** (pr*o* pel′ėr) *n* hélice *f.*
**propensity** (pr*o* pen′si tē) *n* propensión, tendencia *f.*
**proper** (prop′ėr) *adj* propio; conveniente; exacto; bien parecido; ~**ly** *adv* propiamente, justamente.
**property** (prop′ ėr tē) *n* propiedad *f.*
**prophecy** (prof′i sē) *n* profecía *f.*
**prophesy** (prof′i sī′′) *vt* profetizar; predicar.
**prophet** (prof′it) *n* profeta *m.*
**prophetic** (pr*o* fet′ik) *adj* profético.
**propitious** (pr*o* pish′us) *adj* propicio.
**proportion** (pr*o* pōr′sh*a*n) *n* proporción *f*; simetría *f.*
**proportional** (pr*o* pōr′sh*a* n*a*l, pr*o* pär′sh*a* n*a*l) *adj* proporcional.

**proportionate** (pr*o* pōr´sh*a* nit, pr*o* pär´sh*a* nit) *adj* proporcionado.
**proposal** (pr*o* pō´z*a*l) *n* propuesta, proposición *f*; oferta *f*.
**propose** (pr*o* pōz´) *vt* proponer.
**proposition** (prop´´*o* zish´*a*n) *n* proposición, propuesta *f*.
**proprietor** (pr*o* prī´i tėr) *n* propietario *m*.
**propriety** (pr*o* prī´i tē) *n* propiedad *f*.
**pro rata** (prō rā´t*a*, prō rä´t*a*) *adv* a prorrateo.
**prosaic** (prō zā´ik) *adj* prosaico, en prosa.
**prose** (prōz) *n* prosa *f*.
**prosecute** (pros´*e* kūt´) *vt* procesar, enjuiciar.
**prosecution** (pros´´*e* kū´sh*a*n) *n* prosecución *f*; acusación *f*.
**prosecutor** (pros´*e* kū´´tėr) *n* fiscal, acusador *m*.
**prospect** (pros´pekt) *n* posibilidad *f*; perspectiva *f*; esperanza *f*; • *vt* explorar; • *vi* buscar.
**prospecting** (pros´pek ting) *n* prospección *f*.
**prospective** (pr*o* spek´tiv) *adj* probable; futuro.
**prospector** (pros´pek tėr) *n* explorador *m*.
**prospectus** (pr*o* spek´t*u*s) *n* prospecto *m*.
**prosper** (pros´pėr) *vi* prosperar.
**prosperity** (pro sper´i tē) *n* prosperidad *f*.
**prosperous** (pros´pėr us) *adj* próspero, feliz.
**prostitute** (pros´ti töt´´) *n* prostituta *f*.
**prostitution** (pros´´ti tö´sh*a*n, pros´´ti tū´sh*a*n) *n* prostitución *f*.
**prostrate** (pros´trāt) *adj* postrado • *vi* postrar, tumbar.
**protagonist** (prō tag´*o* nist) *n* protagonista *m*.
**protect** (pr*o* tekt´) *vt* proteger; amparar.
**protection** (pr*o* tek´sh*a*n) *n* protección *f*.
**protective** (prō tek´tiv) *adj* protector.
**protector** (pr*o* tek´tėr) *n* protector, patrono *m*.
**protégé** (prō´´ t*e* zhā´) *n* protegido *m*.
**protein** (prō´tēn, prō´tē in) *n* proteína *f*.
**protest** (pr*o* test´) *vi* protestar; • *n* protesta *f*.
**Protestant** (prot´i st*a*nt) *n* protestante *m*.
**protester** (pr*o* tes´tėr) *n* manifestante *m*.
**protocol** (prō´t*o* käl´´, prō´t*o* kol´´) *n* protocolo *m*.
**prototype** (prō´t*o* tīp´´) *n* prototipo *m*.
**protracted** (prō trak´td) *adj* prolongado.
**protrude** (prō tröd´) *vi* sobresalir.
**protuberance** (prō tö´bėr *a*ns, prō tū´bėr *a*ns) *n* protuberancia *f*.
**proud** (proud) *adj* soberbio, orgulloso; **~ly** *adv* soberbiamente.
**prove** (pröv) *vt* probar, justificar; • *vi* resultar; salir (bien *o* mal).
**proverb** (prov´*e*rb) *n* proverbio *m*.
**proverbial** (pr*o* vür´bē *a*l) *adj*, **~ly** *adv* proverbial(mente).
**provide** (pr*o* vīd´) *vt* proporcionar, suministrar, proveer; **to ~ for** mantener a; tener en cuenta.
**provided** (pr*o* vī´did) *conj*: **~ that** con tal que.
**providence** (prov´i d*e*ns) *n* providencia *f*.

**provider** (pr*o* vī´dėr) *n* proveedor, sostén *m;* fuente *f.*
**province** (prov´ins) *n* provincia *f;* obligación particular *f.*
**provincial** (pr*o* vin´sh*a*l) *adj, n* provincial *m.*
**provision** (pr*o* vizh´*a*n) *n* provisión *f;* precaución *f.*
**provisional** (pr*o* vizh´*a* n*a*l) *adj,* **~ly** *adv* provisional(mente).
**proviso** (pr*o* vī´zō) *n* condición *f.*
**provocation** (prov´´*o* kā´sh*a*n) *n* provocación *f;* apelación *f.*
**provocative** (pr*o* vok´*a* tiv) *adj* provocativo.
**provoke** (pr*o* vōk´) *vt* provocar; incitar.
**prow** (prou) *n* (*mar*) proa *f.*
**prowess** (prou´is) *n* proeza, valentía *f;* destreza, habilidad *f.*
**prowl** (proul) *vi* rondar, vagar.
**prowler** (prou´lėr) *n* merodeador *m.*
**proximity** (prok sim´i tē) *n* proximidad *f.*
**proxy** (prok´sē) *n* representante *m;* apoderado *m.*
**prudence** (pröd´*e*ns) *n* prudencia *f.*
**prudent** (pröd´*e*nt) *adj* prudente, circunspecto; **~ly** *adv* con juicio.
**prudish** (prö´dish) *adj* mojigato.
**prune** (prön) *vt* podar; • *n* c iruela pasa *f.*
**pry** (prī) *vi* espiar, acechar, husmear; **to ~ open** *vt* abrir por fuerza.
**psalm** (säm) *n* salmo *m.*
**pseudonym** (sö´d*o* nim) *n* seudónimo *m.*
**psyche** (sī´kē) *n* psique *f.*
**psychiatric** (sī´´kē a´trik) *adj* psiquiátrico.
**psychiatrist** (sī´kē a´trist) *n* psiquiatra *m.*
**psychiatry** (sī´kī´*a* trē) *n* psiquiatría *f.*
**psychic** (sī´kik) *adj* psíquico.
**psychoanalysis** (sī´´kō *a* nal´i sis) *n* psicoanálisis *m.*
**psychoanalyst** (sī´´kō an´*a* list) *n* psicoanalista *m.*
**psychological** (sī´´k*o* loj´i k*a*l) *adj* psicológico.
**psychologist** (sī´kol´*o* jist) *n* psicólogo *m.*
**psychology** (sī kol´*o* jē) *n* psicología *f.*
**psychopath** (sī´kō path´´) *n* psicópata *m.*
**puberty** (pū´bėr tē) *n* pubertad *f.*
**public** (pub´lik) *adj* público; común; notorio; **~ly** *adv* públicamente; • *n* público *m.*
**public address system** (pub´lik *a* dres´sis´t*e*m) *n* megafonía *f,* altavoces, altoparlantes *mpl.*
**publican** (pub´l*i* k*a*n) *n* publicano *m;* tabernero *m.*
**publication** (pub´´l*i* kā sh*a*n) *n* publicación *f;* edición *f.*
**publicity** (pu blis´i tē) *n* publicidad *f.*
**publicize** (pub´li sīz´´) *vt* publicitar; hacer propaganda para.
**public opinion** *n* opinión pública *f.*
**public school** *n* escuela pública; instituto *m.*
**public utility** *n* empresa de servicios públicos *f.*
**publish** (pub´lish) *vt* publicar, editar.
**publisher** (pub´li shėr) *n* compañía editorial *f,* editor *m.*
**publishing** (pub´li shing) *n* mundo editorial *m,* industria del libro *f.*
**pucker** (puk´ėr) *vt* arrugar, hacer pliegues.

**pudding** (pŭd´ing) *n* pudín *m.*
**puddle** (pud´l) *n* charco *m.*
**puerile** (pū´ėr il, pūr´il, pūr´īl) *adj* pueril.
**puff** (puf) *n* soplo *m*; bocanada *f*; resoplido *m*; • *vt* chupar; • *vi* bufar; resoplar.
**puff pastry** *n* hojaldre *m.*
**puffy** (puf´ē) *adj* hinchado, entumecido.
**pull** (pŭl) *vt* tirar; coger; rasgar, desgarrar; **to ~ down** derribar; **to ~ in** parar; llegar a la estación; **to ~ off** quitarse (guantes), conseguir (un propósito); **to ~ out** *vi* irse; salir; • *vt* arrancar; **to ~ through** salir adelante; recobrar salud; **to ~ up** *vi* parar; • *vt* arrancar; parar; • *n* tirón *m*; sacudida *f.*
**pulley** (pŭl´ē) *n* polea, garrucha *f.*
**pullover** (pŭl´ō´´vėr) *n* jersey, sueter *m.*
**pulp** (pulp) *n* pulpa *f*; pasta *f*; revista barata *f.*
**pulpit** (pŭl´pit, pul´pit) *n* púlpito *m.*
**pulsate** (pul´sāt) *vi* pulsar, latir.
**pulse** (puls) *n* pulso *m*; legumbres *fpl.*
**pulverize** (pul´ve rīz´´) *vt* pulverizar.
**pumice** (pum´is) *n* piedra pómez *f.*
**pummel** (pum´el) *vt* aporrear.
**pump** (pump) *n* bomba *f*; • *vt* dar a la bomba; sondear; sonsacar.
**pumpkin** (pump´kin) *n* calabaza *f.*
**pun** (pun) *n* juego de palabras, chiste *m*; • *vi* hacer juegos de palabras.
**punch** (punch) *n* puñetazo *m*; punzón *m*; taladro *m*; ponche *m*; • *vt* golpear; perforar.
**punctual** (pungk´chö *a*l) *adj* puntual, exacto; **~ly** *adv* puntualmente.
**punctuate** (pungk´chö āt´´) *vi* puntuar.
**punctuation** (pungk´´chö ā´sh*a*n) *n* puntuación *f.*
**puncture** (pungk´chėr) *n* pinchazo *n,* ponchadura *f*
**pundit** (pun´dit) *n* experto *m.*
**pungent** (pun´jent) *adj* picante, acre, mordaz.
**punish** (pun´ish) *vt* castigar.
**punishment** (pun´ish ment) *n* castigo *m*; pena *f.*
**punk** (pungk) *n* punki *m*; música punk *f*; rufián *m.*
**punt** (punt) *n* barco llano *m.*
**puny** (pū´nē) *adj* enclenque, raquítico, insignificante.
**pup** (pup) *n* cachorro *m*; • *vi* parir la perra.
**pupil** (pū´p*i*l) *n* alumno *m*; pupila *f.*
**puppet** (pup´it) *n* títere, muñeco *m.*
**puppy** (pup´ē) *n* perrito *m.*
**purchase** (pŭr´ch*a*s) *vt* comprar; • *n* compra *f*; adquisición *f.*
**purchaser** (pŭr ch*a*´sėr) *n* comprador *m.*
**pure** (pūr) *adj* puro; **~ly** *adv* puramente.
**purée** (pū rā´, pū rē´) *n* puré *m.*
**purge** (pŭrj) *vt* purgar.
**purification** (pūr i f*i* kā´sh*a*n) *n* purificación *f.*
**purify** (pūr´*i* fī´´) *vt* purificar.
**purist** (pūr´izt) *n* purista *m.*
**puritan** (pūr´i t*a*n) *n* puritano *m.*
**purity** (pūr´i tē) *n* pureza *f.*
**purl** (pŭrl) *n* punto del revés *m.*
**purple** (pŭr´pl) *adj* purpúreo; • *n* púrpura *f.*
**purport** (pŭr´pōrt, pŭr´pärt) *vi*: **to ~ to** dar a entender que.
**purpose** (pŭr´p*o*s) *n* intención *f*; designio, proyecto *m*; **to the ~** al propósito; **to no ~** inútilmente; **on ~** a propósito.

**purposeful** (pür'pos ful) *adj* resuelto, decidido.
**purr** (pür) *vi* ronronear.
**purse** (pürs) *n* bolsa *f*; cartera *f*.
**purser** (pür'sėr) *n* comisario *m*.
**pursue** (pėr sö') *vi* perseguir; seguir, acosar.
**pursuit** (pėr söt') *n* perseguimiento *m*; ocupación *f*.
**purveyor** (pėr vā'ėr) *n* abastecedor *m*.
**push** (püsh) *vt* empujar; estrechar, apretar; **to ~ aside** apartar; **to ~ off** (*sl*) largarse; **to ~ on** seguir adelante; • *n* impulso *m*; empujón *m*; esfuerzo *m*; asalto *m*.
**pushcart** (püsh'kärt'') *n* carretilla de mano *f*.
**pusher** (püsh'ėr) *n* traficante de drogas *m*.
**push-up** *n* flexión de brazos o de pecho *f*.
**pushy** (püsh'ē) *adj* prepotente, avasallador, agresivo.
**pussycat** (püs'ē kat) *n* minino *m*.
**put** (püt) *vt* poner, colocar; proponer; imponer, obligar; **to ~ away** guardar; **to ~ down** poner en el suelo; sacrificar; apuntar; sofocar; **to ~ forward** adelantar; **to ~ off** aplazar; desanimar; **to ~ on** ponerse; encender; presentar; ganar; echar; **to ~ out** apagar; extender; molestar; **to ~ up** alzar; aumentar; alojar.
**putrid** (pū'trid) *adj* podrido.
**putt** (put) *n* putt *m; vt* hacer un putt; golpear la bola.
**putty** (put'ē) *n* masilla *f*.
**puzzle** (puz'l) *n* acertijo *m*; rompecabezas *m invar*.
**puzzling** (puz'ling) *adj* extraño, desconcertante.
**pylon** (pī'lon) *n* torre de conducción eléctrica *f*.
**pyramid** (pir'*a* mid) *n* pirámide *f*.
**python** (pī'thon, pī'th*o*n) *n* pitón *m*.

# Q

**quack** (kwak) *vi* graznar; • *n* graznido *m*; (*sl*) curandero *m*.
**quackery** (kwak'*e* rē) *n* charlatanismo *m*.
**quad** (kwod) *n* cuadrángulo, patio cuadrangular *m*.
**quadrangle** (kwod'rang''gl) *n* cuadrángulo *m*.
**quadrant** (kwod'r*a*nt) *n* cuadrante *m*.
**quadrilateral** (kwod''r*i* lat'ėr *a*l) *adj* cuadrilátero.
**quadruped** (kwod'r*ü* ped'') *n* cuadrúpedo *m*.
**quadruple** (kwo drö'pl) *adj* cuádruplo.
**quadruplet** (kwo drup'lit, kwo drö'plit) *n* cuatrillizo *m*.
**quaffer** (kwäf'ėr) *n* bebedor atragantando *m*.
**quagmire** (kwag'mīėr'') *n* tremedal *m*.
**quail** (kwāl) *n* codorniz *f* ; *vi* acobardarse; descorazonarse.
**quaint** (kwānt) *adj* pulido; exquisito.
**quake** (kwāk) *vi* temblar; tiritar.
**Quaker** (kwā'kėr) *n* cuáquero *m*.
**quaky** (kwā'kē) *adj* tembloroso, inseguro.
**qualification** (kwol''*i* f*i* kā'sh*a*n) *n* calificación *f*; titulo *m*.
**qualified** (kwol'*i* fīd'') *adj* capacitado; titulado.
**qualify** (kwol'*i* fī'') *vt* calificar; modificar; • *vi* clasificarse.
**quality** (kwol'i tē) *n* calidad *f*.
**qualm** (kwäm, kwäm) *n* escrúpulo *m*.
**quandary** (kwon'd*a* rē) *n* incertidumbre, duda *f*.
**quantify** (kwon'ti fī'') *vt* medir o determinar la cantidad.
**quantitative** (kwon'ti tā''tiv) *adj* cuantitativo.
**quantity** (kwon'ti tē) *n* cantidad *f*.
**quarantine** (kwär'*a*n tēn'') *n* cuarentena *f*.
**quarrel** (kwär'*e*l, kwor'*e*l) *n* riña, contienda *f*; • *vi* reñir, disputar.
**quarrelsome** (kwär'*e*l s*o*m, kwor'*e*l s*o*m) *adj* pendenciero.
**quarry** (kwär'ē, kwor'ē) *n* cantera *f*.
**quart** (kwärt) *n* cuarto de galón.
**quarter** (kwär'tėr) *n* cuarto *m*; trimestre *f*; cuarta parte *f*; moneda de 25 centavos *f*; ~ **of an hour** un cuarto de hora; región *f*; • *vt* descuartizar, acuartelar.
**quarterback** (kwär'tėr bak'') *n* (*football*) mariscal, pasador.
**quartered** (kwär'tė rīd) *adj* cuarteado; alejado.
**quarterly** (kwär'tėr lē) *adj* trimestral; • *adv* una vez cada trimestre.
**quartermaster** (kwär'tėr mas''tėr, kwär'tėr mä''stėr) *n* (*mil*) comisario *m*.
**quarters** (kwär'tėrs) *n* puestos militares *mpl*; morada *f*.
**quartet** (kwär tet') *n* (*mus*) cuarteto *m*.
**quartz** (kwärts) *n* (*min*) cuarzo *m*.
**quash** (kwosh) *vt* fracasar; anular, abrogar.
**quasi** (kwä'sē, kwā'zī) *adv* cuasi, casi, al parecer.
**quaver** (kwā'vėr) *vi* temblar, hablar en tono trémolo.
**quay** (kē) *n* muelle *m*.
**queasy** (kwē'zē) *adj* nauseabundo; fastidioso.
**queen** (kwēn) *n* reina *f*; dama *f*.

**queenliness** (kwēn´lē nis) *n* realeza, majestad (de una reina).
**queer** (kwēr) *adj* extraño; ridículo; (*sl*) maricón *m* **a ~ fish,** un tipo raro.
**quell** (kwel) *vt* calmar; sosegar.
**quench** (kwench) *vt* apagar; extinguir.
**querulous** (kwer´*a* lus, kwer´y*a* lus) *adj* quejumbroso, irritable.
**query** (kwēr´ē) *n* cuestión, pregunta *f*; • *vt* preguntar.
**quest** (kwest) *n* pesquisa, inquisición, búsqueda *f*.
**question** (kwes´ch*a*n, kwesh´ch*a*n) *n* pregunta *f*; cuestión *f*; asunto *m*; duda *f*; • *vt* dudar de; interrogar; **beside the ~,** que no viene al caso; **in ~,** en cuestión.
**questionable** (kwes´ch*a* n*a* bl) *adj* cuestionable, dudoso.
**questioner** (kwes ch*a*´nėr, kwesh-ch*a*´nėr) *n* inquiridor, preguntador *m*.
**question mark** *n* signo de interrogación *m*.
**questionnaire** (kwes´´ch*a* nâr´) *n* cuestionario *m*.
**quibble** (kwib´l) *vi* buscar evasivas.
**quick** (kwik) *adj* rápido; vivo; pronto; ágil; **~ly** *adv* rápidamente; **the ~ and the dead,** los vivos y los muertos.
**quick change** *adj* de cambio rápido.
**quicken** (kwik´*e*n) *vt* apresurar; • *vi* darse prisa.
**quicksand** (kwik´sand) *n* arena movediza *f*.
**quicksilver** (kwik´sil´´vėr) *n* azogue, mercurio *m*.
**quick-witted** (kwik´wit´id) *adj* agudo, perspicaz.
**quick-wittedly** (kwik´wit´id lē) *adv* agudamente, con ingenio.
**quiddity** (kwid´i tē) *n* sutileza, extravagancia.
**quiet** (kwī´it) *adj* callado; **~ly** *adv* tranquilamente; **~ as a graveyard,** que ni habla ni parla.
**quietness** (kwī´it nis) *n* tranquilidad *f*.
**quinine** (kwī´nīn) *n* quinina *f*.
**quintet** (kwin tet´) *n* (*mus*) quinteto *m*.
**quintuple** (kwin tö´pl, kwin tū´pl) *adj* quíntuplo.
**quintuplet** (kwin tup´lit, kwin tö´plit) *n* grupo de cinco *m*.
**quip** (kwip) *n* indirecta *f*; • *vt* echar pullas.
**quirk** (kwürk) *n* peculiaridad *f*.
**quit** (kwit) *vt* dejar; desocupar; • *vi* renunciar; irse; • *adj* libre, descargado; **~ it,** ¡basta ya!
**quite** (kwīt) *adv* bastante; totalmente, enteramente, absolutamente; **~ a bit,** considerablemente, bastante.
**quitclaim** (kwit´klām´´) *n* renuncia, finiquito; *vt* renunciar, ceder.
**quits** (kwits) *adv* ¡en paz!
**quiver** (kwiv´ėr) *vi* temblar.
**quixotic** (kwik sot´ik) *adj* quijotesco.
**quiz** (kwiz) *n* concurso *m*; programa de concurso *m*; • *vt* interrogar.
**quiz master** *n* (*rad. t.v.*) animador, maestro de ceremonias.
**quizzical** (kwiz´i k*a*l) *adj* raro, extravagante; burlón.
**quota** (kwō´t*a*) *n* cuota *f*, contingente *m*.
**quotation** (kwō tā´ sh*a*n) *n* citación, cita *f*.
**quotation marks** *n* comillas *fpl*.
**quote** (kwōt) *vt* citar.
**quotient** (kwō´sh*e*nt) *n* cociente *m*.

# R

**rabí** (rab´ī) *n* rabí, rabino *m.*
**rabbit** (rab´it) *n* conejo *m.*
**rabbit ears** *n* antena interior en forma de V *f.*
**rabbit hutch** *n* conejera *f.*
**rabble** (rab´l) *n* gentuza *f.*
**rabblement** (rab´l m*e*nt) *n* disturbio, tumulto *m.*
**rabid** (rab´id) *adj* rabioso, furioso.
**rabies** (rā´bēz, rā´bē ēz´´) *n* rabia *f.*
**race** (rās) *n* raza, casta *f*; carrera *f*; • *vt* hacer correr; competir contra; acelerar; • *vi* correr; competir; latir rápidamente.
**racer** (rā´sėr) *n* corredor, caballo de carreras *m.*
**racial** (rā´sh*a*l) *adj* racial; **~ist** *adj, n* racista *m/f.*
**racialist** (rā´sh*a* list) *n* racista.
**raciness** (rās´i nis) *n* vivacidad *f.*
**racing** (rā´sing) *n* carreras *fpl.*
**rack** (rak) *n* rejilla *f*; estante *m*; • *vt* atormentar; trasegar.
**racket** (rak´it) *n* ruido *m*; raqueta *f.*
**racketeer** (rak´´i tēr´) *n* chantajista.
**rack-rent** (rakak´rent´´) *n* arrendamiento exorbitante *m.*
**racy** (rā´sē) *adj* picante, vivo.
**radiance** (rā´dē *a*ns) *n* brillantez *f*, resplandor *m.*
**radiant** (rā´dē *a*nt) *adj* radiante, brillante.
**radiate** (rā´dē āt´´) *vt, vi* radiar, irradiar.
**radiation** (rā´´dē ā´sh*a*n) *n* radiación *f.*
**radiator** (rā´dē ā´´tėr) *n* radiador *m.*
**radical** (rad´i k*a*l) *adj* radical, de la raíz; drástico; **~ly** *adv* radical(mente).
**radicalism** (rad´i k*a* liz´´*u*m) *n* radicalismo *m.*
**radio** (rā´dē ō´´) *n* radio (emisión radiofónica o receptor) *f.*
**radioactive** (rā´´dē ō ak´tiv) *adj* radioactivo.
**radio network** *n* red o cadena de emisoras *f.*
**radio station** *n* estación de radio *f.*
**radio tube** *n* tubo de radio *m*; válvula de radio *f.*
**radish** (rad´ish) *n* rábano *m.*
**radius** (rā´dē *u*s) *n* radio (geom.) *f.*
**raffish** (raf´ish) *n* pícaro; vulgar.
**raffle** (raf´l) *n* rifa *f* (juego); • *vt* rifar.
**raft** (raft, räft) *n* balsa, almadía *f.*
**rafter** (raf´tėr, räf´tėr) *n* par, maderero (que conduce las maderadas por los ríos) *m*; viga *f.*
**rag** (rag) *n* trapo, andrajo *m.*
**ragamuffin** (rag´*a* muf´´in) *n* granuja, galopín *m.*
**rag doll** muñeca de trapo.
**rage** (rāj) *n* rabia *f*; furor *m*; • *vi* rabiar; encolerizarse; **to fly into ~,** montar en cólera.
**ragged** (rag´id) *adj* andrajoso; **in to a ~ edge,** en situación precaria.
**raging** (ra´ging) *adj* furioso, rabioso.
**rag-man** (rag´man´´, rag´m*a*n) **rag picker** *n* trapero *m.*
**raid** (rād) *n* incursión *f*; • *vt* invadir.
**raider** (rā´dėr) *n* invasor *m.*
**rail** (rāl) *n* baranda, barandilla *f*; (*rail*) raíl, carril *m*; • *vt* cercar con barandillas.
**raillery** (rā´l*e* rē) *n* burlas *fpl.*

**railroad, railway** (rāl'rōd''; rāl' wā'') *n* ferrocarril *m.*
**raiment** (rā'm*e*nt) *n* vestimenta, indumentaria *f.*
**rain** (rān) *n* lluvia *f*; • *vi* llover; **the rains** estación de lluvias; ~ **or shines** llueva o truene, de todas maneras.
**rainbow** (rān'bō'') *n* arco iris *m.*
**rain water** *n* agua llovediza *f.*
**raincoat** (rān'kōt'') *n* impermeable.
**rainy** (rā'nē) *adj* lluvioso.
**raise** (rāz) *vt* levantar, alzar; fabricar, edificar; elevar.
**raisin** (rā'zin) *n* pasa *f* (uva seca).
**rake** (rāk) *n* rastro, rastrillo *m*; libertino *m*; • *vt* rastrillar.
**rakish** (rā'kish) *adj* libertino, disoluto.
**rally** (ral'ē) *vt* (*mil*) reunir; • *vi* reunirse.
**ram** (ram) *n* carnero, morueco *m*; ariete *m*; • *vt* golpear; chocar con.
**ramble** (ram'bl) *vi* divagar; salir de excursión a pie; • *n* excursión a pie, caminata *f.*
**rambler** (ram'blėr) *n* excursionista a pie *m.*
**ramification** (ram''*i* fi kā'sh*a*n) *n* ramificación *f.*
**ramify** (ram'*i* fī'') *vi* ramificarse.
**ramp** (ramp) *n* rampa *f.*
**rampant** (ram'p*a*nt) *adj* exuberante.
**rampart** (ram'pärt, ram'pėrt) *n* terraplén *m*; (*mil*) muralla *f.*
**ramrod** (ram'rod'') *n* baqueta *f*.
**ramshackle** (ram'shak''l) *adj* en ruina.
**ranch** (ranch) *n* hacienda *f*; rancho *m.*
**rancid** (ran'sid) *adj* rancio.
**rancor** (rang'kėr) *n* rencor *m.*
**random** (ran'd*o*m) *adj* fortuito, sin orden; **at** ~ al azar.
**range** (rānj) *vt* colocar, ordenar; • *vi* vagar; • *n* clase *f*; orden *m*; hilera *f*; cordillera *f*; campo de tiro *m*; reja de cocina *f.*
**ranger** (rān'jėr) *n* guardabosques *m.*
**rangy** (rān'jē) *adj* espacioso; montañoso.
**rank** (rank) *adj* exuberante; rancio; fétido; • *n* fila, hilera, clase *f.*
**rankle** (rang'kl) *vi* enconarse, inflamarse; • *n* resentimiento *m.*
**rankness** (rank'nis) *n* exuberancia *f*; olor *o* gusto rancio *m.*
**ransack** (ran'sak) *vt* saquear, pillar.
**ransom** (ran's*o*m) *n* rescate *m.*
**rant** (rant) *vi* despotricar; alborotarse.
**rap** (rap) *vi* dar un golpecito; • *n* golpecito *m.*
**rapacious** (r*a* pā'shus) *adj* rapaz; ~**ly** *adv* con rapacidad.
**rapacity** (r*a* pas'i tē) *n* rapacidad *f.*
**rape** (rāp) *n* violación *f*; estupro *m*; (*bot*) colza *f*; • *vt* violar.
**rapid** (rap'id) *adj* rápido; ~**ly** *adv* rápidamente.
**rapidity** (r*a* pid'i tē) *n* rapidez *f.*
**rapier** (rā'pē ėr) *n* espadín *m.*
**rapist** (rā pē'st) *n* violador *m.*
**rapprochement** (Rä pR*ä*sh mäN') *n* acercamiento, reconciliación.
**rapt** (rapt) *adj* arrebatado; absorto.
**rapture** (rap'chėr) *n* rapto *m*; éxtasis *m.*
**rapturous** (rap'chėr us) *adj* maravilloso.
**rare** (râr) *adj* raro, extraordinario; ~**ly** *adv* raramente.
**rarity** (râr'i tē) *n* rareza *f.*
**rascal** (ras'k*a*l) *n* pícaro *m.*

**rash** (rash) *adj* precipitado, temerario; **~ly** *adv* temerariamente; • *n* salpullido *m*; erupción (cutánea) *f.*
**rashness** (rash'nis) *n* temeridad *f.*
**rasp** (rasp, räsp) *n* raspador *m*; • *vt* raspar, usar una escofina.
**raspberry** (raz'ber''ē, raz'be rē) *n* frambuesa *f*; ~ **bush** frambueso *m.*
**raspy** (ras'pē, rä'spē) *adj* chirriador, irritable (voz)
**rat** (rat) *n* rata *f* **to smell a ~** haber gato encerrado.
**rate** (rāt) *n* tasa *f*, precio, valor *m*; grado *m*; manera *f*; • *vt* tasar, apreciar.
**rather** (raTH'ėr, rä'THėr, raTH'*ür*') *adv* más bien; de preferencia; bastante.
**ratification** (rat''*i* fi kā'sh*a*n) *n* ratificación *f.*
**ratify** (rat'*i* fī'') *vt* ratificar.
**rating** (rā'ting) *n* tasación *f*; clasificación *f*; índice *m.*
**ratio** (rā'shō, rā'shē ō'') *n* razón *f.*
**ration** (rash'*a*n, rā'sh*a*n) *n* ración *f*; (*mil*) víveres *mpl.*
**rational** (rash'*a* n*a*l) *adj* racional; razonable; **~ly** *adv* racionalmente.
**rationality** (rash''*a* nal'i tē) *n* racionalidad *f.*
**rattan** (ra tan') *n* (*bot*) caña de Indias *f.*
**rattle** (rat'l) *vi* golpear; traquetear; • *vt* sacudir; • *n* traqueteo *m*; sonajero *m.*
**rattlebrain** (rat'l brān'') *n* cabeza de chorlito.
**rattlesnake** (rat'l snāk'') *n* culebra de cascabel *f.*
**rattling** (rat'ling) *adj* estrepitoso, vivaz, vigoroso.
**raucity** (r*ä*'si tē) *n* ronquera.
**ravage** (rav'ij) *vt* saquear, pillar; estragar; • *n* saqueo *m.*
**rave** (rāv) *vi* delirar, disparatar; ~ **about,** hablar con excesivo entusiasmo.
**raven** (rā'ven) *n* cuervo *m;* • *vi* devorar, engullir.
**ravenous** (rav'*e* nus) *adj* **~ly** *adv* voraz(mente).
**ravine** (r*a* vēn') *n* barranco *m.*
**ravish** (rav'ish) *vt* encantar; raptar.
**ravishing** (rav'i shing) *adj* encantador.
**raw** (r*ä*) *adj* crudo; puro; novato. • *n* herida en carne viva.
**rawboned** (r*ä*'bōnd') *adj* huesudo; magro.
**rawness** (r*ä*'nis) *n* crudeza *f*; falta de experiencia *f.*
**ray** (rā) *n* rayo de luz *m*; raya *f* (pez).
**raze** (rāz) *vt* raspar; arrasar, demoler, destruir.
**razor** (rā'zėr) *n* navaja; máquina de afeitar *f.*
**razzle-dazzle** (raz'l daz'l) *n* alboroto; deslumbramiento.
**reach** (rēch) *vt* alcanzar; llegar hasta; • *vi* extenderse, llegar; alcanzar, penetrar; • *n* alcance *m*; ~ **one's heart** tocar el corazón de uno.
**react** (rē akt') *vi* reaccionar.
**reaction** (rē ak'sh*a*n) *n* reacción *f.*
**read** (rēd) *vt* leer, interpretar, estudiar; • *vi* estudiar; ~ **one a lesson** leerle a uno la cartilla, reprenderle a uno.
**readable** (rē'd*a* bl) *adj* legible.
**reader** (rē'dėr) *n* lector *m.*
**readily** (red'*i* lē) *adv* pronto; de buena gana.
**readiness** (rēd'ē nis) *n* voluntad, gana *f*; prontitud *f.*

**reading** (rē´ding) *n* lectura *f*, recital *m*, conferencia *f*, medida *f*, cantidad *f*.
**reading room** *n* sala de lectura *f*.
**readjust** (rē´´*a* just´) *vt* reajustar.
**readjustment** (rē´*a* just´´m*e*nt) *n* readaptación.
**ready** (red´ē) *adj* listo, pronto; inclinado; fácil.
**ready money** *n* dinero efectivo, dinero contante, dinero disponible *m*.
**ready-to-wear** (red´ē t*o* wâr) *adj* listo para llevar.
**real** (rēl, rē´ *a*l) *adj* real, verdadero; **~ly** *adv* realmente; **this is the ~ thing** esto es genuino; **for ~** de verdad.
**reality** (rē al´i tē) *n* realidad *f*.
**realization** (rē´´ *a* li zā´sh*a*n) *n* realización *f*.
**realize** (rē´*a* līz´´) *adv* darse cuenta de.
**really** (rē´*a* lē) *adv* realmente.
**realm** (relm) *n* reino *m*.
**real McCoy** *adj* el auténtico, legitimo.
**ream** (rēm) *n* resma *f*.
**reanimate** (rē an´*i* māt´´) *vt* reanimar; alentar.
**reap** (rēp) *vt* segar.
**reaper** (rē´pėr) *n* segador *m*.
**reappear** (rē´´*a* pēr´) *vi* reaparecer.
**reappointment** (rē´´*a* point´m*e*nt) *n* nuevo nombramiento (en el mismo cargo)
**reappraisal** (rē´´*a* prā´z*a*l) *n* revalidación, • *vt* volver a considerar.
**rear** (rēr) *n* parte trasera, espalda, cola *f*; retaguardia *f*; • *vt* levantar, alzar.
**rearmament** (rē är´m*a* m*e*nt) *n* rearme *m*.
**reason** (rē´z*o*n) *n* razón *f*; causa *f*; • *vt, vi* razonar; **by ~ of** en virtud de; **~ (somethig) out** resolver por lógica.
**reasonable** (rē´z*o* n*a* bl) *adj* razonable.
**reasonableness** (rē´z*o* n*a* bl nis) *n* lo razonable.
**reasonably** (rē´z*o* n*a* bl ē) *adv* razonablemente.
**reasoning** (rē´z*o* ning) *n* razonamiento *m*.
**reassure** (rē´´*a* sh*ü*r´) *vt* tranquilizar, alentar; asegurar.
**rebate** (rē´bāt, ribāt´) *n* rebaja; disminución; reembolso.
**rebel** (reb´*e*l) *n* rebelde *m/f*; • *vi* rebelarse.
**rebellion** (ri bel´y*o*n) *n* rebelión *f*.
**rebellious** (ri bel´yus) *adj* rebelde.
**rebirth** (rē b*ü*rth´, rē´b*ü*rth´´) *n* renacimiento.
**rebound** (ri bound´) *vi* rebotar *n* rebote *m* repercusión *f*.
**rebuff** (ri buf´) *n* desaire *m*; • *vt* rechazar.
**rebuild** (rē bild´) *vt* reedificar.
**rebuke** (ri būk´) *vt* reprender; • *n* reprensión *f*.
**rebut** (ri but´) *vi* repercutir.
**rebuttal** (ri but´*a*l) *n* (*der*) refutación, impugnación.
**recalcitrant** (ri kal´si tr*a*nt) *adj* recalcitrante.
**recall** (ri käl´) *vt* recordar; retirar; • *n* retirada *f*.
**recant** (ri kant´) *vt* retractar, desdecirse.
**recantation** (rē´´kan tā´´ sh*a*n) *n* retractación *f*.
**recapitulate** (rē´´k*a* pich´*a* lāt´´) *vt, vi* recapitular.
**recapitulation** (rē´´k*a* pich´´*a* lā´sh*a*n) *n* recapitulación *f*.

**recapture** (rē kap'chėr) *vt* volver a capturar; volver a experimentar; • *n* recobro *m*, recuperación, represa *f*.
**recede** (ri sēd') *vi* retroceder.
**receipt** (ri sēt') *n* recibo *m*; recepción *f*; **~s** *npl* ingresos *mpl* **to acknowledge ~** acusar recibo.
**receive** (ri sēv') *vt* recibir; aceptar, admitir.
**receiver** (ri sē'vėr) *n* recibidor, receptor; tesorero.
**recent** (rē'sent) *adj* reciente, nuevo; **~ly** *adv* recientemente.
**receptacle** (ri sep'ta kl) *n* receptáculo *m*.
**reception** (ri sep'shan) *n* recepción; acogida *f*.
**recess** (ri ses') *n* descanso *m*; recreo *m*; hueco *m*.
**recession** (ri sesh'an) *n* retirada *f*; (*com*) recesión *f*.
**recharge** (rē chärj') *vt* cargar, reforzar.
**recidivism** (ri sid'i viz''um) *n* reincidencia, recaída.
**recipe** (res'i pē'') *n* receta *f*.
**recipient** (ri sip'ē ent) *n* recipiente, receptor *m*.
**reciprocal** (ri sip'ro kal) *adj* recíproco; **~ly** *adv* recíprocamente.
**reciprocate** (ri sip'ro kāt'') *vi* reciprocar.
**reciprocity** (res''i pros'i tē) *n* reciprocidad *f*.
**recital** (ri sīt'al) *n* recital, exposición *m*.
**recite** (ri sīt') *vt* recitar; referir, relatar.
**reckless** (rek'lis) *adj* temerario; **~ly** *adv* temerariamente.
**reckon** (rek'on) *vt* contar, computar, considerar; • *vi* calcular.
**reckoning** (rek'o ning) *n* cuenta *f*; cálculo *m*; arreglo de cuentas.
**reclaim** (rē klām') *vt* reformar; reclamar.
**reclaimable** (rē klām' a bl) *adj* recuperable.
**recline** (ri klīn') *vt, vi* reclinar(se).
**recluse** (rek'lös, riklös') *n* recluso/a *m/f*.
**recognition** (rek''og nish'an) *n* reconocimiento; recuerdo *m*.
**recognize** (rek'og nīz'') *vt* reconocer.
**recoil** (ri koil') *vi* recular, retirarse.
**recollect** (rek''o lekt') *vt* acordarse de; recordar.
**recollection** (rek''o lek'shan) *n* recuerdo *m*.
**recommence** (rek'o menz) *vt* empezar de nuevo.
**recommend** (rek''o mend') *vt* recomendar.
**recommendation** (rek'o men dā' shan) *n* recomendación *f*.
**recommit** (rē''ko mit') *vt* volver a cometer; arrestar de nuevo; volver a presentar un plan.
**recompense** (rek'om pens'') *n* recompensa *f*; • *vt* recompensar.
**reconcilable** (rek'on sī''la bl) *adj* reconciliable.
**reconcile** (rek'on sīl'') *vt* reconciliar.
**reconciliation** (rek''on sīl''ē ā' shan) *n* reconciliación *f*.
**recondite** (rek'on dīt'', ri kon'dīt) *adj* recóndito, reservado.
**reconnoiter** (rē''ko noi'tėr, rek''o noi'tėr) *vt (mil)* reconocer.
**reconsider** (rē''kon sid'ėr) *vt* considerar de nuevo.
**reconstruct** (rē''kon struct') *vt* reedificar, reconstruir.

**record** (ri kärd′) *vt* registrar; grabar; • *n* registro, archivo *m*; disco; récord *m*; **~s** *pl* anales *mpl*; **to keep to the ~** atenerse a los hechos.
**recorder** (ri kär′dėr) *n* registrador, archivero *m*; (*mus*) flauta de pico *f*.
**recording** (ri kär′ding) *n* grabación, cinta magnetofónica.
**recount** (rē kount′) *vt* contar de nuevo.
**recourse** (rē′ kōrs, rē′ kärs, ri kōrs′) *n* recurso *m*.
**recover** (ri kuv′ėr) *vt* recobrar; recuperar; restablecer; • *vi* convalecer, restablecerse.
**recoverable** (ri kuv′ėr *a* bl) *adj* recuperable.
**recovery** (ri kuv′*e* rē) *n* convalecencia, recuperación *f*; recobro *m*.
**recreancy** (rek rē′*a*n sē) *n* cobardía, deslealtad.
**recreation** (rēk′′rē ā′sh*a*n) *n* recreación *f*; recreo *m*.
**recriminate** (ri krim′*i* nāt′′) *vi* recriminar.
**recrimination** (ri krim′*i* nā′sh*a*n) *n* recriminación *f*.
**recrudesce** (rē′′krö des′) *vi* recrudecer, empeorar.
**recruit** (ri kröt′) *vt* reclutar; • *n* *(mil)* recluta *m*.
**recruiting** (ri krö′ting) *n* recluta *f*.
**rectangle** (rek′tang′′gl) *n* rectángulo *m*.
**rectangular** (rek tang′gü lėr) *adj* rectangular.
**rectification** (rek′′t*i* fi′kā′sh*a*n) *n* rectificación *f*.
**rectify** (rek′t*i* fī′′) *vt* rectificar.
**rectilinear** (rek′′t*i* lin′ē ėr) *adj* rectilíneo.
**rectitude** (rek′ti töd′′, rek′ti tüd′′) *n* rectitud *f*.
**rector** (rek′tėr) *n* rector *m*.
**recumbent** (ri kum′b*e*nt) *adj* recostado, reclinado.
**recur** (ri kür′) *vi* repetirse.
**recurrence** (ri kür′*e*ns, ri kur′*e*ns) *n* repetición *f*.
**recurrent** (ri kür′*e*nt, ri kur′*e*nt) *adj* repetido, recurrente, cíclico.
**recurrently** (ri kür′*e*nt lē, ri kur′*e*nt lē) *adv* periódicamente.
**recurve** (ri kürv′) *vt* doblar hacia atrás.
**red** (red) *adj* rojo; tinto; • *n* rojo *m*; **in the ~** estar endeudado.
**redact** (ri dakt′) *vt* redactar, componer.
**red blooded** (red′blud′id) *adj* valiente, enérgico.
**red-carpet** *adj* preferencial (trato)
**redcoat** (red′kōt′′) *n* soldado inglés (durante la guerra civil americana).
**redden** (red′ēn) *vt* teñir de color rojo; • *vi* ponerse colorado.
**reddish** (red′ish) *adj* rojizo.
**redeem** (ri dēm′) *vt* redimir, rescatar.
**redeemable** (ri dē′m*a* bl) *adj* redimible.
**redeemer** (ri dē′mėr) *n* redentor *m*.
**redemption** (ri demp′sh*a*n) *n* redención *f*.
**redeploy** (rē′′di ploi′) *vt* reorganizar.
**red-eyed** (red′īd′′) *adj* con los ojos enrojecidos.
**redhanded** (red′han′did) *adj* **to catch sb ~** pillar a uno con las manos en la masa.
**redhot** (red′hot′) *adj* candente, ardiente.

**redirect** (rē′′d*i* rekt′) *vt* cambiar de dirección
**red-letter** (red′let′ėr) *n* día feriado *m.*
**red light** luz roja.
**redness** (red′nis) *n* rojez, bermejura *f.*
**redolent** (red′*o* lent) *adj* fragante, oloroso.
**redouble** (rē dub′l) *vt, vi* redoblar(se).
**red pepper** pimiento, pimentón.
**redress** (ri dres′) *vt* corregir; reformar; rectificar; • *n* reparación, compensación *f.*
**redskin** (red′skin′′) *n* piel roja *m/f.*
**red tape** *n (fig)* trámites *mpl.*
**reduce** (ri dös′, ri dūs′) *vt* reducir; disminuir; rebajar.
**reducible** (r i dö′s*i* bl, ri dū′s*i* bl) *adj* reducible.
**reduction** (ri duk′sh*a*n) *n* reducción *f*; rebaja *f.*
**redundancy** (ri dun′d*a*n sē) *n* redundancia; desempleo.
**redundant** (ri dun′d*a*nt) *adj* superfluo.
**reecho** (rē ek′ō) *vi* resonar, repercutir.
**reed** (rēd) *n* caña *f.*
**reedy** (rē′dē) *adj* lleno de cañas.
**reef** (rēf) *n (mar)* rizo *m*; arrecife *m.*
**reek** (rēk) *n* vaho, vapor, tufo *m*, emanación *f*; • *vi* humear; vahear.
**reel** (rēl) *n* carrete *m*; bobina *f*; rollo *m*; • *vi* tambalear(se).
**re-election** (rē′′i lek′sh*a*n) *n* reelección *f.*
**reengage** (rē′*e*n gāj) *vt* volver a contratar.
**reenter** (rē′*e*n′tėr) *vt* volver a entrar.
**reestablish** (rē′′e stab′lish) *vt* restablecer, volver a establecer una cosa.
**reestablishment** (rē′′e stab′lish m*e*nt) *n* restablecimiento *m*; restauración *f.*
**refectory** (ri fek′t*o* rē) *n* refectorio *m.*
**refer** (ri fūr′) *vt, vi* referir, remitir; referirse.
**referee** (ref′′*e* rē′) *n* árbitro *m.*
**reference** (ref′ėr *e*ns) *n* referencia, relación *f* **to make a ~** referirse a, hacer alusión a.
**referent** (ref′ėr *e*nt) *n* informador.
**refill** (rē fil′) *n* recambio (para bolígrafo)
**refine** (ri fīn′) *vt* refinar, purificar.
**refinement** (ri fīn′m*e*nt) *n* refinamiento *f*; cultura *f.*
**refinery** (ri fī′n*e* rē) *n* refinería *f.*
**refit** (rē fit′) *vt* reparar; (*mar*) reparar.
**reflect** (ri flekt′) *vt, vi* reflejar; reflexionar.
**reflection** (ri flek′sh*a*n) *n* reflexión, meditación *f.*
**reflector** (ri flek′tėr) *n* reflector *m.*
**reflex** (rē′fleks) *adj* reflejo.
**reflexiveness** (ri fle′siv′′nis) *n* poder de reflexión.
**reform** (ri färm′) *vt,* reformar, abolir, suprimir.
**reformation** (ref′′ėr mā′sh*a*n) *n* reforma, corrección *f.*
**reformer** (ri fär′mėr) *n* reformador *m.*
**reformist** (ri fär′mist) *n* reformista *m.*
**refract** (ri frakt′) *vt* refractar.
**refraction** (ri frak′sh*a*n) *n* refracción *f.*
**refrain** (ri frān′) *vi* **to ~ from** abstenerse de algo.

**refresh** (ri fresh´) *vt* refrescar.
**refreshment** (ri fresh´m*e*nt) *n* refresco, refrigerio *m.*
**refrigerator** (ri frij´*e* rā´´tėr) *n* nevera *f;* refrigerador *m.*
**refuel** (rē fū´*e*l) *vi* repostar, reabastecer (combustible).
**refuge** (ref´ūj) *n* refugio, asilo *m.*
**refugee** (ref´´ū jē´) *n* refugiado *m.*
**refund** (ri fund´) *vt* devolver; • *n* reembolso *m.*
**refurbish** (rē fůr´bish) *vt* restaurar, renovar.
**refusal** (ri fū´z*a*l) *n* negativa *f.*
**refuse** (ri fūz´) *vt* rehusar; • *n* basura *f.*
**refute** (ri fūt´) *vt* refutar.
**regain** (ri gān´) *vt* recobrar, recuperar.
**regal** (rē´g*a*l) *adj* real, regio, suntuoso, majestuoso.
**regale** (ri gāl´) *vt* regalar, agasajar.
**regalia** (ri gā´lē *a*, ri gāl´y*a*) *n* insignias reales *fpl.*
**regard** (ri gärd´) *vt* estimar; considerar; • *n* consideración *f;* respeto *m* **to pay ~ to** respetar, hacer caso de.
**regarding** (ri gär´ding) *pr* en cuanto a.
**regardless** (ri gärd´lis) *adv* a pesar de.
**regatta** (ri gat´*a*, ri gä´t*a*) *n* regata *f.*
**regency** (rē´j*e*n sē) *n* regencia *f.*
**regenerate** (ri jen´*e* rāt´) *vt* regenerar; • *adj* regenerado.
**regeneration** (ri jen´´*e* rā´sh*a*n) *n* regeneración *f.*
**regent** (rē´j*e*nt) *n* regente *m.*
**regime** (r*e* shēm´, rā zhēm´) *n* régimen *m.*
**regiment** (rej´*i* m*e*nt) *n* regimiento *m.*
**region** (rē´j*a*n) *n* región, zona *f.*
**register** (rej´i stėr) *n* registro *m;* • *vt* registrar; **~ed letter** *n* carta certificada *f.*
**rgistered mail** correo registrado.
**registrar** (rej´i strär´´) *n* registrador *m.*
**registration** (rej´´i strā´sh*a*n) *n* registro *m.*
**registry** (rej´i strē) *n* registro *m.*
**regnancy** (reg´n*a*n sē) *n* predominio, soberanía.
**regress** (ri gres´) *n* regreso, retroceso; decadencia.
**regressive** (ri gres´iv) *adj* regresivo.
**regret** (ri gret´) *n* sentimiento *m;* remordimiento *m;* • *vt* sentir.
**regretful** (ri gret´ful) *adj* arrepentido.
**regular** (reg´y*a* lėr) *adj* regular; ordinario; **~ly** *adv* regularmente; • *n* regular *m.*
**regularity** (reg´y*a* lėr *i* tē) *n* regularidad *f.*
**regular verb** (*gram.*) verbo regular.
**regulate** (reg´y*a* lāt) *vt* regular, ordenar.
**regulation** (reg´´y*a* lā´sh*a*n) *n* regulación *f;* arreglo *m.*
**regulator** (reg´y*a* lā´´tėr) *n* regulador *m.*
**rehabilitate** (rē´´h*a* bil´i tāt´´) *vt* rehabilitar.
**rehabilitation** (rēh*a* bil´´i tā´ sh*a*n) *n* rehabilitación *f.*
**rehearsal** (ri hůr´s*a*l) *n* ensayo *m* (de una obra de teatro).
**rehearse** (ri hůrs´) *vt* repetir; ensayar.
**reign** (rān) *n* reinado, reino *m;* • *vi* reinar; prevalecer.
**reimburse** (rē´´im bůrs) *vt* reembolsar.

**reimbursement** (rē´´im bŭrs´ment) *n* reembolso *m.*
**rein** (rān) *n* rienda *f;* • *vt* refrenar.
**reindeer** (rān´dēr´´) *n* reno *m.*
**reinforce** (rē´´in fōrs´) *vt* reforzar.
**reins** (rānz) *n* riñones *mpl*, región renal *f.*
**reinstate** (rē´´in stāt´) *vt* reintegrar.
**reinsure** (rē´´in shūr´) *vt (com)* reasegurar.
**reissue** (rē´ish´ö) *n* nueva edición *f.*
**reiterate** (rē it´*e* rāt´´) *vt* reiterar.
**reiteration** (rē it´*e* rā´sh*a*n) *n* reiteración, repetición *f.*
**reject** (ri jekt´) *vt* rechazar.
**rejection** (ri jek´sh*a*n) *n* rechazo *m.*
**rejoice** (ri jois´) *vt, vi* regocijar(se).
**rejoicing** (ri joi´sing) *n* regocijo *m.*
**rejuvenate** (ri j ö´v*e* nāt´´) *vt* rejuvenecer, remozar.
**rekindle** (rē kin´dl) *vt* volver a encender, reavivar.
**relapse** (ri laps´) *vi* recaer; • *n* reincidencia *f;* recaída *f.*
**relate** (ri lāt´) *vt, vi* relatar, referirse.
**related** (ri lā´tid) *adj* emparentado, relacionado.
**relation** (ri lā´sh*a*n) *n* relación *f;* pariente *m.*
**relationship** (ri lā´sh*a*n ship´´) *n* parentesco *m;* relación *f;* relaciones *fpl.*
**relative** (rel´*a* tiv) *adj* relativo; **~ly** *adv* relativamente; • *n* pariente *m/f.*
**relax** (ri laks´) *vt, vi* relajar; descansar.
**relaxation** (re´´ lak sā´sh*a*n) *n* relajación *f;* descanso *m.*
**relay** (rē lā´) *n* parada *o* posta *f;* • *vt* retransmitir.
**release** (ri lēs´) *vt* soltar, libertar; • *n* liberación *f;* descargo *m.*
**relegate** (rel´*e* gāt´´) *vt* relegar.
**relegation** (rel´*e* gā´sh*a*n) *n* relegación *f.*
**relent** (ri lent´) *vi* ablandarse.
**relentless** (ri lent´lis) *adj* implacable.
**relevant** (rel´*e* v*a*nt) *adj* pertinente.
**reliable** (ri lī´*a* bl) *adj* fiable, de confianza.
**reliance** (ri lī´*a*ns) *n* confianza *f.*
**relic** (re´lik) *n* reliquia *f.*
**relief** (ri lēf´) *n* relieve *m;* alivio *m.*
**relieve** (ri lēv´) *vt* aliviar, consolar; socorrer.
**religion** (ri lij´*a*n) *n* religión *f.*
**religious** (ri lij´us) *adj* religioso; **~ly** *adv* religiosamente.
**relinquish** (ri ling´kwish) *vt* abandonar, dejar.
**relish** (rel´ish) *n* sabor *m;* gusto *m;* salsa *f;* • *vt* gustar de, agradar; **to have no ~ for** no tener especial agrado por.
**relive** (rē liv´) *vt* recordar (un tiempo pasado).
**reluctance** (ri luk´t*a*ns) *n* renuencia *f.*
**reluctant** (ri luk´t*a*nt) *adj* renuente.
**rely** (ri lī´) *vi* confiar en; contar con.
**remain** (ri mān´) *vi* quedar, restar, permanecer, durar.
**remainder** (ri mān´dėr) *n* resto, residuo *m.*
**remains** (ri māns´) *npl* restos, residuos *mpl;* sobras *fpl.*
**remand** (ri mand´) *vt*: volver a poner bajo custodia (a un acusado).
**remanent** (rem´*a* nent) *adj* sobrante.
**remark** (ri märk´) *n* observación, nota *f;* • *vt* notar, observar.
**remarkable** (ri märk´k*a* bl) *adj* notable, interesante.

**remarkably** (ri märk′k*a* blē) *adv* notablemente.

**remarry** (rē mar′ē) *vi* volver a casarse.

**remedial** (ri mē′dē *a*l) *adv* curativo.

**remedy** (rem′i dē) *n* remedio, recurso *m*; • *vt* remediar.

**remember** (ri mem′bėr) *vt* acordarse de; recordar.

**remembrance** (ri mem′br*a*ns) *n* memoria *f*; recuerdo *m*.

**remind** (ri mīnd′) *vt* recordar.

**reminiscence** (rem″*i* nis′*e*ns) *n* reminiscencia *f*.

**remiss** (ri mis′) *adj* negligente.

**remission** (ri mish′*a*n) *n* remisión, absolución. *f*.

**remit** (ri mit′) *vt, vi* remitir, perdonar; disminuir.

**remittance** (ri mit′*a*ns) *n* remesa *f*.

**remnant** (rem′n*a*nt) *n* resto, residuo *m*.

**remodel** (rē mod′*e*l) *vt* modelar de nuevo.

**remonstrate** (ri mon′strât) *vi* protestar.

**remorse** (ri m*ä*rs′) *n* remordimiento *m*; compunción *f*.

**remorseless** (ri m*ä*rs′lis) *adj* implacable, despiadado.

**remote** (ri mōt′) *adj* remoto, lejano; **~ly** *adv* remotamente, lejos.

**remote control** control remoto.

**remoteness** (ri mōt′nis) *n* alejamiento *m*; distancia *f*.

**removable** (ri mö v*a* bl) *adj* movible.

**removal** (ri mö′v*a*l) *n* remoción *f*, destitución *m*; transferencia *f*, mudanza *f*.

**remove** (ri möv′) *vt* quitar, transferir; • *vi* alejarse, mudarse.

**remunerate** (ri mū′n*e* rāt′) *vt* remunerar.

**remuneration** (ri mū″n*e* rā′sh*a*n) *n* remuneración *f*.

**render** (ren′dėr) *vt* devolver, restituir; traducir; rendir.

**rendezvous** (rän′d*e* vö″, rän dā vö″) *n* cita *f*; lugar señalado para encontrarse *m*.

**renegade** (ren′*e* gād″) *n* renegado, traidor *m*.

**renegotiate** (rē″ni gō′shē āt″) *vt* negociar de nuevo.

**renew** (ri nö′, ri nū′) *vt* renovar, restablecer.

**renewal** (r i nö′*a*l, ri nū′*a*l) *n* renovación *f*.

**rennet** (ren′it) *n* cuajo *m*, sustancia que cuaja la leche.

**renounce** (ri nouns′) *vt* renunciar.

**renovate** (ren′*o* vāt″) *vt* renovar.

**renovation** (ren″*o* vā′sh*a*n) *n* renovación *f*.

**renown** (ri noun′) *n* renombre *m*; celebridad *f*.

**renowned** (ri nound′) *adj* célebre.

**rent** (rent) *n* renta *f*; arrendamiento *m*; alquiler *m*; • *vt* alquilar.

**rental** (ren′t*a*l) *n* alquiler *m*.

**renunciation** (ri nun′sē ā′sh*a*n) *n* renuncia, renunciación *f*.

**reopen** (rē ō′p*e*n) *vt* abrir de nuevo.

**reorganization** (rē″*ä*r′g*a* ni zā′sh*a*n) *n* reorganización *f*.

**reorganize** (rē′*ä*r′g*a* nīz″) *vt* reorganizar.

**repair** (ri pâr′) *vt* reparar; resarcir; • *n* reparación *f*.

**reparable** (rep″ėr *a*′bl) *adj* reparable.

**reparation** (rep″*a* rā′sh*a*n) *n* reparación *f*.

**repartee** (rep″ėr tē′, rep″ėr tā′) *n* réplica aguda *o* picante *f*.

**repass** (rē pas′, rē päs′) *vt* repasar.
**repatriate** (rē pā′trē āt′′) *vt* repatriar.
**repay** (ri pā′) *vt* devolver; pagar, restituir.
**repayment** (r i pā′ment) *n* reembolso, pago *m.*
**repeal** (ri pēl′) *vt* abrogar, revocar; • *n* revocación, anulación *f.*
**repeat** (ri pēt′) *vt* repetir.
**repeatedly** (ri pē′tid lē) *adv* repetidamente.
**repeater** (ri pē′tėr) *n* reloj de repetición *m.*
**repel** (ri pel′) *vt* repeler, rechazar.
**repent** (ri pent′) *vi* arrepentirse.
**repentance** (ri pen′t*a*ns) *n* arrepentimiento *m.*
**repentant** (ri pen′t*a*nt) *adj* arrepentido.
**repercussion** (rē′′pėr kush′*a*n) *n* repercusión.
**repertory** (rep′ėr tōr′′ē, rep′ėr tär′′ē) *n* repertorio *m.*
**repetition** (rep′′i tish′*a*n) *n* repetición, reiteración *f.*
**rephrase** (ri frāz′) *vt* expresar en otra forma.
**replace** (ri plās′) *vt* reemplazar; reponer.
**replant** (ri plant′) *vt* replantar.
**replenish** (ri plen′ish) *vt* llenar, surtir.
**replete** (ri plēt′) *adj* repleto, lleno.
**replication** (rep′′l*i* kā′sh*a*n) *n* réplica; repercusión.
**reply** (ri plī′) *n* respuesta *f*; • *vi* responder.
**report** (ri pōrt′, ri pärt′) *vt* referir, contar; dar cuenta de; • *n* informe *m*; reportaje *m*; relación *f.*
**reporter** (ri pōr′ėr, ri pärt′ėr) *n* reportero *m/f.*
**repose** (ri pōz′) *vt, vi* reposar; • *n* reposo *m.*
**repository** (ri poz′i tōr′′ē) *n* depósito *m.*
**repossess** (rē′′p*o* zes′) *vt* recuperar.
**reprehend** (rep′ri hend′) *vt* reprender.
**reprehensible** (rep′′ri hen′s*i* bl) *adj* reprensible.
**represent** (rep′′ri zent′) *vt* representar.
**representation** (rep′′ri zen tā′sh*a*n) *n* representación *f.*
**representative** (rep′′ri zen′t*a* tiv) *adj* representativo; • *n* representante *m.*
**repress** (ri pres′) *vt* reprimir, domar.
**repression** (ri presh′*a*n) *n* represión *f.*
**repressive** (ri presh′īv) *adj* represivo.
**reprieve** (ri prēv′) *vt* diferir, posponer; suspender una ejecución; dar espera; • *n* dilación *f* (de algún castigo).
**reprimand** (rep′r*i* mand′′) *vt* reprender, corregir; • *n* reprensión *f*, reprimenda *f.*
**reprint** (rē print′) *vt* reimprimir.
**reprisal** (ri prī′z*a*l) *n* represalia *f.*
**reproach** (ri prōch′) *n* improperio, oprobio *m*; • *vt* deshonrar; vituperar.
**reproachful** (ri prōch′f*u*l) *adj* ignominioso; ~**ly** *adv* ignominiosamente.
**reprobate** (rep′r*o* bāt′′) *adj* vicioso; depravado.
**reproduce** (rē′′pr*o* dös′, rē′′pr*o* dūs′) *vt* reproducir.
**reproduction** (rē′′pr*o* duk′sh*a*n) *n* reproducción *f.*

**reptile** (rep´til, rep´tīl) *n* reptil *m.*
**republic** (ri pub´lik) *n* república *f.*
**republican** (ri pub´li k*a*n) *adj, n* republicano/a *m/f.*
**republicanism** (ri pub´li k*a* niz´´*u*m) *n* republicanismo *m.*
**repudiate** (ri pū´dē āt´´) *vt* repudiar.
**repugnance** (ri pug´n*a*ns) *n* repugnancia, desgana *f.*
**repugnant** (ri pug´n*a*nt) *adj* repugnante; ~**ly** *adv* de muy mala gana.
**repulse** (ri puls´) *vt* repulsar, desechar; • *n* repulsa *f*; rechazo *m.*
**repulsion** (ri pul´sh*a*n) *n* repulsión, repulsa *f.*
**repulsive** (ri pul´siv) *adj* repulsivo.
**reputable** (rep´ū t*a* bl) *adj* honroso.
**reputation** (rep´´ū tā´sh*a*n) *n* reputación *f.*
**repute** (ri pūt´) *vt* reputar.
**request** (ri kwest´) *n* petición, súplica *f*; • *vt* rogar, suplicar.
**require** (ri kwī´ėr) *vt* requerir, demandar.
**requirement** (ri kwī´ėr m*e*nt) *n* requisito *m*; exigencia *f.*
**requisite** (rek´wi zit) *adj* necesario, indispensable; • *n* requisito *m.*
**requisition** (rek´´wi zish´*a*n) *n* petición, demanda *f.*
**requite** (ri kwīt´) *vt* recompensar.
**rescind** (ri sind´) *vt* rescindir, abrogar.
**rescue** (res´kū) *vt* librar, rescatar; • *n* libramiento, recobro *m.*
**research** (ri s*ü*rch´, rē´s*ü*rch) *vt* investigar; • *n* investigaciones *fpl.*
**resemblance** (ri zem´blans) *n* semejanza *f.*
**resemble** (ri zem´bl) *vt* asemejarse.
**resent** (ri zent´) *vt* resentirse.
**resentful** (ri zent´f*u*l) *adj* resentido; vengativo; ~**ly** *adv* con resentimiento.
**resentment** (ri zent´m*e*nt) *n* resentimiento *m.*
**reservation** (rez´´ėr vā´sh*a*n) *n* reservación, reserva *f*; restricción mental *f.*
**reserve** (ri z*ü*rv´) *vt* reservar; • *n* reserva *f.*
**reservedly** (ri z*ü*rvd´lē) *adv* con reserva.
**reservoir** (rez´ėr vwär´´, rez´ėr vär´´, rez´*e* vär´´) *n* depósito *m*; pantano *m.*
**reside** (ri zīd´) *vi* residir, morar.
**residence** (rez´i d*e*ns) *n* residencia, morada *f.*
**resident** (rez´i d*e*nt) *adj* residente.
**residuary** (ri zij´ö er´ē) *adj* sobrado; ~ **legatee** *n* (*law*) legatario universal *m.*
**residue** (rez´i dö´´) *n* residuo, resto *m.*
**residuum** (ri zij´ö *u*m) *n* (*chem*) residuo *m.*
**resign** (ri zīn´) *vt, vi* resignar, renunciar, ceder; resignarse, rendirse.
**resignation** (rez´´ig nā´sh*a*n) *n* resignación *f.*
**resin** (rez´in) *n* resina *f.*
**resinous** (rez´*i* nus) *adj* resinoso.
**resist** (ri zist´) *vt* resistir, oponerse.
**resistance** (ri zis´t*a*ns) *n* resistencia *f.*
**resolute** (rez´*o* löt´´) *adj* resuelto; ~**ly** *adv* resueltamente.
**resolution** (rez´´*o* lö´sh*a*n) *n* resolución, consistencia *f.*
**resolve** (ri zolv´) *vt, vr* resolver(se).
**resonance** (rez´*o* n*a*ns) *n* resonancia *f.*
**resonant** (rez´*o* n*a*nt) *adj* resonante.

**resort** (ri zärt′) *vi* recurrir, frecuentar; • *n* concurso, recurso *m*; resorte *m* **as a last** ~ como último recurso.
**resound** (ri zound′) *vi* resonar.
**resource** (rē′sōrs, rē′särs, ri sōrs′) *n* recurso *m*; expediente *m*.
**respect** (ri spekt′) *n* respecto *m*; respeto *m*; motivo *m*; **~s** *pl* enhorabuena *f*; • *vt* apreciar; respetar; venerar; **in every** ~ en todo concepto.
**respectability** (ri spek′′t*a* bil′i tē) *n* consideración *f*; carácter respetable *m*.
**respectable** (ri spek′t*a* bl) *adj* respetable; considerable; **~bly** *adv* notablemente.
**respectful** (ri spekt′ful) *adj* respetuoso; **~ly** *adv* respetuosamente.
**respecting** (ri spek′ting) *prep* con respecto a.
**respective** (ri spek′tiv) *adj* respectivo, relativo; **~ly** *adv* respectivamente.
**respirator** (res′p*i* rā′tėr) *n* respirador *m*.
**respiratory** (res′pėr *a* tōr′′ē) *adj* respiratorio.
**respite** (res′pit) *n* suspensión *f*; respiro *m*; • *vt* suspender, diferir.
**resplendence** (ri splen′dens) *n* resplandor, brillo *m*.
**resplendent** (ri splen′dent) *adj* resplandeciente.
**respond** (ri spond′) *vt* responder; corresponder.
**respondent** (ri spon′dent) *n* (*law*) defensor *m*.
**response** (ri spons′) *n* respuesta, réplica *f*.
**responsibility** (ri spon′′s*i* bil′i tē) *n* responsabilidad *f*.
**responsible** (ri spon′s*i* bl) *adj* responsable.
**responsive** (ri spon′siv) *adj* que sirve como respuesta; sensible.
**rest** (rest) *n* reposo *m*; sueño *m*; quietud *f*; (*mus*) pausa *f*; resto, residuo *m*; • *vt* descansar; apoyar; • *vi* dormir, reposar; descansarse; **to come to** ~ detenerse finalmente; ~ **assured** pierda ciudado.
**resting place** *n* lugar de descanso *m*.
**restitution** (res′′ti tö′sh*a*n) *n* restitución *f*.
**restive** (res′tiv) *adj* inquieto, ingobernable.
**restless** (rest′lis) *adj* insomne; inquieto.
**restoration** (res′′t*o* rā′sh*a*n) *n* restauración *f*.
**restorative** (ri stōr′*a* tiv, ri stär′*a* tiv) *adj* que restaura.
**restore** (ri stōr′) *vt* restaurar, restituir.
**restrain** (ri strān′) *vt* restringir, refrenar, reprimir.
**restraint** (ri strānt′) *n* limitación, restricción, reserva *f*.
**restrict** (ri strikt′) *vt* restringir, limitar.
**restriction** (ri strik′sh*a*n) *n* restricción *f*.
**restrictive** (ri strik′tiv) *adj* restrictivo.
**rest room** *n* baño *mpl*.
**result** (ri zult′) *vi* resultar; • *n* resultado *m*; **as a** ~ **of** a causa de.
**resume** (rez′*ü* mā′) *vt* resumir; empezar de nuevo.
**resurrection** (rez′′*a* rek′sh*a*n) *n* resurrección *f*.
**resuscitate** (ri sus′i tāt) *vt* resucitar.
**retail** (rē′tāl) *vt* revender; • *n* venta al por menor *f*.

**retain** (ri tān´) *vt* retener, guardar.
**retainer** (ri tā´nėr) *n* adherente, partidario *m*; **~s** *pl* comitiva *f*, séquito *m*.
**retake** (rē tāk´) *vt* volver a tomar.
**retaliate** (ri tal´ē āt´´) *vt* tomar represalias.
**retaliation** (ri tal´´ē ā´sh*a*n) *n* represalias *fpl*, venganza *f*.
**retard** (ri tärd´) *vt* retardar.
**retardation** (rē´´tär dā´sh*a*n) *n* acción de retardar *f*.
**retarded** (ri tär´did) *adj* retrasado.
**retch** (rech) *vi* esforzarse por vomitar.
**retention** (ri ten´sh*a*n) *n* retención *f*.
**retentive** (ri ten´tiv) *adj* retentivo.
**reticence** (ret´i sens) *n* reticencia *f*.
**reticule** (ret´*i* kūl´) *n* retículo.
**retina** (ret´*i* na, ret´n*a*) *n* retina *f* (del ojo).
**retire** (ri tīėr´) *vt, vi* retirar(se); jubilar(se).
**retired** (ri tīėrd´) *adj* apartado, retirado; jubilado.
**retirement** (ri tīėr´m*e*nt) *n* retiro *m*.
**retort** (ri t*ä*rt´) *vt* replicar; • *n* réplica *f*.
**retouch** (rē tuch´) *vt* retocar.
**retrace** (rē trās´) *vt* volver a trazar.
**retract** (ri trakt´) *vt* retraer; retractar.
**retreat** (ri trēt´) *n* retirada *f*; • *vi* retirarse.
**retribution** (re´´tr*i* bū´sh*a*n) *n* retribución, recompensa *f*.
**retrievable** (ri trēv´bl) *adj* recuperable; reparable.
**retrieve** (ri trēv´) *vt* recuperar, recobrar.
**retriever** (ri trē´vėr) *n* perdiguero *m*.
**retrograde** (re´tr*o* grād´´) *adj* retrógrado.
**retrospect** (re´tr*o* spekt´´) *vi* hacer memoria; *vt* recapacitar.
**retrospection** (re´´tr*o* spek´sh*a*n) *n* reflexión *f*.
**retrospective** (re´´ tr*o* spek´tiv) *adj* retrospectivo.
**return** (ri t*ü*rn´) *vt* retribuir; restituir; devolver; • *n* retorno *m*; vuelta *f*, recompensa, retribución *f*, recaída *f*.
**reunion** (rē ūn´y*a*n) *n* reunión *f*.
**reunite** (rē´´ū nīt´) *vt, vi* reunir(se).
**reveal** (ri vēl´) *vt* revelar.
**revel** (rev´*e*l) *vi* andar de juerga.
**revelation** (rev´´*e* lā´sh*a*n) *n* revelación *f*.
**reveler** (rev *e*l´ėr) *n* juerguista *m*.
**revelry** (rev´*e*l rē) *n* juerga *f*.
**revenge** (ri venj´) *vt* vengar; • *vi* vengarse, tomar revancha • *n* venganza *f*.
**revengeful** (ri venj´f*u*l) *adj* vengativo.
**revenue** (rev´*e*n ū´´) *n* renta *f*, rédito *m*.
**reverberate** (ri v*ü*r´b*e* rāt´´) *vt, vi* reverberar; resonar, retumbar.
**reverberation** (ri v*ü*r´´b*e* rā´sh*a*n) *n* rechazo *m*; reverberación *f*.
**revere** (ri vēr´) *vt* reverenciar, venerar.
**reverence** (rev´ėr *e*ns, rev´r*e*ns) *n* reverencia *f*; • *vt* reverenciar.
**reverend** (rev´ėr *e*nd, rev´r*e*nd) *adj* reverendo; venerable; • *n* padre *m*.
**reverent** (rev´ėr *e*nt, rev´r*e*nt) *adj* reverencial, respetuoso.
**reversal** (ri v*ü*r´s*a*l) *n* revocación de una sentencia *f*, cambio total *m*.
**reverse** (ri v*ü*rs´) *adj* invertido, opuesto; • *vt* trastrocar; abolir; po-

ner en marcha atrás; • *n* vicisitud *f*, contrario *m*; reverso *m* (de una moneda); **quite the ~** lo contrario.
**reversible** (ri vür'si bl) *adj* revocable; reversible.
**reversion** (ri vür'zhan, ri vür'shan) *n* reversión *f*.
**revert** (ri vürt') *vt, vi* trastrocar; volverse atrás.
**review** (ri vū') *vt* revisar, reexaminar; • *n* revista *f*; reseña *f*.
**reviewer** (ri vū'ėr) *n* revisor *m*; redactor de una revista.
**revile** (ri vīl') *vt* ultrajar; difamar.
**revise** (ri vīz') *vt* rever; repasar.
**reviser** (ri vīz'ėr) *n* revisor *m*.
**revision** (ri vīzh'an) *n* revisión *f*.
**revisit** (rē viz'it) *vt* volver a visitar.
**revival** (ri vī'val) *n* restauración *f*; restablecimiento *m*.
**revive** (ri vīv') *vt* avivar; restablecer; • *vi* revivir.
**revocation** (rev''o kā'shan) *n* revocación *f*.
**revoke** (ri vōk') *vt* revocar, anular.
**revolt** (ri vōlt') *vi* rebelarse; • *n* rebelión *f*.
**revolting** (r i vōl'ting) *adj* asqueroso.
**revolution** (rev''o lö'shan) *n* revolución *f*.
**revolutionary** (rev''o lö'sha ner''ē) *adj, n* revolucionario/a *m/f*.
**revolve** (ri volv') *vt* revolver; • *vi* girar; ~ **upon** meditar sobre.
**revolver** (ri vol'vėr) *n* revólver *m*.
**revolving** (ri vol'ving) *adj* giratorio.
**revue** (ri vū') *n* revista *f*.
**revulsion** (ri vul'shan) *n* aversión repentina, repugnancia *f*.
**reward** (ri wärd') *n* recompensa *f*; • *vt* recompensar.
**rhapsody** (rap'so dē) *n* rapsodia *f*.
**rhetoric** (ret'ėr ik) *n* retórica *f*.
**rhetorical** (ri tär'i kal, ri tor'i kal) *adj* retórico.
**rheumatic** (rö mat'ik) *adj* reumático.
**rheumatism** (rö' ma tiz''um) *n* reumatismo *m*.
**rhinoceros** (rī nos'ėr os) *n* rinoceronte *m*.
**rhomboid** (rom'boid) *n* romboide *m*.
**rhombus** (rom'bus) *n* rombo *m*.
**rhubarb** (rö'bärb) *n* ruibarbo *m*.
**rhyme** (rīm) *n* rima *f*; poema *m*; • *vi* rimar; **whitout ~ or reason** sin ton ni son.
**rhythm** (rITH'um) *n* ritmo *m*.
**rhythmical** (riTH'mi kal) *adj* rítmico.
**rib** (rib) *n* costilla *f*.
**ribald** (rib'ald) *adj* impúdico; burlón.
**ribbon** (rib'on) *n* listón *m*; cinta *f* **to take** (o **to handle**) **the ~** tomar las riendas.
**rice** (rīs ) *n* arroz *m*.
**rich** (rich) *adj* rico; opulento; abundante; **~ly** *adv* ricamente.
**riches** (rich'iz) *npl* riqueza *f, pl*.
**richness** (rich'nis) *n* riqueza *f*; abundancia *f*.
**rickets** (rik'its) *n* raquitis *f*.
**rickety** (rik'i tē) *adj* raquítico.
**rid** (rid) *vt* librar, desembarazar,**to get ~ of** librarse de.
**riddance** (rid'ans) *n*: **good ~** ¡en buena hora me libré!
**riddle** (rid'l) *n* enigma *m*; criba *f*; • *vt* cribar.
**ride** (rīd) *vi* cabalgar; andar en coche; • *n* paseo a caballo *o* en coche *m*.

**rider** (rī´dėr) *n* caballero, cabalgador *m.*
**ridge** (rij) *n* espinazo, lomo *m*; cumbre *f*; • *vt* formar lomos *o* surcos.
**ridicule** (rid´*i* kūl´´) *n* ridiculez *f*; ridículo *m*; • *vt* ridiculizar.
**ridiculous** (ri dik´ū lus) *adj* ridículo; ~**ly** *adv* ridículamente.
**riding** (rī´ding) *n* acción de andar a caballo *o* en coche *f*; paseo a caballo *o* en coche *m.*
**riding habit** *n* traje de montar *m.*
**riding school** *n* escuela de equitación *f*, picadero *m.*
**rife** (rīf) *adj* común, frecuente.
**riffraff** (rif´raf´´) *n* desecho, desperdicio *m.*
**rifle** (rī´fl) *vt* robar, pillar; estriar, rayar; • *n* rifle *m.*
**rifleman** (rī´fl m*a*n) *n* escopetero *m.*
**rig** (rig) *vt* ataviar; (*mar*) aparejar; • *n* torre de perforación *f*; plataforma petrolera *f.*
**rigging** (rig´ing) *n* (*mar*) aparejo *m.*
**right** (rīt) *adj* derecho, recto; justo; honesto; ~! ¡bien!, ¡bueno! ~**ly** *adv* rectamente, justamente; • *n* justicia *f*; razón *f*; derecho *m*; mano derecha *f*; • *vt* hacer justicia.
**righteous** (rī´chus) *adj* justo, honrado; ~**ly** *adv* justamente.
**righteousness** (rī´chus nis) *n* equidad *f*; honradez *f.*
**rigid** (rij´id) *adj* rígido; austero, severo; ~**ly** *adv* con rigidez.
**rigidity** (ri jid´*i* tē) *n* rigidez, austeridad *f.*
**rigmarole** (rig´m*a* rōl´´) *n* galimatías *m.*
**rigor** (rig´ėr) *n* rigor *m*; severidad *f.*
**rigorous** (rig´ėr us) *adj* rigoroso; ~**ly** *adv* rigorosamente.
**rim** (rim) *n* margen *m/f*; orilla *f.*
**rind** (rīnd) *n* corteza *f.*
**ring** (ring) *n* círculo, cerco *m*; anillo *m*; campaneo *m*; • *vt* sonar; • *vi* retiñir, retumbar.
**ringer** (ring´ėr) *n* campanero *m.*
**ringleader** (ring´lē´´dėr) *n* cabeza de partido *o* bando *f.*
**ringlet** (ring´lit) *n* anillejo. arillo *m*; sortija *f*; bucle *m.*
**ringworm** (ring´würm´´) *n* (*med*) tiña *f.*
**rink** (ringk) *n* (*also* **ice** ~) pista de hielo *f.*
**rinse** (rins) *vt* lavar, limpiar.
**riot** (ri´*o*t) *n* tumulto, bullicio *m*; • *vi* amotinarse.
**rioter** (ri *o*t´ėr) *n* amotinado *m.*
**riotous** (rī´*o* tus ) *adj* bullicioso, sedicioso; disoluto; ~**ly** *adv* disolutamente.
**rip** (rip) *vt* rasgar, lacerar; descoser.
**ripe** (rīp) *adj* maduro, sazonado.
**ripen** (rī´pen) *vt, vi* madurar.
**ripeness** (rī´p*e* nis) *n* madurez *f.*
**rip off** *n* (*sl*): **it's a** ~! ¡es una estafa!
**ripple** (rip´l) *vi* rizarse; • *vt* rizar; • *n* onda *f*, rizo *m.*
**rise** (rīz) *vi* levantarse; nacer, salir; rebelarse; ascender; hincharse; elevarse; resucitar; • *n* levantamiento *m*; elevación *f*; subida *f*; salida (del sol) *f*; causa *f*; ~ **in the world** lograr mejor posición.
**rising** (rī´zing) *n* salida del sol *f*; fin de una junta *o* sesión *m.*
**risk** (risk) *n* riesgo, peligro *m*; • *vt* arriesgar; **to run ~s,** correr riesgos.
**risky** (ris´kē) *adj* peligroso.
**rite** (rīt) *n* rito *m.*

**ritual** (rich´ö *a*l) *adj, n* ritual *m*.
**rival** (rī´v*a*l) *adj* émulo; • *n* rival *m*; • *vt* competir, emular.
**rivalry** (rī´v*a*l rē) *n* rivalidad *f*.
**river** (riv´ėr) *n* río *m*; **to sell down the ~** traicionar.
**riverine** (riv´*e* rīn´´) *adj* pluvial.
**rivet** (riv´it) *n* remache *m*; • *vt* remachar, roblar.
**rivulet** (riv´ū lit) *n* riachuelo *m*.
**roach** (rōch) *n* cucaracha *f*.
**road** (rōd) *n* camino *m*.
**road sign** *n* señal de tráfico *f*.
**roadstead** (rōd´sted´´) *n* (*mar*) rada *f*, fondeadero *m*.
**roadworks** (rōd´würks´´) *npl* obras *fpl*.
**roam** (rōm) *vt, vi* corretear; vagar.
**roan** (rōn) *adj* roano, ruano (caballo).
**roar** (rōr, rär) *vi* rugir, aullar; bramar; • *n* rugido *m*; bramido, truendo *m*, mugido *m*.
**roast** (rōst) *vt* asar; tostar.
**roast beef** *n* asado de res *m*.
**rob** (rob) *vt* robar, hurtar.
**robber** (rob´ėr) *n* robador, ladrón *m*.
**robbery** (rob´*e* rē) *n* robo *m*.
**robe** (rōb) *n* manto *m*; toga *f*; • *vt* vestir de gala.
**robin** (rob´in) *n* petirrojo *m*.
**robust** (rō bust´, rō´bust) *adj* robusto.
**robustness** (rō bust´nis, rō´bust nis) *n* robustez *f*.
**rock** (rok) *n* roca *f*; escollo *m*; rueca *f*; • *vt* mecer; arrullar; apedrear; • *vi* bambolear.
**rock and roll** (rok´*a*n rōl) *n* baile y música popular de la década de los cincuenta *m*.
**rock crystal** *n* cuarzo *m*.
**rocking chair** *n* mecedora *f*.
**rocket** (rok´it) *n* cohete *m*.
**rock salt** *n* sal gema *f*.
**rocky** (rok´ē) *adj* peñascoso, rocoso.
**rod** (rod) *n* varilla, verga, caña *f*.
**rodent** (rōd´*e*nt) *n* roedor *m*.
**roe** (rō) *n* corzo *m*; hueva de pescado *f*.
**roebuck** (rō´buk´´) *n* corzo *m*.
**rogation** (rō gā´sh*a*n) *n* letanía *fpl*.
**rogue** (rōg) *n* bribón, pícaro, villano *m*.
**roguish** (rō´guish) *adj* pícaro.
**role** (rōl) *n* papel (del actor).
**roll** (rōl) *vt* rodar; volver; arrollar; • *vi* rodar; girar; • *n* rodadura *f*; rollo *m*; lista *f*; catálogo *m*; bollo *m*; panecillo *m*.
**roll call** *n* lista *f*; *vi* acto de pasar lista.
**roller** (rō´lėr) *n* rodillo, cilindro *m*.
**roller skates** (rōl´lėr skāt´) *npl* patines de rueda *mpl*.
**rolling pin** *n* rodillo de pastelero *m*.
**Roman Catholic** *adj, n* católico/a *m/f* (romano/a).
**romance** (rō mans´, rō´mans) *n* romance *m*; ficción *f*; cuento *m*; fábula *f*.
**romantic** (rō man´tik) *adj* romántico.
**romp** (romp) *vi* retozar; tener relaciones amorosas.
**roof** (röf, rüf) *n* tejado *m*; • *vt* techar; ~ **of the mouth** paladar; ~ **of the world** montaña altísima.
**roof garden** *n* jardín en la azotea; restaurante o lugar de diversión en la azotea.
**roofing** (rö´fing, rü´fing) *n* material para techos, tejado *m*.
**rook** (rük) *n* corneja de pico blanco *f*; torre *m* (en el juego de ajedrez).

**room** (röm, rüm) *n* habitación, sala *f*; lugar, espacio *m*; aposento *m*; **there is plenty of ~** hay mucho lugar; **there is no ~ for** no cabe (más gente, duda, etc.).
**roominess** (rö'mē nis, rü'mē nis) *n* espaciosidad, capacidad *f*.
**rooming house** *n* pensión *f*.
**roomy** (rö'mē, rü'mē) *adj* espacioso.
**roost** (röst) *n* pértiga del gallinero *f*; • *vi* dormir las aves en una pértiga.
**root** (röt, rüt) *n* raíz *f*; origen *m*; • *vt, vi*; **to ~ out** desarraigar; arraigar.
**rooted** (rö'tid, rü'tid) *adj* inveterado.
**root beer** *n* bebida no alcohólica hecha de extractos de raíces y hierbas *f*.
**rope** (rōp) *n* cuerda *f*; cordel *m*; • *vi* hacer hebras.
**rope maker** *n* cordelero *m*.
**rosary** (rō'zâr'ē) *n* rosario *m*.
**rose** (rōz) *n* rosa *f* **bed of ~s** lecho de rosas; **it's not all ~s** no es puro placer.
**rosebed** (rōz'bed') *n* campo de rosales *m*.
**rosebud** (rōz'bud') *n* capullo de rosa *m*.
**rosemary** (rōz'mâr'ē) *n* (*bot*) romero *m*.
**rose tree** *n* rosal *m*.
**rosette** (rō zet') *n* roseta *f*.
**rose wine** *n* vino rosado *m*.
**rosewood** (rōz'wüd') *n* palo de rosa *m*.
**rosiness** (ro zi'nis) *n* color rosado *m*.
**rosy** (rō'zē) *adj* róseo, rosado; ruboroso; prometedor, optimista.
**rot** (rot) *vi* pudrirse; • *n* putrefacción *f*.
**rotate** (rō'tāt, rō tāt') *vt, vt* girar.
**rotation** (rō tā'sh*a*n) *n* rotación *f*.
**rote** (rōt) *n* ruido de las olas al romper en la playa *m*; rutina, costumbre *f*.
**rotten** (rot'*e*n) *adj* podrido, corrompido.
**rottenness** (ro' t*e* nis) *n* podredumbre, putrefacción *f*.
**rotund** (rō tund') *adj* rotundo, redondo, circular, esférico.
**rouge** (rözh) *n* arrebol, colorete *m*.
**rough** (ruf) *adj* áspero, tosco; bronco, bruto, brusco; tempestuoso; **~ly** *adv* rudamente; **to have a ~ time** pasar un mal rato, sufrir privaciones.
**roughcast** (ruf'kast'') *n* obra sin acabar *f*, modelo tosco *m*.
**rough copy** *n* borrador *f*.
**roughen** (ruf'*e*n) *vt* poner áspero.
**roughness** (ruf'nis) *n* aspereza *f*; rudeza, tosquedad *f*; tempestad *f*.
**roulette** (rö let') *n* ruleta *f*.
**round** (round) *adj* redondo; cabal; franco, sincero; • *n* círculo *m*; redondez *f*; vuelta *f*; giro *m*; escalón *m*; ronda *f*; andanada de cañones *f*; descarga *f*; • *adv* alrededor; por todos lados; **~ly** *adv* francamente; • *vt* cercar, rodear; redondear.
**roundabout** (round'*a* bout'') *adj* ruta tortuosa; • *n* rodeo de palabras *f* vago *m*; jubón *m*.
**roundness** (round'nis) *n* forma redonda *f*.
**rouse** (rouz) *vt* despertar; excitar.
**rousing** (rou'zing) *adj* vehemente; vigorizador; extraodinario.
**rout** (rout) *n* derrota *f*; • *vt* derrotar.
**route** (röt, rout) *n* ruta, vía *f*; camino, derrotero *m*.

**routine** (rö tēn') *adj* rutinario, habitual; • *n* rutina, hábito *f*; número *m*.
**rove** (rōv) *vi* vagar, vaguear.
**rover** (rō'vėr) *n* vagamundo *m*; pirata *m*.
**row** (rō) *n* camorra *f*; riña *f*.
**row** (rō) *n* (línea) hilera, fila *f*; • *vt* (*mar*) remar, bogar.
**rowdy** (rou'dē) *n* alborotador, bullanguero *m*.
**rower** (rou'ėr) *n* remero *m*.
**royal** (roi'*a*l) *adj* real; regio; **~ly** *adv* regiamente.
**royalist** (roi'*a* list) *n* realista *m*.
**royalty** *n* realeza, dignidad real *f*; regalías: honorarios que paga el editor al autor por cada ejemplar vendido de su obra *mpl*;
**royalties** *pl* regalías *fpl*; insignias de la corona *fpl*.
**rub** (rub) *vt* estregar, fregar, frotar; raspar; • *n* frotamiento *m*; (*fig*) embarazo *m*; dificultad *f*; ~ **the right way** halagar hábilmente.
**rubber** (rub'ėr) *n* caucho *m*, goma *f*; condón *m*.
**rubber-band** *n* liga elástica *f*.
**rubbish** (rub'ish) *n* basura *f*; tonterías *fpl*; escombros *mpl*; ruinas *fpl*.
**rubefacient** (rö''b*e* fā'sh*e*nt) *n* rubefaciente.
**ruble** (ru'bl) *n* rublo *m*.
**rubric** (rö'brik) *n* rúbrica, *f*.
**ruby** (rö'bē) *n* rubí *m*.
**rucksack** (ruk'sak'') *n* mochila *f*.
**rudder** (rud'ėr) *n* timón *m*.
**ruddiness** (ru'dē nis) *n* tez lustrosa y encendida *f*.
**ruddy** (rud'ē) *adj* colorado, rubio.
**rude** (röd) *adj* rudo, brutal, rústico, grosero; tosco; **~ly** *adv* rudamente, groseramente.
**rudeness** (röd'nis) *n* descortesía *f*; rudeza, insolencia *f*.
**rudiment** (rö'd*i* m*e*nt) *n* rudimentos *mpl*.
**rue** (rö) *vi* compadecerse; • *n* (*bot*) ruda *f*.
**rueful** (rö'f*u*l) *adj* lamentable, triste.
**ruffian** (ruf'ē *a*n) *n* malhechor, bandolero *m*; • *adj* brutal.
**ruffle** (ruf'l) *vt* desordenar, desazonar; rizar.
**rug** (rug) *n* alfombra *f*.
**rugby** (rug'bē) *n* rugby (deporte) *m*.
**rugged** (rug'id) *adj* áspero, tosco; brutal; peludo.
**ruin** (rö'in) *n* ruina *f*; perdición *f*; escombros *mpl*; • *vt* arruinar; destruir.
**ruinous** (rö'*i* nus) *adj* ruinoso.
**rule** (röl) *n* mando *m*; regla *f*; regularidad *f*; dominio *m*; • *vt* gobernar; reglar, arreglar, dirigir; **hard and fast** ~ fórmula rigida.
**ruler** (rö'lėr) *n* gobernador *m*; regla *f*.
**ruling** (rö'ling) *n* resolución (*der.*)
**rum** (rum) *n* ron *m*.
**rumble** (rum'bl) *vi* crujir, rugir.
**ruminate** (rö' m*i* nāt'') *vt* rumiar.
**rummage** (rum'ij) *vt* registrar, buscar en, examinar *n* búsqueda desordenada, revuelta.
**rumor** (rö'mėr) *n* rumor *m*; • *vt* divulgar alguna noticia.
**rump** (rump) *n* ancas *fpl*.
**run** (run) *vt* dirigir; organizar; llevar; pasar; **to ~ the risk** aventurar, arriesgar; • *vi* correr; fluir, manar; pasar rápidamente; proceder; ir; desteñirse; ser candidato; • *n* corrida, carrera *f*; paseo *m*; curso *m*; serie *f*; moda *f*; ataque *m*.
**runaway** (run'*a* wā'') *n* fugitivo, desertor *m*.

**rundown** (run′doun′) *n* informe detallado, sumario *m*.
**rung** (rung) *n* escalón, peldaño *m* (de escalera de mano).
**runner** (run′ėr) *n* corredor *m*; correo, mensajero *m*.
**running** (run′ing) *n* carrera, corrida *f*; curso *m*.
**runway** (run′wā′′) *n* pista de aterrizaje *f*.
**rupture** (rup′chėr) *n* rotura *f*; hernia, quebradura *f*; • *vt* reventar, romper.
**rural** (rür′*a*l) *adj* rural, campestre, rústico.
**ruse** (röz) *n* astucia, maña *f*.
**rush** (rush) *n* prisa, junco *m*; ráfaga *f*; ímpetu *m*; • *vt* apresurar; • *vi* abalanzarse, tirarse.
**rush hour** *n* hora de mayor afluencia (de tráfico y personas) *f*.
**rusk** (rusk) *n* biscocho *m*, galleta *f*.
**russet** (rus′it) *adj* bermejo.
**rust** (rust) *n* herrumbre *f*; • *vi* enmohecerse.
**rustic** (rus′tik) *adj* rústico; • *n* patán, rústico *f*.
**rustiness** (rust′ē nis) *n* herrumbre *f*.
**rustle** (rus′l) *vi* crujir, rechinar; • *vt* hacer crujir.
**rustling** (rus′tling) *n* estruendo *m*; crujido *m*.
**rusty** (rus′tē) *adj* oxidado, mohoso; rancio.
**rut** (rut) *n* celo *m*, brama *f*; carril *m*.
**ruthless** (röth′lis) *adj* cruel, insensible; ~**ly** *adv* inhumanamente.
**rye** (rī) *n* (*bot*) centeno *m*.

# S

**Sabbath** (sab′*a*th) *n* sábado *m*.
**saber** (sā′bėr) *n* sable *m*.
**sable** (sā′bl) *n* marta cebellina *f*.
**sabot** (sab′ō) *n* zueco *m*.
**sabotage** (sab′*o* täzh′′) *n* sabotaje *m*.
**saccharin** (sak′*a* rin) *n* sacarina *f*.
**sachet** (sa shā′) *n* sobrecito con hierbas aromáticas *m*.
**sack** (sak) *n* saco, costal *m*, bolsa *f*; • *vt* despedir; echar (de un trabajo).
**sacrament** (sak′r*a* ment) *n* sacramento *m*; Eucaristía *f*.
**sacramental** (sak′′r*a* men′t*a*l) *adj* sacramental.
**sacred** (sā′krid) *adj* sagrado, sacro; inviolable.
**sacredness** (sā krid′nis) *n* santidad *f*.
**sacrifice** (sak′r*i* fīs′′) *n* sacrificio *m*; • *vt*, *vi* sacrificar.
**sacrificial** (sak′′r*i* fish′*a*l) *adj* relativo al sacrificio, expiatorio, propiciatorio.
**sacrilege** (sac′r*i* lij) *n* sacrilegio *m*.
**sacrilegious** (sak′′r*i* lij′us) *adj* sacrílego.
**sad** (sad) *adj* triste, melancólico; infausto; oscuro; ~**ly** *adv* tristemente.
**sadden** (sad′*e*n) *vt* entristecer.
**saddle** (sad′l) *n* silla de montar *f*; asiento (sillín) de bicicleta *m*; • *vt* ensillar.
**saddlebag** (sad′l bag′′) *n* alforja, maletero *m*.
**saddler** (sad′lėr) *n* talabartero *m*.
**sadism** (sad′iz *u*m) *n* sadismo *m*.
**sadness** (sad′nis) *n* tristeza *f*.
**safari** (s*a* fär′ē) *n* safari *m*.
**safe** (sāf) *adj* seguro; ileso; fuera de peligro; de fiar; ~**ly** *adv* con seguridad, seguramente; ~ **and sound** sano y salvo; • *n* caja fuerte *f*.
**safe-conduct** *n* salvoconducto *m*.
**safeguard** *n* salvaguardia *f*; • *vt* proteger, defender.
**safety** (sāf′tē) *n* seguridad *f*; salvamento *m*.
**safety belt** *n* cinturón (de seguridad) *m*.
**safety pin** *n* imperdible, seguro *m*.
**saffron** (saf′r*o*n) *n* azafrán *m*.
**sag** (sag) *vi* combarse, hundirse, flaquear, decaer.
**sagacious** (s*a* gā′shus) *adj* sagaz, astuto.
**sage** (sāj) *n* (*bot*) salvia *f*; sabio *m*; • *adj* sabio; ~**ly** *adv* sabiamente.
**Sagittarius** (saj′′i târ′ē *u*s) *n* Sagitario *m* (signo del zodíaco).
**sago** (sā′gō) *n* (*bot*) sagú *m*.
**sail** (sāl) *n* vela *f*; • *vt* gobernar; • *vi* dar a la vela, navegar.
**sailing** (sā′ling) *n* navegación *f*.
**sailor** (sā′lėr) *n* marinero *m*.
**saint** (sānt) *n* santo *m*; santa *f*.
**sainted, saintly** (sān′tid; sānt′lē) *adj* santo.
**sake** (sāk) *n* causa, razón *f*; **for God's** ~ por amor de Dios.
**salad** (sal′*a*d) *n* ensalada *f*.
**salad bowl** *n* ensaladera *f*.
**salad dressing** *n* aderezo para ensalada *m*.
**salad oil** *n* aceite de oliva *m*.
**salamander** (sal′*a* man′dėr) *n* salamandra *f*.
**salary** (sal′*a* rē) *n* sueldo *m*.
**sale** (sāl) *n* venta *f*; liquidación *f*.

**saleable** (sāl´bl) *adj* vendible.
**salesclerck** (sāl z´klürk´´) *n* vendedor –dora, dependiente *mf.*
**salesman** (sālz´m*a*n) *n* vendedor *m.*
**saleswoman** (sālz´wüm´*a*n) *n* vendedora *f.*
**salient** (sā´lē *e*nt, sāl´yent) *adj* saliente, saledizo.
**saline** (sā´līn, sā´lēn) *adj* salino.
**saliva** (s*a* lī´v*a*) *n* saliva *f.*
**sallow** (sal´ō) *adj* cetrino, pálido.
**sally** (sal´ē) *n* (*mil*) misión, incursión *f.*
**salmon** (sam´*o*n) *n* salmón *m.*
**salmon trout** *n* trucha salmonada *f.*
**salon** (s*a* lon´) *n* peluquería *f*, salón de belleza *m.*
**saloon** (s*a* lön´) *n* bar *m*, taberna *f.*
**salt** (s*ä*lt) *n* sal *f*; • *vt* salar.
**salt cellar** (s*ä*lt´sel´´ėr) *n* salero *m* (en la mesa).
**salt flats** *n* salinas.
**saltiness** ( s*ä*l´tē nis) *n* salinidad *f*; sabor salado *m.*
**saltpeter** (s*ä*lt´pē´´tėr) *n* salitre *m.*
**salt shaker** *n* salero *m.*
**saltworks** (s*ä*lt´würks´´) *npl* salina *f.*
**salty** (s*ä*l´tē) *adj* salado; (*language*) picante, mordaz.
**salubrious** (s*a* lö´brē us) *adj* salubre, saludable.
**salubrity** (s*a* lö´bri tē) *n* salubridad *f.*
**salutary** (sal´ū ter´´ē) *adj* salubre, benéfico.
**salutation** (sal´´ū tā´sh*a*n) *n* salutación *f.*
**salute** (s*a* löt´) *vt* saludar; • *n* saludo *m.*
**salvage** (sal´vij) *n* (*mar*) derecho de salvamento *m.* • *vt* rescatar, salvar.
**salvation** (sal vā´sh*a*n) *n* salvación *f.*
**salve** (sav, säv) *n* emplasto, ungüento *m.*
**salver** (sal´vėr) *n* salvilla, bandeja *f.*
**salvo** (sal´vō) *n* salva *f.*
**same** (sām) *adj* mismo, idéntico.
**sameness** (sām´nis) *n* igualdad, uniformidad *f.*
**sample** (sam´pl) *n* muestra *f*; ejemplo *m*; • *vt* probar.
**sampler** (sam´plėr) *n* muestra, selección *f*; dechado, modelo *m.*
**sanctify** (sangk´t*i* fī´´) *vt* santificar.
**sanctimonious** (sangk´t*i* mō´nē us) *adj* semejante a un santo; moralista, mojigato.
**sanction** (sangk´sh*a*n) *n* sanción *f*; • *vt* sancionar.
**sanctity** (sangk´ti tē) *n* santidad *f.*
**sanctuary** (sangk´chö er´ē) *n* santuario *m*; asilo *m.*
**sand** (sand) *n* arena *f*; • *vt* lijar.
**sandal** (san´d*a*l) *n* sandalia *f.*
**sandbag** (sand´´bag) *n* (*mil*) saco de tierra *m.*
**sandpaper** (sand´pā´´pėr) *n* papel de lija.
**sandpit** *n* cajón de arena *m*; arenal *m.*
**sandstone** (sand´stōn´´) *n* piedra arenisca *f.*
**sandwich** ( sand´wich, san´wich) *n* bocadillo, emparedado, sandwich *m.*
**sandy** (san´dē) *adj* arenoso, arenisco.
**sane** (sān) *adj* cuerdo, en sus cabales, en su sano juicio.
**sanguinary** (sang´´gw*i* ner´ē) *adj* sanguinario.
**sanguine** (sang´gwin) *adj* sanguíneo; optimista.
**sanitarium** (san´i târ´ē *u*m) *n* sanatorio *m*, clínica *f.*
**sanitary napkin** *n* paño higiénico *m*, compresa *f.*

**sanity** (san´i tē) *n* juicio sano, sentido común *m*.
**sap** (sap) *n* savia *f*; • *vt* minar.
**sapient** (sā´pē *e*nt) *adj* sabio, cuerdo.
**sapling** (sap´ling) *n* renuevo *m*.
**sapphire** (saf´ ī ėr) *n* zafir, zafiro *m*.
**sarcasm** (sär´kaz *u*m) *n* sarcasmo *m*.
**sarcastic** (sär kas´tik) *adj* mordaz, cáustico; **~ally** *adv* mordazmente.
**sarcophagus** (sär kof´*a* gus) *n* sarcófago *m*.
**sardine** (sär dēn´) *n* sardina *f*.
**sash** (sash) *n* cíngulo *m*, cinta *f*.
**sash window** *n* ventana *o* vidriera corrediza *f*.
**sassy** (sas´ē) *adj* fresco, impertinente; llamativo, atrevido.
**Satan** (sāt´*a*n) *n* Sátanas *m*.
**satanic(al)** (sā tan´ik, s*a* tan´ik) *adj* diabólico.
**satchel** (sach´*e*l) *n* mochila *f*.
**satellite** (sat´*e* līt´) *n* satélite *m*.
**satiate, sate** (sā´shē āt´´; sāt) *vt* saciar, hartar.
**satin** (sat´*i*n) *n* raso *m*; • *adj* de raso.
**satire** (sat´ī ėr) *n* sátira *f*.
**satiric** (s*a* tir´ ik) *adj* satírico; **~ly** *adv* satíricamente.
**satirist** (sat´ėr ist´´) *n* autor satírico *m*.
**satirize** (sat´*i* rīz´) *vt* satirizar.
**satisfaction** (sat´´is fak´sh*a*n) *n* satisfacción *f*.
**satisfactorily** (sat´´is fak t*o*´rē lē) *adv* satisfactoriamente.
**satisfactory** (sat´is fak´t*o* rē) *adj* satisfactorio.
**satisfy** (sat´is fī´´) *vt* satisfacer; convencer.
**saturate** (sach´*a* rāt´´) *vt* saturar.
**Saturday** (sat´ėr dē´, sat´ėr dā´) *n* sábado *m*.
**saturnine** (sat´ėr nīn´´) *adj* saturnino, melancólico.
**satyr** (sā´tėr, sat´ėr) *n* sátiro *m*.
**sauce** (s*ä*s) *n* salsa *f*; crema *f*; • *vt* condimentar.
**saucepan** (s*ä*s´pan´´) *n* cazo *m*, cacerola *f*.
**saucer** (s*ä*´sėr) *n* platillo *m*.
**saucily** (s*ä*´sē lē) *adv* desvergonzadamente.
**sauciness** (s*ä*´sē nis) *n* insolencia, impudencia *f*.
**saucy** (s*ä*´sē) *adj* insolente.
**saunter** (s*ä*n´tėr, sän´tėr) *vi* callejear, corretear.
**sausage** (s*ä*´sij) *n* salchicha *f*.
**savage** (sav´ij) *adj* salvaje, bárbaro; **~ly** *adv* bárbaramente; • *n* salvaje *m*.
**savageness** (sav´ij nis) *n* violencia, *f*; crueldad *f*.
**savagery** (sav´ij rē) *n* crueldad *f*.
**savannah** (s*a* van´*a*) *n* sabana *f*.
**save** (sāv) *vt* salvar; economizar; ahorrar; evitar; conservar; • *adv* salvo, excepto.
**saveloy** (sav´*e* loi´´) *n* chorizo *m*.
**saver** (sā´vėr) *n* libertador *m*; ahorrador *m*.
**saving** (sā´ving) *adj* frugal, económico; • *prep* fuera de, excepto; • *n* salvamento *m*; **~s** *pl* ahorro *m*, economía *f*.
**savings account** *n* cuenta de ahorros *f*.
**savings and loan association** *n* sociedad de préstamo inmobiliario *f*.
**savings bank** *n* caja de ahorros *f*.
**Savior** (sāv´yėr) *n* Redentor *m*.
**savor** (sā´vėr) *n* olor *m*; sabor *m*; • *vt* gustar, saborear.
**savoriness** (sā v*o*´rē nis) *n* sabrosura *m*; fragancia *f*.
**savory** (sā´v*o* rē) *adj* sabroso.
**savvy** (sav´ē) *adj* espabilado; • *vi* entender; • *n* sentido común *m*.

**saw** (s*ä*) *n* sierra *f*; • *vt* serrar.
**sawdust** (s*ä*'dust'') *n* aserrín *m*.
**saw-off** (s*ä*'*ä*f'') *n* escopeta cortada *f*.
**sawmill** (s*ä*'mill'') *n* aserradero *m*.
**sawyer** (s*ä*'yėr, soi'ėr) *n* aserrador *m*.
**saxophone** (sak'so fōn') *n* saxofón *m*.
**say** (sā) *vt* decir, hablar.
**saying** (sā'ing) *n* dicho, proverbio *m*.
**scab** (skab) *n* costra; roña *f*; roñoso *m*.
**scabbard** (skab'ėrd) *n* vaina de espada *f*; cobertura *f*.
**scabby** (skab'ē) *adj* sarnoso.
**scaffold** (skaf'*o*ld) *n* tablado *m*; cadalso *m*.
**scaffolding** (skaf'*o*l ding) *n* andamio *m*.
**scald** (sk*ä*ld) *vt* escaldar; • *n* escaldadura *f*.
**scale** (skāl) *n* balanza *f*; escama *f*; escala *f*; gama *f*; • *vt, vi* escalar; descostrarse.
**scallion** (skal'y*a*n) *n* cebolleta *f*.
**scallop** (skol'*o*p, skal'*o*p) *n* festón *m*; • *vt* festonear.
**scalp** (skalp) *n* cuero cabelludo *m*; • *vt* escalpar; humillar.
**scamp** (skamp) *n* bribón, ladrón *m*.
**scamper** (skam'pėr) *vi* escapar, huir.
**scampi** (skam'pē) *npl* gambas *fpl*; langostinos *mpl*.
**scan** (skan) *vt* escudriñar; registrar: medir las sílabas de un verso.
**scandal** (skan'd*a*l) *n* escándalo *m*; infamia *f*.
**scandalize** (skan'd*a* līz'') *vt* escandalizar.
**scandalous** (skan'd*a* lus) *adj* escandaloso; ~**ly** *adv* escandalosamente.
**scant, scanty** (skant; skan'tē) *adj* escaso, parco.
**scantily** (skan'tē lē) *adv* escasamente, estrechamente.
**scantiness** (skan'tē nis) *n* estrechez, escasez, frugalidad *f*.
**scapegoat** (skāp'gōt'') *n* chivo expiatorio *m*.
**scar** (skär) *n* cicatriz *f*; • *vt* hacer alguna cicatriz.
**scarce** (skârs) *adj* escaso; ~**ly** *adv* apenas.
**scarcity** (skâr'si tē) *n* escasez *f*; carestía *f*.
**scare** (skâr) *vt* espantar; • *n* susto *m*.
**scarecrow** (skâr'krō'') *n* espantajo, espantapájaros *m*.
**scarf** (skärf) *n* bufanda *f*.
**scarlatina** (skär''l*a* tē'n*a*) *n* escarlatina *f*.
**scarlet** (skär'lit) *n* escarlata *f*; • *adj* de color de escarlata.
**scarp** (skärp) *n* escarpa, pendiente *f*, acantilado *m*.
**scat** (skat) *interj, sl* ¡fuera de aquí!
**scathing** (skā'THing) *adj* mordaz, feroz.
**scatter** (skat'ėr) *vt* esparcir; disipar.
**scavenger** (skav'in jėr) *n* animal carroñero *m*.
**scenario** (si nâr'ē ō'', si när'ē ō'') *n* argumento *m*; guión de televisión *m*; (*fig*) escenario *m*; perspectiva, panorama *f*.
**scene** (sēn) *n* escena *f*, escenario *m*; ámbito, ambiente *m*; panorama *m*; escándalo *m*; paisaje *m*.
**scenery** (sē'n*e* rē) *n* vista *f*; decoración (de teatro) *f*.
**scenic** (sē'nik, sen'ik) *adj* escénico.
**scent** (sent) *n* aroma *m*; olor *m*; rastro *m*; • *vt* oler.
**scent bottle** *n* frasquito con agua de olor *m*.

**scentless** (sent′lis) *adj* sin olfato; inodoro.
**scepter** (sep′tėr) *n* cetro *m.*
**schedule** (skej′öl, skej′*ä*l, skej′ö *a*l) *n* horario *m*; programa *m*; lista *f.*
**scheme** (skēm) *n* proyecto, plan *m*; esquema *m*; sistema *m*; modelo *m*; • *vt* proyectar; • *vi* intrigar.
**schemer** (skē′mėr) *n* proyectista, invencionero *m.*
**schism** (siz′*u*m) *n* cisma *m.*
**schismatic** (siz mat′ik) *n* cismático *m.*
**scholar** (skol′ėr) *n* estudiante *m*; erudito *m.*
**scholarship** (skol′ėr ship′′) *n* beca *f.*
**scholastic** (sk*o* las′tik) *adj* escolástico.
**school** (sköl) *n* escuela *f*; • *vt* enseñar, adiestrar.
**schoolboy** (sköl′boi′′) *n* alumno *m.*
**schoolgirl** (sköl′g*ü*rl′′) *n* alumna *f.*
**schooling** (skö′ling) *n* instrucción *f.*
**schoolmaster** (sköl′mas′′tėr) *n* maestro de escuela *m.*
**schoolmistress** (sköl′mis′′tris) *n* maestra de niños *o* niñas *f.*
**schoolteacher** (sköl′tē′′chėr) *n* maestro, tra *m/f*; profesor, ra *m/f.*
**schooner** (skö′nėr) *n* (*mar*) goleta *f.*
**sciatic** (sī at′ik) *n* ciática *f.*
**science** (sī′*e*ns) *n* ciencia *f.*
**scientific** (sī′′*e*n tif′ik) *adj* científico; ~**ally** *adv* científicamente.
**scientist** (sī′*e*n tist) *n* científico, ca *m/f.*
**scimitar** (sim′i tėr) *n* cimitarra *f.*
**scintillate** (sin′t*i* lāt′′) *vi* chispear, centellear.
**scintillating** (sin′t*i* lāt′′ing) *adj* brillante, ingenioso.
**scission** (sizh′*a*n, sish′*a*n) *n* separación, partición *f.*
**scissors** (siz′ėrz) *npl* tijeras *fpl.*
**scoff** (sk*ä*f, skof) *vi* mofarse, burlarse.
**scold** (skōld) *vt, vi* regañar, reñir, refunfuñar.
**scolding** (skōl′ding) *n* reprimenda *f.*
**scoop** (sköp) *n* cucharón *m*; pala *f*; (*journ*) exclusiva *f*; • *vt* cavar, socavar.
**scooter** (skö′tėr) *n* moto *f*; patinete *m.*
**scope** (skōp) *n* propósito *m*, intención *f*; alcance *m*, ámbito, campo *m*; libertad *f.*
**scorch** (sk*ä*rch) *vt* quemar; tostar; • *vi* quemarse, secarse.
**score** (skōr) *n* muesca *f*; consideración *f*; cuenta *f*; puntuación *f*; razón *f*; motivo *m*; veintena *f*; partitura *f*; • *vt* señalar con una línea; • *vi* marcar un tanto.
**scoreboard** (skōr′bōrd′′) *n* marcador *m.*
**scorn** (sk*ä*rn) *vt, vi* despreciar; mofar; • *n* desdén, menosprecio *m.*
**scornful** (sk*ä*rn′ful) *adj* desdeñoso; ~**ly** *adv* con desdén.
**Scorpio** (sk*ä*r′pē ō′′) *n* Escorpión *m* (signo del zodíaco).
**scorpion** (sk*ä*r′pē *o*n) *n* escorpión *m.*
**scotch** (skoch) *vt* echar por tierra, frustrar; poner fin a.
**Scotch** (skoch) *n* whisky escocés *m*; • *adj* escocés.
**Scotch tape** *n* cinta adhesiva transparente *f.*
**scoundrel** (skoun′dr*e*l) *n* pícaro, bribón *m.*
**scour** (skour, skou′ėr) *vt* fregar, estregar; limpiar; erosionar; • *vi* buscar por todas partes.
**scourge** (sk*ü*rj) *n* azote *m*; castigo *m*; • *vt* azotar, castigar.

**scout** ( skout) *n* (*mil*) batidor de la campaña *m*; patrulla de reconocimiento de avanzada *f*; espía, explorador *m*; • *vi* reconocer secretamente los movimientos del enemigo.

**scowl** (skoul) *vi* mirar con ceño; • *n* ceño, semblante ceñudo *m*.

**scragginess** (skrag´ē nis) *n* flaqueza, extenuación *f*; aspereza *f*.

**scraggy** (skrag´ē) *adj* áspero; macilento.

**scramble** (skram´bl) *vi* arrapar; trepar; disputar; • *n* disputa *f*; subida *f*.

**scrap** (skrap) *n* migaja *f*; sobras *fpl*; pedacito *m*; riña *f*; chatarra *f*.

**scrape** (skrāp) *vt, vi* raer, raspar; arañar; tocar mal un instrumento; • *n* embarazo *m*; dificultad *f*.

**scraper** (skrap´ėr) *n* rascador *m*.

**scratch** (skrach) *vt* rascar, raspar; raer, garrapatear; • *n* rasguño *m*.

**scrawl** (skräl) *vt, vi* garrapatear; • *n* garabatos *mpl*.

**scrawny** (skrä´nē) *adj* esquelético, escuálido.

**scream, screech** (skrēm; skrēch) *vi* chillar, dar alaridos; • *n* chillido, grito, alarido *m*.

**screen** (skrēn) *n* pantalla *f*; biombo *m*; mampara *f*; abanico de chimenea *m*; • *vt* abrigar, esconder; proyectar; cribar, cernir.

**screenplay** (skrēn´plā´´) *n* guión *m*.

**screw** (skrö) *n* tornillo *m*; • *vt* atornillar; forzar, apretar, estrechar.

**screwball** (skrö´bäl´´) *adj* excéntrico, chiflado.

**screwdriver** (skrö´drī´´vėr) *n* destornillador *m*.

**scribble** (skrib´l) *vt* garabatear; escribir con prisa; • *n* garabato, escrito de poco mérito *m*.

**scribe** (skrīb) *n* escritor *m*; escriba *m*.

**scrimmage** (skrim´ij) *n* escaramuza *f*.

**script** (skript) *n* guión *m*; letra *f*.

**scriptural** (skrip´chėr *a*l) *adj* bíblico.

**Scripture** (skrip´chėr) *n* Sagrada Escritura *f*.

**scroll** (skrōl) *n* rollo (de papel *o* pergamino) *m*.

**scrub** (skrub) *vt* estregar con un estropajo; anular; • *n* maleza *f*.

**scruffy** (skru´fē) *adj* desaliñado.

**scruple** (skrö´pl) *n* escrúpulo *m*.

**scrupulous** (skrö´pū lus, skrö´py*a* lus) *adj* escrupuloso; ~**ly** *adv* escrupulosamente.

**scrutinize** (skröt´*i* nīz´´) *vt* escudriñar, examinar.

**scrutiny** (skröt´*i* nē) *n* escrutinio, examen *m*.

**scuffle** (skuf´l) *n* refriega, riña *f*; • *vi* reñir, pelear.

**scull** (skul) *n* bote pequeño *m*; remo para bote pequeño *m*, espaldilla *f*. • *vt* remar con espaldilla.

**scullery** (skul´*e* rē) *n* fregadero *m*.

**sculptor** (skulp´tėr) *n* escultor, ra *m/f*.

**sculpture** (skulp´chėr) *n* escultura *f*; • *vt* esculpir.

**scum** (skum) *n* espuma *f*; escoria *f*; canalla *m*.

**scurrilous** (skür´*i* lus) *adj* vil, bajo; injurioso, difamatorio; ~**ly** *adv* injuriosamente.

**scurvy** (skür´vē) *n* escorbuto *m*; • *adj* escorbútico; vil, despreciable.

**scuttle** (skut´l) *n* cubo para carbón *m*; escotilla *f*; • *vt* barrenar; hacer fracasar un plan; • *vi* escabullirse.

**scythe** (sīTH) *n* guadaña *f*.

**sea** (sē) *n* mar *m/f*; • *adj* de mar; **heavy** ~ oleada *f*.

**seabed** (sē´bed´´) *n* fondo del mar *m.*
**seaboard** (sē´bōrd´´) *n* litoral *m.*
**sea breeze** *n* viento de mar *m.*
**seacoast** (sē´kōst´´) *n* costa marítima *f.*
**seafarer** (sē´fâr´´ėr) *n* marino, navegante *m.*
**sea fight** *n* combate naval *m.*
**seafood** (sē´fōd´´) *n* mariscos *mpl.*
**sea front** *n* paseo marítimo, malecón *m.*
**seagreen** (sē´grēn´) *adj* verdemar.
**seagull** *n* gaviota *f.*
**sea horse** *n* caballito de mar *m.*
**seal** (sēl) *n* sello *m*; foca *f*; • *vt* sellar.
**sealing wax** *n* lacre *m.*
**seam** (sēm) *n* costura *f*; • *vt* coser.
**seaman** (sē´m*a*n) *n* marinero *m.*
**seamanship** (sē´m*a*n ship´´) *n* pericia en la navegación *m.*
**seamstress** (sēm´stris) *n* costurera *f.*
**seamy** (sē´mē) *adj* sórdido.
**seance** (sā´äns) *n* sesión espiritista *f.*
**sea plane** (sē´plān´´) *n* hidroavión *m.*
**seaport** (sē´pōrt´´) *n* puerto marítimo *m.*
**sear** (sēr) *vt* quemar, cauterizar.
**search** (sürch) *vt* examinar; escudriñar; inquirir; tentar; investigar, buscar; • *n* pesquisa *f*; busca *f*; búsqueda *f.*
**searchlight** (sürch´līt´´) *n* reflector *m.*
**search party** *n* partida de rescate *f.*
**search warrant** *n* orden de registro (o de cateo) *f.*
**seashore** (sē´shōr´´, sē´shär´´) *n* ribera *f*, litoral *m.*
**seasick** (sē´sik) *adj* mareado.
**seasickness** (sē´sik´´nis) *n* mareo *m.*
**seaside** (sē´sīd´´) *n* costa, orilla *o* ribera del mar *f.*
**season** (sē´z*o*n) *n* estación *f*; tiempo oportuno *m*; sazón *f*; • *vt* sazonar; imbuir.
**seasonable** (sē´z*o* n*a* bl) *adj* oportuno, a propósito.
**seasonably** (sē´z*o* n*a* blē) *adv* en sazón.
**seasoned** (sē´z*o* nid) *adj* experimentado, veterano.
**seasoning** (sē´z*o* ning) *n* condimento *m.*
**season ticket** *n* abono *m.*
**seat** (sēt) *n* asiento *m*; butaca, silla *f*; trasero *m*; escaño *m*; sede *f*; • *vt* situar; colocar; asentar.
**seat belt** *n* cinturón de seguridad *m.*
**seaward** (sē´wėrd) *adj* del litoral; **~s** *adv* hacia el mar.
**seaweed** (sē´wēd´´) *n* alga marina *f.*
**seaworthy** (sē´wör´´THē) *adj* en condiciones de navegar.
**secede** (si sēd´) *vi* apartarse, separarse.
**secession** (si sesh´*a*n) separación *f.*
**seclude** (si klöd´) *vt* aislar, apartar, excluir.
**seclusion** (si klö´sh*a*n) *n* aislamiento, separación *f*; exclusión *f.*
**second** (sek´*o*nd) *adj* segundo; **~(ly)** *adv* en segundo lugar; • *n* defensor *m*; segundo *m*; (*mus*) segunda *f*; • *vt* ayudar; secundar.
**secondary** (sek´*o*n der´´ē) *adj* secundario.
**secondary school** *n* escuela secundaria *f.*
**secondhand** (sek´*o*nd hand´) *n* segunda mano *f* (en las compras).
**secrecy** (sē´kri sē) *n* secreto, silencio cuidadoso *m.*
**secret** (sē´krit) *adj, n* secreto *m*; **~ly** *adv* secretamente.

**secretary** (sek′ri ter′′ē) *n* secretario, ria *m/f.*
**secrete** (si krēt′) *vt* esconder; (*med*) secretar.
**secretion** (si krē′sh*a*n) *n* secreción *f.*
**secretive** (sē′kri tiv, si krē′tiv) *adj* reservado, hermético, misterioso.
**sect** (sekt) *n* secta *f.*
**sectarian** (sek târ′ē *a*n) *n* sectario *m.*
**section** (sek′sh*a*n) *n* sección *f.*
**sector** (sek′tėr) *n* sector *m.*
**secular** (sek′y*a* lėr) *adj* secular, seglar, laico.
**secularize** (sek′y*a* l*a* rīz′′) *vt* secularizar.
**secure** (si kūr′) *adj* seguro; salvo ~**ly** *adv* seguramente; • *vt* asegurar; salvar.
**security** (si kūr′*i* tē) *n* seguridad *f*; defensa *f*; confianza *f*; fianza *f.*
**sedan** (si dan′) *n* sedán *m.*
**sedate** (si dāt′) *adj* sosegado, tranquilo; ~**ly** *adv* tranquilamente; • *vt* sedar, administrar sedantes.
**sedateness** (sē dāt′nis) *n* tranquilidad, calma. sobriedad *f.*
**sedative** (sed′*a* tiv) *n* sedante *m.*
**sedentary** (sed′*e*n ter′′ē) *adj* sedentario.
**sedge** (sej) *n* (*bot*) lirio espadañal *m.*
**sediment** (sed′*i* m*e*nt) *n* sedimento *m*; hez *f*; poso *m.*
**sedition** (si dish′*a*n) *n* sedición *f*; tumulto, alboroto, motín *m*; revuelta *f.*
**seditious** (si dish′us) *adj* sedicioso.
**seduce** (si dös′) *vt* seducir; engañar.
**seducer** (si dös′ėr) *n* seductor *m.*
**seduction** (si duk′sh*a*n) *n* seducción *f.*
**seductive** (si duk′tiv) *adj* seductor, tentador, atrayente.
**sedulous** (sej′*a* lus) *adj* asiduo; ~**ly** *adv* diligentemente.
**see** (sē) *vt, vi* ver, observar, descubrir; advertir; conocer, juzgar; comprender; ~! ¡mira!
**seed** (sēd) *n* semilla, simiente *f*; • *vi* sembrar, quitar semillas.
**seedling** (sēd′ling) *n* planta de semillero o almácigo *f.*
**seed pod** (sēd′pod′′) *n* vaina *f.*
**seedsman** (sēdz′m*a*n) *n* tratante en semillas *m.*
**seed time** (sēd′tīm′′) *n* sementera, siembra *f.*
**seedy** (sē′dē) *adj* desaseado, de mala muerte.
**seeing** (sē′ing) *conj*: ~ **that** en vista de que.
**seek** (sēk) *vt, vi* buscar; pretender.
**seem** (sēm) *vi* parecer, semejarse.
**seeming** (sē′ming) *n* apariencia *f*; ~**ly** *adv* al parecer.
**seemliness** (sēm′lē nis) *n* lo correcto o apropiado *f.*
**seemly** (sēm′lē) *adj* decente, propio.
**seer** (sē′ėr, sēr) *n* profeta, vidente *m.*
**seesaw** (sē′s*ä*′′) *n* vaivén, oscilación *m*; • *vi* balancear.
**seethe** (sēTH) *vi* hervir, bullir.
**segment** (seg′m*e*nt) *n* segmento *m.*
**seize** (sēz) *vt* asir, agarrar, aprovechar; apoderarse de, arrebatar, incautar, secuestrar (bienes *o* efectos).
**seizure** (sē′zhėr) *n* captura *f*; confiscación, decomiso *m*; (*Med*) ataque .
**seldom** (sēl′d*o*m) *adv* rara vez, casi nunca.
**select** (si lekt′) *vt* elegir, escoger; • *adj* selecto, escogido.
**selection** (si lek′sh*a*n) *n* selección *f.*

**self** (self) *n* uno mismo; **the** ~ el yo; • *pref* auto. . .
**self-assurance** (self'*a* sur'*a*ns) *n* seguridad de sí mismo *m.*
**self-conceit** (self'k*o*n sēt, self''k*o*n sēt') *n* presunción *f.*
**self-conscious** (self'kon'shus) *adj* tímido, acomplejado; afectado, acartonado; conciente de su propia identidad.
**self-confident** (self''kon'fi d*e*nt) *adj* que tiene confianza en sí mismo.
**self-defense** (self'di fens') *n* defensa propia *f.*
**self-denial** (self'di nī'*a*l) *n* abnegación *f.*
**self-employed** (self'em ploid') *adj* autónomo (en el trabajo).
**self-evident** (self''ev'i d*e*nt) *adj* obvio.
**self-governing** (self''guv'ėr ning) *adj* autónomo.
**self-interest** (self''in'tėr ist) *n* propio interés *m.*
**selfish** (sel'fish) *adj* egoísta; ~**ly** *adv* interesadamente.
**selfishness** (sel'fish nis) *n* egoísmo *m.*
**self-pity** (self''pit'ē) *n* lástima de sí mismo *f.*
**self-portrait** (self''pōr'trit, self''pōr' trāt) *n* autorretrato *m.*
**self-possessed** (self'p*o* zest') *adj* dueño de sí mismo, sereno.
**self-reliant** (self'ri'lī'*a*nt) *adj* independiente.
**self-respect** (self'ri spekt') *n* estima de sí mismo, dignidad, amor propio *f.*
**self-righteous** (self''rī'chus) *adj* con pretensiones de superioridad moral; farisaico.
**selfsame** (self'sām'') *adj* idéntico, el mismo *o* lo mismo exactamente.
**self-satisfied** (self'sat'is fīd'') *adj* ufano, satisfecho de sí mismo.
**self-seeking** (sélf'sē'king) *adj* egoísta, interesado.
**self-service** (self'sür'vis) *adj* de autoservicio.
**self-sufficient** (self's*a* fish'*e*nt) *adj* autosuficiente.
**self-taught** (self'tät') *adj* autodidacta.
**self-willed** (self'wi'lid) *adj* obstinado.
**sell** (sel) *vt, vi* vender; traficar.
**seller** (sel'ėr) *n* vendedor, ra *m/f.*
**sell-off** *n* liquidar *f.*
**sell-out** *vt* agotar existencias.
**semblance** (sem'bl*a*ns) *n* semejanza, apariencia *f.*
**semen** (sē'm*e*n) *n* semen *m.*
**semester** (si mes'tėr) *n* semestre *m.*
**semicircle** (sem'i sür''kl) *n* semicírculo *m.*
**semicircular** (sem''i sür'ky*a* lėr) *adj* semicircular.
**semicolon** (sem'i kō''l*o*n) *n* punto y coma *m.*
**semiconductor** (sem''ē k*o*n duk'tėr, sem''ī k*o*n duk'tėr) *n* semiconductor *m.*
**seminary** (sem''*i* ner'ē) *n* seminario *m.*
**semitone** (sem'ē tōn'') *n* (*mus*) semitono *m.*
**senate** (sen'it) *n* senado *m.*
**senator** (sen'*a* tėr) *n* senador, ra *m/f.*
**senatorial** (sen''*a* tōr'ē *a*l, sen''*a* tär'ē *a*l) *adj* referente al senado.
**send** (send) *vt* enviar, despachar, mandar.
**sender** (sen'dėr) *n* remitente *m.*
**senile** (sē'nīl, sen'īl) *adj* senil.
**senility** (si nil'i tē) *n* senilidad *f.*

**senior** (sēn'yėr) *n* mayor *m*; • *adj* mayor; superior.
**seniority** (sēn yär'i tē, sēn yor'i tē) *n* antigüedad, ancianidad *f*.
**senna** (sen'*a*) *n* (*bot*) sena *f*.
**sensation** (sen sā'sh*a*n) *n* sensación *f*.
**sense** (sens) *n* sentido *m*; entendimiento *m*; razón *f*, juicio *m*; sentimiento *m*.
**senseless** (sens'lis) *adj* insensible; insensato; ~**ly** *adv* insensatamente.
**senselessness** (sens'lis nis) *n* tontería, insensatez *f*.
**sensibility** (sen''si bil'i tē) *n* sensibilidad *f*.
**sensible** (sen's*i* bl) *adj* sensato, prudente, razonable; estar consciente de.
**sensibly** (sen's*i* blē) *adj* con sensatez.
**sensitive** (sen'si tiv) *adj* sensible; susceptible; delicado.
**sensual, sensuous** (sen'shö *a*l; sen'shö us) *adj*, ~**ly** *adv* sensual(mente).
**sensuality** (sen'shö *a*l'i tē) *n* sensualidad *f*.
**sentence** (sen'tens) *n* oración *f*, sentencia *f*, • *vt* sentenciar, condenar.
**sententious** (sen ten'shus) *adj* sentencioso; ~**ly** *adv* sentenciosamente.
**sentient** (sen'shent) *adj* sensitivo, sensible.
**sentiment** (sen't*i* ment) *n* sentimiento *m*; opinión *f*.
**sentimental** (sen''t*i* men't*a*l) *adj* sentimental.
**sentinel, sentry** (sen't*i* nel, sen'trē) *n* centinela *m*.
**sentry box** *n* garita de centinela *f*.
**separable** (sep'ėr *a* bl) *adj* separable.
**separate** (sep'*a* rāt'') *vt* (*vi*) separar(se); • *adj* separado; distinto; ~**ly** *adv* separadamente.
**separation** (sep''*a* rā'sh*a*n) *n* separación *f*.
**September** (sep tem'bėr) *n* septiembre *m*.
**septuagenarian** (sep''chö *a* je nâr' ē *a*n) *n* septuagenario *m*.
**sepulcher** (seo'*u*l kėr) *n* sepulcro *m*.
**sequel** (sē'kwel) *n* secuela *f*; continuación *f*; consecuencia *f*.
**sequence** (sē'kwens) *n* secuencia, orden *f*.
**sequestration** (sē''kwes'trā'sh*a*n) *n* secuestro *m*.
**seraph** (ser'*a*f) *n* serafín *m*.
**serenade** (ser''*e* nād') *n* serenata *f*, • *vt* dar serenatas.
**serene** (s*e* rēn') *adj* sereno; ~**ly** *adv* serenamente.
**serenity** (s*e* ren'i tē) *n* serenidad *f*.
**serf** (sürf) *n* siervo, esclavo *m*.
**serge** (sürj) *n* sarga *f* (tela de lana fina).
**sergeant** (sär'jent) *n* sargento *m*; alguacil *m*.
**serial** (sēr'ē *a*l) *adj* consecutivo, en serie; • *n* serial *m*; telenovela *f*.
**series** (sēr'ēz) *n* serie *f*.
**serious** (sēr'ē us) *adj* serio, grave; ~**ly** *adv* seriamente.
**sermon** (sür'mon) *n* sermón *m*.
**serpent** (sür'pent) *n* serpiente, sierpe *f*.
**serpentine** (sür'pen tēn, sür'pen tēn'') *adj* serpentino; • *n* (*chem*) serpentina *f*.
**serrated** (ser'āt) *adj* serrado, dentado.
**serum** (sēr'*u*m) *n* suero *m*.
**servant** (sür'vant) *n* sirviente, criado *m*; sirvienta, criada *f*.

**servant-girl** *n* criada *f.*
**serve** (sürv) *vt, vi* servir; ser útil; atender (a la mesa); hacer; cumplir; (*sports*) sacar; ser a propósito; **to ~ a warrant** ejecutar un auto de prisión; **it ~s him right** se lo merece.
**service** (sür'vis) *n* servicio *m*; servidumbre, utilidad *f*; oficio religioso *m*; • *vt* mantener; reparar.
**service road** *n* vía de acceso *f.*
**service station** *n* estación de servicio *f.*
**serviceable** (sür'vi s*a* bl) *adj* servible, útil, utilizable.
**servile** (sür'vil, sür'vīl) *adj* servil.
**servitude** (sür'vi töd'', sür'vi tūd'') *n* servidumbre, esclavitud *f.*
**sesame** (ses'*a* mē) *n* sésamo, ajonjolí *m*.
**session** (sesh'*a*n) *n* junta *f*; sesión *f.*
**set** (set) *vt* poner, colocar, fijar; establecer, determinar; • *vi* ponerse (el sol *o* los astros); cuajarse; aplicarse; • *n* juego, conjunto de buenas cartas *m*; servicio (de plata) *m*; conjunto *o* agregado de muchas cosas *m*; decorado *m*; set *m*; cuadrilla, bandada *f*, • *adj* puesto, fijo; listo; decidido.
**settee** (set ē') *n* sofá *m*.
**setter** (set'ėr) *n* perro de muestra, perdiguero *m.*
**setting** (set'ing) *n* posición *f*, escenario, entorno *m*; ~ **of the sun** puesta del sol *f.*
**settle** (set'l) *vt* colocar, fijar, afirmar; arreglar; calmar; • *vi* reposarse; establecerse; sosegarse.
**settlement** (set'l m*e*nt) *n* acuerdo, convenio *m*; liquidación *f*, pago *m*; establecimiento, asentamiento *m*; colonización *m*, colonia *f.*
**settler** (set'lėr) *n* poblador, colonizador, colono, na *m/f.*
**set-to** (set'tö'') *n* riña *f*; combate *m.*
**seven** (sev'*e*n) *adj, n* siete.
**seventeen** (sev'*e*n tēn') *adj, n* diecisiete.
**seventeenth** (sev'*e*n tēnth') *adj, n* decimoséptimo.
**seventh** (sev'*e*nth) *adj, n* séptimo.
**seventieth** (sev'*e*n tē ith) *adj, n* septuagésimo.
**seventy** (sev'*e*n tē) *adj, n* setenta.
**sever** (sev'ėr) *vt, vi* separar.
**several** (sev'ėr *a*l) *adj, pn* varios, algunos.
**severance** (sev'ėr *a*ns) *n* separación, ruptura *f.*
**severe** (si vēr') *adj* severo, riguroso, áspero, duro; **~ly** *adv* severamente.
**severity** (si ver'i tē) *n* severidad, austeridad *f.*
**sew** (sō) *vt, vi* coser.
**sewer** (sö'ėr) *n* alcantarilla *m.*
**sewerage** (sö'ėr ij) *n* alcantarillado *m*; construcción de albañales *f*; agua de sumidero *f.*
**sewing machine** *n* máquina de coser *f.*
**sex** (seks) *n* sexo *m.*
**sexagenarian** (sek's*a* je n*a*'rē *a*n) *n* sexagenario, -ria *m/f.*
**sexist** (sek'sist) *adj, n* sexista *m/f.*
**sextant** (seks't*a*nt) *n* sextante *m.*
**sexton** (seks't*o*n) *n* sacristán *m.*
**sexual** (sek'shö *a*l) *adj* sexual.
**sexy** (sek'sē) *adj* sexy, erótico.
**shabbily** (shab'i lē) *adv* pobremente, vilmente, mezquinamente.
**shabbiness** (shāb'i nis) *n* miseria *f.*
**shabby** (shāb'ē) *adj* raído, gastado, muy usado; andrajoso.

**shackle** (shak'l) *vt* encadenar; **~s** *npl* grilletes *mpl*, ataduras *fpl*.
**shade** (shād) *n* sombra, oscuridad *f*; matiz *m*; sombrilla *f*; • *vt* dar sombra a; abrigar; proteger.
**shadiness** (shād'*i* nis) *n* sombraje *m*; umbría *f*.
**shadow** (shad'ō) *n* sombra *f*; protección *f*.
**shadowy** (shad'ō ē) *adj* impreciso, vago; misterioso, enigmático; umbroso; oscuro.
**shady** (shā'dē) *adj* opaco, oscuro, sombrío.
**shaft** (shaft, shäft) *n* flecha, saeta *f*; fuste de columna *m*; pozo *m*; hueco *m*; rayo *m*.
**shag** (shag) *n* tabaco picado *m*; cormorán *m*.
**shaggy** (shag'ē) *adj* afelpado, lanudo, peludo.
**shake** (shāk) *vt* sacudir; agitar; • *vi* vacilar; temblar; **to ~ hands** darse las manos; • *n* sacudida *f*; vibración *f*.
**shaking** (shā'king) *adj* sacudimiento; temblor *m*.
**shaky** (shā'kē) *adj* titubeante, tembloroso, poco firme.
**shallow** (shal'ō) *adj* somero, superficial; trivial.
**shallowness** (shal'ō nis) *n* poca profundidad *f*; necedad *f*.
**sham** (sham) *vt* engañar; • *n* fingimiento *m*; impostura *f*; • *adj* fingido, disimulado.
**shambles** (sham'blz) *npl* confusión *f*, caos *m*.
**shame** (shām) *n* vergüenza *f*; deshonra *f*; • *vt* avergonzar, deshonrar.
**shamefaced** (shām'fāst'') *adj* vergonzoso, pudoroso.
**shameful** (shām'f*u*l) *adj* vergonzoso; deshonroso; **~ly** *adv* ignominiosamente.
**shameless** (shām'lis) *adj* desvergonzado; **~ly** *adv* desvergonzadamente.
**shamelessness** (shām'lis nis) *n* desvergüenza, impudencia *f*.
**shampoo** (sham pö') *vt* lavar con champú; • *n* champú *m*.
**shamrock** (sham'rok) *n* trébol *m*.
**shank** (shangk) *n* pierna *f*; asta *f*; asta de ancla *f*; cañón de pipa *m*.
**shanty** (shan'tē) *n* casucha *f*.
**shanty town** (shan'tē toun'') *n* barriada, ciudad perdida *m*.
**shape** (shāp) *vt, vi* formar; proporcionar; concebir; • *n* forma, figura *f*; modelo *m*.
**shapeless** (shāp'lis) *adj* sin forma.
**shapely** (shāp'lē) *adj* bien hecho, hermoso, bien proporcionado.
**share** (shâr) *n* parte, porción *f*; (*com*) acción *f*; **plough ~** reja del arado *f*; • *vt, vi* repartir; compartir.
**sharer** (shâr'ėr) *n* partícipe *m*.
**shark** (shärk) *n* tiburón *m*.
**sharp** (shärp) *adj* agudo, aguzado; astuto; perspicaz; penetrante; acre, mordaz, severo, rígido; vivo, violente; • *n* (*mus*) becuadro *m*; • *adv* en punto.
**sharpen** (shär'p*e*n) *vt* afilar, aguzar.
**sharply** (shärp'lē) *adv* con filo; severamente, agudamente; ingeniosamente.
**sharpness** (shärp'nis) *n* agudeza *f*; sutileza, perspicacia *f*; acrimonia *f*.
**shatter** (shat'ėr) *vt* destrozar, estrellar; • *vi* hacerse pedazos.
**shattering** (shat'ėr ing) *adj* tremendo, aplastante, demoledor, agotador.

**shave** (shāv) *vt* afeitar, rasurar; • *vi* afeitarse, rasurarse; *n* afeite *m.*
**shaver** (shā′vėr) *n* máquina de afeitar *f.*
**shaving** (shā′ving) *n* rasurado *m.*
**shaving brush** *n* brocha (de afeitar) *f.*
**shaving cream** *n* crema (de afeitar) *f.*
**shawl** (shäl) *n* chal, mantón *m.*
**she** (shē) *pn* ella.
**sheaf** (shēf) *n* gavilla *f*; haz *m.*
**shear** (shēr) *vt* esquilar, trasquilar; cortar, rapar; **~s** *npl* tijeras grandes *fpl.*
**sheath** (shēth) *n* funda, vaina *f.*
**shed** (shed) *vt* verter, derramar; esparcir; • *n* tejadillo *m*; cabaña *f.*
**sheen** (shēn) *n* resplandor, brillo, lustre *m.*
**sheep** (shēp) *n* oveja *f.*
**sheepfold** (shēp′fōld′′) *n* redil *m.*
**sheepish** (shē′pish) *adj* vergonzoso; tímido.
**sheepishness** (shē′pish nis) *n* timidez, cortedad de genio *f.*
**sheep-run** *n* dehesa *f*; carneril, pasto de ovejas *m.*
**sheepskin** (shēp′skin′′) *n* piel de borrego o de carnero *m.*
**sheer** (shēr) *adj* puro, claro, sin mezcla; escarpado; • *adv* verticalmente.
**sheet** (shēt) *n* sábana *f*; lámina *f*; pliego de papel *f*; (*mar*) escota *f.*
**sheet anchor** *n* áncora mayor de un navío *f*; ancla de la esperanza *f.*
**sheeting** (shē′ting) *n* tela para sábanas *f.*
**sheet iron** *n* plancha de hierro batido *f.*
**sheet lightning** *n* relámpago difuso *m.*
**shelf** (shelf) *n* anaquel, estante *m*; (*mar*) arrecife *m*; escollera *f*; **on the ~** que nadie lo necesita ni desea.
**shell** (shel) *n* cáscara *f*; proyectil *m*; concha *f*; corteza *f*; • *vt* descascarar, descortezar; bombardear; • *vi* descascararse.
**shellfish** (shel′fish′′) *npl invar* crustáceo *m*; mariscos *mpl.*
**shelter** (shel′tėr) *n* guardia *f*; amparo, abrigo *m*; asilo, refugio *m*; • *vt* guarecer, abrigar; acoger; • *vi* abrigarse.
**shelve** (shelv) *vt* echar a un lado, arrinconar.
**shelving** (shel′ving) *n* estantería *f.*
**shepherd** (shep′ėrd) *n* pastor *m.*
**shepherdess** (shep′ėr dis) *n* pastora *f.*
**sherbet** (shür′bit) *n* sorbete, helado de agua *m.*
**sheriff** (sher′if) *n* alguacil *m.*
**sherry** (sher′ē) *n* jerez *m.*
**shield** (shēld) *n* escudo, revestimiento, caparazón *m*; patrocinio *m*; • *vt* defender, proteger.
**shift** (shift) *vi* cambiarse; moverse; • *vt* mudar, cambiar; transportar; • *n* cambio *m*; turno *m.*
**shinbone** (shin′bōn′′) *n* espinilla *f.*
**shine** (shīn) *vi* lucir, brillar, resplandecer; • *vt* lustrar; • *n* brillo *m.*
**shingle** (shing′gl) *n* guijarros *fpl*; **~s** *pl* (*med*) herpes *m/fpl.*
**shining** (shīn′ing) *adj* resplandeciente; • *n* esplendor *m.*
**shiny** (shin′ē) *adj* brillante, luciente.
**ship** (ship) *n* nave *f*; barco *m*; navío, buque *m*; • *vt* embarcar; transportar.
**shipbuilding** (ship′bil′′ding) *n* arquitectura naval *f.*

**shipmate** (ship´māt´´) *n* (*mar*) ayudante *m.*
**shipment** (ship´ment) *n* envío *m*, remesa *f.*
**shipowner** *n* naviero *m.*
**ship's boy** *n* grumete *m.*
**shipwreck** (ship´rek´´) *n* naufragio *m.*
**shipyard** (ship´yärd´´) *n* astillero *m.*
**shirt** (shürt) *n* camisa *f.*
**shit** (shit) *excl* (*sl*) ¡mierda!
**shiver** (shiv´ėr) *vi* tiritar de frío.
**shoal** (shōl) *n* cardumen, banco de peces *m.*
**shock** (shok) *n* choque *m*; descarga *f*; susto *m*; • *vt* asustar; ofender; impactar.
**shock absorber** *n* amortiguador *m.*
**shocking** (shok´ing) *adj* espeluznante, horrible, espantoso, escandaloso.
**shoddy** (shod´ē) *adj* de pacotilla, de muy mala calidad.
**shoe** (shö) *n* zapato *m*; herradura de caballo *f*; • *vt* calzar; herrar un caballo.
**shoeblack** (shö´blak´´) *n* limpiabotas, bolero *m.*
**shoehorn** (shö´härn´´) *n* calzador *m.*
**shoelace** (shö´lās´´) *n* correa de zapato *f.*
**shoemaker** (shö´ma´´kėr) *n* zapatero *m.*
**shoestring** (shö´string´´) *n* lazo de zapato *m.*
**shoot** (shöt) *vt* tirar, arrojar, lanzar, disparar; • *vi* brotar, germinar; sobresalir; lanzarse; • *n* vástago *m.*
**shooter** (shöt´ėr) *n* tirador *m.*
**shooting** (shö´ting) *n* tiroteo *m*, balacera *f*; asesinato *m*; fusilamiento *m*. caza con escopeta *f*; tiro *m*; rodaje, filmación *m.*
**shop** (shop) *n* tienda *f*; taller *m.*
**shopfront** *n* escaparate *m.*
**shoplifter** *n* ladrón de tiendas *m.*
**shopper** (shop´ėr) *n* comprador, ra *m/f.*
**shopping** (shop´ing) *n* compras *fpl.*
**shopping center** *n* centro comercial *m.*
**shop w indow** *n* escaparate, aparador *m.*
**shore** (shōr, shär) *n* costa, ribera, playa *f.*
**short** (shärt) *adj* corto breve, sucinto, conciso; **~ly** *adv* brevemente; pronto; en pocas palabras.
**shortage** (shär´tij) *n* escasez.
**shortcoming** (shärt´kum´ing) *n* defecto *m*, deficiencia *f*; déficit *m.*
**shorten** (shär´ten) *vt* acortar; abreviar.
**shorthand** (shärt´hand) *n* taquigrafía *f.*
**short-lived** (shärt´līvd´, shärt´livd´) *adj* efímero, fugaz, pasajero.
**shortly** (short´lē) *adv* dentro de poco, en breve.
**shortness** (shhort´nis) *n* cortedad *f*; brevedad *f.*
**short-sighted** (shärt´sī´tid) *adj* corto de vista, miope.
**short-sightedness** (shärt´sī´tid nis) *n* cortedad de vista, miopía *f.*
**short-tempered** (shärt´tem´pėrd) *adj* de mal genio.
**shortwave** (shärt´wāv´) *n* onda corta *f.*
**shot** (shot) *n* disparo, tiro *m*; alcance *m*; perdigones *mpl*; tentativa *f*; toma *f.*
**shotgun** (shot´gun´´) *n* escopeta *f.*
**shoulder** (shōl´dėr) *n* hombro *m*; brazuelo *m*; • *vt* cargar al hombro.
**shout** (shout) *vi* gritar, aclamar; • *vt* gritar; • *n* aclamación, grito *m.*

**shouting** (shou′ting) *n* gritos *mpl.*
**shove** (shuv) *vt, vi* empujar; impeler; • *n* empujón *m.*
**shovel** (shuv′*e*l) *n* pala *f*; • *vt* palear.
**show** (shō) *vt* mostrar; descubrir, manifestar; probar; enseñar, explicar; • *vi* parecer; • *n* espectáculo *m*; muestra *f*; exposición, parada *f.*
**show business** *n* el mundo del espectáculo *m.*
**showdown** (shō′doun′′) *n* enfrentamiento *m*, confrontación *f.*
**shower** (shou′ėr) *n* chaparrón, chubasco *m*, llovizna *f*; ducha, regadera *f*; (*fig*) abundancia *f*; • *vi* llover, regar.
**showery** (shou′ėr ē) *adj* lluvioso.
**showroom** (shō′röm′′, shō′rüm′′) *n* sala de muestras *f.*
**showy** (shō′ē) *adj* ostentoso, suntuoso.
**shred** (shred) *n* tira, brizna, hebra, pizca *f*, trozo *m*; • *vt* hacer trizas.
**shrew** (shrö) *n* mujer de mal genio *f*; musaraña *m.*
**shrewd** (shröd) *adj* astuto, sagaz, vivo, perspicaz; **~ly** *adv* astutamente.
**shrewdness** (shröd′nis) *n* astucia *f.*
**shriek** (shrēk) *vt, vi* chillar; • *n* chillido *m.*
**shrill** (shril) *adj* agudo, penetrante.
**shrillness** (shrril′nis) *n* aspereza del sonido *o* de la voz *f.*
**shrimp** (shrimp) *n* camarón *m*; enano, hombrecillo *m.*
**shrine** (shrīn) *n* santuario *m*, capilla, ermita *f*, sepulcro *m* ; relicario *m.*
**shrink** (shringk) *vi* encogerse; angostarse, acortarse.
**shrivel** (shriv′*e*l) *vi* marchitarse, secarse, arrugarse; • *vt* secar, marchitar, ajar.
**shroud** (shroud) *n* cubierta *f*; mortaja *f*; • *vt* cubrir, defender; amortajar; proteger.
**Shrove Tuesday** (shröv′töz′dē) *n* martes de carnaval *m.*
**shrub** (shrub) *n* arbusto *m*,
**shrubbery** ( shrub′*e* rē) *n* arbustos *m*, matas *f.*
**shrug** (shrug) *vt* encogerse de hombros; • *n* encogimiento de hombros *m.*
**shudder** (shud′ėr) *vi* estremecerse; • *n* temblor *m.*
**shuffle** (shuf′l) *vt* arrastrar los pies; revolver; barajar los naipes.
**shun** (shun) *vt* evitar.
**shunt** (shunt) *vt* (*rail*) maniobrar.
**shut** (shut) *vt* cerrar, encerrar; *vi* cerrarse.
**shut up** *vt* encerrar; guardar bajo llave; hacer callar a alguien.
**shutter** (shut′ėr) *n* contraventana *f.*
**shuttle** (shut′l) *n* lanzadera *f*; transporte de enlace *m.*
**shuttlecock** (shut′l kok′′) *n* volante, rehilete *m.*
**shy** (shī) *adj* tímido; reservado; vergonzoso, contenido; **~ly** *adv* tímidamente.
**shyness** (shī′nis) *n* timidez *f.*
**sibling** (sib′ling) *n* hermano, na *m/f.*
**sibyl** (sib′il) *n* sibila, profetisa *f.*
**sick** (sik) *adj* malo, enfermo; disgustado.
**sicken** (sik′*e*n) *vt* enfermar; • *vi* caer enfermo.
**sickle** (sik′l) *n* hoz *f.*
**sick leave** *n* permiso por enfermedad *f.*

**sickliness** (sik´lē nis) *n* indisposición habitual *f*.
**sickly** (sik´lē) *adj* enfermizo.
**sickness** (sik´nis) *n* enfermedad *f*.
**sick pay** *n* salario que se recibe mientras se está con permiso por enfermedad. *m*.
**side** (sīd) *n* lado *m*; costado *m*; facción *f*; partido *m*; • *adj* lateral; oblicuo; • *vi* unirse con alguno.
**sideboard** (sīd´bōrd´´, sīd´bärd´´) *n* aparador *m*; alacena *f*.
**sideburns** (sīd´bürnz´´) *npl* patillas *fpl*.
**sidelight** (sīd´līt´´) *n* luz lateral *f*; detalle *m*.
**sidelong** (sīd´läng´´) *adj* de reojo, de solayo.
**sidewalk** (sīd´wäk´´) *n* acera *f*.
**sideways** (sīd´wāz´´) *adv* de lado, de reojo.
**sidle** (s īd´l) *vi* desplazarse furtivamente.
**siege** (sēj) *n* (*mil*) sitio *m*.
**sieve** (siv) *n* tamiz *m*; criba *f*; cribo *m*; • *vt* cribar.
**sift** (sift) *vt* cernir; cribar; examinar; investigar.
**sigh** (sī) *vi* suspirar, gemir; • *n* suspiro *m*.
**sight** (sīt) *n* vista *f*; mira *f*; espectáculo *m*.
**sightless** (sīt´lis) *adj* ciego.
**sightly** (sīt´lē) *adj* vistoso, hermoso.
**sightseeing** (sīt´sē´´ing) *n* turismo *m*; visita a lugares de interés *f*.
**sign** (sīn) *n* señal *f*, indicio *m*; letrero *m*; signo *m*; firma *f*; seña *f*; • *vt* firmar.
**signal** (sig´n*a*l) *n* señal *f*, aviso, indicio *m*; • *adj* insigne, destacado.
**signalize** (sig´n*a* līz´´) *vt* señalar.
**signal lamp** *n* (*rail*) reflector de señales *m*.
**signalman** (sig´n*a*l m*a*n) *n* (*rail*) guardavía *m*.
**signature** (sig´n*a* chėr) *n* firma *f*.
**signet** (sig´nit) *n* sello *m*.
**significance** ( sig nif´*i* k*a*ns) *n* importancia *f*.
**significant** (sig nif´*i* k*a*nt) *adj* significante, importante; expresivo.
**signify** (sig´n*i* fī´´) *vt* significar.
**signpost** (sīn´pōst´´) *n* indicador *m*.
**silence** (sī´l*e*ns) *n* silencio *m*; • *vt* imponer silencio.
**silent** (sī´l*e*nt) *adj* silencioso; **~ly** *adv* silenciosamente.
**silex** (sī´leks) *n* sílice, pedernal *m*.
**silicon** ( sil´*i* k*o*n, sil´*i* kon´´) *n* silicio *f*.
**silk** (silk) *n* seda *f*.
**silken** (sil´k*e*n) *adj* hecho de seda; como la seda.
**silkworm** (silk´würm´´) *n* gusano de seda *m*.
**silky** (sil´kē) *adj* hecho de seda; como la seda.
**sill** (sil) *n* alfeizar *m*, repisa *f*; umbral de puerta *m*.
**silliness** (sil´ē nis) *n* simpleza, bobería, tontería, necedad *f*.
**silly** (sil´ē) *adj* tonto, imbécil.
**silver** (sil´vėr) *n* plata *f*; • *adj* de plata.
**silversmith** (sil´vėr smith´´) *n* platero, orfebre *m*.
**silvery** (sil´v*e* rē) *adj* plateado.
**similar** ( sim´*i* lėr) *adj* similar; semejante; **~ly** *adv* del mismo modo.
**similarity** (sim´´*i* lar´*i* tē) *n* semejanza *f*.
**simile** (sim´*i* lē) *n* símil *m*.
**simmer** (sim ´ėr) *vi* hervir a fuego lento.

**simony** (sī´mo nē) *n* simonía *f.*
**simper** (sim´pėr) *vi* sonreír como tonto; • *n* sonrisa tonta *f.*
**simple** (sim´pl) *adj* simple, puro, sencillo.
**simpleton** (sim´pl ton) *n* simplón, bobalicón *m.*
**simplicity** (sim plis´i tē) *n* sencillez *f*; simpleza *f.*
**simplification** (sim´´pli fī kā´ shan) *n* simplificación *f.*
**simplify** (sim´pli fī´) *vt* simplificar.
**simply** (sim´plē) *adv* sencillamente; solo.
**simulate** (sim´ū lāt´´) *vt* simular, fingir.
**simulation** (sim´´ū lā´shan) *n* simulación *f.*
**simultaneous** (sī´´mul tā´ nē us, sim´´ul tā´nē us) *adj* simultáneo.
**sin** (sin) *n* pecado *m*; • *vi* pecar, faltar.
**since** (sins) *adv* desde, entonces, después; • *prep* desde; • *conj* desde que; ya que.
**sincere** (sin sēr´) *adj* sincero; ~**ly** *adv* sinceramente; **yours ~ly** le saluda atentamente.
**sincerity** (sin ser´i tē) *n* sinceridad *f.*
**sinecure** (sī´ne kūr´´, sin´e kūr´´) *n* sinecura *f*; empleo retribuido que requiere poco o ningún esfuerzo *m.*
**sinew** (sin´ū) *n* tendón *m*; nervio *m.*
**sinewy** (sin´ū ē) *adj* nervoso, robusto.
**sinful** (sin´ful) *adj* pecaminoso, malvado; ~**ly** *adv* malvadamente.
**sinfulness** (sin´ful nis) *n* corrupción *f.*
**sing** (sing) *vi, vt* cantar; gorjear los pájaros; (*poet*) celebrar.
**singe** (sinj) *vt* chamuscar.
**singer** (sing´ėr) *n* cantor, cantante *m*; cantora *f.*
**singing** (sing´ing) *n* canto *m.*
**single** (sing´gl) *adj* único, solo, individual; soltero, soltera; • *n* billete sencillo *m*; sencillo *m*; • *vt* singularizar; separar.
**singly** (sing´glē) *adv* separadamente.
**singular** (sing´gū lėr) *adj* singular, peculiar; • *n* singular *m*; ~**ly** *adv* singularmente.
**singularity** (sing´´gū lar´i tē) *n* singularidad *f.*
**sinister** (sin´i stėr) *adj* siniestro, izquierdo; infeliz, funesto.
**sink** (singk) *vi* hundirse; sumergirse; bajarse; arruinarse, decaer; • *vt* hundir, echar a lo hondo; destruir; • *n* fregadero *m.*
**sinking fund** *n* caja de amortización *f.*
**sinner** (sin´ėr) *n* pecador *m*; pecadora *f.*
**sinuous** (sin´ū us) *adj* sinuoso.
**sinus** (sī´nus) *n* seno *m.*
**sip** (sip) *vt* sorber; • *n* sorbo *m.*
**siphon** (sī´fon) *n* sifón *m.*
**sir** (sür) *n* señor *m.*
**sire** (sī´ėr) *n* caballo padre *m.*
**siren** (sī´ren) *n* sirena *f.*
**sirloin** (sür´loin) *n* lomo de res *m.*
**sister** (sis´tėr) *n* hermana *f.*
**sisterhood** (sis´tėr hüd´´) *n* hermandad *f.*
**sister-in-law** (sis´tėr in lä´´) *n* cuñada *f.*
**sisterly** (sis´tėr lē) *adj* con hermandad.
**sit** (sit) *vi* sentarse; estar situado; • *vt* presentarse a.
**sit-back** *vi* sentarse cómodo.
**site** (sīt) *n* sitio *m*; situación *f.*

**sit-in** (sit'in'') *vi* asistir, estar presente.
**sitting** (sit'ing) *n* turno *m*, sesión, junta *f*; sentada *f*.
**sitting room** *n* sala de estar *f*.
**situated** (sich'ö ā''tid) *adj* situado.
**situation** (sich'ö ā'shan) *n* situación *f*.
**six** (siks) *adj, n* seis.
**sixteen** (siks'tēn') *adj, n* dieciséis.
**sixteenth** (siks'tēnth) *adj, n* decimosexto.
**sixth** (siksth) *adj, n* sexto.
**sixtieth** (siks'tē ith) *adj, n* sexagésimo.
**sixty** (siks'tē) *adj, n* sesenta.
**size** (sīz) *n* tamaño, talle *m*; calibre *m*; dimensión *f*; estatura *f*; condición *f*.
**sizeable** (sīz'bl) *adj* considerable.
**skate** (skāt) *n* patín *m*; • *vi* patinar.
**skateboard** *n* monopatín *m*, patineta *f*.
**skating** *n* patinaje *m*.
**skating rink** *n* pista de patinaje *f*.
**skein** (skān) *n* madeja *f*.
**skeleton** (skel'i ton) *n* esqueleto *m*.
**skeleton key** *n* llave maestra *f*.
**skeptic** (skep'tik) *n* escéptico.
**skeptical** (skep'ti kal) *adj* escéptico.
**skepticism** (sep'ti siz''um) *n* escepticismo *m*.
**sketch** (skech) *n* esbozo, boceto *m*, esquema *f*; • *vt* esbozar, bosquejar.
**skewer** (skū'ėr) *n* aguja de lardear *f*; espetón *m*; • *vt* espetar.
**ski** (skē) *n* esquí *m*; • *vi* esquiar.
**ski boot** *n* bota de esquí *f*.
**skid** (skid) *n* patinazo *m*; • *vi* patinar, derrapar.
**skier** (skē'ėr) *n* esquiador, ra *m/f*.
**skiing** (skē'ing) *n* esquí *m*.
**skill** (skil) *n* destreza, arte, pericia *f*.
**skilled** (skild) *adj* diestro, experto, hábil.
**skillful** (skil'ful) *adj* hábil, práctico, diestro; ~**ly** *adv* diestramente.
**skillfulness** (skil'ful nis) *n* destreza, habilidad *f*.
**skim** (skim) *vt* descremar, desnatar, espumar; pasar rozando; tratar superficialmente; leer rápidamente.
**skimmed milk** *n* leche desnatada *f*.
**skin** (skin) *n* piel *f*; cutis *m/f*; • *vt* desollar.
**skin diving** *n* buceo *m*.
**skinned** (skind) *adj* desollado.
**skinny** (skin'ē) *adj* flaco, macilento.
**skip** (skip) *vi* saltar, brincar; • *vt* pasar, omitir; • *n* salto, brinco *m*; cubo para desperdicios *m*.
**ski pants** *npl* pantalones de esquí *mpl*.
**skipper** (skip'ėr) *n* capitán *m*.
**skirl** (skürl) *n* son de las gaitas *m*.
**skirmish** (skür'mish) *n* escaramuza *f*; • *vi* escaramuzar.
**skirt** (skürt) *n* falda, orla *f*; • *vt* bordear.
**skit** (skit) *n* burla, obra satírica *f*.
**skittish** (skit'ish) *adj* espantadizo, retozón; terco; inconstante; ~**ly** *adv* caprichosamente.
**skittles** (skit'lz) *n* bolos *m*.
**skulk** (skulk) *vi* escuchar, acechar, merodear.
**skull** (skul) *n* cráneo *m*.
**skullcap** (skul'cap'') *n* casquete, solideo *m*.
**sky** (skī) *n* cielo, firmamento *m*.
**skydiving** (skī'dī''ving) *n* paracaidismo *m*.
**skyjack** *vt* secuestrar un avión.
**skylight** (skī'lit'') *n* claraboya *f*, tra-galuz *m*.

**skyline** (skī'līn'') *n* línea del horizonte.
**skyrocket** (skī'rok''it) *n* cohete *m.*
**skyscraper** (skī'skrā''pėr) *n* rascacielos *m invar.*
**slab** (slab) *n* losa *f*, bloque, trozo *m.*
**slack** (slak) *adj* flojo, perezoso, negligente, lento.
**slacken** (slak'*e*n) *vt, vi* aflojar; ablandar; entibiarse; decaer; relajar; aliviar.
**slackness** (slak'nis) *n* flojedad, remisión *f*; descuido *m.*
**slag** (slag) *n* escoria *f.*
**slam** (slam) *vt* empujar con violencia; • *vi* cerrarse de golpe.
**slander** (slan'dėr) *vt* calumniar, infamar; • *n* calumnia *f.*
**slanderer** (slan'de rėr) *n* calumniador, maldiciente *m.*
**slanderous** (slan'dėr *u*s) *adj* calumnioso; ~**ly** *adv* calumniosamente.
**slang** (slang) *n* argot *m*; jerigonza *f.*
**slant** (slant, slänt) *vi* pender oblicuamente; • *n* sesgo *m*; interpretación *f.*
**slanting** (slän'ting) *adj* sesgado, oblicuo.
**slap** (slap) *n* manotada *f*; (**on the face**) bofetada *f*; • *adv* directamente; • *vt* golpear, dar una bofetada.
**slash** ( slash) *vt* acuchillar; • *n* cuchillada *f.*
**slate** (slāt) *n* pizarra *f.*
**slater** (slā'tėr) *n* pizarrero *m.*
**slaughter** (sl*ä*'tėr) *n* c arnicería, matanza *f*; • *vt* matar atrozmente; matar en la carnicería.
**slaughterer** (sl*ä*'tī rėr) *n* carnicero, asesino *m.*
**slaughterhouse** (sl*ä*'tėr hous'') *n* matadero *m.*
**slave** (slāv) *n* esclavo *m*; esclava *f*; • *vi* trabajar como esclavo.
**slaver** (slav'ėr) *n* baba *f*; • *vi* babosear • *adj*. negrero.
**slavery** (slā've rē, slāv' rē) *n* esclavitud *f.*
**slavish** (slā'vish) *adj* servil, humilde, sin imaginación; ~**ly** *adv* servilmente.
**slavishness** (slā'vish nis) *n* servilismo *f*; falta de originalidad *f.*
**slay** (slā) *vt* matar, quitar la vida.
**slayer** (slā'ėr) *n* asesino *m.*
**sleazy** (slē'zē) *adj* sórdido, de mala fama; corriente.
**sled, sleigh** (sled; slā) *n* trineo *m.*
**sledgehammer** *n* mazo *m*, almadana *f.*
**sleek** (slēk) *adj* liso, bruñido, pulcro.
**sleep** (slēp) *vi* dormir; • *n* sueño *m.*
**sleeper** (slē'pėr) *n* durmiente *m.*
**sleepily** (slēp'lē) *adv* con somnolencia *o* torpeza.
**sleepiness** (slēp'ē nis) *n* sueño *m.*
**sleeping bag** *n* saco de dormir *m.*
**sleeping pill** *n* somnífero *m.*
**sleepless** (slēp'lis) *adj* desvelado.
**sleepwalking** (slēp'w*ä*k''ing) *n* sonambulismo *m.*
**sleepy** (slē'pē) *adj* soñoliento, adormilado.
**sleet** (slēt) *n* aguanieve *f.*
**sleeve** (slēv) *n* manga *f.*
**sleeveless** (slēv'lis) *adj* sin mangas.
**sleight** (slīt) *n*: ~ **of hand** juegos de manos *mpl*, prestidigitación *f.*
**slender** (slen'dėr) *adj* delgado, débil, pequeño, escaso; ~**ly** *adv* delgadamente.
**slenderness** (slen'dėr nis) *n* delgadez *f*; tenuidad *f*; pequeñez *f.*
**slice** (slīs) *n* rebanada *f*; espátula *f*; • *vt* rebanar.

**slick** (slik) *adj* ingenioso pero insustancial; de mucha labia; hábil; resbaladizo; lacio.
**slide** (slīd) *vi* resbalar, deslizarse; correr por encima del hielo; • *n* resbalón *m*; corredera *f*; diapositiva *f*; tobogán *m*.
**sliding** (slīd'ing) *adj* corredizo.
**slight** (slīt) *adj* ligero, leve, pequeño; • *n* descuido *m*; • *vt* despreciar. **~ly** *adv* ligeramente.
**slightness** (slīt'nis) *n* insignificancia *f*; negligencia *f*.
**slim** ( slim) *adj* delgado; • *vi* adelgazar.
**slime** (slīm) *n* lodo *m*; sustancia viscosa *f*.
**sliminess** (slīm'nis) *n* viscosidad *f*.
**slimming** (sli'ming) *n* adelgazamiento *m*.
**slimy** (slī'mē) *adj* viscoso, pegajoso.
**sling** ( sling) *n* honda *f*; cabestrillo *m*; • *vt* tirar.
**slink** (slingk) *vi* escaparse; esconderse.
**slip** (slip) *vi* resbalar; escapar, huir; • *vt* deslizar; • *n* resbalón *m*; tropiezo *m*; escapada *f*; papelito *m*.
**slipknot** (slip'not'') *n* nudo corredizo.
**slipper** (sli'pėr) *n* zapatilla *f*.
**slippery** (slip'*e* rē) *adj* resbaladizo.
**slipshod** (slip'shod'') *adj* descuidado.
**slipway** (slip'wā) *n* grada *f*, gradas *fpl*.
**slit** ( slit) *vt* rajar, hender; • *n* raja, hendidura *f*.
**slobber** (slob'ėr) *n* baba *f*.
**sloe** (slō) *n* endrina *f*.
**sloe-eyed** (slō'īd'') *adj* de ojos de azabache.
**slog** (slog) *vi* caminar trabajosamente.
**slogan** (slō'g*a*n) *n* eslogan, lema *m*.
**sloop** (slöp) *n* (*mar*) balandra *f*.
**slop** (slop) *vi* derramarse, volcase • *n* bazofia, porquería *f*; **~s** *pl* líquido de desecho *mpl*.
**slope** (slöp) *n* cuesta, pendiente, barranca *f*; • *vt* sesgar.
**sloping** (slö'ping) *adj* oblicuo; en declive.
**sloppy** (slop'ē) *adj* descuidado; desaliñado.
**slot** (slot) *n* ranura.
**sloth** (sl*ä*t, slöth) *n* pereza *f*.
**slouch** (slouch) *vt, vi* estar cabizbajo; bambolearse pesadamente.
**slough** ( slou, slö) *n* cenegal; abismo de la desesperación *m*; piel de serpiente *f*.
**slovenliness** (sluv'*e*n lē''nis) *n* desaliño *m*; porquería *f*.
**slovenly** (sluv'*e*n lē) *adj* desaliñado, puerco, sucio.
**slow** (slō) *adj* tardío, lento, torpe, perezoso; **~ly** *adv* lentamente, despacio.
**slowness** (slō'nis) *n* lentitud, tardanza, pesadez *f*.
**sludge** (sluj) *n* fango, sedimento *m*.
**slug** (slug) *n* babosa *f*; ficha *f*; trago *m*. • *vt* golpear.
**sluggard** (slug'ėrd) *n* holgazán, zángano *m*;
**sluggish** (slug'ish) *adj* perezoso; lento; **~ly** *adv* lentamente.
**sluggishness** (slug'ish nis) *n* lentitud *f* aletargamiento *m*.
**sluice** (slös) *n* compuerta *f*; • *vt* soltar la compuerta de un canal *etc*.
**slum** (slum) *n* tugurio *m*; barrio bajo *m*.
**slumber** (slum'bėr) *vi* dormitar; • *n* sueño ligero *m*.

**slump** (slump) *n* depresión, disminución *f.*
**slur** (slür) *vt* ensuciar; calumniar; pronunciar mal; • *n* calumnia *f.*
**slush** (slush) *n* lodo, barro, cieno *m*, nieve fangosa *f.*
**slut** (slut) *n* marrana *f.*
**sly** (slī) *adj* astuto; ~**ly** *adv* astutamente.
**slyness** (slī'nis) *n* astucia, maña *f.*
**smack** (smak) *n* sabor, gusto *m*; beso fuerte (que se oye) *m*; chasquido de látigo *m*; bofetada *f* ; • *vi* saber; • *vt* golpear; besar con ruido.
**small** (smäl) *adj* pequeño, menudo.
**smallholding** *n* granja pequeña *f.*
**smallish** (smä'lish) *adj* algo pequeño.
**smallness** (smäl'nis) *n* pequeñez *f.*
**smallpox** (smäl'poks'') *n* viruelas *fpl.*
**smalltalk** *n* charla sobre temas triviales *f.*
**smart** (smärt) *adj* elegante; listo, ingenioso; vivo; • *vi* escocer, picar, arder.
**smart aleck** (smärt'al''ik) *n* sabelotodo, listo.
**smartly** (smärt'lē) *adv* agudamente, vivamente; elegantemente; inteligentemente.
**smartness** (smärt'nis) *n* agudeza, viveza, sutileza *f.*
**smash** (smash) *vt* romper, quebrantar; estrellar; batir; • *vi* hacerse pedazos; estrellarse; • *n* fracaso *m*; choque *m.*
**smashing** (smash'ing) *adj* fantástico, genial.
**smattering** (smat'ėr ing) *n* conocimiento superficial *m.*
**smear** (smēr) *n* mancha *f*; calumnia *f*; (*med*) frotis *m invar*; • *vt* untar; difamar.
**smell** (smel) *vt, vi* oler; • *n* olfato *m*; olor *m*; hediondez *f.*
**smelly** (sme'lē) *adj* oloroso, maloliente.
**smelt** (smelt) *vt* fundir (el metal).
**smelter** (smel'tėr) *n* fundidor *m*, fundición *f.*
**smile** (smīl) *vi* sonreír; • *n* sonrisa *f.*
**smirk** (smürk) *n* sonrisita (de complicidad) *f.*
**smite** (smīt) *vt* herir; afligir.
**smith** (smith) *n* forjador de metales, herrero *m.*
**smithy** (smith'ē) *n* herrería *f.*
**smock** (smok) *n* vestido amplio de mujer *f.*
**smoke** (smōk) *n* humo *m*; vapor *m*; • *vt, vi* ahumar; humear; fumar.
**smoked** (smōkd) *adj* ahumado.
**smokeless** (smōk'lis) *adj* sin humo.
**smoker** (smō'kėr) *n* fumador, ra *m/f.*
**smoke screen** *n* cortina de humo *f.*
**smoke stack** (smōk'stak'') *n* chimenea *f.*
**smoking** (smōk'ing) fumar; '**no** ~' 'prohibido fumar'.
**smoky** (smō'kē) *adj* humeante; humoso.
**smolder** (smōl'dėr) *vi* arder lentamente.
**smoldering** (smōl'dėr ing) *adj* ardiente, provocativo, humeante.
**smooth** (smöTH) *adj* liso, pulido, llano; suave; afable; • *vt* allanar; alisar; lisonjear.
**smoothly** (smöTH'lē) *adv* llanamente; con blandura.
**smoothness** (smöTH'nis) *n* lisura; tersura; suavidad; desenvoltura *f.*
**smother** (smöTH'ėr) *vt* sofocar; suprimir.
**smudge** (smuj) *vt* manchar; • *n* mancha *f.*

**smug** (smug) *adj* presumido.
**smuggle** (smug´l) *vt* pasar de contrabando.
**smuggler** (smug´lėr) *n* contrabandista *m/f.*
**smuggling** (smug´ling) *n* contrabando *m.*
**smut** (smut) *n* indecencia, suciedad *f.*
**smuttiness** (smut´ē nis) *n* tizne *m*; obscenidad *f.*
**smutty** (smut´ē) *adj* tiznado; obsceno.
**snack** (snak) *n* bocado, bocadillo *m.*
**snack bar** *n* cafetería *f.*
**snag** (snag) *n* problema, inconveniente *m.* • *vt* enganchar.
**snail** (snāl) *n* caracol *m.*
**snake** (snāk) *n* culebra *f.*
**snakes and ladders** *n* juego de la oca *m*, serpientes y escaleras *f.*
**snap** (snap) *vt, vi* romper; agarrar; morder; insultar; • *n* ruido, chasquido, estallido *m*; foto instantánea *f*; energía *f*, brío *m.*
**snap fastener** *n* botón de presión *m.*
**snappy** (snap´ē) *adj* cortante, irritable; brioso, alegre; conciso, vigoroso.
**snare** (snâr) *n* lazo *m*; trampa *f.*
**snarl** (snärl) *vi* regañar, gruñir.
**snatch** (snach) *vt* arrebatar; agarrar; • *n* arrebatamiento *m*; robo *m*; bocado *m.*
**sneak** (snēk) *vi* escabullirse; • *vt* sacar o introducir a hurtadillas, • *n* soplón, hombre servil *m.*
**sneakers** (snē´kėr) *npl* zapatos de lona *mpl.*
**sneaky** (snē´kē) *adj* artero, taimado, solapado.
**sneer** (snēr) *vi* adoptar un aire despectivo.
**sneeringly** (snēr´ing lē) *adv* con desprecio.
**sneeze** (snēz) *vi* estornudar.
**sniff** (snif) *vt* oler, inhalar; hablar con desdén; • *vi* husmear, hacer ruido con la nariz • *n* resuello *m*; inhalación *f.*
**snigger** (snig´ėr) *vi* reírse o burlarse.
**snip** (snip) *vt* tijeretear; • *n* tijeretada *f*, pedazo pequeño *m*; porción *f*; ganga *f.*
**snipe** (snīp) *n* agachadiza *f*, • *vt* disparar; criticar.
**sniper** (snīp´ėr) *n* francotirador, ra *m/f.*
**snivel** (sniv´l) *vi* lloriquear.
**sniveler** (sniv´lėr) *n* llorón *m.*
**snob** (snob) *n* (e)snob *m/f.*
**snobbish** (snob´ish) *adj* esnob.
**snook** (snök, snük) *n* burla *f.*
**snoop** (snöp) *vi* husmear, curiosear.
**snooze** (snöz) *n* sueño ligero *m*; • *vi* echar una siesta.
**snore** (snōr, snär) *vi* roncar.
**snorkel** (snär´kel) *n* (tubo) respirador *m.*
**snort** (snärt) *vi* resoplar, bufar.
**snout** (snout) *n* hocico *m*; trompa de elefante *f.*
**snow** (snō) *n* nieve *f*; • *vi* nevar.
**snowball** (snō´bäl´´) *n* bola de nieve *f.*
**snowdrop** (snō´drop´´) *n* (*bot*) campanilla blanca *f.*
**snowflake** (snō´flāk´´) *n* copo de nieve *m.*
**snowman** (snō´man´´) *n* figura de nieve *f.*
**snowplow** (snō´plou´´) *n* quitanieves *m invar.*
**snowy** (snō´ē) *adj* nevoso; nevado.
**snub** (snub) *vt* desairar, desdeñar, rechazar.

**snub-nosed** (snub´nōzd´´) *adj* chato.
**snuff** (snuf) *n* rapé *m*.
**snuffbox** (snuf´boks´´) *n* caja de rapé, tabaquera *f*.
**snuffle** (snuf´l) *vi* resoplar, hablar gangoso.
**snug** (snug) *adj* abrigado; conveniente, cómodo, acogedor, agradable, grato.
**so** (sō) *adv* así; de este modo; tan.
**soak** (sōk) *vi, vt* remojarse; empapar, remojar.
**soap** (sōp) *n* jabón *m*; • *vt* enjabonar.
**soap bubble** *n* pompa de jabón *f*.
**soap opera** *n* telenovela *f*.
**soap powder** *n* jabón en polvo *m*.
**soapsuds** (sōp´sudz´´) *n* jabonaduras *fpl*.
**soapy** (sō´pē) *adj* jabonoso.
**soar** (sōr, sär) *vi* volar alto, remontarse, sublimarse.
**sob** (sob) *n* sollozo *m*; • *vi* sollozar.
**sober** (sō´bėr) *adj* sobrio; serio; ~**ly** *adv* sobriamente; juiciosamente.
**sobriety** (so brī´i tē, sō brī´ tē) *n* sobriedad *f*; seriedad, sangre fría *f*.
**soccer** (sok´ėr) *n* fútbol *m*.
**sociability** (sō´´sha bil´i tē) *n* sociabilidad *f*.
**sociable** (sō´sha bl) *adj* sociable, comunicativo.
**sociably** (sō´shabl ē) *adv* sociablemente.
**social** (sō´shal) *adj* social, sociable; ~**ly** *adv* sociablemente.
**socialism** (sō´sha liz´´um) *n* socialismo *m*.
**socialist** (sō´sha list) *n* socialista *m/f*.
**social welfare** *n* bienestar social *m*.
**social work** *n* asistencia social *f*.
**social worker** *n* trabajador, -ora (asistente, ta) social *m/f*.
**society** (so sī´i tē) *n* sociedad *f*; compañía *f*.
**sociologist** (sō´´sē ol´o jist, sō´´shē ol´o jist) *n* sociólogo, ga *m/f*.
**sociology** (sō´´sē ol´o jē, sō´´shē ol´o jē) *n* sociología *f*.
**sock** (sok) *n* calcetín *m*; media *f*. • *vt* pegar un puñetazo.
**socket** (sok´it) *n* enchufe *m*.
**sod** (sod) *n* suelo, césped *m*; pobre diablo *m*.
**soda** (sō´da) *n* sosa *f*; gaseosa *f*.
**sofa** (sō´fa) *n* sofá *m*.
**soft** (säft, soft) *adj* blando, suave; benigno, tierno; afeminado; ~**ly** *adv* suavemente; paso a paso.
**soft drink** *n* refresco *m*.
**soften** (sä´fen, sof´en) *vt* ablandar, mitigar; enternecer.
**soft-hearted** (säft´här´tid, soft´här´tid) *adj* compasivo.
**softness** (säft´nis, soft´nis) *n* blandura, dulzura *f*.
**soft-spoken** *adj* afable.
**software** (säft´wâr´´, soft´wâr´´) *n* software *m*.
**soggy** (sog´ē) *adj* empapado, pasado.
**soil** (soil) *vt* ensuciar, manchar; • *n* terreno *m*; tierra *f*.
**sojourn** (sō´jürn, sō jürn´) *vi* residir, morar; • *n* morada *f*; residencia *f*.
**solace** (sol´is) *vt* solazar, consolar; • *n* consuelo *m*.
**solar** (sō´lėr) *adj* solar.
**solder** (sod´ėr) *vt* soldar; • *n* soldadura *f*.
**soldier** (sōl´jėr) *n* soldado *m*.
**soldierly** (sōl´je rē) *adj* soldadesco, marcial, militar.
**sole** (sōl) *n* planta del pie *f*; suela del zapato *f*; lenguado *m*; • *adj* único, solo; ~**ly** *adv* solamente.

**solecism** (sol'i siz''*u*m) *n* (*gr*) solecismo *m*.
**solemn** (sol'*e*m) *adj*, ~**ly** *adv* solemne(mente).
**solemnity** (s*o* lem'ni tē) *n* solemnidad *f*.
**solemnize** (sōl'*e*m nīz'') *vt* solemnizar.
**solicit** (s*o* lis'it) *vt* solicitar; implorar • *vi* ejercer la prostitución callejera.
**solicitor** (s*o* lis'i tėr) *n* representante, agente *m/f*.
**solicitous** (s*o* lis'i tus) *adj* solícito, diligente; ~**ly** *adv* solícitamente.
**solicitude** (s*o* lis'i töd'', s*o* lis'i tūd'') *n* solicitud, preocupación *f*.
**solid** (sol'id) *adj* sólido, compacto; • *n* sólido *m*; ~**ly** *adv* sólidamente.
**solidarity** (sol''i dar'i tē) *n* solidaridad *f*.
**solidify** (s*o* lid'i fī'') *vt* solidificar.
**solidity** (s*o* lid'i tē) *n* solidez *f*.
**soliloquy** (s*o* lil'*o* kwē) *n* soliloquio *m*.
**solitaire** (sol'i târ'') *n* solitario *m*.
**solitary** (sol'i ter''ē) *adj* solitario, retirado; • *n* ermitaño *f*.
**solitude** (sol'i töd'', sol'i tūd'') *n* soledad *f*; vida solitaria *f*.
**solo** (sō'lō) *n* (*mus*) solo *m*.
**soloist** (sō'lō ist) *n* solista *m/f*.
**solstice** (sol'stis) *n* solsticio *m*.
**soluble** (sol'ū bl) *adj* soluble.
**solution** (s*o* lö'sh*a*n) *n* solución *f*.
**solve** (solv) *vt* resolver.
**solvency** (sol'v*e*n sē) *n* solvencia *f*.
**solvent** (sol'v*e*nt) *adj* solvente; *n* (*chem*) solvente *m*.
**somber** (som'bėr) *adj* sombrío.
**some** (sum) *adj* algo de, un poco, algún, alguno, alguna, unos, pocos, ciertos.
**somebody** (sum'bod''ē) *n* alguien *m*.
**somehow** (sum'hou'') *adv* de algún modo.
**someplace** (sum'pläs'') *adv* en alguna parte; a alguna parte.
**something** (sum'thing) *n* alguna cosa, algo.
**sometime** (sum'tīm'') *adv* algún día.
**sometimes** (sum'tīmz'') *adv* a veces.
**somewhat** (sum'hwut'', sum'hwot'' sum'hw*a*t) *adv* algo; en cierta forma; un poco.
**somewhere** (sum'hwâr'', sum'wâr'') *adv* en alguna parte; a alguna parte.
**somnambulism** (som nam'by*a* liz'' *u*m, s*o*m nam'by*a* liz''*u*m) *n* somnambulismo *m*.
**somnambulist** (som nam'by*a* lizt, s*o*m nam'by*a* lizt) *n* somnámbulo *m*.
**somnolence** (som'n*o* l*e*ns) *n* somnolencia *f*.
**somnolent** (som'n*o* l*e*nt) *adj* soñoliento.
**son** (sun) *n* hijo *m*.
**sonata** (s*o* nä't*a*) *n* (*mus*) sonata *f*.
**song** (s*ä*ng, song) *n* canción.
**son-in-law** (sun'in l*ä*'') *n* yerno *m*.
**sonnet** (son'it) *n* soneto *m*.
**sonorous** (s*o* nōr'us, son'ėr us) *adj* sonoro.
**soon** (sön) *adv* pronto; **as ~ as** tan pronto como.
**sooner** (sö'nėr) *adv* antes, más pronto.
**soot** (s*ü*t, söt) *n* hollín *m*.
**soothe** (söTH) *vt* adular; calmar.
**soothing** (söTHing) *adj* relajante, tranquilizante.
**soothsayer** (söth'sā''ėr) *n* adivino *m*.
**sop** (sop) *n* sopa *f*.
**sophism** (sof'iz *u*m) *n* sofisma *m*.
**sophist** (sof'ist) *n* sofista.

**sophistical** (so fis'tik al) *adj* sofístico.
**sophisticate** (so fis'ti kāt'') *vt* sofisticar.
**sophisticated** (so fis'ti kā'tid) *adj* sofisticado.
**sophistry** (sof'i strē) *n* sofistería *f.*
**sophomore** (sof'o mōr'') *n* estudiante de segundo año *m/f.*
**soporific** (sop''o rif'ik, sōp''o rif'ik) *adj* soporífero, somnífero.
**soppy** (sop'ē) *adj* empapado, chorreando.
**sorcerer** (sär'sėr ėr) *n* hechicero *m.*
**sorceress** (sär'sėr is) *n* hechicera *f.*
**sorcery** (sär'se rē) *n* hechizo, encanto *m*; brujería.
**sordid** (sär'did) *adj* sórdido, sucio; avariento.
**sordidness** (sär'did nis) *n* sordidez, mezquindad *f.*
**sore** (sōr, sär) *n* llaga, úlcera *f*; • *adj* doloroso, penoso; resentido; **~ly** *adv* penosamente.
**sorrel** (sär'el, sor'el) *n* (*bot*) acedera *f*; • *adj* alazán rojo.
**sorrow** (sor'ō, sär'ō) *n* pesar *m*; tristeza *f*; • *vi* entristecerse.
**sorrowful** (sor'ō ful, sär'ō ful) *adj* pesaroso, afligido; **~ly** *adv* con aflicción.
**sorry** (sor'ē, sär'ē) *adj* triste, afligido; arrepentido; **I am** ~ lo siento.
**sort** (särt) *n* suerte *f*; género *m*; especie *f*; calidad *f*; manera *f*; • *vt* separar en distintas clases; escoger, elegir.
**soul** (sōl) *n* alma *f*; esencia *f*; persona *f.*
**sound** (sound) *adj* sano; entero; puro; firme; **~ly** *adv* sanamente, vigorosamente; • *n* sonido, ruido *m*; • *vt* sonar; tocar; celebrar; sondar, auscultar; • *vi* sonar, resonar; parecer.
**sound effects** *npl* efectos sonoros *mpl.*
**sounding board** *n* diapasón *m*; caja de resonancia *f.*
**soundings** (soun'dings) *npl* (*mar*) sondeo *m*; (*mar*) surgidero profundo *m.*
**soundness** (sound'nis) *n* buen estado *m*; fuerza, solidez *f.*
**soundproof** (sound'pröf'') *adj* insonorizado, con aislamiento acústico.
**sound track** *n* banda sonora *f.*
**soup** (söp) *n* sopa *f.*
**sour** (sour, sou'ėr) *adj* agrio, ácido; cortado; áspero; **~ly** *adv* agriamente; • *vt, vi* agriar, acedar; agriarse.
**source** (sōrs, särs) *n* manantial *m*; principio *m,* fuente.
**sourdough** (sour'dō', sou'ėr'dō) *n* masa fermentada (para hacer pan) *f.*
**sourness** (sour'nis, sou'ėr'nis) *n* acedía, agrura *f*; acrimonia *f.*
**souse** (sous) *n* (*sl*) borracho, cha *m/f*; • *vt* escabechar; chapuzar.
**south** (south) *n* sur *m*; • *adj* del sur; • *adv* al sur.
**southerly, southern** (suTH'ėr lē; suTH'ėrn) *adj* del sur, meridional.
**southerner** (suTH'ėr nėr) *adj* sureño.
**southward(s)** (south'wėrd) *adv* hacia el sur.
**southwester** (south'wes'tėr) *n* (*mar*) viento de sudoeste *m*; sombrero grande de los marineros *m.*
**souvenir** (sö''ve nēr') *n* recuerdo *m.*
**sovereign** (sov'rin, sov'ėr in) *adj, n* soberano, na (*m/f*).

**sovereignty** (sov´rin tē, suv´rin tē) *n* soberanía *f.*
**sow** (sou) *n* puerca, marrana *f.*
**sow** (sō) *vt* sembrar; esparcir.
**sowing-time** *n* sementera, siembra *f.*
**soy** (soi) *n* soya, soja *f.*
**space** (spās) *n* espacio *m*; intersticio *m*; • *vt* espaciar.
**spacecraft** (spās´kraft´´, spās´kräft´´) *n* nave espacial *f.*
**spaceman/woman** (spās´man´´, spās´ m*a*n; spās´ wüm´*a*n) *n* astronauta *m/f.*
**space shuttle** (spās´shut´l) *n* transbordador espacial *m.*
**spacious** (spā´shus) *adj* espacioso, amplio; ~**ly** *adv* con bastante espacio.
**spaciousness** (spā´shus nis) *n* espaciosidad *f.*
**spade** (spād) *n* laya, azada *f*, espadas *fpl* (en los naipes).
**spaghetti** (sp*a* get´ē) *n* espagueti *m*, fideos *mpl.*
**span** (span) *n* palmo *m*; envergadura *f*; • *vt* cruzar; abarcar.
**spangle** (spang´gl) *n* lentejuela *f*; • *vt* adornar con lentejuelas.
**spaniel** (span´yel) *n* perro de aguas *m.*
**Spanish** (span´ish) *adj* español(a); • *n* español *m.*
**spank** (spangk) *vt* dar nalgadas; dar una paliza.
**spanking** (spang´king) *n* zurra, paliza *f.*
**spar** (spär) *n* palo *m*; • *vi* entrenarse.
**spare** (spâr) *vt, vi* ahorrar, economizar; perdonar; pasarse sin; vivir con economía; • *adj* de más; de reserva.
**sparing** (spâr´ing) *adj* moderado, escaso, raro, económico; ~**ly** *adv* parcamente, frugalmente.
**spark** (spärk) *n* chispa *f.*
**sparkle** (spär´kl) *n* centella, chispa *f*; • *vi* chispear; espumar.
**spark plug** (spärk´plug´´) *n* bujía *f.*
**sparrow** (spar´ō) *n* gorrión *m.*
**sparrow hawk** *n* gavilán *f.*
**sparse** (spärs) *adj* escaso, delgado; tenue; ~**ly** *adv* tenuemente.
**spasm** (spaz´*u*m) *n* espasmo *m.*
**spasmodic** (spaz mod´ik) *adj* espasmódico.
**spate** (spāt) *n* torrente *m*, avalancha *f.*
**spatter** (spāt´ėr) *vt* salpicar, manchar.
**spatula** (spach´*a* l*a*) *n* espátula *f.*
**spawn** (spän) *n* freza, hueva *f*; • *vt, vi* desovar; engendrar; producir.
**spawning** (sp*ä*n´ing) *n* freza, hueva *f.*
**speak** (spēk) *vt, vi* hablar; decir; conversar; pronunciar.
**speaker** (spē´kėr) *n* altavoz; bafle *m*; orador, ra *m/f.*
**spear** (spēr) *n* lanza *f*; arpón *m*; • *vt* herir con lanza.
**special** (spesh´*a*l) *adj* especial, particular; ~**ly** *adv* especialmente.
**specialty** (spesh´*a*l tē) *n* especialidad *f.*
**species** (spē´shēz, spē´sēz) *n* especie *f.*
**specific** (spi´sif´ik) *adj* específico; • *n* específico *m.*
**specifically** *adv* explícitamente, expresamente, en concreto.
**specification** (spes´*i* fi kā sh*a*n) *n* especificación *f.*
**specify** (spes´*i* fī´) *vt* especificar.
**specimen** (spes´*i* men) *n* muestra *f*; prueba *f.*
**specious** (spē´shus) *adj* especioso, engañoso.

**speck(le)** (spek, spek´l) *n* mácula, tacha *f*; • *vt* motear.
**spectacle** (spek´t*a* kl) *n* espectáculo *m*.
**spectacular** (spek tak´ū lėr) *adj* espectacular.
**spectator** (spek´tā tėr, spek tā´tėr) *n* espectador, ra *m/f*.
**specter** (spek´tėr) *n* espectro *m*.
**spectral** (spek´tr*a*l) *adj* fantasmal, espectral; ~ **analysis** *n* análisis del espectro solar *f*.
**speculate** (spek´ū lāt´´) *vi* especular; reflexionar.
**speculation** (spek´´ū lā´sh*a*n) *n* especulación *f*; especulativa *f*; meditación *f*.
**speculative** (spek´ū lā´´tiv) *adj* especulativo, teórico.
**speculum** (spek´ū l*u*m) *n* espejo, espéculo *m*.
**speech** (spēch) *n* habla *m*; discurso *m*; lenguaje *m*; conversación *f*.
**speechify** (spē´ch*i* fī´´) *vi* arengar.
**speechless** (spēch´lis) *adj* mudo.
**speed** (spēd) *n* prisa *f*; velocidad *f*; • *vt* apresurar; despachar; • *vi* darse prisa.
**speedboat** (spēd´bōt´) *n* lancha motora *f*.
**speedily** (spē´dē lē) *adv* aceleradamente, de prisa.
**speediness** (spē´dē nis) *n* celeridad, prontitud, precipitación *f*.
**speed limit** *n* límite de velocidad *m*, velocidad máxima *f*.
**speedometer** (spē dom´i tėr, spi dom´i tėr) *n* velocímetro *m*.
**speedway** (spēd´wā´´) *n* pista de carreras *f*.
**speedy** (spē´dē) *adj* veloz, pronto, diligente.
**spell** (spel) *n* hechizo, encanto *m*; período *m*; • *vt, vi* escribir correctamente; deletrear; hechizar, encantar.
**spelling** (spel´ing) *n* ortografía *f*.
**spend** (spend) *vt* gastar; pasar; disipar; consumir.
**spendthrift** (spend´thrift´´) *n* pródigo, derrochador *m*.
**spent** (spent) *adj* agotado, acabado.
**sperm** (sp*ü*rm) *n* esperma *f*.
**spew** (spū) *vi* (*sl*) vomitar; salir a borbotones.
**sphere** (sfēr) *n* esfera *f*.
**spherical** (sfer´i k*a*l) *adj* esférico; ~**ly** *adv* en forma esférica.
**spice** (spīs) *n* especia *f*; • *vt* sazonar, condimentar.
**spick-and-span** (spik´*a*n span´) *adj* aseado, (bien) arreglado.
**spicy** (spī´sē) *adj* condimentado, picante, aromático.
**spider** (spī´dėr) *n* araña *f*.
**spigot** (spig´*o*t) *n* llave *f*, grifo *m*.
**spike** (spīk) *n* clavo largo *m*; zapatos con refuerzos metálicos (para correr, etc.) *mpl*; • *vi* clavar con espigones.
**spill** (spil) *vt* derramar, verter; • *vi* derramarse.
**spin** (spin) *vt* hilar; alargar, prolongar; girar; • *vi* dar vueltas; • *n* vuelta *f*; paseo (en coche) *m*.
**spinach** (spin´ich) *n* espinaca *f*.
**spinal** (spīn´*a*l) *adj* espinal.
**spinal column** *n* columna vertebral, espina dorsal *f*.
**spinal cord** *n* médula espinal *f*.
**spindle** (spin´dl) *n* huso *m*; eje *m*.
**spindly** (spind´lē) *adj* delgado, flaco, larguirucho.
**spine** (spīn) *n* espinazo, lomo *m*, espina dorsal *f*.
**spinet** (spin´it) *n* (*mus*) espineta *f*.

**spinner** (spin´ėr) *n* hilador *m*; hilandera *f*.
**spinning wheel** *n* torno de hilar *m*, rueca *f*.
**spin-off** (spin´ăf´´) *n* derivado, producto secundario *m*.
**spinster** (spin´stėr) *n* solterona *f*.
**spiral** (spī´ral) *adj* espiral; **~ly** *adv* en figura de espiral.
**spire** (spī´ėr) *n* espira *f*; pirámide *m*; aguja *f* (de una torre).
**spirit** (spir´it) *n* aliento *m*; espíritu *m*; ánimo, valor *m*; brío *m*; humor *m*; fantasma *m*; • *vt* incitar, animar; **to ~ away** quitar secretamente.
**spirited** (spir´i tid) *adj* vivo, brioso; **~ly** *adv* con espíritu.
**spirit lamp** *n* velón *o* quinqué alimentado con alcohol *m*.
**spiritless** (spir´it lis) *adj* abatido, sin espíritu.
**spiritual** (spir´i chö al) *adj*, **~ly** *adv* espiritual(mente).
**spiritualist** (spir´i chö a list) *n* espiritualista *m*.
**spirituality** (spir´´i chö al´i tē) *n* espiritualidad *f*.
**spit** (spit) *n* asador *m*; saliva *f*; • *vt, vi* espetar; escupir.
**spite** (spīt) *n* rencor *m*, malevolencia *f*; **in ~ of** a pesar de, a despecho; • *vt* molestar.
**spiteful** (spīt´ful) *adj* rencoroso, malicioso; **~ly** *adv* malignamente, con tirria.
**spitefulness** (spīt´ful nis) *n* malicia *f*; rencor *m*.
**spittle** (spit´l) *n* saliva *f*; esputo *m*.
**splash** (splash) *vt* salpicar, enlodar; • *vi* chapotear; • *n* chapoteo *m*; mancha *f*.
**spleen** (splēn) *n* bazo *m*; ira *f*.
**splendid** (splen´did) *adj* espléndido, magnífico; **~ly** *adv* espléndidamente.
**splendor** (splen´dėr) *n* esplendor *m*; pompa *f*.
**splice** (splīs) *vt* empalmar, coser, ensamblar, unir.
**splint** (splint) *n* tablilla *f*.
**splinter** (splin´tėr) *n* cacho *m*; astilla *f*; brizna *f*; • *vt* (*vi*) astillar(se) desprender(se) dividir(se).
**split** (split) *n* hendedura *f*; división *f*; • *vt* hender, rajar; • *vi* henderse.
**split second** *n* fracción de segundo *m*.
**spoil** (spoil) *vt* despojar; arruinar; mimar.
**spoiled** (spoilt) *adj* pasado; cortado; consentido.
**spoke** (spōk) *n* rayo de la rueda *m*.
**spokesman** (spōks´man) *n* portavoz *m*.
**spokeswoman** (spōks´wüm´´an) *n* portavoz *f*.
**sponge** (spunj) *n* esponja *f*; • *vt* limpiar con esponja; • *vi* vivir a costillas de otros.
**sponger** (spunj´ėr) *n* gorrón *m*.
**sponginess** (s pun´jē nis) *n* c alidad esponjosa *f*.
**spongy** (spun´jē) *adj* esponjoso.
**sponsor** (spon´sėr) *n* fiador, patrocinador, mecenas *m*; padrino *m*; madrina *f*.
**sponsorship** (spon´sėr ship´´) *n* patrocinio *m*.
**spontaneity** (spon´´ta nē´i tē) *n* espontaneidad, voluntariedad *f*.
**spontaneous** (spon´ta´nē us) *adj* espontáneo; **~ly** *adv* espontáneamente.
**spook** (spök) *n* fantasma, espectro *m*.
**spool** (spöl) *n* carrete *m*; canilla, broca *f*.

**spoon** (spön) *n* cuchara *f.*
**spoonful** (spön´fül) *n* cucharada *f.*
**sporadic** (spō rad´ik, spä rad´ik) *adj* esporádico.
**sport** (spōrt, spärt) *n* deporte *m*; juego, retozo *m*; juguete, divertimiento, recreo, pasatiempo *m.*
**sport jacket** *n* chaqueta deportiva *f.*
**sports car** *n* coche sport *m.*
**sportsman** (spōrts´man, spärts´man) *n* deportista *m.*
**sportswear** (spōrts´wâr´´, spärts´ wâr´´) *n* trajes de deporte *o* sport *mpl.*
**sportswoman** (spōrts´wüm´´an) *n* deportista *f.*
**spot** ( spot) *n* mancha *f*; borrón *m*; sitio, lugar *m*; grano *m*; • *vt* notar; manchar.
**spot check** *n* inspección al azar *f.*
**spotless** (spot´lis) *adj* limpio, inmaculado.
**spotlight** (spot´līt´) *n* foco, reflector *m.*
**spotted, spotty** (spot´id; spot´ē) *adj* lleno de manchas; con granos.
**spouse** (spous, spouz) *n* esposo *m*; esposa *f.*
**spout** (spout) *vi* arrojar agua con mucho ímpetu; borbotar; chorrear; • *vt* llave de fuente *f*; gárgola *f*; bomba marina *f.*
**sprain** (sprān) *adj* descoyuntar; • *n* dislocación *f.*
**sprat** (sprat) *n* meleta, nuesa *f* (pez).
**sprawl** (spräl) *vi* sentarse de forma poco elegante, tumbarse; • *n.*
**spray** (sprā) *n* rociada *f*; espray *m*; ramita *f*; espuma de la mar *f.*
**spread** (spred) *vt* extender, desplegar; esparcir, divulgar; • *vi* extenderse, desplegarse; • *n* extensión, dilatación *f.*
**spree** (sprē) *n* fiesta *f*; juerga *f.*
**sprig** (sprig) *n* ramito *m.*
**sprightliness** (sprīt´lē nis) *n* alegría, vivacidad *f.*
**sprightly** (sprīt´lē) *adj* alegre, despierto, vivaracho.
**spring** (spring) *vi* brotar, arrojar; nacer, provenir; dimanar, originarse; saltar, brincar; • *n* primavera *f*; elasticidad *f*; muelle, resorte *m*; salto *m*; manantial *m.*
**springboard** (spring´bōrd´´, spring´ bärd´´) *n* trampolín *m.*
**springiness** (spring´ē nis) *n* elasticidad *f*; paso ágil *m.*
**springtime** (spring´tīm´´) *n* primavera *f.*
**springwater** *n* agua de manantial *f.*
**springy** (spring´ē) *adj* elástico, mullido.
**sprinkle** (spring´kl) *vt* rociar, espolvorear, esparcir.
**sprint** (sprint) *n* carrera corta *f.*
**sprite** (sprīt) *n* duendecillo *m.*
**sprout** (sprout) *n* vástago, renuevo *m*; **~s** *npl* coles de Bruselas *fpl*; • *vi* brotar.
**spruce** (sprös) *adj* pulido, gentil; **~ly** *adv* bellamente, lindamente; • *vr* vestirse con afectación.
**spruceness** (sprös´nis) *n* lindeza, hermosura *f.*
**spur** (spür) *n* espuela *f*; espolón (del gallo) *m*; estímulo *m*; • *vt* espolear; estimular.
**spurious** (spūr´ē us) *adj* espurio, falso; contrahecho; supuesto; bastardo.
**spurn** (spürn) *vt* despreciar.
**spurt** (spürt) *vi* acelerar; salir a chorros.
**sputter** (sput´ėr) *vi* escupir con frecuencia; babosear; barbotar.

**spy** (spī) *n* espía *m*; • *vt, vi* espiar; columbrar.
**spyglass** (spī´glas´´, spī´gläs´´) *n* catalejo *m*.
**squabble** (skwob´l) *vi* reñir, disputar; • *n* riña, disputa *f*.
**squad** (skwod) *n* pelotón *m*, escuadra de soldados *f*, brigada, cuadrilla *f*; equipo *m*.
**squadron** (skwod´ron) *n* (*mil*) escuadrón *m*.
**squalid** (skwol´id) *adj* escuálido, sucio, miserable, sórdido.
**squall** (skwäl) *n* ráfaga *f*, chubasco *m*; • *vi* chillar.
**squally** (skwä´lē) *adj* borrascoso.
**squalor** (skwol´ėr, skwa´lėr) *n* miseria, suciedad *f*.
**squander** (skwon´dėr) *vt* malgastar, disipar, derrochar, dilapidar.
**square** (skwâr) *adj* cuadrado, cuadrángulo; exacto; cabal; • *n* cuadro *m*; plaza *f*, escuadra *f*, • *vt* cuadrar; ajustar, arreglar; • *vi* ajustarse.
**squareness** (skwâr´nis) *n* cuadratura *f*.
**squash** (skwosh) *vt* aplastar; • *n* squash, frontenis *m*.
**squat** (skwot) *vi* agacharse, ponerse en cuclillas; • *adj* agachado; rechoncho.
**squatter** (skwot´ėr) *n* colono usurpador, ocupante ilegal, paracaidista *m*.
**squaw** (skwä) *n* india norteamericana *f*.
**squeak** (skwēk) *vi* plañir, chillar; • *n* grito, plañido *m*.
**squeal** (skwēl) *vi* plañir, gritar.
**squeamish** (skwē´mish) *adj* fastidioso; remilgoso, demasiado delicado.
**squeeze** (skwēz) *vt* apretar, comprimir; estrechar; • *n* presión *f*, apretón *m*; restricción *f*.
**squid** (skwid) *n* calamar *m*.
**squint** (skwint) *adj* bizco; • *vi* bizquear, entrecerrar los ojos; • *n* estrabismo.
**squirrel** (skwür´el, skur´el) *n* ardilla *f*.
**squirt** (skwürt) *vt* echar un chorro, rociar; • *n* jeringa,chisguete *f*, chorro *m*; mequetrefe *m*.
**stab** (stab) *vt* apuñalar; • *n* puñalada *f*.
**stability** (sta bil´i tē) *n* estabilidad, solidez *f*.
**stable** (stā´bl) *n* establo *m*; • *vt* poner en el establo; • *adj* estable.
**stack** (stak) *n* pila *f*, • *vt* hacinar, amontonar.
**staff** (staff, stäf) *n* personal *m*, plantilla *f*, palo *m*; apoyo *m*.
**stag** (stag) *n* ciervo, venado *m*.
**stage** (stāj) *n* etapa *f*, escena *f*, tablado *m*; escenario de un teatro *m*; parada *f*, escalón *m*.
**stagecoach** (stāj´kōch´´) *n* diligencia *f*.
**stagger** (stag´ėr) *vi* vacilar, titubear; estar incierto; • *vt* asustar; escalonar.
**stagnant** (stag´nant) *adj* estancado.
**stagnation** (stag´nā shan) *n* estancamiento *m*.
**stagnant** (stag´nant) *adj* estancado.
**stagnate** (stag´nāt) *vi* estancarse.
**staid** (stād) *adj* grave, serio, formal.
**stain** (stān) *vt* manchar; empañar la reputación; • *n* mancha *f*, deshonra *f*.
**stained glass** *n* vitral *m*.
**stainless** (stān´lis) *adj* limpio; inmaculado.

**stainless steel** *n* acero inoxidable *m*.
**stair** (stâr) *n* escalón *m*; **~s** *pl* escalera *f*.
**staircase** (stâr´kās´´) *n* escalera *f*.
**stake** (stāk) *n* estaca *f*; apuesta *f* (en el juego); • *vt* estacar; apostar.
**stale** (stāl) *adj* añejo, viejo, rancio.
**staleness** (stāl´nis) *n* vejez *f*; rancidez *f*.
**stalk** (stäk) *vi* andar con paso majestuoso; • *n* tallo, pie, tronco *m*; troncho *m* (de ciertas hortalizas).
**stall** (stäl) *n* pesebre *m*; tienda portátil, *f*, puesto *m*; platea *f*; emplazamiento *m*; • *vt* parar, paralizar; • *vi* pararse; buscar evasivas.
**stallion** (stal´y*a*n) *n* semental *m*.
**stalwart** (stäl´wėrt) *n* partidario leal *m*.
**stamen** (stā´m*e*n) *n* estambre *m*; fundamento *m*.
**stamina** (stam´*i* n*a*) *n* resistencia *f*.
**stammer** (stam´ėr) *vi* tartamudear; • *n* tartamudeo *m*.
**stamp** (stamp) *vt* patear; estampar, imprimir; acuñar; andar con mucha pesadez; • *vi* patear; • *n* sello *m*; impresión *f*; huella *f*; estampilla *f*.
**stampede** (stam pēd´) *n* estampida *f*.
**stand** (stand) *vi* estar de pie *o* derecho; sostenerse; permanecer; pararse, hacer alto, estar situado; hallarse; erizarse el pelo; • *vt* poner; aguantar; sostener, defender; • *n* puesto, sitio *m*; posición, situación *f*; parada *f*; estado *m* (fijo); tribuna *f*; stand *m*.
**standard** (stan´dėrd) *n* estandarte *m*; modelo, estándar *m*; precio ordinario *m*; norma *f*; • *adj* normal.
**standby** (stand´bī´) *adj* de reserva; en espera.
**standing** (stan´ding) *adj* permanente, fijo, establecido; de pie; estancado; • *n* duración *f*; posición *f*; puesto *m*.
**stand off** *n* callejón sin salida *m*; empate *m*; enfrentamiento *m*.
**standoffish** (stand´ä´fish) *adj* distante.
**standstill** (stand´stil´´) *n* pausa *f*; alto *m*.
**staple** (stā´pl) *n* grapa *f*; • *adj* básico, establecido; • *vt* engrapar.
**star** (stär) *n* estrella *f*; asterisco *m*.
**starboard** (stär´bėrd, stär´bōrd´´) *n* estribor *m*.
**starch** (stärch) *n* almidón *m*; • *vt* almidonar.
**stare** (stâr) *vi* **to ~ at** clavar la vista; • *n* mirada fija *f*.
**stark** (stärk) *adj* fuerte, áspero; puro; • *adv* del todo.
**starling** (stär´ling) *n* estornino *m*.
**starry** (stär´ē) *adj* estrellado.
**starry-eyed** (stär´ē īd´´) *adj* iluso, soñador, idealista, ingenuo.
**start** (stärt) *vi* empezar; sobrecogerse, sobresaltarse; levantarse de repente; salir los caballos en las carreras; • *vt* empezar; causar; fundar; poner en marcha; • *n* principio *m*; salida *f*; sobresalto *m*; ímpetu *m*.
**starter** (stär´tėr) *n* entrada *f*, primer plato *m*; motor de arranque *m*; el oficial que da la salida en las carreras.
**starting point** *n* punto de partida *m*.
**startle** (stär´tl) *vt* sobresaltar.
**startling** (stärt´ling) *adj* alarmante.
**starvation** (stär vā´sh*a*n) *n* hambre, inanición *f*.
**starve** (stärv) *vi* pasar hambre.

**state** (stāt) *n* estado *m*; condición *f*; estado (político); pompa, grandeza *f*; **the S~s** los Estados Unidos *mpl*; • *vt* afirmar; exponer.
**statecraft** (stāt'kraft'', stāt'kräft'') *n* el arte de gobernar *m*.
**stateliness** (stāt'lē nis) *n* grandeza, pompa *f*.
**stately** (stāt'lē) *adj* augusto, majestuoso.
**statement** (stāt'm*e*nt) *n* afirmación, cuenta *f*.
**statesman** (stāts'm*a*n) *n* estadista, político *m*.
**statesmanship** (stāts'm*a*n ship'') *n* política *f*; arte de gobernar *m*.
**static** (stat'ik) *adj* estático, inactivo.
**station** (stā'sh*a*n) *n* estación *f*; emisora *f*; empleo, puesto *m*; situación *f*; condición *f*; (*rail*) estación; • *vt* apostar, emplazar, estacionar.
**stationary** (stā'sh*a* ner''ē) *adj* estacionario, fijo.
**stationer** (st ā'sh*a* nėr) *n* papelero, dueño de una papelería *m*.
**stationery** (stā'sh*a* ner''ē) *n* artículos de papelería o de escritorio.
**station wagon** *n* furgoneta *f*.
**statistical** (st*a* tis'ti k*a*l) *adj* estadístico.
**statistics** (st*a* tis'tiks) *npl* estadística *f*.
**statuary** (stach'ö er'ē) *n* estatuaria *f*; escultor *m*.
**statue** (stach'ö) *n* estatua *f*.
**stature** (stach'ėr) *n* estatura, talla *f*.
**status** (stā't*u*s, stat'*u*s) *n* estatus *m*, categoría *f*; condición jurídica, situación legal *f*.
**statute** (stach'öt, stach'*ü*t) *n* estatuto *m*; reglamento *m*.
**staunch** (st*ä*nch, stänch) *adj* acérrimo, incondicional.
**stave** (stāv) *n* duela *f*; peldaño *m*; travesaño *m*.
**stay** (stā) *n* estancia *f*; **~s** *npl* corsé, justillo *m*; • *vi* quedarse, estarse; detenerse; esperarse; **to ~ in** quedarse en casa; **to ~ on** quedarse; **to ~ up** velar.
**stead** (sted) *n* lugar, sitio, paraje *m*; ventaja *f*.
**steadfast** (sted'fast'', sted'fäst'') *adj* firme, estable, sólido; **~ly** *adv* firmemente, con constancia.
**steadily** (sted'ē lē) *adv* firmemente; invariablemente.
**steadiness** (sted'ē nis) *n* firmeza, estabilidad *f*.
**steady** (sted'ē) *adj* firme, fijo; • *vt* hacer firme.
**steak** (stāk) *n* filete *m*; bistec *m*.
**steal** (stāl) *vt, vi* robar.
**stealth** (stelth) *n* hurto *m*; **by ~** a hurtadillas.
**stealthily** (stel'thē lē) *adv* furtivamente.
**stealthy** (stel'thē) *adj* furtivo.
**steam** (stēm) *n* vapor *m*; humo *m*; • *vt* cocer al vapor; • *vi* echar humo.
**steam-engine** *n* máquina de vapor *f*.
**steamer, steamboat** (stē'mėr, stēm'bōt'') *n* vapor, buque de vapor *m*.
**steel** (stēl) *n* acero *m*; • *adj* de acero.
**steelworks** (stēl'w*ü*rks'') *n* planta siderúrgica *f*.
**steelyard** (stēl'yärd') *n* romana *f*.
**steep** (stēp) *adj* escarpado; excesivo; • *vt* empapar, remojar, hundir.
**steeple** (stē'pl) *n* torre *f*; campanario *m*.
**steeplechase** (stē'pl chās'') *n* carrera de obstáculos *f*.
**steepness** (stēp'nis) *n* precipicio *m*; escarpa *f*.

**steer** (stēr) *n* novillo *m*; • *vt* manejar, conducir; dirigir; gobernar; • *vi* conducir.
**steering** (stēr′ing) *n* dirección *f*.
**steering wheel** *n* volante *m*.
**stellar** (stel′ėr) *adj* estelar.
**stem** (stem) *n* vástago, tallo *m*; estirpe *f*; pie *m*; cañón *m*; • *vt* cortar la corriente.
**stench** (stench) *n* hedor *m*.
**stencil** (sten′s*i*l) *n* cliché *m*.
**stenographer** (ste nog′ra fėr) *n* taquígrafo, fa *m/f*.
**stenography** (st*e* nog′r*a* fē) *n* taquigrafía *f*.
**step** (step) *n* paso, escalón *m*; huella *f*; • *vi* dar un paso; andar.
**stepbrother** (step′bruTH′′ėr) *n* medio hermano, hermanastro *m*.
**stepdaughter** (step′d*ä*′′tėr) *n* hijastra *f*.
**stepfather** (step′fä′′THėr) *n* padrastro *m*.
**stepmother** (step′muTH′′ėr) *n* madrastra *f*.
**stepping stone** *n* pasadera *f*; peldaño *m*.
**stepsister** (step′sis′′tėr) *n* media hermana *f*.
**stepson** (step′sun′′) *n* hijastro *m*.
**stereo** (ster′ē ō′′) *n* estéreo *m*.
**stereotype** (ster′ē *o* tīp′′, stēr′ē *o* tīp′′) *n* estereotipo *m*; • *vt* estereotipar.
**sterile** (ster′il) *adj* estéril.
**sterility** (st*e* ril′i tē) *n* esterilidad *f*.
**sterling** (st*ür*′ling) *adj* excelente, invaluable, genuino, verdadero; • *n* libras esterlinas *fpl*.
**stern** (st*ür*n) *adj* austero, rígido, severo; • *n* (*mar*) popa *f*; **~ly** *adv* austeramente.
**stethoscope** (steth′*o* skōp′′) *n* (*med*) estetoscopio *m*.
**stevedore** (stē′vi dōr′′, stē′vi d*är*′′) *n* (*mar*) estivador *m*.
**stew** (stö, stū) *vt* estofar; • *n* estofado, guiso *m*.
**steward** (stö′ėrd, stū′ėrd) *n* mayordomo *m*; (*mar*) despensero *m*; auxiliar de vuelo, sobrecargo *m*.
**stewardess** (stö′ėr dis, stū′ėr dis) *n* azafata, aeromoza, auxiliar de vuelo *f*.
**stewardship** (stö′ėrd ship′, stū′ėrd ship′) *n* mayordomía, administración *f*.
**stick** (stik) *n* palo, palillo, bastón *m*; vara *f*; • *vt* pegar, hincar; aguantar; picar; • *vi* pegarse; detenerse; perseverar; dudar.
**sticker** (stik′ėr) *n* etiqueta *f*.
**stickiness** (stik′ē nis) *n* viscosidad *f*.
**stickpin** (stik′pin′′) *n* fistol, prendedor *m*.
**stick-up** (stik′up′′) *n* asalto, atraco *m*.
**sticky** (stik′ē) *adj* viscoso, tenaz.
**stiff** (stif) *adj* tieso; duro, torpe; rígido; obstinado; **~ly** *adv* obstinadamente.
**stiffen** (stif′*e*n) *vt* atiesar, endurecer; • *vi* endurecerse.
**stiff neck** (stif′nek′) *n* torticolis *m*.
**stiffness** (stif′nis) *n* dureza, rigidez, severidad *f*; obstinación *f*.
**stifle** (stī′f′l) *vt* sofocar.
**stifling** (stī′f′ling) *adj* bochornoso, agobiante, sofocante.
**stigma** (stig′m*a*) *n* estigma, lacra *m*.
**stigmatize** (stig′m*a* tīz′′) *vt* infamar, manchar, estigmatizar.
**stile** (stīl) *n* portillo con escalones *m* (para pasar de un cercado a otro).
**stiletto** (sti let′ō) *n* estilete *m*; tacón de aguja *m*.

**still** (stil) *vt* aquietar, aplacar; destilar; • *adj* silencioso, tranquilo; • *n* alambique *m*; • *adv* todavía; hasta ahora; no obstante; aun así.
**stillborn** (stil´bärn´) *adj* nacido muerto.
**stillness** (stil´nis) *n* calma, quietud *f*.
**stilts** (stilts) *npl* zancos *mpl*.
**stilted** (stil´tid) *adj* forzado, poco natural, artificioso, acartonado.
**stimulant** (stim´ū l*a*nt) *n* estimulante *m*.
**stimulate** (stim´ū lāt´) *vt* estimular, aguijonear.
**stimulation** ( stim ū´lā sh*a*n) *n* estímulo *m*; estimulación *f*.
**stimulus** (stim´ū l*u*s) *n* estímulo *m*.
**sting** (sting) *vt* picar *o* morder (un insecto); • *vi* escocer; • *n* aguijón *m*; punzada, picadura, picada *f*; remordimiento de conciencia *m*.
**stingily** (stin´jē lē) *adv* avaramente.
**stinginess** (stin´jē nis) *n* tacañería, avaricia *f*.
**stingy** (stin´jē) *adj* mezquino, tacaño, avaro.
**stink** (stingk) *vi* heder; • *n* hedor *m*.
**stint** (stint) *n* tarea *f*.
**stipulate** (stip´ū lāt´´) *vt* estipular.
**stipulation** (stip´´ū lā´sh*a*n) *n* estipulación *f*; contrato mutuo *m*.
**stir** ( st*ü*r) *vt* remover; agitar; incitar; • *vi* moverse; • *n* tumulto *m*; turbulencia *f*.
**stirrup** (st*ü*r´*u*p, stir´*u*p) *n* estribo *m*.
**stitch** (stitch) *vt* coser; • *n* punzada *f*; punto *m*.
**stoat** (stōt) *n* comadreja *f*: armiño *m*.
**stock** (stok) *n* existencias *fpl*; ganado *m*; caldo *m*; estirpe *f*, linaje *m*; capital, principal *m*; fondo *m*; **~s** (*pl*) acciones en los fondos públicos *fpl*; • *vt* proveer, abastecer.
**stockade** (sto kād´) *n* prisión militar, empalizada *f*, cercado *m*.
**stockbroker** (stok´brō´´kėr) *n* agente de bolsa de valores *m/f*.
**stock exchange** *n* bolsa de valores *f*.
**stockholder** (stok´hōl´dėr) *n* accionista *m*.
**stocking** (stok´ing) *n* media *f*.
**stock market** *n* mercado de valores *f*.
**stocky** (stok´ē) *adj* robusto.
**stoic** (stō´ik) *n* estoico *m*.
**stoical** (stō´i k*a*l) *adj* estoico; **~ly** *adv* estoicamente.
**stoicism** (stō´i siz´*u*m) *n* estoicismo *m*.
**stole** (stōl) *n* estola *f*.
**stolid** (stol´id) *adj* impasible.
**stomach** (stum´*a*k) *n* estómago *m*; apetito *m*; • *vt* aguantar.
**stomp** (stomp) *vi* pisar fuerte; *vi* pisotear.
**stone** (stōn) *n* piedra *f*; pepita *f*; hueso de fruta *m*; • *adj* de piedra; • *vt* apedrear; quitar los huesos de las frutas; empedrar; trabajar de albañilería.
**stone blind** (stōn´blīnd´) *adj* totalmente ciego.
**stone deaf** (stōn´def´) *adj* sordo como una tapia.
**stoning** (stōn´ing) *n* apedreamiento *m*.
**stony** (stō´nē) *adj* de piedra, pétreo; duro.
**stool** (stöl) *n* banquillo, taburete *m*; cámara, evacuación *f*.
**stoop** (stöp) *vi* encorvarse, inclinarse; bajarse; • *n* inclinación hacia abajo *f*.
**stop** (stop) *vt* detener, parar; tapar; • *vi* pararse, hacer alto; • *n* parada *f*; punto *m*; pausa *f*; obstáculo *m*.

**stopover** (stop'ō'vėr) *n* parada; escala *f.*

**stoppage, stopping** (stop'ij; stop'ing) *n* obstrucción *f*; impedimiento *m*; (*rail*) alto *m.*

**stopwatch** (stop'woch'') *n* cronómetro *m.*

**storage** (stōr'ij, stär'ij) *n* almacenamiento *m*; almacenaje *m.*

**store** (stōr) *n* abundancia *f*; provisión *f*; almacén *m*, tienda *f*; • *vt* surtir, proveer, abastecer.

**storekeeper** (stōr'kē''pėr) *n* tendero, ra *m/f.*

**stork** (stärk) *n* cigüeña *f.*

**storm** (stärm) *n* tempestad, borrasca *f*; asalto *m*; • *vt* tomar por asalto; • *vi* rabiar.

**stormily** (stärm'ē lē) *adj* violentamente.

**stormy** (stärm'ē) *adj* tempestuoso; violento.

**story** (stōr'ē, stär'ē) *n* historia *f*; chiste *m*; piso *m* (de una casa).

**stout** (stout) *adj* robusto, corpulento, vigoroso; terco; ~**ly** *adv* valientemente; obstinadamente.

**stoutness** (stout'nis) *n* valor *m*; fuerza *f*; corpulencia *f.*

**stove** (stōv) *n* cocina *f*; estufa *f.*

**stow** (stō) *vt* ordenar, colocar; (*mar*) estibar.

**straddle** (strad'l) *vt* sentarse a horcajadas; estar a ambos lados.

**straggle** (strag'l) *vi* rezagarse; crecer desordenadamente.

**straggler** (strag'lėr) *n* rezagado *m.*

**straight** (strāt) *adj* derecho; estrecho; franco; • *adv* luego; directamente.

**straightaway** (strāt'*a* wā'') *adv* inmediatamente, luego.

**straighten** (strāt'*e*n) *vt* enderezar.

**straight faced** *adj* serio; sin reirse.

**straightforward** (strāt''fär'wėrd) *adj* derecho; franco; leal.

**straightforwardness** (strāt''fär'wėrd nis) *n* franqueza, sencillez *f.*

**strain** (strān) *vt* colar, filtrar; apretar (a uno contra sí); forzar, violentar; • *vi* esforzarse; • *n* tensión *f*; retorcimiento *m*; raza *f*; linaje *m*; estilo *m*; sonido *m*; armonía *f.*

**strainer** (strā'nėr) *n* colador *m*; coladera *f.*

**strait** (strāt) *n* estrecho *m*; aprieto, peligro *m*; penuria *f.*

**strait-jacket** *n* camisa de fuerza *f.*

**strand** (strand) *n* hebra *f*, filamento *m*; tendencia *f*; costa, playa *f*; • *vt* encallar, varar, abandonar.

**strange** (strānj) *adj* extranjero; extraño; ~**ly** *adv* extrañamente, extraordinariamente.

**strangeness** (strānj'nis) *n* novedad *f*; rareza, extrañeza *f.*

**stranger** (strān'jėr) *n* desconocido, extraño *m*; extranjero, ra *m/f.*

**strangle** (strang'gl) *vt* ahogar, estrangular, sofocar.

**strangler** (strang'glėr) *n* estrangulador *m.*

**strap** (strap) *n* correa, tira de cuero *f*; tirante de bota *m*; • *vt* atar con correa.

**strapping** (strap'ing) *adj* robusto, fornido, corpulento.

**stratagem** (strat'*a* jem) *n* estratagema *f*; astucia *f.*

**strategic** (str*a* tē'jik) *adj* estratégico *m.*

**strategy** (strat'i jē) *n* estrategia *f.*

**stratum** (strā't*u*m, strat'*u*m) *n* estrato *m.*

**straw** (strä) *n* paja *m*; pajita *f.*

**strawberry** (strä'ber''ē) *n* fresa *f.*
**stray** (strā) *vi* extraviarse; perder el camino; • *adj* extraviado; perdido.
**streak** (strēk) *n* raya, lista *f*; vena, veta *f*; • *vt* rayar.
**stream** (strēm) *n* arroyo, río, torrente *m*; • *vi* correr, fluir.
**streamer** (strē'mėr) *n* serpentina *f.*
**streamlined** (strēm'līn'd) *adj* aerodinámico.
**street** (strēt) *n* calle *f.*
**streetcar** (strēt'kär'') *n* tranvía *f.*
**strength** (strengkth, strength) *n* fuerza, robustez *f*; vigor *m*; fortaleza *f.*
**strengthen** (strengk'th*e*n, strength' th*e*n) *vt* fortificar; corroborar.
**strenuous** (stren'ū us) *adj* arduo, agotador, vigoroso.
**stress** (stres) *n* presión *f*; estrés *m*; fuerza *f*; peso *m*; importancia *f*; acento *m*; • *vt* subrayar; acentuar.
**stretch** (stretch) *vt* extender, alargar; estirar; • *vi* extenderse; esforzarse; • *n* extensión *f*; trecho *m*; estirón *m.*
**stretcher** (strech'ėr) *n* camilla *f.*
**strew** (strö) *vt* esparcir, desparramar; sembrar.
**strict** (strikt) *adj* estricto, estrecho; exacto, riguroso, severo; ~**ly** *adv* exactamente, con severidad.
**strictness** (strikt'nis) *n* exactitud *f*; severidad *f.*
**stride** (strīd) *n* tranco *m*, zancada *f*; • *vi* atrancar; dar zancadas.
**strife** (strīf) *n* contienda, lucha, conflico, disputa *f.*
**strike** (strīk) *vt, vi* golpear; herir; castigar; tocar; chocar; sonar; cesar de trabajar; • *n* ataque *m*; descubrimiento *m*; huelga *f.*
**striker** (strī'kėr) *n* huelguista *m/f.*
**striking** (strī'king) *adj* llamativo, sorprendente; notorio; ~**ly** *adv* de modo sorprendente.
**string** (string) *n* cordón *m*; hilo *m*; cuerda *f*; hilera *f*; fibra *f*; • *vt* encordar; enhilar; estirar.
**stringent** (strin'j*e*nt) *adj* astringente.
**stringy** (string'ē) *adj* fibroso.
**strip** (strip) *vt* desnudar, despojar; • *vi* desnudarse; • *n* tira *f*; franja *f*; cinta *f.*
**stripe** (strīp) *n* raya, lista *f*; azote *m*; • *vt* rayar.
**strive** (strīv) *vi* esforzarse; empeñarse; disputar, contender; oponerse.
**stroke** (strōk) *n* golpe *m*; toque (en la pintura) *m*; sonido (del reloj) *m*; plumada *f*; caricia *f*; apoplejía *f*; • *vt* acariciar.
**stroll** (strōl) *n* paseo; • *vi* dar un paseo.
**strong** (sträng, strong) *adj* fuerte, vigoroso, robusto; poderoso; violento; ~**ly** *adv* fuertemente, con violencia.
**strongbox** (sträng'boks'', strong' boks'') *n* caja fuerte *m.*
**stronghold** (sträng'hōld'', strong' hōld'') *n* fortaleza *f*, bastión, baluarte *m.*
**structure** (struk'chėr) *n* estructura *f*; edificio *m.* • *vt* estructurar.
**struggle** (strug'l) *vi* esforzarse; luchar; agitarse; • *n* lucha *f.*
**strum** (strum) *vt* (*mus*) rasguear.
**strut** (strut) *vi* pavonearse; • *n* contoneo *m.*
**stub** (stub) *n* talón *m*; colilla *f*; tronco, cabo *m.*
**stubble** (stub'l) *n* rastrojo *m*; cerda *f.*
**stubborn** (stub'ėrn) *adj* obstinado, testarudo; ~**ly** *adv* obstinadamente.

**stubbornness** (stub'ėrn nis) *n* obstinación, pertinacia *f.*
**stubby** (stub'ē) *adj* pequeño y grueso; regordete.
**stucco** (stuk'ō) *n* estuco *m.*
**stuck** (stuk) *adj* atascado, atrancado, estancado, meterse de lleno.
**stud** (stud) *n* corchete *m*; taco *m*; cabelleriza *f.*
**student** (stöd'*e*nt, stūd'*e*nt) *n* estudiante *m/f*; • *adj* estudiantil.
**studhorse** (stud'härs'') *n* caballo entero, semental, garañón *m.*
**studio** (stö'd*e* ō'') *n* estudio de un artista *m.*
**studio apartment** *n* estudio *m.*
**studio couch** *n* sofá-cama *m.*
**studious** (stö'dē us, stū'dē us) *adj* estudioso; diligente; ~**ly** *adv* estudiosamente, diligentemente.
**study** (stud'ē) *n* estudio *m*; aplicación *f*; meditación profunda *f*; • *vt* estudiar; observar; • *vi* estudiar; aplicarse.
**stuff** (stuf) *n* sustancia, materia *f*; material *m*; • *vt* henchir, llenar; disecar.
**stuffing** (stuf'ing) *n* relleno *m.*
**stuffy** (stuf'ē) *adj* cargado; de miras estrechas, acartonado.
**stultify** (stul't*i* fī') *vt.* anquilosar.
**stumble** (stum'bl) *vi* tropezar; • *n* traspié, tropiezo *m.*
**stumbling block** *n* tropiezo *m*; impedimento, escollo *m*; piedra de escándalo *f.*
**stump** (stump) *n* tronco *m*; tocón *m*; muñón *m.*
**stun** (stun) *vt* aturdir, ensordecer, dejar sin sentido, dejar atónito.
**stunner** (stun'ėr) *n* cualquier cosa que sorprende *f.*
**stunt** (stunt) *n* vuelo acrobático *m*; truco publicitario *m*; • *vt* no dejar crecer.
**stuntman** (stunt'm*a*n) *n* acróbata *m.*
**stupefy** (stö'p*e* fī') *vt* atontar, atolondrar, aturdir.
**stupendous** (stö pen'dus, stū pen' dus) *adj* estupendo, maravilloso.
**stupid** (stö'pid) *adj* estúpido; ~**ly** *adv* estúpidamente.
**stupidity** (stö pid'i tē) *n* estupidez *f.*
**stupor** (stö'pėr, stū'pėr) *n* estupor *m.*
**sturdily** (stür'dē lē) *adv* fuertemente, con tenacidad.
**sturdiness** (stür'dē nis) *n* fuerza, fortaleza *f*; obstinación *f.*
**sturdy** (stür'dē) *adj* fuerte, macizo, resistente, tenaz, inquebrantable, robusto; bronco, insolente.
**sturgeon** (stür'jen) *n* esturión *m.*
**stutter** (stut'ėr) *vi* tartamudear.
**sty** (stī) *n* zahurda *f*; pocilga *f.*
**stye** (stī) *n* orzuelo *m.*
**style** (stīl) *n* estilo *m*; moda *f*; • *vt* intitular; nombrar; estilizar.
**stylish** (stī'lish) *adj* elegante, en buen estilo.
**stylist** (stī'list) *n* estilista *m f*, peluquero *m.*
**suave** (swäv) *adj* afable; meloso; fino, sofisticado.
**subdivide** (sub'di vīd'') *vt* subdividir.
**subdivision** (sub'di vizh''*a*n) *n* subdivisión *f.*
**subdue** (s*u*b dö', s*u*b dū') *vt* sojuzgar, sujetar; conquistar; mortificar.
**subject** (sub'jikt) *adj* sujeto; sometido a; • *n* sujeto *m*; súbdito *m*; tema *m*; • *vt* sujetar; exponer.
**subjection** (s*u*b jek'sh*a*n) *n* sujeción *f.*
**subjugate** (sub'j*u* gāt'') *vt* subyugar, dominar, sojuzgar, sujetar.
**subjugation** (s*u*b j*u* gā'sh*a*n) *n* subyugación, represión *f.*

**subjunctive** (*su*b jungk´tiv) *n* subjuntivo *m.*
**sublet** (sub let´) *vt* subarrendar.
**sublimate** (sub´l*i* māt´´) *vt* sublimar.
**sublime** (s*u* blīm´) *adj* sublime, excelso; ~**ly** *adv* de modo sublime; • *n* sublime *m.*
**sublimity** (s*u* blim´i tē) *n* sublimidad *f.*
**submachine gun** (*su*b´´m*a* shēn´ gun´´) *n* metralleta *f.*
**submarine** (sub´´m*a* rēn´) *adj* submarino; • *n* submarino *m.*
**submerge** (s*u*b mürj´) *vt* sumergir.
**submersion** (s*u*b mür´zh*a*n, s*u*b mür´sh*a*n) *n* sumersión *f.*
**submission** (s*u*b mish´*a*n) *n* sumisión *f.*
**submissive** (s*u*b mis´iv) *adj* sumiso, obsequioso; ~**ly** *adv* con sumisión.
**submissiveness** (s*u*b mis´iv nis) *n* obsequio *m*; sumisión *f.*
**submit** (s*u*b mit´) *vt*, (*vi*) someter(se); presentar a aprobación; • *vi* rendirse.
**subordinate** (s*u* bär´d*i* nit) *adj* subordinado, inferior; • *vt* subordinar.
**subordination** (s*u* bär´d*i* nā´sh*a*n) *n* subordinación *f.*
**subpoena** (s*u* pē´n*a*, s*u*b pē´n*a*) *n* citación *f*; • *vt* citar.
**subscribe** (s*u*b skrīb´) *vt, vi* suscribir, certificar con su firma; consentir.
**subscriber** (s*u*b skrīb´ėr) *n* suscriptor, ra *m/f.*
**subscription** (s*u*b skrip´sh*a*n) *n* suscripción *f.*
**subsequent** (sub´s*e* kw*e*nt) *adj*, ~**ly** *adv* subsiguiente(mente).
**subservient** (s*u*b sür´vē *e*nt) *adj* subordinado; útil.
**subside** (s*u*b sīd´) *vi* sumergirse, hundirse, irse a fondo.
**subsidence** (s*u*b sīd´ens) *n* derrumbamiento, hundimiento *m.*
**subsidiary** (s*u*b sid´ē er´´ē) *adj* subsidiario, dilial, complementario, adicional.
**subsidize** (su b´si dīz´´) *vt* subvencionar, dar subsidios.
**subsidy** (sub´si dē) *n* subvención *f*; subsidio, socorro *m.*
**subsist** (s*u*b sist´) *vi* subsistir; existir.
**subsistence** (s*u*b sis´t*e*ns) *n* existencia *f*; subsistencia *f.*
**substance** (sub´st*a*ns) *n* substancia *f*; entidad *f*; esencia *f.*
**substantial** (s*u*b stan´sh*a*l) *adj* substancial; real, material; substancioso; fuerte; ~**ly** *adv* substancialmente.
**substantiate** (s*u*b stan´shē āt´´) *vt* hacer existir, confirmar, corroborar.
**substantive** (sub´st*a*n tiv) *n* sustantivo *m.*
**substitute** (sub´sti töt´´, sub´sti tūt´´) *vt* sustituir; • *n* suplente, sustituto *m.*
**substitution** (sub´sti tö´sh*a*n) *n* sustitución *f.*
**substratum** (sub strā´t*u*m, sub strat´*u*m) *n* lecho *m.*
**subtenancy** (sub ten´*a*n sē) *n* subarriendo *m.*
**subterfuge** (sub´tėr fūj´´) *n* subterfugio *m*; evasión *f.*
**subterranean** (sub´´t*e* rā´nē *a*n) *adj* subterráneo.
**subtitle** (sub´tīt´´l) *n* subtítulo *m.*
**subtle** (sut´l) *adj* sútil, astuto.

**subtlety** (sut'l tē) *n* sutileza, astucia *f.*
**subtly** (sut'lē) *adv* sútilmente.
**subtract** (s*u*b trakt') *vt* (*math*) restar, sustraer.
**suburb** (sub'*ü*rb) *n* suburbio *m.*
**suburban** (s*u* b*ü*r'b*a*n) *adj* suburbano.
**subversion** (s*u*b v*ü*r'zh*a*n, s*u*b v*ü*r' sh*a*n) *n* subversión *f.*
**subversive** (s*u*b v*ü*r'siv) *adj* subversivo.
**subvert** (s*u*b v*ü*rt') *vt* subvertir, destruir, minar, socabar, trastocar.
**subway** (sub'wā'') *n* metro, tren subterráneo *m.*
**succeed** (s*u*k sēd') *vt, vi* seguir; conseguir, lograr, tener éxito.
**succeeding** (s*u*k sēd'ing) *adj* subsiguiente.
**success** (s*u*k ses') *n* éxito *m.*
**successful** (s*u*k ses'f*u*l) *adj* próspero, dichoso; **~ly** *adv* prósperamente.
**succession** (s*u*k sesh'*a*n) *n* sucesión *f*; descendencia *f*; herencia *f.*
**successive** (s*u*k ses'iv) *adj* sucesivo; **~ly** *adv* sucesivamente.
**successor** (s*u*k ses'ėr) *n* sucesor *m.*
**succinct** (s*u*k singkt') *adj* sucinto, conciso; **~ly** *adv* con brevedad.
**succulent** (suk'*u* lent, suk'y*a* lent) *adj* suculento, jugoso.
**succumb** (s*u* kum') *vi* sucumbir.
**such** (such) *adj* tal, semejante; ~ **as** tal como.
**suck** (suk) *vt, vi* chupar; mamar, succionar, extraer.
**suckle** (suk'l) *vt* amamantar.
**suckling** (suk'ling) *n* lactante *m.*
**suction** (suk'shan) *n* (*med*) succión *f.*
**sudden** (sud'*e*n) *adj* repentino, inesperado, no previsto; **~ly** *adv* de repente, súbitamente.
**suddenness** (sud'*e*n nis) *n* lo imprevisto, lo repentino, brusquedad, lo brusco; precipitación *f.*
**suds** (sudz) *npl* espuma de agua y jabón *f.*
**sue** (sö) *vt* demandar a alguien por algo, entablar demanda; suplicar.
**suede** (swād) *n* ante *m*, gamuza *f.*
**suet** (sö'it) *n* sebo *m.*
**suffer** (suf'ėr) *vt, vi* sufrir, padecer; tolerar, permitir.
**suffering** (suf'ėr ing) *n* sufrimiento *m*, pena *f*; dolor *m.*
**suffice** (s*u* fīs', s*u* fīz') *vi* bastar, ser suficiente.
**sufficiency** (s*u* fish'*e*n sē) *n* suficiencia *f*; capacidad *f.*
**sufficient** (s*u* fish'*e*nt) *adj* suficiente; **~ly** *adv* bastante.
**suffocate** (suf'*o* kāt'') *vt* asfixiar, ahogar; • *vi* asfixiase, ahogarse.
**suffocation** (suf''*o* kā' sh*a*n) *n* sofocación, asfixia *f.*
**suffrage** (suf'rij) *n* sufragio, voto *m.*
**suffuse** (s*u* fūz') *vt* difundir, derramar, invadir, envolver.
**sugar** (sh*ü*g'ėr) *n* azúcar *m*; • *vt* azucarar.
**sugar beet** *n* remolacha *f*, betabel *m.*
**sugar cane** *n* caña de azúcar *f.*
**sugar loaf** *n* pan de azúcar *m.*
**sugar plum** (s*ü*g'ėr plum'') *n* confite *m.*
**sugary** (s*ü*g'*a* rē) *adj* azucarado.
**suggest** (s*u*g jest', s*u* jest') *vt* sugerir, porponer.
**suggestion** (s*u*g jes'ch*a*n, s*u*g jesh' ch*a*n) *n* sugestión, sugerencia, propuesta *f*; indicio.
**suicidal** (sö''i sīd'*a*l) *adj* suicida.
**suicide** (sö'i sīd'') *n* suicidio *m*; suicida *m.*

**suit** (söt) *n* conjunto *m*; petición *f*; traje *m*; pleito *m*, demanda *f*; surtido *m*; • *vt* convenir; sentar a; adaptar, corresponder, ser compatible con.
**suitable** (sö'ta bl) *adj* conforme, conveniente, apropiado, adecuado.
**suitably** (sö'ta blē) *adv* convenientemente.
**suitcase** (söt'kās'') *n* maleta, valija *f*.
**suite** (swēt, söt) *n* suite *f*; serie *f*; tren *m*, comitiva *f*.
**suitor** (sö'tėr) *n* pretendiente *m*; amante, cortejo *m*; pleiteante *m*.
**sulfur** (sul'fėr) *n* azufre *m*.
**sulfureous** (sul fūr'ē us) *adj* sulfúreo, azufroso.
**sulkiness** (sul'kē nis) *n* mal humor *m*.
**sulky** (sul'kē) *adj* regañón, terco.
**sullen** (sul'en) *adj* hosco, huraño, resentido; sombrío, triste; ~**ly** *adv* de mal humor; con resentimiento.
**sullenness** (sul'en nis) *n* mal humor *m*; obstinación, pertinacia, terquedad *f*.
**sultan** (sul'tan) *n* sultán *m*.
**sultana** (sultä'na) *n* sultana *f*; pasa *f*.
**sultry** (s ul'trē) *adj* caluroso; sofocante.
**sum** (sum) *n* suma *f*; total *m*; **to ~ up** *vt* sumar; recopilar; • *vi* hacer un resumen.
**summarily** (sum'er'i lē, sum'ėr i lē) *adv* sumariamente.
**summary** (sum'a rē) *adj, n* sumario (*m*).
**summer** (sum'ėr) *n* verano, estío *m*.
**summerhouse** (sum'ėr hous'') *n* glorieta de jardín *f*; cenador *m*.
**summit** (sum'it) *n* ápice *m*; cima *f*.
**summon** (sum'on) *vt* citar, requerir por auto de juez; convocar, convidar; (*mil*) intimar la rendición.
**summons** (sum'onz) *n* citación *f*; requerimiento *m*.
**sumptuous** (sump'chö us) *adj* suntuoso; ~**ly** *adv* suntuosamente.
**sun** (sun) *n* sol *m*.
**sunbathe** (sun'bāTH'') *vi* tomar el sol.
**sunburnt** (sun'bürnt'') *adj* tostado por el sol, asoleado.
**Sunday** (sun'dē, sun'dā) *n* domingo *m*.
**sundial** (sun'dī''al, sun'dīl'') *n* reloj de sol, cuadrante *m*.
**sundry** (sun'drē) *adj* varios, muchos, diversos.
**sunflower** (sun'flou''ėr) *n* girasol *m*.
**sunglasses** (sun'glas''iz, sun'glä''siz) *npl* gafas *o* antojos de sol *mpl*.
**sunless** (sun'lis) *adj* sin sol; sin luz.
**sunlight** (sun'līt'') *n* luz del sol *f*.
**sunny** (sun'ē) *adj* semejante al sol; soleado; brillante.
**sunrise** (sun'rīz'') *n* s alida del s ol *f*; nacer del sol *m*.
**sun roof** *n* techo corredizo *m*.
**sunset** (sun'set'') *n* puesta del sol *f*.
**sunshade** (sun'shād'') *n* quitasol, toldo *m*, sombrilla *f*..
**sunshine** (sun'shīn'') *n* solana *f*; claridad del sol *f*.
**sunstroke** (sun'strōk'') *n* insolación *f*.
**sun tan** *n* bronceado *m*.
**suntan oil** *n* aceite bronceador *m*.
**super** (sö'pėr) *adj* (*fam*) bárbaro, genial, fantástico.
**superannuated** (sö''pėr an'ū ā''tid) *adj* jubilado, pensionado; antiguo.
**superannuation** (sö''pėr an'ū ā''shan) *n* pensión, jubilación *f*; retiro *m*.
**superb** (sü pürb') *adj* magnífico; ~**ly** *adv* magníficamente.
**supercargo** (sö''pėr kär'gō) *n* (*mar*) sobrecargo *m*.

**supercilious** (sö′′pėr sil′ē us) *adj* arrogante, altanero; **~ly** *adv* con altivez.
**superficial** (sö′′pėr fish′*a*l) *adj*, **~ly** *adv* superficial(mente).
**superfluity** (sö′′pėr flö′i tē) *n* superfluidad *f*.
**superfluous** (sö pür′flö us) *adj* superfluo.
**superhuman** (sö′′pėr hū′m*a*n) *adj* sobrehumano.
**superintendent** (sö′′pėr in ten′d*e*nt) *n* superintendente *m*.
**superior** (sö′pēr′ē ėr, s*ü* pēr′ē ėr) *adj, n* superior (*m*).
**superiority** (s*u* pēr′′ē *ä*r′i tē, s*u*′ pēr′ē or′i tē) *n* superioridad *f*.
**superlative** (s*u* pür′l*a* tiv, s*ü* pür′l*a* tiv) *adj, n* superlativo (*m*); **~ly** *adv* superlativamente, en sumo grado.
**supermarket** (sö′pėr mär′′kit) *n* supermercado *m*.
**supernatural** (sö′′pėr nach′ėr *a*l) *n* sobrenatural.
**supernumerary** (sö′′pėr nö′m*e* rer′′ē) *adj* supernumerario.
**superpower** (sö′pėr pou′′ėr) *n* superpotencia *f*.
**supersede** (sö′′pėr sēd′) *vt* sobreseer; diferir; invalidar; reemplazar, sustituir, desbancar.
**supersonic** (sö′′pėr son′ik) *adj* supersónico.
**superstition** (sö′′pėr stish′*a*n) *n* superstición *f*.
**superstitious** (sö′′pėr stish′us) *adj* supersticioso; **~ly** *adv* supersticiosamente.
**superstructure** (sö′pėr struk′′chėr) *n* edificio levantado sobre otra fábrica *m*.
**supertanker** (sö′pėr tang′′kėr) *n* superpetrolero *m*.
**supervene** (sö′′pėr vēn′) *vi* sobrevenir.
**supervise** (sö′pėr vīz′′) *vt* inspeccionar, revistar, supervisar.
**supervision** (sö′′pėr vizh′*a*n) *n* supervisión, superintendencia *f*.
**supervisor** (sö′pėr vī′′zėr) *n* supervisor, superintendente *m/f*.
**supine** (sö pīn′) *adj* supino; negligente.
**supper** (sup′ėr) *n* cena *f*.
**supplant** (s*u* plant′, s*u* plänt′) *vt* suplantar.
**supple** (sup′l) *adj* flexible, manejable; blando.
**supplement** (sup′l*e* m*e*nt) *n* suplemento, complemento *m*.
**supplementary** (sup′′l*e* m*e*n t*a* rē) *adj* adicional.
**suppleness** (sup′l nis) *n* flexibilidad *f*.
**suppli(c)ant** (sup′lē *a*nt; sup′lē k*a*nt) *n* suplicante *m*.
**supplicate** (sup′l*i* kāt′′) *vt* suplicar.
**supplication** (sup′′l*i* kā′ sh*a*n) *n* súplica, suplicación *f*.
**supplier** (s*u* plī′ėr) *n* distribuidor, ra *m/f*.
**supply** (s*u* plī′) *vt* suministrar; suplir, completar; surtir; • *n* provisión *f*; suministro *m*.
**support** (s*u* pōrt′, s*u* pärt′) *vt* sostener; soportar; asistir; • *n* apoyo *m*.
**supportable** (s*u* pōrt′bl, s*u* pärt′bl) *adj* soportable.
**supporter** (s*u* pōrt′ėr, s*u* pärt′ėr) *n* partidario; aficionado *m*.
**suppose** (s*u* pōz′) *vt, vi* suponer.
**supposition** (sup′′*o* zish′*a*n) *n* suposición *f*.
**suppress** (s*u* pres′) *vt* contener, reprimir; inhibir; ocultar, suprimir.

**suppression** (s*u* presh′*a*n) *n* represión, supresión *f.*
**supremacy** (s*u* prem′*a* sē) *n* supremacía *f.*
**supreme** (s*u* prēm′, sü prēm′) *adj* supremo; ~**ly** *adv* supremamente.
**surcharge** (sür′chärj′) *vt* sobrecargar; • *n* sobretasa *f.*
**sure** (shür) *adj* seguro, cierto; firme; estable; **to be** ~ sin duda; ya se ve; ~**ly** *adv* ciertamente, seguramente, sin duda.
**sureness** (shür′nis) *n* certeza, seguridad *f.*
**surety** (shür′i tē, shür′tē) *n* seguridad *f*; fiador *m.*
**surf** (sürf) *n* (*mar*) resaca *f* oleaje *m.*
**surface** (sür fis) *n* superficie *f*; • *vt* revestir; • *vi* salir a la superficie.
**surfboard** (sürf′bōrd′′, sürf′bärd′′) *n* tabla (de surf) *f.*
**surfeit** (sür′fit) *n* exceso *m*, plétora *f.*
**surge** (sürj) *n* ola, onda *f*; • *vi* levantarse, hincharse, avanzar en tropel.
**surgeon** (sür′jon) *n* cirujano, na *m/f.*
**surgery** (sür′j*e* rē) *n* cirujía *m.*
**surgical** (sür′ji k*a*l) *adj* quirúrgico.
**surliness** (sür′lē nis) *n* mal humor *m*, hosquedad *f.*
**surly** (sür′lē) *adj* áspero de genio, hosco.
**surmise** (sėr mīz′) *vt* sospechar, conjeturar, suponer; • *n* sospecha, conjetura, sospecha *f.*
**surmount** (sėr mount′) *vt* sobrepujar, superar, vencer; rematar, coronar.
**surmountable** (sėr mount′bl) *adj* superable.
**surname** (sür′nām′′) *n* apellido *m.*
**surpass** (sėr pas′, sėr päs′) *vt* sobresalir, sobrepujar, exceder, aventajar.
**surpassing** (sėr pas′ing, sėr pä′sing) *adj* sobresaliente, indescriptible.
**surplice** (sür′plis) *n* sobrepelliz *f.*
**surplus** (sür′plus′, sür′pl*u*s′) *n* excedente *m*; sobrante *m*; • *adj* sobrante.
**surprise** (sėr prīz′) *vt* sorprender; • *n* sorpresa *f.*
**surprising** (sėr prī zing) *adj* sorprendente.
**surrender** (s*u* ren′dėr) *vt, vi* rendir; ceder; rendirse; • *n* rendición *f.*
**surreptitious** (sür′′*e*p tish′us) *adj* subrepticio; ~**ly** *adv* subrepticiamente.
**surrogate** (sür′*o* gāt′′, sür′*o* git′′) *vt* subrogar; • *n* subrogado; • *adj* sustituto, vicario *m.*
**surrogate mother** *n* madre portadora *f.*
**surround** (s*u* round′) *vt* circundar, cercar, rodear.
**surroundings** (s*u* roun′dings) *n pl* alrededores, aledaños *mpl*; ambiente, entorno *m.*
**surveillance** (sėr vā′l*a*ns) *n* vigilancia *f.*
**survey** (sėr vā′) *vt* inspeccionar, examinar; apear; • *n* inspección *f*; apeo (de tierras) *m.*
**surveyor** (sėr vā′ėr) *n* topógrafo *m.*
**survival** (sėr vī′v*a*l) *n* supervivencia *f.*
**survive** (sėr vīv′) *vi* sobrevivir; • *vt* sobrevivir a.
**survivor** (sėr vī′ vėr) *n* sobreviviente *m/f.*
**susceptibility** (s*u* sep′′t*i* bil′i tē) *n* susceptibilidad *f.*

**susceptible** (s*u* sep'ti bl) *adj* susceptible.

**suspect** (s*u* spekt') *vt, vi* sospechar; • *n* sospechoso, sa *m/f*.

**suspend** (s*u* spend') *vt* suspender.

**suspense** (s*u* spens') *n* suspenso *m*, intriga, incertidumbre *f*.

**suspension** (s*u* spen'sh*a*n) *n* suspensión, postergación *f*, aplazamiento *m*.

**suspension bridge** *n* puente colgante *o* colgado *m*.

**suspicion** (s*u* spish'*a*n) *n* sospecha *f*.

**suspicious** (s*u* spish'us) *adj* suspicaz; **~ly** *adv* sospechosamente.

**suspiciousness** (s*u* spish'us nis) *n* suspicacia *f*.

**sustain** (s*u* stān') *vt* sostener, sustentar, mantener; apoyar; sufrir.

**sustenance** (sus'te n*a*ns) *n* sostenimiento, sustento *m*.

**suture** (sö'chėr) *n* sutura, costura *f*.

**suzerain** (sö'ze rin, sö ze rān') *n* estado protector.

**swab** (swob) *n* algodón, hisopo *m*; frotis *m invar*.

**swaddle** (swod'l) *vt* fajar, envolver.

**swaddling-clothes** *npl* pañales *mpl*.

**swagger** (swag'ėr) *vi* baladronear, actuar con fanfarronería.

**swallow** (swol'ō) *n* golondrina *f*; trago *m*; • *vt* tragar, engullir.

**swamp** (swomp) *n* pantano *m*.

**swampy** (swom'pē) *adj* pantanoso.

**swan** (swon) *n* cisne *m*.

**swap** (swop) *vt* canjear; • *n* intercambio *m*.

**swarm** (swärm) *n* enjambre *m*; gentío *m*; hormiguero *m*; • *vi* enjambrar; hormiguear de gente; abundar.

**swarthy** (swär'THē, swär'thē) *adj* atezado, moreno, de tez morena.

**swarthiness** (swär'THē nis, swär'thē nis) *n* tez morena *f*.

**swashbuckling** (swos'buk''ling, swäsh'buk''ling) *adj* fanfarrón, aventurero.

**swath** (swoth, swäth) *n* franja *m*.

**swathe** (swoTH, swäTH) *vt* fajar, vendar, envolver; • *n* faja, venda *f*.

**sway** (swā) *vt* mover; • *vi* ladearse, inclinarse; • *n* balanceo *m*; poder, imperio, influjo *m*.

**swear** (swâr) *vt, vi* jurar; hacer jurar; juramentar.

**sweat** (swet) *n* sudor *m*; • *vi* sudar; trabajar con fatiga.

**sweater** (swet'ėr) *n* suéter *m*.

**sweat shirt** *n* sudadera *f*.

**sweep** (swēp) *vt, vi* barrer; arrebatar; deshollinar; pasar *o* tocar ligeramente; oscilar; • *n* barredura *f*; vuelta *f*; giro *m*.

**sweeping** (swē'ping) *adj* rápido; **~s** *pl* barreduras *fpl*.

**sweepstake** (swēp'stāks'') *n* lotería *f*.

**sweet** (swēt) *adj* dulce, grato, gustoso; suave; oloroso; melodioso; hermoso; amable; • *adv* dulcemente, suavemente; • *n* dulce, caramelo *m*.

**sweetbread** (swēt'bred'') *n* mollejas *fpl*.

**sweeten** (swēt'*e*n) *vt* endulzar; suavizar; aplacar; perfumar.

**sweetener** (swēt'*e*n ėr) *n* edulcorante, endulzante *m*.

**sweetheart** (swēt'härt'') *n* novio, via *m/f*; querida *f*.

**sweetmeats** (swēt'mēts'') *npl* dulces secos *mpl*.

**sweetness** (sw ēt'nis) *n* dulzura, suavidad *f*.

**swell** (swel) *vi* hincharse; ensoberbecerse; embravecerse; • *vt* hin-

char, inflar, agravar; • *n* marejada *f*; • *adj* (*fam*) estupendo, fenomenal.
**swelling** (swel'ing) *n* hinchazón *f*; tumor *m*.
**swelter** (swel'tėr) *vi* ahogarse de calor.
**swerve** (swürv) *vi* vagar; desviarse, virar.
**swift** (swift) *adj* veloz, ligero, rápido; • *n* vencejo, *m*.
**swiftly** (swift'lē) *adv* velozmente.
**swiftness** (swift'nis) *n* velocidad, rapidez *f*.
**swill** (swil) *vt* beber con exceso; • *n* bazofia *f*.
**swim** (swim) *vi* nadar; abundar en; • *vt* pasar a nado; • *n* nadada *f*.
**swimming** (swim'ing) *n* natación *f*.
**swimming pool** *n* piscina *f*.
**swimsuit** (swim''söt'') *n* traje de baño *m*.
**swindle** (swin'dl) *vt* estafar.
**swindler** (swin'dl ėr) *n* trampista *m*, estafador, timador *m*.
**swine** (swīn) *n* puerco, cochino, canalla *m*.
**swing** (swing) *vi* balancear, columpiarse; vibrar; agitarse; • *vt* columpiar; balancear; girar; • *n* vibración *f*; balanceo *m*.
**swinging** (swing'ing) *adj* (*fam*) alegre, acelerado.
**swinging door** *n* puerta giratoria *f*.
**swirl** (swürl) *n* hacer remolinos el agua.
**switch** (switch) *n* varilla *f*; interruptor *m*; (*rail*) aguja *f*; • *vt* cambiar de; **to ~ off** apagar; parar; **to ~ on** encender, prender.
**switchboard** (swich'bōrd'') *n* centralita (de teléfonos) *f*, conmutador *m*.
**swivel** (swiv'*e*l) *vt* girar.
**swoon** (swön) *vi* desmayarse; • *n* desmayo, desvanecimiento *m*.
**swoop** (swöp) *vi* descender en picada; • *n* descenso; redada *f*; **in one ~** de un golpe.
**sword** (sōrd, *sä*rd) *n* espada *f*.
**swordfish** (sōrd'fish'', *sä*rd'fish'') *n* pez espada *f*.
**swordsman** (sōrdz'm*a*n, *sä*rdz'm*a*n) *n* guerrero, soldado, espadachín *m*.
**sycamore** (sik'*a* mōr'', sik'*a* m*ä*r'') *n* sicomoro *m* (árbol).
**sycophant** (sik'*o* f*a*nt) *n* sicofante, adulador *m*.
**syllabic** (si lab'ik) *adj* silábico.
**syllable** (sil'*a* bl) *n* sílaba *f*.
**syllabus** (sil'*a* b*u*s) *n* programa de estudios *m*.
**syllogism** (sil'*o* jiz''*u*m) *n* silogismo *m*.
**sylph** (silf) *n* silfio *m*; sílfide *f*.
**symbol** (sim'b*o*l) *n* símbolo *m*.
**symbolic(al)** (sim bol'ik) *adj* simbólico.
**symbolize** (sim'b*o* līz') *vt* simbolizar.
**symmetrical** (si me'tri k*a*l) *adj* simétrico; **~ly** *adv* con simetría.
**symmetry** (sim'i trē) *n* simetría *f*.
**sympathetic** (sim''p*a* thet'ik) *adj* simpático; **~ally** *adv* simpáticamente.
**sympathize** (sim'p*a* thīz'') *vi* compadecerse.
**sympathy** (sim'p*a* thē) *n* simpatía *f*.
**symphony** (sim'f*o* nē) *n* sinfonía *f*.
**symposium** (sim pō'zē *u*m) *n* simposio *m*.
**symptom** (simp't*o*m) *n* síntoma *m*.
**synagogue** (sin'*a* gog') *n* sinagoga *f*.
**synchronism** (song'kr*o* niz''*u*m) *n* sincronismo *m*.

**syndicate** (sin′d*i* kit) *n* sindicato *m.*
**syndrome** (sin′drōm, sin′dr*o* mē′′) *n* síndrome *m.*
**synod** (sin′*o*d) *n* sínodo *m.*
**synonym** (sin′*o* nim) *n* sinónimo *m.*
**synonymous** (si non′*i* mus) *adj* sinónimo; ~**ly** *adv* con sinonimia.
**synopsis** (si nop′sis) *n* sinopsis *f*; sumario *m.*
**synoptical** (si nop′tik *a*l) *adj* sinóptico.
**syntax** (sin′taks) *n* sintaxis *f.*
**synthesis** (sin′thi sis) *n* síntesis *f.*
**syringe** (s*i* rinj′, sir′inj) *n* jeringa, lavativa *f*; • *vt* jeringar.
**syrup** (sir′up, sür′*u*p) *n* almibar, jarabe *m.*
**system** (sis′t*e*m) *n* sistema, método *m.*
**systematic** (sis′′t*e* mat′ik) *adj* sistemático; ~**ally** *adv* sistemáticamente.
**systems analyst** *n* analista de sistemas *m/f.*

# T

**tab** (tab) *n* lengüeta *f*; etiqueta *f*; **to keep a ~** seguir con atención.
**tabernacle** (tab'ėr nak'l) *n* tabernáculo *m*.
**table** (tā'bl) *n* mesa *f*; tabla *f*; • *vt* apuntar en forma sinóptica; poner sobre la mesa; **to clear the ~** quitar o levantar la mesa; **under the ~** completamente borracho.
**table cloth** *n* mantel *m*.
**table of contents** *n* índice de materias *m*.
**tablespoon** (tā'bl spön'') *n* cuchara para comer *f*.
**tablet** (tab'lit) *n* tableta *f*; pastilla *f*; comprimido *m*.
**table tennis** *n* ping-pong *m*.
**taboo** (t*a* bö', ta bö') *adj* tabú; • *n* tabú *m*; • *vt* interdecir.
**tabular** (tab'ū lėr) *adj* reducido a índices.
**tacit** (tas'it) *adj* tácito; **~ly** *adv* tácitamente.
**taciturn** (tas'i türn) *adj* taciturno, callado.
**tack** (tak) *n* tachuela *f*; bordo *m*; • *vt* atar; pegar; • *vi* virar.
**tackle** (tak'l, tā'kl) *n* todo género de instrumentos o aparejos *m*; (*mar*) cordaje *m*, jarcia *f*. • *vt* atajar al adversario.
**tacky** (tak'ē) *adj* vulgar, descuidado; cursi, pasado de moda.
**tact** (takt) *n* tacto *m*.
**tactician** (tak'ti sh*a*n) *n* estratega *m*.
**tactics** (tak'tiks) *npl* táctica *f*.
**tlactlessly** (takt'lis lē) *adv* sin tacto.
**tadpole** (tad'pōl') *n* renacuajo *m*.
**taffeta** (taf'i t*a*) *n* tafetán *m*.
**tag** (tag) *n* herrete *m*, etiqueta *f*; • *vt* poner herretes, etiquetar.
**tail** (tāl) *n* cola *f*; rabo *m*; • *vt* vigilar a; **to turn ~** poner pies en polvorosa.
**tailgate** (tāl'gāt') *n* puerta trasera *f*.
**tailor** (tā'lėr) *n* sastre *m*.
**tailoring** (tā'lėr ing) *n* cortado por sastre *m*.
**tailor-made** (tā'lėr mād') *adj* hecho a la medida.
**tailwind** (tāl'wind') *n* viento de cola *m*.
**taint** (tānt) *vt* tachar, manchar; viciar; • *n* mancha *f*.
**tainted** (tāntd) *adj* contaminado; manchado.
**take** (tāk) *vt* tomar, coger, asir; recibir, aceptar; pillar; prender; admitir; entender; • *vi* prender el fuego; **to ~ away** quitar; llevar; **to ~ back** devolver; retractar; **to ~ down** derribar; apuntar; **to ~ in** entender, abarcar; acoger; **to ~ off** *vi* despegar; *vt* quitar; imitar; **to ~ on** aceptar; contratar; desafiar; **to ~ out** sacar; quitar; **to ~ to** encariñarse con; **to ~ up** acortar; ocupar; dedicarse a; • *n* toma *f*.
**takeoff** (tāk'äf, tāk'of) *n* despegue, punto de salida *m*.
**takeover** (tāk'ō'vėr) *n* toma de poder *f*.
**take-up** (tāk'up'') *n* absorción; encogimiento.
**takings** (tā'kings) *npl* ingresos *mpl*.
**talent** (tal'*e*nt) *n* talento *m*; capacidad *f*.
**talented** (tal'*e*ntd) *adj* talentoso.

**talisman** (tal´is m*a*n, tal´iz m*a*n) *n* talismán, amuleto *m*.
**talk** (tä́k) *vi* hablar, conversar; charlar; • *n* habla *f*, charla *f*, fama *f*; ~ **away** hablar sin parar; ~ **back** replicar con insolencia; ~ **oneself hoarse** hablar hasta quedarse ronco; ~ **a blue streak** hablar hasta por los codos.
**talkative** (tä́´k*a* tiv) *adj* locuaz.
**talking** (tä́´king) *adj* parlante, hablante.
**talk show** *n* programa de entrevistas en televisión *f*.
**tall** (tä́l) *adj* alto, elevado; robusto.
**tally** (tal´ē) *vi* corresponder; • *vt* tarjar, marcar; • *n* tarja, tara.
**talon** (tal´*o*n) *n* garra de ave de rapiña *f*.
**tambourine** (tam´´b*o* rēn´) *n* pandereta *f*.
**tame** (tām) *adj* amansado, domado, domesticado; ~**ly** *adv* mansamente; bajamente; • *vt* domar, domesticar.
**tameness** (tām´nis) *n* domesticidad *f*; sumisión *f*.
**tamper** (tam´pėr) *vi* tocar, manipular indebidamente, alterar.
**tampon** (tam´pon) *n* tampón *m*.
**tan** (tan) *vt* broncear; • *vi* ponerse moreno; • *n* bronceado *m*.
**tandem** (tan´dem) *adv* uno tras otro; doble.
**tang** (tang) *n* sabor fuerte *m*.
**tangent** (tan´jent) *n* tangente *f*.
**tangerine** (tan´´j*e* rēn´) *n* mandarina *f*.
**tangible** (tan´j*i* bl) *adj* tangible.
**tangle** (tan´gl) *vt* enredar, embrollar.
**tangly** (tang´lē) *adj* enredoso, intrincado.
**tank** (tangk) *n* cisterna *f*; aljibe *m*.
**tanker** (tang´kėr) *n* buque cisterna *m*; camión cisterna *m*.
**tanned** (tand) *adj* bronceado.
**tantalizing** (tan´t*a* lī´´zing) *adj* tentador.
**tantamount** (tan´t*a* mount´´) *adj* equivalente.
**tantrum** (tan´tr*u*m) *n* rabieta *f*.
**tap** (tap) *vt* tocar ligeramente; utilizar; intervenir; • *n* palmada suave *f*; toque ligero *m*; espita *f*.
**tape** (tāp) *n* cinta *f*; • *vt* asegurar con cinta; grabar en cinta (magnetofónica).
**tape measure** *n* cinta métrica *f*.
**taper** (tā´pėr) *n* cirio *m*.
**tape recorder** (tāp´ri kä́rd´´ėr) *n* grabadora *f*.
**tapestry** (tap´i strē) *n* tapiz *m*; tapicería *f*.
**tar** (tär) *n* brea *f*.
**target** (tär´git) *n* objetivo, blanco *m* (para tirar).
**target date** *n* fecha que se fija (para un acontecimiento) *f*.
**tariff** (tar´if) *n* tarifa *f*.
**tarmac** (tär´mak) *n* pista *f*.
**tarnish** (tär´nish) *vt* deslustrar.
**tarpaulin** (tär´pä́´lin, tär´p*a* lin) *n* alquitranado *m*.
**tarragon** (tar´*a* gon´´, tar´*a* gon) *n* (*bot*) estragón *m*.
**tart** (tärt) *adj* acedo, acre; • *n* tarta, torta *f*.
**tartan** (tär´t*a*n) *n* tela escocesa *f*.
**tartar** (tär´tėr) *n* tártaro *m*.
**tartly** (tärt´ē) *adv* acremente, ásperamente.
**tartness** (tärt´nis) *n* acidez, agrura.
**task** (task, tä́sk) *n* tarea, faena, misión *f*.
**taskwork** (task´wǘrk´´, tä́sk´wǘrk´´) *n* trabajo a destajo; trabajo duro.

**tassel** (tas'*e*l) *n* borlita *f.*
**taste** (tāst) *n* gusto *m*; sabor *m*; saboreo *m*; ensayo *m*; • *vt, vi* gustar; probar; experimentar; agradar; tener sabor.
**tasteful** (tāst'f*u*l) *adj* sabroso; ~**ly** *adv* sabrosamente.
**tasteless** (tāst'lis) *adj* insípido, sin sabor.
**tasty** (tā'stē) *adj* sabroso; de buen gusto.
**tatter** (tā'tėr) *n* andrajo, guiñapo *m.*
**tattle** (tat'l) *vi* charlar, hablar por los codos.
**tattoo** (ta tö') *n* tatuaje *m*; • *vt* tatuar.
**taunt** (t*ä*nt, tänt) *vt* mofar; ridiculizar; • *n* mofa, burla *f.*
**Taurus** (t*ä*r'*u*s) *n* Tauro (astr.) *m.*
**taut** (t*ä*t) *adj* tieso.
**tautness** (t*ä*t'nis) *n* tirantez, tensión.
**tautological** (t*ä*t''*o* loj'*i* k*a*l) *adj* tautológico.
**tautology** (t*ä* tol'*o* jē) *n* tautología *f.*
**tawdry** (t*ä*'drē) *adj* charro, chillón y poco elegante.
**tax** (taks) *n* impuesto *m*; contribución *f*; • *vt* gravar; poner a prueba.
**taxable** (taks *a*'bl) *adj* sujeto a impuestos.
**taxation** (tak sā'sh*a*n) *n* imposición de impuestos *f.*
**tax collector** *n* recaudador *m.*
**tax-free** *adj* libre de impuestos.
**taxi** (tak'sē) *n* taxi *m*; • *vi* rodar por la pista.
**taxi driver** *n* taxista *m.*
**taxi stand** *n* parada de taxis *f.*
**tax payer** (taks'pā'ėr) *n* contribuyente *m.*
**tax relief** *n* desgravación fiscal *f.*
**tax return** *n* declaración de la renta *f.*
**tea** (tē) *n* té *m.*
**teach** (tēch) *vt* enseñar, instruir; • *vi* enseñar.
**teacher** (tē'chėr) *n* profesor, ra *m/f*; maestro, *m/f.*
**teaching** (tē'ching) *n* enseñanza *f.*
**teacup** (tē'kup'') *n* taza para el té *f.*
**teak** (tēk) *n* teca *f* (árbol).
**team** (tēm) *n* equipo *m.*
**teamster** (tēm'stėr) *n* camionero *m.*
**teamwork** (tēm'w*ü*rk'') *n* trabajo de equipo *m.*
**teapot** (tē'pot'') *n* tetera *f.*
**tear** (tēr) *vt* despedazar, rasgar; **to ~ up** hacer trizas.
**tear** (tēr) *n* lágrima *f*; gota *f.*
**tearful** (tēr'f*u*l) *adj* lloroso; ~**ly** *adv* con lloro.
**tear gas** (tēr'gas'') *n* gas lacrimógeno *m.*
**tease** (tēz) *vt* tomar el pelo, importunar.
**tea-service, tea-set** *n* servicio para el té *m.*
**teaspoon** (tē'spön'', tē'sp*ü*n'') *n* cucharita *f.*
**teat** (tēt, tit) *n* ubre, teta *f.*
**technical** (tek'ni k*a*l) *adj* técnico.
**technicality** (tek''ni k*a* lē'tē) *n* detalle técnico *m.*
**technician** (tek nish'*a*n) *n* técnico *m.*
**technique** (tek nēk') *n* técnica *f.*
**technological** (tek''n*o* loj'i k*a*l) *adj* tecnológico.
**technology** (tek nol'o jē) *n* tecnología *f.*
**teddy bear** (ted'ē bâr) *n* osito de felpa *m.*
**tedious** (tē'dē us, tē'jus) *adj* tedioso, fastidioso; ~**ly** *adv* fastidiosamente.

**tedium** (tē´dē *u*m) *n* tedio, fastidio *m.*
**tee** (tē) *n* tee *m.*
**teem** (tēm) *vi* rebosar de.
**teenage** (tēn´āj) *adj* juvenil; **~r** *n* adolescente *m/f.*
**teens** (tēnz) *npl* años desde 13 hasta 20 años, adolecencia.
**tee-shirt** *n* camiseta *f.*
**teeth** (tēth) *npl* plural de **tooth**: dientes.
**teethe** (tēTH) *vi* echar los dientes.
**teetotal** (tē tōt´*a*l) *adj* moderado, sobrio.
**teetotaler** (tē tōt´*a* lėr) *n* hombre sobrio *m.*
**te-hee** (tē´hē) *n* risa entre dientes.
**telegram** (tel´*e* gram´) *n* telegrama *m.*
**telegraph** (tel´*e* graf´´, tel´*e* gräf´´) *n* telégrafo *m.*
**telegraphic** (tel´´*e* graf´ik, tel´´*e* gräf´ik) *adj* telegráfico.
**telegraphy** (t*e* leg´r*a* fē) *n* telegrafía *f.*
**telepathy** (t*e* lep´*a* thē) *n* telepatía *f.*
**telephone** (tel´*e* fōn´) *n* teléfono *m.*
**telephone booth** *n* cabina telefónica *f.*
**telephone call** *n* llamada telefónica *f.*
**telephone directory** *n* guía telefónica *f.*
**telephone number** *n* número de teléfono *m.*
**telescope** (tel´i skōp´´) *n* telescopio *m.*
**telescopic** (tel´´i skōp´ik) *adj* telescópico.
**televise** (tel´*e* vīz´´) *vt* televisar.
**television** (tel´*e* vīz´´*a*n) *n* televisión *f.*
**television set** *n* televisor *m.*
**telex** (tel´eks) *n* télex *m; vt, vi* enviar un télex.
**tell** (tel) *vi* decir; informar, contar; **~ that to the marines** a otro perro con ese hueso, ¡cuéntaselo a tu abuela!; ~ **(someone) where to get off** (*sl*) poner ( a alguien) en su sitio.
**teller** (tel´ėr) *n* cajero *m/f.*
**telling** (tel´ing) *adj* eficaz, revelador, expresivo.
**telltale** (tel´tāl´) *adj* revelador; delator, • *n* chismoso *m*; indicio *m.*
**temper** (tem´pėr) *vt* templar, moderar; • *n* mal genio *m*; **out of ~** fuera de sus casillas.
**temperament** (tem´pėr *a* ment, tem´pr*a* ment) *n* temperamento *m.*
**temperance** (tem´pėr *a*ns) *n* templanza, moderación *f.*
**temperate** (tem´pėr it, tem´prit) *adj* templado, moderado, sobrio.
**temperature** (tem´pėr *a* chėr, tem´para chėr) *n* temperatura *f.*
**tempest** (tem´pist) *n* tempestad *f.*
**tempestuous** (tem´pes´chö us) *adj* tempestuoso.
**template** (tem´plit) *n* plantilla *f.*
**temple** (tem´pl) *n* templo *m*; sien *f.*
**temporarily** (tem´p*o* rer´´ē lē) *adv* temporalmente.
**temporary** (tem´p*o* rer´´ē) *adj* temporal.
**tempt** (tempt) *vt* tentar; provocar.
**temptation** (temp´tā´sh*a*n) *n* tentación *f.*
**tempting** (tempt´ing) *adj* tentador.
**ten** (ten) *adj, n* diez.
**tenable** (ten´*a* bl) *adj* defendible.
**tenacious** (t*e* nā´sh*u*s) *adj*, **~ly** *adv* tenaz(mente).
**tenacity** (t*e* nas´i tē) *n* tenacidad *f*; porfía *f.*

**tenancy** (ten´*a*n sē) *n* tenencia *f.*
**tenant** (ten´*a*nt) *n* arrendador, inquilino *m.*
**tend** (tend) *vt* guardar, velar; • *vi* tener tendencia a.
**tendency** (ten´d*e*n sē) *n* tendencia *f.*
**tender** (ten´dėr) *adj* tierno, delicado; sensible; ~**ly** *adv* tiernamente; • *n* oferta *f*; • *vt* ofrecer; estimar.
**tenderness** (ten´dėr nis) *n* ternura *f.*
**tendon** (ten´d*o*n) *n* tendón *m.*
**tenement** (ten´*e* m*e*nt) *n* casa habitación de alquiler *f.*
**tenet** (ten´it, tē´nit) *n* dogma *m*; aserción *f.*
**tennis** (ten´is) *n* tenis *m.*
**tennis court** *n* cancha de tenis *f.*
**tennis player** *n* tenista *m/f.*
**tennis racket** *n* raqueta de tenis *f.*
**tennis shoes** *npl* zapatillas de tenis *fpl.*
**tenor** (ten´ėr) *n* (*mus*) tenor *m*; contenido *m*; substancia *f.*
**tense** (tens) *adj* tieso, tenso; • *n* (*gr*) tiempo *m.*
**tension** (ten´sh*a*n) *n* tensión, tirantez *f.*
**tent** (tent) *n* tienda de campaña, carpa *f.*
**tentacle** (ten´t*a* kl) *n* tentáculo *m.*
**tentative** (ten´t*a* tiv) *adj* de ensayo, de prueba; ~**ly** *adv* como prueba.
**tenth** (tenth) *adj, n* décimo.
**tenuous** (ten´ū us) *adj* tenue, insustancial.
**tenure** (ten´yėr) *n* tenencia *f.*
**tepid** (tep´id) *adj* tibio.
**term** (türm) *n* término *m*; dicción *f*; vocablo *m*; condición, estipulación *f*; • *vt* nombrar, llamar; **to come to ~s** llegar a un acuerdo.
**terminal** (tür´m*i* n*a*l) *adj* mortal; • *n* terminal *m*; terminal *f.*
**terminate** (tür´m*i* nāt´´) *vt* terminar; ~ **in** tener la terminación de.
**termination** (tür´´m*i* nā´sh*a*n) *n* terminación, conclusión *f.*
**terminus** (tür´m*i* n*u*s) *n* límite *m*, teminación *f*, meta *f*; estación terminal *f.*
**terrace** (ter´*a*s) *n* terraza *f.*
**terrain** (t*e* rān´, ter´ān) *n* terreno *m.*
**terrestrial** (t*e* res´trē *a*l) *adj* terrestre, terreno.
**terrible** (ter´*i* bl) *adj* terrible.
**terribly** (ter´*i* blē) *adv* terriblemente.
**terrier** (ter´ē ėr) *n* terrier *m.*
**terrific** (t*e* rif´ik) *adj* fantástico; maravilloso.
**terrify** (ter´*i* fī´´) *vt* aterrar, espantar.
**territorial** (ter´´i tōr´ē *a*l, ter´´i tär´ē *a*l) *adj* territorial.
**territory** (ter´i tōr´´ē) *n* territorio, distrito *m.*
**terror** (ter´ėr) *n* terror *m.*
**terrorism** (ter´*o* riz´´*u*m) *n* terrorismo *m.*
**terrorist** (ter´ėr ist) *n* terrorista *m/f.*
**terrorize** (ter´*o* rīz´´) *vt* aterrorizar.
**terse** (türs) *adj* sucinto, breve.
**test** (test) *n* examen *m*; prueba *f*; • *vt* probar; examinar.
**testament** (tes´t*a* m*e*nt) *n* testamento *m.*
**tester** (tes´tėr) *n* ensayador, reactivo *m.*
**testicles** (tes´tikls) *npl* testículos *mpl.*
**testify** (tes´t*i* fī´´) *vt* testificar, atestiguar.
**testimonial** (tes´´t*i* mō´nē *a*l) *n* testimonio *m.*

**testimony** (tes´ti mō´´nē) *n* testimonio *m.*
**test pilot** *n* piloto de prueba *m.*
**test tube** *n* probeta *f.*
**testy** (tes´tē) *adj* irritable, quisquilloso.
**tetanus** (tet´a nus) *n* tétano *m.*
**tether** (teTH´ėr) *vt* atar; • *n* correa, atadura.
**text** (tekst) *n* texto *m.*
**textbook** (tekst´bŭk´´) *n* libro de texto *m.*
**textile** (teks´til, teks´tīl) *npl* textiles *mpl.*
**textual** (teks´chö al) *adj* textual.
**texture** (teks´chėr) *n* textura *f*; tejido *m.*
**than** (THan) *conj* que, de lo que.
**thank** (thangk) *vt* agradecer, dar gracias.
**thankful** (thangk´ful) *adj* grato, agradecido; ~**ly** *adv* con gratitud.
**thankfulness** (thangk´ful nis) *n* gratitud *f.*
**thankless** (thangk´lis) *adj* ingrato.
**Thanksgiving** (thangk´´giv´ing) *n* día de acción de gracias *m.*
**Thanksgiving Day** (E.E.U.U.) día de acción de gracias (cuarto jueves de noviembre).
**that** (THat, THat) *pn* aquel, aquello, aquella; que; este; • *conj* porque; para que; **so** ~ de modo que.
**thatch** (thach) *n* techo de paja *m*; • *vt* techar con paja.
**thaw** (thä) *n* deshielo *m*; • *vi* deshelarse.
**the** (THē) *art* el, la, lo; los, las.
**theater** (thē´a tėr, thēa´tėr) *n* teatro *m.*
**theater-goer** (thē´a tėr gō´´ėr, thēa´tėr gō´´ėr) *n* aficionado al teatro *m.*
**theatrical** (thē a´tri kal) *adj* teatral.
**theft** (theft) *n* robo *m.*
**their** (THâr, THėr) *pn* su, suyo, suya; de ellos, de ellas; ~**s** el suyo, la suya, los suyos, las suyas; de ellos, de ellas.
**them** (THem, THem) *pn* los, las, les; ellos, ellas.
**theme** (thēm) *n* tema; composición, essayo *m.*
**themselves** (THem selvz´) *pn pl* ellos mismos, ellas mismas; sí mismos; se.
**then** (THen) *adv* entonces, después; en tal caso; • *conj* en ese caso; • *adj* entonces; **now and** ~ de vez en cuando.
**theologic(al)** (thē´o lō jī´kal) *adj* teológico.
**theologian** (thē´´o lō´jan, thē´´o lō´jē an) *n* teólogo *m.*
**theology** (thē ol´o´jē) *n* teología *f.*
**theorem** (thē´o rem, thēr´em) *n* teorema *m.*
**theoretical** (thē´´o ret´i kal) *adj* teórico; ~**ly** *adv* teóricamente.
**theorize** (thē´o rīz´´) *vt* teorizar.
**theory** (thē´o rē, thēr´ē) *n* teoría *f.*
**therapeutics** (ther´´a pū´tiks) *n* terapéutica *f.*
**therapist** (ther´a pist) *n* terapeuta *m.*
**therapy** (ther´a pē) *n* terapia *f.*
**there** (THâr) *adv* allí, allá; en eso, en cuanto a eso; **I have been** ~ **before** eso no es nada nuevo para mí; **not to be all** ~ estar medio trastornado.
**thereabout(s)** (THâr´a bout´´) *adv* por ahí, acerca de.
**thereafter** (THâr´´af´tėr) *adv* después; según.
**thereby** (THâr´bī) *adv* con lo cual; de ese modo.

**therefore** (THâr′fōr′′, THâr′fär′′) *adv* por eso, por lo tanto, en consecuencia.
**therefrom** (THâr′′frum′, THâr′′from′) *adv* de allí, de eso, de aquello.
**therein** (THâr′′in′) *adv* adentro, en ese respecto.
**thereinafter** (THâr′′in af′tėr, THâr′′in äf′tėr) *adv* en lo sucesivo, después.
**thermal** (thür′mal) *adj* termal.
**thermometer** (thėr mom′i tėr) *n* termómetro *m.*
**thermostat** (thür′mo stat′′) *n* termostato *m.*
**thesaurus** (thi sär′us) *n* diccionario enciclopédico, tesoro (de conocimientos, citas famosas, etc.) *m.*
**these** (THes) *pn pl* estos, estas.
**thesis** (thē′sis) *n* tesis *f.*
**they** (THā) *pn pl* ellos, ellas.
**thick** (thik) *adj* espeso, denso; grueso; torpe; **through ~ and thin** contra viento y marea.
**thicken** (thik′en) *vi* espesar, condensar; condensarse.
**thicket** (thik′it) *n* espesura de un bosque *f.*
**thickness** (thik′nis) *n* espesor *m.*
**thickset** (thik′set′) *adj* plantado muy espeso; rechoncho.
**thick-skinned** (thik′skind′) *adj* duro de pellejo.
**thief** (thēf) *n* ladrón *m.*
**thigh** (thī) *n* muslo *m.*
**thimble** (thim′bl) *n* dedal *m.*
**thin** (thin) *adj* delgado, delicado, flaco; c laro; • *v t* a tenuar; adelgazar; aclarar.
**thing** (thing) *n* cosa, persona, criatura *f*; objeto, tipo, *m*; chisme *m*; **a dumb ~** un zonzo; **for one ~** ante todo, muy especialmente; **there is not such ~** no hay tal cosa.
**think** (thingk) *vi* pensar, imaginar, meditar, considerar; creer, juzgar; **to ~ over** reflexionar; **to ~ up** imaginar; **I dont ~ so** no lo creo, no me parece.
**thinker** (thing′kėr) *n* pensador *m.*
**thinking** (thing′king) *n* pensamiento *m*; juicio *m*; opinión *f.*
**third** (thürd) *adj* tercero; • *n* tercio *m*; **~ly** *adv* en tercer lugar.
**third rate** (thürd′rāt′) *adj* mediocre.
**thirst** (thürst) *n* sed *f.*
**thirsty** (thür′stē) *adj* sediento.
**thirteen** (thür′tēn′) *adj, n* trece.
**thirteenth** (thür′tēnth′) *adj, n* décimotercio.
**thirtieth** (thür′tē ith) *adj, n* trigésimo.
**thirty** (thür′tē) *adj, n* treinta.
**this** (THis) *adj* este, esta, esto; • *pn* éste, ésta, esto.
**thistle** (this′l) *n* cardo *m.*
**thorn** (thärn) *n* espino *m*; espina *f.*
**thorny** (thür′nē) *adj* espinoso; arduo.
**thorough** (thür′ō, thur′ō) *adj* entero, perfecto; **~ly** *adv* enteramente, profundamente.
**thoroughbred** (thür′ō bred′, thür′o bred′) *adj* de sangre, de casta.
**throughfare** (thür′ō fâr′, thür′o fâr′) *n* paso, tránsito *m.*
**those** (THōz) *pn pl* ésos, ésas; aquéllos, aquéllas; • *adj* esos, esas; aquellos, aquellas.
**though** (THō) *conj* aunque, no obstante; • *adv* sin embargo.
**thought** (thät) *n* pensamiento, juicio *m*; opinión *f*; cuidado *m.*
**thoughtful** (thät′ful) *adj* pensativo.
**thoughtless** (thät′lis) *adj* descuidado; insensato; **~ly** *adv* descuidadamente, sin reflexión.

**thousand** (thou'z*a*nd) *adj, n* mil.
**thousandth** (thou'z*a*ndth) *adj, n* milésimo.
**thrash** (thrash) *vt* trillar, golpear; derrotar.
**thread** (thred) *n* hilo *m*; rosca *f*; • *vt* enhebrar.
**threadbare** (thred'bâr'') *adj* raído, muy usado.
**threat** (thret) *n* amenaza *f*.
**threaten** (thret'*e*n) *vt* amenazar.
**three** (thrē) *adj, n* tres.
**three-dimensional** (thrē'di men' sh*a* n*a*l) *adj* tridimensional.
**three-ply** (thrē'plī') *adj* de tres capas, láminas o hilos.
**threshold** (thresh'ōld, thresh'hōld) *n* umbral *m*.
**thrifty** (thrif'tē) *adj* económico.
**thrill** (thril) *vt* emocionar; • *n* emoción *f*.
**thriller** (thril'ėr) *n* película *o* novela de suspenso *f*.
**thrive** (thrīv) *vi* prosperar; crecer.
**throat** (thrōt) *n* garganta *f*.
**throb** (throb) *vi* palpitar; vibrar; dar punzadas.
**throne** (thrōn) *n* trono *m*.
**throng** (thräng, throng) *n* tropel de gente *m*; • *vt* venir en tropel.
**throttle** (throt'l) garganta, tráquea *n*; • *vt* estrangular.
**through** (thrö) *prep* por; durante; mediante; • *adj* directo; • *adv* completamente.
**throughout** (thrö out') *prep* por todo; • *adv* en todas partes.
**throw** (thrō) *vt* echar, arrojar, tirar, lanzar; • *n* tiro *m*; golpe *m*; **to ~ away** tirar; **to ~ off** desechar; **to ~ out** tirar; **to ~ up** vomitar.
**throwaway** (thrō'*a* wā'') *adj* desechable.
**thrust** (thrust) *vt* empujar, introducir; • *n* empuje *m*.
**thud** (thud) *n* ruido sordo *m*.
**thug** (thug) *n* ladrón, matón *m*; miembro de una antigua secta de la India *m*.
**thumb** (thum) *n* pulgar *m*; **to have (someone) under one's ~** tener a alguien de la oreja.
**thumbtack** (thum'tak'') *n* chinche, tachuela *m*.
**thump** (thump) *n* golpe *m*; • *vt, vi* golpear.
**thunder** (thun'dėr) *n* trueno *m*; • *vi* tronar.
**thunderbolt** (thun'dėr bōlt'') *n* rayo *m*.
**thunderclap** (thun'dėr klap'') *n* trueno *m*.
**thunderstorm** (thun'dėr stärm'') *n* tormenta *f*.
**Thursday** (thürz'dē, thürz'dā) *n* jueves *m*.
**thus** (THus) *adv* así, de este modo.
**thwart** (thwärt) *vt* frustrar.
**thyme** (tīm, thīm) *n* (*bot*) tomillo *m*.
**thyroid** (thī'roid) *n* tiroides *m invar*.
**tiara** (tē ar'*a*, tē âr'*a*) *n* tiara *f*.
**tic** (tik) *n* tic *m*.
**tick** (tik) *n* tictac *m*; palomita *f*; • *vt* marcar; **to ~ over** girar en marcha; ir tirando.
**ticket** (tik'it) *n* billete, boleto *m*; etiqueta *f*; tarjeta *f*.
**ticket collector** *n* (*rail*) revisor *m*.
**ticket office** *n* boletería *f*; despacho de boletos *m*.
**tickle** (tik'l) *vt* hacer cosquillas.
**ticklish** (tik'lish) *adj* cosquilloso.
**tidal** (tīd'*a*l) *adj* (*mar*) de marea.
**tidal wave** *n* maremoto *m*.

**tidbit** (tid´bit´´) *n* golosina *f*, pedazo *m*.
**tide** (tīd) *n* curso *m*; marea; (fig.) corriente, popularidad *f*.
**tidily** (tī´dē lē) *adv* aseadamente.
**tidy** (tī´dē) *adj* ordenado; arreglado; aseado.
**tie** (tī) *vt* anudar, atar; • *vi* empatar; **to ~ up** envolver; atar; amarrar; concluir; • *n* atadura *f*; lazo *m*; empate *m*.
**tier** (tī´ėr) *n* grada *f*, piso *m*.
**tiff** (tif) *n* riña, altercado.
**tiger** (tī´gėr) *n* tigre *m*.
**tight** (tīt) *adj* tirante, tieso, tenso; cerrado; apretado; • *adv* muy fuerte.
**tighten** (tīt´*e*n) *vt* tirar, estirar.
**tightfisted** (tīt´fis´tid) *adj* tacaño.
**tightly** (tīt´lē) *adv* muy fuerte.
**tightrope** (tīt´rōp´´) *n* cuerda floja *f*.
**tigress** (tī´gris) *n* tigresa *f*.
**tile** (tīl) *n* teja *f*, baldosa *f*, azulejo *m*; • *vt* tejar.
**tiled** (tīld) *adj* embaldosado.
**till** (til) *n* caja *f*; • *vt* cultivar, labrar.
**tiller** (tīl´ėr) *n* caña del timón *f*.
**tilt** (tilt) *vt* inclinar; • *vi* inclinarse.
**timber** (tim´bėr) *n* madera de construcción *f*; árboles *mpl*.
**timberland** (tim´bėr land´´) *n* bosque *m*, tierra o zona boscosa *f*.
**time** (tīm) *n* tiempo; época *f*; hora *f*, momento *m*; (*mus*) compás *m*; **in ~** a tiempo; **from ~ to ~** de vez en cuando; **a long ~ ago** hace mucho tiempo; • *vt* medir el tiempo; cronometrar.
**time bomb** *n* bomba de efecto retardado *f*.
**timed** (tīmd) *adj* de duración determinada.
**time lag** (tīm´lag´´) *n* desfase *m*.
**timeless** (tīm´lis) *adj* eterno.
**timely** (tīm´lē) *adj* oportuno.
**time off** *n* tiempo libre *m*.
**time out** (tīm´out´) *n* intermedio, suspención temporal de un juego.
**timer** (tī´mėr) *n* interruptor *m*; programador horario *m*.
**time scale** *n* escala de tiempo *f*.
**time zone** *n* huso horario *m*.
**timid** (tim´id) *adj* tímido, temeroso; **~ly** *adv* con timidez.
**timidity** (tim´id *i* tē) *n* timidez *f*.
**timing** (tī´ming) *n* cronometraje *m*.
**tin** (tin) *n* estaño *m*; hojalata *f*.
**tinfoil** (tin´foil´) *n* papel de estaño *m*.
**tinge** (tinj) *n* matiz *m*.
**tingle** (ting´gl) *vi* zumbar los oídos; latir, punzar.
**tinker** (ting´kėr) *n* calderero remendón *m*; gitano *m*.
**tinkle** (ting´kl) *vi* tintinear.
**tin plate** *n* hojalata *f*.
**tinsel** (tin´s*e*l) *n* oropel *m*.
**tint** (tint) *n* tinte *m*; • *vt* teñir.
**tinted** (tin´tid) *adj* teñido; ahumado.
**tiny** (tī´nē) *adj* pequeño, chico.
**tip** (tip) *n* punta, extremidad *f*, propina *f*, consejo *m*; • *vt* dar una propina a; inclinar; vaciar.
**tip-off** (tip´*ä*f´, tip´of´) *n* advertencia *f*.
**tipsy** (tip´sē) *adj* alegre.
**tiptop** (tip´top´´) *adj* excelente, el o lo mejor.
**tirade** (tī´rād, t*i* rād´) *n* diatriba, perorata *f*.
**tire** (tīėr) *n* neumático *m*; llanta *f*; • *vt* cansar, fatigar; • *vi* cansarse; fastidiarse.
**tireless** (tīėr´lis) *adj* incansable.
**tiresome** (tīėr´s*o*m) *adj* tedioso, molesto; **how ~** ¡qué cansado!

**tiring** (tīėr´ing) *adj* cansado.
**tissue** (tish´ō) *n* tejido *m*; pañuelo de papel *m*.
**tissue paper** *n* papel de seda *m*.
**titillate** (tit´*i* lāt´) *vt* estimular, hacer cosquillas.
**title** (tīt´l) *n* título *m*.
**title d eed** *n* derecho de propiedad *m*.
**title page** *n* portada *f*.
**tittle** (tit´l) *vi* chismorrear, comadrear; • *n* cháchara *f*.
**titular** (tich´*a* lėr, tit´y*a* lėr) *adj* titular.
**to** (tö) *prep* a; para; por; de; hasta; en; con; que.
**toad** (tōd) *n* sapo *m*.
**toadstool** (tōd´stöl´´) *n* (*bot*) hongo venenoso *m*.
**toady** (tō´dē) *n* adulador, servil.
**toast** (tōst) *vt* tostar; brindar; • *n* tostada *f*; brindis *m*.
**toaster** (tō´stėr) *n* tostadora *f*.
**tobacco** (t*o* bak´ō) *n* tabaco *m*.
**tobacconist** (t*o* bak´*o* nist) *n* tabaquero *m*.
**tobacco pouch** *n* bolsa de tabaco *f*.
**tobacco shop** *n* tabaquería *f*.
**toboggan** (t*o* bog´*a*n) *n* tobogán *m*.
**today** (t*o* dā´) *adv* hoy, en este día, hoy en día.
**toddler** (tod´lėr) *n* niño que empieza a andar *m*.
**toe** (tō) *n* dedo del pie; **from the top to ~** de la cabeza a los pies.
**together** (t*ü* geTH´ėr) *adv* juntamente, juntos; al mismo tiempo.
**toil** (toil) *vi* fatigarse, trabajar mucho; afanarse; • *n* trabajo *m*; fatiga *f*; afán *m*.
**toilet** (toi´lit) *n* servicios *mpl*; sanitario *m*; • *adj* de aseo.
**toilet bowl** *n* taza de retrete *f*.
**toilet paper** *n* papel higiénico *m*.
**token** (tō´k*e*n) *n* señal *f*; muestra *f*; recuerdo *m*; vale *m*; ficha *f*.
**tolerable** (tol´ėr *a* bl) *adj* soportable; pasable.
**tolerance** (tol´ėr *a*ns) *n* tolerancia *f*.
**tolerant** (tol´ėr *a*nt) *adj* tolerante.
**tolerate** (tol´*e* rāt´´) *vt* tolerar.
**toll** (tōl) *n* peaje *m*; número de víctimas *m*; • *vi* doblar (las campanas).
**tomato** (t*o* mā´tō) *n* tomate *m*.
**tomb** (töm) *n* tumba *f*; sepulcro *m*.
**tomboy** (tom´boi´´) *n* muchacha aficionada a los juegos o deportes masculinos, marimacho *f*.
**tombstone** (töm´stōn´´) *n* piedra sepulcral *f*.
**tomcat** (tom´kat´´) *n* gato (macho) *m*.
**tomorrow** (t*o* m*ä*r´ō, t*o* mor´ō) *adv, n* mañana *f*.
**ton** (tun) *n* tonelada *f*.
**tone** (tōn) *n* tono de la voz *m*; acento *m*; • *vi* a rmonizar; **to ~ down** suavizar.
**tone-deaf** (tōn´def´´) *adj* que no tiene oído musical.
**tongs** (t*ä*ngz, tongz) *npl* tenazas *fpl*.
**tongue** (tung) *n* lengua *f* **to have it on the tip of one's ~** tenerlo en la punta de la lengua.
**tongue-tied** (tung´tīd´´) *adj* mudo.
**tongue-twister** *n* trabalenguas *m invar*.
**tonic** (ton´ik) *n* (*med*) tónico.
**tonight** (t*o* nīt´) *adv, n* esta tarde *f*.
**tonnage** (tun´ij) *n* tonelaje *m*.
**tonsil** (ton´s*i*l) *n* amígdala *f*.
**tonsure** (ton´shėr) *n* tonsura *f*.
**too** (tö) *adv* demasiado; también.
**tool** (töl) *n* herramienta *f*; utensilio *m*.

**tool box** (töl'boks'') *n* caja de herramientas *f.*
**toot** (töt) *vi* tocar la bocina.
**tooth** (töth) *n* diente *m.*
**toothache** (töth'āk'') *n* dolor de muelas *m.*
**tooth and nail** *adv* a brazo partido, con todos los medios.
**toothbrush** (töth'brush'') *n* cepillo de dientes *m.*
**toothless** (töth'lis) *adj* desdentado.
**toothpaste** (töth'pāst'') *n* pasta dentífrica *f.*
**toothpick** (töth'pik'') *n* palillo de dientes *m.*
**top** (top) *n* cima, cumbre *f*; último grado *m*; lo alto; superficie *f*; tapa *f*; cabeza *f*; • *adj* de arriba; primero; • *vt* elevarse por encima; sobrepujar, exceder; **to ~ off** llenar; **at the ~ of one's voice** a voz en cuello.
**topaz** (tō'paz) *n* topacio *m.*
**top floor** *n* último piso *m.*
**top-heavy** (top'hev'ē) *adj* que es más pesado arriba que abajo, inestable.
**topic** (top'ik) *n* tema *m*; **~al** *adv* actual.
**topless** (top'lis) *adj* con el torso descubierto.
**toplevel** *adj* al más alto nivel.
**topmost** (top'mōst'') *adj* lo más alto.
**topographic(al)** (top'*o* graf'ik) *adj* topográfico.
**topography** (t*o* pog'r*a* fē) *n* topografía *f.*
**topple** (top'l) *vt* derribar; • *vi* volcarse.
**top-secret** (top'sē'krit) *adj* estrictamente confidencial.
**topsy-turvy** (top'sē tür'vē) *adv* patas arriba, en desorden.
**torch** (tärch) *n* antorcha *f.*
**torment** (tär'ment) *vt* atormentar; • *n* tormento *m.*
**tornado** (tärnā'dō) *n* huracán *m.*
**torrent** (tär'*e*nt, tor'*e*nt) *n* torrente *m.*
**torrid** (tär'id, tor'id) *adj* apasionado.
**tortoise** (tär't*o*s) *n* tortuga *f.*
**tortoise shell** *adj* de carey.
**tortuous** (tär'chö us) *adj* tortuoso, sinuoso.
**torture** (tär'chėr) *n* tortura *f*; • *vt* atormentar, torturar.
**toss** (täs, tos) *vt* tirar, lanzar, arrojar; agitar, sacudir.
**total** (tōt'*a*l) *adj* total, entero; **~ly** *adv* totalmente.
**totalitarian** (tō tal'i târ'ē *a*n) *adj* totalitario.
**totality** (tō tal'i tē) *n* totalidad *f.*
**totter** (tot'ėr) *vi* vacilar.
**touch** (tuch) *vt* tocar, palpar, conmover; **to ~ on** aludir a; **to ~ up** retocar; • *n* contacto *m*; tacto *m*; toque *m*; prueba *f.*
**touch-and-go** *adj* arriesgado.
**touchdown** (tuch'doun) *n* aterrizaje *m*; ensayo *m.*
**touched** (tucht) *adj* commovido; chiflado.
**touching** (tuch'ing) *adj* patético, conmovedor.
**touchstone** (tuch'stōn'') *n* piedra de toque *f.*
**touchwood** (tuch'wüd'') *n* yesca *f.*
**touchy** (tuch'ē) *adj* quisquilloso.
**tough** (tuf) *adj* duro; difícil; resistente; fuerte; • *n* gorila *m.*
**toughen** (tuf'*e*n) *vt* endurecer.
**toupée** (tö pā, tö pē') *n* tupé *m.*
**tour** (tür) *n* viaje *m*; visita *f*; • *vt* visitar.

**touring** (tür′ing) *n* viajes turísticos *mpl.*
**tourism** (tür′iz *u*m) *n* turismo *m.*
**tourist** (tür′ist) *n* turista *m/f.*
**tourist office** *n* oficina de turismo *f.*
**tournament** (tür′n*a* ment) *n* torneo *m.*
**tow** (tō) *n* remolque *m*; • *vt* remolcar.
**toward(s)** (tōrd, tärd, t*o* wärd′) *prep, adv* hacia, c on dirección a; cerca de, respecto a.
**towel** (tou′*e*l) *n* toalla *f.*
**toweling** (tou′*e* ling) *n* felpa *f.*
**towel rack** *n* toallero *m.*
**tower** (tou′ėr) *n* torre, fortaleza, ciudadela *m*
**towering** (tou′ėr ing) *adj* imponente, altísimo.
**town** (toun) *n* ciudad, población *f*; **the ~** (*fig*) la cuidad, la vida urbana.
**town clerk** *n* secretario del ayuntamiento *m.*
**town hall** *n* ayuntamiento, consejo *m.*
**towrope** (tō′rōp′′) *n* cable de remolque *m.*
**toxic** (tok′sik) *adj* tóxico.
**toxicant** (tok′s*i* k*a*nt) *adj* veneno.
**toy** (toi) *n* juguete *m.*
**toyshop** *n* juguetería *f.*
**trace** (trās) *n* huella, pisada *f*; • *vt* trazar, delinear; encontrar.
**traceable** (trā′s*a* bl) *adj* susceptible de ser hallado o descubierto.
**track** (trak) *n* vestigio *m*; huella *f*; camino *m*; vía *f*; pista *f*; canción *f*; • *vt* rastrear.
**tract** (trakt) *n* región, comarca *f*; serie *f*; tratado *m*; **to keep ~ on** seguir con atención.
**traction** (trak′sh*a*n) *n* tracción *f.*
**trade** (trād) *n* comercio, tráfico *m*; negocio, trato *m*; ocupación *f*; • *vi* comerciar, traficar.
**trade fair** *n* feria comercial *f.*
**trademark** (trād′märk′′) *n* marca de fábrica *f.*
**trade name** *n* marca registrada *f.*
**trader** (trā′dėr) *n* comerciante, traficante *m.*
**tradesman** (trādz′m*a*n) *n* tendero *m.*
**trade union** *n* sindicato *m.*
**trade unionist** *n* sindicalista *m/f.*
**trading** (trā′ding) *n* comercio *m*; • *adj* comercial.
**tradition** (tr*a* dish′*a*n) *n* tradición *f.*
**traditional** (tr*a* dish′*a* n*a*l) *adj* tradicional.
**traduce** (tr*a* dös′, tr*a*′dūs′) *vt* calumniar, denigrar.
**traffic** (traf′ik) *n* tráfico *m*; tránsito *m*; • *vi* traficar, comerciar.
**traffic circle** *n* glorieta *f.*
**traffic jam** *n* embotellamiento *m.*
**trafficker** (traf′ik ėr) *n* traficante, comerciante *m.*
**traffic lights** *npl* semáforo *m.*
**tragedy** (traj′i dē) *n* tragedia *f.*
**tragic** (traj′ik) *adj* trágico; **~ally** *adv* trágicamente.
**tragicomedy** (traj′i kom′i dē) *n* tragicomedia *f.*
**trail** (trāl) *vt, vi* rastrear; arrastrar; • *n* rastro *m*; pista *f*; cola *f.*
**trailer** (trā′lėr) *n* remolque *m*; caravana *f*; avance *m.*
**trailer** (trā′lėr) *n* avance publicitario, corto cinematográfico.
**trailer truck** *n* camión con remolque *m.*
**train** (trān) *vt* entrenar; amaestrar, enseñar, criar, adiestrar; disciplinar; • *n* tren *m*; cola *f*; serie *f.*

**trained** (trānd) *adj* calificado; experimentado.
**trainee** (trān´ē) *n* aprendiz *m*.
**trainer** (trān´ėr) *n* entrenador *m*.
**training** (trān´ing) *n* entrenamiento *m*; formación *f*.
**trait** (trāt) *n* rasgo *m*.
**traitor** (trā´tėr) *n* traidor *m*.
**tramp** (tramp) *n* vagabundo *m*; (*sl*) vividora, puta *f*; • *vi* andar pesadamente; • *vt* pisotear.
**trample** (tram´pl) *vt* pisotear.
**trampoline** (tram´p*o* lēn´, tram´p*o* lin) *n* trampolín *m*.
**trance** (trans, träns) *n* rapto *m*; éxtasis *m*.
**tranquil** (trang´kwil) *adj* tranquilo.
**tranquilize** (trang´kw*i* līz´´) *vt* tranquilizar.
**tranquilizer** (trang´kw*i* lī´´zėr) *n* tranquilizante *m*.
**transact** (tran sakt´, tran zakt´) *vt* negociar.
**transaction** (tran sak´sh*a*n, tran zak´sh*a*n) *n* transacción *f*, negociación *f*.
**transatlantic** (trans´´*a*t lan´tik, tranz´´ *a*t lan´tik) *adj* transatlántico.
**transcend** (tran send´) *vt* trascender, pasar; exceder.
**transcribe** (tran skrīb´) *vt* transcribir.
**transcription** (tran skrip´sh*a*n) *n* trasnscripción *m*; copia *f*.
**transfer** (trans fūr´, trans´fėr) *vt* transferir, trasladar; • *n* transferencia *f*; traspaso *m*; calcomanía *f*.
**transference** (trans fūr´*e*ns, trans´fėr *e*ns) *n* transferencia, entrega, traspaso.
**transform** (trans´´färm´) *vt* transformar.
**transformation** (trans´´fėr mā´sh*a*n) *n* transformación *f*.
**transfusion** (trans fū´sh*a*n) *n* transfusión *f*.
**transgression** (trans gresh´*a*n) *n* infracción, pecado.
**transient** (tran´sh*e*nt, tran´zh*e*nt) *adj* pasajero, transitorio.
**transiently** (tran´sh*e*nt lē, tran´zh*e*nt lē) *adj* temporalmente, de paso.
**transit** (tran´sit, tran´zit) *n* tránsito *m*.
**transition** (tran zish´*a*n, tran sish´*a*n) *n* tránsito *m*; transición *f*.
**transitional** (tran zish´*a*n *a*l, tran sish´*a*n *a*l) *adj* de transición.
**transitive** (tran´si tiv, tran´zi tiv) *adj* transitivo; *n* (*gr*.) verbo transitivo.
**transitiveness** (tran´si tiv nis, tran´zi tiv nis) *n* carácter transitorio.
**translate** (trans lāt´, tranz lāt´) *vt* traducir.
**translation** (trans lā´sh*a*n, tranz lā´sh*a*n) *n* traducción *f*.
**translator** (trans lā´tėr, tranz lā´tėr) *n* traductor, ra *m/f*.
**transmission** (trans mish´*a*n, tranz mish´*a*n) *n* transmisión *f*.
**transmit** (trans mit´, tranz mit´) *vt* transmitir.
**transmitter** (trans mit´ėr, tranz mit´ėr) *n* transmisor *m*; emisora *f*.
**transparency** (trans pâr´*e*n sē, trans par´*e*n sē) *n* transparencia *f*.
**transparent** (trans pâr´*e*nt, trans pâr´*e*nt) *adj* transparente, diáfano.
**transpire** (tran´spīėr´) *vi* transpirar, resultar; ocurrir.
**transplant** (trans plant´, trans plänt´) *vt* trasplantar; • *n* trasplante *m*.
**transport** (trans pōrt´, trans pärt´) *vt* transportar; • *n* transporte *m*.
**transportation** (trans´´pėr tā´sh*a*n) *n* transporte *m*.

**trap** (trap) *n* trampa *f*; • *vt* hacer caer en la trampa, bloquear; **to shut one's ~** cerrar el pico.
**trap door** *n* puerta disimulada *f*; escotillón *m*.
**trapeze** (tra pēz') *n* trapecio *m*.
**trappings** (trap'ingz) *npl* adornos *mpl*.
**trash** (trash) *n* pacotilla, basura *f*; tonterías *fpl*.
**trash can** *n* cubo de la basura *m*.
**trashy** (trash'ē) *adj* vil, despreciable, de ningún valor, vulgar.
**travel** (trav'*e*l) *vi* viajar; • *vt* recorrer; • *n* viaje *m*.
**travel agency** *n* agencia de viajes *f*.
**travel agent** *n* agente de viajes *m*.
**traveler** (trav'*e* lėr) *n* viajante, viajero, ra *m/f*.
**traveler's check** *n* cheque de viajero *m*.
**traveling** (trav'*e*l ing) *n* viajes *mpl*.
**traveling sickness** *n* mareo *m*.
**travesty** (trav'i stē) *n* parodia *f*.
**trawler** (trä'lėr) *n* pesquero de arrastre *m*.
**tray** (trā) *n* bandeja *f*; cajón *m*.
**treacherous** (trech'ėr us) *adj* traidor, pérfido.
**treachery** (trech'*e* rē) *n* traición *f*.
**tread** (tred) *vi* pisar; pisotear; • *n* pisada *f*; ruido de pasos *m*; banda de rodadura *f*.
**treason** (trē'z*o*n) *n* traición *n*; **high ~** delito de deslealtad *n*.
**treasure** (trezh'ėr) *n* tesoro *m*; • *vt* atesorar.
**treasurer** (trezh'ėr ėr) *n* tesorero *m*.
**treat** (trēt) *vt* tratar; regalar; • *n* regalo *m*; placer *m*.
**treatise** (trē'tis) *n* tratado *m*.
**treatment** (trēt'm*e*nt) *n* trato *m*.
**treaty** (trē'tē) *n* tratado *m*.
**treble** (treb'l) *adj* triple; • *vt, vi* triplicar(se); • *n* (*mus*) tiple *m*.
**treble clef** *n* clave de sol *f*.
**tree** (trē) *n* árbol *m*; **at the top of the ~** en la cumbre de su profesión.
**trek** (trek) *n* caminata *f*; expedición *f*.
**trellis** (trel'is) *n* enrejado *m*.
**tremble** (trem'bl) *vi* temblar, vibrar.
**trembling** (trem'bling) *n* temor *m*; trino *m*.
**tremendous** (tri men'dus) *adj* tremendo; enorme; estupendo.
**tremor** (trem'ėr, trē'mėr) *n* temblor *m*.
**trench** (trench) *n* foso *m*; (*mil*) trinchera *f*.
**trenchancy** (tren'ch*a*n cē) *n* agudeza, mordacidad.
**trenchant** (tren'ch*a*nt) *adj* incisivo, agudo; mordaz, cáustico.
**trend** (trend) *n* tendencia *f*; curso *m*; moda *f*.
**trepidation** (trep'i dā'sh*a*n) *n* inquietud *f*.
**trespass** (tres'p*a*s) *vt* traspasar, violar; **forgive us our ~es,** perdona nuestras deudas (oración del Padrenuestro).
**tress** (tres) *n* trenza *f*; rizo de pelo *m*.
**trestle** (tres'l) *n* caballete de serrador *m*.
**trial** (trī'*a*l) *n* proceso *m*; prueba *f*; ensayo *m*; desgracia *f*.
**triangle** (trī'ang'gl) *n* triángulo *m*.
**triangular** (trī'ang'gū lėr, trī'ang' gy*a* lėr) *adj* triangular.
**tribal** (trī'b*a*l) *adj* tribal.
**tribe** (trīb) *n* tribu *f*; raza, casta *f*.

**tribulation** (trib´´ū lā´sh*a*n, trib´´ y*a* lā´sh*a*n) *n* tribulación *f.*
**tribunal** (trī būn´*a*l, tri būn´*a*l) *n* tribunal *m.*
**tributary** (trib´ū ter´´ē, trib´y*a* ter´´ē) *adj, n* tributario *m.*
**tribute** (trib´ūt) *n* tributo *m.*
**trice** (trīs) *n* momento, tris *m*; **in a ~** en un abrir y cerrar de ojos.
**trick** (trik) *n* engaño, fraude, truco *m*; burla *f*; baza *f* (en el juego de naipes); • *vt* engañar.
**trickery** (trik´*e* rē) *n* engaño *m.*
**trickle** (trik´l) *vi* gotear; • *n* reguero *m.*
**tricky** (trik´ē) *adj* difícil; delicado.
**tricycle** (trī´si kl) *n* triciclo *m.*
**tried** (trīd) *adj* probado (tratamiento, receta); comprobado, fiel (amigo).
**trifle** (trī´fl) *n* bagatela, niñería *f*; • *vi* bobear; juguetear.
**trifling** (trī´fling) *adj* frívolo, inútil.
**trigger** (trig´ėr) *n* gatillo *m*; **to ~ off** *vt* desencadenar.
**trigonometry** (trig´*o* nom´i trē) *n* trigonometría *f.*
**trill** (tril) *n* trino *m*; • *vi* trinar.
**trim** (trim) *adj* aseado; en buen estado; arreglado; • *vt* arreglar; recortar; adornar.
**trimmings** (trim´ingz) *npl* accesorios *mpl.*
**Trinity** (triní tē) *n* Trinidad *f.*
**trinket** (tring´kit) *n* joya, alhaja *f*; adorno *m.*
**trio** (trē´ō) *n* (*mus*) trío *m.*
**trip** (trip) *vt* hacer caer; • *vi* tropezar; resbalar; **to ~ up** *vi* caerse; *vt* hacer caer; • *n* resbalón *m*; viaje *m.*
**tripe** (trīp) *n* callos *mpl*; bobadas *fpl.*
**triplets** (trip´litz) *npl* trillizos *mpl.*
**triplicate** (trip´l*i* kāt´) *n* triplicado *m.*
**tripod** (trī´pod) *n* trípode *m.*
**trite** (trīt) *adj* trivial; usado.
**triturate** (trich´*a* rāt´) *vt* triturar.
**triumph** (trī´*u*mf) *n* triunfo *m*; • *vi* triunfar.
**triumphal** (trī um´f*a*l) *adj* triunfal.
**triumphant** (trī um´f*a*nt) *adj* triunfante; victorioso; **~ly** *adv* en triunfo.
**trivia** (triv´ē) *npl* trivialidades *fpl.*
**trivial** (triv´ē *a*l) *adj* trivial, vulgar; **~ly** *adv* trivialmente.
**triviality** (triv´ē al´i tē) *n* trivialidad *f.*
**trolley** (trol´ē) *n* trole, carrito *m.*
**trombone** (trom bōn´, trom´bōn) *n* trombón *m.*
**troop** (tröp) *n* grupo *m*, tropa *f*, rebaño *m*; **~s** *npl* tropas *fpl.*
**trooper** (trö´pėr) *n* soldado a caballo *m.*
**trophy** (trō´fē) *n* trofeo *m.*
**tropical** (trop´i k*a*l, trōp´i k*a*l) *adj* trópical.
**trot** (trot) *n* trote *m*; • *vi* trotar.
**trouble** (trub´l) *vt* afligir; molestar, inquietar, alterar; • *n* problema *m*; contratiempo *m*, disturbio *m*; inquietud *f*; aflicción, pena *f.*
**troubled** (trub´ld) *adj* preocupado; agitado.
**troublemaker** (trub´l mā´´kėr) *n* agitador *m.*
**troubleshooter** (trub´l shö´´tėr) *n* reparador (de desperfectos); conciliador *m.*
**troublesome** (trub´l s*o*m) *adj* molesto.
**trough** (träf, trof) *n* abrevadero *m*; comedero *m.*

**troupe** (tröp) *n* compañía viajera (de actores o de circo) *f.*
**trousers** (trou´zėrz) *npl* pantalones *mpl.*
**trout** (trout) *n* trucha *f.*
**trowel** (trou´*e*l) *n* paleta, llana *f.*
**truce** (trös) *n* tregua *f.*
**truck** (truk) *n* camión *m*; vagón *m.*
**truck driver** *n* camionero *m.*
**truck farm** *n* huerto de hortalizas *m.*
**truculent** (truk´y*a* lent, trö´ky*a* lent) *adj* truculento, cruel.
**trudge** (truj) *vi* andar con afán; afanarse.
**true** (trö) *adj* verdadero, cierto; sincero; exacto; **to come ~** resultar cierto, realizarse.
**truehearted** (trö´här´tid) *adj* leal, fiel.
**truelove** (trö´luv´´) *n* novio, *m/f.*
**truffle** (truf´l, trö´fl) *n* trufa *f.*
**truly** (trö´lē) *adv* en verdad; sinceramente.
**trump** (trump) *n* triunfo (en el juego de naipes) *m.*
**trumpet** (trum´pit) *n* trompeta *f.*
**trunk** (trungk) *n* baúl, cofre *m*; trompa *f.*
**truss** (trus) *n* atado, braguero (*med*) *m*; • *vt* atar; espetar.
**trust** (trust) *n* confianza *f*; trust *m*; fideicomiso *m*; • *vt* tener confianza en; confiar algo a.
**trusted** (trus´tid) *adj* de confianza.
**trustee** (tru stē´) *n* fideicomisario, curador *m.*
**trustful** (trust´f*u*l) *adj* fiel; confiado.
**trustily** (tru stē´lē) *adj* fielmente.
**trusting** (trust´ing) *adj* confiado.
**trustworthy** (trust´wür´´THē) *adj* digno de confianza.
**trusty** (trus´tē) *adj* fiel, leal; seguro.
**truth** (tröth) *n* verdad *f*; fidelidad *f*; realidad *f*; **in ~** en verdad.
**truthful** (tröth´f*u*l) *adj* verídico; veraz.
**truthfulness** (tröth´f*u*l nis) *n* veracidad *f.*
**try** (trī) *vt* examinar, ensayar, probar; experimentar; tentar; intentar; juzgar; • *vi* probar; **to ~ on** probarse; **to ~ out** probar; • *n* tentativa *f*; ensayo *m.*
**trying** (trī´ing) *adj* molesto, penoso.
**tub** (tub) *n* balde, cubo *m*; tina *f.*
**tuba** (tö´b*a*, tū´b*a*) *n* tuba *f.*
**tube** (töb, tūb) *n* tubo, cañón, cañuto *m.*
**tuberculosis** (t*ü* b*ü*r´ky*a* lō´sis, t*ü* b*ü*r´kū lō´sis) *n* tuberculosis *f invar.*
**tubing** (tö´bing, tū´bing) *n* cañería *f.*
**tuck** (tuk) *n* pliegue *m*; • *vt* plegar, apretar, poner en lugar abrigado.
**tucker** (tuk´ėr) *vt* cansar.
**Tuesday** (töz´dē, töz´dā) *n* martes *m.*
**tuft** (tuft) *n* mechón *m*; manojo *m.*
**tug** (tug) *vt* remolcar; • *n* remolcador *m.*
**tuition** (tö ish´*a*n, tū ish´*a*n) *n* colegiatura, matrícula *f.*
**tulip** (tö´lip, tū´lip) *n* tulipán *m.*
**tumble** (tum´bl) *vi* caer, hundirse; revolcarse; • *vt* revolver; volcar; • *n* caída *f*; vuelco *m*; **~ into bed** tumbarse en la cama.
**tumbledown** (tum´bl doun´´) *adj* destartalado.
**tumbler** (tum´blėr) *n* vaso *m*; pestillo *m*; acrobata *m.*

**tumefaction** (tö′′me fak′shan) *n* tumefacción.
**tummy** (tum′ē) *n* barriga *f.*
**tumor** (tö′mėr, tū′mėr) *n* tumor *m.*
**tumultuous** (tö mul′chö us, tū mul′chö us) *adj* tumultuoso.
**tuna** (tö′na) *n* atún *m.*
**tune** (tön, tūn) *n* tono *m*; armonía *f*; aria *f*; • *vt* afinar; sintonizar.
**tuneful** (tön′ful, tūn′ful) *adj* armonioso, acorde, melodioso.
**tuner** (tö′nėr, tū′nėr) *n* sintonizador *m.*
**tunic** (tö′nik, tū′nik) *n* túnica *f.*
**tuning fork** *n* (*mus*) diapasón *f.*
**tunnel** (tun′el) *n* túnel *m*; • *vt* construir un túnel.
**turban** (tür′ban) *n* turbante *m.*
**turbine** (tür′bin, tür′bīn) *n* turbina *f.*
**turbulence** (tür′bya lens) *n* turbulencia, confusión *f.*
**turbulent** (tür′bya lent) *adj* turbulento, tumultuoso.
**tureen** (tü rēn′, tū rēn′) *n* sopera *f.*
**turf** (türf) *n* césped *m*; • *vt* cubrir con césped.
**turgid** (tür′jid) *adj* hinchado; ampulsos.
**turkey** (tür′kē) *n* pavo *m.*
**turmoil** (tür′moil) *n* disturbio *m*; baraúnda *f.*
**turn** (türn) *vi* volver; cambiar; girar; dar vueltas; volverse a, mudarse, transformarse; **to ~ around** volverse; girar; **to ~ back** volverse; **to ~ down** rechazar; doblar; **to ~ in** acostarse; **to ~ off** *vi* desviarse; *vt* apagar; parar; **to ~ on** encender, prender; poner en marcha; **to ~ out** apagar; **to ~ over** *vi* volverse; *vt* volver; **to ~ up** *vi* llegar; aparecer; *vt* subir; • *n* vuelta *f*; giro *m*; rodeo *m*; turno *m*; vez *f*; inclinación *f.*
**turncoat** (türn′kōt′′) *n* desertor, renegado *m.*
**turning** (tür′ning) *n* vuelta *f.*
**turnip** (tür′nip) *n* nabo *m.*
**turn-off** *n* desviación *f.*
**turnout** (türn′out′′) *n* concurrencia *f.*
**turnover** (türn′ō′′ vėr) *n* cambio, trasiego *f.*
**turnpike** (türn′pīk′′) *n* autopista de peaje *f.*
**turnstile** (türn′stīl′′) *n* torniquete *m.*
**turntable** (türn′tā′′bl) *n* plataforma giratoria *m.*
**turpentine** (tür′pen tīn′′) *n* trementina *f.*
**turquoise** (tür′koiz, tür′kwoiz) *n* turquesa *f.*
**turret** (tür′it, tur′it) *n* torrecilla *f.*
**turtle** (tur′tl) *n* galápago *m.*
**turtledove** (tür′tl duv′′) *n* tórtola *f.*
**tusk** (tusk) *n* colmillo *m.*
**tussle** (tus′l) *n* pelea *f.*
**tutor** (tö′tėr, tū′tėr) *n* tutor *m*; profesor *m*; • *vt* enseñar, instruir.
**tuxedo** (tuk sē′dō) *n* esmoquin, traje de etiqueta masculino *m.*
**twang** (twang) *n* gangueo *m*; sonido agudo *m.*
**tweezers** (twē′zėrz) *npl* pinzas *fpl.*
**twelfth** (twelfth) *adj, n* duodécimo.
**twelve** (twelv) *adj, n* doce.
**twentieth** (twen′tē ith) *adj, n* vigésimo.
**twenty** (twen′tē) *adj, n* veinte.
**twice** (twīs) *adv* dos veces.
**twig** (twig) *n* ramita *f*; • *vi* caer en la cuenta.
**twilight** (twī′līt′′) *n* crepúsculo *m.*

**twin** (twin) *n* gemelo *m.*
**twine** (twīn) *vi* entrelazarse; caracolear; • *n* bramante *m.*
**twinge** (twinj) *vt* punzar, pellizcar; • *n* dolor, agudo *o* punzante *m*; remordimiento *m.*
**twinkle** (twing´kl) *vi* centellear; parpadear.
**twirl** (twürl) *vt* dar vueltas a; • *vi* piruetear; • *n* rotación *f.*
**twist** (twist) *vt* torcer, retorcer; entretejer; • *vi* serpentear; • *n* torsión *f*, vuelta *f*, doblez *f.*
**twit** (twit) (*sl*) *n* mofa, burla *f*; escarnio *m.*
**twitch** (twich) *vi* moverse nerviosamente; • *n* pellizco *m.*
**twitter** (twit´ėr) *vi* gorjear; • *n* gorjeo *m.*
**two** (tö) *adj, n* dos.
**two-door** *adj* de dos puertas.
**two-faced** (tö´fāst´´) *adj* falso.
**twofold** (tö´fōld´´) *adj* doble, duplicado; *vr* duplicar • *adv* al doble.
**two-seater** *n* avión *o* coche de dos plazas *m.*
**twosome** (tö´som) *n* pareja *f.*
**tycoon** (tī´kön) *n* magnate *m.*
**type** (tīp) *n* tipo *m*; letra *f*; modelo *m*; • *vt* escribir a máquina.
**typecast** (tīp´kast´´, tīp´käst´´) *adj* encasillado.
**typeface** (tīp´fās´) *n* tipo *m.*
**typescript** (tīp´skript´´) *n* texto, mecanografiado *m.*
**typewriter** (tīp´rī´´tėr) *n* máquina de escribir *f.*
**typewritten** (tīp´rī´´tin) *adj* mecanografiado.
**typical** (tip´i kal) *adj* típico.
**tyrannical** (ti ran´i kal) *adj* tiránico.
**tyranny** (tir´*a* nē) *n* tiranía *f*; crueldad *f.*
**tyrant** (tī´rant) *n* tirano *m.*

# U

**ubiquitous** (ūbik'witus) *adj* ubicuo.
**udder** (ud'*er*) *n* ubre *f.*
**ugh** (ö*ch*, u*ch*, u, *ü*) *excl* ¡uf!
**ugliness** (ug'lē nis) *n* fealdad *f.*
**ugly** (ug'lē) *adj* feo; peligroso; repugnante; ofensivo; terrible; ~ **as a sin** más feo que un pecado.
**ulcer** (ul'sėr) *n* úlcera *f*; llaga *f.*
**ulceration** (ul's*e* rā'sh*a*n) *n* ulceración
**ulterior** (ul tēr'ē ėr) *adj* ulterior.
**ultimate** (ul't*i* mit) *adj* último; **~ly** *adv* al final; a fin de cuentas.
**ultimatum** (ul''t*i* mā't*u*m, ul't*i* mä' t*u*m) *n* ultimátum *m.*
**ultramarine** (ul''tr*a* m*a* rēn') *n* ultramar *m*; • *adj* ultramarino.
**ultrasound** (ul'tr*a* sound) *n* ultrasonido *m.*
**ultrasonic** (ul''tr*a* son'ik) *adj* ultrasónico.
**umbilical cord** (um bil'i k*a*l cord') *n* cordón umbilical *m.*
**umbrella** (um brel'*a*) *n* paraguas *m invar.*
**umpire** (um'pī ėr) *n* árbitro *m.*
**umpteen** (ump'tēn') *adj* muchísimo; enésimo.
**unable** (un ā'bl) *adj* incapaz.
**unaccompanied** (un''*a* kum'p*a* nēd) *adj* solo, sin acompañamiento.
**unaccomplished** (un''*a* kom'plisht) *adj* incompleto, no acabado.
**unaccountable** (un''*a* koun't*a* bl) *adj* inexplicable, extraño.
**unaccountably** (un''*a* koun't*a* blē) *adv* extrañamente.
**unaccustomed** (un''*a* kus'tomd) *adj* desacostumbrado, desusado.
**unacknowledged** (un''ak nol'ijd) *adj* desconocido; negado.
**unacquainted** (un''*a* kwān'tid) *adj* desconocido; ignorado.
**unadorned** (un''*a* d*ä*rnd') *adj* sin adorno.
**unadulterated** (un''*a* dul't*e* rā''tid) *adj* genuino, puro; sin mezcla.
**unaffected** (un''*a* fek'tid) *adj* sincero, sin afectación.
**unaided** (un''*a*'ī did) *adj* sin ayuda.
**unaltered** (un *ä*l'tėrd) *adj* inalterado.
**unambitious** (un''am bish'us) *adj* no ambicioso.
**unanimity** (ū''n*a* nim'i tē) *n* unanimidad *f.*
**unanimous** (ū nan'*i* mus) *adj* unánime; **~ly** *adv* unánimemente.
**unanswerable** (un'an'sėr *a* bl) *adj* incontrovertible, incontestable.
**unanswered** (un'an'sėrd) *adj* no respondido.
**unapproachable** (un''*a* prō'ch*a* bl) *adj* inaccesible.
**unarm** (un ärm') *vt* desarmar.
**unarmed** (un ärmd') *adj* inerme, desarmado.
**unassuming** (un''*a* sö'ming) *adj* nada presuntuoso, modesto.
**unattached** (un''*a* tacht') *adj* independiente; disponible.
**unattainable** (un''*a* tā'n*a* bl) *adj* inasequible.
**unattended** (un''*a* ten'did) *adj* sin atender.
**unauthorized** (unä'th*o* rizd'') *adj* no autorizado.
**unavoidable** ( un''*a* void'*a* bl) *adj* inevitable.

**unavoidably** (un″*a* void′*a* blē) *adv* inevitablemente.
**unaware** (un″*a* wâr′) *adj* desatento.
**unawares** (un″*a* wârz′) *adv* inadvertidamente; de improviso.
**unbalanced** (un bal′*a*nst) *adj* desequilibrado; trastornado.
**unbearable** (un bâr′*a* bl) *adj* intolerable.
**unbecoming** (un″bi kum′ing) *adj* indecente, indecoroso.
**unbelievable** (un″bi lēv′*a* bl) *adj* increíble.
**unbend** (un bend′) *vi* relajarse; • *vt* enderezar.
**unbiased** (un bī′*a*st) *adj* imparcial.
**unblemished** (un blem′isht) *adj* sin mancha, sin tacha, irreprensible.
**unborn** (un bärn′) *adj* no nacido.
**unbreakable** (un brāk′*a* bl) *adj* irrompible.
**unbroken** (un brō′ken) *adj* intacto; indómito; entero; no batido.
**unbutton** (un but′*o*n) *vt* desabotonar.
**uncalled-for** (un käld′fär″) *adj* inmerecido.
**uncanny** (un kan′ē) *adj* extraordinario; sobrenatural.
**unceasing** (un sēs′ing) *adj* sin cesar, continuo.
**unceremonious** (un″ ser *e* mō′nē us) *adj* brusco; familiar; informal.
**uncertain** (un sür′t*a*n) *adj* incierto, dudoso.
**uncertainty** (un sür′ t*a*ntē) *n* incertidumbre *f.*
**unchangeable** (un chān′j*a* bl) *adj* inmutable.
**unchanged** (un chān′jid) *adj* no alterado.
**unchanging** (un chān′jing) *adj* inalterable, inmutable.
**uncharitable** (un char′i t*a* bl) *adj* nada caritativo, duro.
**unchecked** (un chekd′) *adj* desenfrenado.
**unchristian** (un kris′ch*a*n) *adj* poco cristiano; pagano; incivilizado.
**uncivil** (un siv′*i*l) *adj* grosero, descortés.
**uncivilized** (un siv′*i* līzd) *adj* tosco, salvaje, no civilizado.
**uncle** (ung′kl) *n* tío.
**uncomfortable** (un kumf′t*a* bl, un kum′fėr t*a* bl) *adj* incómodo; desagradable; intranquilo.
**uncomfortably** (un kumf′t*a* blē, un kum′fėr t*a* blē) *adv* desconsoladamente; incómodamente; tristemente.
**uncommon** (un kom′*o*n) *adj* raro, extraordinario.
**uncompromising** (un′kom′pr*o* mī″zing) *adj* irreconciliable.
**unconcerned** (un″k*o*n sürnd′) *adj* indiferente.
**unconditional** (un″k*o*n dish′*a* n*a*l) *adj* sin condiciones, absoluto.
**unconfined** (un″k*o*n fīnd′) *adj* libre, ilimitado.
**unconfirmed** (un″k*o*n fürmd′) *adj* irresoluto, sin resolución, indeciso.
**unconnected** (un″k*o* nek′tid) *adj* inconexo.
**unconquerable** (un kong′kėr *a* bl) *adj* invencible, insuperable.
**unconscious** (un kon′shus) *adj* inconsciente; **~ly** *adv* sin conocimiento *o* conciencia de las cosas.
**unconstrained** (un″k*o*n strānd′) *adj* libre, voluntario.
**uncontrollable** (un″k*o*n trō′l*a* bl) *adj* incontrolable, irresistible; desenfrenado.
**unconventional** (un″k*o*n ven′sh*a* n*a*l) *adj* poco convencional.

**unconvincing** (un′′ k*o*n vin′sing) *adj* no convincente.
**uncork** (un k*ä*rk′) *vt* destapar.
**uncorrected** (un′′k*o* rek′tid) *adj* incorrecto, no corregido.
**uncouth** (un köth′) *adj* grosero.
**uncover** (un kuv′ėr) *vt* descubrir.
**uncultivated** (un kul′t*i* vā′′tid) *adj* inculto.
**uncut** (un kut′) *adj* sin cortes, entero.
**undamaged** (un′′d*ä*m′ijd) *adj* ileso, libre de daño.
**undaunted** (un d*ä*n′tid) *adj* intrépido.
**undecided** (un′′di sī′did) *adj* indeciso.
**undefiled** (un′′di fī′ld) *adj* impoluto, puro.
**undeniable** (un′′di nī′*a* bl) *adj* innegable, incontestable; ~**bly** *adv* indubitablemente.
**under** (un′dėr) *prep* debajo de; en; menos de; según; ~ **the sun** en todas partes • *adv* debajo; abajo; menos.
**under-age** (un′′dėr āj′) *adj* menor de edad.
**undercharge** (un′′dėr chärj′) *vt* cobrar de menos.
**underclothing** (un′dėr klō′′THing) *n* ropa íntima *f.*
**undercoat** (un′dėr kōt′′) *n* primera mano *f*, base *f.*
**undercover** (un′′dėr kuv′ėr) *adj* clandestino.
**undercurrent** (un′dėr k*ü*r′′ent) *n* tendencia oculta *f.*
**undercut** (un′dėr kut′′) *vt* vender más barato que.
**underdeveloped** (un′′dėr di vel′*a*pt) *adj* subdesarrollado.
**underdog** (un′dėr d*ä*g′′) *n* desvalido *m*; el que no es favorito *m.*
**underdone** (un′dėr dun′) *adj* poco cocido.
**underestimate** (un′′dėr es′t*i* māt′′) *vt* subestimar.
**undergo** (un′′dėr gō′) *vt* sufrir; sostener.
**undergraduate** (un′′dėr graj′ö it) *n* estudiante universitario *m.*
**underground** (un′dėr ground′) *n* movimiento clandestino *m.*
**undergrowth** (un′dėr grōth′′) *n* soto, monte *m.*
**underhand** (un′dėr hand′′) *adv* clandestinamente; • *adj* secreto, clandestino.
**underlie** (un′′dėr lī′) *vi* estar debajo.
**underline** (un′dėr līn′′) *vt* subrayar.
**undermine** (un′′dėr mīn′) *vt* minar; socavar.
**underneath** (un′′dėr nēth′) *adv* debajo; • *prep* debajo de.
**underpaid** (un′dėr pād) *adj* mal pagado.
**underprivileged** (un′dėr priv′*i* lijd, un′dėr priv′ lijd) *adj* desvalido.
**underrate** (un′′dėr rāt′) *vt* menospreciar.
**undersecretary** (un′′dėr sek′ri ter′′ē) *n* subsecretario *m.*
**undershirt** (un′dėr sh*ü*rt′′) *n* camiseta *f.*
**undershorts** (un′′dėr short′) *npl* calzoncillos *mpl.*
**underside** (un′dėr sīd′′) *n* lado de abajo *m*, la parte oculta *f.*
**understand** (un′′dėr stand′) *vt* entender, comprender; dar por sentado.
**understandable** (un′′dėr stan′d*a* bl) *adj* comprensible.
**understanding** (un′′dėr stan′ding) *n* entendimiento *m*; inteligencia *f*,

conocimiento *m*; armonía, correspondencia *f*; • *adj* comprensivo.
**understatement** (un'dėr stāt''m*e*nt) *n* subestimación *f*, modestia *f*.
**undertake** (un''dėr tāk') *vt, vi* emprender.
**undertaking** (un''dėr tā'king) *n* empresa *f*; empeño *m*.
**undervalue** (un''dėr val'ū) *vt* menospreciar.
**underwater** (un'dėr w*ä*'tėr, un'dėr wot'ėr) *adj* submarino; • *adv* bajo el agua.
**underwear** (un'dėr wâr'') *n* ropa íntima *f*.
**underworld** (un'dėr w*ü*rld'') *n* hampa *f*.
**underwrite** (un''dėr rīt') *vt* suscribir; asegurar contra riesgos.
**underwriter** (un'dėr rī''tėr) *n* asegurador *m*.
**undeserved** (un''di z*ü*rvd') *adj* no merecido; ~**ly** *adv* sin haberlo merecido.
**undeserving** (un''di z*ü*r'ving) *adj* indigno.
**undesirable** (un''di zī'ėr *a* bl) *adj* indeseable.
**undetermined** (un''di t*ü*r'mind) *adj* indeterminado, indeciso.
**undigested** (un''di jes'td) *adj* indigesto.
**undiminished** (un di''mī ni'shd) *adj* entero, no disminuido.
**undisciplined** (un dis'*i* plind) *adj* indisciplinado.
**undisguised** (un dis' gīzt) *adj* sin disfraz, cándido, sincero.
**undismayed** (un'dis mād) *adj* intrépido; impávido.
**undisputed** (un''di spū'tid) *adj* incontestable.
**undisturbed** (un''di stūr'bid) *adj* quieto, tranquilo.
**undivided** (un''di vīd'id) *adj* indiviso, entero.
**undo** (undö') *vt* deshacer, desatar.
**undoing** (un dö'ing) *n* ruina *f*.
**undoubted** (un dou'tid) *adj* indudable; ~**ly** *adv* indudablemente.
**undress** (un dres') *vi* desnudarse.
**undue** (un dö', un dū') *adj* indebido; injusto.
**undulating** (un''j*a* lāt'ing) *adj* ondulante.
**unduly** (un dö'lē) *adv* indebidamente.
**undying** (un dī'ing) *adj* inmortal.
**unearth** (un *ü*rth') *vt* desenterrar.
**unearthly** (un *ü*rth'lē) *adj* inverosímil.
**uneasy** (un ē'zē) *adj* inquieto, desasosegado; incómodo.
**uneducated** (un ej'*ü* kā''tid) *adj* ignorante.
**unemployed** (un''em ploid') *adj* sin empleo.
**unemployment** (un''em ploi'm*e*nt) *n* desempleo *m*.
**unending** (un en'ding) *adj* interminable.
**unenlightened** (un''en līt'*e*nd) *adj* no iluminado.
**unenviable** (un en'vē *a* bl) *adj* lo que no debe envidiarse.
**unequal** (un ē'kw*a*l) *adj* desigual; ~**ly** *adv* desigualmente.
**unequaled** (un ē'kw*a*ld) *adj* incomparable.
**unerring** (un *ü*r'ing, un er'ing) *adj* infalible; ~**ly** *adv* infaliblemente.
**uneven** (un ē'v*e*n) *adj* desigual; impar; ~**ly** *adv* desigualmente.
**unexpected** (un''ik spek'tid) *adj* inesperado; inprevisto; ~**ly** *adv* de repente; inesperadamente.

**unexplored** (un''ik splōrd', un''ik splärd') *adj* ignorado, no descubierto.
**unfailing** (un fā'ling) *adj* infalible, seguro.
**unfair** (un fâr') *adj* falso; injusto; ~**ly** *adv* injustamente.
**unfaithful** (un fāth'ful) *adj* infiel, pérfido.
**unfaithfulness** (un fāth'ful nis) *n* infidelidad, perfidia *f.*
**unfaltering** (un fäl'tėr ing) *adj* firme, asegurado.
**unfamiliar** (un''fa mil'yėr) *adj* desacostumbrado, poco común.
**unfashionable** (un fash'a na bl) *adj* pasado de moda; ~**bly** *adv* contra la moda.
**unfasten** (un fas'en, un fā'sen) *vt* desatar, soltar, aflojar.
**unfathomable** (un faTH'om abl) *adj* insondable, impenetrable.
**unfavorable** (un fā'vėr a bl) *adj* desfavorable.
**unfeeling** (un fē'ling) *adj* insensible, duro de corazón.
**unfinished** (un fin'isht) *adj* imperfecto, no acabado.
**unfit** (un fit') *adj* indispuesto; incapaz.
**unfold** (un fōld') *vt* desplegar; revelar; • *vi* abrirse.
**unforeseen** (un''fōr sēn') *adj* imprevisto.
**unforgettable** (un''fėr get'a bl) *adj* inolvidable.
**unforgivable** (un''fėr giv'a bl) *adj* imperdonable.
**unforgiving** (un''fėr giv'ing) *adj* implacable.
**unfortunate** (un fär'cha nit) *adj* desafortunado, infeliz; ~**ly** *adv* por desgracia, infelizmente.
**unfounded** (un foun'did) *adj* sin fundamento.
**unfriendly** (un frend'lē) *adj* hostil; enemigo; desfavorable; inhóspito.
**unfruitful** (un fröt'ful) *adj* estéril; infructuoso.
**unfurnished** (un für'nisht) *adj* sin muebles; desamueblado.
**ungainly** (un gān'lē) *adj* desmañado.
**ungentlemanly** (un jen'tl man lē) *adj* indigno de un hombre bien educado.
**ungovernable** (un guv'ėr na bl) *adj* indomable, ingobernable.
**ungrateful** (un grāt'ful) *adj* ingrato; desagradable; ~**ly** *adv* ingratamente.
**ungrounded** (un groun'did) *adj* infundado.
**unhappily** (un hap'ē lē) *adv* infelizmente.
**unhappiness** (un hap'ē nis) *n* infelicidad *f.*
**unhappy** (un hap'ē) *adj* infeliz.
**unharmed** (un härmed') *adj* ileso, sano y salvo.
**unhealthy** (un hel'thē) *adj* malsano; enfermizo.
**unheard-of** (un hürd'uv'') *adj* inaudito, extraño.
**unheeding** (un hē'ding) *adj* negligente; distraído.
**unhook** (un hük') *vt* desenganchar; descolgar; desabrochar.
**unhoped(-for)** (un hōpt'fär) *adj* inesperado.
**unhurt** (un hürt') *adj* ileso.
**unicorn** (ū'ni kärn) *n* unicornio *m.*
**uniform** (ū'ni färm) *adj*, ~**ly** *adv* uniforme(mente); • *n* uniforme *m.*
**uniformity** (ū''ni fär mi'tē) *adj* uniformidad *f.*

**unify** (ū´n*i* fī) *vt* unificar.
**unimaginable** (un´´i maj´*i* n*a* bl) *adj* inimaginable.
**unimpaired** (un´´im pârd´) *adj* no disminuido, no alterado.
**unimportant** (un´´im pär´tant) *adj* nada importante.
**uninformed** (un´´in färmd´) *adj* ignorante, desinformado.
**uninhabitable** (un´´in hab´i t*a* bl) *adj* inhabitable.
**uninhabited** (un´´in hab´i tid) *adj* inhabitado, desierto.
**uninjured** (un´´inj u´ rid) *adj* ileso, no dañado.
**unintelligible** (un´´in tel´i j*i* bl) *adj* ininteligible.
**unintelligibly** (un´´in tel´i j*i* blē) *adj* de modo ininteligible.
**unintentional** (un´´in ten´sh*a* n*a*l) *adj* involuntario.
**uninterested** (unin´ tėr i stid) *adj* desinteresado.
**uninteresting** (unin´ tėr i sting) *adj* poco interesante.
**uninterrupted** (un´´in t*e* rup´tid) *adj* sin interrupción, continuo.
**uninvited** (un´´in vī´tid) *adj* no convidado; sin invitación; que no es bien recibido.
**union** (ūn´y*o*n, ūny*o*n´) *n* unión *f*; sindicato *m*.
**unionist** (ūn´y*a* nist) *n* sindicalista *m*.
**unique** (ūnēk´) *adj* único, uno, singular.
**unison** (ū´ni s*o*n) *n* unisonancia *f*; armonía *f*; concordancia *f*.
**unit** (ū´nit) *n* unidad *f*.
**unitarian** (ū´´ni tâ´ē *a*n) *n* unitario *m*.
**unite** (ū nīt´) *vt vi* unir(se), juntar(se).
**unitedly** (ū nī´tid lē) *adv* unidamente, de acuerdo.
**United States (of America)** *npl* Estados Unidos (de Norteamérica) *mpl*.
**unity** (ū´ni tē) *n* unidad, concordia, conformidad *f*.
**universal** (ū´´n*i* vür´s*a*l) *adj* universal; ~**ly** *adv* universalmente.
**universe** (ū´n*i* vürs´´) *n* universo *m*.
**university** (ū´´n*i* vür´si tē) *n* universidad *f*.
**unjust** (un just´) *adj* injusto; ~**ly** *adv* injustamente.
**unkempt** (un kempt´) *adj* despeinado; descuidado.
**unkind** (un kīnd´) *adj* poco amable; severo.
**unknowingly** (un nō´ing lē) *adv* sin saberlo.
**unknown** (un nōn´) *adj* incógnito.
**unlawful** (un lä´f*u*l) *adj* ilegítimo, ilícito; ~**ly** *adv* ilegítimamente.
**unlawfulness** (un lä´f*u*l nis) *n* ilegalidad *f*.
**unleash** (un lēsh´) *vt* desencadenar; liberar.
**unless** (un les´) *conj* a menos que, si no.
**unlicensed** (un lī´s*e*nt) *adj* sin licencia.
**unlike, unlikely** (un līk´; un līk´lē) *adj* diferente, disímil; improbable; inverosímil; ~**ly** *adv* improbablemente.
**unlikelihood** (un līk´lē h*ü*d´´) *n* improbabilidad *f*.
**unlimited** (un lim´i tid) *adj* ilimitado.
**unlisted** (un lis´tid) *adj* que no viene en la guía; no incluido en la lista.
**unload** (un lōd´) *vt* descargar.

**unlock** (un lok′) *vt* abrir alguna cerradura.
**unluckily** (un luk′ē lē) *adv* desafortunadamente.
**unlucky** (un luk′ē) *adj* desafortunado.
**unmanageable** (un man′i j*a* bl) *adj* inmanejable, intratable.
**unmannered** (un manėrd′) *adj* rudo, brutal, grosero.
**unmannerly** (un man′ėr lē) *adj* malcriado, descortés.
**unmarried** (un mar′ēd) *adj* soltero; soltera.
**unmask** (un mask′, un mäsk′) *vt* quitar la máscara, desenmascarar.
**unmentionable** (un men′sh*a* n*a* bl) *adj* que no se puede mencionar.
**unmerited** (un mer′i tid) *adj* inmerecido.
**unmindful** (un mīnd′f*u*l) *adj* olvidadizo, negligente.
**unmistakable** (un′′mi stā′k*a* bl) *adj* evidente; **~ly** *adv* con evidencia.
**unmitigated** (un mit′*i* gā′′tid) *adj* no mitigado; absoluto.
**unmoved** (un mövd′) *adj* inalterado, firme.
**unnatural** (un nach′ėr *a*l) *adj* antinatural; perverso; afectado.
**unnecessary** (un nes′i ser′ē) *adj* inútil, no necesario.
**unneighborly** (un nā′bėr lē) *adj* poco atento con sus vecinos; descortés.
**unnoticed** (un nō′tist) *adj* no observado.
**unnumbered** (un num′bėrd) *adj* innumerable.
**unobserved** (un′′*o*b zür′vid) *adj* no observado.
**unobtainable** (un′′*o*b tān′bl) *adj* que no se puede obtener; inasequible.
**unobtrusive** (un′′*o* trö′siv) *adj* modesto.
**unoccupied** (un ok′y*a* pīd′′) *adj* desocupado.
**unoffending** (un′′*o* fend′ing) *adj* sencillo, inocente.
**unofficial** (un′′*o* fish′*a*l) *adj* no oficial.
**unorthodox** (un är′th*o* doks′′) *adj* heterodoxo.
**unpack** (un pak′) *vt* desempacar; desenvolver.
**unpaid** (un pād′) *adj* no pagado.
**unpalatable** (un pal′*a* t*a* bl) *adj* desabrido.
**unparalleled** (un par′*a* leld) *adj* sin paralelo; sin par.
**unpleasant** (un plez′*a*nt) *adj*, **~ly** *adv* desagradable(mente).
**unpleasantness** (un plez′*a*nt nis) *n* desagrado *m*; carácter desagradable *m*.
**unplug** (un plug′) *vt* desconectar.
**unpolished** (un pol′ishd) *adj* que no está pulido; rudo, grosero.
**unpopular** (un pop′y*a* lėr) *adj* no popular.
**unpracticed** (un prak′tis id) *adj* inexperto, no versado.
**unprecedented** (un pres′i den′′tid) *adj* nunca visto; sin precedente.
**unpredictable** (un′′pri dik′t*a* bl) *adj* imprevisible.
**unprejudiced** (un prej′*a* dist) *adj* imparcial.
**unprepared** (un′′pri pârd′) *adj* no preparado.
**unprofitable** (un prof′i t*a* bl) *adj* inútil, vano; poco lucrativo.
**unprotected** (un′′ pr*o* tektd′) *adj* desvalido, sin protección.
**unpublished** (un pub′lisht) *adj* no publicado; inédito.

**unpunished** (un pun′ish id) *adj* impune.
**unqualified** (un′kwol′*i* fīd′′) *adj* incompetente; sin títulos; sin licencia o autorización; incondicional.
**unquestionable** (un kwes′ch*a* n*a* bl) *adj* indubitable, indisputable; ~**ly** *adv* sin duda, sin disputa.
**unquestioned** (un kwes′ch*a*nd) *adj* incontestable, indiscutible.
**unravel** (un rav′*e*l) *vt* desenredar.
**unread** (un red′) *adj* no leído; ignorante; no versado; inculto.
**unreal** (un rē′*a*l) *adj* irreal.
**unrealistic** (un rē′′*a* lis′tik) *adj* poco realista.
**unreasonable** (un rē′z*o* n*a* bl) *adj* irrazonable.
**unreasonably** (un rē′z*o* n*a* blē) *adv* irracionalmente.
**unregarded** (un′′ ri gär′did) *adj* descuidado; despreciado.
**unrelated** (un′′ri lā′tid) *adj* sin relación; no parte de la familia.
**unrelenting** (un′′ri len′ting) *adj* inexorable, inflexible, tenaz.
**unreliable** (un′′ri lī′*a* bl) *adj* poco fiable.
**unremitting** (un′′ri mit′ing) *adj* constante, incansable.
**unrepentant** (un′′ri pen′t*a*nt) *adj* impenitente.
**unreserved** (un′′ri zürv′id) *adj* sin restricción; franco; ~**ly** *adv* abiertamente.
**unrest** (un rest′) *n* malestar *m*; disturbios *mpl*.
**unrestrained** (un′′ri strānd′) *adj* desenfrenado; ilimitado.
**unripe** (un rīp′) *adj* inmaduro.
**unrivaled** (un rī′v*a*ld) *adj* sin rival, sin igual.
**unroll** (un rōl) *vt* desenrollar.
**unruliness** (un rö′lē nis) *n* turbulencia *f*; desenfreno *m*.
**unruly** (un rö′lē) *adj* desenfrenado.
**unsafe** (un sāf′) *adj* no seguro, peligroso.
**unsatisfactory** (un′′satis fak′t*o* rē) *adj* que no satisface *o* no convence.
**unsavory** (un sā′v*o* rē) *adj* desabrido, insípido.
**unscathed** (un skāTHid′) *adj* ileso.
**unscrew** (un skrö′) *vt* destornillar.
**unscrupulous** (un skrö′py*a* lus) *adj* sin escrúpulos.
**unseasonable** (un sē′z*o* n*a* bl) *adj* intempestivo, fuera de propósito.
**unseemly** (un′sēm′lē) *adj* indecente.
**unseen** (un sēn′) *adj* invisible; que no se ha visto.
**unselfish** (un sel′fish) *adj* desinteresado.
**unsettle** (un set′l) *vt* perturbar.
**unsettled** (un set′ld) *adj* inquieto; inestable; variable.
**unshaken** (un shāk′ēn) *adj* firme, estable.
**unshaven** (un′shāv′ēn) *adj* sin afeitar.
**unsightly** (un sīt′lē) *adj* desagradable a la vista, feo.
**unskilled** (un skild′) *adj* inexperto; desmañado.
**unskillful** (un skil′f*u*l) *adj* poco hábil, poco mañoso.
**unsociable** (un sō′sh*a* bl) *adj* insociable, intratable.
**unspeakable** (un spē′k*a* bl) *adj* inefable, indecible.
**unstable** (un stā′bl) *adj* inestable, inconstante.
**unsteadily** (un sted′ē lē) *adv* inconstantemente.

**unsteady** (un sted′ē) *adj* inestable.
**unstudied** (un stud′ēd) *adj* no estudiado; no premeditado.
**unsuccessful** (un′′*suk* ses′*ful*) *adj* infeliz, desafortunado; **~ly** *adv* sin éxito.
**unsuitable** (un sö′t*a* bl) *adj* inapropiado; inoportuno.
**unsure** (un sh*ür*′) *adj* poco seguro.
**unsympathetic** (un sim′′p*a* thet′ik *a*l) *adj* poco compasivo.
**untamed** (un tām′) *adj* indomado.
**untapped** (un tap′id) *adj* sin explotar.
**untenable** (un ten′*a* bl) *adj* insostenible.
**unthinkable** (un thing′k*a* bl) *adj* inconcebible.
**unthinking** (un thing′king) *adj* desatento, indiscreto.
**untidiness** (un tī′dē nis) *n* desaliño *m*.
**untidy** (un tī′dē) *adj* desordenado; sucio.
**untie** (un tī′) *vt* desatar, deshacer, soltar.
**until** (un til′) *prep* hasta; • *conj* hasta que.
**untimely** (un tīm′lē) *adj* intempestivo.
**untiring** (un tī′ėr ing) *adj* incansable.
**untold** (un tōld′) *adj* nunca dicho; indecible; incalculable.
**untouched** (un tuch′id) *adj* intacto.
**untoward** (un tōrd′, un t*ä*rd′) *adj* impropio; adverso.
**untried** (un trīd′) *adj* no ensayado *o* probado.
**untroubled** (un trub′ld) *adj* no perturbado, tranquilo.
**untrue** (un trö′) *adj* falso.
**untrustworthy** (un trust′w*ür*′′THē) *adj* indigno de confianza.
**untruth** (un tröth′) *n* falsedad, mentira *f*.
**unused** (un ūzd′, un ūst′) *adj* inusitado, no usado.
**unusual** (un ū′zhö *a*l) *adj* inusitado, raro; **~ly** *adv* inusitadamente, raramente.
**unveil** (un vāl′) *vt* quitar el velo, descubrir.
**unwavering** (un wā′vėr ing) *adj* inquebrantable.
**unwell** (un wel′) *adj* enfermizo, malo.
**unwillingness** (un wil′ing nis) *n* mala gana, repugnancia *f*.
**unwind** (un wīnd′) *vt* desenredar, desenmarañar; • *vi* relajarse.
**unwise** (un wīz′) *adj* imprudente.
**unwitting** (un wit′ing) *adj* inconsciente.
**unworkable** (un w*ür*′k*a* bl) *adj* poco práctico.
**unworthy** (un w*ür*′THē) *adj* indigno.
**unwrap** (un rap′) *vt* desenvolver.
**unwritten** (un rit′*e*n) *adj* no escrito.
**up** (up) *adv* arriba, en lo alto; allá; levantado; con ventaja; en la universidad; **to be ~** estar levantado; haber crecido; **to be ~ in** estar versado en; **to get ~** levantarse; **to go ~** subir • *prep* hacia; hasta; • *vt* subir; levantar; aumentar.
**upbringing** (up′bring′′ing) *n* educación *f*.
**update** (up dāt′, up′dāt′) *vt* poner al día.
**upheaval** (up hēv′*a*l) *n* agitación *f*.
**uphill** (up′hil′) *adj* difícil, penoso; • *adv* cuesta arriba.
**uphold** (up hōld′) *vt* sostener, apoyar.

**upholstery** (up hōl´st*e* rē, *a* pōl´st*e* rē) *n* tapicería *f.*
**upkeep** (up´kēp´´) *n* mantenimiento *m.*
**uplift** (up lift´) *vt* levantar.
**upon** (*u* pon´, *u* pän) *prep* sobre, encima.
**upper** (up´ėr) *adj* superior; más elevado.
**upper-class** (up´ėr klas´) *adj* de la clase alta.
**upper hand** *n* (*fig*) superioridad *f.*
**uppermost** (up´ėr mōst´´) *adj* más alto, supremo; **to be** ~ predominar.
**upright** (up´rīt´´) *adj* derecho, perpendicular, recto; puesto en pie; honrado.
**uprising** (up´rī´´zing, up rī´zing) *n* sublevación *f.*
**uproar** (up´rōr´´) *n* tumulto, alboroto *m.*
**uproot** (up röt´, up r*ü*t´) *vt* desarraigar.
**upset** (up set´) *vt* trastornar; derramar, volcar; • *n* revés *m*; trastorno *m*; • *adj* molesto; revuelto.
**upshot** (up´shot´´) *n* remate *m*; fin *m*; conclusión *f.*
**upside-down** *adv* de cabeza.
**upstairs** (up´stârz´) *adv* arriba, en el piso de arriba.
**upstart** (up´stärt´´) *n* advenedizo *m.*
**uptight** (up tīt´) *adj* nervioso.
**up-to-date** (up´t*o* dāt´) *adj* al día.
**upturn** (up t*ü*rn´) *n* mejora *f.*
**upward** (up´wėrd) *adj* ascendente; **~s** *adv* hacia arriba.
**urban** (*ü*r´b*a*n) *adj* urbano.
**urbane** (*ü*r´bān´) *adj* cortés.
**urchin** (*ü*r´chin) *n* chiquillo *m.*
**urge** (*ü*rj) *vt* animar; • *n* impulso *m*; deseo *m.*
**urgency** (*ü*r´jēn s*e*) *n* urgencia *f.*
**urgent** (*ü*r´jent) *adj* urgente.
**urinal** (*ü*r´*i* n*a*l) *n* orinal *m.*
**urinate** (*ü*r´*i* nāt´´) *vi* orinar.
**urine** (*ü*r´in) *n* orina *f.*
**urn** (*ü*rn) *n* urna *f.*
**us** (us) *pn* nos; nosotros.
**usage** (ū´sij, ū´zij) *n* tratamiento *m*; uso *m.*
**use** (ūz) *n* uso *m*; utilidad, práctica *f*; • *vt* usar, emplear.
**used** (ūzd) *adj* usado; habituado.
**useful** (ūs´f*u*l) *adj* útil **~ly** *adv* útilmente.
**usefulness** (ūs´f*u*l nis) *n* utilidad *f.*
**useless** (ūs´lis) *adj* inútil; **~ly** *adv* inútilmente.
**uselessness** (ūs´lis nis) *n* inutilidad *f.*
**user-friendly** *adj* amistoso.
**usher** (ush´ėr) *n* ujier *m*; acomodador *m.*
**usherette** (ush´ėr et´´) *n* acomodadora *f.*
**usual** (ū´zhö *a*l) *adj* usual, común, normal; **~ly** *adv* normalmente.
**usurer** (ū´zhėr *e*r) *n* usurero *m.*
**usurp** (ū s*ü*rp´, ū z*ü*rp´) *vt* usurpar.
**usury** (ū´zh*u* rē) *n* usura *f.*
**utensil** (ū ten´s*i*l) *n* utensilio *m.*
**uterus** (ū´tėr *u*s) *n* útero *m.*
**utility** *(ū til´i tē)* *n* utilidad, ganancia *f.*
**utilize** (ūt´*i* līz´´) *vt* utilizar.
**utmost** (ūt mōst´) *adj* extremo, sumo; último.
**utter** (ūt´ėr) *adj* total; todo; entero; • *vt* proferir; expresar; publicar.
**utterance** (ūt´ėr *a*ns) *n* expresión *f.*
**utterly** (ūt´ėr lē) *adv* enteramente, del todo.

# V

**vacancy** (vā′k*a*n sē) *n* cuarto libre *m*; vacío *m*.
**vacant** (vā′k*a*nt) *adj* vacío; desocupado; vacante.
**vacant lot** *n* solar *m*.
**vacate** (vā′kāt) *vt* desocupar; dejar.
**vacation** (vākā′sh*a*n) *n* vacaciones fpl; asuento *m*.
**vacationer** (vākā sh*a*n′ėr) *n* turista *m/f*.
**vaccinate** (vak′s*i* nāt) *vt* vacunar.
**vaccination** (vak′′s*i* nā′sh*a*n) *n* vacunación *f*.
**vaccine** (vaksēn′, vak′sin) *n* vacuna *f*.
**vacuous** (vak′ū us) *adj* vacío.
**vacuum** (vak′ū *u*m, vak′ūm) *n* vacío *m*.
**vacuum bottle** *n* termo *m*.
**vagina** (v*a* jī′n*a*) *n* vagina *f*.
**vagrant** (vā′gr*a*nt) *n* vagabundo.
**vague** (vāg) *adj* vago; **~ly** *adv* vagamente.
**vain** (vān) *adj* vano, inútil; vanidoso; insignificante.
**valet** (val′it, val′ā, va lā′) *n* criado *m*; asistente (personal) *m*.
**valiant** (val′y*a*nt) *adj* valiente, valeroso.
**valid** (val′id) *adj* válido; fundamentado.
**valley** (val′ē) *n* valle *m*.
**valor** (val′ėr) *n* valor, aliento, brío, esfuerzo *m*.
**valuable** (val′ū *a* bl, val′y*a* bl) *adj* precioso; **~s** *npl* cosas preciosas *fpl*.
**valuation** (val′′ū ā′sh*a*n) *n* tasa, valuación *f*.
**value** (val′ū) *n* valor, precio *m*; • *vt* valuar; estimar, apreciar.
**valued** (val′ūd) *adj* apreciado.
**valve** (valv) *n* válvula *f*.
**vampire** (vam′pīėr) *n* vampiro *m*.
**van** (van) *n* camioneta *f*.
**vandal** (van′d*a*l) *n* vándalo; destructor *m*.
**vandalism** (van′d*a* liz′′*u*m) *n* vandalismo *m*.
**vandalize** (van′d*a* līz′′) *vt* dañar.
**vanguard** (van′gärd′′) *n* vanguardia *f*.
**vanilla** (v*a* nil′*a*) *n* vainilla *f*.
**vanish** (van′ish) *vi* desvanecerse, desaparecer.
**vanity** (van′i tē) *n* vanidad *f*.
**vanity case** *n* neceser *m*.
**vanquish** (vang′kwish, van′kwish) *vt* vencer, conquistar.
**vantage point** (van′tij point′, vän′tij point′) *n* punto panorámico *m*.
**vapor** (vā′pėr) *n* vapor *m*; exhalación *f*.
**variable** (vâr′ē *a* bl) *adj* variable; voluble.
**variance** (vâr′ē *a*ns) *n* discordia, desavenencia *f*.
**variation** (vâr′′ē ā′sh*a*n) *n* variación *f*.
**varicose vein** (var′*i* kōs′′vān′, vâr′*i* kōs′′vān′) *n* varices *f*.
**varied** (vâr′ēd) *adj* variado.
**variety** (v*a* rī′i tē) *n* variedad *f*.
**variety show** *n* espectáculo de variedades *m*.
**various** (vâr′ē us) *adj* varios, diversos, diferentes.
**varnish** (vär′nish) *n* barniz *m*; • *vt* barnizar.
**vary** (vâr′ē) *vt, vi* variar; cambiar.
**vase** (vās, vāz) *n* florero *m*.

**vast** (vast'väst) *adj* vasto; inmenso.
**vat** (vat) *n* tina *f.*
**vault** (vält) *n* bóveda *f*; cueva *f*; caverna *f*; • *vt* saltar.
**veal** (vēl) *n* ternera *f.*
**veer** (vēr) *vi* (*mar*) virar.
**vegetable** (vej'ta bl, vej'i ta bl) *adj* vegetal; • *n* vegetal *m*; hortaliza *f*; ~**s** *pl* legumbre *f.*
**vegetable garden** *n* huerta *f.*
**vegetarian** (vej'i târ'ē an) *n* vegetariano, na *m/f.*
**vegetate** (vej'i tāt'') *vi* vegetar.
**vegetation** (vej''i tā'shan) *n* vegetación *f.*
**vehemence** (vē'e mens) *n* vehemencia, violencia *f.*
**vehement** (vē'e ment) *adj* vehemente, violento; ~**ly** *adv* vehementemente.
**vehicle** (vē'i kl) *n* vehículo *m.*
**veil** (vāl) *n* velo *m*; • *vt* encubrir, ocultar.
**vein** (vān) *n* vena *f*; cavidad *f*; inclinación del ingenio *f.*
**velocity** (ve los'i tē) *n* velocidad *f.*
**velvet** (vel'vit) *n* terciopelo *m.*
**vending machine** *n* vendedora automática *f.*
**vendor** (ven'dėr) *n* vendedor *m.*
**veneer** (ve nēr) *n* chapa *f*; barniz *m.*
**venerable** (ven'ėr a bl) *adj* venerable.
**venerate** (ven'e rāt') *vt* venerar, honrar.
**veneration** (ven'e rā'shan) *n* veneración *f.*
**venereal** (ve nēr'ē al) *adj* venéreo.
**vengeance** (ven'jans) *n* venganza *f.*
**venial** (vē'nē al) *adj* venial.
**venison** (ven'i son, ven'i zen) *n* (carne de) venado *f.*
**venom** (ven'om) *n* veneno *m.*
**venomous** (ven'o mus) *adj* venenoso; ~**ly** *adv* venenosamente.
**vent** (vent) *n* respiradero *m*; salida *f*; • *vt* desahogar.
**ventilate** (ven'ti lāt'') *vt* ventilar.
**ventilation** (ven''ti lā'shan) *n* ventilación *f.*
**ventilator** (ven'ti lā''tėr) *n* ventilador *m.*
**ventriloquist** (ventril'o kwist) *n* ventrílocuo *m.*
**venture** (ven'chėr) *n* empresa *f*; • *vi* aventurarse; • *vt* aventurar, arriesgar.
**venue** (ven'ö, ven'ū) *n* jurisdicción; lugar de reunión *m.*
**veranda(h)** (ve ran'da) *n* terraza *f.*
**verb** (vürb) *n* (*gr*) verbo *m.*
**verbal** (vür'bal) *adj* verbal, literal; ~**ly** *adv* verbalmente.
**verbatim** (vėr bā'tim) *adv* palabra por palabra.
**verbose** (vėr bōs') *adj* verboso.
**verdant** (vür'dant) *adj* verde.
**verdict** (vür'dikt) *n* (*law*) veredicto *m*; opinión *f.*
**verification** (ver''i fi kā'shan) *n* verificación *f.*
**verify** (ver'i fī'') *vt* verificar.
**veritable** (ver'i ta bl) *adj* verdadero.
**vermin** (vür'min) *n* bichos *mpl.*
**vermouth** (vėr möth', veR möt') *n* vermut *m.*
**versatile** (vür'sa til) *adj* versátil; polifacético.
**verse** (vürs) *n* verso *m*; versículo *m.*
**versed** (vürsd) *adj* versado.
**version** (vür'zhan, vür'shan) *n* versión *f.*
**versus** (vür'sus) *prep* contra.
**vertebra** (vür'te bra) *n* vértebra *f.*

**vertebral, vertebrate** (vür´te bral, vür´te brāt´) *adj* vertebral; vertebrado.
**vertex** (vür´teks) *n* cenit, vértice *m.*
**vertical** (vür´ti kal) *adj*, **~ly** *adv* vertical(mente).
**vertigo** (vür´ti gō) *n* vértigo *m.*
**verve** (vürv) *n* brío *m.*
**very** (ver´ē) *adj* verdadero, real; idéntico, mismo; exacto, preciso; mero, simple; **at the ~ end** al final de todo; • *adv* muy, mucho, sumamente; **~ much** mucho, muchísimo; **~ well** muy bien.
**vessel** (ves´el) *n* vasija *f*; vaso *m*; barco *m.*
**vest** (vest) *n* chaleco *m.*
**vestibule** (ves´ti būl´´) *n* vestíbulo *m.*
**vestige** (ves´tij) *n* vestigio *m.*
**vestment** (vest´ment) *n* vestido *m*; vestidura *f.*
**vestry** (ves´trē) *n* sacristía *f.*
**veteran** (vet´ėr an) *adj, n* veterano *m.*
**veterinarian** (vet´´ėr i nâr´ē an, ve´´ tri nâr´ē an) *n* veterinario *m.*
**veterinary** (vet´ėr i nâr´´ē, ve´tri nâr´´ē) *adj* veterinario.
**veto** (vē´tō) *n* veto *m*; • *vt* vedar.
**vex** (veks) *vt* molestar.
**vexed** (vekst) *adj* controvertido.
**via** (vī´a) *prep* por.
**viaduct** (vī´a dukt´´) *n* viaducto *m.*
**vial** (vī´al, vīl) *n* redoma, ampolleta *f.*
**vibrate** (vī´brāt) *vi* vibrar.
**vibration** (vī brā´shan) *n* vibración *f.*
**vicarious** (vī kâr´ē us) *adj* sustituto.
**vice** (vīs) *n* vicio *m*; culpa *f*; tornillo *m.*
**vice-chairman** *n* vice-presidente *m.*
**vice versa** (vī´se vür´sa, vī´sē, vīs) *adv* viceversa.
**vicinity** (vi sin´i tē) *n* vecindad, proximidad *f.*
**vicious** (vish´us) *adj* vicioso; **~ly** *adv* de manera viciosa.
**victim** (vik´tim) *n* víctima *f.*
**victimize** (vik´ti mīz´´) *vt* victimizar; estafar.
**victor** (vik´tėr) *n* vencedor *m.*
**victorious** (vik tōr´ē us, vik tär´ē us) *adj* victorioso.
**victory** (vik´to rē) *n* victoria *f.*
**video** (vid´ē ō) *n* videofilm *m*; video cassette *f*; videograbadora *f.*
**video tape** *n* cinta de video *f.*
**vie** (vī) *vi* competir.
**view** (vū) *n* vista *f*; perspectiva *f*; aspecto *m*; opinión *f*; paisaje *m*; • *vt* mirar, ver; examinar.
**viewer** (vū´ėr) *n* televidente *m/f.*
**viewfinder** *n* visor de imagen *m.*
**viewpoint** (vū´point´´) *n* punto de vista *m.*
**vigil** (vij´il) *n* vela *f*; vigilia *f.*
**vigilance** (vij´i lans) *n* vigilancia *f.*
**vigilant** (vij´i lant) *adj* vigilante, atento.
**vigor** (vig´ėr) *n* vigor *m*; energía *f.*
**vigorous** (vig´ėr us) *adj* vigoroso; **~ly** *adv* vigorosamente.
**vile** (vīl) *adj* vil, bajo; asqueroso.
**vilify** (vīl´i fī´´) *vt* envilecer.
**villa** (vil´a) *n* chalet *m*; casa de campo *f.*
**village** (vil´ij) *n* aldea *f.*
**villager** (vil ij´ėr) *n* aldeano *m.*
**villain** (vil´an) *n* villano, malvado *m.*
**vindicate** (vin´di kāt´´) *vt* revindicar, defender.
**vindication** (vin´´di kā´shan) *n* reivindicación *f*; justificación *f.*
**vindictive** (vin dik´tiv) *adj* vengativo.

**vine** (vīn) *n* vid *f.*
**vinegar** (vin'*e* gėr) *n* vinagre *m.*
**vineyard** (vin'yėrd) *n* viña *f.*
**vintage** (vin'tij) *n* vendimia *f.*
**vinyl** (vī'nil, vin'*i*l) *n* vinilo *m.*
**viola** (vē ō'l*a*, vī ō'l*a*) *n* (*mus*) viola *f.*
**violate** (vī'*o* lāt') *vt* violar.
**violation** (vī'*o* lā'sh*a*n) *n* violación *f.*
**violence** (vī'*o* lens) *n* violencia *f.*
**violent** (vī'*o* lent) *adj* violento; **~ly** *adv* violentamente.
**violet** (vī'*o* lit) *n* (*bot*) violeta *f.*
**violin** (vī''*o* lin') *n* (*mus*) violín *m.*
**violinist** (vī''*o* lin'ist) *n* violinista *m/f.*
**violoncello** (vē''*o* lon chel'ō) *n* (*mus*) violón, violonchelo *m.*
**viper** (vī'pėr) *n* víbora *f.*
**virgin** (vür'jin) *n* virgen *f*; • *adj* virgen.
**virginity** (vür'jin i tē) *n* virginidad *f.*
**Virgo** (vür'gō') *n* Virgo *f* (signo del zodíaco).
**virile** (vir'*i*l) *adj* viril.
**virility** (v*i* ril'i tē) *n* virilidad *f.*
**virtual** (vür'chö *a*l) *adj* virtual **~ly** *adv* virtualmente.
**virtue** (vür'chö) *n* virtud *f.*
**virtuous** (vür'chö us) *adj* virtuoso.
**virulent** (vir'y*a* lent, vir'*a* lent) *adj* virulento.
**virus** (vī'r*u*s) *n* virus *m.*
**visa** (vē'z*a*) *n* visado *m*, visa *f.*
**vis-à-vis** (vē''z*a* vē) *prep* con respecto a.
**viscous** (vis'kus) *adj* viscoso, glutinoso.
**visibility** (viz''*i* bil'i tē) *n* visibilidad *f.*
**visible** (viz'*i* bl) *adj* visible.
**visibly** (viz'*i* blē) *adv* visiblemente.
**vision** (vizh'*a*n) *n* vista *f*; visión *f.*
**visit** (viz'it) *vt* visitar; • *n* visita *f.*
**visitation** (viz''i tā'sh*a*n) *n* visitación, visita *f.*
**visiting hours** *npl* horas de visita *fpl.*
**visitor** (viz'i tėr) *n* visitante *m/f*; turista *m/f.*
**visor** (vī'zėr, viz'ėr) *n* visera *f.*
**vista** (vis't*a*) *n* vista, perspectiva *f.*
**visual** (vizh'ö *a*l) *adj* visual.
**visual aid** *n* medio visual *m.*
**visualize** (vizh'ö *a* līz'') *vt* imaginarse.
**vital** (vīt'*a*l) *adj* vital; esencial; imprescindible; **~ly** *adv* vitalmente; **~s** *npl* partes vitales *fpl.*
**vitality** (vī tal'i tē) *n* vitalidad *f.*
**vital statistics** *npl* estadísticas vitales *fpl.*
**vitamin** (vī't*a* min) *n* vitamina *f.*
**vitiate** (vish'ē āt) *vt* viciar, corromper.
**vivacious** (vi vā'shus, vī vā'shus) *adj* vivaz.
**vivid** (viv'id) *adj* vivo; gráfico; intenso; **~ly** *adv* vivamente; gráficamente.
**vivisection** (viv''i sek'sh*a*n) *n* vivisección *f.*
**vocabulary** (vō kab'y*a* ler''ē) *n* vocabulario *m.*
**vocal** (vō'kl) *adj* vocal.
**vocation** (vō kā'sh*a*n) *n* vocación *f*; oficio *m*; carrera, profesión *f*; **~al** *adj* profesional.
**vocative** (vok'*a* tiv) *n* vocativo *m.*
**vociferous** (vō sif'ėr us) *adj* vocinglero, clamoroso.
**vodka** (vod'k*a*) *n* vodka *m.*
**vogue** (vōg) *n* moda *f*; boga *f.*
**voice** (vois) *n* voz *f*; • *vt* expresar.

**void** (void) *adj* desocupado; nulo; • *n* vacío *m.*
**volatile** (vol´*a* til, vol´*a* t*i*l) *adj* volátil; voluble.
**volcanic** (vol kan´ik) *adj* volcánico.
**volcano** (vol kā´nō) *n* volcán *m.*
**volition** (vō lish´*a*n) *n* voluntad *f.*
**volley** (vol´ē) *n* descarga *f*; salva *f*; rociada *f*; volea *f.*
**volleyball** (vol´ē bäl) *n* voleibol *m.*
**volt** (vōlt) *n* voltio *m.*
**voltage** (vōl´tij) *n* voltaje *m.*
**voluble** (vol´y*a* bl) *adj* locuaz.
**volume** (vol´ūm, vol´y*a*m) *n* volumen *m*; masa *f*; volumen; tomo *m.*
**voluntarily** (vol´*a*n ter´´*i* lē, vol´*a*n târ´*i* lē) *adv* voluntariamente.
**voluntary** (vol´*a*n ter´´ē) *adj* voluntario.
**volunteer** (vol´*u*n tēr) *n* voluntario *m*; • *vi* servir como voluntario.
**voluptuous** (v*o* lup´chö us) *adj* voluptuoso.
**vomit** (vom´it) *vt, vi* vomitar; • *n* vómito *m.*
**voracious** (vō rā´shus) *adj* ~**ly** *adv* voraz(mente).
**vortex** (vär´teks) *n* remolino, torbellino *m.*
**vote** (vōt) *n* voto, sufragio *m*; votación *f*; • *vt* votar.
**voter** (vō´tėr) *n* votante *m/f.*
**voting** (vōt´ing) *n* votación *f.*
**voucher** (vou´chėr) *n* vale *m.*
**vow** (vou) *n* voto *m*; • *vi* jurar.
**vowel** (vou´*e*l) *n* vocal *f.*
**voyage** (voi´ij) *n* viaje *m*; travesía *f.*
**vulgar** (vul´gėr) *adj* ordinario; de mal gusto.
**vulgarity** (vulgar´i tē) *n* grosería *f*; mal gusto *m.*
**vulnerable** (vul´nėr *a* bl) *adj* vulnerable.
**vulture** (vul´chėr) *n* buitre *m.*

# W

**wad** (wod) *n* fajo (de billetes) *m*; bolita *f*.
**waddle** (wod'l) *vi* anadear; andar como pato.
**wade** (wād) *vi* vadear; avanzar con dificultad.
**wading pool** *n* piscina para niños *f*.
**wafer** (wā'fėr) *n* galleta *f*; oblea *f*.
**waffle** (wof'l) *n* wafle *m*.
**waft** (waft, wäft) *vt* llevar por el aire *o* por encima del agua; • *vi* flotar.
**wag** (wag) *vt* menear; • *vi* menearse.
**wage** (wāj) *n* salario *m*.
**wage earner** *n* asalariado, da *m/f*.
**wager** (wā'jėr) *n* apuesta *f*; • *vt* apostar.
**wages** (wājz) *npl* salario *m*.
**waggle** (wag'l) *vt* menear.
**waggon** (wag'*o*n) *n* carro *m*; (*rail*) vagón *m*.
**wail** (wāl) *n* lamento, gemido *m*; • *vi* gemir.
**waist** (wāst) *n* cintura *f*.
**waistline** (wāst'līn'') *n* talle *m*.
**wait** (wāt) *vi* esperar; • *n* espera *f*; pausa *f*.
**waiter** (wā'tėr) *n* camarero *m*.
**waiting list** *n* lista de espera *f*.
**waiting room** *n* sala de espera *f*.
**waive** (wāv) *vt* suspender.
**wake** (wāk) *vi* despertarse; • *vt* despertar; revivir; • *n* vela *f*; (*mar*) estela *f*.
**waken** (wā'k*e*n) *vt*, (*vi*) despertar(se).
**walk** (wäk) *vt, vi* pasear, ir; andar, caminar; marchar; • *n* paseo *m*; caminata *f*; paso, porte *m*; vereda *f*.
**walker** (wä'kėr) *n* paseante *m/f*.
**walkie-talkie** (wä'kē tä'kē) *n* trasmisor-receptor portátil *m*.
**walking** (wä'king) *n* paseo *m*.
**walking stick** *n* bastón *m*.
**walkout** (wäk'out') *n* huelga *f*.
**walkover** (wäk'ō''vėr) *n* (*sl*) pan comido *m*.
**walkway** (wäk'wā'') *n* paseo *m*.
**wall** (wäl) *n* pared *f*; muralla *f*; muro *m*.
**walled** (wäld) *adj* amurallado.
**wallet** (wol'it, wä'lit) *n* cartera, billetera *f*.
**wallflower** (wäl'flou''ėr) *n* (*bot*) alelí doble *m*.
**wallow** (wol'ō) *vi* revolcarse.
**wallpaper** (wäl'pā''pėr) *n* papel tapiz *m*.
**walnut** (wäl'nut wäl'n*u*t) *n* nogal *m*; nuez *f*.
**walrus** (wäl'r*u*s, wol'r*u*s) *n* morsa *f*.
**waltz** (wältz) *n* vals *m* (baile).
**wan** (won) *adj* pálido.
**wand** (wond) *n* varita mágica *f*.
**wander** (won'dėr) *vt, vi* errar; vagar.
**wane** (wān) *vi* menguar.
**want** (wont, wänt) *vt* querer; necesitar; faltar; anhelar; • *n* necesidad *f*; falta *f*; indigencia, privación *f*; anhelo *m*.
**wanting** (won'ting, wän'ting) *adj* falto, defectuoso.
**wanton** (won't*o*n) *adj* lascivo; juguetón.
**war** (wär) *n* guerra *f*.
**ward** (wärd) *n* sala *f*; pupilo *m*.
**wardrobe** (wär'drōb) *n* guardarropa *f*, ropero *m*.

**warehouse** (wâr'houz'') *n* almacén *m.*
**warfare** (wär'fâr'') *n* guerra *f.*
**warhead** (wär'hed'') *n* cabeza armada *f.*
**warily** (wâr'*i* lē) *adv* prudentemente.
**wariness** (wâr'ē nis) *n* cautela, prudencia *f.*
**warm** (wärm) *adj* cálido; caliente; efusivo; • *vt* calentar; **to ~ up** • *vi* calentarse; entrar en calor; acalorarse.
**warm-hearted** (wärm'här'tid) *adj* afectuoso.
**warmly** (wärm'lē) *adv* con calor, ardientemente.
**warmth** (wärmth) *n* calor *m.*
**warn** (wärn) *vt* avisar; advertir.
**warning** (wär'ning) *n* aviso *m.*
**warning light** *n* luz de advertencia *f.*
**warp** (wärp) *vi* torcerse; • *vt* torcer; pervertir.
**warrant** (wär'*a*nt, wor'*a*nt) *n* orden de detención *f*; mandamiento de registro *m.*
**warranty** (wär'*a*n tē, wor'*a*n tē) *n* garantía *f.*
**warren** (wär'*e*n, wor'*e*n) *n* conejero *m.*
**warrior** (wär'ē ėr, wär'yėr) *n* guerrero, soldado *m.*
**warship** (wär'ship'') *n* barco de guerra *m.*
**wart** (wärt) *n* verruga *f.*
**wary** (wâr'ē) *adj* cauto, prudente.
**wash** (wosh, wäsh) *vt* lavar; bañar; • *vi* lavarse; • *n* lavado *m*; baño *m.*
**washable** (wosh'*a* bl, wä'sh*a* bl) *adj* lavable.
**washbowl** (wosh'bōl'', wäsh'bōl'') *n* lavabo *m.*
**washcloth** (wosh'kläth'', wäsh'kloth'') *n* paño para lavarse *f.*
**washer** (wosh'ėr, wä'shėr) *n* lavadora *f.*
**washing** (wosh'ing, wä'shing) *n* lavado *m*; capa delgada *f.*
**washing machine** *n* lavadora *f.*
**washing-up** *n* acción de lavar platos; fregado *m.*
**wash-out** (wosh'out'', wäsh'out'') *n* derrumbe *m*; fracaso *m.*
**washroom** (wosh'röm'', wäsh'rüm'') *n* gabinete de aseo *m.*
**wasp** (wasp) *n* avispa *f.*
**wastage** (wā'stij) *n* desgaste *m*; pérdida *f.*
**waste** (wāst) *vt* malgastar; destruir, arruinar; perder; • *vi* gastarse; • *n* desperdicio *m*; destrucción *f*, despilfarro *m*; basura *f.*
**wasteful** (wāst'f*u*l) *adj* destructivo; pródigo; **~ly** *adv* pródigamente.
**waste paper** (wāst'pā''pėr) *n* papel de desecho *m.*
**waste pipe** *n* tubo de desagüe *m.*
**watch** (woch) *n* reloj *m*; centinela *f*; guardia *f*, • *vt* mirar; ver; vigilar; tener cuidado; • *vi* ver; montar guardia.
**watchdog** (woch'däg'', woch'dog'') *n* perro guardián *m.*
**watchful** (woch'f*u*l) *adj* vigilante; **~ly** *adv* cuidadosamente.
**watchmaker** (woch'mā''kėr) *n* relojero *m.*
**watchman** (woch'm*a*n) *n* sereno *m*; vigilante *m.*
**watchtower** (woch'tou''ėr) *n* atalaya, garita *f.*
**watchword** (woch'würd'') *n* santo *m*; seña *f.*
**water** (wä'tėr, wot'ėr) *n* agua *f*, • *vt* regar, humedecer, mojar; • *vi* hacerse agua.
**water closet** *n* excusado *m.*

**watercolor** (wä'tėr kul'ėr, wot'ėr kul'ėr) *n* acuarela *f.*
**waterfall** (wä'tėr fäl'', wot'ėr fäl'') *n* cascada *f.*
**water heater** *n* calentador de agua *m.*
**watering-can** *n* regadera *f.*
**water level** *n* nivel del agua *m.*
**waterlily** *n* nenúfar *f.*
**water line** *n* línea de flotación *f.*
**waterlogged** (wä'tėr lägd'', wot'ėr lägd'') *adj* anegado.
**water main** *n* cañería del agua *f.*
**watermark** (wä'tėr märk'', wot'ėr märk'') *n* filigrana *f.*
**water melon** (wä'tėr mel''*o*n, wot'ėr mel''*o*n) *n* sandía *f.*
**watershed** (wä'tėr shed'', wot'ėr shed'') *n* divisoria de aguas *f*; vertiente *m.*
**watertight** (wä'tėr tīt'', wot'ėr tīt'') *adj* impermeable, hermético.
**waterworks** (wä'tėr würks'', wot'ėr würks'') *npl* central depuradora *f.*
**watery** (wä'*te* rē, wot'*e* rē) *adj* aguado; desvaído; lloroso.
**watt** (wot) *n* vatio *m.*
**wave** (wāv) *n* ola, onda *f*; oleada *f*; señal *f*; • *vi* agitar la mano; ondear; • *vt* agitar.
**wavelength** (wāv'lenght'') *n* longitud de onda *f.*
**waver** (wā'vėr) *vi* vacilar, balancear.
**wavering** (wā'vėr ing) *adj* inconstante.
**wavy** (wā'vē) *adj* ondulado.
**wax** (waks) *n* cera *f*; rabieta *f*; • *vt* encerar; • *vi* crecer (la luna); ~ **and wane** tener altibajos.
**wax paper** *n* papel encerado *m.*
**waxworks** (wāks' würks'') *n* museo de cera *m*; figura de cera *f.*
**way** (wā) *n* camino *m*; vía *f*; ruta *f*; modo *m*; recorrido *m*; moda *f*; aspecto *m*; comportamiento *m*; hábito *m*; **in a** ~ de cierta manera; **to give** ~ ceder; ~ **in** entrada; ~ **out** salida.
**waylay** (wā lā') *vt* salir al paso, abordar.
**wayward** (wā'wėrd) *adj* caprichoso.
**we** (wē) *pn* nosotros, nosotras.
**weak** (wēk) *adj* débil; **~ly** *adv* débilmente.
**weaken** (wē'k*e*n) *vt* debilitar.
**weakling** (wēk'ling) *n* persona muy delicada *f.*
**weakness** (wēk'nis) *n* debilidad *f*; fragilidad *f.*
**wealth** (welth) *n* riqueza *f*; bienes *mpl.*
**wealthy** (wel'thē) *adj* rico.
**wean** (wēn) *vt* destetar.
**weapon** (wep'*o*n) *n* arma *f.*
**wear** (wâr) *vt* gastar, consumir; usar, llevar; • *vi* consumirse; **to ~ away** *vt* gastar; *vi* desgastarse; **to ~ down** gastar; agotar; **to ~ off** pasar; **to ~ out** desgastar; agotar; • *n* uso *m*; desgaste *m.*
**weariness** (wâr'ē nis) *n* cansancio *m*; fatiga *f*; enfado *m.*
**wearisome** (wēr'ē s*o*m) *adj* tedioso.
**weary** (wēr'ē) *adj* cansado, fatigado; tedioso.
**weasel** (wē'z*e*l) *n* comadreja *f.*
**weather** (weTH'ėr) *n* tiempo *m*; • *vt* **(out)** sufrir, superar.
**weather-beaten** (weTH'ėr bēt''*e*n) *adj* endurecido a la intemperie.
**weather cock** (weTH'ėr kok'') *n* gallo de campanario *m*; veleta *f.*
**weather forecast** *n* boletín meteorológico *m.*
**weave** (wēv) *vt* tejer; trenzar.

**weaving** (wēv′ing) *n* tejido *m.*
**web** (web) *n* telaraña *f*; membrana *f*; red *f.*
**wed** (wed) *vt, vi* casar(se).
**wedding** (wed′ing) *n* boda *f*; nupcias *fpl*; casamiento *m.*
**wedding day** *n* día de la boda *m.*
**wedding dress** *n* traje de novia *m.*
**wedding present** *n* regalo de boda *m.*
**wedding ring** *n* sortija de boda; alianza *f.*
**wedge** (wej) *n* cuña *f*; • *vt* acuñar; apretar.
**wedlock** (wed′lok) *n* matrimonio *m.*
**Wednesday** (wenz′dē, wenz′dā) *n* miércoles *m.*
**wee** (wē) *adj* pequeñito.
**weed** (wēd) *n* mala hierba *f*; • *vt* escardar.
**weed killer** *n* herbicida *m.*
**weedy** (wē′dē) *adj* lleno de malas hierbas.
**week** (wēk) *n* semana *f*; **tomorrow** ~ mañana en una semana; **yesterday** ~ ayer hace ocho días.
**weekday** (wēk′dā′) *n* día laborable *m.*
**weekend** (wēk′end′) *n* fin de semana *m.*
**weekly** (wēk′lē) *adj* semanal; • *adv* semanalmente, por semana.
**weep** (wēp) *vt, vi* llorar; lamentar.
**weeping willow** *n* sauce llorón *m.*
**weigh** (wā) *vt, vi* pesar.
**weight** (wāt) *n* peso *m.*
**weightily** (wā′tē lē) *adv* pesadamente.
**weightlifter** *n* levantador de pesas *m.*
**weighty** (wā′tē) *adj* ponderoso; importante.
**welcome** (wel′com) *adj* recibido con agrado; ~! ¡bienvenido!; • *n* bienvenida *f*; • *vt* dar la bienvenida a.
**weld** (weld) *vt* soldar; • *n* soldadura *f.*
**welfare** (wel′fâr′′) *n* prosperidad *f*; bienestar *m*; subsidio *m.*
**welfare state** *n* estado benefactor; estado de asistencia y seguridad social *m.*
**well** (wel) *n* fuente *f*; manantial *m*; pozo *m*; • *adj* bueno, sano; • *adv* bien, felizmente; favorablemente; suficientemente; convenientemente; **as ~ as** así como, además de, lo mismo que; **well-behaved** *adj* bien educado.
**well-being** (wel′bē′ing) *n* felicidad, prosperidad *f.*
**well-bred** (wel′bred′) *adj* bien criado, bien educado.
**well-built** *adj* fornido.
**well-deserved** *adj* merecido.
**well-dressed** *adj* bien vestido.
**well-known** (wel′nōn′) *adj* conocido.
**well-mannered** *adj* educado.
**well-meaning** (wel′mē′ning) *adj* bien intencionado.
**well-off** (wel′äf′, wel′of′) *adj* acomodado.
**well-to-do** (wel′to dö′) *adj* acomodado.
**well-wisher** (wēl′wish′ėr) *n* amigo, partidario *m.*
**wench** (wench) *n* moza, muchacha *f.*
**west** (west) *n* oeste, occidente *m*; • *adj* occidental; • *adv* hacia el oeste.
**westerly, western** (wes′tėr lē, wes′tėrn) *adj* occidental.
**westward** (west′wėrd) *adv* hacia el oeste.
**wet** (wet) *adj* húmedo, mojado; • *n* humedad *f*; • *vt* mojar, humedecer.
**wet-nurse** *n* ama de leche, nodriza *f.*
**wet suit** *n* traje de buzo *m.*

**whack** (hwak, wak) *vt* aporrear; • *n* golpe *m.*
**whale** (hwāl, wāl) *n* ballena *f.*
**wharf** (hwärf, wärf) *n* muelle *m.*
**what** (hwot, wut, wot) *pn* que, qué, el que, la que, lo que; • *adj* qué; • *excl* ¡cómo!
**whatever** (hwut ev′ėr, hwot ev′ėr, wot ev′ėr, w*a*t ev′ėr) *pn* cualquier *o* cualquiera cosa que, que sea.
**wheat** (hwēt, wēt) *n* trigo *m.*
**wheedle** (hwēd′l, wēd′l) *vt* halagar, engañar con lisonjas.
**wheel** (hwēl, wēl) *n* rueda *f*; volante *m*; timón *m*; • *vt* (hacer) rodar; volver, girar; • *vi* rodar.
**wheelbarrow** (hwēl′bar′′ō, wēl′ bar′′ō) *n* carretilla *f.*
**wheelchair** (hwēl′ châr′′, wēl′ châr′′) *n* silla de ruedas *f.*
**wheel clamp** *n* cepo *m.*
**wheeze** (hwēz, wēz) *vi* jadear.
**when** (hwen, wen) *adv* cuando; mientras que; • *conj* cuando.
**whenever** (hwen ev′ėr, wēn ev′ėr) *adv* cuando; cada vez que.
**where** (hwâr, wâr) *adv* dónde; • *conj* donde; **any**~ en cualquier parte; **every**~ en todas partes.
**whereabout(s)** (hwâr′*a* bouts, wâr′*a* bouts) *adv* dónde; • *s* paradero *m*; ubicación *f.*
**whereas** (hwâr az′, wâr az′) *conj* mientras que; pues que, ya que.
**whereby** (hwâr bī′, wâr bī′) *pn* por lo cual, con lo cual.
**whereupon** (hwâr′′*a* pon′, wâr′′*a* pän′) *conj* con lo cual.
**wherever** (hwâr ev′ėr, wâr ev′ėr) *adv* dondequiera que.
**wherewithal** (hwâr′wiTH *ä*l′′, wâr′ wiTH *ä*l′′) *npl* recursos *mpl.*
**whet** (hwet, wet) *vt* excitar.
**whether** (hweTH′ėr, weTH′ėr) *conj* si.
**which** (hwich, wich) *pn* que; lo que; el que, el cual; cual; • *adj* qué; cuyo.
**whiff** (hwif, wif) *n* bocanada de humo *f.*
**while** (hwīl, wīl) *n* rato *m*; vez *f*; • *conj* durante; mientras; aunque.
**whim** (hwim, wim) *n* antojo, capricho *m.*
**whimper** (hwim′pėr, wim′pėr) *vi* sollozar, gemir.
**whimsical** (hwim′zi k*a*l, wim′zi k*a*l) *adj* caprichoso, fantástico.
**whine** (hwin, win) *vi* llorar, lamentar; • *n* quejido, lamento *m.*
**whinny** (hwin′ē, win′ē) *vi* relinchar.
**whip** (hwip, wip) *n* azote *m*; látigo *m*; • *vt* azotar; batir.
**whipped cream** *n* crema batida *f.*
**whirl** (hw*ü*rl, w*ü*rl) *vt, vi* girar; hacer girar; mover(se) rápidamente.
**whirlpool** (hw*ü*rl′pöl′′, w*ü*rl′pöl′′) *n* vórtice, remolino *m.*
**whirlwind** (hw*ü*rl′wind′′, w*ü*rl′ wind′′) *n* torbellino *m.*
**whiskey** (hwis′kē, wis′kē) *n* whisky *m.*
**whisper** (hwis′pėr, wis′pėr) *vi* cuchichear; susurrar.
**whispering** (hwis′pėr ing, wis′pėr ing) *n* cuchicheo *m*; susurro *m.*
**whistle** (hwis′l, wis′l) *vi* silbar; • *n* silbido *m.*
**white** (hwīt, wīt) *adj* blanco, pálido; cano; puro; • *n* color blanco *m*; clara del huevo *f*; • **go** ~ *vt* palidecer.
**white elephant** *n* elefante blanco *f.*
**white-hot** (hwīt′hot′, wīt′hot′) *adj* incandescente.

**white lie** *n* mentira poco importante *f.*
**whiten** (hwīt'*e*n, wīt'*e*n) *vt, vi* blanquear; emblanquecerse.
**whiteness** (hwīt'nis, wīt'nis) *n* blancura *f*; palidez *f.*
**whitewash** (hwīt'wosh'', wīt'wosh'') *n* lechada *f*; blanqueo *m*; • *vt* blanquear, encalar; exonerar.
**whiting** (hwī'ting, wī'ting) *n* pescadilla *f.*
**whitish** (hwī'tish, wī'tish) *adj* blanquecino.
**who** (hö) *pn* quién, que.
**whoever** (hö ev'ėr) *pn* quienquiera, cualquiera.
**whole** (hōl) *adj* todo, total; sano, entero; • *n* total *m*; conjunto *m.*
**wholehearted** (hōl'här'tid) *adj* sincero.
**wholemeal** *adj* integral.
**wholesale** (hōl'sāl'') *n* venta al por mayor *f.*
**wholesome** (hōl's*o*m) *adj* sano, saludable.
**wholewheat** (hōl'hwēt', hōl'wēt') *adj* grano integral.
**wholly** (hō'lē, hōl'ē) *adv* enteramente.
**whom** (höm) *pn* quién; que.
**whooping cough** (hwop'ing kö', wop'ing kö') *n* tos ferina *f.*
**whore** (hōr, här, hür) *n* ramera, prostituta *f.*
**why** (hwī, wī) *n* por qué; • *conj* por qué; • *excl* ¡hombre!
**wick** (wik) *n* mecha *f.*
**wicked** (wik'id) *adj* malvado, perverso; ~**ly** *adv* malamente.
**wickedness** (wik'id nis) *n* perversidad, malignidad *f.*
**wicker** (wik'ėr) *n* mimbre *m*; • *adj* tejido de mimbre.
**wide** (wīd) *adj* ancho, vasto; grande; ~**ly** *adv* muy; **far and** ~ por todos lados.
**wide-awake** (wīd'*a* wāk') *adj* despierto.
**widen** (wīd'*e*n) *vt* ensanchar, extender.
**wide open** (wīd'ō' p*e*n) *adj* de par en par.
**widespread** (wīd'spred') *adj* extendido.
**widow** (wid'ō) *n* viuda *f.*
**widower** (wid'ō ėr) *n* viudo *m.*
**width** (width) *n* anchura *f.*
**wield** (wēld) *vt* manejar, empuñar.
**wife** (wīf) *n* esposa *f*; mujer *f.*
**wig** (wig) *n* peluca *f.*
**wiggle** (wig'l) *vt* menear; • *vi* menearse.
**wild** (wīld) *adj* silvestre, feroz; desierto; descabellado; salvaje.
**wilderness** (wil'dėr nis) *n* desierto *m.*
**wild life** (wīld'līf') *n* fauna *f.*
**wildly** (wīld'lē) *adv* violentamente; locamente; desatinadamente.
**wiliness** (wīl'*i* nis) *n* vileza *f*; fraude, engaño *m.*
**will** (wil) *n* voluntad *f*; testamento *m*; • *vt* querer, desear.
**willful** (wil'f*u*l) *adj* deliberado; testarudo.
**willfulness** (wil'f*u*l nis) *n* obstinación *f.*
**willing** (wil'ing) *adj* inclinado, dispuesto; ~**ly** *adv* de buena gana.
**willingness** (wil'ing nis) *n* buena voluntad, buena gana *f.*
**willow** (wil'ō) *n* sauce *m* (árbol).
**willpower** *n* fuerza de voluntad *f.*
**wilt** (wilt) *vi* marchitarse.
**wily** (wil'ē) *adj* astuto.
**win** (win) *vt* triunfar, ganar, conquistar; alcanzar; lograr.

**wince** (wins) *vi* encogerse.
**winch** (winch) *n* torno, montacargas, manubrio *m.*
**wind** (wind) *n* viento *m*; aliento *m*; flatulencia *m.*
**wind** (wīnd) *vt* enrollar; envolver; dar cuerda a; • *vi* serpentear.
**windfall** (wind′fäl′′) *n* golpe de suerte *m.*
**winding** (wīn′ding) *adj* tortuoso.
**windmill** (wind′mil′′) *n* molino de viento *m.*
**window** (win′dō) *n* ventana *f.*
**window box** *n* jardinera de ventana *f.*
**window cleaner** *n* limpiavidrios *m invar.*
**window ledge** *n* repisa *f.*
**window pane** (win′dō pān′′) *n* cristal *m.*
**window sill** *n* antepecho de la ventana *m.*
**windpipe** (wind′pīp′′) *n* tráquea *f.*
**windshield** (wind′shēld′′, win′shēld′′) *n* parabrisas *m invar.*
**windshield washer** *n* lavaparabrisas *m invar.*
**windshield wiper** *n* limpiaparabrisas *m invar.*
**windy** (win′dē) *adj* expuesto al viento; ventolero.
**wine** (wīn) *n* vino *m.*
**wine cellar** *n* bodega *f.*
**wine glass** (wīn′glas′′, wīn′gläs′′) *n* copa *f.*
**wine list** *n* lista de vinos *f.*
**wine merchant** *n* vinatero *m.*
**wine-tasting** (wīn′tās′′ting) *n* degustación de vinos *f.*
**wing** (wing) *n* ala *f.*
**winged** (wingd) *adj* alado.
**wink** (wingk) *vi* guiñar; • *n* pestañeo *m*; guiño *m.*
**winner** (win′ėr) *n* ganador, ra *m/f*; vencedor, ra *m/f.*
**winning post** *n* meta *f.*
**winter** (win′tėr) *n* invierno *m*; • *vi* invernar.
**winter sports** *npl* deportes de invierno *mpl.*
**wintry** (win′trē) *adj* invernal.
**wipe** (wīp) *vt* limpiar; borrar.
**wire** (wīėr) *n* alambre *m*; telegrama *m*; • *vt* instalar el alambrado en; conectar.
**wiring** (wīėr′ing) *n* alambrado *m.*
**wiry** (wīėr′ē) *adj* delgado y fuerte.
**wisdom** (wiz′dom) *n* sabiduría, prudencia *f.*
**wisdom teeth** *npl* muelas de juicio *fpl.*
**wise** (wīz) *adj* sabio, docto, juicioso, prudente.
**wisecrack** (wīz′krak′′) *n* broma *f.*
**wish** (wish) *vt* querer, desear, anhelar; • *n* anhelo, deseo *m.*
**wishful** (wish′ful) *adj* deseoso.
**wisp** (wisp) *n* mechón *m*; manojito *m.*
**wistful** (wist′ful) *adj* pensativo, atento.
**wit** (wit) *n* entendimiento, ingenio *m.*
**witch** (wich) *n* bruja, hechicera *f.*
**witchcraft** (wich′kraft′′, wich′kräft′′) *n* brujería *f*; sortilegio *m.*
**with** (wiTH) *prep* con; por, de, a.
**withdraw** (wiTH drä′, with drä′) *vt* quitar; privar; retirar; • *vi* retirarse, apartarse.
**withdrawal** (wiTH drä′al, with drä′al) *n* retirada *f.*
**withdrawn** (wiTH drän′, with drän′) *adj* reservado.
**wither** (wiTH′ėr) *vi* marchitarse, secarse.

**withhold** (with hōld′, wiTH hōld′) *vt* detener, impedir, retener, ocultar.
**within** (wiTH in′, with in′) *prep* dentro de, adentro; • *adv* interiormente; en casa.
**without** (wiTH out′, with out′) *prep* sin.
**withstand** (with stand′, wiTH stand′) *vt* resistir.
**witless** (wit′lis) *adj* necio, tonto, falto de ingenio.
**witness** (wit′nis) *n* testimonio *m*; testigo *m*; • *vt* atestiguar, testificar.
**witness stand** *n* tribuna de los testigos *f*.
**witticism** (wit′i siz″*u*m) *n* ocurrencia *f*.
**wittily** (wit′ē lē) *adv* ingeniosamente.
**wittingly** (wit′ing lē) *adv* adrede, de propósito.
**witty** (wit′ē) *adj* ingenioso, agudo, chistoso.
**wizard** (wiz′ėrd) *n* brujo, hechicero *m*.
**wobble** (wob′l) *vi* tambalearse.
**woe** (wō) *n* dolor *m*; miseria *f*.
**woeful** (wō′f*u*l) *adj* triste, funesto; **~ly** *adv* tristemente.
**wolf** (wülf) *n* lobo *m*; **she ~** loba *f*.
**woman** (wüm′*a*n) *n* mujer *f*.
**womanish** (wüm′*a* nish) *adj* femenino; afeminado.
**womanly** (wüm′*a*n lē) *adj* femenino, propio de una mujer.
**womb** (wöm) *n* útero *m*.
**women's lib** *n* la liberación de la mujer *f*.
**wonder** (wun′dėr) *n* milagro *m*; maravilla *f*; asombro *m*; • *vi* maravillarse de; preguntarse si.
**wonderful** (wun′dėr f*u*l) maravilloso; **~ly** *adv* maravillosamente.
**wondrous** (wun′drus) *adj* maravilloso.
**won't** (wōnt, wunt) *abrev de* **will not**.
**wont** (wōnt, wänt) *n* uso *m*; costumbre *f*.
**woo** (wö) *vt* cortejar.
**wood** (wüd) *n* bosque *m*; selva *f*; madera *f*; leña *f*.
**wood alcohol** *n* alcohol desnaturalizado *m*.
**wood carving** *n* tallado en madera *m*.
**woodcut** (wüd′kut″) *n* estampa de madera *f*; grabado en boj *m*.
**woodcutter** (wüd′kut″ėr) *n* grabador en láminas de madera, xilógrafo; leñador *m*.
**wooded** (wüd′id) *adj* arbolado.
**wooden** (wüd′*e*n) *adj* de madera.
**woodland** (wüd′land″, wüd′l*a*nd) *n* arbolado *m*.
**woodlouse** *n* cochinilla *f*.
**woodman** (wüd′m*a*n) *n* cazador *m*; guardabosque *m*.
**woodpecker** (wüd′pek″ėr) *n* pájaro carpintero *m*; picamaderos *m invar*.
**woodwind** (wüd′wind″) *n* instrumento de viento hecho de madera *m*.
**woodwork** (wüd′würk″) *n* carpintería *f*.
**woodworm** (wüd′würm″) *n* carcoma *f*.
**wool** (wül) *n* lana *f*.
**woolen** (wül′*e*n) *adj* de lana.
**woolens** (wül′*e*nz) *npl* géneros de lana *mpl*.
**wooly** (wül′ē) *adj* lanudo, lanoso.
**word** (würd) *n* palabra *f*; noticia *f*; promesa *f*; • *vt* expresar; componer en escritura.

**wordiness** (wür´dē nis) *n* verbosidad *f.*
**wording** (wür´ding) *n* redacción *f.*
**word processing** *n* proceso de textos *m.*
**word processor** *n* procesador de textos *m.*
**wordy** (wür´dē) *adj* verboso.
**work** (würk) *vi* trabajar; estar en movimiento *o* en acción; fermentar; • *vt* trabajar, labrar; fabricar, manufacturar; **to ~ out** *vi* salir bien; • *vt* resolver; • *n* trabajo *m*; fábrica *f*; obra *f*; empleo *m.*
**workable** (wür´k*a* bl) *adj* práctico.
**workaholic** *n* trabajador obsesivo *m.*
**worker** (wür´kėr) *n* trabajador, ra *m/f*; obrero, ra *m/f.*
**workforce** *n* mano de obra *f.*
**working-class** *n* clase obrera *f.*
**workman** (würk´m*a*n) *n* labrador, trabajador *m.*
**workmanship** (würk´m*a*n ship´´) *n* manufactura *f*; destreza del artífice *f.*
**workmate** (würk´māt´´) *n* compañero de trabajo *m.*
**workshop** (würk´shop´´) *n* taller, obrador *m.*
**world** (würld) *n* mundo *m*; • *adj* del mundo; mundial.
**worldliness** (würld´lēnis) *n* vanidad mundana *f*; profanidad *f*; avaricia *f.*
**worldly** (würld´lē) *adj* mundano, terreno.
**worldwide** (würld´wīd´) *adj* mundial.
**worm** (würm) *n* gusano *m*; (**of a screw**) rosca de tornillo *f.*
**worn-out** (wōrn´out´) *adj* gastado; rendido.
**worried** (wür´ēd, wur´ēd) *adj* preocupado.
**worry** (wür´ē, wur´ē) *vt* preocupar; • *n* preocupación *f.*
**worrying** (wür´ing, wur´ing) *adj* inquietante.
**worse** (würs) *adj, adv* peor; • *n* lo peor.
**worship** (wür´ship) *n* culto *m*; adoración *f*; **your ~** señor alcalde, señor juez; • *vt* adorar, venerar.
**worst** (würst) *adj* el/la peor; • *adv* peor; • *n* lo peor, lo más malo *m.*
**worth** (würth) *n* valor, precio *m*; mérito *m.*
**worthily** (wür´THē lē) *adv* dignamente, convenientemente.
**worthless** (würth´lis) *adj* sin valor; inútil.
**worthwhile** (würth´hwīl´, würth´ wīl) *adj* que vale la pena; loable.
**worthy** (wür´THē) *adj* d igno; respetable; honesto.
**would-be** (wüd´bē´´) *adj* supuesto; que pretende ser.
**wound** (wönd) *n* herida, llaga *f*; • *vt* herir, llagar.
**wrangle** (rang´gl) *vi* reñir; • *n* riña *f.*
**wrap** (rap) *vt* envolver.
**wrath** (rath, räth) *n* ira, rabia, cólera *f.*
**wreath** (rēth) *n* corona, guirnalda *f.*
**wreck** (rek) *n* naufragio *m*; ruina *f*; destrucción *f*; navío naufragado *m*; • *vt* naufragar; arruinar.
**wreckage** (rek´ij) *n* restos *mpl*; escombros *mpl.*
**wren** (ren) *n* reyezuelo *m* (ave).
**wrench** (rench) *vt* arrancar; dislocar; torcer; • *n* llave inglesa *f*; tirón *m.*
**wrest** (rest) *vt* arrancar, arrebatar.

**wrestle** (res´l) *vi* luchar; disputar.
**wrestling** (res´ling) *n* lucha *f.*
**wretched** (rech´id) *adj* infeliz, miserable.
**wriggle** (rig´l) *vi* menearse, agitarse.
**wring** (ring) *vt* torcer; arrancar; estrujar.
**wrinkle** (ring´kl) *n* arruga *f*; • *vt* arrugar; • *vi* arrugarse.
**wrist** (rist) *n* muñeca *f.*
**wristband** (rist´band´´) *n* puño de camisa *m.*
**wristwatch** *n* reloj de pulsera *m.*
**writ** (rit) *n* escrito *m*; escritura *f*; orden *f.*
**write** (rīt) *vt* escribir; componer; **to ~ down** apuntar; **to ~ off** borrar; desechar; **to ~ up** redactar.
**write-off** (rīt´af´´) *n* pérdida total *f.*
**writer** (rī´tėr) *n* escritor, ra, *m/f*; autor, ra *m/f.*
**writhe** (rīTH) *vi* retorcerse.
**writing** (rī´ting) *n* escritura *f*; letra *f*; obras *fpl*; escrito *m.*
**writing desk** *n* escritorio *m.*
**writing paper** *n* papel para escribir *m.*
**wrong** (räng, rong) *n* injuria *f*; injusticia *f*; perjuicio *m*; error *m*; • *adj* malo; injusto; equivocado, inoportuno; falso; • *adv* mal, equivocadamente; • *vt* agraviar, injuriar.
**wrongful** (räng´ful, rong´ful) *adj* injusto.
**wrongly** (räng lē, rong lē) *adv* injustamente; erróneamente.
**wry** (rī) *adj* irónico.

# X

**Xmas** (eks´m*a*s) *n* Navidad *f.*
**X-ray** (eks´rā´´) radiografía *f.*
**xylophone** (zī´l*o* fōn´´) xilófono *m.*

# Y

**yabber** (yab´ėr) *vi* charlar, platicar.
**yacht** (yot) *n* yate *m.*
**yachting** (yot´ing) *n* navegación de yate *m.*
**Yankee** (yang´kē) *n* yanqui *m.*
**yard** (yärd) *n* corral *m*; yarda *f.*
**yardstick** (yärd´stik´´) criterio *m.*
**yarn** (yärn) *n* estambre *m*; hilo de lino *m.*
**yawn** (yän) *vi* bostezar; • *n* bostezo *m.*
**yawning** (yä´ning) *adj* muy abierto.
**yeah** (yā) *adv* sí.
**year** (yēr) *n* año *m.*
**yearbook** (yēr´bŭk´´) *n* anales *mpl.*
**yearling** (yēr´ling) *n* animal que tiene un año *m.*
**yearly** (yēr´lē) *adj* anual; • *adv* anualmente, todos los años.
**yearn** (yürn) *vi* añorar.
**yearning** (yürn´ing) *n* añoranza *f.*
**yeast** (yēst) *n* levadura *f.*
**yell** (yel) *vi* aullar; • *n* aullido *m.*
**yellow** (yel´ō) *adj* amarillo; • *n* color amarillo *m.*
**yellowish** (yel´ō ish) *adj* amarillento.
**yelp** (yelp) *vi* latir, aullar; • *n* aullido *m.*
**yes** (yes) *adv, n* sí (*m*).
**yesterday** (yes´tėr dē, yes´tėr dā´´) *adv* del ayer; *n* ayer *m.*
**yet** (yet) *conj* sin embargo; pero; • *adv* todavía.
**yew** (ū) *n* tejo *m.*
**yield** (yēld) *vt* dar, producir; rendir; • *vi* rendirse; ceder el paso; • *n* producción *f*; cosecha *f*; rendimiento *m.*
**yoga** (yō´g*a*) *n* yoga *m.*
**yog(h)urt** (yō´gėrt) *n* yogur *m.*
**yoke** (yōk) *n* yugo *m.*
**yolk** (yōk, yōlk) *n* yema de huevo *f.*
**yonder** (yon´dėr) *adv* allá, allí, acullá.
**you** (ū) *pn* vosotros, tú, usted, ustedes.
**young** (yung) *adj* joven, mozo; **~er** *adj* menor.
**youngster** (yung´stėr) *n* jovencito, ta *m/f*; joven *m/f.*
**your(s)** (yür, yōr, yär) *pn* tuyo, vuestro, suyo; **sincerely ~s** su seguro servidor.
**yourself** (yür self´, yōr self´, yär´ self) *pn* tú mismo, usted mismo, vosotros mismos, ustedes mismos.
**youth** (ūth) *n* juventud, adolescencia *f*; joven *m.*
**youthful** (ūth´f*u*l) *adj* juvenil.
**youthfulness** (ūth´f*u*l nis) *n* juventud *f.*
**yuppie** (ūth´pē) *adj, n* yuppie *m/f.*

# Z

**zany** (zā´nē) *adj* simplón; estrafalario.
**zap** (zap) *vt* borrar.
**zeal** (zēl) *n* celo *m*; ardor *m.*
**zealous** (zel´us) *adj* celoso.
**zebra** (zē´bra) *n* cebra *f.*
**zenith** (zē´nith) *n* cénit *m.*
**zero** (zēr´ō) *n* zero, cero *m.*
**zest** (zest) *n* ánimo *m.*
**zigzag** (zig´zag´´) *n* zigzag *m.*
**zinc** (zingk) *n* zinc *m.*
**zip, zipper** (zip; zip´ėr) *n* cremallera *f*; cierre *m.*
**zip code** *n* código postal *m.*
**zodiac** (zō´dē ak´´) *n* zodíaco *m.*
**zone** (zōn) *n* banda, faja *f*; zona *f.*
**zoo** (zö) *n* zoológico *m.*
**zoological** (zō´´*o* loj´i k*a*l) *adj* zoológico.
**zoologist** (zōol´*o* jist) *n* zoólogo, ga *m/f.*
**zoology** (zō ol´*o* jē) *n* zoología *f.*
**zoom** (zöm) *vi* zumbar.
**zoom lens** *n* zoom *m.*

# BRIEF DESCRIPTION OF SPANISH GRAMMAR

## THE NOUN

1. Gender.

All Spanish nouns have "gender", even inanimate obejcts.

MASCULINE. Most nouns ending in "o" or in e, i, u, l, n, r, s, t and x, are masculine. Names of male persons and animals are masculine, as well as the names of musical notes. Also masculine are names of rivers, oceans, mountains, days of the week, months of the year, countries, cities and towns, unless they end in "a".

As with every rule, there are exceptions: These nouns, for example, are femenine: la sangre (blood), la leche (milk), la mano (hand), the flower (flor), and a great number of words of Greek origin, like tesis (thesis) hipótesis (hipótesis), etc.

FEMENINE. Most nouns ending in "a" are femenine, as well as most of those ending in "d", "-ión", "z", "-umbre", and "-ie".

Also femenine are the names of the letters of the alphabet, the names of cities, provinces and towns ending in "a"; and the names of female persons and animals.

Among the exceptions we have words like "el día" (day), "el arroz" (rice) "el tranvía" (train), "el planeta" (planet) "el problema" (problem), el gorrión (sparrow).

Some words are used for persons of either sex. Por example: telefonista (telephone operator), mártir (martyr).

Other words change their meaning when they change gender. For example, "cura". The femenine form "la cura" means "the cure", but if used in the masculine "el cura", it means "the priest".

2. Singulars and Plurals: In Spanish, the plural is formed by adding "s" to words ending in an unaccented vowel. For example: casa-casas (houses), niño-niños (children), or by adding "-es" to words that end in an accented vowel or in a consonant. For example: "autoridad-autoridades" (authorities), "reloj-relojes" (clocks), "rubí-rubíes".

**THE ARTICLE**

1. Definite articles agree in number and gender with the noun they accompany:

El árbol (the tree)
Los árboles (the trees)
La puerta (the door)
Las puertas (the doors)

The article "el" becomes attached to words like "a" and "de" when they come together:

"al teatro" (to the theater)
"del pueblo" (of the town)

The neuter article "lo" is used with adjectives:

"lo único"
"lo importante"

2. Indefinite articles agree in number and gender with the nouns they accompany:

"un libro" (a book)
"unos libros (some books)
"una fuente (a fountain)
"unas fuentes (some fountains)

However, femenine nouns which begin with "a" require a masculine article (definite or indefinite):

El agua (the water)
El azúcar (the sugar)
Un hada (A fairy)

## ADJECTIVES

In Spanish, adjectives can be singular or plural, femenine or masculine, according to the noun they describe:

"Un color oscuro" (A dark color)
"Colores oscuros" (Dark colors)

Una silla cómoda" (A comfortable chair)
"Sillas cómodas" (Comfortable chairs)

There are some adjectives, however, which do not change gender:

Una casa grande (a big house)
Un jardín grande (a big garden)

Normally, adjectives come after the noun they qualify, but you will find instances where the adjective comes before the noun:

Una mujer joven (a young woman)
Una joven mujer (a young woman)

## ADVERBS

Most adverbs are formed by adding "-mente" to the singular of some adjectives:

Fuerte – fuertemente (strong – strongly)

## COMPARISON OF ADJECTIVES AND ADVERBS

The comparative degree is expressed by adding "más" before the adjective or adverb. The superlative is formed by adding "el más, la más, los más or las más":

Más caro (more expensive)
El más caro (the most expensive)

Más interesante (more interesting)
Los más interesantes (the most interesting)

Más chica (smaller)
La más chica (the smallest)

## PRONOUNS

This is a table of pronouns and possessive adjectives:

| PERSONAL | | OBJECT | | POSESSIVE | | POSSESIVE ADJECTIVES | |
|---|---|---|---|---|---|---|---|
| Spanish | English | Spanish | English | Spanish | English | Spanish | English |
| YO | I | MÍ | ME | MÍO | MINE | MI | MY |
| TÚ | YOU | TI | YOU | TUYO | YOURS | TU | YOUR |
| ÉL | HE | ÉL | HIM | SUYO | HIS | SU | HIS |
| ELLA | SHE | ELLA | HER | SUYO | HERS | SU | HER |
| | IT | | IT | SUYO | ITS | SU | ITS |
| NOSOTROS | WE | NOSOTROS | US | NUESTRO | OURS | NUESTRO | OUR |
| USTEDES (VOSOTROS) | YOU | USTEDES (VOSOTROS) | YOU | SUYO (VUESTRO) | YOURS | SU (VUESTRO) | YOUR |
| ELLOS | THEY | ELLOS | THEM | SUYO | THEIRS | SU | THEIR |

# BRIEF DESCRIPTION OF SPANISH PRONUNCIATION

## A. ACCENTS

In most Spanish words, the accent occurs on the last or in the next to the last syllable.

The next to the last syllable is accented in words ending in a vowel, "n" or "s": casa, cocina, enorme, lunes. (These words are called "graves" in Spanish.)

The last syllable is accented in words ending in a consonant (which is not "n" or "s"): correr, reloj, avestruz. (These words are called "agudas" in Spanish)

The written accent is used when a word is not accented according to these rules: lápiz, dátil, bambú, canción.

When a word has the accent in the second to the last syllable, it has to have a written accent: síntesis, círculo, góndola. (These words are called "esdrújulas" in Spanish)

## B. SPANISH SOUNDS

The pronunciation of a Spanish word is determined totally by its spelling. The following description will help the English speaker to become familiar with Spanish sounds.

| LETTER | DESCRIPTION OF ITS PRONUNCIATION | EXAMPLES |
|---|---|---|
| a | Like **a** in **father,** as pronunced in American English | madre, barba, bala |
| b | Softer than the English b, especially between vowels or when followed by **l** or **r** | haba, muebles, bordar |
| c | - Before **a, o, u,** the same as in English words like can, actor.<br>- Before **e** or **i**: In Castillian Spanish c is pronounced as the English **th** in **thin.**<br>- In Latin America, it is pronounced as the English **c** in **center**. | coche, cuchara, carta<br><br>cocina, cacerola, tercero |
| ch | Like the English in **church.** | chocar, ocho, chiste |
| d | At the beginning of a word and after **n,** like the English **d** in **day**, but much softer.<br>In other positions it sounds more like the English **th** as in **although**. | dueño, andar, diente<br><br>nada, sordo, piedra |
| e | Like the English **e** in **get**. | mesa, beso, perro |
| f | Like the English **f** in **fear**. | enfermo, fuerza, fama |
| g | - When it is followed by **a, o, u,** it is pronounced like the English **g** in **gate**, but softer.<br>- When it comes before **e** and **i** it sounds like a strong English **h**, as in **house**.<br>- The Speling "gui" or "gue" is pronounced as in the English **guitar.**<br>- The Spelling "güi" is similar to the English **we,** and the spelling "güe" is similar to the English welcome. | mago, amiga, gusto<br><br>gente, gitana,<br><br>agitarguerra,<br><br>guitarra.güiro, güero |
| h | Silent, except when combined with **c**, as in ch, above. | almohada, hijo |
| i | Like the English sound in **neat, seat.** | pino, historia |
| j | Like a strong English **h** or the German **ch** in **Bach** | jardín, abajo, jueves |
| k | Like the English **k**, but softer | kilo, kimono |
| l | Like the English **l** in **line, almost.** | Lunes, alimento, lengua |

| | | |
|---|---|---|
| ll | - In Castillian Spanish, it is pronounced like the English sound in **halyard.**<br>- In Latin American Spanish, it has the sound of the English **yard**.<br>- In South America, especially in Argentina, it has a much stronger sound, as in the English **measure**. | allá, lluvia, calle |
| m | Like the English **m** in **minute.** | amigo, martes, hamaca |
| n | Like the English **n** in **new**.<br>Before hard **c** and hard **g**, it is pronounced as in the English **singer.** | nueces, humano, canción<br>manga, cinco |
| ñ | Like the English **ny** in **canyon** | mañana, niño |
| o | Like the English **o** in **cord.** | oso, boca, solo |
| p | Like the English **p** in **place**, but softer. | pago, piso, importante |
| q | Like the English **k** in **quiet**, but softer. It is always spelled **qui, que**. | aquí, queso, máquina |
| r | - At the beginning of a word, when combined with **n, l, s,** or when it is spelled **rr,** it is pronounced as strong rolled **r,** as the Scotish **burn**<br>- In other positions it is pronounced as the English **d** in **caddie.** | Rosa, rey, carne, alrededor, Israelcarro, arriba<br><br>aire, cara, |
| s | Like the English **s** in **salt, seem.** | sala, masa, Susana |
| t | Like the English **t** in **star,** but softer. | tienda, otro, tapete |
| u | Like the English **u** in **rule**. | cuchara, uso, tu |
| v | Like the Spanish **b**. | vaso, verde, avispa |
| w | Like **gu** in **Guam.** | Washington |
| x | Like the English **x** in **exact.** However, in words like **México** and **mexicano**, it is pronounced as the Spanish **j.** | éxito, máximo, exacto. |
| y | Like the English **y** in **young**. In Argentina and other areas in South America, it is pronounced as the English **measure.** | ayer, ya |
| z | In Castillian Spanish, it is pronounced as the English **th** in **think**. In Latin America it is pronounced like the English s in **soft.** | zapato, voz, zona |

# Verbos irregulares en inglés

| | | |
|---|---|---|
| abide | abode/abided | abode/abided |
| arise | arose | arisen |
| awake | awoke/awaked | awoken/awaked |
| awaken | awakened | awoken |
| backbite | backbit | backbitten |
| be | was/were | been |
| bear | bore | born, borne |
| beat | beat | beaten |
| become | became | become |
| befall | befell | befallen |
| beget | begot | begotten |
| begin | began | begun |
| behold | beheld | beheld |
| bend | bent | bent |
| beseech | besought/beseeched | besought/beseeched |
| beset | beset | beset |
| bet | bet/betted | bet/betted |
| bid | bade/bid | bidden/bid |
| bide | bided/bode | bided |
| bleed | bled | bled |
| bless | blessed/blest | blessed/blest |
| blow | blew | blown |
| break | broke | broken |
| breastfeed | breastfed | breastfed |
| breed | bred | bred |
| bring | brought | brought |
| broadcast | broadcast | broadcast |
| browbeat | browbeat | browbeaten |
| build | built | built |
| burn | burnt/burned | burnt/burned |
| burst | burst | burst |
| buy | bought | bought |
| can | could | |
| cast | cast | cast |
| catch | caught | caught |
| chide | chid/chided | chid/chidden/chided |
| choose | chose | chosen |
| cleave | cleaved/cleft/clove | cleaved/cleft/cloven |
| cling | clung | clung |
| clothe | clad/clothed | clad/clothed |
| come | came | come |
| cost | cost | cost |
| creep | crept | crept |
| crossbreed | crossbred | crossbred |
| crow | crowed/crew | crowed |
| cut | cut | cut |
| deal | dealt | dealt |
| dig | dug | dug |
| do | did | done |
| draw | drew | drawn |
| dream | dreamed/dreamt | dreamed/dreamt |
| drink | drank | drunk |

| | | |
|---|---|---|
| drive | drove | driven |
| dwell | dwelt/dwelled | dwelt/dwelled |
| eat | ate | eaten |
| fall | fell | fallen |
| feed | fed | fed |
| feel | felt | felt |
| fight | fought | fought |
| find | found | found |
| flee | fled | fled |
| fling | flung | flung |
| fly | flew | flown |
| forbear | forbore | forborne |
| forbid | forbade | forbidden |
| forecast | forecast, forecasted | forecast, forecasted |
| forego | forewent | foregone |
| foresee | foresaw | foreseen |
| foretell | foretold | foretold |
| forget | forgot | forgotten |
| forgive | forgave | forgiven |
| forgo | forwent | forgone |
| forsake | forsook | forsaken |
| freeze | froze | frozen |
| gainsay | gainsaid | gainsaid |
| get | got | got, US gotten |
| gild | gilded/gilt | gilded/gilt |
| gird | girded | girt |
| give | gave | given |
| go | went | gone |
| grind | ground | ground |
| grow | grew | grown |
| hang | hung/hanged | hung/hanged |
| have | had | had |
| hear | heard | heard |
| heave | heaved/hove | heave, hove |
| hew | hewed | hewed/hewn |
| hide | hid | hidden |
| hit | hit | hit |
| hold | held | held |
| hurt | hurt | hurt |
| inlay | inlaid | inlaid |
| input | input | input |
| interweave | interwove | interwoven |
| keep | kept | kept |
| kneel | knelt | knelt |
| knit | knit/knitted | knit/knitted |
| know | knew | known |
| lay | laid | laid |
| lead | led | led |
| lean | leant/leaned | leant/leaned |
| leap | leapt/leaped | leapt/leaped |

| | | |
|---|---|---|
| learn | learnt/learned | learnt/learned |
| leave | left | left |
| lend | lent | lent |
| let | let | let |
| lie | lay | lain |
| light | lighted/lit | lighted/lit |
| lose | lost | lost |
| make | made | made |
| may | might | |
| mean | meant | meant |
| meet | met | met |
| miscast | miscast | miscast |
| mishear | misheard | misheard |
| mislay | mislaid | mislaid |
| mislead | misled | misled |
| misread | misread | misread |
| misspell | misspelled/misspelt | misspelled/misspelt |
| mistake | mistook | mistaken |
| misunderstand | misunderstood | misunderstood |
| mow | mowed | mowed/mown |
| offset | offset | offset |
| outbid | outbid | outbid/outbidden |
| outdo | outdid | outdone |
| outgrow | outgrew | outgrown |
| overcome | overcame | overcome |
| overdo | overdid | overdone |
| overdraw | overdrew | overdrawn |
| overeat | overate | overeaten |
| overfeed | overfed | overfed |
| overfly | overflew | overflown |
| overhang | overhung | overhung |
| overhear | overheard | overheard |
| overpay | overpaid | overpaid |
| override | overrode | overridden |
| overrun | overran | overrun |
| oversee | oversaw | overseen |
| overshoot | overshot | overshot |
| oversleep | overslept | overslept |
| overspend | overspent | overspent |
| overtake | overtook | overtaken |
| overthrow | overthrew | overthrown |
| partake | partook | partaken |
| pay | paid | paid |
| plead | pleaded/plead | pleaded/plead |
| prepay | prepaid | prepaid |
| proofread | proofread | proofread |
| prove | proved | proved/proven |
| put | put | put |
| quit | quitted/quit | quitted/quit |
| read | read | read |
| rebuild | rebuilt | rebuilt |
| recast | recast | recast |

| | | |
|---|---|---|
| rend | rent | rent |
| remake | remade | remade |
| repay | repaid | repaid |
| rerun | reran | rerun |
| retake | retook | retaken |
| retell | retold | retold |
| rethink | rethought | rethought |
| rewrite | rewrote | rewritten |
| rid | rid | rid |
| ride | rode | ridden |
| ring | rang | rung |
| rise | rose | risen |
| run | ran | run |
| saw | sawed | sawed/sawn |
| say | said | said |
| see | saw | seen |
| seek | sought | sought |
| sell | sold | sold |
| send | sent | sent |
| set | set | set |
| sew | sewed | sewn/sewed |
| shake | shook | shaken |
| shear | sheared | shorn/sheared |
| shed | shed | shed |
| shine | shone | shone |
| shit | shitted/shat | shitted/shat |
| shoe | shod | shod |
| shoot | shot | shot |
| show | showed | shown/showed |
| shrink | shrank | shrunk |
| shut | shut | shut |
| sing | sang | sung |
| sink | sank | sunk |
| sit | sat | sat |
| slay | slew | slain |
| sleep | slept | slept |
| slide | slid | slid |
| sling | slung | slung |
| slink | slunk | slunk |
| slit | slit | slit |
| smell | smelled/smelt | smelled/smelt |
| smite | smote | smitten |
| sow | sowed | sown |
| speak | spoke | spoken |
| speed | sped/speeded | sped/speeded |
| spell | spelled/spelt | spelled/spelt |
| spend | spent | spent |
| spill | spilled/spilt | spilled/spilt |
| spin | spun | spun |
| spit | spat | spat |
| split | split | split |
| spoil | spoiled/spoilt | spoiled/spoilt |
| spread | spread | spread |
| spring | sprang | sprung |
| stand | stood | stood |

| | | |
|---|---|---|
| stave | stove/staved | stove/staved |
| steal | stole | stolen |
| stick | stuck | stuck |
| sting | stung | stung |
| stink | stank | stunk |
| strew | strewed | strewed/strewn |
| stride | strode | stridden |
| strike | struck | struck/stricken |
| string | strung | strung |
| strive | strove | striven |
| swear | swore | sworm |
| sweat | sweat/sweated | sweat/sweated |
| sweep | swept | swept |
| swell | swelled | swollen |
| swim | swam | swum |
| swing | swung | swung |
| take | took | taken |
| teach | taught | taught |
| tear | tore | torn |
| tell | told | told |
| think | thought | thought |
| thrive | throve/thrived | thriven/thrived |
| throw | threw | thrown |
| thrust | thrust | thrust |
| tread | trod | trodden/trod |
| typecast | typecast | typecast |
| typeset | typeset | typeset |
| unbend | unbent | unbent |
| undercut | undercut | undercut |
| undergo | underwent | undergone |
| undersell | undersold | undersold |
| understand | understood | understood |
| undertake | undertook | undertaken |
| underwrite | underwrote | underwritten |
| undo | undid | undone |
| unfreeze | unfroze | unfrozen |
| unwind | unwound | unwound |
| uphold | upheld | upheld |
| upset | upset | upset |
| wake | woke | woken |
| wear | worn | worn |
| weave | wove | woven |
| wed | wedded | wed/wedded |
| weep | wept | wept |
| wet | wet | wet |
| win | won | won |
| wind | wound | wound |
| withdraw | withdrew | withdrawn |
| withhold | withheld | withheld |
| withstand | withstood | withstood |
| wring | wrung | wrung |
| write | wrote | written |

## SPANISH WEIGHTS AND MEASURES

The official system of weights and measures in Spanish is the metric system, thus:

1 gramo = 15.43 grains
1 kilogramo = 1000 gramos = 2.2 lbs.

1 metro = 39.37 inches.
1 kilómetro = .62 miles

1 metro cuadrado = 10.76 square feet.
1 área = 100 metros cuadrados = 119.6 square yards.
1 hectárea = 100 áreas = 2.47 acres.
1 litro = 1.76 pints.

But traditional weights and measures will occasionally be met, thus:

1 libra (1.014 lbs.) = 16 onzas.
1 arroba = 25 libras.
1 quintal = 4 arrobas.
1 tonelada = 20 quintales.
1 pie = 12 pulgadas (10.96 inches).
1 vara = 3 pies.

Long distances are commonly measured in leguas (leagues), the legua being about 3.5 miles.

### DRY MEASURE

1 fanega (1.53 Imperial bushels) = 12 celemines.
1 celemín = 4 cuartillos.

### LIQUID MEASURE

1 cántara (3.55 Imperial gallons) = 4 cuartillas.
1 cuartilla = 2 azumbres.
1 azumbre = 4 cuartillos.
1 cuartillo = 4 copas.

## ENGLISH WEIGHTS AND MEASURES

### AVOIRDUPOIS WEIGHTS

1 ounce (1 oz.) = 28.35 gramos.
1 pound (1 lb.) = 16 ounces = 454 gramos.
1 stone = 14 pounds = 6.35 kilogramos.
1 hundredweight (1 cwt.) = 112 pounds = 50.8 kilogramos.
1 ton = 20 hundredweights = 1, 016 kilogramos.

### LINEAR MEASURE

1 inch (1 in. or 1") = 2.54 centímetros.
1 foot (1 ft. or 1') = 12 inches = .304 metros.
1 yard (1 yd.) = 3 feet = .914 metros.
1 furlong = 220 yards = 201.17 metros.
1 mile = 8 furlongs = 1.609 kilómetros.

To convert miles to kilómetros approximately, multiply the number of miles by 8 and divide by 5.

### SQUARE MEASURE

1 square inch = 6.45 centímetros cuadrados.
1 square foot = 144 square inches = 9.29 decímetros cuadrados.
1 square yard = 9 square feet = .836 metros cuadrados.
1 acre = 4,840 square yards = .405 hectáreas.
1 square mile = 640 acres = 259 hectáreas.

### LIQUID MEASURE

1 gill = .142 litros.
1 pint = 4 gills = .568 litros.
1 quart = 2 pints = 1.136 litros.
1 gallon = 4 quarts = 4.546 litros.

# GEOGRAPHICAL NAMES THAT DIFFER IN SPANISH AND ENGLISH

Abisinia, *f.* Abyssinia.
Afganistán, *m.* Afghanistan.
África, *f.* Africa.
Alemania, *f.* Germany.
Alpes, *m. pl.* Alps.
Alsacia, *f.* Alsace.
Amazonas, *m.* Amazon.
Amberes, m. Antwerp.
América del Norte, *f.* North America.
América del Sur, *f.* South America.
Andalucía, *f.* Andalusia.
Antillas, *f.* pl. Antilles.
Argel, *m.* Algiers.
Argelia, *f.* Algeria.
Asiria, *f.* Assyria.
Atenas, *f.* Athens.
Atlántico, el. The Atlantic.

Babilonia, *f.* Babylon.
Báltico, *m.* Baltic.
Basilea, *f.* Basle.
Belén, *m.* Bethlehem.
Bélgica, *f.* Belgium.
Berbería, *f.* Barbary.
Berlín, *m.* Berlin.
Berna, *f.* Berne.
Bizancio, *m.* Byzantium.
Bolonia, *f.* Bologna.
Bona, *f.* Bonn.
Borgoña, *f.* Burgundy.
Bósforo, *m.* Bosphorus.
Brasil, el. Brazil.
Bretaña, *f.* Brittany.
Brujas, *f.* Bruges.
Bruselas, *f.* Brussels.
Bucarest, *m.* Bucharest.
Burdeos, *m.* Bordeaux.

Cabo de Buena Esperanza, *m.* Cape of Good Hope.
Cabo de Hornos, *m.* Cape Horn.
Cachemira, *f.* Kashmir.
Caldea, *f.* Chaldea.
Canadá, el. Canada.
Canal de la Mancha, *m.* English Channel.
Canarias, las islas. Canary Islands.
Canterberi, *m.* Canterbury.
Caribe, el Mar. Caribbean Sea.
Carintia, *f.* Carinthia.
Cartago, *m.* Carthage.
Caspio, el Mar. Caspian Sea.
Castilla, *f.* Castile.
Cataluña, *f.* Catalonia.
Ceilán, *m.* Ceylon.
Cerdeña, *f.* Sardinia.
Colonia, *f.* Cologne.
Constantinopla, *f.* Constantinople.
Córcega, *f.* Corsica.
Córdoba, *f.* Cordova.
Corea, *f.* Korea.
Corinto, *m.* Corinth.
Coruña, *f.* Corunna.
Creta, *f.* Crete.

Checoeslovaquia, *f.* Czechoslovakia.
Chipre, *f.* Cyprus.

Damasco, *m.* Damascus.
Danubio, *m.* Danube.
Delfos, *m.* Delphi.
Dinamarca, *f.* Denmark.
Dresde, *m.* Dresden.
Duero, *m.* Douro.
Dunquerque, *m.* Dunkirk.

Edimburgo, *m.* Edinburgh.
Egeo, *m.* Ægean.
Egipto, *m.* Egypt.
Escandinavia, *f.* Scandinavia.
Escocia, *f.* Scotland.
Esmirna, *f.* Smyrna.
España, *f.* Spain.

Estados Unidos, *m*. pl. United States.
Estocolmo, *m*. Stockholm.
Estrasburgo, *m*. Strasburg.
Europa, *f*. Europe.

Filipinas, *f. pl.* Philippines.
Finlandia, *f*. Finland.
Flandes, *m*. Flanders.
Florencia, *f*. Florence.
Francia, *f*. France.
Frisia, *f*. Friesland.

Gales, *m*. Wales.
Galia, *f*. Gaul.
Gante, *m*. Ghent.
Génova, *f*. Genoa.
Ginebra, *f*. Geneva.
Gran Bretaña, la. Great Britain.
Grecia, *f*. Greece.

Habana, la. Havana.
Haya, La. The Hague.
Holanda, *f*. Holland.
Hungría, *f*. Hungary.

Inglaterra, *f*. England.
Irlanda, *f*. Ireland.
Islanda, *f*. Iceland.
Italia, *f*. Italy.

Japón, el. Japan.

Laponia, *f*. Lapland.
Lisboa, *f*. Lisbon.
Lituania, *f*. Lithuania.
Lombardía, *f*. Lombardy.
Londres, *m*. London.
Lorena, *f*. Lorraine.
Luxemburgo, *m*. Luxembourg.

Madera, *f*. Madeira.
Mallorca, *f*. Majorca.
Mar del Norte, *m*. North Sea.
Marruecos, *m*. Morocco.
Marsella, *f*. Marseilles.
Meca, la. Mecca.
Mediterráneo, *m*. Mediterranean.
México, *m*. Mexico.
Menorca, *f*. Minorca.
Moscú, *m*. Moscow.

Nápoles, *m*. Naples.
Nilo, *m*. Nile.
Niza, *f*. Nice.
Normandía, *f*. Normandy.
Noruega, *f*. Norway.
Nueva York, *f*. New York.
Nueva Zelandia, *f*. New Zealand.

Pacífico, *m*. Pacific.
Países Bajos, *m. pl.* Netherlands.
Palestina, *f*. Palestine.
Panamá, *m*. Panama.
París, *m*. Paris.
Parnaso, *m*. Parnassus.
Perú, el. Peru.
Pirineos, *m*. pl. Pyrenees.
Polonia, *f*. Poland.
Praga, *f*. Prague.
Provenza, *f*. Provence.
Prusia, *f*. Prussia.

Renania, *f*. Rhineland.
Rhin, Rin, *m*. Rhine.
Rodas, *f*. Rhodes.
Roma, *f*. Rome.
Rusia, *f*. Russia.

Saboya, *f*. Savoy.
Sajonia, *f*. Saxony.
Sena, *m*. Seine.
Sicilia, *f*. Sicily.
Siria, *f*. Syria.
Suecia, *f*. Sweden.
Suiza, *f*. Switzerland.

Tajo, *m*. Tagus.
Támesis, *m*. Thames.
Tánger, *m*. Tangier.

Terranova, *f.* Newfoundland.
Tolón, *m.* Toulon.
Tolosa, *f.* Toulouse.
Toscana, *f.* Tuscany.
Tracia, *f.* Thrace.
Transilvania, *f.* Transylvania.
Trento, *m.* Trent.
Troya, *f.* Troy.
Túnez, *m.* Tunis.
Turquía, *f.* Turkey.

Varsovia, *f.* Warsaw.
Venecia, *f.* Venice.
Vesubio, *m.* Vesuvius.
Viena, *f.* Vienna.
Vizcaya, *f.* Biscay.

Zelandia, *f.* Zealand.

# CONJUGACIÓN DE VERBOS REGULARES

## AMAR *to love*

**Gerund** *amando*
**Past participle** *amado*

| **Present indicative** | **Present subjunctive** |
|---|---|
| amo | ame |
| amas | ames |
| ama | ame |
| amamos | amemos |
| amáis | améis |
| aman | amen |

| **Imperfect indicative** | **Imperfect subjunctive** |
|---|---|
| amaba | amara |
| amabas | amaras |
| amaba | amara |
| amábamos | amáramos |
| amabais | amarais |
| amaban | amaran |

| **Preterite** | **Future** |
|---|---|
| amé | amaré |
| amaste | amarás |
| amó | amará |
| amamos | amaremos |
| amasteis | amaréis |
| amaron | amarán |

| **Perfect indicative** | **Conditional** |
|---|---|
| he amado | amaría |
| has amado | amarías |
| ha amado | amaría |
| hemos amado | amaríamos |
| habéis amado | amaríais |
| han amado | amarían |

| **Pluperfect indicative** | **Imperative** |
|---|---|
| había amado | |
| habías amado | ama |
| había amado | ame |
| habíamos amado | amemos |
| habíais amado | amad |
| habían amado | amen |

## TEMER *to fear*

**Gerund** *temiendo*
**Past participle** *temido*

| **Present indicative** | **Present subjunctive** |
|---|---|
| temo | tema |
| temes | temas |
| teme | tema |
| tememos | temamos |
| teméis | temáis |
| temen | teman |

| **Imperfect indicative** | **Imperfect subjunctive** |
|---|---|
| temía | temiera |
| temías | temieras |
| temía | temiera |
| temíamos | temiéramos |
| temíais | temierais |
| temían | temiéramos |

| **Preterite** | **Future** |
|---|---|
| temí | temeré |
| temiste | temerás |
| temía | temerá |
| temíamos | temeremos |
| temíais | temeríais |
| temían | temerán |

| Perfect indicative | Conditional |
|---|---|
| he temido | temería |
| has temido | temerías |
| ha temido | temería |
| hemos temido | temeríamos |
| habéis temido | temeríais |
| hemos temido | temeríamos |

| Pluperfect indicative | Imperative |
|---|---|
| había temido | |
| habías temido | teme |
| había temido | tema |
| habíamos temido | teman |
| habrías temido | temáis |
| habían temido | teman |

**SUBIR** *to go up*

**Gerund** *subiendo*
**Past participle** *subido*

| Present indicative | Present indicative |
|---|---|
| subo | suba |
| subes | subas |
| sube | suba |
| subimos | subamos |
| subís | subáis |
| suben | suban |

| Imperferct indicative | Imperfect indicative |
|---|---|
| subía | subiera |
| subías | subieras |
| subía | subiera |
| subíamos | subiéramos |
| subíais | subiréis |
| subieron | subirán |

| Preterite | Future |
|---|---|
| subí | subiré |
| subiste | subirás |
| subió | subirá |
| subimos | subiremos |
| subisteis | subiréis |
| subieron | subirán |

| Perfect indicative | Conditional |
|---|---|
| he subido | subiría |
| has subido | subirás |
| ha subido | subiría |
| hemos subido | subiríamos |
| habéis subido | subiríais |
| han subido | subirán |

| Pluperfect indicative | Imperative |
|---|---|
| había subido | |
| habías subido | sube |
| había subido | suba |
| habíamos subido | subamos |
| habíais subido | subid |
| habían subido | suban |

# CONJUGACIÓN DE VERBOS IRREGULARES

**ANDAR** *to walk*

**Gerund** *andando*
**Past participle** *andado*

| **Present Indcative** | **Present subjunctive** |
|---|---|
| ando | ande |
| andas | andes |
| anda | ande |
| andamos | andemos |
| andáis | andéis |
| andan | anden |

| **Imperfect indicative** | **Imperfect subjunctive** |
|---|---|
| andaba | anduviera |
| andabas | anduvieras |
| andaba | anduviera |
| andábamos | anduviéramos |
| andabais | anduvierais |
| andaban | anduvieran |

| **Preterite** | **Future** |
|---|---|
| anduve | andaré |
| anduviste | andarás |
| anduvo | andará |
| anduvimos | andaremos |
| anduvisteis | andaréis |
| anduvieron | andarán |

| **Perfect indicative** | **Conditional** |
|---|---|
| he andado | andaría |
| has andado | andarías |
| ha andado | andaría |
| hemos andado | andaríamos |
| habéis andado | andarías |
| han andado | andarían |

| **Pluperfect indicative** | **Imperative** |
|---|---|
| había andado | |
| habías andado | anda |
| había andado | ande |
| habíamos andado | andemos |
| habíais andado | andad |
| habían andado | anden |

**BENDECIR** *to bless*

**Gerund** *bendiciendo*
**Past participle** *bendecido*

| **Present indicative** | **Present subjunctive** |
|---|---|
| bendigo | bendiga |
| bendices | bendigas |
| bendice | bendiga |
| bendecimos | bendigamos |
| bendecís | bendigáis |
| bendicen | dendigan |

| **Imperfect indicative** | **Imperfect subjunctive** |
|---|---|
| bendecía | bendijera |
| bendecías | bendijeras |
| bendecía | bendijera |
| bendecíamos | bendijéramos |
| bendecíais | bendijerais |
| bendecían | bendijeran |

| **Preterite** | **Future** |
|---|---|
| bendije | bendeciré |
| bendijiste | bendecirás |
| bendijo | bendecirá |
| bendijimos | bendeciremos |
| bendijisteis | bendeciréis |
| bendijeron | bendecirán |

| Perfect indicative | Conditional |
|---|---|
| he bendecido | bendeciría |
| has bendecido | bendecirías |
| ha bendecido | bendeciría |
| hemos bendecido | bendeciríamos |
| habéis bendecido | bendeciríais |
| han bendecido | bendecirían |

| Pluperfect indicative | Imperative |
|---|---|
| había bendecido | |
| habías bendecido | bendice |
| había bendecido | bendiga |
| habíamos bendecido | bendigamos |
| habíais bendecido | bendecid |
| habían bendecido | bendigan |

**CABER** *to fit*

**Gerund** *cabiendo*
**Past participle** *cabido*

| Present indicative | Present subjunctive |
|---|---|
| quepo | quepa |
| cabes | quepas |
| cabe | quepa |
| cabemos | quepamos |
| cabéis | quepáis |
| caben | quepan |

| Imperfect indicative | Imperfect subjunctive |
|---|---|
| cabía | cupiera |
| cabías | cupieras |
| cabía | cupiera |
| cabíamos | cupiéramos |
| cabíais | cupierais |
| cabían | cupieran |

| Preterite | Future |
|---|---|
| cupe | cabré |
| cupiste | cabrás |
| cupo | cabrá |
| cupimos | cabremos |
| cupisteis | cabréis |
| cupieron | cabrán |

| Perfect indicative | Conditional |
|---|---|
| he cabido | cabría |
| has cabido | cabrías |
| ha cabido | cabría |
| hemos cabido | cabremos |
| habéis cabido | cabríais |
| han cabido | cabrían |

| Pluperfect indicative | Imperative |
|---|---|
| había cabido | |
| habías cabido | cabe |
| había cabido | quepa |
| habíamos cabido | quepamos |
| habíais cabido | cabed |
| habían cabido | quepan |

**CAER** *to fall*

**Gerund** *cayendo*
**Past participle** *caído*

| Present indicative | Present subjunctive |
|---|---|
| caigo | caiga |
| caes | caigas |
| cae | caiga |
| caemos | caigamos |
| caéis | caigáis |
| caen | caigan |

| **Imperfect indicative** | **Imperfect subjunctive** |
|---|---|
| caía | cayera |
| caías | cayeras |
| caía | cayera |
| caíamos | cayéramos |
| caéis | cayerais |
| caen | cayeran |

| **Preterite** | **Future** |
|---|---|
| caí | caeré |
| caíste | caerás |
| cayó | caerá |
| caímos | caeremos |
| caísteis | caeréis |
| cayeron | caerán |

| **Perfect indicative** | **Conditional** |
|---|---|
| he caído | caería |
| has caído | caerías |
| ha caído | caería |
| hemos caído | caeríamos |
| habéis caído | caeríais |
| han caído | caerían |

| **Pluperfect indicative** | **Imperative** |
|---|---|
| había caído | |
| habías caído | cae |
| había caído | caiga |
| habíamos caído | caigamos |
| habíais caído | caed |
| habían caído | caigan |

**DAR** *to give*
**Gerund** *dando*
**Past participle** *dado*

| **Present indicative** | **Present subjunctive** |
|---|---|
| doy | dé |
| das | des |
| da | dé |
| damos | demos |
| dais | deis |
| dan | den |

| **Imperfect indicative** | **Imperfect subjunctive** |
|---|---|
| daba | diera |
| dabas | dieras |
| daba | diera |
| dábamos | diéramos |
| dabais | dierais |
| daban | dieran |

| **Preterite** | **Future** |
|---|---|
| di | daré |
| diste | darás |
| dio | dará |
| dimos | daremos |
| disteis | daréis |
| dieron | darán |

| **Perfect indicative** | **Conditional** |
|---|---|
| he dado | daría |
| has dado | darías |
| ha dado | daría |
| hemos dado | daríamos |
| habéis dado | daríais |
| han dado | darían |

| **Pluperfect indicative** | **Imperative** |
|---|---|
| había dado | |
| habías dado | da |
| había dado | dé |
| habíamos dado | demos |
| habíais dado | dad |
| habían dado | den |

**DECIR** *to say*

**Gerund** *diciendo*
**Past participle** *dicho*

| **Present indicative** | **Present subjunctive** |
|---|---|
| digo | diga |
| dices | digas |
| dice | diga |
| decimos | digamos |
| decís | digáis |
| dicen | digan |

| **Imperfect indicative** | **Imperfect subjunctive** |
|---|---|
| decía | dijera |
| decías | dijeras |
| decía | dijera |
| decíamos | dijéramos |
| decíais | dijerais |
| decían | dijeran |

| **Preterite** | **Future** |
|---|---|
| dije | diré |
| dijiste | dirás |
| dijo | dirá |
| dijimos | diremos |
| dijisteis | diréis |
| dijeron | dirán |

| **Perfect indicative** | **Conditional** |
|---|---|
| ha dicho | diría |
| has dicho | dirías |
| ha dicho | diría |
| hemos dicho | diríamos |
| habéis dicho | diríais |
| han dicho | dirían |

| **Pluperfect indicative** | **Imperative** |
|---|---|
| había dicho | |
| habías dicho | dí |
| había dicho | diga |
| habíamos dicho | digamos |
| habíais dicho | decid |
| habían dicho | digan |

**ESTAR** *to be*

**Gerund** *estando*
**Past participle** *estado*

| **Present indicative** | **Present subjunctive** |
|---|---|
| estoy | esté |
| estás | estés |
| está | esté |
| estamos | estemos |
| estáis | estéis |
| estamos | estén |

| **Imperfect indicative** | **Imperfect subjunctive** |
|---|---|
| estaba | estuviera |
| estabas | estuvieras |
| estaba | estuviera |
| estábamos | estuviéramos |
| estabais | estuvierais |
| estaban | estuvieran |

| **Preterite** | **Future** |
|---|---|
| estuve | estaré |
| estuviste | estarás |
| estuvo | estará |
| estuvimos | estaremos |
| estuvisteis | estaréis |
| estuvieron | estarán |

| Perfect indicative | Conditional |
|---|---|
| he estado | estaría |
| has estado | estarías |
| ha estado | estaría |
| hemos estado | estaríamos |
| habéis estado | estaríais |
| han estado | estarán |

| Pluperfect indicative | Imperative |
|---|---|
| había estado | |
| habías estado | está |
| había estado | esté |
| habíamos estado | estemos |
| habíais estado | estad |
| habían estado | estén |

**HABER** *to have*

**Gerund** *habiendo*
**Past participle** *habido*

| Present indicative | Present subjunctive |
|---|---|
| he | haya |
| has | hayas |
| ha | haya |
| hemos | hayamos |
| habéis | hayáis |
| han | hayan |

| Imperfect indicative | Imperfect subjunctive |
|---|---|
| había | hubiera |
| habías | hubieras |
| había | hubiera |
| habíamos | hubiéramos |
| habíais | hubierais |
| habían | hubieran |

| Preterite | Future |
|---|---|
| hube | habré |
| hubiste | habrás |
| hubo | habrá |
| hubimos | habremos |
| hubisteis | habréis |
| hubieron | habrán |

| Perfect indicative | Conditional |
|---|---|
| he habido | habría |
| has habido | habrías |
| ha habido | habría |
| hemos habido | habríamos |
| habéis habido | habríais |
| ha habido | habrían |

| Pluperfect indicative | Imperative |
|---|---|
| había habido | |
| habías habido | he |
| había habido | haya |
| habíamos habido | hayamos |
| habíais habido | habed |
| habían habido | hayan |

**HACER** *to do, to make*

**Gerund** *haciendo*
**Past participle** *hecho*

| Present indicative | Present subjunctive |
|---|---|
| hago | haga |
| haces | hagas |
| hace | haga |
| hacemos | hagamos |
| hacéis | hagáis |
| hacen | hagan |

| Imperfect indicative | Imperfect subjunctive |
|---|---|
| hacía | hiciera |
| hacías | hicieras |
| hacía | hiciera |
| hacíamos | hiciéramos |
| hacíais | hicierais |
| hacían | hicieran |

| Preterite | Future |
|---|---|
| hice | haré |
| hiciste | harás |
| hizo | hará |
| hicimos | haremos |
| hicisteis | haréis |
| hicieron | harán |

| Perfect indicative | Conditional |
|---|---|
| he hecho | haría |
| has hecho | harías |
| ha hecho | haría |
| hemos hecho | haríamos |
| habéis hecho | haríais |
| han hecho | harían |

| Pluperfect indicative | Imperative |
|---|---|
| había hecho | |
| habías hecho | haz |
| había hecho | haga |
| habíamos hecho | hagamos |
| habíais hecho | haced |
| habían hecho | hagan |

**IR** *to go*
**Gerund** *yendo*
**Past participle** *ido*

| Present indicative | Present subjunctive |
|---|---|
| voy | vaya |
| vas | vayas |
| va | vaya |
| vamos | vayamos |
| vais | vayáis |
| van | vayan |

| Imperfect indicative | Imperfect subjunctive |
|---|---|
| iba | fuera |
| ibas | fueras |
| iba | fuera |
| íbamos | fuéramos |
| ibais | fuerais |
| iban | fueran |

| Preterite | Future |
|---|---|
| fui | iré |
| fuiste | irás |
| fue | irá |
| fuimos | iremos |
| fuisteis | iréis |
| fueron | irán |

| Perfect indicative | Conditional |
|---|---|
| he ido | iría |
| has ido | irías |
| ha ido | iría |
| hemos ido | iríamos |
| habéis ido | iríais |
| han ido | irían |

| Pluperfect indicative | Imperative |
|---|---|
| había ido | |
| habías ido | ve |
| había ido | vaya |
| habíamos ido | vayamos |
| habíais ido | id |
| habían ido | vayan |

**OIR** *to hear*

**Gerund** *oyendo*
**Past participle** *oído*

| **Present indicative** | **Present subjunctive** |
|---|---|
| oigo | oiga |
| oyes | oigas |
| oye | oiga |
| oímos | oigamos |
| oís | oigáis |
| oyen | oigan |

| **Imperfect indicative** | **Imperfect subjunctive** |
|---|---|
| oía | oyera |
| oías | oyeras |
| oía | oyera |
| oíamos | oyéramos |
| oíais | oyerais |
| oían | oyeran |

| **Preterite** | **Future** |
|---|---|
| oí | oiré |
| oíste | oirás |
| oyó | oirá |
| oímos | oiremos |
| oísteis | oiréis |
| oyeron | oirán |

| **Perfect indicative** | **Conditional** |
|---|---|
| he oído | oiría |
| has oído | oirás |
| ha oído | oirá |
| hemos oído | oiremos |
| habéis oído | oiréis |
| han oído | oirán |

| **Pluperfect indicative** | **Imperative** |
|---|---|
| había oído | |
| habías oído | oye |
| había oído | oiga |
| habíamos oído | oigamos |
| habíais oído | oíd |
| habían oído | oigan |

**PODER** *to be able to, can*

**Gerund** *pudiendo*
**Past participle** *podido*

| **Present indicative** | **Present subjunctive** |
|---|---|
| puedo | pueda |
| puedes | puedas |
| puede | pudiera |
| podemos | podamos |
| podéis | podáis |
| pueden | puedan |

| **Imperfect indicative** | **Imperfect subjunctive** |
|---|---|
| podía | pudiera |
| podías | pudieras |
| podía | pudiera |
| podíamos | pudiéramos |
| podíais | pudierais |
| podían | pudieran |

| **Preterite** | **Future** |
|---|---|
| pude | podré |
| pudiste | podrás |
| pudo | podrá |
| pudimos | podremos |
| pudisteis | podréis |
| pudieron | podrán |

| Perfect indicative | Conditional |
|---|---|
| he podido | podría |
| has podido | podrías |
| ha podido | podría |
| hemos podido | podríamos |
| habéis podido | podríais |
| han podido | podrían |

| Pluperfect indicative | Imperative |
|---|---|
| había podido | |
| habías podido | puede |
| había podido | pueda |
| habíamos podido | podamos |
| habíais podido | poded |
| habían podido | puedan |

**PONER** *to put*

**Gerund** *poniendo*
**Past participle** *puesto*

| Present indicative | Present subjunctive |
|---|---|
| pongo | ponga |
| pones | pongas |
| pone | ponga |
| ponemos | ponemos |
| ponéis | pongáis |
| ponen | pongan |

| Imperfect indicative | Imperfect subjunctive |
|---|---|
| ponía | pusiera |
| ponías | pusieras |
| ponía | pusiera |
| poníamos | pusiéramos |
| poníais | pusierais |
| ponían | pusieran |

| Preterite | Future |
|---|---|
| puse | pondré |
| pusiste | pondrás |
| puso | pondrá |
| pusimos | pondremos |
| pusisteis | pondréis |
| pusieron | pondrán |

| Perfect indicative | Conditional |
|---|---|
| he puesto | pondría |
| has puesto | pondrías |
| ha puesto | pondrá |
| hemos puesto | pondríamos |
| habéis puesto | pondréis |
| han puesto | pondrían |

| Pluperfect indicative | Imperative |
|---|---|
| había puesto | |
| habías puesto | pon |
| había puesto | ponga |
| habíamos puesto | pongamos |
| habíais puesto | poned |
| habían puesto | pongan |

**QUERER** *to want, to love*

**Gerund** *queriendo*
**Past participle** *querido*

| Present indicative | Present subjunctive |
|---|---|
| quiero | quiera |
| quieres | quieras |
| quiere | quiera |
| queremos | queramos |
| queréis | queráis |
| quieren | quieran |

| Imperfect indicative | Imperfect subjunctive |
|---|---|
| quería | quisiera |
| querías | quisieras |
| quería | quisiera |
| queríamos | quisiéramos |
| queréis | quisierais |
| quieren | quisieran |

| Preterite | Future |
|---|---|
| quise | querré |
| quisiste | querrás |
| quiso | querrá |
| quisimos | quisiéramos |
| quisisteis | quisierais |
| quisieron | quisieran |

| Perfect indicative | Conditional |
|---|---|
| he querido | querría |
| has querido | querrías |
| ha querido | querría |
| hemos querido | querríamos |
| habéis querido | querréis |
| han querido | querrán |

| Pluperfect indicative | Imperative |
|---|---|
| había querido | |
| habías querido | quiere |
| había querido | quiera |
| habíamos querido | queramos |
| habíais querido | quered |
| habían querido | quieran |

**SABER** *to know*
**Gerund** *sabiendo*
**Past participle** *sabido*

| Present indicative | Present subjunctive |
|---|---|
| sé | sepa |
| sabes | sepas |
| sabe | sepa |
| sabemos | sepamos |
| sabéis | sepáis |
| saben | sepan |

| Imperfect indicative | Imperfect subjunctive |
|---|---|
| sabía | supiera |
| sabías | supieras |
| sabía | supiera |
| sabíamos | supiéramos |
| sabíais | supierais |
| sabían | supieran |

| Preterite | Future |
|---|---|
| supe | sabré |
| supiste | sabrás |
| supo | sabrá |
| supimos | sabremos |
| supisteis | sabréis |
| supieron | sabrán |

| Perfect indicative | Conditional |
|---|---|
| he sabido | sabría |
| has sabido | sabrías |
| ha sabido | sabría |
| hemos sabido | sabríamos |
| habéis sabido | sabríais |
| han sabido | sabrían |

| Pluperfect indicative | Imperative |
|---|---|
| había sabido | |
| habías sabido | sabe |
| había sabido | sepa |
| habíamos sabido | sepamos |
| habíais sabido | sabed |
| habían sabido | sepan |

**SALIR** *to go out*

**Gerund** *saliendo*
**Past participle** *salido*

| **Present indicative** | **Present subjunctive** |
|---|---|
| salgo | salga |
| sales | salgas |
| sale | salga |
| salimos | salgamos |
| salís | salgáis |
| salen | salgan |

| **Imperfect indicative** | **Imperfect subjunctive** |
|---|---|
| salía | saliera |
| salías | salieras |
| salía | saliera |
| salíamos | saliéramos |
| salíais | salierais |
| salían | salieran |

| **Preterite** | **Future** |
|---|---|
| salí | saldrá |
| saliste | saldrás |
| salió | saldrá |
| salimos | saldremos |
| salisteis | saldréis |
| salieron | saldrán |

| **Perfect indicative** | **Conditional** |
|---|---|
| he salido | saldría |
| has salido | saldrías |
| ha salido | saldría |
| hemos salido | saldríamos |
| habéis salido | saldríais |
| han salido | saldrían |

| **Pluperfect indicative** | **Imperative** |
|---|---|
| había salido | |
| habías salido | sal |
| había salido | salga |
| habíamos salido | salgamos |
| habíais salido | salid |
| habían salido | salgan |

**SER** *to be*

**Gerund** *siendo*
**Past participle** *sido*

| **Present indicative** | **Present subjunctive** |
|---|---|
| soy | sea |
| eres | seas |
| es | sea |
| somos | seamos |
| sois | seáis |
| son | sean |

| **Imperfect indicative** | **Imperfect subjunctive** |
|---|---|
| era | sea |
| eras | seas |
| era | sea |
| éramos | seamos |
| erais | seáis |
| eran | sean |

| **Preterite** | **Future** |
|---|---|
| fui | será |
| fuiste | serás |
| fue | será |
| fuimos | seremos |
| fuisteis | seréis |
| fueron | serán |

| Perfect indicative | Conditional |
|---|---|
| he sido | sería |
| has sido | serías |
| ha sido | sería |
| hemos sido | seríamos |
| habéis sido | seríais |
| han sido | serían |

| Pluperfect indicative | Imperative |
|---|---|
| había sido | |
| habías sido | sé |
| había sido | sea |
| habíamos sido | seamos |
| habíais sido | sec |
| habían sido | sean |

**TENER** *to have*

**Gerund** *teniendo*
**Past participle** *tenido*

| Present indicative | Present subjunctive |
|---|---|
| tengo | tenga |
| tienes | tengas |
| tiene | tenga |
| tenemos | tengamos |
| tenéis | tengáis |
| tienen | tengan |

| Imperfect indicative | Imperfect subjunctive |
|---|---|
| tenía | tuviera |
| tenías | tuvieras |
| tenía | tuviera |
| teníamos | tuviéramos |
| teníais | tuvierais |
| tenían | tuvieran |

| Preterite | Future |
|---|---|
| tuve | tendré |
| tuviste | tendrás |
| tuvo | tendrá |
| tuvimos | tendremos |
| tuvisteis | tendréis |
| tuvieron | tendrán |

| Perfect indicative | Conditional |
|---|---|
| he tenido | tendría |
| has tenido | tendrías |
| ha tenido | tendría |
| hemos tenido | tendríamos |
| habéis tenido | tendríais |
| han tenido | tendrían |

| Pluperfect indicative | Imperative |
|---|---|
| había tenido | |
| habías tenido | ten |
| había tenido | tenga |
| habíamos tenido | tengamos |
| habíais tenido | tened |
| habían tenido | tengan |

**TRAER** *to bring*

**Gerund** *trayendo*
**Past participle** *traído*

| Present indicative | Present subjunctive |
|---|---|
| traigo | traiga |
| traes | traigas |
| trae | traiga |
| traemos | traigamos |
| traéis | traigáis |
| traen | traigan |

| Imperfect indicative | Imperfect subjunctive |
|---|---|
| traía | trajera |
| traías | trajeras |
| traía | trajera |
| traíamos | trajéramos |
| traíais | trajerais |
| traían | trajeran |

| Preterite | Future |
|---|---|
| traje | traeré |
| trajiste | traerás |
| trajo | traerá |
| trajimos | traeremos |
| trajisteis | traeréis |
| trajeron | traerán |

| Perfect indicative | Conditional |
|---|---|
| he traído | traería |
| has traído | traerías |
| ha traído | traería |
| hemos traído | traeríamos |
| habéis traído | traeríais |
| han traído | traerían |

| Pluperfect indicative | Imperative |
|---|---|
| había traído | |
| habías traído | trae |
| había traído | traiga |
| habíamos traído | traigamos |
| habíais traído | traed |
| habían traído | traigan |

**VALER** *to be worth*
**Gerund** *valiendo*
**Past participle** *valido*

| Present indicative | Present subjunctive |
|---|---|
| valgo | valga |
| vales | valgas |
| vale | valga |
| valemos | valgamos |
| valéis | valgáis |
| valen | valgan |

| Imperfect indicative | Imperfect subjunctive |
|---|---|
| valía | valiera |
| valías | valieras |
| valía | valiéramos |
| valíamos | valdremos |
| valíais | valierais |
| valían | valieran |

| Preterite | Future |
|---|---|
| valí | valdré |
| valías | valdrás |
| valía | valdrá |
| valíamos | valdremos |
| valisteis | valdréis |
| valían | valdrán |

| Perfect indicative | Conditional |
|---|---|
| he valido | valdría |
| has valido | valdrías |
| ha valido | valdría |
| hemos valido | valdríamos |
| habéis valido | valdríais |
| han valido | valdrían |

| Pluperfect indicative | Imperative |
|---|---|
| había valido | |
| habías valido | vale |
| había valido | valga |
| habíamos valido | valgamos |
| habíais valido | valed |
| habían valido | valgan |

**VENIR** *to come*

**Gerund** *viniendo*
**Past participle** *venido*

| **Present indicative** | **Present subjunctive** |
|---|---|
| vengo | venga |
| vienes | vengas |
| viene | venga |
| venimos | vengamos |
| venís | vengáis |
| vienen | vengan |

| **Imperfect indicative** | **Imperfect subjunctive** |
|---|---|
| venía | viniera |
| venías | vinieras |
| venía | viniera |
| veníamos | viniéramos |
| veníais | vinierais |
| venían | vinieran |

| **Preterite** | **Future** |
|---|---|
| vine | vendré |
| viniste | vendrás |
| vino | vendrá |
| vinimos | vendremos |
| vinisteis | vendréis |
| vinimos | vendrán |

| **Perfect indicative** | **Conditional** |
|---|---|
| he venido | vendría |
| has venido | vendrías |
| ha venido | vendría |
| hemos venido | vendríamos |
| habéis venido | vendríais |
| han venido | vendrían |

| **Pluperfect indicative** | **Imperative** |
|---|---|
| había venido | |
| habías venido | ven |
| había venido | venga |
| habíamos venido | vengamos |
| habíais venido | venid |
| habían venido | vengan |

**VER** *to see*

**Gerund** *viendo*
**Past participle** *visto*

| **Present indicative** | **Present subjunctive** |
|---|---|
| veo | vea |
| ves | veas |
| ve | vea |
| vemos | veamos |
| veis | veáis |
| ven | vean |

| **Imperfect indicative** | **Imperfect subjunctive** |
|---|---|
| veía | viera |
| veías | vieras |
| veía | viera |
| veíamos | viéramos |
| veíais | vierais |
| veían | vieran |

| **Preterite** | **Future** |
|---|---|
| vi | veré |
| viste | verás |
| vio | verá |
| vimos | veremos |
| visteis | veréis |
| vieron | verán |

| Perfect indicative | Conditional |
|---|---|
| he visto | vería |
| has visto | verías |
| ha visto | vería |
| hemos visto | veríamos |
| habéis visto | veréis |
| han visto | verán |

| Pluperfect indicative | Imperative |
|---|---|
| había visto | |
| habías visto | ve |
| había visto | vea |
| habíamos visto | veamos |
| habíais visto | ved |
| habían visto | vean |

**PENSAR** *to think*

**Gerund** *pensando*
**Past participle** *pensado*

| Present indicative | Present subjunctive |
|---|---|
| pienso | piense |
| piensas | pienses |
| piensa | piense |
| pensamos | pensemos |
| pensáis | penséis |
| piensan | piensen |

| Imperfect indicative | Imperfect subjunctive |
|---|---|
| pensaba | pensara |
| pensabas | pensaras |
| pensaba | pensara |
| pensábamos | pensáramos |
| pensabais | pensarais |
| pensaban | pensaran |

| Preterite | Future |
|---|---|
| pensé | pensaré |
| pensaste | pensarás |
| pensó | pensará |
| pensamos | pensaremos |
| pensasteis | pensaréis |
| pensaron | pensarán |

| Perfect indicative | Conditional |
|---|---|
| he pensado | pensaría |
| has pensado | pensarías |
| ha pensado | pensaría |
| hemos pensado | pensaríamos |
| habéis pensado | pensarías |
| han pensado | pensarían |

| Pluperfect indicative | Imperative |
|---|---|
| había pensado | |
| habías pensado | piensa |
| había pensado | piense |
| habíamos pensado | pensemos |
| habíais pensado | pensad |
| habían pensado | piensen |

**PERDER** *to lose*

**Gerund** *perdiendo*
**Past participle** *perdido*

| Present indicative | Present subjunctive |
|---|---|
| pierdo | pierda |
| pierdes | pierdas |
| pierde | pierda |
| perdemos | perdamos |
| perdéis | perdáis |
| pierden | pierdan |

| **Imperfect indicative** | **Imperfect subjunctive** |
|---|---|
| perdía | perdiera |
| perdías | perdieras |
| perdía | perdiera |
| perdemos | perdiéramos |
| perdéis | perdierais |
| perdían | perdieran |

| **Preterite** | **Future** |
|---|---|
| perdí | perderé |
| perdiste | perderás |
| perdió | perderá |
| perdimos | perderemos |
| perdisteis | perderéis |
| pedieron | perderán |

| **Perfect indicative** | **Conditional** |
|---|---|
| he perdido | perdería |
| has perdido | perderías |
| ha perdido | perdería |
| hemos perdido | perderíamos |
| habéis perdido | perderíais |
| han perdido | perderían |

| **Pluperfect indicative** | **Imperative** |
|---|---|
| había perdido | |
| habías perdido | pierde |
| había perdido | pierda |
| habíamos perdido | perdamos |
| habíais perdido | perded |
| habían perdido | pierdan |

**CONTAR** *to tell, to count*
**Gerund** *contando*
**Past participle** *contado*

| **Present indicative** | **Present subjunctive** |
|---|---|
| cuento | cuente |
| cuentas | cuentes |
| cuenta | cuente |
| contamos | contemos |
| contáis | contéis |
| cuentan | cuenten |

| **Imperfect indicative** | **Imperfect subjunctive** |
|---|---|
| contaba | contara |
| contabas | contaras |
| contaba | contara |
| contábamos | contáramos |
| contabais | contarais |
| contaban | contaran |

| **Preterite** | **Future** |
|---|---|
| conté | contaré |
| contaste | contarás |
| contó | contará |
| contamos | contaremos |
| contasteis | contaréis |
| contaron | contarán |

| **Perfect indicative** | **Conditional** |
|---|---|
| he contado | contaría |
| has contado | contarías |
| ha contado | contaría |
| hemos contado | contaríamos |
| habéis contado | contaríais |
| han contado | contarían |

| **Pluperfect indicative** | **Imperative** |
|---|---|
| había contado | |
| habías contado | cuenta |
| había contado | cuente |
| habíamos contado | contemos |
| habíais contado | contad |
| habían contado | cuenten |

**MOVER** *to move*

**Gerund** *moviendo*
**Past participle** *movido*

| **Present indicative** | **Present subjunctive** |
|---|---|
| muevo | mueva |
| mueves | muevas |
| mueve | mueva |
| movemos | movamos |
| movéis | mováis |
| mueven | muevan |

| **Imperfect indicative** | **Imperfect subjunctive** |
|---|---|
| movía | moviera |
| movías | movieras |
| movía | moviera |
| movíamos | moviéramos |
| movíais | movierais |
| movían | movieran |

| **Preterite** | **Future** |
|---|---|
| moví | moveré |
| moviste | moverás |
| movió | moverá |
| movimos | moveremos |
| movisteis | moveréis |
| movieron | moverán |

| **Perfect indicative** | **Conditional** |
|---|---|
| he movido | movería |
| has movido | moverías |
| ha movido | movería |
| hemos movido | moveríamos |
| habéis movido | moveríais |
| han movido | moverían |

| **Pluperfect indicative** | **Imperative** |
|---|---|
| había movido | |
| habías movido | mueve |
| había movido | mueva |
| habíamos movido | movamos |
| habíais movido | moved |
| habían movido | muevan |

**OLER** *to smell*

**Gerund** *oliendo*
**Past participle** *olido*

| **Present indicative** | **Present subjunctive** |
|---|---|
| huelo | huela |
| hueles | huelas |
| huele | huela |
| olemos | olamos |
| oléis | oláis |
| huelen | huelan |

| **Imperfect indicative** | **Imperfect subjunctive** |
|---|---|
| olía | oliera |
| olías | olieras |
| olía | oliera |
| olíamos | oliéramos |
| olíais | olierais |
| olían | olieran |

| **Preterite** | **Future** |
|---|---|
| olí | oleré |
| oliste | olerás |
| olió | olerá |
| olimos | oleremos |
| olisteis | oleréis |
| olieron | olerán |

| **Perfect indicative** | **Conditional** |
|---|---|
| he olido | olería |
| has olido | olerías |
| ha olido | olería |
| hemos olido | oleríamos |
| habéis olido | oleríais |
| han olido | olerían |

| **Pluperfect indicative** | **Imperative** |
|---|---|
| había olido | |
| habías olido | huele |
| había olido | huela |
| habíamos olido | olamos |
| habíais olido | oled |
| habían olido | huelan |

**DORMIR** *to sleep*

**Gerund** *durmiendo*
**Past participle** *dormido*

| **Present indicative** | **Present subjunctive** |
|---|---|
| duermo | duerma |
| duermes | duermas |
| duerme | duerma |
| dormimos | durmamos |
| dormís | durmáis |
| duermen | duerman |

| **Imperfect indicative** | **Imperfect subjunctive** |
|---|---|
| dormía | durmiera |
| dormías | durmieras |
| dormía | durmiera |
| dormíamos | durmiéramos |
| dormíais | durmierais |
| dormían | durmieran |

| **Preterite** | **Future** |
|---|---|
| dormí | dormiré |
| dormiste | dormirás |
| durmió | dormirá |
| dormimos | dormiremos |
| dormisteis | dormiréis |
| durmieron | dormirán |

| **Perfect indicative** | **Conditional** |
|---|---|
| he dormido | dormiría |
| has dormido | dormirías |
| ha dormido | dormiría |
| hemos dormido | dormiríamos |
| habéis dormido | dormiríais |
| han dormido | dormirían |

| **Pluperfect indicative** | **Imperative** |
|---|---|
| había dormido | |
| habías dormido | duerme |
| había dormido | duerma |
| habíamos dormido | durmamos |
| habíais dormido | dormid |
| habían dormido | duerman |

**PEDIR** *to ask for*

**Gerund** *pidiendo*
**Past participle** *pedido*

| **Present indicative** | **Present subjunctive** |
|---|---|
| pido | pida |
| pides | pidas |
| pide | pida |
| pedimos | pidamos |
| pedisteis | pidáis |
| piden | pidan |

| **Imperfect indicative** | **Imperfect subjunctive** |
|---|---|
| pedía | pidiera |
| pedías | pidieras |
| pedía | pidiera |
| pedíamos | pidiéramos |
| pedíais | pidierais |
| pedían | pidieran |

| **Preterite** | **Future** |
|---|---|
| pedí | pediré |
| pediste | pedirás |
| pidió | pedirá |
| pedimos | pediremos |
| pedisteis | pediréis |
| pedían | pedirán |

| **Perfect indicative** | **Conditional** |
|---|---|
| he pedido | pediría |
| has pedido | pedirías |
| ha pedido | pediría |
| hemos pedido | pediríamos |
| habéis pedido | pediríais |
| han pedido | pediríamos |

| **Pluperfect indicative** | **Imperative** |
|---|---|
| había pedido | |
| habías pedido | pide |
| había pedido | pida |
| habíamos pedido | pidamos |
| habíais pedido | pedid |
| habían pedido | pidan |

**REIR** *to laugh*
**Gerund** *riendo*
**Past participle** *reído*

| **Present indicative** | **Present subjunctive** |
|---|---|
| río | ría |
| ríes | rías |
| ríe | ría |
| reímos | riamos |
| reís | riáis |
| ríen | rían |

| **Imperfect indicative** | **Imperfect subjunctive** |
|---|---|
| reía | riera |
| reías | rieras |
| reía | riera |
| reíamos | riéramos |
| reíais | rierais |
| reían | rieran |

| **Preterite** | **Future** |
|---|---|
| reí | reiré |
| reíste | rieras |
| reía | reirá |
| reíamos | reiremos |
| reísteis | reiréis |
| rieron | reirán |

| **Perfect indicative** | **Conditional** |
|---|---|
| he reído | reiría |
| has reído | reirías |
| ha reído | reirás |
| hemos reído | reiríamos |
| habéis reído | reiríais |
| han reído | reirían |

| **Pluperfect indicative** | **Imperative** |
|---|---|
| había reído | |
| habías reído | ríe |
| había reído | ría |
| habíamos reído | riamos |
| habíais reído | reíd |
| habían reído | rían |

**SENTIR** *to feel*

**Gerund** *sintiendo*
**Past participle** *sentido*

| **Present indicative** | **Present subjunctive** |
|---|---|
| siento | sienta |
| sientes | sientas |
| siente | sienta |
| sentimos | sintamos |
| sentís | sintáis |
| sienten | sientan |

| **Imperfect indicative** | **Imperfect subjunctive** |
|---|---|
| sentía | sintiera |
| sentías | sintieras |
| sentía | sintiera |
| sentíamos | sintiéramos |
| sentíais | sintierais |
| sentían | sintieran |

| **Preterite** | **Future** |
|---|---|
| sentí | sentiré |
| sentiste | sentirás |
| sintió | sentirá |
| sentimos | sentiremos |
| sentisteis | sentiréis |
| sintieron | sentirán |

| **Perfect indicative** | **Conditional** |
|---|---|
| he sentido | sentiría |
| has sentido | sentirías |
| ha sentido | sentiría |
| hemos sentido | sentiríamos |
| habéis sentido | sentiríais |
| han sentido | sentirían |

| **Pluperfect indicative** | **Imperative** |
|---|---|
| había sentido | |
| habías sentido | siente |
| había sentido | sienta |
| habíamos sentido | sintamos |
| habíais sentido | sentid |
| habían sentido | sientan |

**CONOCER** *to know*

**Gerund** *conociendo*
**Past participle** conocido

| **Present indicative** | **Present subjunctive** |
|---|---|
| conozco | conozca |
| conoces | conozcas |
| conoce | conozca |
| conocemos | conozcamos |
| conocéis | conozcáis |
| conocen | conozcan |

| **Imperfect indicative** | **Imperfect subjunctive** |
|---|---|
| conocía | conociera |
| conocías | conocieras |
| conocía | conociera |
| conocíamos | conociéramos |
| conocíais | conocierais |
| conocían | conocieran |

| **Preterite** | **Future** |
|---|---|
| conocí | conoceré |
| conociste | conocerás |
| conoció | conocerá |
| conocimos | conoceremos |
| conocíais | conoceréis |
| conocieron | conocerán |

| Perfect indicative | Conditional |
|---|---|
| he conocido | conocería |
| has conocido | conocerías |
| ha conocido | conocería |
| hemos conocido | conoceríamos |
| habéis conocido | conoceríais |
| han conocido | conocerían |

| Pluperfect indicative | Imperative |
|---|---|
| había conocido | |
| habías conocido | conoce |
| había conocido | conozca |
| habíamos conocido | conozcamos |
| habíais conocido | conoced |
| habían conocido | conozcan |

**CONDUCIR** *to drive. to lead*

**Gerund** *conduciendo*
**Past participle** *conducido*

| Present indicative | Present subjunctive |
|---|---|
| conduzco | conduzca |
| conduces | conduzcas |
| conduce | conduzca |
| conducimos | conduzcamos |
| conducís | conduzcáis |
| conducen | conduzcan |

| Imperfect indicative | Imperfect subjunctive |
|---|---|
| conducía | condujera |
| conducías | condujeras |
| conducía | condujera |
| conduzcamos | condujéramos |
| conducíais | condujerais |
| conducían | condujeran |

| Preterite | Future |
|---|---|
| conduje | conduciré |
| condujiste | conducirás |
| condujo | conducirá |
| condujimos | conduciremos |
| conducíais | conduciréis |
| condujeron | conducirán |

| Perfect indicative | Conditional |
|---|---|
| he conducido | conduciría |
| has conducido | conducirías |
| ha conducido | conduciría |
| hemos conducido | conduciríamos |
| habéis conducido | conduciríais |
| han conducido | conducirían |

| Pluperfect indicative | Imperative |
|---|---|
| había conducido | |
| habías conducido | conduce |
| había conducido | conduzca |
| habíamos conducido | conduzcamos |
| habíais conducido | conducid |
| habían conducido | conduzcan |

**HUIR** *to run away*

**Gerund** *huyendo*
**Past participle** *huido*

| Present indicative | Present subjunctive |
|---|---|
| huyo | huya |
| huyes | huyas |
| huye | huya |
| huyamos | huyamos |
| huís | huyáis |
| huyen | huyan |

| **Imperfect indicative** | **Imperfect subjunctive** |
|---|---|
| huía | huyera |
| huías | huyeras |
| huía | huyera |
| huíamos | huyéramos |
| huíais | huyerais |
| huían | huyeran |

| **Preterite** | **Future** |
|---|---|
| huí | huiré |
| huiste | huirás |
| huyó | huirá |
| huimos | huiremos |
| huisteis | huiréis |
| huyeron | huirán |

| **Perfect indicative** | **Conditional** |
|---|---|
| he huido | huiría |
| has huido | huirías |
| ha huido | huiría |
| hemos huido | huiríamos |
| habéis huido | huiríais |
| han huido | huirían |

| **Pluperfect indicative** | **Imperative** |
|---|---|
| había huido | |
| habías huido | huye |
| había huido | huya |
| habíamos huido | huyamos |
| habíais huido | huid |
| habían huido | huyan |

**SACAR** *to take out*
**Gerund** *sacando*
**Past participle** *sacado*

| **Present indicative** | **Present subjunctive** |
|---|---|
| saco | saque |
| sacas | saques |
| saca | saque |
| sacamos | saquemos |
| sacáis | saquéis |
| sacan | saquen |

| **Imperfect indicative** | **Imperfect subjunctive** |
|---|---|
| sacaba | sacara |
| sacabas | sacaras |
| sacaba | sacara |
| sacábamos | sacáramos |
| sacáis | sacarais |
| sacaban | sacaran |

| **Preterite** | **Future** |
|---|---|
| saqué | sacaré |
| sacaste | sacarás |
| sacó | sacará |
| sacamos | sacaremos |
| sacasteis | sacaréis |
| sacaron | sacarán |

| **Perfect indicative** | **Conditional** |
|---|---|
| he sacado | sacaría |
| has sacado | sacarías |
| ha sacado | sacaría |
| hemos sacado | sacarían |
| habéis sacado | sacaríais |
| han sacado | sacarían |

| **Pluperfect indicative** | **Imperative** |
|---|---|
| había sacado | |
| habías sacado | saca |
| había sacado | saque |
| habíamos sacado | saquemos |
| habíais sacado | sacad |
| habían sacado | saquen |

**LLEGAR** *to arrive*

**Gerund** *llegando*
**Past participle** *llegado*

| **Present indicative** | **Present subjunctive** |
|---|---|
| llego | llegue |
| llegas | llegues |
| llega | llegue |
| llegamos | lleguemos |
| llegáis | lleguéis |
| llegan | lleguen |

| **Imperfect indicative** | **Imperfect subjunctive** |
|---|---|
| llegaba | llegara |
| llegabas | llegaras |
| llegaba | llegara |
| llegábamos | llegáramos |
| llegabais | llegarais |
| llegaban | llegaran |

| **Preterite** | **Future** |
|---|---|
| llegué | llegaré |
| llegaste | llegarás |
| llegó | llegará |
| llegaron | llegaremos |
| llegasteis | llegaréis |
| llegaron | llegarán |

| **Perfect indicative** | **Conditional** |
|---|---|
| he llegado | llegaría |
| has llegado | llegarías |
| ha llegado | llegaría |
| hemos llegado | llegaríamos |
| habéis llegado | llegaríais |
| han llegado | llegarían |

| **Pluperfect indicative** | **Imperative** |
|---|---|
| había llegado | |
| habías llegado | llega |
| había llegado | llegue |
| habíamos llegado | lleguemos |
| habíais llegado | llegad |
| habían llegado | lleguen |

**AVERIGUAR**

**Gerund** *averiguando*
**Past participle** *averiguado*

| **Present indicative** | **Present subjunctive** |
|---|---|
| averiguo | averigüe |
| averiguas | averigües |
| averigua | averigüe |
| averiguamos | averigüemos |
| averiguáis | averigüéis |
| averiguan | averigüen |

| **Imperfect indicative** | **Imperfect subjunctive** |
|---|---|
| averiguaba | averiguara |
| averiguabas | averiguaras |
| averiguaba | averiguara |
| averiguábamos | averiguáramos |
| averiguabais | averiguarais |
| averiguaban | averiguaran |

| **Preterite** | **Future** |
|---|---|
| averigüé | averiguaré |
| averiguaste | averiguarás |
| averiguó | averiguará |
| averiguamos | averiguaremos |
| averiguasteis | averiguaréis |
| averiguaron | averiguarán |

| Perfect indicative | Conditional |
|---|---|
| he averiguado | averiguaría |
| has averiguado | averiguarías |
| ha averiguado | averiguaría |
| hemos averiguado | averiguaríamos |
| habéis averiguado | averiguaríais |
| han averiguado | averiguarían |

| Pluperfect indicative | Imperative |
|---|---|
| había averiguado | |
| habías averiguado | averigua |
| había averiguado | averigüe |
| habíamos averiguado | averigüemos |
| habíais averiguado | averiguad |
| habían averiguado | averigüen |

**CONFIAR** *to trust*

**Gerund** *confiando*
**Past participle** *confiado*

| Present indicative | Present subjunctive |
|---|---|
| confío | confíe |
| confías | confías |
| confía | confía |
| confiamos | confiemos |
| confiáis | confiéis |
| confían | confíen |

| Imperfect indicative | Imperfect subjunctive |
|---|---|
| confiaba | confiara |
| confiabas | confiaras |
| confiaba | confiara |
| confiábamos | confiáramos |
| confiáis | confiarais |
| confiaban | confiaran |

| Preterite | Future |
|---|---|
| confié | confiaré |
| confiaste | confiarás |
| confió | confiará |
| confiamos | confiaremos |
| confiasteis | confiaréis |
| confiaron | confiaran |

| Perfect indicative | Conditional |
|---|---|
| he confiado | confiaría |
| has confiado | confiarías |
| ha confiado | confiaría |
| hemos confiado | confiaríamos |
| habéis confiado | confiaríais |
| han confiado | confiarían |

| Pluperfect indicative | Imperative |
|---|---|
| había confiado | |
| habías confiado | confía |
| había confiado | confíe |
| habíamos confiado | confiemos |
| habíais confiado | confiad |
| habían confiado | confíen |

**CONTINUAR** *to continue*

**Gerund** *continuando*
**Past participle** *continuado*

| Present indicative | Present subjunctive |
|---|---|
| continúo | continúe |
| continúas | continúes |
| continúa | continúe |
| continuamos | continuemos |
| continuáis | continuéis |
| continúan | continúen |

| Imperfect indicative | Imperfect subjunctive |
| --- | --- |
| continuaba | continuara |
| continuabas | continuaras |
| continuaba | continuara |
| continuábamos | continuáramos |
| continuabais | continuarais |
| continuaban | continuaran |

| Preterite | Future |
| --- | --- |
| continúe | continuaré |
| continuaste | continuarás |
| continuó | continuará |
| continuamos | continuaremos |
| continuasteis | continuaréis |
| continuaron | continuarán |

| Perfect indicative | Conditional |
| --- | --- |
| he continuado | continuaría |
| has continuado | continuarías |
| ha continuado | continuaría |
| hemos continuado | ontinuaríamos |
| habéis continuado | continuaríais |
| han continuado | continuarían |

| Pluperfect indicative | Imperative |
| --- | --- |
| había continuado | |
| habías continuado | continúa |
| había continuado | continúe |
| habíamos continuado | continuemos |
| habíais continuado | continuad |
| habían continuado | continúen |

**VENCER** *to win*
**Gerund** *venciendo*
**Past participle** *vencido*

| Present indicative | Present subjunctive |
| --- | --- |
| venzo | venza |
| vences | venzas |
| vence | venza |
| vencemos | venzamos |
| vencéis | venzáis |
| vencen | venzan |

| Imperfect indicative | Imperfect subjunctive |
| --- | --- |
| vencía | venciera |
| vencías | vencieras |
| vencía | venciera |
| vencíamos | venciéramos |
| vencíais | vencierais |
| vencían | vencieran |

| Preterite | Future |
| --- | --- |
| vencí | venceré |
| venciste | vencerás |
| venció | vencerá |
| vencimos | venceremos |
| vencisteis | venceréis |
| vencieron | vencerán |

| Perfect indicative | Conditional |
| --- | --- |
| he vencido | vencería |
| has vencido | vencerías |
| ha vencido | vencería |
| hemos vencido | venceríamos |
| habéis vencido | venceríais |
| han vencido | vencerían |

| Pluperfect indicative | Imperative |
| --- | --- |
| había vencido | |
| habías vencido | vence |
| había vencido | venza |
| habíamos vencido | venzamos |
| habíais vencido | venced |
| habían vencido | venzan |

**PROTEGER** *to protect*

**Gerund** *protegiendo*
**Past participle** *protegido*

| **Present indicative** | **Present subjunctive** |
|---|---|
| protejo | proteja |
| proteges | protejas |
| protege | proteja |
| protegemos | protejamos |
| protegéis | protejáis |
| protegen | protejan |

| **Imperfect indicative** | **Imperfect subjunctive** |
|---|---|
| protegía | protegiera |
| protegías | protegieras |
| protegía | protegiera |
| protegíamos | protegiéramos |
| protegíais | protegierais |
| protegían | protegiran |

| **Preterite** | **Future** |
|---|---|
| protegí | protegeré |
| protegiste | protegerás |
| protegió | protegerá |
| protegimos | protegeremos |
| protegisteis | protegeréis |
| protegimos | protegerán |

| **Perfect indicative** | **Conditional** |
|---|---|
| he protegido | protegería |
| has protegido | protegerías |
| ha protegido | protegería |
| hemos protegido | protegeríamos |
| habéis protegido | protegeríais |
| han protegido | protegerán |

| **Pluperfect indicative** | **Imperative** |
|---|---|
| había protegido | |
| habías protegido | protege |
| había protegido | proteja |
| habíamos protegido | protejamos |
| habíais protegido | proteged |
| habían protegido | protejan |

**CAER** *to fall*

**Gerund** *cayendo*
**Past participle** *caído*

| **Present indicative** | **Present subjunctive** |
|---|---|
| caigo | caiga |
| caes | caigas |
| cae | caiga |
| caemos | caigan |
| caéis | caigáis |
| caen | caigan |

| **Imperfect indicative** | **Imperfect subjunctive** |
|---|---|
| caía | cayera |
| caías | cayeras |
| caía | cayera |
| caíamos | cayéramos |
| caíais | cayerais |
| caían | cayeran |

| **Preterite** | **Future** |
|---|---|
| caí | caeré |
| caíste | caerás |
| cayó | caerá |
| caímos | caeremos |
| caísteis | caeréis |
| cayeron | caerán |

**Perfect indicative** / **Conditional**

| Perfect indicative | Conditional |
|---|---|
| he caído | caería |
| has caído | caerías |
| ha caído | caería |
| hemos caído | caeríamos |
| habéis caído | caeríais |
| han caído | caería |

| Pluperfect indicative | Imperative |
|---|---|
| había caído | |
| habías caído | cae |
| había caído | caiga |
| habíamos caído | caigamos |
| habíais caído | caed |
| habían caído | caigan |

## DIRIGIR

**Gerund** *dirigiendo*
**Past participle** *dirigido*

| Present indicative | Present subjunctive |
|---|---|
| dirijo | dirija |
| diriges | dirijas |
| dirige | dirija |
| dirigimos | dirijamos |
| dirigís | dirijáis |
| dirigen | dirijan |

| Imperfect indicative | Imperfect subjunctive |
|---|---|
| dirigía | dirigiera |
| dirigías | dirigieras |
| dirigía | dirigiera |
| dirigíamos | dirigiéramos |
| dirigíais | dirigierais |
| dirigían | dirigieran |

| Preterite | Future |
|---|---|
| dirigí | dirigiré |
| dirigiste | dirigirás |
| dirigió | dirigirá |
| dirigimos | dirigiremos |
| dirigisteis | dirigiréis |
| dirigieron | dirigirán |

| Perfect indicative | Conditional |
|---|---|
| he dirigido | dirigiría |
| has dirigido | dirigirías |
| ha dirigido | dirigiría |
| hemos dirigido | dirigiríamos |
| habéis dirigido | dirigiríais |
| han dirigido | dirigirías |

| Pluperfect indicative | Imperative |
|---|---|
| había dirigido | |
| habías dirigido | dirige |
| había dirigido | dirija |
| habíamos dirigido | dirijamos |
| habíais dirigido | dirigid |
| habían dirigido | dirijan |

## DISTINGUIR

**Gerund** *distinguiendo*
**Past participle** *distinguido*

| Present indicative | Present subjunctive |
|---|---|
| distingo | distinga |
| distingues | distingas |
| distingue | distinga |
| distinguimos | distingamos |
| distinguís | distingáis |
| distinguen | distingan |

| **Imperfect indicative** | **Imperfect subjunctive** |
|---|---|
| distinguía | distinguiera |
| distinguías | distinguieras |
| distinguía | distinguiera |
| distinguíamos | distinguiéramos |
| distinguíais | distinguierais |
| distinguían | dsistinguieran |

| **Preterite** | **Future** |
|---|---|
| distinguí | distinguiré |
| distinguiste | distinguirás |
| distinguió | distinguirá |
| distinguimos | distinguiremos |
| distinguisteis | distinguiréis |
| distinguimos | distinguirán |

| **Perfect indicative** | **Conditional** |
|---|---|
| he distinguido | distinguiría |
| has distinguido | distinguirías |
| ha distinguido | distinguiría |
| hemos distinguido | istinguiríamos |
| habéis distinguido | distinguiríais |
| han distinguido | distinguirían |

| **Pluperfect indicative** | **Imperative** |
|---|---|
| había distinguido | |
| habías distinguido | distingue |
| había distinguido | distinga |
| habíamos distinguido | distingamos |
| habíais distinguido | distinguid |
| habían distinguido | distingan |

**NEGAR** *to deny*
**Gerund** *negando*
**Past participle** *nagado*

| **Present indicative** | **Present subjunctive** |
|---|---|
| niego | niegue |
| niegas | niegues |
| niega | niegue |
| negamos | neguemos |
| negáis | neguéis |
| niegan | nieguen |

| **Imperfect indicative** | **Imperfect subjunctive** |
|---|---|
| negaba | negara |
| negabas | negaras |
| negaba | negara |
| negábamos | negáramos |
| negabais | negarais |
| negaban | negaran |

| **Preterite** | **Future** |
|---|---|
| negué | negaré |
| negaste | negarás |
| negó | negará |
| negamos | negaremos |
| negasteis | negaréis |
| negaron | negarán |

| **Perfect indicative** | **Conditional** |
|---|---|
| he negado | negaría |
| has negado | negarías |
| ha negado | negaría |
| hemos negado | negaríamos |
| habéis negado | negaríais |
| han negado | negarían |

| **Pluperfect indicative** | **Imperative** |
|---|---|
| había negado | |
| habías negado | niega |
| había negado | niegue |
| habíamos negado | neguemos |
| habíais negado | negad |
| habían negado | nieguen |

**EMPEZAR** *to begin*

**Gerund** *empezando*
**Past participle** *empezado*

| **Present indicative** | **Present subjunctive** |
|---|---|
| empiezo | empiece |
| empiezas | empieces |
| empieza | empiece |
| empezamos | empecemos |
| empezáis | empecéis |
| empiezan | empiecen |

| **Imperfect indicative** | **Imperfect subjunctive** |
|---|---|
| empezaba | empezara |
| empezabas | empezaras |
| empezaba | empezara |
| empezábamos | empezáramos |
| empezabais | empezarais |
| empezaban | empezaran |

| **Preterite** | **Future** |
|---|---|
| empecé | empezaré |
| empezaste | empezarás |
| empezó | empezará |
| empezamos | empezaremos |
| empezasteis | empezaréis |
| empezaron | empezarán |

| **Perfect indicative** | **Conditional** |
|---|---|
| he empezado | empezaría |
| has empezado | empezarías |
| ha empezado | empezaría |
| hemos empezado | empezaríamos |
| habéis empezado | empezaríais |
| han empezado | empezarían |

| **Pluperfect indicative** | **Imperative** |
|---|---|
| había empezado | |
| habías empezado | empieza |
| había empezado | empiece |
| habíamos empezado | empecemos |
| habíais empezado | empezad |
| habían empezado | empiecen |

**AVERGONZAR** *to be ashamed*

**Gerund** *avergonzándose*
**Past participle** *avergonzado*

| **Present indicative** | **Present subjunctive** |
|---|---|
| me avergüenzo | me avergüence |
| te avergüenzas | te avergüences |
| se avergüenza | se avergüence |
| nos avergonzamos | nos avergoncemos |
| os avergonzáis | os avergoncéis |
| se avergüenzan | se averguüencen |

| **Imperfect indicative** | **Imperfect subjunctive** |
|---|---|
| me avergonzaba | me avergonzara |
| te avergonzabas | te avergonzaras |
| se avergonzaba | se avergonzara |
| nos avergonzábamos | nos avergonzáramos |
| os avergonzabais | os avergonzarais |
| se avergonzaban | se avergonzaran |

| Preterite | Future |
|---|---|
| me avergoncé | me avergonzaré |
| te avergonzaste | te avergonzarás |
| se avergonzó | se avergonzará |
| nos avergonzamos | nos avergonzaremos |
| os avergonzasteis | os avergonzaréis |
| se avergonzaron | se avergonzarán |

| Perfect indicative | Conditional |
|---|---|
| me he avergonzado | me avergonzaría |
| te has avergonzado | te avergonzarías |
| se ha avergonzado | se avergonzaría |
| nos hemos avergonzado | nos avergonzaríamos |
| os habéis avergonzado | os avergonzaríais |
| nos han avergonzado | se avergonzarían |

| Pluperfect indicative | Imperative |
|---|---|
| me había avergonzado | |
| te habías avergonzado | avergüénzate |
| se había avergonzado | avergüéncese |
| nos habíamos avergonzado | avergoncémonos |
| os habíais avergonzado | avergonzaos |
| se habían avergonzado | avergüéncense |

**COLGAR** *to hang*

**Gerund** *colgando*
**Past participle** *colgado*

| Present indicative | Present subjunctive |
|---|---|
| cuelgo | cuelgue |
| cuelgas | cuelgues |
| cuelga | cuelgue |
| colgamos | colguemos |
| colgáis | colguéis |
| cuelgan | cuelguen |

| Imperfect indicative | Imperfect subjunctive |
|---|---|
| colgaba | colgara |
| colgabas | colgaras |
| colgaba | colgara |
| colgábamos | colgáramos |
| colgabais | colgarais |
| colgaban | colgaran |

| Preterite | Future |
|---|---|
| colgué | colgaré |
| colgaste | colgarás |
| colgó | colgará |
| colgamos | colgaremos |
| colgasteis | colgaréis |
| colgaron | colgarán |

| **Perfect indicative** | **Conditional** |
|---|---|
| he colgado | colgaría |
| has colgado | colgarías |
| ha colgado | colgaría |
| hemos colgado | colgaríamos |
| habéis colgado | colgaríais |
| han colgado | colgarían |

| **Pluperfect indicative** | **Imperative** |
|---|---|
| había colgado | |
| habías colgado | cuelga |
| había colgado | cuelgue |
| habíamos colgado | cuelgues |
| habíais colgado | colgad |
| habían colgado | cuelguen |

**JUGAR** ***to play***

**Gerund** *jugando*
**Past participle** *jugado*

| **Present indicative** | **Present subjunctive** |
|---|---|
| juego | juegue |
| juegas | juegues |
| juega | juegue |
| jugamos | juguemos |
| jugáis | juguéis |
| juegan | jueguen |

| **Imperfect indicative** | **Imperfect subjunctive** |
|---|---|
| jugaba | jugara |
| jugabas | jugaras |
| juega | jugara |
| jugábamos | jugáramos |
| jugabais | jugarais |
| jugaban | jugaran |

| **Preterite** | **Future** |
|---|---|
| jugué | jugaré |
| jugase | jugaras |
| jugó | jugara |
| jugamos | jugaremos |
| jugasteis | jugaréis |
| jugaron | jugarán |

| **Perfect indicative** | **Conditional** |
|---|---|
| he jugado | jugaría |
| has jugado | jugarías |
| ha jugado | jugaría |
| hemos jugado | jugaríamos |
| habéis jugado | jugaríais |
| han jugado | jugarían |

| **Pluperfect indicative** | **Imperative** |
|---|---|
| había jugado | |
| habías jugado | juega |
| había jugado | juegue |
| habíamos jugado | juguemos |
| habíais jugado | jugad |
| habían jugado | jueguen |

**SEGUIR** *to follow*

**Gerund** *siguiendo*
**Past participle** *seguido*

| **Present indicative** | **Present subjunctive** |
|---|---|
| sigo | siga |
| sigues | sigas |
| sigue | siga |
| seguimos | sigamos |
| seguís | sigáis |
| siguen | sigan |

**Imperfect indicative**
seguía
seguías
seguía
seguíamos
seguíais
seguían

**Preterite**
seguí
seguiste
siguió
seguíamos
seguisteis
seguimos

**Imperfect subjunctive**
siguiera
siguieras
siguiera
siguiéramos
siguierais
siguieran

**Future**
seguiré
seguirás
seguirá
seguiremos
seguiréis
seguirán

**Perfect indicative**
he seguido
has seguido
ha seguido
hemos seguido
habéis seguido
han seguido

**Pluperfect indicative**
había seguido
habías seguido
había seguido
habíamos seguido
habíais seguido
habían seguido

**Conditional**
seguiría
seguirías
seguiría
seguiríamos
seguiríais
seguirían

**Imperative**
sigue
siga
sigamos
seguid
sigan

# A

**a** *prep* to, in, at, according to, on, by, for, of.
**abacería** *f* grocery.
**abacero** *m* grocer.
**ábaco** *m* abacus.
**abad** *m* abbot.
**abadejo** *m* codfish; Spanish fly.
**abadesa** *f* abbess.
**abadía** *f* abbey.
**ab aeterno** *adv* (*Lat.*) since time immemorial.
**abajo** *adv* under, underneath; below; • **~de** *prep* under, below; **de arriba a ~** from top to bottom.
**abalanzarse** *vi* to rush forward.
**abalorio** *m* glass bead.
**abalizamiento** *m* bouying, marking with buoys or caution signals.
**abanderado** *m* standard bearer.
**abandonado, da** abandoned; neglected.
**abandonar** *vt* to abandon; to leave; • **~se** *vi* to give one's self up to.
**abandono** *m* desertion; neglect; retirement.
**abanicar** *vt* to fan.
**abanico** *m* fan.
**abaratamiento** *m* cheapening, the action and effect to lowering the price.
**abaratar** *vt* to lower the price.
**abarca** *f* sandal.
**abarcar** *vt* to include; to monopolize; **quien mucho abarca poco aprieta** one should not bite off then more can chew.
**abarrancarse** *vi* to get into a jam.
**abarrotado, da** *adj* packed.
**abarrotar** *vt* to tie down; (*mar*) to stow.
**abarrote** *m* grocery store, provisions, foods stuffs.
**abastecedor, ra** *m/f* purveyor, caterer.
**abastecer** *vt* to purvey.
**abastecimiento** *m* provision; provisions *pl.*
**abasto** *m* supply of provisions.
**abate** *m* abbot.
**abatido, da** *adj* dejected, low-spirited; abject.
**abatimiento** *m* low spirits, depression.
**abatir** *vt* to knock down; to humble.
**abdicación** *f* abdication.
**abdicar** *vt* to abdicate.
**abdomen** *m* abdomen.
**abdominal** *adj* abdominal.
**abecé** *m* a-b-c, alphabet.
**abecedario** *m* alphabet; spelling book, primer.
**abedul** *m* birch tree.
**abeja** *f* bee; ~ **maestra o madre** queen bee.
**abejar** *m* beehive.
**abejarrón** *m* bumblebee.
**abejón** *m* drone; hornet.
**abejorro** *m* bumblebee.
**aberración** *f* aberration.
**abertura** *f* aperture, chink, opening.
**abeto** *m* fir tree.
**abetunado, da** *adj* dark-skinned.
**abierto, ta** *adj* open; sincere; frank; **a cielo ~** in the open air.
**abigarrado, da** *adj* multi-colored.
**ab intestato** *adj* intestate.
**abismal** *adj* abysmal.
**abismo** *m* abyss; gulf; hell.
**abjuración** *f* abjuration.

**abjurar** *vt* to abjure, to recant an oath.
**ablandamiento** *m* softening.
**ablandar** *vt, vi* to soften.
**ablativo** *m* (*gr*) ablative.
**ablución** *f* ablution, lotion.
**abnegación** *f* endurance.
**abnegado, da** *adj* selfless.
**abnegar** *vt* to renounce.
**abobado, da** *adj* stultified, silly.
**abobamiento** *m* stupefaction.
**abobar** *vt* to stupefy.
**abocado, da** *adj* light (wine).
**abocar** *vt* to seize with the mouth; • **~se** *vi* to meet by agreement.
**abochornar** *vt* to swelter; • **~se** *vi* to shame.
**abofetear** *vt* to slap.
**abogacía** *f* legal profession.
**abogado, a** *m/f* lawyer; attorney; ~ **del diablo** devil's advocate.
**abogar** *vi* to advocate; to intercede.
**abolengo** *m* ancestry; inheritance from ancestors.
**abolición** *f* abolition, abrogation.
**abolir** *vt* to abolish.
**abolladura** *f* dent.
**abollar** *vt* to dent.
**abollonar** *vt* to emboss.
**abominable** *adj* abominable, cursed.
**abominación** *f* abomination.
**abominar** *vt* to detest.
**abonado, da** *adj* paid-up; • *m/f* subscriber; ~ **en cuenta a** to credit to account to.
**abonar** *vt* to settle; to fertilize; to endorse; • **~se** *vi* to subscribe to; *vi* to clear up.
**abono** *m* payment; subscription; dung, manure.
**abordaje** *m* boarding.
**abordar** *vt* (*mar*) to board; to broach.
**aborigen** *m* aborigine.
**aborrecer** *vt* to hate, to abhor.
**aborregarse** *rv* to become covered with fleecy clouds.
**aborrecible** *adj* hateful, detestable.
**aborrecimiento** *m* abhorrence, hatred.
**abortar** *vi* to miscarry, to have an abortion.
**abortivo, va** *adj* abortive.
**aborto** *m* abortion; monstrosity.
**abortón** *m* abortion.
**abotagado, da** *adj* swollen.
**abotinado, da** *adj* tied up.
**abotonar** *vt* to button.
**abovedado, da** *adj* vgaulted.
**abrasar** *vt* to burn; to parch; • **~se** *vi* to burn oneself.
**abrasión** *f* abrading.
**abrazadera** *f* cramp-iron, clasp.
**abrazar** *vt* to embrace; to surround; to contain.
**abrazo** *m* embrace.
**abreboca** *m* appetizer.
**abrebotellas** *m invar* bottle opener.
**abrecartas** *m invar* letter opener.
**abrelatas** *m invar* can opener.
**abrevadero** *m* watering place.
**abrevar** *vt* to water cattle.
**abreviación** *f* abbreviation, abridgment; shortening.
**abreviar** *vt* to abridge, to cut short.
**abreviatura** *f* abbreviation.
**abridera** *f* freestone.
**abridor** *m* opener.
**abrigar** *vt* to shelter; to protect; • **~se** *vi* to take shelter.
**abrigo** *m* shelter; protection, aid.
**abril** *m* April.
**abrillantar** *vt* to polish.
**abrir** *vt* to open; to unlock; to be open; to disclose a secret; • **~se** *vi* to open up; to clear up; ~ **el apetito** to whet the appetite; ~ **los ojos** to open one's eyes.

**abrochador** *m* buttonhook.
**abrochar** *vt* to button; to do up.
**abrogar** *vt* to abrogate.
**abrumador, ra** *adj* overwhelming; annoying.
**abrumar** *vt* to overwhelm.
**abrupto, ta** *adj* abrupt; steep.
**absceso** *m* abscess.
**absentismo** *m* absenteeism.
**absolución** *f* forgiveness; absolution.
**absoluto, ta** *adj* absolute.
**absolutorio, a** *adj* absolutory.
**absolver** *vt* to absolve.
**absorbente** *adj* absorbent.
**absorber** *vt* to absorb.
**absorción** *f* absorption; takeover.
**absorto** *adj* engrossed.
**abstemio** *adj* teetotal, teetotaler.
**abstención** *f* abstention.
**abstenerse** *vi* to abstain.
**abstinencia** *f* abstinence.
**abstinente** *adj* abstinent, abstemious.
**abstracción** *f* abstraction.
**abstracto, ta** *adj* abstract.
**abstraer** *vt* to abstract; • **~se** *vi* to be absorbed.
**abstraído** *adj* absent-minded.
**absuelto, ta** *adj* absolved.
**absurdidad** *f, m* absurdity.
**absurdo** *adj* absurd.
**abucheo** *m* hissing, jeering.
**abuela** *f* grandmother.
**abuelo** *m* grandfather; ancestor.
**abulia** *f* lethargy.
**abultado, da** *adj* bulky, large, massive.
**abultar** *vt* to increase, to enlarge; • *vi* to be bulky.
**abundancia** *f* abundance.
**abundante** *adj* abundant, copious.
**abundar** *vi* to abound.
**aburrido, da** *adj* bored.
**aburrimiento** *m* boredom.
**aburrir** *vt* to bore, to weary.
**aburrir** *tr v* to bore, tire; **aburrirse como una ostra** to get bored stiff.
**abusar** *vt* to abuse.
**abusivo, va** *adj* abusive.
**abuso** *m* abuse; ~ **de autoridad** abuse or misuse of authority.
**abyección** *f* abjectness.
**abyecto, ta** *adj* abject, wretched.
**acá** *adv* here, over here; ~ **y allá,** ~ **y acullá** here and there, everywhere.
**acabado, da** *adj* perfect, accomplished; old.
**acabar** *vt, vi* to finish, to complete; to achieve; to die, to expire; • **~se** *vi* to finish; to be over; to run out.
**acabóse** *m* the last straw, the end, the limit.
**acacia** *f* acacia.
**academia** *f* academy; literary society.
**académico, ca** *m/f* academician; • *adj* academician.
**acaecer** *vi* to happen.
**acalambrarse** *rv* to get a cramp.
**acalorado, da** *adj* heated.
**acalorarse** *vi* to become heated.
**acallar** *vt* to quiet, to hush; to soften, to appease.
**acampar** *vt* (*mil*) to encamp.
**acanalado, da** *adj* grooved; fluted.
**acanalar** *vt* to corrugate.
**acanto** *m* acanthus.
**acantonamiento** *m* cantonment, quartering (of troops).
**acantonar** *vt* to billet.
**acaparar** *vt* to monopolize; to hoard.
**acaramelar** *vt* to cover with caramel; *vi* (*coll*) to be excessively gallant.

**acariciar** *vt* to fondle, to caress.
**acarrear** *vt* to transport; to occasion.
**acarreo** *m* carriage, transportation.
**acaso** *m* chance; • *adv* perhaps.
**acatar** *vt* to obey, respect (laws, rules, etc.)
**acatarrarse** *vi* to catch cold.
**acaudalado, da** *adj* rich, wealthy.
**acaudalar** *vt* to hoard.
**acaudillar** *vt* to command.
**acceder** *vi* to agree; to have access to.
**accesible** *adj* attainable; of easy access.
**acceso** *m* access; fit.
**accesorio, ria** *adj*, *m* accessory.
**accidentado, da** *adj* uneven; hilly; eventful.
**accidental** *adj* accidental, casual.
**accidentarse** *vi* to have an accident.
**accidente** *m* accident.
**acción** *f* action, operation; share; ~ **de gracias** expression of thanks, thanksgiving.
**accionar** *vt* to work.
**accionista** *m* shareholder.
**acebo** *m* holly tree.
**acebuche** *m* wild olive tree.
**acechanza** *f* trap.
**acechar** *vt* to lie in ambush, to lurk.
**acecho** *m* ambush, watching.
**acedar** *vt* to sour, make bitter.
**acéfalo** *adj*, headless.
**aceitar** *vt* to oil.
**aceite** *m* oil.
**aceitera** *f* oilcan.
**aceitoso, sa** *adj* oily.
**aceituna** *f* olive.
**aceitunado, da** *adj* olive-green.
**aceitunero** *m* olive seller.
**aceituno** *m* olive tree.
**aceleración** *f* acceleration.
**aceleradamente** *adj* swiftly, hastily.
**acelerador** *m* gas pedal.
**acelerar** *vt* to accelerate; to hurry.
**acelga** *f* (*bot*) beet.
**acento** *m* accent; ~ **tónico,** ~ **prosódico** tonic accent; ~ **ortográfico** writen accent.
**acentuación** *f* accentuation.
**acentuar** *vt* to accentuate.
**aceña** *f* water mill.
**acepción** *f* acceptation.
**aceptable** *adj* acceptable; worthy of acceptance.
**aceptación** *f* acceptation; approval.
**aceptar** *vt* to accept, to admit.
**acequia** *f* canal, channel, drain.
**acera** *f* sidewalk.
**acerado, da** *adj* steeled, made of steel; sharp; steely.
**acerbo, ba** *adj* rigorous, harsh; cruel.
**acerca** *prep* about, relating to.
**acercamiento** *m* approximation; nearness.
**acercar** *vt* to move nearer; • ~**se** *vi* to approach.
**acerico** *m* pincushion.
**acero** *m* steel.
**acérrimo, ma** *adj* staunch; bitter.
**acertado, da** *adj* correct, proper; prudent.
**acertar** *vt* to hit; to guess right; to turn out true; • *vi* to get it right.
**acertijo** *m* riddle.
**acervo** *m* cultural equipment, heap, pile.
**acetato** *m* (*quim*) acetate.
**aciago, ga** *adj* unlucky, ominous.
**acíbar** *m* aloes; (*fig*) bitterness, displeasure.
**acicalar** *vt* to polish; • ~**se** *vi* to dress in style.
**acicate** *m* spur.

**acidez** *f* acidity.
**ácido** *m* acid; ~, **da** *adj* acid, sour.
**acierto** *m* success; solution; dexterity.
**aclamación** *f* acclamation.
**aclamar** *vt* to applaud, to acclaim.
**aclaración** *f* clarification.
**aclarar** *vt* to clear; to brighten; to explain; to clarify; • ~**se** *vi* to understand; to clear up.
**aclimatar** *vt* to acclimate; • ~**se** *vi* to become acclimated.
**acobardar** *vt* to intimidate.
**acodado** *adj* bent in a form of a elbow.
**acodarse** *vi* to lean on.
**acogedor, ra** *adj* welcoming.
**acoger** *vt* to receive; to welcome; to harbor; • ~**se** *vi* to take refuge; **acogerse a** to take refuge in.
**acogida** *f* reception; asylum.
**acojinamiento** *m* (mec.) cushioning.
**acolchar** *vt* to quilt; to cushion.
**acólito** *m* acolyte; assistant.
**acometer** *vt* to attack; to undertake.
**acometida** *f* attack, assault.
**acomodadizo** *adj* accommodating.
**acomodado, da** *adj* suitable, convenient, fit; wealthy.
**acomodador, ra** *m/f* usher, usherette.
**acomodar** *vt* to accommodate, to arrange; • ~**se** *vi* to comply.
**acomodaticio, cia** *adj* accommodating; pliable.
**acompañamiento** *m* (*mus*) accompaniment.
**acompañar** *vt* to accompany; to join; (*mus*) to accompany.
**acompasado, da** *adj* measured; well-proportioned.
**acondicionado, da** *adj* conditioned.
**acondicionar** *vt* to arrange; to condition.
**acongojar** *vt* to distress.
**acongojar** *vt* to anguish, afflict; *vi* to be afflicted.
**aconsejable** *adj* advisable.
**aconsejar** *vt* to advise; • ~**se** *vi* to take advice.
**acontecer** *vi* to happen.
**acontecimiento** *m* event, incident.
**acopio** *m* gathering, storing.
**acopiar** *vt* to gather, to store up.
**acoplamiento** *m* coupling; adjustment.
**acoplar** *vt* to couple; to fit; to connect.
**acorazado, da** *adj* armored; • *m* battleship.
**acordado, da** *adj* agreed.
**acordar** *vt* to agree; to remind; • ~**se** *vi* to agree; to remember.
**acorde** *adj* harmonious; • *m* chord.
**acordeón** *m* accordion.
**acordonado, da** *adj* cordoned-off.
**acordonar** *vt* to tie up; to cordon off.
**acorralar** *vt* to round up; to intimidate.
**acortar** *vt* to abridge, to shorten; • ~**se** *vi* to become shorter.
**acosar** *vt* to pursue closely; to pester.
**acostado, da** *adj* in bed; lying down.
**acostar** *vt* to put to bed; to lay down; • ~**se** *vi* to go to bed; to lie down; **acostarse con** to go to bed with, sleep with.
**acostumbrado, da** *adj* usual.
**acostumbrar** *vt* to accustom; • *vi* to be used to; ~**se** to get used to.
**acotación** *f* boundary mark; quotation in the margin; stage direction.
**acotar** *vt* to set bounds; to annotate.

**ácrata** *m/f* anarchist.
**acre** *adj* acid; sharp; • *m* acre.
**acrecentamiento** *m* increase.
**acrecentar** *vt* to increase, to augment.
**acreditar** *vt* to guarantee; to assure, to affirm; to authorize; to credit; • **~se** *vi* to become famous.
**acreedor** *m* creditor.
**acremente** *adv* acridly, mordantly.
**acribillar** *vt* to riddle with bullets; to molest, to torment.
**acriminar** *vt* to accuse.
**acrimonia** *f* acrimony.
**acrisolar** *vt* to refine, to purify.
**acritud** *f* acrimony.
**acróbata** *m/f* acrobat.
**acta** *f* act; **~s** *fpl* acts, records *pl.*
**actidud** *f* attitude, posture.
**activar** *vt* to activate; to speed up.
**actividad** *f* activity; liveliness.
**activo, va** *adj* active, diligent.
**acto** *m* act, action; act of a play; ceremony.
**actor** *m* actor; plaintiff.
**actriz** *f* actreess.
**actuación** *f* action; behavior; proceedings *pl.*
**actual** *adj* present.
**actualidad** *f* present; **~es** *fpl* news; **ser de gran actualidad** to be very topical at the present moment; **perder ~** to become obsolete.
**actualizar** *vt* to update.
**actualmente** *adv* at present.
**actuar** *vt* to work; to operate; • *vi* to work; to act.
**actuario** *m* actuary, clerk of a court of justice.
**acuarela** *f* watercolor.
**acuario** *m* aquarium.
**Acuario** *m* Aquarius (sign of the zodiac).
**acuartelamiento** *m* quartering of troops.
**acuartelar** *vt* (*mil*) to quarter troops.
**acuático, ca** *adj* aquatic.
**acuciar** *vt* to urge on.
**acuclillarse** *vi* to crouch.
**acuchillar** *vt* to cut; to plane.
**acudir** *vi* to go to; to attend; to assist.
**acueducto** *m* aqueduct.
**acuerdo** *m* agreement; **de ~** O.K.
**acumular** *vt* to accumulate, to collect.
**acuñación** *f* coining.
**acuñar** *vt* to coin, to mint; to wedge in.
**acuoso, sa** *adj* watery.
**acurrucarse** *vi* to squat; to huddle up to.
**acusación** *f* accusation.
**acusador, ra** *m/f* accuser; • *adj* accusing.
**acusar** *vt* to accuse; to reveal; to denounce; • **~se** *vi* to confess.
**acusativo** *m* (*gr*) accusative.
**acuse** *m*: **~ de recibo** acknowledgment of receipt.
**acústico, ca** *adj* acoustic.
**achacar** *vt* to impute.
**achacoso, sa** *adj* sickly, unhealthy.
**achantar** *vt* (*fam*) to scare; • **~se** *vi* to back down.
**achaparrado, da** *adj* stunted; stocky.
**achaque** *m* ailment; excuse; subject, matter.
**achicar** *vt* to diminish; to humiliate; to bale a boat.
**achicharrar** *vt* to scorch; to overheat.
**achicoria** *f* (*bot*) chicory.
**achisparse** *vi* to get tipsy.
**adagio** *m* adage, proverb; (*mus*) adagio.

**adalid** *m* chief, commander.
**adamascado, da** *adj* damask.
**adaptable** *adj* adaptable.
**adaptación** *f* adaptation.
**adaptador** *m* adapter.
**adaptar** *vt* to adapt.
**adecuado, da** *adj* adequate, fit; appropriate.
**adecuar** *vt* to fit, to accommodate, to proportion.
**adefesio** *m* folly, nonsense.
**adelantado, da** *adj* advanced; fast.
**adelantamiento** *m* progress, improvement, advancement; passing.
**adelantar** *vt, vi* to advance, to accelerate; to pass; to ameliorate, to improve; • **~se** *vi* to advance; to outdo.
**adelante** *adv* forward(s); • *excl* come in!; **de hoy en ~** from now on; **más ~** later on; further on.
**adelanto** *m* advance; progress; improvement.
**adelfa** *f* (*bot*) rose-bay.
**adelgazar** *vt* to make thin *or* slender; to discuss with subtlety.
**ademán** *m* gesture; attitude.
**además** *adv* moreover, besides; **~ de** besides.
**adentrar** *vt, vi* to search deeper into a subject.
**adentrarse** *vi* to get inside; to penetrate.
**adentro** *adv* in; inside.
**adepto, ta** *m/f* supporter.
**aderezar** *vt* to dress, to adorn; to prepare; to season.
**aderezo** *m* adorning; seasoning; arrangement.
**adeudado** *adj* in debt.
**adeudar** *vt* to owe; • **~se** *vi* to run into debt.
**adherencia** *f* adhesion, cohesion; alliance.
**adherente** *adj* adhering to, cohesive.
**adherir** *vi* to adhere to; to espouse.
**adhesión** *f* adhesion; cohesion.
**adición** *f* addition.
**adicionar** *vt* to add.
**adicto, ta** *adj* addicted, devoted to; • *m* supporter; addict.
**adiestrar** *vt* to guide; to teach, to instruct; • **~se** *vi* to practice.
**adinerado, da** *adj* wealthy, rich.
**adiós** *excl* goodbye.
**aditivo** *m* additive.
**adivinanza** *f* enigma; riddle.
**adivinar** *vt* to foretell; to guess.
**adivino, na** *m/f* fortune-teller.
**adjetivo** *m* adjective.
**adjudicación** *f* adjudication.
**adjudicar** *vt* to adjudge; • **~se** *vi* to appropriate.
**adjuntar** *vt* to endorse.
**adjunto, ta** *adj* united, joined, annexed; • *m/f* assistant.
**administración** *f* administration; **consejo de ~** board of directors.
**administrador, a** *m/f* administrator.
**administrar** *vt* to administer.
**administrativo, va** *adj* administrative.
**admirable** *adj* admirable, marvelous.
**admiración** *f* admiration; wonder; (*gr*) exclamation mark.
**admirar** *vt* to admire; to surprise; • **~se** *vi* to be surprised.
**admisible** *adj* admissible.
**admisión** *f* admission, acceptance.
**admitir** *vt* to admit; to let in; to concede; to permit.
**admonición** *f* warning.
**adobado** *m* pickled pork.

**adobar** *vt* to dress; to season.
**adobe** *m* adobe, sun-dried brick.
**adobo** *m* dressing; pickle sauce.
**adoctrinar** *vt* to indoctrinate; to teach.
**adolecer** *vi* to suffer from.
**adolescencia** *f* adolescence.
**adolescente** *adj* adolescent, young.
**adonde** *conj* (to) where.
**adonde** *adv* where.
**adopción** *f* adoption.
**adoptar** *vt* to adopt.
**adoptivo, va** *adj* adoptive; adopted.
**adoquín** *m* paving stone.
**adoración** *f* adoration, worship.
**adorar** *vt* to adore; to love.
**adormecer** *vt* to put to sleep; • **~se** *vi* to fall asleep.
**adormidera** *f* (*bot*) poppy.
**adornar** *vt* to embellish, to adorn.
**adorno** *m* adornment; ornament, decoration.
**adosado, da** *adj* semi-detached.
**adquirir** *vt* to acquire.
**adquisición** *f* acquisition.
**adrede** *adv* on purpose.
**adscribir** *vt* to appoint.
**adsorber** *vt* to absorb.
**aduana** *f* customs *pl.*
**aduanero** *m* customs officer; • ~ *adj* customs.
**aducir** *vt* to adduce.
**adueñarse** *vi* to take possession of.
**adulación** *f* adulation.
**adulador, ra** *m/f* flatterer.
**adular** *vt* to flatter.
**adulterar** *vt*, *vi* to adulterate; to commit adultery.
**adulterio** *m* adultery.
**adúltero, ra** *m/f* adulterer, adulteress.
**adulto, ta** *adj*, *m/f* adult, grown-up.
**adusto, ta** *adj* gloomy; stern.
**advenedizo** *m* upstart.
**advenimiento** *m* arrival; accession.
**adverbio** *m* adverb.
**adversario** *m* adversary; antagonist.
**adversidad** *f* adversity; setback.
**adverso, sa** *adj* adverse.
**advertencia** *f* warning, foreword.
**advertido, da** *adj* sharp.
**advertir** *vt* to notice; to warn.
**adyacente** *adj* adjacent.
**aéreo,** *adj* aerial.
**aerodeslizador** *m* hovercraft.
**aerodeslizante** *m* hovercraft.
**aeromozo, za** *m/f* air steward(ess).
**aeronauta** *m* aeronaut.
**aeronáutica** *f* aeronautics *pl.*
**aeronave** *f* spaceship.
**aeroplano** *m* airplane.
**aeropuerto** *m* airport.
**aerosol** *m* aerosol.
**aerostática** *f* aerostatics.
**afabilidad** *f* affability.
**afable** *adj* affable, complacent.
**afán** *m* hard work; desire.
**afanar** *vt* to harass; (*col*) to pinch; • **~se** *vi* to strive.
**afanoso, sa** *adj* hard, industrious.
**afear** *vt* to deform, to misshape.
**afección** *f* affection; fondness, attachment; disease.
**afectación** *f* affectation.
**afectadamente** *adv* affectedly; for appearance's sake.
**afectado, da** *adj* affected.
**afectar** *vt* to affect, to feign.
**afectísimo, ma** *adj* affectionate; ~ **suyo** yours truly.
**afectivo, va** *adj* fond, tender.
**afecto** *m* affection; passion; disease; **~, ta** *adj* affectionate; disposed; reserved.
**afectuoso, sa** *adj* affectionate; moving; tender.

**afeitar** *vt* trim; • **~se** *vi* to shave.
**afeite** *m* make-up, rouge.
**afeminado, da** *adj* effeminate.
**afeminar** *vt* to effeminate.
**aferrado, da** *adj* stubborn.
**aferrar** *vt* to grapple, to grasp, to seize.
**afianzamiento** *m* strengthening.
**afianzar** *vt* to strengthen; to prop; • **~se** *vi* to become established.
**afición** *f* liking.
**aficionado, da** *adj* keen; • *m/f* lover, devotee; amateur.
**aficionar** *vt* to inspire affection; • **~se** *vi* to grow fond of.
**afiche** *m* poster.
**afiladera** *f* grindstone.
**afilado** *adj* sharp.
**afilar** *vt* to sharpen, to grind.
**afín** *m* related; similar.
**afinador** *m* tuner (of piano, etc.).
**afinar** *vt* to tune; to refine.
**afincarse** *vi* to settle.
**afinidad** *f* affinity; analogy; relationship.
**afirmación** *f* affirmation.
**afirmado** *m* road surface.
**afirmar** *vt* to secure, to fasten; to affirm, to assure.
**afirmativo, va** *adj* affirmative.
**aflicción** *f* affliction, grief.
**aflictivo, va** *adj* distressing.
**afligir** *vt* to afflict, to torment.
**aflojar** *vt* to loosen, to slacken, to relax; to relent; • *vi* to grow weak; to abate; **~se** to relax.
**aflorar** *vi* to emerge.
**afluente** *adj* flowing; • *m* tributary.
**afluir** *vi* to flow.
**afónico, ca** *adj* hoarse; voiceless.
**aforismo** *m* aphorism.
**aforo** *m* appraisal; seating capacity (of theatre or auditorium)
**afortunado, da** *adj* fortunate, lucky.
**afrancesado, da** *adj* affected of French style.
**afrenta** *f* outrage; insult.
**afrentar** *vt* to affront; to insult.
**afrontar** *vt* to confront; to bring face to face.
**afuera** *adv* out, outside.
**afueras** *fpl* outskirts *pl.*
**agacharse** *vi* to stoop, to squat.
**agalla** *f* gall, nutgall; gill; • *vi* **tener muchas agallas** to have guts or courage.
**agarradero** *m* handle.
**agarrado, da** *adj* miserable, stingy.
**agarrar** *vt* to grasp, to seize; • **~se** *vi* to hold on tightly.
**agarrotar** *vt* to tie down; to squeeze tightly; to garrotte.
**agasajar** *vt* to receive and treat kindly; to regale.
**agasajo** *m* graceful reception; kindness.
**ágata** *f* agate.
**agazaparse** *vi* to crouch.
**agencia** *f* agency.
**agenciarse** *vi* to obtain.
**agenda** *f* diary.
**agente** *m* agent; policeman.
**ágil** *adj* agile.
**agilidad** *f* agility, nimbleness.
**agitación** *f* shaking; stirring; agitation.
**agitanado, da** *adj* gypsy-like.
**agitar** *vt* to wave, to move; • **~se** *vi* to get excited; to get worried.
**aglomeración** *f* crowd; jam.
**aglomerar** *vt* agglomerate; • **~se** *vi* to crowd together.
**agnóstico, ca** *adj*, *m/f* agnostic.
**agobiar** *vt* to weigh down; to oppress; to burden.

**agolparse** *vt* to assemble in crowds.
**agonía** *f* agony.
**agonizante** *adj* dying.
**agonizar** *vi* to be dying.
**agorar** *vt* to predict.
**agostar** *vt* to parch.
**agosto** *m* August (month), harvest time; **hacer uno su** ~ to make hay while the sun shines.
**agotado, da** *adj* exhausted; finished; sold out.
**agotador, ra** *adj* exhausting.
**agotamiento** *m* exhaustion.
**agotar** *vt* to exhaust; to drain; to misspend; to exhaust.
**agraciado, da** *adj* attractive; lucky.
**agraciar** *vt* to pardon; to reward.
**agradable** *adj* pleasant; lovely.
**agradar** *vt* to please, to gratify.
**agradecer** *vt* to be grateful for; to thank.
**agradecido, da** *adj* thankful.
**agradecimiento** *m* gratitude, gratefulness, thanks *pl.*
**agrado** *m* agreeableness, courteousness; will, pleasure; liking.
**agrandar** *vt* to enlarge; to exaggerate; to aggrandize; • ~**se** *vi* to get bigger.
**agrario, ria** *adj* agrarian; agricultural.
**agravante** *f* further difficulty.
**agravar** *vt* to oppress; to aggrieve; to aggravate; to exaggerate; • ~**se** *vi* to get worse.
**agraviar** *vt* to wrong; to offend; • ~**se** *vi* to be aggrieved; to be piqued.
**agravante** *adj* aggravating.
**agravar** *vt, vi* to aggravate, make worse.
**agravio** *m* offense; grievance.
**agredir** *vt* to attack.
**agregado** *m* aggregate; attaché.
**agregar** *vt* to aggregate, to heap together; to collate; to appoint.
**agresión** *f* aggression, attack.
**agresivo, va** *adj* aggressive.
**agresor** *m* aggressor, assaulted.
**agreste** *adj* rustic; rural.
**agriar** *vt* to sour; to exasperate.
**agrícola** *adj* farming.
**agricultor, ra** *m/f* farmer.
**agricultura** *f* agriculture.
**agridulce** *adj* sweet and sour.
**agrietarse** *vi* to crack.
**agrimensor** *m* land-surveyor, surveyor.
**agrimensura** *f* land-surveying.
**agrio** *adj* sour, acrid; rough, craggy; sharp, rude, unpleasant.
**agronomía** *f* agriculture.
**agropecuario, ria** *adj* farming.
**agrupación** *f* group(ing).
**agrupar** *vt* to group; to cluster, to crowd.
**agua** *f* water; wake; slope of a roof; ~ **fuerte** etching; ~ **bendita** holy water; ~**s** *pl* waters *pl*; **a pan y** ~ on bread and water; **estar con el** ~ **al cuello** to be in deep (or hot) water; **hombre al** ~ man overboard.
**aguacate** *m* avocado pear.
**aguacero** *m* short heavy shower of rain.
**aguachirle** *f* slops *pl.*
**aguado, da** *adj* watery.
**aguador** *m* water carrier.
**aguafuerte** *m* etching.
**aguafiestas** *m* spoilsport, kill-joy.
**aguamarina** *f* aquamarine (precious stone).
**aguanieve** *f* sleet.
**aguantar** *vt* to bear, to suffer; to hold up.

**aguante** *m* firmness; patience.
**aguar** *vt* to water down.
**aguardar** *vt* to wait for.
**aguardiente** *m* brandy.
**aguarrás** *f* turpentine.
**agudeza** *f* keenness, sharpness; acuteness; acidity, smartness.
**agudizar** *vt* to make worse; • **~se** *vi* to get worse.
**agudo, da** *adj* sharp; keen-edged; smart; fine; acute; witty; brisk.
**agüero** *m*; augury, omen; **ser de buen/mal** ~ to be of good or bad luck.
**aguijar** *vt* to prick, to spur, to goad; to stimulate.
**aguijón** *m* sting of a bee, wasp *etc*; stimulation.
**aguijonear** *vt* to prick, to spur; to stimulate.
**águila** *f* eagle; astute person.
**aguileño, ña** *adj* aquiline; sharp-featured.
**aguilucho** *m* eaglet.
**aguinaldo** *m* Christmas bonus.
**aguja** *f* needle; spire; hand; magnetic needle; (*ferro*) switch, siding; **buscar una ~ en un pajar** to look for a needle in a haystack.
**agujerear** *vt* to pierce, to bore.
**agujero** *m* hole.
**agujetas** *fpl* lace, cord, stitch; stiffness; pains from fatigue *pl*.
**agusanado** *adj* wormy.
**agustino** *m* monk of the order of St Augustin.
**aguzar** *vt* to whet, to sharpen; to stimulate.
**ahí** *adv* there; ~ **no más** just over there; **de ~ en adelante** from then on.
**ahijada** *f* goddaughter.
**ahijado** *m* godson.
**ahijar** *vt* to adopt as one's child.
**ahínco** *m* earnestness, eagerness.
**ahogar** *vt* to smother; to drown, to suffocate; to oppress; to quench; • **~se** *vi* to drown; to suffocate; **ahogarse en un vaso de agua** to make a mountain out of a mole hill.
**ahogo** *m* breathlessness; financial difficulty.
**ahondar** *vt* to deepen; to study deeply; • *vi* to penetrate into.
**ahora** *adv* now, at present; just now; ~ **mismo** at once; **hasta ~** until now.
**ahorcar** *vt* to hang; • **~se** *vi* to hang oneself.
**ahorrar** *vt* to save; to avoid.
**ahorrativo, va** *adj* thrifty, saving; stingy.
**ahorro** *m* saving; thrift.
**ahuecar** *vt* to hollow, to scoop out; • **~se** *vi* to get pig headed.
**ahumar** *vt* to smoke, to cure in smoke; • **~se** *vi* to fill with smoke.
**ahuyentar** *vt* to drive off; to dispel.
**airado, da** *adj* angry.
**airarse** *vi* to get angry.
**aire** *m* air; wind; aspect; musical composition; **al ~ libre** outdoors, **dejar en el ~** to leave undecided.
**airearse** *vt* to take the air.
**airoso, sa** *adj* airy; windy; graceful; successful.
**aislado, da** *adj* insulated; isolated.
**aislar** *vt* to insulate; to isolate.
**ajar** *vt* to spoil; to abuse.
**ajardinado, da** *adj* landscaped.
**ajedrez** *m* chess.
**ajedrezado, da** *adj* checkered.
**ajenjo** *m* wormwood, absinthe.
**ajeno, na** *adj* someone else's; foreign; contrary to; ignorant; improper.

**ajetrearse** *vt* to exert oneself; to bustle; to toil; to fidget.
**ajetreo** *m* activity; bustling.
**ají** *m* red pepper.
**ajo** *m* garlic; **andar en el ~** to be in the know; **soltar ajos y cebollas** to swear.
**ajonjolí** *m* sesame seed.
**ajorca** *f* bracelet.
**ajuar** *m* household furniture; trousseau.
**ajustado, da** *adj* tight; right; close.
**ajustar** *vt* to regulate, to adjust; to settle a balance; to fit; to agree on; • *vi* to fit; **~ las cuentas** to settle accounts; **ahí es donde le ajusta a uno el zapato** that's where the shoes pinches.
**ajuste** *m* agreement; accommodation; settlement; fitting.
**ajusticiar** *vt* to execute.
**al** = contraction of **a** and **el**.
**ala** *f* wing; aisle; row, file; brim; winger; • *vi* **caérsele a uno las alas** to lose heart; **cortarle a uno las alas** to discourage, throw a wet blanket on someone's plans.
**alabanza** *f* praise, applause.
**alabar** *vt* to praise, to applaud; **alabarse a sí mismo** to blow one's horn.
**alabastro** *m* alabaster; gypsum.
**alacena** *f* cupboard, closet.
**alacrán** *m* scorpion.
**alado, da** *adj* winged.
**alambique** *m* still.
**alambrada** *f* wire fence; wire netting.
**alambrado** *m* wire fence, wire netting.
**alambrista** *m/f* tightrope walker.
**alambre** *m* wire.
**alameda** *f* avenue; poplar grove.
**álamo** *m* poplar.
**alarde** *m* show, ostentation; **hacer ~ de** to make a show of.
**alargador** *m* extension lead.
**alargar** *vt* to lengthen; to extend; to hasten; to stretch out; to spin out; • **~se** *vi* to get longer.
**alarido** *m* outcry, shout; • *vi* **dar ~s** to howl.
**alarma** *f* alarm; • *vt* **dar la ~** to give or sound the alarm.
**alarmante** *adj* alarming.
**alarmar** *vt* to alarm.
**alarmista** *m* alarmist.
**alazán** *m* sorrel.
**alba** *f* dawn, daybreak; **rayar** o **romper el ~** the dawn breaks.
**albacea** *m* executor.
**albahaca** *f* (*bot*) sweet basil.
**albañil** *m* mason, bricklayer.
**albañilería** *f* masonry.
**albarán** *m* invoice.
**albarda** *f* saddle.
**albaricoque** *m* apricot.
**albedrío** *m* free will.
**alberca** *f* reservoir; swimming pool.
**albergar** *vt* to lodge, to harbor; **~se** to shelter.
**albergue** *m* shelter; **~ de juventud** youth hostel.
**albóndiga** *f* meatball.
**albor** *m* dawn; whiteness.
**alborada** *f* dawn; reveille.
**alborear** *vi* to dawn.
**albornoz** *m* burnoose; bathrobe.
**alborotado, da** *adj* restless, turbulent.
**alborotar** *vt* to stir up; • *vi* to make a row; **~se** to get excited; to get rough.
**alboroto** *m* noise, disturbance, riot.
**alborozar** *vt* to exhilarate; • **~se** *vi* to rejoice.

**alborozo** *m* joy.
**albricias** *fpl* good news *pl*.
**albufera** *f* lagoon.
**álbum** *m* album.
**albumen** *m* egg white.
**alcachofa** *f* artichoke.
**alcahuete, ta** *m/f* pimp, bawd.
**alcalde** *m* mayor.
**alcaldesa** *f* mayoress.
**alcaldía** *f* office and jurisdiction of an mayor; mayor's office.
**alcalino, na** *adj* alkaline.
**alcance** *m* reach; intelligence, ability.
**alcancía** *f* money box.
**alcanfor** *m* camphor.
**alcantarilla** *m* sewer; gutter.
**alcanzar** *vt* to reach; to get, to obtain; to hit; • *vi* to suffice; to reach.
**alcaparra** *f* caper.
**alcatraz** *m* gannet.
**alcayata** *f* hook.
**alcázar** *m* castle, fortress.
**alcoba** *f* bedroom.
**alcohol** *m* alcohol.
**alcohólico, ca** *adj* alcoholic.
**alcoholismo** *m* alcoholism.
**alcornoque** *m* cork tree.
**aldaba** *f* door knocker.
**aldea** *f* village.
**aldeana** *f* villager.
**aldeano** *m* villager; • *adj* rustic.
**aleación** *f* art of alloying metals.
**aleatorio, ria** *adj* random.
**aleccionar** *vt* to instruct; to train.
**alegación** *f* allegation.
**alegar** *vt* to allege, to quote.
**alegato** *m* allegation; argument.
**alegoría** *f* allegory.
**alegórico, ca** *adj* allegorical.
**alegrar** *vt* to cheer; to poke; to liven up; • **~se** *vi* to get merry.
**alegre** *adj* happy; merry, joyful, content.
**alegría** *f* happiness; merriment.
**alegrón** *m* sudden joy; sudden flicker.
**alejamiento** *m* remoteness; removal.
**alejar** *vt* to remove; to estrange; • **~se** *vi* to go away.
**aleluya** *f* hallelujah.
**alemán** *m* German.
**alentador, ra** *adj* encouraging.
**alentar** *vt* to encourage.
**alergia** *f* allergy.
**alero** *m* gable-end; eaves.
**alerta** *adj, f* alert.
**alertar** *vt* to alert.
**aleta** *f* fin; wing; flipper; fender.
**aletargarse** *vi* to get drowsy.
**aletazo** *m* flap.
**aletear** *vi* to flutter.
**aleteo** *m* fluttering.
**alevosía** *f* treachery.
**alevoso, sa** *adj* treacherous.
**alfabéticamente** *adv* alphabetically.
**alfabético, ca** *adj* alphabetical.
**alfabeto** *m* alphabet.
**alfalfa** *f* (*bot*) lucerne.
**alfarería** *f* pottery.
**alfarero** *m* potter.
**alféizar** *m* window sill.
**alférez** *m* second lieutenant; ensign.
**alfil** *m* bishop (at chess).
**alfiler** *m* pin; clip; clothes pin; **no caber un ~** to be full to the top.
**alfiletero** *m* pincushion.
**alfombra** *f* carpet; rug.
**alfombrar** *vt* to carpet.
**alfombrilla** *f* small carpet.
**alforja** *f* saddlebag, knapsack.
**alga** *f* (*bot*) algae, seaweed.
**algarabía** *f* gabble, gibberish.
**algarroba** *f* (*bot*) carob.
**algarrobo** *m* (*bot*) carob tree.
**algazara** *f* din.

**álgebra** *f* algebra.
**álgido, da** *adj* chilly; crucial.
**algo** *pn* something; anything; • *adv* somewhat.
**algodón** *m* cotton; cotton plant; cotton wool; **estar criado entre algodones** (*coll*) to have been pampered or brought up very delicately.
**algodonero** *m* cotton plant; dealer in cotton.
**alguacil** *m* bailiff; mounted official.
**alguien** *pn* someone; somebody; anyone, anybody.
**alguno, na** *adj* some; no, any; • *pn* someone; somebody.
**alhaja** *f* jewel.
**alhelí** *m* wallflower.
**aliado, da** *adj* allied.
**alianza** *f* alliance, league; wedding ring.
**aliar** *vt* to ally; • **~se** *vi* to form an alliance.
**alias** *adv* alias.
**alicaído, da** *adj* weak; downcast.
**alicates** *m, pl* pincers, nippers *pl.*
**aliciente** *m* attraction, incitement.
**alienación** *f* alienation.
**aliento** *m* breath, respiration; **sin ~** breathless.
**aligerar** *vt* to lighten; to alleviate; to hasten; to ease.
**alijo** *m* lightening of a ship; alleviation, cache.
**alimaña** *f* pest.
**alimentación** *f* nourishment; food; grocery.
**alimentar** *vt* to feed, to nourish; • **~se** *vi* to feed.
**alimenticio, cia** *adj* food *compd*; nutritious.
**alimento** *m* food; **~s** *pl* alimony.
**alineación** *m* alignment; line-up.
**alinear** *vt* to arrange in line; • **~se** *vi* to line up.
**aliñar** *vt* to adorn; to season.
**aliño** *m* dressing, ornament, decoration.
**alisar** *vt* to plane, to polish; to smoothie.
**alistarse** *vi* to enlist, to enroll.
**aliviar** *vt* to lighten; to ease, to relieve, to mollify.
**alivio** *m* alleviation, mitigation; relief; comfort.
**aljibe** *m* cistern.
**alma** *f* soul; human being; **agradecer con el ~** to thank from the bottom one's heart; **~ en pena** ghost; **no tener ~** to be heartless or callous.
**almacén** *m* warehouse, store; magazine.
**almacenaje** *m* storage.
**almacenar** *vt* to store, to stock up.
**almanaque** *m* almanac.
**almeja** *f* clam.
**almena** *f* battlement.
**almendra** *f* almond.
**almendrado, da** *adj* almond-like; ~ *m* macaroon.
**almendro** *m* almond tree.
**almiar** *m* haystack.
**almíbar** *m* syrup.
**almidón** *m* starch.
**almidonado, da** *adj* starched; affected; spruce.
**almidonar** *vt* to starch.
**almirantazgo** *m* admiralty.
**almirante** *m* admiral.
**almirez** *m* mortar.
**almizcle** *m* musk.
**almohada** *f* pillow, cushion.
**almohadilla** *f* small pillow; pad; pincushion.
**almohadón** *m* large cushion.

**almorranas** *fpl* hemorrhoids *pl*.
**almorzar** *vt* to have for lunch.
**almuerzo** *m* lunch.
**alocado, da** *adj* crazy; foolish, inconsiderate.
**alocución** *f* allocution.
**alocado** *adj* crazy, mad.
**áloe** *m* (*bot*) aloes *pl*.
**alojamiento** *m* lodging; housing.
**alojar** *vt* to lodge; • **~se** *vi* to stay.
**alondra** *f* lark.
**alpargata** *f* rope-soled shoe.
**alpinismo** *m* mountaineering.
**alpinista** *m/f* mountaineer.
**alpiste** *m* canary seed.
**alquería** *f* farmhouse.
**alquilar** *vt* to let, to hire; to rent.
**alquiler** *m* renting; letting; hiring; rent; hire.
**alquimia** *f* alchemy.
**alquimista** *m* alchemist.
**alquitrán** *m* tar, liquid pitch.
**alquitranado, da** *adj* tarred.
**alrededor** *adv* around.
**alrededores** *mpl* surroundings *pl*.
**alta** *f* (*mil*) discharge from hospital.
**altanería** *f* haughtiness.
**altanero, ra** *adj* haughty, arrogant, vain, proud.
**altar** *m* altar; ~ **mayor** high altar.
**altavoz** *m* loudspeaker, amplifier.
**alterable** *adj* changeable.
**alteración** *f* alteration; disturbance, tumult.
**alterar** *vt* to alter, to change; to disturb; • **~se** *vi* to get upset.
**altercado** *m* altercation, controversy; quarrel.
**alternar** *vt, vi* to alternate.
**alternativa** *f* alternative.
**alternativo, va** *adj* alternate.
**alterno, na** *adj* alternate; alternating.
**alteza** *f* Highness (title).
**altibajos** *mpl* ups and downs *pl*.
**altillo** *m* hillock.
**altiplanicie** *f* high plateau.
**altísimo, ma** *adj* extremely high, most higher; • *m* **El** ~ god.
**altisonante,** *adj* high-sounding, pompous.
**altitud** *f* height; altitude.
**altivez** *f* haughtiness.
**altivo, va** *adj* haughty, proud, highflown.
**alto, ta** *adj* high, elevated; tall; sharp; arduous, difficult; eminent; enormous; • *m* height; story; highland; (*mil*) halt; (*mus*) alto; ¡~¡, !~ **ahí!** *interj* stop! **pasar por** ~ to ignore, omit.
**altramuz** *m* (*bot*) lupine.
**altura** *f* height; depth; mountain summit; altitude; **~s** *pl* the heavens; **estar a la ~ de** to be up to.
**alubia** *f* kidney bean.
**alucinación** *f* hallucination.
**alucinar** *vt* to blind, to deceive; • *vi* to hallucinate; • **~se** *vi* to deceive oneself, to labor under a delusion.
**aludir** *vi* to allude.
**alumbrado** *m* lighting; illumination.
**alumbramiento** *m* lighting; illumination; childbirth.
**alumbrar** *vt* to light; • *vi* to give birth.
**aluminio** *m* aluminum.
**alumno, na** *m/f* student, pupil.
**alunizar** *vi* to land on the moon.
**alusión** *f* allusion, reference.
**alusivo, va** *adj* allusive.
**aluvión** *f* alluvium; flood.
**alvéolo** *m* socket; cell of a honeycomb.
**alza** *f* rise; sight.
**alzacuello** *m* dog collar.

**alzada** *f* height; appeal.
**alzamiento** *m* rise; elevation; higher bid; uprising.
**alzar** *vt* to raise, to lift up; to construct, to build; to gather (in); • **~se** *vi* to get up; to rise in rebellion; **~se con algo** to encroach.
**allá** *adv* there; over there; then; **el más ~** the other world.
**allanamiento** *m*: smoothing, housebreaking; **~ de morada** burglary.
**allanar** *vt* to level, to flatten; to overcome difficulties; to pacify; to subdue; to burglarize; • **~se** *vi* to submit; to tumble down.
**allegado, da** *adj* near; • *m/f* follower.
**allegar** *vt* to gather, collect.
**allí** *adv* there, in that place.
**ama** *f* mistress, housewife; owner; foster mother; **~ de llaves** housekeeper; **~ de leche** nurse.
**amabilidad** *f* kindness; niceness.
**amable** *adj* kind, nice.
**amaestrado, da** *adj* performing.
**amaestrar** *vt* to teach, to instruct; to train.
**amagar** *vt* to threaten; to shake one's fist; to feint.
**amago** *m* threat; indication; symptom.
**amalgama** *f* amalgam.
**amalgamar** *vt* to amalgamate.
**amamantar** *vt* to suckle.
**amanecer** *vi* to dawn; **al ~** at daybreak; **no por mucho madrugar amanece más temprano** do not rely only upon an early start.
**amanerado, da** *adj* affected.
**amansar** *vt* to take; to soften; to subdue; • **~se** *vi* to calm down.
**amante** *m/f* lover.
**amanuense** *m* amanuensis, clerk, copyist.
**amañar** *vt* to fix up cleverly.
**amapola** *f* (*bot*) poppy.
**amar** *vt* to love; to fancy.
**amargar** *vt* to make bitter; to exasperate; • **~se** *vi* to be bitter.
**amargo, ga** *adj* bitter, acrid; painful; • *m* bitterness.
**amargor** *m* bitterness; sorrow, distress.
**amargura** *f* bitterness; sorrow.
**amarillear** *vi* to turn yellow.
**amarillento, ta** *adj* yellowish.
**amarillo, lla** *adj, m* yellow.
**amarra** *f* cable.
**amarrar** *vt* to moor; to tie, to fasten.
**amartelar** *vt* to court, to make love; • **~se** *vi* to fall in love with.
**amartillar** *vt* to hammer; to cock a gun *or* pistol.
**amasar** *vt* to knead; (*fig*) to arrange, to prepare, to settle.
**amasijo** *m* dough; mixed mortar; medley.
**amatista** *f* amethyst.
**amatorio, ria** *adj* relating to love.
**amazona** *f* amazon; masculine woman.
**ambages** *mpl*: **sin ~** in plain language.
**ámbar** *m* amber.
**ambición** *f* ambition.
**ambicionar** *vt* to crave, to covet.
**ambicioso, sa** *adj* ambitious.
**ambidextro, tra** *adj* ambidextrous.
**ambientación** *f* setting; sound effects.
**ambiente** *m* atmosphere; environment.
**ambigüedad** *f* ambiguity.
**ambiguo, gua** *adj* ambiguous, doubtful, equivocal.
**ámbito** *m* circuit, circumference; field; scope.

**ambos, bas** *pn* both.
**ambrosía** *f* ambrosia.
**ambulancia** *f* ambulance.
**ambulante** *adj* traveling.
**ambulatorio** *m* ambulatory.
**ameba** *f* ameba.
**amedrentar** *vt* to frighten, to terrify, to intimidate.
**amén** *f* amen, so be it; ~ **de** besides; except.
**amenaza** *f* threat.
**amenazar** *vt* to threaten.
**amenizar** *m* to make pleasant.
**ameno, na** *adj* pleasant, delicious; flowery (of language).
**América** *f* America; ~ **del Norte/del Sur** North/South America.
**americano, na** *adj, m/f* American.
**ametralladora** *m* machine gun.
**amianto** *m* asbestos.
**amiga** *f* female friend.
**amigable** *adj* amicable, friendly; suitable.
**amigo** *m* friend; comrade; ~ **gable** friendly *adj*.
**amilanar** *vt* to frighten, to terrify; • ~**se** *vi* to get scared.
**aminorar** *vt* to diminish; to reduce.
**amistad** *f* friendship.
**amistoso, sa** *adj* friendly, cordial.
**amnesia** *f* amnesia.
**amnistía** *f* amnesty.
**amo** *m* owner; boss.
**amodorrarse** *vi* to grow sleepy.
**amohinar** *vt* to annoy; • ~**se** *vi* to sulk.
**amoldar** *vt* to mold; to adapt; • ~**se** *vi* to adapt oneself.
**amonestación** *f* advice, admonition; ~ **ones** *fpl* publication of marriage banns.
**amonestar** *vt* to advise, to admonish; to publish banns of marriage.
**amoníaco** *m* ammoniac.
**amor** *m* love; fancy; lover; ~ **mío** my love; **por ~ de Dios** for God's sake; ~ **propio** self- love; ~ **con ~ se paga** love is rewarded with love; **hacer el ~** to make love; **en el ~ y en la guerra todo se vale** all's is fair in love and war.
**amoratado** *adj* livid.
**amordazar** *vt* to muzzle; to gag.
**amorfo, fa** *adj* shapeless.
**amorío** *m* love affair.
**amoroso, sa** *adj* affectionate, loving; lovely.
**amortajar** *vt* to shroud.
**amortiguador** *m* shock absorber.
**amortiguadores** *mpl* suspension.
**amortiguar** *vt* to mortify, to deaden; to temper; to muffle.
**amortización** *f* repayment; redemption.
**amortizar** *vt* to entail an estate, to render inalienable; to pay, to liquidate, to discharge a debt.
**amotinamiento** *m* mutiny.
**amotinar** *vt* to excite rebellion; • ~**se** *vi* to mutiny.
**amparar** *vt* to shelter, to favor, to protect; • ~**se** *vi* to claim protection.
**amparo** *m* protection, help, support; refuge, asylum.
**amperio** *m* ampere.
**ampliación** *f* amplification, enlargement.
**ampliar** *vt* to amplify, to enlarge, to extend, to expand.
**amplificación** *f* enlargement.
**amplificador** *m* amplifier.
**amplificar** *vt* to amplify.
**amplio, lia** *adj* ample, extensive.
**amplitud** *f* amplitude, extension, largeness.

**ampolla** *f* blister; phial, cruet.
**ampuloso, sa** *adj* pompous.
**amputación** *f* amputation.
**amputar** *vt* to amputate.
**amueblar** *vt* to furnish.
**amuleto** *m* amulet.
**amurallar** *vt* to surround with walls.
**anacoreta** *m* anchorite, hermit.
**anacronismo** *m* anachronism.
**ánade** *m/f* duck.
**anadear** *vi* to waddle.
**anagrama** *f* anagram.
**anales** *mpl* annals *f.*
**analfabetismo** *m* illiteracy.
**analfabeto, ta** *adj* illiterate.
**analgésico** *m* painkiller.
**análisis** *m* analysis.
**analista** *m/f* analyst.
**analítico, ca** *adj* analytical.
**analizar** *vt* to analyze.
**analogía** *f* analogy.
**analógico** *adj* analogical.
**ananá** *m* pineapple.
**anaquel** *m* shelf in a bookcase.
**anaranjado, da** *adj* orange-colored.
**anarquía** *f* anarchy.
**anárquico, ca** *adj* anarchical, confused.
**anarquismo** *m* anarchism.
**anarquista** *m/f* anarchist.
**anatema** *f* anathema.
**anatomía** *f* anatomy.
**anatómico, ca** *adj* anatomical.
**anca** *f* rump.
**anciano, na** *adj* old; • *m/f* old man/woman.
**ancla** *f* anchor.
**ancladero** *m* anchorage.
**anclaje** *m* anchorage.
**anclar** *vi* to anchor.
**ancho, cha** *adj* broad, wide, large; • *m* breadth, width; **estar o sentirse a sus anchas** to be or feel at home or at ease; **tener la manga muy ~** to be too tolerant.
**anchoa** *f* anchovy.
**anchura** *f* width, breadth.
**andaderas** *fpl* baby walker.
**andadura** *f* walk; pace; amble.
**andamio** *m* scaffold.
**andamiaje** *m* scaffolding.
**andanada** *f* (*mar*) broadside.
**andanza** *f* occurrence; **volver a las andadas** to go back to one's old tricks
**andar** *vi* to go, to walk; to fare; to act, to proceed, to work, to behave; to elapse; to move; • *vt* to go, to travel; • *m* walk, pace; **anda a freír espárragos** go jump in the lake; ~ **a tientas** to grope in the dark; **andarse por las ramas** to beat about the bush..
**andariego, ga** *adj* wandering.
**andarín** *m* fast walker.
**andas** *fpl* stretcher.
**andén** *m* sidewalk; (*ferro*) platform; quayside.
**andrajo** *m* rag.
**andrajoso, sa** *adj* ragged.
**andurriales** *mpl* byways *pl.*
**anécdota** *f* anecdote.
**anegar** *vt* to inundate, to submerge; • **~se** *vi* to drown; to sink.
**anejo, ja** *adj* attached.
**anemia** *f* anemia.
**anestésico** *m* anesthetic.
**anexar** *vt* to annex, to join.
**anexión** *f* annexation.
**anexionamiento** *m* annexation.
**anexo, xa** *adj* annexed.
**anfibio, bia** *adj* amphibious.
**anfiteatro** *m* amphitheater.
**anfitrión, ona** *m/f* host(ess).
**ángel** *m* angel.
**angelical** *adj* angelic, heaven-born.

**angina** *f* quinsy.
**anglicano, na** *m/f* Anglican.
**anglicismo** *m* anglicism.
**angosto, ta** *adj* narrow, close.
**anguila** *f* eel.
**angula** *f* elver.
**angular** *adj* angular; **piedra** ~ *f* cornerstone.
**ángulo** *m* angle, corner.
**anguloso, sa** *adj* angled, cornered.
**angustia** *f* anguish; heartache.
**angustiar** *vt* to cause anguish.
**anhelante** *adj* eager; longing.
**anhelar** *vi* to gasp; • *vt* to long for.
**anhelo** *m* desire, longing.
**anidar** *vi* to nestle, to make a nest; to dwell, to inhabit.
**anillo** *m* ring; ~ **de compromiso** engagement ring; **caer** o **venir como** ~ **al dedo** to fit like glove.
**ánima** *f* soul.
**animación** *f* liveliness; activity.
**animado, da** *adj* lively.
**animador, ra** *m/f* host(ess).
**animadversión** *f* ill-will.
**animal** *adj, m* animal; stupid, ignorant; ~ **de tiro** draft animal.
**animar** *vt* to animate, to liven, to comfort, to revive; • ~**se** *vi* to cheer up.
**ánimo** *m* soul; courage; mind, intention, meaning, will; thought; ¡~! *excl* come on! **estado de** ~ mood, frame of mind; **tener** ~ **para** to be in the mood for.
**animosidad** *f* valor, courage; boldness.
**animoso, sa** *adj* courageous, spirited.
**aniñarse** *vi* to act in a childish manner.
**aniquilar** *vt* to annihilate, to destroy; • ~**se** *vi* to decline, to decay.
**anís** *m* aniseed; anisette.
**aniversario, ria** *adj* annual; • *m* anniversary.
**ano** *m* anus.
**anoche** *adv* last night.
**anochecer** *vi* to grow dark; • *m* nightfall.
**anodino, na** *adj* (*med*) anodyne.
**anomalía** *f* anomaly.
**anómalo, la** *adj* anomalous.
**anonadar** *vt* to annihilate; to lessen; • ~**se** *vi* to humble one self.
**anonimato** *m* anonymity.
**anónimo, ma** *adj* anonymous.
**anorexia** *f* lack of appetite.
**anormal** *adj* abnormal.
**anotación** *f* annotation, note.
**anotar** *vt* to comment, to note.
**anquilosamiento** *m* paralysis.
**ansar** *m* goose.
**ansia** *f* anxiety, eagerness, hankering.
**ansiar** *vt* to desire.
**ansiedad** *f* anxiety.
**ansioso, sa** *adj* anxious, eager.
**antagónico, ca** *adj* antagonistic; opposed.
**antagonista** *m* antagonist.
**antaño** *adv* formerly.
**antártico, ca** *adj* Antarctic.
**ante** *m* suede; • *prep* before; in the presence of; faced with.
**anteanoche** *adv* the night before last.
**anteayer** *adv* the day before yesterday.
**antebrazo** *m* forearm.
**antecámara** *f* antechamber.
**antecedente** *adj, m* antecedent.
**anteceder** *vt* to precede.
**antecesor, ra** *m/f* predecessor; forefather.
**antedicho, cha** *adj* aforesaid.

**antelación** *f* advance; • *adv* **con ~** in advance.
**antemano** *adv* in advance; **de ~** beforehand.
**antena** *f* feeler, antenna; aerial.
**anteojos** *m* eyeglass; **~ de larga vista** telescope; **~s** *pl* glasses.
**antepasado, da** *adj* passed, elapsed; **~s** *mpl* ancestors.
**antepecho** *m* (*mil*) parapet; ledge.
**anteponer** *vt* to place in front; to prefer.
**anteproyecto** *m* sketch; blueprint.
**anterior** *adj* preceding; former.
**anterioridad** *f* priority; preference.
**antes** *prep* before; • *adv* before; • *conj* before; **~ mencionado** above mentioned; **cuanto ~** as soon is possible.
**antesala** *f* antechamber; **hacer ~** to be kept waiting.
**antiaéreo, rea** *adj* anti-aircraft.
**antibalas** *adj* bullet-proof.
**antibiótico** *m* antibiotic.
**anticiclón** *m* anticyclone.
**anticipación** *f* anticipation.
**anticipado, da** *adj* advanced.
**anticipar** *vt* to anticipate; to forestall; to advance.
**anticipo** *m* advance.
**anticonceptivo** *m* contraceptive.
**anticongelante** *m* antifreeze.
**anticuado, da** *adj* antiquated.
**anticuario** *m* antiquary, antiquarian.
**anticuerpo** *m* antibody.
**antídoto** *m* antidote.
**antífona** *f* antiphony, anthem.
**antiestético, ca** *adj* unsightly.
**antifaz** *m* mask.
**antigualla** *f* monument of antiquity; antique.
**antiguamente** *adv* anciently, of old.
**antigüedad** *f* antiquity, oldness; the ancients.
**antiguo, gua** *adj* antique, old, ancient; • *m* senior; **a la antigua** or **a lo antiguo** in the old fashioned.
**antílope** *m* antelope.
**antinatural** *adj* unnatural.
**antimonio** *m* antimony.
**antipatía** *f* antipathy.
**antipático, ca** *adj* unpleasant.
**antípodas** *mpl* antipodes.
**antirrobo** *adj* anti-theft.
**antisemita** *adj* anti-Semitic.
**antiséptico, ca** *adj* antiseptic.
**antítesis** *f* (*gr*) antithesis.
**antojadizo, za** *adj* capricious, fanciful.
**antojarse** *vi* to long, to desire; to itch.
**antojo** *m* whim; longing, fancy; **a su ~** as one pleases.
**antología** *f* anthology.
**antorcha** *f* torch, taper.
**antro** *m* (*poet*) cavern, den, grotto.
**antropófago** *m* man-eater, cannibal.
**antropología** *f* anthropology.
**anual** *adj* annual.
**anualidad** *f* annuity.
**anublar** *vt* to cloud, to obscure; **~se** *vi* to become clouded.
**anudar** *vt* to knot, to join; • **~se** *vi* to get into knots.
**anulación** *f* annulment; cancellation.
**anular** *vt* to annul; to revoke; to cancel; • *adj* annular.
**anunciación** *f* announcement.
**anunciante** *m/f* advertiser.
**anunciar** *vt* to announce; to advertise.
**anuncio** *m* advertisement.
**anverso** *m* obverse.

**anzuelo** *m* hook; allurement; **picar** or **tragarse el ~, caer en el ~** swallow the hook.
**añadidura** *f* addition; **por ~** moreover, in addition.
**añadir** *vt* to add.
**añejo, ja** *adj* old, stale, musty.
**añicos** *mpl* bits, small pieces; • *vt* **hacer ~** to shatter.
**añil** *m* indigo plant; indigo.
**año** *m* year; **entrado en años** advanced on in years; **quitarle años a uno** to take years off one.
**añojo** *m* a yearling calf.
**añoranza** *f* longing.
**aorta** *f* aorta.
**aovar** *vi* to lay eggs.
**apabullar** *vt* to squash.
**apacentar** *vt* to graze.
**apacible** *adj* affable, gentle, placid, quiet.
**apaciguar** *vt* to appease, to pacify, to calm.
**apadrinar** *vt* to support, to favor; to be godfather to.
**apagado, da** *adj* dull; quiet; muted; listless.
**apagar** *vt* to put out; to turn off; to quench, to extinguish; to damp; to destroy; to soften.
**apagón** *m* outage, power cut.
**apalabrar** *vt* to agree to; to engage.
**apalancar** *vt* to lever.
**apalear** *vt* to cane, to drub; to winnow.
**apañado, da** *adj* skillful; suitable.
**apañar** *vt* to grasp; to pick up; to patch; • **~se** *vi* to manage.
**aparador** *m* sideboard; store window.
**aparato** *m* apparatus; machine; ostentation, show.
**aparatoso, sa** *adj* showy.
**aparcamiento** *m* parking lot.
**aparcar** *vt, vi* to park.
**aparcería** *f* partnership in a farm (*or* other business).
**aparcero, ra** *m/f* partner; associate.
**aparecer** *vi* to appear; • **~se** *vi* to appear.
**aparecido, da** *m/f* ghost.
**aparejar** *vt* to prepare; to harness horses; to rig a ship.
**aparejo** *m* preparation; harness, gear; (*mar*) tackle, rigging; **~s** *pl* tools, implements.
**aparentar** *vt* to look; to pretend, to deceive.
**aparente** *adj* apparent; convenient.
**aparición** *f* apparition; appearance.
**apariencia** *f* outward appearance; • *vt* **salvar las apariencias** to keep up appearances; • **en ~** *adv* apparently.
**apartadero** *m* (*ferro*) siding.
**apartado** *m* paragraph.
**apartamento** *m* apartment.
**apartamiento** *m* isolation; separation; apartment.
**apartar** *vt* to separate, to divide; to remove; to sort; • **~se** *vi* to go away; to be divorced; to desist; **~ el grano de la paja** to separate the wheat from the chaff.
**aparte** *m* aside; new paragraph; • *adv* apart, separately; besides; aside.
**apasionado, da** *adj* passionate; devoted to; fond; biased.
**apasionar** *vt* to excite; • **~se** *vi* to get excited.
**apatía** *f* apathy.
**apático, ca** *adj* apathetic, indifferent.
**apeadero** *m* stopping place; station.
**apearse** *vi* to dismount; to get down/out/off.

**apechugar** *vt* to face up to; ~ **con** accept stoically.
**apedrear** *vt* to stone; • *vi* to hail.
**apegarse** *vt* ~ **a** to become fond of.
**apego** *m* attachment, fondness.
**apelación** *f* (*jur*) appeal.
**apelar** *vi* (*jur*) to appeal; to have recourse to.
**apelativo** *adj* surname; appellative.
**apelmazar** *vt* to compress.
**apellidar** *vt* to call by name; to proclaim; • **~se** *vi* to be called.
**apellido** *m* surname; family name; epithet.
**apenar** *vt* to grieve; to embarrass; • **~se** *vi* to grieve; to be embarrassed.
**apenas** *adv* scarcely, hardly; • *conj* as soon as.
**apéndice** *m* appendix, supplement.
**apendicitis** *f* appendicitis.
**apercibido, da** *adj* provided; ready.
**apercibirse** *vi* to notice.
**aperitivo** *m* aperitif; appetizer.
**apero** *m* agricultural implement.
**apertura** *f* aperture, opening, chink, cleft.
**apesadumbrar** *vt* to sadden.
**apestar** *vt* to infect; • *vi* to stink of.
**apetecer** *vt* to fancy.
**apetecible** *adj* desirable; appetizing.
**apetito** *m* appetite.
**apetitoso, sa** *adj* pleasing to the taste, appetizing; tempting.
**apiadarse** *vi* to take pity.
**ápice** *m* summit, point; smallest part of a thing; **no importar ni un** ~ not to care a whit.
**apilar** *vt* to pile up; • **~se** *vi* to pile up.
**apiñado, da** *adj* crowded; pyramidal; pine-shaped.
**apiñarse** *vi* to clog, to crowd.
**apio** *m* (*bot*) celery.
**apisonadora** *f* steamroller.
**apisonar** *vt* to ram down.
**aplacar** *vt* to appease, to pacify; • **~se** *vi* to calm down.
**aplanar** *vt* to level, to flatten.
**aplastar** *vt* to flatten, to crush.
**aplatanarse** *vi* to get weary.
**aplaudir** *vt* to applaud; to extol.
**aplauso** *m* applause, approbation, praise.
**aplazamiento** *m* postponement.
**aplazar** *vt* to postpone.
**aplicable** *adj* applicable.
**aplicación** *f* application; effort.
**aplicado, da** *adj* studious, industrious.
**aplicar** *vt* to apply; to clasp; to attribute; • **~se** *vi* to devote oneself to.
**aplique** *m* wall light.
**aplomo** *m* self-assurance.
**apocado, da** *adj* timid.
**Apocalipsis** *m* Apocalypse.
**apocamiento** *m* timidity; depression.
**apocar** *vt* to lessen, to diminish; to contract; • **~se** *vi* to feel humiliated.
**apócrifo, fa** *adj* apocryphal; fabulous.
**apodar** *vt* to nickname.
**apoderado, da** *adj* powerful; • *m* proxy, attorney; agent.
**apoderar** *vt* to authorize; to give the power of attorney to; • **~se** *vi* to take possession of.
**apodo** *m* nickname, sobriquet.
**apogeo** *m* peak.
**apolillar** *vt* to gnaw *or* eat clothes; • **~se** *vi* to be moth-eaten.
**apología** *f* eulogy; defense.

**apoltronarse** *vi* to grow lazy, to loiter.
**apoplejía** *f* apoplexy.
**apoplético, ca** *adj* apoplectic.
**apoquinar** *vt* (*fam*) to fork out.
**aporrear** *vt* to beat up.
**aportar** *vi* to arrive at a port; to arrive; • *vt* to contribute.
**aposentar** *vt* to harbor; to put up.
**aposento** *m* room, apartment.
**aposición** *f* (*gr*) apposition.
**apósito** *m* external medicinal application.
**aposta** *adv* on purpose.
**apostar** *vt* to bet, to lay a wager; to post soldiers; • *vi* to bet.
**apostasía** *f* apostasy.
**apóstata** *m* apostate.
**apostatar** *vi* to apostatize.
**apostilla** *f* marginal note; postscript.
**apóstol**; *m* apostle.
**apostolado** *m* apostolate.
**apostólico, ca** *adj* apostolic.
**apostrofar** *vt* to apostrophize.
**apóstrofe** *m* apostrophe.
**apóstrofo** *m* (*gr*) apostrophe.
**apostura** *f* neatness.
**apoteosis** *f* apotheosis.
**apoyar** *vt* to rest; to favor, to patronize; to support; • **~se** *vi* to lean on.
**apoyo** *m* prop, stay, support; protection.
**apreciable** *adj* appreciable, valuable, respectable.
**apreciar** *vt* to appreciate, to estimate, to value.
**aprecio** *m* appreciation; esteem.
**aprehender** *vt* to apprehend, to seize.
**aprehensión** *f* apprehension, seizure.
**apremiante** *adj* urgent.
**apremiar** *vt* to press; to compel.
**apremio** *m* pressure, constriction; judicial compulsion.
**aprender** *vt* to learn; ~ **de memoria** to learn by heart.
**aprendiz, za** *m/f* apprentice.
**aprendizaje** *m* apprenticeship.
**aprensión** *f* apprehension.
**aprensivo, va** *adj* apprehensive.
**apresar** *vt* to seize, to grasp.
**apresurado, da** *adj* hasty.
**apresuramiento** *m* hurry.
**apresurar** *vt* to accelerate, to hasten, to expedite; • **~se** *vi* to hurry.
**apretado, da** *adj* tight; cramped; hard, difficult.
**apretar** *vt* to compress, to tighten; to constrain; to distress; to urge earnestly; • *vi* to be too tight.
**apretón** *m* squeeze.
**apretura** *f* squeeze.
**aprieto** *m* conflict; tight spot; • *vt* **poner en aprietos** to put someone on the spot • *vt* **sacar de aprietos** help someone out of a jam.
**aprisa** *adv* quickly, swiftly, promptly.
**aprisco** *m* sheepfold.
**aprisionar** *vt* to imprison.
**aprobación** *f* approbation, approval.
**aprobar** *vt* to approve; to pass; • *vi* to pass.
**apropiación** *f* appropriation, assumption.
**apropiado, da** *adj* appropriate.
**apropiarse** *vi* to appropriate.
**aprovechable** *adj* profitable.
**aprovechado, da** *adj* industrious; thrifty; selfish.
**aprovechamiento** *m* use; exploitation.
**aprovechar** *vt* to use; to exploit; to profit from; to take advantage of; • *vi* to be useful; to progress; • **~se** *vi* to use; to take advantage of.

**aproximación** *f* approximation; closeness.
**aproximado, da** *adj* approximate.
**aproximar** *vt* to approach; • **~se** *vi* to approach.
**aptitud** *f* aptitude, fitness, ability.
**apto, ta** *adj* apt, fit, able; clever.
**apuesta** *f* bet, wager.
**apuesto, ta** *adj* neat.
**apuntado, da** *adj* pointed.
**apuntador** *m* prompter.
**apuntalar** *vt* to prop.
**apuntar** *vt* to aim; to level, to point at; to mark, to begin to appear *or* show itself; to prompt (theater); • **~se** *vi* to score; to enroll.
**apunte** *m* annotation; stage-prompting.
**apuñalar** *vt* to stab.
**apurado, da** *adj* poor, destitute of means, exhausted; hurried.
**apurar** *vt* to purify, to clear up, to verify; to exhaust; to tease and perplex; • **~se** *vi* to worry; to hurry.
**apuro** *m* want; pain, affliction; haste; jam.
**aquejado, da** *adj* afflicted.
**aquel ~ la, ~ lo** *adj* that; **~ los, ~ las** *pl* those.
**aquél, ~ la; ~ los, ~ las** *pn* that (one); (*pl*) those (ones).
**aquello** *pn* that.
**aquí** *adv* here; now.
**aquietar** *vt* to quiet, to appease.
**aquietar** *vt* to assay, appraise
**aquilino** *adj* aquiline.
**aquilón** *m* north wind.
**ara** *f* altar; **en aras de** for the sake of.
**árabe** *adj, m/f, m* (*ling*) Arabic.
**arabesco** *m* arabesque.
**arado** *m* plow.
**arancel** *m* tariff.
**arándano** *m* cranberry.
**arandela** *f* washer.
**araña** *f* spider; chandelier.
**arañar** *vt* to scratch; to scrape; to corrode.
**arar** *vt* to plow.
**arbitraje** *m* arbitration.
**arbitrar** *vt, vi* to arbitrate; to referee.
**arbitrariedad** *f* arbitrariness.
**arbitrario, ria** *adj* arbitrary.
**arbitrativo, va** *adj* arbitrary.
**arbitrio** *m* free will; arbitration.
**árbitro** *m* arbitrator; referee; umpire.
**árbol** *m* tree; (*mar*) mast; shaft.
**arbolado, da** *adj* forested; wooded; • *m* woodland.
**arboladura** *f* masts.
**arbolar** *vt* to hoist, to set upright.
**arboleda** *f* grove.
**arbusto** *m* shrub.
**arca** *f* chest, wooden box.
**arcada** *f* arch; arcade; **~s** *pl* retching.
**arcaico, ca** *adj* archaic.
**arcaísmo** *m* archaism.
**arcángel** *m* archangel.
**arce** *m* maple tree.
**arcilla** *f* clay.
**arcilloso, sa** *adj* clayey.
**arco** *m* arc, arch; fiddle-bow; hoop; **~ iris** rainbow.
**archipiélago** *m* archipelago.
**archivador** *m* filing cabinet.
**archivar** *vt* to file.
**archivero** *m* keeper of records, archivist.
**archivo** *m* file(s); archives.
**arder** *vi* to burn, to blaze; **la cosa esta que arde** things are pretty hot.
**ardid** *m* stratagem, artifice, cunning.

**ardiente** *adj* ardent, burning, passionate; active, fiery.
**ardilla** *f* squirrel.
**ardor** *m* heat; valor, vivacity, fieriness, fervor.
**ardoroso, sa** *adj* fiery, restless.
**arduo, dua** *adj* arduous, difficult; high.
**área** *f* area.
**arena** *f* sand; grit; arena, ~ **movediza** quicksand; **edificar sobre** ~ to build upon sand; **sembrar en la** ~ to labor in vain.
**arenal** *m* sandy ground.
**arenga** *f* harangue, speech.
**arengar** *vi* to harangue.
**arenisca** *f* sandstone; grit.
**arenoso, sa** *adj* sandy.
**arenque** *m* herring; ~ **ahumado** red herring.
**argamasa** *f* mortar, cement for building.
**argamasar** *vt* to mix mortar.
**argolla** *f* large ring.
**argot** *m* slang.
**argucia** *f* subtlety.
**argüir** *vi* to argue, to dispute, to oppose; • *vt* to deduce; to argue; to imply.
**argumentación** *f* argumentation.
**argumentar** *vt, vi* to argue, to dispute; to conclude.
**argumento** *m* argument, reasoning.
**aria** *f* (*mus*) aria, tune, air.
**aridez** *f* drought, want of rain.
**árido, da** *adj* dry; barren.
**Aries** *m* Aries, the Ram (sign of the zodiac).
**ariete** *m* battering ram.
**ario, a** *adj* Aryan.
**arisco, ca** *adj* fierce, rude, intractable.
**arista** *f* edge.
**aristocracia** *f* aristocracy.
**aristócrata** *m* aristocrat.
**aristocrático, ca** *adj* aristocratic.
**aritmética** *f* arithmetic.
**arlequín** *m* harlequin, buffoon.
**arma** *f* weapon, arms; **alzarse en armas** to rebel; **de armas tomar** of action, resolute; **pasar por las armas** to execute.
**armada** *f* fleet, armada.
**armadillo** *m* armadillo.
**armado, da** *adj* armed; reinforced.
**armador** *m*; privateer; jacket, jerkin.
**armadura** *f* armor; framework; skeleton; armature.
**armamento** *m* armament.
**armar** *vt* to man; to arm, to fit up; ~ **la** to kick up a fuss; ~ **un escandalo** to create a scandal; ~ **un jaleo** to kick up a fuss.
**armario** *m* closet; cupboard.
**armatoste** *m* hulk; contraption.
**armazón** *f* chassis; skeleton; frame.
**armería** *f* arsenal; heraldry; gunsmith's.
**armero** *m* gunsmith.
**armiño** *m* ermine.
**armisticio** *m* armistice.
**armonía** *f* harmony.
**armónica** *f* harmonica, mouth organ.
**armonioso, sa** *adj* harmonious.
**armonizar** *vt* to harmonize; to reconcile.
**arnés** *m* harness; gear, trapping.
**aro** *m* ring; earring; **entrar en el** ~ to yield to something unwilling.
**aroma** *m* aroma; fragrance.
**aromático, ca** *adj* aromatic.
**arpa** *f* harp; **tronar como ~ vieja,** to come to an unfortunate and sudden end.

**arpegio** *m* (*mus*) arpeggio.
**arpía** *f* (*poet*) shrew.
**arpillera** *f* sackcloth.
**arpón** *m* harpoon.
**arqueado, da** *adj* arched, vaulted.
**arquear** *vt* to arch; to bend.
**arqueo** *m* arching; gauging of a ship.
**arqueología** *f* archeology.
**arquero** *m* archer.
**arqueta** *f* small trunk.
**arquetipo** *m* archetype.
**arquitecto** *m* architect.
**arquitectónico, ca** *adj* architectonic.
**arquitectura** *f* architecture.
**arrabal** *m* slum.
**arrabalero** *m* suburbanite.
**arraigado** *adj* deep-rooted; established.
**arraigar** *vi* to root; to establish; • *vt* to establish; • ~**se** *vi* to take root; to settle.
**arrancar** *vt* to pull up by the roots; to pull out; to wrest; to extract; • *vi* to start; to move.
**arranque** *m* sudden start; start; outburst; **línea de** ~ spring line.
**arras** *fpl* security.
**arrasar** *vt* to demolish, to destroy.
**arrastrado, da** *adj* miserable, painstaking; servile.
**arrastrar** *vt, vi* to creep, to crawl; to drag; to lead a trump at cards; • ~**se** *vi* to crawl; to grovel.
**arrastre** *m* dragging **estar para el** ~ to be a wreck.
**¡arre!** (*excl*) gee!, go on!
**arrear** *vt* to drive on; • *vi* to hurry along.
**arrebañar** *vt* to scrape together, to pick up.
**arrebatado, da** *adj* rapid, violent, impetuous; rash, inconsiderate.
**arrebatar** *vt* to carry off, to snatch; to enrapture.
**arrebato** *m* fury; rapture.
**arrebol** *m* rouge.
**arrebujar** *vt* to crumple; to wrap up.
**arrecife** *m* reef.
**arrecirse** *vi* to grow stiff with cold.
**arreglado** *adj* neat; regular, moderate.
**arreglar** *vt* to regulate; to tidy; to adjust; • ~**se** *vi* to come to an understanding; **arreglarselas,** to manage.
**arreglo** *m* rule, order; agreement; arrangement.
**arrellanarse** *vi* to sit at ease; to make oneself comfortable.
**arremangar** *vt* to roll up; • ~**se** *vi* to roll up one's sleeves.
**arremeter** *vt* to assail, to attack; to seize suddenly; ~ **contra** to rush at attack.
**arremetida** *f* attack, assault.
**arrendador** *m* landlord.
**arrendamiento** *m* leasing; hire; lease.
**arrendar** *vt* to rent, to let out, to lease.
**arrendatario, ria** *m/f* tenant.
**arreo** *m* dress, ornament; ~**s** *pl* harness.
**arrepentido, da** *adj* repentant.
**arrepentimiento** *m* repentance, penitence.
**arrepentirse** *vi* to repent.
**arrestar** *vt* to arrest; to imprison.
**arresto** *m* arrest.
**arriada** *f* flood, overflowing.
**arriar** *vt* (*mar*) to lower, to strike; to pay out.
**arriate** *m* bed; causeway.
**arriba** *adv* above, over, up, high, on high, overhead; aloft; ~ **citado** up mentioned; **cuesta** ~ uphill; **más** ~ higher up.

**arribada** *f* arrival of a vessel in port.
**arribar** *vi* (*mar*) to put into harbor.
**arribista** *m/f* upstart.
**arriendo** *m* lease, farm rent.
**arriero** *m* muleteer.
**arriesgado, da** *adj* risky; daring.
**arriesgar** *vt* to risk, to hazard, to expose to danger; • **~se** *vi* to take a chance.
**arrimar** *vt* to approach, to draw near; (*mar*) to stow cargo; • **~se** *vi* to side up to; to lean on; **arrimarse a**, to approach, get near to, to seek protection or favor.
**arrinconar** *vt* to put in a corner; to lay aside.
**arrobado, da** *adj* enchanted.
**arrobamiento** *m* rapture; amazement, rapturous admiration.
**arrobarse** *vi* to be totally amazed, to be out of one's senses.
**arrocero, ra** *adj* rice-producing.
**arrodillarse** *vi* to kneel down.
**arrogancia** *f* arrogance, haughtiness.
**arrogante** *adj* haughty, proud, assuming; stout.
**arrojadizo, za** *adj* easily thrown.
**arrojar** *vt* to throw, to fling, to jet; to dash; to emit; to shoot, to sprout; • **~se** *vi* to hurl oneself.
**arrojo** *m* boldness, fearlessness.
**arrollador, ra** *adj* overwhelming.
**arrollar** *vt* to run over; to defeat heavily.
**arropar** *vt* to clothe, to dress; • **~se** *vi* to wrap up.
**arrostrar** *vt* to face up (to).
**arroyo** *m* stream; gutter.
**arroz** *m* rice.
**arrozal** *m* rice field.
**arruga** *f* wrinkle; rumple.
**arrugar** *vt* to wrinkle; to rumple, to fold; ~ **la frente** to frown; • **~se** *vi* to shrivel.
**arruinar** *vt* to demolish; to ruin; • **~se** *vi* to go bankrupt.
**arrullador, ra** *adj* flattering, cajoling.
**arrullar** *vt* to lull; • *vi* to coo.
**arrullo** *m* cooing of pigeons; lullaby.
**arrumaco** *m* caress.
**arsenal** *m* arsenal; dockyard.
**arrumbar** *vt* to cast aside, stow away.
**arsenal** *m* shipyard; munitions depot.
**arsénico** *m* arsenic.
**arte** *m/f* art; skill; artfulness; **bellas artes** fine arts; **por amor al ~** free, gratis; **por ~ de magia** by magic.
**artefacto** *m* appliance.
**arteria** *f* artery.
**artero, ra** *adj* dexterous, cunning, artful.
**artesa** *f* kneading trough.
**artesanía** *f* craftsmanship.
**artesano** *m* artisan, workman.
**ártico, ca** *adj* arctic, northern.
**articulación** *f* articulation; joint.
**articulado, da** *adj* articulated; jointed.
**articular** *vt* to articulate; to joint.
**artículo** *m* article; clause; point; (*gr*) article; condition; ~ **de primera necesidad** basic commodity.
**artífice** *m* artisan; artist.
**artificial** *adj* artificial.
**artificio** *m* workmanship, craft; artifice, cunning trick.
**artificioso, sa** *adj* skillful, ingenious; artful, cunning.
**artillería** *f* gunnery; artillery.

**artillero** *m* artilleryman.
**artimaña** *f* trap; cunning; trick.
**artista** *m* artist; craftsman.
**artístico, ca** *adj* artistic.
**artritis** *f* arthritis.
**arzobispado** *m* archbishopric.
**arzobispo** *m* archbishop.
**as** *m* ace.
**asa** *f* handle; lever.
**asado** *m* roast meat; barbecue.
**asador** *m* spit, roaster.
**asadura** *f* offal.
**asalariado, da** *adj* salaried.
**asaltador, a** *m/f* assailant.
**asaltante** *m/f* assailant.
**asaltar** *vt* to storm a position; to assail.
**asalto** *m* assault, attack; **tomar por ~** to take by storm.
**asamblea** *f* assembly, meeting.
**asar** *vt* to roast.
**asbesto** *m* asbestos.
**ascendencia** *f* ascendancy; ancestry.
**ascendente** *adj* ascending; (*ferro*) **tren ~** *m* up-train.
**ascender** *vi* to be promoted; to rise; • *vt* to promote.
**ascendiente** *m* forefather; influence.
**ascenso** *m* promotion; ascent.
**ascensor** *m* elevator.
**asceta** *m* ascetic.
**ascético, ca** *adj* ascetic.
**asco** *m* nausea, loathing; **estar hecho un ~** to look extremely dirty.
**ascua** *f* glowing ember; **estar en ascuas** to be on edge.
**aseado, da** *adj* clean, elegant, neat.
**asear** *vt* to clean; to tidy.
**asediar** *vt* to besiege; to chase.
**asedio** *m* siege.
**asegurado, da** *adj* insured.
**asegurador** *m* insurer.
**asegurar** *vt* to secure; to insure; to affirm; to bail; • **~se** *vi* to make sure.
**asemejarse** *vi* to be like, to resemble.
**asentado, da** *adj* established.
**asentar** *vt* to sit down; to affirm, to assure; to note; • *vi* to suit.
**asentir** *vi* to acquiesce, to concede.
**aseo** *m* cleanliness, neatness.
**aséptico, ca** *adj* germ-free.
**asequible** *adj* attainable, obtainable.
**aserción** *f* assertion, affirmation.
**aserradero** *m* sawmill.
**aserrar** *vt* to saw.
**aserrín** *m* sawdust.
**asertivo, va** *adj* affirmative.
**asesinar** *vt* to assassinate; to murder.
**asesinato** *m* assassination; murder.
**asesino** *m* assassin; murderer.
**asesor** *m* counselor, assessor.
**asesorar** *vt* to advise; to act as consultant; • **~se** *vi* to consult.
**asestar** *vt* to aim, to point; to strike.
**aseverar** *vt* to affirm.
**asfalto** *m* asphalt.
**asfixia** *f* suffocation.
**asfixiar** *vt* to suffocate; • **~se** *vi* to suffocate.
**así** *adv* so, thus, in this manner; like this; therefore, so that; also; **~ que** so that, therefore; **así así** so-so; middling.
**asidero** *m* handle.
**asiduidad** *f* assiduousness.
**asiduo, dua** *adj* assiduous.
**asiento** *m* chair, bench, stool; seat; contract; entry; residence.
**asignación** *f* assignation; destination.
**asignar** *vt* to assign, to attribute.
**asignatura** *f* subject; course.

**asilado, da** *m/f* inmate; refugee.
**asilo** *m* asylum, refuge; **buscar ~** to seek asylum; **dar ~** to shelter.
**asimilación** *f* assimilation.
**asimilar** *vt* to assimilate.
**asimismo** *adv* similarly, in the same manner.
**asir** *vt, vi* to grasp, to seize; to hold, to grip, to take root.
**asistencia** *f* audience, presence; assistance; help.
**asistente** *m* assistant, helper.
**asistir** *vi* to be present, to assist; • *vt* to help.
**asma** *f* asthma.
**asmático, ca** *adj* asthmatic.
**asno** *m* ass.
**asociación** *f* association; partnership.
**asociado** *m* associate.
**asociar** *vt* to associate; • **~se** *vi* to associate.
**asolar** *vt* to destroy, to devastate.
**asolear** *vt* to expose to the sun; • **~se** *vi* to sunbathe.
**asomar** *vi* to appear; • **~se** *vi* to appear; to show up.
**asombrar** *vt* to amaze; to astonish; • **~se** *vi* to be amazed; to get a fright.
**asombro** *m* dread, terror; astonishment.
**asombroso, sa** *adj* astonishing, marvelous.
**asomo** *m* mark, indication; conjecture; **ni por ~** by no means.
**asonancia** *f* assonance.
**aspa** *f* cross; sail.
**aspaviento** *m* astonishment; fuss; **hacer aspavientos** to make, kick up or cause a fuss.
**aspecto** *m* appearance; aspect.
**aspereza** *f* roughness; surliness.
**áspero, ra** *adj* rough, rugged; craggy, knotty; horrid; harsh, hard; severe, austere, gruff.
**asperón** *m* grindstone.
**aspersión** *f* aspersion, sprinkling.
**áspid** *m* asp.
**aspiración** *f* breath; pause.
**aspirante** *m* aspirant.
**aspirar** *vt* to breathe; to aspire; (*gr*) to aspirate.
**aspirina** *f* aspirin.
**asquear** *vt* to sicken; • *vi* to be sickening; • **~se** *vi* to feel disgusted.
**asqueroso, sa** *adj* disgusting.
**asta** *f* lance; horn; handle; **a media ~** at half mast.
**astado, da** *adj* horned.
**asterisco** *m* asterisk.
**astilla** *f* chip of wood, splinter.
**astillero** *m* dockyard.
**astral** *adj* astral.
**astringente** *adj* astringent.
**astro** *m* star.
**astrología** *m* astrology.
**astrológico, ca** *adj* astrological.
**astrólogo** *m* astrologer.
**astronauta** *m/f* astronaut.
**astronave** *f* spaceship.
**astronomía** *f* astronomy.
**astronómico, ca** *adj* astronomical.
**astrónomo** *m* astronomer.
**astucia** *f* cunning, slyness.
**astuto, ta** *adj* cunning, sly, astute.
**asueto** *m* time off; vacation.
**asumir** *vt* to assume.
**asunto** *m* subject, matter; affair, business.
**asustar** *vt* to frighten; • **~se** *vi* to be frightened.
**asustar** *vt* to scare, frighten.
**atacar** *vt* to attack, to onset.
**atajo** *m* short cut; tackle.

**atalaya** *f* watchtower.
**atañer** *vi* to concern.
**ataque** *m* attack.
**atar** *vt* to tie, to fasten; **no ~ ni desatar** to talk nonsence.
**atardecer** *vi* to get dark; • *m* dusk; evening.
**atareado, da** *adj* busy.
**atascar** *vt* to jam; to hinder; • **~se** *vi* to become bogged.
**atasco** *m* traffic jam.
**ataúd** *m* coffin.
**ataviar** *vt* to dress out, to trim, to adorn.
**atavío** *m* dress, ornament, finery.
**ateísmo** *m* atheism.
**atemorizar** *vt* to frighten; • **~se** *vi* to get scared.
**atenazar** *vt* to grip; to torment.
**atención** *f* attention, heedfulness; civility; observance, consideration; **llamar la ~** to attack or draw one's attention; **prestar ~** to pay attention.
**atender** *vi* to be attentive; to heed, to expect, to wait for; to look at; • *vt* to attend to.
**atenerse** *vi* to adhere to.
**atentado, da** *adj* discreet, prudent, moderate; • *m* attempt, transgression, offense.
**atentamente** *adv* **le saluda ~** Yours truly.
**atentar** *vt* to attempt; to commit.
**atento, ta** *adj* attentive; heedful; observing; mindful; polite, courteous, mannerly.
**atenuante** *adj* extenuating.
**atenuar** *vt* to diminish; to lessen.
**ateo, a** *adj, m/f* atheist.
**aterciopelado, da** *adj* velvet-like.
**aterido, da** *adj* frozen stiff.
**aterirse** *vi* to grow stiff with cold.
**aterrador, a** *adj* frightening.
**aterrar** *vt* to terrify; • **~se** *vi* to be terrified.
**aterrizaje** *m* landing.
**aterrizar** *vi* to land.
**aterrorizar** *vt* to frighten, to terrify.
**atesorar** *vt* to treasure *or* hoard up riches.
**atestación** *f* testimony, evidence.
**atestado, da** *adj* packed; • *m* affidavit.
**atestar** *vt* to cram, to stuff; to attest, to witness.
**atestiguar** *vt* to witness, to attest.
**atiborrar** *vt* to stuff; • **~se** *vi* to stuff oneself.
**ático** *m* attic.
**atildar** *vt* to punctuate, to underline; to censure.
**atinado, da** *adj* wise; correct.
**atisbar** *vt* to pry, to examine closely.
**atizar** *vt* to stir the fire with a poker; to stir up.
**atlántico, ca** *adj* Atlantic.
**atlas** *m* atlas.
**atleta** *m* athlete.
**atlético, ca** *adj* athletic.
**atletismo** *m* athletics.
**atmósfera** *f* atmosphere.
**atmosférico, ca** *adj* atmospheric.
**atolondramiento** *m* stupefaction, consternation.
**atolondrar** *vt* to stun, to stupefy; • **~se** *vi* to be stupefied.
**atolladero** *m* bog; obstacle; impediment.
**atollar** *vi* to stick; • **~se** *vi* to get stuck.
**atómico, ca** *adj* atomic.
**atomizador** *m* spray.
**átomo** *m* atom.
**atónito, ta** *adj* astonished, amazed.

**atontado, da** *adj* stunned; silly.
**atontar** *vt* to stun, to stupefy; ~**se** to grow stupid.
**atorar** *vt* to obstruct, stop up.
**atormentar** *vt* to torture; to harass; to torment.
**atornillar** *vt* to screw on/down.
**atosigar** *vt* to poison; to harass, to oppress.
**atracadero** *m* landing-place.
**atracador, a** *m/f* robber.
**atracar** *vt* to moor; to rob; • ~**se** *vi* to stuff oneself (with).
**atracción** *f* attraction; **parque de atracciones** *m* amusement park.
**atractivo, va** *adj* attractive; magnetic; • *m* charm.
**atraer** *vt* to attract, to allure.
**atragantarse** *vi* to stick in the throat, to choke.
**atrancar** *vt* to bar a door.
**atrapar** *vt* to trap; to nab; to deceive.
**atrás** *adv* backward(s); behind; previously, **hacia** ~ backward(s); **dejar** ~ to leave behind; **días** ~ days back or ago; **volver los ojos** ~ to turn one's eyes back.
**atrasado, da** *adj* slow; backward; in arrear.
**atrasar** *vi* to be slow; • *vt* to postpone; ~ **el reloj** to put back a watch; • ~**se** *vi* to stay behind; to be late.
**atraso** *m* backwardness; slowness; delay.
**atravesado, da** *adj* oblique; cross, perverse; mongrel; degenerate.
**atravesar** *vt* to cross; to pass over; to pierce; to go through; • ~**se** *vi* to get in the way; to thwart.
**atrayente** *adj* attractive.
**atreverse** *vi* to dare, to venture.
**atrevido, da** *adj* bold, audacious, daring.
**atrevimiento** *m* boldness, audacity.
**atribución** *f* attribution, imputation.
**atribuir** *vt* to attribute, to ascribe; to impute.
**atribular** *vt* to vex, to afflict.
**atributivo, va** *adj* attributive.
**atributo** *m* attribute; attrition.
**atril** *m* lectern; music stand.
**atrio** *m* porch; portico.
**atrocidad** *f* atrocity.
**atrochar** *vi* to take a short cut.
**atropellado, da** *adj* hasty, precipitate.
**atropellar** *vt* to trample; to run down; to hurry; to insult; • ~**se** *vi* to hurry oneself too much.
**atropello** *m* accident; push; attack.
**atuendo** *m* attire.
**atroz** *adj* atrocious, heinous, cruel.
**atufar** *vt* to vex, to plague; • ~**se** *vi* turn sour; to get mad.
**atún** *m* tunna.
**aturdido, da** *adj* hare-brained.
**aturdimiento** *m* stupefaction; astonishment; dullness.
**aturdir** *vt* to stun, to confuse; to stupefy.
**atusar** *vt* to smooth.
**audacia** *f* audacity, boldness.
**audaz** *adj* audacious, bold.
**audible** *adj* audible.
**audiencia** *f* audience.
**auditivo, va** *adj* auditive, auditory.
**auditor** *m* auditor.
**auditorio** *m* audience; auditorium.
**auge** *m* boom; climax.
**augurar** *vt* to predict.
**augurio** *m* omen.
**aula** *f* classroom.
**aullar** *vi* to howl.
**aullido, aúllo** *m* howling.

**aumentar** *vt* to augment, to increase; to magnify; to put up; • *vi* to increase; to grow larger.
**aumento** *m* increase; promotion, advancement.
**aun** *adv* even; ~ **así** even so.
**aún** *adv* still; yet.
**aunar** *vt* to unite, to assemble.
**aunque** *adv* though, although.
**¡aupa!** *excl* come on!
**áureo, rea** *adj* golden, gilt.
**aureola** *f* glory; nimbus.
**auricular** *m* auricular; ~**es** *mpl* headphones.
**aurora** *f* dawn.
**auscultar** *vt* to sound.
**ausencia** *f* absence; **brillar uno por su** ~ to be conspicuous by (one's) absence.
**ausentarse** *vi* to go out.
**ausente** *adj* absent.
**auspicio** *m* auspice; prediction; protection.
**austeridad** *f* austerity.
**austero, ra** *adj* austere, severe.
**austral** *adj* southern.
**autenticar** *vt* to authenticate.
**autenticidad** *f* authenticity.
**auténtico, ca** *adj* authentic.
**autillo** *m* horned owl.
**auto** *m* judicial sentence; car; edict, ordinance; ~ **de fe** auto da fe.
**autoadhesivo, va** *adj* self-sealing.
**autobiografía** *f* autobiography.
**autobús** *m* bus.
**autocar** *m* bus.
**autocracia** *f* autocracy.
**autócrata** *m* autocrat.
**autóctono, na** *adj* native.
**autodefensa** *f* self defense.
**autodeterminación** *f* self determination.
**autoescuela** *f* driving school.
**autógrafo** *m* autograph.
**autómata** *m* automaton.
**automático, ca** *adj* automatic.
**automatización** *f* automation.
**automotor** *m* car.
**automóvil** *m* automobile.
**automovilismo** *m* motoring; car racing.
**automovilista** *m/f* motorist, driver.
**automovilístico, ca** *adj* car *compd.*
**autonomía** *f* autonomy.
**autónomo, ma** *adj* autonomous.
**autonómico, ca** *adj* autonomous.
**autopista** *f* freeway.
**autopsía** *f* autopsy.
**autor** *m* author; maker; writer.
**autora** *f* authors.
**autoridad** *f* authority.
**autorización** *f* authorization.
**autorizar** *vt* to authorize.
**autorretrato** *m* self-portrait.
**autoservicio** *m* self-service store; restaurant.
**autostop** *m* hitch-hiking.
**autostopista** *m/f* hitch-hiker.
**autosuficiencia** *f* self-sufficiency.
**autovía** *f* state highway.
**auxiliar** *vt* to aid, to help, to assist; to attend a dying person; • *adj* auxiliary.
**auxilio** *m* aid, help, assistance.
**aval** *m* guarantee; guarantor.
**avalancha** *f* avalanche.
**avance** *m* advance, attack; trailer.
**avanzada** *f* (*mil*) vanguard.
**avanzar** *vt, vi* to advance.
**avaricia** *f* avarice.
**avaricioso, sa** *adj* avaricious, covetous.
**avaro, ra** *adj* avaricious, miserly.
**avasallar** *vt* to subdue, to enslave.
**ave** *f* bird; *pl* fowl.
**avecinarse** *vi* to be on the way.

**avellana** *f* hazelnut.
**avellano** *m* hazelnut tree.
**ave maría** *f* Hail Mary.
**avena** *f* oats *pl.*
**avenencia** *f* agreement, bargain; union.
**avenida** *f* avenue.
**avenido, da** *adj* agreed.
**avenir** *vt* to reconcile; • **~se** *vi* to reach a compromise.
**aventajado, da** *adj* advantageous, profitable; beautiful, excellent.
**aventajar** *vt* to surpass, to excel.
**aventar** *vt* to fan; to expel.
**aventura** *f* adventure, event, incident.
**aventurado, da** *adj* risky.
**aventurar** *vt* to venture, to risk.
**aventurero, ra** *adj* adventurous.
**avergonzar** *vt* to shame, to abash; • **~se** *vi* to be ashamed.
**avería** *f* breakdown.
**averiado, da** *adj* broken down; out of order.
**averiarse** *vi* to break down.
**averiguación** *f* discovery; investigation.
**averiguar** *vt* to inquire, to investigate, to explore.
**aversión** *f* aversion, dislike; abhorrence.
**avestruz** *m* ostrich.
**aviación** *f* aviation; air force.
**aviador, a** *m/f* aviator.
**avicultura** *f* poultry farming.
**avidez** *f* covetousness.
**ávido, da** *adj* (*poet*) greedy, covetous.
**avieso, sa** *adj* irregular, out of the way; mischievous, perverse.
**avinagrado, da** *adj* sour.
**avinagrarse** *vi* to go sour.
**avío** *m* preparation, provision.
**avión** *m* airplane.
**avioneta** *f* light aircraft.
**avisado, da** *adj* prudent, cautious; **mal** ~ ill advised.
**avisar** *vt* to inform; to warn; to advise.
**aviso** *m* notice; warning, hint; **andar** o **estar sobre** ~ to be one's guard.
**avispa** *f* wasp.
**avispado, da** *adj* lively, brisk, vivacious.
**avisparse** *vi* to worry.
**avispero** *m* wasp's nest.
**avispón** *m* hornet.
**avistar** *vt* to sight.
**avituallar** *vt* (*mil*) to supply (with food).
**avivar** *vt* to quicken, to enliven, to encourage.
**avutarda** *f* bustard, wild turkey.
**axioma** *m* axiom, maxim.
**¡ay!** *excl* alas!; ow! ¡~ **de mi!** alas! poor me!
**aya** *f* governess, instructress.
**ayer** *adv* yesterday.
**ayuda** *f* help, aid; support; • *m* deputy, assistant.
**ayudante** *m* (*mil*) adjutant; assistant.
**ayudar** *vt* to help, to assist, to further.
**ayunar** *vi* to fast, to abstain from food.
**ayuno** *m* fasting, abstinence from food; **en ayunas** not to have eaten.
**ayuntamiento** *m* town/city hall.
**azabache** *m* jet.
**azada** *f* spade, hoe.
**azafata** *f* air stewardess.
**azafrán** *m* saffron.
**azahar** *m* orange *or* lemon blossom.

**azar** *m* unforeseen disaster, unexpected accident; fate; **por** ~ by chance; **al** ~ at random.
**azaroso, sa** *adj* unlucky, ominous; risky.
**azogue** *m* mercury.
**azor** *m* goshawk.
**azorar** *vt* to frighten, to terrify.
**azotaina** *f* drubbing, sound flogging.
**azotar** *vt* to whip, to lash.
**azote** *m* whip.
**azotea** *f* flat roof of a house.
**azteca** *m/f* Aztec.
**azúcar** *m* sugar.
**azucarado, da** *adj* sugared; sugary.
**azucarar** *vt* to sugar, to sweeten.
**azucarero** *m* sugar bowl.
**azucena** *f* white lily.
**azufre** *m* sulphur, brimstone.
**azul** *adj* blue; ~ **celeste** sky blue.
**azulado, da** *adj* azure, bluish.
**azulejo** *m* tile.
**azuzar** *vt* to irritate, to stir up.

# B

**baba** *f* drivel, slaver.
**babear** *vi* to drivel, to slaver..
**babel** *m* bedlam.
**babero** *m* bib.
**babia** *f* **estar en** ~ to be absent-minded *or* dreaming.
**baboso, sa** *adj* driveling, slavering.
**babucha** *f* slipper.
**baca** *f* (*auto*) roof rack.
**bacalao** *m* cod.
**báculo** *m* stick.
**bache** *m* pothole.
**bachillerato** *m* baccalaureate.
**badajo** *m* clapper, tongue of a bell.
**bagaje** *m* equipment, resources.
**bagatela** *f* trifle.
**bagazo** *m* flax, husk or straw.
**bahía** *f* bay.
**bailador, ra** *m/f* dancer.
**bailar** *vi* to dance; ~ **al son que te toquen** to swim with the tide.
**bailarín, ina** *m/f* dancer.
**baile** *m* dance, ball; ~ **de etiqueta** dress ball; ~ **de máscaras** or **de disfraces** masquerade or custom ball.
**bailotear** *iv* to dance a lot or clumsily.
**baja** *f* fall; casualty.
**bajada** *f* descent; inclination; slope; ebb.
**bajamar** *f* low tide.
**bajar** *vt* to lower, to let down; to lessen; to humble; to go/come down; to bend downward(s); • *vi* to descend; to go/come down; to grow less; • **~se** *vi* to crouch; to lessen; **bajarle a uno los humos** to take someone down a peg.
**bajeza** *f* meanness; lowliness.
**bajío** *m* shoal, sandbank; lowlands.
**bajo, ja** *adj* low; abject, despicable; common; dull (of colors); deep; humble; • *prep* under, underneath, below; • *adv* softly; quietly; • *m* (*mus*) bass; low place.
**bajón** *m* fall.
**bala** *f* bullet.
**bajón** *m* sharp decline, drop (in wealth, health, etc.)
**baladronada** *f* boast, brag; bravado.
**balance** *m* balance sheet; balance; rolling of a ship.
**balancear** *vt, vi* to balance; to roll; to waver; • ~se *vi* to swing.
**balancín** *m* balance beam; rocker arm; seesaw; balancing pole.
**balanza** *f* scale; balance; judgement.
**balar** *vi* to bleat.
**balaustrada** *f* balustrade, banister.
**balazo** *m* shot.
**balbucear** *vt, vi* to stutter.
**balbuciente** *adj* stammering, stuttering.
**balcón** *m* balcony.
**baldar** *vt* to cripple.
**balde** *m* bucket; **de** ~ *adv* gratis, for nothing; **en** ~ in vain.
**baldío, día** *adj* waste; uncultivated.
**baldosa** *f* floor; tile; flagstone.
**balido** *m* bleating, bleat.
**baldosa** *f* floor tile.
**balín** *m* buckshot.
**balística** *f* ballistics *pl.*
**balneario** *m* spa.
**balón** *m* large football; bale of goods.
**baloncesto** *m* basketball.
**balonmano** *m* handball.
**balonvolea** *m* volleyball.

**balsa** *f* balsa wood; pool; raft, float; ferry.
**bálsamo** *m* balsam, balm.
**baluarte** *m* bastion; bulwark.
**ballena** *f* whale; whalebone.
**ballenato** *m* cub of a whale.
**ballenero** *m* (*mar*) whaler.
**ballesta** *f* crossbow; **a tiro de** ~ at a great distance.
**ballestero** *m* archer; crossbow-maker.
**ballet** *m* ballet.
**bamba** *f* goat; (*pej*) police; (*bot*) swelling; flabbiness.
**bambolear** *vi* to reel; • ~se *vi* to sway.
**bamboleo** *m* reeling, staggering.
**bambú** *m* bamboo.
**banana** *f* banana, plantain.
**banano** *m* banana tree.
**banasta** *f* large basket.
**banca** *f* bench; banking.
**bancario, ria** *adj* bank(ing).
**bancarrota** *f* bankruptcy.
**banco** *m* bench; work bench; bank.
**banda** *f* band; sash; ribbon; troop; party; gang; touchline.
**bandada** *f* flock; shoal.
**bandearse** *vi* to move to and fro.
**bandeja** *f* tray, salver.
**bandera** *f* banner, standard; flag.
**banderilla** *f* banderilla, small decorated dart used at a bullfight.
**banderillear** *vt* to plant banderillas in a bull's neck *or* shoulder.
**banderillero** *m* thrower of banderillas.
**banderín** *m* small flag, pennant.
**bandido** *m* bandit, outlaw.
**bando** *m* faction, party; edict.
**bandolera** *f* bandoleer.
**bandolero** *m* bandit.
**banquero, ra** *m/f* banker.
**banqueta** *f* three-legged stool; sidewalk.
**banquete** *m* banquet; formal dinner.
**banquillo** *m* dock.
**bañador** *m* swimsuit.
**bañar** *vt* to bathe; to dip; to coat (with varnish); • ~se *vi* to bathe; to swim.
**bañera** *f* bath (tub).
**bañero** *m* lifeguard.
**bañista** *m/f* bather.
**baño** *m* bath; dip; bathtub; varnish; crust of sugar; coating.
**baptista** *m/f* Baptist.
**bar** *m* bar.
**baraja** *f* pack of cards.
**barajar** *vt* to shuffle cards; to jumble up.
**baranda** *f* rail.
**barandilla** *f* small balustrade, small railing.
**baratijas** *fpl* trifles, toys *pl*; trash, junk.
**baratillo** *m* secondhand goods *pl*; junkshop; bargain sale.
**barato, ta** *adj* cheap; **de** ~ gratis; • *m* cheapness, bargain sale; money extracted from winning gamblers.
**baraúnda** *f* noise, hurly-burly.
**barba** *f* chin; beard; ~ **a** ~ face to face; • *m* actor who impersonates old men; **hacer la ~ a** to flatter.
**barbacoa** *f* barbecue.
**barbaridad** *f* barbarity, barbarism; outrage; **decir barbaridades** to talk nonsence.
**barbarie** *f* barbarism; savagery.
**barbarismo** *m* barbarism (form of speech).
**bárbaro, ra** *adj* barbarous; cruel; rude; rough.
**barbecho** *m* first plowing, fallow land.
**barbería** *f* barber's shop.

**barbero** *m* barber.
**barbilampiño, ña** *adj* clean-shaven; (*fig*) inexperienced.
**barbilla** *f* (tip of the) chin.
**barbo** *m* barbel.
**barbudo, da** *adj* bearded.
**barca** *f* boat.
**barco** *m* boat; ship.
**barda** *f* thatch (on fence or wall).
**barítono** *m* (*mus*) baritone.
**barniz** *m* varnish; glaze.
**barnizar** *vt* to varnish.
**barómetro** *m* barometer.
**barón** *m* baron.
**baronesa** *f* baroness.
**barquero** *m* boatman.
**barquilla** *f* (*mar*) log; basket (of an air balloon).
**barquillo** *m* wafer; cornet, cone.
**barra** *m* bar; rod; lever; French loaf; sandbank; **de ~ a ~** from place to place.
**barrabasada** *f* trick, plot.
**barraca** *f* hut.
**barranco** *m* gully, ravine; (*fig*) great difficulty.
**barrena** *f* drill, bit, auger.
**barrenar** *vt* to drill, to bore; (*fig*) to frustrate.
**barrendero** *m* sweeper, garbage man.
**barreno** *m* large drill; bore hole.
**barreño** *m* tub.
**barrer** *vt* to sweep; to overwhelm; **~ hacia adentro** to look out for oneself.
**barrera** *f* barrier; turn-pike, claypit.
**barreta** *f* small bar
**barriada** *f* district of a city.
**barricada** *f* barricade.
**barrido** *m* sweep.
**barriga** *f* abdomen, belly.
**barrigudo, da** *adj* big-bellied.
**barril** *m* barrel; cask.
**barrio** *m* neighborhood, district; **barrios bajos** slums.
**barrizal** *m* claypit.
**barro** *m* clay, mud.
**barroco, ca** *adj* baroque.
**barrote** *m* ironwork of doors, windows, tables; crosspiece.
**barruntar** *vt* to guess, to foresee, to conjecture.
**barrunto** *m* conjecture.
**bártulos** *mpl* gear, belongings *pl.*
**barullo** *m* uproar.
**basamento** *m* base.
**basalto** *m* basalt.
**basar** *vt* to base; • ~se *vi* to be based on.
**basca** *f* squeamishness, nausea.
**báscula** *f* scales *pl.*
**báscula** *m* platform scale.
**base** *f* base, basis.
**básico, ca** *adj* basic.
**basílica** *f* basilica.
**basilisco** *m* basilisk.
**bastante** *adj* sufficient, enough; • *adv* quite.
**bastar** *vi* to be sufficient, to be enough.
**bastardo, da** *adj*, *m/f* bastard.
**bastidor** *m* embroidery frame; **~es** *pl* scenery (on stage); **entre bastidores** behind the scenes.
**bastión** *m* bastion.
**basto, ta** *adj* coarse, rude, unpolished.
**bastón** *m* cane, stick; truncheon; (*fig*) command; **empuñar el ~** to take command.
**bastonazo** *m* beating.
**basura** *f* garbage; trash; dung; **estar para la ~** to be a wreck.
**basurero** *m* garbage man; dunghill; trashcan.

**bata** *f* dressing gown; overall; laboratory coat.
**batacazo** *m* noise of a fall.
**batahola** *f* noise, bustle.
**batalla** *f* battle, combat, fight; agitation of the mind.
**batallar** *vi* to battle, to fight; to fence with foils; to waver; ~ **campal** pitched battle; **presentar** ~ to offer battle.
**batallón** *m* (*mil*) battalion.
**batata** *f* sweet potato.
**bate** *m* bat.
**bateador** *m* hitter, batter (in baseball)
**batería** *m* battery; percussion.
**batida** *f* battue (chase).
**batido, da** *adj* shot (applied to silks); beaten (as roads); • *m* milk shake.
**batidero** *m* uninterrupted beating or striking.
**batidora** *f* food mixer, whisk.
**batir** *vt* to beat; to whisk; to dash; to demolish; to defeat; to strike (of the sun).
**batista** *f* batiste, cambric.
**batuta** *f* baton.
**baúl** *m* trunk; (*fam*) belly.
**bautismal** *adj* baptismal.
**bautismo** *m* baptism.
**bautizar** *vt* to baptize, to christen.
**bautizo** *m* baptism.
**baya** *f* berry.
**bayeta** *f* baize (kind of cloth).
**bayo, ya** *adj* bay (of a horse).
**bayoneta** *f* bayonet.
**bayonetazo** *m* thrust with a bayonet.
**baza** *f* card-trick.
**bazar** *m* bazaar.
**bazo** *m* spleen.
**bazofia** *f* refuse; hogwash.
**be** *m* baa (cry of sheep).
**beatificación** *f* beatification.
**beatificar** *vt* to beatify; to hallow, to sanctify, to make blessed.
**beato, ta** *adj* happy, blessed; devout; • *m* lay brother; pious person.
**bebé** *m/f* baby.
**bebedero** *m* drinking trough; place where birds drink.
**bebedizo** *m* (love) potion.
**bebedor, ra** *m/f* (hard) drinker.
**beber** *vt* to drink; ~ **a la salud de** to drink for someone health; ~ **como una cuba** to drink like a fish.
**bebida** *f* drink, beverage.
**beca** *f* fellowship; grant, allowance, scholarship; sash, hood.
**becada** *f* woodcock.
**becerro** *m* yearling calf.
**bedel** *m* head porter, uniformed employee.
**befa** *f* jeer, taunt.
**befarse** *vi* to mock, to ridicule.
**beldad** *f* beautiful woman.
**bélico, ca** *adj* warlike, martial.
**belicoso, sa** *adj* warlike; aggressive.
**beligerante** *adj* belligerent.
**bellaco, ca** *adj* artful, sly; cunning.
**belladona** *f* (*bot*) deadly nightshade.
**belleza** *f* beauty.
**bello, lla** *adj* beautiful, handsome; lovely; fine.
**bellota** *f* acorn; (*med*) Adam's apple; pomander.
**bemol** *m* (*mus*) flat; **tener bemoles** to be very difficult.
**bencina** *f* gasoline.
**bendecir** *vt* to bless; to consecrate; to praise.

**bendición** *f* blessing, benediction; **echar la ~ a** to be finished with.
**bendito, ta** *adj* saintly, blessed; simple; happy.
**benedictino** *adj*, *m* Benedictine.
**beneficiado** *m* incumbent; beneficiary.
**beneficiar** *vt* to benefit; to be of benefit to; **beneficiarse de** profit by.
**beneficiario, ra** *m/f* beneficiary.
**beneficio** *m* benefit, profit, advantage; benefit- night.
**beneficioso, sa** *adj* beneficial.
**benéfico, ca** *adj* beneficent, kind; **a ~ de** for the benefit of; **hombre sin oficio ni ~** man without a cent or a job.
**benemérito, ta** *adj* worthy, meritorious.
**beneplácito** *m* consent, approbation.
**benevolencia** *f* benevolence.
**benévolo, la** *adj* benevolent, kindhearted.
**benigno, na** *adj* benign; kind; mild.
**beodo, da** *adj* drunk, drunken.
**berenjena** *f* eggplant.
**bergantín** *m* (*mar*) brig.
**bermejo, ja** *adj* red.
**berrear** *vi* to low, to bellow.
**berrido** *m* bellowing of a calf.
**berrinche** *m* anger, rage, tantrum (applied to children).
**berro** *m* watercress.
**berruga** *f* wart.
**berza** *f* cabbage; **mezclar ~ con capachos** to bring irrelevant details .
**besamanos** *m* levee; royal audience.
**besamel** *f* white sauce.
**besar** *vt* to kiss; to graze; • ~se *vi* to kiss; to knock one's head against another's; **~ la mano** or **~ los pies** to pay respects.
**beso** *m* kiss; collision of persons or things; **~ de Judas** kiss of Judas, treacherous kiss.
**bestia** *f* beast; animal; idiot; **~ de carga** beast of burden.
**bestial** *adj* bestial; (*fam*) marvelous, swell.
**bestialidad** *f* bestiality.
**besugo** *m* sea bream.
**besuquear** *vt* to cover with kisses.
**besuqueo** *m* repeated kisses.
**betún** *m* shoe polish.
**bezo** *m* thick lip; proud flesh (in a wound).
**biberón** *m* feeding bottle.
**Biblia** *f* Bible.
**bíblico, ca** *adj* biblical.
**bibliófilo, la** *m/f* book-lover, bookworm.
**bibliografía** *f* bibliography.
**bibliográfico, ca** *adj* bibliographical.
**bibliógrafo, fa** *m/f* bibliographer.
**biblioteca** *f* library; **~ de consulta** reference library.
**bibliotecario, ra** *m/f* librarian.
**bicarbonato** *m* bicarbonate.
**bici** *f* (*fam*) bike.
**bicicleta** *f* bicycle.
**bicho** *m* small animal; bug; **mal ~** villain.
**bidé** *m* bidet.
**bielda** *f* pitchfork.
**bien** *m* good, benefit; profit; **~es** *pl* goods, property, wealth; • *adv* well, right; very; willingly, easily; **~ que** *conj* although; **está ~** very well.
**bienal** *adj* biennial.
**bienaventuranza** *f* blessedness, bliss; happiness; prosperity; **~s** *pl* the Beatitudes.

**bienestar** *m* well-being.
**bienhablado, da** *adj* well-spoken.
**bienhecho, cha** *adj* well-shaped.
**bienhechor, ra** *m/f* benefactor.
**bienio** *m* space of two years.
**bienvenida** *f* welcome.
**bifurcación** *f* bifurcation.
**bigamia** *f* bigamy.
**bígamo, ma** *m/f* bigamist.
**bigote** *m* mustache; whiskers *pl*; **no tener malos bigotes** to be good looking (woman).
**bigotudo, da** *adj* with a big mustache.
**bikini** *m* bikini.
**bilingüe** *adj* bilingual.
**bilioso, sa** *adj* bilious.
**bilis** *f* bile.
**billar** *m* billiards *pl.*
**billete** *m* bill, banknote; ticket; (*ferro*) ticket; ~ **sencillo** oneway ticket; ~ **de ida y vuelta** roundtrip ticket.
**billetero** *m* pocketbook, billfold.
**billón** *m* billion, one million millions.
**bimensual** *adj* twice monthly.
**bimotor** *m* twin-engine plane.
**binario** *m* binary.
**binoculares** *mpl* binoculars; opera glasses.
**biografía** *f* biography.
**biógrafo, fa** *m/f* biographer.
**biología** *f* biology.
**biológico, ca** *adj* biological.
**biólogo, ga** *m/f* biologist.
**biombo** *m* screen.
**biopsia** *f* biopsy.
**bípedo** *m* biped.
**birlar** *vt* to knock down at one blow; to pinch (*fam*).
**birreta** *f* cardinal's red cap.
**bis** *excl* encore.
**bisabuela** *f* great-grandmother.
**bisabuelo** *m* great-grandfather.
**bisagra** *f* hinge.
**bisexual** *adj* bisexual.
**bisexualidad** *f* bisexuality.
**bisiesto** *adj* **año** ~ leap year.
**bisnieto, ta** *m/f* great-grandson/daughter.
**bisoño, ña** *adj* raw, inexperienced; novice.
**bisonte** *m* bison.
**bistec** *m* steak.
**bisturí** *m* scalpel.
**bisutería** *f* costume jewelry.
**bizarro, rra** *adj* brave, gallant; generous.
**bizco, ca** *adj* cross-eyed.
**bizcocho** *m* sponge cake; biscuit, ship's biscuit.
**bizquear** *vi* to squint.
**blanco, ca** *adj* white, blank; • *m* whiteness; white person, blank, blank space; targetmark (to shoot at); **dar en el** ~ to hit the target; **quedarse en** ~ to be at a loss.
**blancura** *f* whiteness.
**blandir** *vt* to brandish a sword; • ~se *vi* to swing.
**blando, da** soft, smooth; mild, gentle; (*fam*) cowardly.
**blanducho, cha** *adj* flabby.
**blandura** *f* softness; gentleness; mildness.
**blanquear** *vt* to bleach; to whitewash; to launder (money); • *vi* to show white.
**blanquecino, na** *adj* whitish.
**blasfemador, ra** *m/f* blasphemer.
**blasfemar** *vi* to blaspheme.
**blasfemia** *f* blasphemy; verbal insult.
**blasfemo, ma** *adj* blasphemous; • *m* blasphemer.

**blasón** *m* heraldry, honor, glory.
**blasonar** *vt* to emblazon; to blow one's own trumpet.
**bledo** *m* blite, goosefoot: **no importarle a uno un** ~ I don't give a damn (*sl*).
**blindado, da** *adj* armor-plated; bullet-proof.
**bloc** *m* writing pad.
**bloque** *m* block.
**bloquear** *vt* to block; to blockade.
**bloqueo** *m* blockade.
**blusa** *f* blouse.
**boato** *m* ostentation, pompous show.
**bobada** *f* folly, foolishness.
**bobear** *vt* to act *or* talk in a stupid manner.
**bobería** *f* silliness, foolishness.
**bobina** *f* bobbin.
**bobo, ba** *m/f* idiot, fool; clown, funny man; • *adj* stupid, silly.
**boca** *f* mouth; entrance, opening; mouth of a river; ~ **en** ~ *adv* by word of mouth; **a pedir de** ~ to one's heart's content; **callate la** ~ shut up; **de** ~ **en** ~ from person to person; **en** ~ **cerrada no entran moscas** silence is golden; **quedarse con la** ~ **abierta** to be astounded.
**bocacalle** *f* entrance to a street.
**bocadillo** *m* sandwich, roll.
**bocado** *m* mouthful; **con el** ~ **en la boca** eat and run; **quitarse el** ~ **de la boca por alguien** to give everything to help somebody.
**bocal** *m* pitcher; mouthpiece of a trumpet.
**bocamanga** *f* cuff.
**bocanada** *f* mouthful (of liquor); gust.
**bocazas** *m invar* blabbermouth.
**boceto** *m* sketch.
**bocina** *f* trumpet; megaphone; horn (of a car).
**bocón** *adj* big mouth
**bochorno** *m* sultry weather, scorching heat; blush.
**bochornoso, sa** *adj* sultry; shameful.
**boda** *f* wedding.
**bodega** *f* wine cellar; warehouse; bar.
**bodegón** *m* cheap restaurant; still life (in art).
**bodoque** *m* pellet; lump; (*fam*) idiot.
**bodorrio** *m* quiet wedding.
**bofes** *mpl* lungs, lights.
**bofetada** *f* slap (in the face).
**bofetón** *m* hard slap.
**boga** *f* fashion; (*ferro*) bogey; rower; rowing; **estar en** ~ to be fashionable.
**bogar** *vi* to row, to paddle.
**bohemio** *m/f* Bohemian.
**boicot** *m* boycott.
**boicotear** *vt* to boycott.
**boina** *f* beret.
**boj** *m* box, box tree.
**bola** *f* ball; marble; globe; slam (in cards); shoe polish; (*fam*) lie, fib; **dar** ~ **a** to polish, shine; **dejar que ruede** or **dejar rodar la** ~ to let something ride, let things take their course.
**bolazo** *m* blow with a ball.
**bolchevique** *adj* Bolshevik.
**bolear** *vi* to knock balls about (billiards); • *vt* to throw (a ball).
**bolera** *f* bowling alley.
**bolero** *m* bolero jacket; bolero dance.
**boleta** *f* entrance ticket; pass, permit.
**boletín** *m* bulletin; journal, review.

**boleto** *m* ticket.
**boli** *m* (*fam*) Biro, pen.
**boliche** *m* jack at bowls; bowls, bowling alley; dragnet.
**bólido** *m* fireball, meteor.
**bolígrafo** *m* ballpoint pen.
**bolillo** *m* bobbin.
**bolo** *m* ninepin; (large) pill.
**bolsa** *f* purse; bag; pocket; sac; stock exchange; **jugar a la** ~ to buy or sell stocks on margin; **la** ~ **o la vida** your money or your life.
**bolsillo** *m* pocket; purse; **libro de** ~ paperback book.
**bolsista** *m/f* stockbroker.
**bolso** *m* purse.
**bollo** *m* bread roll; lump.
**bomba** *f* pump; bomb; surprise; **dar a la** ~ to pump; ~ **de gasolina** gas pump.
**bombardear** *vt* to bombard.
**bombardeo** *m* bombardment.
**bombardero** *m* bomber.
**bombazo** *m* bomb explosion; bombshell.
**bombero** *m* fireman.
**bombilla** *f* light bulb.
**bombín** *m* bowler hat.
**bombo** *m* large drum; **a** ~ **y platillo** showy.
**bombón** *m* chocolate.
**bonachón, ona** *adj* good-natured.
**bonanza** *f* fair weather at sea; prosperity, bonanza.
**bondad** *f* goodness; kindness, courtesy.
**bondadoso, sa** *adj* good, kind.
**bonete** *m* clerical hat; college cap.
**bonito** *adj* pretty, nice-looking; pretty good, passable; • *m* tuna fish.
**boñiga** *f* cow dung.
**bono** *m* (financial) bond.
**boqueada** *f* act of opening the mouth; **la última** ~ the last gasp.
**boquear** *vi* to gape, to gasp; to breathe one's last; • *vt* to pronounce, to utter a word.
**boquerón** *m* anchovy; large hole.
**boquete** *m* gap, narrow entrance.
**boquiabierto, ta** *adj* with the mouth open; gaping.
**boquilla** *f* mouthpiece of a musical instrument; nozzle.
**borbollón, borbotón** *m* bubbling; **salir a borbollones** to gush forth.
**borda** *f* (*mar*) gunwhale; hut.
**bordado** *m* embroidery.
**bordadora** *f* embroider.
**bordar** *vt* to embroider; to do anything very well.
**borde** *m* border; margin; (*mar*) board.
**bordear** *vi* (*mar*) to tack; • *vt* to go along the edge of; to flank.
**bordillo** *m* curb.
**bordo** *m* board of a ship.
**boreal** *adj* boreal, northern.
**borgoña** *m* burgundy wine.
**borla** *f* tassel; tuft.
**borona** *f* millet; corn; corn bread.
**borrachera** *f* drunkenness; hard-drinking; spree.
**borracho, cha** *adj* drunk, intoxicated; blind with passion; • *m/f* drunk, drunkard.
**borrador** *m* first draft; scribbling pad; eraser.
**borraja** *f* (*bot*) borage.
**borrar** *vt* to erase, to rub out; to blur; to obscure.
**borrasca** *f* storm, violent squall of wind; hazard, danger.
**borrascoso, sa** *adj* stormy.
**borrego, ga** *m/f* yearling lamb; simpleton, blockhead.

**borrico, ca** *m/f* donkey; ass; blockhead.

**borrón** *m* blot, blur; rough draft of a writing; first sketch of a painting; stain, tarnish; blemish.

**borronear** *vt* to sketch.

**boscaje** *m* grove, small wood; landscape (in painting).

**bosque** *m* forest, wood.

**bosquejar** *vt* to make a sketch of a painting; to make a rough model of a figure.

**bosquejo** *m* sketch of a painting; unfinished work.

**bostezar** *vi* to yawn; to gape.

**bostezo** *m* yawn, yawning.

**bota** *f* leather wine-bag; boot; **estar uno de botas** or **ponerse uno las botas** to be ready.

**botánica** *f* botany.

**botánico, ca** *adj* botanic.

**botánico, ca, botanista** *m/f* botanist.

**botar** *vt* to cast, to fling; to launch.

**bote** *m* bounce; thrust; can; boat.

**botella** *f* bottle.

**botica** *f* drugstore.

**boticario, ria** *m/f* pharmacist.

**botijo** *m* earthenware jug.

**botín** *m* high boot, half-boot; gaiter; booty.

**botiquín** *m* medicine chest.

**botón** *m* button; knob (of a radio *etc*); (*bot*) bud.

**botonadura** *f* set of buttons.

**botones** *m invar* bellhop.

**bóveda** *f* arch, vault; crypt.

**boxeador** *m* boxer.

**boxeo** *m* boxing.

**boya** *f* (*mar*) buoy.

**boyante** *adj* buoyant, floating; (*fig*) fortunate, successful.

**bozal** *m* muzzle.

**bozo** *m* down (on the upper lip or chin); headstall of a horse.

**braceada** *f* violent movement of the arms.

**bracear** *vi* to swing the arms.

**bracero** *m* day-laborer; farmhand.

**braga** *f* sling, rope; diaper; ~**s** *pl* breeches; panties.

**bragazas** *m invar* henpecked husband.

**braguero** *m* truss.

**bragueta** *f* fly, flies (of trousers).

**bramante** *m* twine, string.

**bramar** *vi* to roar, to bellow; to storm, to bluster.

**bramido** *m* roar, bellow, howl.

**brasa** *f* live coal; **estar hecho una ~** to be very flushed.

**brasero** *m* brazier.

**bravamente** *adv* bravely, gallantly; fiercely; roughly; fine, extremely well.

**bravío, vía** *adj* ferocious, savage, wild; coarse; • *m* fierceness, savageness.

**bravo, va** *adj* brave, valiant; bullying; savage, fierce; rough; sumptuous; excellent, fine; !~! (*excl*) well done!

**bravucón** *adj* boasting.

**bravura** *f* ferocity; courage.

**braza** *f* fathom.

**brazada** *f* extension of the arms; armful.

**brazado** *m* armful.

**brazal** *m* armband; irrigation channel.

**brazalete** *m* bracelet.

**brazo** *m* arm; branch of a tree; enterprise; courage; **luchar a ~ partido** to fight hand-to-hand; **a ~ partido** with bare fists; **cruzarse de brazos** to be or remain idle, lazily.

**brea** *f* pitch; tar.
**brear** *vt* to pitch; to tar; to abuse, to ill-treat; to play a joke on.
**brebaje** *m* potion.
**brecha** *f* (*mil*) breach; gap, opening; **batir en ~** (*mil*) to make a breach; **estar siempre en la ~** to be prepared.
**bregar** *vi* to struggle; to quarrel; to slog away.
**breva** *f* early fig; early large acorn; **estar más blando que una ~** to be as meek as a lamb.
**breve** *m* papal brief; • *f* (*mus*) breve; • *adj* brief, short; **en ~** shortly.
**brevedad** *f* brevity, shortness, conciseness.
**breviario** *m* breviary; (*fig*) daily reading.
**brezo** *m* (*bot*) heather.
**bribón, ona** *adj* dishonest, rascally.
**bribonear** *vi* to be idle; to play dirty tricks.
**bricolaje** *m* do-it-yourself.
**brida** *f* bridle; clamp, flange.
**bridge** *m* bridge (cards).
**brigada** *f* brigade; squad, gang.
**brigadier** *m* brigadier.
**brillante** *adj* brilliant; bright, shining; • *m* diamond.
**brillar** *vi* to shine; to sparkle, to glisten; to shine, to be outstanding.
**brillo** *m* brilliancy, brightness.
**brincar** *vi* to skip, to leap, to jump, to gambol; to fly into a passion.
**brinco** *m* leap, jump, bounce.
**brindar** *vi*: **~ a, ~ por** to drink a health, to toast; • *vt* to offer, to present.
**brindis** *f* toast.
**brío** *m* spirit, dash.
**briosamente** *adv* spiritedly, dashingly.
**brioso, sa** *adj* dashing, full of spirit; lively.
**brisa** *f* breeze.
**brisca** *f* a game at cards.
**broca** *f* reel; drill; shoemaker's tack.
**brocado** *m* gold or silver brocade; **~, da** *adj* embroidered, like brocade.
**brocal** *m* rim, mouth; curb.
**brocha** *f* large brush; **~ de afeitar** shaving brush; **pintor de ~ gorda** house painter.
**brochada** *f* brushstroke.
**broche** *m* clasp; brooch; cufflink.
**broma** *f* joke; **~ pesada** practical joke; **déjate de bromas** stop playing around; **gastar** or **hacer una broma a alguien,** to play a joke on.
**bromear** *vi* to joke.
**bromista** *m/f* joker.
**bronca** *f* row.
**bronce** *m* bronze.
**bronceado, da** *adj* tanned; *m* bronzing, suntan.
**broncearse** *vi* to get a suntan.
**bronco, ca** *adj* rough, coarse; rude; harsh.
**bronquitis** *f* bronchitis.
**broquel** *m* shield.
**brotar** *vi* (*bot*) to bud, to germinate; to gush, to rush out; (*med*) to break out.
**brote** *m* (*bot*) shoot; (*med*) outbreak.
**bruces** *adv*: **a ~, de ~** face downwards; **caer de ~** to fall flat on one's face.
**bruja** *f* witch.
**brujería** *f* witchcraft.
**brujo** *m* sorcerer, magician, wizard.

**brújula** *f* compass.
**bruma** *f* mist, (*mar*) sea mist.
**brumoso, sa** *adj* misty.
**bruñido** *m* polish.
**bruñir** *vt* to polish; to put on rouge.
**brusco, ca** *adj* rude; sudden; brusque.
**brutal** *adj* brutal, brutish; • *m* brute.
**brutalidad** *f* brutality; brutal action.
**bruto** *m* brute, beast; ~, **ta** *adj* stupid; gross; brutish; **a lo ~** by force; **en ~** in the rough.
**buba** *f* tumor.
**bucal** *adj* oral.
**bucear** *vi* to dive.
**buceo** *m* diving.
**bucle** *m* curl.
**bucólica** *f* pastoral poetry; (*fam*) food.
**buche** *m* craw, maw; (*fam*) guts; mouthful; crease in clothes.
**budismo** *m* Buddhism.
**buenamente** *adv* easily; willingly.
**buenaventura** *f* fortune, good luck.
**bueno, na** *adj* good, perfect; fair; fit, proper; good-looking; ¡**buenos días**! good morning!; ¡**buenas tardes!** good afternoon; ¡**buenas noches!** good night!; ¡~! right!
**buey** *m* ox, bullock.
**bufa** *f* joke, mock.
**búfalo** *m* buffalo.
**bufanda** *f* scarf.
**bufar** *vi* to choke with anger; to snort.
**bufete** *m* desk, writing-table; lawyer's office.
**bufido** *m* snorting of an animal.
**bufo, fa** *adj* comic; **ópera ~a** *f* comic opera.
**bufón** *m* buffoon; jester; *adj* funny, comical.
**bufonada** *f* buffoonery; joke.
**buhardilla** *f* attic.
**buho** *m* owl; an unsocial person.
**buhonero** *m* peddler, hawker.
**buitre** *m* vulture.
**bujía** *f* candle; spark plug.
**bula** *f* papal bull.
**bulbo** *m* (*bot*) bulb.
**bulboso, sa** *adj* bulbous.
**bulevar** *m* boulevard.
**bulto** *m* bulk; swelling; bust; baggage.
**bulla** *f* confused noise, clatter; crowd; **meter ~** to make a noise.
**bullicio** *m* bustle; uproar.
**bullicioso, sa** *adj* lively, restless, noisy, busy; turbulent; boisterous.
**buñuelo** *m* donut; fritter.
**buque** *m* tonnage, capacity of a ship; hull of a ship; vessel, ship.
**burbuja** *f* bubble.
**burbujear** *vi* to bubble.
**burdel** *m* brothel.
**burdo, da** *adj* coarse, rough.
**burgués, esa** *adj* bourgeois.
**burguesía** *f* bourgeoisie.
**buril** *m* burin, engraver's chisel.
**burla** *f* trick; gibe; joke; **de burlas** in fun.
**burlar** *vt* to hoax; to defeat, to play tricks, to deceive; to frustrate; • **~se** *vi* to joke, to laugh at.
**burlesco, ca** *adj* burlesque, comical, funny.
**burlón, ona** *m/f* joker.
**burocracia** *f* bureaucracy.
**buró** *m* night table; bureau.
**burócrata** *m/f* bureaucrat.
**burrada** *f* drove of asses; stupid action.
**burro** *m* ass, donkey; idiot; sawhorse.

**bursátil** *adj* stock-exchange.
**bus** *m* autobus.
**busca** *f* search, hunt.
**buscapiés** *m* crackers (fireworks).
**buscar** *vt* to seek, to search for; to look for *or* after; to hunt after; • *vi* to look, to search, to seek.
**buscavidas** *m* prying person, busybody.
**buscón** *m* petty thief, small-time crook.
**búsqueda** *f* search.
**busto** *m* bust, breast, esp of a woman.
**butaca** *f* armchair; seat.
**butano** *m* butane.
**butifarra** *f* pork sausage.
**buzo** *m* diver.
**buzón** *m* mailbox; conduit, canal; cover of a jar.

# C

**cabal** *adj* just, exact; right; complete, accomplished.
**cábalas** *fpl* intrigue.
**cabalgada** *f* cavalcade; (*mil*) cavalry raid.
**cabalgadura** *f* mount-horse, beast of burden.
**cabalgar** *vi* to ride, to go riding.
**cabalgata** *f* procession.
**cabalístico, ca** *adj* cabalistic.
**caballa** *f* mackerel.
**caballar** *adj* equine.
**caballería** *f* mount, steed; cavalry; cavalry horse; chivalry; knighthood.
**caballeriza** *f* stable; stud; stable hands.
**caballerizo** *m* groom of a stable.
**caballero** *m* knight; gentleman; rider; horseman; horse soldier; ~ **andante** knight errant.
**caballerosidad** *f* amability.
**caballeroso, sa** *adj* noble, gentlemanlike.
**caballete** *m* ridge of a roof; painter's easel; trestle; bridge (of the nose).
**caballo** *m* horse; (at chess) knight; queen (in cards); **a** ~ on horseback.
**cabaña** *f* hut, cabin; hovel; livestock; balk (in billiards).
**cabaré** *m* cabaret.
**cabecear** *vi* to nod with sleep; to shake one's head; (*mar*) to pitch.
**cabeceo** *m* nod, shaking of the head.
**cabecera** *f* headboard; head; far end; pillow; headline; vignette.
**cabecilla** *m* ringleader.
**cabellera** *f* head of hair; wig; tail of a comet.
**cabello** *m* hair.
**cabelludo, da** *adj* hairy, shaggy.
**caber** *vt, vi* to contain, to fit.
**cabestrillo** *m* sling, splint.
**cabestro** *m* halter; bell-ox.
**cabeza** *f* head; chief; leader; main town, chief center.
**cabezada** *f* butt; nod, shake of the head.
**cabezal** *m* pillow; compress.
**cabezón** *m* collar of a shirt; opening in a garment for the head.
**cabezudo, da** *adj* big-headed; pigheaded.
**cabida** *f* room, capacity; **tener ~ con una persona** to have influence with someone.
**cabildo** *m* chapter (of a church); meeting of a chapter; corporation of a town.
**cabina** *f* cabin; telephone booth.
**cabizbajo, ja, cabizcaído, da** *adj* crestfallen; pensive; thoughtful.
**cable** *m* cable, lead, wire.
**cabo** *m* end, extremity; cape, headland; (*mar*) cable, rope.
**cabra** *f* goat.
**cabrero** *m* goatherd.
**cabrío, a** *adj* goatish.
**cabriola** *f* caper; gambol.
**cabritilla** *f* kidskin.
**cabrito** *m* kid.
**cabrón** *m* cuckold; ¡~! (*fam*) bastard! (*sl*).
**cacahuate** *m* peanut.
**cacao** *m* (*bot*) cacao tree; cocoa.
**cacarear** *vi* to crow; to brag, to boast.
**cacareo** *m* crowing of a cock, cackling of a hen; boast, brag.

**cacería** *f* hunting-party.
**cacerola** *f* pan, saucepan; casserole.
**cacique** *m* chief; local party boss.
**caco** *m* pickpocket; coward.
**cacofonía** *f* harsh unharmonious sound.
**cacto** *m* cactus.
**cachalote** *m* sperm whale.
**cacharro** *m* coarse earthen pot.
**cachear** *vt* to frisk.
**cachemir** *m* cashmere.
**cacheo** *m* frisking.
**cachete** *m* cheek; slap in the face.
**cachiporra** *f* truncheon.
**cachivache** *m* pot; piece of junk.
**cacho** *m* slice, piece (lemons, oranges, *etc*); horn.
**cachondeo** *m* (*fam*) farce, horny.
**cachondo, da** *adj* randy; funny.
**cachorro, ra** *m/f* puppy; cub (of any animal).
**cada** *pn* every; each.
**cadalso** *m* scaffold.
**cadáver** *m* corpse, cadaver.
**cadavérico, ca** *adj* cadaverous.
**cadena** *f* chain; series, link; radio *or* TV network.
**cadencia** *f* cadence.
**cadente** *adj* harmonious.
**cadera** *f* hip.
**cadete** *m* (*mil*) cadet.
**caducar** *vi* to become senile; to expire, to lapse; to deteriorate.
**caducidad** *f* expiry.
**caduco, ca** *adj* worn out; decrepit; perishable; expired, lapsed.
**caer** *vi* to fall; to tumble down; to lapse; to happen; to die; • ~**se** *vi* to fall down.
**café** *m* coffee; café, coffee house.
**cafetera** *f* coffee pot.
**cafetería** *f* café.
**cafetero, ra** *m/f* coffee merchant; café owner.
**cafre** *adj* bad driver, savage, inhuman; rude.
**cagar** *vi* (*fam*) to have a shit (*sl*).
**caída** *f* fall, falling; slope, descent.
**caimán** *m* caiman, alligator.
**caja** *f* box, case; casket; cashbox; cash desk; supermarket checkout; ~ **de ahorros** savings bank; ~ **de cambios** gearbox.
**cajero, ra** *m/f* cashier, teller.
**cajetilla** *f* packet.
**cajón** *m* chest of drawers; locker.
**cal** *f* lime; ~ **viva** quick lime.
**cala** *f* creek, small bay; small piece of melon, *etc*; (*mar*) hold; dipstick.
**calabacín** *m* marrow, zucchini.
**calabaza** *f* pumpkin, squash.
**calabozo** *m* prison; cell.
**calada** *f* soaking; lowering of nets; puff, drag; swoop.
**calado** *m* openwork in metal, wood *or* linen.
**calafatear** *vt* (*mar*) to calk.
**calamar** *m* squid.
**calambre** *m* cramp.
**calamidad** *f* calamity, disaster.
**calamitoso, sa** *adj* calamitous, unfortunate.
**calandria** *f* calander lark.
**calaña** *f* model, pattern.
**calar** *vt* to soak, to drench; to penetrate, to pierce; to see through; to lower; • ~**se** *vi* to stall (of a car).
**calavera** *f* skull; madcap.
**calaverada** *f* ridiculous, foolish action.
**calcañar** *m* heel.
**calcar** *vt* to trace, to copy.
**calcáreo, rea** *adj* calcareous.
**calceta** *f* (knee-length) stocking.
**calcetín** *m* sock.

**calcinar** *vt* to calcine.
**calcio** *m* calcium.
**calco** *m* tracing.
**calcomanía** *f* transfer.
**calculable** *adj* calculable.
**calculadora** *f* calculator.
**calcular** *vt* to calculate, to reckon, to compute.
**cálculo** *m* calculation, estimate; calculus; (*med*) gallstone.
**caldear** *vt* to weld; to warm, to heat.
**caldera** *f* kettle, boiler; **las ~s de Pero Botero** (*fam*) hell.
**calderada** *f* stew.
**calderilla** *f* holy water fount; small change.
**caldero** *m* small boiler.
**caldo** *m* stock, broth.
**caldoso, sa** *adj* having too much broth *or* gravy.
**calefacción** *f* heating.
**calendario** *m* calendar.
**calentador** *m* heater.
**calentar** *vt* to warm; to heat; **~se** *vi* to grow hot; to dispute.
**calentura** *f* fever.
**calenturiento, ta** *adj* feverish.
**calesa** *f* calash, cab.
**calibre** *m* caliber; (*fig*) caliber.
**calidad** *f* grade, quality, condition; kind.
**cálido, da** *adj* hot; (*fig*) warm.
**caliente** *adj* hot; fiery; **en ~** in the heat of the moment.
**califa** *m* caliph.
**califato** *m* caliphate.
**calificación** *f* qualification; grade.
**calificar** *vt* to qualify; to assess, to mark; **~se** *vi* to register as a voter.
**caligrafía** *f* calligraphy.
**cáliz** *m* chalice.
**calizo, za** *adj* calcareous.
**calma** *f* calm; calmness.
**calmante** *m* (*med*) sedative.
**calmar** *vt* to calm, to quiet, to pacify; • *vi* to become calm.
**calmoso, sa** *adj* calm; tranquil.
**calor** *m* heat, warmth; ardor, passion.
**caloría** *f* calorie.
**calumnia** *f* calumny, slander.
**calumniar** *vt* to slander.
**calumnioso, sa** *adj* slanderous.
**caluroso, sa** *adj* warm, hot; lively.
**calva** *f* bald patch.
**calvario** *m* Calvary; (*fig*) debts *pl*.
**calvicie** *f* baldness.
**calvinismo** *m* Calvinism.
**calvinista** *m* Calvinist.
**calvo, va** *adj* bald; bare, barren.
**calza** *f* wedge.
**calzado** *m* footwear.
**calzador** *m* shoehorn.
**calzar** *vt* to put on shoes; to wear; to stop a wheel; **~se** *vi* to put on one's shoes.
**calzón** *m* shorts; pants; panties.
**calzonazos** *m invar* stupid guy; **es un ~** he is a weak-willed guy.
**calzoncillos** *mpl* underpants, shorts *pl*.
**callado, da** *adj* silent, reserved, quiet.
**callandico** *adv* softly, silently.
**callar** *vi*, **~se** *vi* to be silent, to keep quiet.
**calle** *f* street; road.
**calleja** *f* lane, narrow passage.
**callejear** *vi* to loiter about the streets.
**callejero, ra** *adj* loitering.
**callejón** *m* alley.
**callejuela** *f* lane, narrow passage; subterfuge.
**callista** *m/f* chiropodist.
**callo** *m* corn; callus; **~s** *pl* tripe.

**callosidad** *f* callosity.
**calloso, sa** *adj* callous; horny.
**cama** *f* bed; **hacer la** ~ to make the bed.
**camada** *f* litter (of animals); ~ **de ladrones** gang of thieves.
**camafeo** *m* cameo.
**camaleón** *m* chameleon.
**camandulero, ra** *adj* prudish; hypocritical; sly, tricky.
**cámara** *f* hall; chamber; room; camera; cine camera.
**camarada** *m/f* comrade, companion.
**camarera** *f* waitress; maid.
**camarero** *m* waiter.
**camarilla** *f* clique; lobby.
**camarín** *m* dressing room; elevator car.
**camarón** *m* shrimp.
**camarote** *m* berth, cabin.
**cambalache** *m* exchange, swap.
**cambalachear** *vt* to exchange, to swap.
**cambiable** *adj* changeable, variable; interchangeable.
**cambiar** *vt* to exchange; to change; • *vi* to change, to alter; ~**se** *vi* to move house.
**cambio** *m* change, exchange; rate of exchange; bureau de change.
**cambista** *m* exchange broker.
**camelar** *vt* to flirt with.
**camello** *m* camel.
**camilla** *f* couch; cot; stretcher.
**caminante** *m/f* traveler, walker.
**caminar** *vi* to travel; to walk, to go.
**caminata** *f* long walk; hike.
**camino** *m* road; way.
**camión** *m* truck.
**camioneta** *f* van.
**camisa** *f* shirt; chemise.
**camiseta** *f* T-shirt, vest.
**camisón** *m* nightgown.
**camorra** *f* quarrel, dispute.
**camorrista** *m/f* quarrelsome person.
**campamento** *m* (*mil*) encampment, camp.
**campana** *f* bell.
**campanada** *f* peal of a bell; (*fig*) scandal.
**campanario** *m* belfry.
**campaneo** *m* bellringing, chime.
**campanero** *m* bell founder; bellringer.
**campanilla** *f* handbell; (*med*) uvula.
**campante** *adj* excelling, outstanding; smug.
**campánula** *f* bellflower.
**campaña** *f* countryside; level country, plain; (*mil*) campaign.
**campear** *vi* to go out to pasture; to work in the fields.
**campechano, na** *adj* open.
**campeón, ona** *m/f* champion.
**campeonato** *m* championship.
**campesino, na, campestre** *adj* rural.
**campiña** *f* flat tract of cultivated farmland.
**camping** *m* camping, campsite.
**campo** *m* country; field; camp; ground; pitch.
**camuflaje** *m* camouflage.
**canal** *m* channel, canal.
**canalizar** *vt* to canalize.
**canalón** *m* large gutter.
**canalla** *f* mob, rabble.
**canana** *f* cartridge belt.
**canapé** *f* couch, sofa.
**canario** *m* canary.
**canas** *fpl* gray hair; **peinar** ~ to grow old.
**canasta** *f* basket, hamper.
**canastilla** *f* small basket.
**canasto** *m* large basket.

**cancel** *m* storm door.
**cancelación** *f* cancellation.
**cancelar** *vt* to cancel; to write off.
**cáncer** *m* cancer.
**Cáncer** *m* Cancer (sign of the zodiac).
**canceroso, sa** *adj* cancerous.
**canciller** *m* chancellor; foreign minister.
**canción** *f* song.
**cancionero** *m* songbook.
**cancha** *f* (tennis) court.
**candado** *m* padlock.
**candela** *f* candle.
**candelabro** *m* candlestick.
**candente** *adj* red-hot.
**candidato, ta** *m/f* candidate.
**cándido, da** *adj* simple, naïve; white, snowy.
**candil** *m* oil lamp.
**candilejas** *fpl* footlights *pl.*
**candor** *m* candor, innocence.
**canela** *f* cinnamon.
**canelón** *m* icicle.
**cangrejo** *m* crawfish, crab.
**canguro** *m* kangaroo.
**caníbal** *m/f* cannibal, man-eater.
**canica** *f* marble.
**canícula** *f* dog days *pl.*
**canijo, ja** *adj* weak, sickly.
**canilla** *f* shinbone; arm-bone; tap of a cask; spool.
**canino, na** *adj* canine; • **hambre ~a** *f* ravenous hunger.
**canje** *m* exchange.
**canjear** *vt* to exchange.
**cano, na** *adj* gray-haired; white-haired.
**canoa** *f* canoe.
**canon** *m* canon; tax; royalty; rent.
**canónico, ca** *adj* canonical.
**canónigo** *m* canon, prebendary.
**canonización** *f* canonization.
**canonizar** *vt* to canonize.
**canoso, sa** *adj* gray-haired, white-haired.
**cansado, da** *adj* weary, tired; tedious, tiresome.
**cansancio** *m* tiredness, fatigue.
**cansar** *vt* to tire, to tire out; to bore; **~se** *vi* to get tired, to grow weary.
**cantable** *adj* suitable for singing.
**cantante** *m/f* singer.
**cantar** *m* song; • *vt* to sing; to chant; • *vi* to sing; to chirp.
**cántara** *f* pitcher.
**cantarín, ina** *m/f* someone who sings a lot.
**cántaro** *m* pitcher; jug; **llover a ~s** to rain heavily, to pour.
**cantera** *f* quarry.
**cantero** *m* quarryman.
**cántico** *m* canticle.
**cantidad** *f* quantity; number; amount.
**cantimplora** *f* water bottle; hip flask.
**cantina** *f* buffet, refreshment room; canteen; cellar; snack bar; bar.
**cantinela** *f* ballad, song.
**canto** *m* stone; singing; song; edge.
**cantón** *m* corner; canton.
**cantonear** *vi* to loaf around.
**cantor, ra** *m/f* singer.
**canuto** *m* (*fam*) joint (*sl*), marihuana cigarette.
**caña** *f* cane, reed; stalk; shinbone; glass of beer; ~ **dulce** sugar cane.
**cañada** *f* gully; glen; sheep-walk.
**cáñamo** *m* hemp.
**cañamón** *m* hemp seed.
**cañaveral** *m* reedbed.
**cañería** *f* conduit of water, water pipe.
**caño** *m* tube, pipe; sewer.
**cañón** *m* tube, pipe; barrel; gun; canyon.

**cañonazo** *m* gunshot; (*fig*) bombshell.
**cañonear** *vt* to shell, to bombard.
**cañoneo** *m* shelling, gunfire.
**cañonera** *f* gunboat.
**caoba** *f* mahogany.
**caos** *m* chaos; confusion.
**capa** *f* cloak; cape; layer, stratum; cover; pretext.
**capacidad** *f* capacity; extent; talent.
**capacho** *m* hamper; big basket.
**capar** *vt* to geld; to castrate; (*fig*) to curtail.
**caparazón** *m* caparison.
**capataz** *m* foreman, overseer.
**capaz** *adj* capacious, capable, spacious, roomy.
**capazo** *m* large basket; carrycot.
**capcionar** *vt* to seize, to arrest.
**capcioso, sa** *adj* wily, deceitful.
**capear** *vt* to flourish one's cloak in front of a bull; • *vi* (*mar*) to ride out, to weather.
**capellán** *m* chaplain.
**capeo** *m* challenging of a bull with a cloak.
**caperuza** *f* hood.
**capilar** *adj* capillary.
**capilla** *f* hood; cowl; chapel.
**capirote** *m* hood.
**capital** *m* capital; capital sum; • *f* capital, capital city; • *adj* capital; principal.
**capitalismo** *m* capitalism.
**capitalista** *m/f* capitalist.
**capitalizar** *vt* to capitalize.
**capitán** *m* captain.
**capitana** *f* flagship; (woman) captain (in sport).
**capitanear** *vt* to captain; to command.
**capitanía** *f* captaincy.
**capitel** *m* spire over the dome of a church; capital (of a column).
**capitolio** *m* capitol.
**capitulación** *f* capitulation; agreement; ~ **ones** *pl* marriage contract.
**capitular** *vi* to come to terms, to make an agreement.
**capítulo** *m* chapter of a cathedral; chapter (of a book).
**capó** *m* (*auto*) hood.
**capón** *m* capon.
**caporal** *m* chief, ringleader.
**capota** *f* hat, bonnet; (*auto*) top.
**capote** *m* greatcoat; bullfighter's cloak.
**Capricornio** *m* Capricorn (sign of the zodiac).
**capricho** *m* caprice, whim, fancy.
**caprichoso, sa** *adj* capricious, whimsical; obstinate.
**cápsula** *f* capsule.
**captar** *vt* to captivate; to understand; (*rad*) to tune in to, to receive.
**captura** *f* capture, arrest.
**capturar** *vt* to capture.
**capucha** *f* circumflex; cap, cowl, hood of a cloak.
**capuchino** *m* Capuchin monk; (**café**) ~ cappuccino (coffee).
**capullo** *m* cocoon of a silkworm; rosebud; coarse cloth made of spun silk.
**caqui** *m*, *adj* khaki.
**cara** *f* face; appearance; ~ **a** ~ face to face.
**carabina** *f* carbine, rifle.
**carabinero** *m* carabineer.
**caracol** *m* snail; seashell; spiral.
**caracola** *f* shell.
**caracolear** *vi* to prance about (of a horse).
**carácter** *m* character; quality; condition; hand- writing.

**característico, ca** *adj* characteristic.
**caracterizar** *vt* to characterize.
**caradura** *m/f* **es un** ~ he's got a nerve.
**caramba** *excl* well!
**carámbano** *m* icicle.
**carambola** *f* cannon (at billiards); trick.
**caramelo** *m* candy.
**caramente** *adv* dearly.
**caramillo** *m* small flute; piece of gossip.
**carantoña** *f* hideous mask; dressed-up old woman; **~s** *pl* caresses.
**carátula** *f* pasteboard mask; **la** ~ the stage.
**caravana** *f* caravan; tailback (of a car).
**caray** *excl* well!
**carbón** *m* coal; charcoal; carbon; carbon paper.
**carbonada** *f* grill; kind of pancake.
**carboncillo** *m* charcoal.
**carbonera** *f* coal tip, coal mine.
**carbonería** *f* coalyard.
**carbonero** *m* coal merchant; collier.
**carbónico, ca** *adj* carbonic.
**carbonilla** *f* coaldust.
**carbonizar** *vt* to carbonize.
**carbono** *m* (*quim*) carbon.
**carbunclo, carbunco** *m* carbuncle.
**carburador** *m* carburettor.
**carcaj** *m* quiver.
**carcajada** *f* (loud) laugh.
**carcamal** *m* nickname for old people.
**cárcel** *f* prison; jail.
**carcelero** *m* warder, jailor.
**carcoma** *f* deathwatch beetle; woodworm; anxious concern.
**carcomer** *vt* to gnaw, to corrode; **~se** *vi* to grow worm-eaten.
**carcomido, da** *adj* worm-eaten.
**cardar** *vt* to card wool.
**cardenal** *m* cardinal; cardinal bird; (*med*) bruise, weal.
**cardenalicio, cia** *adj* belonging to a cardinal.
**cárdeno, na** *adj* purple; livid.
**cardíaco, ca** *adj* cardiac; • *compd* heart.
**cardinal** *adj* cardinal, principal.
**cardo** *m* thistle.
**carear** *vt* to bring face to face; to compare; • **~se** *vi* to come face to face.
**carecer** *vi* ~ **de** to want, to lack.
**carencia** *f* lack.
**careo** *m* confrontation.
**carero, ra** *adj* in the habit of selling things at a high price.
**carestía** *f* scarcity, want; famine.
**careta** *f* pasteboard mask.
**carga** *f* load, freight; cargo; (*mil*) charge; duty, obligation, tax.
**cargadero** *m* loading place.
**cargado, da** *adj* loaded; (*elec*) live.
**cargador** *m* loader; carrier; longshoreman.
**cargamento** *m* cargo.
**cargar** *vt* to load, to burden; to charge; • *vi* to charge; to load (up); to lean.
**cargo** *m* burden, loading; employment, post; office; charge, care; obligation; accusation.
**carguero** *m* freighter.
**cariarse** *vi* to become decayed.
**caricatura** *f* caricature.
**caricia** *f* caress.
**caridad** *f* charity.
**caries** *f* (*med*) tooth decay, caries, cavity.
**carilargo, ga** *adj* long-faced.
**carilla** *f* side (of paper); beekeeper's mask.

**cariño** *m* fondness, tenderness; love.
**cariñoso, sa** *adj* affectionate; fond; loving.
**caritativo, va** *adj* charitable.
**cariz** *m* look.
**carmelita** *adj*, *m/f* Carmelite.
**carmesí** *adj*, *m* crimson.
**carmín** *m* carmine; rouge; lipstick.
**carnada** *f* bait, lure.
**carnal** *adj* carnal, of the flesh; **primo ~** first cousin.
**carnaval** *m* carnival.
**carne** *f* flesh; meat; pulp (of fruit).
**carné, carnet** *m* driver's license; **~ de identidad** identity card.
**carnero** *m* sheep, mutton.
**carnicería** *f* butcher's shop; carnage, slaughter.
**carnicero, ra** *m/f* butcher; • *adj* carnivorous.
**carnívoro, ra** *adj* carnivorous.
**carnoso, sa, carnudo** *adj* beefy, fat; fleshy.
**caro, ra** *adj* dear; affectionate; expensive; • *adv* dearly.
**carótida** *f* carotid artery.
**carpa** *f* carp (fish); tent.
**carpeta** *f* table cover; folder, file, portfolio.
**carpintería** *f* carpentry; carpenter's shop.
**carpintero** *m* carpenter.
**carraca** *f* carrack (ship); rattle.
**carrasca** *f*, **carrasco** *m* evergreen oak.
**carraspera** *f* hoarseness.
**carrera** *f* career; course; race; run, running; route, journey; **a ~ abierta**, at full speed.
**carreta** *f* long narrow cart.
**carrete** *m* reel, spool, bobbin.
**carretera** *f* highway.
**carretero** *m* carter, cartwright.
**carretilla** *f* carter; truck; trolley; go-cart; squib, cracker; wheel barrow.
**carretón** *m* small cart.
**carril** *m* lane (of highway); furrow.
**carrillo** *m* cheek; pulley.
**carro** *m* cart; automobile.
**carrocería** *f* bodywork, coachwork.
**carromato** *m* covered wagon, (gipsy) caravan.
**carroña** *f* carrion.
**carroza** *f* coach; (*mar*) awning.
**carruaje** *m* carriage; vehicle.
**carrusel** *m* merry-go-round.
**carta** *f* letter; map; document; playing card; menu; **~ blanca** carte blanche; **~ credencial** *o* **de creencia** credentials *pl*; **~ certificada** registered letter; **~ de crédito** credit card; **~ verde** green card.
**carta-bomba** *f* letter-bomb.
**cartabón** *m* square (tool).
**cartapacio** *m* notebook; folder.
**cartel** *m* placard, poster; wall chart; cartel.
**cartera** *f* satchel; purse; briefcase.
**carterista** *m/f* pickpocket.
**cartero** *m* mailman.
**cartilaginoso, sa** *adj* cartilaginous.
**cartílago** *m* cartilage.
**cartilla** *f* first reading book, primer.
**cartón** *m* cardboard, pasteboard; cartoon.
**cartuchera** *f* (*mil*) cartridge belt.
**cartucho** *m* (*mil*) cartridge.
**cartuja** *m* Carthusian order.
**cartujo** *m* Carthusian monk.
**cartulina** *f* card, pass; thin cardboard.
**casa** *f* house; home; firm, company; **~ de campo** country house; **~ de moneda** mint; **~ de huéspedes** boarding house.

**casaca** *f* coat.
**casación** *f* abrogation.
**casadero, ra** *adj* marriageable.
**casado, da** *adj* married.
**casamentero, ra** *m/f* marriage-maker, matchmaker.
**casamiento** *m* marriage, wedding.
**casar** *vt* to marry; to couple; to abrogate; to annul; **~se** *vi* to marry, to get married.
**cascabel** *m* small bell; rattlesnake.
**cascada** *f* cascade, waterfall.
**cascanueces** *m invar* nutcracker.
**cascar** *vt* to crack, to break into pieces; (*fam*) to beat; **~se** *vi* to be broken open.
**cáscara** *f* rind, peel, husk, shell; bark.
**cascarón** *m* eggshell.
**casco** *m* skull; helmet; fragment; shard; hulk of a ship; crown of a hat; hoof; empty bottle, returnable bottle.
**cascote** *m* rubbish, fragments of material used in building.
**casera** *f* landlady.
**caserío** *m* country house; hamlet.
**casero** *m* landlord; janitor; ~, **ra** *adj* domestic; household; home-made.
**caset(t)e** *m* cassette; • *f* cassette-player.
**casi** *adv* almost, nearly; ~ **nada** next to nothing; ~ **nunca** hardly ever, almost never.
**casilla** *f* hut, cabin; theater box office; square (on a chess board); pigeonhole, compartment.
**casillero** *m* (set of) pigeonholes; baggage locker.
**casino** *m* club, social club.
**caso** *m* case, occurrence, event; hap, casuality; occasion; (*gr*) case; **en ese** ~ in that case; **en todo** ~ in any case; ~ **que** in case.
**casorio** *m* unwise marriage.
**caspa** *f* dandruff; scurf.
**casquete** *m* helmet.
**casquillo** *m* bottle top; tip, cap; point.
**casta** *f* caste, race, lineage; breed; kind, quality.
**castaña** *f* chestnut; demijohn.
**castañar** *m* chestnut grove.
**castañetear** *vi* to play the castanets.
**castaño** *m* chestnut tree; ~, **ña** *adj* chestnut (colored), brown.
**castañuela** *f* castanet.
**castellano** *m* Castilian, Spanish.
**castidad** *f* chastity.
**castigar** *vt* to castigate, to punish; to afflict.
**castigo** *m* punishment; correction; penalty.
**castillo** *m* castle.
**castizo, za** *adj* pure, thoroughbred.
**casto, ta** *adj* pure, chaste.
**castor** *m* beaver.
**castrar** *vt* to geld, to castrate; to prune; to cut the honey-combs out of beehives.
**casual** *adj* casual, accidental.
**casualidad** *f* chance, accident.
**casucha** *f* hovel; slum.
**casulla** *f* chasuble.
**cata** *f* tasting.
**catacumbas** *f pl* catacombs *pl.*
**catador, ra** *m/f* wine tester.
**catadura** *f* looks *pl*, face.
**catalejo** *m* telescope.
**catalizador** *m* catalyst.
**catálogo** *m* catalog.
**cataplasma** *f* poultice.
**catapulta** *f* catapult.
**catar** *vt* to taste; to inspect, to examine; to look at; to esteem.

**catarata** *f* (*med*) cataract; waterfall.
**catarro** *m* catarrh.
**catarroso, sa** *adj* catarrhal.
**catástrofe** *f* catastrophe.
**catavino** *m* small cup for tasting wine; **~s** *m/f invar* wine-taster; tippler.
**catecismo** *m* catechism.
**cátedra** *f* professor's chair.
**catedral** *adj*, *f* cathedral.
**catedrático, ca** *m/f* professor of a university.
**categoría** *f* category; rank.
**categórico, ca** *adj* categorical, decisive.
**catequismo** *m* catechism.
**caterva** *f* mob.
**catolicismo** *m* catholicism.
**católico, ca** *adj*, *m/f* catholic.
**catorce** *adj*, *m* fourteen.
**catre** *m* cot.
**cauce** *m* riverbed; (*fig*) channel.
**caución** *f* caution; security, bail.
**caucionar** *vt* to prevent, to guard against; (*jur*) to bail.
**caucho** *m* rubber; tire.
**caudal** *m* volume, flow; property, wealth; plenty.
**caudaloso, sa** *adj* carrying much water (of rivers); wealthy, rich.
**caudillo** *m* leader.
**causa** *f* cause; motive, reason; lawsuit; **a ~ de** considering, because of.
**causal** *adj* causal.
**causante** *m/f* originator; • *adj* causing, originating.
**causar** *vt* to cause, to produce; to occasion.
**cáustico** *m* caustic; **~, ca** *adj* caustic.
**cautela** *f* caution, cautiousness.
**cauteloso, sa** *adj* cautious, wary.
**cauterizar** *vt* (*med*) to cauterize; to apply a drastic remedy to.
**cautivar** *vt* to take prisoner in war; to captivate, to charm.
**cautiverio** *m* captivity.
**cautividad** *f* captivity.
**cautivo, va** *adj*, *m/f* captive.
**cauto, ta** *adj* cautious, wary.
**cava** *f* digging and earthing of vines; wine cellar; sparkling wine.
**cavar** *vt* to dig up, to excavate; • *vi* to delve into; to think profoundly.
**caverna** *f* cavern, cave.
**cavernoso, sa** *adj* cavernous.
**cavidad** *f* cavity, hollow.
**cavilación** *f* deep thought.
**cavilar** *vt* to ponder, to consider carefully.
**caviloso, sa** *adj* obsessed; suspicious.
**cayada** *f*, **cayado** *m* shepherd's crook.
**caza** *f* hunting; shooting; chase; game; • *m* fighter-plane.
**cazador, ra** *m/f* hunter, huntsman; **~ furtivo** poacher.
**cazamoscas** *m invar* flycatcher (bird).
**cazar** *vt* to chase, to hunt; to catch.
**cazo** *m* saucepan; ladle.
**cazuela** *f* casserole; pan.
**cazurro, rra** *adj* silent, taciturn.
**cebada** *f* barley.
**cebar** *vt* to feed animals, to fatten.
**cebo** *m* feed, food; bait, lure; priming.
**cebolla** *f* onion; bulb.
**cebolleta** *f* scallion.
**cebollino** *m* onion seed; chive.
**cebón** *m* fattened pig.
**cebra** *f* zebra.
**cecear** *vt* to pronounce ***s*** the same as ***c***; to lisp.
**cecina** *f* dried meat; salt beef.
**cedazo** *m* sieve, strainer.

**ceder** *vt* to hand over; to transfer, to make over; to yield, to give up; • *vi* to submit, to comply, to give in; to diminish, to grow less.
**cedro** *m* cedar.
**cédula** *f* certificate, document; slip of paper; bill; ~ **de cambio** bill of exchange.
**cegar** *vi* to grow blind; • *vt* to blind; to block up.
**cegato, ta** *adj* short-sighted.
**ceguera** *f* blindness.
**ceja** *f* eyebrow; edging of clothes; (*mus*) bridge of a stringed instrument; brow of a hill.
**cejar** *vi* to go backward; to slacken, to give in.
**celada** *f* helmet; ambush; trick.
**celador, ora** *m/f* watchman.
**celda** *f* cell.
**celdilla** *f* cell; cavity.
**celebración** *f* celebration; praise.
**celebrar** *vt* to celebrate; to praise; ~ **misa** to say mass.
**célebre** *adj* famous, renowned; witty, funny.
**celebridad** *f* celebrity, fame.
**celeridad** *f* speed, velocity.
**celeste** *adj* heavenly; sky-blue.
**celestial** *adj* heavenly; delightful.
**celibato** *m* celibacy.
**célibe** *m/f* bachelor; celibate, spinster.
**celo** *m* zeal; rut (in animals).
**celofán** *m* cellophane.
**celosía** *f* lattice of a window.
**celoso, sa** *adj* zealous; jealous.
**célula** *f* cell.
**celular** *adj* cellular.
**celuloide** *m* celluloid.
**cementerio** *m* graveyard.
**cemento** *m* cement.
**cena** *f* supper.
**cenador** *m* arbor.
**cenegal** *m* quagmire.
**cenagoso, sa** *adj* miry, marshy.
**cenar** *vt* to have for dinner; • *vi* to have supper, to have dinner.
**cencerro** *m* jangle, clatter.
**cenicero** *m* ashtray.
**ceniciento, ta** *adj* ash-colored.
**cenit** *m* zenith.
**ceniza** *f* ashes *pl*; **miércoles de ~** Ash Wednesday.
**censo** *m* census; tax; ground rent; ~ **electoral** electoral roll.
**censor, ra** *m/f* censor, reviewer, critic.
**censura** *f* censorship; critical review; censure, blame.
**censurar** *vt* to review, to criticize; to censure, to blame.
**centella** *f* lightning; spark.
**centellear** *vi* to sparkle.
**centena** *f* hundred.
**centenadas** *adv*: **a ~** by hundreds.
**centenar** *m* hundred.
**centenario, ia** *adj* centenary; • *m* centennial.
**centeno** *m* rye.
**centésimo, ma** *adj, m* hundredth.
**centígrado** *m* centigrade.
**centímetro** *m* centimeter.
**céntimo** *m* cent.
**centinela** *f* sentry, guard.
**central** *adj* central; • *f* head office, headquarters.
**centralización** *m* centralization.
**centralizar** *vt* to centralize.
**centrista** *adj* centrist.
**céntrico** *adj* central.
**centrífugo, ga** *adj* centrifugal.
**centro** *m* center; ~ **comercial** shopping mall.
**centuplicar** *vt* to increase a hundredfold.
**céntuplo, pla** *adj* centuple, hundredfold.

**ceñido, da** *adj* tight-fitting; sparing, frugal.
**ceñir** *vt* to surround, to circle; to abbreviate, to abridge; to fit tightly.
**ceño** *m* frown.
**ceñudo, da** *adj* frowning, grim.
**cepa** *f* stock of a vine; origin of a family.
**cepillar** *vt* to brush.
**cepillo** *m* brush; plane (tool).
**cepo** *m* branch, bough; trap; snare; poor box.
**cera** *f* wax; ~**s** *pl* honeycomb.
**cerámica** *f* pottery.
**cerca** *f* enclosure; fence; ~**s** *mpl* objects placed in the foreground of a painting; • *adv* near, at hand, close by; ~ **de** close, near.
**cercanías** *fpl* outskirts.
**cercano, na** *adj* near, close by, neighboring, adjoining.
**cercar** *vt* to enclose, to circle; to fence in.
**cerciorar** *vt* to assure, to ascertain, to affirm; ~**se** *vi* to find out.
**cerco** *m* enclosure; fence; (*mil*) siege.
**cerdo** *m* pig.
**cereal** *m* cereal.
**cerebelo** *m* cerebellum.
**cerebro** *m* brain.
**ceremonia** *f* ceremony.
**ceremonial** *adj, m* ceremonial.
**ceremonioso, sa** *adj* ceremonious.
**cereza** *f* cherry.
**cerezo** *m* cherry tree.
**cerilla** *f* waxtaper; ear wax; ~**s** *pl* matches, safety matches.
**cerner** *vt* to sift; • *vi* to bud and blossom; to drizzle; ~**se** *vi* to hover, to swagger.
**cernido** *m* sifting.
**cero** *m* nothing, zero.
**cerquita** *adv* close by.
**cerrado, da** *adj* closed, shut; locked; overcast, cloudy; having a broad accent.
**cerradura** *f* locking-up; lock.
**cerrajería** *f* trade of a locksmith; locksmith's shop.
**cerrajero** *m* locksmith.
**cerrar** *vt, vi* to close, to shut; to block up; to lock; ~ **la cuenta** to close an account; • ~**se** *vi* to close; to heal; to cloud over.
**cerril** *adj* mountainous, rough; wild, untamed.
**cerro** *m* hill; neck of an animal; backbone; combed flax *or* hemp; **en** ~ bareback.
**cerrojo** *m* bolt of a door.
**certamen** *m* competition, contest.
**certero** *adj* accurate; well-aimed.
**certeza, certidumbre** *f* certainty.
**certificación** *f* certificate.
**certificado** *m* certificate; ~, **da** *adj* registered (of a letter).
**certificar** *vt* to certify, to affirm.
**cervato** *m* fawn.
**cervecería** *f* bar, brewery.
**cervecero** *m* brewer.
**cerveza** *m* beer.
**cérviz** *f* nape of the neck; cervix.
**cesación** *f* cessation, stoppage.
**cesar** *vt* to cease, to stop; to fire (*sl*); to remove from office; • *vi* to cease, to stop; to quit, to retire.
**cese** *m* suspension; dismissal.
**cesión** *f* cession, transfer.
**césped** *m* grass, lawn.
**cesta** *f* basket, pannier.
**cestería** *f* basket shop; basketwork.
**cesto** *m* (large) basket.
**cetrino, na** *adj* greenish-yellow; sallow; jaundiced, melancholic.
**cetro** *m* scepter.
**cianuro** *m* cyanide.

**ciática** *f* sciatica.
**ciático, ca** *adj* sciatic.
**cicatear** *vi* to be stingy, to be mean.
**cicatriz** *f* scar.
**cicatrizar** *vt* to heal.
**ciclismo** *m* cycling.
**ciclista** *m/f* cyclist.
**ciclo** *m* cycle.
**ciclón** *m* cyclone.
**cicuta** *f* (*bot*) hemlock.
**ciegamente** *adv* blindly.
**ciego, ga** *adj* blind.
**cielo** *m* sky; heaven; atmosphere; climate.
**cien** *adj, m* a hundred.
**ciénaga** *f* swamp.
**ciencia** *f* science.
**cieno** *m* mud, mire.
**cienpiés** *m invar* centipede.
**científico, ca** *adj* scientific.
**ciento** *adj, m* a hundred.
**cierne** *m*: **en ~** in blossom; **estar en ~** to be in its infancy.
**cierto, ta** *adj* certain, sure; right, correct; **por ~** certainly.
**cierva** *f* hind.
**ciervo** *m* deer, hart, stag; **~ volante** stag beetle.
**cierzo** *m* cold northerly wind.
**cifra** *f* number, numeral; quantity; cipher; abbreviation.
**cifrar** *vt* to write in code; to abridge.
**cigala** *f* langoustine.
**cigarra** *f* cicada.
**cigarrera** *m* cigar case.
**cigarrillo** *m* cigarette.
**cigarro** *m* cigar; cigarette.
**cigüeña** *f* stork; crank of a bell.
**cilicio** *m* hair shirt.
**cilíndrico, ca** *adj* cylindrical.
**cilindro** *m* cylinder.
**cima** *f* summit; peak; top of trees.
**címbalo** *m* cymbal.
**cimborio, cimborrio** *m* cupola, dome.
**cimbr(e)ar** *vt* to shake, to swish, to swing; **~ a uno** to give one a clout (with a stick); **~se** *vi* to sway.
**cimentado** *m* refinement of gold.
**cimentar** *vt* to lay the foundation of a building; to found; to refine metals; to strengthen, to cement.
**cimiento** *m* foundation, groundwork of a building; basis, origin.
**cinc** *m* zinc.
**cincel** *m* chisel.
**cincelar** *vt* to chisel, to engrave.
**cinco** *adj, m* five.
**cincuenta** *adj, m* fifty.
**cine** *m* cinema.
**cineasta** *m/f* movie maker.
**cinematográfico, ca** *adj* cinematographic.
**cincha** *f* girth.
**cinchar** *vt* to girth.
**cínico, ca** *adj* cynical.
**cinismo** *m* cynicism.
**cinta** *f* band, ribbon; reel.
**cinto** *m* belt.
**cintura** *f* waist.
**cinturón** *m* belt, girdle; (*fig*) zone; **~ de seguridad** seatbelt.
**ciprés** *m* cypress tree.
**circo** *m* circus.
**circuito** *m* circuit; circumference.
**circulación** *f* circulation; traffic.
**circular** *adj* circular, circulatory; • *vt* to circulate; • *vi* (*aut*) to drive.
**círculo** *m* circle; (*fig*) scope, compass.
**circuncidar** *vt* to circumcize.
**circuncisión** *f* circumcision.
**circundar** *vt* to surround, to encircle.
**circunferencia** *f* circumference.
**circunflejo, ja** *adj*: **acento ~** *m* circumflex.

**circunscribir** *vt* to circumscribe.
**circunscripción** *f* division; electoral district.
**circunspección** *f* circumspection.
**circunspecto, ta** *adj* circumspect, cautious.
**circunstancia** *f* circumstance.
**circunstante** *m/f* bystander.
**circunvalacion** *f*: **carretera de ~** bypass.
**cirio** *m* wax candle.
**ciruela** *f* plum; ~ **pasa** prune.
**ciruelo** *m* plum tree.
**cirugía** *f* surgery.
**cirujano** *m* surgeon.
**cisco** *m* coaldust.
**cisma** *m* schism; discord.
**cismático, ca** *adj* schismatic.
**cisne** *m* swan.
**cisterna** *f* cistern.
**cisura** *f* incision.
**cita** *f* quotation; appointment, meeting.
**citación** *f* quotation; (*jur*) summons.
**citar** *vt* to make an appointment with; to quote; (*jur*) to summon.
**cítrico, ca** *adj* citric; ~**s** *mpl* citric fruits.
**ciudad** *f* city, town.
**ciudadanía** *f* citizenship.
**ciudadano, na** *m/f* citizen; • *adj* civic.
**ciudadela** *f* citadel.
**cívico, ca** *adj* civic.
**civil** *adj* civil; polite, courteous; • *m* Civil Guard; civilian.
**civilización** *f* civilization.
**civilizar** *vt* to civilize.
**civismo** *m* public spirit, patriotism.
**cizaña** *f* discord.
**clamar** *vt* to cry out for.
**clamor** *m* clamor, outcry; peal of bells.
**clamoroso, sa** *adj* noisy, loud.
**clandestino, na** *adj* clandestine, secret, concealed.
**clara** *f* egg-white.
**claraboya** *f* skylight.
**clarear** *vi* to dawn; • ~**se** *vi* to be transparent.
**clarete** *adj, m* claret.
**claridad** *f* brightness, clearness.
**clarificar** *vt* to brighten; to clarify.
**clarín** *m* bugle; bugler.
**clarinete** *m* clarinet; • *m/f* clarinetist.
**claro, ra** *adj* clear, bright; evident, manifest; • *m* opening; clearing (in a wood); skylight.
**claroscuro** *adj* light and shade (in painting).
**clase** *f* class, rank; order.
**clásico, ca** *adj* classical.
**clasificación** *f* classification.
**clasificar** *vt* to classify.
**claudicar** *vi* to limp; to act deceitfully; to back down.
**claustro** *m* cloister; faculty (of a university); womb, uterus.
**cláusula** *f* clause.
**clausura** *f* closure, closing.
**clavado, da** *adj* tight-fitting; nailed.
**clavar** *vt* to nail; to fasten in, to force in; to drive in; (*fam*) to cheat, to deceive; ~**se** *vi* to penetrate.
**clave** *f* key; (*mus*) clef; • *m* harpsichord.
**clavel** *m* (*bot*) carnation.
**clavetear** *vt* to decorate with studs.
**clavicordio** *m* clavichord.
**clavícula** *f* clavicle, collar bone.
**clavija** *f* pin, peg.
**clavo** *m* nail; corn (on the feet); clove.
**claxon** *m* horn.
**clemencia** *f* clemency.
**clemente** *adj* clement, merciful.

**cleptómano, na** *m/f* kleptomaniac.
**clerecía** *f* clergy.
**clerical** *adj* clerical.
**clérigo** *m* priest; clergyman.
**clero** *m* clergy.
**cliché** *m* cliché; negative (of a photo).
**cliente** *m/f* client.
**clientela** *f* clientèle.
**clima** *m* climate.
**climatizado, da** *adj* air-conditioned.
**clínica** *f* clinic; private hospital.
**clínico, ca** *adj* clinical.
**clip** *m* paper clip.
**cloaca** *f* sewer.
**cloquear** *vi* to cluck.
**club** *m* club.
**clueca** *f* broody hen.
**coacción** *f* coercion, compulsion.
**coactivo, va** *adj* coercive.
**coadjutor, ra** *m/f* coadjutor, assistant.
**coagular** *vt*, ~**se** *vi* to coagulate; to curdle.
**coágulo** *m*; ~ **sanguíneo** blood clot.
**coalición** *f* coalition.
**coartada** *f* (*jur*) alibi.
**coartar** *vt* to limit, to restrict, to restrain.
**cobalto** *m* cobalt.
**cobarde** *adj* cowardly, timid.
**cobardía** *f* cowardice.
**cobaya** *f* guinea pig.
**cobertizo** *m* small shed; shelter.
**cobertura** *f* cover; coverage; bedspread.
**cobijar** *vt* to cover, to shelter.
**cobra** *f* cobra.
**cobrador, ra** *m/f* conductor/conductress; collector.
**cobrar** *vt* to recover; • ~**se** *vi* (*med*) to come to.
**cobre** *m* copper; kitchen utensils; (*mus*) brass.
**cobrizo, za** *adj* coppery.
**cobro** *m* encashment; payment; recovery.
**cocaína** *f* cocaine.
**cocción** *f* cooking.
**cocear** *vt* to kick; (*fig*) to resist.
**cocer** *vt* to boil; to bake (bricks); • *vi* to boil; to ferment; ~**se** *vi* to suffer intense pain.
**cocido, da** *adj* boiled; (*fig*) skilled, experienced; • *m* stew.
**cocina** *f* kitchen; cooker; cookery.
**cocinero, ra** *m/f* cook.
**coco** *m* coconut; bogeyman.
**cocodrilo** *m* crocodile.
**cochambre** *m* dirty, stinking object.
**cochambroso, sa** *adj* nasty, filthy, stinking.
**coche** *m* automobile; coach, carriage; baby carriage; (*ferro*) ~ **cama** sleeping car; ~ **restaurante** dining car.
**cochera** *f* garage, carport, depot.
**cochero** *m* coachman.
**cochinilla** *f* woodlouse; cochineal.
**cochino, na** *adj* dirty, nasty, filthy; • *m* pig.
**cochiquera** *f* pigsty.
**codazo** *m* blow given with the elbow.
**codear** *vt, vi* to elbow; ~**se** *vi*: ~**se con** to rub shoulders with.
**códice** *m* old manuscript.
**codicia** *m* covetousness, greediness.
**codiciable** *adj* covetable.
**codiciar** *vt* to covet, to desire.
**codicilo** *m* (*jur*) codicil.
**codicioso, sa** *adj* greedy, covetous.
**código** *m* code; law; set of rules.
**codillo** *m* knee of a four-legged animal; angle; (*tec*) elbow (joint).
**codo** *m* elbow.
**codorniz** *f* quail.
**coerción** *f* coercion, restraint.

**coercitivo, va** *adj* coercive.
**coetáneo, nea** *adj* contemporary.
**coexistencia** *f* coexistence.
**coexistente** *adj* coexistent.
**coexistir** *vi* to coexist.
**cofia** *f* (nurse's) cap.
**cofrade** *m* member (of a brotherhood).
**cofradía** *f* brotherhood, fraternity.
**cofre** *m* trunk.
**cogedor** *m* shovel; dustpan.
**coger** *vt* to catch, to take hold of, to occupy, to take up; • *vi* to fit; decide, resolve.
**cognitivo, va** *adj* cognitive.
**cogollo** *m* heart of a lettuce, cabbage; shoot of a plant.
**cogote** *m* back of the neck.
**cohabitar** *vi* to cohabit, to live together.
**cohechar** *vt* to bribe, to suborn.
**cohecho** *m* bribery.
**coherencia** *f* coherence.
**coherente** *adj* coherent, cohesive.
**cohete** *m* rocket.
**cohibido, da** *adj* shy.
**cohibir** *vt* to prohibit, to restrain.
**cohorte** *m* cohort.
**coincidencia** *f* coincidence.
**coincidente** *adj* coincidental.
**coincidir** *vi* to coincide.
**coito** *m* intercourse, coitus.
**cojear** *vi* to limp, to hobble; (*fig*) to go astray.
**cojera** *f* lameness, limp.
**cojín** *m* cushion.
**cojo, ja** *adj* lame, crippled.
**col** *f* cabbage.
**cola** *f* tail; line; last place; glue.
**colaborador, ra** *m/f* collaborator.
**colaborar** *vi* to collaborate.
**colación** *f* collation, comparison; light meal.
**colada** *f* wash, washing; (*quim*) bleach; sheep run.
**coladero** *m* colander, strainer.
**colador** *m* sieve.
**colapso** *m* collapse.
**colar** *vt* to strain, to filter; • *vi* to ooze; **~se en** to get into without paying.
**colateral** *adj* collateral.
**colcha** *f* bedspread, counterpane.
**colchón** *m* mattress.
**colchoneta** *f* mattress.
**coleada** *f* wagging of an animal's tail.
**colear** *vi* to wag the tail.
**colección** *f* collection.
**coleccionar** *vt* to collect.
**coleccionista** *m/f* collector.
**colecta** *f* collection (for charity).
**colectar** *vt* to collect taxes.
**colectivo, va** *adj* collective.
**colector** *m* collector; sewer.
**colega** *m/f* colleague.
**colegial** *m* schoolboy.
**colegiala** *f* schoolgirl.
**colegiata** *f* collegiate church.
**colegio** *m* college; school.
**colegir** *vt* to collect, to deduce; to infer.
**cólera** *f* bile; anger, fury, rage.
**coléricamente** *adv* in a rage.
**colérico, ca** *adj* angry, furious; bad-tempered.
**colesterol** *m* cholesterol.
**coleta** *f* pigtail.
**colgadero** *m* hook, hanger, peg.
**colgadura** *f* tapestry; hangings *pl*, drapery.
**colgajo** *m* tatter, rag.
**colgante** *adj* hanging; • *m* pendant.
**colgar** *vt* to hang; to suspend; to decorate with tapestry; • *vi* to be suspended.

**colibrí** *m* hummingbird.
**cólico** *m* colic.
**coliflor** *m* cauliflower.
**colilla** *f* end *or* butt of a cigarette.
**colina** *f* hill.
**colindante** *adj* neighboring.
**colindar** *vi* to adjoin.
**coliseo** *m* coliseum; opera house; theater.
**colisión** *f* collision; friction.
**colmar** *vt* to heap up; • *vi* to fulfill, to realize.
**colmena** *f* hive, beehive.
**colmenar** *m* beehive stand, beehouse.
**colmillo** *m* eyetooth; tusk, fang.
**colmo** *m* height, summit, extreme; **a** ~ plentifully.
**colocación** *f* employment; placing; situation.
**colocar** *vt* to arrange, to place; to provide with a job; • **~se** *vi* to get a job.
**colon** *m* (*gr*) colon (:); (*med*) colon.
**colonia** *f* colony; silk ribbon.
**colonial** *adj* colonial.
**colonización** *f* colonization.
**colonizador, a** *m/f* settler; • *adj* colonizing.
**colonizar** *vt* to colonize.
**colono** *m* colonist; farmer.
**coloquio** *m* conversation; conference.
**color** *m* color, hue, dye; rouge; suit (of cards).
**coloración** *f* coloring, coloration.
**colorado, da** *adj* ruddy; red.
**colorar** *vt* to color; to dye.
**colorear** *vt* to color; to excuse.
**colorete** *m* rouge.
**colorido** *m* coloring.
**colosal** *adj* colossal.
**columna** *f* column.
**columnata** *f* colonnade.
**columpiar(se)** *vt, vi* to swing to and fro.
**columpio** *m* swing, seesaw.
**colusión** *f* collusion.
**colza** *f* (*bot*) rape, rape seed.
**collar** *m* necklace; (dog) collar.
**coma** *f* (*gr*) comma; • *m* (*med*) coma.
**comadre** *f* midwife; godmother; neighbor.
**comadreja** *f* weasel.
**comadrón, ona** *m/f* midwife.
**comandancia** *f* command.
**comandante** *m* commander.
**comandar** *vt* to command.
**comarca** *f* territory, district.
**comba** *f* curve; warp (of timber); skipping rope.
**combar** *vt* to bend; • **~se** *vi* to warp.
**combate** *m* combat, conflict; fighting.
**combatiente** *m* combatant.
**combatir** *vt* to combat, to fight; to attack; • *vi* to fight.
**combinación** *f* combination; (*quim*) compound; cocktail; scheme.
**combinar** *vi* to combine.
**combustible** *adj* combustible; • *m* combustible; fuel.
**combustión** *f* combustion.
**comedero** *m* dining room; trough.
**comedia** *f* comedy; play, drama.
**comediante** *m/f* player, actor/actress.
**comedido, da** *adj* moderate, restrained.
**comedirse** *vi* to restrain oneself.
**comedor, ra** *m/f* glutton; • *m* dining room.
**comensal** *m/f* fellow diner.
**comendatorio, ria** *adj* recommending, introductory (of letters).
**comentar** *vt* to comment on, to expound.

**comentario** *m* comment, remark; commentary.
**comentarista** *m/f* commentator.
**comenzar** *vi* to commence, to begin.
**comer** *vt* to eat; to take a piece at chess; • *vi* to have lunch.
**comercial** *adj* commercial.
**comerciante** *m/f* trader, merchant, dealer.
**comerciar** *vi* to trade, to do business.
**comercio** *m* trade, commerce; business.
**comestible** *adj* eatable; ~**s** *mpl* food, foodstuffs.
**cometa** *m* comet; • *f* kite.
**cometer** *vt* to commit, to charge; to entrust.
**cometido** *m* task.
**comezón** *f* itch; itching.
**comicios** *mpl* elections.
**cómico, ca** *adj* comic, comical.
**comida** *f* eating, food; meal; lunch.
**comienzo** *m* beginning.
**comilón, ona** *m/f* great eater, glutton; • *f* blow-out.
**comillas** *fpl* quotation marks.
**comino** *m* cumin (plant *or* seed).
**comisaría** *f* police station; commissariat.
**comisario** *m* commissioner.
**comisión** *f* commission; committee.
**comisionado, da** *m/f* commissioner; committee member.
**comisionar** *vt* to commission.
**comité** *m* committee.
**comitiva** *f* suite, retinue, followers.
**como** *adv* as; like; such as.
**cómo** *adv* how?, why? • *excl* what?
**cómoda** *f* chest of drawers.
**comodidad** *f* comfort; convenience; ~**es** *pl* wealth, comforts.
**comodín** *m* joker.
**cómodo, da** *adj* convenient; comfortable.
**compacto, ta** *adj* compact, close, dense.
**compadecer** *vt* to pity; ~**se** *vi* to pity; to agree with each other.
**compadre** *m* godfather; friend.
**compaginar** *vt* to arrange, to put in order; ~**se** *vi* to tally.
**compañero, ra** *m/f* companion, friend; comrade; partner.
**compañía** *f* company.
**comparación** *f* comparison.
**comparar** *vt* to compare.
**comparativo, va** *adj* comparative.
**comparecer** *vi* to appear in court.
**comparsa** *m/f* extra (in the theater).
**compartimento** *m* compartment.
**compartir** *vt* to divide into equal parts.
**compás** *m* compass; pair of compasses; (*mus*) measure, beat.
**compasión** *f* compassion, commiseration.
**compasivo, va** *adj* compassionate.
**compatibilidad** *f* compatibility.
**compatible** *adj* compatible, consistent with.
**compatriota** *m/f* countryman; countrywoman; fellow citizen.
**compeler** *vt* to compel, to constrain.
**compendiar** *vt* to abridge.
**compendio** *m* abridgment, summary.
**compensación** *f* compensation; recompense.
**compensar** *vt* to compensate; to recompense.
**competencia** *f* competition, rivalry; competence.
**competente** *adj* competent; adequate.
**competer** *vi* to be one's responsibility.

**competición** *f* competition.
**competidor, ra** *m/f* competitor, contestant; rival.
**competir** *vi* to vie; to compete with, to rival.
**compilación** *f* compilation.
**compilador** *m* compiler.
**compilar** *vt* to compile.
**compinche** *m* pal, buddy (*sl*).
**complacencia** *f* pleasure; indulgence.
**complacer** *vt* to please; • **~se** *vi* to be pleased with.
**complaciente** *adj* pleasing.
**complejo** *m* complex; • **~, ja** *adj* complex.
**complementario, ria** *adj* complementary.
**complemento** *m* complement, completion.
**completar** *vt* to complete.
**completo, ta** *adj* complete, perfect.
**complexión** *f* constitution, temperament; build.
**complicado, da** *adj* complicated.
**complicar** *vt* to complicate.
**cómplice** *m/f* accomplice.
**complicidad** *f* complicity.
**complot** *m* plot.
**componer** *vt* to compose; to constitute; to mend, to repair; to strengthen, to restore; to adorn; to adjust; to reconcile; to compose, to calm; • **~se de** *vi* to consist of.
**comportamiento** *m* behavior.
**comportarse** *vi* to behave.
**composición** *f* composition; composure, agreement; settlement.
**compositor, ra** *m/f* composer; compositor.
**compostura** *f* composition, composure; mending, repairing; discretion; modesty, demureness.
**compota** *f* stewed fruit.
**compra** *f* purchase.
**comprador, ra** *m/f* buyer; customer, shopper.
**comprar** *vt* to buy, to purchase.
**comprender** *vt* to include, to contain; to comprehend, to understand.
**comprensible** *adj* comprehensible.
**comprensión** *f* comprehension, understanding.
**comprensivo, va** *adj* comprehensive.
**compresa** *f* sanitary napkin.
**compresión** *f* compression.
**comprimido** *m* pill.
**comprimir** *vt* to compress; to repress, to restrain.
**comprobante** *m* receipt; voucher.
**comprobar** *vt* to verify, to confirm; to prove.
**comprometer** *vt* to compromise; to embarrass; to implicate; to put in danger; **~se** *vi* to compromise oneself.
**compromiso** *m* commitment.
**compuerta** *f* hatch; sluice.
**compuesto** *m* compound; **~, ta** *adj* composed; made up of.
**compulsar** *vt* to collate, to compare; to make an authentic copy.
**compulsivo, va** *adj* compulsive.
**compunción** *f* compunction, regret.
**compungirse** *vi* to feel remorseful.
**computador** *m*, **computadora** *f* computer.
**computar** *vt* to calculate, to compute.
**cómputo** *m* computation, calculation.
**comulgar** *vt* to administer communion to; • *vi* to receive communion.
**común** *adj* common, usual, general; • *m* community, public; **en ~** in common.

**comunal** *adj* communal.
**comunicación** *f* communication; report.
**comunicado** *m* announcement.
**comunicar** *vt* to communicate; • **~se** *vi* to communicate (with each other).
**comunicativo, va** *adj* communicative.
**comunidad** *f* community.
**comunión** *f* communion.
**comunismo** *m* communism.
**comunista** *m/f* communist.
**con** *prep* with; by; ~ **que** so then, providing that.
**conato** *m* endeavor; effort; attempt.
**concavidad** *f* concavity.
**cóncavo, va** *adj* concave.
**concebir** *vt* to conceive; • *vi* to become pregnant.
**conceder** *vt* to give; to grant; to concede, to allow.
**concejal, la** *m/f* member of a council.
**concejo** *m* council.
**concentración** *f* concentration.
**concentrarse** *vi* to concentrate.
**concéntrico, ca** *adj* concentric.
**concepción** *f* conception; idea.
**concepto** *m* conceit, thought; judgment, opinion.
**concerniente** *adj* concerning, relating to.
**concernir** *v imp* to regard, to concern.
**concertar** *vt* to coordinate, to settle; to adjust; to agree; to arrange, to fix up; • *vi* (*mus*) to harmonize, to be in tune.
**concesión** *f* concession.
**concesionario** *m* agent.
**conciencia** *f* conscience.
**concierto** *m* concert; agreement; (*mus*) concert; concerto; **de** ~ in agreement.
**conciliación** *f* conciliation, reconciliation.
**conciliar** *vt* to reconcile; • *adj* belonging to councils.
**conciliatorio, ra** *adj* conciliatory.
**concilio** *m* council.
**concisión** *f* conciseness.
**conciso, sa** *adj* concise, brief.
**conciudadanía** *f* joint-citizenship.
**conciudadano, na** *m/f* fellow citizen.
**cónclave** *m* conclave.
**concluir** *vt* to conclude, to end, to complete; to infer, to deduce; **~se** *vi* to conclude.
**conclusión** *f* conclusion.
**concluyente** *adj* conclusive.
**concordancia** *f* concordance, concord; harmony.
**concordar** *vi* to reconcile, to make agree; • *vt* to agree, to correspond.
**concordato** *m* concordat.
**concordia** *f* conformity, agreement.
**concretar** *vt* to make concrete; to specify.
**concreto, ta** *adj* concrete.
**concubina** *f* concubine.
**concubinato** *m* concubinage.
**concupiscencia** *f* greed, lust.
**concurrencia** *f* concurrence; coincidence; competition; crowd, gathering.
**concurrido, da** *adj* busy.
**concurrir** *vi* to meet; to contribute; to coincide; to compete.
**concursante** *m/f* competitor.
**concurso** *m* crowd; competition; help, cooperation.
**concusión** *f* concussion.
**concha** *f* shell; tortoise-shell.

**conchabar** *vt* to mix, to blend; ~**se** *vi* to plot, to conspire, to get.
**condado** *m* county.
**conde** *m* earl, count.
**condecoración** *f* medal.
**condecorar** *vt* to adorn; (*mil*) to decorate.
**condenable** *adj* culpable.
**condena** *f* condemnation.
**condenar** *vt* to condemn; to find guilty; • ~**se** *vi* to blame oneself; to confess (one's guilt).
**condenatorio, ria** *adj* condemnatory.
**condensación** *f* condensation.
**condensar** *vt* to condense.
**condesa** *f* countess.
**condescendencia** *f* helpfulness, willingness; acquiescence; compliance.
**condescender** *vt* to acquiese, to comply.
**condición** *f* condition, quality; state; status; rank; stipulation.
**condicionado, da** *adj* conditioned.
**condicional** *adj* conditional.
**condimentar** *vt* to flavor, to season.
**condimento** *m* condiment, seasoning.
**condiscípulo, la** *m/f* fellow pupil, fellow student.
**condolerse** *vi* to sympathize.
**condón** *m* condom.
**condonar** *vt* to condone; to forgive.
**conducción** *f* conveyance; management; (*aut*) driving.
**conducente** *adj*: ~ **a** leading to.
**conducir** *vt* to convey, to conduct; to drive; to manage; • *vi* to drive; to lead (to); ~**se** to conduct oneself.
**conducta** *f* conduct; behavior; management.
**conducto** *m* conduit, pipe, drain; (*fig*) channel.
**conductor, ra** *m/f* conductor, guide; (*ferro*) guard; driver.
**conectado, da** *adj* on-line.
**conectar** *vt* to connect.
**conejera** *f* warren, burrow.
**conejo** *m* rabbit.
**conexión** *f* connection; plug; relationship.
**conexo, xa** *adj* connected, related.
**confabularse** *vi* to conspire.
**confección** *f* preparation; clothing industry.
**confeccionar** *vt* to make up.
**confederación** *f* confederacy.
**confederado** *adj* confederate.
**confederarse** *vi* to confederate.
**conferencia** *f* conference; telephone call.
**conferenciar** *vi* to confer; to be in conference.
**conferir** *vt* to award; to compare.
**confesar** *vt* to confess; to admit.
**confesión** *f* confession.
**confesionario** *m* confessional.
**confeso, sa** *adj* (*jur*) confessed.
**confesonario** *m* confessional.
**confesor** *m* confessor.
**confeti** *m* confetti.
**confiado, da** *adj* trusting; confident; arrogant.
**confianza** *f* trust; confidence; conceit; familiarity; **en** ~ confidential.
**confiar** *vt* to confide, to entrust; • *vi* to trust.
**confidencia** *f* confidence.
**confidencial** *adj* confidential.
**confidente** *m/f* confidante; informer.
**configurar** *vt* to shape, to form.
**confín** *m* limit, boundary.
**confinar** *vt* to confine; • *vi* to border upon.

**confirmación** *f* confirmation.
**confirmar** *vt* to confirm; to corroborate.
**confiscación** *f* confiscation.
**confiscar** *vt* to confiscate.
**confite** *m* candy.
**confitería** *f* candy store.
**confitero, ra** *m/f* confectioner.
**confitura** *f* preserve; jam.
**conflagración** *f* conflagration.
**conflictivo, va** *adj* controversial.
**conflicto** *m* conflict.
**confluencia** *f* confluence.
**confluir** *vi* to join (applied to rivers); to gather (applied to people).
**conformar** *vt* to shape; to adjust, to adapt; • *vi* to agree; **~se** to conform, to resign oneself.
**conforme** *adj* alike, similar; agreed; • *prep* according to.
**conformidad** *f* similarity; agreement; resignation.
**conformista** *m/f* conformist.
**confortable** *adj* comfortable.
**confortar** *vt* to comfort; to strengthen; to console.
**confortativo, va** *adj* comforting.
**confraternidad** *f* fraternity.
**confrontación** *f* confrontation.
**confrontar** *vt* to confront.
**confundir** *vt* to confound, to jumble; to confuse; • **~se** *vi* to make a mistake.
**confusamente** *adv* confusedly.
**confusión** *f* confusion.
**confuso, sa** *adj* confused.
**congelación** *f* freezing.
**congelado, da** *adj* frozen; • **~s** *mpl* frozen food.
**congelador** *m* freezer.
**congelar** *vt* to freeze; • **~se** *vi* to congeal.
**congeniar** *vi* to get on well (with).
**congestión** *f* congestion.
**congestionar** *vt* to congest.
**congoja** *f* anguish, distress, grief.
**congraciarse** *vi* to ingratiate oneself.
**congratulación** *f* congratulation.
**congratular** *vt* to congratulate.
**congregación** *f* congregation, assembly.
**congregar(se)** *vt* (*vi*) to assemble, to meet, to collect.
**congresista** *m/f* delegate.
**congreso** *m* congress.
**cónico, ca** *adj* conical.
**conjetura** *f* conjecture, guess.
**conjeturar** *vt* to conjecture, to guess.
**conjugación** *f* (*gr*) conjugation.
**conjugar** *vt* (*gr*) to conjugate; to combine.
**conjunción** *f* conjunction.
**conjuntamente** *adv* together.
**conjunto, ta** *adj* united, joint; • *m* whole; (*mus*) ensemble, band; team.
**conjuración** *f* conspiracy, plot.
**conjurado, da** *m/f* conspirator.
**conjurar** *vt* to exorcise; • *vi* to conspire, to plot.
**conjuro** *m* incantation, exorcism.
**conmemoración** *f* commemoration.
**conmemorar** *vt* to commemorate.
**conmigo** *pn* with me.
**conminación** *f* threat.
**conminar** *vt* to threaten.
**conminatorio, ria** *adj* threatening.
**conmiseración** *f* commiseration, pity, sympathy.
**conmoción** *f* shock; upheaval; commotion; (*med*) concussion; disturbance.
**conmovedor, ra** *adj* touching.
**conmover** *vt* to move; to disturb.
**conmutación** *f* commutation, exchange.
**conmutador** *m* switch.

**conmutar** *vt* (*jur*) to commute; to exchange.
**connotar** *vt* to imply.
**cono** *m* cone.
**conocedor, ra** *m/f* connoisseur.
**conocer** *vt* to know, to understand; • **~se** *vi* to know one another.
**conocido, da** *m/f* acquaintance.
**conocimiento** *m* knowledge; understanding; (*med*) consciousness; acquaintance; (*mar*) bill of lading.
**conque** *m* condition.
**conquista** *f* conquest.
**conquistador** *m* conqueror; • **~, ra** *adj* conquering.
**conquistar** *vt* to conquer.
**consabido, da** *adj* well-known; above-mentioned.
**consagración** *f* consecration.
**consagrar** *vt* to consecrate.
**consanguíneo, nea** *adj* related by blood.
**consanguinidad** *f* blood relationship.
**consecución** *f* acquisition; attainment.
**consecuencia** *f* consequence; conclusion; consistency; • **por ~** *adj* therefore.
**consecuente** *adj* consistent.
**consecutivo, va** *adj* consecutive.
**conseguir** *vt* to attain, to get, to obtain.
**consejero, ra** *m/f* adviser; councilor.
**consejo** *m* advice; council.
**consenso** *m* consensus.
**consentido** *adj* spoiled (of children).
**consentimiento** *m* consent.
**consentir** *vt* to consent to; to allow; to admit; to spoil (a child).
**conserje** *m* doorman; janitor.
**conservación** *f* conservation.
**conservante** *m* preservative.
**conservar** *vt* to conserve; to keep; to preserve fruit.
**conservas** *fpl* canned food.
**conservatorio** *m* (*mus*) conservatoire.
**considerable** *adj* considerable.
**consideración** *f* consideration; respect.
**consideradamente** *adv* considerately.
**considerado, da** *adj* respected; considerate.
**considerar** *vt* to consider.
**consigna** *f* (*mil*) watchword; order, instruction; (*ferro*) checkroom.
**consignación** *f* consignment.
**consignar** *vt* to consign, to dispatch; to assign; to record, to register.
**consignatario, ria** *m/f* consignee.
**consigo** *pn* (*m*) with him; (*f*) with her; (*vd*) with you; (*reflexivo*) with oneself.
**consiguiente** *adj* consequent.
**consistencia** *f* consistence, consistency.
**consistente** *adj* consistent, firm, solid.
**consistir** *vi* **~ en** to consist of; to be due to.
**consistorio** *m* town council; town hall.
**consocio, cia** *m/f* fellow member; partner.
**consola** *f* control panel.
**consolación** *f* consolation.
**consolador, ra** *adj* consoling, comforting.
**consolar** *vt* to console, to comfort, to cheer.
**consolidar** *vt* to consolidate.
**consomé** *m* consommé.
**consonancia** *f* consonance.
**consonante** *m* rhyme; • *f* (*gr*) consonant; • *adj* consonant, harmonious.

**consorcio** *m* firm, partnership.
**consorte** *m/f* consort, companion, partner; accomplice.
**conspiración** *f* conspiracy, plot.
**conspirador, ra** *m/f* conspirator, plotter.
**conspirar** *vi* to conspire, to plot.
**constancia** *f* constancy, steadiness.
**constante** *adj* constant, firm.
**constar** *vi* to be evident, to be certain; to be composed of, to consist of.
**constatar** *vt* to note; to check.
**constelación** *f* constellation.
**consternación** *f* consternation.
**consternar** *vt* to dismay, to shock.
**constipado, da** *adj* **estar** ~ to have a cold.
**constiparse** *vi* to catch a cold.
**constitución** *f* constitution.
**constitucional** *adj* constitutional.
**constituir** *vt* to constitute; to establish; to appoint.
**constitutivo, va** *adj* constitutive, essential.
**constituyente** *adj* constituent.
**constreñimiento** *m* constraint.
**constreñir** *vt* to restrict; to force; (*med*) to constipate; to constrict.
**constricción** *f* constriction, contraction.
**construcción** *f* construction.
**constructor, ra** *m/f* builder.
**construir** *vt* to form, to build, to construct; to construe.
**consuegro, gra** *m/f* father-in-law/ mother-in-law of one's son or daughter.
**consuelo** *m* consolation, comfort.
**cónsul** *m* consul.
**consulado** *m* consulate.
**consulta** *f* consultation.
**consultar** *vt* to consult, to ask advice.
**consultivo, va** *adj* consultative.
**consultor, ra** *m/f* adviser, consultant.
**consultorio** *m* (*med*) surgery.
**consumación** *f* consummation, finishing.
**consumado, da** *adj* consummate, complete, perfect, accomplished.
**consumar** *vt* to consummate, to finish; to carry out.
**consumición** *f* consumption; drink.
**consumidor, ra** *m/f* consumer.
**consumir** *vt* to consume; to burn, to use; to waste, to exhaust; • **~se** *vi* to waste away, to be consumed.
**consumismo** *m* consumerism.
**consumo** *m* consumption.
**contabilidad** *f* accounting; bookkeeping.
**contable** *m/f* accountant.
**contacto** *m* contact; (*aut*) ignition.
**contado, da** *adj*: **~s** scarce, few; • **pagar al** ~ *vt* to pay (in) cash.
**contador** *adj* meter; accountant; counter in a café.
**contaduría** *f* accountancy; accountant's office.
**contagiar** *vt* to infect; • **~se** *vi* to get infected.
**contagio** *m* contagion.
**contagioso, sa** *adj* contagious.
**contaminación** *f* contamination, pollution.
**contaminar** *vt* to contaminate; to pollute; to corrupt.
**contante** *m* cash.
**contar** *vt* to count, to reckon; to tell; • *vi* to count; ~ **con** to rely upon.
**contemplación** *f* contemplation.
**contemplar** *vt* to look at, to contemplate, to consider; to meditate.
**contemplativo, va** *adj* contemplative.

**contemporáneo, nea** *adj* contemporary.
**contemporizar** *vi* to temporize.
**contencioso, sa** *adj* contentious; quarrelsome.
**contender** *vi* to contend, to compete.
**contendiente** *m/f* competitor.
**contener** *vt* to contain, to hold; to hold back; to repress; • **~se** *vi* to control oneself.
**contenedor** *m* container.
**contenido, da** *adj* moderate, restrained; • *m* contents *pl*.
**contentar** *vt* to content, to satisfy, to please; • **~se** *vi* to be pleased *or* satisfied.
**contento, ta** *adj* glad; pleased; content; • *m* contentment; (*jur*) release.
**contestación** *f* answer, reply.
**contestadora** *m* **~ automática** answering machine.
**contestar** *vt* to answer, to reply; to prove, to corroborate.
**contexto** *m* context.
**contienda** *f* contest, dispute.
**contigo** *pn* with you.
**contigüidad** *f* contiguity.
**contiguo, gua** *adj* contiguous, close.
**continencia** *f* continence, abstinence, moderation.
**continental** *adj* continental.
**continente** *m* continent, mainland; • *adj* continent.
**contingencia** *f* risk; contingency.
**contingente** *adj* contingent, accidental; • *m* contingent.
**continuación** *f* continuation; sequel.
**continuar** *vt, vi* to continue.
**continuidad** *f* continuity.
**continuo, nua** *adj* continuous.
**contonearse** *vi* to walk affectedly.
**contoneo** *m* affected manner of walking.
**contorno** *m* environs *pl*; contour, outline; **en ~** round about.
**contorsión** *f* contortion.
**contra** *prep* against, contrary to, opposite.
**contraataque** *m* counter-attack.
**contrabajo** *m* (*mus*) double bass; bass guitar; low bass.
**contrabandista** *m/f* smuggler.
**contrabando** *m* contraband trade, smuggling.
**contracción** *f* contraction.
**contrachapado** *m* plywood.
**contradecir** *vt* to contradict.
**contradicción** *f* contradiction.
**contradictorio, ria** *adj* contradictory, opposite to.
**contraer** *vt* to contract, to shrink; to make a bargain; • **~se** *vi* to shrink, to contract.
**contrafuerte** *m* buttress; foothill; heel-pad.
**contragolpe** *m* backlash.
**contrahecho, cha** *adj* deformed, hunchback; counterfeit, fake.
**contralto** *m* (*mus*) contralto.
**contramaestre** *m* (*mar*) boatswain; foreman.
**contrapartida** *f* (*com*) balancing entry.
**contrapaso** *m* back step.
**contrapelo** *adv* against the grain.
**contrapesar** *vi* to counterbalance.
**contrapeso** *m* counterpoise; counterweight.
**contraponer** *vt* to compare, to oppose.
**contraposición** *f* comparison; contrast.
**contraproducente** *adj* counterproductive.

**contrapunto** *m* (*mus*) counterpoint.
**contrariar** *vt* to contradict, to oppose; to vex.
**contrariedad** *f* opposition; setback; annoyance.
**contrario, ria** *m/f* opponent; • *adj* contrary, opposite; **por el ~** on the contrary.
**contrarrestar** *vt* to return a ball; (*fig*) to counteract.
**contrarrevolución** *f* counter-revolution.
**contrasentido** *m* contradiction.
**contraseña** *f* countersign; password; (*mil*) watchword.
**contrastar** *vt* to resist, to contradict; to assay metals; to verify measures and weights; • *vi* to contrast.
**contraste** *m* contrast.
**contratación** *f* signing-up, hiring.
**contratar** *vt* to contract; to hire, to engage.
**contratiempo** *m* setback; accident.
**contratista** *m* contractor.
**contrato** *m* contract, agreement.
**contravención** *f* contravention.
**contraveneno** *m* antidote.
**contravenir** *vi* to contravene, to transgress; to violate.
**contraventana** *f* shutter.
**contribución** *f* contribution; tax.
**contribuir** *vt, vi* to contribute.
**contribuyente** *m/f* contributor; taxpayer.
**contrincante** *m* competitor.
**contrito, ta** *adj* contrite, penitent.
**control** *m* control.
**controlador, ra** *m/f* controller.
**controlar** *vt* to control; to check.
**controversia** *f* controversy, dispute.
**contumacia** *f* obstinacy, stubbornness; (*jur*) contempt of court.
**contumaz** *adj* obstinate, stubborn; (*jur*) guilty of contempt of court.
**contundente** *adj* overwhelming; blunt.
**contusión** *f* bruise.
**convalecencia** *f* convalescence.
**convalecer** *vi* to recover from sickness, to convalesce.
**convaleciente** *m/f, adj* convalescent.
**convalidar** *vt* to recognize.
**convencer** *vt* to convince.
**convencimiento** *m* conviction.
**convención** *f* convention, pact.
**convencional** *adj* conventional.
**conveniencia** *f* suitability; usefulness; agreement; **~s** *pl* property.
**conveniente** *adj* useful, suitable.
**convenio** *m* convention, agreement, treaty.
**convenir** *vi* to agree, to suit.
**convento** *m* convent, monastery, nunnery.
**conventual** *adj* monastic.
**convergencia** *f* convergence.
**converger** *vi* to converge.
**conversación** *f* conversation, talk; communication.
**conversar** *vi* to talk, to converse.
**conversión** *f* conversion, change.
**converso, sa** *m/f* convert.
**convertir** *vt* transform; • **~se** *vi* to convert.
**convexo, xa** *adj* convex.
**convicción** *f* conviction.
**convicto, ta** *adj* convicted (found guilty).
**convidado, da** *m/f* guest.
**convidar** *vt* to invite.
**convincente** *adj* convincing.
**convite** *m* invitation; banquet.
**convivencia** *f* living together.
**convocar** *vt* to convoke, to assemble.

**convocatoria** *f* summons; notice of a meeting.
**convoy** *m* convoy.
**convulsión** *f* convulsion.
**convulsivo, va** *adj* convulsive.
**conyugal** *adj* conjugal, married.
**cónyuge** *m/f* spouse.
**coñac** *m* brandy, cognac.
**coño** *excl* (*fam*) shit! (*sl*).
**cooperar** *vi* to cooperate.
**cooperative** *f* cooperative.
**cooperativo, va** *adj* cooperative.
**coordinadora** *f* coordinating committee.
**coordinar** *vt* to arrange, to coordinate.
**copa** *f* cup; glass; top of a tree; crown of a hat; **~s** *pl* hearts (at cards).
**copete** *m* quiff; pride.
**copia** *f* plenty, abundance; copy, duplicate.
**copiador, ra** *m/f* copyist; copier; **libro ~** letter book.
**copiar** *vt* to copy; to imitate.
**copioso, sa** *adj* copious, abundant, plentiful.
**copla** *f* verse; (*mus*) popular song, folksong.
**copo** *m* small bundle; flake of snow.
**copropietario, ria** *m/f* joint owner.
**cópula** *f* copulation; conjunction; (*gr*) copula.
**copulativo, va** *adj* copulative.
**coqueta** *f* coquette, flirt.
**coquetear** *vi* to flirt.
**coquetería** *f* coquetry, flirtation.
**coraje** *m* courage; anger, passion.
**coral** *m* coral; choir; • *adj* choral.
**coraza** *f* cuirass; armor-plating.
**corazón** *m* heart; core; **de ~** willingly.
**corazonada** *f* inspiration; hunch; quick decision; presentiment.
**corbata** *f* tie.
**corbeta** *f* corvette (light vessel with three masts and square sails).
**corcel** *m* steed, charger.
**corchea** *f* (*mus*) quaver.
**corchete** *m* clasp; snap fastener.
**corcho** *m* cork; float (for fishing); cork bark.
**cordel** *m* cord, rope; (*mar*) line.
**cordero** *m* lamb; lambskin; meek, gentle person.
**cordial** *adj* cordial, affectionate; • *m* cordial.
**cordialidad** *f* cordiality.
**cordillera** *f* range of mountains.
**cordón** *m* cord, string; lace; cordon.
**cordura** *f* prudence, good sense, wisdom.
**corista** *m/f* chorister.
**cornada** *f* thrust with a bull's horn.
**cornadura** *f* horns *pl*.
**cornamenta** *f* horns of an animal *pl*.
**córnea** *f* cornea.
**cornear** *vi* to butt with the horns.
**córneo, ea** *adj* horny, corneous.
**corneta** *f* bugle.
**cornisa** *f* cornice.
**cornudo, da** *adj* horned.
**coro** *m* choir; chorus.
**corona** *f* crown; coronet; top of the head; crown (of a tooth); tonsure; crown; halo.
**coronación** *f* coronation.
**coronar** *vt* to crown; to complete, to perfect.
**coronario, ria** *adj* coronary.
**coronel** *m* (*mil*) colonel.
**coronilla** *f* crown of the head.
**corpiño** *m* bodice.
**corporación** *f* corporation.
**corporal** *adj* corporal.

**corpóreo, rea** *adj* corporeal.
**corpulencia** *f* corpulence.
**corpulento, ta** *adj* corpulent, bulky.
**Corpus** *m* Corpus Christi day.
**corral** *m* yard; farmyard; corral; playpen.
**correa** *f* leather strap, thong; flexibility.
**correaje** *m* leather straps *pl.*
**corrección** *f* correction; reprehension; amendment.
**correccional** *m* reformatory.
**correctivo, va** *adj* corrective.
**correcto, ta** *adj* exact, correct.
**corrector, ra** *m/f* proof-reader.
**corredizo, za** *adj* sliding; easy to be untied.
**corredor, ra** *adj* running; • *m/f* broker, runner; • *m* corridor.
**corregir** *vt* to correct, to amend; to reprehend; • **~se** *vi* to reform.
**correlación** *f* correlation.
**correo** *m* post, mail; courier; mailman; a **vuelta de** ~ by return of post; **~s** *pl* post office.
**correoso, sa** *adj* flexible, leathery.
**correr** *vt* to run; to flow; to travel over; to pull (a drape); • *vi* to run, to rush; to flow; to blow (applied to the wind); **~se** to be ashamed; to slide, to move; to run (of colors).
**correría** *f* incursion.
**correspondencia** *f* correspondence; communication; agreement.
**corresponder** *vi* to correspond, to answer; to be suitable; to belong; to concern; **~se** *vi* to love one another.
**correspondiente** *adj* corresponding, suitable.
**corresponsal** *m/f* correspondent.
**corretear** *vi* to rush around; to hang about the streets.
**corrida** *f* run, dash; bullfight.
**corrido, da** *adj* expert; knowing; ashamed.
**corriente** *f* current; course, progression; (electric) current; • *adj* current; common, ordinary, general; fluent; flowing, running.
**corrillo** *m* circle of persons; clique.
**corro** *m* circle of people.
**corroborar** *vt* to corroborate.
**corroer** *vt* to corrode, to erode.
**corromper** *vt* to corrupt; to rot; to turn bad; to seduce; to bribe; • **~se** *vi* to stink; to rot; to become corrupted.
**corrosión** *f* corrosion.
**corrosivo, va** *adj* corrosive.
**corrupción** *f* corruption; rot, decay.
**corruptible** *adj* corruptible.
**corrupto, ta** *adj* corrupted, corrupt.
**corruptor, ra** *m/f* corruptor, perverter.
**corrusco** *m* broken bread.
**corsé** *f* corset.
**cortacésped** *m* lawn mower.
**cortado** *m* coffee with a little milk; • ~, **da** *adj* cut; sour; embarrassed.
**cortadura** *f* cut; cutting; incision; fissure; **~s** *pl* shreds, cuttings, parings.
**cortafuego** *m* fire lane.
**cortaplumas** *m invar* penknife.
**cortar** *vt* to cut; to cut off, to curtail; to intersect; to carve; to chop; to cut (at cards); to interrupt; • **~se** *vi* to be ashamed *or* embarrassed; to curdle.
**cortauñas** *m invar* nail clippers.
**corte** *m* cutting; cut; section; length (of cloth); style; • *f* (royal) court; the capital (city); **C~s** *fpl* Spanish Parliament.
**cortedad** *f* shortness, smallness; stupidity; bashfulness.

**cortejar** *vt* to court.
**cortejo** *m* entourage; courtship; procession; lover.
**cortés** *adj* courteous, polite.
**cortesana** *f* courtesan.
**cortesía** *f* courtesy, good manners *pl.*
**corteza** *f* bark; peel; crust; (*fig*) outward appearance.
**cortina** *f* drape.
**cortinaje** *m* set of drapes for a house.
**corto, ta** *adj* short; scanty, small; stupid; bashful; **a la ~a o a la larga** sooner or later.
**corvo, va** *adj* bent, crooked.
**corzo, za** *m/f* roe deer, fallow deer.
**cosa** *f* thing; matter; affair; **no hay tal ~** there's no such thing.
**cosaco** *m* cossack.
**cosecha** *f* harvest; harvest time; **de su ~** of one's own invention.
**cosechar** *vt* to harvest, to reap.
**coser** *vt* to sew; to join.
**cosido** *m* stitching, sewing.
**cosmético, a** *adj, m* cosmetic.
**cosmopolita** *adj, m* cosmopolitan.
**cosquillas** *fpl* tickling; (*fig*) agitation.
**costa** *f* cost, price; charge, expense; coast, shore; **a toda ~** at all events.
**costado** *m* side; (*mil*) flank; side of a ship.
**costal** *m* sack, large bag.
**costalada** *f* heavy fall.
**costar** *vt* to cost; to need.
**coste** *m* cost, expense.
**costear** *vt* to pay for.
**costera** *f* side; slope; coast.
**costero, ra** *adj* coastal; (*mar*) coasting.
**costilla** *f* rib; (*fig*) wife; cutlet; **~s** *pl* back, shoulders.
**costillar** *m* human ribs.
**costo** *m* cost, price, expense.
**costoso, sa** *adj* costly, dear, expensive.
**costra** *f* crust; (*med*) scab.
**costumbre** *f* custom, habit.
**costura** *f* sewing; seam; needlework.
**costurera** *f* seamstress.
**costurero** *m* sewing box.
**costa** *f* height above sea level; number, figure.
**cotejar** *vt* to compare.
**cotejo** *m* comparison, collation.
**cotidiano, na** *adj* daily.
**cotilla** *m/f* gossip.
**cotización** *f* quotation.
**cotizar** *vt* to quote; • **~se** *vi* to sell at; to be quoted at.
**coto** *m* enclosure; reserve; boundary stone.
**cotorra** *f* magpie; small parrot; (*col*) chatterbox.
**covacha** *f* small cave, grotto.
**coyote** *m* coyote.
**coyuntura** *f* joint, articulation; juncture.
**coz** *f* kick; recoil of a gun; ebbing of a flood; (*fig*) insult.
**cráneo** *m* skull.
**cráter** *m* crater.
**creación** *f* creation.
**creador, ra** *adj* creative; • *m/f* creator.
**crear** *vt* to create, to make; to establish.
**crecer** *vi* to grow, to increase; to rise.
**creces** *fpl* increase.
**crecida** *f* swell of rivers.
**crecido, da** *adj* full-grown (of a person); large; (*fig*) vain.
**creciente** *f* crescent (moon); (*mar*) flood tide; • *adj* growing; crescent.
**crecimiento** *m* increase; growth.

**credenciales** *fpl* credentials.
**credibilidad** *f* credibility.
**crédito** *m* credit; belief, faith; reputation.
**credo** *m* creed.
**credulidad** *f* credulity.
**crédulo, la** *adj* credulous.
**creencia** *f* credence, belief.
**creer** *vt, vi* to believe; to think; to consider.
**crema** *f* cream; custard.
**cremallera** *f* zipper.
**crepúsculo** *m* twilight.
**crespo, pa** *adj* curled; angry, displeased.
**crespón** *m* crêpe.
**cresta** *f* crest (of birds).
**creyente** *m/f* believer.
**cría** *f* breeding; young.
**criada** *f* servant, maid.
**criadero** *m* (*bot*) nursery; breeding place.
**criadilla** *f* testicle; small loaf; truffle.
**criado** *m* servant; ~, **da** *adj* reared, brought up, bred.
**criador** *f* Creator; breeder.
**crianza** *f* breeding, rearing, upbringing.
**criar** *vt* to create, to produce; to breed; to nurse; to breastfeed; to bring up, to raise.
**criatura** *f* creature; child.
**criba** *f* sieve.
**cribar** *vt* to sift.
**crimen** *m* crime.
**criminal** *adj, m/f* criminal.
**criminalista** *m* criminologist; criminal lawyer.
**crin** *f* mane, horsehair.
**crío, a** *m/f* (*fam*) kid.
**criollo, lla** *adj, m/f* Creole.
**cripta** *f* crypt.
**crisis** *f invar* crisis.
**crisma** *f* chrism.
**crisol** *m* crucible; melting pot.
**crispar** *vt* to set on edge; to tense up.
**cristal** *m* crystal; glass; pane; lens.
**cristalino, na** *adj* crystalline.
**cristalización** *f* crystallization.
**cristalizar** *vt* to crystallize.
**cristiandad** *f* Christianity.
**cristianismo** *m* Christianity.
**cristiano, na** *adj, m/f* Christian.
**Cristo** *m* Christ.
**criterio** *m* criterion.
**crítica** *m/f* critic.
**criticar** *vt* to criticize.
**crítico, ca** *m/f* critic; • *adj* critical.
**croar** *vi* to croak.
**cromo** *m* chrome.
**cronica** *f* chronicle; news report; feature.
**crónico, ca** *adj* chronic.
**cronista** *m/f* chronicler; reporter, columnist.
**cronología** *f* chronology.
**cronológico, ca** *adj* chronological.
**cronómetro** *m* stopwatch.
**cruce** *m* crossing; crossroads.
**crucero** *m* cruiser; cruise; transept; crossing; Cross (southern constellation).
**crucificar** *vt* to crucify; to torment.
**crucifijo** *m* crucifix.
**crucigrama** *m* crossword.
**crudeza** *f* unripeness, crudeness; undigested food (in the stomach).
**crudo, da** *adj* raw; green, unripe; crude, cruel; hard to digest.
**cruel** *adj* cruel.
**crueldad** *f* cruelty.
**cruento, ta** *adj* bloody, cruel.
**crujido** *m* crack, creak, clash, crackling.
**crujiente** *adj* crunchy.

**crujir** *vi* to crackle, to rustle.
**crustáceo** *m* crustacean.
**cruz** *f* cross; tails (of a coin).
**cruzada** *f* crusade.
**cruzado** *m* crusader; ~, **da** *adj* crossed.
**cruzar** *vt* to cross; to cross a road; (*mar*) to cruise; • ~**se** *vi* to cross; to pass each other.
**cuaderna** *f* fourth part; timber; rib.
**cuaderno** *m* notebook; exercise book; logbook.
**cuadra** *f* block; stable.
**cuadrado, da** *adj, m* square.
**cuadragenario, ria** *adj* forty years old.
**cuadragésimo, ma** *adj, m* fortieth.
**cuadrangular** *adj* quadrangular, four-cornered.
**cuadrángulo** *m* quadrangle.
**cuadrante** *m* quadrant; dial.
**cuadrar** *vt, vi* to square; to fit, to suit, to correspond.
**cuadricular** *adj* squared.
**cuadrilátero, ra** *adj, m* quadrilateral.
**cuadrilla** *f* party, group; gang, crew.
**cuadro** *m* square; picture, painting; window frame; scene; chart; (*dep*) team; executive.
**cuadrúpedo, da** *adj* quadruped.
**cuádruple** *adj* quadruple.
**cuádruplo, pla** *adj* quadruple, fourfold.
**cuajada** *f* curd.
**cuajar** *vt* to coagulate; to thicken; to adorn; to set; • ~**se** *vi* to coagulate, to curdle; to set; to fill up.
**cual** *pn* which; who; whom; • *adv* as; like; • *adj* such as.
**cuál** *pn* which (one).
**cualidad** *f* quality.
**cualquier** *adj* any.
**cualquiera** *adj* anyone, someone, anybody, somebody; whoever; whichever.
**cuando** *adv* when; if; even; • *conj* since; **de** ~ **en** ~ from time to time; ~ **más**, ~ **mucho** at best; ~ **menos** at least.
**cuándo** *adv* when; **¿de cuándo acá**? since when?
**cuantía** *f* quantity, amount; importance.
**cuantioso, sa** *adj* numerous, substantial.
**cuantitativo, va** *adj* quantitive.
**cuanto, ta** *adj* as many as, as much as, all, whatever; • *adv* en ~ as soon as; **en** ~ **a** as regards; ~ **más** moreover, the more as.
**cuánto** *adj* what a lot of; how much?; ¿~s? how many?; • *pn, adv* how; how much; how many.
**cuarenta** *adj, m* forty.
**cuarentena** *f* space of forty days; Lent; quarantine.
**cuaresma** *f* Lent.
**cuarta** *f* fourth; span; (*mar*) point (of the compass).
**cuartear** *vt* to quarter, to divide up; • ~**se** *vi* to split into pieces.
**cuartel** *m* quarter, district; barracks *pl*.
**cuarteta** *f* (*poet*) quatrain.
**cuartilla** *f* fourth part; sheet of paper.
**cuarto** *m* fourth part; quarter; room, apartment; span; ~**s** *pl* cash, money; • ~, **ta** *adj* fourth.
**cuarzo** *m* quartz.
**cuatrero** *m* horse thief.
**cuatro** *adj, m* four.
**cuatrocientos, tas** *adj* four hundred.
**cuba** *f* cask; tub; (*fig*) drunkard.
**cubeta** *f* small cask.
**cúbico, ca** *adj* cubic.

**cubierta** *f* cover; deck of a ship; (*auto*) hood; tire; pretext.
**cubierto** *m* cover; shelter; place at table; meal at a fixed charge.
**cubil** *m* lair.
**cubilete** *m* tumbler; dice box.
**cubrecama** *m* bedspread.
**cubo** *m* cube; bucket.
**cubrir** *vt* to cover; to disguise; to protect; to roof a building; • **~se** *vi* to become overcast.
**cucaña** *f* (*fam*) soft job (*sl*); bargain; cinch (*sl*).
**cucaracha** *f* cockroach.
**cuclillas** *adv* **en** ~ squatting.
**cuclillo** *m* cuckoo; (*fig*) cuckold.
**cuco** *m* cuckoo; • ~, **ca** *adj* sharp.
**cucurucho** *m* paper cornet.
**cuchara** *f* spoon.
**cucharada** *f* spoonful, ladleful.
**cucharadita** *f* teaspoonful.
**cucharita** *f* teaspoon.
**cucharón** *m* ladle; large spoon.
**cuchichear** *vi* to whisper.
**cuchicheo** *m* whispering.
**cuchilla** *f* large kitchen knife; chopping knife; blade.
**cuchillada** *f* cut; gash; **~s** *pl* wrangles, quarrels.
**cuchillo** *m* knife.
**cuchitril** *m* pigsty.
**cuello** *m* neck; collar.
**cuenca** *m* bowl, deep valley; hollow; socket of the eye.
**cuenco** *m* earthenware bowl.
**cuenta** *f* calculation; account; check (in a restaurant); count, counting; bead; importance.
**cuentista** *m/f* storyteller.
**cuento** *m* tale, story, narrative.
**cuerda** *f* rope; string; spring.
**cuerdo, da** *adj* sane; prudent, judicious.
**cuerno** *m* horn.
**cuero** *m* hide, skin, leather.
**cuerpo** *m* body; cadaver, corpse.
**cuervo** *m* raven.
**cuesta** *f* slope, hill; slope; **ir ~ abajo** to go downhill; ~ **arriba** uphill.
**cuestión** *f* question, matter; dispute; quarrel; problem.
**cuestionable** *adj* questionable, problematical.
**cuestionar** *vt* to question, to dispute.
**cueva** *f* cave; cellar.
**cuidado** *m* care, worry, concern; charge.
**cuidadoso, sa** *adj* careful; anxious.
**cuidar** *vt* to care for; to mind, to look after.
**culata** *f* butt; breech (of a gun); hindquarters (of an animal); rear of a horse.
**culebra** *f* snake.
**culinario, ria** *adj* culinary.
**culminación** *f* culmination.
**culo** *m* backside; ass (*sl*); bottom.
**culpa** *f* fault, blame; guilt.
**culpabilidad** *f* guilt.
**culpable** *adj* culpable; guilty; • *m/f* culprit.
**culpar** *vt* to accuse, to blame.
**cultivación** *f* cultivation, culture.
**cultivar** *vt* to cultivate.
**cultivo** *m* cultivation; crop.
**culto, ta** *adj* cultivated, cultured; refined, civilized; • *m* culture; worship.
**cultura** *f* culture.
**cumbre** *f* top, summit.
**cumpleaños** *m invar* birthday.
**cumplido, da** *adj* large, plentiful; complete, perfect, courteous; • *m* compliment.
**cumplidor, ora** *adj* reliable.
**cumplimentar** *vt* to compliment.

**cumplimiento** *m* fulfillment; accomplishment; completion.
**cumplir** *vt* to carry out, to fulfill; to serve (a prison sentence); to carry out (death penalty); to attain, to reach (a certain age); • **~se** *vi* to be fulfilled; to expire, to be up.
**cúmulo** *m* heap, pile.
**cuna** *f* cradle.
**cundir** *vi* to spread; to grow, to increase.
**cuneta** *f* ditch.
**cuña** *f* wedge.
**cuñado, da** *m/f* brother/sister-in-law.
**cuota** *f* share; fee.
**cupo** *m* quota.
**cupón** *m* coupon.
**cúpula** *f* cupola, dome.
**cura** *m* priest; • *f* cure; treatment.
**curable** *adj* curable.
**curación** *f* cure; curing.
**curandero** *m* quack; witchdoctor (doctor).
**curar** *vt* to cure; to treat, to dress (a wound); to salt; to dress; to tan.
**curativo, va** *adj* curative, healing.
**curia** *f* ecclesiastical court.
**curiosear** *vt* to glance at; • *vi* to look round.
**curiosidad** *f* curiosity.
**curioso, sa** *adj* curious; • *m/f* bystander.
**currante** *m/f* (*fam*) worker.
**currar** *vi* to work.
**curriculum** *m* curriculum vitae.
**cursado, da** *adj* skilled; versed.
**cursar** *vt* to frequent a place; to send, to dispatch; to study.
**cursillo** *m* short course of lectures (in a university).
**cursivo, va** *adj* italic (type).
**curso** *m* course, direction; year (at university); subject.
**cursor** *m* cursor.
**curtidor** *m* tanner.
**curtidos** *mpl* tanned leather.
**curtir** *vt* to tan leather; • **~se** *vi* to become sunburned; to become inured.
**curva** *f* curve, bend.
**curvatura** *f* curvature.
**curvilíneo, nea** *adj* curvilinear.
**curvo, va** curved, bent.
**cuscurro** *m* little crust of bread.
**cúspide** *f* summit, peak; apex.
**custodia** *f* custody, safekeeping, care; monstrance.
**custodio** *m* guard, keeper, watchman.
**cutáneo, nea** *adj* cutaneous.
**cutícula** *f* cuticle.
**cutis** *m* skin.
**cutre** *adj* (*fam*) mean, grotty (*sl*).
**cuyo, ya** *pn* of which, of whom, whose.

# Ch

**chabacano, na** *adj* coarse, vulgar, shoddy.
**chabola** *f* shack.
**chacal** *m* jackal.
**chacolí** *m* light red wine with a sharp taste.
**chacolotear** *vi* to clatter (a loose horseshoe).
**chachacha** *m* popular Latin American dance similar to bambo.
**cháchara** *f* chitchat, chatter, idle talk.
**chafar** *vt* to crush; to ruin.
**chal** *m* shawl.
**chalado, da** *adj* crazy.
**chalán** *adj* one who collects fares on rural buses.
**chale(t)** *m* detached house.
**chaleco** *m* waistcoat, vest.
**chalupa** *f* (*mar*) boat, launch; corn tortilla fried and filled with chopped meat, lettuce, cheese, etc.
**chamarra** *f* sheepskin jacket.
**chamba** *f* lucky break; job, employment.
**chambón** *adj* (coll.) awkward, clumsy (in a game).
**chambra** *f* shot loose blouse or jacket worn by women at home.
**champán** *m* champagne.
**champiñón** *m* mushroom.
**champú** *m* shampoo.
**champurrado** *m* chocolate-flavored, atole (corn meal drink).
**chamuscar** *vt* to singe, to scorch.
**chamusquina** *f* scorching; (*fig*) row, quarrel.
**chance** *m* chance, opportunity.
**chancleta** *f* slipper.
**chanclo** *m* clog, galosh.
**chanchullo** *m* (*fam*) fix, fiddle (*sl*); **andar con chanchullos** to be up to some crooked business.
**chanfaina** *f* cheap stew.
**chanfle** *m* chamber, bevel.
**chango** *adj* young person; monkey.
**chantaje** *m* blackmail.
**chanza** *f* joke, jest, fun.
**chapa** *f* metal plate; panel; (*auto*) license plate; rouge.
**chapar** *vt* to cover, to plate with silver or gold; **le chapó un no como una casa,** he said no definitely.
**chaparral** *m* grove of dwarf oaks.
**chaparreras** *f* chaps, open seated leather garment worn over cowboys ordinary trousers as a protection for the legs.
**chaparrón** *m* heavy shower of rain.
**chapeado** *adj* covered with metal sheets; said of someone with high colored.
**chaperón** *m* hood, cowl; wooden support.
**chapotear** *vt* to wet with a sponge; • *vi* to paddle in water.
**chapucear** *vt* to botch, to bungle.
**chapucero** *m* bungler; • ~, **ra** *adj* clumsy, crude.
**chapulín** *m* large grass hopper.
**chapurrar** *vt* to speak (a language) badly; to mix drinks.
**chapuza** *f* badly done job.
**chapuzarse** *vi* to duck; to dive.
**chaqueta** *f* jacket.
**chaquira** *f* embroidery beads or spangles.
**charamusca** *f* brushwood; candy or taffy twist or spiral.

**charca** *f* pool.
**charco** *m* pool; puddle.
**charcutería** *f* shop selling pork meat products.
**charla** *f* chat; talk.
**charlar** *vi* to chat.
**charlatán, ana** *m/f* chatterbox.
**charlatanería** *f* talkativeness.
**charol** *m* varnish; patent leather.
**charola** *f* tray.
**charrada** *f* coarse thing; bad breeding; bad taste.
**charretera** *f* shoulder pad.
**charro** *m* coarse individual; • ~, **rra** *adj* coarse; gaudy.
**chasco** *m* disappointment; fun, joke, jest; **llevarse un ~** to be disappointed.
**chasis** *m invar* (*auto*) chassis.
**chasquear** *vt* to crack a whip; to disappoint.
**chasquido** *m* crack; click.
**chatarra** *f* junk.
**chato, ta** *adj* flat, flatfish; snub-nosed.
**chaval, la** *m/f* lad/lass.
**chaveta** *f* forelock, key; **perder uno la ~** (coll.) to go crazy.
**cheque** *m* check, sight draft; ~ **de caja** or **gerencia bancaria** cashier's check; **cheques de viaje** or **viajero** traveler checks.
**chequeo** *m* check-up; service.
**chequera** *f* checkbook.
**chibo** *m* kid.
**chicano, na** *adj* person of Mexican extraction; born and living in US; cunning, subterfuge..
**chicle** *m* chewing gum.
**chico, ca** *adj* little, small; • *m/f* boy/girl.
**chicote** *m* (coll.) strong, strapping.
**chicha** *f* any of various alcoholic beverages made by fermenting corn, grape, cane sugar, etc; **de ~ y nabo** insignificant; **ni ~ ni limonada** neither fish nor fowl.
**chicharra** *f* harvest fly.
**chicharrón** *m* (pork) crackling.
**chichón** *m* lump, bump.
**chichonera** *f* helmet.
**chifla** *f* whistle; hiss.
**chiflado, da** *adj* crazy.
**chiflar** *vt* to boo.
**chiflón** *m* draught (of air).
**chile** *m* varieties of red, green or bell pepper.
**chillar** *vi* to scream, to shriek; to howl; to creak.
**chillido** *m* squeak, shriek; howl.
**chillón, ona** *adj* loud, noisy; gaudy; • *m/f* whiner.
**chimenea** *f* chimney; fireplace.
**china** *f* pebble, porcelain; chinaware; China silk.
**chinche** *f* bug; thumbtack; • *m* nuisance.
**chincheta** *f* thumbtack.
**chinela** *f* slipper.
**chinga** *f* drubbing or thrashing, fuck.
**chino, na** *adj, m/f* Chinese; • *m* Chinese language.
**chiquero** *m* pig sty.
**chiripa** *f* fluke.
**chirla** *f* mussel.
**chirriar** *vi* to hiss; to creak; to chirp.
**chirrido** *m* chirping of birds; squeaking.
**chis** *excl* sh!
**chisgarabís** *m* (*fam*) meddler.
**chisme** *m* tale; piece of gossip.
**chismear** *vt* to gossip.
**chismoso, sa** *adj* gossiping; • *m/f* gossip.
**chispa** *f* spark; sparkle; wit; drop (of rain); drunkenness; **echar chispas** to flare up.

**chispazo** *m* spark.
**chispeante** *adj* sparkling.
**chispear** *vi* to sparkle; to drizzle.
**chisporrotear** *vi* to crackle; to sparkle, to hiss (of liquids).
**chistar** *vi* to speak.
**chiste** *m* funny story; joke; ~ **colorado** or **verde** off-colored joke.
**chistoso, sa** *adj* witty, amusing, funny.
**chivato** *m* kid; child.
**chivo, va** *m/f* billy/nanny goat.
**chocante** *adj* startling; odd.
**chocar** *vi* to strike, to knock; to crash; • *vt* to shock.
**chocolate** *m* chocolate.
**chocolatera** *f* chocolate pot.
**chochear** *vi* to dodder, to be senile; to dote.
**choco** *adj* doddering; doting.
**chochez** *f* senility.
**chófer** *m* driver.
**chollo** *m* bargain.
**chopo** *m* (*bot*) black poplar.
**choque** *m* shock; crash, collision; clash, conflict.
**chorizo** *m* pork sausage.
**chorlito** *m* plover.
**chorrear** *vi* to spout, to gush, to drip.
**chorrera** *f* channel; frill.
**chorro** *m* gush; jet; stream; **a ~s** abundantly.
**choto** *m* kid; calf.
**choza** *f* hut, shack.
**chubasco** *m* squall.
**chuchería** *f* trinket.
**chucho** *m* dog, mongrel.
**chufleta** *f* joke; taunt, jeer.
**chulada** *f* funny speech *or* action.
**chulear** *vi* to brag.
**chuleta** *f* chop.
**chulo** *m* rascal; pimp; beautiful.
**chunga** *f* fun, joke; **estar de** ~ to be in good humor.
**chunguearse** *vi* to be in good humor.
**chupado, da** *adj* skinny; easy.
**chupar** *vt* to suck; to absorb.
**chupete** *m* pacifier.
**chupetear** *vi* to suck gently.
**chupón** *m* pacifier, **~a** *m/f* swindler, sponger (*sl*).
**churro** *m* fritter.
**churruscarse** *vi* to scorch.
**churrusco** *m* burnt toast.
**chusco, ca** *adj* pleasant, funny.
**chusma** *f* rabble, mob.
**chuzo** *m* little spear *or* spike; **llover a ~s** to pour heavily.

# D

**dactilar** *adj* pertaining to the fingers.
**dactilógrafo, fa** *m/f* typist.
**dádiva** *f* gift, present; donation.
**dadivoso, sa** *adj* generous, open-handed.
**dado** *m* die (*pl* dice).
**daga** *f* dagger.
**¡dale!** *excl* come on!
**daltónico, ca** *adj* color-blind.
**dama** *f* lady, gentlewoman; mistress; queen; actress who performs principal parts; ~ **de compañía** lady-in-waiting; ~ **de honor** maid of honor; **ser una** ~ to be a lady.
**damasco** *m* damask (stuff); damson (plum).
**damasquino, na** *adj* damask.
**damero** *m* checkers board.
**damificado** *m., f* victim of an accident or disaster.
**damnificar** *vt* to hurt, to damage, to injure.
**danza** *f* dance; **andar** or **estar en la** ~ to be involved or mixed up in some affair; **meterle a uno en la** ~ to involve someone in an affair.
**danzar** *vi* to dance; to meddle.
**danzarín** *m* fine dancer; meddler.
**dañar** *vt* to hurt, to damage; to injure.
**dañino, na** *adj* harmful; obnoxious; mischievous.
**daño** *m* harm; damage, prejudice, loss.
**dar** *vt* to give; to supply, to administer, to afford; to deliver; to bestow; to strike, to beat, to knock; to communicate; • ~**se** *vi* to conform to the will of another; to give oneself up to; ~**se prisa** *vi* to hurry; ~ **brincos** or **saltos** to jump up and down; ~ **la mano** to shake hands; ~ **por hecho,** to take for granted that.
**dardo** *m* dart.
**datar** *vt* to date.
**dátil** *m* (*bot*) date.
**dativo** *m* (*gr*) dative.
**dato** *m* fact.
**de** *prep* of; from; for; by; on; to; with.
**deambular** *vi* to stroll.
**deán** *m* dean.
**debajo** *adv* under, underneath, below.
**debate** *m* debate, discussion, contest, altercation.
**debatir** *vt* to debate, to argue, to discuss.
**debe** *m* (*com*) debit; ~ **y haber** debit and credit.
**deber** *m* obligation, duty; debt; • *vt* to owe; to be obliged; • *vi*: **debe (de)** it must, it should.
**debidamente** *adv* justly; duly, exactly, perfectly.
**débil** *adj* feeble, weak; sickly; frail.
**debilidad** *f* dimness; weakness.
**debilitar** *vt* to debilitate, to weaken.
**débito** *m* debt; duty.
**debutar** *vi* to make one's debut.
**década** *f* decade.
**decadencia** *f* decay, decline.
**decaer** *vi* to decay, to decline, to fade.
**decaimiento** *m* decay, decline.
**decálogo** *m* the Decalogue.
**decano** *m* senior; dean.
**decantar** *vt* to decant.
**decapar** *vt* to pickle, strip.
**decapitación** *f* decapitation, beheading.

**decapitar** *vt* to behead.
**decena** *f* ten.
**decencia** *f* decency.
**decente** *adj* decent, honest.
**decepción** *f* disappointment.
**decidir** *vt* to decide, to determine.
**decimal** *adj* decimal.
**decidir** *vt* to decide, to settle
**décimo, ma** *adj, m* tenth.
**decir** *vt* to say, to tell, to speak; to name; **como quien dice** as it were; **como quien no dice nada** it's no light matter; **el qué dirán** what people may said; **mejor dicho** to put it more exactly.
**decisión** *f* decision, determination, resolution; sentence.
**decisivo, va** *adj* decisive, final.
**declamación** *f* declamation, discourse, oration.
**declamar** *vi* to declaim, to harangue.
**declaración** *f* declaration, explanation; interpretation; (*law*) deposition.
**declarar** *vt* to declare, to manifest; to expound; to explain; (*law*) to decide; • *vi* to testify; ~**se** to declare one's opinion.
**declinación** *f* declination, descent; decline.
**declinar** *vi* to decline; to decay, to degenerate; • *vt* (*gr*) to decline.
**declive** *m* slope; decline.
**decolorarse** *vi* to become discolored.
**decomiso** *m* confiscation.
**decoración** *f* decoration.
**decorado** *m* scenery.
**decorar** *vt* to decorate; to adorn; to illustrate.
**decorativo, va** *adj* decorative.
**decoro** *m* honor, respect; circumspection; honesty; decency.
**decoroso, sa** *adj* decorous, decent.
**decrecer** *vi* to decrease.
**decremento** *m* decrease.
**decrépito, ta** *adj* decrepit, crazy, worn out with age.
**decrepitud** *f* decrepitude.
**decretar** *vt* to decree, to determine.
**decreto** *m* decree, decision; judicial decree.
**dechado** *m* model of virtue and perfection.
**dedal** *m* thimble; very small drinking glass.
**dedicación** *f* dedication; consecration.
**dedicar** *vt* to dedicate, to devote, to consecrate; • ~**se** *vi* to apply oneself to.
**dedicatoria** *f* dedication.
**dedo** *m* finger; toe; small bit; ~ **meñique** little finger; ~ **pulgar** thumb; ~ **del corazón** middle finger; ~ **anular** ring finger; **chuparse uno los dedos** to take relish or great enjoyment; ~ **gordo** big toe; ~ **pulgar** thumb; **señalar a uno con el** ~ to accuse.
**deducción** *f* deduction, derivation, consequence.
**deducir** *vt* to deduce, to infer; to allege in pleading; to subtract.
**defección** *f* defection, apostasy.
**defectivo, va** *adj* defective.
**defecto** *m* defect, defectiveness.
**defectuoso, sa** *adj* defective, imperfect, faulty.
**defender** *vt* to defend, to protect; to justify, to assert, to maintain; to prohibit, to forbid; to resist, to oppos.
**defensa** *f* defense, justification, apology; guard, shelter, protection, fence; ~ **propia, legítima,** (law) self defense.

**defensiva** *f* defensive.
**defensivo** *m* defense, safeguard; • ~, **va** *adj* defensive.
**defensor, ra** *m/f* defender, protector; lawyer, counsel.
**deferente** *adj* pliant, docile, yielding.
**deferir** *vi* to defer; to yield to another's opinion; • *vt* to communicate.
**deficiencia** *f* deficiency.
**deficiente** *adj* defective.
**déficit** *m* deficit.
**definición** *f* definition; decision.
**definir** *vt* to define, to describe, to explain; to decide.
**definitivo, va** *adj* definitive, positive.
**deformar** *vt* to deform; • **~se** *vi* to become deformed.
**deforme** *adj* deformed, ugly.
**deformidad** *f* deformity, ugliness; gross error.
**defraudación** *f* fraud, usurpation.
**defraudar** *vt* to defraud, to cheat; to usurp; to disturb.
**defunción** *f* death.
**degeneración** *f* degeneration; degeneracy.
**degenerar** *vi* to degenerate.
**degollación** *f* beheading.
**degollar** *vt* to behead; to destroy, to ruin.
**degradación** *f* degradation.
**degradar** *vt* to degrade; • **~se** *vi* to degrade *or* demean oneself.
**degustar** *vt* to taste.
**dehesa** *f* pasture ground.
**deidad** *f* deity, divinity; goddess.
**deificar** *vt* to deify.
**dejadez** *f* slovenliness, neglect.
**dejado, da** *adj* slovenly, idle, indolent; dejected.
**dejar** *vt* to leave, to let, to quit; to omit; to permit, to allow; to leave, to forsake; to bequeath; to pardon; • ~ **de** *vi* to stop; to fail to; **~se** to abandon oneself (to).
**dejo** *m* accent; aftertaste, tang.
**del** *adj* of the (contraction of **de el**).
**delantal** *m* apron.
**delante** *adv* in front; opposite; ahead; ~ **de** in front of, before.
**delantera** *f* front, forepart of something; advantage; forward line; **llevar** or **tomar la** ~ to take the lead.
**delantero, ra** *adj* front; • *m* forward.
**delatar** *vt* to accuse, to denounce.
**delator** *m* accuser, informer, denouncer.
**delegación** *f* delegation, substitution.
**delegado** *m* delegate, deputy.
**delegar** *vt* to delegate, to substitute.
**deleitar** *vt* to delight.
**deletrear** *vt* to spell; to examine; to conjecture.
**delfín** *m* dolphin; dauphin.
**delgadez** *f* thinness.
**delgado, da** *adj* thin, delicate, light; slender, lean; acute, fine, ingenious; little, scanty.
**deliberación** *f* deliberation; resolution.
**deliberadamente** *adv* deliberately.
**deliberar** *vi* to consider, to deliberate; to consult; • *vt* to debate.
**delicadeza** *f* tenderness, softness; delicacy, daintiness; subtlety.
**delicado, da** *adj* delicate, tender; faint; exquisite; delicious, dainty; slender, subtle.
**delicia** *f* delight, pleasure.
**delicioso, sa** *adj* delicious, delightful.

**delincuencia** *f* delinquency.
**delincuente** *m* delinquent.
**delineante** *m/f* draftsman/woman.
**delinear** *vt* to delineate, to sketch; to describe.
**delinquir** *vi* to offend.
**delirante** *adj* delirious.
**delirar** *vi* to rave; to talk nonsense.
**delirio** *m* delirium; dotage; nonsense; ~ **de grandeza** delusions of grandeur.
**delito** *m* offense; crime.
**deludir** *vt* to delude, deceive.
**delusivo** *adj* delusive, fallacious.
**demacrado, da** *adj* pale and drawn.
**demagogia** *f* demagogy.
**demagogo** *m* demagogue.
**demanda** *f* demand, claim; pretension, complaint; challenge; request; **ley de la oferta y la ~** law of supply and demand; **ir en ~ de una persona o cosa** to go in search of.
**demandado, da** *m/f* defendant.
**demandante** *m/f* claimant.
**demandar** *vt* to demand, to ask; to claim; to sue.
**demarcación** *f* demarcation; boundary line.
**demarcar** *vt* to mark out limits.
**demás** *adj* other; remaining; • *pn* **los/las** ~ the others, the rest; **por** ~ in vain, to no purpose. **demasía** *f* excess; arduous enterprise; rudeness; want of respect; abundance, plenty; **en** ~ excessively.
**demasiado, da** *adj* too, too much; excessive; • *adv* too, too much.
**demencia** *f* madness.
**demente** *adj* mad, insane.
**demérito** *m* demerit, unworthiness.
**democracia** *f* democracy.
**demócrata** *m* democrat.
**democrático, ca** *adj* democratic.
**demoler** *vt* to demolish; to destroy.
**demolición** *f* demolition.
**demonio** *m* demon.
**demora** *f* delay; demurrage.
**demorar** *vt* to delay; • *vi* to linger; • **~se** *vi* to be delayed.
**demostrable** *adj* demonstrable.
**demostración** *f* demonstration; manifestation.
**demostrar** *vt* to prove, to demonstrate, to manifest.
**demostrativo, va** *adj* demonstrative.
**denegación** *f* denial, refusal.
**denegar** *vt* to deny, to refuse.
**dengue** *m* affectedness, (med.) dengue.
**denigración** *f* defamation, stigma, disgrace.
**denigrar** *vt* to blacken; to insult.
**denodado** *adj* bold, intrepid.
**denominación** *f* denomination.
**denominar** *vt* to name; to designate.
**denostar** *vt* to insult, abuse.
**denotar** *vt* to denote, to express.
**densidad** *f* density; obscurity.
**denso, sa** *adj* dense, thick; compact.
**dentado, da** *adj* dentated, toothed; indented.
**dentadura** *f* set of teeth.
**dentellada** *f* gnashing of the teeth; nip; pinch with the teeth; **a ~s** snappishly, peevishly.
**dentera** *f* (*fig*) the shivers *pl*.
**dentición** *f* dentition, teething.
**dentífrico** *m* toothpaste.
**dentista** *m/f* dentist.
**dentro** *adv* within; • *pn* ~ **de** in, inside.
**denuncia** *f* denunciation; accusation; report.

**denunciar** *vt* to denounce; to report.
**deparar** *vt* to offer, to present.
**departamento** *m* department; (*ferro*) compartment; apartment.
**dependencia** *f* dependency, relation, affinity; dependence; office; business, affair.
**depender** *vi* to depend, to be dependent on.
**dependienta** *f* saleswoman.
**dependiente** *m* shop assistant; • *adj* dependent.
**depilar** *vt* to wax.
**depilatorio** *m* hair remover.
**deplorable** *adj* deplorable, lamentable.
**deplorar** *vt* to deplore.
**deponer** *vt* to depose, to declare; to displace; to deposit.
**deportación** *f* deportation.
**deportar** *vt* to deport.
**deporte** *m* sport.
**deportista** *m/f* sportsman/woman.
**deportivo, va** *adj* sports *compd.*
**deposición** *f* deposition; assertion, affirmation; (*jur*) deposition upon oath.
**depositar** *vt* to deposit, to confide; to put in any place to be kept safe.
**depósito** *m* deposit; warehouse; tank.
**depravación** *f* depravity.
**depravar** *vt* to deprave, to corrupt.
**depreciar** *vt* to depreciate.
**depredador, ra** *adj* predatory; • *m* predator.
**depresión** *f* depression.
**deprimido, da** *adj* depressed.
**deprimir** *vt* to depress; • **~se** *vi* to become depressed.
**deprisa** *adv* quickly.
**depuración** *f* finessing, purification.
**depurar** *vt* to cleanse, to purify, to filter.
**derecha** *f* right hand, right side; right.
**derecho, cha** *adj* right; straight; just; perfect; certain; • *m* right, justice, law; just claim; tax, duty; fee; • *adv* straight.
**derivación** *f* derivation; source; origin.
**derivado, da** *adj, m* derivative; • *m* by-product.
**derivar** *vt, vi* to derive; (*mar*) to deflect from the course.
**derogar** *vt* to derogate, to abolish; to reform.
**derogatorio, ria** *adj* derogatory.
**derramamiento** *m* effusion, waste; dispersion.
**derramar** *vt* to drain off water; to spread; to spill, to scatter, to waste, to shed; • **~se** *vi* to pour out.
**derrame** *m* spelling; overflow; discharge; leakage.
**derredor** *m* circumference, circuit; **al ~, en ~** around, about.
**derrengado, da** *adj* bent, crooked.
**derrengar** *vt* to sprain.
**derretir** *vt* to melt; to consume; to thaw; • **~se** *vi* to melt.
**derribar** *vt* to demolish; to flatten.
**derribo** *m* demolition; ruins of a demolished building.
**derrocar** *vt* to pull down, to demolish.
**derrochador** *m* spendthrift.
**derrochar** *vt* to dissipate; to squander.
**derroche** *m* waste.
**derrota** *f* ship's course; road, path; defeat.
**derrotar** *vt* to destroy; to defeat.

**derrotero** *m* collection of sea charts; ship's course; (*fig*) course, way.
**derruir** *vt* to demolish.
**derrumbar** *vt* to throw down; **~se** *vi* to collapse.
**desabastecer** *vt* to cut off supplies from.
**desabillé** *m* deshabille.
**desabollar** *vt* to take bulges out of.
**desabotonar** *vt* to unbutton; • **~se** *vi* to come undone.
**desabrido, da** *adj* tasteless, insipid; rude; unpleasant.
**desabrigado, da** *adj* uncovered; unsheltered.
**desabrigar** *vt* to uncover, to deprive of clothes *or* shelter.
**desabrochar** *vt* to undo; • **~se** *vi* to come undone.
**desacatar** *vt* to treat in a disrespectful manner.
**desacato** *m* disrespect, incivility.
**desacertado, da** *adj* mistaken; unwise; inconsiderate.
**desacierto** *m* error, gross mistake, blunder.
**desaconsejado, da** *adj* inconsiderate; ill-advised.
**desaconsejar** *vt* to advise against.
**desacorde** *adj* discordant.
**desacostumbrado, da** *adj* unusual.
**desacreditar** *vt* to discredit.
**desacuerdo** *m* blunder; disagreement; forgetfulness.
**desafiar** *vt* to challenge; to defy.
**desafilado, da** *adj* blunt.
**desafinado, da** *adj* out of tune.
**desafinar** *vi* to be out of tune.
**desafío** *m* challenge; struggle, contest, combat.
**desaforado, da** *adj* huge; disorderly, lawless, impudent.
**desafortunadamente** *adv* unfortunately.
**desafortunado, da** *adj* unfortunate, unlucky.
**desafuero** *m* outrage; excess.
**desagradable** *adj* disagreeable, unpleasant.
**desagradar** *vt* to displease; to pester.
**desagradecido, da** *adj* ungrateful.
**desagradecimiento** *m* ingratitude.
**desagrado** *m* harshness; displeasure.
**desagraviar** *vt* to make amends for.
**desagravio** *m* amends *pl*; satisfaction.
**desaguar** *vt* to drain; • *vi* to drain off.
**desagüe** *m* channel, drain; drainpipe; drainage.
**desaguisado** *m* outrage.
**desahogado, da** *adj* comfortable; roomy; well off.
**desahogar** *vt* to ease; to vent; • **~se** *vi* to recover; to relax; to let off steam.
**desahogo** *m* ease, relief; freedom; **vivir con ~** to live comfortably.
**desahuciar** *vt* to despair; to give up; to evict.
**desahucio** *m* eviction.
**desairado, da** *adj* disregarded, slighted.
**desairar** *vt* to disregard, to take no notice.
**desaire** *m* disdain, disrespect; unattractiveness.
**desajustar** *vt* to disproportion; to unbalance; • **~se** *vi* to get out of order.
**desajuste** *m* disorder; imbalance.
**desalentador, ra** *adj* disheartening.

**desalentar** *vt* to put out of breath; to discourage.
**desaliento** *m* dismay.
**desaliño** *m* slovenliness; carelessness.
**desalmado, da** *adj* cruel, inhuman.
**desalojar** *vt* to eject; to move out of; • *vi* to move out.
**desamarrar** *vt* to unmoor a ship; to untie; to remove.
**desamor** *m* indifference.
**desamparado, da** *adj* helpless.
**desamparar** *vt* to forsake, to abandon, to relinquish.
**desamparo** *m* abandonment; helplessness; dereliction.
**desamueblar** *vt* to unfurnish.
**desandar** *vt* to retrace, to go back the same road.
**desangrar** *vt* to bleed; to drain a pond; (*fig*) to exhaust one's means; • **~se** *vi* to lose a lot of blood.
**desanimado, da** *adj* downhearted.
**desanimar** *vt* to discourage; • **~se** *vi* to lose heart.
**desapacible** *adj* disagreeable, unpleasant, harsh.
**desaparecer** *vi* to disappear.
**desaparecido, da** *adj* missing; **~s** *mpl* people missing.
**desaparejar** *vt* to unharness beasts; (*mar*) to unrig a ship.
**desaparición** *f* disappearance.
**desapego** *m* coolness; uninterestedness.
**desapercibido, da** *adj* unnoticed.
**desaplicado, da** *adj* lazy, careless, neglectful.
**desapolillar** *vt* to free from moths; • **~se** *vi* to get rid of the cobwebs.
**desaprensivo, va** *adj* unscrupulous.
**desaprobación** *f* disapproval.
**desaprobar** *vt* to disapprove; to condemn; to reject.
**desaprovechado, da** *adj* useless, unprofitable; backward; slack.
**desaprovechar** *vt* to waste, to turn to a bad use.
**desarmar** *vt* to disarm; to disband troops; to dismantle; (*fig*) to pacify.
**desarme** *m* disarmament.
**desarraigar** *vt* to root out; to extirpate.
**desarraigo** *m* eradication.
**desarrapado, da** *adj* ragged.
**desarreglado, da** *adj* untidy.
**desarreglar** *vt* to disorder, to upset.
**desarreglo** *m* disorder; untidiness.
**desarrollar** *vt* to develop; to unroll, to unfold; • **~se** *vi* to develop; to be unfolded, to open.
**desarrollo** *m* development.
**desarropar** *vt* to undress.
**desarticular** *vt* to take apart.
**desasir** *vt* to loosen, to disentangle; • **~se** *vi* to extricate oneself.
**desasosegar** *vt* to disquiet, to disturb.
**desasosiego** *m* restlessness; anxiety.
**desastrado, da** *adj* wretched, miserable; ragged.
**desastre** *m* disaster; misfortune.
**desastroso, sa** *adj* disastrous.
**desatado, da** *adj* untied; wild.
**desatar** *vt* to untie, to loose; to separate; to unriddle; • **~se** *vi* to come undone; to break.
**desatascar** *vt* to unblock; to clear.
**desatender** *vt* to pay no attention; to disregard.
**desatinado, da** *adj* foolish; extravagant; • *m* fool, madman.
**desatinar** *vi* to talk nonsense; to reel, to stagger.

**desatino** *m* blunder; nonsense.
**desatornillar** *vt* to unscrew.
**desatrancar** *vt* to unbar; to unblock.
**desautorizado, da** *adj* unauthorized.
**desautorizar** *vt* to deprive of authority; to deny.
**desavenencia** *f* discord, disagreement.
**desavenido, da** *adj* contrary, disagreeing.
**desaventajado, da** *adj* disadvantageous, unprofitable.
**desayunar** *vt* to have for breakfast; • *vi* to have breakfast; • **~se** *vi* to breakfast.
**desayuno** *m* breakfast.
**desazón** *f* disgust; uneasiness; annoyance.
**desazonado, da** *adj* ill-adapted; ill-humored.
**desazonar** *vt* to annoy; • **~se** *vi* to be annoyed; to be anxious.
**desbancar** *vt* to break the bank (in gambling); (*fig*) to supplant.
**desbandarse** *vi* to disband; to go off in all directions.
**desbarajuste** *m* confusion.
**desbaratar** *vt* to destroy.
**desbarrar** *vi* to talk rubbish.
**desbastar** *vt* to smooth; to polish; to waste.
**desbloquear** *vt* to unblock.
**desbocado, da** *adj* open-mouthed; wild (applied to a horse); foul-mouthed, indecent.
**desbocarse** *vi* to bolt.
**desbordar** *vt* to exceed; • **~se** *vi* to overflow.
**descabalgar** *vi* to dismount.
**descabellado, da** *adj* disheveled; disorderly; wild, unrestrained; disproportional; violent.
**descabellar** *vt* to ruffle.
**descafeinado, da** *adj* decaffeinated.
**descalabrado, da** *adj* wounded on the head; imprudent.
**descalabrar** *vt* to break *or* wound the head; to smash.
**descalabro** *m* blow; misfortune; considerable loss.
**descalificar** *vt* to disqualify; to discredit.
**descalzarse** *vi* to pull off one's shoes.
**descalzo, za** *adj* barefooted; (*fig*) destitute.
**descambiar** *vt* to exchange.
**descaminado, da** *adj* (*fig*) misguided.
**descaminar** *vt* to misguide, to lead astray.
**descamisado, da** *adj* shirtless.
**descampado, da** *adj* disengaged, free, open; • *m* open space.
**descansado, da** *adj* rested, refreshed; quiet.
**descansar** *vt* to rest; • *vi* to rest, to lie down.
**descansillo** *m* landing.
**descanso** *m* rest, repose; break; interval.
**descapotable** *m* convertible.
**descarado, da** *adj* sassy, barefaced.
**descararse** *vi* to behave insolently.
**descarga** *f* unloading; volley, discharge.
**descargar** *vt* to unload, to discharge; • **~se** *vi* to unburden oneself.
**descargo** *m* discharge; evidence; receipt.
**descarnado, da** *adj* scrawny.
**descarnar** *vt* to strip off the flesh; to clean away the flesh from; to corrode; • **~se** *vi* to grow thin.
**descaro** *m* nerve.

**descarriar** *vt* to lead astray; to misdirect; • **~se** *vi* to lose one's way; to stray; to err.
**descarrilamiento** *m* (*ferro*) running off the rails, derailment.
**descarrilar** *vi* (*ferro*) to leave *or* run off the rails.
**descarrío** *m* losing of one's way.
**descartar** *vt* to discard; to dismiss; to rule out; • **~se** *vi* to excuse oneself.
**descascarillado, da** *adj* peeling.
**descastado** *adj* degenerate; ungrateful.
**descendencia** *f* descent, offspring.
**descendente** *adj* descending; **tren ~** *m* (*ferro*) down train.
**descender** *vt* to go down; • *vi* to descend, to walk downward; to flow; to be derived from; to fall.
**descendiente** *adj, m* descending; descendant.
**descenso** *m* descent; drop.
**descerrajar** *vt* to force the lock of a door *etc*; to discharge firearms.
**descifrar** *vt* to decipher; to unravel.
**desclavar** *vt* to draw out nails.
**descocado, da** *adj* bold, impudent.
**descolgar** *vt* to unhang; to pick up; • **~se** *vi* to come down gently; to let oneself down.
**descolorido, da** *adj* pale, colorless.
**descollar** *vi* to excel, to surpass.
**descomedido, da** *adj* impudent, insolent; huge.
**descompaginar** *vt* to disarrange.
**descomponer** *vt* to discompose, to set at odds, to disconcert; (*quim*) to decompose.
**descomposición** *f* disagreement, discomposure; decomposition.
**descompuesto, ta** *adj* decomposed; broken.
**descomunal** *adj* uncommon; huge.
**desconcertado, da** *adj* disconcerted; bewildered.
**desconcertar** *vt* to disturb; to confound; to disconcert; • **~se** *vi* to be bewildered; to be upset.
**desconchado, da** *adj* peeling.
**desconchar** *vt* to peel off.
**desconcierto** *m* disorder, confusion; uncertainty.
**desconectar** *vt* to disconnect.
**desconfiado, da** *adj* diffident, mistrustful.
**desconfianza** *f* distrust; jealousy.
**desconfiar** *vi* to mistrust, to suspect.
**descongelar** *vt* to defrost.
**descongestionar** *vt* to clear.
**desconocer** *vt* to disown, to disavow; to be totally ignorant of a thing; not to know a person; not to acknowledge (a favor received).
**desconocido, da** *adj* ungrateful; disguised; unknown; • *m/f* stranger.
**desconocimiento** *m* ignorance.
**desconsiderado, da** *adj* inconsiderate, imprudent.
**desconsolado, da** *adj* disconsolate; painful; sad.
**desconsolar** *vt* to distress.
**desconsuelo** *m* distress; trouble; despair.
**descontado** *adj*: **por ~** of course; **dar por ~** to take for granted.
**descontar** *vt* to discount; to deduct.
**descontento** *m* dissatisfaction, disgust.
**descorazonar** *vt* to dishearten; to discourage.
**descorchar** *vt* to uncork.
**descorrer** *vt* to draw.
**descortés, esa** *adj* impolite, rude.
**descortesía** *f* rudeness.

**descoser** *vt* to unseam; to separate; • **~se** *vi* to come apart at the seams.
**descosido, da** *adj* unstitched; disjointed.
**descoyuntar** *vt* to dislocate; to vex, to annoy.
**descrédito** *m* discredit.
**descreído, da** *adj* incredulous.
**descremado, da** *adj* skimmed.
**describir** *vt* to draw, to delineate; to describe.
**descripción** *f* delineation; description; inventory.
**descriptivo, va** *adj* descriptive.
**descuartizar** *vt* to quarter; to carve.
**descubierto** *m* deficit; • **~, ta** *adj* uncovered.
**descubrimiento** *m* discovery; revelation.
**descubrir** *vt* to discover, to disclose; to uncover; to reveal; to show; • **~se** *vi* to reveal oneself; to take off one's hat; to confess.
**descuento** *m* discount; decrease.
**¡descuida!** (*excl*) don't worry!
**descuidado, da** *adj* careless, negligent.
**descuidar** *vt* to neglect; • **~se** *vi* to be careless.
**descuido** *m* carelessness, negligence, forgetfulness; incivility; improper action.
**desde** *prep* since, after, from; ~ **luego** of course; ~ **entonces** since then; ~ **luego,** or course.
**desdecirse** *vi* to retract.
**desdén** *m* disdain, scorn.
**desdentado, da** *adj* toothless.
**desdentar** *vt* to draw out teeth.
**desdeñable** *adj* contemptible, despicable.
**desdeñar** *vt* to disdain, to scorn; • **~se** *vi* to be disdainful.
**desdeñoso, sa** *adj* disdainful; contemptuous.
**desdicha** *f* misfortune, calamity; great poverty.
**desdichado, da** *adj* unfortunate, wretched, miserable.
**desdoblar** *vt* to unfold, to spread open.
**desear** *vt* to desire, to wish; to require, to demand.
**desecación** *f* desiccation.
**desecar** *vt* to dry up.
**desechar** *vt* to depreciate; to reject; to refuse; to throw away.
**desecho** *m* residue; **~s** *mpl* rubbish.
**desembalar** *vt* to unpack.
**desembarazado, da** *adj* free.
**desembarazar** *vt* to free; to clear; • **~se** *vi* to get rid of.
**desembarcadero** *m* landing stage.
**desembarcar** *vt* to unload, to disembark; • *vi* to disembark, to land.
**desembarco** *m* unloading.
**desembargo** *m* (*jur*) raising an embargo.
**desembarque** *m* landing.
**desembocadura** *f* mouth.
**desembocar** *vi* to flow into.
**desembolsar** *vt* to pay out.
**desembolso** *m* expenditure.
**desembragar** *vi* to declutch.
**desembuchar** *vt* to disgorge; to tell all.
**desempaquetar** *vt* to unpack.
**desempatar** *vt* to hold a play-off.
**desempate** *m* play-off.
**desempeñar** *vt* to redeem; to extricate from debt; to fulfill any duty *or* promise; to acquit; • **~se** *vi* to get out of debt.
**desempeño** *m* redeeming a pledge; occupation.
**desempleado, da** *adj* unemployed; • *m/f* unemployed person.

**desempleo** *m* unemployment.
**desempolvorar** *vt* to dust.
**desencadenar** *vt* to unchain; • **~se** *vi* to break loose; to burst.
**desencajar** *vt* to disjoint; to dislocate; to disconnect.
**desencallar** *vt* to refloat.
**desencanto** *m* disenchantment.
**desenchufar** *vt* to unplug.
**desenfadado, da** *adj* free, unembarrassed.
**desenfado** *m* ease; facility; calmness, relaxation.
**desenfocado, da** *adj* out of focus.
**desenfrenado, da** *adj* outrageous; ungovernable.
**desenfreno** *m* wildness; lack of self control.
**desenganchar** *vt* to unhook; to uncouple.
**desengañado, da** *adj* disillusioned.
**desengañar** *vt* to disillusion; • **~se** *vi* to become disillusioned.
**desengaño** *m* disillusionment; disappointment.
**desengrasar** *vt* to take out the grease.
**desenhebrar** *vt* to unthread; to unravel.
**desenlace** *m* climax; outcome.
**desenmarañar** *vt* to disentangle; to unravel.
**desenmascarar** *vt* to unmask.
**desenredar** *vt* to disentangle.
**desenrollar** *vt* to unroll.
**desenroscar** *vt* to untwist, to unroll.
**desentenderse** *vi* to feign not to understand; to pass by without noticing.
**desenterrar** *vt* to exhume; to dig up.
**desentonar** *vi* to humble; to be out of tune; to clash.
**desentrañar** *vt* to unravel.
**desentumecer** *vt* to stretch; to loosen up.
**desenvainar** *vt* to unsheath; to show.
**desenvoltura** *f* sprightliness; cheerfulness; impudence, boldness.
**desenvolver** *vt* to unfold, to unroll; to decipher, to unravel; to develop; • **~se** *vi* to develop; to cope.
**desenvuelto, ta** *adj* forward; natural.
**deseo** *m* desire, wish.
**deseoso, sa** *adj* anxious.
**desequilibrado, da** *adj* unbalanced.
**deserción** *f* desertion; defection.
**desertar** *vt* to desert; (*jur*) to abandon a cause.
**desertor** *m* deserter, fugitive.
**desesperación** *f* despair, desperation; anger, fury.
**desesperado, da** *adj* desperate, hopeless.
**desesperar** *vt* to make desperate; • **~se** *vi* to despair.
**desestabilizar** *vt* to destabilize.
**desestimar** *vt* to disregard, to reject.
**desfachatez** *f* impudence.
**desfajar** *vt* to ungird, unbind.
**desfalcar** *vt* to embezzle.
**desfalco** *m* embezzlement.
**desfallecer** *vi* to get weak; to faint.
**desfallecimiento** *m* fainting.
**desfasado, da** *adj* old-fashioned.
**desfase** *m* gap.
**desfavorable** *adj* unfavorable.
**desfigurar** *vt* to disfigure, to deform; to disguise.

**desfiladero** *m* gorge.
**desfilar** *vi* (*mil*) to parade.
**deflemar** *vi* to cough up phlegm.
**desfogarse** *vi* to give vent to one's passion *or* anger.
**desgajar** *vt* to tear off; to break in pieces; • **~se** *vi* to be separated; to be torn in pieces.
**desgana** *f* disgust, loss of appetite; aversion, reluctance.
**desganado, da** *adj* not hungry; half-hearted; **estar ~** to lose all pleasure in doing a thing; to lose one's appetite.
**desgañitarse** *vi* to scream, to bawl.
**desgarrador, a** *adj* heartrending.
**desgarrar** *vt* to tear; to shatter.
**desgarro** *m* tear; grief; impudence.
**desgarrón** *m* large tear.
**desgastar** *vt* to waste; to corrode; • **~se** *vi* to get worn out.
**desgaste** *m* wear (and tear).
**desglosar** *vt* to break down.
**desgobernar** *vt* to misgovern.
**desgracia** *f* misfortune, disgrace; accident; setback; **caer en ~** (*coll*) to fall in to disgrace; **por ~** unfortunately.
**desgraciado, da** *adj* unfortunate, unhappy, miserable; out of favor; disagreeable; ungrateful.
**desgranar** *vt* to remove the grain from.
**desgreñado, da** *adj* disheveled.
**desgreñar** *vt* to dishevel the hair; to disorder.
**desguarnecer** *vt* to strip down; to dismantle.
**deshabitado, da** *adj* deserted, uninhabited, desolate.
**deshacer** *vt* to undo, to destroy; to cancel, to efface; to rout an army; to solve; to melt; to break up, to divide; to dissolve in a liquid; to violate a treaty; to diminish; to disband troops; • **~se** *vi* to melt; to come apart.
**desharrapado, da** *adj* shabby, ragged, in tatters.
**deshecho, cha** *adj* undone, destroyed, wasted; melted; in pieces.
**deshelar** *vt* to thaw; • **~se** *vi* to thaw, to melt.
**desheredar** *vt* to disinherit.
**deshidratar** *vt* to dehydrate.
**deshielo** *m* thaw.
**deshilachar** *vt* to ravel, to unweave.
**deshilar** *vt* to ravel.
**deshinchar** *vt* to deflate; • **~se** *vi* to go flat, to go down.
**deshojar** *vt* to strip off the leaves.
**deshollinador** *m* chimney sweep.
**deshonestidad** *f* dishonesty; immodesty.
**deshonesto, ta** *adj* indecent.
**deshonra** *f* dishonor; shame.
**deshonrar** *vt* to affront, to insult, to defame; to dishonor.
**deshonroso, sa** *adj* dishonorable, indecent.
**deshora** *f* unseasonable time.
**deshuesar** *vt* to rid of bones; to remove the seeds from (fruits).
**desidia** *f* idleness, indolence.
**desierto, ta** *adj* deserted, solitary; • *m* desert, wilderness; **predicar en el ~** to preach to the winds (to no effect).
**designación** *f* designation.
**designar** *vt* to design, to intend; to appoint; to express, to name.
**designio** *m* design, purpose; road, course.
**desigual** *adj* unequal, unlike; uneven, craggy, cliffy.

**desigualdad** *f* inequality, dissimilitude; inconstancy; knottiness, unevenness.
**desilusión** *f* disappointment.
**desilusionar** *vt* to disappoint; **~se** *vi* to become disillusioned.
**desinencia** *f* desinence, ending, termination (of words).
**desinfección** *f* disinfection.
**desinfectar** *vt* to disinfect.
**desinflar** *vt* to deflate.
**desintegración** *f* disintegration.
**desinterés** *m* unselfishness; disinterestedness.
**desinteresado, da** *adj* disinterested; unselfish.
**desistir** *vi* to desist, to cease.
**desleal** *adj* disloyal; unfair.
**deslealtad** *f* disloyalty, breach of faith.
**desleir** *vt* to dilute, to dissolve.
**deslenguado, da** *adj* foul-mouthed, free-tongued.
**desligar** *vt* to separate; to loosen, to unbind; • **~se** *vi* to extricate oneself.
**desliz** *m* slip, sliding; lapse, weakness.
**deslizadizo, za** *adj* slippery, slippy, glib.
**deslizar** *vt* to slip, to slide; to speak carelessly, to go too far in conversation; • **~se** *vi* to slip; to skid; to flow softly; to creep in.
**deslucido, da** *adj* tarnished; dull; shabby.
**deslucir** *vt* to tarnish; to damage; to discredit.
**deslumbramiento** *m* glare; confusion.
**deslumbrar** *vt* to dazzle; to puzzle.
**desmán** *m* outrage; disaster; misconduct.
**desmandarse** *vi* to behave badly.
**desmantelar** *vt* to dismantle; to abandon, to forsake.
**desmaquillador** *m* make-up remover.
**desmarañar** *vt* to disentangle.
**desmayado, da** *adj* unconscious; dismayed, appalled; weak.
**desmayar** *vi* to be dispirited *or* faint- hearted; • **~se** *vi* to faint.
**desmayo** *m* unconsciousness; swoon; dismay.
**desmedido, da** *adj* disproportionate.
**desmejorar** *vt* to impair; to weaken.
**desmembrar** *vt* to dismember; to separate.
**desmemoriado, da** *adj* forgetful.
**desmentir** *vt* to give the lie; • **~se** *vi* to contradict oneself.
**desmenuzar** *vt* to crumble, to chip, to fritter; to examine minutely.
**desmerecer** *vt* to be unworthy of; • *vi* to deteriorate.
**desmesurado, da** *adj* excessive; huge; immeasurable.
**desmoche** *m* topping, lopping.
**desmontar** *vt* to level; to remove a heap of rubbish; to dismantle; • *vi* to dismount.
**desmoralización** *f* demoralization.
**desmoralizar** *vt* to demoralize.
**desmoronar** *vt* to destroy little by little; • **~se** *vi* to fall into disrepair.
**desnatado, da** *adj* skimmed.
**desnatar** *vt* to skim milk; to take the choicest part.
**desnaturalizar** *vt* to divest of naturalization rights; • **~se** *vi* to forsake one's country.
**desnivel** *m* unevenness of the ground.
**desnucar** *vt* to break one's neck.

**desnudar** *vt* to undress; to strip; to discover, to reveal; • **~se** *vi* to undress.
**desnudez** *f* nakedness.
**desnudo, da** *adj* naked, bare, uncovered; ill- clothed; (*fig*) plain, evident.
**desnutrición** *f* malnutrition.
**desnutrido, da** *adj* undernourished.
**desobedecer** *vt, vi* to disobey.
**desobediencia** *f* disobedience; insubordination.
**desobediente** *adj* disobedient.
**desocupado, da** *adj* empty; at leisure.
**desocupar** *vt* to quit, to empty; • **~se** *vi* to retire from a business; to withdraw from an arrangement.
**desodorante** *m* deodorant.
**desolación** *f* destruction; affliction.
**desolado, da** *adj* desolate, disconsolate.
**desolar** *vt* to lay waste; to harass.
**desollar** *vt* to flay, to skin; (*fig*) to extort.
**desorden** *m* disorder, confusion.
**desordenado, da** *adj* disorderly; untidy.
**desordenar** *vt* to disorder; to untidy; • **~se** *vi* to get out of order.
**desorganización** *f* disorganization.
**desorganizar** *vt* to disorganize.
**desorientar** *vt* to mislead; to confuse; • **~se** *vi* to lose one's way.
**desovar** *vi* to spawn.
**despabilado, da** *adj* watchful, vigilant; wide-awake.
**despabilar** *vt* to snuff a candle; (*fig*) to despatch quickly; to sharpen; • **~se** *vi* to wake up.
**despacio** *adv* slowly, leisurely; little by little; ¡~! softly! gently!
**despachar** *vt* to dispatch; to expedite; to sell; to send.
**despacho** *m* dispatch, expedition; cabinet; office; commission; warrant, patent; expedient; a smart answer.
**despachurrar** *vt* to squash, to crush; to mangle.
**desparejar** *vt* to make unequal *or* uneven.
**desparpajo** *m* ease; savoir-faire.
**desparramar** *vt* to disseminate, to spread; to spill; to squander, to lavish; • **~se** *vi* to be dissipated.
**despavorido** *adj* frightened.
**despectivo, va** *adj* pejorative; derogatory.
**despecho** *m* indignation, displeasure; spite; dismay, despair; deceit; derision, scorn; **a ~ de** in spite of.
**despedazar** *vt* to tear into pieces; to mangle.
**despedida** *f* farewell; sacking.
**despedir** *vt* to discharge; to dismiss from office; to see off; • **~se** *vi* to say goodbye to.
**despegado, da** *adj* cold; detached.
**despegar** *vt* to unglue; to take off; • **~se** *vi* to come loose.
**despego** *m* detachment; coolness.
**despegue** *m* take-off.
**despeinado, da** *adj* disheveled.
**despeinar** *vt* to ruffle.
**despejado, da** *adj* sprightly, quick; clear.
**despejar** *vt* to clear away obstructions; • *vi* to clear; **~se** to cheer up; to clear.
**despellejar** *vt* to skin.
**despensa** *f* pantry, larder; provisions *pl.*
**despeñadero** *m* precipice.

**despeñar** *vt* to precipitate; ~**se** *vi* to throw oneself headlong.
**despepitarse** *vi* to bawl.
**desperdiciar** *vt* to squander.
**desperdicio** *m* waste; ~**s** *mpl* garbage; waste.
**desperdigar** *vt* to separate, to scatter.
**desperezarse** *vi* to stretch oneself.
**desperfecto** *m* slight damage; flaw.
**despertador** *m* alarm clock.
**despertar** *vt* to wake up, to rouse from sleep; to excite; • *vi* to wake up; to grow lively *or* sprightly; ~**se** *vi* to wake up.
**despiadado, da** *adj* heartless; merciless.
**despido** *m* dismissal.
**despierto, ta** *adj* awake; vigilant; fierce; brisk, sprightly.
**despilfarrar** *vt* to waste.
**despilfarro** *m* slovenliness; waste; mismanagement.
**despintar** *vt* to deface a painting; to obscure things; to mislead; • ~**se** *vi* to lose its color.**despistar** *vt* to mislead; to throw off the track; • ~**se** *vi* to take the wrong way; to become confused.
**desplante** *m* bold statement; wrong stance; insolence.
**desplazamiento** *m* displacement.
**desplazar** *vt* to move; to scroll; • ~**se** *vi* to travel.
**desplegar** *vt* to unfold, to display; to explain, to elucidate; (*mar*) to unfurl; • ~**se** *vi* to blow, to open; to travel.
**despliegue** *m* display.
**desplomarse** *vi* to fall flat to the ground; to collapse.
**desplumar** *vt* to deplume, to fleece; to pluck.
**despoblado** *m* desert.
**despoblar** *vt* to depopulate; to desolate; • ~**se** *vi* to become depopulated.
**despojar** *vt* to strip (of); to deprive of; • ~**se** *vi* to undress.
**despojo** *m* plunder; loot; ~**s** *pl* giblets; remains; offal.
**desposado, da** *adj* newly wed.
**desposar** *vt* to marry, to betroth; • ~**se** *vi* to be betrothed *or* married.
**desposeer** *vt* to dispossess.
**desposeimiento** *m* dispossession.
**déspota** *m* despot.
**despótico, ca** *adj* despotic.
**despotismo** *m* despotism.
**despreciable** *adj* contemptible, despicable.
**despreciar** *vt* to offend; to despise.
**desprecio** *m* scorn, contempt.
**desprender** *vt* to unfasten, to loosen, to separate; • ~**se** *vi* to give way, to fall down; to extricate oneself.
**desprendimiento** *m* alienation, disinterestedness.
**despreocupado, da** *adj* careless; unworried.
**despreocuparse** *vi* to be carefree.
**desprestigiar** *vt* to run down.
**desprevenido, da** *adj* unaware, unprepared.
**desproporción** *f* disproportion.
**desproporcionado, da** *adj* disproportionate.
**desproporcionar** *vt* to disproportion.
**despropósito** *m* absurdity.
**desprovisto, ta** *adj* unprovided.
**después** *adv* after, afterwards; next; ~ **de** next to; ~ **de todo** after all; ~ **de usted** after you.

**despuntar** *vt* to blunt; • *vi* to sprout; to dawn; **al ~ del día** at break of day.
**desquiciar** *vt* to upset; to discompose; to disorder.
**desquitar** *vt* to retrieve a loss; • **~se** *vi* to win one's money back again; to return by giving like for like; to take revenge.
**desquite** *m* recovery of a loss; revenge, retaliation.
**desrizar** *vt* to uncurl.
**destacamento** *m* (*mil*) detachment.
**destacar** *vt* to emphasize; (*mil*) to detach (a body of troops); • **~se** *vi* to stand out.
**destajo** *m* job, piecework; **a ~** by the piece; **hablar a ~** to talk excessively.
**destapar** *vt* to uncover; to open; • **~se** *vi* to be uncovered.
**destartalado, da** *adj* untidy.
**destello** *m* signal light; sparkle.
**destemplado, da** *adj* out of tune, incongruous (applied to paintings); intemperate.
**desteñir** *vt* to discolor; • **~se** *vi* to fade.
**desternillarse** *vi* to roar with laughter.
**desterrar** *vt* to banish; to expel, to drive away.
**destetar** *vt* to wean.
**destete** *m* weaning.
**destierro** *m* exile, banishment.
**destilación** *f* distillation.
**destilar** *vt, vi* to distill.
**destinar** *vt* to destine for, to intend for.
**destinatario, a** *m/f* addressee.
**destino** *m* destiny; fate, doom; destination; office.
**destitución** *f* destitution, abandonment.
**destituir** *vt* to dismiss.
**destornillador** *m* screwdriver.
**destornillar** *vt* to unscrew.
**destreza** *f* dexterity, cleverness, cunning, expertness, skill.
**destripar** *vt* to disembowel; to trample.
**destronar** *vt* to dethrone.
**destrozar** *vt* to destroy, to break into pieces; (*mil*) to defeat.
**destrozo** *m* destruction; (*mil*) defeat, massacre.
**destrucción** *f* destruction, ruin.
**destructivo, va** *adj* destructive.
**destruir** *vt* to destroy.
**desunir** *vt* to separate, to disunite, to cause discord.
**desuso** *m* disuse.
**desvaído, da** *adj* tall and graceless.
**desvalido, da** *adj* helpless, destitute.
**desvalijar** *vt* to rob; to burgle.
**desván** *m* garret.
**desvanecer** *vt* to dispel; • **~se** *vi* to grow vapid, to become insipid; to vanish; to be affected with giddiness.
**desvanecimiento** *m* pride, haughtiness, giddiness; swoon.
**desvariar** *vi* to be delirious.
**desvarío** *m* delirium; giddiness; inconstancy, caprice; extravagance.
**desvelar** *vt* to keep awake; • **~se** *vi* to stay awake.
**desvelo** *m* want of sleep, watchfulness.
**desvencijado, da** *adj* rickety.
**desvencijar** *vt* to disunite, to weaken, to divide; • **~se** *vi* to be ruptured; to come apart.

**desventaja** *f* disadvantage, damage.
**desventura** *f* misfortune, calamity.
**desventurado, da** *adj* unfortunate, calamitous.
**desvergonzado, da** *adj* impudent, shameless.
**desvergonzarse** *vi* to behave in an impudent manner.
**desvergüenza** *f* impudence; shamelessness.
**desvestirse** *vi* to undress.
**desviar** *vt* to divert; to dissuade; to parry (at fencing); • **~se** *vi* to go off course.
**desvío** *m* turning away, going astray; aversion; disdain; indifference.
**desvivirse** *vi* to long for.
**detallar** *vt* to detail, to relate minutely.
**detalle** *m* detail.
**detallista** *m* retailer.
**detención** *f* detention; delay.
**detener** *vt* to stop, to detain; to arrest; to keep back; to reserve; to withhold; • **~se** *vi* to stop, to stay.
**detenidamente** *adv* carefully.
**detenido, da** *adj* detailed; sparing, niggardly; slow, inactive.
**detergente** *m* detergent.
**deterioración** *f* deterioration, damage.
**deteriorar** *vt* to deteriorate.
**deterioro** *m* deterioration.
**determinación** *f* determination, resolution; boldness.
**determinado, da** *adj* determined; resolute.
**determinar** *vt* to determine; • **~se** *vi* to decide.
**detestable** *adj* detestable.
**detestar** *vt* to detest, to abhor.
**detonación** *f* detonation.
**detonar** *vi* to detonate.
**detractar** *vt* to detract, to defame, to slander.
**detrás** *adv* behind; at the back, in back.
**detrimento** *m* detriment, damage, loss.
**deuda** *f* debt; fault; offense; **~ pública** national debit; **~ de honor** debt of honor; **perdonanos nuestras deudas** forgive us our tresppasses.
**deudor, ra** *m/f* debtor.
**devaluación** *f* devaluation.
**devanar** *vt* to reel; to wrap up.
**devastación** *f* devastation, desolation.
**devastador, ra** *adj* devastating.
**devastar** *vt* to desolate, to waste.
**devengar** *vt* to accrue.
**devoción** *f* devotion, piety; strong affection, ardent love.
**devolución** *f* return; (*jur*) devolution.
**devolutivo, va** *adj* (*jur*) transferable.
**devolver** *vt* to return; to send back; to refund; • *vi* to be sick.
**devorar** *vt* to devour, to swallow up.
**devoto, ta** *adj* devout, pious, devotional; strongly attached.
**día** *m* day; **poner al ~** to bring up to date; **~ hábil** court day; **todo el santo ~** all day long; **vivir al ~** to live from hand to mouth.
**diablo** *m* devil, Satan; **andar el ~ suelto** to be in an uproar; **mandar al ~ a una persona** to send someone to hell; **irse como alma que lleva el ~** to go or leave hastily.
**diablura** *f* prank.

**diabólico, ca** *adj* diabolical; devilish.
**diácono** *m* deacon.
**diadema** *m/f* diadem; halo.
**diafragma** *m* diaphragm, midriff.
**diagnosis** *f invar* diagnosis.
**diagnóstico** *m* diagnosis.
**diagonal** *adj* diagonal.
**diagrama** *m* diagram.
**dialecto** *m* dialect.
**diálogo** *m* dialogue.
**diamante** *m* diamond.
**diámetro** *m* diameter.
**diana** *f* (*mil*) reveille; bull's-eye.
**diapasón** *m* (*mus*) diapason, octave.
**diapositiva** *f* transparency, slide.
**diario** *m* journal, diary; daily newspaper; daily expense; ~, **ria** *adj* daily.
**diarrea** *f* diarrhea.
**dibujar** *vt* to draw, to design.
**dibujo** *m* drawing, sketch, draft; description; **dibujos animados** animated cartoons.
**dicción** *f* diction, style, expression.
**diccionario** *m* dictionary.
**diciembre** *m* December.
**dictado** *m* dictation; **escribir el ~** to take dictation.
**dictador** *m* dictator.
**dictadura** *f* dictatorship.
**dictamen** *m* opinion, notion; suggestion, insinuation; judgment.
**dictar** *vt* to dictate.
**dicha** *f* happiness, good fortune; **por ~** by chance.
**dicho** *m* saying, sentence; declaration; promise of marriage; ~, **cha** *adj* said; **estar en lo ~** as far as it goes; **del ~ al hecho hay un gran trecho** there is many a slip twixt the cup and the tip; **~ y hecho** no sooner said than done; **lo ~, ~** I meant what I said.
**dichoso, sa** *adj* happy, prosperous.
**diecinueve** *adj, m* nineteen.
**dieciocho** *adj, m* eighteen.
**dieciséis** *adj, m* sixteen.
**diecisiete** *adj, m* seventeen.
**diesel** *adj* diesel.
**diente** *m* tooth; fang, tusk; **hablar entre dientes** to mumble; **tener uno un buen ~** to have a big appetite; **traer a uno entre dientes** (*coll*) to be hostile to someone.
**diestro, tra** *adj* right; dexterous, skillful, clever; sagacious, prudent; sly, cunning; • *m* skillful fencer; halter, bridle; **a ~ y siniestra** right and left, helter-skelter.
**dieta** *f* diet, regimen; diet, assembly; daily salary of judges.
**diez** *adj, m* ten.
**diezmar** *vt* to decimate.
**diezmo** *m* tithe.
**difamación** *f* defamation.
**difamar** *vt* to defame, to libel.
**difamatorio, ria** *adj* defamatory, calumnious.
**diferencia** *f* difference.
**diferencial** *adj* differential, different.
**diferenciar** *vt* to differ, to differentiate; • **~se** *vi* to differ, to distinguish oneself.
**diferente** *adj* different, unlike.
**diferido, da** *adj* recorded.
**diferir** *vt* to defer, to put off; to differ.
**difícil** *adj* difficult.
**dificultad** *f* difficulty.
**dificultar** *vt* to raise difficulties; to render difficult.
**dificultoso, sa** *adj* difficult; painful.

**difundir** *vt* to diffuse, to spread; to divulge; • **~se** *vi* to spread (out).
**difunto, ta** *adj* dead, deceased; late.
**difusión** *f* diffusion.
**difuso, sa** *adj* diffusive, copious; large; prolix, circumstantial.
**digerir** *vt* to digest; to bear with patience; to adjust, to arrange; (*chem*) to digest.
**digestión** *f* digestion; concoction.
**digestivo, va** *adj* digestive.
**digital** *adj* digital.
**dignarse** *vi* to condescend, to deign.
**dignidad** *f* dignity, rank.
**digno, na** *adj* worthy; suitable.
**dije** *m* relic; trinket.
**dilapidar** *vt* to squander, to waste.
**dilatación** *f* dilation, extension; greatness of mind; calmness.
**dilatado, da** *adj* large, numerous; prolix; spacious, extensive.
**dilatar** *vt* to dilate, to expand; to spread out; to defer, to protract.
**dilatorio, ria** *adj* dilatory.
**dilema** *m* dilemma.
**diligencia** *f* diligence; affair, business; call of nature; stagecoach; **hacer una ~** to do a task or an errand.
**diligente** *adj* diligent, assiduous, prompt, swift.
**dilucidar** *vt* to elucidate, to explain.
**diluir** *vt* to dilute.
**diluviar** *vi* to rain in torrents.
**diluvio** *m* flood, deluge, inundation; abundance.
**dimensión** *f* dimension; extent, capacity, bulk.
**diminutivo, va** *adj* diminutive.
**diminuto, ta** *adj* defective, faulty; minute, small.
**dimisión** *f* resignation.
**dimitir** *vt* to give up, to abdicate; • *vi* to resign.
**dinámica** *f* dynamics.
**dinámico, ca** *adj* dynamic.
**dinamita** *f* dynamite.
**dínamo** *f* dynamo.
**dinastía** *f* dynasty.
**dineral** *m* large sum of money.
**dinero** *m* money; **botar ~** misspend money; **~ contante y sonante** ready cash; **~ llama ~** money makes money; **poderoso caballero es Don ~** money is powerful.
**diocesano, na** *adj* diocesan.
**diócesis** *f* diocese.
**Dios** *m* God; **a la buena de ~** (*coll*) without any preparations or provisions; **anda con ~** God be with you; **~ aprieta pero no ahorca** don't give up; **~ mediante** God willing.
**diosa** *f* goddess.
**diploma** *m* diploma, patent.
**diplomacia, diplomática** *f* diplomacy.
**diplomado, da** *adj* qualified.
**diplomático, ca** *adj* diplomatic; • *m/f* diplomat.
**diptongo** *m* diphthong.
**diputación** *f* deputation.
**diputado** *m* deputy.
**diputar** *vt* to depute.
**dique** *m* dike, dam.
**dirección** *f* direction; guidance, administration; steering.
**directivo, va** *adj* governing.
**directo, ta** *adj* direct, straight; apparent, evident; live.
**director, ra** *m/f* director; conductor; president; manager.

**dirigir** *vt* to direct; to conduct; to regulate, to govern; • **~se** *vi* to go toward; to address oneself to.
**dirimir** *vt* to dissolve, annul.
**discernimiento** *m* discernment.
**discernir** *vt* to discern, to distinguish.
**disciplina** *f* discipline.
**discípulo** *m* disciple, scholar.
**disco** *m* disk; record; discus; light; face of the sun *or* moon; lens of a telescope.
**díscolo, la** *adj* ungovernable; peevish.
**disconforme** *adj* differing.
**discordancia** *f* disagreement, discord.
**discordante** *adj* dissonant, discordant.
**discordar** *vi* to clash, to disagree.
**discorde** *adj* discordant; (*mus*) dissonant.
**discordia** *f* discord, disagreement.
**discoteca** *m* discotheque.
**discreción** *f* discretion; acuteness of mind; **a ~** at one discretion.
**discrecional** *adj* discretionary.
**discrepancia** *f* discrepancy.
**discrepar** *vi* to differ.
**discreto, ta** *adj* discreet; ingenious, witty, eloquent.
**discriminación** *f* discrimination.
**disculpa** *f* apology, excuse.
**disculpar** *vt* to exculpate, to excuse, to acquit, to absolve; • **~se** *vi* to apologize; to excuse oneself.
**discurrir** *vi* to ramble about, to run to and fro; to discourse upon a subject; • *vt* to invent, to contrive; to meditate.
**discurso** *m* speech; conversation; dissertation; space of time.
**discusión** *f* discussion.
**discutir** *vt, vi* to discuss.
**disecar** *vt* to dissect; to stuff.
**disección** *f* dissection.
**diseminar** *vt* to scatter; to disseminate, to propagate.
**disentería** *f* dysentery.
**disentir** *vi* to dissent, to disagree.
**diseñador** *m* designer.
**diseñar** *vt* to draw, to design.
**diseño** *m* design, draft; description; picture.
**disertar** *vi* to discourse, expound.
**disfraz** *m* mask, disguise.
**disfrazar** *vt* to disguise, to conceal; to cloak, to dissemble; • **~se** *vi* to disguise oneself as.
**disfrutar** *vt* to enjoy; • **~se** *vi* to enjoy oneself.
**disgregar** *vt* to displace, annoy.
**disgustar** *vt* to disgust; to offend; • **~se** *vi* to be displeased, to fall out.
**disgusto** *m* disgust, aversion; quarrel; annoyance; grief, sorrow; **a ~** against one's will.
**disidente** *adj, m* dissident, dissenter.
**disimular** *vt* to hide; to tolerate.
**disimulo** *m* dissimulation; tolerance.
**disipado, da** *adj* prodigal, lavish.
**disipar** *vt* to dissipate, to disperse, to scatter; to lavish.
**dislocación** *f* dislocation.
**dislocarse** *vi* to be dislocated *or* put out of joint.
**disminución** *f* diminution.
**disminuir** *vt* to diminish; to decrease.
**disolución** *f* dissolution; liquidation.
**disolver** *vt* to loosen, to untie; to dissolve, to disunite; to melt, to liquefy; to interrupt.

**disonancia** *f* dissonance; disagreement, discord.
**disparar** *vt, vi* to shoot, to discharge, to fire; to let off; to throw with violence.
**disparatado, da** *adj* inconsistent, absurd, extravagant.
**disparate** *m* nonsense, absurdity, extravagance.
**disparo** *m* shot; discharge, explosion.
**dispensar** *vt* to dispense; to excuse, to dispense with; to distribute.
**displicencia** *f* displeasure, dislike.
**disponer** *vt* to arrange; to dispose, to prepare.
**disponible** *adj* available; disposable.
**disposición** *f* disposition, order; resolution; command; power, authority; **a la ~ de** at the command; **estar en ~** to be ready.
**dispositivo** *m* device; **~ de seguridad** safety device.
**dispuesto, ta** *adj* disposed, fit, ready; **estar ~ a** to be prepared to.
**disputa** *f* dispute, controversy.
**disputar** *vt, vi* to dispute, to controvert, to question; to debate, to argue.
**disquete** *m* floppy disk.
**distancia** *f* distance, interval; difference; **llamada de larga ~** long distance call.
**distanciarse** *vi* to become estranged.
**distante** *adj* distant, far off.
**distar** *vi* to be a certain distance; to be different; **dista mucho de ser perfecto** it is far from perfect.
**distinción** *f* distinction; difference; prerogative.
**distinguido, da** *adj* distinguished, conspicuous.
**distinguir** *vt* to distinguish; to discern; • **~se** *vi* to distinguish oneself.
**distintivo** *m* distinctive mark; particular attribute.
**distinto, ta** *adj* distinct, different; clear.
**distracción** *f* distraction, want of attention.
**distraer** *vt* to distract; • **~se** *vi* to be absent-minded, to be inattentive.
**distraído, da** *adj* absent, inattentive.
**distribución** *f* distribution, division, separation; arrangement.
**distribuidor** *m* distributor.
**distribuir** *vt* to distribute.
**distrito** *m* district; territory.
**disturbar** *vt* to disturb, to interrupt.
**disturbio** *m* riot; disturbance, interruption.
**disuadir** *vt* to dissuade.
**disuasión** *f* dissuasion.
**diurno, na** *adj* daily.
**diva** *f* prima donna.
**divagar** *vt* to digress.
**diván** *m* divan.
**divergencia** *f* divergence.
**divergente** *adj* divergent.
**divergir** *vi* to disagree.
**diversidad** *f* diversity; variety of things.
**diversificar** *vt* to diversify, to vary.
**diversión** *f* diversion; sport, amusement; (*mil*) diversion.
**diverso, sa** *adj* diverse, different; several, sundry.
**divertido, da** *adj* amused; amusing.
**divertir** *vt* to divert (the attention); to amuse, to entertain; (*mil*) to

draw the enemy off; • ~**se** *vi* to amuse oneself.
**dividir** *vt* to divide, to disunite, to separate; to share out.
**divieso** *m* (*med*) boil.
**divinidad** *f* divinity.
**divino, na** *adj* divine, heavenly; excellent.
**divisa** *f* emblem.
**divisar** *vt* to perceive.
**divisible** *adj* divisible.
**división** *f* division; partition; separation; difference.
**divorciar** *vt* to divorce, to separate; • ~**se** *vi* to get divorced.
**divorcio** *m* divorce; separation, disunion.
**divulgación** *f* publication; dissemination.
**divulgar** *vt* to publish, to divulge.
**dobladillo** *m* hem; cuff.
**dobladura** *f* fold.
**doblar** *vt* to double, to fold; to bend; • *vi* to turn; to toll; • ~**se** *vi* to bend, to bow, to submit; **se dobló de risa** he doubled up with laughter.
**doble** *adj* double; dual; deceitful; **al** ~ doubly; • *m* double; ~ **personalidad** split personality.
**doblegar** *vt* to bend; • ~**se** *vi* to yield.
**doblez** *m* crease; fold; cuff; • *f* duplicity.
**doce** *adj, m* twelve.
**docena** *f* dozen; **por** ~ by the dozen.
**docente** *adj* teaching.
**dócil** *adj* docile, tractable.
**docilidad** *f* docility, compliance, gentleness.
**doctor, ra** *m/f* doctor; physician.
**doctorado** *m* doctorate.
**doctrina** *f* doctrine, instruction; science.
**doctrinal** *m* catechism; • *adj* doctrinal.
**documentación** *f* documentation.
**documento** *m* document; record.
**dogma** *m* dogma.
**dólar** *m* dollar.
**dolencia** *f* disease, affliction.
**doler** *vt, vi* to feel pain; to ache; ~**se** *vi* to feel for the sufferings of others; to complain.
**dolor** *m* pain, aching, ache; affliction; ~ **sordo** dull nagging pain; **estar con dolores** to be in labor; **dolores del parto** labor pains.
**doloroso, sa** *adj* painful.
**domador, ra** *m/f* tamer.
**domar** *vt* to tame; to subdue, to master.
**domesticar** *vt* to domesticate.
**domiciliarse** *vi* to establish oneself in a residence.
**domicilio** *m* domicile, home, abode.
**dominación** *f* domination; dominion, authority, power.
**dominante** *adj* dominant, domineering.
**dominar** *vt* to be fluent in; to manipulate; • ~**se** *vi* to moderate one's passions; ~ **las pasiones** to control one's passions; ~ **un idioma** to know a language thoroughly; ~ **el panorama** to stand out above the surroundings.
**domingo** *m* Sunday; **salir con un** or **su** ~ **siete,** to make a silly or uncalled for remark.
**dominguero, ra** *adj* done *or* worn on Sunday.
**dominical** *adj* Sunday.
**dominio** *m* dominion, domination, power, authority; domain; **ser del**

~ **público** to be common knowledge.
**don** *m* Don, title of respect prefixed to Christian names.
**donación** *f* donation, gift.
**donaire** *m* grace, charm.
**donar** *vt* to donate, to bestow.
**donativo** *m* contribution.
**doncella** *f* virgin, maiden; lady's maid.
**donde** *adv* where; **¿de dónde?** from where?; **¿por dónde?** where?
**dondequiera** *adv* anywhere.
**dorado, da** *adj* gilt; golden; • *m* gilding.
**donoso** *adj* elegant, graceful.
**doña** *m* title of respect used before a woman's Christian names; **la** ~ (*Amer, coll*) the lady of the house, the boss, the woman in charge.
**dopar** *vt* to administer a drug.
**dorado** *adj* golden.
**dorar** *vt* to gild; (*fig*) to palliate; ~ **la pildora** (*coll*) to make (facts or goods) easy to shallow.
**dormilón, ona** *m* dull, sleepy person.
**dormir** *vi* to sleep; • ~**se** *vi* to fall asleep; ~ **como una piedra** to sleep like a log; ~ **a pierna suelta** to sleep soundly; **dormirse en los laureles** to rest on one's laurels.
**dormitorio** *m* dormitory.
**dorsal** *adj* dorsal.
**dorso** *m* dorsum, back; **al** ~ on the back (e.g. of a check); **el** ~ **de la mano** the back of the hand.
**dos** *adj, m* two.
**doscientos, tas** *adj pl* two hundred.
**dosis** *f* dose, dosis.
**dotación** *f* endowment, dowry.
**dotado, da** *adj* gifted.
**dotar** *vt* to endow.
**dote** *f* dowry; ~**s** *pl* gifts of nature; endowments.
**dragón** *m* dragon; (*mil*) dragoon.
**drama** *m* drama.
**dramático, ca** *adj* dramatic.
**dramatizar** *vt* to dramatize.
**dramaturgo** *m* dramatist.
**droga** *f* drug; stratagem, artifice, deceit.
**drogadicto, ta** *m/f* drug addict.
**droguería** *f* drug store.
**dromedario** *m* dromedary.
**dubitativo, va** *adj* doubtful, dubious, uncertain.
**ducado** *m* duchy; ducat.
**ducha** *f* shower; (*med*) douche.
**ducharse** *vi* to take a shower.
**ducho, cha** *adj* skilled, experienced.
**duda** *f* doubt; suspense; hesitation.
**dudar** *vt* to doubt.
**dudoso, sa** *adj* doubtful, dubious.
**duelo** *m* grief, affliction; mourning; ~ **a muerte** a fight to end; **estar de** ~ to be in mourning.
**duende** *m* elf, hobgoblin.
**dueño, ña** *m/f* owner; landlord/lady; employer; ~ **de sí mismo** master of oneself; **hacerse** ~ **de una cosa** (*coll*) to learn a thing thoroughly.
**dulce** *adj* sweet; mild, soft, gentle, meek; • *m* sweet, candy; **a nadie le amarga un** ~ don't refuse a gift; ~ **de fruta** preserved fruit; **agua** ~ spring or river water.
**dulcificar** *vt* to sweeten.
**dulzura** *f* sweetness; gentleness; softness.
**dúo** *m* (*mus*) duo, duet.
**duodécimo, ma** *adj* twelfth.

**duplicación** *f* duplication.
**duplicado** *m* duplicate.
**duplicar** *vt* to double, to duplicate; to repeat.
**duplicidad** *f* duplicity; falseness.
**duplo** *m* double.
**duque** *m* duke.
**duquesa** *f* duchess.
**duración** *f* duration.
**duradero, ra** *adj* lasting, durable.
**durante** *adv* during.
**durar** *vi* to last, to continue.
**durazno** *m* peach.
**durazno, duraznero** *m* peach tree.
**dureza** *f* hardness; harshness; ~ **de oído** hardness of hearing; ~ **de corazón** hardheartedness.
**durmiente** *adj* sleeping; • *m* (*ferro*) sleeper, tie.
**duro, ra** *adj* hard; cruel; harsh, tough, rough; • *m* dollar; **más da el ~ que el desnudo** even a miser gives more then a pauper; **tener la cabeza** ~ to be a hard head or stubborn; **tomar las duras con las maduras** to take de bad with the good; **a duras penas** hardly.
**duunvir** *m* a five peseta coin; • *adv* hard.

# E

**e** *conj* and.
**ea** *interj* hey! come on!; **¡~ pues!** well then! let's see!
**ebanista** *m* cabinet-maker, carpenter.
**ébano** *m* ebony.
**ebriedad** *f* drunkenness.
**ebrio, ia** *adj* drunk.
**ebullición** *f* boiling; **punto de ~** boiling point.
**eccema** *m* eczema.
**eclesiástico, ca** *adj* ecclesiastical.
**eclipsar** *vt* to eclipse, to outshine.
**eclipse** *m* eclipse.
**eclosión** *f* budding (of a plant); birth; appearance.
**eco** *m* echo.
**ecología** *f* ecology.
**economato** *m* cooperative store.
**economía** *f* economy.
**económico, ca** *adj* economic(al); cheap; thrifty; financial; avaricious.
**economista** *m/f* economist.
**ecuación** *f* equation.
**ecuador** *m* equator.
**ecuánime** *adj* level-headed.
**ecuestre** *adj* equestrian.
**ecuménico, ca** *adj* ecumenical, universal.
**echar** *vt* to throw; to add; to fire; to pour out; to mail; to give off; to bud; • **~se** *vi* to lie down, to rest, to stretch out; **~ abajo** to demolish; **~ a volar** to dismiss; **~ de menos** to miss; **~ el cuerpo atrás** or **a un lado** to lean backwards or to one side; **~ rayos y centellas** to fume with anger.
**edad** *f* age; **~ crítica** menopause, **~ escolar** school edge; **llegar a la mayoría de ~** to come to age.
**edecán** *m* (*mil*) aide-de-camp.
**edición** *f* edition; publication.
**edicto** *m* edict.
**edificación** *f* construction.
**edificante** *adj* exemplary, instructive.
**edificar** *vt* to build; to construct a building.
**edificio** *m* building, structure.
**editar** *vt* to edit; to publish.
**editor** *m* editor; publisher.
**edredón** *m* eiderdown.
**educación** *f* education; upbringing; (good) manners; **mala ~** bad manners.
**educador, ra** *m/f* teacher, educator.
**educando, da** *m/f* pupil.
**educar** *vt* to educate, to instruct; to bring up.
**edulcorar** *vt* to sweeten.
**efectivamente** *adv* exactly; really; in fact.
**efectivo, va** *adj* effective, true, certain; **premio en ~** cash prize.
**efecto** *m* effect; consequence; purpose; **~s** *pl* effects, goods; **en ~** in fact, really; **darle ~ a** to put spin on; **poner en ~** to put into effect.
**efectuar** *vt* to effect, to carry out.
**efeméride** *f* event (remembered on its anniversary).
**efervescencia** *f* effervescence, excitement.
**eficacia** *f* effectiveness, efficacy.
**eficaz** *adj* efficient; effective.
**eficiente** *adj* efficient.

**efigie** *f* effigy, image.
**efímero, ra** *adj* ephemeral.
**efluvio** *m* outflow.
**efusión** *f* effusion.
**efusivo, va** *adj* effusive.
**égloga** *f* (*poet*) eclogue.
**egoísmo** *m* selfishness.
**egoísta** *m/f* self-seeker; • *adj* selfish.
**egregio, gia** *adj* eminent, remarkable.
**egresar** *vi* to leave (school or college).
**egreso** *m* departure; expense, debit.
**eje** *m* axle; axis.
**ejecución** *f* execution.
**ejecutar** *vt* to execute, to perform; to put to death; (*jur*) to distrain, to seize.
**ejecutivo, va** *adj* executive; • *m/f* executive.
**ejecutor, ra** *m/f* executor.
**ejecutoria** *f* (*jur*) legal patent of nobility.
**ejecutorio, ria** *adj* (*jur*) executory.
**ejemplar** *m* specimen; copy; example; • *adj* exemplary; **sin ~** unique.
**ejemplificar** *vt* to exemplify.
**ejemplo** *m* example; **por ~** for example, for instance; **sentar ~** to give or set an example.
**ejercer** *vt* to exercise.
**ejercicio** *m* exercise, drill; activity; **hacer ~** to excercise.
**ejercitación** *f* exercise, practice.
**ejercitar** *vt* to exercise; • **~se** *vi* to apply oneself to the functions of an office.
**ejército** *m* army.
**ejote** *m* green bean.
**el** *art m* the.
**él, ella, ello** *pn* he, she, it.
**elaboración** *f* elaboration.
**elaborado, da** *adj* elaborate.
**elaborar** *vt* to elaborate.
**elasticidad** *f* elasticity.
**elástico, ca** *adj* elastic.
**elección** *f* election; discernment, choice.
**elector, ra** *m/f* elector.
**electorado** *m* electorate.
**electoral** *adj* electoral.
**electricidad** *f* electricity.
**electricista** *m/f* electrician.
**eléctrico, ca** *adj* electric, electrical.
**electrización** *f* electrification.
**electrizar** *vt* to electrify.
**electrocutar** *vt* to electrocute.
**electrodomésticos** *mpl* (*electrical*) household appliances.
**electrónico, ca** *adj* electronic.
**electrotecnia** *f* electrical engineering.
**elefante** *m* elephant.
**elegancia** *f* elegance.
**elegante** *adj* elegant, fine.
**elegía** *f* elegy.
**elegir** *vt* to choose, to elect.
**elemental** *adj* elemental; elementary.
**elemento** *m* element; **~s** *pl* elements, rudiments, first principles.
**elenco** *m* list, table; (*theat*) company members of a company; cast of a play.
**elevación** *f* elevation; highness; rise; haughtiness, pride, height; altitude.
**elevar** *vt* to raise; to elevate; • **~se** *vi* to rise; to be enraptured; to be conceited.
**elidir** *vt* (phonet., gram.) to elide, omit.
**eliminar** *vt* to eliminate, to remove.
**eliminatoria** *f* preliminary (round).

**elipse** *f* (*geom*) ellipse.
**elipsis** *f* (*gr*) ellipsis.
**elite** *f* elite, the selected few.
**elíxir** *m* elixir.
**elocución** *f* elocution.
**elocuencia** *f* eloquence.
**elocuente** *adj* eloquent.
**elogiar** *vt* to praise, to eulogize.
**elogio** *m* eulogy, praise.
**elote** *m* corn on the cob.
**elucidación** *f* elucidation, explanation.
**eludir** *vt* to elude, to escape.
**ella** *third pers. sing. f. pron.* she, her.
**ellas** *third pers. pl. f. pron.* they, them.
**ello** *neut, pers, pron.* it.
**emanación** *f* emanation.
**emanar** *vi* to emanate.
**emancipación** *f* emancipation.
**emancipar** *vt* to emancipate, to set free.
**embadurnar** *vt* to smear, to daub.
**embajada** *f* embassy.
**embajador, ra** *m/f* ambassador.
**embalaje** *m* packing, package.
**embalar** *vt* to bale, to pack in bales.
**embaldosar** *vt* to pave with tiles.
**embalsamador** *m* embalmer.
**embalsamar** *vt* to embalm.
**embalse** *m* reservoir.
**embarazada** *f* pregnant woman; • *adj* pregnant.
**embarazar** *vt* to embarrass; to make pregnant; • **~se** *vi* to become intricate.
**embarazo** *m* pregnancy; embarrassment; obstacle.
**embarazoso, sa** *adj* difficult, intricate, entangled; shameful.
**embarcación** *f* embarkation; any vessel *or* ship.
**embarcadero** *m* quay, wharf; port; harbor.
**embarcar** *vt* to embark; • **~se** *vi* to go on board; (*fig*) to get involved in a matter.
**embargar** *vt* to lay on an embargo; to impede, to restrain.
**embargo** *m* embargo; **sin ~** still, however.
**embarque** *m* embarkation.
**embastar** *vt* to baste, to stitch, to tack.
**embate** *m* breakers *pl*, surf, surge; sudden attack.
**embaucador** *m* swindler, impostor.
**embaucar** *vt* to deceive; to trick.
**embebecer** *vt* to fascinate; • **~se** *vi* to be fascinated.
**embebecimiento** *m* amazement, astonishment; fascination.
**embeber** *vt* to soak; to saturate; • *vi* to shrink; to be enraptured; to be absorbed.
**embelesamiento** *m* rapture.
**embelesar** *vt* to amaze, to astonish.
**embeleso** *m* amazement, enchantment.
**embellecer** *vt* to embellish, to beautify.
**emberrincharse** *vi* to have a tantrum.
**embestida** *f* assault, violent attack.
**embestir** *vt* to assault, to attack.
**emblanquecer** *vt* to whiten; • **~se** *vi* to grow white; to bleach.
**emblema** *m* emblem.
**embobado, da** *adj* amazed, fascinated.
**embobamiento** *m* astonishment; fascination.
**embobar** *vt* to amaze, to fascinate; • **~se** *vi* to be amazed, to stand gaping.

**embobecer** *vt* to make silly; • **~se** *vi* to get silly.
**embobecimiento** *m* silliness.
**émbolo** *m* plunger; piston.
**embolsar** *vt* to put money into a purse; to pocket.
**emborrachar** *vt* to intoxicate, to inebriate; • **~se** *vi* to get drunk.
**emboscada** *f* (*mil*) ambush.
**emboscarse** *vi* (*mil*) to lie in ambush.
**embotar** *vt* to blunt; • **~se** *vi* to go numb.
**embotellamiento** *m* traffic jam.
**embotellar** *vt* to bottle (wine).
**embozado, da** *adj* covered; covert.
**embozar** *vt* to muffle the face; (*fig*) to cloak, to conceal.
**embozo** *m* part of a cloak, veil *or* anything with which the face is muffled; covering of one's face; **quitarse el** ~ to make one's intentions known; **sin** ~ frankly.
**embrague** *m* clutch.
**embrear** *vt* to cover with tar *or* pitch.
**embriagar** *vt* to intoxicate, to inebriate; to transport, to enrap-ture.
**embriaguez** *f* intoxication, drunkenness; rapture, delight.
**embrión** *m* embryo.
**embrollador, ra** *m/f* troublemaker.
**embrollar** *vt* to muddle; to entangle, to embroil.
**embrollo** *m* muddle.
**embromar** *vt* to tease; to cajole, to wheedle.
**embrujar** *vt* to bewitch.
**embrutecer** *vt* to brutalize; • **~se** *vi* to get depraved.
**embuchar** *vt* to stuff, craw down, gorge (food).
**embudo** *m* funnel.
**embuste** *m* fraud; lie; fib.
**embustero, ra** *m/f* impostor, cheat; liar; • *adj* deceitful.
**embutido** *m* sausage; inlay.
**embutir** *vt* to insert; to stuff; to inlay; to cram, to eat too much.
**emergencia** *f* emergency.
**emerger** *vi* to emerge, to appear.
**emético, ca** *adj* emetic.
**emigración** *f* emigration, migration.
**emigrado, da** *adj* emigrated; • *m/f* emigrant.
**emigrar** *vi* to emigrate.
**eminencia** *f* eminence.
**eminente** *adj* eminent, high; excellent, conspicuous.
**emisario** *m* emissary.
**emisión** *f* emission; broadcasting; program; issue.
**emisora** *f* broadcasting station.
**emitir** *vt* to emit, to send forth; to issue; to broadcast.
**emoción** *f* emotion; feeling; excitement.
**emocionante** *adj* exciting.
**emocionar** *vt* to excite; to move, to touch.
**emoliente** *adj* emollient, softening.
**emolumento** *m* emolument.
**emotivo, va** *adj* emotional.
**empacar** *vt* to pack; to crate.
**empachar** *vt* to give indigestion; • **~se** *vi* to have indigestion.
**empacho** *m* (*med*) indigestion.
**empachoso, sa** *adj* indigestible.
**empadronamiento** *m* register; census.
**empadronarse** *vi* to register.
**empalagar** *vt* to sicken; to disgust.
**empalago** *m* disgust; boredom; cloying.
**empalagoso, sa** *adj* cloying; tiresome.

**empalizada** *f* (*mil*) palisade.
**empalmadura** *f* join; weld; splice.
**empalmar** *vt* to join.
**empalme** *m* (*ferro*) junction; connection.
**empanada** *f* (meat) pie.
**empanar** *vt* to cover with breadcrumbs.
**empantanarse** *vi* to get swamped; to get bogged down.
**empañar** *vt* to put a diaper on; to mist; to steam up; to tarnish one's reputation; • **~se** *vi* to steam up.
**empapar** *vt* to soak; to soak up; • **~se** *vi* to soak.
**empapelar** *vt* to paper.
**empaque** *m* packing, wrapping paper.
**empaquetar** *vt* to pack, to parcel up.
**emparedado** *m* sandwich.
**emparejar** *vt* to level; to match, to fit, to equalize.
**emparentar** *vi* to be related by marriage.
**emparrado** *m* vine arbor.
**empastar** *vt* to paste; (*med*) to fill (a tooth).
**empaste** *m* (*med*) filling.
**empatar** *vt* to draw.
**empate** *m* draw.
**empedernido, da** *adj* inveterate; heartless.
**empedernir** *vt* to harden; • **~se** *vi* to be inflexible.
**empedrado** *m* paving.
**empedrador** *m* paver.
**empedrar** *vt* to pave.
**empeine** *m* instep.
**empelotarse** *vi* (*coll*) to get into a row or quarrel.
**empellón** *m* push, heavy blow.
**empeñado, da** *adj* determined; pawned.
**empeñar** *vt* to pawn, to pledge; • **~se** *vi* to pledge oneself to pay debts; to get into debt; **~se en algo** to insist on something; **~ hasta la camisa** to risk to losing one's shirt (in a venture).
**empeño** *m* obligation; determination; perseverance; **casa de empeños** pawnshop; **con ~** tenaciously; **tener ~** to want.
**empeorar** *vt* to make worse; • **~se** *vi* to grow worse.
**empequeñecer** *vt* to dwarf; (*fig*) to belittle.
**emperador** *m* emperor.
**emperatriz** *f* empress.
**emperifollarse** *vt* to dress oneself up.
**empero** *conj* yet, however.
**emperrarse** *vi* to get stubborn, to be obstinate.
**empezar** *vt* to begin, to start.
**empinado, da** *adj* high; proud.
**empinar** *vt* to incline, to raise; to exalt; • *vi* to drink much; **~se** to stand on tiptoe; to soar.
**empírico, ca** *adj* empirical.
**empirismo** *m* empiricism.
**empizarrado** *m* slate roofing.
**empizarrar** *vt* to slate, to roof with slate.
**emplasto** *m* plaster.
**emplazamiento** *m* summons; location.
**emplazar** *vt* to summon; to locate.
**empleado, da** *m/f* official; employee.
**emplear** *vt* to employ; to occupy; to commission.
**empleo** *m* employ, employment, occupation.

**empobrecer** *vt* to reduce to poverty; • *vi* to become poor.
**empobrecimiento** *m* impoverishment.
**empolvar** *vt* to powder, to sprinkle powder.
**empollar** *vt* to incubate; to hatch; to study hard
**emponzoñador, ra** *m/f* poisoner.
**emponzoñamiento** *m* poisoning.
**emponzoñar** *vt* to poison; to taint, to corrupt.
**emporio** *m* emporium.
**empotrado, da** *adj* built-in.
**empotrar** *vt* to embed; to build in.
**emprendedor** *m* entrepreneur.
**emprender** *vt* to embark on; to tackle; to undertake; ~ **a bofetadas** to set about, attack.
**empresa** *f* (*com*) company; enterprise, undertaking; ~**privada** private enterprise.
**empresario** *m* manager, contractor.
**empréstito** *m* loan.
**empujar** *vt* to push, to press forward.
**empuje** *m* push; thrust; pressure; (*fig*) drive.
**empujón** *m* impulse, push; **a ~ones** in fits and starts.
**empuñadura** *f* hilt of a sword.
**empuñar** *vt* to clench, to grip with the fist; to clutch.
**emulación** *f* emulation.
**emular** *vt* to emulate, to rival.
**emulsión** *f* emulsion.
**en** *prep* in; for; on, upon.
**enaguas** *fpl* petticoat.
**enajenación** *f* alienation; absent-mindedness.
**enajenamiento** *m* alienation; absent-mindedness; ~ **mental** mental derangement.
**enajenar** *vt* to alienate; • **~se** *vi* to fall out.
**enamoradamente** *adv* lovingly.
**enamoradizo, za** *adj* inclined to love.
**enamorado, da** *adj* in love, lovesick.
**enamoramiento** *m* falling in love.
**enamorar** *vt* to inspire love in; • **~se** *vi* to fall in love.
**enano, na** *adj* dwarfish; • *m* dwarf.
**enarbolar** *vt* to hoist, to raise high.
**enardecer** *vt* to fire with passion, to inflame.
**enarenar** *vt* to fill with sand.
**encabezamiento** *m* heading; foreword.
**encabezar** *vt* to head; to put a heading to; to lead.
**encabritarse** *vi* to rear (of horses).
**encadenamiento** *m* linking together, chaining.
**encadenar** *vt* to chain, to link together; to connect, to unite.
**encajadura** *f* insertion; socket; groove.
**encajar** *vt* to insert, to drive in; to encase; to intrude; • *vi* to fit (well); **~se** to squeeze; to gatecrash.
**encaje** *m* encasing; joining; socket; groove; inlaid work.
**encajera** *f* lacemaker.
**encajonamiento** *m* packing into boxes, etc.
**encajonar** *vt* to pack up in a box.
**encalabrinar** *vt* to make confused; • **~se** *vi* to become obstinate.
**encaladura** *f* whitening, whitewash.
**encalar** *vt* to whitewash.
**encallar** *vi* (*mar*) to run aground.
**encallecer** *vi* to get corns.

**encamarse** *vi* to take to one's bed.
**encaminar** *vt* to guide, to show the way; • **~se** *vi* to take the road to.
**encandilar** *vt* to dazzle.
**encanecer** *vi* to grow gray; to grow old.
**encantado, da** *adj* bewitched; delighted; pleased.
**encantador, ra** *adj* charming; *m/f* magician.
**encantamiento** *m* enchantment.
**encantar** *vt* to enchant, to charm; (*fig*) to delight.
**encanto** *m* enchantment, spell, charm.
**encañonar** *vt* to hold up; to cover (with a gun); • *vi* to grow feathers.
**encapotar** *vt* to cover with a cloak; • **~se** *vi* to be cloudy.
**encapricharse** *vi* to become stubborn.
**encapuchar** *vt* to cover with a hood.
**encaramar** *vt* to raise.
**encarar** *vi* to face, to come face to face.
**encarcelación** *f* incarceration.
**encarcelar** *vt* to imprison.
**encarecer** *vt* to raise the price of; • **~se** *vi* to get dearer.
**encarecimiento** *m* price increase; **con** ~ insistently.
**encargado, da** *adj* in charge; • *m/f* representative; person in charge.
**encargar** *vt* to charge, to commission; **encargarse de** to take charge of or make oneself responsible for.
**encargo** *m* charge, commission; job; order.
**encariñarse** *vi* ~ **con** to grow fond of.
**encarnación** *f* incarnation, embodiment.
**encarnado, da** *adj* incarnate; flesh-colored; • *m* flesh color.
**encarnar** *vt* to embody, to personify.
**encarnizado, da** *adj* bloodshot, inflamed; bloody, fierce.
**encarrilar** *vt* to put back on the rails; to put on the right track.
**encasillar** *vt* to pigeonhole; to typecast.
**encasquetar** *vt* to pull a hat on to one's head.
**encastillarse** *vi* to refuse to yield.
**encauzar** *vt* to channel.
**encebollado** *m* beef *or* lamb and onions, seasoned with onions.
**encenagado, da** *adj* muddy, mud-stained.
**encenagamiento** *m* wallowing in mud.
**encenagarse** *vi* to wallow in mud.
**encendedor** *m* lighter.
**encender** *vt* to kindle, to light, to set on fire; to inflame, to incite; to switch on, to turn on; • **~se** *vi* to catch fire; to flare up.
**encendido, da** *adj* inflamed; high-colored; • *m* ignition (of car).
**encerado** *m* blackboard.
**encerar** *vt* to wax; to polish.
**encerrar** *vt* to shut up, to confine; to contain; • **~se** *vi* to withdraw from the world.
**encespedar** *vt* to turf.
**encía** *f* gum (of the teeth).
**encíclica** *f* encyclical.
**enciclopedia** *f* encyclopedia.
**enciclopédico, ca** *adj* encyclopedic.
**encierro** *m* confinement, enclosure; prison; bull- pen; penning (of bulls).
**encima** *adv* above, over; at the top; besides; **echarse** ~ to take upon; ~

**de** on top of; **pasar por ~ de** to go over some one's head.

**encinar** *m* evergreen oakwood; evergreen oak grove.

**encino** *f* evergreen oak.

**encinta** *adj* pregnant.

**enclaustrado, da** *adj* cloistered; hidden away.

**enclenque** *adj* weak, sickly; • *m* weakling.

**encoger** *vt* to contract, to shorten; to shrink; to discourage; • **~se** *vi* to shrink; (*fig*) to cringe; **encogerse de hombros,** to shrug one's shoulders.

**encogidamente** *adv* shyly, timidly, bashfully.

**encogido, da** *adj* shy, timid, bashful.

**encogimiento** *m* contraction; shrinkage; shyness; bashfulness.

**encoladura** *f* gluing.

**encolar** *vt* to glue.

**encolerizar** *vt* to provoke, to irritate; • **~se** *vi* to get angry.

**encomendar** *vt* to recommend; to entrust; • **~se** *vi* to entrust oneself to; to put one's trust in.

**encomiar** *vt* to praise.

**encomienda** *m* commission, charge; message; (*mil*) command; patronage, protection; parcel post.

**encomio** *m* eulogy, praise, commendation.

**enconar** *vt* to inflame, to irritate.

**encono** *m* ill-feeling, rancor.

**enconoso, sa** *adj* hurtful, prejudicial; malevolent.

**encontrado, da** *adj* conflicting; hostile.

**encontrar** *vt, vi* to meet, to encounter; to assemble, to come together; **~se con** *vi* to meet.

**encopetado, da** *adj* presumptuous, boastful.

**encorvadura** *f* curvature; crookedness.

**encorvar** *vt* to bend, to curve.

**encrespar** *vt* to curl, to frizzle (hair); (*fig*) to anger; • **~se** *vi* to get rough (of the sea); (*fig*) to get cross.

**encrucijada** *f* crossroads; junction.

**encuadernación** *f* binding.

**encuadernador, ra** *m/f* bookbinder.

**encuadernar** *vt* to bind books.

**encubiertamente** *adv* secretly; deceitfully.

**encubierto, ta** *adj* hidden, concealed.

**encubridor, ra** *m/f* concealer, harborer; receiver of stolen goods.

**encubrimiento** *m* concealment, hiding; receiving of stolen goods.

**encubrir** *vt* to hide, to conceal.

**encuentro** *m* meeting; collision, crash; match, game; **~ amistoso** friendly match or game; **ir al ~ de uno** to go out to meet someone; **salirle a uno al ~** to go out to meet or receive someone.

**encuesta** *f* inquiry; opinion poll.

**encumbrado, da** *adj* high, elevated.

**encumbramiento** *m* elevation; height.

**encumbrar** *vt* to raise, to elevate; • **~se** *vi* to be raised; (*fig*) to become conceited.

**encurtir** *vt* to pickle.

**enchapar** *vt* to veneer.

**encharcarse** *vi* to be flooded.

**enchilar** *vt* to irritate.

**enchufar** *vt* to plug in; to connect.

**enchufe** *m* plug; socket; connection; (*fam*) contact, connection.

**endeble** *adj* feeble, weak.
**endecasílabo, ba** *adj* a verse consisting of eleven syllables.
**endecha** *f* dirge, lament.
**endemoniado, da** *adj* possessed with the devil; devilish.
**enderezamiento** *m* guidance, direction.
**enderezar** *vt* to straighten out; go set right; • **~se** *vi* to stand upright.
**endeudarse** *vi* to get into debt.
**endiablado, da** *adj* devilish, diabolical; ugly.
**endilgar** *vt* to send direct; to foist (something unwanted or unpleasant) off on.
**endiosar** *vt* to deify; • **~se** *vi* to be high and mighty.
**endosar** *vt* to endorse.
**endoso** *m* endorsement.
**endrina** *f* sloe.
**endrino** *m* blackthorn, sloe.
**endrogarse** *vi* to take drugs; to go into debts.
**endulzar** *vt* to sweeten; to soften.
**endurecer** *vt* to harden, to toughen; • **~se** *vi* to become cruel; to grow hard.
**endurecidamente** *adv* cruelly.
**endurecimiento** *m* hardness; obstinacy; hard heartedness.
**enebro** *m* (*bot*) juniper.
**enemigo, ga** *adj* hostile; • *m* enemy.
**enemistad** *f* enmity, hatred.
**enemistar** *vt* to make an enemy; • **~se** *vi* to become enemies; to fall out.
**energía** *f* energy, power, drive; strength of will.
**enérgico, ca** *adj* energetic; forceful.
**energúmeno, na** *m/f* (*fam*) madman/woman.
**enero** *m* January.
**enervar** *vt* to enervate.
**enfadadizo, za** *adj* irritable, crotchety.
**enfadar** *vt* to anger, to irritate; to trouble; • **~se** *vi* to get angry; **enfadarse por** or **de algo** to get angry about something; **enfadarse con** to get angry with someone.
**enfado** *m* trouble; anger.
**enfadoso, sa** *adj* annoying, troublesome.
**énfasis** *m* emphasis.
**enfático, ca** *adj* emphatic.
**enfermar** *vi* to fall ill; • *vt* to make sick; to weaken.
**enfermedad** *f* illness.
**enfermería** *f* infirmary; sick bay.
**enfermero, ra** *m/f* nurse.
**enfermizo, za** *adj* infirm, sickly.
**enfermo, ma** *adj* sick, ill; • *m/f* invalid, sick person; patient.
**enfervorizar** *vt* to arouse, to inflame, to incite.
**enfilar** *vt* to place in a line or row; to direct; to go down or along.
**enflaquecer** *vt* to weaken, to make thin.
**enflaquecimiento** *m* loss of weight; (*fig*) weakening.
**enfocar** *vt* to focus; to consider (a problem).
**enfoque** *m* focus.
**enfrascarse** *vi* to be deeply embroiled.
**enfrentar** *vt* to confront; to put face to face; • **~se** *vi* to face each other; to meet (two teams); **enfrentarse con la realidad** to face reality.
**enfrente** *adv* over against, opposite; in front.
**enfriamiento** *m* refrigeration; (*med*) cold.

**enfriar** *vt* to cool, to refrigerate; • **~se** *vi* to cool down; (*med*) to catch a cold.
**enfurecer** *vt* to madden, to enrage; • **~se** *vi* to get rough (of the wind and sea); to become furious *or* enraged.
**enfurruñarse** *vi* to get sulky, to frown.
**engalanar** *vt* to adorn, to deck.
**engallarse** *vi* to be arrogant or cocky.
**enganchar** *vt* to hook, to hang up; to hitch up; to couple, to connect; to recruit into military service; • **~se** *vi* (*mil*) to enlist.
**engañabobos** *m* trickster; trick, trap.
**engañadizo, za** *adj* gullible, easily deceived.
**engañador, ra** *adj* cheating; deceptive; • *m/f* cheat, impostor, deceiver.
**engañar** *vt* to deceive, to cheat; • **~se** *vi* to be deceived; to make a mistake.
**engañifa** *f* deceit, trick.
**engaño** *m* mistake, misunderstanding, deceit, fraud.
**engañoso, sa** *adj* deceitful, artful, false.
**engarzar** *vt* to thread; to link; to curl.
**engargolar** *vt* to fit together.
**angarrotar** *vt* to squeeze tightly.
**engastar** *vt* to set, to mount.
**engaste** *m* setting, mount.
**engatusamiento** *m* deception, coaxing.
**engatusar** *vt* to coax.
**engendrar** *vt* to beget, to engender, to produce.
**engendro** *m* fetus, embryo; (*fig*) monstrosity; brainchild.
**englobar** *vt* to include.
**engolfarse** *vi* (*mar*) to sail out to sea; to be deeply involved in.
**engolosinar** *vt* to entice; • **~se** *vi* to find delight in; ~ **con el juego** to take a liking to gambling.
**engomadura** *f* gluing.
**engomar** *vt* to glue.
**engordar** *vt* to fatten; • *vi* to grow fat, to put on weight.
**engorro** *m* nuisance, bother.
**engorroso, sa** *adj* troublesome, cumbersome.
**engranaje** *m* gear; gearing.
**engrandecer** *vt* to augment, to magnify; to speak highly of; to exaggerate.
**engrandecimiento** *m* increase, aggrandizement; exaggeration.
**engrasar** *vt* to grease, to lubricate.
**engreído, da** *adj* conceited, vain.
**engreimiento** *m* presumption, vanity.
**engreír** *vt* to make proud; • **~se** *vi* to grow proud; **engreírse en algo** to become fond of or take liking to something.
**engrosar** *vt* to enlarge; to increase.
**engrudo** *m* paste.
**engullidor, ra** *m/f* devourer; guzzler.
**engullir** *vt* to swallow, to gobble, to devour.
**enharinar** *vt* to cover *or* sprinkle with flour.
**enhebrar** *vt* to thread a needle; ~ **una mentira tras otra** to tell a string of lies.
**enhilar** *vt* to thread.
**enhorabuena** *f* congratulations; • *adv* all right; well and good.
**enhoramala** *adv* unfortunately.
**enigma** *m* enigma, riddle.

**enigmático, ca** *adj* enigmatic, dark, obscure.
**enjabonar** *vt* to soap; (*fam*) to tick off.
**enjaezar** *vt* to harness a horse.
**enjalbegar** *vt* to whitewash.
**enjambre** *m* swarm of bees; crowd, multitude.
**enjaretar** *vt* to pass or run a string through; to foist (something unplesant).
**enjaular** *vt* to shut up in a cage; to imprison.
**enjoyar** *vt* to adorn with jewels.
**enjuagar** *vt* to rinse out; to wash out.
**enjuague** *m* (*med*) mouthwash; rinsing, rinse.
**enjugar** *vt* to dry (the tears); to wipe off; **enjugarse las lágrimas** to wipe away or dry one´s tears; **enjuagarse las manos** to wipe or dry one´s hands.
**enjuiciar** *vt* to prosecute, to try; to pass judgment on, to judge.
**enjundia** *f* ovary fat; fat, grease (of animals); vigor, energy; **un tema de mucha** ~ a subject of much substance.
**enjuto, ta** *adj* dried up; (*fig*) lean; ~ **de carnes** lean.
**enlace** *m* connection, link; relationship.
**enladrillado** *m* brick paving.
**enladrillador** *m* bricklayer.
**enladrillar** *vt* to pave a floor with bricks.
**enlazable** *adj* able to be fastened together.
**enlazar** *vt* to join, to unite; to tie.
**enlodar** *vt* to cover in mud; (*fig*) to stain.
**enloquecer** *vt* to madden, to drive crazy; • *vi* to go mad.
**enloquecimiento** *m* madness.
**enlosar** *vt* to lay a floor with flags.
**enlutar** *vt* to put into mourning; • **~se** *vi* to go into mourning.
**enmaderar** *vt* to roof a house with timber.
**enmarañar** *vt* to entangle; to complicate; to confuse; • **~se** *vi* to become entangled; to get confused.
**enmascarar** *vt* to mask; • **~se** *vi* to go in disguise, to masquerade.
**enmendar** *vt* to correct, to reform; to repair, to compensate; to amend; • **~se** *vi* to mend one's ways.
**enmienda** *f* correction, amendment.
**enmohecer** *vt* to make moldy, to rust; • **~se** *vi* to grow moldy *or* musty; to rust.
**enmudecer(se)** *vt* (*vi*) to silence; to grow dumb; to be silent.
**ennegrecer** *vt* to blacken; to darken, to obscure.
**ennoblecer** *vt* to ennoble.
**ennoblecimiento** *m* ennoblement.
**enojadizo, za** *adj* peevish; short-tempered, irritable.
**enojar** *vt* to irritate, to make angry; to annoy; to upset; to offend; • **~se** *vi* to get angry; **~se con** or **contra una persona,** to get annoyed or angry with someone.
**enojo** *m* anger, annoyance.
**enojoso, sa** *adj* offensive, annoying.
**enorgullecerse** *vi* to be proud (of).
**enorme** *adj* enormous, vast, huge; horrible.
**enormidad** *f* enormity, monstrousness.
**enramar** *vt* to cover with the branches of trees.

**enranciarse** *vi* to grow rancid.
**enrarecer** *vt* to thin, to rarefy.
**enredadera** *f* climbing plant; bindweed.
**enredador, ra** *m/f* gossip; troublemaker; busybody.
**enredar** *vt* to entangle, to ensnare, to confound, to perplex; to puzzle; to sow discord; • **~se** *vi* to get entangled; to get complicated; to get embroiled; **enredarse en algo** to get mixed up or involved in something; **enredarse con alguien** to get mixed up with someone.
**enredo** *m* entanglement; mischievous lie; plot of a play.
**enredoso, sa** *adj* complicated.
**enrejado** *m* trellis-work.
**enrejar** *vt* to fix a grating to a window; to grate, to lattice.
**enrevesado, da** *adj* complicated.
**enriquecer** *vt* to enrich; to adorn; • **~se** *vi* to grow rich.
**enristrar** *vt* to string (garlic); to straighten out; to go straight to.
**enrobustecer** *vt* to strengthen.
**enrojecer** *vt* to redden; • *vi* to blush.
**enrolar** *vt* to recruit; • **~se** *vi* (*mil*) to join up.
**enrollar** *vt* to roll (up).
**enronquecer** *vt* to make hoarse; • *vi* to grow hoarse.
**enroscadura** *f* twist.
**enroscar** *vt* to twist; • **~se** *vi* to curl *or* roll up.
**ensalada** *f* salad.
**ensaladera** *f* salad bowl.
**ensaladilla (rusa)** *f* Russian salad.
**ensalivar** *vt* to moisten or wet with saliva.
**ensalmar** *vt* to set dislocated bones; to heal by spells.
**ensalmo** *m* enchantment, spell.
**ensalzar** *vt* to exalt, to aggrandize; to exaggerate.
**ensamblador, ra** *m/f* joiner.
**ensamblar** *vt* to assemble.
**ensanchar** *vt* to widen, to extend, to enlarge; • **~se** *vi* to expand; to assume an air of importance.
**ensanche** *m* dilation, augmentation; widening; expansion.
**ensangrentar** *vt* to stain with blood.
**ensañar** *vt* to irritate, to enrage; • **~se con** *vi* to treat brutally.
**ensartar** *vt* to string (beads, *etc*).
**ensayar** *vt* to test; to rehearse.
**ensayo** *m* test, trial; rehearsal of a play; essay; **~ general** (*theat*) dress rehearsal.
**ensenada** *f* creek.
**enseña** *f* colours *pl*, standard.
**enseñanza** *f* teaching, instruction; education.
**enseñar** *vt* to teach, to instruct; to show.
**enseñoramiento** *m* to take possesion.
**enseres** *mpl* belongings *pl*.
**ensillar** *vt* to saddle.
**ensimismarse** *vi* to be lost in thought; to become lost in thought.
**ensoberbecer** *vt* to make proud; • **~se** *vi* to become proud; (*mar*) to get rough.
**ensordecer** *vt* to deafen; • *vi* to grow deaf.
**ensordecimiento** *m* deafness.
**ensortijamiento** *m* curling the hair.
**ensortijar** *vt* to fix a ring in; to curl.
**ensuciar** *vt* to stain, to soil; to defile; • **~se** *vi* to wet oneself; to dirty oneself.

**ensueño** *m* fantasy; daydream; illusion.
**entablar** *vt* to board (up); to strike up (conversation); ~ **un juicio** to file a suit against; ~ **un reclamo** to file a claim.
**entablillar** *vt* (*med*) to put in a splint.
**entalegar** *vt* to put into a bag or pouch.
**entallar** *vt* to tailor (a suit); • *vi* to fit.
**ente** *m* organization; entity, being; (*fam*) odd character.
**entendederas** *fpl* understanding, brains.
**entender** *vt, vi* to understand, to comprehend; to remark, to take notice of; to reason, to think; **en mi** ~ in my opinion; • ~**se** *vi* to understand each other.
**entendido, da** *adj* understood; wise, learned, knowing.
**entendimiento** *m* understanding, knowledge, judgment.
**enteramente** *adv* entirely, completely.
**enterar** *vt* to inform; to instruct; • ~**se** *vi* to find out.
**entereza** *f* entireness, integrity; firmness of mind.
**enternecer** *vt* to soften; to move (to pity); • ~**se** *vi* to be moved.
**enternecimiento** *m* compassion, pity.
**entero, ra** *adj* entire; perfect, complete; honest; resolute; **por** ~ entirely, completely.
**enterrador** *m* gravedigger.
**enterrar** *vt* to inter, to bury; **enterrarse en vida** to retire from society.
**entibiar** *vt* to cool.
**entidad** *f* entity; company; body; society.
**entierro** *m* burial; funeral.
**entintar** *vt* to ink, stein or color with ink.
**entoldar** *vt* to cover with an awning.
**entomología** *f* entomology.
**entonación** *f* modulation; intonation; (*fig*) presumption, pride.
**entonado** *adj* harmonious.
**entonar** *vt* to tune, to intone; to tone; • *vi* to be in tune; ~**se** to give oneself airs.
**entonces** *adv* then, at that time.
**entontecer** *vt* to fool; • ~**se** *vi* to get silly.
**entontecimiento** *m* silliness.
**entorchar** *vt* to bind with gold or silver cord.
**entornar** *vt* to half close; ~ **los ojos** to half close the eyes; ~ **la puerta** to set the door ajar.
**entorpecer** *vt* to dull; to make lethargic; to hinder; to delay.
**entorpecimiento** *m* numbness; lethargy.
**entrada** *f* entrance, entry; (*com*) receipts *pl*; entrée; ticket (*for cinema, theatre, etc*); **dar** ~ **a** to admit, let in; ~ **por salida** short visit.
**entrambos, bas** *pn pl* both.
**entrampar** *vt* to trap, to snare; to mess up; to burden with debts; • ~**se** *vi* get into debt.
**entrante** *adj* coming, next.
**entrañable** *adj* intimate, affectionate.
**entrañas** *fpl* entrails, intestines *pl*; **de buenas entrañas** good hearted; **sin** ~ pitiless.
**entrar** *vt, vi* to enter, to go in; to commence; **no entrarle a uno** to

dislike; ~ **en calor** to warm up; ~ **en deudas** to begin to have one's debts; ~ **en huelga** to go on stike; ~ **en vigor** to take effect.

**entre** *prep* between; among(st); in; ~ **manos** in hand; ~ **tanto** in the interim; ~ **tu y yo** between you and me, confidentially.

**entreabrir** *vt* to half open a door, to leave it ajar.

**entrecano, na** *adj* gray-black, grayish.

**entrecejo** *m* the space between the eyebrows; frown.

**entrecortado, da** *adj* faltering; difficult.

**entrecortado** *adj* intermittent.

**entredicho** *m* (*jur*) injunction; **estar en** ~ to be banned; **poner en** ~ to cast doubt on.

**entrega** *f* delivery; installment; **pago contra** ~ cash on delivery.

**entregar** *vt* to deliver; to hand over; • **~se** *vi* to surrender; to devote oneself.

**entrelazar** *vt* to interlace.

**entremedias** *adv* in the meantime.

**entremeses** *mpl* hors d'oeuvres.

**entremeter** *or* **entrometer** *vt* to put one thing between others; • **~se** *vi* to interfere, to meddle.

**entremetido** *or* **entrometido** *m* meddler, interferer; ~, **da** *adj* meddling, interfering.

**entremetimiento** *m* insertion; meddling.

**entrenador, ra** *m/f* trainer, coach.

**entrenarse** *vi* to train.

**entreoír** *vt* to hear without perfectly understanding what is said, to half hear.

**entrepaño** *m* panel.

**entrepierna** *f* crotch.

**entresaca** *f* thinning out (of trees).

**entresacar** *vt* to thin out; to sift, to separate.

**entresijo** *m* mesentery; **tener muchos entresijos** to have many difficulties.

**entresuelo** *m* entresol; mezzanine.

**entretanto** *adv* meanwhile.

**entretejer** *vt* to interweave.

**entretela** *f* interfacing, stiffening, interlining.

**entretener** *vt* to amuse; to entertain, to divert; to hold up; to maintain; • **~se** *vi* to amuse oneself; to linger.

**entretenido, da** *adj* pleasant, amusing, entertaining.

**entretenimiento** *m* amusement, entertainment.

**entrever** *vt* to have a glimpse of.

**entreverado, da** *adj* patchy; streaky.

**entrevista** *f* interview.

**entrevistar** *vt* to interview; • **~se** *vi* to have an interview.

**entristecer** *vt* to sadden.

**entroncar** *vi* to be related *or* connected.

**entronización** *f* enthronement.

**entronizar** *vt* to enthrone.

**entumecer** *vt* to swell; to numb; • **~se** *vi* to become numb.

**entumecido, da** *adj* numb, stiff.

**entumecimiento** *m* numbness.

**enturbiar** *vt* to make cloudy; to obscure, to confound; • **~se** *vi* to become cloudy; (*fig*) to get confused.

**entusiasmar** *vt* to excite, to fill with enthusiasm; to delight.

**entusiasmo** *m* enthusiasm.

**entusiasta** *m/f* enthusiast.

**enumeración** *f* enumeration, counting over.

**enumerar** *vt* to enumerate.
**enunciación** *f*, **enunciado** *m/f* enunciation, declaration.
**enunciar** *vt* to enunciate, to declare.
**envainar** *vt* to sheathe, to sheath.
**envalentonar** *vt* to give courage to; • **~se** *vi* to boast.
**envanecer** *vt* to make vain; to swell with pride; • **~se** *vi* to become proud.
**envaramiento** *m* stiffness, numbness.
**envarar** *vt* to numb.
**envasar** *vt* to pack; to bottle; to can.
**envase** *m* packing; bottling; canning; container; package; bottle; can.
**envejecer** *vt* to make old; • **~se** *vi* to grow old.
**envenenador, ra** *m/f* poisoner.
**envenenar** *vt* to poison; to embitter.
**envenenamiento** *m* poisoning.
**envergadura** *f* (*fig*) scope.
**envés** *m* wrong side (of material).
**enviado, da** *m/f* envoy, messenger.
**enviar** *vt* to send, to transmit, to convey, to dispatch.
**enviciar** *vt* to vitiate, to corrupt; • **~se** *vi* to get corrupted.
**envidia** *f* envy; jealousy.
**envidiable** *adj* enviable.
**envidiar** *vi* to envy, to grudge; to be jealous of; **~ en** or **de falso** to offer grudgingly (hoping not to be accepted).
**envidioso, sa** *adj* envious; jealous.
**envilecer** *vt* to vilify, to debase; • **~se** *vi* to degrade oneself.
**envío** *m* (*com*) dispatch, remittance of goods; consignment.
**enviudar** *vi* to become a widower *or* widow.
**envoltorio** *m* bundle of clothes.
**envoltura** *f* cover; wrapping.
**envolver** *vt* to involve; to wrap up.
**enyesar** *vt* to plaster; (*med*) to put in a plaster cast.
**enzarzarse** *vi* to get involved in a dispute; to get oneself into trouble.
**épico, ca** *adj* epic.
**epidemia** *f* epidemic.
**epidémico, ca** *adj* epidemic.
**epidermis** *f* epidermis, cuticle.
**epígrafe** *f* epigraph, inscription; motto; headline.
**epigrama** *m* epigram.
**epilepsia** *f* epilepsy.
**epílogo** *m* epilog(ue).
**episcopado** *m* episcopacy; bishopric.
**episcopal** *adj* Episcopal.
**episódico, ca** *adj* episodic.
**episodio** *m* episode, installment.
**epístola** *f* epistle, letter.
**epistolar** *adj* epistolary.
**epistolario** *m* collected letters *pl.*
**epitafio** *m* epitaph.
**epíteto** *m* epithet.
**epítome** *m* epitome; compendium.
**época** *f* epoch; period, time; **hacer ~** to make history; **traje de ~** period costume.
**epopeya** *f* epic.
**equidad** *f* equity, honesty; impartiality, justice.
**equidistar** *vi* to be equidistant.
**equilátero, ra** *adj* equilateral.
**equilibrar** *vt* to poise; to balance.
**equilibrio** *m* balance, equilibrium; **perder el ~** to loose one's balance.
**equinoccial** *adj* equinoctial.

**equinoccio** *m* equinox.
**equipaje** *m* baggage; equipment.
**equipar** *vt* to fit out, to equip, to furnish.
**equipararse** *vi* ~ **con** to be on a level with.
**equipo** *m* equipment; team, shift.
**equitación** *f* horsemanship; riding.
**equitativo, va** *adj* equitable; just.
**equivalencia** *f* equivalence.
**equivalente** *adj* equivalent.
**equivaler** *vi* to be of equal value.
**equivocación** *f* mistake, error, misunderstanding.
**equivocado, da** *adj* mistaken, wrong.
**equivocar** *vt* to mistake; • **~se** *vi* to make a mistake, to be wrong.
**equívoco, ca** *adj* equivocal, ambiguous; • *m* equivocation; quibble.
**era** *f* era, age; threshing floor.
**erario** *m* treasury, public funds *pl.*
**erección** *f* foundation, establishment; erection, elevation.
**erguir** *vt* to erect, to raise up straight; • **~se** *vi* to straighten up.
**erial** *m* fallow land.
**erigir** *vt* to erect, to raise, to build; to establish.
**erizamiento** *m* standing on end (of hair, *etc*).
**erizarse** *vi* to bristle; to stand on end.
**erizo** *m* hedgehog; ~ **de mar** sea urchin.
**ermita** *f* hermitage.
**ermitaño** *m* hermit.
**erosionar** *vt* to erode.
**erótico, ca** *adj* erotic.
**erotismo** *m* eroticism.
**errado** *adj* mistaken, erring.
**errante** *adj* errant; stray; roving.
**errar** *vi* to be mistaken; to wander.
**errata** *f* misprint.
**erre** *adv* ~ **que** ~ obstinately.
**erróneo, nea** *adj* erroneous.
**error** *m* error, mistake, fault; ~ **craso** crass error.
**eructar** *vi* to belch, to burp.
**eructo** *m* belch, burp.
**erudición** *f* erudition, learning.
**erudito, ta** *adj* learned, scholarly.
**erupción** *f* eruption, outbreak.
**esbelto, ta** *adj* slim, slender.
**esbirro** *m* bailiff; henchman; killer.
**esbozo** *m* outline.
**escabechar** *vt* to marinate, to pickle.
**escabeche** *m* pickle; pickled fish.
**escabel** *m* footstool.
**escabrosidad** *f* unevenness, roughness; harshness.
**escabroso, sa** *adj* rough, uneven; craggy; rude, risqué, blue.
**escabullirse** *vi* to escape, to evade; to slip through one's fingers.
**escafandra** *f* diving suit; space suit.
**escala** *f* ladder; (*mus*) scale; stopover.
**escalador, ra** *m/f* climber.
**escalar** *vt* to climb.
**escaldado, da** *adj* cautious, suspicious, wary.
**escaldar** *vt* to scald.
**escalera** *f* staircase; ladder.
**escalfar** *vt* to poach eggs.
**escalofríos** *mpl* shivers.
**escalofriante** *adj* chilling.
**escalón** *m* step of a stair; rung.
**escama** *f* fish scale.
**escamado, da** *adj* wary, cautious.
**escamar** *vt* to take off the scales; • **~se** *vi* to flake off; to become suspicious.
**escamoso, sa** *adj* scaly.

**escamotear** *vt* to swipe; to make disappear.
**escampar** *vi* to stop raining.
**escanciador** *m* wine waiter.
**escanciar** *vt* to pour wine.
**escandalizar** *vt* to scandalize; • **~se** *vi* to be shocked.
**escándalo** *m* scandal; uproar.
**escandaloso, sa** *adj* scandalous; shocking.
**escaño** *m* bench with a back; seat (parliament).
**escapada** *f* escape, flight.
**escapar** *vi* to escape; • **~se** *vi* to get away; to leak (water etc); **escapársele a uno una cosa** to miss; **se me escapó la lengua** I said it without thinking.
**escaparate** *m* shop window; closet.
**escapatoria** *f* escape, flight; excuse.
**escape** *m* escape, flight; leak; exhaust (of motor); **tubo de ~** exhaust; **a todo ~** at full speed.
**escapulario** *m* scapulary.
**escarabajo** *m* beetle.
**escaramuza** *f* skirmish; dispute, quarrel.
**escaramuzar** *vt* to skirmish.
**escarbadura** *f* act and effect of scratching.
**escarbar** *vt* to scratch the earth (as hens do); to inquire into.
**escarcha** *f* frost.
**escarchar** *vi* to be frosty.
**escardador** *m* weeding hoe.
**escardillo** *m* small weeding hoe.
**escarlata** *adj* scarlet.
**escarlatina** *f* scarlet fever.
**escarmentar** *vi* to learn one's lesson; • *vt* to punish severely.
**escarmiento** *m* warning, caution; punishment.
**escarnecer** *vt* to mock, to ridicule.
**escarnio** *m* jibe, ridicule.
**escarola** *f* (*bot*) endive.
**escarpa** *f* slope; escarpment.
**escarpado, da** *adj* sloped, craggy.
**escarpín** *m* sock; pump (shoe).
**escasear** *vi* to be scarce.
**escasez** *f* shortage; poverty.
**escaso, sa** *adj* small, short, little; sparing; scarce; scanty.
**escatimar** *vt* to curtail, to lessen; to be scanty with.
**escena** *f* stage; scene; **desaparecer de ~** to disappear from scene; **puesta en ~** (*theat*) staging.
**escenario** *m* stage; set.
**escepticismo** *m* skepticism.
**escéptico, ca** *adj* skeptic, skeptical.
**escisión** *f* division, splitting.
**esclarecer** *vt* to lighten; to illuminate; to illustrate; to shed light on (problem, etc.).
**esclarecido, da** *adj* illustrious, noble.
**esclarecimiento** *m* clarification; enlightenment.
**esclavina** *f* short cloak, cape.
**esclavitud** *f* slavery, servitude.
**esclavizar** *vt* to enslave.
**esclavo, va** *m/f* slave, captive.
**esclusa** *f* sluice, floodgate.
**escoba** *f* broom, brush.
**escobazo** *m* blow given with a broom.
**escobilla** *f* brush; small broom.
**escocer** *vt* to sting, to burn; • **~se** *vi* to chafe.
**escoger** *vt* to choose, to select.
**escolar** *m/f* schoolboy/girl; • *adj* scholastic.
**escolástico, ca** *adj* scholastic; • *m* academic.
**escollo** *m* reef, rock.

**escolta** *f* escort.
**escoltar** *vt* to escort.
**escombros** *mpl* garbage; debris.
**esconder** *vt* to hide, to conceal; • **~se** *vi* to be hidden.
**escondidas, escondidillas** *adv* **a ~** in a secret manner.
**escondite** *m* hiding place; **juego de ~** hide-and-seek.
**escondrijo** *m* hiding place.
**escopeta** *f* shotgun; **a tiro de ~** within gunshot.
**escopetazo** *m* gunshot; gunshot wound.
**escopetero** *m* gunsmith.
**escoplo** *m* chisel.
**escorbuto** *m* scurvy.
**escoria** *f* dross; scum; dregs.
**escoriación** *f* incrustation.
**escoriarse** *vi* to get skinned.
**Escorpio** *m* Scorpio (sign of the zodiac).
**escorpión** *m* scorpion.
**escotado, da** *adj* low-cut.
**escotadura** *f* low neck(line).
**escotar** *vt* to cut low in front.
**escote** *m* low neck (of a dress).
**escotilla** *f* (*mar*) hatchway.
**escozor** *m* smart; burning pain, sting(ing).
**escriba** *m* scribe (among the Hebrews).
**escribanía** *f* clerk's office; writing desk.
**escribano** *m* court clerk; notary.
**escribiente** *m* copyist.
**escribir** *vt* to write; to spell.
**escrito** *m* document; manuscript, text.
**escritor, ra** *m/f* writer, author.
**escritorio** *m* writing desk; office, study.
**escritura** *f* writing; deed.
**escrúpulo** *m* doubt, scruple, scrupulousness; **no tener ~s** to have no scruples.
**escrupulosidad** *f* scrupulousness.
**escrupuloso, sa** *adj* scrupulous; exact.
**escrutar** *vt* to examine; to count (ballot papers).
**escrutinio** *m* scrutiny, inquiry.
**escrutiñador** *m* scrutinizer, inquirer.
**escuadra** *f* square; squadron.
**escuadrar** *vt* to square.
**escuadrón** *m* squadron.
**escuálido, da** *adj* skinny; squalid.
**escucha** *f* listening (-in); • *m* scout.
**escuchar** *vt* to listen, to heed.
**escudar** *vt* to shield; to guard from danger; • **~se** *vi* to protect oneself.
**escudero** *m* squire; page.
**escudilla** *f* bowl.
**escudo** *m* shield.
**escudriñamiento** *m* investigation, scrutiny.
**escudriñar** *vt* to search, to pry into; to examine.
**escuela** *m* school; **~ primaria** grammar school; **~ secundaria** high school.
**escueto, ta** *adj* plain; simple.
**esculcar** *vt* to spy on.
**esculpir** *vt* to sculpt.
**escultor, ra** *m/f* sculptor, sculptress.
**escultura** *f* sculpture.
**escultural** *adj* sculptural.
**escupidera** *f* cuspidor.
**escupidura** *f* spit.
**escupir** *vt* to spit.
**escurreplatos** *m invar* plate rack.
**escurridizo, za** *adj* slippery.
**escurrir** *vt* to drain; to drip; • *vi* to wring out; to slip away; to slip,

to slide; ~**se ente las manos** to slip between one's hands.
**ese, esa, eso** that.
**esencia** *f* essence.
**esencial** *adj* essential; principal.
**esfera** *f* sphere; globe.
**esférico, ca** *adj* spherical.
**esferoide** *f* spheroid.
**esfinge** *m* sphinx.
**esforzado, da** *adj* strong, vigorous, valiant.
**esforzarse** *vi* to exert oneself, to make an effort.
**esfuerzo** *m* effort.
**esfumarse** *vi* to fade away.
**esgrima** *f* fencing.
**esgrimir** *vi* to fence.
**esgrimista** *m* fencer.
**esguince** *m* (*med*) sprain.
**eslabón** *m* link of a chain; steel; shackle.
**eslabonar** *vt* to link; to unite.
**esmaltador** *m* enamelist.
**esmaltar** *vt* to enamel.
**esmalte** *m* enamel; ~ **para uñas** nail enamel.
**esmerado, da** *adj* careful, neat.
**esmeralda** *m* emerald.
**esmerar** *vt* to polish; • ~**se** *vi* to exercise great care; to work hard.
**esmeril** *m* emery.
**esmerillar** *vt* to polish with emery.
**esmero** *m* careful attention, great care.
**esnob** *adj* snobbish; posh; • *m/f* snob.
**eso** *dem, neut, prom,* that; **a ~ de las ocho** around eight o'clock; ~ **mismo** exactly; **por** ~ there for; **por ~ es que** that's why.
**esófago** *m* esophagus.
**espabilar** *vt* to wake up; • ~**se** *vi* to wake up; (*fig*) to get a move on.
**espacial** *adj* space *compd.*
**espaciar** *vt* to spread out; to space (out).
**espacio** *m* space; (radio *or* TV) program.
**espaciosidad** *f* spaciousness, capacity.
**espacioso, sa** *adj* spacious, roomy.
**espada** *f* sword; ace of spades; **colgar la** ~ to give up, to retire; **entre la ~ y la pared** between the devil and the deep blue sea; ~ **de dos filos** double edged sword; **salir uno con su media** ~ to stick one's nose (into a conversation).
**espadachín** *m* bully.
**espadín** *m* small short sword.
**espaguetis** *mpl* spaghetti.
**espalda** *f* back, back-part; ~**s** *fpl* shoulders; **dar** or **volver la** ~ to turn away.
**espaldilla** *f* shoulder blade.
**espantadizo, za** *adj* timid, easily frightened.
**espantajo** *m* scarecrow; bogeyman.
**espantapájaros** *m invar* scarecrow.
**espantar** *vt* to frighten; to chase *or* drive away.
**espanto** *m* fright; menace, threat; astonishment; **estar curado de** ~ to be experienced.
**espantoso, sa** *adj* frightful, dreadful; amazing.
**español, la** *adj* Spanish; • *m/f* Spaniard; • *m* Spanish language.
**esparadrapo** *m* adhesive tape.
**esparcir** *vt* to scatter; to divulge; • ~**se** *vi* to amuse oneself.
**esparrago** *m* asparagus; **mandar uno a freir esparragos** to tell someone to go jump to the lake.
**esparto** *m* (*bot*) esparto.
**espasmo** *m* spasm.

**espátula** *f* spatula.
**especia** *f* spice.
**especial** *adj* special, particular; **en ~** especially.
**especialidad** *f* specialty.
**especie** *f* species; kind, sort; matter.
**especificación** *f* specification.
**especificar** *vt* to specify.
**específico, ca** *adj* specific.
**espectáculo** *m* spectacle; show; **dar un ~** to be or present quite a sight.
**espectador, ra** *m/f* spectator.
**espectro** *m* specter, phantom, ghost, apparition.
**especulación** *f* speculation, contemplation; venture.
**especulador, ra** *m/f* speculator.
**especular** *vt* to speculate.
**especulativo, va** *adj* speculative; thoughtful.
**espejismo** *m* mirage.
**espejo** *m* mirror.
**espeluznante** *adj* horrifying.
**espera** *f* stay, waiting; (*law*) respite, adjournment, delay; **en ~ de** awaiting; **quien ~ desespera** he who waits ends up losing his patience.
**esperanza** *f* hope; **dar ~** give hope; **hay ~** there is no hope.
**esperanzar** *vt* to give hope.
**esperar** *vt* to hope; to expect, to wait for; **~ levantado** to wait up for; **~ sentado** to have a long wait in the store.
**esperma** *f* sperm.
**espesar** *vt* to thicken, to condense; • **~se** *vi* to grow thick, to solidify.
**espeso, sa** *adj* thick, dense.
**espesor** *m* thickness.
**espesura** *f* thickness, density, solidity.
**espetar** *vt* to skewer.
**espía** *m/f* spy.
**espiar** *vt* to spy.
**espiga** *f* spike, ear, tassel.
**espigón** *m* ear of corn; sting; (*mar*) breakwater.
**espina** *f* thorn; fishbone.
**espinaca** *f* (*bot*) spinach.
**espinazo** *m* spine, backbone.
**espinilla** *f* shinbone.
**espino** *m* hawthorn.
**espinoso, sa** *adj* thorny; dangerous.
**espionaje** *m* spying, espionage.
**espiral** *adj, f* spiral.
**espirar** *vt* to exhale.
**espíritu** *m* spirit, soul; mind; intelligence; **el E~ Santo** the Holy Ghost; **~s** *pl* demons, hobgoblins *pl*.
**espiritual** *adj* spiritual; ghostly.
**espiritualidad** *f* spirituality.
**espiritualizar** *vt* to spiritualize.
**esplendidez** *f* splendor, magnificence.
**espléndido, da** *adj* splendid, magnificent; brilliant.
**esplendor** *m* splendor.
**espliego** *m* (*bot*) lavender.
**espolear** *vt* to spur, to instigate, to incite.
**espolón** *m* spur (of a cock); spur (of a mountain range); sea wall; jetty; (*mar*) buttress.
**espolvorear** *vt* to sprinkle.
**espondeo** *m* (*poet*) spondee.
**esponja** *f* sponge; **tirar la ~** to throw in the towel.
**esponjar** *vt* to sponge; • **~se** *vi* to be puffed up with pride.
**esponjoso, sa** *adj* spongy.
**esponsales** *mpl* betrothal.
**espontaneidad** *f* spontaneity.
**espontáneo, nea** *adj* spontaneous.

**esposa** *f* wife.
**esposar** *vt* to handcuff.
**esposas** *fpl* handcuffs *pl.*
**esposo** *m* husband.
**espuela** *f* spur; stimulus; (*bot*) larkspur; **calzar ~s** to be a knight; **correr la ~** to spur deeply; **estar con** or **tener las ~s calzadas** to be about to start a journey.
**espuerta** *f* pannier, basket.
**espulgar** *vt* to delouse; to get rid of fleas; to examine closely.
**espuma** *f* froth, foam.
**espumadera** *f* skimmer.
**espumajear** *vi* to foam at the mouth.
**espumar** *vt* to skim, to take off the scum.
**espumarajo** *m* foam, froth (from the mouth).
**espumoso, sa** *adj* frothy, foamy; sparkling (wine).
**espurio, ria** *adj* spurious; adulterated; illegitimate.
**esputo** *m* spit, saliva.
**esqueje** *m* cutting (of plant).
**esquela** *f* note, slip of paper.
**esqueleto** *m* skeleton.
**esquema** *m* scheme; diagram; plan.
**esquí** *m* ski; skiing.
**esquiar** *vt* to ski.
**esquife** *m* skiff, small boat.
**esquilador** *m* sheep-shearer.
**esquilar** *vt* to shear sheep.
**esquina** *f* corner, angle; **a la vuelta de la ~** around the corner; **hacer ~** to be on the corner (a building).
**esquinado, da** *adj* cornered, angled.
**esquinar** *vt* to form a corner with.
**esquirol** *m* blackleg.
**esquivar** *vt* to shun, to avoid, to evade.
**esquivez** *f* disdain; shyness.
**esquivo, va** *adj* scornful; shy, reserved.
**estabilidad** *f* stability.
**estable** *adj* stable.
**establecer** *vt* to establish.
**establecimiento** *m* establishment.
**establo** *m* stable.
**estaca** *f* stake; stick; post.
**estacada** *f* fence, fencing; stockade; **dejar a alguien en la ~** to leave someone in the lurch; **quedarse en la ~** to be beaten.
**estacazo** *m* blow given with a stick.
**estación** *f* season of the year; station; railroad station, terminus; **~ de autobuses** bus station; **~ de lluvias,** rainy season; **~ de servicio** service station.
**estacional** *adj* seasonal.
**estacionamiento** *m* parking; (*mil*) stationing.
**estacionar** *vt* to park; (*mil*) to station.
**estacionario, ria** *adj* stationary.
**estadía** *f* stay, sojourn.
**estadio** *m* phase; stadium.
**estadista** *m* statesman; statistician.
**estadística** *f* statistics *pl.*
**estadístico, ca** *adj* statistical.
**estado** *m* state, condition; **~ benefactor** welfare state; **~ civil** legal status; **~ crítico** (*phys*) critical state; **~ de ánimo** state of mind; **~ de las cosas** state of affairs.
**Estados Unidos** *mpl* United States (of America).
**estafa** *f* trick, fraud.
**estafador, ra** *m/f* swindler, racketeer.
**estafar** *vt* to deceive, to defraud.
**estafeta** *f* post office.
**estallar** *vi* to crack, to burst; to break out.

**estallido** *m* explosion; (*fig*) outbreak.
**estambre** *m* stamen of flowers.
**estamento** *m* estate; body; layer; class.
**estameña** *f* serge.
**estampa** *f* print; engraving; appearance; **tener mala** ~ to be ugly and disagreeable looking; **la ~ de la herejía** hideous, countenance, appearance.
**estampado, da** *adj* printed; • *m* printing; print; stamping.
**estampar** *vt* to print.
**estampida** *f* stampede.
**estampido** *m* report of a gun; crack.
**estampilla** *f* seal, stamp.
**estancar** *vt* to check a current; to monopolize; to prohibit, to suspend; • **~se** *vi* to stagnate.
**estancia** *f* stay; bedroom; ranch; (*poet*) stanza.
**estanco** *m* tobacconist's (shop); ~, **ca** *adj* watertight.
**estándar** *adj, m* standard.
**estandarizar** *vt* to standardize.
**estandarte** *m* banner, standard.
**estanque** *m* pond, pool; reservoir.
**estanquero, ra** *m/f* tobacconist.
**estante** *m* shelf (for books).
**estantería** *f* shelves, shelving.
**estaño** *m* tin.
**estar** *vi* to be; to be in a place; **~ a lo que salte** to be ready to take advantage of an opportunity; **~ a oscuras** to be in the dark; **está bien** its all right; **~ de más** to be superfluous or redundant; **~ en jauja** to be living it up; **~ hecho una** or **un** to have changed or turned into; **¿estas? ¿estamos?** do you see it? are you with it? do you get it?
**estatal** *adj* state *compd.*
**estática** *f* statics.
**estático, ca** *adj* static.
**estatua** *f* statue; **estar** or **quedarse hecho una** ~ to be rooted to the ground.
**estatura** *f* stature.
**estatuto** *m* statute, law.
**este** *m* east; ~, **esta, esto** *pn* this.
**estera** *f* mat.
**estercolar** *vt* to manure.
**estercolero** *m* dunghill.
**estéreo** *adj invar, m* stereo.
**estereotipar** *vt* to stereotype.
**estereotipo** *m* stereotype.
**estéril** *adj* sterile, infertile.
**esterilidad** *f* sterility, infertility.
**esterilla** *f* mat.
**esterlina** *adj*: **libra** ~ pound sterling.
**estético, ca** *adj* esthetic; • *f* esthetics.
**estiércol** *m* dung; manure.
**estigma** *m* stigma, disgrace.
**estilar(se)** *vi* (*vi*) to be in fashion; to be used.
**estilista** *m* stylist.
**estilo** *m* style; fashion; stroke (in swimming); **al ~ de** in the style of; **~ antiguo** old style; **por el ~** like that.
**estima** *f* esteem; **tener en poca ~** to hold in little esteem.
**estimable** *adj* estimable, worthy of esteem.
**estimación** *f* estimation, valuation.
**estimar** *vt* to estimate, to value; to esteem; to judge; to think.
**estimulante** *adj* stimulating; • *m* stimulant.
**estimular** *vt* to stimulate, to excite, to goad.
**estímulo** *m* stimulus.

**estío** *m* summer.
**estípendiario** *m* stipendiary.
**estipendio** *adj* stipend, salary.
**estipulación** *f* stipulation.
**estipular** *vt* to stipulate.
**estirado, da** *adj* stretched tight; (*fig*) pompous.
**estirar** *vt* to stretch out; ~ **la pata** to kick the bucket.
**estirón** *m* pulling; tugging; **dar un** ~ to grow rapidly.
**estirpe** *f* race, origin, stock.
**estival** *adj* summer *compd.*
**esto** *dem, pron, neut,* **en** ~ at this moment; ~ **es** that is; **con** ~ herewith; **por** ~ **es que** that is why.
**estocada** *f* stab.
**estofa** *f* **de baja** ~ poor quality.
**estofado** *m* stew.
**estola** *f* stole.
**estolidez** *f* stupidity.
**estólido, da** *adj* stupid.
**estomacal** *adj* stomachic.
**estómago** *m* stomach; **revolver el** ~ to tour or upset the stomach; **tener mucho** or **buen** ~ to be able to bear.
**estopa** *f* tow.
**estoque** *m* rapier, sword.
**estorbar** *vt* to hinder; (*fig*) to bother; • *vi* to be in the way.
**estorbo** *m* obstacle, hindrance, impediment.
**estornudar** *vi* to sneeze.
**estornudo** *m* sneeze.
**estrada** *f* highway.
**estrado** *m* drawing room; stage, platform; **citar para estrados** (*law*) to subpoena; **hacer estrados** (*law*) to hold court.
**estrafalario, ria** *adj* slovenly; eccentric.
**estrago** *m* ruin, destruction; havoc.
**estrambótico, ca** *adj* eccentric, odd.
**estrangulador, ra** *m/f* strangler.
**estrangulamiento** *m* bottleneck.
**estrangular** *vt* to strangle; (*med*) to strangulate.
**estraperlo** *m* black market.
**estratagema** *f* stratagem, trick.
**estrategia** *f* strategy.
**estratégico, ca** *adj* strategic(al).
**estrato** *m* stratum, layer; **estratos supeiores de la sociedad** upper strata of society.
**estraza** *f* rag; **papel de** ~ brown paper.
**estrechar** *vt* to tighten; to contract, to constrain; to compress; • **~se** *vi* to grow narrow; to embrace; ~ **la mano** to shake hands.
**estrechez** *f* straitness, narrowness; shortage of money.
**estrecho** *m* straits *pl*; **~, cha** *adj* narrow, close; tight; intimate; rigid, austere; short (of money).
**estrella** *f* star; **nacer con** or **tener buena** to born under a lucky star.
**estrellado, da** *adj* starry; **huevos ~s** fried eggs.
**estrellar** *vt* to dash to pieces; **~se** • *vi* to smash; to crash; to fail.
**estremecer** *vt* to shake, to make tremble; • **~se** *vi* to shake, to tremble.
**estremecimiento** *m* trembling, shaking.
**estrenar** *vt* to wear for the first time; to move into (a house); to show (a film) for the first time; • **~se** *vi* to make one's debut.
**estreñido, da** *adj* constipated.
**estreñimiento** *m* constipation.
**estrépito** *m* noise, racket, fuss.
**estrepitoso, sa** *adj* noisy.

**estribar** *vi* ~ **en** to prop; to be based on; to be supported.
**estribillo** *m* chorus.
**estribo** *m* buttress; stirrup; running board; **perder los ~s** to fly off the handle (*fam*).
**estribor** *m* (*mar*) starboard.
**estricto, ta** *adj* strict; severe.
**estridente** *adj* strident, noisy.
**estrofa** *f* (*poet*) verse, strophe.
**estropajo** *m* scourer; **tratar a uno como un ~** to treat someone like a doormat.
**estropajoso, sa** *adj* tough, leathery; despicable; mean; stammering.
**estropear** *vt* to spoil; to damage; • **~se** *vi* to get damaged.
**estructura** *f* structure.
**estruendo** *m* clamor, noise; confusion, uproar; pomp, ostentation.
**estrujar** *vt* to press, to squeeze.
**estrujón** *m* pressing, squeezing.
**estuario** *m* estuary.
**estuche** *m* case (for scissors, etc.); sheath; **ser uno un ~** to be clever or handy person.
**estudiante** *m/f* student.
**estudiantil** *adj* student *compd*.
**estudiar** *vt* to study.
**estudio** *m* study; studio; **~s** *mpl* studies; learning; **dar estudios a alguien** to support someone during his studies; **~ de los mercados** market research.
**estudioso, sa** *adj* studious.
**estufa** *f* heater, fire.
**estufilla** *f* muff; small stove.
**estupefacción** *f* stupefaction.
**estupefaciente** *m* narcotic.
**estupefacto** *adj* speechless; thunderstruck.
**estupendo, da** *adj* terrific, marvelous.
**estupidez** *f* stupidity.
**estúpido** *adj* stupid.
**estupor** *m* stupor; astonishment.
**estupro** *m* rape.
**etapa** *f* stage; stopping place; (*fig*) phase.
**etcétera** *adv* et cetera, and so on.
**éter** *m* ether.
**etéreo, rea** *adj* ethereal.
**eternidad** *f* eternity.
**eternizar** *vt* to eternalize, to perpetuate.
**eterno, na** *adj* eternal.
**ética** *f* ethics.
**ético, ca** *adj* ethical, moral.
**etimología** *f* etymology.
**etimológico, ca** *adj* etymological.
**etiqueta** *f* etiquette, formality; ticket, label.
**Eucaristía** *f* Eucharist.
**eufemismo** *m* euphemism.
**euforia** *f* euphoria.
**evacuación** *f* evacuation.
**evacuar** *vt* to evacuate, to empty.
**evadir** *vt* to evade, to escape.
**evaluar** *vt* to evaluate.
**evangélico, ca** *adj* evangelical.
**evangelio** *m* gospel.
**evangelista** *m* evangelist.
**evangelizar** *vt* to evangelize.
**evaporar** *vt* to evaporate; • **~se** *vi* to vanish.
**evasión** *f* evasion, escape; ~ **fiscal** or **de impuestos** tax evasion.
**evasivo, va** *adj* evasive; • *f* excuse.
**eventual** *adj* possible; temporary, casual (worker).
**evidencia** *f* evidence, proof; **poner en ~** ti give (someone) away, to show; **ponerse en ~** to give oneself away.
**evidente** *adj* evident, clear, manifest.

**evitable** *adj* avoidable.
**evitar** *vt* to avoid.
**evocación** *f* evocation; invocation.
**evocar** *vt* to call out; to invoke.
**evolución** *f* evolution, development; change; (*mil*) maneuver.
**evolucionar** *vi* to evolve.
**ex** *adj* ex.
**exacción** *f* exaction; extortion.
**exacerbar** *vt* to exacerbate, to irritate.
**exactamente** *adv* exactly.
**exactitud** *f* exactness.
**exacto, ta** *adj* exact, punctual, accurate.
**exageración** *f* exaggeration.
**exagerar** *vt* to exaggerate.
**exaltación** *f* exaltation, elation.
**exaltar** *vt* to exalt, to elevate; to praise; • **~se** *vi* to get excited.
**examen** *m* exam, examination, test, inquiry.
**examinador** *m* examiner.
**examinar** *vt* to examine.
**exangüe** *adj* exsanguine, anemic.
**exánime** *adj* lifeless, weak.
**exasperación** *f* exasperation.
**exasperar** *vt* to exasperate, to irritate.
**excavación** *f* excavation.
**excavadora** *f* excavator.
**excavar** *vt* to excavate, to dig out.
**excedente** *adj* excessive, exceeding.
**exceder** *vt* to exceed, to surpass, to excel, to outdo.
**excelencia** *f* excellence.
**Excelencia** *f* Excellency (title).
**excelente** *adj* excellent.
**excelso, sa** *adj* elevated, sublime, lofty.
**excentricidad** *f* eccentricity.
**excéntrico, ca** *adj* eccentric.
**excepción** *f* exception.
**excepto** *adv* excepting, except (for).
**exceptuar** *vt* to except, to exempt.
**excesivo, va** *adj* excessive.
**exceso** *m* excess; **en ~** to excess; **~ de peso** or **equipaje** excess weight or luggage; **~ de velocidad** speeding.
**excitación** *f* excitement; excitation.
**excitar** *vt* to excite; • **~se** *vi* to get excited.
**exclamación** *f* exclamation.
**exclamar** *vt* to exclaim, to cry out.
**excluir** *vt* to exclude.
**exclusión** *f* exclusion.
**exclusiva** *f* exclusive; (*com*) sole right.
**exclusivamente, exclusive** *adv* exclusively.
**exclusivismo** *m* exclusivism, blind adherence to one idea.
**exclusivo, va** *adj* exclusive.
**excomulgar** *vt* to excommunicate.
**excomunión** *f* excommunication.
**excremento** *m* excrement.
**excursión** *f* excursion, trip.
**excusa** *f* excuse, apology.
**excusable** *adj* excusable.
**excusado** *m* toilet.
**excusar** *vt* to excuse; to exempt from; to avoid; • **~se** *vi* to apologize.
**execrable** *adj* execrable, abhorrent.
**execrar** *vt* to execrate, to curse.
**exención** *f* exemption, immunity, privilege.
**exento, ta** *adj* exempt, free.
**exequias** *fpl* funeral rites, obsequies.
**exfoliar** *vt* to exfoliate.
**exhalación** *f* exhalation; fumes, vapor.
**exhalar** *vt* to exhale; to give off; to heave (a sigh).

**exhausto, ta** *adj* exhausted.
**exhibición** *f* exhibition, display.
**exhibir** *vt* to exhibit.
**exhortación** *f* exhortation.
**exhortar** *vt* to exhort.
**exhumación** *f* exhumation.
**exhumar** *vt* to disinter, to exhume.
**exigencia** *f* demand, requirement.
**exigir** *vt* to demand, to require.
**exiguo, gua** *adj* meager, small.
**exiliado, da** *adj* exiled; • *m/f* exile.
**exilio** *m* exile.
**eximir** *vt* to exempt, to free, to excuse.
**existencia** *f* existence, being; **en ~** in stock, on hand; **~s disponibles** stock in hand; **renovar las ~s** to restock.
**existente** *adj* existing, in existence.
**existir** *vi* to exist, to be.
**éxito** *m* outcome; success; (*mus etc*) hit; **tener ~** to be successful; **~ de taquilla** box office success.
**exoneración** *f* exoneration.
**exonerar** *vt* to exonerate.
**exorbitante** *adj* exorbitant, excessive.
**exorcismo** *m* exorcism.
**exorcista** *m* exorcist.
**exorcizar** *vt* to exorcize.
**exótico, ca** *adj* exotic.
**expandir** *vt* to expand.
**expansión** *f* expansion, extension.
**expansivo, va** *adj* expansive.
**expatriarse** *vi* to emigrate; to go into exile.
**expectativa** *f* expectation; prospect; **estar en** or **a la ~** to be en the hope; **~ de vida** life expectancy.
**expectoración** *f* expectoration.
**expectorar** *vt* to expectorate.
**expedición** *f* expedition.
**expedicionario** *adj* expeditionary.
**expediente** *m* expedient; means; (*jur*) proceedings; dossier, file.
**expedir** *vt* to send, to forward, to dispatch.
**expeditivo, va** *adj* expeditious.
**expedito, ta** *adj* speedy; clear, free.
**expeler** *vt* to expel.
**expender** *vt* to sell, retail.
**expensas** *fpl* **a ~ de** at the expense of.
**experiencia** *f* experience; trial.
**experimentado, da** *adj* experienced, expert.
**experimental** *adj* experimental.
**experimentar** *vt* to experience; to experiment with.
**experimento** *m* experiment, trial.
**experto, ta** *adj* expert, experienced.
**expiación** *f* expiation; purification.
**expiar** *vt* to atone for; to purify.
**expiatorio, ria** *adj* expiatory.
**expirar** *vt* to expire.
**explanada** *f* esplanade.
**explayarse** *vi* to speak at length.
**explicación** *f* explanation.
**explicar** *vt* to explain, to expound; • **~se** *vi* to explain oneself.
**explícito, ta** *adj* explicit.
**exploración** *f* exploration.
**explorador, ra** *m/f* explorer.
**explorar** *vt* to explore.
**explosión** *f* explosion.
**explotación** *f* exploitation; running.
**explotar** *vt* to exploit; to run; • *vi* to explode.
**exponente** *m* (*mat*) exponent.
**exponer** *vt* to expose; to explain.
**exportación** *f* export; exports *pl.*
**exportar** *vt* to export.
**exposición** *f* exposure; exhibition; explanation; account.
**expresar** *vt* to express.
**expresión** *f* expression.

**expresivo, va** *adj* expressive; energetic.
**expreso, sa** *adj* express, clear, specific; fast (train).
**express** *m* (*ferro*) express train.
**exprimidor** *m* squeezer.
**exprimir** *vt* to squeeze out.
**ex profeso** *adv* on purpose.
**expropriar** *vt* to expropriate.
**expuesto, ta** *adj* exposed; on display.
**expulsar** *vt* to expel, to drive out.
**expulsión** *f* expulsion.
**expurgar** *vt* expurge, to correct.
**exquisito, ta** *adj* exquisite, excellent.
**éxtasis** *m* ecstasy, enthusiasm.
**extático, ca** *adj* ecstatic.
**extender** *vt* to extend, to stretch out; • **~se** *vi* to extend; to spread.
**extensión** *f* extension; extent; **a toda la ~ de la palabra,** in every sense of the word.
**extensivo, va** *adj* extensive.
**extenso, sa** *adj* extensive.
**extenuación** *f* emaciation, debility, exhaustion.
**extenuar** *vt* to exhaust, to debilitate.
**exterior** *adj* exterior, external; • *m* exterior, outward appearance.
**exteriormente** *adv* externally.
**exterminador** *m* exterminator.
**exterminar** *vt* to exterminate.
**exterminio** *m* extermination.
**externo, na** *adj* external, outward; • *m/f* day pupil.
**extinción** *f* extinction.
**extinguir** *vt* to wipe out; to extinguish.
**extintor** *m* (fire) extinguisher.
**extirpación** *f* extirpation, extermination.
**extirpar** *vt* to extirpate, to root out.
**extorsión** *f* extortion.
**extra** *adj invar* extra; good quality; • *m/f* extra; • *m* bonus.
**extracción** *f* extraction.
**extracto** *m* extract.
**extraer** *vt* to extract.
**extranjero, ra** *m/f* stranger, foreigner; • *adj* foreign, alien.
**extrañar** *vt* to find strange; to miss; • **~se** *vi* to be surprised; to grow apart.
**extrañeza** *f* strangeness; surprise.
**extraño, ña** *adj* foreign; rare; singular, strange, odd.
**extraordinario, ria** *adj* extraordinary, uncommon, odd.
**extravagancia** *f* extravagance; **decir ~s,** to tell nonsense.
**extravagante** *adj* extravagant.
**extraviado, da** *adj* lost, missing.
**extraviar** *vt* to mislead; • **~se** *vi* to lose one's way.
**extravío** *m* deviation; loss.
**extremado, da** *adj* extreme; accomplished.
**extremaunción** *f* extreme unction.
**extremidad** *f* extremity, brim; tip; **~es** *fpl* extremities.
**extremo, ma** *adj* extreme, last; • *m* extreme, highest degree; **en ~, por ~** extremely; **de ~ a ~** from beginning to end; **pasar de un ~ a otro** to go from one extreme to another.
**extremoso** *adj* extreme, vehement.
**extrínseco, ca** *adj* extrinsic, external.
**extrovertido, da** *adj, m/f* extrovert.
**exuberancia** *f* exuberance, luxuriance.
**exudación** *f* exudation, sweating.
**exudado** *m* (med.) exudate.
**eyaculación** *f* ejaculation, ejection.
**eyacular** *vt* to ejaculate.

# F

**fábrica** *f* factory.
**fabricación** *f* manufacture; production.
**fabricante** *m/f* fabricator, manufacturer.
**fabricar** *vt* to build, to construct; to manufacture; (*fig*) to fabricate.
**fabril** *adj* manufacturing, industrial.
**fábula** *f* fable; fiction; rumor, common talk.
**fabulista** *m/f* writer of fables.
**fabuloso, sa** *adj* fabulous, fictitious.
**facción** *f* (political) faction; feature.
**faccioso, sa** *adj* factious, turbulent.
**fácil** *adj* facile, easy.
**facilidad** *f* facility, easiness.
**facilitar** *vt* to facilitate.
**fácilmente** *adv* easily.
**facineroso** *adj* wicked, criminal.
**facsímil** *m* facsimile, fax.
**factible** *adj* feasible, practicable.
**factor** *m* (*mat*) factor; (*com*) factor, agent.
**factoría** *f* agency; factory.
**factura** *f* invoice.
**facultad** *f* faculty.
**facultativo, va** optional; • *m/f* doctor, practitioner.
**facha** *f* appearance, aspect, face.
**fachada** *f* façade, face, front.
**faena** *f* hard work, task, job.
**faisán** *m* pheasant.
**faja** *f* band, fillet; strip (of land); corset.
**fajo** *m* bundle; wad.
**falacia** *f* fallacy, fraud.
**falange** *f* phalanx.
**falaz** *adj* deceitful, fraudulent; fallacious.
**falda** *f* skirt; lap; flap; train; slope, hillside.
**faldero, ra** *adj* **hombre** ~ ladies' man; **perrillo** ~ lap-dog.
**faldón** *m* coat-tails; skirt.
**falible** *adj* fallible.
**falsamente** *adv* falsely.
**falsario, ria** *adj* falsifying, forging.
**falsear** *vt* to falsify, to counterfeit.
**falsedad** *f* falsehood; untruth, fib; hypocrisy.
**falsete** *m* (*téc*) plug; bung; (*mus*) falsetto.
**falsificación** *f* falsification.
**falsificador, ra** *m/f* forger, counterfeiter.
**falsificar** *vt* to falsify, to forge, to counterfeit.
**falso, sa** *adj* false, untrue; deceitful; fake.
**falta** *f* fault, defect; want; flaw, mistake; (*dep*) foul.
**faltar** *vi* to be wanting; to fail; not to fulfill one's promise; to need; to be missing.
**falto, ta** *adj* wanting, deficient, lacking; miserable, wretched.
**faltriquera** *f* pocket.
**fallar** *vt* (*jur*) to pronounce sentence, to judge; • *vi* to fail.
**fallecer** *vi* to die.
**fallecimiento** *m* decease, death.
**fallido, da** *adj* unsuccessful, frustrated.
**fallo** *m* judgment, sentence; failure.
**fama** *f* fame; reputation, name.
**famélico, ca** *adj* starving.
**familia** *f* family.
**familiar** *adj* familiar, homely, domestic; • *m/f* relative, relation.

**familiaridad** *f* familiarity.
**familiarizarse** *vi* ~ **con** to familiarize oneself with.
**famoso, sa** *adj* famous.
**fanático, ca** *adj* fanatical; enthusiastic; • *m/f* fanatic; fan.
**fandango** *m* fandango (lively Spanish dance).
**fanfarrón** *m* bully, braggart.
**fanfarronada** *f* boast, brag.
**fanfarronear** *vi* to bully, to brag.
**fanfarronería** *f* boast, brag.
**fango** *m* mire, mud.
**fangoso, sa** *adj* muddy, miry.
**fantasía** *f* fancy; fantasy; caprice; presumption.
**fantasma** *f* phantom, ghost.
**fantástico, ca** *adj* fantastic, whimsical; presumptuous.
**fardo** *m* bale, parcel.
**farfullar** *vi* to talk stammeringly.
**farisaico, ca** *adj* pharisaical; hypocritical.
**fariseo** *m* pharisee; hypocrite.
**farmacéutico, ca** *adj* pharmaceutical; • *m/f* pharmacist.
**farmacia** *f* pharmacy.
**faro** *m* (*mar*) lighthouse; (*auto*) headlamp; floodlight.
**farol** *m* lantern.
**farola** *f* street light.
**farsa** *f* farce.
**farsante** *m* fraud, fake.
**fascículo** *m* part, installment.
**fascinación** *f* fascination.
**fascinar** *vt* to fascinate; to enchant.
**fascismo** *m* fascism.
**fase** *f* phase.
**fastidiar** *vt* to annoy, to offend; to spoil.
**fastidio** *m* annoyance; boredom; disgust.
**fastidioso, sa** *adj* annoying; tedious.
**fatal** *adj* fatal; mortal; awful.
**fatalidad** *f* fatality, mischance, ill-luck.
**fatalismo** *m* fatalism.
**fatalista** *m/f* fatalist.
**fatiga** *f* weariness, fatigue.
**fatigar** *vt* to fatigue, to tire, to harass.
**fatigoso, sa** *adj* tiresome, troublesome.
**fatuidad** *f* fatuity, foolishness, silliness.
**fatuo, tua** *adj* fatuous, stupid, foolish; conceited.
**fauces** *fpl* jaws, gullet.
**fausto, ta** *adj* happy, fortunate; • *m* splendor, pomp.
**favor** *m* favor, protection, good turn.
**favorable** *adj* favorable, advantageous.
**favorecer** *vt* to favor, to protect.
**favorito, ta** *adj* favorite.
**faz** *f* face.
**fe** *f* faith, belief.
**fealdad** *f* ugliness.
**febrero** *m* February.
**febril** *adj* feverish.
**fecundar** *vt* to fertilize.
**fecundidad** *f* fecundity, fertility.
**fecundo, da** *adj* fruitful, fertile.
**fecha** *f* date (of a letter, etc.).
**fechar** *vt* to date.
**fechoría** *f* action, exploit.
**federación** *f* federation.
**felicidad** *f* happiness.
**felicitar** *vt* to congratulate.
**feligrés, esa** *m/f* parishioner.
**feliz** *adj* happy, fortunate.
**felpa** *f* plush; toweling.
**felpudo** *m* doormat.
**femenil** *adj* feminine, womanly.
**femenino, na** *adj* feminine, female.

**feminista** *adj, m/f* feminist.
**fenómeno** *m* phenomenon; (*fig*) freak, accident; • *adj* (*fam*) great (*sl*), marvelous.
**feo, ea** *adj* ugly; bad, nasty.
**feracidad** *f* productivity, fertility.
**feraz** *adj* fertile, fruitful.
**féretro** *m* bier, casket.
**feria** *f* fair, rest day; village market.
**fermentación** *f* fermentation.
**fermentar** *vi* to ferment.
**fermento** *m* ferment; leaven.
**ferocidad** *f* ferocity, wildness; cruelty.
**feroz** *adj* ferocious, cruel, savage.
**ferretería** *f* hardware store.
**ferrocarril** *m* railroad.
**ferroviario, ria** *adj* rail *compd.*
**fértil** *adj* fertile, fruitful.
**fertilidad** *f* fertility, fruitfulness.
**fertilizar** *vt* to fertilize.
**férula** *f* ferule; (*med*) splint.
**ferviente** *adj* fervent, ardent.
**fervor** *m* fervor, zeal, ardor.
**fervoroso, sa** *adj* fervent, ardent, passionate.
**festejar** *vt* to feast; to court, to woo.
**festejo** *m* courtship; feast.
**festín** *m* feast.
**festividad** *f* festivity.
**festivo, va** *adj* festive, merry; witty; **día** ~ holiday.
**festón** *m* garland; festoon.
**festonear** *vt* to ornament with garlands.
**fétido, da** *adj* fetid, stinking.
**feto** *m* fetus.
**feudal** *adj* feudal.
**fiable** *adj* trustworthy; reliable.
**fiador, ra** *m/f* surety, guarantor; (*com*) backer.
**fiambre** *m* cold meat.
**fiambrera** *f* dinner pail.
**fianza** *f* (*jur*) surety.
**fiar** *vt* to entrust, to confide; to bail; to sell on credit; to buy on credit; • *vi* to trust.
**fibra** *f* fiber.
**fibroso, sa** *adj* fibrous.
**ficción** *f* fiction.
**ficticio, cia** *adj* fictitious.
**ficha** *f* token, counter (at games); (index) card.
**fidedigno, na** *adj* reliable, trustworthy.
**fideicomisario, ria** *m/f* trustee.
**fideicomiso** *f* trust.
**fidelidad** *f* fidelity; loyalty.
**fideos** *mpl* noodles.
**fiebre** *f* fever.
**fiel** *adj* faithful, loyal; **los ~es** *mpl* the faithful.
**fieltro** *m* felt.
**fiera** *f* wild beast.
**fiereza** *f* fierceness, cruelty, ferocity.
**fiero, ra** *adj* fierce, cruel, ferocious; rough, harsh.
**fiesta** *f* party; festivity; **~s** *pl* holidays, vacations.
**figura** *f* figure, shape.
**figurado, da** *adj* figurative.
**figurar** *vt* to **figure**; • **~se** *vi* to fancy, to imagine.
**figurilla** *f* ridiculous little figure.
**fijador** *m* fixative; gel (for the hair).
**fijar** *vt* to fix, to fasten; • **~se** *vi* to become fixed; to establish oneself; **~se en** to notice.
**fijo, ja** *adj* fixed, firm; settled, permanent.
**fila** *f* row, line; (*mil*) rank; **en** ~ in a line, in a row.
**filamento** *m* filament.

**filantropía** *f* philanthropy.
**filántropo, pa** *m/f* philanthropist.
**filete** *m* fillet; fillet steak.
**filiación** *f* filiation; personal description, particulars.
**filial** *adj* filial; • *f* (*com*) subsidiary.
**filibustero** *m* freebooter.
**filigrana** *f* filigree.
**filmar** *vt* to film.
**filo** *m* edge, blade.
**filología** *f* philology.
**filológico, ca** *adj* philological.
**filólogo, ga** *m/f* philologist.
**filosofar** *vt* to philosophize.
**filosofía** *f* philosophy.
**filosófico, ca** *adj* philosophical.
**filósofo, fa** *m/f* philosopher.
**filtración** *f* filtration.
**filtrar** *vt* to filter, to strain.
**filtro** *m* filter.
**fin** *m* end, termination, conclusion; aim, purpose; **al** ~ at last; **en** ~ (*fig*) well then; **por** ~ finally, lastly.
**final** *adj* final; • *m* end, termination, conclusion; • *f* (*dep*) final.
**finalizar** *vt* to finish, to conclude; • *vi* to be finished.
**finalmente** *adv* finally, at last.
**financiar** *vt* to finance.
**finca** *f* land, property, real estate; country house; farm.
**fineza** *f* fineness, perfection; elegance; courtesy; small gift.
**fingido, da** *adj* feigned, fake, sham.
**fingimiento** *m* simulation, pretense.
**fingir** *vt* to feign, to fake; to invent; to imitate; • *vi* to pretend; to pretend to be.
**finito, ta** *adj* finite.
**fino, na** *adj* fine, pure; slender; polite; acute; (of sherry) dry.
**finura** *f* fineness.
**firma** *f* signature; (*com*) company.
**firmamento** *m* firmament, sky, heaven.
**firmar** *vt* to sign.
**firme** *adj* firm, stable, strong, secure; constant, resolute; • *m* road surface.
**firmeza** *f* firmness, stability, constancy.
**fiscal** *adj* fiscal; • *m/f* district attorney.
**fiscalía** *f* office and business of the district attorney.
**fiscalizar** *vt* to inspect; to criticize.
**fisco** *m* treasury, exchequer.
**fisgar** *vt* to pry into.
**fisgón, ona** *m/f* prying person, snooper (*sl*).
**física** *f* physics.
**físico, ca** *adj* physical; • *m/f* physicist; • *m* physique.
**fisonomía** *f* physiognomy.
**fisonomista** *m/f*: **ser buen** ~ to have a good memory for faces.
**flaco, ca** *adj* lean, skinny; feeble.
**flagelación** *f* flagellation.
**flagrante** *adj* flagrant.
**flamante** *adj* flaming, bright; brand-new.
**flan** *m* crème caramel.
**flanco** *m* flank.
**flanquear** *vt* (*mil*) to flank.
**flaquear** *vi* to flag; to weaken.
**flaqueza** *f* thinness, leanness, feebleness, weakness.
**flato** *m* (*med*) flatulence; depression.
**flatulento, ta** *adj* flatulent.
**flauta** *f* (*mus*) flute.
**flautista** *m/f* flute player, flautist.
**flecha** *f* arrow.
**fleco** *m* fringe.

**flema** *f* phlegm.
**flemático, ca** *adj* phlegmatic.
**flemón** *m* ulcer in the gums.
**flequillo** *m* fringe (of hair), bangs *pl.*
**fletar** *vt* to freight a ship.
**flete** *m* (*mar*) freight; charter.
**flexibilidad** *f* flexibility.
**flexible** *adj* flexible, compliant; docile.
**flojedad** *f* feebleness, laxity, laziness, negligence.
**flojera** *f* feebleness, laxity; **me da ~** I can't be bothered.
**flojo, ja** *adj* loose; flexible, lax, slack; lazy.
**flor** *f* flower.
**florecer** *vi* to blossom.
**florero** *m* vase.
**floresta** *f* wood, grove; beauty spot.
**florete** *m* fencing foil.
**florido, da** *adj* full of flowers; in bloom; choice.
**florista** *m/f* florist.
**flota** *f* fleet.
**flotador** *m* float; rubber ring.
**flotante** *adj* floating.
**flotar** *vi* to float.
**flote** *m*: **a ~** afloat.
**flotilla** *f* small fleet, flotilla.
**fluctuación** *f* fluctuation; uncertainty.
**fluctuar** *vi* to fluctuate; to waver.
**fluidez** *f* fluidity; fluency.
**fluido, da** *adj* fluid; (*fig*) fluent; • *m* fluid.
**fluir** *vi* to flow.
**flujo** *m* flux; flow; **~ de sangre** (*med*) loss of blood.
**fluvial** *adj* fluvial, river.
**foca** *f* seal.
**foco** *m* focus; center; source; floodlight; (light) bulb.
**fofo, fa** *adj* spongy, soft, bland.
**fogata** *f* blaze; bonfire.
**fogón** *m* stove; hearth.
**fogonazo** *m* flash, explosion.
**fogosidad** *f* dash, verve, fieriness.
**fogoso, sa** *adj* fiery, ardent, fervent; impetuous, boisterous.
**follaje** *m* foliage.
**folletista** *m/f* pamphleteer.
**folleto** *m* pamphlet; folder, brochure.
**follón** *m* (*fam*) mess; fuss.
**fomentar** *vt* to encourage, to foment.
**fomento** *m* promotion.
**fonda** *f* hotel, inn, boarding house.
**fondeadero** *m* anchorage.
**fondear** *vi* to cast anchor.
**fondista** *m/f* innkeeper.
**fondo** *m* bottom; back; background; space; **~s** stock, funds, capital; **a ~** perfectly, completely.
**fontanería** *f* plumbing.
**fontanero, ra** *m/f* plumber.
**forajido** *m* outlaw.
**foral** *adj* belonging to the statute law of a country.
**forastero, ra** *adj* strange, exotic; • *m/f* stranger.
**forcejear** *vi* to struggle.
**forense** *adj* forensic.
**forjador, ra** *m/f* framer, forger.
**forjadura** *f* forging.
**forjar** *vt* to forge; to frame; to invent.
**forma** *f* form, shape, pattern; (*med*) fitness; (*dep*) form; means, method; **de ~ que** in such a manner that.
**formación** *f* formation; form, figure; education; training.
**formal** *adj* formal; proper, genuine; serious, grave.

**formalidad** *f* formality; gravity.
**formalizar** *vt* (*jur*) to formalize; to regularize; • **~se** *vi* to be regularized.
**formar** *vt* to form, to shape.
**formidable** *adj* formidable, terrific (*sl*).
**fórmula** *f* formula.
**formulario** *m* formulary.
**fornicación** *f* fornication.
**fornicador** *m* fornicator.
**fornicar** *vi* to commit fornication.
**fornido, da** *adj* well-built.
**foro** *m* court of justice; forum.
**forraje** *m* forage.
**forrajear** *vt* to forage.
**forrar** *vt* to line, to face, to cover.
**forro** *m* lining; book jacket.
**fortalecer** *vt* to fortify, to strengthen.
**fortaleza** *f* courage; strength, vigor; (*mil*) fortress, stronghold.
**fortificación** *f* fortification.
**fortificar** *vt* to strengthen; to fortify a place.
**fortín** *m* (*mil*) small fort.
**fortuito, ta** *adj* fortuitous.
**fortuna** *f* fortune; wealth.
**forzar** *vt* to force.
**forzoso, sa** *adj* indispensable, necessary.
**forzudo, da** *adj* strong, vigorous.
**fosa** *f* grave; pit.
**fósforo** *m* phosphorus; **~s** *pl* matches.
**fósil** *adj, m* fossil.
**foso** *vt* pit; moat, ditch, fosse.
**foto** *f* photo.
**fotocopia** *f* photocopy.
**fotografía** *f* photography; photograph.
**fotógrafo, fa** *m/f* photographer.
**frac** *m* evening coat, dress coat.
**fracasar** *vi* to fail.
**fracaso** *m* failure.
**fracción** *f* fraction.
**fractura** *f* fracture.
**fracturar** *vt* to break.
**fragancia** *f* fragrance, sweetness of smell.
**fragante** *adj* fragrant, scented.
**fragata** *f* (*mar*) frigate.
**frágil** *adj* fragile, frail.
**fragilidad** *f* fragility, brittleness; frailty.
**fragmento** *m* fragment.
**fragosidad** *f* roughness; denseness.
**fragoso, sa** *adj* craggy, rough, uneven.
**fragua** *f* forge.
**fraguar** *vt* to forge; to contrive; • *vi* to solidify, to harden.
**fraile** *m* friar, monk.
**frambuesa** *f* raspberry.
**francés, sa** *adj* French; • *m* French language; • *m/f* Frenchman/woman.
**franco, ca** *adj* frank; candid; free, gratis.
**franela** *f* flannel; undershirt.
**franja** *f* fringe.
**franquear** *vt* to clear; to overcome; to stamp letters; • **~se** *vi* to unbosom oneself.
**franqueo** *m* postage.
**franqueza** *f* frankness.
**franquicia** *f* franchise.
**frasco** *m* flask.
**frase** *f* phrase.
**fraternal** *adj* fraternal, brotherly.
**fraternidad** *f* fraternity, brotherhood.
**fratricida** *m/f* fratricide.
**fratricidio** *m* fratricide.
**fraude** *m* fraud, deceit, cheat.
**fraudulento, ta** *adj* fraudulent, deceitful.

**frazada** *f* blanket.
**frecuencia** *f* frequency.
**frecuentar** *vt* to frequent.
**frecuente** *adj* frequent.
**fregadero** *m* (kitchen) sink.
**fregado** *m* scouring, scrubbing; (*fig*) intrigue; underhand work.
**fregar** *vt* to scrub; to wash up.
**fregona** *f* mop; dishwasher.
**freír** *vt* to fry.
**frenar** *vt* to brake; (*fig*) to check.
**frenesí** *m* frenzy.
**frenético, ca** *adj* frantic, frenzied, wild.
**frenillo** *m* speech impediment.
**freno** *m* bit; brake; (*fig*) check.
**frente** *f* front; face; ~ **a** ~ face to face; **en** ~ opposite; (*mil*) front; • *m* forehead.
**fresa** *f* strawberry.
**fresal** *m* strawberry plant; ground bearing strawberry plants.
**fresco, ca** *adj* fresh, cool; new; ruddy; • *m* fresh air; • *m/f* (*fam*) shameless person; impudent person.
**frescura** *f* freshness; frankness; cheek, nerve.
**fresno** *m* ash tree.
**frialdad** *f* coldness; indifference.
**fricción** *f* friction.
**friega** *f* rubbing; nuisance.
**frígido, da** *adj* frigid.
**frigorífico** *m* fridge.
**frijol** *m* kidney bean.
**frío, fría** *adj* cold; indifferent; • *m* cold; indifference.
**friolento, ta** *adj* chilly.
**friolera** *f* trifle.
**friso** *m* frieze; wainscot.
**fritada** *f* dish of fried meat *or* fish.
**frito, ta** *adj* fried.
**frivolidad** *f* frivolity.
**frívolo, la** *adj* frivolous.
**frondosidad** *f* foliage.
**frondoso, sa** *adj* leafy.
**frontera** *f* frontier.
**fronterizo, za** *adj* frontier *compd*; bordering.
**frontón** *m* (*dep*) pelota court; pelota.
**frotación, frotadura** *f* friction, rubbing.
**frotar** *vt* to rub.
**fructífero, ra** *adj* fruit-bearing, fruitful.
**fructificar** *vt* to bear fruit; to come to fruition.
**fructuoso, sa** *adj* fruitful.
**frugal** *adj* frugal, sparing.
**frugalidad** *f* frugality, parsimony.
**fruncir** *vt* to pleat; to knit; to contract; ~ **las cejas** to knit the eyebrows.
**frustrar** *vt* to frustrate.
**fruta** *f* fruit; ~ **del tiempo** seasonal fruit.
**frutal** *m* fruit tree.
**frutera** *f* fruit dish.
**frutero, ra** *m/f* fruiterer; • *m* fruit basket.
**frutilla** *f* strawberry.
**fruto** *m* fruit; benefit, profit.
**fuego** *m* fire.
**fuelle** *m* bellows *pl*.
**fuente** *f* fountain; spring; source; large dish.
**fuera** *adv* out(side); away; except, save; ¡~! out of the way!
**fuero** *m* statute law of a country; jurisdiction.
**fuerte** *m* (*mil*) fortification, fort; forte; • *adj* vigorous, tough; strong; loud; heavy; • *adv* strongly; hard.

**fuerza** *f* force, strength; (*elec*) power; violence; **a ~ de** by dint of; **~s** *pl* troops.
**fuga** *f* flight, escape; leak (of gas).
**fugarse** *vi* to escape, to flee.
**fugaz** *adj* fleeting.
**fugitivo, va** *adj, m/f* fugitive.
**fulano, na** *m/f* guy/gal.
**fulgurar** *vi* to flash.
**fulminar** *vt* to fulminate; • *vi* to explode.
**fullería** *f* cheating.
**fullero** *m* cardsharper, cheat.
**fumador, ra** *m/f* smoker.
**fumar** *vt, vi* to smoke.
**fumigación** *f* fumigation.
**funámbulista** *m/f* tightrope walker.
**función** *f* function; duties *pl*; show, performance.
**funcionar** *vi* to function; to work (of a machine).
**funcionario, ria** *m/f* official; civil servant.
**funda** *f* case, sheath; **~ de almohada** pillowcase.
**fundación** *f* foundation.
**fundador, ra** *m/f* founder.
**fundamental** *adj* fundamental.
**fundamento** *m* foundation, groundwork; reason, cause.
**fundar** *vt* to found; to establish, to ground.
**fundición** *f* fusion; foundry.
**fundir** *vt* to fuse; to melt, to smelt; (*com*) to merge; to bankrupt; (*elec*) to fuse, to blow.
**fúnebre** *adj* mournful, sad; funereal.
**funeral** *m* funeral; **~es** *mpl* funeral, obsequies.
**funerario, ria** *adj* funeral.
**funesto, ta** *adj* ill-fated, unfortunate; fatal.
**furgón** *m* wagon.
**furgoneta** *f* pick-up (truck).
**furia** *f* fury, rage.
**furibundo, da** *adj* furious, frenzied.
**furioso, sa** *adj* furious.
**furor** *m* fury, rage.
**furtivamente** *adv* furtively.
**furtivo, va** *adj* furtive.
**furúnculo** *m* (*med*) boil.
**fusible** *m* fuse.
**fusil** *m* rifle.
**fusilar** *vt* to shoot.
**fusilero** *m* rifleman.
**fusión** *f* fusion; (*com*) merger.
**fusta** *f* riding crop.
**fútbol** *m* football.
**futbolista** *m/f* footballer.
**fútil** *adj* futile, trifling.
**futilidad** *f* futility.
**futuro, ra** *adj, m* future.

# G

**gabán** *m* overcoat.
**gabardina** *f* gabardine, raincoat.
**gabarra** *f* (*mar*) lighter (boat).
**gabinete** *m* (*pol*) cabinet, study; office (of solicitors *etc*).
**gaceta** *f* gazette; **mentir más que la** ~ to lie like nobody's business.
**gachas** *fpl* porridge, pap.
**gacho, cha** *adj* curved, bent downward.
**gachupín** *m* Spanish settler in Latin America.
**gafas** *fpl* glasses, spectacles.
**gafe** *m* jinx.
**gafete** *m* hook and eye clasp.
**gag** *m* (gal.) comic situation.
**gaita** *f* bagpipe; flageolet; **alargar** or **sacar la** ~ to stick one's neck out.
**gaitero, ra** *m/f* bagpiper, bagpipe player.
**gaje** *m*: **los ~s del oficio** occupational hazards; **son gajes del oficio** it's all in a day's work.
**gajo** *m* segment (of orange).
**gala** *f* full dress; (*fig*) cream, flower; **~s** *pl* finery; **hacer ~ de** to display, to show off; **de** ~ full dress (uniform).
**galán** *m* lover; handsome young man; (*teat*) male lead.
**galante** *adj* gallant.
**galanteador** *m* flatterer.
**galantear** *vt* to court, to woo.
**galanteo** *m* gallantry, courtship.
**galantería** *f* gallantry; politeness; compliment.
**galápago** *m* tortoise.
**galardón** *m* reward, prize.
**galardonar** *vt* to reward, to recompense.
**galaxia** *f* galaxy.
**galbana** *f* laziness, idleness.
**galeón** *m* (*mar*) galleon.
**galeno** *m* (coll.) doctor, physician.
**galera** *f* (*mar*) galley; wagon; typegalley.
**galería** *f* gallery, balcony; **~ de arte** art gallery; **hablar para la ~** (*coll*) to play to the gallery.
**galgo** *m* greyhound.
**galimatías** *m* (coll.) rigamarole, obscure or involved explanation or talk.
**galón** *m* (*mil*) stripe; braid; gallon.
**galopar** *vi* to gallop.
**galope** *m* gallop.
**galvánico, ca** *adj* galvanic.
**galvanismo** *m* galvanism.
**gallardete** *m* (*mar*) pennant, streamer.
**gallardía** *f* fineness, elegance, gracefulness; dash.
**gallardo, da** *adj* graceful, elegant, brave, daring.
**galleta** *f* cookie.
**gallina** *f* hen; • *m/f* (*fig*) coward; **~ ciega** blindman's buff; **~ en corral ajeno** fish out of water.
**gallinero** *m* henhouse, coop; poultry dealer; (*teat*) top gallery; hubbub.
**gallineta** *f* woodcock (bird).
**gallo** *m* cock; **alzar** or **levantar uno el ~** be arrogant; **en menos que canta un ~** in a jiffy; **entre gallos y medianoche** at an inconvenient time; **misa de ~** midnight mass; **peso ~** bantam weight (in boxing).
**gama** *f* (*mus*) scale; (*fig*) range, gamut; doe.

**gamba** *f* shrimp.
**gamberro, rra** *m/f* hooligan.
**gambito** *m* gambit (a chess opening).
**gamo** *m* buck of the fallow deer.
**gamuza** *f* chamois.
**gana** *f* desire, wish; appetite; will, longing; **de buena** ~ with pleasure, voluntarily; **de mala** ~ unwillingly, with reluctance; **tener ganas de** to want to; **tenerle ~s a (uno)** (*coll*) to have it in for (someone).
**ganadería** *f* cattle raising; cattle; livestock.
**ganadero** *m* rancher; dealer in cattle.
**ganado** *m* livestock, cattle; ~ **mayor** horses and mules; ~ **menor** sheep, goats and pigs.
**ganancia** *f* gain, profit, increase; ~ **bruta** gross profit; **~s y pérdidas** profit and loss.
**ganancial** *adj* lucrative.
**ganar** *vt* to gain, to win, to earn; • *vi* to win; **~le a uno la boca** to persuade someone to talk; **~se la vida,** to earn one's living; **~se el pan** or **el sustento** to earn one's daily bread or sustenance.
**gancho** *m* hook; crook; **echar a (uno) el** ~ to trap; **tener su** ~ be attractive.
**gandul** *adj, m/f* layabout.
**ganga** *f* bargain; **buscador de ~s,** bargain hunter.
**gangoso, sa** *adj* nasal.
**gangrena** *f* gangrene.
**gangrenarse** *vi* to become gangrenous.
**gangrenoso, sa** *adj* gangrenous.
**ganso, sa** *m/f* gander; goose; (*fam*) idiot.
**gañon** *m* gullet.
**garabatear** *or* **garapatear** *vi, vt* to scrawl, to scribble.
**garabatos** *mpl* scrawling letters *or* characters.
**garaje** *m* garage.
**garante** *m/f* guarantor; • *adj* responsible.
**garantía** *f* warranty, guarantee.
**garañón** *m* jackass, male donkey.
**garapiñar** *vt* to freeze; to ice.
**garbanzo** *m* chickpea.
**garbo** *m* gracefulness, elegance; generosity.
**garboso, sa** *adj* graceful; elegant; stylish; generous.
**garduña** *f* marten.
**gargajo** *m* phlegm, spit.
**garganta** *f* throat, gullet; instep; neck (of a bottle); narrow pass between mountains *or* rivers; **tener buena ~,** to have a fine singing voice.
**gargantilla** *f* necklace.
**gárgara** *f* noise made by gargling.
**gargarismo** *m* gargling, gargle.
**gargarizar** *vi* to gargle.
**gargola** *m* gargoyle.
**garita** *f* (*mil*) sentry box; (*ferro*) signal box.
**garra** *f* claw, talon, paw; **caer en las ~s de** to fall into the clutches or under the power of.
**garrafa** *f* carafe; (gas) cylinder.
**garrafal** *adj* great, vast, huge.
**garrapata** *f* tick (insect).
**garrotazo** *m* blow with a stick *or* club.
**garrote** *m* stick, club, cudgel.
**garrotillo** *m* (*med*) croup.
**garrucha** *f* pulley.
**garrudo** *adj* muscular, brawny.
**garza** *f* heron.
**garzo, za** *adj* blue-eyed.

**gas** *m* gas.
**gasa** *f* gauze.
**gaseoso, sa** *adj* fizzy; • *f* lemonade.
**gasfitero, ra** *m/f* plumber.
**gasoil** *m* diesel (oil).
**gasolina** *f* gas(oline).
**gasolinera** *f* gas station.
**gasómetro** *m* gasometer.
**gastador, ra** *m/f* spendthrift.
**gastar** *vt* to spend; to expend; to waste; to wear away; to use up; • **~se** *vi* to wear out; to waste.
**gasto** *m* expense, expenditure; use.
**gastronomía** *f* gastronomy.
**gata** *f* she-cat; **a ~s** on all fours.
**gatear** *vi* to go on all fours.
**gatera** *f* cat hole.
**gatillazo** *m* click of the trigger in firing.
**gatillo** *m* trigger of a gun; (*med*) dental forceps.
**gato** *m* cat; jack; **buscar tres pies al ~** to look for trouble; **dar ~ por liebre** to gyp, swindle; **de noche todos los ~s son pardos** everything is permissible al night; **llevar el ~ al agua** to overcome a difficulty.
**gatuno, na** *adj* catlike, feline.
**gatuperio** *m* hodgepodge; (*coll*) scheme.
**gaveta** *f* drawer of a desk, locker.
**gavilán** *m* sparrow hawk.
**gavilla** *f* sheaf of corn.
**gaviota** *f* seagull.
**gay** (*fam*) *adj invar, m* gay (*sl*), homosexual.
**gazapo** *m* young rabbit; lie.
**gazmoñada, gazmoñería** *f* prudery, hypocrisy.
**gazmoñero, ra, gazmoño, ña** *adj* hypocritical.
**gaznate** *m* throttle, wind pipe.
**gazpacho** *m* a Spanish cold tomato soup.
**gazuza** *f* ravenous hunger.
**gelatina** *f* jelly; gelatin.
**gélido** *adj* gelid, ice cold.
**gemelo, la** *m/f* twin.
**gemido** *m* groan, moan, howl.
**Géminis** *m* Gemini (sign of the zodiac).
**gemir** *vi* to groan, to moan.
**genciana** *f* (*bot*) gentian.
**gendarme** *m* gendarme, policeman.
**gendarmería** *f* gendarmery, police.
**genealogía** *f* genealogy.
**genealógico, ca** *adj* genealogical.
**generación** *f* generation; progeny, race.
**general** *m* general; • *adj* general; **en ~** generally, in general.
**generalidad** *f* generality.
**generalizar** *vt* to generalize.
**generalmente** *adv* generally.
**genérico, ca** *adj* generic.
**género** *m* genus; kind, type; gender; cloth, material; **~s** *pl* goods, commodities; **~ chico** (*theat*) farces, variety, vaudeville.
**generosidad** *f* generosity.
**generoso, sa** *adj* noble, generous.
**Génesis** *f* Genesis.
**genial** *adj* inspired, brilliant; genial.
**genio** *m* nature, character, genius; **corto de ~** shy, timid **persona de mal ~** bad tempered person; **~ y figura** creative and personal image of a person (artist, politician, etc.).
**genital** *adj* genital; **~es** *mpl* genitals.
**genitivo** *m* (*gr*) genitive case.
**gente** *f* people; nation; family; **buena ~** good sort of people; **~ de color** black people; **ser ~** to be decent.

**gentil** *m/f* pagan, heathen; • *adj* elegant, graceful, charming.
**gentileza** *f* grace; charm; politeness.
**gentilhombre** *m* gentleman.
**gentío** *m* crowd, throng.
**genuflexión** *f* genuflection.
**genuino, na** *adj* genuine, pure.
**geografía** *f* geography.
**geográfico, ca** *adj* geographical.
**geógrafo, fa** *m/f* geographer.
**geología** *f* geology.
**geometría** *f* geometry.
**geométrico, ca** *adj* geometrical, geometric.
**geranio** *m* (*bot*) geranium.
**gerente** *m/f* manager; director.
**geriatría** *f* (*med*) geriatrics.
**germen** *m* germ, bud; source, origin.
**germinar** *vi* to germinate, to bud.
**gerundio** *m* (*gr*) gerund.
**gestación** *f* gestation, period or time during which something is conceived.
**gesticular** *vi* to gesticulate.
**gestión** *f* management; negotiation.
**gesto** *m* face; grimace; gesture; **estar de buen** ~ to be in a good or bad temper; **hacer gestos** to look askance or disdainfully; **poner gestos** to look annoyed.
**gestor** *adj* negotiating.
**giganta** *f* giantess.
**gigante** *m* giant; • *adj* gigantic.
**gigantesco, ca** *adj* gigantic, giant.
**gilipollas** (*fam*) *adj invar* stupid; • *m/f invar* wimp (*sl*).
**gimnasia** *f* gymnastics.
**gimnasio** *m* gymnasium.
**gimnasta** *m/f* gymnast.
**gimnástico, ca** *adj* gymnastic.
**ginebra** *f* gin.
**ginecólogo, ga** *m/f* gynecologist.
**gira** *f* trip, tour.
**girar** *vt* to turn around; to swivel; (*com*) to draw, to issue; • *vi* to go round, to revolve; (*com*) to do business; to draw.
**giratorio, ria** *adj* revolving.
**girasol** *m* sunflower.
**giro** *m* turning round; tendency; change; (*com*) draft; ~ **bancario** bank draft; ~ **postal** post-office order, money order.
**gitano, na** *m/f* gipsy.
**glacial** *adj* icy.
**glaciar** *m* glacier.
**glándula** *f* gland.
**glandular** *adj* glandular.
**globo** *m* globe; sphere; orb; balloon; **en** ~ as a whole; ~ **aerostático** air balloon.
**glóbulo** *m* globule; corpuscle; ~ **rojo** red corpuscle.
**gloria** *f* glory, heaven, bliss; **estar en la** ~ to be very happy; **ganar la** ~ to die; **oler a** ~ to smell wonderfully; **saber a** ~ to taste delicious.
**gloriarse** *vi* to glory in, to pride in; to take delight in.
**glorieta** *f* bower, arbor; traffic circle.
**glorificación** *f* glorification; praise.
**glorificar** *vt* to glorify.
**glorioso, sa** *adj* glorious.
**glosa** *f* gloss; comment.
**glosar** *vt* to gloss; to comment on.
**glotón, ona** *m/f* glutton.
**glotonería** *f* gluttony.
**gobernación** *f* government.
**gobernador, ra** *m/f* governor.
**gobernar** *vt* to govern; to regulate; to direct.
**gobierno** *m* government; **para su** ~ for your information; ~ **interino** caretaker government.
**goce** *m* enjoyment.
**gol** *m* goal.

**goleta** *f* schooner.
**golf** *m* golf.
**golfa** *f* (*fam*) slut.
**golfo** *m* gulf, bay; (*fam*) urchin; lout.
**golondrina** *f* swallow.
**golosina** *f* dainty, tidbit; candy.
**goloso, sa** *adj* sweet-toothed.
**golpe** *m* blow, stroke, hit; knock; clash; coup; **de ~** suddenly; **dar el ~** to strike; **de ~ y porrazo** (*coll*) with out thought; **no dar ~** not to be a stroke of work.
**golpear** *vt* to beat, to knock; to punch.
**goma** *f* gum; rubber; elastic.
**gomosidad** *f* gumminess, viscosity.
**gomoso, sa** *adj* gummy, viscous.
**góndola** *f* gondola; (*ferro*) freight truck.
**gondolero** *m* gondolier.
**gordiflón, ona** *m/f* very fat person.
**gordo, da** *adj* fat, plump, big-bellied; first, main; (*fam*) enormous; **se armó la ~** trouble broke out; **algo ~** great news or event; **el ~** first prize; **caer ~** to be annoying.
**gordura** *f* grease; fatness, corpulence, obesity.
**gorgojo** *m* grub, weevil.
**gorgorito** *m* trill, warble.
**gorila** *m* gorilla.
**gorjear** *vi* to twitter, to chirp.
**gorjeo** *m* chirping.
**gorra** *f* cap, bonnet; (*mil*) bearskin; **andar de ~** to sponge; **comer de ~** to sponge or cadge a meal or food; **vivir de ~** to live parasitically.
**gorrión** *m* sparrow.
**gorro** *m* cap; bonnet; **poner el ~ a** to annoy.
**gorrón, ona** *m/f* scrounger.
**gota** *f* drop; (*med*) gout; **sudar a la ~ gorda** to sweat blood; **ser como dos ~s de agua** to be like two peas in a pod.
**gotear** *vt* to drip; to drizzle.
**gotera** *f* leak.
**gótico, ca** *adj* Gothic.
**gotoso, sa** *adj* gouty.
**gozar** *vt* to enjoy, to have, to possess; • **~se** *vi* to enjoy oneself, to rejoice.
**gozne** *m* hinge.
**gozo** *m* joy, pleasure.
**gozoso, sa** *adj* joyful, cheerful, content, glad, pleased.
**grabación** *f* recording.
**grabado** *m* engraving.
**grabador** *m* engraver.
**grabadora** *f* tape recorder.
**grabar** *vt* to engrave; to record.
**gracejo** *m* wit, charm; gracefulness.
**gracia** *f* grace, gracefulness; wit; ¡(**muchas**) **~s**! thanks (very much); **tener ~** to be funny; **caer de la ~ de** to fall for favor or grace.
**grácil** *adj* gracile, fine.
**gracioso, sa** *adj* graceful, beautiful; funny, pleasing; • *m* comic character.
**grada** *f* step of a staircase; tier, row; **~s** *pl* seats of a stadium *or* theatre.
**gradación** *f* gradation.
**gradería** *f* (flight of) steps; row of seats.
**grado** *m* step; degree; **de buen ~** willingly; **en alto ~** to a great extend, **hasta tal ~** to such an extent.
**graduación** *f* graduation; (*mil*) rank.
**gradual** *adj* gradual.
**graduar** *vt* to graduate.

**gráfico, ca** *adj* graphic; • *m* diagram; • *f* graph.
**gragea** *f* sprinkles.
**graja** *f* rook.
**grajo** *m* rook (bird).
**grama** *f* grass.
**gramática** *f* grammar.
**gramatical** *adj* grammatical.
**gramático** *m* grammarian.
**gramo** *m* gram.
**gran** *adj* = **grande.**
**grana** *f* grain; scarlet.
**granada** *f* (*mil*) grenade; pomegranate.
**granadero** *m* (*mil*) grenadier.
**granadilla** *f* passionflower; passion fruit.
**granado** *m* pomegranate tree.
**granate** *m* garnet (precious stone).
**grande** *adj* great; big; tall; grand; • *m/f* adult.
**grandeza** *f* greatness; grandeur; size.
**grandiosidad** *f* greatness, grandeur; magnificence.
**grandioso, sa** *adj* grand, magnificent.
**granel** *adv*: **a** ~ in bulk.
**granero** *m* granary.
**granito** *m* granite**;** ~ **de arena** (*fig*) grain of sand, (small but effective help).
**granizada** *f* hail; hailstorm; shower, volley.
**granizado** *m* iced drink.
**granizar** *vi* to hail.
**granizo** *m* hail.
**granja** *f* farm.
**grano** *m* grain; **apartar el ~ de la paja** to separate the wheat from the chaff; **ir al** ~ to come or get to the point.
**granuja** *m/f* rogue; urchin.
**gránulo** *m* granule; (med.) small pill.
**granuloso** *adj* granular, granulous.
**grapa** *f* staple; clamp.
**grasa** *f* suet, fat; grease.
**grasiento, ta** *adj* greasy; rusty, filthy.
**gratamente** *adv* pleasantly.
**gratificación** *f* gratification, recompense.
**gratificar** *vt* to gratify, to reward, to recompense.
**gratis** *adj* free.
**gratitud** *f* gratitude, gratefulness.
**grato, ta** *adj* pleasant, agreeable.
**gratuito, ta** *adj* gratuitous; free.
**grava** *f* gravel, coarse sand.
**gravamen** *m* charge, obligation; nuisance; tax.
**gravar** *vt* to burden; (*com*) to tax.
**grave** *adj* weighty, heavy; grave, important; serious.
**gravedad** *f* gravity; graveness.
**gravemente** *adv* gravely, seriously.
**grávido,da** *adj* (poet.) gravid; pregnant (woman).
**gravilla** *f* gravel.
**gravitación** *f* gravitation.
**gravitar** *vt* to gravitate; to weigh down on.
**gravoso, sa** *adj* onerous, burdensome; costly.
**graznar** *vi* to croak; to cackle; to quack.
**graznido** *m* croak, cackle.
**greda** *f* clay.
**gregario** *adj* gregarious, common of the hear or flock.
**gremio** *m* union; society; company, guild, corporation.
**greña** *f* tangle; shock of hair; **en** ~ raw (said or silk).
**greñudo, da**, *adj* disheveled.

**gresca** *f* clatter, outcry, confusion; wrangle, quarrel.
**grieta** *f* crevice, crack, chink.
**grifo** *m* faucet; gas station.
**grilletes** *mpl* shackles, fetters.
**grillo** *m* cricket; bud, shoot; **~s** *pl* fetters, irons; **cantar el ~** to clink one's money.
**grima** *f* disgust; annoyance.
**gringo** *adj* (*coll derog*) foreign (said esp.of Americans or British); **hablar en ~** to talk nonsense
**gripe** *f* flu, influenza.
**gris** *adj* gray.
**gritar** *vi* to cry out, to shout, to yell.
**gritería** *f* shouting, clamor, uproar.
**grito** *m* shout, cry, scream; **a ~ herido** or **pelado, a voz en ~** with tremendous shouts or screams; **~ de guerre** or **combate** war cry; **poner el ~ en el cielo** to raise an outcry.
**grosella** *f* redcurrant; **~ negra** blackcurrant.
**grosellero** *m* currant bush.
**grosería** *f* coarseness, rudeness; vulgar comment.
**grosero, ra** *adj* coarse, rude, bad-mannered.
**grosor** *m* thickness.
**grotesco, ca** *adj* grotesque.
**grúa** *f* crane (machine); derrick.
**grueso, sa** *adj* thick; bulky; large; coarse; • *m* bulk.
**grulla** *f* crane (bird).
**grumo** *m* clot; curd.
**grumoso, sa** *adj* clotted.
**gruñido** *m* grunt, grunting; growl.
**gruñidor, ra** *m/f* grunting, crotchety; (*fig*) grumbler.
**gruñir** *vi* to grunt; to grumble; to creak (of hinges *etc*).
**grupa** *f* rump.
**grupo** *m* group, set, clump; **~ sanguíneo,** blood group.
**gruta** *f* grotto.
**guacamole** *m* savory spread or salad made of avocado, onions, herbs and chili pappers.
**guadaña** *f* scythe, (fig.) death, The Reaper.
**guagua** *f* bus.
**gualdrapa** *f* trappings (of a horse); tatter, rag.
**guantada** *f* slap.
**guante** *m* glove; **arrojar el ~ a alguien** to throw down the gauntlet; **recoger el ~** to accept the challenge.
**guapo, pa** *adj* good-looking; handsome, smart.
**guarache** *m* leather sandal.
**guarda** *m/f* guard, keeper; • *f* custody, keeping.
**guardaagujas** *m invar* (*ferro*) switchman, pointsman.
**guardabosque** *m* gamekeeper; ranger.
**guardacostas** *m* coastguard vessel.
**guardaespaldas** *m/f invar* bodyguard.
**guardafuegos** *m invar* fireguard, fender.
**guardameta** *m/f* goalkeeper.
**guardapolvo** *m* dust cover; coveralls *pl*.
**guardar** *vt* to keep, to preserve; to save (money); to guard; • **~se** *vi* to be on one's guard, to avoid, to abstain from; **~se de** to beware of.
**guardarropa** *f* wardrobe; checkroom.
**guardasellos** *m* seal keeper.
**guardería** *f* post of guard; **~ infantil** nursery.
**guardia** *f* guard; (*mar*) watch; care, custody; • *m/f* guard; policeman/woman; (*mil*) guardsman.

**guardián, ana** *m/f* keeper; guardian.
**guardilla** *f* garret, attic.
**guarecer** *vt* to protect; to shelter; • **~se** *vi* to take refuge.
**guardia** *f* den, lair; shelter; hiding place.
**guarismo** *m* figure, numeral.
**guarnecer** *vt* to provide, to equip; to reinforce; to garnish, to set (in gold *etc*); to adorn.
**guarnición** *f* trimming; gold setting; sword guard; garnish; (*mil*) garrison.
**guasa** *f* joke.
**guasón, na** *m/f* joker, jester.
**guata** *f* coarse cotton blanket.
**guatepeor,** *m* **salir de Guatemala para entrar en ~** to jump from the frying pan into the fire.
**guayabera** *f* loose fitting men's shirt often worn in lieu of a dinner jacket.
**gubernativo, va** *adj* governmental.
**guedeja** *f* lock of hair.
**guerra** *f* war; hostility; **dar ~** to annoy.
**guerrear** *vi* to fight, to wage war.
**guerrero, ra** *m/f* warrior; • *adj* martial, warlike.
**guerrilla** *f* guerrilla warfare.
**guía** *m/f* guide; • *f* guidebook.
**guiar** *vt* to guide; (*auto*) to steer.
**guijarral** *m* stony place.
**guijarro** *m* small round pebble.
**guillotina** *f* guillotine.
**guillotinar** *vt* to guillotine.
**guinda** *f* cherry.
**guindal** *m* cherry tree.
**guindilla** *f* chili pepper.
**guiñapo** *m* tatter, rag; rogue.
**guiñar** *vt* to wink.
**guión** *m* hyphen (in writing); script (of film).
**guirigay** *m* gibberish, confused language.
**guirnalda** *f* garland, wreath.
**guisa** *f* manner, fashion; **a ~ de** like, in the manner of.
**guisado** *m* stew.
**guisante** *m* (*bot*) pea.
**guisar** *vt* to cook.
**guiso** *m* seasoning; cooked dish; stew.
**guisote** *m* hash, poor quality stew.
**guitarra** *f* guitar.
**guitarrista** *m/f* guitar player.
**gula** *f* gluttony.
**gusano** *m* maggot, worm.
**gustar** *vt* to taste; to sample; • *vi* to like, to love; to please, to be pleasing; **como Ud guste** as you like of wish; ~ **de** to like, enjoy.
**gusto** *m* taste; pleasure, delight; liking; **con mucho ~** gladly; **encontrarse** or **estar ~** to be or feel comfortable; **perder el ~ por** to lose one taste for; **¡qué ~ de +** ***inf!*** what a pleasure; **tomar el ~ a** to take a liking to.
**gustosamente** *adv* gladly, with pleasure.
**gustoso, sa** *adj* pleasant; tasty.
**gutural** *adj* guttural.

# H

**haba** *f* (*bot*) bean; **en todas partes se cuecen ~s** it's not different in anywhere else; **esas son ~s contadas** it's quite clear.

**haber** *vt* to get, to lay hands on; to occur; • *v imp* **hay** there is, there are; • *v aux* to have; **~se** *vr* **habérselas con uno** to have it out with somebody; • *m* income, salary, assets; (*com*) credit; **no hay de qué** you are welcome; **no hay nada que hacer** there is nothig to be done; **¿qué hay de nuevo?** what's new?; **¡habráse visto!** did you ever.

**habichuela** *f* kidney bean.

**hábil** *adj* able, clever, skillful, dexterous, apt.

**habilidad** *f* ability, dexterity, aptitude.

**habilitación** *f* entitlement, qualification.

**habilitar** *vt* to qualify, to enable; to finance.

**habitable** *adj* inhabitable.

**habitación** *f* habitation, abode, lodging, dwelling, residence; room.

**habitáculo** *m* habitation, dwelling, house.

**habitante** *m/f* inhabitant, occupant.

**habitar** *vt* to inhabit, to reside.

**hábito** *m* dress, habit; custom; **colgar los ~s,** to change one's career; **el ~ no hace al monje** clothes do not make the man; **tener por ~** to have the habit.

**habitual** *adj* habitual, customary.

**habituar** *vt* to accustom; • **~se** *vi* to become accustomed to.

**habla** *f* speech; language; dialect; **quedarse sin ~,** to become speechless.

**hablador, ra** *m/f* talkative person.

**habladuría** *f* rumor; **~s** *pl* gossip.

**hablante** *adj* speaking; • *m/f* speaker.

**hablar** *vt* to speak; to talk; **~ por los demás** it's just wasted breath of talk; **~ claro** to talk frankly; **~ por ~** to talk for the sake of talking, **ni ~ ni parla** as quiet as the grave (a person); **quien mucho ~ yerra mucho** he who talks too much.

**hacedor, ra** *m/f* maker, author.

**hacendado** *m* landowner; rancher.

**hacendoso, sa** *adj* industrious.

**hacer** *vt* to make, to do, to put into practice; to perform; to effect; to prepare; to imagine; to force; (*mat*) to amount to, to make; • *vi* to act, to behave; to become; **~ alusión** to allude; **~ burla de** to make fun of; **~ mofa** to mock.

**hacia** *adv* toward; about; **~ arriba/abajo** up(ward)/down(ward), **~ un lado** to one side.

**hacienda** *f* property; large farm; ranch; **H~** Treasury.

**hacinar** *vt* to stack *or* pile up; to hoard.

**hacha** *f* torch; ax, hatchet.

**hachazo** *m* blow with an ax.

**hada** *f* fairy; **cuento de ~s,** fairytale.

**hado** *m* fate, destiny.

**halagar** *vt* to cajole, to flatter.

**halago** *m* cajolery; pleasure.

**halagüeño** *adj* attractive, flattering.

**halcón** *m* falcon.
**halconero** *m* falconer.
**hálito** *m* breath; gentle breeze.
**hallar** *vt* to find; to meet with; to discover; • **~se** *vi* to find oneself, to be.
**hallazgo** *m* finding, discovery.
**hamaca** *f* hammock.
**hambre** *f* hunger; famine; longing; **~ canina** uncontrollable hunger; **tener ~** to be hungry.
**hambriento, ta** *adj* hungry; starved.
**hamburguesa** *f* hamburger.
**hampa** *f* criminal world.
**hampón** *adj* rowdy, bullying.
**haragán, ana** *m/f* idler, good-for-nothing.
**haraganear** *vt* to idle, to loiter.
**haraganería** *f* idleness, laziness.
**harapo** *m* rag, tatter.
**haraposo** *adj* ragged.
**harina** *f* flour; **estar metido en ~** to be hard at work; **ser ~ de otro costal** to be a horse of a different color.
**harinoso, sa** *adj* floury.
**hartar** *vt* to satiate; to glut; to tire, to sicken; • **~se** *vi* to gorge oneself (with food); to get fed up.
**hartazgo** *m* fill, bellyful.
**harto, ta** *adj* full; fed up; • *adv* enough.
**hartura** *f* surfeit; plenty, abundance.
**hasta** *prep* up to; down to; until, as far as; • *adv* even; **~ la vista** or **~ luego** so long.
**hastío** *m* loathing; disgust; boredom.
**hatajo** *m* lot, collection.
**hato** *m* clothes *pl*; herd of cattle, flock of sheep; provisions *pl*; crowd, gang, collection; **andar uno con el ~ a cuestas** to wander; **liar uno el ~** (*coll*) to pack one's things.
**haya** *f* beech tree.
**haz** *m* bunch, bundle; beam (of light).
**hazaña** *f* exploit, achievement.
**hazmerreír** *m invar* ridiculous person, laughing stock.
**hebilla** *f* buckle.
**hebra** *f* thread; vein of minerals *or* metals; grain of wood.
**hebraico, ca** *adj* belonging to the Hebrews.
**hebraísmo** *m* Hebraism.
**hebreo, ea** *m/f* Hebrew; Israeli; • *m* Hebrew language; • *adj* Hebrew; Israeli.
**hectárea** *f* hectare.
**hechicería** *f* witchcraft; charm.
**hechicero, ra** *adj* charming, bewitching; • *m/f* sorcerer/sorceress.
**hechizar** *vt* to bewitch; to enchant; to charm.
**hechizo** *m* bewitchment, enchantment.
**hecho, cha** *adj* made, done; mature; ready-to-wear; cooked; • *m* action; act; fact; matter; event; **a lo ~ pecho** it's no use crying over split milk; **~ sobre pedido** made to order; **~ y derecho** fully mature and capable; **~ consumado** fait acompli.
**hechura** *f* form, shape, fashion; making; workmanship; creature.
**heder** *vi* to stink, to smell badly.
**hediondez** *f* strong stench.
**hediondo, da** *adj* fetid, stinking.
**hedor** *m* stench, stink.
**helada** *f* frost; freeze-up.
**helado, da** *adj* frozen; glacial, icy; astonished; astounded; • *m* ice cream.

**helar** *vt, vi* to congeal; to freeze; to astonish, to amaze; • **~se** *vi* to be frozen; to turn into ice; to congeal.
**helecho** *m* fern.
**hélice** *f* helix; propeller.
**helicóptero** *m* helicopter.
**hembra** *f* female.
**hemiciclo** *m* hemicycle, semi circle.
**hemisferio** *m* hemisphere.
**hemorragia** *f* hemorrhage.
**hemorroides** *fpl* hemorrhoids, piles.
**henchir** *vt* to fill up; • **~se** *vi* to fill *or* stuff oneself.
**hendedura** *or* **hendidura** *f* fissure, chink, crevice.
**hender** *vt* to crack, to split; to go through; to open a passage.
**heno** *m* hay; **fiebre de ~** hay fever.
**heraldo** *m* herald.
**herborizar** *vt* to pick herbs; to collect plants.
**heredad** *f* patrimony, inherited property; farm.
**heredar** *vt* to inherit.
**heredera** *f* heiress.
**heredero** *m* heir.
**hereditario, ria** *adj* hereditary.
**hereje** *m/f* heretic.
**herejía** *f* heresy.
**herencia** *f* inheritance, heritage, heredity.
**herida** *f* wound, injury; **tocarle a uno en la ~** to put the finger of the sore spot.
**herido, da** *adj* wounded, hurt.
**herir** *vt* to wound, to hurt; to beat, to strike; to affect, to touch, to move; to offend.
**hermafrodita** *m* hermaphrodite.
**hermana** *f* sister.
**hermanar** *vt* to match, to suit, to harmonize.
**hermanastra** *f* step-sister.
**hermanastro** *m* step-brother.
**hermandad** *f* fraternity; brotherhood.
**hermano** *m* brother; ~, **na** *adj* matched; resembling; **~ carnal** full or blood brother; **~ político** brother in law; **medio ~** half brother; **primo ~** first cousin.
**hermético, ca** *adj* hermetic, watertight.
**hermoso, sa** *adj* beautiful, handsome, lovely; large, robust.
**hermosura** *f* beauty.
**hernia** *f* hernia, rupture.
**héroe** *m* hero.
**heroicidad** *f* heroism, heroic deed.
**heroico, ca** *adj* heroic.
**heroína** *f* heroine; heroin (drug).
**heroísmo** *m* heroism; **un acto de ~** a heroic deed or action.
**herpes** *m* herpes; • *fpl* (*med*) shingles.
**herrador** *m* horseshoer, blacksmith.
**herradura** *f* horseshoe.
**herramienta** *f* tool.
**herrar** *vt* to shoe horses.
**herrería** *f* ironworks; forge.
**herrero** *m* smith.
**hervidero** *m* boiling; unrest; swarm.
**hervir** *vt, vi* to boil; to cook; • to boil; to bubble; to seethe.
**hervor** *m* boiling; fervor, passion.
**heterogeneidad** *f* heterogeneousness.
**heterogéneo, nea** *adj* heterogeneous.
**heterosexual** *adj, m/f* heterosexual.
**heterosexualidad** *f* heterosexuality.
**hexámetro** *m* hexameter.
**hez** *f* lee, dregs *pl.*

**hidalgo** *m* hidalgo, nobleman.
**hidalguía** *f* nobility.
**hidra** *f* hydra.
**hidráulica** *f* hydraulics.
**hidráulico, ca** *adj* hydraulic.
**hidrofobia** *f* hydrophobia.
**hidrógeno** *m* (*quim*) hydrogen.
**hiedra** *f* ivy.
**hiel** *f* gall, bile.
**hielo** *m* frost, ice; **estar hecho un ~** to be very cold; **romper el ~** to break the ice.
**hiena** *f* hyena.
**hierba** *f* grass; herb; **ver crecer la ~** to be very sharp an intteligent.
**hierro** *m* iron; **quien a ~ mata a ~ muere** he who lives by the sword shall die by the sword.
**hígado** *m* liver; (*fig*) courage, pluck; **echar los ~s** to toil.
**higiene** *f* hygiene.
**higiénico, ca** *adj* hygienic.
**higo** *m* fig; **de ~s a brevas** (*coll*) from time to time; **no dársele a uno un ~** not to care a fig or give a damn.
**higuera** *f* fig tree.
**hijastro, tra** *m/f* stepson/daughter.
**hijo, ja** *m/f* son/daughter; child; offspring.
**hilandero, ra** *m/f* spinner.
**hilar** *vt* to spin.
**hilaza** *f* yarn, thread.
**hilera** *f* row, line, file.
**hilo** *m* thread; wire; **colgar de un ~** to hang by a thread; **~ de la vida** course or thread of life.
**hilván** *m* basting.
**hilvanar** *vt* to baste, to tack; to perform in a hurry.
**himno** *m* hymn.
**hincapié** *m*: digging, **hacer ~ en** to emphasize.
**hincar** *vt* to thrust in, to drive in; **~se de rodillas,** to kneel.
**hincha** *m/f* (*fam*) fan, rooter.
**hinchado, da** *adj* swollen; vain, arrogant.
**hinchar** *vt* to swell; to inflate; (*fig*) to exaggerate; • **~se** *vi* to swell; to become vain.
**hinchazón** *f* swelling, lump.
**hinojo** *m* (*bot*) fennel.
**hipar** *vt* to hiccup.
**hipérbola** *f* hyperbola, section of a cone.
**hipérbole** *f* hyperbole, exaggeration.
**hiperbólico, ca** *adj* hyperbolical.
**hiper(mercado)** *m* hypermarket, superstore.
**hipnotismo** *m* hypnotism.
**hipo** *m* hiccups.
**hipocondría** *f* hypochondria.
**hipocondríaco, ca** *adj* hypochondriac.
**hipocresía** *f* hypocrisy.
**hipócrita** *adj* hypocritical; • *m/f* hypocrite.
**hipódromo** *m* racetrack.
**hipopótamo** *m* hippopotamus.
**hipoteca** *f* mortgage.
**hipotecar** *vt* to mortgage.
**hipotecario, ria** *adj* belonging to a mortgage.
**hipótesis** *f* hypothesis.
**hipotético, ca** *adj* hypothetical.
**hisopo** *m* (*bot*) hyssop; water sprinkler; paintbrush.
**histeria** *f* hysteria.
**histérico, ca** *adj* hysterical.
**historia** *f* history; tale, story; **dejarse de ~s** (*coll*) to come or get to the point.
**historiador, ra** *m/f* historian.
**histórico, ca** *adj* historical, historic.

**historieta** *f* short story, short novel; comic strip.
**hito** *m* landmark; boundary post; target; **mirar de ~ en ~** to look fixedly.
**hocico** *m* snout; **meter el ~ en todo** to meddle in everything.
**hogar** *m* hearth, fireplace; (*fig*) house, home; family life.
**hogaza** *f* large loaf of bread.
**hoguera** *f* bonfire; blaze.
**hoja** *f* leaf; petal; sheet of paper; blade; **volver la ~** (*fig*) to change the subject.
**hojalata** *f* tin (plate).
**hojaldre** *f* puff pastry.
**hojarasca** *f* dead leaves *pl*; trash.
**hojear** *vt* to turn the pages of a book.
**hojuela** *f* leaflet.
**¡hola!** *excl* hello!
**holgado, da** *adj* loose, wide, baggy; at leisure; idle, unoccupied, well-off; well-to-do.
**holgar** *vi* to rest; to be out of work; to be superfluous.
**holgazán, ana** *m/f* idler; slacker, loafer.
**holgazanear** *vt* to idle, to loaf around, to lounge.
**holgazanería** *f* idleness, laziness.
**holgura** *f* looseness, bagginess; leisure; comfort; enjoyment.
**hollín** *m* soot.
**holocausto** *m* holocaust.
**hombre** *m* man; human being; **el ~** mankind; **el ~ propone y Dios dispone** man propose and God disposes; **~ de bien** honorable man; **~ de corazón** generous man; **~ de mundo** man of the world; **~ de palabra** reliable man; **~ de pelo en pecho** (*coll*) brave, strong man.
**hombrera** *f* shoulder pad.
**hombro** *m* shoulder; **arrimar el ~** to lend a hand; **encogerse uno de ~s** to shrug one's shoulders (to show indifference or ignorance); **mirar por encima del ~** (*coll*) to look down on.
**hombruno, na** *adj* manlike, virile, manly.
**homenaje** *m* homage.
**homicida** *m/f* murderer; • *adj* homicidal, murderous.
**homicidio** *m* murder.
**homilía** *f* homily.
**homogeneidad** *f* homogeneity.
**homogéneo, nea** *adj* homogeneous.
**homólogo, ga** *adj* homologous; synonymous.
**homosexual** *adj, m/f* homosexual.
**honda** *f* sling.
**hondazo** *m* throw with a sling.
**hondero** *m* slinger.
**hondo, da** *adj* profound, deep.
**hondonada** *f* dale, hollow; ravine.
**hondura** *f* depth, profundity.
**honestidad** *f* honesty, modesty; decency.
**honesto, ta** *adj* honest; modest.
**hongo** *m* mushroom; fungus.
**honor** *m* honor; **hacer los ~es** to do the honors.
**honorable** *adj* honorable.
**honorario, ria** *adj* honorary; **~s** *mpl* fees.
**honorífico, ca** *adj* creditable, honorable.
**honra** *f* honor, reverence; self-esteem; reputation; integrity; **~s funebres** *pl* funeral honors; **tener mucha ~** to be very proud of.
**honradez** *f* honesty, integrity.
**honrado, da** *adj* honest, honorable, reputable.
**honrar** *vt* to honor.

**honroso, sa** *adj* honorable; respectable; honest.

**hora** *f* hour; time; **en buena ~** in good time; **a todas ~s** at all hours; **~s de oficina** business hours; **por ~** by the hour; **¿qué ~ es?** what time is it?; tener las horas contadas; to be about to die.

**horadar** *vt* to drill, to bore.

**horario, ria** *adj* hourly, hour *compd*; • *m* timetable.

**horca** *f* gallows; pitchfork.

**horcajadas, horcajadillas** *adv*: **a ~** astride.

**horchata** *f* tiger-nut milk.

**horda** *f* horde, mob.

**horizontal** *adj* horizontal.

**horizonte** *m* horizon.

**horma** *f* mold, form; **hallar uno la ~ de su zapato,** to find just what one was locking.

**hormiga** *f* ant.

**hormigón** *m* concrete.

**hormiguear** *vi* to itch; to swarm, to team.

**hormiguero** *m* anthill; place swarming with people.

**hormona** *f* hormone.

**hornada** *f* batch.

**horno** *m* oven; furnace; **en la puerta del ~ se quema el pan** there is many as slip twixt the cup and the tip; **no estar el ~ para tortillas** or **bollos** to be untimely or inopportune.

**horóscopo** *m* horoscope.

**horquilla** *f* pitchfork; hairpin.

**horrendo, da** *adj* horrible; frightful.

**hórreo** *m* granary.

**horrible** *adj* horrid, horrible.

**horripilante** *adj* hair-raising.

**horror** *m* horror, fright; atrocity; **¡qué horror!** how dreadful or ghastly.

**horrorizar** *vt* to cause horror; • **~se** *vi* to be terrified.

**horroroso, sa** *adj* horrid, hideous, frightful.

**hortaliza** *f* vegetable.

**hortelano, na** *m/f* gardener, truck farmer.

**hortera** *m* shop assistant; (*fig*) coarse person.

**hosco, ca** *adj* sullen, gloomy.

**hospedaje** *m* board and lodging.

**hospedar** *vt* to put up, to lodge, to entertain.

**hospedería** *f* inn; guest room; hospice.

**hospedero, ra** *m/f* landlord/lady; host/hostess.

**hospicio** *m* orphanage; hospice.

**hospital** *m* hospital.

**hospitalario, ria** *adj* hospitable.

**hospitalidad** *f* hospitality.

**hostal** *m* small hotel.

**hostelería** *f* hotel business *or* trade.

**hostería** *f* inn, tavern, hostelry.

**hostia** *f* host; wafer; (*fam*) whack (*sl*), punch.

**hostigar** *vt* to lash, to whip; to trouble, to pester, to bore.

**hostil** *adj* hostile, adverse.

**hostilidad** *f* hostility.

**hostilizar** *vt* (*mil*) to harry, to harass.

**hotel** *m* hotel.

**hoy** *adv* today, now, nowadays; **de ~ a mañana** from one day to the next;**de ~ en adelante** from now on, henceforward; ~ **por** ~ today.

**hoya** *f* hole, pit; **tener un pie en la ~** to have one foot in the grave.

**hoyo** *m* hole, pit, excavation.

**hoz** *f* sickle; gorge.

**hozar** *vt* to grub (of pigs).

**hucha** *f* money-box.

**hueco, ca** *adj* hollow, concave; empty; vain, ostentatious; • *m* interval; gap, hole; vacancy.
**huelga** *f* strike; **ir a la** ~ to go on a strike; ~ **de brazos caídos** sit down strike; **de hambre** hunger strike.
**huella** *f* track, footstep; ~ **dactilar** or **digital,** fingerprint; **seguir las ~s de,** follow the example of.
**huérfano, na** *adj, m/f* orphan.
**huero, ra** *adj* empty; addle.
**huerta** *f* market garden; irrigated region.
**huerto** *m* orchard; kitchen-garden.
**hueso** *m* bone; stone, core; **a otro perro con ese** ~ tell it to the marines; **calarse hasta los ~s** to get soaked to the skin; **estar uno en los ~s** (*coll*) to nothing but skin and bones; **tener los ~s molidos** to be exhausted.
**huésped, da** *m/f* guest, lodger; innkeeper.
**hueste** *f* army; crowd.
**huesudo, da** *adj* bony.
**huevera** *f* eggcup.
**huevo** *m* egg; ~ **duro** hard-boiled; ~ **frito** fried egg; ~ **revuelto** scramble egg; ~ **tibio** soft-boiled egg.
**huida** *f* flight, escape.
**huir** *vi* to flee, to escape.
**hule** *m* oilcloth.
**humanidad** *f* humanity; corpulence; ~**es** *pl* humanities *pl.*
**humano, na** *adj* human; humane, kind.
**humareda** *f* cloud of smoke.
**humeante** *adj* smoking, steaming.
**humear** *vi* to smoke.
**humectante** *adj* humectant.
**humedad** *f* humidity, moisture, wetness.
**humedecer** *vt* to moisten, to wet, to soak.
**húmedo, da** *adj* humid, wet, moist, damp.
**humildad** *f* humility; humbleness; submission.
**humilde** *adj* humble.
**humillación** *f* humiliation, submission.
**humillar** *vt* to humble; to subdue; • ~**se** *vi* to humble oneself.
**humo** *m* smoke; **bajarle a uno los ~s** to take someone down peg; **hacerse ~,** to vanish into thin air.
**humor** *m* mood, temper; humor; **estar de buen** or **mal** ~ to be in a good or bad mood.
**humorísticamente** *adv* humorously.
**hundir** *vt* to submerge; to sink; to ruin; ~ ~**se** *vi* to sink, to go to the bottom; to collapse; to be ruined.
**huracán** *m* hurricane.
**huraño, ña** *adj* shy; unsociable.
**hurgar** *vt* to stir; to poke.
**hurón** *adj* shy, reserved.
**huronear** *vt* to ferret out.
**hurtadillas** *adv*: **a** ~ by stealth.
**hurtar** *vt* to steal, to rob.
**hurto** *m* theft, robbery.
**húsar** *m* hussar.
**husmear** *vt* to scent; to pry.
**huso** *m* spindle.

# I

**ibídem** *adv* in the same place.
**iceberg** *m* iceberg.
**iconoclasta** *adj* iconoclastic *m* iconoclast, one who rejects traditional values.
**ictericia** *f* jaundice.
**ida** *f* departure, going; (**viaje de**) ~ outward journey; ~ **y vuelta** round trip; ~**s y venidas** coming and going.
**idea** *f* idea; scheme; ~ **fija** fixed idea; **no puedo hacerme a la ~ de que** I can not conceive that.
**ideal** *adj* ideal.
**idealmente** *adv* ideally.
**idear** *vt* to conceive; to think, to contrive.
**ídem** *pn* ditto.
**idéntico, ca** *adj* identical.
**identidad** *f* identity, **cédula de ~** identity card; **documentos de ~** identity papers; **placa de ~** identity disc or tag.
**identificar** *vt* to identify; ~**se con** to identify oneself with.
**ideología** *f* ideology.
**idilio** *m* idyll, romance; pastoral poem.
**idioma** *m* language, tongue.
**idiosincrasia** *f* idiosyncrasy.
**idiota** *m/f* idiot.
**idiotez** *f* idiocy.
**ido, da** *adj* (coll.) absent-minded; *past part of* **ir**.
**idólatra** *m/f* idolater.
**idolatrar** *vt* to idolize; to worship.
**idolatría** *f* idolatry.
**ídolo** *m* idol.
**idoneidad** *f* aptitude, fitness.
**idóneo, nea** *adj* suitable, fit.
**iglesia** *f* church; **llevar a una mujer a la ~** to lead a woman to the altar (marry her)..
**ígneo** *adj* pertaining to or produced by fire.
**ignominia** *f* ignominy, infamy.
**ignominioso, sa** *adj* ignominious.
**ignorancia** *f* ignorance.
**ignorante** *adj* ignorant; uninformed.
**ignorar** *vt* to be ignorant of, not to know.
**igual** *adj* equal, similar; the same; **al ~** equally; **sin ~** unparalleled.
**igualar** *vt* to equalize, to equal; to match; to level off; • ~**se** *vi* to be equal; to agree; **igualarse a** or **con,** to be equal to.
**igualdad** *f* equality; **en ~ de condiciones** on a equal footing: ~ **ante la ley** equality before the law.
**igualmente** *adv* equally.
**ijar** *m* flank.
**ilegal** *adj* illegal, unlawful.
**ilegalidad** *f* illegality.
**ilegitimidad** *f* illegitimacy.
**ilegítimo, ma** *adj* illegal; illegitimate.
**ileso, sa** *adj* unhurt.
**iletrado** *adj* un cultured, illiterate.
**ilícito, ta** *adj* illicit, unlawful.
**ilimitado, da** *adj* unlimited.
**iluminación** *f* illumination.
**iluminar** *vt* to illumine, to illuminate, to enlighten.
**ilusión** *f* illusion; hope; **hacerse ~es** to build up one's hopes; **vivir de ~es** to live on dreams.
**ilusionista** *m/f* conjurer.
**iluso, sa** *adj* easily deceived, naive.

**ilusorio, ria** *adj* illusory.
**ilustración** *f* illustration; enlightenment.
**ilustrar** *vt* to illustrate; to instruct.
**ilustre** *adj* illustrious, famous.
**imagen** *f* image; **ser la ~ viva de** to be the living or very image of.
**imaginable** *adj* imaginable.
**imaginación** *f* imagination, fancy.
**imaginar** *vt* to imagine; to think up; • **~se** *vi* to imagine; **¡imagínate!** imagine that; **me lo imagino** I can just imagine.
**imán** *m* magnet.
**imbécil** *m/f* imbecile, idiot.
**imbecilidad** *f* imbecility.
**imbuir** *vt* to imbue; to infuse.
**imitable** *adj* imitable.
**imitación** *f* imitation; **a ~ de** in imitation of.
**imitador, ra** *m/f* imitator.
**imitar** *vt* to imitate, to copy; to counterfeit.
**impaciencia** *f* impatience.
**impacientar** *vt* to make impatient; to irritate.
**impaciente** *adj* impatient.
**impacto** *m* impact.
**impar** *adj* odd.
**imparcial** *adj* impartial.
**imparcialidad** *f* impartiality.
**impasibilidad** *f* impassivity.
**impasible** *adj* impassive.
**impavidez** *f* intrepidity; cheekiness.
**impávido, da** *adj* dauntless, intrepid; cheeky.
**impecable** *adj* impeccable.
**impedimento** *f* impediment, obstacle.
**impedir** *vt* to impede, to hinder; to prevent.
**impeler** *vt* to drive, to propel; to impel; to incite, to stimulate.
**impenetrable** *adj* impenetrable, impervious; incomprehensible.
**impenitente** *adj* impenitent.
**impensado, da** *adj* unexpected.
**imperativo, va** *adj, m* imperative.
**imperceptible** *adj* imperceptible.
**imperdible** *m* safety pin.
**imperdonable** *adj* unforgivable.
**imperfección** *f* imperfection.
**imperfecto, ta** *adj* imperfect.
**imperial** *adj* imperial.
**impericia** *f* lack of experience.
**imperio** *m* empire.
**imperioso, sa** *adj* imperious; arrogant, haughty; urgent.
**impermeable** *adj* waterproof; • *m* raincoat.
**impermutable** *adj* immutable.
**impersonal** *adj* impersonal.
**impertérrito, ta** *adj* intrepid, fearless.
**impertinencia** *f* impertinence; irrelevance.
**impertinente** *adj* not pertinent; touchy; impertinent.
**imperturbable** *adj* imperturbable; unruffled.
**ímpetu** *m* impetus; impetuosity.
**impetuoso, sa** *adj* impetuous.
**impío** *adj* impious, irreverent.
**implacable** *adj* implacable, inexorable.
**implicación** *f* implication.
**implicar** *vt* to implicate, to involve.
**implícito, ta** *adj* implicit.
**implorar** *vt* to beg, to implore.
**imponderable** *adj* imponderable; (*fig*) priceless.
**imponer** *vt* to impose to command; • **~se** *vi* to assert oneself; to prevail.
**impopular** *adj* unpopular.
**importación** *f* importing; imports.

**importancia** *f* importance; significance, weight; size.
**importante** *adj* important, considerable.
**importar** *vi* to be important, to matter; • *vt* to import; to be worth.
**importe** *m* amount, cost.
**importunar** *vt* to bother, to pester.
**importunidad** *f* pestering; annoyance.
**importuno, na** *adj* annoying; unreasonable.
**imposibilidad** *f* impossibility.
**imposibilitar** *vt* to make impossible.
**imposible** *adj* impossible; extremely difficult; slovenly.
**imposición** *f* imposition; tax; deposit.
**impostor, ra** *m/f* impostor, fraud.
**impostura** *f* imposture, deceit, cheat.
**impotencia** *f* impotence.
**impotente** *adj* impotent.
**impracticable** *adj* impracticable, unworkable.
**imprecación** *f* curse.
**imprecar** *vt* to curse.
**imprecatorio, ria** *adj* containing curses, full of evil wishes.
**impreciso, sa** *adj* imprecise, vague.
**impregnarse** *vi* to be impregnated.
**imprenta** *f* printing; press; printing office; **en** ~ in print; **libertad de** ~ freedom of the press.
**imprescindible** *adj* essential.
**impresión** *f* impression; stamp; print; edition.
**impresionante** *adj* impressive; marvelous; tremendous.
**impresionar** *vt* to move; to impress; • **~se** *vi* to be impressed; to be moved.
**impreso** *m* printed paper; printed book.
**impresor** *m* printer.
**imprevisto, ta** *adj* unforeseen, unexpected.
**imprimir** *vt* to print; to imprint; to stamp.
**improbable** *adj* improbable, unlikely.
**improperio** *m* insult, taunt.
**impropio, pia** *adj* improper; unfit; unbecoming.
**improvisación** *f* improvisation, extemporization.
**improvisar** *vt* to extemporize, to improvise.
**improviso, sa** *adj*: unexpected; **de** ~ unexpectedly.
**imprudencia** *f* imprudence; indiscretion; carelessness.
**imprudente** *adj* imprudent; indiscreet; unwise.
**impúber** *adj* immature, below the age of puberty.
**impudencia** *f* shamelessness.
**impúdico, ca** *adj* shameless; lecherous.
**impuesto, ta** *adj* imposed; • *m* tax, duty.
**impugnación** *f* opposition, contradiction.
**impugnar** *vt* to contradict, to oppose.
**impulsivo, va** *adj* impulsive.
**impulso** *m* impulse; thrust; (*fig*) impulse; ~ **vital,** vital force.
**impune** *adj* unpunished.
**impunidad** *f* impunity.
**impureza** *f* impurity.
**impuro, ra** *adj* impure, foul.
**imputable** *adj* attributable to, chargeable.
**imputar** *vt* to impute, to attribute.
**inaccesible** *adj* inaccessible.
**inacción** *f* inaction; inactivity.

**inadmisible** *adj* inadmissible.
**inadvertencia** *f* carelessness, inadvertence.
**inadvertido, da** *adj* unnoticed.
**inagotable** *adj* inexhaustible.
**inaguantable** *adj* unbearable, intolerable.
**inalámbrico** *adj* wireless.
**inalterable** *adj* unalterable.
**inamovible** *adj* unremovable.
**inanición** *f* weakness through lack of food.
**inapelable** *adj* without appeal.
**inapetencia** *f* lack of appetite.
**inaplazable** *adj* undeferable.
**inapreciable** *adj* imperceptible; invaluable.
**in artículo mortis** (*Lat.law*) at the point of dead.
**inasequible** *adj* unapproachable.
**inastillable** *adj* non-splintering.
**inaudito, ta** *adj* unheard of.
**inauguración** *f* inauguration, opening.
**inaugurar** *vt* to inaugurate.
**incalculable** *adj* incalculable.
**incandescente** *adj* incandescent.
**incansable** *adj* untiring, tireless.
**incapacidad** *f* incapacity, inability.
**incapaz** *adj* incapable, unable.
**incauto, ta** *adj* incautious, unwary.
**incendiar** *vt* to kindle, to set on fire.
**incendiario, ria** *m, adj* incendiary.
**incendio** *m* fire.
**incentivo** *m* incentive.
**incertidumbre** *f* doubt, uncertainty.
**incesante** *adj* incessant, continual.
**incesto** *m* incest.
**incestuoso, sa** *adj* incestuous.
**incidencia** *f* incidence; incident.
**incidente** *m* incident.
**incidir** *vi* to fall upon; to influence, to affect.
**incienso** *m* incense.
**incierto, ta** *adj* uncertain, doubtful.
**incineración** *f* incineration; cremation.
**incipiente** *adj* incipient.
**incisión** *f* incision, cut.
**incisivo, va** *adj* incisive.
**inciso** *m* (*gr*) comma.
**incitación** *f* incitement.
**incitar** *vt* to incite, to excite.
**incivil** *adj* rude, uncivil.
**inclemencia** *f* inclemency, severity; inclemency (of the weather).
**inclinación** *f* inclination.
**inclinar** *vt* to incline; to nod, to bow (the head); • **~se** *vi* to bow; to stoop.
**incluir** *vt* to include, to comprise; to incorporate; to enclose.
**inclusión** *f* inclusion.
**inclusive** *adv* inclusive.
**incluso, sa** *adj* included; • *adv* inclusively; even.
**incógnito, ta** *adj* unknown; **de ~** incognito.
**incógnita** *f* unknow quantity; (fig.) mystery, hidden reason or cause.
**incoherencia** *f* incoherence.
**incoherent** *adj* incoherent.
**incólume** *adj* unharmed, uninjured.
**incombustible** *adj* incombustible, fireproof.
**incomodar** *vt* to inconvenience; to bother, to annoy.
**incomodidad** *f* inconvenience; annoyance; discomfort.
**incómodo, da** *adj* uncomfortable; annoying; inconvenient.
**incomparable** *adj* incomparable, matchless.
**incompatibilidad** *f* incompatibility.
**incompatible** *adj* incompatible.

**incompetencia** *f* incompetence.
**incompetente** *adj* incompetent.
**incompleto, ta** *adj* incomplete.
**incomprehensible** *adj* incomprehensible.
**incomunicación** *f* isolation; lack of communication.
**incomunicado, da** *adj* isolated, cut off; in solitary confinement.
**inconcebible** *adj* inconceivable.
**incondicional** *adj* unconditional; wholehearted; staunch.
**inconexo, xa** *adj* unconnected, disconnected.
**inconfundible** *adj* unmistakable.
**incongruencia** *adj* incongruity, incongruence.
**incongruente** *adj* incongruous.
**inconmensurable** *adj* immeasurable.
**inconsciencia** *f* unconsciousness; thoughtlessness.
**inconsciente** *adj* unconscious; thoughtless.
**inconsecuencia** *f* inconsequence.
**inconsiderado, da** *adj* inconsiderate, thoughtless.
**inconsolable** *adj* inconsolable.
**inconstancia** *f* inconstancy, unsteadiness.
**inconstante** *adj* inconstant, variable, fickle.
**incontestable** *adj* indisputable, incontrovertible, undeniable.
**incontinencia** *f* incontinence.
**incontinente** *adj* incontinent.
**incontrolable** *adj* uncontrollable.
**inconveniencia** *f* inconvenience; impoliteness; unsuitability.
**inconveniente** *adj* inconvenient, unsuitable; impolite; **no tener ~** not to mind.
**incorporación** *f* incorporation, involvement.
**incorporar** *vt* to incorporate; • **~se** *vi* to sit up; to join (an organization), to become incorporated.
**incorrecto, ta** *adj* incorrect.
**incorregible** *adj* incorrigible.
**incorruptible** *adj* incorruptible.
**incredulidad** *f* incredulity.
**incrédulo, la** *adj* incredulous.
**increíble** *adj* incredible.
**incremento** *m* increment, increase; growth; rise.
**increpar** *vt* to reprehend, to reprimand.
**incruento, ta** *adj* bloodless.
**incrustación** *f* incrustation.
**incrustar** *vt* to incrust.
**inculcar** *vt* to inculcate.
**inculpar** *vt* to accuse, to blame.
**inculto, ta** *adj* uncultivated; uneducated; uncouth.
**incumbencia** *f* obligation; duty.
**incumbir** *vi* to be incumbent upon one.
**incurable** *adj* incurable; irremediable.
**incurrir** *vt* ~ **en** to incur; to commit (a crime).
**incursión** *f* incursion, raid.
**indagación** *f* search, inquiry.
**indagar** *vt* to search, to inquire.
**indebido, da** *adj* undue, illegal, unlawful.
**indecencia** *f* indecency.
**indecente** *adj* indecent.
**indecible** *adj* unspeakable, unutterable.
**indecisión** *f* hesitation, indecision.
**indeciso, sa** *adj* hesitant; undecided.
**indecoroso, sa** *adj* unseemly, unbecoming.
**indefectible** *adj* unfailing.
**indefenso, sa** *adj* defenseless.

**indefinible** *adj* indefinable.
**indefinido, da** *adj* indefinite.
**indeleble** *adj* indelible.
**indemnización** *f* indemnification, compensation.
**indemnizar** *vt* to indemnify, to compensate.
**independencia** *f* independence.
**independiente** *adj* independent.
**indestructible** *adj* indestructible.
**indeterminado, da** *adj* indeterminate; indefinite.
**indicación** *f* indication; **por ~ de** at the indication or suggestion.
**indicador** *m* indicator; gauge.
**indicar** *vt* to indicate.
**indicativo, va** *adj, m* indicative.
**índice** *m* ratio, rate; hand of a watch *or* clock; index, table of contents; catalog; forefinger, index finger.
**indicio** *m* indication, mark; sign, token; clue.
**indiferencia** *f* indifference, apathy.
**indiferente** *adj* indifferent.
**indígena** *adj* indigenous, native; • *m/f* native.
**indigencia** *f* indigence, poverty, need.
**indigente** *adj* indigent, poor, destitute.
**indigestarse** *rv* to cause or give indigestion.
**indigestión** *f* indigestion.
**indigesto, ta** *adj* undigested; indigestible.
**indignación** *f* indignation, anger.
**indignar** *vt* to irritate, to provoke, to tease; • **~se por** *vi* to get indignant about.
**indigno, na** *adj* unworthy, contemptible, low.
**indirecta** *f* innuendo, hint.
**indirecto, ta** *adj* indirect.
**indisciplinado, da** *adj* undisciplined.
**indiscreción** *f* indiscretion, tactlessness; gaffe.
**indiscreto, ta** *adj* indiscreet, tactless.
**indiscutible** *adj* indisputable.
**indisoluble** *adj* indissoluble.
**indispensable** *adj* indispensable.
**indisponer** *vt* to spoil, to upset; to make ill; • **~se** *vi* to fall ill.
**indisposición** *f* indisposition, slight illness.
**indispuesto, ta** *adj* indisposed.
**indisputable** *adj* indisputable, incontrovertible.
**indistinto, ta** *adj* indistinct.
**individual** *adj* individual; single (of a room); • *m* (*dep*) singles.
**individualidad** *f* individuality.
**individualizar** *vt* to specify individually.
**individuo** *m* individual.
**indivisible** *adj* indivisible.
**indocilidad** *f* disobedience.
**índole** *f* disposition, nature, character; soft, kind.
**indolencia** *f* indolence, laziness.
**indolente** *adj* indolent, lazy.
**indomable** *adj* untamable.
**indómito, ta** *adj* untamed, ungoverned.
**inducción** *f* induction, persuasion.
**inducir** *vt* to induce, to persuade.
**inductivo, va** *adj* inductive.
**indudable** *adj* undoubted; unquestionable.
**indulgencia** *f* indulgence.
**indulgente** *adj* indulgent.
**indultar** *vt* to pardon; to exempt.
**indulto** *m* pardon; exemption.
**indumentaria** *f* clothes, garments.
**industria** *f* industry; skill.

**industrial** *adj* industrial.
**industriosamente** *adv* skillfully.
**inédito, ta** *adj* unpublished; (*fig*) new.
**inefable** *adj* ineffable, unspeakable, indescribable.
**ineficacia** *f* inefficacy.
**ineficaz** *adj* ineffective; inefficient.
**ineptitud** *f* inability, unfitness, ineptitude.
**inepto, ta** *adj* inept, unfit, useless.
**inercia** *f* inertia, inactivity.
**inerme** *adj* unarmed; defenseless.
**inerte** *adj* inert, dull, sluggish, motionless.
**inescrutable** *adj* inscrutable.
**inesperado, da** *adj* unexpected, unforeseen.
**inestable** *adj* unstable.
**inestimable** *adj* inestimable.
**inevitable** *adj* unavoidable.
**inexactitud** *f* inaccuracy.
**inexacto, ta** *adj* inaccurate.
**inexorable** *adj* inexorable.
**inexperto, ta** *adj* inexperienced.
**inexplicable** *adj* inexplicable.
**inexpugnable** *adj* impregnable.
**inextinguible** *adj* inextinguishable.
**infalibilidad** *f* infallibility.
**infalible** *adj* infallible.
**infamación** *f* defamation.
**infamar** *vt* to defame, slander.
**infame** *adj* infamous.
**infamia** *f* infamy, baseness.
**infancia** *f* infancy, childhood.
**infanta** *f* infant, princess.
**infante** *m* infant; prince; (*mil*) infantryman.
**infantería** *f* infantry.
**infanticida** *m* infanticide (person).
**infanticidio** *m* infanticide (murder).
**infantil** *adj* infantile; childlike; children's.
**infarto** *m* heart attack.
**infatigable** *adj* tireless, untiring.
**infección** *f* infection.
**infectar** *vt* to infect.
**infeliz** *adj* unhappy, unfortunate.
**inferior** *adj* inferior.
**inferioridad** *f* inferiority.
**inferir** *vt* to infer.
**infernal** *adj* infernal, hellish; **máquina ~** infernal machine.
**infestar** *vt* to harass; to infest.
**infidelidad** *f* infidelity; unfaithfulness.
**infiel** *adj* unfaithful; disloyal; inaccurate.
**infierno** *m* hell; **en los quintos ~s** in hell and beyond, very far away.
**infiltración** *f* infiltration.
**infiltrarse** *vi* to infiltrate.
**ínfimo, ma** *adj* lowest; of very poor quality.
**infinidad** *f* infinity, immensity.
**infinitivo** *m* (*gr*) infinitive.
**infinito, ta** *adj* infinite, immense.
**inflación** *f* inflation.
**inflamable** *adj* flammable.
**inflamación** *f* ignition; inflammation.
**inflamar** *vt* to inflame; to excite, to arouse; • **~se** *vi* to catch fire.
**inflamatorio, ria** *adj* inflammatory.
**inflar** *vt* to inflate, to blow up; (*fig*) to exaggerate.
**inflexibilidad** *f* inflexibility.
**inflexible** *adj* inflexible.
**infligir** *vt* to inflict.
**influencia** *f* influence.
**influir** *vt* to influence; ~ **en** or **sobre** to have or produce an effect; ~ **sobre alguien para que** to bear upon someone to.
**influjo** *m* influence.
**influyente** *adj* influential.

**información** *f* information; news; (*mil*) intelligence; investigation, judicial inquiry; **fuente de ~** source of information.
**informal** *adj* irregular, incorrect; untrustworthy; informal.
**informalidad** *f* irregularity; untrustworthiness; informality.
**informar** *vt* to inform; to reveal, to make known; • *vi* to report; (*jur*) to plead; to inform; • **~se** *vi* to find out.
**informática** *f* computer science, information technology.
**informe** *m* report, statement; piece of information, account; • *adj* shapeless, formless; **~ a la prensa** press release.
**infortunio** *m* misfortune, ill luck.
**infracción** *f* infraction; breach, infringement.
**infractor, ra** *m/f* offender.
**infraestructura** *f* substructure, infra-structure.
**in frganti** *adv* in the act.
**infructuoso, sa** *adj* fruitless, unproductive, unprofitable.
**infula** *f* infula, (*pl.*) airs, conceit, vanity; **darse ~s** to put on airs.
**infundado, da** *adj* groundless.
**infundir** *vt* to infuse, to instill.
**infusión** *f* infusion.
**infuso, sa** *adj* infused, introduced.
**ingeniar** *vt* to devise; • **~se para** *vi* to manage to; **ingeniárselas,** to find a way (to).
**ingeniero, ra** *m/f* engineer.
**ingenio** *m* talent; wit; ingenuity; engine; **~ de azúcar** sugar mill.
**ingenioso, sa** *adj* ingenious, clever; witty.
**ingenuidad** *f* ingenuousness; candor, frankness.
**ingenuo, nua** *adj* ingenuous.
**ingerir** *vt* to ingest; to swallow; to consume.
**ingle** *f* groin.
**inglés, esa** *adj* English; • *m* English language; • *m/f* Englishman/woman; **a la ~** in the English manner.
**ingratitud** *f* ingratitude, ungratefulness.
**ingrato, ta** *adj* ungrateful, thankless; disagreeable.
**ingrediente** *m* ingredient.
**ingresar** *vt* to deposit; • *vi* to come in; **~ a la universidad** to enter the university (a student).
**ingreso** *m* entry; admission; **~s** *mpl* income; takings.
**inhábil** *adj* incapable, unskilled.
**inhabilitar** *vt* to disqualify, to disable.
**inhabitable** *adj* uninhabitable.
**inherente** *adj* inherent.
**inhibición** *f* inhibition.
**inhibir** *vt* to inhibit, to restrain.
**inhumano, na** *adj* inhuman.
**inicial** *adj, f* initial.
**iniciar** *vt* to initiate; to begin.
**iniciativa** *f* initiative; **tener mucha ~** to have a lot of initiative; **tomar la ~** to take the initiative.
**inimaginable** *adj* unimaginable, inconceivable.
**inimitable** *adj* inimitable.
**ininteligible** *adj* unintelligible.
**iniquidad** *f* iniquity, injustice.
**injerencia** *f* meddling, interference; **dar ~ a uno en** to introduce someone into.
**injertar** *vt* to graft.
**injerto** *m* graft.
**injuria** *f* offense; insult.
**injuriar** *vt* to insult, to wrong.

**injurioso, sa** *adj* insulting; offensive.
**injusticia** *f* injustice.
**injusto, ta** *adj* unjust.
**inmaculado, da** *adj* immaculate.
**inmadurez** *f* immaturity.
**inmediaciones** *fpl* neighborhood.
**inmediatamente** *adv* immediately, at once.
**inmediato, ta** *adj* immediate; **darle (a uno) por las ~s,** to hit (someone) in the sore spot; **de ~,** immediately; **llegar** or **venir por las ~s,** to reach the basic point (in an argument).
**inmemorial** *adj* immemorial.
**inmensidad** *f* immensity.
**inmenso, sa** *adj* immense, infinite.
**inmensurable** *adj* immeasurable.
**inmigración** *f* immigration.
**inminente** *adj* imminent.
**inmiscuir** *vt* to mix, interfere.
**inmobiliario, ria** *adj* real-estate *compd*; • *f* estate agency.
**inmoral** *adj* immoral.
**inmortal** *adj* immortal.
**inmortalidad** *f* immortality.
**inmortalizar** *vt* to immortalize.
**inmóvil** *adj* immovable.
**inmovilidad** *f* immobility.
**inmueble** *m* property; • *adj*: **bienes ~s** real estate.
**inmundicia** *f* nastiness, filth.
**inmundo, da** *adj* filthy, dirty; nasty.
**inmune** *adj* (*med*) immune, free, exempt.
**inmunidad** *f* immunity, exemption.
**inmutabilidad** *f* immutability.
**inmutable** *adj* immutable.
**inmutarse** *vi* to turn pale.
**innato, ta** *adj* inborn, innate.
**innecesario, ria** *adj* unnecessary.
**innegable** *adj* undeniable, incontrovertible.
**innovación** *f* innovation.
**innovador, ra** *m/f* innovator.
**innovar** *vt* to innovate.
**innumerable** *adj* innumerable, countless.
**inocencia** *f* innocence.
**inocentada** *f* practical joke.
**inocente** *adj* innocent.
**inoculación** *f* inoculation.
**inocular** *vt* to inoculate.
**inodoro** *m* toilet.
**inofensivo, va** *adj* harmless.
**inolvidable** *adj* unforgettable.
**inopinado, da** *adj* unexpected.
**inoxidable** *adj* **acero ~** stainless steel.
**inquietar** *vt* to worry, to disturb; • **~se** *vi* to worry, to get worried.
**inquieto, ta** *adj* anxious, worried.
**inquietud** *f* inquietude, anxiety.
**inquilino, na** *m/f* tenant; lodger.
**inquirir** *vt* to inquire into, to investigate.
**insaciable** *adj* insatiable.
**insalubre** *adj* unhealthy.
**insalubridad** *f* unhealthiness.
**insano, na** *adj* insane, mad.
**inscribir** *vt* to inscribe; to list, to register.
**inscripción** *f* inscription; enrolment, registration.
**insecticida** *m* insecticide.
**insecto** *m* insect.
**inseguridad** *f* insecurity.
**insensatez** *f* stupidity, folly.
**insensato, ta** *adj* senseless, stupid, mad.
**insensibilidad** *f* insensitivity; callousness.
**insensible** *adj* insensitive; imperceptible; numb.

**insensiblemente** *adv* insensitively; imperceptibly.
**inseparable** *adj* inseparable.
**inserción** *f* insertion.
**insertar** *vt* to insert.
**inservible** *adj* useless.
**insidioso, sa** *adj* insidious.
**insigne** *adj* notable.
**insignificante** *adj* insignificant.
**insignia** *f* badge; **~s** *pl* insignia.
**insinuación** *f* insinuation.
**insinuar** *vt* to insinuate; • **~se en** *vi* to worm one's way into.
**insipidez** *f* insipidness.
**insípido, da** *adj* insipid.
**insistencia** *f* persistence, insistence.
**insistir** *vi* to insist.
**insolación** *f* (*med*) sunstroke.
**insolencia** *f* insolence, rudeness, effrontery.
**insolente** *adj* insolent, rude.
**insólito, ta** *adj* unusual.
**insolvencia** *f* insolvency.
**insolvente** *adj* insolvent.
**insomnio** *m* insomnia.
**insondable** *adj* unfathomable; inscrutable.
**insoportable** *adj* unbearable.
**inspección** *f* inspection, survey, check.
**inspeccionar** *vt* to inspect, to supervise.
**inspector, ra** *m/f* inspector, superintendent.
**inspiración** *f* inspiration.
**inspirar** *vt* to inspire; (*med*) to inhale.
**instalación** *f* installation.
**instalar** *vt* to install.
**instancia** *f* instance.
**instantáneo, nea** *adj* instantaneous; • *f* snap(shot); **café ~** instant coffee.
**instante** *m* instant; **al ~** immediately, instantly; **a cada ~** or **cada ~** every moment; **por ~s** from one moment to another.
**instar** *vt* to press, to urge; **~ a que** to press or urge to.
**instigación** *f* instigation.
**instigar** *vt* to instigate.
**instinto** *m* instinct; **por ~** by instinct.
**institución** *f* institution.
**instituir** *vt* to institute.
**instituto** *m* institute; **~ de segunda enseñanza,** high school.
**institutriz** *f* governess.
**instrucción** *f* instruction; **~ primaria** primary education; **~ pública** public education.
**instructivo, va** *adj* instructive; educational.
**instructor, ra** *m/f* instructor, teacher.
**instruir** *vt* to instruct, to teach.
**instrumento** *m* instrument; tool, implement.
**insubordinación** *f* rebelliousness.
**insuficiencia** *f* lack, inadequacy.
**insuficiente** *adj* insufficient, inadequate.
**insufrible** *adj* insufferable, insupportable.
**insulso, sa** *adj* insipid; dull.
**insultar** *vt* to insult.
**insulto** *m* insult.
**insuperable** *adj* insuperable, insurmountable.
**insurgente** *m/f* insurgent.
**insurrección** *f* insurrection.
**intacto, ta** *adj* untouched; entire; intact.
**integral** *adj* integral, whole; **pan ~** wholewheat bread.
**integrar** *vt* to make up; to integrate.
**integridad** *f* integrity; completeness.

**integro, gra** *adj* integral, entire.
**intelectual** *adj, m/f* intellectual.
**inteligencia** *f* intelligence; understanding.
**inteligente** *adj* intelligent.
**inteligible** *adj* intelligible.
**intemperie** *f*: **a la ~** out in the open.
**intempestivo, va** *adj* untimely.
**intención** *f* intention, purpose, plan.
**intencionado, da** *adj* meaningful; deliberate.
**intencional** *adj* deliberate.
**intendencia** *f* administration, management.
**intendente** *m* manager.
**intensidad** *f* intensity; strength.
**intenso, sa** *adj* intense, strong; deep.
**intentar** *vt* to try; to attempt.
**intento** *m* intent, purpose, attempt.
**intercalación** *f* insertion.
**intercalar** *vt* to insert.
**intercambio** *m* exchange, swap.
**interceder** *vi* to intercede.
**interceptar** *vt* to intercept.
**intercesión** *f* intercession, mediation.
**intercesor, ra** *m/f* intercessor, mediator.
**interés** *m* interest; share, part; concern, advantage; profit.
**interesado, da** *adj* interested, prejudiced; mercenary.
**interesante** *adj* interesting, useful, convenient.
**interesar** *vt, vi* to be of interest to, to interest; • **~se en** *o* **por** *vi* to take an interest in.
**interferir** *vt* to interfere with; to jam (a telephone); • *vi* to interfere.
**interfono** *m* intercom.
**interinidad** *f* temporary holding of office.
**interino, na** *adj* provisional, temporary; • *m/f* temporary holder of a post; stand-in.
**ínterin** *adv* meanwhile.
**interior** *adj* interior, internal; • *m* interior, inside; **ropa ~** underclothes.
**interioridad** *f* inwardness.
**interjección** *f* (*gr*) interjection.
**interlocutor, ra** *m/f* speaker.
**intermediar** *vt* to interpose.
**intermedio, dia** *adj* intermediate; • *m* interval.
**interminable** *adj* interminable, endless.
**intermitente** *adj* intermittent; *m* (*auto*) indicator.
**internacional** *adj* international.
**internado** *m* boarding school.
**internar** *vt* to intern, to commit; • **~se** *vi* to penetrate.
**interno, na** *adj* interior, internal; • *m/f* boarder.
**interpelación** *f* interpellation, appeal, plea.
**interpelar** *vt* to appeal to.
**interpolar** *vt* to interpolate; to interrupt.
**interponer** *vt* to interpose, to put in.
**interposición** *f* insertion; interjection.
**interpretación** *f* interpretation.
**interpretar** *vt* to interpret, to explain; (*teat*) to perform; to translate.
**intérprete** *m/f* interpreter, translator; (*teat*) performer; singer.
**interrogación** *f* interrogation; question mark.
**interrogante** *adj* questioning.
**interrogar** *vt* to interrogate.
**interrogante** *adj* questioning.
**interrogatorio** *m* questioning; (*jur*) examination; questionnaire.

**interrumpir** *vt* to interrupt.
**interrupción** *f* interruption.
**interruptor** *m* switch.
**intervalo** *m* interval.
**intervención** *f* supervision, control; (*com*) auditing; (*med*) operation; intervention.
**intervenir** *vt* to control, to supervise; (*com*) to audit; (*med*) to operate on; • *vi* to participate, to intervene.
**interventor, ra** *m/f* inspector; (*com*) auditor.
**intestino, na** *adj* internal, interior; • *m* intestine.
**intimar** *vt* to intimate; • *vi* to become friendly.
**intimidad** *f* intimacy; private life.
**intimidar** *vt* intimidate.
**íntimo, ma** *adj* internal, innermost; intimate, private.
**intolerable** *adj* intolerable, insufferable.
**intolerancia** *f* intolerance.
**intolerante** *adj* intolerant.
**intoxicación** *f* poisoning.
**intranquilizarse** *vi* to get anxious *or* worried.
**intranquilo, la** *adj* worried.
**intransigente** *adj* intransigent.
**intransitable** *adj* impassable.
**intransitivo, va** *adj* (*gr*) intransitive.
**intratable** *adj* intractable, difficult.
**intrepidez** *f* intrepidity; fearlessness.
**intrépido, da** *adj* intrepid, daring.
**intriga** *f* intrigue.
**intrigante** *m/f* intriguer.
**intrigar** *vt, vi* to intrigue.
**intrincado** *adj* intricate, involved.
**intrínseco, ca** *adj* intrinsic.
**introducción** *f* introduction.
**introducir** *vt* to introduce; to insert.
**introductor** *m* introducer.
**intromisión** *f* insertion, meddling.
**introvertido, da** *adj, m/f* introvert.
**intrusión** *f* intrusion.
**intruso, sa** *adj* intrusive; • *m/f* intruder.
**intuición** *f* intuition.
**intuitivo, va** *adj* intuitive.
**inundación** *f* inundation, flood(ing).
**inundar** *vt* to inundate, to overflow; to flood.
**inusitado, da** *adj* unusual.
**inútil** *adj* useless.
**inutilidad** *f* uselessness.
**inutilizar** *vt* to render useless.
**invadir** *vt* (*mil*) to invade; to overrun.
**invalidar** *vt* to invalidate, to render null and void.
**inválido, da** *adj* invalid, null; • *m/f* invalid.
**invariable** *adj* invariable.
**invasión** *f* invasion.
**invasor, ra** *adj* invading; • *m/f* invader.
**invencible** *adj* invincible.
**invención** *f* invention.
**inventar** *vt* to invent.
**inventario** *m* inventory.
**invento** *m* invention.
**inventor, ra** *m/f* inventor.
**invernadero** *m* greenhouse.
**invernar** *vi* to pass the winter.
**inverosímil** *adj* unlikely, improbable.
**inverosimilitud** *f* unlikelihood, improbability.
**inversión** *f* (*com*) investment; inversion.
**inverso, sa** *adj* inverse; inverted; contrary.
**invertir** *vt* (*com*) to invest; to invert.
**investidura** *f* investiture.

**investigación** *f* investigation, research.
**investigar** *vt* to investigate; to do research into.
**investir** *vt* to confer.
**invicto, ta** *adj* unconquerable.
**invierno** *m* winter.
**inviolabilidad** *f* inviolability.
**inviolable** *adj* inviolable.
**invisible** *adj* invisible.
**invitado, da** *m/f* guest.
**invitar** *vt* to invite; to entice; to pay for.
**invocación** *f* invocation.
**invocar** *vt* to invoke.
**involucrar** *vt* to digress in.
**involuntario, ria** *adj* involuntary.
**invulnerable** *adj* invulnerable.
**inyección** *f* injection, ~ **de refuerzo** (*med*) booster shot; ~ **de entusiasmo,** a morale boost.
**ir** *vi* to go, to walk; to travel; • **~se** *vi* to go away, to depart; **¿quién va?** who goes there?; **¿cómo te va?** how are you?; **irse abajo** to topple, **írsele a uno los ojos** to gaze longingly or admiringly.
**ira** *f* anger, wrath.
**iracundo, da** *adj* irate; irascible.
**iris** *m* iris (of the eye); **arco** ~ rainbow.
**ironía** *f* irony.
**irónico, ca** *adj* ironic(al).
**irracional** *adj* irrational.
**irradiación** *f* irradiation.
**irrazonable** *adj* unreasonable.
**irreal** *adj* unreal.
**irreconciliable** *adj* irreconcilable.
**irreflexión** *f* rashness, thoughtlessness.
**irregular** *adj* irregular, abnormal.
**irregularidad** *f* irregularity, abnormality.
**irremediable** *adj* irremediable; incurable.
**irremisible** *adj* irretrievable, unpardonable.
**irreparable** *adj* irreparable.
**irresistible** *adj* irresistible.
**irresoluto, ta** *adj* irresolute, hesitant.
**irreverencia** *f* irreverence; disrespect.
**irreverente** *adj* irreverent; disrespectful.
**irrevocable** *adj* irrevocable.
**irrisorio, ria** *adj* derisory, ridiculous.
**irritación** *f* irritation.
**irritar** *vt* to irritate, to exasperate; to stir up; to inflame.
**irrupción** *f* irruption, invasion.
**isla** *f* isle, island.
**islote** *m* small island.
**istmo** *m* isthmus.
**italiano, na** *adj* Italian; • *m* Italian language; • *m/f* Italian.
**ítem** *m* item, article.
**itinerario** *m* itinerary.
**izar** *vt* (*mar*) to hoist.
**izquierdo, da** *adj* left; left-handed; • *f* left; left(wing).

# J

**jabalí** *m* wild boar.
**jabalina** *f* wild sow; (*dep*) javelin.
**jabón** *m* soap; ~ **de tocador** toilet soap.
**jabonadura** *f* soaping, lathering
**jabonar** *vt* to soap.
**jaca** *f* pony.
**jacalón** *m* poorly constructed shed.
**jacinto** *m* hyacinth.
**jactancia** *f* boasting.
**jactancioso, sa** *adj* boastful.
**jactarse** *vi* to boast.
**jadear** *vi* to pant.
**jaguar** *m* jaguar.
**jalar** *vt* (*coll*) to pull.
**jalea** *f* jelly.
**jaleo** *m* racket, uproar.
**jalón** *m* pull, tug.
**jamás** *adv* never; **para siempre** ~ for ever.
**jamón** *m* ham; ~ **de York** cooked ham; ~ **serrano** cured ham.
**jaque** *m* check (at game of chess); ~ **mate** checkmate; **tener a uno en** ~ to hold a sword over someone's head.
**jaqueca** *f* migraine.
**jarabe** *m* syrup.
**jarcia** *f* (*mar*) ropes *pl*, rigging.
**jardín** *m* garden.
**jardinería** *f* gardening.
**jardinero, ra** *m/f* gardener.
**jarra** *f* jug, jar, pitcher; **en ~s, de ~s** with arms placed akimbo; with hands to the sides.
**jarro** *m* jug, pitcher; **a boca de** ~ at point blank range; **echar un** ~ **de agua fría a** to pour cold water on.
**jarrón** *m* vase.
**jaspe** *m* jasper.
**jaspear** *vt* to marble, to speckle.
**jaula** *f* cage; cell.
**jauría** *f* pack of hounds.
**jazmín** *m* jasmin.
**jefatura** *f* ~ **de policía** police headquarters.
**jefe** *m* chief, head, leader; (*ferro*) ~ **de tren** guard, conductor.
**jengibre** *m* ginger.
**jerarquía** *f* hierarchy.
**jerárquico** *adj* hierarchical.
**jerga** *f* coarse cloth; jargon; coarse woolen cloth.
**jergón** *m* coarse mattress.
**jerigonza** *f* jargon, gibberish; **andar con ~s** to talks in riddles.
**jeringa** *f* syringe.
**jeringar** *vt* annoy, irritate.
**jeroglífico, ca** *adj* hieroglyphic; • *m* hieroglyph, hieroglyphic.
**jersey** *m* sweater, pullover.
**Jesus** *m* Jesus Christ; **en un decir** ~ in a jiffy; **estar con el** ~ **en la boca** to be with one's heart in one's mouth; ~ **Maria y Jose** goodness gracious.
**jesuita** *m* Jesuit.
**jeta** *f* thick-lipped mouth, tap, faucet; **estar con tanta** ~ to pull long face.
**jibia** *f* cuttlefish.
**jícara** *f* small cup (for chocolate).
**jilguero** *m* goldfinch.
**jinete, ta** *m/f* horseman/woman, rider.
**jipijapa** *m* straw hat.
**jirafa** *f* giraffe.
**jirón** *m* rag, shred; **hacer ~es una cosa** to tear something to shreds.
**jitomate** *m* variety of tomato.

**jocosidad** *f* humor, jokiness.
**jocoso, sa** *adj* good-humored.
**joder** *vt* (vulg.) to fuck, to annoy, pester, plague.
**jornada** *f* journey; day's journey; working day.
**jornal** *m* day's wage.
**jornalero** *m* laborer.
**joroba** *f* hump; • *m/f* hunchback.
**jorobado, da** *adj* hunchbacked.
**jorobar** *vt* to pester, to annoy.
**jota** *f* jot, iota; Spanish dance.
**joven** *adj* young; • *m/f* youth; young woman.
**jovial** *adj* jovial, cheerful.
**jovialidad** *f* joviality, cheerfulness.
**joya** *f* jewel.
**joyería** *f* jeweler's shop.
**joyero** *m* jeweler.
**juanete** *m* (*med*) bunion.
**jubilación** *f* retirement.
**jubilado, da** *adj* retired; • *m/f* senior citizen.
**jubilar** *vt* to pension off; to superannuate; to discard; • **~se** *vi* to retire.
**jubileo** *m* jubilee.
**júbilo** *m* joy, rejoicing.
**jubón** *m* doublet, jerkin.
**judaico, ca** *adj* Judaic, Jewish.
**judaísmo** *m* Judaism.
**judía** *f* bean; ~ **verde** French bean.
**judicatura** *f* judicature; office of a judge.
**judicial** *adj* judicial.
**judío, día** *adj* Jewish; • *m/f* Jew/Jewess.
**juego** *m* play, amusement, sport; game, gambling.
**juerga** *f* binge; party.
**jueves** *m* Thursday.
**juez** *m/f* judge.
**jugada** *f* playing of a card; stroke, shot.
**jugador, ra** *m/f* player; gambler.
**jugar** *vt, vi* to play, to sport, to gamble; ~ **a la alza** (*com*) to bull the market; ~ **con** to play with; ~ **con dos barajas** to run with the hare and hunt with the hounds.
**jugarreta** *f* bad play, unskillful playing.
**jugo** *m* sap, juice; ~ **de frutas,** fruit juice.
**jugoso, sa** *adj* juicy, succulent.
**juguete** *m* toy, plaything.
**juguetear** *vi* to play.
**juguetón, ona** *adj* playful.
**juicio** *m* judgment, reason; sanity; opinion; **estar en su** ~ to be of sound mind; **perder el** ~ to go out of one's mind; **poner en tela de** ~ to call into question.
**juicioso, sa** *adj* judicious, prudent.
**julio** *m* July.
**jumento** *m* donkey, ass.
**junco** *m* (*bot*) rush; junk (small Chinese ship).
**jungla** *f* jungle.
**junio** *m* June.
**junta** *f* congress, assembly, council, meeting.
**juntamente** *adv* jointly; at the same time.
**juntar** *vt* to join, to unite; • **~se** *vi* to meet, to assemble; to draw closer.
**junto, ta** *adj* joined; united; near; adjacent; **~s** together; • *adv* **todo** ~ all at once.
**juntura** *f* junction; joint.
**Júpiter** *m* Jupiter (planet).
**jurado** *m* jury; juror, juryman; member of a panel.

**juramento** *m* oath; curse.
**jurar** *vt, vi* to swear; **tenérlas juradas a uno** to have it in for; ~ **como un carretero** to swear like a troop; ~ **en falso** to commit perjury.
**jurídico, ca** *adj* lawful, legal, juridical.
**jurisdicción** *f* jurisdiction; district.
**jurisprudencia** *f* jurisprudence.
**jurista** *m/f* jurist, lawyer.
**justa** *f* joust, tournament.
**justamente** *adv* justly, just.
**justicia** *f* justice; equity; **hacer ~ a uno** to do someone justice; **tener la ~ de su parte** to have rights on one's side.
**justificación** *f* justification.
**justificante** *m* voucher; receipt.
**justificar** *vt* to justify.
**justo, ta** *adj* just; fair, right; exact, correct; tight; • *adv* exactly, precisely; just in time.
**juvenil** *adj* youthful.
**juventud** *f* youthfulness, youth; young people *pl.*
**juzgado** *m* tribunal; court.
**juzgar** *vt, vi* to judge.

# K

**kaolín** *m* kaolin, fine white clay making used in making porcelain.
**kermesse** *f* fair, festival, carnival.
**kilogramo** *m* kilogram.
**kilometraje** *m* distance in kilometers, mileage.
**kilómetro** *m* kilometer.
**kilovatio** *m* kilowatt.
**kiosco** *m* kiosk.

# L

**la** *f* the; • *pn* her; you; it.
**laberinto** *m* labyrinth.
**labia** *f* fluency; (*fam*) the gift of the gab (*sl*).
**labio** *m* lip; edge; **cerrar los ~s** to keep one's mouth shut; **leer los ~s** to lip-read; **no despegar los ~s** not to say a word.
**labor** *f* labor, task; needlework; farm work; plowing.
**laboral** *adj* pertaining to work or labor.
**laboratorio** *m* laboratory.
**laboriosidad** *f* laboriousness.
**laborioso, sa** *adj* laborious; hard-working.
**labrado, da** *adj* worked; carved; wrought; • *m* cultivated land.
**labrador, ra** *m/f* farmer; peasant.
**labranza** *f* farming; cultivation; farmland.
**labrar** *vt* to work; to carve; to farm; (*fig*) to bring about.
**labriego, ga** *m/f* peasant.
**laca** *f* lacquer; hairspray.
**lacayo** *m* lackey, footman.
**lacerar** *vt* to tear to pieces, to lacerate.
**lacio, cia** *adj* faded, withered; languid; lank (hair).
**lacónico, ca** *adj* laconic.
**laconismo** *m* laconic style, terseness.
**lacra** *f* scar; blot, blemish.
**lacrar** *vt* to seal (with sealing wax).
**lacre** *m* sealing wax.
**lacrimal** *adj* pertaining to tears.
**lactancia** *f* lactation; breast-feeding.
**lácteo, tea** *adj* milky, milk; **productos ~s** dairy products.
**ladear** *vt* to move to one side; to incline; • **~se** *vi* to lean; to tilt.
**ladera** *f* slope.
**ladilla** *f* crab louse; **prenderse** or **pegarse como** ~ to stick like leech.
**ladino, na** *adj* cunning, crafty.
**lado** *m* side; faction, party; favor, protection; (*mil*) flank; **al ~ de** beside; **dejar a un ~ una cosa** to omit something; **poner a un ~** to put aside; **por todos ~s** on all sides.
**ladrar** *vt* to bark.
**ladrido** *m* barking.
**ladrillo** *m* brick.
**ladrón, ona** *m/f* thief, robber.
**landronzuelo** *m* pickpocket.
**lagar** *m* wine press.
**lagartija** *f* (small) lizard.
**lagarto** *m* lizard.
**lago** *m* lake.
**lágrima** *f* tear; **deshacerse en ~s,** to dissolve in tears; **~s de cocodrilo** crocodile tears.
**lagrimal** *m* corner of the eye.
**lagrimoso, sa** *adj* weeping, shedding tears.
**laguna** *f* lake; lagoon; gap.
**laico, ca** *adj* lay.
**lamedura** *f* licking.
**lamentable** *adj* lamentable, deplorable, pitiable.
**lamentación** *f* lamentation.
**lamentar** *vt* to be sorry about; to lament, to regret; • **~se** *vi* to lament, to complain, to mourn.
**lamentable** *adj* deplorable; sad.
**lamento** *m* lament.
**lamer** *vt* to lick, to lap; **~se de gusto** to lock one's chops.

**lámina** *f* plate, sheet of metal; engraving.
**laminado** *adj* laminated; ~ **en frío** cold-rolled.
**lámpara** *f* lamp.
**lamparilla** *f* nightlight.
**lamparón** *m* grease spot.
**lampiño, ña** *adj* beardless.
**lamprea** *f* lamprey (fish).
**lana** *f* wool; **ir por ~ y salir trasquilado** to expect a bargain and come out the loser instead.
**lance** *m* cast, throw; move, play (in a game); event, incident, **a pocos ~s** in a very short time; ~ **apretado** jam, difficulty situation; **tener pocos ~s** to be a dull person.
**lancero** *m* (*mil*) lancer.
**lancha** *f* barge, lighter; launch.
**lanchero** *m* bargeman, boatman.
**langosta** *f* locust; lobster.
**langostino** *m* crayfish.
**languidez** *f* langor.
**lánguido, da** *adj* languid, faint, weak.
**lanudo, da** *adj* wooly, fleecy.
**lanza** *f* lance, spear, **con la ~ en ristre** ready for action, **ser una ~** to be an expert.
**lanzada** *f* stroke with a lance.
**lanzadera** *f* shuttle.
**lanzamiento** *m* throwing; (*mar, com*) launch, launching.
**lanzar** *vt* to throw; (*dep*) to bowl, to pitch, to launch, to fling; (*jur*) to evict; • **~se a** *vi* to begin to.
**lapa** *m* scum; **prenderse como una ~** to stick like a leech.
**lapicero** *m* ballpoint pen.
**lápida** *f* flat stone, tablet.
**lapidario** *m*; ~, **ria**, *adj* lapidary.
**lápiz** *m* pencil; mechanical pencil.
**lapso** *m* interval; error.
**lapsus** *m* error, mistake; ~ **cálami** slip of the pen; ~ **linguae** slip of a tongue.
**largamente** *adv* for a long time.
**largar** *vt* to loosen, to slacken; to let go; to launch; to throw out; • **~se** *vi* (*fam*) to beat it (*sl*).
**largo, ga** *adj* long; lengthy, copious; **a la ~ a** in the end, eventually; **a lo ~ de** along; **¡~!** or **¡~ de aquí!** get out of here; ~ **y tendido** (*coll*) at lenght.
**largueza** *f* liberality, generosity.
**largura** *f* length.
**laringe** *f* larynx.
**laringitis** *f* laryngitis.
**lascivia** *f* lasciviousness; lewdness.
**lascivo, va** *adj* lascivious; lewd.
**láser** *m* laser.
**lasitud** *f* lassitude, weariness.
**lástima** *f* compassion, pity; shame; **dar ~** to inspire pity; **¡qué ~!** what a shame!; **tener ~ de** to feel sorry for.
**lastimar** *vt* to hurt; to wound; to feel pity for; • **~se** *vi* to hurt oneself.
**lastimero, ra** *adj* pitiful, pathetic.
**lastimoso, sa** *adj* pathetic, mournful.
**lastrar** *vt* to ballast a ship.
**lastre** *m* ballast; good sense.
**lata** *f* tin; can; (*fam*) nuisance; **dar la ~** to annoy; to bore, **¡qué ~!** what a bore.
**latente** *adj* latent, hidden.
**lateral** *adj* lateral.
**latido** *m* heartbeat.
**latifundio** *m* large estate.
**latigazo** *m* lash, crack of a whip.
**látigo** *m* whip.
**latín** *m* Latin.
**latinizar** *vt* to latinize.

**latino, na** *adj* Latin.
**latir** *vi* to beat, to palpitate.
**latitud** *f* latitude.
**latón** *m* brass.
**latoso, sa** *adj* annoying; boring.
**latrocinio** *m* theft, robbery.
**laúd** *f* lute (musical instrument).
**laudable** *adj* laudable, praiseworthy.
**láudano** *m* laudanum.
**laureado, da** *adj* honored; • *m* laureate.
**laurel** *m* (*bot*) laurel; reward.
**lava** *f* lava.
**lavabo** *m* washbasin; washroom.
**lavadero** *m* washing place; laundry.
**lavado** *m* washing; laundry.
**lavadora** *f* washing machine.
**lavamanos** *m* lavatory.
**lavanda** *f* lavender.
**lavandera** *f* laundress.
**lavandería** *f* laundry; ~ **automática** launderette.
**lavaplatos** *m invar* dishwasher.
**lavar** *vt* to wash; to wipe away; • ~**se** *vi* to wash oneself; ~**se las manos** to wash one's hands of; **la ropa sucia se ~ en casa** dirty linen should not be washed in public.
**lavativa** *f* (*med*) enema; (*fig*) nuisance.
**laxante** *m* (*med*) laxative.
**laxitud** *f* laxity; laxness; slackness.
**laxo, xa** *adj* lax, slack.
**lazada** *f* bow, knot.
**lazarillo** *m* blindman's guide; **perro** ~ guide dog.
**lazo** *m* knot, bow; snare, trap; tie; bond.
**le** *pn* him, you; (*dativo*) to him, to her, to it, to you.
**leal** *adj* loyal; faithful.
**lealtad** *f* loyalty.
**lebrel** *m* greyhound.
**lebrillo** *m* glazed earthenware pan.
**lección** *f* reading; lesson; lecture; class; **dar a alguien una ~** to teach someone a lesson; **que te sirva eso de ~** let be this a lesson or warning to you.
**lecitina** *m* lecithin.
**lector, ra** *m/f* reader.
**lectura** *f* reading.
**leche** *f* milk; **diente de ~** first tooth; **estar con la ~ en los labios** be inexperienced, be fresh out of college; **pedir ~ a las cabrillas** to ask for the impossible.
**lechera** *f* milkmaid, dairymaid; milk churn.
**lechería** *f* dairy.
**lecho** *m* bed; layer.
**lechón** *m* suckling pig; **abandonar el ~** to get up; **de rosas** bed of roses.
**lechuga** *f* lettuce; **más fresco que una ~** very fresh, as cool as a cucumber.
**lechuza** *f* owl.
**leer** *vt* to read, **leer entre líneas** (*fig*) to read between the lines.
**legado** *m* bequest; legate; legacy.
**legajo** *m* file.
**legal** *adj* legal; trustworthy.
**legalidad** *f* legality.
**legalización** *f* legalization.
**legalizar** *vt* to legalize.
**legaña** *f* sleep (in eyes).
**legar** *vt* to leave (to), to bequeath.
**legible** *adj* legible.
**legión** *f* legion.
**legionario, ria** *adj* legionary.
**legislación** *f* legislation.
**legislador, ra** *m/f* legislator, lawmaker.
**legislar** *vt* to legislate.

**legislativo, va** *adj* legislative.
**legislatura** *f* legislature.
**legitimar** *vt* to legitimate.
**legitimidad** *f* legitimacy.
**legítimo, ma** *adj* legitimate, lawful; authentic.
**legua** *f* league, **a ~s** far away.
**legumbres** *fpl* pulses.
**leído, da** *adj* well-read.
**lejano, na** *adj* distant, remote, far.
**lejía** *f* bleach.
**lejos** *adv* at a great distance, far off; **a lo ~ de muy ~ desde ~** from a distance.
**lelo, la** *adj* stupid, ignorant; • *m/f* idiot; **estar ~ por** to be head over heels in love with.
**lema** *m* motto; slogan.
**lencería** *f* linen, drapery.
**lengua** *f* tongue; language; **andar en ~s** to be spoken or gossiped about; **malas ~s** evil tongue, **no tener pelos en la ~** to be frank; **trabársele a uno la ~** to be tongue-tied.
**lenguado** *m* sole.
**lenguaje** *m* language.
**lente** *m/f* lens.
**lenteja** *f* lentil.
**lentilla** *f* contact lens.
**lentitud** *f* slowness.
**lento, ta** *adj* slow.
**leña** *f* wood, timber; **echar ~ al fuego** to fan the flames; **dar ~ a** to give (someone) a beating; **llevar ~al monte** to carry coals to Newcastle.
**leñador** *m* woodsman, woodcutter.
**leño** *m* block, log; trunk of a tree.
**leñoso, sa** *adj* woody.
**Leo** *m* Leo (sign of the zodiac).
**león** *m* lion.
**leona** *f* lioness.
**leonado, da** *adj* lion-colored, tawny.
**leonino** *adj* (law) leonine, unfair (said of a contract in which advantages are all for one side).
**leopardo** *m* leopard.
**leotardos** *mpl* leotards.
**lépero** *adj* low, gross; vulgar person.
**lepra** *f* leprosy.
**leproso, sa** *adj* leprous; • *m/f* leper.
**lerdo, da** *adj* slow, heavy; dull; slow-witted.
**lesbiana** *adj, f* lesbian.
**lesión** *f* hurt, damage, wound; injury.
**lesivo** *adj* detrimental, prejudicial.
**lesna** *f* awl.
**letal** *adj* mortal, deadly.
**letanía** *f* litany.
**letárgico, ca** *adj* lethargic.
**letargo** *m* lethargy.
**letra** *f* letter; handwriting; printing type; draft of a song; bill, draft; **~s** *pl* letters, learning; **al pie de la ~** to the letter; **~ de mano** handwriting; **~ de molde** printed letter.
**letrado, da** *adj* learned, lettered; • *m/f* lawyer; counsel.
**letrero** *m* sign; label.
**letrina** *f* latrine.
**leucemia** *f* leukemia.
**leva** *m* (*mar*) weighing anchor; (*mil*) levy; **halar la ~** to cater to; **irse a la ~ y al monte** (coll.) to flee.
**levadizo, za** *adj* that can be lifted *or* raised; **puente ~** draw-bridge.
**levadura** *f* yeast; **~ de cerveza** brewer's yeast.
**levantamiento** *m* raising; insurrection.
**levantar** *vt* to raise, to lift up; to build; to elevate; to hearten, to cheer up; • **~se** *vi* to get up; to stand up; **~ la voz** to rise one's voice.
**levante** *m* Levant; east; east wind.

**leve** *adj* light; trivial.
**levita** *f* greatcoat, frockcoat.
**léxico** *m* vocabulary.
**ley** *f* law; standard (for metal).
**leyenda** *f* legend.
**liar** *vt* to tie, to bind; to confuse; • **~se a golpes** *vi* to come to blows.
**libelo** *m* petition; satire, lampoon.
**libélula** *f* dragonfly.
**liberación** *f* liberation; release; **fuerzas de ~** liberation forces.
**liberal** *adj* liberal, generous; • *m/f* liberal.
**liberalidad** *f* liiberality, generosity.
**libertad** *f* liberty, freedom; **estar en ~** to be at large; **estar en ~ de** to be free to; **~ condicional** conditional freedom; **~ de pala-bra** freedom to speech; **poner en ~** to set free; **tomarse la ~** to take liberties.
**libertador, ra** *m/f* liberator.
**libertar** *vt* to free, to set at liberty; to exempt, to clear from an obligation *or* debt.
**libertinaje** *m* licentiousness.
**libertino, na** *m/f* permissive person.
**libra** *f* pound; **~ esterlina** a pound sterling.
**Libra** *f* Libra (sign of the zodiac).
**librar** *vt* to free, to deliver; (*com*) to draw; to make out (a check); (*jur*) to exempt; to fight (a battle); • **~se** *vi* to escape.
**libre** *adj* free; exempt; vacant.
**libremente** *adv* freely.
**librería** *f* bookshop.
**librero, ra** *m/f* bookseller.
**libreta** *f* notebook; **~ de ahorros** savings book.
**libro** *m* book.
**licencia** *f* permission, license; licentiousness; **dar ~** to authorize; **estar de ~** to be on leave; **~ por enfermedad** sick leave.
**licenciado, da** *adj* licensed; • *m/f* graduate.
**licenciar** *vt* to permit, to allow; to license; to discharge; to confer a degree upon; • **~se** *vi* to graduate.
**licencioso, sa** *adj* licentious, dissolute.
**liceo** *m* lyceum; high school.
**licitación** *f* bidding, tender (for public contract).
**lícitamente** *adv* lawfully, licitly.
**lícito, ta** *adj* lawful, fair; permissible.
**licor** *m* liquor.
**licuadora** *f* blender.
**lid** *m* contest, fight; dispute.
**líder** *m/f* leader.
**liderazgo** *m* leadership.
**lidia** *f* fight, contest.
**liebre** *f* hare; **tomar uno una ~** to fall without hurting oneself; **meter gato por ~** to take in.
**lienzo** *f* linen; canvas; face *or* front of a building.
**liga** *f* garter; birdlime; league; coalition; alloy.
**ligadura** *f* (*med, mus*) ligature; binding; bond, tie.
**ligamento** *m* ligament; tie; bond.
**ligar** *vt* to tie, to bind, to fasten; • *vi* to mix, blend; (*fam*) to pick up; to commit oneself.
**ligazón** *f* union, connection.
**ligereza** *f* lightness; swiftness; agility; superficiality.
**ligero, ra** *adj* light, swift; agile; superficial; **a la ~** without much attention; **~ de cascos** frivolous person; **~ de lengua** talkative.
**liguero** *m* garter belt.
**lija** *f* dogfish; sandpaper.

**lijar** *vt* to smooth, to sandpaper.
**lila** *f* lilac.
**lima** *f* file.
**limadura** *f* filing.
**limar** *vt* to file; to polish.
**limbo** *m* state of unconsciousness.
**limitación** *f* limitation, restriction.
**limitado, da** *adj* limited.
**limitar** *vt* to limit; to restrict; to cut down.
**límite** *m* limit, boundary.
**limítrofe** *adj* neighboring, bordering.
**limón** *m* lemon.
**limonada** *f* lemonade.
**limonar** *m* plantation of lemon trees.
**limosna** *f* alms, charity.
**limpiabotas** *m/f invar* shoeshine boy/girl.
**limpiaparabrisas** *m invar* windshield wiper.
**limpiar** *vt* to cleanse, to purify; to clean; to polish; (*fig*) to clean up.
**limpieza** *f* cleanliness, cleaning; cleansing; polishing; purity.
**limpio, pia** *adj* clean; neat; pure; **en** ~ net (profit, income, etc.); **quedar** ~ to be cleaned out.
**linaje** *m* lineage, family, descent.
**linaza** *f* linseed.
**lince** *m* lynx.
**linchar** *vt* to lynch.
**lindamente** *adv* prettily, neatly.
**lindar** *vt* to be adjacent; ~ **con** to be bounded by; ~ **en la locura** to be bordering on madness.
**linde** *m* landmark, boundary.
**lindero** *m* edge; landmark, boundary; **con linderos y arrabales** (*coll*) with every detail.
**lindo, da** *adj* pretty, lovely.
**línea** *f* line; cable; outline.
**lineal** *adj* linear.
**lingote** *m* ingot.
**lingüista** *m/f* linguist.
**lino** *m* flax.
**linterna** *f* lantern, lamp; flashlight.
**lío** *m* bundle, parcel; (*fam*) muddle, mess; **armar un** ~ (*coll*) to cause a row; **hacerse uno un** ~ (*coll*) to get into a jam.
**liquidación** *f* liquidation.
**liquidar** *vt* to liquidate; to settle accounts.
**líquido, da** *adj* liquid.
**lira** *f* (*mus*)lyre.
**lirio** *m* (*bot*) iris.
**lirón** *m* dormouse; (*fig*) sleepyhead.
**lirondo, mondo y lirondo,** pure end unsullied.
**lisiado, da** *adj* injured; • *m/f* cripple.
**lisiar** *vt* to injure; to hurt.
**liso, sa** *adj* plain, even, flat, smooth.
**lisonja** *f* adulation, flattery.
**lisonjear** *vt* to flatter.
**lisonjero, ra** *m/f* flatterer; • *adj* flattering; pleasing.
**lista** *f* school register, list, catalog; menu; ~ **de correos** general delivery; ~ **negra** black list; **pasar** ~ to call the roll.
**listo, ta** *adj* ready; smart, clever; **pasarse de** ~ to be too clever; **ser más** ~ **que el hambre** to be very bright.
**listón** *m* ribbon; strip (of wood or metal).
**lisura** *f* smoothness, eveness.
**litera** *f* berth; bunk, bunk bed.
**literal** *adj* literal.
**literario, ria** *adj* literary.
**literato, ta** *m/f* writer, literary person; ~**s** *pl* literati.
**literatura** *f* literature.

**litigar** *vt* to fight; • *vi* (*jur*) to go to law; (*fig*) to dispute.
**litigio** *m* lawsuit.
**litografía** *f* lithography.
**litográfico, ca** *adj* lithographic.
**litoral** *adj* coastal; • *m* coast.
**litro** *m* liter (measure).
**liturgia** *f* liturgy.
**litúrgico, ca** *adj* liturgical.
**liviandad** *f* fickleness; triviality; lightness.
**liviano, na** *adj* light; fickle; trivial.
**lívido, da** *adj* livid.
**lo** *pn* it; • *art* the.
**loable** *adj* laudable.
**loar** *vt* to praise.
**lobato** *m* young wolf.
**lobo** *m* wolf; **dormir con el ~** to sleep off a drunken bout or hangover; **meterse en la boca del ~** to go into the lion's den; **muda el ~ los dientes y no las mientes** the leopard never changes his spots.
**lóbrego, ga** *adj* murky, dark, gloomy.
**lóbulo** *m* lobe.
**local** *adj* local; • *m* place, site.
**localidad** *f* locality; location.
**localizar** *vt* to localize.
**loción** *f* lotion.
**loco, ca** *adj* mad; • *m/f* mad person; **estar ~ por** to be mad about; **~ de contento** (*coll*) mad with joy; **hacerse el ~** to act dumb; **~ de atar** or **de remate** raving lunatic.
**locomotora** *f* locomotive.
**locuacidad** *f* loquacity.
**locuaz** *adj* loquacious, talkative.
**locución** *f* expression.
**locura** *f* madness, folly.
**locutor, ra** *m/f* (*rad*) announcer; (*TV*) newsreader.
**locutorio** *m* telephone booth.
**lodazal** *m* muddy place.
**lodo** *m* mud, mire.
**logaritmo** *m* logarithm.
**logia** *m* lodge (of freemansons).
**lógicamente** *adv* logically.
**lógica** *f* logic.
**lógico, ca** *adj* logical.
**lograr** *vt* to achieve; to gain, to obtain.
**logro** *m* achievement, success.
**loma** *f* hillock.
**lombarda** *f* red cabbage.
**lombriz** *f* worm.
**lomo** *m* loin; back (of an animal), spine of a book; **llevar** *o* **traer a ~** to carry on the back.
**lona** *f* canvas.
**loncha** *or* **lonja** *f* slice; rasher.
**longaniza** *f* pork sausage.
**longitud** *f* length; longitude.
**lonja** *f* slice of meat.
**loro** *m* parrot.
**losa** *f* flagstone.
**lote** *m* lot, portion.
**lotería** *f* lottery.
**loza** *f* crockery.
**lozanía** *f* luxuriance, lushness; vigor; self-assurance.
**lozano, na** *adj* luxuriant; sprightly.
**lubricante** *m* lubricant.
**lucero** *m* morning star, bright star.
**lúcido, da** *adj* lucid.
**luciérnaga** *f* glowworm.
**lucimiento** *m* splendor, luster; brightness.
**lucir** *vt* to light (up); to show off; • *vi* to shine; to make a fool of oneself.
**lucrativo, va** *adj* lucrative.
**lucro** *m* gain, profit.
**lucubrar** *vt* to lucubrate.
**lucha** *f* struggle, fight; **~ cuerpo a cuerpo** hand-to-hand fighting; ~

**de clases** class struggle; ~ **libre** (wrestling sports); ~ **por la existencia** or **por la vida** struggle for survival.

**luchador, ra** *m/f* fighter; • *m* wrestler.

**luchar** *vt* to wrestle, to struggle; ~ **con** or **contra** to flight or struggle for or against

**luego** *adv* next; afterward; **desde** ~ of course.

**lugar** *m* place, spot; village; reason; **en** ~ **de** instead of, in lieu of.

**lugareño, ña** *adj, m/f* belonging to a village; inhabitant of a village.

**lugarteniente** *m* deputy.

**lúgubre** *adj* sad, gloomy; lugubrious, dismal.

**luir** *vt* to redeem.

**lujo** *m* luxury; abundance; **de** ~ de luxe; **darse el** ~ **de** to give oneself the satisfaction or pleasure.

**lujoso, sa** *adj* showy, profuse, lavish, sumptuous.

**lujuria** *f* lust.

**lujurioso, sa** *adj* lustful, lewd.

**lumbre** *f* fire; light.

**lumbrera** *f* luminary; skylight.

**luminaria** *f* illumination.

**luminoso, sa** *adj* luminous, shining.

**luna** *f* moon; glass plate for mirrors; lens; **estar en la** ~ to be day dreaming; **ladrar a la** ~ to bark at the moon; ~ **de miel** honeymoon; **pedir la** ~ to ask for the moon.

**lunar** *m* mole, spot; • *adj* lunar.

**lunático, ca** *adj* lunatic.

**lunes** *m* Monday.

**lupa** *f* magnifying glass.

**lupanar** *m* brothel.

**lustre** *m* gloss, luster; splendor.

**lustro** *m* lustrum (space of five gyears).

**lustroso, sa** *adj* bright, brilliant.

**luteranismo** *m* Lutheranism.

**luterano, na** *adj, m/f* Lutheran.

**luto** *m* mourning (dress); grief.

**luz** *f* light.

# Ll

**llaga** *f* wound, sore.
**llama** *f* flame; llama (animal).
**llamada** *f* call.
**llamador** *m* door-knocker.
**llamamiento** *m* call.
**llamar** *vt* to call; to name, to summon; to call, to telephone; • *vi* to knock at the door; to call, to telephone; **~se** to be named; **~ a la puerta** ring the bell.
**llamarada** *f* sudden blaze of fire; outburst.
**llamativo, va** *adj* showy, loud (color).
**llano, na** *adj* plain, even, level, smooth; clear, evident; • *m* level field.
**llanta** *f* (wheel) rim; tire; inner (tube).
**llanto** *m* flood of tears, crying.
**llanura** *f* evenness, level; plain, prairie.
**llave** *f* key; ~ **maestra** master key.
**llavero** *m* key ring.
**llegada** *f* arrival, coming.
**llegar** *vi* to arrive; to reach; **~se** to come near, to approach; **no ~le a la suela del zapato a uno** not to be able to hold a candle to; **~ a entender** to get to understand; **~ a ser** to become.
**llenar** *vt* to fill; to cover; to fill out (a form); to satisfy, to fulfill; • **~se** *vi* to fulfill; to gorge oneself; **~se de deudas** to get deeply into debit; **~se de plata** to make a pile.
**lleno, na** *adj* full, full up; complete.
**llevadero, ra** *adj* tolerable.
**llevar** *vt* to take; to wear; to carry, to convey, to transport; to drive; to carry (money); to lead; to bear; • **~se** *vi* to carry off, to take away; **~ consigo** to take with one; **~ la delantera** to be in front; **~ las de perder** to be in a losing position; **~ una vida de perros** to lead a dogs life; **~se bien** to get on well with.
**llorar** *vt, vi* to weep, to cry; **niño que no llora no mama** he who does not speak up, will not obtain what he wants.
**lloriquear** *vt* to whine.
**lloro** *m* weeping, crying.
**llorón, na** *m/f* tearful person; crybaby.
**lloroso, sa** *adj* mournful, full of tears.
**llover** *vi* to rain; **~ sobre mojado** it never rains but it pours.
**lloviznar** *vi* to drizzle.
**lluvia** *f* rain.
**lluvioso, sa** *adj* rainy.

# M

**macana** *f* wooden swordlike weapon.
**macarrones** *mpl* macaroni.
**macedonia** *f*: ~ **de frutas** fruit salad.
**macerar** *vt* to macerate, to soften.
**maceta** *f* flowerpot.
**macilento, ta** *adj* lean, haggard; withered.
**macizo, za** *adj* massive, solid; • *m* mass, chunk.
**mácula** *f* stain, spot.
**machaca** *f* crusher, pounder; tiresome person,
**machacar** *vt* to pound, to crush; • *vi* to insist, to go on.
**machacón, ona** *adj* wearisome, tedious.
**machetzo** *m* cut or blow with a machete.
**machete** *m* machete, cutlass.
**machista** *adj, m* sexist.
**machetero** *m* cutter, clearer (of wooden or jungle land).
**machismo** *m* exaltation of masculinity.
**macho** *adj* male; (*fig*) virile; • *m* male; (*fig*) he-man.
**machote** *m* virile man; rough draft, model, pattern.
**machucadura** *f* bruising, bruise.
**machucar** *vt* to pound, to bruise.
**madeja** *f* skein of thread; mop of hair; **enredar** or **enredarse la** ~, to confuse.
**madera** *f* timber, wood; **tener mala** ~ to be lazy.
**madero** *m* beam of timber.
**madona** *f* image of a virgin (said generally of a work of art).
**madrastra** *f* stepmother.
**madraza** *f* very fond mother.
**madre** *f* mother; womb; ~ **patria** mother country.
**madreperla** *f* mother-of-pearl.
**madreselva** *f* honeysuckle.
**madrigado** *adj* (*coll*) experienced, practical.
**madrigal** *m* madrigal.
**madriguera** *f* burrow; den.
**madrina** *f* godmother.
**madroño** *m* strawberry plant.
**madrugada** *f* dawn; **de** ~ at day break.
**madrugador, ra** *m/f* early riser.
**madrugar** *vi* to get up early; to anticipate, to get ahead; **al que** ~ **Dios le ayuda** the early bird catches the worm.
**maduración** *f* ripeness, maturing.
**madurar** *vt* to ripen; • *vi* to ripen, to grow ripe; to mature.
**madurez** *f* maturity; ripeness; wisdom.
**maduro, ra** *adj* ripe, mature.
**maestra** *f* mistress; schoolmistress; teacher.
**maestría** *f* mastery, skill.
**maestro** *m* master; teacher; ~, **tra** *adj* masterly, skilled; principal; ~ **de ceremonias** master of ceremonies.
**mafia** *f* gang, exclusive group.
**magdalena** *f* repentant woman; **estar hecha una** ~ to be disconsolate.
**magia** *f* magic; ~ **blanca** white magic; ~ **negra** black magic.
**mágico, ca** *adj* magical.
**magisterio** *m* teaching; teaching profession; teachers *pl*.

**magistrado, da** *m/f* magistrate.
**magistral** *adj* magisterial; masterly.
**magistratura** *f* magistracy.
**magnanimidad** *f* magnanimity.
**magnánimo, ma** *adj* magnanimous.
**magnate** *m* magnate.
**magnético, ca** *adj* magnetic.
**magnetismo** *m* magnetism.
**magnetizar** *vt* to magnetize.
**magnetofón** *or* **magnetófono** *m* tape recorder.
**magnetofónico, ca** *adj*: **cinta ~** recording tape.
**magnificencia** *f* magnificence, splendor.
**magnífico, ca** *adj* magnificent, splendid.
**magnitud** *f* magnitude.
**magno** *adj* great, foremost.
**mago, ga** *m/f* magician.
**magro, gra** *adj* thin, lean; meager.
**magulladura** *f* bruise.
**magullar** *vt* to bruise; to damage; to bash (*sl*).
**mahometano, na** *m/f. adj* Mohammedan.
**mahometanismo** *m* Mohammedanism.
**maicena** *f* cornstarch, corn flour.
**maíz** *m* corn, Indian corn.
**maizal** *m* cornfield.
**majada** *f* sheepfold.
**majadería** *f* absurdity; silliness.
**majadero, ra** *adj* dull, silly, stupid; • *m* idiot.
**majestad** *f* majesty.
**majestuoso, sa** *adj* majestic.
**majo, ja** *adj* nice; attractive; smart.
**majuelo** *m* vine newly planted; hawthorn.
**mal** *m* evil, hurt, harm, damage; misfortune; illness; • *adj* (used only before masculine nouns) bad; **del ~ el menos** the lesser of two evils; **~de montaña** altitude sickness; **no hay ~ que por bien no venga** every cloud has a silver lining.
**malamente** *adv* badly.
**malagradecido** *adj* ungrateful.
**malamente** *adv* badly, poorly.
**malaria** *f* malaria.
**malbaratar** *adj* underselling.
**malcarado** *adj* evil-looking.
**malcomer** *vt, vi* to eat poorly.
**malcriado, da** *adj* rude, ill-behaved; naughty; spoiled.
**maldad** *f* wickedness.
**maldecir** *vt* to curse.
**maldición** *f* curse.
**maldito, ta** *adj* wicked; damned, cursed.
**malear** *vt* to damage, to corrupt.
**malecón** *m* pier.
**maledicencia** *f* slander, scandal.
**maleducado, da** *adj* bad-mannered, rude.
**maleficio** *m* curse, spell; witchcraft.
**maléfico, ca** *adj* harmful, damaging, evil.
**malestar** *m* discomfort; (*fig*) uneasiness; unrest.
**maleta** *f* suitcase; (*auto*) trunk.
**maletera** *f* (*auto*) trunk.
**maletín** *m* small suitcase or valise.
**malevolencia** *f* malevolence.
**malévolo, la** *adj* malevolent.
**maleza** *f* weeds; thicket.
**malfuncionamiento** *m* malfunction.
**malgastar** *vt* to waste, to ruin.
**malhablado, da** *adj* foul-mouthed.
**malhechor, ra** *m/f* malefactor; criminal.
**malhumorado, da** *adj* cross, bad-tempered.

**malicia** *f* malice, wickedness; suspicion; cunning.
**malicioso, sa** *adj* malicious, wicked, evil; sly, crafty; spiteful.
**malignidad** *f* (*med*) malignancy; evil nature; malice.
**maligno, na** *adj* malignant, malicious.
**malintencionado** *adj* evilly disposed.
**malo, la** *adj* bad, ill, wicked; • *m/f* villain; **aceptar lo bueno con lo ~** to take the good with the bad; **a la ~** by force; **estar de ~s** to be unlucky.
**malograr** *vt* to spoil; to upset (a plan); to waste; • **~se** *vi* to fail; to die early.
**maloliente** *adj* fetid; foul smelling.
**malparida** *f* woman who has had a miscarriage.
**malparir** *vi* to miscarry.
**malsano, na** *adj* unhealthy.
**malsonante** *adj* offensive, ill-sounding.
**malteada** *f* milk shake.
**maltratamiento** *m* ill-treatment.
**maltratar** *vt* to ill treat, to abuse, to mistreat.
**maltrecho** *adj* damaged.
**malva** *f* (*bot*) mallow.
**malvadamente** *adv* evilly.
**malvado, da** *adj* wicked, villainous.
**malversación** *f* embezzlement.
**malversador, ra** *m/f* embezzler.
**malversar** *vt* to embezzle.
**malla** *f* mesh, network; **~s** *fpl* leotard.
**mama** teat; breast.
**mamá** *f* (*fam*) mom, mamma.
**mamar** *vt, vi* to suck.
**mamarrachada** *f* ridiculous sight.
**mamarracho** *m* sight.
**mameluco** *m* union suit, overall.
**mamífero** *m* mammal.
**mamón, ona** *m/f* baby which is breast fed.
**mampara** *f* partition; screen.
**mampostería** *f* masonry; rubblework.
**maná** *m* manna.
**manada** *f* flock, herd, pack; crowd.
**manantial** *m* source, spring; origin.
**manar** *vt* to run with, to flow; • *vi* to spring from; to flow; to abound.
**mancilla** *f* spot, blemish.
**manco, ca** *adj* one-armed; one-handed; maimed; faulty.
**mancomunar** *vt* to associate, to unite; to make jointly responsible.
**mancomunidad** *f* union, fellowship; community; (*jur*) joint responsibility.
**mancuerna** *f* cuff links.
**mancha** *f* stain, spot.
**manchado, da** *adj* spotted.
**manchar** *vt* to stain, to soil; **~ su hoja de servicios** to spoil one's record.
**manda** *f* offer, gift, promise.
**mandadero** *adj* obedient.
**mandado** *m* command; errand, message.
**mandamiento** *m* order, command; commandment.
**mandar** *vt* to command, to order; to bequeath; to send.
**mandarín** *m* mandarin.
**mandarina** *f* tangerine.
**mandatario, ria** *m/f* agent; leader.
**mandato** *m* mandate, order; term of office.
**mandíbula** *f* jaw.
**mandil** *m* apron.
**mando** *m* command, authority, power; term of office; **alto ~** high

command; **estar al ~** to be in command.
**mandón, ona** *adj* bossy, domineering.
**manecilla** *f* small hand (of a watch *or* meter); book-clasp.
**manejable** *adj* manageable.
**manejar** *vt* to manage; to operate; to handle; (*auto*) to drive; • **~se** *vi* to manage; to behave.
**manejo** *m* management; handling; driving; confidence.
**manera** *f* manner, way; fashion; kind; **a la ~ de** in the manner of; **de esa ~** in this way; **de todas ~s** whatever happens.
**manerismo** *m* mannerism.
**manga** *f* sleeve; hose; **de ~ corta** short sleeves; **de ~ larga** long sleeved; **ser de** or **tener ~ ancha** to be very lenient.
**mango** *m* handle; mango.
**mangonear** *vi* to interfere; to boss people about.
**manguera** *f* hose; pipe.
**manguito** *m* muff.
**maní** *m* peanut.
**manía** *f* mania; craze; dislike; spite.
**maniatar** *vt* to tie the hands of, to handcuff.
**maniático, ca** *adj* maniac, mad, frantic; • *m/f* maniac.
**manicomio** *m* insane asylum.
**manicura** *f* manicure.
**manifestación** *f* manifestation; show; demonstration; mass meeting.
**manifestar** *vt* to manifest, to declare.
**manifiesto, ta** *adj* manifest, open, clear; • *m* manifesto; **poner de ~** to show.
**manija** *f* handle.
**manilargo** *adj* long handed.
**maniobra** *f* maneuvering; handling; (*mil*) maneuver.
**maniobrar** *vt* to maneuvre; to handle.
**manipulación** *f* manipulation.
**manipular** *vt* to manipulate.
**maniquí** *m* dummy; • *m/f* model.
**manirroto, ta** *adj* lavish, extravagant.
**manivela** *f* crank.
**manjar** *m* (tasty) dish.
**mano** *f* hand; hand of a clock *or* watch; foot, paw (of an animal); coat (of paint); lot, series; first hand at play; **a ~** by hand; **a ~s llenas** liberally, generously; **cargar la ~** to be very handed with; **con las ~s vacías** to be empty handed; **dar la ~ a** to lend a hand; **~ a ~** together.
**manojo** *m* handful, bunch.
**manopla** *f* glove; face cloth.
**manosear** *vt* to handle; to mess up.
**manoseo** *m* handling.
**manotazo** *m* slap, smack.
**manoteo** *m* gesticulation.
**mansalva** *adv* **a ~** indiscriminately.
**mansedumbre** *f* meekness, gentleness.
**mansión** *f* mansion.
**manso, sa** *adj* tame; gentle, soft.
**manta** *f* blanket.
**manteca** *f* fat, grease; **~ de cerdo** lard.
**mantecado** *m* cake eaten at Christmas; ice cream.
**mantecoso, sa** *adj* greasy
**mantel** *m* tablecloth.
**mantelería** *f* table linen.
**mantener** *vt* to maintain, to support; to nourish; to keep; • **~se** *vi* to hold one's ground; to support oneself; **~se a distancia** to keep

abreast of; **~se informado** to keep informed.
**mantenimiento** *m* maintenance; subsistence.
**mantequilla** *f* butter.
**mantilla** *f* mantilla (head covering for women); **~s** *pl* baby clothes.
**manto** *m* mantle; cloak, robe.
**mantón** *m* shawl.
**manual** *adj* manual; • *m* manual, handbook.
**manufactura** *f* manufacture.
**manufacturar** *vt* to manufacture.
**manuscrito** *m* manuscript; • *adj* handwritten.
**manutención** *f* support, maintenance.
**manzana** *f* apple; **~ de la discordia** apple of discord.
**manzanilla** *f* chamomile; chamomile tea; manzanilla sherry.
**manzano** *m* apple tree.
**maña** *f* handiness, dexterity, cleverness, cunning; habit *or* custom; trick; **más vale fuerza que ~** tact or skill do where mere force won't; **tener malas ~s** to have bad habits.
**mañana** *f* morning; • *adv* tomorrow; **hasta ~** till tomorrow; **~ será otro día** better luck tomorrow; **no dejes para ~ lo que puedes hacer hoy** don't do tomorrow what you can do today.
**mañoso, sa** *adj* skilful, handy; cunning.
**mapa** *m* map.
**mapamundi** *f* map of the world.
**maqueta** *f* model, dummy.
**maquila** *f* multure.
**maquillaje** *m* make-up; making up.
**maquillar** *vt* to make up; • **~se** *vi* to put on make-up.
**máquina** *f* machine; (*ferro*) engine; camera; (*fig*) machinery; plan, project.
**maquinación** *f* machination.
**maquinador, ra** *m/f* schemer, plotter.
**maquinalmente** *adv* mechanically.
**maquinar** *vt, vi* to machinate; to conspire.
**maquinaria** *f* machinery; mechanism.
**maquinilla** *f* any small tool; **~ de afeitar** razor.
**maquinista** *m* (*ferro*) engineer; operator; (*mar*) engineer.
**mar** *m/f* sea; **a ~s** by the bucketful; **hacerse a la ~** to put out to sea.
**maraca** *m* percussion instrument made of a dry gourd.
**maraña** *f* shrub, thicket; tangle.
**maratón** *m* marathon.
**maravilla** *f* wonder.
**maravillar** *vt* to astonish, to amaze; • **~se** *vi* to be amazed, to be astonished.
**maravilloso, sa** *adj* wonderful, marvelous.
**marbete** *m* label, tag.
**marca** *f* mark; stamp; (*com*) make, brand; **~ de fábrica** trade mark; **~ registrada** trade mark.
**marcación** *f* marking.
**marcado, da** *adj* strong, marked.
**marcador** *m* scoreboard; scorer.
**marcar** *vt* to mark; to dial; to score; to record; to set (the hair); • *vi* to score; to dial.
**marcial** *adj* martial, warlike.
**marciano, na** *adj* Martian.
**marco** *m* frame; framework; (*dep*) goalposts *pl*.
**marcha** *f* march; running; gear; speed; (*fig*) progress; **en ~** in mo-

tion; ~ **forzada** forced march; **sobre la** ~ on the double.
**marchar** *vti* to go; to work; • **~se** *vi* to go away.
**marchitar** *vt* to wither; to fade.
**marchito, ta** *adj* faded, withered.
**marea** *f* tide.
**marear** *vt* (*mar*) to sail, to navigate; to annoy, to upset; • **~se** *vi* to feel sick; to feel faint; to feel dizzy.
**marejada** *f* swell, heavy sea, surge.
**maremoto** *m* sea earthquake.
**mareo** *m* sick feeling; dizziness; nuisance.
**marfil** *m* ivory.
**margarina** *f* margarine.
**margarita** *f* daisy.
**margen** *m* margin; border; • *f* bank (of river).
**marginal** *adj* marginal.
**marginar** *vt* to exclude; to leave margins (on a page); to make notes in the margin.
**mariachi** *m* popular music and orchestra.
**marica** *m* (*fam*) sissy.
**maricón** *m* (*fam*) queer (*sl*).
**marido** *m* husband.
**mariguana** *or* **marihuana** *f* cannabis.
**marimacho** *f* (*fam*) mannish woman.
**marina** *f* navy.
**marinero, ra** *adj* sea *compd*; seaworthy; • *m* sailor.
**marino, na** *adj* marine; • *m* sailor, seaman.
**marioneta** *f* puppet.
**mariposa** *f* butterfly.
**mariquita** *f* ladybug.
**mariscal** *m* marshal.
**mariscos** *mpl invar* shellfish.
**marital** *adj* marital.
**marítimo, ma** *adj* maritime, marine.
**marmita** *f* pot.
**mármol** *m* marble.
**marmóreo, rea** *adj* marbled, marble.
**marmota** *f* marmot.
**maroma** *f* rope.
**marqués** *m* marquis.
**marquesa** *f* marchioness.
**marquesina** *f* marquee, canopy.
**marqueta** *f* crude cake of wax.
**marranada** *f* dirty or rotten trick.
**marrano** *m* pig, boar.
**marro** *m* mallet, hammer.
**marrón** *adj* brown.
**marrullería** *f* plausibility; plausible excuse; **~s** *pl* cajolery.
**marrullero, ra** *adj* crafty, cunning.
**marta** *f* marten, sable.
**martes** *m* Tuesday.
**martillar** *vt* to hammer.
**martillo** *m* hammer.
**mártir** *m/f* martyr.
**martirio** *m* martyrdom.
**martirizar** *vt* to martyr.
**marxismo** *m* Marxism.
**marxista** *adj, m/f* Marxist.
**marzo** *m* March.
**mas** *adv* but, yet.
**más** *adv* more; most; besides, moreover; **a** ~ **tardar** at latest; **sin** ~ **ni** ~ without more ado; **como el que** ~ as much as anyone; **cuando** ~ at the most; ~ **acá** over this way more; ~ **que nunca** more than ever; ~ **vale tarde que nunca** neither more nor less; **por** ~ **que** how ever much.
**masa** *f* dough, paste; mortar; mass; **con las manos en la** ~ in the act.
**masacre** *m* massacre.
**masaje** *m* massage.
**mascar** *vt* to chew.
**mascada** *f* silk necktie.

**máscara** *m/f* masked person; • *f* mask; **quitarse la ~** too come out into the open.
**mascarada** *f* masquerade.
**mascarilla** *f* (*med*) mask.
**masculino** *adj* masculine, male.
**mascullar** *vt* to mumble, to mutter.
**masivo, va** *adj* mass, en masse.
**masoquista** *m/f* masochist.
**masticación** *f* mastication.
**masticar** *vt* to masticate, to chew.
**mástil** *m* (*mar*) mast.
**mastín** *m* mastiff.
**masturbación** *f* masturbation.
**masturbarse** *vi* to masturbate.
**mata** *f* shrub; sprig, blade; grove, group of trees; mop of hair.
**matadero** *m* slaughterhouse.
**matador, ra** *adj* killing; • *m/f* killer; • *m* bullfighter.
**matanza** *f* slaughtering; massacre.
**matar** *vt* to kill; to execute; to murder; • **~se** *vi* to kill oneself, to commit suicide, **~ dos pájaros de un tiro** to kill two birds with one stone; **~se por una cosa** to work like mad to get something.
**matasanos** *m invar* quack (doctor).
**matasellos** *m invar* postmark.
**mate** *m* checkmate; • *adj* matt.
**matemáticas** *fpl* mathematics.
**matemático, ca** *adj* mathematical; • *m/f* mathematician.
**materia** *m* matter, materials *pl*; subject; **entrar en ~** to get to the point; **~ prima** row material.
**material** *adj* material, physical; • *m* equipment, materials *pl*.
**materialidad** *f* outward appearance.
**materialismo** *m* materialism.
**materialista** *m/f* materialist.
**maternal** *adj* maternal, motherly.
**maternidad** *f* motherhood, motherliness.
**materno, na** *adj* maternal, motherly.
**matinal** *adj* morning *compd*.
**matiz** *m* shade of color; shading.
**matizar** *vt* to mix colors; to tinge, to tint.
**matón** *m* bully.
**matorral** *m* shrub, thicket.
**matraca** *f* rattle.
**matricida** *m/f* matricide (person).
**matricidio** *m* matricide (murder).
**matrícula** *f* register, list; (*auto*) registration number; license plate.
**matricular** *vt* to register, to enroll.
**matrimonial** *adj* matrimonial.
**matrimonio** *m* marriage, matrimony; **contraer ~** to get married; **fuera del ~** out of wedlock.
**matriz** *f* matrix; womb; mold, form.
**matrona** *f* matron.
**matutino, na** *adj* morning.
**maullar** *vt* to mew.
**maullido** *m* mew of a cat.
**mausoleo** *m* mausoleum.
**máxima** *f* maxim.
**máxime** *adv* principally.
**máximo, ma** *adj* maximum; top; highest.
**mayo** *m* May.
**mayonesa** *m* mayonnaise.
**mayor** *adj* main, chief; (*mus*) major; biggest; eldest; greater, larger; elderly; • *m* chief, boss; adult; **al por ~** wholesale; **~es** *mpl* forefathers; **estudios ~es** university studies; **~ de edad** major (person of legal age).
**mayoral** *m* foreman.
**mayorazgo** *m* primogeniture, estate inherited by primogeniture.

**mayordomía** *f* stewardship.
**mayordomo** *m* steward.
**mayoría** *f* majority, greater part; **~de edad** coming of age.
**mayorista** *m/f* wholesaler.
**mayormente** *adv* principally, chiefly.
**mayúsculo, la** *adj* (*fig*) tremendous; • *f* capital letter.
**maza** *f* club; mace.
**mazacote** *m* barilla, soda ash; mortar cement; stodge.
**mazada** *f* blow with a club.
**mazapán** *m* marzipan.
**mazmorra** *f* dungeon.
**mazo** *m* bunch; club, mallet; bat.
**mazorca** *f* ear of corn.
**me** *pn* me; to me.
**mear** *vi* (*fam*) to pee, to piss (*sl*).
**meandro** *m* meander, curve, bend.
**mecánica** *f* mechanics *pl.*
**mecánico, ca** *adj* mechanical; • *m/f* mechanic.
**mecanismo** *m* mechanism.
**mecanografía** *f* typewriting.
**mecanógrafo, fa** *adj* typist.
**mecate** *m* rope.
**mecedora** *f* rocking chair.
**mecer** *vt* to rock; to dandle a child.
**mecha** *f* wick; fuse; **alargar la ~** (*coll*) to increase one's pay or salary; **aguantar la ~** to endure danger; **encender la ~** to stir up trouble.
**mechar** *vt* to lard; to stuff.
**mechero** *m* (cigarette) lighter.
**mechón** *m* lock of hair; large bundle of threads *or* fibers.
**medalla** *f* medal.
**medallón** *m* medallion.
**media** *f* stocking; sock; average.
**mediación** *f* mediation, intervention.
**mediado, da** *adj* half full; half complete; **a ~s de** in the middle of.
**mediador, ra** *m/f* mediator; go between.
**medianero, ra** *adj* dividing; adjacent.
**medianía** *f* half way stage; mediocrity; moderately.
**mediano, na** *adj* medium, middling; mediocre.
**medianoche** *f* midnight.
**mediante** *adv* by means of.
**mediar** *vi* to intervene; to mediate.
**mediatizar** *vt* to mediatize, to annex a small or weak state or ruler to a large or more powerful one.
**mediatriz** *f* median line.
**medicación** *f* medication.
**medicamento** *m* medicine.
**medicina** *f* medicine.
**medicinal** *adj* medicinal.
**médico, ca** *adj* medical; • *m/f* doctor; **~ de cabecera** family doctor; **~ forence** forensic doctor; **~ general** general practitioner.
**medida** *f* measure; **tomar sus ~s** to size up a situation; **tomar ~** to take measures.
**medidor** *adj* measuring, gauging.
**medio, dia** *adj* half; **a ~s** partly; • *m* middle; average; way, mean; medium; **por término ~** on the average; **término ~** middle way; **estar de por ~** to intervene; **por todos los ~** by all means, **quitarse uno de en ~** to get out.
**mediocre** *adj* middling, moderate, mediocre.
**mediocridad** *f* mediocrity.
**mediodía** *m* noon, midday.
**medir** *vt* to measure; • **~se** *vi* to be moderate; **¿cuánto mides?** how tall are you?
**meditación** *f* meditation.
**meditar** *vt* to meditate.

**mediterráneo, nea** *adj* Mediterranean.
**medrar** *vi* to grow, to thrive, to prosper; to improve.
**medroso, sa** *adj* fearful, timid.
**médula** *f* marrow; essence, substance; pith.
**medusa** *f* jellyfish.
**megáfono** *m* megaphone.
**mejilla** *f* cheek.
**mejillón** *m* mussel.
**mejor** *adj, adv* better; best; **a lo ~** may be; **~ dicho** more specifically; **tanto ~** better still.
**mejora** *f* improvement.
**mejoramiento** *adj* improvement.
**mejorar** *vt* to improve, to ameliorate, to enhance; • *vi* to improve; (*med*) to recover, to grow well from a disease *or* calamity; to improve, to grow better.
**mejoría** *f* improvement; recovery.
**melado** *adj* thick cane syrup.
**melancolía** *f* melancholy.
**melancólico, ca** *adj* melancholy, sad, gloomy.
**melena** *f* long hair, loose hair, mane.
**melenudo, da** *adj* long-haired.
**melindroso, sa** *adj* prudish, finicky.
**melocotón** *m* peach.
**melodía** *f* melody.
**melodioso, sa** *adj* melodious.
**melodrama** *f* melodrama.
**melomanía** *f* fanatic love of music.
**melón** *m* melon; **~ de agua** watermelon.
**melosidad** *f* sweetness.
**meloso, sa** *adj* honied; mellow.
**mella** *f* notch in edged tools; gap; **hacer ~ a** to have an effect on.
**mellado, da** *adj* jagged; gap-toothed.
**mellar** *vt* to notch.
**mellizo, za** *adj, m/f* twin.
**membrana** *f* membrane.
**membranoso, sa** *adj* membranous.
**membrete** *m* letter head.
**membrillo** *m* quince tree; quince.
**membrudo, da** *adj* strong, robust; burly.
**memorable** *adj* memorable.
**memorándum** *m* notebook; memorandum.
**memorar** *vt* to remember.
**memoria** *f* memory; report; record; **~s** *pl* memoirs; **borrarse de la ~** to wipe from one's mind; **en ~ de** in memory of; **perder la ~** to lose one's memory; **saber de ~** to know by heart.
**memorial** *m* memorial; petition.
**mención** *f* mention; **~ honorífica** honorable mention.
**mencionar** *vt* to mention.
**mendigar** *vt* to beg.
**mendigo, ga** *m/f* beggar.
**mendrugo** *m* crust.
**menear** *vt* to move from place to place; (*fig*) to handle; • **~se** *vi* to move, to shake, to sway.
**meneo** *m* movement; shake; swaying.
**menester** *m* necessity, need, want; **~es** *pl* duties.
**menesteroso, sa** *adj* needy.
**menestra** *f* vegetable soup *or* stew.
**menguante** *f* decreasing.
**menguar** *vi* to diminish; to discredit.
**menjurje** *m* mixture; mishmash, confusion.
**menopausia** *f* menopause.
**menor** *m/f* young person, juvenile; • *adj* less, smaller, minor; **al por ~** retail.
**menoría** *f* subordination; **a ~** retail.

**menos** *adv* less; least; **a lo** ~ *o* **por lo** ~ at least; • *prep* except; minus; **echar de** ~ to miss; **eso es lo de** ~ that's the last important thing; **más o** ~ more or less; **todo** ~ **eso** anything but that.
**menoscabar** *vt* to damage; to harm; to lessen; to discredit.
**menoscabo** *m* damage; harm; loss.
**menospreciar** *vt* to undervalue; to despise, to scorn.
**menosprecio** *m* contempt, scorn; undervaluation.
**mensaje** *m* message.
**mensajero, ra** *m/f* messenger.
**menstruación** *f* menstruation.
**mensual** *adj* monthly.
**mensurable** *adj* mensurable.
**menta** *f* mint.
**mental** *adj* mental, intellectual.
**mentar** *vt* to mention; ~**le la madre a alguien** call someone bastard.
**mente** *f* mind, understanding; **tener en la** ~ **una cosa** to have something in mind.
**mentecato, ta** *adj* silly, stupid; • *m/f* idiot.
**mentir** *vt* to feign; to pretend; • *vi* to lie.
**mentira** *f* lie, falsehood.
**mentiroso, sa** *adj* lying; • *m/f* liar.
**menú** *m* menu; set meal.
**menudencia** *f* trifle, small thing; minuteness; ~s *pl* odds and ends.
**menudillos** *mpl* giblets.
**menudo, da** *adj* small; minute; petty, insignificant; **a** ~ frequently, often; **gente** ~ children.
**meñique** *m* little finger.
**meollo** *m* marrow; (*fig*) core.
**mequetrefe** *m* good-for-nothing; busybody.
**meramente** *adv* merely, solely.
**mercader** *m* dealer, trader.
**mercadería** *f* commodity, merchandise; trade.
**mercado** *m* market; marketplace; ~ **negro** black market.
**mercancía** *f* commodity; ~**s** *fpl* goods, merchandise.
**mercantil** *adj* commercial, mercantile.
**mercenario, ria** *adj* mercenary; • *m* mercenary; laborer.
**mercería** *f* notions *pl*; notions store; drapery.
**mercurio** *m* mercury.
**merecedor, ra** *adj* deserving.
**merecer** *vt* to deserve, to merit.
**merecido, da** *adj* deserved.
**merendar** *vi* to have tea; to have a picnic.
**merengue** *m* meringue.
**meridiano** *m* meridian.
**meridional** *adj* southern.
**merienda** *f* (light) tea; afternoon snack; picnic; ~ **de negros** bedlam, disorder.
**mérito** *m* merit; worth, value.
**meritorio, ria** *adj* meritorious.
**merluza** *f* hake.
**merma** *f* waste, leakage.
**mermar** *vi* to waste, to diminish.
**mermelada** *f* jam.
**mero** *m* pollack (fish); ~, **ra** *adj* mere, pure.
**merodeador** *m* (*mil*) marauder.
**merodear** *vi* to pillage, to go marauding.
**mes** *m* month.
**mesa** *f* table; desk; plateau; ~ **redonda** round table; **alzar la** ~ to clear the table; **conversación de sobre**~ after dinner talk; **sentarse a la** ~ to sit at the table.

**mescolanza** *f* mixture.
**meseta** *f* tableland.
**mesón** *m* inn.
**mestizo, za** *adj* of mixed race; crossbred; • *m/f* half-caste.
**mesura** *f* gravity; politeness; moderation.
**mesurado, da** *adj* moderate; dignified; courteous.
**meta** *f* goal; finish.
**metafísica** *f* metaphysics *pl.*
**metafísico, ca** *adj* metaphysical.
**metáfora** *f* metaphor.
**metafórico, ca** *adj* metaphorical.
**metal** *m* metal; (*mus*) brass; timbre of the voice.
**metálico, ca** *adj* metallic.
**metalurgia** *f* metallurgy.
**metamorfosis** *f* metamorphosis, transformation.
**meteoro** *m* meteor.
**meteorología** *f* meteorology.
**meter** *vt* to place, to put; to insert, to put in; to involve; to make, to cause; • **~se** *vi* to meddle, to interfere; **estar muy metido en (algo)** to be deeply involved in something; **~se en todo** to meddle or interfere in everything.
**metódico, ca** *adj* methodical.
**método** *m* method.
**metraje** *m* length, footage (of a film); **película de corto ~** or **corto~** short film (i.e.documentary); **película de largo ~** feature film.
**metralla** *f* (*mil*) shrapnel, machine gun.
**metralleta** *f* submachine-gun.
**métrico, ca** *adj* metric.
**metro** *m* meter; subway.
**metrópoli** *f* metropolis; mother country.
**mezcla** *f* mixture, medley.
**mezclar** *vt* to mix; • **~se** *vi* to mix; to mingle.
**mezquindad** *f* meanness; pettiness; wretchedness.
**mezquino, na** *adj* mean; small-minded, petty; wretched.
**mezquita** *f* mosque.
**mi** *adj* my.
**mí** *pn* me; myself.
**microbio** *m* microbe.
**microbús** *m* minibus.
**micrófono** *m* microphone.
**microordenador** *m* microcomputer.
**microscópico, ca** *adj* microscopic.
**microscopio** *m* microscope.
**miedo** *m* fear, dread; **mucho ~ y poca verguenza** shame on you.
**miel** *f* honey; **dajar a uno con la ~ en los labios** to stop one's fun; **~ sobre hojuelas** nothing could be better; **no hay ~ sin hiel** life can't be peaches and cream.
**miembro** *m* member; **~ viril** penis.
**mientras** *adv* meanwhile; • *conj* while; as long as; **~ más mejor** the more the better.
**miércoles** *m* Wednesday.
**mierda** *f* (*fam*) shit (*sl*).
**mies** *f* harvest.
**miga** *f* crumb; **~s** *pl* fried breadcrumbs.
**migaja** *f* scrap, crumb.
**migajón** *m* crumb; substance.
**migración** *f* migration.
**mijo** *m* (*bot*) millet.
**mil** *m* one thousand.
**milagro** *m* miracle, wonder.
**milagroso, sa** *adj* miraculous.
**milano** *m* kite (bird).
**milésimo, ma** *adj, m* thousandth.
**milicia** *f* militia; military service.
**miliciano** *m* militiaman.
**milímetro** *m* millimeter.

**militante** *adj* militant.
**militar** *adj* military; • *vi* to serve in the army; (*fig*) to be a member of a party.
**milla** *f* mile.
**millar** *m* thousand.
**millión** *m* million.
**millonario, ria** *m/f* millionaire.
**mimar** *vt* to spoil, pamper.
**mimbre** *m* wicker.
**mímica** *f* sign language; mimicry.
**mimo** *m* caress; spoiling; mime; **hacerle ~s a un niño** to fondle.
**mimoso, sa** *adj* spoilt, pampered, delicate, fond.
**mina** *f* mine; underground passage; **~ de oro** a gold mine (a profitable business, etc.).
**minar** *vt* to undermine; to mine.
**mineral** *m* mineral; • *adj* mineral.
**mineralogía** *f* mineralogy.
**minero, ra** *m/f* miner.
**miniatura** *f* miniature.
**minifalda** *f* miniskirt.
**mínimo, ma** *adj* minimum.
**ministerio** *m* ministry.
**ministro, ra** *m/f* minister.
**minoría** *f* minority.
**minucioso, sa** *adj* meticulous; very detailed.
**minúsculo, la** *adj* minute; • *f* small letter.
**minusválido, da** *adj* (physically) handicapped; • *m/f* (physically) handicapped person.
**minuta** *f* minute, first draft; menu.
**minutero** *m* minute hand of a watch *or* clock.
**minuto** *m* minute.
**mío, mía** *adj* mine.
**miope** *adj* short-sighted.
**mira** *f* sight of a gun; (*fig*) aim; **andar, estar** or **quedar en la ~** to be on the look out; **poner la ~ en** to set one's eyes on.
**mirada** *f* glance; gaze; **echar una ~ a** to take a look at.
**mirador** *m* viewpoint, vantage point.
**miramiento** *m* consideration; circumspection.
**mirar** *vt* to look at; to observe; to consider; • *vi* to look; to look at oneself; to look at one another; **mírame y no me toques** very sensitive or weak person; **mira quien habla** look who's talking; **~ una cosa por encima** to look down one's nose at; **~se al espejo** to look oneself at the mirror; **~se unos a los otros** to gape at one another.
**mirilla** *f* peephole.
**mirlo** *m* blackbird.
**mirón, ona** *m/f* spectator, onlooker, bystander; voyeur.
**misa** *f* mass; **~ del gallo** midnight mass.
**misal** *m* missal.
**misantropía** *f* misanthropy.
**misántropo, pa** *m/f* misanthropist.
**miscelánea** *f* miscellany, grocery store.
**miserable** *adj* miserable; mean; squalid (place); (*fam*) despicable; • *m/f* rotter.
**miseria** *f* misery; poverty; meanness; squalor.
**misericordia** *f* mercy.
**misil** *m* missile.
**misión** *f* mission.
**misionero, ra** *m/f* missionary.
**mismo, ma** *adj* same; very; **así ~** likewise; **el ~ que viste y calza** that I'm; **por lo ~** for that very reason.
**misterio** *m* mystery.

**misterioso, sa** *adj* mysterious.
**mística** *f* mysticism.
**místico, ca** *adj* mystic, mystical.
**mitad** *f* half; middle; **cara ~** better half; **~ y ~** half and half; **plantar** or **poner a uno a la ~ del arroyo,** to throw someone out of the house; **por la ~** in half.
**mitigación** *f* mitigation.
**mitigar** *vt* to mitigate.
**mitin** *m* (political) rally.
**mito** *m* myth.
**mitología** *f* mythology.
**mitológico, ca** *adj* mythological.
**mitones** *mpl* mittens.
**mitote** *m* rumpus, uproar.
**mixto, ta** *adj* mixed.
**mobiliario** *m* furniture.
**mocedad** *f* youth.
**moción** *f* motion; **presentar una ~** to present or bring forward a motion.
**moco** *m* snot (*sl*), mucus; **llorar a ~ tendido** to weep.
**mochila** *f* backpack.
**mochuelo** *m* red owl.
**moda** *f* fashion, style; **a la ~** fashionable; **de ~** in fashion; **pasar de ~** go out to fashion.
**modales** *mpl* manners.
**modalidad** *f* kind, variety.
**modelar** *vt* to model, to form.
**modelo** *m* model, pattern.
**moderación** *f* moderation.
**moderado, da** *adj* moderate.
**moderar** *vt* to moderate.
**moderno, na** *adj* modern.
**modestia** *f* modesty, decency.
**modesto, ta** *adj* modest.
**módico, ca** *adj* moderate.
**modificación** *f* modification.
**modificar** *vt* to modify.
**modisto, ta** *m/f* dressmaker.
**modista** *m* dressmaker.
**modo** *m* mode, method, manner; **a mi ~** in my own way; **de buen ~** gladly; **de ningún ~** by no means.
**modorra** *f* drowsiness.
**modulación** *f* modulation.
**modular** *vt* to modulate.
**mofa** *f* mockery.
**mofarse** *vi* to mock, taunt; **~ de** to mock, to scoff at.
**moflete** *m* fat cheek.
**moho** *m* rust; mold, mildew.
**mohoso, sa** *adj* moldy, musty.
**mojar** *vt* to wet, to moisten; • **~se** *vi* to get wet.
**mojigato** *adj* hypocritical.
**mojón** *m* landmark.
**molde** *m* mold; pattern; model.
**moldura** *f* molding.
**mole** *f* bulk; pile.
**molécula** *f* molecule.
**moler** *vt* to grind, to pound; to tire out; to annoy, to bore.
**molestar** *vt* to annoy, to bother; to trouble; • *vi* to be a nuisance.
**molestia** *f* trouble; inconvenience; (*med*) discomfort.
**molesto, ta** *adj* annoying; inconvenient; uncomfortable; annoyed.
**molinero** *m* miller.
**molinillo** *m* mill; **~ de café** coffee grinder.
**molino** *m* mill; **arremeter contra ~s de viento** to tilt at windmills; **~s de viento** imaginary enemies.
**molusco** *adj* molusk.
**mollete** *m* small roll (of bread).
**momentáneo, nea** *adj* momentary.
**momento** *m* moment; **a cada ~** at every moment; **al ~** immediately; **por ~s** continuously.
**momia** *f* mummy.
**mona** *f* female monkey; **aunque la ~ se vista de seda, ~ se queda**

you can't make a duchess out of a fishwife; **dormir la ~** to sleep off hangover.
**monacal** *adj* monastic.
**monada** *f* cute little thing.
**monaguillo** *m* acolyte.
**monarca** *m/f* monarch.
**monarquía** *f* monarchy.
**monárquico, ca** *adj* monarchical; • *m/f* royalist, monarchist.
**monasterio** *m* monastery, convent.
**monástico, ca** *adj* monastic.
**mondadientes** *m invar* toothpick.
**mondar** *vt* to clean, to cleanse; to peel; • **~se de risa** (*fam*) *vi* to split one's sides laughing.
**mondo, da** *adj* clean, pure; **~ y lirondo** bare, plain; pure and simple.
**moneda** *f* money, currency; coin; **~ circulante** cash; **pagar en buena ~** to pay in good measure; **pagar con la misma ~** to repay; **ser ~ corriente** to be common knowledge.
**monedero** *m* purse.
**monería** *f* funny face; mimicry; prank; trifle.
**monetario, ra** *adj* monetary, financial.
**monigote** *m* childishly, drawn picture.
**monitor** *m* monitor.
**monje** *m*, **monja** *f* monk; nun.
**mono, na** *adj* lovely, pretty, nice; • *m/f* monkey, ape; • *mpl* dungarees; coveralls.
**monogamia** *f* monogamy.
**monólogo** *m* monologue.
**monopolio** *m* monopoly.
**monopolista** *m* monopolist, monopolizer.
**monosílabo, ba** *adj* monosyllabic.
**monotonía** *f* monotony.
**monótono, na** *adj* monotonous.
**monstruo** *m* monster.
**monstruosidad** *f* monstrosity.
**monstruoso, sa** *adj* monstrous.
**monta** *f* amount, sum, total.
**montaje** *m* assembly; décor (of theater); montage.
**montaña** *f* mountain.
**montañés, esa** *adj* mountain *compd*; • *m/f* highlander.
**montañoso, sa** *adj* mountainous.
**montar** *vt* to mount, to get on (a bicycle, horse *etc*); to assemble, to put together; to overlap; to set up (a business); to beat, to whip (in cooking); • *vi* to mount; to ride; to amount to; **~ a caballo** to ride horseback; **~ en colera** to get angry.
**montaraz** *adj* mountainous; wild, untamed.
**monte** *m* mountain; woodland; **~ alto** forest; **~ bajo** scrub.
**montería** *f* hunting, chase.
**montés, esa** *adj* wild, untamed.
**montón** *m* heap, pile; mass; **a ~es** abundantly, by the score; **ser del ~** to be mediocre.
**montonero** *m* coward who fights only when surrounded by his cronies.
**montura** *f* mount; saddle.
**monumento** *m* monument.
**monzón** *m* monsoon.
**moño** *m* bun.
**moquillo** *m* distemper (disease in dogs).
**mora** *f* blackberry.
**morada** *f* home, abode, residence.
**morado, da** *adj* violet, purple.
**morador, ra** *m/f* inhabitant, lodger.
**moral** *m* mulberry tree; • *f* morals, ethics *pl*; • *adj* moral.

**moraleja** *f* moral.
**moralidad** *f* morality.
**moralista** *m/f* moralist.
**moralizar** *vi* to moralize.
**moralmente** *adv* morally.
**morar** *vi* to inhabit, to dwell.
**moratoria** *f* moratorium.
**mórbido, da** *adj* morbid, diseased.
**morboso, sa** *adj* diseased, morbid.
**morcilla** *f* black pudding.
**mordacidad** *f* sharpness, pungency.
**mordaz** *adj* biting, scathing; pungent.
**mordaza** *f* gag; clamp.
**mordedura** *f* bite.
**morder** *vt* to bite; to nibble; to corrode, to eat away.
**mordisco** *m* bite.
**moreno, na** *adj* brown; swarthy; dark-skinned.
**moribundo, da** *adj* dying.
**morigeración** *f* temperance.
**morir** *vi* to die, to expire; to die down; (*fig*) to be dying; ~ **de aburrimiento** to be bored; ~ **con las botas puestas** to die with one's boots on; ~ **vestido** to die a violent.
**morisco, ca** *adj* Moorish.
**morlaco** *adj* pretending to be stupid or ignorant.
**moro, ra** *adj* Moorish; **no hay ~ en la costa** the coast is clear.
**morosidad** *f* slowness, sluggishness, dilatoriness.
**moroso, sa** *adj* slow, sluggish; (*com*) slow to pay up.
**morral** *m* haversack.
**morriña** *f* depression; sadness.
**morro** *m* snout; nose (of car, plane *etc*).
**morsa** *f* walrus.
**mortaja** *f* shroud; mortise; cigarette paper.
**mortal** *adj* mortal; fatal, deadly; **restos ~es** mortal remains.
**mortalidad** *f* mortality.
**mortandad** *f* death toll.
**mortecino** *adjn* pale, grey.
**mortero** *m* mortar (cannon).
**mortífero, ra** *adj* deadly, fatal.
**mortificación** *f* mortification.
**mortificar** *vt* to mortify.
**mortuorio** *m* mortuary.
**moruno, na** *adj* Moorish.
**mosca** *f* fly; **cazar ~s** to waste one's time; ~ **muerta** hypocrite; **parar ~s** to gape open-mouthed; **por si las ~s** just in case.
**moscabado** *adj* raw, brown sugar.
**moscardón** *m* botfly, blowfly; pest (*fam*), bore.
**moscatel** *adj* muscatel.
**moscón** *m* pest (*fam*); bore.
**mosquearse** *vi* (*fam*) to get cross; (*fam*) to take offense.
**mosquetero** *m* musketeer.
**mosquitero** *m* mosquito net.
**mosquito** *m* gnat, mosquito.
**mostaza** *f* mustard.
**mosto** *m* must, new wine.
**mostrador** *m* counter.
**mostrar** *vt* to show, to exhibit; to explain; • **~se** *vi* to appear, to show oneself.
**mostrenco** *adj* ownerless
**mota** *f* speck, tiny piece; dot; defect *or* fault.
**mote** *m* nickname.
**motejar** *vt* to nickname.
**motín** *m* revolt; mutiny.
**motivar** *vt* to motivate; to explain, to justify.
**motivo** *m* motive, cause, reason; **con ~ de** on the occasion of; **dar**

~ to give cause; **por ningún** ~ under no circumstances.
**moto** (*fam*) *or* **motocicleta** *f* motorcycle.
**motor** *m* engine, motor.
**motriz** *adj* driving, motive.
**movedizo, za** *adj* movable; variable, changeable; fickle.
**mover** *vt* to move; to shake; to drive; (*fig*) to cause; **~se** *vi* to move; (*fig*) to get a move on; ~ **cielo y tierra** to move heaven and earth.
**móvil** *adj* mobile; moving; • *m* motive, movable.
**movilidad** *f* mobility.
**movimiento** *m* movement, motion.
**mozo, za** *adj* young; • *m/f* youth, young man/girl; waiter; waitress.
**mozalbete** *m* youth, young fellow.
**muchacho, a** *m/f* boy/girl; • *f* maid (servant).
**muchedumbre** *f* crowd.
**mucho, cha** *adj* a lot of, much; • *adv* much, a lot, long; ~ **ruido y pocas nueces** much ado about nothing.
**muda** *f* change of clothes.
**mudable** *adj* changeable, variable, mutable.
**mudanza** *f* change; move; **camión de ~s** moving van; **estar de** ~ to be fickle.
**mudar** *vt* to change; to shed; • *vi* to change; to change one's clothes; to change house.
**mudo, da** *adj* dumb; silent, mute; **hacer hablar a los ~s** to able to doing anything.
**mueble** *m* piece of furniture; **~s** *mpl* furniture.
**mueblería** *f* furniture factory; furniture store.
**mueca** *f* grimace, funny face.
**muela** *f* tooth, molar.
**muelle** *m* spring; regulator; quay, wharf.
**muérdago** *m* (*bot*) mistletoe.
**muerte** *f* death; **a las puertas de la** ~ at death's door; **de** ~ mortal; **hasta la** ~, to the bitter end, ~ **civil** (*law*) civil death.
**muerto** *m* corpse; ~, **ta** *adj* dead; **naturaleza** ~ still life; **echarle a uno el ~, hacerle cargar con el** ~ to put the blame on someone; **hacerse el** ~ to play possum; **los ~s no hablan** dead mans tell no tales.
**muesca** *f* notch, groove.
**muestra** *f* pattern; indication; demonstration; proof; sample; token; model; **dar ~s de** to show signs of; **para ~ un botón** one example will suffice to prove it; **por la ~ se conoce el paño** you know the person by the way he acts.
**mugido** *m* lowing.
**mugir** *vi* to low, to bellow.
**mugre** *m* dirt, filth.
**mugriento, ta** *adj* greasy, dirty, filthy.
**mujer** *f* woman, wife, mate.
**mujeriego** *adj* donjuanish, woman-chasing.
**mulato** *adj* mulatto.
**muleta** *f* crutch.
**muletilla** *f* cross-handle cane.
**mulo, la** *m/f* mule; **ser una** ~ to be very stupid or obstinate.
**mulada** *f* a stupid act or gesture.
**multa** *f* fine, penalty.
**multar** *vt* to fine.
**múltiple** *adj* multiple; **~s** many, numerous.

**multiplicación** *f* multiplication.
**multiplicado** *m* (*mat*) multiplicand.
**multiplicar** *vt* to multiply.
**multiplicidad** *f* multiplicity.
**multitud** *f* multitude, great number.
**mullido, da** *adj* soft; springy.
**mundanal** *adj* wordly.
**mundano, na** *adj* mundane, worldly.
**mundial** *adj* world-wide; global .
**mundillo** *m* arched clotheshorse, inner circle.
**mundo** *m* world; **desde que el ~ es ~** ever since the world began; **salir de este ~** to die.
**munición** *f* ammunition.
**municipio** *m* town council; municipality.
**municipal** *adj* municipal.
**muñeca** *f* wrist; child's doll; **~ de trapo** rag doll.
**muñeco** *m* puppet; figure; **tener ~s en la cabeza** to have exaggerated ideas of one's abilities.
**muñón** *m* stump.
**mural** *adj* mural; **pintura ~** mural painting.
**muralla** *f* rampart, wall.
**murciélago** *m* bat.
**murmullo** *m* murmur, mutter.
**murmuración** *f* backbiting, gossip.
**murmurador, ra** *m/f* detractor, backbiter.
**murmurar** *vi* to murmur; to gossip; to backbite.
**muro** *m* wall.
**musa** *f* muse.
**muscular** *adj* muscular.
**músculo** *m* muscle.
**muselina** *f* muslin.
**museo** *m* museum.
**musgo** *m* moss.
**música** *f* music, band, choir; **irse con la ~ a otra parte** to up and go; **~ bailable** dance music; **no entender la ~** to act dumb.
**musical** *adj* musical.
**músico, ca** *m/f* musician; • *adj* musical.
**muslo** *m* thigh.
**mustio, tia** *adj* parched, withered; sad, sorrowful.
**mutabilidad** *f* mutability.
**mutación** *f* mutation, change.
**mutilación** *f* mutilation.
**mutilar** *vt* to mutilate, to maim.
**mutuo, tua** *adj* mutual, reciprocal.
**mutuamente** *adv* mutually.
**muy** *adv* very; too; greatly; **~ ilustre** most illustrious.

# N

**nabo** *m* turnip.
**nácar** *m* mother-of-pearl, nacre.
**nacarado, da** *adj* mother-of-pearl; pearl-colored.
**nacer** *vi* to be born, to bud, to shoot (of plants); to rise; to grow.
**nacido, da** *adj* born; **recién** ~ newborn; **bien** ~ wellborn; **mal** ~ lowborn.
**naciente** *adj* incipient, very recent.
**nacimiento** *m* birth; Nativity; **de** ~ from birth.
**nación** *f* nation.
**nacional** *adj* national.
**nacionalidad** *f* nationality.
**nacionalizar** *vt* to nationalize; • **~se** to become naturalized.
**nada** *f* nothing; • *adv* no way, not at all, by no means; ~ **del otro mundo, nada del otro jueves** nothing to write home about; ~ **de eso** none of that; ~ **más** nothing else; **por** ~ **del mundo** not for all the world.
**nadador, ra** *m/f* swimmer.
**nadar** *vi* to swim; ~ **contra la corriente** to swim against the tide.
**nadie** *pn* nobody, no one.
**nado** *adv* **a** ~ afloat.
**nafta** *f* gas.
**naipe** *m* playing card.
**nalgas** *fpl* buttocks.
**nana** *f* nanny, nurse.
**naranja** *f* orange.
**naranjada** *f* orangeade.
**naranjal** *m* orange grove.
**naranjo** *m* orange tree.
**narciso** *m* (*bot*) daffodil; narcissus flower; fop.
**narcótico, ca** *adj* narcotic; • *m* drug, narcotic.
**nardo** *m* spikenard.
**narigón, ona** *or* **narigudo, da** *adj* big- nosed.
**nariz** *f* nose; sense of smell; **darle con la puerta en las narices** to come up against a stone wall; **meter la** ~ **en todo** to stick one's nose into everything; **no ver más allá de su** ~ to see no farther than one's nose.
**narrable** *adj* that can be narrated.
**narración** *f* narration.
**narrar** *vt* to narrate, to tell.
**narrativa** *f* narrative; story.
**nasal** *adj* pertaining to the nose.
**nasofarímgeo** *adj* nasopharyngeal.
**nata** *f* cream.
**natación** *f* swimming.
**natal** *adj* natal, native.
**natalicio** *m* birthday.
**natillas** *fpl* custard.
**natividad** *f* nativity.
**nativo, va** *adj, m/f* native.
**natural** *m* temper; natural disposition; native; • *adj* natural, native; common, usual; **al** ~ unaffectedly.
**naturaleza** *f* nature.
**naturalidad** *f* naturalness.
**naturalista** *m* naturalist.
**naturalizar** *vi* to naturalize; • **~se** *vi* to become naturalized; to become acclimated.
**naturalmente** *adv* in a natural way; ¡~! of course!
**naturismo** *m* belief in natural healing practices.
**naufragar** *vi* to be shipwrecked; to suffer ruin in one's affairs.

**naufragio** *m* shipwreck.
**náufrago, ga** *adj* shipwrecked.
**nauseabundo, da** *adj* nauseating.
**náuseas** *fpl* sickness, nausea; **dar ~** to disgust; **sentir** or **tener ~** to feel sick.
**náutica** *f* related to navigation.
**navaja** *f* penknife; razor.
**naval** *adj* naval.
**nave** *f* ship.
**navegable** *adj* navigable.
**navegación** *f* navigation; sea journey.
**navegante** *m* navigator.
**navegar** *vt, vi* to navigate; to sail; to fly.
**navidad** *f* Christmas.
**navideño, ña** *adj* Christmas *compd.*
**navío** *m* ship.
**nazi** *adj, m/f* Nazi.
**neblina** *f* mist, fine rain, drizzle.
**nebuloso, sa** *adj* misty, cloudy, nebulous, foggy, hazy, drizzling; • *f* nebula.
**necedad** *f* gross ignorance, stupidity; imprudence.
**necesario, ria** *adj* necessary.
**neceser** *m* toilet bag; dressing case.
**necesidad** *f* necessity, need, want; **de primera ~** basic (commodoty).
**necesitado, da** *adj* necessitous, needy.
**necesitar** *vt* to need; • *vi* to want, to need.
**necio, cia** *adj* ignorant, stupid, foolish; imprudent.
**necrología** *f* obituary.
**nectarina** *f* nectarine.
**néctar** *m* nectar.
**nefando, da** *adj* base, nefarious, abominable.
**nefasto, ta** *adj* unlucky.
**negación** *f* negation; denial.
**negado, da** *adj* incapable, unfit.
**negar** *vt* to deny; to refuse; • **~se** *vi* to refuse to do a thing.
**negativo, va** *adj, m* negative; • *f* negative; refusal.
**negligencia** *f* negligence.
**negligente** *adj* negligent, careless, heedless.
**negociación** *f* negotiation; commerce.
**negociante** *m/f* trader, dealer.
**negociar** *vt, vi* to negotiate.
**negocio** *m* business, affair; transaction; firm; place of business; **cerrar un ~** to conclude a deal; **hombre de ~s** businessman; **~ redondo** very good or lucrative business or deal.
**negro, gra** *adj* black; awful; • *m* black; • *m/f* Black.
**negrura** *f* blackness.
**negruzco, ca** *adj* blackish.
**nene** *m*, **nena** *f* baby.
**nenúfar** *m* water lily.
**neófito** *m* neophyte.
**nepotismo** *m* favoritism shown to relatives.
**nervio** *m* nerve.
**nervioso, sa** *adj* nervous; **crisis ~** nervous breakdown.
**neto, ta** *adj* neat, pure; **peso ~** net weight, total.
**neumático, ca** *adj* pneumatic; • *m* tire.
**neutral** *adj* neutral, neuter.
**neutralidad** *f* neutrality.
**neutralizar** *vt* to neutralize; to counteract.
**neutro, tra** *adj* neutral, neuter.
**neutrón** *m* neutron.
**nevada** *f* fall of snow.

**nevar** *vi* to snow.
**nevera** *f* icebox.
**nevería** *f* ice-cream parlor.
**nexo** *m* link.
**ni** *conj* neither, nor; ~ **chicha** ~ **limonada** neither fish nor fowl.
**nicho** *m* niche.
**nido** *m* nest; hiding place, **haberse caído del** ~ to be very credulous; ~ **de ladrones** thieves' den.
**niebla** *f* fog, mist.
**nieta** *f* granddaughter.
**nieto** *m* grandson.
**nieve** *f* snow.
**nigromancia** *f* necromancy.
**nimiedad** *f* small-mindedness; triviality.
**nimio, mia** *adj* trivial.
**ninfa** *f* nymph.
**ningún, ninguno, na** *adj* no; • *pn* nobody, none, not one; neither.
**niña** *f* little girl; pupil, apple of the eye.
**niñera** *f* nursemaid.
**niñería** *f* childishness, childish action.
**niñero, ra** *adj* fond of children.
**niñez** *f* childhood.
**niño, ña** *adj* childish; • *m* boy, child; • *f* girl, child; infant; **desde** ~ from infancy, from a child; ~ **prodigio** child prodigy.
**níspera** *f or* **níspero** *m* medlar.
**nitidez** *f* clarity; brightness; sharpness.
**nitrato** *m* (*quim*) nitrate.
**nitrógeno** *m* nitrogen.
**nivel** *m* level; standard; height; **a** ~ perfectly level.
**nvelación** *f* leveling.
**niveladora** *f* bulldozer.
**nivelar** *vt* to level; to even up; to balance.
**no** *adv* no; not; • *excl* ¡no!; **a que** ~ I bet you don't; **¿cómo ~ ?** gladly of course.
**noble** *adj* noble, illustrious, generous.
**nobleza** *f* nobleness, nobility.
**noción** *f* notion, idea.
**nocivo, va** *adj* harmful.
**nocturno, na** *adj* nocturnal, nightly; • *m* nocturne.
**noche** *f* night; evening; darkness; ~ **buena** Christmas Eve; ~ vieja New Year's Eve; **¡buenas ~s!** good night!; **de la ~ a la mañana** overnight suddenly; **hacerse de** ~ to grow night, **media** ~ midnight; **para la** ~ at night.
**nodriza** *f* nurse.
**nogal** *m* walnut tree.
**nómada** *adj* nomadic; • *m/f* nomad.
**nombramiento** *m* nomination; appointment.
**nombrar** *vt* to name; to nominate, to appoint.
**nombre** *m* name; title; reputation; **hacerse** ~ to make a name for oneself; ~ **comercial** firm name; ~ **de pila** Christian or first name; **poner** ~ **a** put a name to.
**nomenclatura** *f* nomenclature.
**nómina** *f* list; (*com*) payroll.
**nominador** *m* nominator.
**nominal** *adj* nominal.
**nominativo** *m* (*gr*) nominative.
**non** *adj* odd, uneven; • *m* odd number.
**nonagenario, ria** *adj* ninety years old; • *m/f* nonagenarian.
**nonato** *adj* unborn.
**nórdico, ca** *adj* northern; Nordic.
**noquear** *vt* to knock out.
**noria** *f* water wheel; Ferris wheel.
**norma** *f* norm, standard.

**normal** *adj* normal; usual.
**normalidad** *f* normality.
**normalizar** *vt* to normalize; to standardize; • **~se** *vi* to return to normal.
**noroeste** *adj* northwest, northwestern; • *m* northwest.
**norte** *adj* north, northern; • *m* north; (*fig*) rule, guide.
**norteño** *adj* northern.
**nos** *pn* us; to us; for us; from us; to ourselves.
**nosotros, tras** *pn* we, us.
**nostalgia** *f* homesickness.
**nota** *f* note, notice, remark; mark.
**notable** *adj* notable, remarkable.
**notar** *vt* to note, to mark; to remark; • **~se** *vi* to be obvious.
**notaría** *f* profession of a notary; notary's office.
**notario** *m* notary.
**noticia** *f* notice, knowledge, information, note; news; **atrasado de ~s** out of date; **~s de última hora** stop-press news.
**noticiario** *m* newsreel; news bulletin.
**noticiero** *m* news bulletin.
**notificación** *f* notification.
**notificar** *vt* to notify, to inform.
**notoriedad** *f* notoriety.
**notorio, ria** *adj* notorious.
**novatada** *f* ragging, hazing.
**novato, ta** *adj* inexperienced; • *m/f* beginner.
**novecientos, tas** *adj* nine hundred.
**novedad** *f* novelty; newness; piece of news; change; **sin ~** as usual.
**novela** *f* novel; **~ policiaca** detective novel; **~ de amor** love story.
**novelero, ra** *adj* highly imaginative.
**novelesco, ca** *adj* fictional; romantic; fantastic.
**noveno, na** *adj* ninth.
**noventa** *adj, m* ninety.
**novia** *f* bride; girlfriend; fiancée; **pedir la ~** to ask for the hand of one's fiancée.
**noviazgo** *m* engagement.
**novicio** *m* novice.
**noviembre** *m* November.
**novilla** *f* heifer.
**novillada** *f* drove of young bulls; fight of young bulls.
**novillo** *m* young bull *or* ox.
**novio** *m* bridegroom; boyfriend; fiancé.
**nubarrón** *m* large cloud.
**nube** *f* cloud; **estar por las ~s** to be very high; **poner por las ~s** to become very high flown.
**nublado, da** *adj* cloudy; • *m* storm cloud.
**nublarse** *vi* to grow dark.
**nuca** *f* nape, scruff of the neck.
**nuclear** *adj* nuclear.
**núcleo** *m* core; nucleus.
**nudillo** *m* knuckle.
**nudo** *m* knot; **~ en la garganta** lump in one's throat.
**nuera** *f* daughter-in-law.
**nuestro, tra** *adj* our; • *pn* ours.
**nuevamente** *adv* again; anew.
**nueve** *m, adj* nine.
**nuevo, va** *adj* new, modern, fresh; • *f* piece of news; **¿qué hay de ~?** what's new?
**nuez** *f* nut; walnut; Adam's apple; **~ moscada** nutmeg; **apretare a uno la ~** choke someone to death; **volver las nueces al cantaro** to renew old quarrels or disputes.

**nulidad** *f* incompetence; nullity.
**nulificar** *vt* to nullify
**nulo, la** *adj* useless; drawn; null.
**numeración** *f* numeration.
**numerador** *m* numerator.
**numeral** *m* numeral.
**numerar** *vt* to number, to numerate, to count.
**numérico, ca** *adj* numerical.
**número** *m* number; cipher.
**numeroso, sa** *adj* numerous.
**numismática** *f* numismatics, to study or collection of coins, medals, paper money, etc.
**nunca** *adv* never.
**nuncio** *m* nuncio, ambassador.
**nupcial** *adj* nuptial.
**nupcias** *fpl* nuptials, wedding.
**nutria** *f* otter.
**nutrición** *f* nutrition.
**nutrir** *vt* to nourish; to feed.
**nutritivo, va** *adj* nutritive, nourishing.
**nylon** *m* nylon.

# Ñ

**ñango** *adj* awkward, clumsy.
**ñato, ta** *adj* flatnosed.
**ñeque** *adj* strong, full of vim.
**ñoño, ña** *adj* insipid; spineless; silly.
**ñoñería** *f* insipidness.

# O

**o** *conj* or; either.
**oasis** *m invar* oasis.
**obcecación** *f* obduracy.
**obcecar** *vt* to blind; to darken.
**obedecer** *vt* to obey.
**obediencia** *f* obedience.
**obediente** *adj* obedient.
**obelisco** *m* obelisk.
**obertura** *f* (*mus*) overture.
**obesidad** *f* obesity.
**obeso, sa** *adj* obese, fat.
**óbice** *m* obstacle, impediment.
**obispado** *m* bishopric; episcopate.
**obispo** *m* bishop.
**obituario** *m* obituary.
**objeción** *f* objection, opposition, exception.
**objetar** *vt* to object, to oppose.
**objetivo, va** *adj, m* objective.
**objeto** *m* object; aim.
**oblea** *f* wafer.
**oblicuo, cua** *adj* oblique.
**obligación** *f* obligation; (*com*) bond.
**obligar** *vt* to force; • **~se** *vi* to bind oneself.
**obligatorio, ria** *adj* obligatory.
**oblongo, ga** *adj* oblong.
**oboe** *m* oboe.
**obra** *f* work; building, construction; play; **por ~ de** thanks to; **~ de caridad** work of charity; **~ del diablo** work of the devil.
**obrar** *vt* to work; to operate, to act; to put into practice; • *vi* to behave; to have an effect.
**obrero, ra** *adj* working; labor *compd*; • *m/f* workman; laborer.
**obscenidad** *f* obscenity.
**obsceno, na** *adj* obscene.
**obsequiar** *vt* to present with; to lavish attention on.
**obsequio** *m* gift; courtesy.
**obsequioso, sa** *adj* obsequious, compliant, officious.
**observación** *f* observation; remark.
**observador** *m* observer, observant.
**observancia** *f* observance.
**observar** *vt* to observe; to notice.
**observatorio** *m* observatory.
**obsesión** *f* obsession.
**obsesionar** *vt* to obsess.
**obstáculo** *m* obstacle, impediment, hindrance.
**obstar** *vi* to oppose, to obstruct, to hinder.
**obstetricia** *f* obstetrics.
**obstinación** *f* obstinacy, stubbornness.
**obstinado, da** *adj* obstinate.
**obstinarse** *vi* to be obstinate; **~ en** to persist in.
**obstrucción** *f* obstruction.
**obstruir** *vt* to obstruct; • **~se** *vi* to be blocked up, to be obstructed.
**obtener** *vt* to obtain; to gain.
**obtuso, sa** *adj* obtuse, blunt.
**obús** *m* (*mil*) shell.
**obviar** *vt* to obviate, to remove.
**obvio, via** *adj* obvious, evident.
**ocasión** *f* occasion, opportunity.
**ocasional** *adj* occasional.
**ocasionar** *vt* to cause, to occasion.
**ocaso** *m* (*fig*) decline.
**occidental** *adj* occidental, western.
**occidente** *m* occident, west.
**oceano** *m* ocean.
**ocio** *m* leisure; pastime.
**ociosidad** *f* idleness, leisure.
**ocioso, sa** *adj* idle; useless.

**ocluir** *vt* to occlude.
**oclusión** *f* occlusion; stop.
**ocre** *m* ocher.
**octavilla** *f* pamphlet.
**octavo, va** *adj* eighth.
**octogenario, ria** *adj, m/f* octogenarian.
**octubre** *m* October.
**ocular** *adj* ocular; eye (*compd*).
**oculista** *m/f* oculist.
**ocultar** *vt* to hide, to conceal.
**oculto, ta** *adj* hidden, concealed, secret.
**ocupación** *f* occupation; business, employment.
**ocupado, da** *adj* busy; occupied; engaged.
**ocupar** *vt* to occupy, to hold an office; ~**se de** *o* **en** *vi* to concern oneself with; to look after.
**ocurrencia** *f* event; bright idea.
**ocurrir** *vi* to occur, to happen.
**ochenta** *m, adj* eighty.
**ocho** *m, adj* eight.
**ochocientos** *m, adj* eight hundred.
**oda** *f* ode.
**odiar** *vt* to hate; • ~**se** *vi* to hate one another.
**odio** *m* hatred.
**odioso, sa** *adj* odious, hateful.
**odontólogo, ga** *m/f* dentist.
**odorífero, ra** *adj* odoriferous, fragrant.
**oeste** *m* west.
**ofender** *vt* to offend, to injure; • ~**se** *vi* to be vexed; to take offense.
**ofensa** *f* offense, injury.
**ofensivo, va** *adj* offensive, injurious; **montar una** ~ to mount an offensive; **tomar la** ~ to take the offensive.
**ofensor** *m* offender.
**oferta** *f* offer; offering.
**oficial** *adj* official; • *m* officer; official.
**oficiar** *vt* to officiate, to minister (of clergymen, *etc*).
**oficina** *f* office.
**oficio** *m* office, employment, occupation, ministry; function; trade, business; ~**s** *pl* divine service.
**oficiosidad** *f* diligence; officiousness; importunity.
**oficioso, sa** *adj* officious, diligent; unofficial, informal.
**ofrecer** *vt* to offer; to present; to exhibit; • ~**se** *vi* to offer, to occur, to present itself.
**ofrecimiento** *m* offer, promise.
**ofrenda** *f* offering, oblation.
**ofrendar** *vt* to offer, to contribute.
**oftalmólogo, ga** *m/f* ophthalmologist.
**ofuscación** *f* dimness of sight; obfuscation.
**ofuscar** *vt* to darken, to render obscure; to bewilder.
**ogro** *m* ogre, monster.
**oídas** *fpl*: **de** ~ by hearsay.
**oído** *m* hearing; ear; **caer en ~s sordos** to fall in deaf ears; **dar ~s a** to listen favorably.
**oír** *vt, vi* to hear; to listen.
**ojal** *m* buttonhole.
**¡ojalá!** *conj* if only ...!, would that ...!
**ojaltero** *m* armchair partisan or supporter.
**ojeada** *f* glance.
**ojear** *vt* to eye, to view; to glance.
**ojera** *f* bag under the eyes.
**ojeriza** *f* spite, grudge, ill-will.
**ojo** *m* eye; sight; eye of a needle; arch of a bridge; **a ~ de cubero** roughly; **bailarle a uno los ~s** to

have dancing eyes; **clavar los ~ en** to fix one's eyes on; **cuatro ~s ven más que dos**.
**ola** *f* wave; ~ **de calor** heat wave.
**oleada** *f* surge; violent emotion.
**oleaje** *m* succession of waves, sea swell.
**óleo** *m* oil.
**oler** *vt* to smell, to scent; • *vi* to smell; to smack of; ~ **a gloria** to smell delicious.
**olfatear** *vt* to smell; (*fig*) to sniff out.
**olfato** *m* sense of smell.
**oligarquía** *f* oligarchy.
**oligárquico, ca** *adj* oligarchical.
**olimpíada** *f* the Olympics.
**olímpico, ca** *adj* Olympic.
**oliva** *f* olive.
**olivar** *m* olive grove.
**olivo** *m* olive tree.
**olmo** *m* elm tree.
**olor** *m* smell, odor, scent.
**oloroso, sa** *adj* fragrant, odorous.
**olvidadizo, za** *adj* forgetful.
**olvidar** *vt* to forget.
**olvido** *m* forgetfulness.
**olla** *f* pan; stew; ~ **a presión** *o* **exprés** pressure cooker.
**ombligo** *m* navel.
**omisión** *f* omission.
**omitir** *vt* to omit.
**omnipotencia** *f* omnipotence.
**omnipotente** *adj* omnipotent, almighty.
**once** *m, adj* eleven.
**onda** *f* wave.
**ondear** *vt* to undulate; to fluctuate.
**ondulado, da** *adj* wavy.
**oneroso, sa** *adj* burdensome.
**opacidad** *f* opacity, gloom, darkness.
**opaco, ca** *adj* opaque, dark.
**opción** *f* option, choice.
**ópera** *f* opera.
**operación** *f* operation.
**operador, ra** *m/f* operator; projectionist; cameraman.
**operar** *vi* to operate, to act.
**opinar** *vt* to think; • *vi* to give one's opinion.
**opinión** *f* opinion; **cambiar de ~** to change one's mind; **tener mala ~ de** to have a poor opinion of.
**opio** *m* opium.
**oponente** *m/f* opponent.
**oponer** *vt* to oppose; • **~se** *vi* to oppose, to be opposite; ~ **una cosa a otra** to set or put one thing against another.
**oportunidad** *f* opportunity.
**oportunismo** *m* opportunism.
**oportuno, na** *adj* seasonable, opportune.
**oposición** *f* opposition.
**oposiciones** *fpl* public examinations.
**opositor** *m* opponent; candidate.
**opresión** *f* oppression.
**opresivo, va** *adj* oppressive.
**opresor** *m* oppressor.
**oprimir** *vt* to oppress; to crush, to press, to squeeze.
**optar** *vt* to choose, to elect.
**optativo, va** *adj* optional.
**óptica** *f* optics.
**óptico, ca** *adj* optical; • *m/f* optician.
**optimista** *m/f* optimist.
**óptimo, ma** *adj* best.
**opuesto, ta** *adj* opposite, contrary, adverse.
**opulencia** *f* wealth, riches *pl*.
**opulento, ta** *adj* opulent, wealthy.
**oración** *f* sentence, speech; prayer.

**orador** *m* orator.
**oral** *adj* oral.
**orangután** *m* orangutan.
**orar** *vi* to pray.
**orbe** *m* orb, globe.
**oratoria** *f* oratory, rhetorical skill.
**órbita** *f* orbit.
**orden** *m/f* order; ~ **del día** order of the day; ~**es sagradas** holy orders.
**ordenación** *f* arrangement; ordination; edict, ordinance.
**ordenado, da** *adj* methodical; orderly.
**ordenador** *m* computer.
**ordenanza** *f* order; statute, ordinance; ordination.
**ordenar** *vt* to arrange; to order; to ordain; • ~**se** *vi* to take holy orders.
**ordeñar** *vt* to milk.
**ordinal** *adj* ordinal.
**ordinario, ria** *adj* ordinary, common; **de** ~ regularly, commonly, ordinarily.
**orear** *vt* to air, to aerate.
**orégano** *m* oregano.
**oreja** *f* ear; **aguzar las** ~**s** to prick up one's ears; **con las** ~**s caídas** or **gachas** crestfallen; **tirar a uno de la** ~ to pull someone's ear.
**orejera** *f* earflap.
**orfanato** *m* orphanage.
**orfandad** *f* orphanhood.
**orgánico, ca** *adj* organic; harmonious.
**organigrama** *m* flow chart.
**organismo** *m* organism; organization.
**organista** *m/f* organist.
**organización** *f* organization; arrangement.
**organizar** *vt* to organize.
**órgano** *m* organ.
**orgasmo** *m* orgasm.
**orgía** *f* orgy.
**orgullo** *m* pride, haughtiness.
**orgulloso, sa** *adj* proud, haughty.
**orientación** *f* position; direction.
**oriental** *adj* oriental, eastern.
**orientar** *vt* to orient; to point; to direct; to guide; • ~**se** *vi* to get one's bearings; to decide on a course of action.
**oriente** *m* orient.
**orificio** *m* orifice, mouth, aperture.
**origen** *m* origin, source; native country; family, extraction.
**original** *adj* original, primitive; • *m* original, first copy.
**originalidad** *f* originality.
**originar** *vt, vi* to originate.
**originario, ria** *adj* original.
**orilla** *f* limit, border, margin; edge of cloth; shore; **a la** ~ near; **a orillas de** on tha banks or shores of.
**orín** *m* rust.
**orina** *f* urine.
**orinal** *m* chamber pot.
**orinar** *vi* to pass water.
**oriundo, da** *adj* ~ **de** native of.
**ornamento** *m* ornament, embellishment.
**ornitología** *f* bird watching.
**oro** *m* gold; ~**s** *pl* diamonds (at cards); **no todo lo que reluce es** ~ all that glitters is not gold; **valer su peso en** ~ to be worth one's weight in gold.
**oropel** *m* tinsel, tinfoil.
**orquesta** *f* orchestra, ~ **de baile** dance orchestra; ~ **de cámara** chamber orchestra.
**orquídea** *f* orchid.
**ortiga** *f* (*bot*) nettle.
**ortodoxia** *f* orthodoxy.

**ortodoxo, xa** *adj* orthodox.
**ortografía** *f* orthography, spelling.
**ortográfico, ca** *adj* orthographical.
**oruga** *f* (*bot*) caterpillar.
**orza** *f* jar.
**orzuelo** *m* (*med*) stye.
**osa** *f* she-bear; **O ~ Mayor/Menor** Great/Little Bear.
**osadamente** *adv* boldly, daringly.
**osadía** *f* boldness, intrepidity; zeal, fervor.
**osamenta** *f* skeleton.
**osar** *vi* to dare, to venture.
**oscilación** *f* oscillation.
**oscilar** *vi* to oscillate.
**oscurecer** *vt* to obscure, to darken; • *vi* to grow dark; to disappear.
**oscuridad** *f* obscurity; darkness.
**oscuro, ra** *adj* obscure, dark.
**óseo** *adj* bony.
**osificarse** *vi* to ossify.
**oso** *m* bear; ~ **blanco** polar bear.
**ostensible** *adj* ostensible, apparent.
**ostentación** *f* ostentation, ambitious display, show.
**ostentar** *vt* to show; • *vi* to boast, to brag.
**ostentoso, sa** *adj* sumptuous, ostentatious.
**ostra** *f* oyster.
**otitis** *f* earache.
**otoñal** *adj* fall, autumnal.
**otoño** *m* fall, autumn.
**otorgamiento** *m* granting; execution.
**otorgar** *vt* to concede; to grant.
**otorrino, na** *or* **otorrinolaringólogo, ga** *m/f* ear, nose and throat specialist.
**otro, tra** *adj* another, other.
**ovación** *f* ovation.
**ovalado, da** *adj* oval.
**óvalo** *m* oval.
**ovario** *m* ovary.
**oveja** *f* sheep; **cada ~ con su pareja** let every men keep his face; ~ **perdida** or **descarriada** lost sheep.
**overol** *m* coveralls *pl*.
**ovillo** *m* ball of wool.
**ovíparo, ra** *adj* oviparous, egg-bearing.
**ovulación** *f* ovulation.
**óvulo** *m* ovum, egg.
**oxidación** *f* rusting.
**oxidar** *vt* to rust; • **~se** *vi* to go rusty.
**óxido** *f* (*quim*) oxide.
**oxigenar** *vt* to oxygenate; to take some fresh air.
**oxígeno** *m* (*quim*) oxygen.
**oyente** *m/f* listener, hearer.

# P

**pabellón** *m* pavilion; summer house; block, section.
**pábilo** *m* wick; snuff of a candle.
**pacer** *vt* to pasture, to graze.
**paciencia** *f* patience.
**paciente** *adj, m* patient.
**pacificación** *f* pacification.
**pacificar** *vt* to pacify, to appease.
**pacífico, ca** *adj* pacific, peaceful.
**pacotilla** *f* **de ~** third-rate; cheap; **ser de ~** to be of inferior quality.
**pactar** *vt* to covenant, to contract, to stipulate.
**pacto** *m* contract, pact.
**pachón** *adj* hairy, wooly.
**padecer** *vt* to suffer; to sustain an injury; to put up with.
**padecimiento** *m* suffering, sufferance.
**padrastro** *m* stepfather.
**padrazo** *m* over-indulgent father.
**padre** *m* father; **~s** *pl* parents.
**padrino** *m* godfather.
**padrón** *m* census; register; pattern; model.
**paella** *f* paella, dish of rice with shellfish, meat, *etc*.
**paga** *f* payment, fee.
**pagadero, ra** *adj* payable.
**paganismo** *m* paganism.
**pagano, na** *adj, m/f* heathen, pagan.
**pagar** *vt* to pay; to pay for; (*fig*) to repay; • *vi* to pay; **~ con la misma moneda** to pay in the same coin; **~ los platos rotos** to pay the piper.
**pagaré** *m* bond, note of hand, promissory note, I.O.U. (I owe you).
**página** *f* page.
**pago** *m* payment; reward; **~ a plazos** payment in installments; **~ contra entrega** pay on delivery.
**país** *m* country, land, region.
**paisaje** *m* landscape.
**paisano, na** *adj* of the same country; • *m/f* fellow countryman/woman.
**paja** *f* straw; (*fig*) trash, **quítame allá esas ~s** in a jiffy; **no dormirse en las ~** to be alert and wide awake.
**pajar** *m* straw loft.
**pajarita** *f* bow tie.
**pájaro** *m* bird; sly, acute fellow.
**pajarraco** *m* large bird; cunning fellow.
**paje** *m* page.
**pajita** *f* (drinking) straw.
**pajizo, za** *adj* straw-colored.
**pala** *f* shovel; **meter la ~** deceive; **meter su media ~** take part.
**palabra** *f* word; **de ~** by word of mouth; **a media ~** at the last word; **a ~s necias oídos sordos** to turn a deaf ear to non sense; **dejar a uno con la ~ la boca** to turn one's back; **en pocas palabras** in short; **faltar a su ~** to fail to keep one's promise.
**palabrota** *f* swearword.
**palaciego, ga** *adj* pertaining *or* relating to the palace; • *m* courtier.
**palacio** *m* palace.
**paladar** *m* palate; taste, relish.
**paladear** *vt* to taste.
**paladín** *m* champion.
**palanca** *f* lever.
**palangana** *f* basin.
**palco** *m* box in a theater.

**paleta** *f* bat; palette; trowel.
**paleto, ta** *m/f* rustic.
**paliar** *vt* to mitigate.
**paliativo, va** *adj, m* palliative.
**palidecer** *vi* to turn pale.
**palidez** *f* paleness, wanness.
**pálido, da** *adj* pallid, pale.
**palillo** small stick; toothpick.
**paliza** *f* beating, thrashing.
**palma** *f* palm tree; palm of the hand; palm leaf.
**palmada** *f* slap, clap; **~s** *pl* clapping of hands, applause.
**palmatoria** *f* candlestick; cane.
**palmear** *vi* to slap; to clap.
**palmera** *f* palm tree.
**palmeta** *f* cane.
**palmo** *m* palm; small amount.
**palmotear** *vi* to slap; to applaud.
**palmoteo** *m* clapping of hands.
**palo** *m* stick; cudgel; blow given with a stick; post; mast; bat; suit at cards; **~s** *pl* masting; **dar ~s de ciego** to swing out wildly.
**paloma** *f* pigeon, dove; **~ torcaz** ring dove; **~ zorita** wood pigeon.
**palomar** *m* pigeon house.
**palomilla** *f* moth; wing nut; angle iron; group of peers.
**palomino** *m* young pigeon.
**palomitas** *fpl* popcorn.
**palpable** *adj* palpable, evident.
**palpar** *vt* to feel, to touch, to grope.
**palpitación** *f* palpitation, panting.
**palpitante** *adj* palpitating; (*fig*) burning.
**palta** *f* avocado (pear).
**paludismo** *m* malaria.
**palpitar** *vi* to palpitate.
**palurdo, da** *adj* rustic, clownish, rude.
**pampa** *f* pampa (s), prairie.
**pámpano** *m* vine branch.
**pamplina** *f* futility, trifle; **¡~s!** nonsense!
**pan** *m* bread; loaf; food in general; **a falta de ~, buenas son las tortas** for want of something better; **con su ~se lo coma** he's welcome to it (for all I care); **contigo ~ y cebolla** for better or for worse.
**pana** *f* corduroy.
**panacea** *f* panacea, universal medicine.
**panadería** *f* baker's (shop).
**panadero** *m* baker.
**panal** *m* honeycomb; sweet rusk.
**pancarta** *f* placard.
**panda** *m* panda.
**pandereta** *f* tambourine.
**pandilla** *f* group; gang; clique.
**panegírico, ca** *adj* panegyrical; • *m* eulogy.
**panel** *m* panel.
**panfleto** *m* pamphlet.
**pánico** *m* panic.
**panificar** *vt* to make flour into bread.
**panocha** *f* corn cob.
**panorama** *m* panorama.
**pantaletas** *f* panties.
**pantalón** *m or* **pantalones** *mpl* pants; trousers; **llevar, tener** or **ponerse los ~** be the boss.
**pantalla** *f* screen; lampshade; **servir de ~ a** to act as a blind for.
**pantano** *m* marsh; reservoir; obstacle, difficulty.
**pantanoso, sa** *adj* marshy, fenny, boggy.
**panteísta** *f* pantheist.
**panteón** *m*: pantheon, **~ familiar** family tomb.
**pantera** *f* panther.
**pantomima** *f* pantomime.
**pantorrilla** *f* calf (of the leg).
**pantufla** *m* slipper.

**panza** *f* belly, paunch.
**panzada** *f* bellyful of food.
**panzudo, da** *adj* big-bellied.
**pañal** *m* diaper; **estar en ~es** be inexperienced.
**paño** *m* cloth; piece of cloth; duster, rag; **~ de lágrimas** sympathetic friend; **~s menores** underwear.
**pañoleta** *f* neckerchief
**pañuelo** *m* handkerchief.
**papa** *f* potato; • *m* **el P~** the Pope; **ser uno más papista que el ~** to be exceedingly radical in one's beliefs.
**papá** *m* (*fam*) dad, pop.
**papada** *f* double chin.
**papagayo** *m* parrot.
**papal** *adj* papal.
**papalote** *m* paper kite.
**papanatas** *m invar* (*fam*) simpleton.
**paparruchada** *f* piece of nonsense.
**papaya** *f* papaya.
**papel** *m* paper; writing; part acted in a play; **~ de estraza** brown paper; **~ sellado** stamped paper; **desempeñar** or **hacer un ~** to play a role.
**papeleo** *m* red tape.
**papelera** *f* writing desk; waste basket.
**papelería** *f* stationer's (shop).
**papeleta** *f* slip of paper; ballot paper; report.
**papelón** *adj* showy, ostentatious.
**paperas** *fpl* mumps.
**papilla** *f* baby food.
**papista** *m* papist.
**paquete** *m* packet; parcel; package tour.
**paquetería** *f* retail trade shop.
**par** *adj* equal, alike, even; **sin ~** matchless; • *m* pair; couple; peer; **de ~ en ~** wide open; **jugar a ~es y nones** to play at odds and evens; **sin ~** without equal.
**para** *prep* for, to, in order to, toward, to the end that.
**parabién** *m* congratulation; felicitation.
**parábola** *f* parable; parabola.
**parabólico, ca** *adj* parabolic(al).
**parabrisas** *m invar* windshield.
**paracaídas** *m invar* parachute.
**paracaidista** *m/f* parachutist; (*mil*) paratrooper.
**parachoques** *m invar* bumper; shock absorber.
**parada** *f* halt; suspension; pause; stop; shutdown; stopping place; **~ de autobús** bus stop.
**paradero** *m* halting place; term, end.
**parado, da** *adj* motionless; at a standstill; stopped; standing (up); unemployed; **quedar** or **salir bien** or **mal parado de** to come out well or badly.
**paradoja** *f* paradox.
**parador** *m* state-owned hotel.
**parafrasear** *vt* to paraphrase.
**paráfrasis** *f invar* paraphrase.
**paraguas** *m invar* umbrella.
**paraíso** *m* paradise; **~ terrenal** earthly paradise.
**paraje** *m* place, spot.
**paralelo, la** *adj, m/f* parallel.
**paralítico, ca** *adj* paralytic, palsied.
**paralizar** *vt* to paralyze; • **~se** *vi* to become paralyzed; (*fig*) to come to a standstill.
**páramo** *m* desert, wilderness.
**parangón** *m* paragon, model, comparison.
**paranoico, ca** *m/f* paranoiac.

**parapeto** *m* parapet.
**parar** *vi* to stop, to halt; • *vt* to stop, to detain; **sin** ~ instantly, without delay; • **~se** *vi* to stop, to halt; to stand up.
**pararrayos** *m invar* lightning-rod, conductor.
**parásito** *m* parasite (*fig*); sponger.
**parasol** *m* parasol.
**parcela** *f* piece of ground.
**parcial** *adj* partial.
**parcialidad** *f* prejudice; bias.
**parco, ca** *adj* sober, moderate.
**parche** *m* patch.
**pardo, da** *adj* gray.
**parear** *vt* to match, to pair, to couple.
**parecer** *m* opinion, advice, counsel; countenance, air, mien; • *vi* to appear; to seem; • **~se** *vi* to resemble; **arrimarse al ~ de uno** to agree with someone's way of thinking or view; **cambiar** or **mudar de** ~ to change one´s mind ~~opinion~~.
**parecido, da** *adj* resembling, like.
**pared** *f* wall; ~ **medianera** party-wall; **entre cuatro ~es** shut in; **hasta la ~ de enfrente** resolutely; **las ~es oyen** walls have ears.
**paredón** *m* large thick wall.
**pareja** *f* pair, couple, brace.
**parejo, ja** *adj* equal; even.
**parentela** *f* parentage, kindred.
**parentesco** *m* relationship.
**paréntesis** *m* parenthesis.
**parida** *f* a woman who has recently given birth.
**paridad** *f* parity, equality.
**pariente, ta** *m/f* relative, relation.
**parir** *vt* to give birth to; • *vi* to give birth.
**parlamentar** *vi* to parley.
**parlamentario, ria** *m/f* member of parliament; • *adj* parliamentary.
**parlamento** *m* parliament.
**parlanchín, ina** *adj, m/f* chatterer, jabberer.
**parlar** *adj* to talk, speak.
**parlotear** *vi* to prattle, to chatter, to gossip.
**paro** *m* strike; unemployment.
**parodia** *f* parody.
**parpadear** *vi* to blink; to flicker.
**párpado** *m* eyelid.
**parque** *m* park.
**parquímetro** *m* parking meter.
**parra** *f* vine raised on stakes *or* nailed to a wall.
**párrafo** *m* paragraph.
**parranda** *f* spree, party.
**parricida** *m/f* parricide (person).
**parricidio** *m* parricide (murder).
**parrilla** *f* grill; grille.
**párroco** *m* parish priest.
**parroquia** *f* parish; customers *pl.*
**parroquial** *adj* parochial.
**parroquiano** *m* parishioner; customer; ~, **na** *adj* parochial.
**parsimonia** *f* parsimony.
**parte** *m* message; report; • *f* part; side; party; **de ocho días a esta ~** within these last eight days; **de ~ a ~** from side to side, through; **¿de ~ de quién?** who is calling?; **en todas ~s se cuecen habas** that is not exclusive on this part of the world .
**partera** *f* midwife.
**partición** *f* partition, division.
**participación** *f* participation.
**participante** *m/f* participant.
**participar** *vt, vi* to participate, to partake.
**partícipe** *adj* participant, sharing.
**participio** *m* participle.

**partícula** *f* particle.
**particular** *adj* particular, special; • *m* private individual; peculiar matter *or* subject treated upon.
**particularidad** *f* particularity.
**particularizar** *vt, vi* to particularize; to distinguish; to specify.
**partida** *f* departure; party; item in an account; parcel; game.
**partidario, ria** *adj* partisan; • *m/f* supporter.
**partido** *m* party; match; team.
**partidor** *m* parter, divider; ~ **de nueces** nutcracker.
**partir** *vt* to part, to divide, to separate, to cut; to break; • *vi* to depart; to break (in two *etc*).
**parto** *m* birth.
**parvada** *f* (agr.) heap of unthreshed.
**párvulo** *adj* small, little, innocent.
**pasa** *f* raisin; **estar como** or **quedarse como una** ~ to become all dried up.
**pasable** *adj* passable, fair.
**pasada** *f* passage, passing; **de** ~ on the way, in passing.
**pasadizo** *m* narrow passage; narrow, covered way.
**pasado, da** *adj* past; bad; overdone; out of date; • *m* past; ~ **mañana** the day after tomorrow; **la semana** ~ last week.
**pasadero** *adj* tolerable, fairly good.
**pasadizo** *m* passage.
**pasador** *m* bolt; hair slide; grip.
**pasaje** *m* passage; fare; passengers.
**pasajero, ra** *adj* transient, transitory, fugitive; • *m/f* traveler, passenger.
**pasamanos** *m invar* (hand)rail; banisters.
**pasamontañas** *m invar* balaclava helmet.
**pasante** *adj* passing; assistant.
**pasaporte** *m* passport.
**pasar** *vt* to pass; to surpass; to suffer; to strain; to dissemble; • *vi* to pass; to happen; to go over to another party; to go bad/off; ~ **a cuchillo** to put to the sword; ~ **de largo** to pass by; ~ **la noche en blanco** not to sleep a wink all night; ~**lo por las armas** to shoot; ~**se de la raya** to go too far.
**pasarela** *f* footbridge; gangway.
**pasatiempo** *m* pastime, amusement.
**Pascua** *f* Passover; Easter.
**pase** *m* pass; showing; permit; ~ **de cortesía** complimentary ticket.
**paseante** *m* walker.
**pasear** *vt, vi* to walk; to walk about; • ~**se** *vi* to walk; **mandar a** ~ to send (someone) about (his) business.
**paseo** *m* walk; **dar un** ~ to take a walk; **ir de** ~ to go on a trip or excursion.
**pasillo** *m* passage.
**pasión** *f* passion.
**pasionaria** *f* passionflower.
**pasivo, va** *adj* passive.
**pasmar** *vt* to amaze; to numb; to chill; • ~**se** *vi* to be astonished.
**pasmo** *m* astonishment, amazement.
**pasmoso, sa** *adj* marvelous, wonderful.
**paso** *m* pace, step; passage; manner of walking; flight of steps; accident; (*ferro*) ~ **a nivel** railroad crossing; **al** ~ on the way, in passing; **a cada** ~ at every turn; **a** ~ **de tortuga** very slowly; **apretar el** ~ to quicken one's step; **no poder dar un** ~ to be unable to walk.

**pasota** *adj, m/f* (*fam*) dropout; **ser un** ~ not to care about anything.
**pasquín** *m* low grade newspaper.
**pasta** *f* paste; dough; pastry; (*fam*) dough; ~**s** *pl* pastries; pasta; ~ **de dientes** toothpaste.
**pastar** *vt* to pasture, to graze.
**pastel** *m* cake; pie; crayon for drawing.
**pastelería** *f* cake shop.
**pasteurizado, da** *adj* pasteurized.
**pastilla** *f* bar (of soap); tablet, pill.
**pastizal** *m* pasture.
**pasto** *m* pasture; pasture-ground; **a** ~ abundantly.
**pastor** *m* shepherd; pastor.
**pastorela** *f* shepherd's song.
**pastoso, sa** *adj* mellow, doughy.
**pata** *f* leg (of animal *or* furniture); foot; **a la** ~ **coja** hopscotch (children's play); **a** ~ (*fam*) on foot; **estirar la** ~ to kick the bucket; **meter la** ~ to put one's foot in it; **poner de** ~**s en la calle** to throw someone out on his ear.
**patada** *f* kick.
**patalear** *vi* to kick about violently.
**pataleo** *m* act of stamping one's foot.
**pataleta** *f* fit; swoon.
**patán** *m* clown, churl, countryman.
**patata** *f* potato.
**patatús** *m* swoon, fainting fit.
**paté** *m* pâté.
**patear** *vt* to kick; to stamp on.
**patente** *adj* patent, manifest, evident; • *f* patent; warrant.
**patena** *f* medallion worn by peasant women; **limpio como una** ~ as net as a pin.
**patentar** *vt* to patent.
**patente** *adj* patent, letter patent.
**patentizar** *vt* to make patent.
**paternal** *adj* paternal, fatherly.
**paternidad** *f* paternity, fatherhood.
**paterno, na** *adj* paternal, fatherly.
**patético, ca** *adj* pathetic.
**patíbulo** *m* gallows *pl.*
**patidifuso** *adj* amazed, astounded.
**patillas** *fpl* sideburns.
**patín** *m* skate; runner.
**patinaje** *m* skating.
**patinar** *vi* to skate; to skid; (*fam*) to blunder.
**patio** *m* courtyard; playground (in schools).
**patizambo, ba** *adj* bandy-legged.
**pato** *m* duck, **pagar el** ~ to be soaked to the skin.
**patochada** *f* blunder, nonsense, folly.
**patología** *f* pathology.
**patológico, ca** *adj* pathological.
**patoso, sa** *adj* (*fam*) clumsy.
**patraña** *f* lie.
**patria** *f* native country.
**patriarca** *m* patriarch.
**patriarcado** *m* patriarchate.
**patriarcal** *adj* patriarchal.
**patrimonial** *adj* patrimonial.
**patrimonio** *m* patrimony.
**patrio, tria** *adj* native, paternal; **amor** ~ love of one country; ~ **potestad** (*law*) paternal authority over minor children.
**patriota** *m/f* patriot.
**patriótico, ca** *adj* patriotic.
**patriotismo** *m* patriotism.
**patrocinar** *vt* to sponsor; to back, to support.
**patrocinio** *m* sponsorship; backing, support.
**patrón, ona** *m/f* boss, master/mistress; landlord/lady; patron saint; • *m* pattern.
**patronal** *adj*: pertaining to employers.

**patronato** *m* patronage, sponsorship; trust, foundation.
**patronímico** *m* patronymic.
**patrulla** *f* patrol.
**patrullar** *vi* to patrol, camp *or* garrison.
**paulatino, na** *adj* slowly, by degrees.
**pausa** *f* pause; repose.
**pausado, da** *adj* slow, deliberate; calm, quiet, paused.
**pausar** *vi* to pause.
**pauta** *f* guideline.
**pavesa** *f* embers, hot cinders.
**pavía** *f* peach with hard stone.
**pavimento** *m* pavement, paving.
**pavo** *m* turkey; ~ **real** peacock.
**pavonearse** *vi* to strut, to walk with affected dignity.
**pavor** *m* dread, terror.
**pavoroso, sa** *adj* awful, formidable.
**payasada** *f* clownish jest or act; **hacer ~s** to clown about.
**payaso, sa** *m/f* clown.
**payo, ya** *adj* rustic, stupid, foolish.
**paz** *f* peace; tranquillity, ease; **dejar en** ~ to leave in peace; ~ **de la consciencia** peace of mind; **venir en son de** ~ to come as a friend.
**peaje** *m* toll.
**peana** *f* pedestal; footstool.
**peatón** *m* pedestrian.
**pebetero** *m* perfume censer.
**peca** *f* freckle, spot.
**pecado** *m* sin.
**pecador, ra** *m/f* sinner.
**pecaminoso, sa** *adj* sinful.
**pecar** *vi* to sin.
**pecoso, sa** *adj* freckled.
**peculiar** *adj* peculiar, special.
**pectoral** *adj* pectoral.
**peculado** *m* (law) peculation.
**peculiar** *adj* peculiar, innate.
**peculio** *m* (law) peculium.
**pecuniario, ria** *adj* pecuniary.
**pechera** *f* shirt front
**pecho** *m* chest; breast(s); teat; bosom; (*fig*) courage, valor; **dar el** ~ to suckle; **tomar a** ~ to take to heart; **descubrir su** ~ to unbosom oneself to; **tomar a ~ una cosa** to take (something) to heart.
**pechuga** *f* breast of a fowl; (*fam*) bosom.
**pedagogía** *f* pedagogy.
**pedagógico, ca** *adj* pedagogic.
**pedagogo** *m* pedagogue.
**pedal** *m* pedal.
**pedalear** *vi* to pedal.
**pedante** *adj* pedantic; • *m/f* pedant.
**pedantería** *f* pedantry.
**pedazo** *m* piece, bit; **estar hecho ~s** to be worn out.
**pedernal** *m* flint.
**pedestal** *m* pedestal, foot.
**pedestre** *adj* pedestrian, dull, prosaic.
**pediatra** *m/f* pediatrician.
**pedicuro, ra** *m/f* chiropodist.
**pedido** *m* (*com*) order; request; **hecho sobre** ~ made to order; ~ **por correo** mail order.
**pedimento** *m* petition, request.
**pedir** *vt* to ask for; to petition, to beg, to order; to need, to solicit; • *vi* to ask; ~ **la palabra** ask to speak; ~ **peras al olmo** to ask for the impossible; ~ **prestado** to borrow.
**pedo** *m* (*fam*) fart (*sl*).
**pedrada** *f* throw of a stone; **como ~ en el ojo de boticario** very opportunely.
**pedregal** *m* place full of stones.
**pedregoso, sa** *adj* stony.
**pedrería** *f* collection of precious stones.

**pedrisco** *m* hailstone.
**pedrusco** *m* rough piece of stone.
**pegadizo, za** *adj* clammy, sticky; catchy; contagious.
**pegajoso, sa** *adj* sticky, viscous; contagious; attractive.
**pegamento** *m* glue.
**pegar** *vt* to cement; to join, to unite; to beat; ~ **fuego** to set fire to; • *vi* to stick; to match; to intrude, to steal in; ~ **una paliza** to beat; ~ **un susto** to frighten; ~**se una borrachera** to get drunk.
**pegatina** *f* sticker.
**pegote** *m* sticking plaster; intrùder, hanger-on, sponger.
**peinado** *m* hairstyle.
**peinar** *vt* to comb; to style.
**peine** *m* comb.
**peineta** *f* convex comb for women.
**peladilla** *f* sugared almond, burnt almond; small pebble.
**pelado, da** *adj* peeled; shorn; bare; broke; • *m* (*fam*) haircut.
**peladura** *f* peeling; plucking.
**pelaje** *m* fur coat; (*fig*) appearance.
**pelar** *vt* to cut hair; to strip off feathers; to peel; • ~**se** *vi* to peel off; to have one's hair cut; **duro de** ~ difficult to do; ~**se de frío** to be frozen stiff.
**peldaño** *m* step of a flight of stairs.
**pelea** *f* battle, fight; quarrel; ~ **de gallos** cockfight.
**pelear** *vt* to fight, to combat; • ~**se** *vi* to scuffle.
**pelele** *m* dummy; man of straw.
**peletería** *f* fur store.
**peletero** *m* furrier.
**peliagudo, da** *adj* furry; arduous, difficult.
**pelícano** *m* pelican.
**película** *f* film; pellicle; ~ **muda** silent picture; **rodar una** ~ to shoot a film.
**peligrar** *vi* to be in danger; to risk.
**peligro** *m* danger, risk, peril; **fuera de** ~ out danger; **señal de** ~ danger signal.
**peligroso, sa** *adj* dangerous, perilous.
**pelirrojo, ja** *m/f* redhead; • *adj* redhaired.
**pelma** *or* **pelmazo, za** *m/f* (*fam*) pain (in the neck).
**pelo** *m* hair; pile; flaw (in precious stones); **no tener un** ~ **de tonto** to be nobody's fool; ~**s y señales** exact details; **ponérsele los** ~**s de punta** the hair to sand on end with fear.
**pelón, ona** *adj* hairless, bald.
**pelota** *f* ball; **hacerse una** ~ to curl or roll up into a ball; be confused; **tirarse la** ~ to pass the buck.
**pelotazo** *m* blow with a ball.
**pelotera** *f* quarrel.
**pelotón** *m* large ball; (*mil*) platoon.
**peluca** *f* wig.
**peluche** *m*: plush, **muñeco de** ~ soft toy.
**peludo, da** *adj* hairy.
**peluquería** *f* hairdresser's; barber's (shop).
**peluquero** *m* hairdresser; barber.
**pelusa** *f* bloom on fruit; fluff.
**pellejo** *m* skin, hide; pelt; peel; wine skin, leather bag for wine; oilskin; drunkard; **perder el** ~ die; **estar en el** ~ **de otro** to be in someone else's shoes; **salvar el** ~ to save one's life.
**pelliza** *f* fur jacket.
**pellizcar** *vt* to pinch.
**pellizco** *m* pinch; nip; small bit; (*fig*) remorse.

**pena** *f* punishment, pain; **a duras ~s** with great difficulty *or* trouble; **valer la ~** be worthwhile; **~ capital** death penalty; **¡qué ~ !** what a pity, **so ~ de** under pain or penalty of.
**penacho** *m* tuft on the heads of some birds; crest.
**penal** *adj* penal.
**penalidad** *f* suffering, trouble; hardship; penalty.
**penalti** *or* **penalty** *m* penalty (kick).
**penar** *vi* to suffer pain; • *vt* to chastise
**pendencia** *f* quarrel, dispute.
**pendenciero, ra** *adj* quarrelsome.
**pender** *vi* to be pending, to hang over; to depend.
**pendiente** *f* slope, declivity; • *m* earring; • *adj* pending, unsettled.
**pendón** *m* standard; banner.
**péndulo** *m* pendulum.
**pene** *m* penis.
**penetración** *f* penetration; complete intelligence.
**penetrante** *adj* deep; sharp; piercing; searching; biting.
**penetrar** *vt* to penetrate.
**penicilina** *f* penicillin.
**península** *f* peninsula.
**penique** *m* penny.
**penitencia** *f* penitence; penalty, fine.
**penitenciaría** *f* prison.
**penitenciario** *m* penitentiary.
**penitente** *adj* penitent, repentant; • *m* penitent.
**penoso, sa** *adj* painful.
**pensador, ra** *m/f* thinker.
**pensamiento** *m* thought, thinking.
**pensar** *vi* to think.
**pensativo, va** *adj* pensive, thoughtful.
**pensión** *f* guest-house; pension; toil.
**pensionista** *m/f* pensioner; lodger.
**Pentecostés** *m* Pentecost, Whitsunday.
**penúltimo, ma** *adj* penultimate, last but one.
**penumbra** *f* half-light.
**penuria** *f* penury, poverty, neediness, extreme want.
**peña** *f* rock, large stone.
**peñasco** *m* large rock.
**peñón** *m* rocky mountain.
**peón** *m* day laborer; foot soldier; pawn (at chess).
**peonía** *f* (*bot*) peony.
**peonza** *f* spinning top.
**peor** *adj, adv* worse; worse and worse; **el ~** the worst.
**pepinillo** *m* gherkin; cucumber.
**pepino** *m* cucumber.
**pepita** *f* kernel; pip.
**pepitoria** *f* fricassee.
**pequeñez** *f* littleness; triviality.
**pequeño, ña** *adj* little, small; young.
**pera** *f* pear.
**peral** *m* pear tree.
**peralte** *m* stilt, rise.
**percance** *m* perquisite; bad luck, setback.
**percatarse** *vi* **~ de** to notice.
**percepción** *f* perception, notion.
**perceptible** *adj* perceptible, perceivable.
**percibir** *vt* to receive; to perceive, to comprehend.
**percusión** *f* percussion.
**percha** *f* coat hook; coat hanger; perch.
**perder** *vt* to lose; to waste; to miss; • **~se** *vi* to go astray; to be lost; to be spoiled; **no tener nada que ~** to have nothing to lose; **~ el habla**

to become speechless; ~ **la razón** or **el juicio,** to lose one's reason.
**perdición** *f* losing of a thing; perdition, ruin, loss.
**pérdida** *f* loss, damage; object lost.
**perdido, da** *adj* lost, strayed.
**perdigón** *m* young partridge.
**perdiz** *f* partridge.
**perdón** *m* pardon; mercy; ¡~! sorry!; **no tener ~ de Dios** unforgivable.
**perdonable** *adj* pardonable.
**perdonar** *vt* to pardon, to forgive; to excuse.
**perdurable** *adj* perpetual, everlasting.
**perdurar** *vi* to last; to still exist.
**perecedero, ra** *adj* perishable.
**perecer** *vi* to perish, to die; to shatter (an object).
**peregrinación** *f* pilgrimage.
**peregrinar** *vi* to go on a pilgrimage.
**peregrino, na** *adj* (*fig*) strange; • *m* pilgrim.
**perejil** *m* parsley.
**perene** *adj* perennial, perpetual.
**perentorio, ria** *adj* peremptory, decisive.
**pereza** *f* laziness, idleness.
**perezoso, sa** *adj* lazy, idle.
**perfección** *f* perfection.
**perfeccionar** *vt* to perfect, to complete, to finish.
**perfecto, ta** *adj* perfect, complete.
**perfidia** *f* perfidy.
**péfido, da** *adj* perfidious.
**perfil** *m* profile.
**perfilado, da** *adj* well-formed, delicate (of features).
**perfilar** *vt* to draw profiles; to outline; • **~se** *vi* to show up against.
**perforar** *vt* to perforate; to drill; to punch a hole in; • *vi* to drill.
**perfumar** *vt* to perfume.
**perfume** *m* perfume.
**perfumería** *f* perfumery.
**pergamino** *m* parchment.
**pericia** *f* skill, knowledge, skill.
**periferia** *f* periphery; outskirts.
**periférico** *m* beltway.
**perífrasis** *f* periphrasis, circumlocution.
**perilla** *f* knob, handle
**perímetro** *m* circumference, perimeter.
**periódico, ca** *adj* periodical; • *m* newspaper.
**periodista** *m/f* journalist.
**período** *m* period.
**peripecia** *f* vicissitude; sudden change.
**peripuesto, ta** *adj* dressed up, very spruce.
**periquito** *m* budgie.
**peritaje** *m* work of an expert.
**perito, ta** *adj* skillful, experienced; • *m/f* expert; skilled worker; technician.
**perjudicar** *vt* to prejudice, to injure, to hurt, to damage.
**perjudicial** *adj* prejudicial, damaging.
**perjuicio** *m* damage, harm.
**perjurar** *vi* to perjure, to swear falsely; to swear.
**perjurio** *m* perjury, false oath.
**perjuro, ra** *adj* perjured; • *m/f* perjurer.
**perla** *f* pearl; **de ~s** fine.
**permanecer** *vi* to stay; to continue to be.
**permanencia** *f* permanence; stay.
**permanente** *adj* permanent.
**permeabilidad** *f* permeability.
**permisible** *adj* permissible.
**permisivo** *adj* permissive.

**permiso** *m* permission, leave, license.
**permitir** *vt* to permit, to allow.
**permuta** *f* permutation, exchange.
**permutar** *vt* to exchange, to permute.
**pernera** *f* trouser leg.
**pernicioso, sa** *adj* pernicious, destructive; wicked.
**pernio** *m* hinge.
**perno** *m* bolt.
**pernoctar** *vi* to spend the night.
**pero** *m* kind of apple; • *conj* but, yet.
**perogrullada** *f* truism, platitude.
**perol** *m* large metal pan.
**perorata** *f* harangue, speech.
**perpendicular** *adj* perpendicular.
**perpetrar** *vt* to perpetrate, to commit a crime.
**perpetuar** *vt* to perpetuate.
**perpetuidad** *f* perpetuity.
**perpetuo, tua** *adj* perpetual.
**perplejidad** *f* perplexity.
**perplejo, ja** *adj* perplexed.
**perra** *f* bitch; (*fam*) money.
**perrera** *f* kennel.
**perro** *m* dog; **andar como ~s y gatos** to be like cat and dog; **perro que ladra no muerde** his bark is worse than his bite; **tratar como a un ~** to treat like dog.
**persecución** *f* persecution; toil, trouble, fatigue.
**perseguidor** *m* persecutor.
**perseguir** *vt* to pursue; to persecute; to chase after.
**perseverancia** *f* perseverance, constancy.
**perseverante** *adj* persistent.
**perseverar** *vi* to persevere, to persist.
**persiana** *f* (Venetian) blind.
**persignarse** *vi* to make the sign of the cross.
**persistencia** *f* persistence, steadiness.
**persistir** *vi* to persist.
**persona** *f* person; **de ~ a ~** from person to person; **~ no grata** persona non grata; **primera ~** (*gram*) first person.
**personaje** *m* celebrity; character.
**personal** *adj* personal; single; • *m* personnel.
**personalidad** *f* personality.
**personarse** *vi* to appear in person.
**personificar** *vt* to personify.
**perspectiva** *f* perspective; view; outlook.
**perspicacia** *f* perspicacity, clear-sightedness.
**perspicaz** *adj* perspicacious, quick-sighted.
**persuadir** *vt* to persuade; • **~se** *vi* to be persuaded.
**persuasión** *f* persuasion.
**persuasivo, va** *adj* persuasive.
**pertenecer** *vi* to belong to, to appertain, to concern.
**pertenencia** *f* ownership; ~s *pl* possessions.
**perteneciente** *adj* ~ **a** belonging to.
**pértiga** *f* long pole *or* rod.
**pertinacia** *f* pertinacity, obstinacy, stubbornness.
**pertinaz** *adj* pertinacious, obstinate.
**pertinente** *adj* relevant; appropriate.
**pertrechar** *vt* to supply a place with ammunition and other warlike stores; to dispose, to arrange, to prepare; • **~se** *vi* to be provided with the necessary defensive stores and arms.

**pertrechos** *mpl* tools, instruments; ammunition, warlike stores.
**perturbación** *f* perturbation; disturbance.
**perturbado, da** *adj* mentally unbalanced.
**perturbador** *m* disturber.
**perturbar** *vt* to perturb, to disturb.
**perversidad** *f* perversity.
**perversión** *f* perversion; depravation, corruption.
**perverso, sa** *adj* perverse, extremely wicked.
**pervertido, da** *adj* perverted; • *m/f* pervert.
**pervertir** *vt* to pervert, to corrupt.
**pesa** *f* weight; **como caigan las ~s** depending on the circumstances.
**pesadez** *f* heaviness; gravity, weight; slowness; peevishness, fretfulness; trouble, fatigue.
**pesadilla** *f* nightmare.
**pesado, da** *adj* peevish, troublesome, cumbersome; tedious; heavy, weighty.
**pesadumbre** *f* weightiness, gravity; quarrel, dispute; grief, trouble.
**pésame** *m* message of condolence.
**pesar** *m* sorrow, grief; repentance; **a ~ de** in spite of, notwithstanding; • *vi* to weigh; to repent; • *vt* to weigh.
**pesario** *m* pessary.
**pesaroso, sa** *adj* sorrowful, full of repentance; restless, uneasy.
**pesca** *f* fishing, fishery.
**pescadería** *f* fish market.
**pescado** *m* fish (in general).
**pescador** *m* fisher, fisherman.
**pescar** *vt* to fish, to catch fish; • *vi* to fish.
**pescuezo** *m* neck; **apretar el ~** to throttle (someone); **torcer el ~ a** to choke, to kill.
**pesebre** *m* crib, manger.
**peseta** *f* peseta.
**pesimista** *m* pessimist.
**pésimo, ma** *adj* very bad.
**peso** *m* weight, heaviness; balance-scales.
**pespunte** *m* back-stitching.
**pesquero, ra** *adj* fishing *compd.*
**pesquisa** *f* inquiry, examination.
**pestaña** *f* eyelash; **quemarse las ~s** to burn the midnight oil.
**pestañear** *vi* to blink.
**pestañeo** *m* blink.
**peste** *f* pest, plague, pestilence.
**pesticida** *m* pesticide.
**pestífero, ra** *adj* pestilential.
**pestilencia** *f* pestilence.
**pestillo** *m* bolt.
**petaca** *f* covered hamper; tobacco pouch.
**pétalo** *m* petal.
**petardo** *m* petard; cheat, fraud, imposition.
**petate** *m* straw-bed; sleeping mat of the Indians; (*mar*) sailors' beddings on board; (*mar*) passengers' baggage; poor fellow.
**petición** *f* petition, demand.
**peto** *m* breastplate; bodice.
**petrificar(se)** *vt, vi* to petrify.
**petróleo** *m* oil, petroleum.
**petrolero, ra** *adj* petroleum *compd*; • *m* (oil) tanker; (*com*) oil man.
**petulancia** *f* petulance, insolence.
**petulante** *adj* petulant, insolent.
**peyorativo, va** *adj* pejorative.
**pez** *m* fish; • *f* pitch; **estar como ~ en el agua** be in one's element; **salga ~ salga rana** whatever happens.
**pezón** *m* nipple.
**pezuña** *f* hoof.
**piadoso, sa** *adj* pious, mild, merciful; moderate.

**pianista** *m/f* pianist.
**piano** *m* piano.
**piar** *vi* to squeak, to chirp.
**píara** *f* herd of swine; flock of ewes.
**pibe, ba** *m/f* boy/girl.
**pica** *f* pike.
**picacho** *m* sharp point.
**picadero** *m* riding school.
**picadillo** *m* minced meat.
**picado, da** *adj* pricked; minced, chopped; bad (tooth); cross.
**picador** *m* riding master; picador.
**picadura** *f* prick; puncture; sting.
**picante** *adj* hot; racy, spicy.
**picapedrero** *m* stonecutter.
**picaporte** *m* doorhandle; latch.
**picar** *vt* to prick; to sting, to mince; to nibble; to itch; **~se** *vi* to be piqued; to take offense; to be motheaten; to begin to rot.
**picardía** *f* roguery; deceit, malice; lewdness.
**picaresco, ca** *adj* roguish; picaresque.
**pícaro, ra** *adj* roguish; mischievous, malicious; sly; • *m/f* rogue, knave.
**picazón** *f* itching, prurience; displeasure.
**pico** *m* beak; bill, nib; peak; pickax; **a ~ de jarro** (to drink) like fish; **callar el ~** to keep quiet; **tener mucho ~** to talk a lot.
**picotazo** *m* peck of a bird.
**picotear** *vt* to peck (of birds).
**picudo, da** *adj* beaked; sharp-pointed.
**pichón** *m* young pigeon.
**pie** *m* foot; leg; basis; trunk (of trees); foundation; occasion; **a ~** on foot; **al ~ de la letra** literally; **a ~ juntillas** firmly; **buscar tres ~s al gato** to go locking for trouble; **con ~s de plomo** very slowly.
**piedad** *f* piety; mercy, pity; **tener ~ de** have mercy on.
**piedra** *f* stone; **a ~ y lodo** shut tight; **no dejar ~ sobre ~** destroy completely; **poner la primera ~** to lay the foundation stone.
**piel** *f* skin; hide; peel; **vender la ~ del oso antes de cazarlo** to count one's chickens before they are hatched.
**pienso** *m* fodder.
**pierna** *f* leg; **dormir a ~ suelta** or **tendida** to sleep like log; **en ~s** barelegged.
**pieza** *f* piece; room; **quedarse de una ~** be greatly surprised.
**pigmeo, mea** *m, adj* pigmy.
**pignorar** *vt* to pledge, pawn.
**pijama** *m* pajamas *pl.*
**pila** *f* battery; trough; font; sink; pile, heap; **nombre de ~** first name.
**pilar** *m* basin; pillar.
**píldora** *f* pill; **dorar la ~** to sugar coat the pill; **tragarse la ~** to fall for the story.
**pileta** *f* basin; swimming pool.
**pilotaje** *m* piloting.
**piloto** *m* pilot.
**piltrafa** *f* piece of meat that is nearly all skin; **estar hecho una ~** to be a complete wreck.
**pillaje** *m* pillage, plunder.
**pillar** *vt* to pillage, to plunder, to foray, to seize; to catch onto; to catch.
**pillo, lla** *m, adj* rascal, scoundrel.
**pimentón** *m* paprika.
**pimienta** *f* pepper.
**pimiento** *m* pepper, pimiento.
**pinacoteca** *f* art gallery.

**pináculo** *m* pinnacle.
**pinar** *m* grove of pines.
**pincel** *m* paintbrush.
**pincelada** *f* dash with a paintbrush; **dar la última** ~ to give the last touches to.
**pinchar** *vt* to prick; to puncture.
**pinchazo** *m* prick; puncture; (*fig*) prod.
**pincho** *m* thorn; snack.
**pingajo** *m* rag, tatter.
**ping-pong** *m* table tennis.
**pingüe** *adj* fat, greasy; fertile.
**pingüino** *m* penguin.
**pino** *m* (*bot*) pine.
**pinta** *f* spot, blemish, scar; mark on playing cards; pint; **descubrir a uno por su** ~ to recognize someone by some characteristic feature or trait.
**pintado, da** *adj* painted, mottled; **venir** ~ to fit exactly.
**pintar** *vt* to paint, to picture; to describe; to exaggerate; • *vi* to paint; (*fam*) to count, to be important; to paint one's face.
**pintarrajear** *vt* to daub.
**pintor** *m* painter; ~ **abstracto** abstract painter; ~ **de paisajes** landscape painter; ~ **de retratos** portrait painter.
**pintoresco, ca** *adj* picturesque.
**pintura** *f* painting; **no peder ver a alguien ni en** ~ not to be able to stand the sight of somebody.
**pinza** *f* claw; clothes peg; pincers *pl*; ~**s** *pl* tweezers.
**piña** *f* pineapple; fir cone; group.
**piñata** *f* hanging pot filled with candies and small gifts which is broken with a stick at a masquerade of children's party.
**piñón** *m* pine nut; pinion.
**pío, pía** *adj* pious, devout; merciful.
**piojo** *m* louse; troublesome hanger-on.
**piojoso, sa** *adj* lousy; miserable, stingy.
**pionero, ra** *adj* pioneering; *m/f* pioneer.
**pipa** *f* pipe; sunflower seed; ~ **de la paz** peace pipe.
**pipí** *m* urine, (*fam*): **hacer** ~ to have to go (wee-wee).
**pique** *m* pique, offense taken; rivalry; **echar a** ~ to sink a ship; **a** ~ in danger, on the point of; steep (shore); **irse a** ~ to be ruined.
**piquete** *m* slight prick *or* sting; picket.
**pira** *f* funeral pile.
**piragua** *f* canoe.
**piragüismo** *m* canoeing.
**piramidal** *adj* pyramidal.
**pirámide** *f* pyramid.
**pirata** *m* pirate.
**piratear** *vi* to practice piracy.
**piropo** *m* compliment, flattery.
**pirotecnia** *f* fireworks *pl*.
**pirueta** *f* pirouette.
**pisada** *f* footstep; footprint.
**pisar** *vt* to tread, to trample; to stamp on the ground; to hammer down; • *vi* to tread, to walk.
**piscina** *f* swimming pool.
**Piscis** *m* Pisces (sign of the zodiac).
**piso** *m* apartment; tread, trampling; floor, pavement; floor, story.
**pisotear** *vt* to trample, to tread under the foot.
**pista** *f* trace, footprint; clue.
**pisto** *m* thick broth.
**pistola** *f* pistol.
**pistolera** *f* pistol holster.
**pistolero, ra** *m/f* gunman/woman, gangster.
**pistoletazo** *m* pistol shot.

**pistón** *m* piston; (musical) key.
**pita** *f* (*bot*) agave.
**pitar** *vt* to blow; to whistle at; • *vi* to whistle; to toot one's horn; to smoke.
**pitillo** *m* cigarette.
**pito** *m* whistle, horn; **no importarle a uno un** ~ not to care a fig; **no valer un** ~ not to be worth a straw.
**pitón** *m* python.
**pitonisa** *f* sorceress, enchantress.
**pitorreo** *m* joke; **estar de** ~ to be joking.
**pizarra** *f* slate.
**pizarral** *m* slate quarry, slate pit.
**pizca** *f* mite; pinch.
**placa** *f* plate; badge.
**pláceme** *m* congratulations; **estar de** ~**s** to be lucky or happy enough to be congratulated.
**placentero, ra** *adj* joyful, merry.
**placer** *m* pleasure, delight; • *vt* to please.
**placidez** *f* placidness, serenity.
**plácido, da** *adj* placid.
**plafón** *m* soffit of an architrave.
**plaga** *f* plague.
**plagar** *vt* to plague, to torment.
**plagio** *m* plagiarism.
**plan** *m* plan; design, plot.
**plana** *f* trowel; page (of a book); level; ~ **mayor** (*mil*) staff.
**plancha** *f* plate; iron; gangway.
**planchar** *vt* to iron.
**planeador** *m* glider.
**planear** *vt* to plan; • *vi* to glide.
**planeta** *m* planet.
**planetario** *adj* planetary.
**planicie** *f* plain.
**planificación** *f* planning; ~ **familiar** family planning.
**planilla** *f* list, roll, table.
**planisferio** *m* planisphere.
**plano, na** *adj* plain, level, flat; • *m* plan, ground plot; ~ **inclinado** (*ferro*) dead level.
**planta** *f* plant; plantation.
**plantación** *f* plantation.
**plantar** *vt* to plant; to fix upright; to strike *or* hit a blow; to found, to establish; • ~**se** *vi* to stand upright.
**planteamiento** *m* statement, outlining.
**plantear** *vt* to plan, to trace.
**plantilla** *f* personnel; insole of a shoe.
**plantío** *adj* planted place.
**plantón** *m* long wait; (*mil*) sentry.
**plañir** *vi* to lament, to grieve, to bewail.
**plasmar** *vt* to mold; to represent.
**plasta** *f* paste, soft clay; mess.
**plaste** *m* size, filler (for filling holes prior to painting).
**plástico, ca** *adj* plastic; • *m* plastic; *f* (art of) sculpture; **artes** ~**s** fine arts.
**plata** *f* silver; plate (wrought silver); cash; **en** ~ briefly.
**plataforma** *f* platform; ~ **giratoria** (*ferro*) turnplate, turntable.
**platanal** *m* banana or plantain grove or plantation.
**plátano** *m* banana; plane tree.
**platea** *f* orchestra floor.
**plateado, da** *adj* silvered; plated.
**platería** *f* silversmith's shop; trade of silversmith.
**plática** *f* discourse, conversation.
**platicar** *vi* to converse.
**platillo** *m* saucer; ~**s** *pl* cymbals; ~ **volador** *o* **volante** flying saucer.
**platino** *m* platinum; ~**s** *pl* contact points.

**plato** *m* dish; plate; **comer en un mismo** ~ to be close friends; **no haber quebrado ni un** ~ to be completely innocent; **ser** ~ **de segunda mesa** to play second fiddle.
**platónico, ca** *adj* platonic.
**plausible** *adj* plausible.
**playa** *f* beach.
**playera** *f* T-shirt; ~**s** *pl* canvas shoes.
**plaza** *f* square; place; office, employment; room; seat; **sentar** ~ join up; **atacar bien la** ~ to eat well.
**plazo** *m* term; installment; expiry date; **comprar a** ~**s** to buy on credit.
**pleamar** *f* (*mar*) high water.
**plebe** *f* common people, populace.
**plebeyo, ya** *adj* plebeian; • *m* commoner.
**plebiscito** *m* plebiscite.
**plegable** *adj* pliable; folding.
**plegar** *vt* to fold, to plait.
**plegaria** *f* prayer.
**pleitear** *vi* to plead, to litigate.
**pleito** *m* contract, bargain; dispute, controversy, debate; lawsuit.
**plenamente** *adv* fully, completely.
**plenario, ria** *adj* complete, full.
**plenilunio** *m* full moon.
**plenipotenciario** *m* plenipotentiary.
**plenitud** *f* fullness, abundance.
**pleno, na** *adj* full; complete; • *m* plenum; **en** ~ **día** in broad daylight; **en** ~ **juventud** in the flower of youth; **a** ~ **sol** at high noon.
**pleonasmo** *m* redundancy.
**pletórico** *adj* plethoric.
**pliego** *m* sheet of paper.
**pliegue** *m* fold, plait.
**plisado, da** *adj* pleated; • *m* pleating.
**plomazo** *m* bullet.
**plomero** *m* plumber.
**plomizo, za** *adj* leaden.
**plomo** *m* lead; **a** ~ perpendicularly.
**pluma** *f* feather, plume; **al correr de la** ~ (to write) without stopping to think; ~ **fuente** fountain pen; **vivir de su** ~ to live by writing.
**plumaje** *m* plumage; plume.
**plumero** *m* bunch of feathers; feather duster.
**plumón** *m* felt-tip pen; marker; down.
**plural** *adj* (*gr*) plural.
**pluralidad** *f* plurality.
**plusvalía** *f* increased value.
**pluvial** *adj* pluvial, rain.
**población** *f* settling; town.
**poblado** *m* town, village, inhabited place.
**poblador** *m* populator, founder.
**poblar** *vt* to populate, to people; to fill, to occupy.
**pobre** *adj* poor; ~ **de mí** poor old me.
**pobreza** *f* poverty, poorness.
**pocilga** *f* pig sty.
**pocillo** *m* sump, catch basin, coffee cup.
**pócima** *f* potion.
**poco, ca** *adj* little, scanty; few; • *adv* little; ~ **a** ~ gently; little by little; • *m* a small part.
**poda** *f* pruning of trees.
**podadera** *f* pruning knife.
**podar** *vt* to prune.
**podenco** *m* hound.
**poder** *m* power, authority; command; force; • *vi* to be able; to possess the power of doing *or* performing; **hasta más no** ~ as much is possible, **no** ~ **más** to be worn-out.

**poderío** *m* power, authority; wealth, riches *pl.*
**poderoso, sa** *adj* powerful; eminent, excellent.
**podredumbre** *f* putrid matter; grief.
**podrido, da** *adj* rotten, bad; (*fig*) rotten.
**podrir** *or* **pudrir** *vt* to rot, to putrefy; • **~se** *vi* to rot, to decay.
**poema** *m* poem.
**poesía** *f* poetry.
**poeta** *m* poet.
**poético, ca** *adj* poetical.
**poetisa** *f* poetess.
**poetizar** *vt* to poetize.
**polar** *adj* polar.
**polarizar** *vt* to polarize.
**polea** *f* pulley; (*mar*) tackle-block.
**polémica** *f* polemic.
**polémico, ca** *adj* polemical.
**polen** *m* pollen.
**policía** *f* police; • *m/f* policeman/woman.
**poligamia** *f* polygamy.
**polígamo** *m* polygamist.
**polígono** *m* polygon.
**polilla** *f* moth.
**polio** *f* polio.
**pólipo** *m* polyps.
**polisón** *m* bustle (of woman's dress).
**politécnico** *adj* polytechnic.
**politeísmo** *m* polytheism.
**política** *f* politics; policy.
**político, ca** *adj* political; • *m/f* politician.
**póliza** *f* written order; policy.
**polizón** *m* stowaway.
**polo** *m* pole; ice lolly; polo; polo neck.
**polución** *f* pollution.
**polvareda** *f* cloud of dust.
**polvera** *f* powder compact.
**polvo** *m* powder, dust; **hacer morder el ~** to beat; **limpio de ~ y paja** net, pure; **sacar ~ debajo del agua** to very smart or clever.
**pólvora** *f* gunpowder; **gastar ~ en salvas** waste one's time; **mojar la ~ a** to calm; **no haber inventado la ~** not to be overbright.
**polvoriento, ta** *adj* dusty.
**polvorín** *m* powder reduced to the finest dust; powder flask.
**pollera** *f* skirt.
**pollería** *f* poultry (shop).
**pollo** *m* chicken.
**pomada** *f* cream, ointment.
**pomelo** *m* grapefruit.
**pompa** *f* pomp; bubble; **~s fúnebres** funeral.
**pomposo, sa** *adj* pompous.
**pómulo** *m* cheekbone.
**ponche** *m* punch.
**poncho, cha** *adj* soft, mild; • *m* sleeveless dress.
**ponderación** *f* pondering, considering; exaggeration.
**ponderar** *vt* to ponder, to weigh; to exaggerate.
**ponedero, ra** *adj* egg-laying; capable of being laid *or* placed; • *m* nest; nest egg.
**poner** *vt* to put, to place; to impose; to lay eggs; • **~se** *vi* to oppose; to set (of stars); to become; **~ el grito en el cielo** cry out to heaven; **~ en apuros** to put in a fix; **~ un negocio** to set up a business; **~se al corriente** to bring oneself or get up to date; **~se de pie** to stand up.
**poniente** *m* west; west wind.
**pontificado** *m* pontificate.
**pontífice** *m* Pope, pontiff.
**pontificio, cia** *adj* pontifical.

**pontón** *m* pontoon.
**ponzoña** *f* poison.
**ponzoñoso, sa** *adj* poisonous.
**popa** *f* (*mar*) poop, stern.
**populacho** *m* populace, mob.
**popular** *adj* popular.
**popularidad** *f* popularity.
**popularizarse** *vi* to become popular.
**populoso, sa** *adj* populous.
**poquedad** *f* paucity, littleness; cowardice.
**por** *prep* for, by, about; by means of; through; on account of.
**porcelana** *f* porcelain, china.
**porcentaje** *m* percentage.
**porción** *f* part, portion; lot.
**porcuno, na** *adj* hoggish.
**pordiosero, ra** *m/f* beggar.
**porfiar** *vt* to dispute obstinately; to persist in a pursuit.
**pormenor** *f* detail.
**pornografía** *f* pornography.
**poro** *m* pore.
**porosidad** *f* porosity.
**poroso, sa** *adj* porous.
**¿por qué?** *interrog.* why?, wherefore?
**porque** *conj* because; since; so that.
**porqué** *m* cause, reason.
**porquería** *f* nastiness, foulness; rudeness; trifle; dirty action.
**porqueriza** *f* pig sty.
**porra** *f* cudgel; **vete a la ~** go to hell.
**porrillo : a ~** *adv* copiously, abundantly.
**porrón** *m* spouted wine jar.
**portada** *f* portal, porch; frontispiece.
**portador, ra** *m/f* carrier, porter.
**portaequipajes** *m invar* trunk (in car); baggage rack.
**portafolio** *m* attaché case, briefcase.
**portaherramineta** *f* toll rest, tool post.
**portal** *m* porch.
**portamonedas** *m invar* purse.
**portar** *vt* to carry, bear.
**portarse** *vi* to behave.
**portátil** *adj* portable.
**porta(a)viones** *m invar* aircraft carrier.
**portavoz** *m/f* spokesman/woman.
**portazo** *m* bang of a door; banging a door in one's face.
**porte** *m* transportation (charges); deportment, demeanor, conduct; ~ **pagado** freight prepaid.
**portento** *m* prodigy, portent.
**portentoso, sa** *adj* prodigious, marvelous, strange.
**portería** *f* porter's office; goal.
**portero** *m* porter, gatekeeper.
**portezuela** *f* little door, door of an automobile.
**pórtico** *m* portico, porch, lobby.
**portillo** *m* aperture in a wall; gate; gap, breach.
**portón** *m* inner door of a house.
**porvenir** *m* future.
**pos** *prep* **en ~ de** after, behind; in pursuit of.
**posada** *f* shelter; inn, hotel.
**posaderas** *fpl* buttocks.
**posadero** *m* innkeeper.
**posar** *vt* to lay down a burden; • *vi* to sit, to pose; to settle; to perch; to land.
**posdata** *f* postscript.
**pose** *f* pose.
**poseedor, ra** *m/f* owner, possessor; holder.
**poseer** *vt* to hold, to possess.
**poseído, da** *adj* possessed by the devil.
**posesión** *f* possession.

**posesivo, va** *adj* possessive.
**posesor, ra** *m/f* possessor.
**posibilidad** *f* possibility.
**posibilitar** *vt* to make possible; to make feasible.
**posible** *adj* possible; **hacer todo lo ~** to do everything possible.
**posición** *f* position; posture; situation.
**positivo, va** *adj* positive.
**poso** *m* sediment, dregs *pl.*
**posponer** *vt* to postpone.
**posta** *f* **a ~** on purpose, on stage.
**postal** *adj* postal; • *f* postcard.
**poste** *m* post, pillar.
**póster** *m* poster.
**postergación** *f* missing out, putting back, passing over.
**postergar** *vt* to leave behind; to postpone.
**posteridad** *f* posterity.
**posterior** *adj* posterior.
**posterioridad** *f* **con ~** subsequently, later.
**postigo** *m* wicket; postern; pane *or* sash of a window.
**postizo, za** *adj* artificial (not natural); • *m* false hair.
**postor** *m* bidder at a public sale; bettor.
**postración** *f* prostration.
**postrar** *vt* to humble, to humiliate; • **~se** *vi* to prostrate oneself.
**postre** *m* dessert.
**postrer, postrero, ra** *adj* last.
**postrimería** *f* last portion *or* last years of life.
**postulado** *m* postulate, axiom.
**postulanta** *f* female postulant (candidate for admission in a religious order).
**postular** *vt* to apply for (e.g. a job).
**póstumo, ma** *adj* posthumous.
**postura** *f* posture, position; attitude; bet, wager; agreement, convention.
**potable** *adj* drinkable.
**potaje** *m* pottage; drink made up of several ingredients; medley of various useless things.
**pote** *m* pot, jar; flower pot.
**potencia** *f* power; mightiness.
**potencial** *m* potential.
**potentado** *m* potentate, prince.
**potente** *adj* potent, powerful, mighty.
**potestad** *f* power, dominion; jurisdiction.
**potro, ra** *m/f* colt; foal.
**poyo** *m* bench (near the street-door).
**pozo** *m* well.
**práctica** *f* practice; **en la ~** in practice; **poner en ~** to put into practice; **~s de tiro** targets practice; **tener mucha** or **poca ~** to have a lot or little practice.
**practicable** *adj* practicable, feasible.
**practicante** *m* practitioner.
**practicar** *vt* to practice.
**práctico, ca** *adj* practical; skillful, experienced.
**pradera** *f* meadow.
**prado** *m* lawn, meadow.
**pragmático, ca** *adj* pragmatic.
**preámbulo** *m* preamble; circumlocution.
**prebenda** *f* prebend, benefice.
**precario, ria** *adj* precarious.
**precaución** *f* precaution.
**precaver** *vt* to prevent, to guard against.
**precedencia** *f* precedence; preference; superiority.
**precedente** *adj* precedent, foregoing.
**preceder** *vt* to precede, to go before.
**precepto** *m* precept, order.

**preceptor** *m* master, teacher, preceptor.
**preciado, da** *adj* esteemed, valued.
**preciarse** *vi* to boast, to take pride in.
**precinto** *m* seal.
**precio** *m* price, value.
**preciosidad** *f* excellence, preciousness.
**precioso, sa** *adj* precious; (*fam*) beautiful.
**precipicio** *m* precipice; violent, sudden fall; ruin, destruction.
**precipitación** *f* precipitation, rush.
**precipitado, da** *adj* precipitate, headlong, hasty.
**precipitar** *vt* to precipitate; • **~se** *vi* to act hastily; to rush.
**precisamente** *adv* precisely; exactly.
**precisar** *vt* to compel, to oblige, to need.
**precisión** *f* necessity, compulsion; preciseness.
**preciso, sa** *adj* necessary, requisite; precise, exact; abstracted.
**precocidad** *f* precocity.
**preconcebir** *vt* to preconceive.
**preconizar** *vt* to proclaim; to recommend.
**precoz** *adj* precocious.
**precursor, ra** *m/f* harbinger, forerunner.
**predecesor, ra** *m/f* predecessor.
**predecir** *vt* to foretell.
**predestinación** *f* predestination.
**predestinar** *vt* to predestine.
**predial** *adj* praedial, land tax.
**predicación** *f* preaching, sermon.
**predicado** *m* predicate.
**predicador** *m* preacher.
**predicamento** *m* esteem, regard.
**predicar** *vt* to preach.
**predicción** *f* prediction.
**predilección** *f* predilection.
**predilecto, ta** *adj* darling, favorite.
**predio** *m* property, piece of land.
**predisponer** *vt* to predispose; to prejudice.
**predisposición** *f* inclination; prejudice.
**predominar** *vt* to predominate, to prevail; to command.
**predominio** *m* predominant power, superiority.
**preeminencia** *f* pre-eminence, superiority.
**preeminente** *adj* pre-eminent, superior.
**preescolar** *adj* pre-schooler.
**preexistencia** *f* pre-existence.
**preexistente** *adj* pre-existent.
**preexistir** *vt* to pre-exist, to exist before.
**prefabricado, da** *adj* prefabricated.
**prefacio** *m* preface.
**prefecto** *m* prefect.
**prefectura** *f* prefecture.
**preferencia** *f* preference.
**preferible** *adj* preferable.
**preferir** *vt* to prefer.
**prefijar** *vt* to prefix; to fix beforehand.
**pregón** *m* proclamation; hue and cry.
**pregonar** *vt* to proclaim.
**pregonero** *m* town crier.
**pregunta** *f* question; inquiry; **hacer una ~** to ask a question; **quien ~ no yerra** it's always best to ask beforehand.
**preguntar** *vt* to ask; to question, to demand; to inquire.
**preguntón, ona** *m/f* inquisitive person.
**prehistórico, ca** *adj* prehistoric.
**prejuicio** *m* prejudgment; preconception; prejudice.

**prelado** *m* prelate.
**preliminar** *adj, m* preliminary.
**preludio** *m* prelude.
**prematuro, ra** *adj* premature, precocious.
**premeditación** *f* premeditation, forethought.
**premeditar** *vt* to premeditate, to think out.
**premiar** *vt* to reward, to remunerate.
**premio** *m* reward, recompense; premium; ~ **de consuelo** consolation prize.
**premisa** *f* premise.
**premura** *f* narrowness, pressure, haste, hurry.
**prenatal** *adj* pre-natal.
**prenda** *f* pledge; garment; sweetheart; person *or* thing dearly loved; ~**s** *pl* accomplishments, talents.
**prendar** *vt* to enchant; • ~**se de uno** *vi* to fall in love with someone.
**prendedor** *m* brooch.
**prender** *vt* to seize, to catch, to lay hold of; to imprison; • *vi* to take root; to catch fire.
**prendimiento** *m* seizure; capture.
**prensa** *f* press.
**prensar** *vt* to press.
**preñado, da** *adj* pregnant.
**preñez** *f* pregnancy.
**preocupación** *f* worry, preoccupation, concern.
**preocupado, da** *adj* worried; anxious.
**preocupar(se)** *vt* (*vi*) to worry.
**preparación** *f* preparation.
**preparador, ra** *m/f* trainer.
**preparar** *vt* to prepare; • ~**se** *vi* to be prepared.
**preparativo, va** *adj* preparatory, preliminary, qualifying; • *m* preparation.
**preparatorio, ria** *adj* preparatory.
**preponderancia** *f* preponderance.
**preponderar** *vi* to preponderate, to prevail.
**preposición** *f* (*gr*) preposition.
**prepotencia** *f* arrogance; prepotency.
**prepotente** *adj* overbearing, haughty.
**prepucio** *m* foreskin.
**prerrogativa** *f* prerogative, privilege.
**presa** *f* capture, seizure; dike, dam; **hacer** ~ to capture.
**presagiar** *vt* to presage, to forebode.
**presagio** *m* omen.
**presbítero** *m* priest, clergyman.
**presciencia** *f* prescience, foreknowledge.
**prescindir** *vi* ~ **de** to do without; to dispense with.
**prescribir** *vt* to prescribe.
**prescripción** *f* prescription.
**presencia** *f* presence.
**presenciar** *vt* to attend; to be present at; to witness.
**presentación** *f* presentation.
**presentador, ra** *m/f* (*rad, TV*) presenter, hostess.
**presentar** *vt* to present; to introduce; to offer; to show; • ~**se** *vi* to present oneself; to appear; to run (as candidate); to apply.
**presente** *m* present, gift; • *adj* present.
**presentemente** *adv* presently, now.
**presentimiento** *m* presentiment.
**presentir** *vt* to have a premonition.
**preservación** *f* preservation.
**preservar** *vt* to preserve, to defend.
**preservativo** *m* condom, sheath.
**presidencia** *f* presidency.
**presidente** *m* president.

**presidiario** *m* convict.
**presidio** *m* penitentiary, prison.
**presidir** *vt* to preside at.
**presilla** *f* clip; loop in clothes.
**presión** *f* pressure, pressing.
**presionar** *vt* to press; (*fig*) to put pressure on.
**preso, sa** *m/f* prisoner.
**prestación** *f* lending, loaning, loan.
**prestado, da** *adj* on loan; **pedir ~** to borrow.
**prestamista** *m* borrower, lender.
**préstamo** *m* loan.
**prestar** *vt* to lend.
**presteza** *f* quickness, haste, speed.
**prestigio** *m* prestige.
**presto, ta** *adj* quick, prompt, ready; • *adv* soon, quickly.
**presumible** *adj* presumable.
**presumido, da** *adj* presumptous, arrogant.
**presumir** *vt* to presume, to conjecture; • *vi* to be conceited.
**presunción** *f* presumption, conjecture; conceit.
**presunto, ta** *adj* supposed; so-called.
**presuntuoso, sa** *adj* presumptuous.
**presuponer** *vt* to presuppose.
**presupuesto** *m* presumed cost; budget.
**presuroso, sa** *adj* hasty, prompt, quick; nimble.
**pretencioso, sa** *adj* pretentious.
**pretender** *vt* to pretend, to claim; to try, to attempt.
**pretendiente** *m* pretender; suitor.
**pretensión** *f* pretension.
**pretérito, ta** *adj* (*gr*) preterit, past.
**pretextar** *vt* to find a pretext *or* pretense.
**pretexto** *m* pretext, pretense.
**prevalacer** *vi* to prevail; to outshine; to take root.
**prevención** *f* disposition, preparation; supply of provisions; foresight; prevention; (*mil*) police guard.
**prevenido, da** *adj* prepared; careful, cautious, foreseeing.
**prevenir** *vt* to prepare; to foresee, to foreknow; to prevent; to warn; • **~se** *vi* to be prepared; to be predisposed.
**preventivo, va** *adj* preventive.
**prever** *vt* to foresee, to forecast.
**previo, via** *adj* previous.
**previsión** *f* foresight, prevision, forecast.
**previsor, ra** *adj* far-sighted.
**prima** *f* bonus; female cousin.
**primacía** *f* priority; primacy.
**primado** *m* primate.
**primario, ria** *adj* primary.
**primavera** *f* spring (the season).
**primeramente** *adv* in the first place, mainly.
**primer** *adj* first (apocopated form of **primero** used only before singular masculine nouns and adjetives).
**primero, ra** *adj* first, prior, former; • *adv* first, rather, sooner; **~s auxilios** first aids; **de buenas a ~s** suddenly; **de ~ instancia** in the first; **~ fila** first rank; **~ persona** (*gram*) first person; **~ piedra** cornerstone.
**primicia** *f* first fruits *pl*.
**primitivo, va** *adj* primitive, original.
**primo, ma** *m* cousin.
**primogénito, ta** *adj, m/f* first-born.
**primogenitura** *f* primogeniture.
**primor** *m* beauty.
**primordial** *adj* basic, fundamental.
**primoroso, sa** *adj* neat, elegant, fine, excellent; handsome.

**princesa** *f* princess.
**principal** *adj, m* principal, chief.
**príncipe** *m* prince.
**principiante** *m* beginner, learner.
**principiar** *vt* to commence, to begin.
**principio** *m* beginning, commencement; principle; **de ~ a fin** from beginning to end; **cuestión de ~s** matter of principles.
**pringoso, sa** *adj* greasy; sticky.
**pringue** *m/f* grease, lard.
**prioridad** *f* priority.
**prisa** *f* speed; hurry; urgency; promptness.
**prisa** *f* haste, hurry; **andar con ~** to be in a hurry; **a toda ~** with all possible haste.
**prisión** *f* prison; imprisonment.
**prisionero** *m* prisoner.
**prisma** *m* prism.
**prismáticos** *mpl* binoculars.
**privación** *f* deprivation, want.
**privado, da** *adj* private; particular.
**privar** *vt* to deprive; to prohibit; • **~se** *vi* to deprive oneself.
**privativo, va** *adj* private, one's own; particular, peculiar, exclusive.
**privilegiado, da** *adj* privileged; very good.
**privilegiar** *vt* to privilege.
**privilegio** *m* privilege.
**pro** *m/f* profit, benefit, advantage; **el ~ y el contra** the pros and cons; **en ~ de** on behalf of.
**proa** *f* (*mar*) prow.
**probabilidad** *f* probability, likelihood.
**probable** *adj* probable, likely.
**probado, da** *adj* proved, tried.
**probador** *m* fitting room.
**probar** *vt* to try; to prove; to taste; • *vi* to try.
**probeta** *f* test tube.
**problema** *m* problem.
**problemático, ca** *adj* problematical.
**procaz** *adj* impudent; bold.
**procedencia** *m* derivation.
**procedente** *adj* reasonable; proper; **~ de** coming from.
**proceder** *m* procedure; • *vi* to proceed, to go on; to act.
**procedimiento** *m* proceeding; legal procedure.
**prócer** *adj* tall; eminent, exalted; *m* national hero or leader.
**procesado, da** *m/f* accused.
**procesador** *m* processor; **~ de textos** word processor.
**procesar** *vt* to put on trial.
**procesión** *f* procession.
**proceso** *m* process, lawsuit.
**proclama** *f* proclamation, publication.
**proclamación** *f* proclamation; acclamation.
**proclamar** *vt* to proclaim.
**proclive** *adj* inclined, disposed.
**procreación** *f* procreation, generation.
**procrear** *vt* to procreate, to generate.
**procurador** *m* procurer; attorney; proctor.
**procurar** *vt* to try; to obtain; to produce.
**prodigalidad** *f* plenty, abundance.
**prodigar** *vt* to waste, to lavish.
**prodigio** *m* prodigy, monster.
**prodigioso, sa** *adj* prodigious, monstrous; exquisite, excellent.
**pródigo, ga** *adj* prodigal.
**producción** *f* production.
**producir** *vt* to produce; (*jur*) to produce as evidence; • **~se** *vi* to come about; to arise, to be made; to break out.

**productividad** *f* productivity.
**productivo, va** *adj* productive.
**producto** *m* product.
**productor, ra** *adj* productive; • *m/f* producer.
**proeza** *f* prowess, valor, bravery.
**profanación** *f* desecration.
**profanar** *vt* to profane, to desecrate.
**profano, na** *adj* profane.
**profecía** *f* prophecy.
**profesar** *vt* to profess, to practice.
**profesión** *f* profession.
**profesional** *adj, m/f* professional.
**profeso, sa** *adj* professed.
**profesor, ra** *m/f* teacher.
**profesorado** *m* teaching profession.
**profeta** *m* prophet.
**profético, ca** *adj* prophetic.
**profetizar** *vt* to prophesy.
**prófugo** *m* fugitive.
**profundidad** *f* profundity, profoundness; depth; grandeur.
**profundizar** *vt* to go deeply into; to deepen; to penetrate.
**profundo, da** *adj* profound.
**profusamente** *adv* profusely.
**profusión** *f* profusion, prodigality.
**progenie** *f* progeny, race, generation, offspring.
**progenitor** *m* progenitor, ancestor, forefather.
**programa** *m* program; ~ **doble** double feature.
**programación** *f* programming.
**programador, ra** *m/f* programmer.
**programar** *vt* to program.
**progresar** *vi* to progress.
**progresión** *f* progression.
**progresista** *adj, m/f* progressive.
**progreso** *m* progress.
**progresivo, va** *adj* progressive.
**prohibición** *f* prohibition, ban.
**prohibir** *vt* to prohibit, to forbid, to hinder.
**prójimo** *m* fellow creature; neighbor.
**prole** *f* offspring, progeny, race.
**proletariado** *m* proletariat.
**proletario, ria** *adj* proletarian.
**proliferación** *f* proliferation.
**proliferar** *vi* to proliferate.
**prolífico, ca** *adj* prolific.
**prolijidad** *f* prolixity; minute attention to detail.
**prolojo, ja** *adj* prolix, tedious.
**prólogo** *m* prolog(ue).
**prolongación** *f* prolongation.
**prolongar** *vt* to prolong.
**promedio** *m* average; middle.
**promesa** *f* promise.
**prometer** *vt* to promise, to assure; • ~**se** *vi* to get engaged.
**prometido, da** *adj* promised; engaged; • *m/f* fiancé/fiancée.
**prominencia** *f* protuberance.
**prominente** *adj* prominent, jutting out.
**promiscuo, cua** *adj* promiscuous, confusedly mingled; ambiguous.
**promoción** *f* promotion.
**promontorio** *m* promontory, cape.
**promotor** *m* promoter, forwarder.
**promover** *vt* to promote, to advance; to stir up.
**promulgación** *f* promulgation.
**promulgar** *vt* to promulgate, to publish.
**pronombre** *m* (*gr*) pronoun.
**pronosticar** *vt* to predict, to foretell, to conjecture.
**pronóstico** *m* prediction; forecast.
**prontitud** *f* promptness.
**pronto, ta** *adj* prompt, ready; • *adv* promptly.
**pronunciación** *f* pronunciation.

**pronunciamiento** *m* (*jur*) publication; insurrection, sedition.
**pronunciar** *vt* to pronounce; to deliver; • **~se** *vi* to rebel.
**propagación** *f* propagation; extension.
**propagador, ra** *m/f* propagator.
**propaganda** *f* propaganda; advertising.
**propagar** *vt* to propagate.
**propasar** *vt* to go beyond, to exceed.
**propender** *vi* to incline.
**propensión** *f* propensity, inclination.
**propenso, sa** *adj* prone, inclined.
**propiamente** *adv* properly; really.
**propiciar** *vt* to favor; to cause.
**propiciatorio, ria** *adj, m* propitiatory.
**propicio, cia** *adj* propitious.
**propiedad** *f* property, possession; right of property; propriety.
**propietario, ria** *adj, m/f* proprietor.
**propina** *f* tip.
**propinar** *vt* to hit; to give.
**propio, pia** *adj* proper; own; typical; very.
**proponer** *vt* to propose.
**proporción** *f* proportion; symmetry.
**proporcionado, da** *adj* proportionate, fit, comfortable.
**proporcional** *adj* proportional.
**proporcionar** *vt* to provide; to adjust, to adapt.
**proposición** *f* proposition.
**propósito** *m* aim; purpose; **a ~** on purpose; **a ~ de** apropos of.
**propuesta** *f* proposal, offer; representation.
**propugnar** *vt* to defend, protect.
**propulsar** *vt* to propel; (*fig*) to promote.
**prorrata** *f* share, quota.
**prorratear** *vt* to prorate.
**prórroga** *f* prolongation; extension; extra time.
**prorrogable** *adj* extendable.
**prorrogar** *vt* to extend; to postpone.
**prorrumpir** *vi* to break forth, to burst forth.
**prosa** *f* prose.
**prosaico, ca** *adj* prosaic.
**proscenio** *m* proscenium; apron (of the stage).
**proscribir** *vt* to proscribe, to outlaw.
**proscripción** *f* proscription.
**proscrito, ta** *adj* banned.
**prosecución** *f* continuation.
**proseguir** *vt* to continue; • *vi* to continue, to go on.
**proselitista** *adj* converting, proselytizing.
**prosélito** *m* proselyte.
**prosodia** *f* prosody.
**prospección** *f* exploration; prospecting.
**prospecto** *m* prospectus.
**prosperar** *vi* to prosper, to thrive.
**prosperidad** *f* prosperity.
**próspero, ra** *adj* prosperous.
**prostíbulo** *m* house of prostitution.
**prostitución** *f* prostitution.
**prostituir** *vt* to prostitute.
**prostituta** *f* prostitute.
**protagonista** *m/f* protagonist.
**protagonizar** *vt* to take the chief role in.
**protección** *f* protection.
**protector** *m* to protect.
**proteger** *vt* protector.
**proteína** *f* protein.
**protesta** *f* protest.
**protestante** *m* Protestant.

**protestar** *vt* to protest; to make public declaration of faith; • *vi* to protest.
**protocolo** *m* protocol.
**prototipo** *m* prototype.
**protuberancia** *f* protuberance, bulge.
**provecho** *m* profit; advantage.
**provechoso, sa** *adj* profitable; advantageous.
**proveedor, ra** *m/f* purveyor.
**proveer** *vt* to provide; to provision; to decree.
**provenir** *vi* to arise, to proceed; to issue.
**proverbial** *adj* proverbial.
**proverbio** *m* proverb; ~**s** *pl* Book of Proverbs.
**providencia** *f* providence; foresight; divine providence.
**providencial** *adj* providential.
**provincia** *f* province.
**provincial** *adj, m* provincial.
**provinciano, na** *adj* provincial; country *compd.*
**provisión** *f* provision; store.
**provisional** *adj* provisional.
**provisionalmente** *adv* provisionally.
**provisto** *adj* provided.
**provocación** *f* provocation.
**provocador, ra** *adj* provocative.
**provocar** *vt* to provoke; to lead to; to excite.
**provocativo, va** *adj* provocative.
**próximamente** *adv* soon.
**proximidad** *f* proximity, closeness.
**próximo, ma** *adj* next, near; neighboring; close.
**proyección** *f* projection; showing; influence.
**proyectar** *vt* to throw; to cast; to screen; to plan.
**proyectil** *m* projectile, missile.
**proyecto** *m* plan; project.
**proyector** *m* projector.
**prudencia** *f* prudence, wisdom.
**prudente** *adj* prudent.
**prueba** *f* evidence, proof, reason, argument; token; experiment, essay, attempt; relish, taste; **a ~ de** proof against; **corregir ~s** to proofread; **poner a ~** to put to test.
**prurito** *m* prurience, itching.
**psicoanálisis** *m* psychoanalysis.
**psicología** *f* psychology.
**psicólogo, ga** *m/f* psychologist.
**psiquiatra** *m/f* psychiatrist.
**psiquiátrico, ca** *adj* psychiatric.
**psíquico, ca** *adj* psychic(al).
**púa** *f* sharp point, prickle; shoot; pick.
**pubertad** *f* puberty.
**publicación** *f* publication.
**publicar** *vt* to publish, to proclaim.
**publicidad** *f* publicity.
**público, ca** *a, m* public.
**puchero** *m* earthen pot; stew.
**púdico, ca** *adj* chaste, pure.
**pudiente** *adj* rich, opulent.
**pudor** *m* bashfulness.
**pudrir** *vt* to rot; to upset; • ~**se** *vi* to decay, to rot.
**pueblo** *m* town, village; population; populace.
**puente** *m* bridge.
**puerco, ca** *adj* nasty, filthy, dirty; rude, coarse; • *m* pig, hog; ~ **espín** porcupine.
**pueril** *adj* childish.
**puerilidad** *f* puerility.
**puerro** *m* leek.
**puerta** *f* door, doorway, gateway; ~ **trasera** back door; **cerrar a uno la ~** to close the door on; **echar las ~s abajo** to knock violenty.

**puerto** *m* port, harbor, haven; narrow pass; **agarrar un ~** to reach port after a rough seas; **naufragar en el ~** to be wracked in the last stages.
**pues** *adv* then, therefore; well; ¡~! well, then.
**puesta** *f* setting, putting; **~ de sol** sunset; **~ a punto** adjusting; **~ en escena** (*theat*) staging up.
**puesto** *m* place; particular spot; post, employment; barracks; stand; **~ de periódicos** newsstand.
**púgil** *m* boxer.
**pugilato** *m* boxing.
**pugna** *f* combat, battle.
**pugnar** *vi* to fight, to combat; to struggle.
**puja** *f* struggle; bid, outbidding (at an auction).
**pujante** *adj* powerful, strong, robust, stout, strapping.
**pujanza** *f* power, strength.
**pujar** *vt* to outbid; to strain
**pulcritud** *f* beauty.
**pulcro, cra** *adj* beautiful; affected.
**pulga** *f* flea; **tener malas ~s** to be easily piqued; to be ill tempered.
**pulgada** *f* inch.
**pulgar** *m* thumb.
**pulir** *vt* to polish; to put the last touches to.
**pulmón** *m* lung.
**pulmonía** *f* inflammation of the lungs.
**pulpa** *f* pulp; soft part (of truit).
**pulpería** *f* small grocery store.
**púlpito** *m* pulpit.
**pulpo** *m* octopus.
**pulsación** *f* pulsation.
**pulsador** *m* push button.
**pulsar** *vt* to touch; to play; to press.
**pulsera** *f* bracelet.
**pulso** *m* pulse; wrist; firmness *or* steadiness of the hand; **a ~** with hand and wrist; **tomar el ~** to feel or take the pulse.
**pulular** *vi* to swarm.
**pulverización** *f* pulverization.
**pulverizador** *m* spray gun.
**pulverizar** *vt* to pulverize.
**pulla** *f* smart repartee; obscene expression.
**puna** *f* (*med*) mountain sickness.
**pundonor** *f* honor, integrity.
**pungir** *vt* to punch, to prick.
**punición** *f* punishment, chastisement.
**punitivo, va** *adj* punitive.
**punta** *f* point; end; truce; **poner los nervios de ~** to put one's nerves on edges; **tener en la ~ de la lengua** to have on the tip of one's tongue.
**puntada** *f* stitch
**puntal** *m* prop, stay, buttress.
**puntapié** *m* kick; **echar a ~s** to kick out.
**puntear** *vt* to tick; to pluck the guitar; to stitch.
**puntería** *f* aiming; **afinar la ~** to aim carefully.
**puntero** *m* pointer; **~, ra** *adj* leading.
**puntiagudo, da** *adj* sharp-pointed.
**puntilla** *f* narrow lace edging; **de ~s** on tiptoe.
**punto** *m* point; end; spot; stitch, **al ~** at once; **en su ~** just right; **poner los ~s sobre las íes** to dot one's i's and cross one's t's; **~ por ~** point by point.
**puntuación** *f* punctuation.
**puntual** *adj* punctual, exact; reliable.
**puntualidad** *f* punctuality.

**puntualizar** *vt* to fix; to specify.
**puntuar** *vt* to punctuate; to evaluate.
**punzada** *f* prick, sting; pain; compunction.
**punzante** *adj* sharp.
**punzar** *vt* to punch, to prick, to sting.
**punzón** *m* punch.
**puñado** *m* handful.
**puñal** *m* dagger.
**puñalada** *f* stab.
**puñetazo** *m* punch.
**puño** *m* fist; handful; wrist-band; cuff; handle; **apretar los ~s** to buckle.
**pupila** *f* eyeball, pupil.
**pupitre** *m* desk.
**puramente** *adv* purely, strictly.
**puré** *m* puree; (thick) soup; **~ de patatas** mashed potatoes.
**pureza** *f* purity, chastity.
**purga** *f* purge.
**purgante** *m* purgative.
**purgar** *vt* to purge, to purify; to atone, to expiate.
**purgativo, va** *adj* purgative, purging.
**purgatorio** *m* purgatory.
**purificación** *f* purification.
**purificador, ra** *m/f* purifier; • *adj* purificator.
**purificar** *vt* to purify.
**purismo** *m* purism.
**purista** *m* purist.
**puritano, na** *adj* puritanical; • *m/f* Puritan.
**puro, ra** *adj* pure, mere; clear; genuine; incorrupt.
**púrpura** *f* purple.
**purpúreo, rea** *adj* purple.
**purulento, ta** *adj* purulent.
**pus** *m* pus.
**pusilánime** *adj* pusillanimous, fainthearted.
**pusilanimidad** *f* pusillanimity.
**pústula** *f* pustule, pimple.
**puta** *f* whore.
**putativo** *adj* putative, supposed.
**putrefacción** *f* putrefaction.
**pútrido, da** *adj* putrid, rotten.
**puya** *f* goad, steel.

# Q

**que** *pn* that; who; which; what; than.
**qué** *adj* what?; which?; • *pn* what?; how ...?
**quebrada** *f* broken, uneven ground.
**quebradero** *m* breaker; ~ **de cabeza** worry.
**quebradizo, za** *adj* brittle, flexible.
**quebrado** *m* (*mat*) fraction.
**quebradura** *f* fracture; rupture, hernia.
**quebrantamiento** *m* fracture, rupture; breaking; weariness, fatigue; violation of the law.
**quebrantar** *vt* to break, to crack, to burst; to pound, to grind; to violate; to fatigue; to weaken.
**quebranto** *m* weakness; great loss, severe damage.
**quebrar** *vt* to break, to transgress a law, to violate; • *vi* to go bankrupt; to break into pieces, to be ruptured.
**queda** *f* resting-time; (*mil*) tattoo.
**quedar** *vi* to stay; to remain; **¿en qué quedamos?** where do we stand? **~se dormido** to fall asleep.
**quedito** *adv* quiety.
**quedo, da** *adj* quiet, still; • *adv* softly, gently.
**quehacer** *m* task.
**queja** *f* complaint.
**quejarse** *vi* to complain of.
**quejido** *m* complaint.
**quejoso, sa** *adj* complaining, querulous.
**quejumbroso, sa** *adj* complaining, plaintive.
**quema** *f* burning, combustion, fire.
**quemador** *m* burner.
**quemadura** *f* mark made by fire, burn.
**quemar** *vt* to burn; to kindle; • *vi* to be too hot; to be parched with heat; to burn oneself.
**quemarropa** *f* **a** ~ *adv* pointblank.
**quemazón** *f* burn; itch.
**querella** *f* charge; dispute; complaint.
**querellarse** *vi* to complain; to file a complaint.
**querella** *f* quarrel, dispute.
**querencia** *f* haunt, lair.
**querendón** *adj* very affectionate.
**querer** *vt* to wish, to desire; to will; to love; • *m* will, desire; **cómo quisiera que** in whatever way; **¿qué más quieres?** what more do you wants?; **¿qué quiere decir eso?** what do you mean by that; **¿qué quieres que haga?** what can one do?
**querido, da** *adj* dear, beloved; • *m/f* darling; lover; ~ **mío** *o* **~da mía** my dear, my love, my darling.
**quemese** *f* charity bazaar or fair.
**querubín** *m* cherub.
**quesadilla** *f* cheesecake.
**quesería** *f* dairy.
**queso** *m* cheese.
**quicio** *m* hook, hinge (of a door); **estar fuera de** ~ to be beside oneself.
**quiebra** *f* crack, fracture; bankruptcy; slump.
**quien** *pn* who.
**quién** *pn* who, whom.
**quienquiera** *adj* whoever.
**quieto, ta** *adj* still, peaceable.

**quietud** *f* quietness, peace, tranquility, calmness.
**quijada** *f* jaw, jawbone.
**quijotada** *f* quixotic action.
**quijote** *m* quixotic person.
**quijotesco, ca** *adj* quixotic.
**quilate** *m* carat.
**quilla** *f* keel.
**quimera** *f* chimera.
**quimérico, ca** *adj* chimerical, fantastic.
**química** *f* chemistry.
**químico, ca** *m/f* chemist; • *adj* chemical.
**quina** *f* Peruvian bark.
**quincalla** *f* hardware.
**quince** *adj, m* fifteen; fifteenth.
**quincena** *f* fortnight, two weeks.
**quiniela** *f* football pools *pl*; **~s** *pl* pools coupon.
**quinientos, tas** *adj* five hundred.
**quinina** *f* quinine.
**quinquenal** *adj* quinquennial.
**quinquenio** *m* space of five years.
**quinqui** *m* delinquent.
**quinta** *f* country house; levy, drafting of soldiers.
**quintaesencia** *f* quintessence.
**quintilla** *f* (*poet*) metrical composition of five verses.
**Quintín** *m* **se armó la de San ~** there was a tremendous rumpus.
**quinto** *adj* fifth; • *m* fifth; drafted soldier.
**quíntuplo, pla** *adj* quintuple, five-fold.
**quiosco** *m* bandstand; news stand.
**quiromancia** *f* palmistry.
**quirúrgico, ca** *adj* surgical.
**quisquilloso, sa** *adj* difficult, touchy, peevish, irritable.
**quiste** *m* cyst.
**quitaesmalte** *m* nail-polish remover.
**quitamanchas** *m invar* stain remover.
**quitanieves** *m invar* snowplow.
**quitar** *vt* to take away, to remove; to take off; to relieve; to annul; • **~se** *vi* to take off (clothes *etc*); to withdraw.
**quitasol** *m* parasol.
**quitapón** *m* **de ~** *adv* detachable, removable.
**quizá, quizás** *adv* perhaps, maybe.

# R

**rabadilla** *f* rump, croup.
**rábano** *m* radish.
**rabia** *f* rage, fury.
**rabiar** *vt* to be furious, to rage.
**rabieta** *f* touchiness, petulance, bad temper.
**rabino** *m* rabbi.
**rabioso, sa** *adj* rabid; furious.
**rabo** *m* tail; **con el ~ entre las piernas** with one's tail between one's legs; **mirar con el rabillo del ojo** to look out of the corner of one's eyes; **quien tiene ~ de paja no debe acercarse al fuego** people who lives in glass houses should not throw stones.
**rabón** *adj* short-tailed.
**racial** *adj* racial, race *compd*.
**racimo** *m* bunch of grapes.
**raciocinio** *m* reasoning; argument.
**ración** *f* ration.
**racional** *adj* rational; reasonable.
**racionalidad** *f* rationality.
**racionar** *vt* to ration (out).
**racismo** *m* racialism.
**racha** *f* gust of wind; **buena/mala ~** spell of good/bad luck.
**radar** *m* radar.
**radiacion** *f* radiation.
**radiactivo, va** *or* **radioactivo, va** *adj* radioactive.
**radiador** *m* radiator.
**radiante** *adj* radiant.
**radiar** *vi* (*poet*) to radiate.
**radicación** *f* taking root; becoming rooted (of a habit).
**radical** *adj* radical.
**radicar** *vt* to take root; • **~se** *vi* to establish oneself.
**radio** *f* radio; radio (set); • *m* radius; ray.
**radiodifusión** *f* broadcasting.
**radioescucha** *m* radio listener.
**radiografía** *f* x-ray.
**radioreceptor** *m* receiver.
**radiotelefonía** *m* radiotelephony.
**radioterapia** *f* radiotherapy.
**raer** *vt* to scrape, to grate; to erase.
**ráfaga** *f* gust; flash; burst.
**raído, da** *adj* scraped; worn-out; impudent.
**raíz** *f* root; base, basis; origin; **bienes raíces** *pl* landed property.
**raja** *f* splinter, chip of wood; chink, fissure.
**rajar** *vt* to split, to chop, to cleave.
**rajatabla** *f*: **a ~** *adv* strictly.
**ralea** *f* race, breed; species.
**ralo, la** *adj* thin, rare.
**ralladura** *f* small particles taken off by grating.
**rallar** *vt* to grate.
**rama** *f* branch (of a tree, of a family); printer's chase, form.
**Ramadán** *m* Mohammedan Lent.
**ramaje** *m* branches.
**ramal** *m* strand, branch line.
**ramalazo** *m* lash, spot, mark.
**rambla** *f* avenue.
**ramera** *f* whore, prostitute.
**ramificación** *f* ramification.
**ramificarse** *vi* to ramify.
**ramillete** *m* bunch.
**ramo** *m* branch of a tree.
**rampa** *f* ramp.
**rampante** *adj* rampant.
**rana** *f* frog.
**rancio, cia** *adj* rank, rancid.
**ranchero** *m* rancher.

**rancho** *m* grub; ranch; small farm; **alborotar el ~** to cause trouble, **hacer ~ aparte** to go one's own way.
**rango** *m* rank, standing.
**ranúnculo** *m* (*bot*) crowfoot.
**ranura** *f* groove; slot.
**rapacidad** *f* rapacity.
**rapadura** *f* shaving; baldness.
**rapar** *vt* to shave; to plunder.
**rapaz, za** *adj* rapacious; • *m/f* young boy *or* girl.
**rape** *m* shaving; monk fish.
**rapé** *m* snuff.
**rapidez** *f* speed, rapidity.
**rápido, da** *adj* quick, rapid, swift.
**rapiña** *f* robbery.
**raptar** *vt* to kidnap.
**rapto** *m* kidnapping; ecstasy, rapture; ravishment.
**raqueta** *f* racket.
**raquítico, ca** *adj* stunted; (*fig*) inadequate.
**rareza** *f* rarity, rareness.
**raro, ra** *adj* rare, scarce, extraordinary.
**ras** *m* **a ~ de** level with; **a ~ de tierra** at ground level.
**rasar** *vt* to level.
**rascacielos** *m invar* skyscraper.
**rascar** *vt* to scratch, to scrape.
**rasero** *m* strike.
**rasgar** *vt* to tear, to rip.
**rasgo** *m* dash, stroke; feature, grand *or* magnanimous action; **~s** *pl* features.
**rasguear** *vi* to form bold strokes with a pen; (*mus*) to strum.
**rasguñar** *vt* to scratch, to scrape.
**rasguño** *m* scratch.
**raso** *m* satin; glade; **~, sa** *adj* plain; flat; **al ~** in the open air.
**raspa** *f* beard of an ear of corn; backbone of fish; stalk of grapes; rasp.
**raspadura** *f* filing, scraping; filings *pl*.
**raspar** *vt* to scrape, to rasp.
**raspón** *m* severe reprimand, scratch.
**rastra** rake; **a ~s** by dragging; **a ~s** dragging, trailing.
**rastreador** *m* tracker.
**rastrear** *vt* to trace; to inquire into; • *vi* to skim along close to the ground (of birds).
**rastrero, ra** *adj* creeping; low, humble, cringing, reptile.
**rastrillar** *vt* to rake.
**rastrillo** *m* rake.
**rastro** *m* track; rake; trace.
**rastrojera** *f* stubble ground.
**rastrojo** *m* stubble.
**rasurador** *m or* **rasuradora** *f* electric shaver.
**rasurarse** *vi* to shave.
**rata** *f* rat.
**ratería** *f* larceny, petty theft.
**ratero, ra** *adj* creeping, mean, vile; • *m/f* pickpocket; burglar.
**ratificación** *f* ratification.
**ratificar** *vt* to ratify, to approve of.
**rato** *m* moment; **a ~s perdidos** in leisure time; **pasar el ~** to while away.
**ratón** *m* mouse.
**ratonera** *f* mousetrap.
**raudal** *m* torrent.
**raudo** *adj* rapid, swift.
**raya** *f* stroke; line; part; frontier; ray, roach (fish); **dar quince ~s a** to surpass completely; **mantener la ~** to keep at bay; **pasar de la ~** to go too far.
**rayado, da** *adj* ruled; crossed; striped; rifled (of fire arms).
**rayador** *m* black skimmer.
**rayar** *vt* to line; to cross out; to underline; to cross; to rifle.

**rayo** *m* ray, beam of light; **¡que te parta un ~ !** drop dead.
**rayón** *m* rayon.
**raza** *f* race, lineage; quality.
**razón** *f* reason; right; reasonableness; account, calculation; **a ~ de** at the rate of; **con ~ o sin ella** right or wrong; **dar la ~ a** to agree with.
**razonable** *adj* reasonable; **dentro de lo ~** within reason.
**razonado, da** *adj* rational, prudent.
**razonamiento** *m* reasoning, discourse.
**razonar** *vi* to reason, to discourse; to talk.
**reabrir** *vt* to reopen.
**reabsorber** *f* to reabsorb.
**reabsorción** *f* reabsorption.
**reacción** *f* reaction.
**reaccionar** *vi* to react.
**reaccionario, ria** *adj* reactionary.
**reacio, cia** *adj* stubborn.
**reactivar** *vt* to reactivate.
**reactivo** *adj* reactive.
**reactor** *m* reactor.
**readmitir** *vt* to readmit.
**reafirmar** *vt* reaffirm, reassert.
**reajuste** *m* readjustment.
**real** *adj* real, actual; royal; • *m* camp; **levantar los ~es** to encamp; **un ~ sobre otro** to pay in cash and down to the last cent.
**realce** *m* embossment; flash; luster, splendor.
**realengo, ga** *adj* royal, kingly.
**realidad** *f* reality; sincerity.
**realista** *m* realist; royalist.
**realizador, ra** *m/f* producer (in TV *etc*).
**realizar** *vt* to realize; to achieve; to undertake.
**realmente** *adv* really, actually.
**realzar** *vt* to raise, to elevate; to emboss; to heighten.
**reanimar** *vt* to cheer, to encourage, to reanimate.
**reanudar** *vt* to renew; to resume.
**reaparición** *f* reappearance.
**reasumir** *vt* to retake, to resume.
**reata** *f* collar, leash; string of horses.
**rebaja** *f* abatement, deduction; **~s** *pl* sale.
**rebajar** *vt* to abate, to lessen, to diminish; to lower.
**rebanada** *f* slice.
**rebanar** *vt* to slice.
**rebaño** *m* flock of sheep, herd of cattle.
**rebasar** *vt* to exceed.
**rebate** *m* fight, encounter.
**rebatir** *vt* to resist; to parry, to ward off; to refute; to repress.
**rebatible** *adj* refutable, disputable.
**rebeca** *f* cardigan.
**rebelarse** *vi* to revolt; to rebel; to resist.
**rebelde** *m/f* rebel; • *adj* rebellious.
**rebeldía** *f* rebelliousness, disobedience, (*jur*) contumacy, **en ~** by default.
**rebelión** *f* rebellion, revolt.
**rablendecer** *vt* to soften, to become soft.
**reborde** *m* flange, rim.
**rebosadero** *m* overflow; spillway.
**rebosar** *vi* to run over, to overflow; to abound.
**rebotar** *vt* to bounce; to clinch; to repel; • *vi* to rebound.
**rebote** *m* rebound; **de ~** on the rebound.
**rebozado, da** *adj* fried in batter *or* breadcrumbs.
**rebozar** *vt* to wrap up; to fry in batter *or* breadcrumbs.

**rebujar** *vt* to jumble or bundle together.
**rebullir** *vi* to stir, to begin to move.
**rebuscado, da** *adj* affected; complicated, recherché; far-fetched.
**rebuscar** *vt* to search meticulously.
**rebuznar** *vi* to bray.
**rebuzno** *m* braying of an ass.
**recabar** *vt* to obtain by entreaty.
**recado** *m* message; gift; **a buen ~** in safety; **enviar un ~** to send a message.
**recaer** *vi* to fall back; **~ sobre** to fall to, fall on (said of responsibility).
**recaída** *f* relapse.
**recalcar** *vt* to stress, to emphasize.
**recalcitrante** *adj* recalcitrant.
**recalentamiento** *m* overheating.
**recalentar** *vt* to heat again; to overheat.
**recámara** *f* bedroom.
**recambio** *m* spare; refill.
**recapacitar** *vt* to reflect.
**recapitulación** *f* recapitulation.
**recapitular** *vt* to recapitulate.
**recargado, da** *adj* overloaded.
**recargar** *vt* to overload; to recharge; to charge again; to remand to prison.
**recargo** *m* extra load; new charge *or* accusation.
**recatado, da** *adj* prudent, circumspect, modest.
**recato** *m* prudence, circumspection; modesty; bashfulness.
**recaudación** *f* take; recovery of debts or taxes; collector's office.
**recaudador** *m* tax collector.
**recaudar** *vt* to gather; to obtain; to recover.
**recelar** *vt* to fear, to suspect, to doubt.
**recelo** *m* dread, suspicion, mistrust.
**receloso, sa** *adj* mistrustful, shy.
**recepción** *f* reception.
**recepcionista** *m/f* receptionist.
**receptáculo** *m* receptacle.
**receptor** *m* receiver; investigating official.
**recesión** *f* (*com*) recession.
**receso** *m* separation, recess.
**receta** *f* recipe; prescription.
**recetar** *vt* to prescribe.
**recetario** *m* register of prescriptions.
**recibidor** *m* entrance hall.
**recibimiento** *m* reception, receipt.
**recibir** *vt* to accept, to receive; to let in; to go to meet; • **~se** *vi* to qualify; **~se de** to graduate.
**recibo** *m* receipt; **acusar ~** to acknowledge receipt to.
**recién** *adv* recently, lately; **~ casados** newlyweds; **~ llegado** newcomer.
**reciente** *adj* recent, new, fresh; modern.
**recinto** *m* precinct, district.
**recio, cia** *adj* stout, strong, robust; coarse, thick; rude; arduous, rigid; • *adv* strongly, stoutly; **hablar ~** to talk loud.
**recipiente** *m* container.
**reciprocidad** *f* reciprocity.
**recíproco, ca** *adj* reciprocal, mutual.
**recitación** *f* recitation.
**recital** *m* recital; reading.
**recitar** *vt* to recite.
**recitativo, va** *adj* recitative.
**reclamación** *f* claim; reclamation; protest.
**reclamar** *vt* to claim.
**reclamo** *m* claim; advertisement; attraction; decoy-bird; catchword (in printing).

**reclinar** *vt* to recline; • **~se** *vi* to lean back.
**recluir** *vt* to shut up.
**reclusión** *f* seclusion; prison.
**recluso, a** *adj* imprisoned; shut in.
**recluta** *f* recruitment; • *m* recruit.
**reclutador** *m* recruitment officer.
**reclutar** *vt* to recruit.
**recobrar** *vt* to recover; • **~se** *vi* to recover from sickness; **~ el aliento** to get one's get breath back.
**recocer** *vt* to cook again.
**recodo** *m* corner *or* angle jutting out.
**recogedor** *m* scraper (instrument).
**recoger** *vt* to collect; to retake, to take back; to get; to gather; to shelter; to compile; • **~se** *vi* to take shelter *or* refuge; to retire; to withdraw from the world.
**recogido, da** *adj* retired, secluded; quiet.
**recogimiento** *m* collection, retreat, shelter; abstraction from all worldly concerns.
**recolección** *f* summary; recollection.
**recolectar** *vt* to gather, collect.
**recomendación** *f* recommendation.
**recomendar** *vt* to recommend.
**recompensa** *f* compensation; recompense, reward.
**recompensar** *vt* to recompense, to reward.
**recomponer** *vt* to recompose; to mend.
**reconcentrar** *vt* to concentrate on.
**reconciliación** *f* reconciliation.
**reconciliar** *vt* to reconcile; • **~se** *vi* to make one's peace.
**recóndito, ta** *adj* recondite, secret, concealed.
**reconfortar** *vt* to comfort.
**reconocer** *vt* to recognize; to examine closely; to acknowledge; to consider; (*mil*) to reconnoiter.
**reconocido, da** *adj* recognized; grateful.
**reconocimiento** *m* recognition; acknowledgment; gratitude; confession; search; submission; inquiry.
**reconquista** *f* reconquest.
**reconquistar** *vt* to reconquer.
**reconstituyente** *m* tonic.
**reconstruir** *vt* to reconstruct.
**reconvenir** *vt* to retort, to recriminate.
**reconversión** *f* **~ industrial** industrial rationalization.
**recopilación** *f* summary, abridgment.
**recopilador** *m* compiler.
**recopilar** *vt* to compile.
**récord** *adj invar* record; **batir un ~** to break a record.
**recordar** *vt* to remember; to remind; • *vi* to remember.
**recorrer** *vt* to run over, to peruse; to cover.
**recorrer** *vt* to travel; to run over.
**recorrido** *m* space or distance traveled; trip, run.
**recortar** *vt* to cut out.
**recorte** *m* cutting; trimming.
**recoser** *vt* to sew again, patch.
**recostar** *vt* to lean against, to recline; • **~se** *vi* to lie down.
**recoveco** *m* cubby hole; bend.
**recrear** *vt* to amuse, to delight, to entertain.
**recreativo, va** *adj* recreational.
**recreo** *m* recreation; playtime (at school).
**recriminación** *f* recrimination.
**recriminar** *vt* to recriminate.
**recrudecer** *or* **recrudecerse** *vt, vi* to worsen.

**recrudecimiento** *m* upsurge.
**rectángulo, la** *adj* rectangular; • *m* rectangle.
**rectificación** *f* rectification.
**rectificar** *vt* to rectify.
**rectilíneo, nea** *adj* rectilinear.
**rectitud** *f* straightness; rectitude; justness, honesty; exactitude.
**recto, ta** *adj* straight, right; just, honest; • *m* rectum; • *f* straight line.
**rector, ra** *m/f* superior of a community *or* establishment; rector (of a university); curate, rector; • *adj* governing.
**rectorado** *m* rectorship.
**rectoría** *f* rectory; rectorship.
**recua** *f* drove of beasts of burden.
**recuadro** *m* box; inset.
**recuento** *m* inventory.
**recuerdo** *m* souvenir, memory.
**recular** *vi* to fall back, to recoil.
**recuperable** *adj* recoverable.
**recuperación** *f* recovery.
**recuperar** *vt* to recover; • **~se** *vi* to recover from sickness.
**recurrir** *vt* to recur.
**recurso** *m* recourse.
**recusación** *f* refusal.
**recusar** *vt* to refuse; to refuse to admit.
**rechazar** *vt* to refuse; to repulse; to contradict.
**rechazo** *m* rebound; denial; recoil.
**rechifla** *f* booing; (*fig*) derision.
**rechiflar** *vt* to boo.
**rechinar** *vi* to gnash the teeth.
**rechistar** *vi var of* **chustar**; **sin ~** without a murmur.
**rechoncho, cha** *adj* chubby.
**red** *f* net; network; snare; web; **caer uno en la ~** to fall into a trap; **echar** or **tender las ~s** to take measures; **~ de emisoras** radio network.
**redacción** *f* editing; editor's office.
**redactar** *vt* to draft; to edit; to write.
**redactor** *m* editor.
**redada** *f*: roundup, dragnet, **~ policial** police raid.
**redecilla** *f* hairnet.
**rededor** *m* environs; **al ~** round about.
**redención** *f* redemption.
**redentor, ra** *m/f* redeemer.
**redescubrir** *vt* to rediscover.
**redicho, cha** *adj* affected.
**redil** *m* sheepfold.
**redimible** *adj* redeemable.
**redimir** *vt* to redeem, to ransom.
**rédito** *m* revenue, rent.
**redituar** *vt* to yield, produce.
**redoblado, da** *adj* redoubled; stout and thick; reinforced.
**redoblar** *vt* to redouble; to rivet.
**redoble** *m* doubling, repetition; (*mil*) roll of a drum.
**redomado, da** *adj* sly; utter.
**redondear** *vt* to round.
**redondel** *m* circle; traffic circle.
**redondez** *f* roundness, circular form.
**redondo, da** *adj* round; complete; **cifra ~** round figure.
**reducción** *f* reduction; **~ al absurdo** reductio ad absurdum (*Lat*).
**reducible** *adj* reducible, convertible.
**reducido, da** *adj* reduced; limited; small.
**reducir** *adj* to reduce; to limit; • **~se** *vi* to diminish.
**reducto** *m* (*mil*) redoubt.
**redundancia** *f* superfluity, redundancy, excess.
**redundar** *vi* to redound; to contribute.
**reedificar** *vt* to rebuild.
**reeducar** *vt* to re-educate.
**reelegir** *vt* to re-elect, to elect again.

**reembolsar** *vt* to refund; to reimburse.
**reembolso** *m* reimbursement; refund; **contra** ~ C.O.D.
**reemplazar** *vt* to replace, to restore.
**reemplazo** *m* replacing; reserve.
**reemplear** *vt* to hire again.
**reencarcelamiento** *m* (law) remand.
**reencarcelar** *vt* to remand.
**reencarnar** *vi* reincarnate.
**reencuadernar** *vt* to rebind (a book).
**reencuentro** *m* change meeting (of long-parted friends, enemies, etc.).
**reenganchar** *vt* (*mil*) to re-enlist; • **~se** *vi* to enlist again.
**reensayar** *vt* to rehearse anew.
**reenviar** *vt* to send back.
**reexpedir** *vt* to forward.
**refacción** *f* renovation, overhaul.
**referencia** *f* reference.
**referéndum** *m* referendum.
**referir** *vt* to refer, to relate, to report; • **~se** *vi* to refer to, to relate to.
**refilón** *m*: **de** ~ *adv* obliquely.
**refinado, da** *adj* refined; subtle, artful; **modales ~s** refined manners.
**refinar** *vt* to refine.
**refinería** *f* refinery.
**reflejar** *vt* to reflect.
**reflejo** *m* reflex; reflection.
**reflexión** *f* meditation, reflection.
**reflexionar** *vt* to reflect on; • *vi* to reflect, to meditate.
**reflexivo, va** *adj* reflexive; thoughtful.
**reflorecer** *vi* to flourish again.
**reflujo** *m* reflux, ebb; **flujo y** ~ the tides *pl.*
**reforma** *f* reform; correction; repair.
**reformar** *vt* to reform, to correct, to restore; • **~se** *vi* to mend, to have one's manners reformed *or* corrected.
**reformatorio** *m* reformatory.
**reforzar** *vt* to strengthen, to fortify; to encourage.
**refracción** *f* refraction.
**refractario, ria** *adj* refractory.
**refrán** *m* proverb; **tener muchos ~es** or **tener ~es para todo** to know all the answers.
**refregar** *vt* to scrub.
**refrenar** *vt* to refrain; to check.
**refrendar** *vt* to countersign; to approve.
**refrescante** *adj* refreshing.
**refrescar** *vt* to refresh; • *vi* to cool down; • **~se** *vi* to get cooler; to go out for a breath of fresh air.
**refresco** *m* refreshment, soft or cold drinks.
**refriega** *f* affray, skirmish, fray.
**refrigerador** *m or* **refrigeradora** *f* icebox; refrigerator.
**refrigerar** *vt* to cool, to refresh, to refrigerate; to comfort.
**refrigerio** *m* refrigeration, refreshment; consolation, comfort, snack.
**refuerzo** *m* reinforcement.
**refugiado, da** *m/f* refugee.
**refugiar** *vt* to shelter; • **~se** *vi* to take refuge.
**refugio** *m* refuge, asylum.
**refulgente** *adj* refulgent, radiant.
**refulgir** *vi* to shine.
**refunfuñar** *vi* to snarl, to growl, to grumble.
**refutación** *f* refutation.
**refutar** *vt* to refute.
**regadera** *f* watering can.
**regadío** *m* irrigated land.
**regalar** *vt* to give (as present); to give away; to pamper; to caress.
**regalía** *f* regalia; bonus; royalty; privilege.
**regaliz** *m* licorice.

**regalo** *m* present, gift; pleasure; comfort.
**regañadientes, a ~** *adv* reluctantly.
**regañar** *vt* to scold; • *vi* to growl, to grumble; to quarrel.
**regañón, ona** *adj* snarling, growling, grumbling; troublesome.
**regar** *vt* to water, to irrigate.
**regata** *f* irrigating ditch; regatta.
**regatear** *vt* (*com*) to bargain over; to be mean with; • *vi* to haggle; to dribble (in sport).
**regateo** *m* act of haggling *or* bartering; dodge.
**regazo** *m* lap.
**regencia** *f* regency.
**regeneración** *f* regeneration.
**regenerar** *vt* to regenerate.
**regentar** *vt* to rule; to govern.
**regente** *m* regent; manager.
**regidor** *adj* ruling, governing.
**régimen** *m* regime, management; diet; (*gr*) rules of verbs.
**regimiento** *m* regime; (*mil*) regiment.
**regio, gia** *adj* royal, kingly.
**región** *f* region.
**regir** *vt* to rule, to govern, to direct; • *vi* to apply.
**registrador** *m* registrar; controller.
**registrar** *vt* to survey, to inspect; to examine; to record, to enter in a register; • **~se** *vi* to register; to happen; **¡a mi que me registren!** search me!
**registro** *m* examining; enrolling office; register; registration.
**regla** *f* rule, ruler; period; **la excepción confirma la ~** the exception proves the rule; **por ~ general** as a rule.
**reglamentar** *vt* to regulate.
**reglamentario, ria** *adj* statutory.
**reglamento** *m* regulation; by-law.
**reglar** *m* regular, menstruate.
**regocijar** *vt* to gladden; • **~se** *vi* to rejoice.
**regocijo** *m* joy, pleasure, merriment, rejoicing.
**regodearse** *vi* to be delighted; to trifle, to play the fool; to joke, to jest.
**regodeo** *m* joy, merriment.
**regordete** *adj* chubby, plump.
**regresar** *vi* to return, to go back.
**regreso** *m* return, regression.
**reguero** *m* small rivulet; trickling line of spilt liquid; drain, gutter.
**regulación** *f* regulation.
**regulador, ra** *m/f* regulator; knob, control.
**regular** *vt* to regulate, to adjust; • *adj* regular; ordinary.
**regularidad** *f* regularity.
**regularizar** *vt* to regularize.
**regurgitar** *vi* to regurgitate.
**rehabilitación** *f* rehabilitation.
**rehabilitar** *vt* to rehabilitate.
**rehacer** *vt* to repair, to make again; to redo; • **~se** *vi* to recover; (*mil*) to rally.
**rehén** *m* hostage.
**rehuir** *vt* to avoid.
**rehusar** *vi* to refuse, to decline.
**reimpresión** *f* reprint.
**reimprimir** *vt* to reprint.
**reina** *f* queen.
**reinado** *m* reign.
**reinante** *adj* (*fig*) prevailing.
**reinar** *vi* to reign, to govern.
**reincidencia** *f* relapse.
**reincidir** *vi* to relapse, to fall back.
**reino** *m* kingdom, reign.
**reintegración** *f* reintegration, restoration.

**reintegrar** *vt* to reintegrate, to restore; • **~se** *vi* to be reintegrated *or* restored.
**reintegro** *m* reintegration.
**reír(se)** *vi* to laugh; ~ **a carcajadas** to laugh loudly; **~se en las barbas de alguien** to laugh in someone's face.
**reiteración** *f* repetition, reiteration.
**reiterar** *vt* to reiterate, to repeat.
**reivindicación** *f* claim; vindication.
**reivindicar** *vt* to claim.
**reja** *f* plowshare; lattice, grating.
**rejilla** *f* grating, grille; vent; baggage rack.
**rejoneador** *m* mounted bullfighter.
**rejonear** *vt* to spear bulls.
**rejuvenecer** *vt, vi* to rejuvenate.
**relación** *f* relation; relationship; report; account; **~es diplomáticas** or **de negocios** business or social connections.
**relacionar** *vt* to relate.
**relajación** *f* relaxation; remission; laxity.
**relajación** *f* relaxation, laxity.
**relajar** *vt* to relax, to slacken; • **~se** *vi* to relax.
**relamerse** *vi* to lick one's lips; to relish.
**relamido, da** *adj* affected, overdressed.
**relámpago** *m* flash of lightning; **como un** ~ like lighting.
**relampaguear** *vi* to flash.
**relatar** *vt* to relate, to tell.
**relativo, va** *adj* relative.
**relato** *m* story; recital.
**releer** *vt* to reread.
**relegación** *f* relegation, exile.
**relegar** *vt* to relegate, to banish; to exile.
**relente** *m* evening dew.
**relevante** *adj* excellent, great, eminent.
**relevar** *vt* to emboss, to work in relief; to exonerate; to relieve; to assist.
**relevo** *m* (*mil*) relief; **carrera de ~s** relay race.
**relicario** *m* reliquary.
**relieve** *m* relief; (*fig*) prominence; **poner en** ~ to bring out.
**religión** *f* religion.
**religiosidad** *f* religiousness.
**religioso, sa** *adj* religious, pious.
**relinchar** *vi* to neigh.
**relincho** *m* neigh, neighing.
**reliquia** *f* residue, remains; saintly relic.
**reloj** *m* clock, watch; **contra** ~ against the clock.
**relojero** *m* watchmaker.
**relucir** *vi* to shine, to glitter; to excel, to be brilliant; **sacar a** ~ to bring out.
**relumbrar** *vi* to sparkle, to shine.
**rellano** *m* landing (of stairs).
**rellenar** *vt* to fill up; to stuff.
**relleno, na** *adj* full up; stuffed; • *m* stuffing; **de** ~ as padding (in speech, etc.).
**remachar** *vt* to rivet; (*fig*) to drive home.
**remanente** *m* remainder; (*com*) balance; surplus.
**remangar** *vt* to roll up.
**remansarse** *vi* to obstruct the course of a stream.
**remanso** *m* stagnant water; quiet place.
**remar** *vi* to row.
**rematadamente** *adv* entirely, totally.
**rematado, da** *adj* finished, utter, complete.
**rematar** *vt* to terminate, to finish; to sell of cheaply; • *vi* to end.

**remate** *m* end, conclusion; shot; tip; last *or* best bid.
**remedar** *vt* to copy, to imitate, to mimic.
**remediable** *adj* remediable.
**remediar** *vt* to remedy; to assist, to help; to free from danger; to avoid; **no lo puedo** ~ I can't help it.
**remedio** amendment, correction; resource; refuge; **no tener más** ~ to have no alternative; ~ **casero,** household remedy.
**remedo** *m* imitation, copy.
**remendar** *vt* to patch, to mend; to correct.
**remero** *m* rower, oarsman.
**remesa** *f* shipment; remittance.
**remiendo** *m* patch; mend.
**remilgado, da** *adj* prim; affected.
**remilgo** *m* affected nicety *or* gravity.
**reminiscencia** *f* reminiscence, recollection.
**remiso, sa** *adj* remiss, careless, indolent.
**remitente** *m* sender.
**remitir** *vt* to remit, to send; to pardon a fault; to suspend, to put off; • **~se** *vi* to slacken.
**remo** *m* oar; rowing.
**remojar** *vt* to steep; to dunk.
**remojo** *m* steeping, soaking.
**remolacha** *f* beet.
**remolcar** *vt* to tow.
**remolino** *m* whirlwind; whirlpool; crowd.
**remolón, ona** *adj* stubborn; lazy.
**remolque** *m* tow, towing; tow rope.
**remontar** *vt* to mend; • **~se** *vi* to tower, to soar.
**remorder** *vt* to disturb.
**remordimiento** *m* remorse.
**remoto, ta** *adj* remote, distant, far.
**remover** *vt* to stir; to move around.
**remozar** *vt* to rejuvenate; to renovate.
**remuneración** *f* remuneration, recompense.
**remunerador, ra** *m/f* remunerator.
**remunerar** *vt* to reward, to remunerate.
**renacer** *vi* to be born again; to revive.
**renacimiento** *m* regeneration; rebirth, renaissance.
**renacuajo** *m* tadpole.
**renal** *adj* renal, kidney *compd.*
**rencilla** *f* quarrel.
**rencor** *m* rancor, grudge.
**rencoroso, sa** *adj* rancorous.
**rendición** *f* surrender.
**rendido, da** *adj* submissive; exhausted.
**rendija** *f* crevice, crack, cleft.
**rendimiento** *m* output; efficiency, profit.
**rendir** *vt* to subject, to subdue; • **~se** *vi* to yield; to surrender; to be tired out; ~ **cuentas** to give an explanation or account of.
**renegado** *m* apostate; wicked person.
**renegar** *vt* to deny, to disown; to detest, to abhor; • *vi* to apostatize; to blaspheme, to curse.
**renglón** *m* line; item; **a ~ seguido** right after.
**renombrado, da** *adj* renowned.
**renombre** *m* renown.
**renovación** *f* renovation, renewal.
**renovar** *vt* to renew, to renovate, to reform.
**renquear** *vi* to limp.
**renta** *f* rent, income; profit, **vivir de sus ~s** to live on one's investments.
**renuencia** *f* reluctance, unwillingness.

**renuncia** *f* renunciation, resignation.
**renunciar** *vt* to renounce; • *vi* to resign.
**reñido, da** *adj* at variance, at odds; hard-fought.
**reñir** *vt, vi* to wrangle, to quarrel; to scold, to chide.
**reo** *m* offender, criminal.
**reojo** *m* **mirar de** ~ to look at furtively.
**reorganizar** *vt* to reorganize.
**reparación** *f* reparation, repair.
**reparar** *vt* to repair; to consider, to observe; • *vi* to notice; to parry; to pass (at cards).
**reparo** *m* repair, reparation; consideration; difficulty.
**repartición** *f* distribution.
**repartidor** *m/f* distributor; assessor of taxes.
**repartir** *vt* to distribute; to deliver.
**reparto** *m* distribution; delivery; cost; real estate development.
**repasar** *vt* to revise; to check; to mend.
**repaso** *m* revision; checkup.
**repatriar** *vt* to repatriate.
**repecho** *m* slope.
**repelente** *adj* repellent, repulsive.
**repeler** *vt* to repel; to refute, to reject.
**repente** *m* start; **de** ~ *adv* suddenly.
**repentino, na** *adj* sudden, unforeseen.
**repercusión** *f* reverberation.
**repercutir** *vi* to reverberate; to rebound.
**repertorio** *m* repertory, index; list.
**repetición** *f* repetition; (*mus*) encore.
**repetidor, ra** *m/f* repeater.
**repetir** *vt, vi* to repeat.
**repicar** *vt* to chime, to ring.
**repique** *m* chime.
**repiquetear** *vt* to ring merrily.
**repisa** *f* pedestal *or* stand; shelf; windowsill.
**replegar** *vt* to redouble; to fold over; • **~se** *vi* (*mil*) to fall back.
**repleto, ta** *adj* replete, very full.
**réplica** *f* reply, answer; repartee.
**replicar** *vi* to reply.
**repoblación** *f* restocking; ~ **forestal** reforestation.
**repoblar** *vt* to repopulate; to reforest.
**repollo** *m* cabbage.
**reponer** *vt* to replace; to restore; • **~se** *vi* to recover lost health *or* property.
**reportaje** *m* report, article.
**reportero, ra** *m/f* reporter.
**reportar** *vt* to check, curb.
**reporte** *m* news, information, report.
**reposado, da** *adj* quiet, peaceful; settled (wine).
**reposar** *vi* to rest, to repose.
**reposición** *f* replacement; remake.
**reposo** *m* rest, repose.
**repostería** *f* confectioner's (shop).
**repostero** *m* confectioner.
**reprender** *vt* to reprehend, to blame.
**represa** *f* dam; lake.
**represalia** *f* reprisal, reprise; **tomar ~s** to take reprisals.
**representación** *f* representation; authority.
**representante** *m/f* representative; understudy (stage).
**representar** *vt* to represent; to play on the stage; to look.
**representativo, va** *adj* representative.
**represión** *f* repression.
**reprimenda** *f* reprimand.
**reprimir** *vt* to repress, to refrain, to contain.

**reprobable** *adj* reprehensible.
**reprobación** *f* reprobation, reproof.
**reprobar** *vt* to reject, to condemn, to upbraid.
**réprobo** *m* reprobate.
**reprochar** *vt* to reproach.
**reproche** *m* reproach.
**reproducción** *f* reproduction.
**reproducir** *vt* to reproduce.
**reptil** *m* reptile.
**república** *f* republic.
**republicano, na** *adj, m/f* republican.
**repudiar** *vt* to repudiate.
**repudio** *m* repudiation.
**repuesto** *m* supply; spare part.
**repugnancia** *f* reluctance, repugnance.
**repugnante** *adj* repugnant.
**repugnar** *vt* to disgust.
**repulsa** *f* refusal.
**repulsar** *vt* to reject, to decline, to refuse.
**repulsión** *f* repulsion.
**repulsivo, va** *adj* repulsive.
**reputación** *f* reputation, renown.
**reputar** to consider.
**requebrar** *vt* to woo, to court.
**requerimiento** *m* request, requisition; intimation; summons.
**requerir** *vt* to intimate, to notify; to request, to require, to need; to summon.
**requesón** *m* cottage-cheese.
**requiebro** *m* endearing expression.
**réquiem** *m* requiem.
**requisa** *f* inspection; (*mil*) requisition.
**requisito** *m* requisite.
**res** *f* head of cattle.
**resabio** *m* (unpleasant) aftertaste; vicious habit, bad custom.
**resaca** *f* surge, surf; (*fig*) backlash; (*fam*) hangover.
**resaltar** *vi* to rebound; to jut out; to be evident; to stand out.
**resarcimiento** *m* compensation, reparation.
**resarcir** *vt* to compensate, to make amends.
**resbaladizo, za** *adj* slippery.
**resbalar(se)** *vi* to slip, to slide.
**resbalón** *m* slip, sliding.
**rescatar** *vt* to ransom, to redeem.
**rescate** *m* ransom.
**rescindir** *vt* to rescind, to annul.
**rescisión** *f* rescission, revocation.
**rescoldo** *m* embers, cinders *pl.*
**resecarse** *vi* to dry up.
**reseco, ca** *adj* very dry.
**resentido, da** *adj* resentful.
**resentimiento** *m* resentment.
**resentirse** *vi* to suffer; to resent.
**reseña** *f* review; account.
**reseñar** *vt* to describe; to review.
**reserva** *f* reserve; reservation.
**reservado, da** *adj* reserved, cautious, circumspect.
**reservar** *vt* to keep; to reserve; • ~**se** *vi* to preserve oneself; to keep to oneself.
**resfriado** *m* cold.
**resfriarse** *vi* to catch cold.
**resguardar** *vt* to preserve, to defend; • ~**se** *vi* to be on one's guard.
**resguardo** *m* guard, security, safety; voucher; receipt.
**residencia** *f* residence.
**residente** *adj* residing, resident; *m/f* resident.
**residir** *vi* to reside, to dwell.
**residuo** *m* residue, remainder.
**resignación** *f* resignation.
**resignadamente** *adv* resignedly.
**resignarse** *vi* to resign oneself.
**resina** *f* resin.
**resinoso, sa** *adj* resinous.

**resistencia** *f* resistance, opposition.
**resistente** *adj* strong; resistant.
**resistir** *vi, vt* to resist, to oppose; to put up with.
**resma** *f* ream (of paper).
**resol** *m* glare of the sun.
**resollar** *vi* to wheeze; to take breath.
**resolución** *f* resolution, boldness; decision.
**resolver** *vt* to resolve, to decide; to analyze; • **~se** *vi* to resolve, to determine.
**resonancia** *f* resonance; importance, renown; **tener ~** to be known, be a V.I.P. (U.S.).
**resonar** *vi* to resound.
**resoplar** *vi* to snore; to snort.
**resoplido** *m* heavy breathing.
**resorte** *m* spring.
**respaldar** *vt* to endorse; • **~se** *vi* to recline against a chair *or* bench.
**respaldo** *m* backing; endorsement; back of a seat.
**respectivo, va** *adj* respective.
**respecto** *m* relation, respect; **al ~** on this matter; **con ~ a** with respect to.
**respetable** *adj* respectable.
**respetar** *vt* to respect; to revere.
**respeto** *m* respect, regard, consideration; homage; **de ~** respectable; **faltar al ~** to be disrespectful; **~ de sí mismo** self-respect.
**respetuoso, sa** *adj* respectful.
**respingar** *vi* to shy.
**respingo** *m* start; jump.
**respiración** *f* respiration, breathing.
**respiradero** *m* vent, breathing hole; rest, repose.
**respirar** *vi* to breathe.
**respiratorio, ria** *adj* respiratory.
**respiro** *m* breathing; (*fig*) respite.
**resplandecer** *vi* to shine; to glisten.
**resplandeciente** *adj* resplendescent.
**resplandor** *m* splendor, brilliance.
**responder** *vt, vi* to answer; to re-echo; to correspond; to be responsible for.
**respondón, ona** *adj* ever ready to reply; sassy.
**responsable** *adj* responsible, accountable, answerable.
**responsabilidad** *f* responsibility.
**responsabilizarse** *vi* to take charge.
**responso** *m* response for the dead.
**respuesta** *f* answer, reply.
**resquebrajar** *vt* to crack.
**resquemor** *m* resentment.
**resquicio** *m* crack, cleft; (*fig*) chance.
**restablecer** *vt* to re-establish; • **~se** *vi* to recover.
**restablecimiento** *m* re-establishment.
**restallar** *vi* to smack, to click.
**restante** *adj* remaining.
**restar** *vt* to subtract; to take away; • *vi* to be left.
**restauración** *f* restoration.
**restaurante** *m* restaurant.
**restaurar** *vt* to restore.
**restitución** *f* restitution.
**restituir** *vt* to restore; to return.
**resto** *m* remainder, rest, **echar el ~** to stake all.
**restregar** *vt* to scrub, to rub.
**restricción** *f* restriction, limitation.
**restrictivo** *adj* restrictive.
**restringente** *adj* restricting.
**restringir** *vt* to restrain, to restrict, to limit.
**resucitar** *vt* to resuscitate, to revive; to renew.
**resuelto, ta** *adj* resolute, determined, prompt.
**resuello** *m* breath, breathing; shortness of breath.

**resultado** *m* result, consequence.
**resultante** *adj* resultant.
**resultar** *vi* to be; to turn out; to amount to.
**resumen** *m* summary.
**resumidamente** *adv* summarily.
**resumir** *vt* to abridge; to sum up; to summarize.
**resurgir** *vi* to resurge, come to life.
**resurrección** *f* resurrection, revival.
**resurtir** *vi* to rebound
**retablo** *m* picture drawn on a board; splendid altarpiece.
**retaguardia** *f* rearguard.
**retahíla** *f* file, range, series.
**retal** *m* remnant.
**retar** *vt* to challenge.
**retardar** *vt* to retard, to delay.
**retardo** *m* delay.
**retazo** *m* remnant; cutting.
**retención** *f* retention.
**retener** *vt* to retain, to keep back.
**retentiva** *f* memory.
**reticencia** *f* reticence.
**retina** *f* retina.
**retintín** *m* tinkling sound; affected tone of voice.
**retirada** *f* (*mil*) retreat; withdrawal; recall; **batirse en** ~ to beat a retreat; **tocar la** ~ to sound the retreat.
**retirar** *vt* to withdraw, to retire; to remove; • **~se** *vi* to retire, to retreat; to go to bed.
**retiro** *m* retreat, retirement; pension.
**reto** *m* challenge; threat, menace.
**retocar** *vt* to retouch; to mend; to finish any work completely.
**retoñar** *vi* to sprout.
**retoño** *m* sprout; offspring.
**retoque** *m* finishing stroke; retouching.
**retorcer** *vt* to twist; to wring.
**retorcimiento** *m* twisting, contortion.
**retórica** *f* rhetoric.
**retórico, ca** *adj* rhetorical; • *f* rhetoric; affectedness.
**retornar** *vt, vi* to return.
**retorno** *m* return; barter, exchange.
**retortero** *m* twist, turn; **andar al** ~ to hover about.
**retortijón** *m* twisting; ~ **de tripas** stomach cramp.
**retozar** *vi* to frisk, to skip.
**retozo** *m* romp.
**retozón, ona** *adj* wanton, romping.
**retracción** *f* retraction.
**retractar** *vt* to retract.
**retraer** *vt* to draw back; to dissuade; • **~se** *vi* to take refuge; to flee.
**retraído, da** *adj* shy.
**retransmisión** *f* broadcast.
**retraimiento** *m* reserve.
**retransmitir** *vt* to broadcast; to relay; to retransmit.
**retrasado, da** *adj* late; (*med*) mentally retarded.
**retraso** *m* delay; slowness; backwardness; lateness; (*ferro*) **el tren ha tenido** ~ the train is overdue *or* late.
**retratar** *vt* to portray; to photograph; to describe.
**retrato** *m* portrait, effigy.
**retreta** *f* (*mil*) retreat, tattoo.
**retrete** *m* toilet, washroom.
**retribución** *f* retribution.
**retribuir** *vt* to repay.
**retroacción** *f* retroaction.
**retroactivo, va** *adj* retroactive.
**retroceso** *m* retrocession, retrogression; recoil.
**retroexcavadora** *f* backhoe.

**retroceder** *vi* to go backward, to fly back; to back down.
**retrógrado, da** *adj* retrograde; reactionary.
**retrospectivo, va** *adj* retrospective.
**retrovisor** *m* rear-view mirror.
**retumbar** *vi* to resound, to jingle.
**reuma** *f* rheumatism.
**reumático, ca** *adj* rheumatic.
**reumatismo** *m* rheumatism.
**reunión** *f* reunion, meeting.
**reunir** *vt* to reunite, to unite; • **~se** *vi* to gather, to meet.
**revalidación** *f* confirmation, ratification.
**revalidar** *vt* to ratify, to confirm.
**revancha** *f* revenge.
**revelación** *f* revelation.
**revelado** *m* developing.
**revelar** *vt* to reveal; to develop (photographs).
**reventar** *vi* to burst, to crack; to explode; to toil, to drudge.
**reventón** *m* big party.
**reverberación** *f* reverberation.
**reverberar** *vi* to reverberate.
**reverdecer** *vi* to grow green again; to revive.
**reverencia** *f* reverence, respect, veneration.
**reverenciar** *vt* to venerate, to revere.
**reverendo, da** *adj* reverend.
**reverente** *adj* respectful, reverent.
**reverso** *m* reverse.
**revertir** *m* to revert.
**revés** *m* back; wrong side; disappointment, setback.
**reversado** *adj* intricate, complicated.
**revestir** *vt* to dress, to put on; to coat, to cover.
**revisar** *vt* to revise, to review.
**revisión** *f* revision.
**revisor** *m* inspector; ticket collector.
**revista** *f* review, revision; **pasar ~** to inspect, review.
**revitalizar** *vt* to revitalize.
**revivificar** *vt* to revivify.
**revivir** *vi* to revive.
**revocable** *adj* revocable, annullable.
**revocación** *f* revocation.
**revocar** *vt* to revoke.
**revolcarse** *vi* to wallow.
**revolotear** *vi* to flutter.
**revoloteo** *m* fluttering.
**revoltijo** *m* confusion, disorder.
**revoltura** *f* mixture; confusion.
**revoltoso, sa** *adj* rebellious, unruly.
**revolución** *f* revolution.
**revolucionario, ria** *adj, m/f* revolutionary.
**revolver** *vt* to move about, to turn around; to mess up; to revolve; • **~se** *vi* to turn round; to change (of the weather).
**revólver** *m* revolver, pistol, gun.
**revuelo** *m* fluttering; (*fig*) commotion.
**revuelta** *f* turn; disturbance, revolt.
**rey** *m* king; king (in cards *or* chess); **no temer ni ~ ni roque** not to be afraid of anything.
**reyerta** *f* quarrel, brawl.
**rezagar** *vt* to leave behind; to defer; • **~se** *vi* to remain behind.
**rezago** *m* remainder, left over.
**rezar** *vi* to pray, to say one's prayers.
**rezo** *m* prayer.
**rezongar** *vi* to grumble.
**rezumar** *vt* to ooze, to leak.
**ría** *f* estuary.
**riada** *f* flood.
**ribera** *f* shore, bank.
**ribereño, ña** *adj* belonging to the seashore *or* bank of a river.

**ribete** *m* trimming; seam, border.
**ribetear** *vt* to hem, to border.
**ricino** *m* castor; **aceite de ~** castor oil.
**rico, ca** *adj* rich; delicious; lovely, cute.
**rictus** *m* convulsive contraction of the lips.
**ricura** *f* tastiness.
**ridiculez** *f* absurdity.
**ridiculizar** *vt* to ridicule.
**ridículo, la** *adj* ridiculous; **hacer el ~, ponerse en ~** to make a fool of oneself.
**riego** *m* irrigation.
**riel** *m* rail.
**rienda** *f* rein of a bridle; **dar ~ suelta** to give free rein to.
**riesgo** *m* danger, risk; **~s contra tercera persona** third party risks.
**rifa** *f* raffle, lottery.
**rifar** *vt* to raffle.
**rifle** *m* rifle.
**rigidez** *f* rigidity.
**rígido, da** *adj* rigid, inflexible; severe.
**rigor** *m* rigor.
**riguroso, sa** *adj* rigorous.
**rima** *f* rhyme.
**rimar** *vi* to rhyme.
**rimbombante** *adj* pompous.
**rímel** *or* **rímmel** *m* mascara.
**rincón** *m* inside corner.
**rinoceronte** *m* rhinoceros.
**riña** *f* quarrel, dispute.
**riñón** *m* kidney.
**río** *m* river, stream; **cuando el ~ suena, piedras lleva** where there is smoke there is fire.
**rioja** *m* rioja (wine).
**riqueza** *f* riches *pl*, wealth; **~s naturales** natural resources.
**risa** *f* laugh, laughter.
**risco** *m* steep rock.
**risible** *adj* risible, laughable.
**risotada** *f* loud laugh.
**ristra** *f* string.
**risueño, na** *adj* smiling.
**rítmico, ca** *adj* rhythmical.
**ritmo** *m* rhythm.
**rito** *m* rite, ceremony.
**ritual** *adj, m* ritual.
**rival** *adj, m/f* rival, competitor.
**rivalidad** *f* rivalry.
**rivalizar** *vi* to rival, to vie with.
**rivera** *f* brook, stream.
**rizado, da** *adj* curly.
**rizar** *vt* to curl hair.
**rizo** *m* curl; ripple (on water).
**robar** *vt* to rob, to steal; to break into.
**roble** *m* oak tree.
**robledal** *m* oak wood.
**robo** *m* robbery, theft.
**robot** *m* robot.
**robustez** *f* robustness.
**robusto, ta** *adj* robust, strong.
**roca** *f* rock.
**rocalla** *f* pebbles *pl.*
**roce** *m* rub; brush; friction.
**rociada** *f* sprinkling, spray, shower.
**rociar** *vt* to sprinkle; to spray.
**rocín** *m* nag, hack; stupid person.
**rocío** *m* dew.
**rocoso, sa** *adj* rocky.
**rodada** *f* rut, track of a wheel.
**rodadura** *f* act of rolling.
**rodaja** *f* slice.
**rodaje** *m* filming; **en ~** (*auto*) running in.
**rodar** *vi* to roll, **~ por el mundo** to roam the world.
**rodear** *vi* to make a detour; • *vt* to surround, to enclose.
**rodeo** *m* detour; subterfuge; evasion; rodeo; **andar con ~** to beat

about the bush; **sin ambajes ni ~s** frankly.
**rodilla** *f* knee; **de ~s** on one's knees.
**rodillo** *m* roller.
**roedor, ra** *adj* gnawing; • *m* rodent.
**roedura** *f* gnawing.
**roer** *vt* to gnaw, to corrode.
**rogar** *vt, vi* to ask for; to beg, to entreat; to pray.
**rogativa** *f* supplication, prayer.
**rojez** *f* redness.
**rojizo, za** *adj* reddish.
**rojo, ja** *adj* red; ruddy.
**rol** *m* list, roll, catalog; role.
**rollizo, za** *adj* round; plump, chubby.
**rollo** *m* roll; coil.
**romance** *m* Romance language; Spanish language; romance.
**romancero** *m* collection of romances *or* ballads.
**romanticismo** *m* romanticism.
**romántico, ca** *adj* romantic.
**rombo** *m* rhomb.
**romboide** *m* rhomboid.
**romería** *f* pilgrimage.
**romero** *m* (*bot*) rosemary.
**romo, ma** *adj* blunt; snub-nosed.
**rompecabezas** *m invar* riddle; jigsaw.
**romper** *vt* to break, to tear up; to wear out; to break up land; • *vi* to break (of waves); to break through; ~ **el hielo** to break the ice; ~ **filas** to break ranks; **~se la cabeza** to rack one's brains.
**rompimiento** *m* tearing, breaking; crack.
**rompope** *m* punch made with rum, eggs, milk, sugar and spice.
**ron** *m* rum.
**roncar** *vi* to snore; to roar.
**ronco, ca** *adj* hoarse; husky; raucous.
**roncha** *f* wheal, bruise.
**ronda** *f* night patrol; round (of drinks, cards *etc*).
**rondana** *f* band of strolling musicians.
**rondar** *vt, vi* to patrol; to prowl around.
**ronquera** *f* hoarseness.
**ronquido** *m* snore; roar.
**ronzal** *m* halter.
**ronronear** *vi* to purr.
**roña** *f* scab, mange; grime; rust.
**roñoso, sa** *adj* filthy; mean.
**ropa** *f* clothes; clothing; dress; **nadar y guardar la** ~ to be cautious; ~ **de cama** bed clothes; ~ **usada** second-hand clothes.
**ropaje** *m* gown, robes; drapery.
**ropavejero** *m* second hand clothes dealer.
**ropero** *m* linen cupboard; closet.
**ropón** *m* large loose gown; night gown.
**rosa** *f* rose; birthmark; **como las propias ~s** fine, excellent; ~ **de los vientos** or **náutica** (*mar*) compass rose.
**rosado, da** *adj* pink; rosy.
**rosal** *m* rosebush.
**rosario** *m* rosary; **acabar como el ~ de la aurora** to break up in confusion or disorder.
**rosca** *f* thread of a screw; coil, spiral.
**rosetón** *m* rosette; rose window.
**rosquilla** *f* donut-shaped fritter.
**rostro** *m* face; **torcer el** ~ to make a wry face.
**rotación** *f* rotation; ~ **de cultivos** rotation of crops.
**roto, ta** *adj* broken, destroyed; debauched.

**rótula** *f* kneecap; ball-and-socket joint.
**rotulador** *m* felt-tip pen.
**rotular** *vt* to inscribe, to label.
**rótulo** *m* inscription; label, ticket; placard, poster.
**rotundo, da** *adj* round; emphatic.
**rotura** *f* breaking, crack, tear.
**roturar** *vt* to plow.
**rozadura** *f* graze, scratch.
**rozagante** *adj* splendid-looking and conscious of it.
**rozar** *vt* to rub; to chafe; to nibble the grass; to scrape; to touch lightly.
**rubí** *m* ruby.
**rubicundo, da** *adj* reddish, rubicund.
**rubio, bia** *adj* fair-haired, blond(e); • *m/f* blond/blonde; ~ **oxigenada** peroxide blonde.
**rubor** *m* blush; bashfulness.
**ruborizar** *vt* to make blush.
**rúbrica** *f* red mark; flourish at the end of a signature; title, heading, rubric.
**rubricar** *vt* to sign with a flourish; to sign and seal.
**rudeza** *f* roughness, rudeness; stupidity.
**rudimento** *m* principle; beginning; ~**s** *pl* rudiments.
**rudo, da** *adj* rough, coarse; plain, simple; stupid.
**rueca** *f* distaff.
**rueda** *f* wheel; circle; slice, round; **comulgar con ~s de molino** to swallow anything; ~ **de la fortuna** wheel of fortune.
**ruedo** *m* rotation; border, selvage; arena, bullring.
**ruego** *m* request, entreaty.
**rufián** *m* pimp, pander; lout.
**rugby** *m* rugby.
**rugido** *m* roar.
**rugir** *vi* to roar, to bellow.
**rugoso, sa** *adj* wrinkled.
**ruibarbo** *m* rhubarb.
**ruido** *m* noise, sound; din, row; fuss; **hacer** or **meter** ~ to make a noise; **mucho ~ y pocas nueces** much ado about nothing.
**ruidoso, sa** *adj* noisy, loud.
**ruin** *adj* mean, despicable; stingy.
**ruina** *f* ruin, collapse, downfall, destruction; ~**s** *pl* ruins; **estar hecho una** ~ to be a wreck.
**ruindad** *f* meanness, lowness; mean act.
**ruinoso, sa** *adj* ruinous, disastrous.
**ruiseñor** *m* nightingale.
**ruleta** *f* roulette.
**rulo** *m* curler.
**rumba** *f* rumba.
**rumbo** *m* (*mar*) course, bearing; road, route, way; course of events, pomp, ostentation.
**rumboso, sa** *adj* generous, lavish.
**rumiante** *m* ruminant.
**rumiar** *vt* to chew; • *vi* to ruminate.
**rumor** *m* rumor; murmur.
**runrún** *m* rumor; sound of voices, whirr.
**ruptura** *f* rupture.
**rural** *adj* rural.
**rusticidad** *f* rusticity; coarseness.
**rústico, ca** *adj* rustic; • *m/f* peasant.
**ruta** *f* route, itinerary; ~ **aérea** air lane.
**rutilante** *adj* sparking, shining.
**rutina** *f* routine, habit formed from custom.

# S

**sábado** *m* Saturday; Sabbath.
**sábana** *f* sheet; altar cloth.
**sabandija** *f* bug, insect.
**sabañón** *m* chilblain.
**sabelotodo** *m/f invar* know-all.
**saber** *vt* to know; to find out, to learn; to experience; • ~ **a** *vi* to taste of; • *m* learning, knowledge; **hacer** ~ to inform; **no** ~ **donde meterse** not to know which way to turn; **¿qué sé yo?** how should I know; **que yo sepa** as fare as I know; **un no sé qué** a certain something; ~ **a** to tast or to like.
**sabiamente** *adv* wisely, prudently.
**sabido,da** *adj past part of* **saber**; **dar por** ~ to take for granted.
**sabiduría** *f* learning, knowledge, wisdom.
**sabiendas** *adv*: **a** ~ knowingly.
**sabihondo, da** *adj* know-all, pedantic.
**sabio, bia** *adj* sage, wise; • *m/f* sage, a wise person.
**sablazo** *m* sword wound; (*fam*) sponging, scrounging; **dar un** ~ **a** to touch someone for a loan.
**sable** *m* saber, cutlass.
**sabor** *m* taste, savor, flavor.
**saborear** *vt* to savor, to taste; to enjoy.
**sabotaje** *m* sabotage.
**saboteador, ora** *m/f* saboteur.
**sabotear** *vt* to sabotage.
**sabroso, sa** *adj* tasty, delicious; pleasant; salted.
**sabueso** *m* bloodhound.
**sacacorchos** *m invar* corkscrew.
**sacapuntas** *m invar* pencil sharpener.
**sacar** to take out, to extract; to get out; to bring out (a book *etc*); to take off (clothes); to receive, to get; (*dep*) to serve; ~ **a alguien de un apuro** to get someone out of a jam; ~ **a bailar** to invite to dance; ~ **a relucir** to put out; ~ **la cara por** to stand for; ~ **la cuenta** to figure out.
**sacarina** *f* saccharin(e).
**sacerdotal** *adj* priestly.
**sacerdote** *m* priest.
**sacerdotisa** *f* priestess.
**saciar** *vt* to satiate.
**saciedad** *f* satiety; **hasta la** ~ to the point of satiety or satisfaction.
**saco** *m* bag, sack; jacket; **echar en** ~ **roto** to forget; ~ **de dormir** sleeping bag.
**sacramental** *adj* sacramental.
**sacramento** *m* sacrament.
**sacrificar** *vt* to sacrifice.
**sacrificio** *m* sacrifice.
**sacrilegio** *m* sacrilege.
**sacrílego, ga** *adj* sacrilegious.
**sacristán** *m* sacristan, sexton.
**sacristía** *f* sacristy, vestry.
**sacro, cra** *adj* holy, sacred.
**sacrosanto, ta** *adj* very holy.
**sacudida** *f* shake, jerk.
**sacudir** *vt* to shake, to jerk; to beat, to hit.
**sádico, ca** *adj* sadistic; • *m/f* sadist.
**sadismo** *m* sadism.
**saeta** *f* arrow, dart.
**sagacidad** *f* shrewdness, cleverness, sagacity.
**sagaz** *adj* shrewd, clever, sagacious.
**Sagitario** *m* Sagittarius (sign of the Zodiac).

**sagrado, da** *adj* sacred, holy.
**sagrario** *m* shrine; tabernacle.
**sainete** *m* (*teat*) farce; flavor, relish; seasoning.
**sal** *f* salt.
**sala** *f* large room; living room (*teat*) house, auditorium; public hall; (*jur*) court; (*med*) ward.
**salado, da** *adj* salted; witty, amusing.
**salamandra** *f* salamander.
**salar** *vt* to salt.
**salarial** *adj* wage *compd*, salary *compd*.
**salario** *m* salary.
**salazón** *f* salting.
**salchicha** *f* sausage.
**salchichón** *m* (salami-type) sausage.
**saldar** *vt* to pay; to sell off; (*fig*) to settle.
**saldo** *m* settlement; balance; remainder; **~s** *pl* sale.
**saledizo, za** *adj* salient, projecting.
**salero** *m* salt cellar; saltshaker.
**saleroso** *adj* witty, amusing.
**salida** *f* exit, way out; leaving, departure; production, output; (*com*) sale; sales outlet; **~ del sol** sunrise.
**saliente** *adj* projecting; rising; (*fig*) outstanding.
**salina** *f* salt works, salt mine.
**salino, na** *adj* saline.
**salir** *vi* to go out, to leave; to depart, to set out; to appear; to turn out, to prove; • **~se** *vi* to escape, to leak; **salga lo que salga** come what may; **~ al encuentro** to go or come out to meet; **~ adelante** to get ahead; **~ pitando** to run off pell-mell; **~ con la suya** to get one's own way.
**salitre** *m* saltpeter.
**saliva** *f* saliva; **tragar ~ en balde** to talk in vain; **tragar ~** to suffer an affront.
**salmo** *m* psalm.
**salmón** *m* salmon.
**salmonete** *m* red mullet.
**salmuera** *f* brine.
**salobre** *adj* brackish, salty.
**salón** *m* living room, lounge; public hall; **~ de baile** ballroom; **~ de belleza** beauty parlor.
**salpicadero** *m* dashboard.
**salpicar** *vt* to sprinkle, to splash, to spatter.
**salpicón** *m* salmagundi.
**salpimentar** *vt* to season with pepper and salt.
**salsa** *f* sauce.
**salsera** *f* sauce boat; gravy boat.
**saltamontes** *m invar* grasshopper.
**saltar** *vt* to jump, to leap; to skip, to miss out; • *vi* to leap, to jump; to bounce; (*fig*) to explode, to blow up; **~ a la vista** to spring to the eye.
**salteador** *m* highwayman; holdup man.
**saltear** *vt* to rob in a holdup; to assault; to sauté.
**saltimbanqui** *m/f* acrobat.
**salto** *m* leap, jump; **a gran ~, gran quebranto** the higher one flies, the harder the fall; **a ~ de mata** fleeing and hiding.
**saltón, ona** *adj* bulging; protruding.
**salubre** *adj* healthy.
**salubridad** *f* healthiness.
**salud** *f* health.
**saludable** *adj* healthy.
**saludar** *vt* to greet; (*mil*) to salute.
**saludo** *m* greeting.
**salutación** *f* salutation, greeting.
**salva** *f* (*mil*) salute with firearms.

**salvación** *f* salvation; rescue.
**salvado** *m* bran.
**salvaguardar** *vt* to safeguard.
**salvaguardia** *m* safeguard.
**salvaje** *adj* savage.
**salvajismo** *m* savagery.
**salvar** *vt* to save; to rescue; to overcome; to cross, to jump across; to cover, to travel; to exclude; • **~se** *vi* to escape from danger; **~ las apariencias** to keep up appearances.
**salvavidas** *adj invar*: life-saving **bote ~** life boat; **chaleco ~** life jacket; **cinturón ~** life belt.
**salvia** *f* (*bot*) sage.
**salvo, va** *adj* safe; • *adv* saving, excepting; **dejar a ~** to set or put aside; **sano y ~** safe and sound.
**salvoconducto** *m* safe-conduct.
**samaritano** *adj, m* Samaritan.
**samblaje** *m* coupling; joining.
**san** *adj* apocopated from **santo** (saint), used before all masculine names of saints except Tomás, Tomé, Toribio and Domingo.
**sanador** *adj* healing, curing.
**sanamente** *adv* healthily.
**sanar** *vt, vi* to heal.
**sanatorio** *m* sanatorium; nursing home.
**sanción** *f* sanction.
**sancionar** *vt* to sanction.
**sandalia** *f* sandal.
**sándalo** *m* sandal, sandalwood.
**sandez** *f* folly, stupidity.
**sandía** *f* watermelon.
**sandwich** *m* sandwich.
**saneamiento** *m* sanitation.
**sanear** *vt* to drain.
**sangrar** *vt, vi* to bleed.
**sangre** *f* blood; **a ~ fría** in cold blood; **a ~ y fuego** without mercy; **hervirle a uno la ~** to be in one's prime; **no llegará la ~ al río** nothing very serious will happen.
**sangría** *f* sangria (drink); bleeding.
**sangriento, ta** *adj* bloody, bloodstained, gory; cruel.
**sanguijuela** *f* leech.
**sanguinario, ria** *adj* bloodthirsty, cruel.
**sanguíneo, nea** *adj* blood *compd.*
**sanidad** *f* sanitation; health.
**sanitario, ria** *adj* sanitary; health; **~s** *mpl* washroom; **toalla ~** sanitary napkin.
**sano, na** *adj* healthy, fit; intact, sound; **cortar por lo ~** to use drastic measures or remedies.
**sanseacabó** that's the end of it.
**santa** *f* female saint.
**santiamén** *m*: **en un ~** in no time at all.
**santidad** *f* sanctity.
**santificar** *vt* to sanctify; to make holy.
**santiguarse** *vi* to make the sign of the cross.
**santo, ta** *adj* holy; sacred; • *m/f* saint; **~ y seña** watchword; **desnudar a un ~ para vestir a otro** to robe Peter to pay Paul; **írsele a uno el ~ al cielo** to forget what one was about to say.
**santuario** *m* sanctuary.
**santurrón** *adj* sanctimonious.
**saña** *f* anger, passion.
**sañudo, da** *adj* furious, enraged.
**sapo** *m* toad; **echar ~sapos y culebras** to talk nonsense; talk abusively.
**saque** *m* (*dep*) serve, service (in tennis); throw-in (in soccer).
**saqueador, ra** *m/f* sacking, looter.
**saquear** *vt* to ransack, to plunder.

**saqueo** *m* looting; sacking.
**sarampión** *m* measles *pl.*
**sarao** *m* evening party, soirée.
**sarcasmo** *m* sarcasm.
**sarcástico, ca** *adj* sarcastic.
**sarcófago** *m* sarcophagus.
**sardina** *f* sardine.
**sardinel** *m* rowlock.
**sardónico, ca** *adj* sardonic; ironical.
**sargento** *m* sergeant.
**sarmiento** *m* vine shoot.
**sarna** *f* itch; mange; (*med*) scabies.
**sarnoso, sa** *adj* itchy, scabby, mangy.
**sarpullido** *m* (*med*) rash.
**sarro** *m* (*med*) tartar.
**sarta** *f* string of beads *etc*; string, row; ~ **de mentiras** a string of lies.
**sartén** *f* frying pan.
**sastre** *m* tailor.
**sastrería** *f* tailor's shop.
**Satanás** *m* Satan.
**satélite** *m* satellite.
**satinado** *adj* satiny.
**sátira** *f* satire.
**satírico, ca** *adj* satirical.
**satirizar** *vt* to satirize.
**sátiro** *m* satyr.
**satisfacción** *f* satisfaction; apology.
**satisfacer** *vt* to satisfy; to pay (a debt); • **~se** *vi* to satisfy oneself; to take revenge.
**satisfactorio, ria** *adj* satisfactory.
**satisfecho, cha** *adj* satisfied.
**saturación** *f* (*quim*) saturation.
**sauce** *m* (*bot*) willow.
**saúco** *m* (*bot*) elder.
**sauna** *f* sauna.
**savia** *f* sap.
**saxofón** *m* saxophone.
**sazonado, da** *adj* flavored, seasoned.
**sazonar** *vt* to ripen; to season.
**se** *pn reflexivo*: himself; herself; itself; yourself; themselves; yourselves; each other, one another; oneself.
**sebo** *m* fat, grease.
**seboso, sa** *adj* fat, greasy.
**secador** *m*: ~ **de pelo** hairdryer.
**secadora** *f* tumble dryer.
**secamente** *adv* dryly, curtly.
**secano** *m* dry, arable land which is not irrigated.
**secar** *vt* to dry; • **~se** *vi* to dry up; to dry oneself.
**sección** *f* section.
**seco, ca** *adj* dry; dried up; skinny; cold (of character); brusque, sharp; bare.
**secreción** *f* secretion.
**secretaría** *f* secretariat.
**secretario, ria** *m/f* secretary.
**secretear** *vi* to whisper.
**secreteo** *m* whispering.
**secreto, ta** *adj* secret; hidden; • *m* secret; secrecy.
**secta** *f* sect.
**sectario, ria** *adj, m/f* sectarian.
**sector** *m* sector.
**secuaz** *adj* partisan.
**secuela** *f* sequel; consequence.
**secuencia** *f* sequence.
**secuestrar** *vt* to kidnap; to confiscate.
**secuestro** *m* kidnapping; confiscation.
**secular** *adj* secular.
**secularización** *f* secularization.
**secularizar** *vt* to secularize.
**secundar** *vt* to second.
**secundario, ria** *adj* secondary.
**sed** *f* thirst; **tener** ~ to be thirsty.
**seda** *f* silk, **como una** ~ smooth as silk.
**sedal** *m* fishing line.
**sedante** *m* sedative.
**sede** *f* see; seat; headquarters *pl.*

**sedentario, ria** *adj* sedentary.
**sedición** *f* sedition.
**sedicioso, sa** *adj* seditious, mutinous.
**sediento, ta** *adj* thirsty; eager.
**sedoso, sa** *adj* silky.
**seducción** *f* seduction.
**seducir** *vt* to seduce; to bribe; to charm, to attract.
**seductor, ra** *adj* seductive; charming; attractive; • *m/f* seducer.
**segador, ra** *m/f* reaper, harvester.
**segadora-trilladora** *f* combine harvester.
**segar** *vt* to reap, to mow, to harvest.
**seglar** *adj* secular, lay.
**segmento** *m* segment.
**segregación** *f* segregation, separation.
**segregar** *vt* to segregate, to separate.
**seguido, da** *adj* continuous, successive, long- lasting; • *adv* straight (on); after; often.
**seguidor, ra** *m/f* follower; supporter.
**seguimiento** *m* pursuit; continuation.
**seguir** *vt* to follow, to pursue; to continue; • *vi* to follow; to carry on; • **~se** *vi* to follow, to ensue.
**según** *prep* according to.
**segundo, da** *adj* second; • *m* second (of time).
**seguramente** *adv* surely; for sure.
**seguridad** *f* security, certainty, safety; confidence; stability.
**seguro, ra** *adj* safe, secure, sure, certain; firm, constant; • *adv* for sure; • *m* safety device; insurance; safety, certainty.
**seis** *adj, m* six, sixth.
**seiscientos, tas** *adj* six hundred.
**seísmo** *m* earthquake.
**selección** *f* selection, choice.
**seleccionar** *vt* to select, to choose.
**selecto, ta** *adj* select, choice; **un público** ~ a distinguished public.
**selva** *f* forest, jungle.
**selvático** *adj* of the jungle.
**sellar** *vt* to seal; to stamp (a document); **sellado y firmado** under the hand and seal of.
**sello** *m* seal; stamp; **echar** or **poner el ~ a** to put the finish touch to.
**semáforo** *m* traffic lights *pl*; signal.
**semana** *f* week; **entre** ~ during the week; ~ **santa** Holly Week.
**semanal** *adj* weekly.
**semanario, ria** *m* weekly (magazine).
**semblante** *m* face; (*fig*) look; appearance; **estar de mal** ~ to look ill or pale.
**semblanza** *f* biographical sketch or profile.
**sembradío** *adj* sowable, arable.
**sembrado** *m* sown field.
**sembrar** *vt* to sow; to sprinkle, to scatter.
**semejante** *adj* similar, like; • *m* fellow man.
**semejanza** *f* resemblance, likeness.
**semejar** *vi* to resemble; to look alike.
**semen** *m* semen.
**semental** *m* stud.
**sementera** *f* sowing; land sown with seed.
**semestral** *adj* half-yearly.
**semicircular** *adj* semicircular.
**semicírculo** *m* semicircle.
**semifinal** *f* semifinal.
**semilla** *f* seed.
**semillero** *m* seed plot.
**seminario** *m* seedbed; seminary.

**seminarista** *m* student who boards and is instructed in a seminary.
**sémola** *f* semolina.
**sempiterno, na** *adj* everlasting.
**senado** *m* senate.
**senador, ra** *m/f* senator.
**sencillez** *f* plainness; simplicity; naturalness.
**sencillo, lla** *adj* simple; natural; unaffected; single.
**senda** *f*, **sendero** *m* path, footpath.
**senil** *adj* senile.
**seno** *m* bosom; lap; womb; hole, cavity; sinus; ~**s** *pl* breasts.
**sensación** *f* sensation, feeling; sense.
**sensacional** *adj* sensational.
**sensato, ta** *adj* sensible.
**sensibilidad** *f* sensibility; sensitivity.
**sensible** *adj* sensitive; perceptible, appreciable; regrettable.
**sensiblería** *f* mawkishness.
**sensitivo, va** *adj* sense, sensitive.
**sensorial** *adj* sensorial, sensory.
**sensual** *adj* sensuous; sensual, sexy.
**sensualidad** *f* sensuousness; sensuality; sexiness.
**sentado, da** *adj* seated; sedate; settled.
**sentar** *vt* to seat; (*fig*) to establish; • *vi* to suit; to sit down.
**sentencia** *f* (*jur*) sentence; opinion; saying.
**sentenciar** *vt* (*jur*) to sentence, to pass judgment; • *vi* to give one's opinion.
**sentencioso, sa** *adj* sententious.
**sentido** *m* sense; feeling; meaning; ~, **da** *adj* regrettable; sensitive; **doble** ~ double meaning; **en el** ~ **de que** to the effect that; ~ **común** common sense; ~ **del humor** sense of humor.
**sentimental** *adj* sentimental.
**sentimiento** *m* feeling, emotion, sentiment; sympathy; regret, grief.
**sentir** *vt* to feel; to hear, to perceive; to sense; to suffer from; to regret, to be sorry for; • ~**se** *vi* to feel; to feel pain; to crack (of walls *etc*); • *m* opinion, judgement.
**seña** *f* sign, mark, token; signal; (*mil*) password; ~**s** *pl* address; **dar** ~**s de** to show signs of; **santo y** ~ password; ~**s personales** personal description.
**señal** *f* sign, token; symptom; signal; landmark; (*com*) deposit.
**señalado, da** *adj* distinct; special, distinguished, notable.
**señalar** *vt* to stamp, to mark; to signpost; to point out; to fix, to settle; • ~**se** *vi* to distinguish oneself, to excel; ~ **con el dedo** to point (a finger).
**señalización** *f* signals, system of signals.
**señor** *m* man; gentleman; master; Mr; sir.
**señora** *f* lady; Mrs; madam; wife.
**señorita** *f* Miss; young lady.
**señorito** *m* young gentleman; rich kid.
**señuelo** *m* decoy; bait, lure.
**separable** *adj* separable.
**separación** *f* separation.
**separar** *vt* to separate; • ~**se** *vi* to separate; to come away, to come apart; to withdraw.
**sepelio** *m* burial.
**septentrional** *adj* north, northern.
**septiembre** *m* September.
**séptimo, ma** *adj* seventh.
**sepulcral** *adj* sepulchral.
**sepulcro** *m* sepulcher, grave, tomb.

**sepultar** *vt* to bury, to inter.
**sepultura** *f* sepulture, interment.
**sepulturero** *m* gravedigger, sexton.
**sequedad** *f* dryness; brusqueness.
**sequía** *f* dryness; thirst; drought.
**séquito** *m* retinue, suite; group of supporters; aftermath.
**ser** *vi* to be; to exist; to come from; to be made of; to belong to; • *m* being.
**serenarse** *vi* to calm down.
**serenata** *f* (*mus*) serenade.
**serenidad** *f* serenity.
**sereno** *m* night watchman; ~, **na** *adj* serene, calm, quiet.
**serial** *m* serial.
**serie** *f* series; sequence.
**seriedad** *f* seriousness; gravity; reliability; sincerity.
**serio, ria** *adj* serious; grave; reliable; **en** ~ really; **es una cosa** ~ it's a real problem; **tomar en** ~ to take seriously.
**sermón** *m* sermon.
**sermonear** *vt* to lecture; • *vi* to sermonize.
**serpentear** *vi* to wriggle; to wind, to snake.
**serpentina** *f* streamer.
**serpiente** *f* snake.
**serranía** *f* range of mountains, mountainous country.
**serrano, na** *m/f* highlander.
**serrar** *vt* to saw.
**serrín** *m* sawdust.
**serrucho** *m* handsaw.
**servible** *adj* serviceable.
**servicial** *adj* helpful, obliging.
**servicio** *m* service; service charge; service, set of dishes; ~**s** *pl* toilet, washroom.
**servidor, ra** *m/f* servant.
**servidumbre** *f* servitude; servants *pl* staff.
**servil** *adj* servile.
**servilleta** *f* napkin, serviette.
**servir** *vt* to serve; to wait on; • *vi* to serve; to be of use; to be in service; to serve oneself, to help oneself; to deign, to please; to make use of.
**sesenta** *m, adj* sixty; sixtieth.
**sesentón, ona** *m/f* person of about sixty years of age.
**sesgar** *vt* to slope, to slant.
**sesgo** *m* slope.
**sesión** *f* session; sitting; performance; showing; **abrir la** ~ to open the meeting or session; **levantar la** ~ to adjourn the meeting or session.
**seso** *m* brain; **calentarse** or **devanarse los** ~ to rack's one's brains; **perder el** ~ to go mad.
**sestear** *vi* to take a nap.
**sesudo, da** *adj* sensible, prudent.
**seta** *f* mushroom.
**setecientos, tas** *adj* seven hundred.
**setenta** *adj, m* seventy.
**setiembre** *m* September.
**seto** *m* fence, enclosure, hedge.
**seudo** ... *pref* pseudo...
**seudónimo** *m* pseudonym.
**severidad** *f* severity.
**severo, ra** *adj* severe, strict; grave, serious.
**sexagenario, ria** *adj* sixty years old.
**sexagésimo, ma** *adj* sixtieth.
**sexenio** *m* space of six years.
**sexo** *m* sex; **bello** ~ the fair sex; ~ **débil** the weaker sex; ~ **fuerte** the stronger sex.
**sexto, ta** *adj, m* sixth.
**sexual** *adj* sexual.
**si** *conj* whether.
**sí** *adv* yes; certainly; indeed; •*pn* oneself; himself; herself; itself;

yourself; themselves; yourselves; each other.
**siderúrgico, ca** *adj* iron and steel *compd*; • *f* **la** ~ the iron and steel industry.
**sidra** *f* cider.
**siega** *f* harvest, mowing.
**siembra** *f* sowing time.
**siempre** *adv* always; all the time; ever; still; ~ **jamás** for ever and ever.
**sien** *f* temple (of the head).
**sierra** *f* saw; range of mountains.
**siervo, va** *m/f* slave.
**siesta** *f* siesta, afternoon nap.
**siete** *adj, m* seven.
**sietemesino, na** *adj* born seven months after conception; premature; (*fig*) half-witted.
**sífilis** *f* syphilis.
**sifón** *m* syphon; soda.
**sigilo** *m* secrecy.
**sigiloso, sa** *adj* reserved; silent.
**sigla** *f* acronym; abbreviation.
**siglo** *m* century; **por los ~s de los ~s** forever and ever.
**significación** *f* significance, meaning.
**significado** *m* significance, meaning.
**significar** *vt* to signify, to mean; to make known, to express.
**significativo, va** *adj* significant.
**signo** *m* sign, mark.
**siguiente** *adj* following, successive, next.
**sílaba** *f* syllable.
**sílabo** *m* index, summary.
**silbar** *vt* to hiss; • *vi* to whistle.
**silbato** *m* whistle.
**silbido, silbo** *m* hiss, whistling.
**silencio** *m* silence; **¡~!** silence! quiet!; **guardar ~** to keep quiet; **imponer ~** to silent.
**silencioso, sa** *adj* silent.
**silo** *m* silo; underground store for wheat.
**silogismo** *m* syllogism.
**silueta** *f* silhouette; outline; figure.
**silvestre** *adj* wild, uncultivated; rustic.
**silla** *f* chair; saddle; seat; ~ **de ruedas** wheelchair.
**sillón** *m* armchair, easy chair; rocking chair.
**sima** *f* abyss; pothole, cavern.
**simbólico, ca** *adj* symbolic(al).
**simbolizar** *vt* to symbolize.
**símbolo** *m* symbol.
**simetría** *f* symmetry.
**simétrico, ca** *adj* symmetrical.
**simiente** *f* seed.
**símil** *adj* similar, like.
**similar** *adj* similar.
**similitud** *f* similarity, similitude.
**simio** *m* ape.
**simpatía** *f* liking; kindness; solidarity; affection; **inspirar ~** to inspire affection; **tener ~ por** to be fond of.
**simpático, ca** *adj* pleasant; kind.
**simpatizante** *m/f* sympathizer.
**simpatizar** *vi* to be congenial; ~ **con** to get on well with.
**simple** *adj* single; simple, easy; mere, sheer; silly; • *m/f* simpleton.
**simpleza** *f* simpleness, silliness.
**simplicidad** *f* simplicity.
**simplificar** *vt* to simplify.
**simulación** *f* simulation.
**simulacro** *m* simulacrum, idol.
**simuladamente** *adv* deceptively, hypocritically.
**simular** *vt* to simulate.
**simultaneidad** *f* simultaneity.
**simultáneo, nea** *adj* simultaneous.
**sin** *prep* without.

**sinagoga** *f* synagogue.
**sinceridad** *f* sincerity.
**sincero, ra** *adj* sincere.
**síncope** *f* (*med*) syncope, fainting fit; ~ **cardíaco** heart attack.
**sincronía** *f* synchrony.
**sincronizar** *vt* to synchronize.
**sindical** *adj* union *compd.*
**sindicato** *m* trade(s) union; syndicate.
**sinfín** *m*: endless; **un ~ de** a great many.
**sinfonía** *f* symphony.
**singular** *adj* singular; exceptional; peculiar, odd.
**singularidad** *f* singularity.
**singularizar** *vt* to distinguish; to singularize; • **~se** *vi* to distinguish oneself, to stand out.
**siniestro, tra** *adj* left; (*fig*) sinister; • *m* accident.
**sinnúmero** *m* great number, endless number..
**sino** *conj* but; except; save; only; • *m* fate, **no sólo...** ~ not only...but also.
**sinónimo, ma** *adj* synonymous; • *m* synonym.
**sinsabor** *m* unpleasantness; disgust.
**sintaxis** *f* syntax.
**síntesis** *f* synthesis.
**sintético, ca** *adj* synthetic.
**sintetizar** *vt* synthesize.
**síntoma** *m* symptom.
**sinuosidad** *f* sinuosity; curve, wave.
**sintonizar** *vt* to syntonize (two or more radio systems); tune.
**sinuoso, sa** *adj* sinuous; wavy.
**sinvergüenza** *m/f* rogue.
**siquiera** *conj* even if, even though; • *adv* at least.
**sirena** *f* siren; mermaid.
**sirviente, ta** *m/f* servant.
**sisa** *f* petty theft; cut, percentage.
**sisear** *vt, vi* to hiss.
**sísmico** *adj* seismic.
**sísmo** *m* earthquake.
**sistema** *m* system.
**sistemático, ca** *adj* systematic.
**sitiar** *vt* to besiege.
**sitio** *m* place; spot; site, location; room, space; job, post; (*mil*) siege, blockade; **estado de ~** martial law.
**situación** *f* situation, position; standing.
**siutado** *adj* situated, located.
**situar** *vt* to place, to situate; to invest; • **~se** *vi* to be established in place *or* business.
**slip** *m* pants *pl*, briefs *pl.*
**smoking** *m* tuxedo.
**sobaco** *m* armpit, armhole.
**sobar** *vt* to handle, to soften; to knead; to massage, to rub hard; to rumple clothes; to fondle.
**soberanía** *f* sovereignty.
**soberano, na** *adj, m/f* sovereign.
**soberbia** *f* pride, haughtiness; magnificence.
**soberbio, bia** *adj* proud, haughty; magnificent.
**sobornar** *vt* to suborn, to bribe.
**soborno** *m* subornation, bribe.
**sobra** *f* surplus, excess; **de ~** spare, surplus, extra.
**sobradamente** *adv* too; amply.
**sobrante** *adj* remaining; • *m* surplus, remainder.
**sobrar** *vt* to exceed, to surpass; • *vi* to be more than enough; to remain, to be left.
**sobrasada** *f* pork sausage spread.
**sobre** *prep* on; on top of; above, over; more than; besides; • *m* envelope.
**sobreabundancia** *f* superabundance.

**sobreabundar** *vi* to superabound.
**sobrecarga** *f* extra load; (*com*) surcharge.
**sobrecargar** *vt* to overload; (*com*) to surcharge.
**sobrecoger** *vt* to surprise.
**sobredosis** *f* overdose.
**sobreentender** *vt* to deduce; • *vi* se **sobreentiende que**... it is implied that.
**sobrehumano, na** *adj* superhuman.
**sobrellevar** *vt* to suffer, to tolerate.
**sobremanera** *adv* excessively.
**sobremesa** *f* tablecloth; **de** ~ immediately after dinner.
**sobrenatural** *adj* supernatural.
**sobrenaturalmente** *adv* supernaturally.
**sobrenombre** *m* nickname.
**sobrepasar** *vt* to surpass.
**sobrepeso** *m* overweight.
**sobreponer** *vt* to put one thing over *or* on another; • **~se** *vi* to pull through.
**sobreprecio** *m* extra charge.
**sobresaliente** *adj* projecting; (*fig*) outstanding.
**sobresalir** *vi* to project; (*fig*) to stand out.
**sobresaltar** *vt* to frighten.
**sobresalto** *m* start, scare; sudden shock.
**sobreseer** *vt*: to supercede; to dismiss; ~ **una causa** (*jur*) to stay a case; • ~ **de** *vi* to desist from.
**sobreseimiento** *m* dismissal, suspension.
**sobrestante** *m* foreman, supervisor.
**sobresueldo,** extra pay.
**sobrevenir** *vi* to happen, to come unexpectedly; to supervene.
**sobreviviente** *adj* surviving; • *m/f* survivor.
**sobrevivir** *vi* to survive.
**sobrevolar** *vt* to fly over.
**sobriedad** *f* sobriety.
**sobrino, na** *m/f* nephew/niece.
**sobrio, ria** *adj* sober, frugal.
**socarrón, ona** *adj* sarcastic, ironical.
**socarronería** *f* sarcasm, irony.
**socava** *f* undermining.
**socavar** *vt* to undermine.
**socavón** *m* hole.
**sociabilidad** *f* sociability.
**sociable** *adj* sociable.
**social** *adj* social.
**socialdemócrata** *m/f* social democrat.
**socialista** *adj, m/f* socialist.
**sociedad** *f* society.
**socio, cia** *m/f* associate, member.
**sociología** *f* sociology.
**sociólogo, ga** *m/f* sociologist.
**socorrer** *vt* to help.
**socorrido, da** *adj* well stocked, supplied.
**socorrista** *m/f*; lifeguard.
**socorro** *m* help, aid, assistance, relief.
**soda** *f* soda; soda water.
**sodomía** *f* sodomy.
**sodomita** *m* sodomite.
**soez** *adj* dirty, obscene.
**sofá** *m* sofa.
**sofisma** *m* sophism.
**sofista** *m/f* sophist.
**sofisticación** *f* sophistication.
**sofocar** *vt* to suffocate.
**sofreír** *vt* fry lightly.
**soga** *f* rope; **con la ~ al cuello** with the sword in one's throat; **quien no trae ~ de sed se ahoga** always be prepared.
**soja** *f* soy.
**sojuzgar** *vt* to conquer, to subdue.
**sol** *m* sun; sunshine, sunlight; **al salir el** ~ at sunrise; **no dejar ni a ~**

**ni a sombra** to harass; **tomar el ~** to sun oneself.
**solamente** *adv* only, solely.
**solapa** *f* lapel.
**solapado, da** *adj* cunning, crafty, artful.
**solapara** *vt* to overlap.
**solar** *m* building lot; real estate; ancestral home of a family; • *adj* solar.
**solariego, ga** *adj* belonging to the ancestral home of a family.
**solaz** *m* recreation, relaxation; solace, consolation.
**solazar** *vt* to provide relaxation for; to comfort.
**soldada** *f* wages *pl.*
**soldadesca** *f* group of soldiers.
**soldado** *m/f* soldier; ~ **raso** private.
**soldador** *m* welder; soldering iron.
**soldadura** *f* soldering; solder.
**soldar** *vt* to solder; to weld; to unite.
**soleado, da** *adj* sunny.
**soledad** *f* solitude; loneliness.
**solemne** *adj* solemn; impressive, grand.
**solemnidad** *f* solemnity.
**solemnizar** *vt* to solemnize, to praise.
**soler** *vi* to be accustomed to, to be in the habit of.
**solera** *f* crossbeam; plinth; lees, mother (remaining in wine barrel).
**solfeo** *m* (*mus*) solfa.
**solicitar** *vt* to ask for, to seek; to apply for (a job); to canvass for; to chase after, to pursue.
**solícito, ta** *adj* diligent; solicitous.
**solicitud** *f* care, solicitude; request, petition.
**solidaridad** *f* solidarity.
**solidario, ria** *adj* joint; mutually binding.
**solidez** *f* solidity.
**sólido, da** *adj* solid.
**soliloquio** *m* soliloquy, monologue.
**solista** *m/f* soloist.
**solitario, ria** *adj* solitary; • *m* solitaire; • *m/f* hermit.
**solo** *m* (*mus*) solo; ~, **la** *adj* alone, single; **a solas** alone, unaided; **sólo** *adv* only.
**solomillo** *m* sirloin.
**solsticio** *m* solstice.
**soltar** *vt* to untie, to loosen; to set free, to let out; • **~se** *vi* to get loose; to come undone.
**soltero, ra** *m/f* bachelor/single woman; • *adj* single, unmarried.
**soltura** *f* looseness, slackness; agility, activity; fluency.
**soluble** *adj* soluble; solvable.
**solución** *f* solution; (*teat*) dénouement.
**solucionar** *vt* to solve; to resolve.
**solvente** *adj, m* solvent.
**sollozar** *vi* to sob.
**sollozo** *m* sob.
**sombra** *f* shade, shadow.
**sombreado** *adj* shady, shaded.
**sombrear** *vt* to shade.
**sombrero** *m* hat.
**sombrilla** *f* parasol.
**sombrío, bría** *adj* shady, gloomy; sad.
**somero, ra** *adj* superficial.
**someter** *vt* to conquer (a country); to subject to one's will; to submit; to subdue; • **~se** *vi* to give in, to submit.
**sometimiento** *m* submission.
**somnífero** *m* sleeping pill.
**somnolencia** *f* sleepiness, drowsiness.
**son** *m* sound; rumor; **bailar alguien al ~ que le tocan** to adapt oneself to circumstances.

**sonado, da** *adj* celebrated; famous; generally reported.
**sonaja** *f* (*mus*) timbrel.
**sonajero** *m* (*mus*) small timbrel.
**sonámbulo, la** *m/f* sleep-walker; somnambulist.
**sonar** *vt* to ring; • *vi* to sound; to make a noise; to be pronounced; to be talked of; to sound familiar; • **~se** *vi* to blow one's nose.
**sonata** *f* (*mus*) sonata.
**sonda** *f* sounding; (*med*) probe.
**sondear** *vt* (*mar*) to sound; to probe; to bore.
**sondeo** *m* sounding; boring; (*fig*) poll.
**soneto** *m* sonnet.
**sónico, ca** *adj* sonic.
**sonido** *m* sound.
**sonoro, ra** *adj* sonorous.
**sonreír(se)** *vi* to smile.
**sonrisa** *f* smile.
**sonrojarse** *vi* to blush.
**sonrojo** *m* blush.
**sonsacar** *vt* to pump a secret out of a person.
**sonsonete** *m* tapping noise; monotonous voice.
**soñador, ra** *m/f* dreamer.
**soñar** *vt, vi* to dream.
**soñoliento, ta** *adj* sleepy, drowsy.
**sopa** *f* soup; ~~sop~~; **hecho una ~** soaked to the skin; ~ **de verduras** vegetable soup.
**sopapo** *m* punch, thump.
**sopera** *f* soup dish.
**sopesar** *vt* to heft, to test the weight (of ) by lifting.
**sopero** *m* soup plate.
**sopetón** *m* slap, box; **de ~** suddenly.
**soplar** *vt* to blow away, to blow off; to blow up, to inflate; • *vi* to blow, to puff.
**soplete** *m* blowpipe.
**soplo** *m* blowing; puff of wind; (*fam*) tip- off.
**soplón, ona** *m/f* telltale.
**sopor** *m* drowsiness, sleepiness.
**soporífero, ra** *adj* soporific; • *m* sleeping pill.
**soportable** *adj* tolerable, bearable.
**soportal** *m* portico.
**soportar** *vt* to suffer, to tolerate; to support.
**soporte** *m* support, prop.
**sorber** *vt* to sip; to inhale; to swallow; to absorb.
**sorbete** *m* sherbet; iced fruit drink.
**sorbo** *m* sip; gulp, swallow.
**sordera** *f* deafness.
**sordidez** *f* sordidness, dirtiness; meanness.
**sórdido, da** *adj* sordid; dirty; mean.
**sorda, da** *adj* deaf; silent, quiet; *m/f* deaf person.
**sordomudo, da** *adj* deaf and dumb.
**sorna** *f* slyness; sarcasm; slowness.
**soroche** *m* mountain sickness.
**sorprender** *vt* to surprise.
**sorpresa** *f* surprise; **tomar por ~** to take by surprise.
**sortear** *vt* to draw *or* cast lots; to raffle; to avoid.
**sorteo** *m* draw; raffle.
**sortija** *f* ring; ringlet, curl.
**sortilegio** *m* sorcery.
**sosegado, da** *adj* quiet, peaceful.
**sosegar** *vt* to appease, to calm; • *vi* to rest.
**sosería** *f* insipidness; dullness.
**sosiego** *m* tranquility, calmness.
**soslayar** *vt* to do *or* place a thing obliquely.
**soslayo** *adv* oblique; **al** *o* **de ~** obliquely, sideways.
**soso, sa** *adj* insipid, tasteless; dull.

**sospecha** *f* suspicion.
**sospechar** *vt* to suspect.
**sospechoso, sa** *adj* suspicious; suspect; • *m/f* suspect.
**sostén** *m* support; bra; sustenance.
**sostener** *vt* to sustain, to maintain; • **~se** *vi* to support *or* maintain oneself; to contrive, to remain.
**sostenimiento** *m* support; maintenance; sustenance.
**sota** *f* knave (at cards).
**sotana** *f* cassock.
**sótano** *m* basement, cellar.
**sotavento** *m* (*mar*) leeward, lee.
**soto** *m* grove, thicket.
**status** *m invar* status.
**sténcil** *m* stencil.
**su** *pn* his, her, its, one's; **~s** their; your.
**suave** *adj* smooth, soft, delicate; gentle, mild, meek.
**suavidad** *f* softness, sweetness; suavity.
**suavizar** *vt* to soften.
**subalterno, na** *adj* secondary; auxiliary.
**subarrendar** *vt* to sublet.
**subasta** *f* auction.
**subastar** *vt* to sell by auction.
**subcampeón, ona** *m/f* runner-up.
**subconsciente** *adj, m* subconscious.
**subdesarrollado, da** *adj* underdeveloped.
**subdesarrollo** *m* underdevelopment.
**subdirector, ora** *m/f* assistant director.
**súbdito, ta** *adj, m/f* subject.
**subdividir** *vt* to subdivide.
**subdivisión** *f* subdivision.
**subestimar** *vt* to underestimate.
**subida** *f* mounting; ascent, rise in value *or* price.
**subido, da** *adj* deep-colored; high (price).
**subir** *vt* to raise, to lift up; to go up; to climb; • to ascend, to climb; to increase, to swell; to get in, to get on, to board; to rise (in price); ~ **de tono** to raise one's voice.
**súbito, ta** *adj* sudden, hasty, unforeseen.
**subjectivo, va** *adj* subjective.
**subjuntivo** *m* (*gr*) subjunctive.
**sublevación** *f* sedition, revolt.
**sublevar** *vt* to excite a rebellion; to incite a revolt; • **~se** *vi* to revolt.
**sublime** *adj* sublime.
**sublimidad** *f* sublimity.
**submarino, na** *adj* underwater; • *m* submarine.
**subnormal** *adj* subnormal; • *m/f* subnormal person.
**subordinación** *f* subordination.
**subordinado** *adj* subordinate.
**subordinar** *vt* to subordinate.
**subrayar** *vt* to underline.
**subrepticio, cia** *adj* surreptitious.
**subsanar** *vt* to excuse; to mend, to repair; to overcome.
**subsidio** *m* subsidy, aid; benefit, allowance.
**subscribir** *vt* to subscribe to, be in favor of.
**subscripción** *f* subscription.
**subsecuente** *adj* subsequent.
**subsidiario** *adj* subsidiary.
**subsidio** *m* subsidy, aid, help.
**subsistencia** *f* subsistence.
**subsistir** *vi* to subsist.
**substancia** *f* substance.
**substancial** *adj* substantial.
**substancioso, sa** *adj* substantial, nutritious.
**substantivo** *adj* substantive (*gram*).
**substitución** *f* substitution.

**substituir** *vt* to substitute.
**substracción** *f* removal; (*mat*) subtraction.
**substraer** *vt* to remove; (*mat*) to subtract; • **~se** *vi* to avoid; to withdraw.
**subsuelo** *m* subsoil.
**subterfugio** *f* subterfuge.
**subterráneo, nea** *adj* subterranean; underground; • *m* underground passage; (*ferro*) subway.
**suburbio** *m* slum quarter; suburbs *pl*.
**subvencionar** *vt* to subsidize.
**subversión** *f* subversion, overthrow.
**subversivo, va** *adj* subversive.
**subvertir** *vt* to subvert, to overthrow.
**subyugar** *vt* to subdue, to subjugate.
**succión** *f* suction.
**succionar** *vt* to suck, suck in.
**sucedáneo, nea** *adj* substitute; • *m* substitute (food).
**suceder** *vt, vi* to succeed, to inherit; to happen.
**sucesión** *f* succession; issue, offspring; inheritance.
**sucesivamente** *adv* successively; **y así ~** and so on.
**sucesivo, va** *adj* successive.
**suceso** *m* event; incident.
**sucesor, ra** *m/f* successor; heir.
**suciedad** *f* dirtiness, filthiness; dirt.
**sucintamente** *adv* succinctly.
**sucinto, ta** *adj* succinct, concise.
**sucio, cia** *adj* dirty, filthy; obscene; dishonest.
**suculento, ta** *adj* succulent, juicy.
**sucumbir** *vt* to succumb.
**sucursal** *f* branch (office).
**sudar** *vt, vi* to sweat.
**sudeste** *m* southeast.
**sudoeste** *m* southwest.
**sudor** *m* sweat.
**sudorífico, ca** *adj* sweaty.
**suegra** *f* mother-in-law.
**suegro** *m* father-in-law.
**suela** *f* sole of the shoe.
**sueldo** *m* wages *pl*; salary.
**suelo** *m* ground; floor; soil, surface.
**suelto, ta** *adj* loose; free; detached; swift; • *m* loose change; **dar rienda ~ a** to give a free rein to, **soltar la ~** outspoken.
**sueño** *m* sleep; dream; **caerse de ~** to be very sleepy; **conciliar el ~** to sink into sleep; **~ hecho realidad** dream come true.
**suero** *m* (*med*) serum; whey.
**suerte** *f* fate, destiny, chance, lot, fortune, good luck; kind, sort.
**suéter** *m* sweater.
**suficiencia** *f* sufficiency, competence, fitness.
**suficiente** *adj* enough, sufficient; fit, capable.
**sufragar** *vt* to aid, to assist.
**sufragio** *m* vote, suffrage; aid, assistance.
**sufrible** *adj* bearable.
**sufrido, da** *adj* long-suffering, patient.
**sufrimiento** *m* suffering; patience.
**sufrir** *vt* to suffer, to bear, to put up with; to support.
**sugerencia** *f* suggestion.
**sugerir** *vt* to suggest.
**sugestión** *f* suggestion.
**sugestivo, va** *adj* suggestive; expressive.
**suicida** *adj* suicidal; • *m/f* suicide; suicidal person.
**suicidio** *m* suicide.
**sujeción** *f* subjection.
**sujetador** *m* fastener; bra.
**sujetar** *vt* to fasten, to hold down; to subdue; to subject; • **~se** *vi* to subject oneself.

**sujeto, ta** *adj* fastened, secure; subject, liable; • *m* subject; individual.
**sulfúrico** *adj* sulfuric.
**sultán** *m* sultan.
**sultana** *f* sultana.
**suma** *f* total, sum; adding up; summary.
**sumamente** *adv* extremely.
**sumar** *vt* to add, to sum up; to collect, to gather; • *vi* to add up.
**sumario, ria** *adj* brief, concise; • *m* summary.
**sumergir** *vt* to submerge, to sink, to immerse.
**sumidero** *m* sewer, drain.
**suministrador, ra** *m/f* provider, supplier.
**suministrar** *vt* to supply, to furnish.
**sumir** *vt* to sink, to submerge; (*fig*) to plunge.
**sumisión** *f* submission.
**sumiso, sa** *adj* submissive, docile.
**sumo, ma** *adj* great, extreme; highest, greatest; **a lo** ~ at most.
**suntuosidad** *f* sumptuousness.
**suntuario** *adj* luxury.
**suntuoso, sa** *adj* sumptuous.
**súper** *f* three-star (gasoline).
**superable** *adj* surmountable.
**superabundancia** *f* superabundance.
**superabundar** *vi* to superabound.
**superar** *vt* to surpass; to overcome; to exceed, to go beyond.
**superávit** *m* superavit.
**supercarretera** *f* superhighway.
**supercherería** *f* fraud, hoax, trick.
**superficial** *adj* superficial; shallow.
**superficie** *f* surface; area.
**superfluo, lua** *adj* superfluous.
**superintendencia** *f* supervision.
**superintendente** *m/f* superintendent, supervisor; floorwalker.
**superior** *adj* superior; upper; higher; better; • *m/f* superior.
**superioridad** *f* superiority.
**superlativo, va** *adj, m* (*gr*) superlative.
**supermercado** *m* supermarket.
**superstición** *f* superstition.
**supersticioso, sa** *adj* superstitious.
**supervisar** *vt* to supervise.
**supervisor, ra** *m/f* supervisor.
**supervivencia** *f* survival.
**superviviente** *m/f* survivor; • *adj* surviving.
**suplantación** *f* supplanting.
**suplantar** *vt* to supplant.
**suplemento** *m* supplement.
**suplente** *m/f* substitute.
**supletorio, ria** *adj* supplementary.
**súplica** *f* petition, request, supplication.
**suplicante** *adj, m/f* applicant; supplicant.
**suplicar** *vt* to beg (for), to plead (for); to beg, to plead with.
**suplicio** *m* torture.
**suplir** *vt* to supply; to make good, to make up for; to replace.
**suponer** *vt* to suppose; • *vi* to have authority.
**suposición** *f* supposition; authority.
**supositorio** *m* suppository.
**supremo, ma** *adj* supreme.
**supresión** *f* suppression; abolition; removal; deletion.
**suprimir** *vt* to suppress; to abolish; to remove; to delete.
**supuesto** *m* assumption; ~, **ta** *adj* supposed; ~ **que** *conj* since, granted that.
**supuración** *f* suppuration.
**supurar** *vt* to suppurate.
**sur** *m* south; south wind.
**surcar** *vt* to furrow; to cut, to score.

**surco** *m* furrow; groove.
**surgir** *vi* to emerge; to crop up.
**surtido** *m* assortment, supply.
**surtir** *vt* to supply, to furnish, to provide; • *vi* to spout, to spurt.
**susceptible** *adj* susceptible; impressionable.
**suscitar** *vt* to excite, to stir up.
**suscribir** *vt* to sign; to subscribe to.
**suscripción** *f* subscription.
**suscriptor, ra** *m/f* subscriber.
**susodicho, cha** *adj* above-mentioned.
**suspender** *vt* to suspend, to hang up; to stop; to fail (an exam *etc*).
**suspensión** *f* suspension; stoppage; ~ **de garantías** suspension of constitutional guarantees; ~ **de pagos** (*com*) deferral of payments.
**suspenso, sa** *adj* hanging; suspended, failed.
**suspicacia** *f* suspicion, mistrust.
**suspicaz** *adj* suspicious, distrustful.
**suspirar** *vi* to sigh.
**suspiro** *m* sigh.
**sustancia** *f var of* **substancia**.
**sustancial** *var of* **substancial**.
**sustancioso** *var of* **substancioso**.
**sustantivo, va** *adj, m* (*gr*) substantive, noun.
**sustentable** *adj* defensible, arguable.
**sustentación** *f* sustenance, support.
**sustentar** *vt* to sustain; to support, to nourish.
**sustento** *m* food, sustenance; support.
**sustitución** *f* substitution.
**sustituir** *vt* to substitute.
**sustituto, ta** *adj, m/f* substitute.
**susto** *m* fright, scare.
**sustracción** *f var of* **substracción**.
**sustraer** *vt var of* **substraer**.
**susurrar** *vi* to whisper; to murmur; to rustle; • **~se** *vi* to be whispered about.
**susurro** *m* whisper, murmur.
**sutil** *adj* subtle; thin; delicate; very soft; keen, observant.
**sutileza** *f* subtlety; thinness; keenness.
**sutilmente** *adv* subtly, finely.
**sutura** *f* seam.
**suyo, ya** *adj* his, hers, theirs, one's; his, her, its own, one's own *or* their own; **de ~** per se; **los ~s** *mpl* his own, near friends, relations, family, supporters.
**svástica** *f* swastika.

# T

**tabaco** *m* tobacco; (*fam*) cigarettes *pl.*
**tábano** *m* horsefly.
**taberna** *f* bar, tavern.
**tabernero, ra** *m/f* barman/barmaid, bartender.
**tabicar** *vt* to wall up.
**tabique** *m* thin wall; partition wall.
**tabla** *f* board; shelf; plank; slab; index of a book; bed of earth in a garden; **a raja ~** by all means; **quedar ~s** to tie, draw; **tener ~s** to have experience.
**tablado** *m* scaffold; platform; stage.
**tablero** *m* plank, board; chessboard; draft-board; (*auto*) dashboard; bulletin board; gambling den.
**tableta** *f* tablet; (chocolate) bar.
**tablilla** *f* small board; (*med*) splint.
**tablón** *m* plank; beam; **~ de anuncios** bulletin board.
**tabú** *m* taboo.
**tabular** *vt* to tabulate.
**taburete** *m* stool.
**tacañería** *f* meanness; craftiness.
**tacaño, ña** *adj* mean, stingy; crafty.
**tácito, ta** *adj* tacit, silent; implied.
**taciturno, na** *adj* tacit, silent; sulky.
**taco** *m* stopper, plug; heel (of a shoe); wad; book of coupons; billiard cue; **darse ~** to put on airs.
**tacón** *m* heel.
**taconear** *vi* to stamp with one's heels; to walk on one's heels.
**taconeo** *m* stamping of the heels in dancing.
**táctica** *f* tactics *pl.*
**tacto** *m* touch, feeling; tact.
**tacha** *f* fault, defect; small nail.
**tachar** *vt* to find fault with; to cross out, to erase; **poner ~ a** to find fault with; **sin ~** flawness.
**tachuela** *f* tack, nail.
**tafetán** *m* taffeta.
**tafilete** *m* morocco leather.
**tahona** *f* bakery.
**tahur** *m* gambler; cheat.
**taimado, da** *adj* sly, cunning, crafty.
**tajada** *f* slice; (*med*) hoarseness.
**tajante** *adj* sharp.
**tajar** *vt* to cut, to chop, to slice.
**tajo** *m* cut, incision; cleft, sheer drop; working area; chopping-block.
**tal** *adj* such; **con ~ que** provided that; **no hay ~** no such thing.
**tala** *f* felling of trees.
**taladrar** *vt* to bore, to pierce.
**taladro** *m* drill; borer, gimlet.
**talante** *m* mood; appearance; aspect; will.
**talar** *vt* to fell trees; to desolate.
**talco** *m* talk.
**talega** *f* or **talego** *m* bag; bagful.
**talento** *m* talent.
**talismán** *m* talisman.
**talón** *m* heel; receipt; check.
**talonario** *m* checkbook; receipt book.
**talla** *f* raised work; sculpture; stature, size; measure of anything; hand, draw, turn (at cards).
**tallado, da** *adj* cut, carved, engraved.
**tallador** *m* engraver.
**tallar** *vt* to cut, to chop; to carve in wood; to engrave; to measure.
**tallarines** *mpl* noodles.

**talle** *m* shape, size, proportion; waist.
**taller** *m* workshop, laboratory.
**tallo** *m* shoot, sprout.
**tamaño** *m* size, shape, bulk.
**tamarindo** *m* tamarind tree.
**tambalearse** *vi* to stagger, to waver.
**tambaleo** *m* staggering, reeling.
**también** *adv* also, likewise; as well; besides.
**tambor** *m* drum; drummer; eardrum.
**tamborilear** *vi* to drum.
**tamborilero** *m* drummer.
**tamiz** *m* fine sieve.
**tampoco** *adv* neither, nor.
**tampón** *m* tampon.
**tan** *adv* so.
**tanda** *f* turn; rotation; task; gang; number of persons employed in a work.
**tangente** *f* tangent.
**tangible** *adj* tangible.
**tanque** *m* tank; tanker.
**tantear** *vt* to reckon (up); to measure, to proportion; to consider; to examine.
**tanteo** *m* computation, calculation; valuation; test; scoring.
**tanto** *m* certain sum *or* quantity; point; goal; ~, **ta** *adj* so much, as much; very great; • *adv* so much, as much; so long, as long.
**tañido** *m* tune; sound; clink.
**tapa** *f* lid, cover; snack; ~ **de los sesos** skull.
**tapadera** *f* lid of a pot, cover.
**tapar** *vt* to stop up, to cover; to conceal, to hide.
**taparrabo** *m* loincloth.
**tapete** *m* table cover.
**tapia** *f* wall.
**tapiar** *vt* to brick up with a wall; to stop up a passage.
**tapicería** *f* tapestry; upholstery; upholsterer's shop.
**tapicero** *m* tapestry-maker; upholsterer.
**tapiz** *m* tapestry; carpet.
**tapizar** *vt* to upholster.
**tapón** *m* cork, plug, bung.
**taquigrafía** *f* shorthand writing.
**taquilla** *f* booking office; takings *pl.*
**taquillero, ra** *m/f* ticket clerk.
**tara** *f* tare.
**tarántula** *f* tarantula.
**tardanza** *f* slowness, delay.
**tardar** *vi* to delay; to take a long time; to be late.
**tarde** *f* afternoon; evening; • *adv* late.
**tardío, dia** *adj* late; slow, tardy.
**tardo, da** *adj* sluggish, tardy.
**tarea** *f* task.
**tarifa** *f* tariff; price list.
**tarima** *f* platform; step.
**tarjeta** *f* visiting-card, card; ~ **postal** postcard.
**tarro** *m* pot.
**tarta** *f* tart; cake.
**tartamudear** *vi* to stutter, to stammer.
**tartamudo, da** *adj* stammering.
**tarugo** *m* wooden peg *or* pin.
**tasa** *f* rate; measure, rule; valuation.
**tasación** *f* valuation, appraisal.
**tasador** *m* appraiser.
**tasar** *vt* to appraise, to value.
**tasca** *f* (*fam*) pub, bar.
**tatarabuelo** *m* great-great-grandfather.
**tataranieto** *m* great-great-grandson.
**tatuaje** *m* tattoo; tattooing.
**tatuar** *vt* to tattoo.
**taurino, na** *adj* bullfighting *compd.*

**Tauro** *m* Taurus (sign of the zodiac).
**taxi** *m* taxi.
**taxista** *m/f* taxi driver.
**taza** *f* cup; basin of a fountain.
**té** *m* (*bot*) tea.
**te** *pn* you.
**tea** *f* torch.
**teatral** *adj* theatrical.
**teatro** *m* theater, playhouse.
**tebeo** *m* comic.
**tecla** *f* key of an organ *or* pianoforte.
**teclado** *m* keyboard.
**técnico, ca** *adj* technical.
**tecnología** *f* technology.
**techo** *m* roof; ceiling.
**techumbre** *f* upper roof, ceiling.
**tedio** *m* boredom, dislike, abhorrence.
**teja** *f* tile.
**tejado** *m* roof covered with tiles.
**tejanos** *mpl* jeans.
**tejar** *vt* to tile.
**tejedor** *m* weaver.
**tejemaneje** *m* artfulness, cleverness; restlessness.
**tejer** *vt* to weave.
**tejido** *m* texture, web.
**tejo** *m* quoit; yew tree.
**tejón** *m* badger.
**tela** *f* cloth; material.
**telar** *m* loom.
**telaraña** *f* cobweb.
**tele** *f* (*fam*) tube.
**telefax** *m invar* fax; fax (machine).
**telefonear** *vt* to telephone.
**telefónico, ca** *adj* telephone *compd.*
**teléfono** *m* (tele)phone.
**telegráfico, ca** *adj* telegraphic.
**telégrafo** *m* telegraph.
**telegrama** *m* telegram.
**telescopio** *m* telescope.
**televidente** *m/f* viewer.
**televisar** *vt* to televise.
**televisión** *f* television.
**televisor** *m* television set.
**télex** *m* telex.
**telón** *m* curtain, drape.
**tema** *m* theme.
**temblar** *vi* to tremble.
**temblón, ona** *adj* tremulous, shaking.
**temblor** *m* trembling; earthquake.
**temer** *vt* to fear, to doubt; • *vi* to be afraid.
**temerario, ria** *adj* rash.
**temeridad** *f* temerity, imprudence.
**temeroso, sa** *adj* timid; frightful.
**temible** *adj* dreadful, terrible.
**temor** *m* dread, fear.
**témpano** *m* ice-floe.
**temperamento** *m* temperament.
**temperatura** *f* temperature.
**tempested** *f* tempest, storm; violent commotion.
**tempestuoso, sa** *adj* tempestuous, stormy.
**templado, da** *adj* temperate, tempered.
**templanza** *f* temperance, moderation; temperature.
**templar** *vt* to temper, to moderate, to cool; to tune; • **~se** *vi* to be moderate.
**temple** *m* temperature; tempera; temperament; tuning; **al ~** painted in distemper.
**templo** *m* temple.
**temporada** *f* time, season; epoch, period.
**temporal** *adj* temporary, temporal; • *m* tempest, storm.
**temprano, na** *adj* early, anticipated; • *adv* very early, prematurely.

**tenacillas** *fpl* small tongs.
**tenacidad** *f* tenacity; obstinacy.
**tenaz** *adj* tenacious; stubborn.
**tenaza(s)** *f* (*pl*) tongs, pincers.
**tenazmente** *adv* tenaciously; obstinately.
**tendedero** *m* clothes line.
**tendencia** *f* tendency.
**tender** *vt* to stretch out, to expand, to extend; to hang out; to lay; • **~se** *vi* to stretch oneself out.
**tenderete** *m* stall; display of goods.
**tendero, ra** *m/f* shop-keeper.
**tendido, da** *adj* lying down; hanging; • *m* row of seats for the spectators at a bullfight.
**tendón** *m* tendon, sinew.
**tenebroso, sa** *adj* dark, obscure.
**tenedor** *m* holder, keeper, tenant; fork.
**tenencia** *f* possession; tenancy; tenure.
**tener** *vt* to take, to hold, to possess; to have; • **~se** *vi* to take care not to fall; to stop, to halt; to resist; to adhere.
**tenia** *f* tapeworm.
**teniente** *m* lieutenant.
**tenis** *m* tennis.
**tenista** *m/f* tennis player.
**tenor** *m* meaning; (*mus*) tenor.
**tensar** *vt* to tauten; to draw.
**tensión** *f* tension.
**tenso, sa** *adj* tense.
**tentación** *f* temptation.
**tentador, ra** *m/f* tempter.
**tentar** *vt* to touch; to try; to grope; to tempt; to attempt.
**tentativa** *f* attempt, trial.
**tentempié** *m* (*fam*) snack.
**tenue** *adj* thin, tenuous, slender.
**tenuidad** *f* slenderness, weakness; trifle.
**teñir** *vt* to tinge, to dye.
**teología** *f* theology, divinity.
**teológico, ca** *adj* theological.
**teólogo** *m* theologian, divine.
**teorema** *f* theorem.
**teoría, teórica** *f* theory.
**teórico, ca** *adj* theoretical.
**terapéutico, ca** *adj* therapeutic.
**terapia** *f* therapy.
**tercermundista** *adj* Third World *compd.*
**tercer(o), ra** *adj* third; • *m* (*jur*) third party.
**terceto** *m* (*mus*) trio.
**terciar** *vt* to put on sideways; to divide into three parts; to plow the third time; • *vi* to mediate; to take part.
**tercio, cia** *adj* third; • *m* third part.
**terciopelo** *m* velvet.
**terco, ca** *adj* obstinate.
**tergiversación** *f* distortion, evasion.
**tergiversar** *vt* to distort.
**termal** *adj* thermal.
**termas** *fpl* thermal waters.
**terminación** *f* termination; conclusion; last syllable of a word.
**terminal** *adj, m/f* terminal.
**terminante** *adj* decisive; categorical.
**terminar** *vt* to finish; to end; to terminate; • *vi* to end; to stop.
**término** *m* term; end; boundary; limit; terminus.
**terminología** *f* terminology.
**termodinámico, ca** *adj* thermodynamic.
**termómetro** *m* thermometer.
**termo(s)** *m* flask.
**termostato** *m* thermostat.
**ternero, ra** *m/f* calf; veal; heifer.
**ternilla** *f* gristle.
**ternilloso, sa** *adj* gristly.

**terno** *m* three-piece suit.
**ternura** *f* tenderness.
**terquedad** *f* stubbornness, obstinacy.
**terrado** *m* terrace.
**terraplén** *m* terrace, platform.
**terrateniente** *m/f* landowner.
**terraza** *f* balcony; (flat) roof; terrace (in fields).
**terremoto** *m* earthquake.
**terrenal** *adj* terrestrial, earthly.
**terreno, na** *adj* earthly, terrestrial; • *m* land, ground, field.
**terrestre** *adj* terrestrial.
**terrible** *adj* terrible, dreadful; ferocious.
**territorial** *adj* territorial.
**territorio** *m* territory.
**terrón** *m* clod of earth; lump; **~ones** *pl* landed property.
**terror** *m* terror, dread.
**terrorismo** *m* terrorism.
**terrorista** *m/f* terrorist.
**terso, sa** *adj* smooth, glossy.
**tersura** *f* smoothness, purity.
**tertulia** *f* club, assembly, circle.
**tesis** *f invar* thesis.
**tesón** *m* tenacity, firmness.
**tesorero** *m* treasurer.
**tesoro** *m* treasure; exchequer.
**testamentaría** *f* testamentary execution.
**testamentario** *m* executor of a will; **~, ria** *adj* testamentary.
**testamento** *m* will, testament.
**testar** *vt, vi* to make one's will; to bequeath.
**testarudo, da** *adj* obstinate.
**testículo** *m* testicle; **~s** *pl* testicles.
**testificación** *f* attestation.
**testificar** *vt* to attest, to witness.
**testigo** *m* witness, deponent.
**testimoniar** *vt* to attest, to bear witness.
**testimonio** *m* testimony.
**teta** *f* teat.
**tétanos** *m* tetanus.
**tetera** *f* teapot.
**tetilla** *f* nipple; teat (of a bottle).
**tétrico, ca** *adj* gloomy, sullen, surly.
**textil** *adj* textile.
**texto** *m* text.
**textual** *adj* textual.
**textura** *f* texture.
**tez** *f* complexion, hue.
**ti** *pn* you; yourself.
**tía** *f* aunt; (*fam*) bird.
**tiara** *f* tiara.
**tibieza** *f* lukewarmness.
**tibio, bia** *adj* lukewarm.
**tiburón** *m* shark.
**tiempo** *m* time; term; weather; (*gr*) tense; occasion, opportunity; season.
**tienda** *f* tent; awning; tilt; shop.
**tiento** *m* touch; circumspection; **a ~** *or* **a tientas** gropingly.
**tierno, na** *adj* tender.
**tierra** *f* earth; land, ground; native country.
**tieso, sa** *adj* stiff, hard, firm; robust; valiant; stubborn.
**tiesto** *m* large earthen pot.
**tifón** *m* typhoon.
**tifus** *m* typhus.
**tigre** *m* tiger.
**tijeras** *fpl* scissors.
**tijeretada** *f* cut with scissors, clip.
**tijereta** *f* earwig.
**tijeretear** *vt* to cut with scissors.
**tildar** *vt* to brand, to stigmatize.
**tilde** *f* tilde (ñ).
**tilo** *m* lime tree.
**timar** *vt* to steal; to swindle.
**timbrar** *vt* to stamp.
**timbre** *m* stamp; bell; timbre; stamp duty.

**timidez** *f* timidity.
**tímido, da** *adj* timid, cowardly.
**timo** *m* swindle.
**timón** *m* helm, rudder.
**tímpano** *m* ear-drum; small drum.
**tina** *f* tub; bathtub.
**tinaja** *f* large earthen jar.
**tinglado** *m* shed; trick; intrigue.
**tinieblas** *fpl* darkness; shadows.
**tino** *m* skill; judgment, prudence.
**tinta** *f* tint; ink; dye; color.
**tinte** *m* tint, dye; dyer's shop.
**tintero** *m* inkwell.
**tinto, ta** *adj* dyed; • *m* red wine.
**tintorería** *f* dry cleaner's.
**tintura** *f* tincture; dyeing.
**tiña** *f* scab.
**tiñoso, sa** *adj* scabby, scurvy; niggardly.
**tío** *m* uncle; (*fam*) guy.
**tiovivo** *m* merry-go-round.
**típico, ca** *adj* typical.
**tiple** *m* (*mus*) treble; • *f* soprano.
**tipo** *m* type; norm; pattern; guy.
**tipografía** *f* typography.
**tipográfico, ca** *adj* typographical.
**tipógrafo** *m* printer.
**tiquet** *m* ticket; cash slip.
**tiquismiquis** *m invar* fussy person.
**tira** *f* abundance; strip.
**tirabuzón** *m* curl.
**tirachinas** *m invar* catapult.
**tirado, da** *adj* dirt-cheap; (*fam*) very easy; • *f* cast; distance; series; edition.
**tirador** *m* handle.
**tiranía** *f* tyranny.
**tiránico, ca** *adj* tyrannical.
**tiranizar** *vt* to tyrannize.
**tirano, na** *m/f* tyrant.
**tirante** *m* joist; stay; strap; brace; • *adj* taut, extended, drawn.
**tirantez** *f* tension; tautness.
**tirar** *vt* to throw; to pull; to draw; to drop; to tend, to aim at; • *vi* to shoot; to pull; to go; to tend to.
**tirita** *f* Band-Aid, (sticking) plaster.
**tiritar** *vi* to shiver.
**tiritona** *f* shiver, shaking with cold.
**tiro** *m* throw, shot; prank; set of coach-horses; **errar el** ~ to miss (at shooting).
**tirón** *m* pull, haul, tug.
**tirotear** *vt* to shoot at.
**tiroteo** *m* shooting, sharpshooting.
**tirria** *f* antipathy.
**tísico, ca** *adj* consumptive.
**tisis** *f* tuberculosis.
**títere** *m* puppet; ridiculous little fellow.
**titiritero** *m* puppeteer.
**titubear** *vi* to stammer; to stagger; to hesitate.
**titubeo** *m* staggering; hesitation.
**titular** *adj* titular; • *m/f* occupant; • *m* headline; • *vt* to title; • **~se** *vi* to obtain a title.
**título** *m* title; name; **a** ~ on pretense, under pretext.
**tiza** *f* chalk.
**tiznar** *vt* to smut; to tarnish.
**tizne** *m* soot, smut of coal.
**tiznón** *m* spot, stain.
**tizón** *m* half-burnt wood.
**toalla** *f* towel.
**tobillo** *m* ankle.
**tobogán** *m* toboggan; roller-coaster; slide.
**toca** *f* headdress.
**tocadiscos** *m invar* record player.
**tocado** *m* headdress, headgear.
**tocador** *m* dressing table; ladies' room.
**tocante (a)** *prep* concerning, relating to.

**tocar** *vt* to touch; to strike; (*mus*) to play; to ring a bell; • *vi* to belong; to concern; to knock; to call at; to be a duty *or* obligation.
**tocayo, ya** *adj* namesake.
**tocino** *m* bacon.
**todavía** *adv* even; yet, still.
**todo, da** *adj* all, entire; every; • *pn* everything, all; • *m* whole.
**todopoderoso, sa** *adj* almighty.
**toga** *f* toga; gown.
**toldo** *m* awning; parasol.
**tolerable** *adj* tolerable.
**tolerancia** *f* tolerance, indulgence.
**tolerante** *adj* tolerant.
**tolerar** *vt* to tolerate, to suffer.
**toma** *f* taking; dose; ~ (**de corriente**) socket.
**tomar** *vt* to take, to seize, to grasp; to understand, to interpret, to perceive; to drink; to acquire; • *vi* to drink; to take.
**tomate** *m* tomato.
**tomavistas** *m invar* movie camera.
**tomillo** *m* thyme.
**tomo** *m* bulk; tome; volume.
**ton** *m* **sin ~ ni son** without rhyme or reason.
**tonada** *f* tune, melody.
**tonadilla** *f* interlude of music; short tune.
**tonalidad** *f* tone.
**tonel** *m* cask, barrel.
**tonelada** *f* ton; (*mar*) tonnage duty.
**tónico, ca** *adj* tonic, strengthening; • *m* tonic; • *f* (*mus*) tonic; (*fig*) keynote.
**tonificar** *vt* to tone up.
**tono** *m* tone.
**tontada** *f* nonsense.
**tontear** *vi* to talk nonsense, to act foolishly.
**tontería** *f* foolery, nonsense.
**tonto, ta** *adj* stupid, foolish.
**topacio** *m* topaz.
**topar** *vt* to run into; • *vi* to find.
**tope** *m* butt; scuffle; **~s** *pl* (*ferro*) buffers.
**topera** *f* molehill.
**tópico, ca** *adj* topical.
**topo** *m* mole; stumbler.
**topografía** *f* topography.
**topográfico, ca** *adj* topographical.
**toque** *m* touch; bell-ringing; crisis.
**toquilla** *f* head-scarf; shawl.
**tórax** *m* thorax.
**torbellino** *m* whirlwind.
**torcedura** *f* twisting.
**torcer** *vt* to twist, to curve; to turn; to sprain; • *vi* to turn off; to bend; to go wrong.
**torcido, da** *adj* oblique; crooked.
**torcimiento** *m* bending, deflection; circumlocution.
**tordo** *m* thrush; ~, **da** *adj* speckled black and white.
**torear** *vt* to avoid; to tease; • *vi* to fight bulls.
**toreo** *m* bullfighting.
**torero** *m* bullfighter.
**toril** *m* place where bulls are shut up until brought out.
**tormenta** *f* storm, tempest.
**tormento** *m* torment, pain, anguish; torture.
**tornar** *vt, vi* to return; to restore; to repeat; • **~se** *vi* to become.
**tornasolado** *adj* iridescent; shimmering.
**torneo** *m* tournament.
**tornillo** *m* screw.
**torniquete** *m* turnstile; (*med*) tourniquet.
**torno** *m* winch; revolution.
**toro** *m* bull.
**toronja** *f* grapefruit.

**torpe** *adj* dull, heavy; stupid.
**torpedo** *m* torpedo.
**torpeza** *f* heaviness, dullness; torpor; stupidity.
**torre** *f* tower; turret; steeple of a church.
**torrefacto, ta** *adj* roasted.
**torrente** *m* torrent.
**tórrido, da** *adj* torrid, parched, hot.
**torrija** *f* French toast.
**torso** *m* torso.
**torta** *f* cake; (*fam*) slap.
**tortícolis** *f invar* stiff neck.
**tortilla** *f* omelet; pancake.
**tórtola** *f* turtledove.
**tortuga** *f* tortoise.
**tortuoso, sa** *adj* tortuous, circuitous.
**tortura** *f* torture.
**torvo, va** *adj* stern, grim.
**tos** *f* cough.
**toscamente** *adv* coarsely, grossly.
**tosco, ca** *adj* coarse, ill-bred, clumsy.
**toser** *vi* to cough.
**tostada** *f* slice of toast.
**tostado, da** *adj* parched, sunburned; light-yellow, light-brown.
**tostador** *m* toaster.
**tostar** *vt* to toast, to roast.
**total** *m* whole, totality; • *adj* total, entire; • *adv* in short.
**totalidad** *f* totality.
**totalitario, ria** *adj* totalitarian.
**tóxico, ca** *adj* toxic; • *m* poison.
**toxicómano, na** *m/f* drug addict.
**tozudo, da** *adj* obstinate.
**traba** *f* obstacle, impediment; trammel, fetter.
**trabajador, ra** *adj* working; • *m/f* worker.
**trabajar** *vt* to work, to labor; to persuade; to push; • *vi* to strive.
**trabajo** *m* work, labor, toil; difficulty; **~s** *pl* troubles.
**trabajoso, sa** *adj* laborious; painful.
**trabalenguas** *m invar* tongue twister.
**trabar** *vt* to join, to unite; to take hold of; to fetter, to shackle.
**trabucarse** *vi* to mistake.
**tracción** *f* traction; ~ **delantera/trasera** front-wheel/rear-wheel drive.
**tractor** *m* tractor.
**tradición** *f* tradition.
**traducción** *f* version, translation.
**traducir** *vt* to translate.
**traductor** *m* translator.
**traer** *vt* to bring, to carry, to attract; to persuade; to wear; to cause.
**traficante** *m* merchant, dealer.
**traficar** *vt* to trade, to do business, to deal (in).
**tráfico** *m* traffic, trade.
**tragaldabas** *m/f invar* glutton.
**tragaluz** *m* skylight.
**tragaperras** *m o f invar* slot machine.
**tragar** *vt* to swallow; to swallow up.
**tragedia** *f* tragedy.
**trágico, ca** *adj* tragic.
**trago** *m* drink; gulp; ~ **amargo** adversity, misfortune.
**tragón, ona** *adj* gluttonous.
**traición** *f* treason.
**traicionar** *vt* to betray.
**traicionero, ra** *adj* treacherous.
**traidor** *m* traitor; ~, **ra** *adj* treacherous.
**traje** *m* suit; dress; costume.
**trajín** *m* haulage; (*fam*) bustle.
**trajinar** *vt* to carry; • *vi* to bustle about; to travel around.
**trama** *f* plot; woof.
**tramar** *vt* to weave; to plot.

**tramitar** *vt* to transact; to negotiate; to handle.
**trámite** *m* path; (*jur*) procedure.
**tramo** *m* section; piece of ground; flight of stairs.
**tramoya** *f* scene, theatrical decoration; trick.
**tramoyista** *m* scene-painter; swindler.
**trampa** *f* trap, snare; trapdoor; fraud.
**trampear** *vi, vt* to swindle, to deceive.
**trampolín** *m* trampoline; diving board.
**tramposo, sa** *adj* deceitful, swindling.
**tranca** *f* bar, crossbeam.
**trance** *m* danger; last stage of life; trance.
**tranco** *m* long step *or* stride.
**tranquilidad** *f* tranquility; repose, heart's ease.
**tranquilizar** *vt* to calm; to reassure.
**tranquilo, la** *adj* tranquil, calm, quiet.
**transacción** *f* transaction.
**transbordador** *m* ferry.
**transbordar** *vt* to transfer.
**transbordo** *m* transfer; **hacer ~** to change (trains).
**transcribir** *vt* to transcribe, to copy.
**transcurrir** *vi* to pass; to turn out.
**transcurso** *m* course, passage (of the time); **~ del tiempo** course of time.
**transeúnte** *adj* transitory; • *m* passer-by.
**transferencia** *f* transference; (*com*) transfer.
**transferir** *vt* to transfer; to defer.
**transfiguración** *f* transformation, transfiguration.
**transformación** *f* transformation.
**transformador** *m* transformer.
**transformar** *vt* to transform; • **~se** *vi* to change one's sentiments *or* manners.
**tránsfuga, tránsfugo** *m* deserter, fugitive.
**transfusión** *f* transfusion.
**transgresión** *f* transgression.
**transgresor** *m* transgressor.
**transición** *f* transition.
**transido, da** *adj* worn out with anguish; overcome.
**transigir** *vi* to compromise.
**transistor** *m* transistor.
**transitar** *vi* to travel, to pass by a place.
**transitivo, va** *adj* transitive.
**tránsito** *m* passage; transition; road, way; change, removal; death of holy *or* virtuous persons.
**transitorio, ria** *adj* transitory.
**transmisión** *f* transmission; transfer; broadcast.
**transmitir** *vt* to transmit; to broadcast.
**transmutación** *f* transmutation.
**transmutar** *vt* to transmute.
**transparencia** *f* transparency; clearness; slide.
**transparentarse** *vi* to be transparent; to shine through.
**transparente** *adj* transparent.
**transpiración** *f* perspiration; transpiration.
**transpirar** *vt* to perspire; to transpire.
**transportar** *vt* to transport, to convey.
**transporte** *m* transportation.
**transposición** *f* transposition.

**transversal** *adj* transverse; collateral.
**tranvía** *m* tram, trolley car.
**trapacería** *f* fraud, deceit.
**trapacero, ra** *adj* deceitful.
**trapecio** *m* trapeze.
**trapecista** *m/f* trapeze artist.
**trapero, ra** *m/f* dealer in rags.
**trapicheo** *m* (*fam*) fiddle.
**trapo** *m* rag, tatter.
**tráquea** *f* windpipe.
**traqueteo** *m* rattling.
**tras** *prep* after, behind.
**trascendencia** *f* transcendence; penetration.
**trascendental** *adj* transcendental.
**trascender** *vt* to come out; to go beyond; to rise above.
**trasegar** *vt* to move about; to decant.
**trasero, ra** *adj* back; • *m* bottom.
**trasfondo** *m* background.
**trasgredir** *vt* to contravene.
**trashumante** *adj* migrating.
**trasiego** *m* removal; decanting of liquors.
**trasladar** *vt* to transport; to transfer; to postpone; to transcribe, to copy; • **~se** *vi* to move.
**traslado** *m* move; removal.
**traslucirse** *vi* to be transparent; to conjecture.
**trasluz** *m* reflected light.
**trasnochar** *vi* to watch, to sit up the whole night.
**traspaperlarse** *vi* to get mislaid among other papers.
**traspasar** *vt* to remove, to transport; to transfix, to pierce; to return; to exceed the proper bounds; to trespass; to transfer.
**traspaso** *m* transfer, sale.
**traspié** *m* trip; slip, stumble.
**trasplantar** *vt* to transplant.
**trasplante** *m* transplant.
**trasquilar** *vt* to shear sheep; to clip.
**trasquilón** *m* cut of the shears; hair badly cut.
**traste** *m* fret of a guitar; **dar al ~ con algo** to ruin something.
**trastear** *vt* to move furniture.
**trastero** *m* lumber room.
**trastienda** *f* back room behind a shop.
**trasto** *m* piece of junk; useless person.
**trastornado, da** *adj* crazy.
**trastornar** *vt* to overthrow, to overturn; to confuse; • **~se** *vi* to go crazy.
**trastorno** *m* overturning; confusion.
**trastrocar** *vt* to invert the order of things.
**tratable** *adj* friendly.
**tratado** *m* treaty, convention; treatise.
**tratamiento** *m* treatment; style of address.
**tratante** *m* dealer.
**tratar** *vt* to traffic, to trade; to use; to treat; to handle; to address; • **~se** *vi* to treat each other.
**trato** *m* treatment; manner, address; trade, traffic; conversation; (*com*) agreement.
**trauma** *m* trauma.
**través** *m* (*fig*) reverse; **de** *o* **al ~** across, crossways; **a ~ de** *prep* across; over; through.
**travesaño** *m* crosstimber; transom.
**travesía** *f* crossing; cross-street; trajectory; (*mar*) side wind.
**travesura** *f* wit; wickedness.
**travieso, sa** *adj* restless, uneasy, fidgety; turbulent; lively; naughty.

**trayecto** *m* road; journey, stretch; course.
**trayectoria** *f* trajectory; path.
**traza** *f* first sketch; trace, outline; project; manner; means; appearance.
**trazar** *vt* to plan out; to project; to trace.
**trazo** *m* sketch, plan, design.
**trébedes** *fpl* trivet, tripod.
**trébol** *m* trefoil, clover.
**trece** *adj, m* thirteen.
**trecho** *m* space, distance of time *or* place; **a ~s** at intervals.
**tregua** *f* truce, cessation of hostilities.
**treinta** *adj, m* thirty.
**tremendo, da** *adj* terrible, formidable; awful, grand.
**tremolar** *vt* to hoist the colors; to wave.
**trémulo, la** *adj* tremulous, trembling.
**tren** *m* train, retinue; show, ostentation; (*ferro*) train; ~ **de gran velocidad** fast *or* express train; ~ **de mercancías** freight train, luggage-train.
**trenza** *f* braided hair, plaited silk.
**trenzar** *vt* to braid.
**trepar** *vi* to climb, to crawl.
**tres** *adj, m* three.
**tresillo** *m* three-piece suite; (*mus*) triplet.
**treta** *f* thrust in fencing; trick.
**triangular** *adj* triangular.
**triángulo** *m* triangle.
**tribu** *f* tribe.
**tribulación** *f* tribulation, affliction.
**tribuna** *f* tribune.
**tribunal** *m* tribunal, court of justice.
**tributar** *vt* to pay; to contribute to; to pay homage and respect.
**tributario, ria** *adj* tributary.
**tributo** *m* tribute.
**tricolor** *adj* tricolored.
**tricotar** *vi* to knit.
**tridente** *m* trident.
**trienal** *adj* triennial.
**trienio** *m* space of three years.
**trigal** *m* wheat field.
**trigésimo, ma** *adj, m* thirtieth.
**trigo** *m* wheat.
**trigueño, ña** *adj* corn-colored; olive-skinned.
**trillado, da** *adj* beaten; trite, stale, hackneyed; **camino** ~ common routine.
**trilladora** *f* threshing machine.
**trillar** *vt* to thresh.
**trimestral** *adj* quarterly; termly.
**trimestre** *m* space of three months.
**trinar** *vi* to trill, to quaver; to be angry.
**trincar** *vt* to tie up; to to break into small pieces.
**trinchante** *m* carver; carving knife.
**trinchar** *vt* to carve, to divide meat.
**trinchera** *f* trench, entrenchment.
**trineo** *m* sledge.
**Trinidad** *f* Trinity.
**trino** *m* trill.
**trío** *m* (*mus*) trio.
**tripa** *f* gut, tripe, intestine; **hacer de ~s corazón** to pluck up courage.
**triple** *adj* triple, treble.
**triplicar** *vt* to treble.
**trípode** *m* tripod, trivet.
**tripulación** *f* crew.
**tripulante** *m/f* crewman/woman.
**tripular** *vt* to man; to drive.
**triquiñuela** *f* trick.
**triquitraque** *m* clack, clatter, clashing.

**tris** *m invar* moment, instant; **estar en un ~ de** to be on the point of.
**triste** *adj* sad, mournful, melancholy; **el caballero de la ~ figura** the knight of the sad countenance (Don Quixote).
**tristeza** *f* sadness, mourning.
**trituración** *f* pulverization.
**triturar** *vt* to reduce to powder, to grind, to pound.
**triunfal** *adj* triumphal.
**triunfar** *vi* to triumph; to trump at cards.
**triunfo** *m* triumph; trump (at cards).
**trivial** *adj* frequented, beaten; vulgar, trivial.
**trivialidad** *f* vulgarity.
**triza** *f* fragment; **hacer ~s** to smash to bits; to tear to shreds.
**trocar** *vt* to exchange.
**trocha** *f* short cut.
**troche y moche** *adv* helter-skelter.
**trofeo** *m* trophy.
**tromba** *f* whirlwind.
**trombón** *m* trombone.
**trombosis** *f invar* thrombosis.
**trompa** *f* trompe; proboscis; large top.
**trompazo** *m* heavy blow; accident.
**trompeta** *f* trumpet; • *m* trumpeter.
**trompetilla** *f* small trumpet; speaking-trumpet.
**trompicón** *m* stumble.
**trompo** *m* spinning top.
**tronar** *vi* to thunder; to rage.
**troncar** *vt* to truncate, to mutilate.
**tronco** *m* trunk; log of wood; stock.
**tronchar** *vt* to cut off; to shatter; to tire out.
**troncho** *m* sprig, stem *or* stalk.
**tronera** *m* loophole; small window; pocket of a billiard table.
**trono** *m* throne.
**tropa** *f* troop.
**tropel** *m* confused noise; hurry, bustle, confusion, heap of things; crowd; **en ~** in a tumultuous and confused manner.
**tropelía** *f* outrage.
**tropezar** *vi* to stumble; to meet accidentally.
**tropezón, ona** *adj* stumbling; **a ~ones** impeded and obstructed; • *m* trip.
**tropical** *adj* tropical.
**trópico** *m* tropic.
**tropiezo** *m* stumble, trip; obstacle; slip, fault; quarrel; dispute.
**trotamundos** *m invar* globetrotter.
**trotar** *vi* to trot.
**trote** *m* trot; traveling.
**trovador, ra** *m/f* troubadour.
**trozo** *m* piece.
**truco** *m* knack; trick.
**trucha** *f* trout; **no se pescan ~s en bragas enjutas** you won't get what you want by sitting on your behind.
**trueno** *m* thunderclap.
**trueque** *m* exchange.
**trufa** *f* truffle.
**truhán** *adj* rogue.
**truncado, da** *adj* truncated.
**truncamiento** *m* truncation.
**truncar** *vt* to truncate, to maim.
**tu** *adj* your.
**tú** *pn* you.
**tubérculo** *m* tuber.
**tuberculosis** *f* tuberculosis.
**tubería** *f* pipe; pipeline.
**tubo** *m* tube.
**tuerca** *f* screw.
**tuerto, ta** *adj* one-eyed; squint-eyed; • *m/f* one-eyed person.
**tuétano** *m* marrow.
**tufarada** *f* strong scent *or* smell.

**tufo** *m* warm vapor arising from the earth; offensive smell.
**tugurio** *m* slum.
**tul** *m* tulle.
**tulipán** *m* tulip.
**tullido, da** *adj* crippled, maimed.
**tumba** *f* tomb.
**tumbar** *vt* to knock down; • *vi* to tumble (to fall down); to lie down to sleep.
**tumbo** *m* fall; jolt, **dar ~s** to sway, stragger.
**tumefacción** *f* tumefaction.
**tumbona** *f* easy chair; beach chair.
**tumor** *m* tumor, growth.
**túmulo** *m* tomb, sepulchral monument.
**tumulto** *m* tumult, uproar.
**tumultuoso, sa** *adj* tumultuous.
**tuna** *f* student music group.
**tunda** *f* beating.
**túnel** *m* tunnel.
**túnica** *f* tunic.
**tuno** *m* rogue.
**tupé** *m* toupée.
**tupido, da** *adj* dense.
**tupir** *vt* to press close; • **~se** *vi* to stuff oneself with eating and drinking.
**turbación** *f* perturbation, confusion, trouble, disorder.
**turbado, da** *adj* disturbed.
**turbante** *m* turban.
**turbar** *vt* to disturb, to trouble; • **~se** *vi* to be disturbed.
**turbina** *f* turbine.
**turbio, bia** *adj* muddy, troubled.
**turbulencia** *f* turbulence, disturbance.
**turbulento, ta** *adj* muddy; turbulent.
**turgencia** *f* swelliing, tumefaction.
**turismo** *m* tourism.
**turista** *m/f* tourist.
**turístico, ca** *adj* tourist.
**turnar** *vi* to alternate.
**turno** *m* turn; shift; opportunity; **guardar su ~** to wait one's turn; **~ de día** or **noche** day or night shift.
**turquesa** *f* turquoise.
**turrón** *m* nougat (almond cake).
**tutear** *vt* to address as 'tú'.
**tutela** *f* guardianship, tutelage.
**tutelar** *adj* tutelary, protective.
**tutor** *m* guardian, tutor.
**tutoría** *f* tutelage.
**tuyo, ya** *adj* yours; **~s** *pl* friends and relations of the party addressed.

# U

**u** *conj* or (instead of *o* before an *o* or *ho*).
**ubicación** *f* location, situation, position.
**ubicar** *vt* to place; • **~se** *vi* to be located.
**ubre** *f* udder.
**Uds.** (*pl.*) *abbrev, of* **ustedes,** you (used formally).
**ufanarse** *vi* to boast.
**ufano, na** *adj* haughty, arrogant.
**ujier** *m* usher.
**úlcera** *f* ulcer.
**ulcerar** *vi* to ulcerate.
**ulterior** *adj* ulterior, farther, further.
**últimamente** *adv* lately.
**ultimar** *vt* to finalize; to finish.
**ultimátum** *m* ultimatum.
**último, ma** *adj* last; latest; bottom; top.
**ultrajador** *adj* outraging.
**ultrajar** *vt* to outrage; to despise; to abuse.
**ultraje** *m* outrage.
**ultramar** *adj, m* overseas.
**ultramarinos** *mpl* groceries.
**ultranza a ~,** to the death; resolutely.
**ultrasónico, ca** *adj* ultrasonic.
**ulular** *vt* to ululate, hoot.
**umbilical** *adj* umbilical.
**umbral** *m* threshold.
**un, una** *art* a, an; • *adj, m* one (*numeral*).
**unánime** *adj* unanimous.
**unanimidad** *f* unanimity.
**unción** *f* unction; extreme *or* last unction.
**ungir** *vt* to anoint.
**ungüento** *m* ointment.
**únicamente** *adv* only, simply.
**único, ca** *adj* only; singular, unique.
**unicornio** *m* unicorn.
**unidad** *f* unity; unit; conformity, union.
**unificar** *vt* to unite.
**uniformar** *vt* to make uniform.
**uniforme** *adj* uniform; • *m* (*mil*) uniform, regimentals *pl.*
**uniformidad** *f* uniformity.
**unilateral** *adj* unilateral.
**unión** *f* union.
**unír** *vt* to join, to unite; to mingle, to bind, to tie; • **~se** *vi* to associate.
**unísono, na** *adj* unison.
**unitario** *adj* unitary, unifiel.
**universal** *adj* universal.
**universidad** *f* universality; university.
**universitario, ria** *adj* university; • *m/f* student.
**universo** *m* universe.
**uno** *m* one; **~, na** *adj* one; sole, only; **~ a otro** one another; **~ a ~** one by one; **a una** jointly together.
**untar** *vt* to anoint; to grease; (*fam*) to bribe; **~ la mano a alguien** to grase someone's palm.
**uña** *f* nail; hoof; claw, talon; pointed hook of instruments; **enseñar** or **mostrar las ~s** to show one's bad temper or intentions; **ser carne y ~** to be bosom friends; **~ encarnada** ingrown nail.
**¡upa!** up! up!
**urbanidad** *f* urbanity, politeness.

**urbanista** *adj* urbanistic, city planning

**urbanismo** *m* town planning.

**urbanización** *f* housing development.

**urbano, na** *adj* urban.

**urbe** *f* large city, metropolis.

**urdimbre** *f* warp; intrigue.

**urdir** *vt* to warp; to contrive.

**urgencia** *f* urgency; emergency; need, necessity.

**urgente** *adj* urgent.

**urgentemente** *adv* urgently.

**urgir** *vi* to be urgent.

**urinario, ria** *adj* urinary; • *m* urinal.

**urna** *f* urn; ballot box.

**urraca** *f* magpie.

**usado, da** *adj* used; experienced; worn.

**usanza** *f* usage, use, custom.

**usar** *vt* to use, to make use of; to wear; ~**se** *vi* to be used.

**uso** *m* use, service; custom; mode; **hacer ~ de la palabra** to speak (to an assembly).

**usted** *pn* you.

**usuario** *m* user.

**usufructo** *m* (*jur*) usufruct, use.

**usura** *f* usury.

**usurario, ria** *adj* usurious.

**usurero** *m* usurer.

**usurpación** *f* usurpation.

**usurpar** *vt* to usurp.

**utensilio** *m* utensil.

**uterino, na** *adj* uterine.

**útero** *m* uterus, womb.

**útil** *adj* useful, profitable; • *m* utility.

**utilidad** *f* utility.

**utilizar** *vt* to use; to make useful.

**utopía** *f* Utopia.

**utópico, ca** Utopian.

**uva** *f* grape.

# V

**vaca** *f* cow; beef.
**vacaciones** *fpl* vacation; *pl* holidays; **estar de ~** to be on holiday or vacation.
**vacante** *adj* vacant; • *f* vacancy.
**vaciar** *vt* to empty, to clear; to mold; • *vi* to fall, to decrease (of waters); to empty.
**vacilación** *f* hesitation; irresolution.
**vacilar** *vi* to hesitate; to falter; to fail.
**vaciedad** *f* nonsense, remark.
**vacilante** *adj* vacillating, irresolute.
**vacío, cia** *adj* void, empty; unoccupied; concave; vain; presumptuous; • *m* vacuum; emptiness.
**vacuna** *f* vaccine.
**vacunar** *vt* to vaccinate.
**vacuno, na** *adj* bovine, cow.
**vadear** *vt* to wade, to ford.
**vademécum** *m* vade mecum, handbook, manual.
**vado** *m* ford of a river
**vagabundo, da** *adj* wandering; • *m* bum.
**vagamente** *adv* vaguely.
**vagancia** *f* vagrancy.
**vagar** *vi* to rove *or* loiter about; to wander.
**vagido** *m* cry of a child; convulsive sob.
**vagina** *f* vagina.
**vago, ga** *adj* vagrant; restless; vague.
**vagón** *m* (*ferro*) wagon; carriage; **~ de mercancías** freight car.
**vaguear** *vi* to rove, to loiter; to wander.
**vahido** *m* vertigo, giddiness.
**vaho** *m* steam, vapor.
**vaina** *f* scabbard of a sword; pod, husk.
**vainilla** *f* (*bot*) vanilla.
**vaivén** *m* fluctuation, instability; giddiness.
**vajilla** *f* crockery.
**vale** *m* farewell; promissory note, I.O.U.
**valedero, ra** *adj* valid, efficacious, binding.
**valentía** *f* valor, courage.
**valentón** *m* braggart.
**valentonada** *f* brag, boast.
**valer** *vi* to be valuable, to be deserving; to cost; to be valid; to be worth; to produce; to be equivalent to; to be current; • *vt* to protect, to favor; to employ, to make use of; to have recourse to; **¡válgame Dios!** goodness gracious; **hacer ~** to get recognized; **valerse por sí mismo** to look after or fend for oneself.
**valeroso, sa** *adj* valiant, brave; strong, powerful.
**valía** *f* valuation; worth.
**validar** *vt* to validate.
**validez** *f* validity, stability.
**válido, da** *adj* valid.
**valiente** *adj* robust, vigorous; valiant, brave; boasting.
**valija** *f* suitcase.
**valioso, sa** *adj* valuable.
**valor** *m* value, price; validity; force; power; courage; valor.
**valoración** *f* valuation.
**valorar** *vt* to value; to evaluate.
**valuación** *f* valuation.
**vals** *m invar* waltz.
**válvula** *f* valve.

**valla** *f* fence; hurdle; barricade.
**vallar** *vt* to fence in.
**valle** *m* valley.
**vamos** *1st pers. pl. pres. ind. and imper. of* **ir** *inter.* well! go on!
**vampiro** *m* vampire.
**vanagloriarse** *vi* to boast.
**vandalismo** *m* vandalism.
**vándalo, la** *m, adj* vandal.
**vanguardia** *f* vanguard.
**vanidad** *f* vanity; ostentation.
**vanidoso, sa** *adj* vain, showy; haughty, self-conceited.
**vano, na** *adj* vain; useless, frivolous; arrogant; futile; **en** ~ in vain.
**vapor** *m* vapor, steam; breath.
**vaporizador** *m* atomizer.
**vaporizar** *vt* to vaporize.
**vaporoso, sa** *adj* vaporous.
**vapular** *vt* to whip, to flog.
**vaquerizo, za** *adj* cattle; • *m* cow-herd.
**vaquero** *m* cow-herd; ~, **ra** *adj* belonging to cowman; ~**s** *mpl* jeans.
**vara** *f* rod; pole, staff; stick.
**variable** *adj* variable, changeable.
**variación** *f* variation.
**variado, da** *adj* varied; variegated.
**variar** *vt* to vary; to modify; to change; • *vi* to vary.
**varices** *fpl* varicose veins.
**variedad** *f* variety; inconstancy.
**varilla** *f* small rod; curtain-rod; spindle, pivot.
**vario, ria** *adj* varied, different; vague; variegated; ~**s** *pl* some; several.
**varón** *m* man, male.
**varonil** *adj* male, masculine; manful.
**vasco, ca** *adj, m/f* Basque.
**vascuence** *m* Basque.
**vaselina** *f* Vaseline.
**vasija** *f* vessel.
**vaso** *m* glass; vessel; vase.
**vástago** *m* bud, shoot; offspring.
**vastedad** *f* vastness, immensity.
**vasto, ta** *adj* vast, huge.
**vaticinar** *vt* to divine, to foretell.
**vaticinio** *m* prophecy.
**vatio** *m* watt.
**vecindad** *f* inhabitants of a place; neighborhood.
**vecindario** *m* number of inhabitants of a place; neighborhood.
**vecino, na** *adj* neighboring; near; • *m* neighbor, inhabitant.
**veda** *f* prohibition.
**vedar** *vt* to prohibit, to forbid; to impede.
**vegetación** *f* vegetation.
**vegetal** *adj* vegetable.
**vegetar** *vi* to vegetate.
**vegetariano, na** *adj* vegetarian.
**vehemencia** *f* vehemence, force.
**vehemente** *adj* vehement, violent.
**vehículo** *m* vehicle.
**veinte** *adj, m* twenty.
**veintena** *f* twentieth part; score.
**vejación** *f* vexation; embarrassment.
**vejar** *vt* to vex; to humiliate.
**vejestorio** *m* old man.
**vejez** *f* old age.
**vejiga** *f* bladder.
**vela** *f* watch; watchfulness; night-guard; candle; sail; **hacerse a la** ~ to set sail.
**velado, da** *adj* veiled; blurred; • *f* soirée.
**velador** *m* watchman; careful observer; candlestick; pedestal table.
**velar** *vi* to stay awake; to be attentive; • *vt* to guard, to watch.
**veleidad** *f* feeble will; inconstancy.
**velero, ra** *adj* swift sailing.

**veleta** *f* weather cock.
**velo** *m* veil; pretext.
**velocidad** *f* speed; velocity.
**velocímetro** *m* speedometer.
**velozmente** *adj* (*adv*) swift(ly), fast.
**vello** *m* down; gossamer; short downy hair.
**vellón** *m* fleece.
**velludo, da** *adj* shaggy, wooly.
**vena** *f* vein, blood vessel.
**venado** *m* deer; venison.
**vencedor, ra** *m/f* conqueror, victor, winner.
**vencer** *vt* to defeat; to conquer, to vanquish; • *vi* to win; to expire.
**vencido, da** *adj* defeated; due.
**vencimiento** *m* victory; maturity.
**vendal** *f* bandage.
**vendaja** *m* bandage, dressing of wounds.
**vendar** *vt* to bandage; to hoodwink.
**vendaval** *m* gale.
**vendedor, ra** *m/f* seller.
**vender** *vt* to sell.
**vendimia** *f* grape harvest; vintage.
**vendimiador, ra** *m/f* vintager.
**vendimiar** *vt* to harvest; to gather the vintage.
**veneno** *m* poison, venom.
**venenoso, sa** *adj* venomous, poisonous.
**venerable** *adj* venerable.
**veneración** *f* veneration, worship.
**venerar** *vt* to venerate, to worship.
**venéreo, rea** *adj* venereal.
**venganza** *f* revenge, vengeance.
**vengar** *vt* to revenge, to avenge; • **~se** *vi* to take revenge.
**vengativo, va** *adj* revengeful.
**venia** *f* pardon; leave, permission; bow.
**venial** *adj* venial.
**venida** *f* arrival; return; overflow of a river.
**venidero, ra** *adj* future; **~s** *mpl* posterity.
**venir** *vi* to come, to arrive; to follow, to succeed; to happen; to spring from; to ferment.
**venta** *f* sale.
**ventaja** *f* advantage.
**ventajoso, sa** *adj* advantageous.
**ventana** *f* window; window-shutter; nostril; **echar la casa por la ~** to blow one's money on a party.
**ventanilla** *f* window.
**ventarrón** *m* violent wind.
**ventear** *vt* to sniff, scent.
**ventilación** *f* ventilation; draft.
**ventilar** *vt* to ventilate; to fan; to discuss.
**ventisca** *f*, blizzard, snowstorm.
**ventiscar** *vi* to drift, to lie in drifts (snow).
**ventisco** *m* snowstorm.
**ventisquero** *m* snowdrift; **~s** *pl* glaciers.
**ventolera** *f* gust; pride, loftiness.
**ventosidad** *f* flatulence.
**ventoso, sa** *adj* windy; flatulent.
**ventrículo** *m* ventricle.
**ventrílocuo** *m* ventriloquist.
**ventura** *f* happiness; luck, chance, fortune; **por ~** by chance.
**venturoso, sa** *adj* lucky, fortunate, happy.
**Venus** *f* evening star.
**ver** *vt* to see, to look at; to observe; to visit; • *vi* to understand; to see; to be seen; to be conspicuous; to find oneself; to have a bone to pick with someone; • *m* sense of sight; appearance; **no tener nada que ~ con** to have nothing to do

with; **vérselas negras** to find oneself in a jam.
**vera** *f* edge; bank.
**veracidad** *f* truth; veracity.
**veranear** *vi* to spend the summer vacation.
**veraneo** *m* summer holiday.
**veraniego, ga** *adj* summer.
**verano** *m* summer.
**veras** *fpl* truth, sincerity; **de ~** in truth, really.
**veraz** *adj* truthful.
**verbal** *adj* verbal, oral.
**verbena** *f* fair; dance.
**verbo** *m* word, term; (*gr*) verb.
**verbosidad** *f* verbosity.
**verdad** *f* truth, veracity, reality, reliability; **a decir ~** to tell the truth; **~es como puños** obious.
**verdaderamente** *adv* truly, in fact.
**verdadero, ra** *adj* true, real; sincere.
**verde** *m, adj* green.
**verdear, verdecer** *vi* to turn green.
**verdín** *m* bright green; verdure.
**verdor** *m* greenness; verdure; youth.
**verdoso, sa** *adj* greenish.
**verdugo** *m* hangman; very cruel person.
**verdulero, ra** *m/f* greengrocer.
**verdura** *f* verdure; vegetables, greens; vigor.
**vereda** *f* path; sidewalk; **hacer entrar por ~** to bring the reason.
**veredicto** *m* verdict.
**verga** *f* penis, steel bow.
**vergel** *m* orchard.
**vergonzoso, sa** *adj* bashful, shamefaced.
**vergüenza** *f* shame; bashfulness; confusion; **no tener ~** to be shameless; **¡qué ~!** how shameful!
**vericueto** *m* rough road.
**verídico, ca** *adj* truthful.
**verificación** *f* verification.
**verificar** *vt* to check; to verify; • **~se** *vi* to happen.
**verisímil** *adj* probable.
**verja** *f* grate, lattice.
**vermut** *m* vermouth.
**vernáculo** *adj* vernacular.
**verosímil** *adj* likely; credible.
**verosimilitud** *f* likeliness; credibility.
**verraco** *m* boar.
**verruga** *f* wart, pimple.
**versado, da** *adj* versed.
**versátil** *adj* versatile.
**versículo** *m* verse of a chapter.
**versificar** *vt* to versify.
**versión** *f* translation, version.
**verso** *m* verse.
**vértebra** *f* vertebra.
**vertedero** *m* sewer, drain; tip.
**verter** *vt* to pour; to spill; to empty; • *vi* to flow.
**vertical** *adj* vertical.
**vértice** *m* vertex, zenith; crown of the head.
**vertiente** *f* slope; waterfall, cascade.
**vertiginoso, sa** *adj* giddy.
**vértigo** *m* giddiness, vertigo.
**vesícula** *f* blister.
**vespertino, na** *adj* evening.
**vestíbulo** *m* vestibule, lobby; foyer.
**vestido** *m* dress, clothes *pl.*
**vestidura** *f* dress; clothing.
**vestigio** *m* vestige, footstep; trace.
**vestimenta** *f* clothing.
**vestir** *vt* to put on; to wear; to dress; to adorn; to cloak, to disguise; • *vi* to dress; to get dressed; **quedarse para ~ santos** to remain a spinster or old maid.
**vestuario** *m* clothes; uniform; vestry; locker room.

**veta** *f* vein (in mines, wood, *etc*); streak; grain.
**vetado, da** *adj* striped, veined.
**vetar** *vt* to veto.
**veteado** *adj* grained, striped.
**vetear** *vt* to grain.
**veterano, na** *adj* experienced, long practiced; • *m* veteran, old soldier.
**veterinario, ria** *m/f* vet; • *f* veterinary science.
**veto** *m* veto.
**vez** *f* time, turn, return; **cada** ~ each time; **una** ~ once; **a veces** sometimes, by turns.
**vía** *f* way, road, route; mode, manner, method; (*ferro*) railroad, line; **estar en ~s de** be in process.
**viabilidad** *f* viability, practicableness.
**viable** *adj* capable of living
**viajante** *m* sales representative.
**viajar** *vi* to travel.
**viaje** *m* journey, voyage, travel; **¡buen ~ !** have a good trip; ~ **redondo** or **de ida y vuelta** round trip.
**viajero** *m* traveler.
**vial** *adj* road.
**vialidad** *f* road or highway system or service.
**vianda** *f* food, viand.
**viático** *m* viaticum; travel allowance.
**víbora** *f* viper.
**vibración** *f* vibration.
**vibrador** *m* vibrator.
**vibrante** *adj* vibrant.
**vibrar** *vt, vi* to vibrate.
**vicaría** *f* vicarage.
**vicealmirante** *m* vice-admiral.
**viceconsulado** *m* vice-consulate.
**vicepresidente** *m/f* vice-president.
**viciar** *vt* to vitiate, to corrupt; to annul; to deprave.
**vicio** *m* vice; **tener el ~ de** to have the habit of.
**vicioso, sa** *adj* vicious; depraved.
**vicisitud** *f* vicissitude.
**víctima** *f* victim; sacrifice.
**victoria** *f* victory.
**victorioso** *adj* victorious.
**vicuña** *m* vicuna.
**vid** *f* (*bot*) vine.
**vida** *f* life; **buena** ~ easy life; **en mi (tu, su)** ~ never; **en** ~ in or during one's lifetime; **pasar a mejor** ~ to die.
**video** *m* video.
**vidriado** *m* glazed earthenware, crockery.
**vidriar** *vt* to glaze.
**vidriera** *f* stained-glass window; shop window.
**vidriero** *m* glazier.
**vidrio** *m* glass; **pagar los ~s rotos** to get the blame.
**vidrioso, sa** *adj* glassy, brittle; slippery; very delicate.
**vieira** *f* scallop.
**viejo, ja** *adj* old; ancient, antiquated.
**viento** *m* wind; air.
**vientre** *m* belly.
**viernes** *m* Friday; **V ~ Santo** Good Friday.
**viga** *f* beam; girder.
**vigencia** *f* validity.
**vigente** *adj* in force.
**vigésimo, ma** *adj, m* twentieth.
**vigía** *f* (*mar*) lookout; • *m* watchman.
**vigilancia** *f* vigilance, watchfulness.
**vigilante** *adj* watchful, vigilant.
**vigilar** *vt* to watch over; • *vi* to keep watch.
**vigilia** *f* vigil; watch.

**vigor** *m* vigor, strength; **poner en ~** to put into force or effect.
**vigoroso, sa** *adj* vigorous.
**vil** *adj* mean, sordid, low; worthless; infamous; ungrateful.
**vileza** *f* meanness, lowness.
**vilipendiar** *vt* to despise, to revile.
**vilmente** *adv* vilely, basely.
**vilo, en** ~ *fig* in the air; in suspense.
**villa** *f* villa; small town.
**villancico** *m* Christmas carol.
**villano, na** *adj* rustic, clownish; villainous; • *m* villain; rustic.
**villorio** *m* miserable little hamlet; shanty town.
**vinagre** *m* vinegar.
**vinagrera** *f* vinegar cruet.
**vinagreta** *f* vinaigrette.
**vinculación** *f* link; linking.
**vincular** *vt* to link.
**vínculo** *m* tie, link, chain; entail.
**vindicación** *f* revenge.
**vindicar** *vt* to revenge.
**vindicativo, va** *adj* vindictive.
**vinicultura** *f* wine growing.
**vino** *m* wine; ~ **tinto** red wine.
**viña** *f* vineyard.
**viñedo** *m* vineyard.
**viñeta** *f* vignette.
**viola** *f* viola.
**violación** *f* violation; rape.
**violado, da** *adj* violet-colored; violated.
**violador, ra** *m/f* rapist; violator.
**violar** *vt* to rape; to violate; to profane.
**violencia** *f* violence.
**violentar** *vt* to force.
**violento, ta** *adj* violent, forced; absurd.
**violeta** *f* violet.
**violín** *m* violin, fiddle.
**violinista** *m* violinist.
**violón** *m* double bass.
**violoncelo** *m* violoncello.
**viperino, na** *adj* viperine; venomous.
**viraje** *m* turn; bend.
**virar** *vi* to swerve.
**virgen** *m/f* virgin.
**virginidad** *f* virginity, maidenhood.
**Virgo** *f* Virgo (sign of the zodiac).
**viril** *adj* virile, manly.
**virilidad** *f* virility, manhood.
**virrey** *m* viceroy.
**virtual** *adj* virtual.
**virtud** *f* virtue; **en ~ de** by or in virtue of; **tener la ~ de** to have the power of.
**virtuoso, sa** *adj* virtuous.
**viruela** *f* smallpox.
**virulencia** *f* virulence.
**virulento, ta** *adj* virulent.
**virus** *m invar* virus.
**visa** *f*, **visado** *m* visa.
**viscosidad** *f* viscosity.
**viscoso, sa** *adj* viscous, glutinous.
**visera** *f* visor.
**visibilidad** *f* visibility.
**visible** *adj* visible; apparent.
**visillos** *mpl* lace curtains.
**visión** *f* sight, vision; fantasy.
**visionario, ria** *adj* visionary.
**visita** *f* visit; visitor.
**visitar** *vt* to visit.
**vislumbrar** *vt* to catch a glimpse; to perceive indistinctly.
**visón** *m* mink.
**víspera** *f* eve; evening before; ~**s** *pl* vespers.
**vista** *f* sight, view; vision; eye; (eye)sight; appearance; looks; prospect; intention, purpose; (*jur*) trial; • *m* customs officer; **apartar la ~ de** to glance away from; **a simple ~** at a glance; **fijar la ~ en** to fix one's eyes on.

**vistazo** *m* glance.
**visto**: *irr. past. part. of* ~ **que** *conj* considering that.
**vistoso, sa** *adj* colorful, attractive, lively.
**visual** *adj* visual.
**vital** *adj* life *compd*; living *compd*; vital.
**vitalicio, cia** *adj* for life.
**vitalidad** *f* vitality.
**vitamina** *f* vitamin.
**viticultor, ra** *m/f* wine grower.
**viticultura** *f* wine growing.
**vitorear** *vt* to shout, to applaud.
**vítreo, trea** *adj* vitreous.
**vitriolo** *m* vitriol.
**vitrina** *f* showcase.
**vituperación** *f* condemnation; censure.
**vituperar** *vt* to condemn, to censure.
**vituperio** *m* condemnation, censure; insult.
**viuda** *f* widow.
**viudedad** *f* widowhood; widow's pension.
**viudez** *f* widowhood.
**viudo** *m* widower.
**vivacidad** *f* vivacity, liveliness.
**vivamente** *adv* in lively fashion.
**vivaracho, cha** *adj* lively, sprightly; bright.
**vivaz** *adj* lively.
**víveres** *mpl* provisions.
**vivero** *m* nursery (for plants); fish farm.
**viveza** *f* liveliness; sharpness (of mind).
**vividor, ra** *adj* (*pey*) sharp, clever; unscrupulous.
**vivienda** *f* housing; apartment.
**viviente** *adj* living.
**vivificar** *vt* to vivify, to enliven.
**vivíparo, ra** *adj* viviparous.
**vivir** *vt* to live through; to go through; • *vi* to live; to last; ~ **a lo grande** to live it up.
**vivo, va** *adj* living; lively; **al** ~ to the life; very realistically; **en** ~ alive; **los ~s y los muertos** the quick and the dead.
**vizconde** *m* viscount.
**vocablo** *m* word, term.
**vocabulario** *m* vocabulary.
**vocación** *f* vocation.
**vocacional** *adj* vocational.
**vocal** *f* vowel; • *m/f* member (of a committee); • *adj* vocal, oral.
**vocalista** *m* vocalist, singer.
**vocalizar** *vi* to vocalize.
**vocativo** *m* (*gr*) vocative.
**vocear** *vt* to cry, to shout to, to cheer, to shriek; • *vi* to yell.
**vocería** *f*, **vocerío** *m* shouting.
**vociferar** *vt* to shout; to proclaim in a loud voice; • *vi* to yell.
**vodka** *m or f* vodka.
**volador, ra** *adj* flying.
**volandas, en** ~ *adv* in the air; (*fig*) swiftly.
**volante** *adj* flying; • *m* (*auto*) steering wheel; note; pamphlet; shuttlecock.
**volar** *vi* to fly; to pass swiftly (of time); to rush, to hurry; • *vt* to blow up, to explode.
**volatería** *f* fowling; fowls *pl*.
**volátil** *adj* volatile; changeable.
**volatilizar** *vt* to volatilize, to vaporize.
**volcán** *m* volcano.
**volcánico** *adj* volcanic.
**volcar** *vt* to upset, to overturn; to make giddy; to empty out; to exasperate; • **~se** *vi* to tip over.
**voleíbol** *m* volleyball.

**voleo** *m* volley.
**volquete** *m* tipcart; dump truck.
**voltaje** *m* voltage.
**voltear** *vt* to turn over; to overturn; • *vi* to roll over, to tumble.
**voltereta** *f* tumble; somersault.
**voltio** *m* volt.
**voluble** *adj* unpredictable; fickle.
**volumen** *m* volume; size.
**voluminoso, sa** *adj* voluminous.
**voluntad** *f* will, willpower; wish, desire, **buena ~** good will, **de buena ~** willingly; **hágase tu ~** thy will be done; **~ de hierro** iron will.
**voluntario, ria** *adj* voluntary; • *m/f* volunteer.
**voluptuoso, sa** *adj* voluptuous.
**volver** *vt* to turn (over); to turn upside down; to turn inside out; • *vi* to return, to go back; to turn around.
**vomitar** *vt, vi* to vomit.
**vómito** *m* vomiting; vomit.
**vomitona** *f* violent vomiting.
**voracidad** *f* voracity.
**vorazmente** *adj*, (*adv*) voracious(ly).
**vórtice** *m* whirlpool.
**vos** *pn* you.
**vosotros, tras** *pn pl* you.
**votación** *f* voting; vote.
**votar** *vi* to vow; to vote.
**voto** *m* vow; vote; opinion, advice; swearword; curse; **~s** *pl* good wishes, **hacer ~s** to wish; **no tener voz ni ~** no to have to say in.
**voz** *f* voice; shout; rumor; word, term; **aclarar la ~** to clear one's throat; **a media ~** in a low voice.
**vozarrón** *m* zooming, booming voice.
**vuelco** *m* overturning; **darle a uno un ~ el corazón** to have a sudden jolt of shock or joy.
**vuelo** *m* flight; wing; projection of a building; ruffle, frill; **alzar el ~** to fly away; **a ~ de pájaro** from a bird's eye view; **cazar al ~** to catch in flight; **~ charter** charter flight.
**vuelta** *f* turn; circuit; return; row of stitches; cuff; change; bend, curve; reverse, other side; return journey; **a la ~** around the corner; **darle ~s a algo** to think about something over and over again.
**vuestro, tra** *adj* your; • *pn* yours.
**vulgar** *adj* vulgar, common.
**vulgaridad** *f* vulgar, common.
**vulgaridad** *f* vulgarity; commonness.
**vulgo** *m* common people, mob.
**vulnerable** *adj* vulnerable.

# W

**wafle** *m* waffle.
**waflera** *f* waffle iron.
**wáter** *m* toilet.
**whisky** *m* whisky.

# X

**xenófilo** *adj* xenophilous.
**xenofobia** *f* xenophobia.
**xerografía** *f* xerography.
**xilófono** *m* xylophone.
**xilógrafo** *m* xylographer, wood engraver.

# Y

**y** *conj* and.
**ya** *adv* already; now; immediately; at once; soon; • *conj* ~ **que** since, seeing that; **¡~!** of course!, sure!
**yacente** *adj* recumbent.
**yacer** *vi* to lie, to lie down; **aquí yace** here lies (inscription in tombstone).
**yacimiento** *m* deposit.
**yanqui** *m/f* Yankee.
**yate** *m* yacht, sailboat.
**yedra** *f* ivy.
**yegua** *f* mare.
**yema** *f* bud, leaf; yolk; ~ **del dedo** tip of the finger.
**yermo** *m* waste land, wilderness; **~, ma** *adj* waste; (*fig*) barren.
**yerno** *m* son-in-law.
**yerro** *m* error, mistake, fault.
**yerto, ta** *adj* stiff, inflexible; rigid.
**yesca** *f* tinder.
**yesero** *adj* plaster.
**yeso** *m* gypsum; plaster; ~ **mate** plaster of Paris.
**yo** *pn* I; ~ **mismo** I myself.
**yodo** *m* iodine.
**yogur** *m* yogurt.
**yugo** *m* yoke.
**yugular** *adj* jugular.
**yunque** *m* anvil.
**yunta** *f* yoke; **~s** *pl* couple, pair.
**yute** *m* jute.
**yuxtaponer** *vt* to juxtapose.
**yuxtaposición** *f* juxtaposition.

# Z

**zafar** *vt* to loosen, to untie; to lighten a ship; • **~se** *vi* to escape; to avoid; to free oneself from trouble; **~se de** to escape from.
**zafarrancho** *m* ravage, destruction.
**zafio, fia** *adj* uncouth, coarse.
**zafiro** *m* sapphire.
**zafra** *f* sugar crane crop.
**zaga** *f* rear; **a la ~** behind.
**zagal, la** *m/f* boy/girl.
**zaguán** *m* porch, hall.
**zaherir** *vt* to criticize; to upbraid.
**zahorí** *m* clairvoyant.
**zalamería** *f* flattery.
**zalamero, ra** *adj* flattering.
**zamarra** *f* sheepskin; sheepskin jacket.
**zambo, ba** *adj* knock-kneed.
**zambomba** *f* rural drum.
**zambullida** *f* plunge, dive; dipping, submersion.
**zambullirse** *vi* to plunge into water, to dive.
**zampar** *vt* to gobble down; to put away hurriedly; • **~se** *vi* to thrust oneself suddenly into any place; to crash, to hurtle.
**zanahoria** *f* carrot.
**zancada** *f* stride.
**zancadilla** *f* trip; trick.
**zanco** *m* stilt.
**zancudo, da** *adj* long-legged; • *m* mosquito.
**zángano** *m* drone; idler, slacker.
**zangolotear** *vt* to shake violently.
**zanja** *f* ditch, trench.
**zanjar** *vt* to dig ditches; (*fig*) to surmount; to resolve.
**zapador** *m* (*mil*) sapper.
**zapar** *vt, vi* to sap, to mine.
**zapata** *f* boot; ~ **de freno** (*auto*) brake shoe.
**zapatazo** *m* blow with a shoe.
**zapatear** *vt* to tap with the shoe; to beat time with the sole of the shoe.
**zapatería** *f* shoemaking; shoe shop; shoe factory.
**zapatero** *m* shoemaker; ~ **de viejo** cobbler.
**zapatilla** *f* slipper; pump(shoe); (*dep*) trainer, training shoe.
**zapato** *m* shoe.
**zar** *m* czar.
**zarandear** *vt* to shake vigorously.
**zarcillo** *m* earring; tendril.
**zarpa** *f* dirt on clothes; claw.
**zarpar** *vi* to weigh anchor.
**zarpazo** *m* thud.
**zarrapastroso, sa** *adj* shabby, rough-looking.
**zarza** *f* bramble.
**zarzal** *m* bramble patch.
**zarzamora** *f* blackberry.
**zarzuela** *f* Spanish light opera.
**zigzag** *adj* zigzag.
**zigzaguear** *vi* to zigzag.
**zinc** *m* zinc.
**zócalo** *m* plinth, base; baseboard.
**zodíaco** *m* zodiac.
**zona** *f* zone; area, belt.
**zoo** *m* zoo.
**zoología** *f* zoology.
**zoológico, ca** *adj* zoological.
**zoólogo, ga** *m/f* zoologist.
**zopenco, ca** *adj* dull, very stupid.
**zoquete** *m* block; crust of bread; (*fam*) blockhead.
**zorra** *f* fox; vixen; (*fam*) whore, tart (*sl*).

**zorro** *m* male fox; cunning person.
**zozobra** *f* (*mar*) capsizing; uneasiness, anxiety.
**zozobrar** *vt* (*mar*) to founder; to capsize; (*fig*) to fail; to be anxious.
**zueco** *m* wooden shoe; clog.
**zumba** *f* banter, teasing; beating.
**zumbar** *vt* to hit; • *vi* to buzz; • **~se** *vi* to hit each other.
**zumbido** *m* humming, buzzing sound.
**zumbón, ona** *adj* waggish, funny, teasing.
**zumo** *m* juice.
**zurcir** *vt* to darn; (*fig*) to join, to unite; to hatch lies.
**zurdo, da** *adj* left; left-handed.
**zurra** *f* flogging; drudgery.
**zurrar** *vt* (*fam*) to flog, to lay into; (*fig*) to criticize harshly.
**zurrón** *m* pouch.
**zutano, na** *m/f* so-and-so; ~ **y fulano** such and such a one, so and so.